MagBook

AF814323

भारतीय इतिहास

UPSC, राज्य PCS एवं अन्य प्रतियोगी परीक्षाओं
के लिए अत्यन्त उपयोगी

2nd संस्करण

भारतीय इतिहास

MagBook

भारतीय इतिहास

UPSC, राज्य PCS एवं अन्य प्रतियोगी परीक्षाओं
के लिए अत्यन्त उपयोगी

मनोहर पाण्डेय

सहयोगकर्ता
डॉ. राजेश राजन
प्रवीण तिवारी

arihant
SUCCESS AND NOTHING LESS

MagBook

arihant
SUCCESS AND NOTHING LESS

अरिहन्त पब्लिकेशन्स (इण्डिया) लिमिटेड

卐 रजि. कार्यालय

'रामछाया' 4577/15, अग्रवाल रोड, दरिया गंज, नई दिल्ली- 110002
फोन: 011-47630600, 43518550

卐 मुख्य कार्यालय

कालिन्दी, टी०पी० नगर, मेरठ (यूपी)– 250002, **फोन:** 0121-7156203, 7156204

卐 शाखा कार्यालय

आगरा, अहमदाबाद, बरेली, बंगलुरु, चेन्नई, दिल्ली, गुवाहाटी, हैदराबाद, जयपुर, झाँसी, कोलकाता, लखनऊ, नागपुर तथा पुणे

卐 मूल्य : ₹ 525.00

Published by Arihant Publications (India) Ltd.

卐 PO No : TXT-XX-XXXXXXX-X-XX

'अरिहन्त' की पुस्तकों के बारे में अधिक जानकारी के लिए हमारी वेबसाइट **www.arihantbooks.com** पर लॉग इन करें या **info@arihantbooks.com** पर संपर्क करें।

Follow us on

संशोधित संस्करण का प्राक्कथन

वर्तमान समय में सभी प्रतियोगी परीक्षाओं में सिविल सेवा परीक्षा का स्थान सबसे सर्वश्रेष्ठ एवं प्रतिष्ठित है। इस परीक्षा का उद्देश्य अभ्यर्थी के विश्लेषणात्मक, तार्किक, विषय आधारित एप्रोच, विषयवार समसामयिक मुद्दों पर समझ आदि की जाँच करना है।

भारतीय इतिहास की यह पुस्तक उपरोक्त सभी उद्देश्यों को पूर्ण करती है, साथ ही अभ्यर्थी की विषय पर बेहतर समझ एवं मजबूत पकड़ का दावा भी करती है। यह पुस्तक प्रीलिम्स परीक्षा में इतिहास विषय के लिए ब्रह्मास्त्र की तरह कार्य करती है, क्योंकि इसमें सिलेबस का सम्पूर्ण कवरेज तथा प्रैक्टिस हेतु प्रश्न (प्रारम्भिक एवं मुख्य दोनों परीक्षा हेतु) समाहित हैं।

इस पुस्तक के सम्पूर्ण अवलोकन के पश्चात् अभ्यर्थी निश्चय ही हड़प्पा सभ्यता, वैदिक संस्कृति, जैन धर्म, बौद्ध धर्म, मौर्य काल, गुप्त काल, संगमकाल, दिल्ली सल्तनत, मुगल सल्तनत, भक्ति एवं सूफी आन्दोलन, मराठा साम्राज्य, 1857 का विद्रोह, सामाजिक एवं धार्मिक आन्दोलन, राष्ट्रीय स्वतन्त्रता आन्दोलन, स्वतन्त्रता के पश्चात् भारत आदि प्रकरणों को सरलता से समझ सकेंगे।

पुस्तक के अन्तर्गत अवधारणाओं को सरल और आसान तरीके से इस प्रकार प्रस्तुत या समझाने का प्रयास किया गया है कि अभ्यर्थी वस्तुनिष्ठ एवं विषयनिष्ठ सभी प्रकार के प्रश्न हल करने में सक्षम हों।

संशोधित संस्करण की प्रमुख विशेषताएँ

- सम्पूर्ण सिलेबस, NCERT फैक्ट्स एवं अपडेटेड फैक्ट्स का संकलन।
- प्रीलिम्स फैक्ट्स का अतिरिक्त कवरेज, जिसमें IAS एवं PCS परीक्षाओं में पूछे गए महत्त्वपूर्ण तथ्य दिए गए हैं।
- चैप्टर के अन्त में सेल्फ चैक का कवरेज, जिसके अन्तर्गत प्रश्नों को प्रैक्टिस हेतु संकलित किया गया है।
- पुस्तक के अन्त में IAS मुख्य परीक्षा (2015-2022) के प्रश्नों का टॉपिकवाइज संकलन, जिसकी प्रैक्टिस के माध्यम से अभ्यर्थी मुख्य परीक्षा हेतु अपनी समझ और तैयारी का स्तर जाँच सकते हैं।

इस पुस्तक को पूरा करने में विशेषज्ञों की एक टीम ने उत्साह के साथ कार्य किया है। इस पुस्तक के संकलन में विशेषज्ञों के साथ-साथ प्रोजेक्ट मैनेजमेण्ट टीम का भी विशेष योगदान रहा, जिसमें मोना यादव (प्रोजेक्ट मैनेजर), स्तुति झा (प्रोजेक्ट कॉर्डिनेटर), पूनम सैनी, पूजा रानी, इमरान खान (प्रूफ रीडर्स), रवि सागर, शिवम (डीटीपी ऑपरेटर) और शानू एवं अंकित (कवर एवं इनर डिजाइनर) प्रमुख हैं।

आशा है कि सिविल सेवा तथा अन्य प्रतियोगी परीक्षाओं के अभ्यर्थी इस पुस्तक का अध्ययन कर अपने लक्ष्य को निश्चित ही प्राप्त कर अपने सपने को साकार करेंगे। आपके उपयोगी सुझाव सदैव हमें बेहतर संस्करण बनाने में सहायक सिद्ध हुए हैं। इसलिए आप हमें अपने सुझाव अवश्य भेजें, जिनके आधार पर हम पुस्तक के आगामी संस्करण को और भी बेहतर बना सकें।

लेखकगण

विषय-सूची

मध्यकालीन भारत का इतिहास

आधुनिक इतिहास एवं भारतीय राष्ट्रीय आन्दोलन

MagBook

प्राचीन भारतीय इतिहास के स्रोत

"

'History' शब्द का सर्वप्रथम प्रयोग ग्रीक विद्वान 'हेरोडोटस' ने किया था, इसलिए इन्हें 'इतिहास का पिता' कहा जाता है। सामान्य अर्थों में किसी भी स्थान पर घटित घटनाओं या उससे सम्बन्धित घटनाएँ, जो किसी व्यक्ति, समाज, देश व सार्वजनिक क्षेत्रों से सम्बन्धित हों तथा उन तथ्यों की क्रमानुसार विवेचना करती हों, उसे इतिहास कहते हैं। इस प्रकार प्राचीन से लेकर अब तक मानव जाति से सम्बन्धित घटनाओं का साक्ष्य या तथ्यों पर आधारित विवरण इतिहास कहलाता है।

भारत का नामकरण

- प्राचीनकाल में भारत के विशाल उपमहाद्वीप को **भारतवर्ष** अर्थात् भारत की भूमि के नाम से जाना जाता था। सम्भवत: इस देश का भारत नामकरण ऋग्वैदिक काल के प्रमुख जन भरत के नाम पर किया गया। भारत देश जम्बूद्वीप का दक्षिणी भाग था। आर्यों का निवास स्थल होने के कारण इसका नाम **आर्यावर्त** पड़ा।
- यूनानियों ने भारतवर्ष के लिए **इण्डिया** शब्द का प्रयोग किया जबकि मध्यकालीन लेखकों ने इस देश को **हिन्द** अथवा **हिन्दुस्तान** नाम से सम्बोधित किया।

प्राचीन इतिहास के स्रोत

- **ऐतिहासिक स्रोत** (ऐतिहासिक सामग्री या डेटा के रूप में भी जाना जाता है) मूल स्रोत हैं, जिनमें महत्त्वपूर्ण ऐतिहासिक जानकारी होती है। इन स्रोतों का उपयोग इतिहास का अध्ययन करने के साधन के रूप में किया जाता है।
- ऐतिहासिक स्रोतों में दस्तावेज, कलाकृतियाँ, पुरातात्विक स्थल, प्राचीन अवशेष और खण्डहर आदि शामिल हैं।
- भारतीय इतिहास को जानने के स्रोतों को तीन शीर्षकों के अन्तर्गत रखा जा सकता है; जैसे-**पुरातात्विक स्रोत, साहित्यिक स्रोत एवं विदेशी यात्रियों का विवरण**। इनका संक्षिप्त विवरण इस प्रकार है

- प्राचीन इतिहास के स्रोत
  - पुरातात्विक स्रोत
    - अभिलेख
    - स्मारक/भवन
    - मुहरें
    - मुद्राएँ/सिक्के
    - मूर्तियाँ
    - चित्रकला
  - साहित्यिक स्रोत
    - धार्मिक साहित्य
      - ब्राह्मण साहित्य
        - वेद (ज्ञान)
        - उपनिषद् (समीप बैठना)
        - आरण्यक
        - पुराण
        - स्मृति
        - महाकाव्य (रामायण महाभारत)
        - ब्राह्मण ग्रन्थ
        - वेदांग
        - सूत्र साहित्य
      - ब्राह्मणेत्तर साहित्य
        - बौद्ध ग्रन्थ
        - जैन ग्रन्थ
    - लौकिक साहित्य
      - ऐतिहासिक ग्रन्थ
      - जीवनी ग्रन्थ
      - गल्प साहित्य ग्रन्थ
  - विदेशी यात्रा विवरण
    - यूनानी-रोमन लेखक
      - टीसियस (ईरान)
      - हेरोडोटस (इतिहास का पिता)
      - सिकन्दर के साथ आने वाले विद्वान (निर्याकस, आनेसिक्रिटस एवं अरिस्टोबुलस)
      - मेगस्थनीज (इण्डिका के लेखक) (चन्द्रगुप्त मौर्य के समय)
      - डाइमेकस (बिन्दुसार)
      - डायनोसियस (अशोक)
      - टॉलमी (ज्योग्राफी के लेखक)
      - प्लिनी (नेचुरल हिस्टोरिका के लेखक)
    - चीनी लेखक
      - फाह्यान
      - सुंगयुन
      - ह्वेनसांग
      - इत्सिंग
    - अरबी लेखक
      - सुलेमान
      - अलमसूदी
      - अलबरूनी (तहकीक-ए-हिन्द के लेखक)
      - इब्नबतूता (मुहम्मद बिन तुगलक के काल में)

पुरातात्विक स्रोत

- **पुरातात्विक स्रोत** (Archaeological Sources) को प्राचीन भारत को जानने का सर्वाधिक प्रभावी साधन माना जाता है। इसके अन्तर्गत मुख्यत: अभिलेख, स्मारक, भवन, मूर्तियाँ, चित्रकला आदि आते हैं। ऐसी वस्तुओं का अध्ययन करने वाला व्यक्ति **पुरातत्त्वविद्** कहलाता है। अधिकांश पुरातात्विक साक्ष्य प्राचीन टीलों (mounds) की खुदाई से प्राप्त होते हैं।
- भूमि की सतह के उभरे हुए भाग को **टीला** कहा जाता है तथा इनके नीचे पुरानी बस्तियों के अवशेष उपस्थित होते हैं। ये कई प्रकार के होते हैं; यथा-एकल सांस्कृतिक, बहु-सांस्कृतिक व मुख्य-सांस्कृतिक। अधिकांश पुरातात्विक स्रोत प्राचीन टीलों की खुदाई से प्राप्त किए गए हैं।

> **पुरातत्त्व** (Archaeology) प्राय: उत्खनन से प्राप्त भौतिक अवशेषों के विश्लेषण के माध्यम से पिछली पुरानी संस्कृतियों का वैज्ञानिक अध्ययन है। अनिवार्य रूप से भौतिक अवशेष प्रारम्भिक लोगों की हड्डियों, कंकाल के साथ-साथ उनके द्वारा निर्मित उपकरण; जैसे–मिट्टी के बर्तन, आभूषण, पत्थर की दीवारें व स्मारक हैं। पुरातत्त्वविद् इन अवशेषों की खोज और विश्लेषण करते हैं, ताकि उन्हें छोड़ने वाले लोगों की संस्कृति के बारे में जानकारी प्राप्त कर सके।

पुरातात्विक स्रोतों का वर्णन निम्नलिखित है

अभिलेख

- पत्थरों, स्तम्भों, धातु के पहियों या मृद्भाण्डों, ताम्रपत्रों, गुफाओं की दीवारों तथा प्रतिमाओं पर उत्कीर्ण विवरण को अभिलेख (Inscription) कहते हैं।
- अभिलेखों के अध्ययन को **पुरालेखशास्त्र** (Epigraphy) और इनकी तथा दूसरे पुराने दस्तावेजों की प्राचीन तिथि के अध्ययन को **पुरालिपिशास्त्र** (Paleography) कहा जाता है।
- अभिलेख मुहरों, स्तूपों, प्रस्तर स्तम्भों, चट्टानों, ताम्रपत्रों, मूर्तियों, मन्दिरों की दीवारों और ईंटों पर प्राप्त होते हैं। सबसे पुराने अभिलेख हड़प्पा सभ्यता की मुहरों पर मिलते हैं, जो लगभग 2500 ई. पू. के हैं, किन्तु इन्हें अभी तक पढ़ा नहीं जा सका है।
- भारत के सबसे प्राचीन अभिलेख, जिन्हें पढ़ा जा चुका है, ईसा पूर्व तीसरी सदी के अशोक के शिलालेख हैं।
- सर्वप्रथम 1837 ई. में **जेम्स प्रिन्सेप** (ईस्ट इण्डिया कम्पनी का एक अधिकारी) को ब्राह्मी लिपि में लिखित अशोक के अभिलेखों को पढ़ने में सफलता मिली।
- अशोक के नामों का स्पष्ट उल्लेख मास्की, गुर्जरा, निट्टूर एवं उदेगोलम अभिलेख में किया गया है।
- **डी. आर. भण्डारकार** नामक इतिहासकार के द्वारा केवल मौर्यकालीन अभिलेखों के माध्यम से ही मौर्य शासक अशोक का इतिहास लिखा गया है।
- मौर्य, मौर्योत्तर तथा गुप्तकाल के अधिकतम अभिलेखों को कार्पस इनसक्रिप्शओनम इण्डिकारम् ग्रन्थमाला में संकलित किया गया है।
- भारत से बाहर अभिलेखों में मध्य एशिया के **बोगजकोई** (1400 ई. पू. के) नामक स्थल से अभिलेख प्राप्त हुआ है। इस अभिलेख पर इन्द्र, मित्र, वरुण और नासत्य (अश्विनी कुमार) नामक वैदिक देवताओं के नाम मिलते हैं।

अभिलेखों की भाषा प्राकृत, पालि, संस्कृत तथा अन्य दक्षिण भाषाएँ हैं। अभिलेखों में संस्कृत भाषा का प्रयोग ईसा की दूसरी सदी से मिलता है। शक शासक रूद्रदामन का जूनागढ़ अभिलेख (150 ई.) संस्कृत में लिखा पहला अभिलेख है। उल्लेखनीय है कि आरम्भिक अभिलेख प्राकृत भाषा में हैं।

- अशोक के अभिलेखों के अतिरिक्त प्राचीन भारत के अन्य कई अभिलेख हैं।
- इसके अतिरिक्त अनेक प्रशस्तियाँ भी प्राप्त हुई हैं, जिनमें दरबारी कवियों अथवा लेखकों के द्वारा सम्बन्धित शासकों की प्रशंसा की गई है।

प्राचीन भारत के प्रमुख अभिलेख/स्तम्भ लेख

अभिलेख/स्तम्भ लेख/प्रशस्ति	शासक	विशेष तथ्य
हाथी गुम्फा अभिलेख	कलिंग नरेश खारवेल	इसमें खारवेल के शासन सम्बन्धी घटनाओं का विवरण प्राप्त होता है।
जूनागढ़/गिरनार अभिलेख	रूद्रदामन	इसमें रूद्रदामन के व्यक्तित्व, कार्य व विजयों का उल्लेख मिलता है।
नासिक अभिलेख	गौतमी बलश्री (गौतमीपुत्र शातकर्णी की माँ)	इसमें गौतमी पुत्र शातकर्णी की उपलब्धियों का विवरण मिलता है।
प्रयाग प्रशस्ति/स्तम्भ लेख	समुद्रगुप्त	इसमें समुद्रगुप्त की विजय एवं नीतियों का विस्तृत विवरण मिलता है।
भितरी स्तम्भ लेख	स्कन्दगुप्त	इसमें स्कन्दगुप्त के जीवन की महत्त्वपूर्ण घटनाओं का विवरण मिलता है।
एरण स्तम्भ लेख	बुद्धगुप्त	यह स्तम्भ लेख भगवान विष्णु का सर्वप्रभम अभिलेखीय साक्ष्य है।
एहोल अभिलेख	पुलकेशिन द्वितीय	इसमें पुलकेशिन द्वितीय और हर्षवर्धन के बीच हुए युद्ध का विवरण मिलता है।
मन्दसौर अभिलेख	मालवा नरेश यशोवर्मन या यशोधर्मन	इसमें यशोवर्मन की सैनिक उपलब्धियों का वर्णन किया गया है।
देवपाड़ा अभिलेख	विजय सेन	इसमें बंगाल के सेनवंशीय शासक का उल्लेख मिलता है।
ग्वालियर प्रशस्ति	प्रतिहार शासक मिहिरभोज	इसमें मिहिरभोज शासक का विवरण मिलता है।
गरुड़ स्तम्भ लेख बेसनगर (विदिशा)	हेलियोडोरस	इससे द्वितीय शताब्दी ई. पू. के मध्य भारत में भागवत धर्म विकसित होने का प्रमाण मिलता है।

अभिलेखों में प्रयुक्त लिपियाँ

अभिलेखों में प्रयुक्त लिपियाँ निम्न हैं

- **ब्राह्मी लिपि** यह लिपि बाएँ से दाएँ लिखी जाती थी। अशोक के अधिकांश शिलालेख इसी लिपि में हैं।
- **खरोष्ठी लिपि** यह लिपि दाएँ से बाएँ लिखी जाती थी। अशोक के कुछ शिलालेख इस लिपि में भी हैं।
- **यूनानी एवं आरमेइक लिपि** पाकिस्तान व अफगानिस्तान में पाए जाने वाले अशोक के शिलालेखों में इन लिपियों का प्रयोग किया गया है।

स्मारक/भवन

- स्मारक एक ऐसी संरचना है, जो विशेषत: किसी व्यक्ति या महत्त्वपूर्ण घटना की स्मृति में बनाई जाती है। स्मारक या भवनों की प्राप्ति देश और विदेशों से की गई है इसलिए स्मारकों तथा भवनों को दो भागों में विभाजित कर देखा जा सकता है-देशी तथा विदेशी।
- हड़प्पा, मोहनजोदड़ो इत्यादि देशी स्मारक हैं, जबकि कम्बोडिया का **अंकोरवाट मन्दिर**, जावा से प्राप्त **बोरो-बुदूर स्तूप** (महायान सम्प्रदाय के बौद्ध स्तूप), बाली से प्राप्त मूर्तियाँ विदेशी स्मारक हैं। हड़प्पा व मोहनजोदड़ो की खुदाई से प्राप्त भवनों से 5,500 वर्ष पुरानी सैन्धव सभ्यता का पता चलता है।
- अतरंजीखेड़ा की खुदाई से प्राप्त अवशेषों से यह ज्ञात होता है कि भारतीय उपमहाद्वीप में लोहे के प्रयोग की शुरुआत 1000 ई. पू. के आस-पास हुई थी।
- महलों एवं मन्दिरों तथा उनके अवशेषों की प्राप्ति से वास्तुकला के विकास पर पर्याप्त प्रकाश पड़ता है। साथ ही सामाजिक, आर्थिक एवं धार्मिक अवस्था की भी जानकारी मिलती है।
- हिन्दू कला एवं सभ्यता के विकास की पुष्टि देवगढ़ के दशावतार मन्दिर, (झाँसी), भीतरगाँव का मन्दिर (कानपुर) अजन्ता के गुफा चित्र तथा सुल्तानगंज से प्राप्त बुद्ध की ताम्रमूर्ति से होती है।

उत्तर भारत के मन्दिरों के निर्माण में **नागर शैली**, मध्य भारत के मन्दिरों के निर्माण में **बेसर शैली** तथा दक्षिण भारत के मन्दिरों के निर्माण में **द्रविड शैली** का प्रयोग किया गया है।

- दक्षिण भारत में तंजौर का **राजराजेश्वर मन्दिर** द्रविड़ शैली और उत्तर भारत में **कन्दरिया महादेव** (खजुराहो) का मन्दिर नागर शैली के सर्वोत्तम उदाहरण हैं।

मुहरें

- अवशेषों से प्राप्त मुहरों से प्राचीन भारत के व्यापारिक, आर्थिक व धार्मिक जीवन के बारे में जानकारी मिलती है।
- इसकी सहायता से मोहनजोदड़ो, हड़प्पा व बसाढ़ आदि से प्राप्त मिट्टी की मुहरों पर बनी धार्मिक आकृतियों से उनकी धार्मिक स्थिति का पता किया जाता है।
- प्राचीन काल में अधिकांश मुहरें धातुओं से बनाई जाती थीं।

मुद्राएँ/सिक्के

- सिक्कों के अध्ययन को **मुद्राशास्त्र** (Numismatics) कहा जाता है। प्राचीन राजाओं द्वारा ढलवाए गए सिक्कों (Coins) से पर्याप्त ऐतिहासिक जानकारी प्राप्त होती है।
- 206 ई. पू. से लेकर 300 ई. तक के इतिहास को जानने के मुख्य स्रोत के रूप में सिक्कों का ही प्रयोग किया जाता है।
- आरम्भिक भारतीय सिक्कों पर प्रतीक चिन्ह मिलते थे, किन्तु बाद के सिक्कों पर राजाओं एवं देवताओं के नाम तथा तिथियों का अकन मिलता है।

- आहत सिक्कों पर पेड़, मछली, हाथी, साँड, अर्द्धचन्द्र की आकृतियाँ बनी होती थीं। बाद के सिक्कों पर तिथियाँ, राजाओं एवं देवी-देवताओं के नाम अंकित होने लगे थे।
- सर्वाधिक सिक्कों का निर्माण मौर्योत्तर काल में हुआ था, जो सोने, चाँदी, ताँबे, सीसे पोटीन एवं काँसे के बने होते थे।
- सर्वप्रथम सिक्कों पर लेख एवं तिथियाँ उत्कीर्ण करवाने की शुरुआत **यवन शासकों** ने की थी।
- सर्वप्रथम स्वर्ण मुद्राएँ **हिन्द-यूनानियों** ने जारी कीं तथा सर्वाधिक स्वर्ण मुद्राएँ **गुप्त शासकों** द्वारा जारी की गई थीं। जबकि सर्वाधिक शुद्ध स्वर्ण सिक्के/मुद्राएँ कुषाण शासकों ने जारी किए थे।
- सातवाहन शासकों ने सबसे अधिक सीसे के सिक्के/मुद्रा जारी की थीं।
- **समुद्रगुप्तकालीन सिक्कों** में उसे वीणा बजाते हुए दर्शाया गया है, जोकि उसके संगीत प्रेमी होने का प्रमाण है।

> प्राचीनतम सिक्के सोने, चाँदी, ताँबे, काँसे, सीसे से निर्मित होते थे। इन सिक्कों पर केवल चिह्न उत्कीर्ण हैं, कोई लेख नहीं है। इन सिक्कों को **पंचमार्क** या **आहत सिक्के** कहा जाता है। ये सिक्के ईसा पूर्व पाँचवीं सदी के हैं। भारतीय भाषाओं में इन्हें आहत सिक्के इसलिए कहा जाता है, क्योंकि इन्हें ठप्पा मारकर बनाया जाता था।

सिक्कों का आर्थिक इतिहास के अध्ययन में महत्त्वपूर्ण योगदान है, क्योंकि इनका प्रयोग क्रय-विक्रय, दान-दक्षिणा तथा वेतन-मजदूरी आदि के भुगतान में भी किया जाता था।

मूर्तियाँ

- प्राचीन भारतीय इतिहास में मूर्तियों के निर्माण की शुरुआत कुषाण काल में हुई।
- मूर्तियाँ सांस्कृतिक तथा कला सम्बन्धी ऐतिहासिक स्रोत हैं, जिनसे जनसाधारण के जीवन व धार्मिक प्रवृत्तियों का विवरण मिलता है।
- **गन्धार कला** एवं **मथुरा कला** मूर्तिकला की प्रमुख शैलियाँ थीं। मथुरा कला को पूर्णत: स्वदेशी माना जाता है। जबकि गान्धार मूर्तिकला पर विदेशी प्रभाव है। सारनाथ, भरहुत, बोधगया एवं अमरावती मूर्तिकला के अन्य प्रमुख केन्द्र थे। यहाँ की मूर्तियों में जनसामान्य के जीवन की सजीव झलक मिलती है।
- कलात्मक प्रगति की जानकारी मृद्भाण्डों से भी मिलती है। हड़प्पा काल के **लाल मृद्भाण्ड**, उत्तरवैदिक काल की पहचान **चित्रित धूसर मृद्भाण्ड** से की जाती है।

चित्रकला

- चित्रकला से काल विशेष के जीवन की उन्नति तथा भावुकता का पता चलता है। प्राक्-ऐतिहासिक गुफाओं विशेषकर **भीमबेटका** (मध्य प्रदेश) से पूर्व ऐतिहासिक काल की सांस्कृतिक विविधता पर प्रकाश पड़ता है।
- अजन्ता तथा बाघ के उन्नत गुफा चित्रों से गुप्तकाल की उन्नत सांस्कृतिक दशा का पता चलता है।
- गुप्तकाल की सुन्दर कलात्मक कृति में **मरणासन्न राजकुमारी** एवं **माता तथा शिशु** के चित्र को शामिल किया जाता है।
- अजन्ता का बोधिसत्व पद्मपाणि चित्र सर्वाधिक प्रसिद्ध है।

साहित्यिक स्रोत

- साहित्यिक स्रोत के अन्तर्गत धार्मिक एवं लौकिक साहित्य तथा विदेशी यात्रियों का विवरण शामिल है।
- धार्मिक साहित्य के अन्तर्गत ब्राह्मण साहित्य तथा ब्राह्मणेत्तर साहित्य को शामिल किया जाता है, जबकि धर्मोत्तर साहित्य के अन्तर्गत ऐतिहासिक ग्रन्थ, जीवन ग्रन्थ व अर्द्ध-ऐतिहासिक ग्रन्थ आते हैं। इनका संक्षिप्त विवरण इस प्रकार है

धार्मिक साहित्य

- धार्मिक साहित्य में मुख्य रूप से ब्राह्मण साहित्य व ब्राह्मणेत्तर साहित्य आते हैं।
- ब्राह्मण साहित्य के अन्तर्गत वेद, उपनिषद्, पुराण, स्मृति, ब्राह्मण ग्रन्थ, आरण्यक इत्यादि तथा ब्राह्मणेत्तर साहित्य में बौद्ध एवं जैन साहित्य को शामिल किया जाता है।

ब्राह्मण साहित्य

ब्राह्मण साहित्य का वर्णन निम्न है

वेद

- वेद भारत के सबसे प्राचीन धर्मग्रन्थ हैं। वेदों से प्राचीन आर्यों की सामाजिक, आर्थिक, राजनीतिक व धार्मिक स्थिति के बारे में जानकारी प्राप्त होती है।
- वेदों की संख्या चार है-**ऋग्वेद, यजुर्वेद, सामवेद** और **अथर्ववेद**। चारों वेदों को सम्मिलित रूप से **संहिता** कहा जाता है। ये वेद 1500-500 ई. पू. में संकलित किए गए थे। इन वेदों का विवरण निम्न है
  - **ऋग्वेद** (1500-1000 ई. पू.) यह सबसे प्राचीन वेद है। इस वेद में 10 मण्डल, 1028 सूक्त तथा 10,580 ऋचाएँ हैं। ऋग्वेद के व्याख्याता को **होतृ** कहते हैं। ऋग्वेद के तीसरे मण्डल में सूर्य देवता सावित्री को समर्पित गायत्री मन्त्र है, जबकि 9वें मण्डल में सोम देवता एवं 10वें मण्डल में चातुर्वर्ण्य (ब्राह्मण, क्षत्रिय, वैश्य तथा शूद्र) का उल्लेख है। इसके अतिरिक्त इसमें मुख्यत: देवताओं की स्तुतियों का वर्णन है। बाद में इसमें कर्मकण्ड जादू-टोना आदि भी समाहित हो गए।
  - ऋग्वेद के प्रथम एवं दशम मण्डल को सबसे अन्त में जोड़ा गया है।

> **ऋग्वेद विश्व मानव विरासत में शामिल**
>
> ऋग्वेद को **संयुक्त राष्ट्र शैक्षिक, वैज्ञानिक और सांस्कृतिक संगठन** (UNESCO) द्वारा विश्व मानव विरासत के प्रलेख (साहित्य) में शामिल किया गया है। भण्डारकर ओरिएण्टल अनुसन्धान संस्थान, पुणे के प्रयासों से ऋग्वेद पाण्डुलिपियों को यूनेस्को के **मेमोरी ऑफ द वर्ल्ड रजिस्टर, 2007** में शामिल करने हेतु नामित किया गया था।

- **यजुर्वेद** यह एकमात्र ऐसा वेद है, जो गद्य एवं पद्य दोनों में है। इसमें सस्वर पाठ के लिए मन्त्रों तथा बलि के समय अनुपालन के लिए नियमों व विधि-विधानों का संकलन मिलता है, इसलिए इसे **कर्मकाण्डीय** वेद भी कहा जाता है।
- **सामवेद** साम का शाब्दिक अर्थ **गान** होता है। सामवेद में यज्ञों के अवसर पर गाए जाने वाले मन्त्रों का संग्रह मिलता है। इसमें मुख्य रूप से सूर्य स्तुति के मन्त्र होते हैं।
- **अथर्ववेद** इस वेद की रचना चारों वेदों में सबसे बाद में की गई थी। इसमें धर्म, औषधि प्रयोग, रोग निवारण, तन्त्र-मन्त्र, जादू-टोना जैसी अनेक विधियों/विषयों का वर्णन है।

वेद व उपवेद

वेद	उपवेद	विशेष तथ्य
ऋग्वेद	आयुर्वेद	यह चिकित्सा शास्त्र से सम्बन्धित है।
यजुर्वेद	धनुर्वेद	यह युद्ध कला से सम्बन्धित है।
सामवेद	गन्धर्ववेद	यह कला, नृत्य, संगीत से सम्बन्धित है।
अथर्ववेद	शिल्पवेद	यह वास्तुकला/भवन निर्माण से सम्बन्धित है।

ब्राह्मण ग्रन्थ

- वेदों के पश्चात् ब्राह्मण, आरण्यक तथा उपनिषदों का स्थान आता है। इनसे उत्तर वैदिककालीन समाज एवं संस्कृति की जानकारी मिलती है।
- सभी वेदों के अलग-अलग ब्राह्मण ग्रन्थ हैं। इसकी रचना वेदों की सरल तथा गद्यात्मक व्याख्या के लिए की गई है। प्रत्येक वेदों के ब्राह्मण ग्रन्थ निम्न तालिका में ह

वेद एवं ब्राह्मण ग्रन्थ

वेद	ब्राह्मण ग्रन्थ
ऋग्वेद	एतरेय एवं कौषितकी ब्राह्मण
यजुर्वेद	शतपथ एवं तैत्तिरीय ब्राह्मण
सामवेद	पंचविंश एवं षडविंश ब्राह्मण
अथर्ववेद	गोपथ ब्राह्मण

आरण्यक

- आरण्यक का शाब्दिक अर्थ जंगल ज्ञान होता है अर्थात् जंगलों में लिखे गए ग्रन्थों को आरण्यक कहा गया है।
- आरण्यक ग्रन्थों की विषय-वस्तु आध्यात्मिक एवं दार्शनिक चिन्तन है।

उपनिषद्

- गुरु के समीप बैठकर शिष्य जो ज्ञान प्राप्त करे, वह उपनिषद् है। वैदिक साहित्य का अन्तिम भाग उपनिषद् है। इसलिए उपनिषदों को वेदान्त भी कहा जाता है।
- सबसे बड़ा उपनिषद् **वृहदारण्यक** तथा सबसे छोटा उपनिषद् **मुण्डकोपनिषद्** है।

वेदांग

- वेदों के अर्थ को समझने तथा उनके सही उच्चारण के लिए 600-200 ई. पू. सूत्रशैली में 6 वेदांगों की रचना की गई है।
- ये छ: वेदांग हैं-शिक्षा (नासिका), कल्प (हाथ), व्याकरण (मुख), निरूक्त (कान), छन्द (पैर), ज्योतिष (नेत्र)।

सूत्र साहित्य

- सूत्रों की रचना वैदिक साहित्य को अक्षुण्ण बनाए रखने के लिए की गई। पाणिनी का **अष्टाध्यायी** सूत्र लेखन का सबसे प्रसिद्ध उदाहरण है।
- सूत्रों में मनुष्यों के कर्त्तव्यों, कर्मकाण्डों, राजनीति, यज्ञीय विधि-विधानों, वर्णाश्रम व्यवस्था एवं सामाजिक नियमों का उल्लेख किया गया है।

स्मृतियाँ

- स्मृतियों को **धर्मशास्त्र** भी कहा जाता है। इनकी रचना सूत्रों के पश्चात् की गई। इसमें मनुष्य के सम्पूर्ण जीवनकाल से सम्बन्धित क्रियाकलापों की जानकारी प्राप्त होती है।
- **मनु स्मृति** और **याज्ञवल्क्य**, स्मृति सबसे प्राचीन स्मृतियाँ हैं। ब्रिटिश शासनकाल के दौरान बंगाल के गवर्नर-जनरल वॉरेन हेस्टिंग्स के प्रयासो से मनुस्मृति का अंग्रेजी में अनुवाद द जेण्टू कोड नाम से किया गया।

महाकाव्य

- भारतीय साहित्य में वैदिक साहित्य के पश्चात् महाकाव्यों का समय आता है। इसमें मुख्यत: **रामायण** एवं **महाभारत** को शामिल किया गया।
- रामायण की रचना **महर्षि वाल्मीकि** ने संस्कृत भाषा में पहली और दूसरी शताब्दी के दौरान की थी। इसे **चतुर्विंशति सहस्त्री संहिता** भी कहा गया है। इसमें हिन्दुओं तथा यवनों और शकों के संघर्ष का वर्णन मिलता है।
- इसमें मुख्यत: 6,000 श्लोक थे, जो कालान्तर में 12,000 और पुन: 24,000 हो गए। ये सात काण्डों में विभाजित थे।
- महाभारत विश्व का सबसे बड़ा महाकाव्य है। इसकी रचना ईसा पूर्व **चौथी शताब्दी में महर्षि वेदव्यास** ने की थी।
- महाभारत में मूलत: 8,800 श्लोक थे, जिसे जय संहिता कहा जाता है। श्लोकों की संख्या 24,000 होने पर यह **भारत** कहलाया। गुप्तकाल में श्लोकों की संख्या एक लाख से अधिक हो गई, जिसके पश्चात् इसे **शतसहस्री संहिता** या **महाभारत** कहा जाने लगा।
- महाभारत 18 पर्वो (आदि, सभा, वन इत्यादि) में विभाजित है, इससे तत्कालीन भारत की सामाजिक, राजनीतिक व धार्मिक स्थिति का पता चलता है।

पुराण

- प्राचीन आख्यानों से युक्त ग्रन्थ को पुराण कहते हैं। इसके रचयिता **लोमहर्ष** अथवा इनके पुत्र **उग्रश्रवा** माने जाते हैं।
- पुराणों की कुल संख्या 18 है, जिनमें विष्णु, मत्स्य, वायु, ब्रह्माण्ड तथा भागवत पुराण सर्वाधिक ऐतिहासिक महत्त्वपूर्ण हैं।
- पुराणों में सर्वाधिक प्राचीन एवं प्रमाणिक **मत्स्य पुराण** है। इससे सातवाहन वंश की जानकारी मिलती है। विष्णु पुराण से मौर्य तथा वायु पुराण से गुप्त वंश के विषय में जानकारी प्राप्त होती है।
- छठी शताब्दी ईसा पूर्व के प्राचीन इतिहास का एकमात्र स्रोत पुराण है।

ब्राह्मणेत्तर साहित्य

ब्राह्मणेत्तर साहित्य के अन्तर्गत बौद्ध साहित्य एवं जैन साहित्य को शामिल किया जाता है। इनका संक्षिप्त विवरण इस प्रकार है

बौद्ध साहित्य

- बौद्ध साहित्य प्राचीन भारत के इतिहास को जानने का एक प्रमुख स्रोत है। प्राचीनतम बौद्ध ग्रन्थ **पालि भाषा** में लिखे गए, जिसमें सर्वप्रमुख **त्रिपिटक** है।
- बुद्ध की मृत्यु के पश्चात् उनकी शिक्षाओं को संकलित करके तीन भागों में विभाजित किया गया, जिनको त्रिपिटक कहते हैं।
- **सुत्तपिटक** सबसे बड़ा और सर्वोच्च पिटक है, जिसमें बुद्ध के धार्मिक सिद्धान्तों को संवाद के रूप में संकलित किया गया है।
- **विनयपिटक** में संघ की स्थापना एवं नियम, जबकि **अभिधम्मपिटक** में बौद्ध धर्म के दार्शनिक सिद्धान्तों का विवेचन है।
- जातक कथाएँ बुद्ध के पूर्व जन्मों का कथानक वृत्तान्त है। जातक सुत्तपिटक के पाँच निकायों में अन्तिम निकाय 'खुद्दक निकाय' का एक भाग है।
- जातक कथाओं में वर्णित है कि गौतम के रूप में जन्म लेने से पहले भगवान बुद्ध 550 ई. पू. से पहले ही जन्म ले चुके थे।
- दो पालि ग्रन्थों (दीपवंश तथा महावंश) से मौर्यकालीन इतिहास के बारे में जानकारी प्राप्त होती है।
- **मिलिन्दपन्हो** (नागसेन द्वारा रचित ग्रन्थ) में हिन्द यवन शासक मिनाण्डर के वार्तालाप के बारे में जानकारी प्राप्त होती है।
- बौद्ध धर्म के महायान सम्प्रदाय के ग्रन्थ **ललितविस्तर** तथा **दिव्यावदान** आदि हैं। ललितविस्तर में बुद्ध का वर्णन देवता के रूप में किया गया है तथा उनके जीवन एवं कार्यों का चमत्कारित वर्णन किया गया है। जबकि दिव्यावदान के अन्तर्गत अशोक के उत्तराधिकारियों, पुष्यमित्र शुंग आदि शासकों का विवरण मिलता है।
- **कथावस्तु** बौद्ध धर्म के हीनयान सम्प्रदाय का प्रमुख ग्रन्थ है। इसमें बुद्ध का जीवन चरित वर्णित है।

जैन साहित्य

- जैन साहित्य को **आगम** (सिद्धान्त) कहा जाता है। जैन ग्रन्थों की रचना प्राकृत (अर्द्ध-मागधी) भाषा में हुई थी। इनका (जैन ग्रन्थों का) अन्तिम रूप से संकलन छठी शताब्दी ईसा पूर्व में गुजरात के वल्लभी नगर में किया गया था।
- जैन ग्रन्थों में परिशिष्टपर्वन, भद्रबाहुचरित, आचारांग सूत्र, भगवतीसूत्र, कल्पसूत्र, कालिकापुराण, आदिपुराण आदि प्रमुख रूप से शामिल हैं।
- कल्पसूत्र की रचना भद्रबाहु ने की थी। जैन धर्म का प्रारम्भिक इतिहास कल्पसूत्र से ही ज्ञात होता है। भद्रबाहु ने जैन भाष्य ग्रन्थ निर्युक्ति की भी रचना की थी।

लौकिक साहित्य/धर्मोत्तर साहित्य

- लौकिक या धर्मोत्तर साहित्य के अन्तर्गत ऐतिहासिक एवं अर्द्ध-ऐतिहासिक ग्रन्थों तथा जीवनियों का विशेष रूप से उल्लेख किया गया है।
- ऐतिहासिक ग्रन्थों में **अर्थशास्त्र**, **राजतरंगिणी** का विशेष रूप से उल्लेख किया गया। इनमें कौटिल्य द्वारा रचित अर्थशास्त्र से मौर्य शासन के आदर्श और पद्धति के बारे में जानकारी मिलती है।
- कल्हण की पुस्तक राजतरंगिणी 12वीं सदी के भारतीय इतिहास का पहला प्रमाणिक ऐतिहासिक ग्रन्थ है। यह संस्कृत साहित्य में ऐतिहासिक घटनाओं के क्रमबद्ध इतिहास लेखन का पहला प्रयास है। इसके अन्तर्गत आदिकाल से 1151 ई. के प्रारम्भ तक कश्मीर के शासकों का क्रमबद्ध विवरण दिया गया है।
- अर्द्ध-ऐतिहासिक ग्रन्थों में पाणिनी द्वारा रचित **अष्टाध्यायी**, विशाखदत्त का मुद्राराक्षस, पतंजलि का महाभाष्य, कालिदास का **मालविकाग्निमित्रम्** व कात्यायन की **वर्तिका** विशेष रूप से उल्लेखनीय है।
- ऐतिहासिक जीवनियों में बाणभट्ट द्वारा रचित **हर्षचरित** में हर्ष की उपलब्धियों, वाक्पति के गौडवाहो में कन्नौज के शासक यशोवर्मन की उपलब्धि व विल्हण के विक्रमांकदेवचरित में कल्याणी के चालुक्य नरेश विक्रमादित्य षष्ठ की उपलब्धियों का उल्लेख किया गया है। इसके अतिरिक्त सन्ध्याकर नन्दी कृत **रामपालचरित**, हेमचन्द्र कृत **कुमारपाल चरित** तथा जयानक कृत **पृथ्वी राजविजय** आदि महत्त्वपूर्ण हैं।
- दक्षिण भारत का प्रारम्भिक इतिहास **संगम साहित्य** से ज्ञात होता है। संगम साहित्य तमिल ग्रन्थ है। संगम साहित्य चोल, चेर, पाण्ड्य आदि दक्षिणी राज्यों की जानकारी के अतिरिक्त रोमन व्यापार पर भी प्रकाश डालता है। यह प्रारम्भिक तमिलनाडु के लोगों के सामाजिक, आर्थिक एवं राजनीतिक जीवन को जानने का एकमात्र स्रोत है।
- संगम साहित्य के प्रमुख ग्रन्थों में **शिल्पादिकारम**, **मणिमेखलै** तथा **तोलकाप्पियम** इत्यादि प्रमुख हैं। इसमें शिल्पादिकारम को तमिल साहित्य का **इलियड** एवं मणिमेखले को **ओडिसी** कहा जाता है।

प्राचीन काल के ग्रन्थ, रचनाकार/रचनाकाल

ग्रन्थ	रचनाकार	रचनाकाल
अष्टाध्यायी	पाणिनी	छठी शताब्दी ई. पू.
रामायण	वाल्मीकि	पाँचवीं शताब्दी ई. पू.
महाभारत	वेदव्यास	चौथी शताब्दी ई. पू.
अर्थशास्त्र	चाणक्य	मौर्य काल
इण्डिका	मेगस्थनीज	मौर्य काल
पंचतन्त्र	विष्णु शर्मा	मौर्योत्तर काल
महाभाष्य	पतंजलि	मौर्योत्तर काल
बुद्ध चरित्र	अश्वघोष	कुषाण काल
महाविभाषाशास्त्र	वसुमित्र	कुषाण काल
स्वप्नवासवदत्ता	भास	गुप्त काल
कामसूत्र	वात्स्यायन	गुप्त काल
कुमारसम्भवम्	कालिदास	गुप्त काल
अभिज्ञानशाकुन्तलम्	कालिदास	गुप्त काल
विक्रमोर्वशीयम्	कालिदास	गुप्त काल

प्राचीन काल के ग्रन्थ, रचनाकार/रचनाकाल

ग्रन्थ	रचनाकार	रचनाकाल
मेघदूतम्	कालिदास	गुप्त काल
रघुवंशम्	कालिदास	गुप्त काल
मालविकाग्निमित्रम्	कालिदास	गुप्त काल
नाट्यशास्त्र	भरतमुनि	गुप्त काल
देवीचन्द्रगुप्तम्	विशाखदत्त	गुप्त काल
मुद्राराक्षस	विशाखदत्त	पाँचवीं शताब्दी ई.
मृच्छकटिकम्	शूद्रक	गुप्त काल
वृहत्संहिता	वाराहमिहिर	गुप्त काल
कथासरित्सागर	सोमदेव	गुप्त काल
अभिधम्मकोश	वसुबन्धु	चौथी शताब्दी ई.
रावण वध	भट्टि	पाँचवीं शताब्दी ई.
किरातार्जुनीयम्	भारवि	छठी शताब्दी ई.
दशकुमारचरितम्	दण्डी	सातवीं शताब्दी ई.
हर्षचरित	बाणभट्ट	सातवीं शताब्दी ई.
कादम्बरी	बाणभट्ट	सातवीं शताब्दी ई.
वासवदत्ता	सुबन्धु	सातवीं शताब्दी ई.
नागानन्द	हर्षवर्द्धन	सातवीं शताब्दी ई.
रत्नावली	हर्षवर्द्धन	सातवीं शताब्दी ई.
प्रियदर्शिका	हर्षवर्द्धन	सातवीं शताब्दी ई.
मालतीमाधव	भवभूति	आठवीं शताब्दी ई.
पृथ्वीराज विजय	जयानक	नौवी शताब्दी ई.
कर्पूरमंजरी	राजशेखर	दसवीं शताब्दी ई.
काव्यमीमांसा	राजशेखर	दसवीं शताब्दी ई.
वृहत्कथामंजरी	क्षेमेन्द्र	ग्यारहवीं शताब्दी ई.
नैषधचरितम्	श्रीहर्ष	ग्यारहवीं शताब्दी ई.
विक्रमांकदेवचरित	विल्हण	ग्यारहवीं शताब्दी ई.
गीत गोविन्द	जयदेव	बारहवीं शताब्दी ई.
पृथ्वीराजरासो	चन्दबरदाई	बारहवीं शताब्दी ई.
राजतरंगिणी	कल्हण	बारहवीं शताब्दी ई.
रसमाला	सोमेश्वर	तेरहवीं शताब्दी ई.
शिशुपाल वध	माघ	चौदहवीं शताब्दी ई.

विदेशी यात्रियों के विवरण

- विदेशों यात्रियों के वृत्तान्त भी साहित्यिक साक्ष्य हैं। विदेशी लेखकों के विवरणों/वर्णनों से भारत की तत्कालीन राजनीतिक और सामाजिक दशा पर अधिक प्रकाश पड़ता है।
- विदेशी वृत्तान्तों के अन्तर्गत यूनान और रोम के लेखक, चीन के लेखक तथा अरब के लेखक या यात्रियों के विवरण शामिल हैं। इनका संक्षिप्त विवरण इस प्रकार है

यूनान एवं रोम के लेखक

- यूनान और रोम के लेखकों में **हेरोडोट्स** और **टेसियस** के नाम प्रमुख हैं।
- हेरोडोट्स को **इतिहास का पिता** कहा जाता है, जिसने 5वीं शताब्दी ई. पू. में **हिस्टोरिका** नामक पुस्तक की रचना की थी। इस पुस्तक में भारत और फारस के सम्बन्धों का वर्णन किया गया है।
- टेसियस एक ईरानी राजवैद्य था। इसके वर्णन में अधिकतर काल्पनिक कहानियाँ हैं, जोकि अविश्वसनीय हैं।
- सिकन्दर के साथ भारत आने वाले यूनानी लेखकों में नियार्कस, आनासिक्रेटस और अरिस्टोबुलस का वर्णन प्रमुख है। इनमें से आनेसिक्रिटस ने सिकन्दर की जीवनी लिखी है।
- सिकन्दर के पश्चात् भारत आने वाले लेखकों में तीन राजदूत मेगस्थनीज, डायमेकस और डायोनिसियस के नाम उल्लेखनीय हैं।
- **मेगस्थनीज** चन्द्रगुप्त मौर्य के दरबार में आया था, इसने अपनी रचना **इण्डिका** में मौर्यकालीन प्रशासन, समाज तथा संस्कृति का विस्तार से वर्णन किया। यह सेल्यूकस निकेटर का राजदूत था।
- डायमेकस, बिन्दुसार के दरबार में आया था, जो सीरियन नरेश एण्टिओकेस का राजदूत था।
- डायोनिसियस भी बिन्दुसार के दरबार में आने वाला मिस्र नरेश टॉलमी फिलाडेल्फस का राजदूत था।
- रोमन विद्वान् **प्लिनी** ने प्रथम शताब्दी में लैटिन भाषा में **नेचुरल हिस्ट्रोरिका** नामक पुस्तक की रचना की। इस पुस्तक का छठा अध्याय भारत से सम्बन्धित है, जिसमें भारतीय पशुओं, पेड़-पौधों व खनिज के अतिरिक्त इसमें भारत और इटली के बीच व्यापार के विषय में भी विवरण मिलता है।

> अज्ञात लेखक (ग्रीक नाविक) की पुस्तक **पेरिप्लस ऑफ एरिथ्रियन सी** में रोमन साम्राज्य को भारत से निर्यात की जाने वाली वस्तुओं की सूची प्राप्त होती है। यह रचना 80-110 ई. के मध्य लिखी गई, जिसमें लाल सागर, फारस की खाड़ी तथा हिन्द महासागर में होने वाले व्यापार का वर्णन मिलता है।

- **टॉलमी** की पुस्तक **ज्योग्राफी** दूसरी शताब्दी ई. (लगभग 150 ई.) के भारत के भूगोल से सम्बन्धित है। इसमें भारत की अधिकांश नदियों का उल्लेख उनके पर्वतीय स्रोतों के साथ हुआ है।
- **कॉसमास** इण्डिकाप्लेस्टस यूरोपीय यात्री 535 ई. में भारत आया था। इसने अपनी पुस्तक **क्रिश्चियन-टोपोग्राफी** (कीचड़ का महादेश) में भारत और श्रीलंका के सम्बन्धों का विशेष रूप से उल्लेख किया है।

चीनी यात्रियों के वृत्तान्त/विवरण

- प्राचीन भारतीय इतिहास के स्रोतों में चीनी यात्रियों के विवरण को भी महत्त्वपूर्ण माना जाता है। चीनी यात्रियों में फाह्यान, सुंगयुन, ह्वेनसांग और इत्सिंग प्रमुख हैं। ये चारों यात्री बौद्ध भिक्षु थे। इन्होंने बौद्ध धर्म से सम्बन्धित जानकारी प्राप्त की। इनका संक्षिप्त विवरण इस प्रकार है
  - **फाह्यान** (399-414 ई.) यह पाँचवीं सदी के प्रारम्भ में चन्द्रगुप्त द्वितीय (विक्रमादित्य) के शासनकाल के दौरान भारत आया था, यद्यपि इसने अपने यात्रा विवरण में चन्द्रगुप्त विक्रमादित्य का कोई उल्लेख नहीं किया। यह 15 वर्षों तक भारत में रहा था। इसने अपनी पुस्तक **फो-क्यो-की** में मध्य देश का उल्लेख किया है।

> **फो-क्यो-की** में तत्कालीन भारत की सामाजिक, राजनीतिक, सांस्कृतिक तथा बौद्ध धर्म की स्थिति का विवरण मिलता है। इसने कुछ बौद्ध नगरों; जैसे-लुम्बिनी, बोधगया, श्रावस्ती, कपिलवस्तु, पाटलिपुत्र, सारनाथ आदि की यात्रा की थी।

- **सुंगयुन** (512-513 ई.) यह छठी सदी में भारत आया। यह भारत में 3 वर्ष तक रहा तथा इसने 170 ग्रन्थों का संकलन किया। उल्लेखनीय है कि सुंगयुन के साथ ही चीन की साम्राज्ञी ने हिवशंग नामक बौद्ध विद्वान् को बौद्ध ग्रन्थों के संकलन हेतु भारत भेजा था।

> **ह्वेनसांग** (629-30-645 ई.)
> यह 16 वर्ष तक भारत में रहा। यह ह्वेनसांग हर्षवर्द्धन के शासनकाल में भारत आया था। यह नालन्दा विश्वविद्यालय में अध्ययन करने, बौद्ध ग्रन्थों को एकत्र करने तथा महात्मा बुद्ध से सम्बन्धित पवित्र स्थानों के दर्शन करने हेतु भारत आया था। इसके यात्रा वृत्तान्त सी-यू-की नामक पुस्तक में तत्कालीन भारत की सामाजिक-धार्मिक स्थिति का विवरण मिलता है। ह्वेनसांग को तीर्थयात्रियों का **राजकुमार** उपनाम से भी जाना जाता है।

- **इत्सिंग** (671-693 ई.) यह 7वीं शताब्दी के अन्त में भारत आया था। इसने बंगाल के ताम्रलिप्ति (वर्तमान तामलुक) में तीन वर्ष तक संस्कृत की शिक्षा प्राप्त की। इसने अपने विवरण में नालन्दा व विक्रमशिला विश्वविद्यालयों की शिक्षा प्रणाली, भारतीय चिकित्सा प्रणाली, समाज आदि का उल्लेख किया है। यह भारत से लौटते समय अपने साथ बौद्ध त्रिपिटकों की 400 प्रतियाँ ले गया था। इसने बोधगया, नालन्दा, वैशाली, कन्नौज श्रावस्ती तथा कपिलवस्तु आदि स्थानों का भी भ्रमण किया।
- **मात्वेलिम** (7वीं सदी) इसने हर्ष के पूर्वी अभियान का वर्णन किया है।
- **चाऊ-जू-कुआ** (1225-1254 ई.) इसकी प्रसिद्ध रचना **चू-फान ची** है। इसने 13वीं सदी के चीनी-अरबी व्यापार का वर्णन किया है।

अरब यात्रियों के वृत्तान्त/विवरण

अरब यात्रियों/लेखकों में सुलेमान, अलमसूदी, अलबरूनी व इब्नबतूता प्रमुख हैं। इनका संक्षिप्त विवरण इस प्रकार है

- **सुलेमान** (851 ई.) यह 9वीं सदी के मध्य भारत आया था। इसने पाल एवं प्रतिहार राजाओं के विषय में महत्त्वपूर्ण विवरण प्रस्तुत किया है।
- **अलमसूदी** यह 10वीं सदी (941-943 ई.) में भारत आया था। इसने राष्ट्रकूट राजाओं के सन्दर्भ में विशेष विवरण प्रस्तुत किया है।
- **अलबरूनी** (1018-19 ई.) यह 11वीं शताब्दी में महमूद गजनवी के साथ कन्नौज अभियान के समय भारत आया। इसके द्वारा अरबी भाषा में रचित पुस्तक किताब-उल-हिन्द अथवा तहकीक-ए-हिन्द (भारत की खोज) भारतीय इतिहासकारों के लिए अध्ययन का प्रमुख स्रोत है। इस पुस्तक का सर्वप्रथम अनुवाद जर्मन भाषा में एडवर्ड सी. सखाउ (एडवर्ड साची) द्वारा किया गया। इसके पश्चात् इसका अंग्रेजी अनुवाद साची ने 1888 ई. में किया।
- **इब्नबतूता** यह 1333 ई. में सुल्तान मुहम्मद तुगलक के काल में भारत आया। इसके द्वारा अरबी भाषा में रचित पुस्तक यात्रा विवरण रेहला के नाम से प्रसिद्ध है, जिसमें 14वीं शताब्दी के भारतीय उपमहाद्वीप के सामाजिक-सांस्कृतिक जीवन आदि के विषय में महत्त्वपूर्ण जानकारी दी गई है।

> **मुहम्मद-बिन-तुगलक** ने इब्नबतूता को दिल्ली में काजी के पद पर नियुक्त किया तथा चीन में उसे अपने राजदूत के रूप में भेजा था

प्रीलिम्स फैक्ट्स

- भारतीय पुरातत्त्व सर्वेक्षण किस विभाग/मन्त्रालय का संलग्नक कार्यालय है? *– संस्कृति मन्त्रालय [JPSC (Pre) 2011]*
- बोधिसत्व पद्मपाणि का चित्र सर्वाधिक प्रसिद्ध और प्राय: चित्रित चित्रकारी है, जो *– अजन्ता में है [IAS (Pre) 2011]*
- भारतीय पुरातत्त्व का जनक किसे कहा जाता है? *– एलेक्जेण्डर कनिंघम [MPPSC (Pre) 2017]*
- वेदों में सर्वाधिक प्राचीन वैदिक ग्रंथ है *– ऋग्वेद [UPPSC (Pre) 2010]*
- 'पुरुष सुक्त', जिसमें वर्ण व्यवस्था के सन्दर्भ में जानकारी मिलती है, किस वेद में अन्तनिहित है? *– ऋग्वेद [UPPSC (Pre) 2012]*
- 'सत्यकाम जबाला' की कथा किस वैदिक ग्रंथ में वर्णित है? *– छांदोग्य उपनिषद् [RAS/RTS (Pre) 2016]*
- दूसरी शताब्दी के आस-पास रचित संस्कृत के शिलालेख के अनुसार सुदर्शन झील, एक कृत्रिम जलाशय की मरम्मत किसने की थी? *– रुद्रदामन I [BPSC (Pre) 2023]*
- किसी प्राचीन भारतीय लिपि में दाएँ से बाएँ लिखा जाता है? *– खरोष्ठी [IAS (Pre) 1997]*
- अशोक के अभिलेखों को पढ़ने वाला पहला पुरातत्त्वविद् था *– जेम्स प्रिंसेप [UPPSC (Pre) 2010]*
- 'उपनिषद्' किस क्षेत्र से सम्बन्धित रचनाएँ हैं? *– दर्शन [UPPSC (Pre) 2004]*
- नचिकेता तथा यम के बीच प्रसिद्ध संवाद की चर्चा किस उपनिषद् में मिलती है? *– कठोपनिषद [IAS (Pre) 1997]*
- 'मनु स्मृति' रचना का सम्बन्ध किस क्षेत्र से है? *– विधि [UPPSC (Pre) 2007]*
- कल्हण द्वारा रचित 'राजतरंगिनी' का सम्बन्ध किस क्षेत्र के इतिहास से है? *– कश्मीर के इतिहास से [MPPSC (Pre) 2012]*
- सर्ग, प्रति सर्ग, वंश, मनवन्तर, वंशानुचरित इत्यादि का सम्बन्ध किस ग्रन्थ से है? *– उपनिषद् [UPPSC (Pre) 2015]*

सेल्फ चैक

1. प्राचीन काल में निम्नलिखित में से किसके द्वारा भारतवर्ष के लिए 'इण्डिया' शब्द का प्रयोग किया गया है? BPSC (Pre) 2017

(a) मध्यकालीन लेखकों (b) यूनानियों
(c) चीनियों (d) ईरानियों

2. निम्नलिखित कथनों पर विचार कीजिए

1. उत्खनन से प्राप्त भौतिक अवशेषों के विश्लेषण के माध्यम से पुरानी संस्कृतियों का अध्ययन अर्कियोलॉजी कहलाता है।
2. पुरालेखशास्त्र में अभिलेखों का अध्ययन किया जाता है।

कूट

(a) केवल 1 (b) केवल 2
(c) 1 और 2 दोनों (d) न तो और 1 न ही 2

3. मध्य एशिया के 'बोगजकोई' नामक स्थल (1400 ई. पू. के) से प्राप्त अभिलेख पर किसके नाम का उल्लेख मिला है?

1. इन्द्र 2. वरुण 3. नासत्य

कूट

(a) 1 और 2 (b) 2 और 3
(c) 1 और 3 (d) 1, 2 और 3

4. 'जेम्स प्रिन्सेप' को सर्वप्रथम अशोक के अभिलेखों को पढ़ने में सफलता कब मिली थी?

(a) 1837 ई. में (b) 1853 ई. में
(c) 1847 ई. में (d) 1857 ई. में

5. निम्नलिखित में से कौन-सा अभिलेख संस्कृत में लिखा प्रथम अभिलेख है?

(a) एहोल अभिलेख
(b) मन्दसौर अभिलेख
(c) जूनागढ़ अभिलेख
(d) भितरी स्तम्भ लेख

6. निम्नलिखित कथनों में से कौन-सा/से कथन सही हैं?

(a) यजुर्वेद गद्य एवं पद्य दोनों में है
(b) सामवेद को भारतीय संगीत का जनक माना जाता है
(c) राष्ट्रीय आदर्श वाक्य 'सत्यमेव जयते' अथर्ववेद के मुण्डकोपनिषद् से लिया गया है
(d) उपरोक्त सभी

7. निम्नलिखित युग्मों में से कौन-सा/से युग्म सही सुमेलित है/हैं? CGPSC (Pre) 2006

1. सर्वप्रथम स्वर्ण मुद्रा — हिन्द यवन
2. सर्वाधिक स्वर्ण मुद्रा — गुप्त शासक
3. सीसे की मुद्रा — कुषाण शासक

कूट

(a) केवल 1 (b) 2 और 3
(c) 1 और 2 (d) 1, 2 और 3

8. भीमबेटका जो पूर्व ऐतिहासिक काल की सांस्कृतिक विविधता पर प्रकाश डालता है, कहाँ अवस्थित है?

(a) महाराष्ट्र (b) गुजरात
(c) राजस्थान (d) मध्य प्रदेश

9. ऋग्वेद के सन्दर्भ में निम्नलिखित में से कौन-सा कथन असत्य है?

(a) यह सबसे प्राचीन वेद है
(b) इसमें दूसरा और दसवाँ मण्डल सबसे अन्त में जोड़ा गया
(c) इसके 9वें मण्डल में देवता सोम का वर्णन है
(d) इसके 10वें मण्डल में वर्णित पुरुष सूक्त में चातुर्वर्ण्य का उल्लेख है

10. सुमेलित कीजिए JPSC (Pre) 2016

सूची I (अभिलेख स्तम्भ लेख)	सूची II (सम्बन्धित शासक)
A. हाथी गुम्फा अभिलेख	1. स्कन्दगुप्त
B. देवपाड़ा अभिलेख	2. खारवेल
C. गरुड़ स्तम्भ लेख (बेसनगर)	3. विजयसेन
D. भितरी स्तम्भ लेख	4. हेलियोडोरस

कूट

	A	B	C	D
(a)	1	2	3	4
(b)	2	3	4	1
(c)	2	1	4	3
(d)	3	2	1	4

11. सुमेलित कीजिए UPPSC (Pre) 2008

सूची I	सूची II
A. शिक्षा	1. शब्दों का शुद्ध उच्चारण
B. कल्प	2. कर्मकाण्डीय विधि
C. व्याकरण	3. शब्दों की व्युत्पत्ति शास्त्र
D. निरुक्त	4. नामों धातुओं की रचना सम्बन्धी नियम

कूट

	A	B	C	D
(a)	2	3	1	4
(b)	1	2	4	3
(c)	3	2	4	1
(d)	1	3	2	4

12. निम्नलिखित में से कौन-सा कथन असत्य है? IAS (Pre) 2001

(a) मनुस्मृति और याज्ञवल्क्य-स्मृति सबसे प्राचीन हैं
(b) महाभारत को जयसंहिता/शतसहसी संहिता भी कहा जाता हैं
(c) पुराणों की कुल संख्या 18 है
(d) पुराणों में सर्वाधिक प्राचीन एवं प्रामाणिक विष्णु पुराण है

13. बौद्ध साहित्य के सम्बन्ध में निम्नलिखित कथनों पर विचार कीजिए

1. प्राचीनतम बौद्ध ग्रन्थ पालि भाषा में है।
2. सुत्तपिटक में बुद्ध के धार्मिक सिद्धान्तों को संवाद के रूप में संकलित किया गया है।
3. जातक कथाएँ बुद्ध के पूर्व जन्मों का कथानक वृत्तान्त है।

उपरोक्त कथनों में से कौन-से कथन सही हैं?

(a) 1 और 3 (b) 2 और 3 (c) 1 और 2 (d) 1, 2 और 3

14. निम्नलिखित साहित्य की शास्त्रीय पुस्तकों में से कौन-सी गुप्तकाल में लिखी गई थी?

1. अमरकोश 2. कामसूत्र 3. मेघदूत 4. मुद्राराक्षस

कूट

(a) 1 और 2 (b) 2 और 3 (c) 1, 2 और 3 (d) ये सभी

15. सुमेलित कीजिए JPSC (Pre) 2010

	सूची I (लेखक)		सूची II (रचनाएँ)
A.	भारवि	1.	कर्पूरमंजरी
B.	हर्ष	2.	किरातार्जुनीयम
C.	कालिदास	3.	मालविकाग्निमित्रम्
D.	राजशेखर	4.	नागानन्द

कूट

	A	B	C	D
(a)	1	2	3	4
(b)	3	4	2	1
(c)	2	1	4	3
(d)	2	4	3	1

16. निम्नलिखित में से किस साहित्यिक ग्रन्थ में कश्मीर के शासकों का उल्लेख है?
(a) अष्टाध्यायी (b) राजतरंगिणी
(c) हर्षचरित (d) पंचतन्त्र

17. निम्न में से कौन-सी कालिदास की साहित्यिक कृति नहीं है?
(a) मृच्छकटिकम (b) मेघदूत
(c) ऋतुसंहार (d) विक्रमोर्वशीयम्

18. यूनानी राजदूत मेगस्थनीज किस शासक के दरबार में आया था?
(a) बिन्दुसार (b) हर्षवर्द्धन
(c) चन्द्रगुप्त मौर्य (d) चन्द्रगुप्त द्वितीय

19. निम्नलिखित में से कौन-सा कथन असत्य है? UPPSC (Pre) 2007
(a) फाह्यान, चन्द्रगुप्त द्वितीय के शासनकाल में भारत आया था।
(b) चीनी यात्री सुंगयुन छठी शताब्दी में भारत आया था।
(c) ह्वेनसांग को 'तीर्थयात्रियों का राजकुमार' के नाम से जाना जाता है।
(d) उपरोक्त में से कोई नहीं

20. अलबरूनी किसके साथ भारत आया था?
(a) मुहम्मद बिन तुगलक
(b) महमूद गजनवी
(c) मुहम्मद गोरी
(d) अलाउद्दीन खिलजी

जानें सही उत्तर

1. (b)	**2.** (c)	**3.** (d)	**4.** (a)	**5.** (c)	**6.** (d)	**7.** (c)	**8.** (d)	**9.** (b)	**10.** (b)
11. (b)	**12.** (d)	**13.** (d)	**14.** (d)	**15.** (d)	**16.** (b)	**17.** (a)	**18.** (c)	**19.** (d)	**20.** (b)

• अध्याय दो

पाषाण काल एवं प्रागैतिहासिक काल

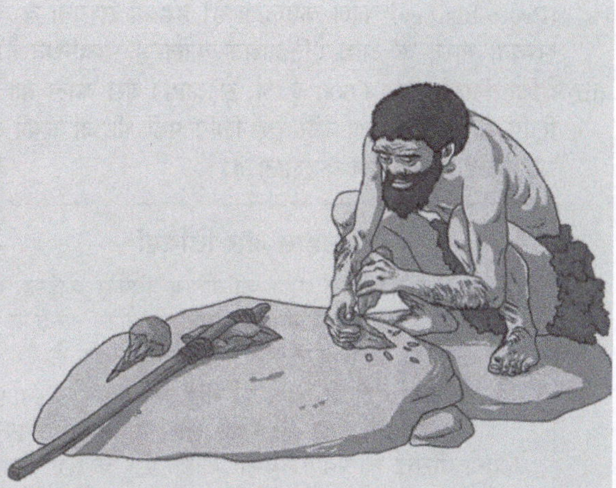

"

भारत में सभ्यता एवं संस्कृति का प्रारम्भ प्राय: प्रागैतिहासिक काल से माना जाता है। जिस काल के विषय में कोई लिखित विवरण प्राप्त नहीं होता, उसे प्रागैतिहासिक काल कहा जाता है। प्रागैतिहासिक संस्कृतियाँ विकास का आधार थीं, जिसकी जानकारी का प्रमुख स्रोत उस काल के औजार थे।

मानव का उद्भव एवं विकास

- मानव का उद्भव एवं विकास आज से लगभग तीस लाख वर्ष पूर्व से प्रारम्भ हुआ। इसी समय के आस-पास पेड़ों पर रहने वाले वानरों (प्राइमेट्स-मनुष्य सदृश्य वानर) से आदिमानव विकसित हुआ।
- मानव जैसे प्राणी अथवा आदिम **होमीनिड्स** सबसे पहले अफ्रीका में अभिनूतन काल (प्लीस्टोसीन) के आरम्भ में प्रकट हुए।
- आधुनिक मानव का विकास लगभग 30-40 हजार वर्ष पूर्व हुआ। इसे **होमोसेपियन्स-सेपियन्स** की संज्ञा दी गई।
- भारत में मानव के विकास के अद्यतन साक्ष्य शिवालिक पहाड़ियों के अभिनूतन (Pliocene) युगीन निक्षेपों से मिलते हैं। मानव के जिस रूप के साक्ष्य यहाँ प्राप्त हुए हैं, उसे **रामापिथेकस** के नाम से जाना जाता है, परन्तु सम्पूर्ण भारतीय उपमहाद्वीप में आदिमानव का कोई जीवाश्म (Fossil) नहीं मिला है। भारत में **मानव का सर्वप्रथम साक्ष्य** नर्मदा घाटी के हथनौरा नामक स्थान से मिला है, जो मध्यपाषाण काल से सम्बन्धित स्थल है।

आस्ट्रेलोपिथेकस

आस्ट्रेलोपिथेकस हमारा निकटतम **आदि पूर्वज** है। केन्या के ओल्दुवाई गॉर्ज की तुर्काना झील (लेक रूडोल्फ) से इसके जीवाश्म मिले हैं, जो 48 लाख वर्ष पुराने हैं। आस्ट्रेलोपिथेकस ही सबसे अन्तिम ज्ञात **पूर्व-मानव** (Homonid) था। उसे प्रोटो-मानव या आद्य-मानव भी कहा जाता है। वह आधा नर एवं आधा वानर था।

इतिहास का वर्गीकरण

प्राचीन भारतीय इतिहास को स्रोतों की विविधता के आधार पर तीन वर्गों में विभाजित किया जाता है

(i) **प्रागैतिहासिक काल** (मानव उत्पत्ति से 3000 ई. पू. तक) इस काल की जानकारी का एकमात्र स्रोत, उस समय के मानवों द्वारा प्रयोग की गई वस्तुएँ (पुरातात्विक साक्ष्य) हैं। इस काल में मानव लेखन कला से अपरिचित था, इसलिए इस काल को प्रागैतिहासिक (Pre-history) काल कहते हैं।

(ii) **आद्य ऐतिहासिक काल** (3000 ई. पू. से 600 ई. पू.) इस काल का मानव लिपि से तो परिचित था, परन्तु वह लिपि अभी तक पढ़ी नहीं जा सकी है। यह आद्य-ऐतिहासिक (Proto-history) काल कहलाता है। हड़प्पा सभ्यता व वैदिक सभ्यता भारत के आद्य ऐतिहासिक काल से सम्बन्धित हैं।

(iii) **ऐतिहासिक काल** (600 ई. पू. से आगे) इस काल का मानव लिपि से परिचित था और वह लिपि पढ़ी भी जा चुकी है, यह ऐतिहासिक काल कहलाता है।

इतिहास और तिथियाँ

- अंग्रेजी में **बीसी** (ई. पू.) का तात्पर्य 'बिफोर क्राइस्ट' होता है। **एडी** (ई.) 'एनो डोमिनी' नामक दो लैटिन शब्दों से बना है, जिसका तात्पर्य ईसा मसीह के जन्म के वर्ष से है।
- कभी-कभी एडी के स्थान पर सीई तथा बीसी के स्थान पर बीसीई का प्रयोग होता है। **सीई** अक्षरों का प्रयोग कॉमन एरा तथा **बीसीई** का प्रयोग 'बिफोर कॉमन एरा' के लिए होता है। कभी-कभी अंग्रेजी के 'बीपी' अक्षरों का प्रयोग होता है, जिसका तात्पर्य 'बिफोर प्रोजेण्ट' (वर्तमान से पहले) होता है।

प्रागैतिहासिक काल का विभाजन

प्रागैतिहासिक काल का विभाजन निम्नलिखित है

पाषाण काल

- पुरापाषाण संस्कृति का उद्‌भव प्लीस्टोसीन (अभिनूतन) युग में हुआ था। इस युग में धरती हिम से आच्छादित थी।
- भारतीय पाषाण युग को मानव द्वारा उपयोग किए जाने वाले पत्थर के औजारों के स्वरूप और जलवायु में होने वाले परिवर्तनों के आधार पर तीन अवस्थाओं में विभाजित किया जाता है-पुरापाषाण काल, मध्यपाषाण काल और नवपाषाण काल।
- भारत में पाषाणकालीन बस्तियों के अन्वेषण की शुरुआत 1863 ई. में जियोलॉजिकल सर्वे से सम्बद्ध अधिकारी **रॉबर्ट ब्रूस फूट** ने की। उन्हें चेन्नई (मद्रास) के समीप पल्लवरम से एक पाषाण उपकरण प्राप्त हुआ। अन्ततः सर **मार्टीमर व्हीलर** के प्रयासों से भारत के समग्र प्रागैतिहासिक सांस्कृतिक अनुक्रम का ज्ञान हुआ।
- ए. कनिंघम को **प्रागैतिहासिक पुरातत्त्व का जनक** कहा जाता है। भारतीय पुरातत्त्व सर्वेक्षण संस्कृति मन्त्रालय के अधीन एक विभाग है।

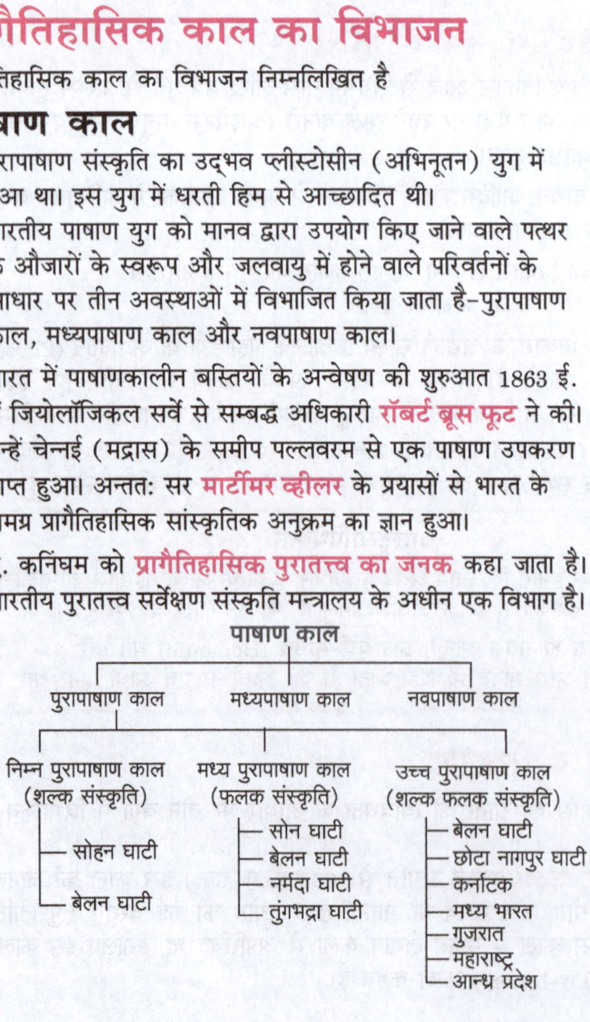

पुरापाषाण काल (प्रारम्भ से 10,000 ई. पू.)

तकनीकी विकास तथा जलवायु में होने वाले परिवर्तनों के आधार पर पुरापाषाण काल को निम्न, मध्य एवं उच्च पुरापाषाण काल में विभाजित किया गया है, जिनका वर्णन निम्न है

निम्न पुरापाषाण काल (प्रारम्भ से 1,00000 ई. पू.)

- पुरापाषाण काल का सबसे लम्बा समय निम्न पुरापाषाण काल के रूप में जाना जाता है। इसका कालखण्ड प्रारम्भ से लेकर 1 लाख ई. पू. तक माना जाता है। इस काल के लोग शिकारी एवं खाद्य संग्राहक की श्रेणी में आते हैं।
- इस समय मनुष्य पत्थरों (क्वाट्‌र्जाइट) से निर्मित हथियारों (हस्तकुठार, विदारणी, खण्डक) का उपयोग करता था। अधिकांश पुरापाषाण युग हिम युग में गुजरा था।
- इस काल के उपकरणों के आधार पर इसे दो संस्कृतियों में बाँटा जा सकता है—**चॉपर चॉपिंग** या **पेबुल संस्कृति** तथा **हैण्डएक्स संस्कृति**।
- **चॉपर चॉपिंग** एक ओर धार (फलक) वाले पत्थर के उपकरण को चॉपर (गण्डासा) तथा दोनों ओर धार वाले पत्थर के उपकरण को चॉपिंग (खण्डक) कहा जाता है।
- **पेबुल** ऐसे पत्थर के उपकरण को कहा जाता है, जो जल के बहाव से घिसकर चिकने और सपाट हो जाते थे।
- **हैण्ड एक्स संस्कृति** के उपकरण पहले मद्रास (चेन्नई) के समीप बादमदराई तथा अतिरमपक्कम से प्राप्त हुए थे। इस संस्कृति को **मद्रास संस्कृति** भी कहा जाता है। इस संस्कृति में क्लीवर, स्क्रेपर एवं क्रोड भी मिलते हैं।
- निम्न पुरापाषाण स्थल भारतीय महाद्वीप के लगभग सभी क्षेत्रों में प्राप्त होते हैं, जिनमें असम की घाटी, सोहन घाटी, नर्मदा घाटी एवं बेलन घाटी प्रमुख हैं।

इस काल के उपरकण सर्वप्रथम सोहन नदी घाटी (सिन्धु की सहायक) से प्राप्त हुए, इसलिए इसे **सोहन संस्कृति** भी कहा जाता है। वर्तमान में यह क्षेत्र पंजाब में है।

- भारत का एकमात्र मानव जीवाश्म एक मानव खोपड़ी के रूप में मध्य नर्मदा घाटी के होशंगाबाद (हथनौरा) से मिला।
- सर्वप्रथम अग्नि के प्रयोग का प्रमाण इस काल में चीन के चाऊ-जू-कोजियन गुफा से प्राप्त होता है, किन्तु अग्नि का प्रयोग नियमित नहीं होता था।

मध्य पुरापाषाण काल (1,00000 से 40,000 ई. पू.)

- मध्य पुरापाषाण काल में शल्क उपकरणों की प्रधानता बढ़ गई तथा कच्चे माल के रूप में **क्वार्ट्जाइट** के स्थान पर चर्ट, जैस्पर तथा फ्लिण्ट प्रमुख हो गए। इस काल में फलकों की सहायता से बेधनी, छेदनी एवं खुरचनी जैसे उपकरण बनाए गए।
- फलकों की अधिकता के कारण मध्य पुरापाषाण काल को **फलक संस्कृति** भी कहा जाता है। एच. डी. संकालिया ने नेवासा, (गोदावरी

नदी के तट पर) को प्रारूप स्थल घोषित किया है तथा अन्य क्षेत्रों; जैसे-झारखण्ड के सिंहभूम, मध्य प्रदेश की भीमबेटका की गुफा एवं सोन घाटी, उत्तर प्रदेश की बेलन घाटी (इलाहाबाद) एवं चकिया (वाराणसी), हिमाचल प्रदेश की व्यास, वानगंगा एवं सिरसा घाटियाँ, गुजरात के सौराष्ट्र क्षेत्र इत्यादि स्थलों से मध्य पुरापाषाण काल के उपकरण प्राप्त हुए हैं।

उच्च पुरापाषाण काल (40,000 से 10,000 ई. पू.)

- उच्च पुरापाषाण काल आधुनिक मानव अर्थात् **होमोसेपियन्स** के अस्तित्व का युग था। इस काल में मानव उपकरणों के निर्माण में हड्डी, हाथी दाँत एवं सींगों का प्रयोग करने लगा था।
- उच्च पुरापाषाण काल के उपकरणों में तक्षणी एवं खुरचनी के अतिरिक्त अस्थि के उपकरण महत्त्वपूर्ण थे।
- मानव रहने के लिए **शैलाश्रयों का प्रयोग** करने लगा। इस काल में नक्काशी और चित्रकारी दोनों रूपों में कला का विकास हुआ।
- इन विशेष उपकरणों में **तक्षणी या गिरमिट** (ब्यूरिन) का विशेष महत्त्व है। ब्यूरिन या तक्षणी ब्लेड से निर्मित होता था, जोकि स्क्रू ड्राइवर पेंच के समान होते थे।
- इस काल का मुख्य उपकरण ब्लेड था। ब्लेड शल्क से निर्मित औजार होते थे, जिनकी लम्बाई उनकी चौड़ाई से दोगुनी होती थी।
- इस काल के उपकरण सोन घाटी, भीमबेटका, जोगदहा, रामपुर (मध्य प्रदेश), पैसरा (बिहार), सिंहभूम (झारखण्ड), रेणीगुटा, कुर्नुल गुफाएँ (आन्ध्र प्रदेश), शोरापुर दोआब (कर्नाटक), पटणे भदणे तथा इनामगाँव (महाराष्ट्र), बूढ़ा पुष्कार (राजस्थान) आदि से प्राप्त हुए हैं।

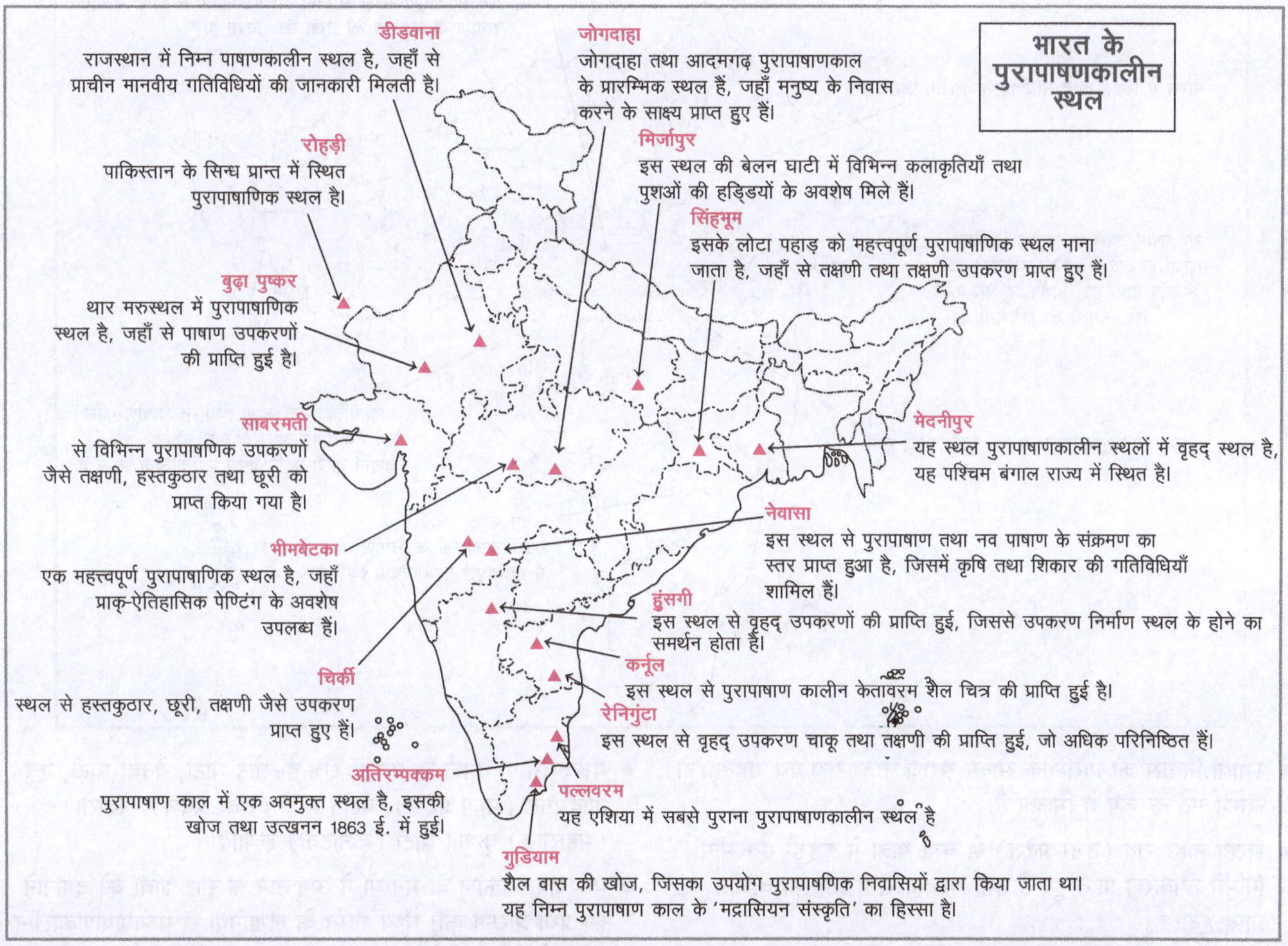

मध्य पाषाणकाल (10,000 से 5500 ई. पू.)

- हिम युग के अन्त के पश्चात् मध्यपाषाण काल प्रारम्भ हुआ। भारत में मध्यपाषाण काल के विषय में जानकारी सर्वप्रथम 1867 ई. में हुई, जब **सी. एल. कार्लाइल** ने विन्ध्य क्षेत्र में लघु पाषाण उपकरण खोज निकाले।
- इस काल के औजार छोटे पत्थरों से बने हुए हैं, जिन्हें **माइक्रोलिथिक** या सूक्ष्म पाषाण कहा गया है। मध्यपाषाण काल मुख्यत: **आखेटक तथा पशुपालक** से सम्बन्धित काल था।
- भारत में मानव अस्थिपंजर सर्वप्रथम मध्यपाषाण काल से ही प्राप्त होने लगे थे। इस काल में मानव अस्थिपंजर का पहला अवशेष उत्तर प्रदेश के प्रतापगढ़ जिले के सराय नाहर राय तथा महदहा

नामक स्थान से प्राप्त हुआ है। मध्यपाषाण युगीन औजार बनाने की तकनीक को **फ्लूटिंग** कहा जाता है।

- इस काल के कुछ सूक्ष्म औजारों का आकार ज्यामितीय है, जिसमें ब्लेड, क्रोड, त्रिकोण, नव चन्द्राकार तथा समलम्ब औजार प्रमुख हैं।
- मध्यपाषाण काल के लोग शिकार, मछली पकड़ने तथा खाद्य-संग्रहण पर निर्भर रहते थे। इस काल में **बागौर** (राजस्थान) तथा **आदमगढ़, भीमबेटका** (मध्य प्रदेश) से पशुपालन का प्राचीनतम साक्ष्य प्राप्त होता है। इसी काल में मानव ने सर्वप्रथम कुत्ते को पालतू पशु बनाया था। राजस्थान के भीलवाड़ा जिले में कोठारी नदी के तट पर स्थित बागौर भारत का सबसे बड़ा मध्यपाषाणिक स्थल है।
- राजस्थान में स्थित साम्भर झील निक्षेप के कई मध्यपाषाणिक स्थल प्राप्त हुए हैं, जिनमें **नरवा, गोविन्दगढ़** तथा **लेखवा** प्रमुख हैं। यहाँ से विश्व के सबसे पुराने वृक्षारोपण का साक्ष्य मिला है।

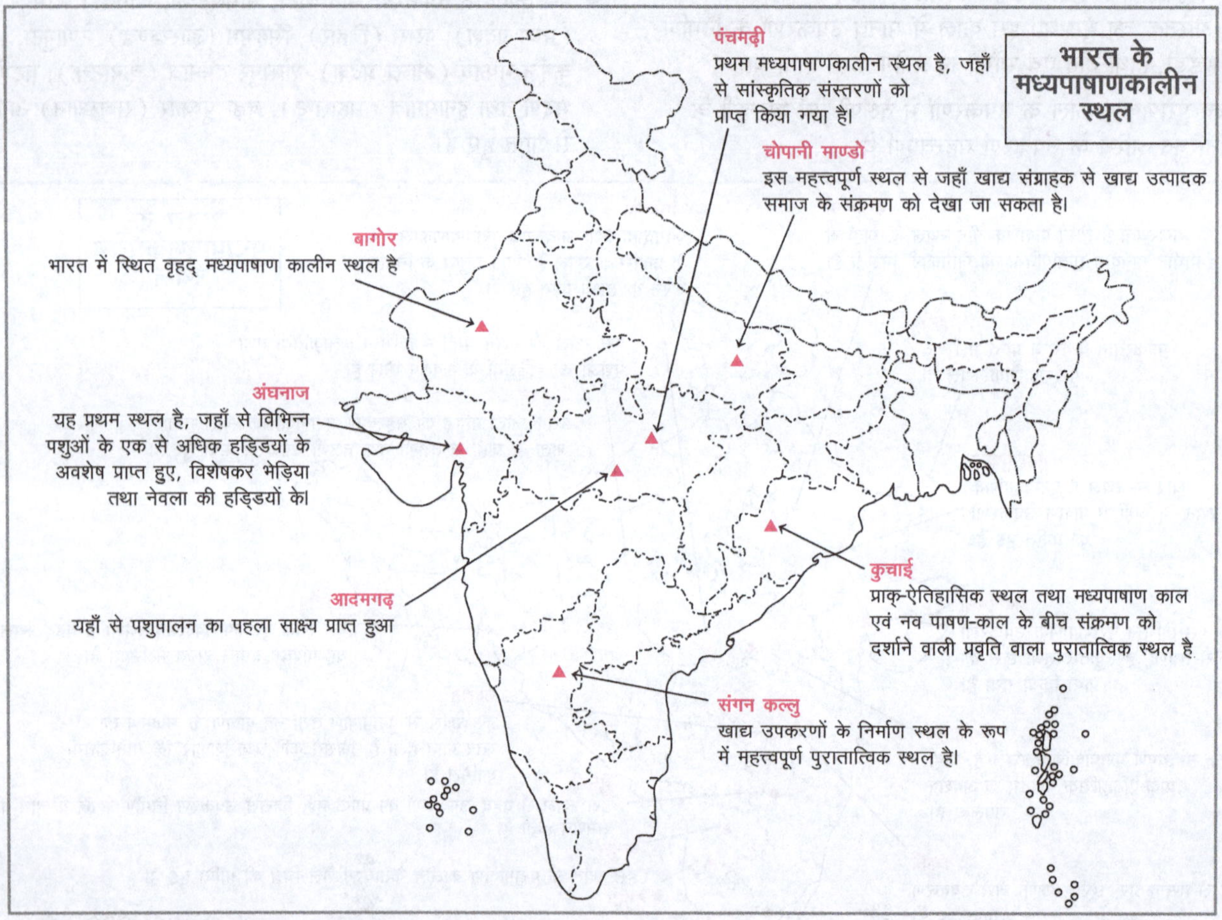

- स्थायी निवास का प्रारम्भिक साक्ष्य सराय नाहर राय एवं महदहा से स्तम्भ गर्त के रूप में मिलता है।
- सराय नाहर राय (उत्तर प्रदेश) से बड़ी मात्रा में हड्डी एवं सींग निर्मित उपकरण प्राप्त हुए हैं तथा महदहा से हड्डी का वाणाग्र प्राप्त हुआ है।
- **मध्यपाषाण काल के प्रमुख क्षेत्र हैं**-सोन घाटी, बेतवा घाटी, एवं आदमगढ़ (मध्य प्रदेश), बेलन घाटी (उत्तर प्रदेश), नेवासा (महाराष्ट्र) कृष्णा घाटी (कर्नाटक) इत्यादि।
- मध्यपाषाण काल के मनुष्यों ने अनुष्ठान के साथ शवों को दफनाने की प्रथा प्रारम्भ की। मध्य भारत के लेखनिया से मध्यपाषाणकालीन शवों को अनुष्ठान के साथ दफनाने का साक्ष्य मिला है।

नवपाषाण काल (5500-5500 ई. पू.)

- नवपाषाण या नियोलिथिक शब्द का प्रयोग सबसे पहले सर जॉन लुबाक ने 1865 ई. में किया था।
- भारत में नवपाषाण काल से सम्बन्धित पुरातात्विक खोज करने का श्रेय डॉ. प्राइमरोज को जाता है, उन्होंने 1842 ई. में कर्नाटक के लिंगसुगुर स्थल से उपकरण खोजे थे।
- इस काल के प्रथम प्रस्तर उपकरण सर्वप्रथम 1860 ई. में लॉ मसुरिये ने टोन्स नदी घाटी (उत्तर प्रदेश) से प्राप्त किए।
- पुरातत्त्वविद् मिल्स बुरकिट के अनुसार, पशुओं को पालतू बनाना, कृषि व्यवहार का प्रथम प्रयोग, घिसे तथा पॉलिशदार पत्थर के औजार एवं मृद्भाण्डों का निर्माण नवपाषाण काल की प्रमुख विशेषता है।
- पाकिस्तान के बलूचिस्तान में अवस्थित मेहरगढ़ तथा भारत के कश्मीर में स्थित बुर्जहोम एवं गुफ्कराल महत्त्वपूर्ण नवपाषाणकालीन स्थल हैं। यद्यपि मेहरगढ़ प्राचीनतम नवपाषाणकालीन स्थल है।
- गुफ्कराल का शाब्दिक अर्थ कुम्हार की गुहा (गुफा) से है। बुर्जहोम में गर्त निवास का साक्ष्य मिलता है, जहाँ कब्रों में पालतू कुत्ते भी मालिकों के शवों के साथ दफनाए जाते थे। यहाँ से युग्मित शवाधान के प्रमाण मिले हैं।

भीमबेटका की गुफाएँ

- **भीमबेटका** से चित्रकारी के प्राचीनतम साक्ष्य प्राप्त हुए हैं, जो मध्यपाषाण काल से सम्बन्धित हैं। भीमबेटका (Bhimbetaka) का चट्टानी शरणस्थल भोपाल से 45 किमी पश्चिम में स्थित है। यूनेस्को ने भीमबेटका शैल चित्रों को विश्व विरासत सूची में सम्मिलित किया है। भारतीय पुरातत्त्ववेत्ता **वी. एस. वाकणकर** ने पहली बार भीमबेटका गुफा को देखा और उसके शैल चित्रों के प्रागैतिहासिक महत्त्व को खोजा था।
- इन गुफाओं में जीवन के विविध रंगों को पेण्टिंग के रूप में उकेरा गया, जिनमें हाथी, साम्भर, हिरण आदि के चित्र हैं। इस काल के लोगों ने गहरे लाल, हरे, उजले तथा पीले रंगों का प्रयोग किया।

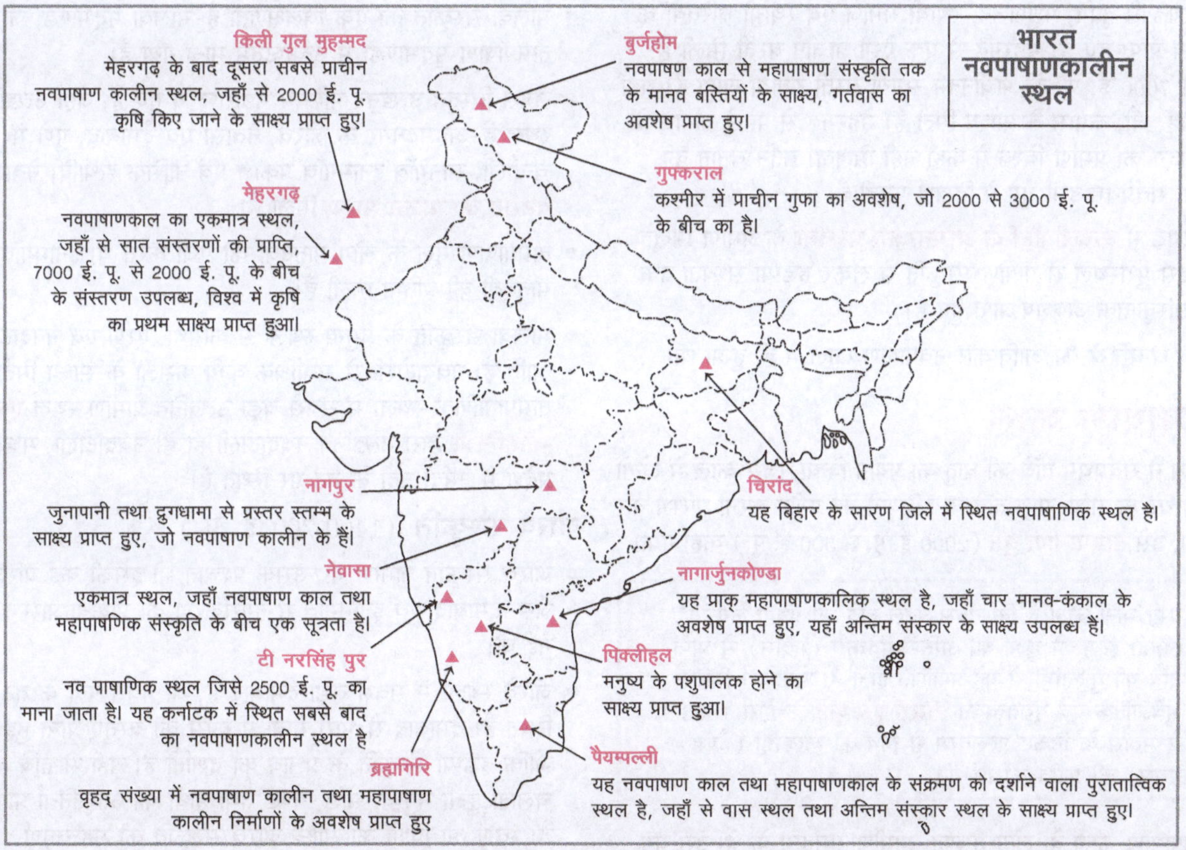

- **चिरांद** (बिहार) से हड्डियों के बने हुए उपकरण पाए गए हैं, जो मुख्य रूप से हिरण के सींगों के बने हुए हैं। मृद्भाण्ड निर्माण का प्रारम्भ नवपाषाण काल से हुआ। मृद्भाण्ड का प्राचीनतम साक्ष्य चौपानीमाण्डो से प्राप्त हुआ है।
- कर्नाटक में **संगनकल्लू** (मैसूर) तथा **पिकलीहल** से **राख के टीले** के साक्ष्य प्राप्त हुए हैं। मेहरगढ़ (बेलन घाटी) से गौशाला के साक्ष्य प्राप्त हुए हैं। दक्षिण भारत में प्रयुक्त होने वाली पहली फसल रागी थी।
- **कोल्डिहवा** (उत्तर प्रदेश) से वन्य एवं कृषिजन्य दोनों प्रकार के चावल के साक्ष्य मिलते हैं। यह धान की खेती का प्राचीनतम साक्ष्य है।
- निम्न पुरापाषाण काल में क्रोड उपकरणों की प्रधानता थी; जैसे-कुल्हाड़ी बसुली, छेनी, खुरपी, कुदाल, हथौड़े इत्यादि।
- **सर्वप्रथम तीर कमान** का विकास मध्यपाषाण काल में हुआ। इस काल में लोग छोटे जानवरों का भी शिकार करने लगे। मछली पकड़ने का साक्ष्य जलीलपुर (पाकिस्तान) से प्राप्त हुआ है।
- **मेहरगढ़** से सीमित मात्रा में ताँबे के प्रयोग का प्रमाण मिलता है। सर्वप्रथम कुम्हार के चाक पर तैयार मिट्टी के बर्तन मेहरगढ़ से मिलते हैं।
- मेहरगढ़ से कृषि, पशुपालन, स्थायी समाज एवं स्थायी बस्तियों के साक्ष्य प्राप्त हुए हैं। मेहरगढ़ से एक ऐसी प्राचीन बस्ती मिली है, जिसे 7000 ई. पू. की प्राचीनतम स्थायी बस्ती बताया जाता है। यहाँ से गेहूँ, जौ, कपास के साक्ष्य मिले हैं। मेहरगढ़ से पहले कपास के उत्पादन का प्रमाण विश्व में कहीं नहीं मिलता। बर्तन बनाने की कला सर्वप्रथम इसी युग में दिखाई पड़ती है।
- मेहरगढ़ में **कच्ची ईंटों के आयताकार मकानों** के प्रमाण मिलते हैं। इस पुरास्थल से पाषाण संस्कृति से लेकर हड़प्पा सभ्यता तक के सांस्कृतिक अवशेष प्राप्त हुए हैं।
- **कृषि व पहिये** का आविष्कार नवपाषाण काल में ही हुआ था।

ताम्रपाषाण काल

- मानव ने सर्वप्रथम ताँबे की धातु का प्रयोग किया, जिस काल में लोगों ने पत्थर के साथ-साथ ताँबे के हथियारों का प्रयोग करना प्रारम्भ कर दिया, उसे **ताम्रपाषाण युग** (2000 ई. पू. से 500 ई. पू.) कहा गया।

> ऐसा माना जाता है कि सबसे पहले ताँबे का प्रयोग लगभग 5000 ई. पू. में हुआ था। **अतिरमपक्कम** (मद्रास) से प्राप्त ताँबे की कुल्हाड़ी से यह प्रमाणित होता है। सर्वप्रथम ब्रिटिश भूवैज्ञानिक एवं पुरातत्त्ववेत्ता **रॉबर्ट ब्रूस फुट** के द्वारा 1863 ई. में मद्रास के निकट पल्लवरम से हाथ की कुल्हाड़ी (हैण्ड एक्स) की प्राप्ति की गई थी।

- ताम्रपाषाण काल के लोग मुख्यत: ग्रामीण समुदाय के थे। इस युग के लोग सामान्यत: पकी ईंटों का प्रयोग नहीं करते थे।
- इस युग में मातृदेवी की पूजा की जाती थी। इनामगाँव से मातृदेवी की मूर्तियाँ अधिक संख्या में मिली हैं। कहीं-कहीं कच्ची मिट्टी द्वारा बनी मातृदेवी की मूर्ति की भी पूजा होती थी।

ताम्रपाषाण काल की प्रमुख संस्कृतियाँ

ताम्रपाषाण काल की प्रमुख संस्कृतियाँ निम्नलिखित हैं

अहाड़ संस्कृति (2100-1500 ई. पू.)

- इस संस्कृति का कालक्रम 2100-1500 ई. पू. के मध्य में माना गया है। भारत में ताम्रपाषाण अवस्था के मुख्य क्षेत्र दक्षिणी-पूर्वी राजस्थान (अहाड़ एवं गिलुण्द), पश्चिमी मध्य प्रदेश (मालवा, कायथा और एरण), पश्चिमी महाराष्ट्र तथा दक्षिणी-पूर्वी भारत आदि हैं।
- बड़ी मात्रा में ताँबा मिलने के कारण अहाड़ को **ताँबवती** भी कहा गया है। **गिलुण्द** इस संस्कृति का स्थानीय केन्द्र रहा था। यहाँ से पकी ईंटों के निर्माण के साक्ष्य प्राप्त हुए हैं। यहाँ से ताँबे से निर्मित कुल्हाड़ियाँ, चादरें एवं कई प्रकार की चूड़ियाँ मिली हैं।
- इस संस्कृति के प्रमुख स्थानों में अहाड़ के अतिरिक्त गिलुण्द एवं बालाथल को चिह्नित किया गया है। यहाँ से एक प्रस्तर फलक उद्योग के अवशेष मिले हैं। बालाथल से टेराकोटा के प्रयोग के साक्ष्य भी मिले हैं।

मालवा संस्कृति (1700-1200 ई. पू.)

- मालवा संस्कृति की एक विलक्षणता है-मालवा मृद्भाण्ड, जो ताम्रपाषाण मृद्भाण्डों में उत्कृष्टतम माना गया है।
- सबसे विस्तृत उत्खनन पश्चिम महाराष्ट्र में हुए हैं, जहाँ उत्खनित स्थल हैं-अहमदनगर के जोरवे, नेवासा एवं दैमाबाद, पुणे में चन्दौली, सोनगाँव इनामगाँव प्रकाश एवं नासिक इत्यादि। नेवासा से **पटसन का पहला साक्ष्य** मिला है।
- ताम्रपाषाण मूल के लोग मातृदेवी की पूजा करते थे। इनामगाँव से मातृदेवी की प्रतिमा मिली है।
- मालवा संस्कृति के प्रमुख स्थलों में कायथा, एरण एवं नवदाटोली आदि हैं। नवदाटोली से सर्वाधिक कृषि फसलों के साक्ष्य मिले हैं। ताम्रपाषाणिक स्थलों में सबसे बड़ा उत्खनित ग्रामीण स्थल **एच. डी. सांकलिया** द्वारा उत्खनित नवदाटोली ही है। नवदाटोली, मध्य प्रदेश में नर्मदा नदी के तट पर स्थित है।

जोरवे संस्कृति (1400-700 ई. पू.)

- जोरवे संस्कृति ग्रामीण थी, उसके पश्चात् भी इसकी कई बस्तियाँ; जैसे-दैमाबाद एवं इनामगाँव में नगरीकरण की प्रक्रिया प्रारम्भ हो गई थी।
- जोरवे स्थलों में सबसे बड़ा दैमाबाद है, जो प्रवरा नदी के तट पर स्थित है। दैमाबाद से भारी मात्रा में काँसे की वस्तुएँ प्राप्त हुई हैं, जोकि हड़प्पा संस्कृति के प्रभाव को दर्शाती है। यहीं से ताँबे का रथ चलाता हुआ मनुष्य, साँड, गैण्डे तथा हाथी की आकृतियाँ प्राप्त हुई हैं। स्वर्ण आभूषणों का साक्ष्य जोरवे संस्कृति की महत्त्वपूर्ण विशेषता है।
- **इनामगाँव** एक बड़ी बस्ती है, जो किलाबन्द है तथा खाई से घिरी हुई है। यहां से कच्ची मिट्टी के मकानों तथा गोलाकार गड्ढे वाले मकानों के साक्ष्य भी प्राप्त हुए हैं।

कायथा संस्कृति (2000-1800 ई. पू.)

- कायथा के मृदभाण्डों पर प्राक् हड़प्पन, हड़प्पन और हड़प्पोत्तर संस्कृति का प्रभाव दिखाई देता है। इस संस्कृति के प्रमुख स्थल कायथा एवं एरण हैं। एरण से ही सती प्रथा के प्रथम अभिलेखीय साक्ष्य मिले हैं।
- कायथा से **स्टेटाइट** और **कॉर्नेलियन** जैसे कीमती पत्थरों से बने मोतियों के हार पात्रों में जमे पाए गए हैं। **गैरिक मृद्भाण्ड संस्कृति** भी एक महत्त्वपूर्ण ताम्रपाषाणकालीन संस्कृति है।
- उल्लेखनीय है कि 1200 ई. पू. के लगभग ताम्रपाषाणिक संस्कृति विलुप्त हो गई, जबकि इसमें केवल जेरवे संस्कृति 700 ई. पू. तक अस्तित्व में रही।
- ताम्रपाषणिक बस्तियों के लुप्त होने का कारण अत्यल्प वर्षा (सूखा) माना जाता है।

अन्य ताम्रपाषाणिक संस्कृतियाँ

संस्कृति		अवधि
प्रभास संस्कृति	—	2000-1400 ई. पू.
सवाल्दा संस्कृति	—	2300-2000 ई. पू.
रंगपुर संस्कृति	—	1700-1400 ई. पू.

- पाषाणकालीन युग के अन्त के पश्चात् धातुओं के प्रयोग का युग प्रारम्भ हुआ, जिसे **आद्य ऐतिहासिक काल** अथवा **धातु काल** कहा गया है।
- हड़प्पा संस्कृति तथा वैदिक संस्कृति का सम्बन्ध इसी काल से जोड़ा जाता है। **गैरिक** तथा **कृष्ण लोहित मृद्भाण्ड** का भी सम्बन्ध इसी युग से जोड़ा जाता है।

महापाषाण काल

- नवपाषाण काल के बाद दक्षिण भारत में जिस संस्कृति का आविर्भाव हुआ, उसे महापाषाण काल कहा जाता है।
- महापाषाण शब्द अंग्रेजी के मेगालिथ (Megalith) शब्द का हिन्दी रूपान्तर है। मेगालिथ शब्द दो शब्दों मेगा व लिथ से मिलकर बना है
- मेगा शब्द यूनानी भाषा के **मेंगास** तथा लिथ शब्द यूनानी भाषा के **लिबोस** से बना है।
- मेगालिथ से तात्पर्य बड़े-बड़े प्रस्तर खण्डों से बनी कब्रों (स्मारकों) से है।
- पत्थर की कब्रों को महापाषाण (Megalithic) कहा जाता था। इन कब्रों में मानवों को दफनाया जाता था। महापाषाण काल से सम्बद्ध लोग साधारणत: पहाड़ों के ढलान पर रहते थे।
- दक्कन, दक्षिण भारत, उत्तरी-पूर्वी भारत तथा कश्मीर में यह प्रथा प्रचलित थी। जहाँ से कब्रों में **लोहे के औजार**, **घोड़े के कंकाल** तथा **पत्थर एवं सोने के गहने** भी प्राप्त हुए हैं।
- यहाँ आंशिक **शवाधान की पद्धति** भी प्रचलित थी, जिसके अन्तर्गत शवों को जंगली जानवरों के खाने के लिए छोड़ दिया जाता था। ब्रह्मगिरि, आदिचन्नलूर, मास्की, चिंगलपत्तु, नागार्जुनकोण्डा आदि इसके प्रमुख शवाधान केन्द्र हैं।
- महापाषाण कालीन लोग **धान** के अतिरिक्त **रागी** की खेती भी करते थे। इतिहासकारों ने महापाषाण काल का निर्धारण 1000 ई. पू. से लेकर प्रथम शताब्दी ई. पू. के बीच किया है।

प्रमुख प्रागैतिहासिक काल एवं सम्बन्धित स्थल

काल	संस्कृति के लक्षण	मुख्य स्थल	महत्त्व, उपकरण एवं विशेषताएँ
निम्न पुरापाषाण काल	शल्क, गण्डासा, खण्डक उपकरण संस्कृति	पंजाब, कश्मीर, सोहन घाटी, सिंगरौली घाटी, छोटानागपुर, नर्मदा घाटी, कर्नाटक, आन्ध्र प्रदेश	हस्त कुठार एवं वटिकाश्म उपकरण, होमोइरेक्ट अस्थि अवशेष नर्मदा घाटी से प्राप्त हुए हैं।
मध्य पुरापाषाण काल	फलक संस्कृति	नेवासा (महाराष्ट्र) डीडवाना (राजस्थान), भीमबेटका (मध्य प्रदेश), नर्मदा घाटी, बांकुड़ा पुरुलिबा (पश्चिम बंगाल)	फलक, बेधनी, खुरचनी, भीमबेटका से गुफा चित्रकारी मिली है।
उच्च पुरापाषाण काल	अस्थि, खुरचनी एवं तक्षणी संस्कृति	बेलन घाटी, छोटानागपुर, पठार, मध्य भारत, गुजरात, महाराष्ट्र, कर्नाटक, आन्ध्र प्रदेश	प्रारम्भिक होमोसेपियन्स मानव का काल, हार्पून, फलक एवं हड्डी के उपकरण प्राप्त हुए।
मध्यपाषाण काल	सूक्ष्म पाषाण संस्कृति	आदमगढ़, भीमबेटका (मध्य प्रदेश), बागौर (राजस्थान), सराय, नाहर राय (उत्तर प्रदेश)	सूक्ष्मपाषाण उपकरण बनाने की तकनीक का विकास, अर्द्धचन्द्राकार उपकरण, इकधार फलक, स्थायी निवास का साक्ष्य पशुपालन।
नवपाषाण काल	पॉलिश्ड उपकरण संस्कृति	बुर्जहोम और गुफ्कराल (कश्मीर), लंघनाज (गुजरात), दमदमा, कोल्डिहवा (उत्तर प्रदेश), चिरांद (बिहार), पोचमपल्ली (तमिलनाडु), ब्रह्मगिरि, मास्की (कर्नाटक)	प्रारम्भिक कृषि संस्कृति, कपड़ा बुनना, भोजन पकाना, मृद्भाण्ड निर्माण, मनुष्य स्थायी निवासी बना, पाषाण उपकरणों की पॉलिश, पहिया तथा अग्नि का प्रचलन।

प्रीलिम्स फैक्ट्स

- भारतीय उपमहाद्वीप में लोहे का प्रयोग कब आरम्भ हुआ?
  – 1300 ई. पू. [BPSC (Pre) 2023]
- जुलाई, 2019 में विशेषज्ञों ने बिहार के किस स्थान से महापाषणिक स्थल के अवशेष को चिन्हित किया है? *– कैमूर [BPSC (Pre) 2019]*
- कोपेनहेगन संग्रहालय की सामग्री से पाषाण, कांस्य और लौह युग का त्रियुगीय विभाजन किया था *– थॉमसन ने [UPPSC (Pre) 2010]*
- किस भारतीय पुरातत्त्ववेत्ता ने पहली बार 'भीमबेटका गुफा' को देखा और उसके शैलचित्रों के प्रागैतिहासिक महत्त्व को खोजा?
  – वी.एस. वाकणकर [UPPSC (Pre) 2020]
- कौन-सा स्थल प्रागैतिहासिक चित्रकला के लिए प्रसिद्ध है?
  – भीमबेटका [UPPSC (Mains) 2011]
- उत्खनित प्रमाणों के अनुसार पशुपालन का प्रारम्भ हुआ था
  – मध्यपाषाण काल में [UPPSC (Mains) 2006]
- किस स्थान पर मध्यपाषाण काल में पशुपालन के प्रमाण मिलते हैं?
  – बागोर [UPPSC (Pre) 2018]
- विन्ध्य क्षेत्र के किस शिलाश्रय से सर्वाधिक मानव कंकाल प्राप्त हुए हैं? *– लेखहिया [UPPSC (Pre) 2016]*
- भारत में मानव का सर्वप्रथम साक्ष्य कहाँ से प्राप्त हुआ है?
  – नर्मदा घाटी [UKPSC (Pre) 2006]
- किस स्थान से एक ही कब्र से तीन कंकाल प्राप्त हुए हैं?
  – दमदमा से [UPPSC (Pre) 2016]
- किस स्थल से हड्डी के उपकरण प्राप्त हुए हैं?
  – महदहा से [UPPSC (Mains) 2010]
- किस नवपाषाण स्थल से गर्त आवास के साक्ष्य प्राप्त हुए हैं?
  – बुर्जहोम से [UPPSC (Mains) 2011]
- खाद्यानों की कृषि सर्वप्रथम किस काल में प्रारम्भ हुई थी?
  – नवपाषाणकाल में [UPPSC (Mains) 2005]
- मानव द्वारा सर्वप्रथम प्रयुक्त अनाज कौन-सा था?
  – जौ [UPPSC (Pre) 1997]
- गंगा घाटी में धान की खेती का प्राचीनतम प्रमाण कहाँ से प्राप्त हुआ है? *– लहुरादेव [UPPSC (Pre) 2008]*
- भारतीय उपमहाद्वीप में कृषि के प्राचीनतम साक्ष्य कहाँ से प्राप्त हुए हैं?
  – मेहरगढ़ [BPSC (Pre) 2018]
- राख का टीका किस नवपाषाणिक स्थल से सम्बन्धित है?
  – संगनकल्लू [UPPSC (Pre) 2009]
- किस नवपाषाणकालीन से मानव के साथ कुत्ते के दफनाए जाने के साक्ष्य प्राप्त हुए हैं? *– बुर्जहोम [UKPSC (Mains) 2010]*
- किस काल को चालकोलिथिक युग भी कहा जाता है?
  – ताम्रपाषाण युग [BPSC (Pre) 2001]
- नवदाटोली किस राज्य में अवस्थित है?
  – मध्य प्रदेश [UPPSC (Pre) 2009]
- ताम्राश्म काल में महाराष्ट्र के लोग मृतकों को घर के फर्श के नीचे किस ओर रखकर दफनाते थे?
  – उत्तर से दक्षिण की ओर [UPPSC (Pre) 1997]
- किस पुरास्थल से पाषाण संस्कृति से लेकर हड़प्पा सभ्यता तक के सांस्कृतिक अवशेष प्राप्त हुए हैं? *– मेहरगढ़ [UPPSC (Pre) 2008]*
- अतिरमपक्कम, भीमबेटका, पिक्लिहल तथा बुर्जहोम नामक पुरातात्विक स्थलों में से कौन-सा उत्तर से दक्षिण उनके स्थानों का सही क्रम है?
  – उत्तर से दक्षिण क्रम है-बुर्जहोम-भीमबेटका-पिक्लिहल-अतिरमपक्कम [HPSC (Pre) 2021]
- चन्द्रकेतुगढ़ किस कला के लिए प्रसिद्ध है?
  – टेराकोटा कला [IAS (Pre) 2021]
- गणेश्वर किस धातु की कलाकृतियों के लिए विख्यात है?
  – ताम्र कलाकृतियों के लिए [IAS (Pre) 2021]
- गैरिक मृद्भाण्ड पात्र का नामकरण हुआ था?
  – हस्तिनापुर में [UPPSC (Mains) 2006]
- वृहद् पाषाण स्मारकों की पहचान किस रूप में की गई है?
  – मृतक को दफनाने वाले स्थान के रूप में [UPPSC (Mains) 2005]
- मानव समाज विलक्षण है, क्योंकि वह मुख्यतया अश्रित होता है
  – अर्थव्यवस्था पर [UPPSC (Mains) 2004]

सेल्फ चैक

1. पुरातात्विक प्रमाणों के अनुसार मानव का उद्‌भव कहा हुआ था?
(a) यूरोप (b) अफ्रीका
(c) एशिया (d) उत्तरी अमेरिका

2. भारत में मानव का सर्वप्रथम साक्ष्य कहाँ मिलता है?
(a) शिवालिक पहाड़ियाँ (b) नल्लमला पहाड़ियाँ
(c) नर्मदा घाटी (d) नीलगिरि पहड़ियाँ

3. रॉबर्ट ब्रूस फूटे थे
(a) भूगर्भ वैज्ञानिक (b) पुरातत्त्वविद्
(c) 'a' और 'b' दोनों (d) पुरावनस्पति शास्त्री

4. 'भारतीय पुरातत्त्व का जनक' किसे कहा जाता है? MPPSC (Pre) 2017
(a) अलेक्जेण्डर कनिंघम
(b) जॉन मार्शल
(c) मार्टिमर व्हीलर
(d) जेम्स प्रिन्सेस

5. भारतीय पुरातत्त्व सर्वेक्षण निम्नलिखित विभागों/मन्त्रालयों में से किसका संलग्न कार्यालय है? JPSC (Pre) 2011
(a) संस्कृति (b) पर्यटन
(c) विज्ञान एवं प्रौद्योगिकी (d) मानव संसाधन विकास

6. चॉपिंग (पेबुल) और हैण्डेक्स संस्कृति किस काल के उपकरण हैं?
(a) निम्न पुरापाषाण काल
(b) मध्य पुरापाषाण काल
(c) उच्च पुरापाषाण काल
(d) मध्य पाषाण काल

7. निम्नलिखित में से किस स्थान पर मध्यपाषाण काल में पशुपालन के प्रमाण मिले थे? UPPSC (Pre) 2018
(a) औदे (b) बोरी
(c) बागौर (d) लखनिया

8. निम्नलिखित में से किस स्थल से हड्डी के उपकरण प्राप्त हुए थे? UPPSC (Mains) 2010
(a) चौपानीमाण्डो से
(b) काकोरिया से
(c) महदहा से
(d) सराय नाहर राय से

9. निम्नलिखित में से किस भारतीय पुरातत्ववेत्ता ने पहली बार भीमबेटका गुफा को देखा और उसके शैलचित्रों के प्रागैतिहासिक महत्त्व को खोजा? UPPSC (Pre) 2020
(a) माधो स्वरूप वत्स (b) एच. डी. सांकलिया
(c) वी. एस. वाकणकर (d) वी. एन. मिश्रा

10. एक ही कब्र से तीन कंकाल निकले थे UPPSC (Pre) 2016
(a) सराय नाहर राय से (b) दमदमा से
(c) महदहा से (d) लंघनाज से

11. निम्नलिखित में से किस स्थान से मानव के साथ कुत्ते को दफनाएँ जाने का साक्ष्य मिले थे? UKPSC (Pre) 2010
(a) बुर्जहोम
(b) कोल्डिहवा
(c) चोपानीमाण्डो
(d) माण्डा

12. भारतीय उपमहाद्वीप में कृषि के प्राचीनतम साक्ष्य कहाँ से प्राप्त हुए? BPSC (Pre) 2018
(a) लोथल (b) हड़प्पा
(c) मेहरगढ़ (d) मुण्डिगाक

13. निम्नलिखित में से किस एक संस्कृति ने अपने मृदभाण्ड को सर्वप्रथम चित्रित किया?
(a) मध्यपाषाण (b) ताम्रपाषाण
(c) नवपाषाण (d) लौह युग

14. नीचे भारत के चार पुरातात्विक स्थल दिए हैं, निम्नलिखित में से कौन उत्तर से दक्षिण तक उनके स्थानों का सही क्रम प्रस्तुत करता है? HPSC (Pre) 2012
1. अतिरमपक्कम 2. भीमबेटका
3. पिकलीहल 4. बुर्जहोम
कूट
(a) 4, 2, 1, 3 (b) 2, 3, 1, 4
(c) 2, 4, 1, 3 (d) 4, 2, 3, 1

15. भारत में पाषाण युग के बारे में निम्नलिखित कथनों पर विचार कीजिए
1. विभिन्न युगों को पत्थर के औजारों के प्रकार और शिल्प विज्ञान के आधार पर पहचाना जाता है।
2. विभिन्न युगों के अन्दर औजारों के प्रकार और शिल्प विज्ञान में कोई क्षेत्रीय विभिन्नता नहीं है।
3. विभिन्न युगों की पाषाण युग संस्कृति सम्पूर्ण उपमहाद्वीप में एक अमिश्रित एक रेखीय ढंग से एकसमान विकसित हुई।
उपरोक्त कथनों में से कौन-सा/से कथन सही है/हैं?
(a) केवल 1
(b) 1 और 2
(c) केवल 3
(d) उपरोक्त सभी

16. निम्नलिखित कथनों में से कौन-सा कथन जोरवे संस्कृति के सम्बन्ध में सही नहीं है?
(a) प्रवर-गोदावरी घाटी जोरवे संस्कृति का मूल क्षेत्र थी
(b) जोरवे संस्कृति के मुख्य स्थल दैमाबाद, इनामगाँव, जोरवे और नेवासा हैं
(c) दैमाबाद में प्रतीकात्मक दफनाए जाने का पुरातात्विक साक्ष्य मिलता है।
(d) व्यावहारिक रूप में उत्तरी दक्कन में सभी जोरवे बस्तियाँ अचानक उजाड़ हो गईं

17. अहाड़ सभ्यता के बारे में निम्न कथनों पर विचार कीजिए
1. अहाड़वासी ताँबा गलाना जानते थे।
2. ये लोग चावल से परिचित नहीं थे।
3. धातु का कार्य अहाड़वासियों की अर्थव्यवस्था का एक साधन था।
4. यहाँ से काले-लाल रंग के मृद्भाण्ड मिले हैं, जिन पर सामान्यतः सफेद रंग से ज्यामितीय आकृतियाँ उकेरी गई है।

उपरोक्त कथनों में से कौन-से कथन सही हैं?

(a) 1, 3 और 4 (b) 1 और 2
(c) 1, 2 और 3 (d) 3 और 4

18. निम्नलिखित युग्मों पर विचार कीजिए **IAS (Pre) 2021**

ऐतिहासिक स्थान	ख्याति का कारण
1. बुर्जहोम	शैलकृत देव मन्दिर
2. चन्द्रकेतुगढ़	टेराकोटा कला
3. गणेश्वर	ताम्र कलाकृतियाँ

उपरोक्त युग्मों में से कौन-सा/से युग्म सही सुमेलित है/हैं?

(a) केवल 1 (b) 1 और 2
(c) केवल 3 (d) 2 और 3

19. बोधिसत्व पद्मपाणि का चित्र सर्वाधिक प्रसिद्ध और प्राय: चित्रित चित्रकारी है, जो **IAS (Pre) 2007**

(a) अजन्ता में है
(b) बादामी में है
(c) बाघ में है
(d) एलोरा में है

20. नीचे दो कथन दिए गए हैं, एक को अभिकथन (A) तथा दूसरे को कारण (R) कहा गया है।

अभिकथन (A) विन्ध्य क्षेत्र के पाषाणयुगीन लोगों ने नूतन-भूतल काल के अन्त में गंगा घाटी में प्रव्रजन किया।

कारण (R) जलवायु परिवर्तन के कारण इस काल में शुष्कता का चरण था।

कूट

(a) A और R दोनों सही हैं तथा R, A की सही व्याख्या करता है
(b) A और R दोनों सही हैं, परन्तु R, A की सही व्याख्या नहीं करता है
(c) A सही है, किन्तु R गलत है
(d) A गलत है, किन्तु R सही है

जानें सही उत्तर

1. (b)	2. (c)	3. (c)	4. (a)	5. (a)	6. (a)	7. (c)	8. (c)	9. (c)	10. (b)
11. (a)	12. (c)	13. (b)	14. (d)	15. (a)	16. (d)	17. (a)	18. (d)	19. (a)	20. (a)

● अध्याय तीन

हड़प्पा/सिन्धु घाटी सभ्यता

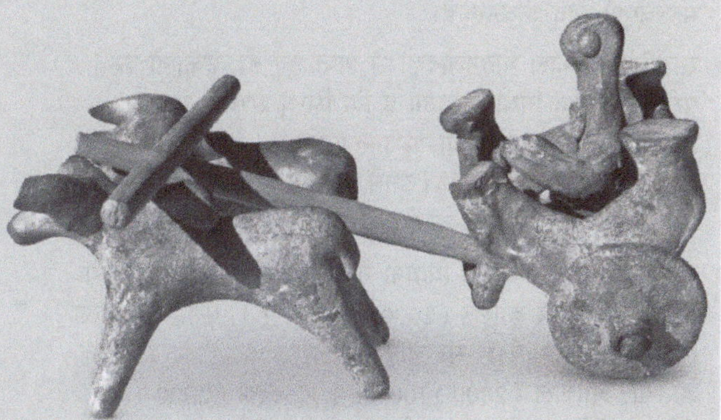

"

सिन्धु घाटी या हड़प्पा संस्कृति का उद्भव ताम्रपाषणिक पृष्ठभूमि में भारतीय उपमहाद्वीप के पश्चिमोत्तर भाग में हुआ। हड़प्पा सभ्यता को 'काँस्ययुगीन सभ्यता' भी कहा जाता है। सभ्यताओं के विकास में काँसे के (ताँबे तथा टिन की मिश्र धातु) महत्त्व के कारण सभ्यताओं के काल को काँस्य युग कहा जाता है तथा इन सभ्यताओं को काँस्ययुगीन सभ्यताएँ कहते हैं। काँस्ययुगीन सभ्यताओं में हड़प्पा सभ्यता, मैसोपोटामिया की सभ्यता, मिस्र की सभ्यता व चीन की सभ्यता प्रमुख हैं।

सभ्यता का नामकरण

- सिन्धु घाटी सभ्यता अत्यन्त विशाल भू-भाग में विस्तृत थी। आरम्भ में **हड़प्पा** और **मोहनजोदड़ो** के उत्खनन से इस सभ्यता के प्रमाण मिले थे। चूँकि ये क्षेत्र सिन्धु और उसकी सहायक नदियों के क्षेत्र में आते हैं, अत: विद्वानों ने इसे **सिन्धु घाटी सभ्यता** नाम दिया।
- बाद में लोथल, कालीबंगा, रोपड़, रंगपुर तथा बनावली आदि क्षेत्रों से भी इस सभ्यता के प्रमाण मिले, जो सिन्धु एवं उसकी सहायक नदियों के क्षेत्र से बाहर थे। अत: हड़प्पा इस सभ्यता का केन्द्र होने के कारण विद्वानों ने इसे **हड़प्पा सभ्यता** नाम दिया।

हड़प्पा सभ्यता का काल निर्धारण

- सर्वप्रथम **चार्ल्स मैसन** ने 1826 ई. में हड़प्पा सभ्यता की जानकारी दी। वर्ष 1921 में भारतीय पुरातत्त्व सर्वेक्षण विभाग के अध्यक्ष **जॉन मार्शल** के निर्देशन में **दयाराम साहनी** के द्वारा उत्खनन से इस स्थल का ज्ञान हुआ। सर्वप्रथम हड़प्पा की खोज के कारण इसका नाम हड़प्पा सभ्यता पड़ा।
- सिन्धु सभ्यता के कालक्रम निर्धारण के सम्बन्ध में पुरातत्त्ववेत्ताओं में एक मत नहीं है। इसके पश्चात् भी कार्बन-14 (C-14) डेटिंग पद्धति के आधार पर इसका काल 2350 ई. पू. से 1750 ई. पू. माना गया है, जोकि सर्वमान्य है

कार्बन-14 डेटिंग

कार्बन-14 (C-14), जिसे रेडियोकार्बन डेटिंग भी कहा जाता है, आयु निर्धारण की विधि है, जो रेडियो कार्बन (C-14) के नाइट्रोजन के क्षय पर निर्भर करती है। यह विधि व्यापक रूप से भू-वैज्ञानिकों, पुरातत्त्वविदों और जाँचकर्ताओं द्वारा उपयोग की जाती है।

- इसके अतिरिक्त जॉन मार्शल ने वर्ष 1931 में इस सभ्यता की तिथि लगभग 3250 ई. पू. से लेकर 2750 ई. पू. निर्धारित की, जबकि एनसीईआरटी के अनुसार इसकी तिथि 2500 ई. पू. से 1800 ई. पू. है।
- सिन्धु घाटी सभ्यता के निर्माताओं को निर्धारित करने का महत्त्वपूर्ण स्रोत **कंकाल** है।
- सर्वाधिक कंकाल मोहनजोदड़ो से प्राप्त हुए हैं। कंकालों के परीक्षण से यह निर्धारित हुआ है कि सिन्धु सभ्यता में चार प्रजातियाँ निवास करती थीं–**भूमध्यसागरीय, ऑस्ट्रेलॉयड, अल्पाइन** तथा **मंगोलॉयड**। इनमें से सर्वाधिक लोग **भूमध्यसागरीय प्रजाति** के थे।
- इसके अतिरिक्त विभिन्न विद्वानों ने इसका काल निर्धारण किया है; जैसे–मार्टिमर व्हीलर (2500-1500 ई. पू.), एम. एस. वत्स (3500-2500 ई. पू.), सर जॉन मार्शल (3250-2750 ई. पू.), डी. पी. अग्रवाल (2300-1700 ई. पू.), डेल्स (2900-1900 ई. पू.), मैके (2800-2500 ई. पू.), फेयरसर्विस (2000-1500 ई. पू.)आदि।

हड़प्पा सभ्यता का भौगोलिक विस्तार

- प्राचीन सभ्यताओं में क्षेत्रफल की दृष्टि से काँस्ययुगीन, आद्य ऐतिहासिककालीन सिन्धु घाटी सभ्यता का विस्तार सबसे अधिक था। यह सभ्यता भारतीय उपमहाद्वीप में प्रथम नगरीय क्रान्ति की अवस्था को दर्शाती है।
- चूँकि परिपक्व हड़प्पा सभ्यता का केन्द्रस्थल **पंजाब** और **सिन्ध** में मुख्यत: सिन्धु घाटी में पड़ता था। अतएव इसका विस्तार यहीं से दक्षिण और पूरब दिशा की ओर हुआ।
- हड़प्पा सभ्यता के अन्तर्गत **पंजाब**, **सिन्ध** और **बलूचिस्तान** के भाग के साथ-साथ गुजरात, राजस्थान, हरियाणा व पश्चिमी उत्तर प्रदेश के सीमान्त भाग भी थे। एन. सी. ई. आर. टी. के अनुसार हड़प्पा संस्कृति के लगभग 1500 स्थल ज्ञात किए गए हैं।
- यह सभ्यता उत्तर में जम्मू के माण्डा से लेकर दक्षिण में नर्मदा के मुहाने पर स्थित दैमाबाद तक और पश्चिम में बलूचिस्तान के मकरान तट पर स्थित सुत्कागेण्डोर से लेकर पूर्व में उत्तर प्रदेश के आलमगीरपुर (मेरठ) तक फैली हुई थी।

भौगोलिक विस्तार

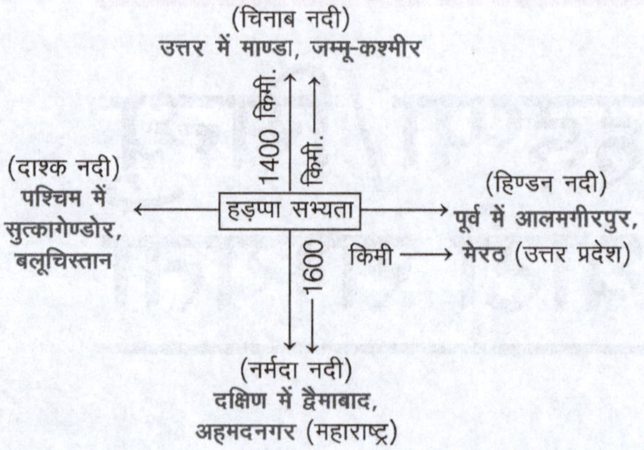

- हड़प्पा का समूचा क्षेत्र **त्रिभुजाकार** है, जिसका क्षेत्रफल लगभग, 12,99,600 वर्ग किमी है, जो प्राचीन मिस्र और मैसोपोटामिया की सभ्यता से विस्तृत है। ईसा-पूर्व तीसरी और दूसरी सहस्राब्दी में विश्व में किसी भी संस्कृति का क्षेत्र हड़प्पा संस्कृति के क्षेत्र से विस्तृत नहीं था।
- **माण्डा** जम्मू के अखनूर जिले में चिनाब नदी के दक्षिणी किनारे पर अवस्थित सिन्धु सभ्यता का सबसे उत्तरी स्थल है। इसका उत्खनन जगपति जोशी एवं मधुबाला के द्वारा वर्ष 1982 में करवाया गया था।
- **दैमाबाद** महाराष्ट्र के अहमदनगर जिले में प्रवरा नदी के बाएँ तट पर अवस्थित है। यह सैन्धव सभ्यता का सबसे दक्षिणत्तम स्थल है।
- **आलमगीर पुर** उत्तर प्रदेश के मेरठ जिले में यमुना की सहायक हिण्डन नदी के तट पर स्थित है। यह सिन्धु सभ्यता का सबसे पूर्वी स्थल है, जिसकी खोज वर्ष 1958 में भारत सेवक समाज द्वारा की गई थी। इसका उत्खनन **यक्षदत्त शर्मा** द्वारा की गई थी।
- **सुत्कागेण्डोर** हड़प्पा सभ्यता का सबसे पश्चिमी स्थल है, जो दाश्क नदी के किनारे स्थित है। इसकी खोज वर्ष 1927 में ऑरेल स्टाइन द्वारा की गई थी।

हड़प्पा / सिन्धु घाटी सभ्यता के प्रमुख स्थल

- इन स्थानों में कुछ स्थल हड़प्पा सभ्यता की प्रारम्भिक अवस्था के हैं, कुछ परिपक्व अवस्था के और कुछ उत्तर अवस्था के हैं।
- परिपक्व अवस्था वाले स्थलों की संख्या सीमित है और उनमें केवल सात को ही (सर्वाधिक महत्त्व के दो-हड़प्पा व मोहनजोदड़ो) नगर की संज्ञा ही दी जा सकती है। सिन्धु घाटी सभ्यता के कुछ प्रमुख स्थलों का संक्षिप्त विवरण अग्रलिखित है

सिन्धु सभ्यता के प्रमुख स्थल

स्थल	स्थिति	खोजकर्ता	विशेष तथ्य
हड़प्पा	रावी नदी मोण्टगोमरी, पाकिस्तान	दयाराम साहनी, 1921	श्रमिक निवास, सोलह भट्टियाँ, काँसे की घरिया, धोती पहने मूर्ति, सीध से छ: अन्नागार, कब्रिस्तान R-37, शंख का बना बैल, काँसे का एक्का एवं दर्पण, मंजूषा, बर्तन पर मछुआरे का चित्र, स्त्री के गर्भ से निकलता हुआ पौधा (उर्वरता की देवी) आदि।
मोहनजोदड़ो (मृतकों का टीला)	सिन्धु नदी, लरकाना, पाकिस्तान	राखालदास बनर्जी, 1922	मृतकों का टीला, स्नानागार, अन्नागार, काँसे की नग्न नर्तकी, मातृदेवी की मूर्ति, कुम्हार के छ: भट्टे, सूती कपड़ा, शतरंज की गोटियाँ, दाढ़ी वाला साधु,हाथी का कपाल खण्ड, पशुपति के अंकन की मुहर।
सुत्कागेण्डोर	दाश्क नदी, बलूचिस्तान, पाकिस्तान	औरेल स्टाइल, 1927 एवं जॉर्ज एफ. डेल्स, 1962	नदी की तटीय व्यापारिक चौकी, राख से भरा बर्तन, ताँबे की कुल्हाड़ी, मिट्टी से बनी चूड़ियाँ, तीन संस्कृतियों के साक्ष्य, बेबीलोन से व्यापार का साक्ष्य।
आमरी	सिन्धु नदी, सिन्ध, पाकिस्तान	एन. जी. मजूमदार, 1929 एवं जॉर्ज एफ. डेल्स, 1963/79	ऐसा पहला स्थल जहाँ पूर्व हड़प्पा सभ्यता के चिह्न और परिवर्ती परिवर्तन के चरणों की पहचान हुई तथा बारहसिंगा का नमूना।
चन्हुदड़ो	सिन्धु नदी, सिन्ध, पाकिस्तान	एन. जी. मजूमदार, 1931 उत्खननकर्ता अर्नेस्ट मैके	मुहर उत्पाद केन्द्र, औद्योगिक शहर, मिट्टी की बनी बैलगाड़ी का प्रतिरूप, काँसे की खिलौना गाड़ी, दवात। लिपिस्टिक का साक्ष्य, मनके का कारखाना, वक्राकार ईंटें, पूर्वोत्तर हड़प्पाकालीन संस्कृति (झूकर-झांगर) के अवशेष।
कालीबंगा	घग्घर नदी, राजस्थान	अमलानन्द घोष, 1953/60 उत्खननकर्ता बी.बी. लाल एवं वी. के. थापर	आरम्भिक हड़प्पा, हल द्वारा जुते खेत, बेलनाकार मुहर, पक्की मिट्टी का हल, सबसे पहले ज्ञात भूकम्प का साक्ष्य, अग्निकुण्ड, ऊँट की हड्डियाँ, कच्ची एवं अलंकृत ईंट, अर्ध-काले रंग की चूड़ी।
कोटदीजी	सिन्धु नदी, सिन्ध, पाकिस्तान	फजल अहमद, 1953-54 एवं धुर्ये	पूर्व हड़प्पा, मिश्रित स्तर, पत्थर की नींव वाले घर, पत्ती के आकार का वाणग्र, गर्तावास, गहनों का जखीरा, चाक पर निर्मित मृदभाण्ड।
देसलपुर	ध्रुद नदी, कच्छ, गुजरात	ए. घोष/एस. आर. राव, 1963	टेरोकोटा मुहर, ताँबा मुहर, सेलखड़ी मुहर और भूरे रंग के मिट्टी के बर्तन।
रोपड़	सतलुज नदी, पंजाब	यज्ञदत्त शर्मा, 1953-54	वर्ष 1947 के बाद भारत में हड़प्पाकालीन उत्खनन स्थल, ताँबे की कुल्हाड़ी, शंख की चूड़ियाँ, कुत्ते को मालिक के साथ दफनाने का साक्ष्य।
रंगपुर	मादर नदी तट, गुजरात	रंगनाथ राव, 1953-54	धान की भूसी, घोड़े की मृणमूर्ति, कच्ची ईंटों का दुर्ग, पत्थर के फलक।
सुरकोटडा	सरस्वती नदी, कच्छ, गुजरात	जे. पी. जोशी, 1964	घोड़े की हड्डियाँ, बर्तन में शवाधान।
लोथल	भोगवा नदी, अहमदाबाद, गुजरात	रंगनाथ राव, 1955 एवं 1962	अन्नागार, सुमेरियन मूल से सम्बन्धित अक्षीय नलिका सहित सोने के मनके, मनका कारखाना, गोदीवाड़ा (बन्दरगाह), युग्म शवधान, धान की खेती।
आलमगीरपुर	हिण्डन नदी, उत्तर प्रदेश	यज्ञदत्त शर्मा, 1958	रोटी बेलने की चौकी, कटोरे के टुकड़े, मिट्टी के बर्तन, गंगा-यमुना दोआब का पहला उत्खनित स्थल।
धौलावीरा	लूनी नदी, कच्छ, गुजरात	बी. बी. लाल, 1959, आर. एस. बिष्ट, 1990-91	सफेद कुआँ, तीन भागों में विभाजित एकमात्र शहर, नागरिक उपयोग के लिए सबसे बड़ा अभिलेख, खेल का मैदान, पत्थर की बनी नेवले की मूर्ति, उन्नत जल संचयन और प्रबन्धन प्रणाली, बाँधों की शृंखला। धौलावीरा में एक बड़ा उत्कीर्ण लेख साइनबोर्ड के प्रवेश द्वार के निकट गिरा हुआ मिला है, जो हड़प्पाई नगरों से प्राप्त अब तक की लिखावट का सबसे बड़ा नमूना है। यह लिखावट एक काठ की तख्ती पर खुदाई करके उसमें सफेद चूना (जिप्सम) भरकर तैयार की गई है, जिसमें दस संकेताक्षर हैं।
राखीगढ़ी	घग्घर नदी, हरियाणा	सूरजभान, 1969	प्राक् हड़प्पा एवं परिपक्व हड़प्पा के साक्ष्य, भारत में स्थित इस सभ्यता का सबसे बड़ा स्थल, अन्नागार तथा रक्षा प्राचीर के साक्ष्य, ताम्र उपकरण, हड़प्पा लिपि युक्त मुद्रा।
मोतीथल	हरियाणा	सूरजभान, 1964	ताँबे की कुल्हाड़ी, संस्कृति के तीनों स्तर।
बनावली	सरस्वती नदी, हिसार, हरियाणा	आर. एस. बिष्ट, 1973	पूर्व-हड़प्पा, हड़प्पा तथा उत्तर-नगरीय, सुव्यवस्थित अपवहन तन्त्र का अभाव, स्वर्णपट्ट, मिट्टी के मनके, ताँबे की बनी मछली पकड़ने की बंसी, मिट्टी से बने हल का प्रतिरूप, वास्तविक हल के कुछ टूटे टुकड़े, दीवार के बाहर गहरी और चौड़ी खाई, चक्के के प्रतिरूप (मिट्टी के), सोना परखने की कसौटी, सर्वाधिक मात्रा में जौ।
बालाकोट	अरब सागर, बलूचिस्तान, पाकिस्तान	आर. एस. बिष्ट, 1974/77	पूर्व हड़प्पा के अवशेष, भवन निर्माण के लिए कच्ची ईंटों का प्रयोग, सीपों की कार्यशाला।
भगवानपुरा	सरस्वती नदी, कुरुक्षेत्र, हरियाणा	जी. पी. जोशी, 1975-76	सफेद, काली एवं आसमानी रंग की चूड़ियाँ, ताँबे की चूड़ियाँ।
अल्लाहदीनो	सिन्धु नदी, पश्चिमी पंजाब, पाकिस्तान	डब्ल्यू. ए. फेयरसर्विस, 1976	वितरण केन्द्र, पत्थर की विशाल दीवार की नींव, गहनों का जखीरा।
कुणाल	सरस्वती नदी, हिसार, हरियाणा	एस. आर. राव, 1994	चाँदी के दो मुकुट।

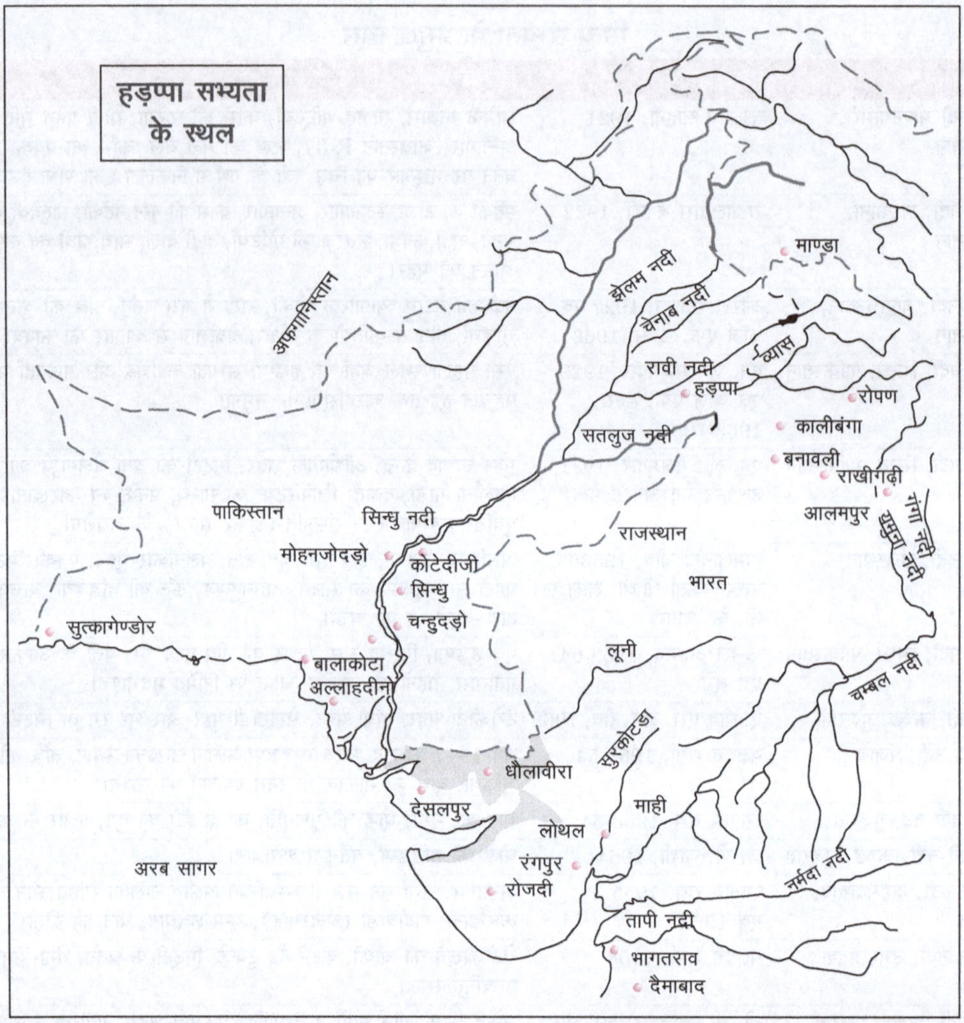

नगर योजना

- सिन्धु घाटी सभ्यता की सर्वप्रमुख विशेषता उसकी **नगर योजना** एवं **जल निकास प्रणाली** है। हड़प्पा और मोहनजोदड़ो दोनों नगरों के अपने-अपने दुर्ग थे, जहाँ शासक वर्ग के लोग रहते थे। सड़कें एक-दूसरे को समकोण पर काटती थीं। प्रत्येक नगर दो भागों में विभक्त थे—पश्चिमी टीले और पूर्वी टीले। पश्चिमी टीले अपेक्षाकृत ऊँचे, किन्तु छोटे होते थे। इन टीलों पर किले अथवा दुर्ग स्थित थे। इसे **नगर दुर्ग** कहा जाता था।
- पूर्वी टीले या निचले नगर पर नगर या आवास क्षेत्र के साक्ष्य मिले हैं, जो अपेक्षाकृत बड़े थे। इसमें सामान्य नागरिक, व्यापारी, शिल्पकार, कारीगर और श्रमिक रहते थे। दुर्ग के अन्दर मुख्यत: महत्त्वपूर्ण प्रशासनिक और **सार्वजनिक भवन** तथा **अन्नागार** स्थित थे।
- सामान्यत: पश्चिमी टीला एक रक्षा प्राचीर से घिरा होता था, जबकि पूर्वी टीला नहीं। अपवादस्वरूप कालीबंगा का नगर क्षेत्र (पूर्वी टीला) भी रक्षा प्राचीर से युक्त था। **लोथल** और **सुरकोटडा** में अलग-अलग दो टीले नहीं मिले हैं, बल्कि सम्पूर्ण क्षेत्र एक ही रक्षा प्राचीर से घिरे हुआ था, जबकि चन्हुदड़ो एकमात्र ऐसा नगर है, जो दुर्गीकृत नहीं था। धौलावीरा का नगर तीन इकाइयों में बँटा था।
- घर के गन्दे पानी की निकासी हेतु घर की नालियों को शहर की मुख्य नालियों से जोड़ा गया था। सड़क के किनारों की नालियों को ऊपर से स्लेब से ढका जाता था।
- घरों के दरवाजे एवं खिड़कियाँ मुख्य सड़क की ओर न खुलकर गलियों में खुलते थे, परन्तु लोथल इसका अपवाद है, यहाँ के दरवाजे एवं खिड़कियाँ मुख्य सड़कों की ओर खुलते थे। कुछ भवनों की दीवारों पर प्लास्टर के भी साक्ष्य मिले हैं। यद्यपि मकान बनाने में कई प्रकार की ईंटों का उपयोग होता था, किन्तु सबसे प्रचलित आकार **4 : 2 : 1** का था।
- सड़कों के दोनों ओर नालियों के निर्माण के लिए **पक्की ईंटों का प्रयोग** किया गया था। घरों का पानी बहकर सड़कों तक आता था, जहाँ इनके नीचे मोरियाँ बनी हुई थीं। ये मोरियाँ ईंटों और पत्थर की सिल्लियों से ढँकी रहती थीं। इन मोरियों में नरमोखे (मेनहॉल) भी बने थे। इस सभ्यता के लोग जुड़ाई के लिए मिट्टी के गारे तथा जिप्सम के मिश्रण का उपयोग करते थे।

- सैन्धव सभ्यता में बड़े-बड़े भवन मिले हैं, जिनमें **स्नानागार, अन्नागार, सभा भवन, पुरोहित आवास** आदि प्रमुख हैं। मोहनजोदड़ो का सबसे महत्त्वपूर्ण सार्वजनिक स्थल विशाल स्नानागार है, जबकि अन्नागार सिन्धु सभ्यता की सबसे बड़ी इमारत है। यह अन्नागार 45.71 मी लम्बा तथा 15.23 मी चौड़ा है।

> **विशाल स्नानागार** 11.88 मीटर लम्बा, 7.01 मीटर चौड़ा एवं 2.43 मीटर गहरा है। स्नानागार के फर्श का निर्माण पक्की ईंटों से किया गया है। स्नानकुण्ड में उतरने के लिए उत्तर तथा दक्षिण क्षोर में सीढ़ियाँ बनी हुई हैं।

- सिन्धु सभ्यता एक पूर्ण विकसित सभ्यता का प्रतिनिधित्व करती है, जिसकी प्रधान विशेषता **नगरीकरण** (Urbanisation) है।
- **स्टुअर्ट पिग्गट** महोदय ने हड़प्पा नगर को अर्द्ध-औद्योगिक नगर कहा है।

राजनीतिक स्थिति

- हड़प्पा सभ्यता के राजनीतिक संगठन की कोई स्पष्ट जानकारी नहीं मिलती है।
- **व्हीलर** के अनुसार, 'सिन्धु सभ्यता के लोगों का शासन मध्यमवर्गीय जनतन्त्रात्मक था, जिसमें धर्म की प्रमुखता थी।
- **डॉ. रामशरण शर्मा** के अनुसार, सिन्धु सभ्यता के लोगों ने सबसे अधिक ध्यान वाणिज्य तथा व्यापार की ओर दिया। अत: हड़प्पा का शासन सम्भवत: वणिक वर्गों के हाथों में था।
- **इतिहासकार हण्टर** के अनुसार, यहाँ की शासन व्यवस्था जनतान्त्रिक पद्धति से चलती थी। **मैके** के अनुसार, हड़प्पा सभ्यता में जनप्रतिनिधि का शासन था।

सामाजिक स्थिति

- समाज की इकाई परम्परागत रूप से पारिवारिक थी। मातृदेवी की पूजा और मुहरों पर अंकित चित्र से यह परिलक्षित होता है कि सैन्धव समाज सम्भवत: **मातृप्रधान** या **मातृसत्तात्मक** था। सैन्धव समाज सम्भवत: अनेक वर्गों; जैसे-पुरोहित, व्यापारी अधिकारी, शिल्पी, जुलाहे एवं श्रमिक में विभाजित था। व्यापारी वर्ग सबसे प्रभावशाली था। यहाँ योद्धा वर्ग के अस्तित्व का साक्ष्य नहीं मिला है, लेकिन सम्भवत: सभ्यता में दास-प्रथा का प्रचलन था।
- इस सभ्यता के निवासी खाने-पीने, वस्त्र एवं आभूषण के शौकीन थे। सम्भवत: वे शाकाहारी एवं मांसाहारी दोनों थे। वे जौ, चावल, बाजरा, शहद, भेड़, बकरी आदि का उपभोग खाद्य भोजन के रूप में करते थे।
- चन्हुदड़ो से **लिपिस्टिक** के साक्ष्य मिले हैं तथा आभूषण सोने, चाँदी और मनके के बनाए जाते थे। गरीब लोग सम्भवत: शंख, सीप और मिट्टी के बने हुए आभूषण पहनते थे। हाथी दाँत तथा शंख का उपयोग अलंकरण तथा चूड़ियाँ बनाने के लिए किया जाता था। आभूषणों का प्रयोग पुरुष और महिलाएँ दोनों करते थे। हड़प्पा स्थल से प्रसाधन मंजूषा (मेकअप बॉक्स) प्राप्त हुए हैं।
- इस सभ्यता के निवासियों को गणित, माप-तौल प्रणाली, ग्रह-नक्षत्र तथा मौसम-विज्ञान आदि की जानकारी थी।
- सिन्धु सभ्यता के लोग सूती एवं ऊनी दोनों प्रकार के वस्त्र धारण करते थे। उनके द्वारा मनोरंजन के रूप में **चौपड़** एवं **पासा** का खेल खेला जाता था।
- इस सभ्यता में पूर्ण समाधिकरण (सर्वाधिक प्रचलन), आंशिक समाधिकरण तथा दाह-संस्कार का प्रचलन था।

आर्थिक स्थिति

हड़प्पा सभ्यता की आर्थिक स्थिति का वर्णन निम्न है

कृषि

- लोथल तथा रंगपुर से **चावल**, लोथल एवं सौराष्ट्र से **बाजरे** तथा रोजदी (गुजरात) से **रागी** के साक्ष्य मिले हैं।
- इस सभ्यता के लोग बाढ़ के न आने पर नवम्बर माह में बाढ़ वाले क्षेत्रों में बीज की बुआई करते थे तथा अगली बाढ़ आने से पूर्व अप्रैल माह में गेहूँ और जौ की फसल काट लेते थे।
- सैन्धवकालीन अर्थव्यवस्था में समृद्ध कृषि आन्तरिक एवं बाह्य व्यापार के सन्तुलन पर आधरित थी। दो फसलों की खेती, हल का प्रयोग, फसलों की विविधता सैन्धव कृषि अर्थव्यवस्था की देन है। इस सभ्यता के लोग नौ फसलें गेहूँ, जौ, राई, मटर, तिल, सरसों, चावल, कपास, अनाज आदि की बुआई करते थे। गेहूँ और जौ इनके प्रमुख खाद्यान्न थे।
- कृषि कार्य हेतु प्रस्तर (पत्थर) एवं काँसे के औजारों का प्रयोग किया जाता था। इस सभ्यता से कोई **फावड़ा** या **फाले नहीं** मिले हैं। सम्भवत: ये लोग लकड़ी के हलों का प्रयोग करते थे।
- कालीबंगा से जुते हुए खेत एवं बनावली से **मिट्टी का हल** जैसा खिलौना प्राप्त हुआ है।
- **सबसे पहले** कपास उगाने का श्रेय सिन्धु सभ्यता के लोगों को दिया जाता है। अतएव यूनान के लोग इसे **सिन्दन** कहते थे। ये लोग तरबूज, खरबूजा, नारियल, अनार, नीबू, केला आदि फलों से परिचित थे।
- सिन्धु सभ्यता की उन्नति व समृद्धि का प्रमुख कारण उन्नत कृषि एवं व्यापार का होना था।
- हड़प्पा एवं बनावली से जौ के साक्ष्य मिले हैं। **जल संग्रह** के लिए बाँधों के निर्माण का साक्ष्य धौलावीरा से प्राप्त हुआ है। लोथल से आटा पीसने वाली पत्थर की **चक्की** के दो पाट मिले हैं।

पशुपालन

- सिन्धु सभ्यता के लोग कृषि के साथ-साथ पशुपालन भी करते थे। यहाँ बैल, भैंस, गाय, भेड़, बकरी, कुत्ते, बिल्ली, खच्चर आदि जानवर पाले जाते थे। लोथल एवं रंगपुर से घोड़े की मृण्मूर्तियाँ तथा सुरकोटडा से घोड़े की अस्थियाँ प्राप्त हुई हैं, परन्तु घोड़े पालने का स्पष्ट साक्ष्य नहीं मिला है।
- यहाँ **कूबड़ वाला साँड** सबसे प्रिय पशु था। ऊँट की अस्थियाँ कालीबंगा से प्राप्त हुई हैं। हड़प्पाई लोगों को **हाथी** का ज्ञान था, वे **गैण्डे** से भी परिचित थे। गुजरात में निवास करने वाले इस सभ्यता के लोग चावल उपजाते थे और हाथी पालते थे।

व्यापार एवं वाणिज्य

- सिन्धु सभ्यता के लोगों के जीवन में व्यापार का सबसे बड़ा महत्त्व था। इसकी पुष्टि हड़प्पा, मोहनजोदड़ो तथा लोथल में अनाज के बड़े-बड़े कोठारों तथा बहुत सारी सीलों (मृण्मुद्राओं) के एक रूप लिपि और मानकीकृत माप-तौलों के अस्तित्व से होती है।
- देशी एवं विदेशी दोनों प्रकार के व्यापार उन्नत अवस्था में थे। व्यापार **विनिमय प्रणाली** पर आधारित था। धातु के सिक्कों का प्रयोग नहीं होता था।
- हड़प्पा सभ्यता के लोगों के द्वारा **लाजवर्द मणि** (लापिस लाजूली) का व्यापार भी किया जाता था।
- देशी व्यापार के परिवहन के साधन बैलगाड़ी व पशु थे तथा विदेशी व्यापार मुख्यत: जल परिवहन द्वारा होता था। मिट्टी व काँसे की दो पहियों वाली खिलौना गाड़ी मोहनजोदड़ो से तथा मिट्टी की चार पहियों वाली खिलौना गाड़ी चन्हुदड़ो से प्राप्त हुई है।
- इस सभ्यता के लोग आन्तरिक व्यापार में पत्थर, धातु, हड्डी आदि का व्यापार करते थे।
- इस सभ्यता में बन्दरगाह या व्यापार तन्त्र से जुड़े प्रमुख नगर बालाकोट, डाबरकोट, सुत्कागेण्डोर, सोत्काकोह, मुण्डीगाक, मालवान, भगतराव तथा प्रभासपाटन थे।
- सारगोन के सुमेरियन लेख में **दिलमुन** (बहरीन) को उगते हुए सूर्य का देश कहा गया है। सिन्धु सभ्यता के बन्दरगाह में लोथल, रंगपुर, सुरकोटडा, प्रभासपाटन आदि प्रमुख थे।
- 2350 ई. पू. के लगभग मेसोपोटामियाई अभिलेखों में **मेलुहा** (सिन्धु क्षेत्र) के साथ व्यापारिक सम्बन्ध की चर्चा मिलती है। दिलमुन सैन्धव एवं मेसोपोटामिया के बीच मध्यस्थ बन्दरगाह था। दिलमुन की पहचान बहरीन द्वीप से तथा मनका की पहचान ओमान से की गई है।

सैन्धव सभ्यता का व्यापार

आयातित वस्तुएँ	स्थल/क्षेत्र
सोना	अफगानिस्तान, फारस, कर्नाटक
चाँदी	ईरान, मेसोपोटामिया, अफगानिस्तान
ताँबा	खेतड़ी (राजस्थान), बलूचिस्तान
टिन	ईरान, अफगानिस्तान
सेलखड़ी	बलूचिस्तान, राजस्थान, गुजरात
हरित मणि	दक्षिण भारत
शंख एवं कौड़ियाँ	सौराष्ट्र (गुजरात), दक्षिण भारत
नील-रत्न	बदख्शाँ (अफगानिस्तान)
शिलाजीत	हिमालयी क्षेत्र
फिरोजा	ईरान
लाजवर्द	बदख्शाँ (अफगानिस्तान), मेसोपोटामिया
गोमेद	सौराष्ट्र (गुजरात)
स्टेटाइट	ईरान
स्फटिक	दक्कन पठार, उड़ीसा, बिहार
स्लेट	काँगड़ा (हिमाचल प्रदेश)
सीसा	ईरान, राजस्थान, अफगानिस्तान, दक्षिण भारत

उद्योग एवं शिल्पकला

- हड़प्पा सभ्यता की विशाल इमारतों से राजगिरी का प्रमाण मिलता है तथा मोहनजोदड़ो से ईंटों के भट्टों के अवशेष मिले हैं। हड़प्पाई लोगों को लोहे का ज्ञान नहीं था, वे ताँबे में टिन मिलाकर **काँसा** बनाना जानते थे। राजस्थान के **खेतड़ी** से **ताँबा** एवं अफगानिस्तान से **टिन** मँगाया जाता था।
- काँस्य-शिल्पियों के समुदाय प्रतिभाओं और बर्तनों के साथ-साथ अनेक प्रकार के औजार तथा हथियार भी बनाते थे; जैसे—कुल्हाड़ी, आरी, छुरा और बरछा आदि।
- हड़प्पा में नाव बनाने के साक्ष्य मिले हैं। धातुओं से लघु मूर्तियाँ बनाने के लिए **मोम-साँचा विधि** प्रचलित थी। लोथल से मिट्टी से निर्मित नाव के पाँच नमूने मिले हैं।
- हड़प्पा सभ्यता का प्रमुख उद्योग सूती-वस्त्र निर्माण था। कताई के लिए तकलियों का प्रयोग किया जाता था तथा मुद्रा निर्माण, मूर्ति निर्माण, आभूषण एवं मनके बनाने के साक्ष्य भी मिलते हैं। बर्तन निर्माण भी अत्यन्त महत्त्वपूर्ण व्यवसाय था।
- शहरों में भी अन्य महत्त्वपूर्ण शिल्प के कार्य होते थे; जैसे-मोहनजोदड़ो से बने हुए सूती कपड़े का एक टुकड़ा मिला है। इसके अतिरिक्त अनेक वस्तुओं पर कपड़े की छाप भी देखने को मिलती है।
- **भारत में चाँदी सर्वप्रथम सिन्धु सभ्यता में पाई गई है।** सैन्धव सभ्यता के अन्तर्गत काँस्य कला, मृण्मूर्तियाँ, मनका निर्माण तथा मुहर निर्माण की कला प्रचलित थीं।
- सैन्धव सभ्यता के लोग कलाकृतियों के निर्माण के लिए धातु एवं पत्थर का उपयोग कम करते थे। सबसे प्रसिद्ध कलाकृति मोहनजोदड़ो से प्राप्त नृत्य की मुद्रा में नग्न स्त्री की काँस्य प्रतिमा है।
- अन्य प्रसिद्ध कलाकृतियाँ हड़प्पा एवं चन्हुदड़ो से प्राप्त काँसे की गाड़ियाँ, मोहनजोदड़ो से प्राप्त दाढ़ी वाले सिर की पत्थर की मूर्ति (सम्भवत: पुजारी), स्वास्तिक चिह्न, मोहनजोदड़ो से प्राप्त हाथी दाँत पर मानवचित्र आदि हैं। हड़प्पा तथा चन्हुदड़ो से **बैलगाड़ी** और **इक्कागाड़ी** के साक्ष्य भी मिले हैं।
- मिट्टी के बर्तन में एकरूपता है। ये बर्तन सादे हैं ओर उन पर लाल पट्टी के साथ-साथ काले रंग की चित्रकारी मिलती है। बर्तनों पर मुद्रा के निशान भी हैं, जिससे ज्ञात होता है कि उन बर्तनों का व्यापार भी होता था। हड़प्पा सभ्यता से पक्की मिट्टी की मृण्मूर्तियाँ मिली हैं। बर्तनों पर वनस्पति का चित्रांकन पशुओं की अपेक्षा अधिक है।

माप-तौल

- इसमें माप की प्रणाली **दशमलव** थी। तौल की इकाई 16 के आवर्त्तकों (गुणकों) में होती थी; जैसे-16, 64, 160, 320, 640 आदि। सोलह के अनुपात की यह परम्परा आधुनिक काल तक चलती रही है। बाट घनाकार, वर्तुलाकार, बेलनाकार, शंक्वाकार एवं ढोलाकार थे।

- **तुला** (तराजू) का साक्ष्य सुरकोटड़ा से मिला है। सैन्धव लोग मापना भी जानते थे। ऐसे डण्डे पाए गए हैं, जिन पर माप के निशान लगे हुए हैं। इनमें एक काँसे का भी है। मोहनजोदड़ो से सीप का तथा लोथल से हाथी दाँत से निर्मित पैमाना (स्केल) मिला है।

मुहर

- मुहरें हड़प्पा सभ्यता की सर्वोत्तम कलाकृतियाँ हैं। अब तक लगभग 2000 मुहरें प्राप्त हुई हैं। इनमें से अधिकांश मुहरें (लगभग 500) मोहनजोदड़ो से मिली हैं। सामान्यत: मुहरें चौकोर होती थीं। चौकोर मुहरों पर अधिकतर लेख होते थे।
- अधिकांश सीलों पर लघु लेखों के साथ-साथ एक सिंगी जानवर, भैंस, बाघ, बकरी, हाथी आदि की आकृतियाँ बनी हुई हैं।
- यहाँ से बेलनाकार, वृत्ताकार, आयताकार मुहरें भी मिली हैं। अधिकांश मुहरें सेलखड़ी की बनी होती थीं, परन्तु कुछ गोमेद मिट्टी एवं चर्ट की बनी थीं। मुहरों पर सर्वाधिक चित्र **एक सींग वाले साँड** (वृषभ) का है।
- मोहनजोदड़ो एवं लोथल से नाव की आकृति की मुहरें मिली हैं।

लिपि

- सर्वप्रथम लेखन प्रणाली का विकास मेसोपोटामिया के लोगों ने किया था, जिनकी लिपि क्यूनीफार्म लिपि थी। विश्व की चार प्राचीनतम लिपियों में सिन्धु लिपि को भी शामिल किया जाता है।
- सिन्धु लिपि में लगभग 64 मूल चिह्न हैं। इस लिपि का सबसे पुराना नमूना **अलक्जेण्डर कनिंघम** को 1833 ई. में मिला था और वर्ष 1923 तक सम्पूर्ण लिपि प्रकाश में आ गई, किन्तु यह अभी तक पढ़ी नहीं जा सकी है। सर्वप्रथम इस लिपि को पढ़ने का प्रयास वर्ष 1925 में **एल. ए. वैडेल** ने किया था।
- पत्थर की मुहरों तथा अन्य वस्तुओं पर सिन्धु लेखन के लगभग 4000 नमूने है। सैन्धव अभिलेख मिस्र तथा मेसोपोटामिया सभ्यता के अभिलेखों के समान विस्तृत नहीं हैं। अधिकांश अभिलेख मुहरों पर हैं तथा प्रत्येक में दो-चार ही शब्द हैं।
- इन मुहरों का प्रयोग धनी लोग सम्भवत: अपनी निजी सम्पत्ति को चिह्नित करने तथा पहचानने के लिए करते होंगे।
- इस लिपि में कुल **250-400** तक **चित्राक्षर** (पिक्टोग्राफ) हैं तथा लिपि का भाव चित्रात्मक है और प्रत्येक अक्षर किसी ध्वनि भाव या वस्तु का सूचक है। इसमें क्रमश: दाईं ओर से बाईं ओर फारसी लिपि तथा बाईं ओर से दाईं ओर ब्राह्मी लिपि लिखी जाती है। इस पद्धति को **बूस्ट्रोफेडन** (Boustrophedon) कहा गया है।
- लिपि पर सबसे अधिक चिह्न U आकार का तथा सबसे अधिक प्रचलित चिह्न **मछली** का है।

धार्मिक विधि

- सिन्धु सभ्यता के लोग मानव, पशु तथा वृक्ष तीनों रूपों में ईश्वर की उपासना करते थे। इनके धार्मिक दृष्टिकोण का आधार इहलौकिक तथा अधिक व्यावहारिक था।
- इस सभ्यता के लोग भूत-प्रेत, तन्त्र-मन्त्र आदि में विश्वास करते थे। बड़ी संख्या में तावीजों की प्राप्ति से उनके अन्धविश्वासों का पता चलता है। चन्हुदड़ो के मुहरों पर बलि प्रथा के दृश्य उत्कीर्ण पाए गए थे, इससे सम्भवत: यह अनुमान लगाया जाता है कि वहाँ **बलि प्रथा** प्रचलित थी।
- भक्ति एवं परलोक जैसी अवधारणा इस सभ्यता के धार्मिक जीवन के अंग थे। वे यज्ञ से परिचित थे तथा पुनर्जन्म में विश्वास करते थे। कालीबंगा से **अग्नि वेदिका** का साक्ष्य प्राप्त हुआ है। इस सभ्यता में कहीं से किसी मन्दिर का अवशेष नहीं मिला है।
- मातृदेवी की उपासना, पशुपति शिव की उपासना, लिंग एवं योनि पूजा, नाग पूजा, वृक्ष पूजा, पशु पूजा, अग्नि पूजा, जल पूजा आदि का प्रचलन था। हड़प्पा में पक्की मिट्टी की स्त्री-मूर्तिकाएँ बहुतायत मात्रा में मिली हैं। एक मूर्तिका में स्त्री के गर्भ से निकला पौधा दिखाया गया है, जो सम्भवत: पृथ्वी देवी की प्रतिमा है। यहाँ के लोग पृथ्वी (धरती) को उर्वरता की देवी मानकर उसकी पूजा करते थे। अत: इससे स्पष्ट होता है कि मूर्ति पूजा का आरम्भ सिन्धु सभ्यता से हुआ।
- **स्वास्तिक** (卐) एवं चक्र के साक्ष्य सूर्य पूजा के प्रतीक हैं। हिन्दू धर्म में स्वास्तिक का सम्बन्ध चतुर्भुज ब्रह्म, विष्णु और सूर्य से है।
- मोहनजोदड़ो से प्राप्त एक मुहर पर पदमासन मुद्रा में एक तीन मुख वाला पुरुष ध्यान की मुद्रा में बैठा हुआ है, जिसके सिर पर तीन सींग हैं। इसके बाईं ओर गैण्डा एवं भैंसा तथा दाईं ओर हाथी एवं बाघ हैं। आसन के नीचे दो हिरण बैठे हुए हैं। इसे **पशुपति शिव** का रूप माना गया है।

कुछ प्रमुख धार्मिक प्रतीक

प्रतीक	महत्त्व
एक शृंग	शिव का रूप
स्वास्तिक	सूर्य उपासना का प्रतीक
बैल	शिव का वाहन
तावीज	भूत-प्रेत से सुरक्षा हेतु
योगी शिव	योगीश्वर
बकरा	बलि के लिए
नाग	पूजा के लिए
भैंसा	शत्रुओं पर देवताओं की विजय का प्रतीक

अन्त्येष्टि / अन्तिम संस्कार

- सिन्धु सभ्यता के लोग पुनर्जन्म में विश्वास करते थे, इसलिए मृतकों के अन्तिम संस्कार की सामान्यत: तीन प्रथाएँ प्रचलित थीं। कालीबंगा से **पूर्ण समाधिकरण, आंशिक समाधिकरण** व **दाह-संस्कार** के साक्ष्य मिले है, जोकि निम्न प्रकार के हैं
  - पूर्ण समाधिकरण के अन्तर्गत शव को भूमि में दफना दिया जाता था।
  - आंशिक समाधिकरण के अन्तर्गत शव को खुले मैदान में जानवरों के लिए (खाने हेतु) छोड़ दिया जाता था, उसके पश्चात् बची हुई हड्डियों को भूमि में दफना दिया जाता था।
  - दाह संस्कार के अन्तर्गत शव को जलाने के पश्चात् उसके भस्मावशेष को मिट्टी के पात्र में रखकर दफना दिया जाता था। यह प्रथा सर्वाधिक प्रचलित थी।

- कालीबंगा से एक तथा लोथल से तीन **युगल शवाधान** के साक्ष्य मिले हैं। सामान्यत: (अपवाद-लोथल में सिर पूर्व में और पैर पश्चिम में, रोपड में सिर पश्चिम में और पैर पूर्व में, कालीबंगा में सिर दक्षिण में और पैर उत्तर में) शव को उत्तर की ओर सिर तथा दक्षिण की ओर पैर कर दफनाया जाता था।
- रोपड की एक कब्र में मालिक के साथ कुत्ते के दफनाने तथा लोथल की एक कब्र से मृतक के साथ बकरे को दफनाने के साक्ष्य मिले हैं।

सिन्धु सभ्यता का पतन

- परिपक्व हड़प्पा संस्कृति का अस्तित्व साधारणतया 2550 ई. पू. और 1900 ई. पू. के मध्य रहा। मेसोपोटामिया की प्राचीन सभ्यताएँ 1900 ई. पू. के पश्चात् भी बनी रहीं, परन्तु हड़प्पा की नगर संस्कृति लगभग उसी समय विलुप्त हो गई।
- सिन्धु सभ्यता के पतन के अनेक कारण बताए जाते हैं, जिनमें से कुछ प्रमुख निम्नवत् हैं
  - ऐसा कहा जाता है कि सिन्धु-क्षेत्र में **वर्षा** की मात्रा में 3000 ई.पू. के लगभग थोड़ी वृद्धि हुई तथा ईसा पूर्व दूसरी सहस्राब्दी के आरम्भ में कमी हो गई। इससे कृषि और पशुपालन पर अत्यधिक प्रतिकूल प्रभाव पड़ा।
  - कुछ लोगों का मत है कि पड़ोस के **रेगिस्तान के विस्तार** होने से मिट्टी में लवणता बढ़ गई और उर्वरता घटती चली गई। परिणामस्वरूप सिन्धु सभ्यता का पतन हो गया।
  - एक मत यह भी है कि भूमि धँस गई या ऊपर उठ गई, जिससे इसमें बाढ़ का पानी एकत्र हो गया तथा **भूकम्प** के कारण सिन्धु नदी की प्रवाह दिशा बदल गई, जिसके परिणामस्वरूप मोहनजोदड़ो का पृष्ठ प्रदेश वीरान (जनशून्य) हो गया। इस प्रकार सिन्धु सभ्यता के पतन के लिए कोई एक कारक उत्तरदायी नहीं था, बल्कि अलग-अलग स्थलों के लिए अलग-अलग कारक उत्तरदायी थे।

पतन के सन्दर्भ में विद्वानों के मत

विद्वान्	मत (कारण)
गार्डन चाइलड एवं व्हीलर	बाह्य एवं आर्यों के आक्रमण
जॉन मार्शल, मैके एवं एस. आर. राव	बाढ़
ओरल स्टाइल, ए. एन. घोष	जलवायु परिवर्तन
एम. आर. साहनी	भूगर्भिक परिवर्तन, जल प्लावन
जॉन मार्शल	प्रशासनिक शिथिलता, भूकम्प
के. यू. आर. कनेडी	प्राकृतिक आपदा
शक्स एवं डेल्स, डी. डी. कौशाम्बी	सामूहिक हत्या, आग लगाकर
लैम्बिक	नदियों का मार्ग परिवर्तन
केयरसर्विस	पारिस्थितिकी असन्तुलन

हड़प्पा संस्कृति की नागरिकोत्तर अवस्था

- हड़प्पा सभ्यता सम्भवत: 1900 ई. पू. तक जीवन्त रही, किन्तु इसके पश्चात् इसकी नागरिक अवस्था विलुप्त हो गई। **नागरिकोत्तर** (Post-Civil) हड़प्पा सभ्यता की कुछ विशेषताएँ पाकिस्तान में, मध्य एवं पश्चिमी भारत तथा पंजाब, राजस्थान, हरियाणा, जम्मू-कश्मीर दिल्ली और पश्चिमी उत्तर प्रदेश में दृष्टिगोचर होती हैं। सामान्यत: इसका काल 1900 ई. पू. से 1200 ई. पू. तक हो सकता है।
- हड़प्पा संस्कृति की नागरिकोत्तर अवस्था को **उपसिन्धु संस्कृति** भी कहा जाता है।
- उत्तर हड़प्पा संस्कृतियाँ मूलत: ताम्रपाषाणिक हैं, जिनमें पत्थर और ताँबे के उपकरणों का उपयोग होता था। ताम्रपाषाण संस्कृति के लोग हड़प्पा संस्कृति की उत्तर अवस्था में गाँवों में बस गए तथा खेती, पशुपालन, शिकार और मछली पकड़ने का व्यवसाय करने लगे।
- **गिलुन्द** (सम्भवत: आहाड़ संस्कृति का केन्द्र) में ईंटों की संरचनाएँ मिली हैं। इन्हें 2000 ई. पू. और 1500 ई. पू. के मध्य माना जा सकता है।
- जोरवे की सबसे बड़ी बस्ती दैमाबाद को **आद्य-नगरीय** कहा जा सकता है, जो लगभग 4000 की आबादी के साथ लगभग 22 हेक्टेयर में बसी है, किन्तु अधिकांश जोर्वे की बस्तियाँ गाँव ही हैं।
- नागरिकोत्तर हड़प्पाई बस्तियाँ **स्वात घाटी** में मिली हैं तथा यहाँ के लोग पशुचारण के साथ-साथ अच्छी खेती भी करते थे। यहाँ के निवासी चाक पर लाल व काले रंग के मृद्‌भाण्ड तैयार करते थे।
- उत्तर हड़प्पा अवस्था में लम्बाई मापने की कोई वस्तु नहीं पाई गई है।
- गुजरात में उत्तर काल में पत्थर के घनाकार बाट और पक्की मिट्टी की **पिण्डिकाएँ** (टेराकोटा केक) नहीं मिलती हैं।
- आलमगीरपुर से उत्तर हड़प्पाई लोगों के कपास का प्रयोग धागे के लिए किए जाने का साक्ष्य मिला है।
- हड़प्पा संस्कृति की उत्तरकालीन अवस्थाओं में कुछ बाहरी औजार और मृद्‌भाण्ड पाए गए हैं, जिनसे संकेत मिलता है कि सिन्धु घाटी में बाहरी लोग धीरे-धीरे प्रवेश करने लगे थे। मोहनजोदड़ो की अन्तिम अवस्था में असुरक्षा और अशान्ति के कुछ लक्षण दिखाई देते हैं।
- पंजाब और हरियाणा के कई स्थलों पर लगभग 1200 ई. पू. के उत्तर हड़प्पाकालीन मृद्‌भाण्डों के साथ-साथ धूसर मृद्‌भाण्ड (ग्रे वेअर) और चित्रित धूसर मृद्‌भाण्ड (पी. जी. डब्ल्यू) पाए गए हैं, जो सामान्यत: वैदिक लोगों से सम्बन्धित हैं। यद्यपि इस सम्बन्ध में कोई पुरातत्त्विक साक्ष्य नहीं मिलता है।
- हड़प्पा के अन्तिम अवस्था के एक कब्रिस्तान के नए लोगों के अवशेष तथा नवीन स्तर के मृद्‌भाण्ड प्राप्त हुए हैं।

सिन्धु सभ्यता की देन

सिन्धु सभ्यता में प्रचलित अनेक चीजें ऐतिहासिक काल में भी निरन्तर जारी रहीं एवं कुछ का प्रचलन वर्तमान में भी है। इसके कुछ प्रमुख उदाहरण हैं; जैसे-दशमलव पद्धति पर आधारित **माप-तौल प्रणाली, नगर नियोजन** तथा **नालियों की व्यवस्था,** बहुदेववाद का प्रचलन, मातृदेवी की पूजा, शिव पूजा, वृक्ष पूजा, पशु पूजा, लिंग एवं योनि पूजा, योग का प्रचलन, जल का धार्मिक महत्त्व, **स्वास्तिक**, चक्र, प्रतीक, तावीज, तन्त्र-मन्त्र का प्रयोग, आभूषणों का प्रयोग, बहुफसली कृषि व्यवस्था, अग्नि पूजा या यज्ञ, मुहरों का उपयोग, **इक्कागाड़ी एवं बैलगाड़ी**, आन्तरिक एवं बाह्य व्यापार आदि।

प्रीलिम्स फैक्ट्स

- सिन्धु सभ्यता किस युग से सम्बन्धित है?
  – आद्य ऐतिहासिक युग से [UPPSC (Pre) 1996]
- सिन्धु घाटी के निवासियों की सभ्यता को जानने का मूल स्रोत है
  – मुहरें [RAS/RTS (Pre) 1996]
- बैल, हाथी, घोड़ा तथा भेड़ में से किस पशु का अंकन हड़प्पा संस्कृति की मुहरों पर नहीं मिलता है? *– घोड़ा* [IAS (Pre) 2001]
- सिन्धु सभ्यता से प्राप्त मुहरों पर कौन-सी वृक्ष आकृति मिलती है?
  – पीपल [MPPSC (Pre) 2022]
- हड़प्पा स्थल का उत्खनन करने वाले प्रथम पुरातत्त्वविद्, जो इसके महत्त्व को नहीं समझ पाए थे, हैं *– ए. कनिंघम* [MPPSC (Pre) 2017]
- मोहनजोदड़ो एवं हड़प्पा की पुरातात्विक खुदाई के प्रभारी कौन थे?
  – सर जॉन मार्शल [RAS/RTS (Pre) 1997]
- सिन्धु घाटी सभ्यता की विकसित अवस्था में किस स्थल से घरों में कुओं के अवशेष प्राप्त हुए हैं? *– मोहनजोदड़ो* [UPPSC (Pre) 2004]
- सिन्धु घाटी सभ्यता के किस एक स्थल से विख्यात वृषभ मुद्रा प्राप्त हुई थी? *– मोहनजोदड़ो से* [RAS/RTS (Pre) 2009]
- मोहनजोदड़ो से प्राप्त पशुपति शिव की मुहर पर हाथी, गैण्डा, बाघ तथा बैल में से कौन-सा पशु अंकित नहीं है? *– बैल* [UPPSC (Pre) 2003]
- कौन-सा प्राचीन नगर अपनी उन्नत जल संचयन और प्रबन्धन प्रणाली के लिए प्रसिद्ध है, जहाँ बाधों की श्रृंखला का निर्माण किया गया था और सम्बद्ध जलाशयों में नहर के माध्यम से जल को प्रवाहित किया जाता था? *– धौलावीरा* [UPPSC (Mains) 2010, BPSC (Pre) 2014]
- किस हड़प्पा स्थल से तीन नगरों के अवशेष प्राप्त हुए हैं?
  – धौलावीरा [CGPSC (Pre) 2006]
- हड़प्पा संस्कृति के सन्दर्भ में शैलकृत स्थापत्य के प्रमाण कहाँ से प्राप्त हुए हैं? *– धौलावीरा* [UPPSC (Pre) 2006]
- सिन्धु घाटी सभ्यता के किस स्थल से द्वि-शव संस्कार (डबल बरियल) के प्रमाण प्राप्त हुए हैं? *– लोथल* [UPPSC (Mains) 2016]
- बनावली किस नदी घाटी में अवस्थित है?
  – घग्घर और उसकी सहायक नदियों की घाटी में [RAS/RTS (Pre) 2010]
- हड़प्पा सभ्यता में पक्की मिट्टी का हल कहाँ पाया गया है?
  – बनावली से [BPSC (Pre) 2017]
- हड़प्पा सभ्यता का स्थल 'माण्डी' भारत के किस राज्य में स्थित है?
  – उत्तर प्रदेश [UPPSC (Pre) 2021]
- भारत में हड़प्पा का वृहत् स्थल है *– राखीगढ़ी* [JPSC (Pre) 2016]
- किस हड़प्पा नगर से जुते हुए खेत के प्रमाण प्राप्त हुए हैं?
  – कालीबंगा [BPSC (Pre) 2020]
- हड़प्पाकालीन पुरास्थल सिनौली अपने किस साक्ष्य के कारण प्रसिद्ध हुआ है? *– मानव शवाधान* [UPPSC (Pre) 2002]
- लोथल, हुलास, कालीबंगा तथा आलमगीरपुर में से कौन-सा/से स्थल उत्तर प्रदेश में स्थित है/हैं?
  – हुलास और आलमगीरपुर [UPPSC (Pre) 2018]
- सिन्धु, झेलम, गंगा तथा चिनाब नदियों में से किस/किन नदियों के तट पर सिन्धु सभ्यता बसी थी?
  – सिन्धु, झेलम तथा चिनाब [UPPSC (Pre) 2009]
- सिन्धु घाटी सभ्यता गैर-आर्य सभ्यता थी, क्योंकि
  – वह नगरीय सभ्यता थी [UPPSC (Pre) 2010]
- सिन्धु घाटी सभ्यता को आर्यों से पूर्व रखे जाने का महत्त्वपूर्ण कारक है
  – मृदभाण्ड [UPPSC (Pre) 1990]
- हड़प्पा सभ्यता में मिट्टी के बर्तनों पर सामान्यत: किस रंग का उपयोग हुआ था? *– लाल* [BPSC (Pre) 1995]
- वस्त्रों के लिए कपास की खेती का आरम्भ पहले किस देश में किया गया? *– भारत में* [UPPSC (Pre) 2006]
- सिन्धु घाटी के लोग विश्वास करते थे
  – मातृशक्ति में [RAS/RTS (Pre) 1996]
- लेखन कला की उचित प्रणाली विकसित करने वाली सर्वप्रथम प्राचीन सभ्यता थी *– सुमेरिया* [RAS/RTS (Pre) 1992]
- किस पशु की आकृति, जो मुहर से प्राप्त हुई है, जिससे ज्ञात होता है कि सिन्धु घाटी व मेसोपोटामिया की सभ्यताओं के मध्य व्यापारिक सम्बन्ध थे? *– बैल* [RAS/RTS (Pre) 1996]
- हाथी, बाघ, गैण्डा तथा गाय में से किस एक पशु का हड़प्पा संस्कृति की मुहरों और टेराकोटा कलाकृतियों पर निरूपण नहीं हुआ था?
  – गाय [IAS (Pre) 2001]
- हड़प्पाकालीन स्थलों से चाँदी, ताँबा, लोहा तथा सोना में से किस धातु की प्राप्ति अभी तक नहीं हुई है? *– लोहा* [CGPSC (Pre) 2012]
- भारत में चाँदी की उपलब्धता के प्राचीनतम साक्ष्य किस सभ्यता से प्राप्त हुए हैं? *– हड़प्पा सभ्यता से* [IAS (Pre) 1994]
- सोने के सिक्के, आहतमुद्रा, चाँदी के सिक्के, लोहे का हल तथा नगर संस्कृति का भारत में आने का सही कालानुक्रम क्या है?
  – नगर संस्कृति, लोहे का हल, आहतमुद्रा, चाँदी के सिक्के तथा सोने के सिक्के [IAS (Pre) 1998]

सेल्फ चैक

1. सिन्धु सभ्यता सम्बन्धित है
(a) प्रागैतिहासिक युग से
(b) आद्य-ऐतिहासिक युग से
(c) ऐतिहासिक युग से
(d) उत्तर-ऐतिहासिक युग से

2. निम्नलिखित में से कौन-सा सिन्धु घाटी की सभ्यता पर प्रकाश डालता है?
(a) शिलालेख
(b) पुरातत्त्व सम्बन्धी खुदाई
(c) बर्तनों की मुहरों पर लिखावट
(d) धार्मिक ग्रन्थ

3. हड़प्पा की सभ्यता वर्तमान दक्षिण एशिया के विस्तृत क्षेत्र में फैली थी, जिन भौगोलिक स्थानों में यह सभ्यता फैली थी, उनमें कौन-कौन से स्थान शामिल हैं?
(a) कश्मीर, पंजाब, सिन्ध और उत्तरी-पूर्वी सीमान्त
(b) पंजाब, सिन्ध, उत्तरी-पश्चिमी सीमान्त और कश्मीर
(c) पंजाब, सिन्ध और उत्तरी-पश्चिमी प्रान्त सीमान्त का एक भाग
(d) पंजाब, सिन्ध, उत्तरी-पश्चिमी सीमान्त का एक भाग, काठियावाड़ और गंगा-यमुना दोआब का एक भाग

4. सिन्धु घाटी सभ्यता जानी जाती है
(a) अपने नगर नियोजन के लिए
(b) मोहनजोदड़ो और हड़प्पा के लिए
(c) अपने कृषि सम्बन्धी कार्य के लिए
(d) उपरोक्त सभी

5. निम्नलिखित में से कौन हड़प्पा और मोहनदजोदड़ो के उत्खनन से सम्बन्धित नहीं थे?
BPSC (Pre) 2015
(a) आर. डी. बनर्जी (b) के. एन. दीक्षित
(c) एम. एस. वत्स (d) वी. ए. स्मिथ

6. निम्नलिखित में से कौन-सा प्राचीन नगर अपनी उन्नत जल संचयन और प्रबन्धन प्रणाली के लिए सुप्रसिद्ध है, जहाँ बाँधों की श्रृंखला का निर्माण किया गया था और सम्बद्ध जलाशयों में नहर के माध्यम से जल को प्रवाहित किया जाता था?
UPPSC (Mains) 2010, BPSC (Pre) 2014
(a) धौलावीरा (b) कालीबंगा
(c) राखीगढ़ी (d) रोपड़

7. हड़प्पा सभ्यता में पक्की मिट्टी का हल कहाँ पाया गया है?
BPSC (Pre) 2017
(a) मोहनजोदड़ो (b) बनावली
(c) कालीबंगा (d) लोथल

8. भारत में हड़प्पा का वृहत् स्थल है **JPSC (Pre) 2016**
(a) राखीगढ़ी (b) धौलावीरा
(c) कालीबंगा (d) लोथल

9. हड़प्पा सभ्यता की उत्पत्ति के सन्दर्भ में निम्नलिखित में से कौन-सा युग्म सही नहीं है?
(a) ई. जे. एच. मैके — सुमेर के लोगों का पलायन
(b) मार्टिमर व्हीलर — पश्चिमी एशिया से 'सभ्यता के विचार का प्रवसन'
(c) अमलानन्द घोष — हड़प्पा सभ्यता का उद्भव पूर्व-हड़प्पा सभ्यता की परिपक्वता के परिणामस्वरूप हुआ
(d) एम. रफीक मुगल — हड़प्पा सभ्यता ने मेसोपोटामिया सभ्यता से प्रेरणा ली

10. भारतीय इतिहास के सन्दर्भ में, अलेक्जेण्डर री, ए. एच. लॉन्गहर्स्ट, रॉबर्ट स्वेल, जेम्स बर्गेस और वाल्टर इलियट किस गतिविधि से जुड़े थे?
UPSC 2023
(a) पुरातात्त्विक उत्खनन
(b) औपनिवेशिक भारत में अंग्रेजी प्रेस की स्थापना
(c) देशी रजवाड़ों में गिरजाघरों की स्थापना
(d) औपनिवेशिक भारत में रेल का निर्माण

11. हड़प्पा काल के 'ताँबे का रथ' किस स्थान से प्राप्त हुआ था?
CGPSC (Pre) 2013
(a) कुनाल (b) राखीगढ़ी
(c) दैमाबाद (d) बनावली

12. निम्नलिखित में से कौन हड़प्पा संस्कृति के पूर्वी सीमान्त का निर्धारण करता है?
UPPSC (Pre) 2023
(a) माण्डा (b) राखीगढ़ी
(c) आलमगीरपुर (d) हड़प्पा

13. हड़प्पा सभ्यता के विषय में निम्नलिखित कथनों में से कौन-सा एक सही है?
(a) मानक हड़प्पा मुद्राएँ मिट्टी की बनी थीं
(b) हड़प्पा के निवासी न तो काँस्य के विषय में जानते थे और न ही ताम्र के
(c) हड़प्पा सभ्यता ग्राम आधारित थी
(d) हड़प्पा के निवासी कपास उगाते थे और प्रयोग में लाते थे

14. सिन्धु घाटी (हड़प्पा) के लिए मेसोपोटामियाई रिकॉर्डों में निम्नलिखित में से किस शब्द का प्रयोग किया गया था?
(a) दिलमुन
(b) मेलुहा
(c) मेगन
(d) फैलका

15. सिन्धु घाटी की सभ्यता के किस पुरास्थल से नाव के चित्र या मॉडल प्राप्त हुए हैं?
UPPSC (Pre) 2022
(a) कालीबंगा और रोपड़
(b) हड़प्पा एवं कोटदीजी
(c) मोहनजोदड़ो एवं लोथल
(d) धौलावीरा एवं भगतराव

16. सूची I को सूची II से सुमेलित कीजिए तथा सूचियों के नीचे दिए गए कूट का प्रयोग करते हुए सही उत्तर दीजिए

सूची I	सूची II
A. हड़प्पा	1. एम. जी. मजूमदार (1936-37)
B. हस्तिनापुर	2. सर जॉन मार्शल (1913-34)
C. तक्षशिला	3. दयाराम साहनी (1923-24 तथा 1924-25)
D. कौशाम्बी	4. बी. बी. लाल (1950-52)

कूट

	A	B	C	D
(a)	4	2	1	3
(b)	1	3	4	2
(c)	3	4	2	1
(d)	4	1	3	2

17. सूची I को सूची II से सुमेलित कीजिए तथा सूचियों के नीचे दिए गए कूट का प्रयोग करते हुए सही उत्तर दीजिए

सूची I (हड़प्पा संस्कृति की बस्ती)	सूची II (नदी जिस पर अवस्थित है)
A. हड़प्पा	1. भोगवा
B. कालीबंगा	2. घग्घर
C. लोथल	3. रावी
D. रोपड़	4. सतलज

कूट

	A	B	C	D
(a)	3	2	1	4
(b)	3	4	1	2
(c)	4	2	3	1
(d)	1	3	2	4

18. हड़प्पा सभ्यता के बारे में निम्नलिखित कथनों में से कौन-सा/से सही है/हैं?

1. शिल्प/तथ्यों में असाधारण एकरूपता पाई जाती है, जैसा कि मिट्टी के बर्तनों, मुहरों, ईंटों और तौल से सुस्पष्ट है।
2. बाद के हड़प्पा स्थलों में भी उसी निर्माण तकनीक को उपयोग में लिया गया, जो परिपक्व हड़प्पा स्थलों में प्रयुक्त की गई थी।

कूट

(a) केवल 1 (b) केवल 2
(c) 1 और 2 दोनों (d) न तो 1 और न ही 2

19. हड़प्पा संस्कृति के विषय में निम्नलिखित कथनों पर विचार कीजिए

1. हड़प्पा संस्कृति सिन्ध और पंजाब में परिपक्व हुई।
2. वहाँ से यह दक्षिण तथा पूर्व की ओर फैली।
3. वह क्षेत्र, जहाँ यह फैली, मिस्र तथा मेसोपोटामिया से विस्तृत था।

उपरोक्त कथनों में से कौन-सा/से कथन सही है/हैं?

(a) 1 और 2 (b) 2 और 3
(c) केवल 3 (d) उपरोक्त सभी

20. सूची I को सूची II से सुमेलित कीजिए तथा नीचे दिए गए कूट से सही उत्तर चुनिए **UPPSC (Pre) 2023**

सूची I (पुरातात्विक स्थल)	सूची II (वर्तमान स्थान)
A. नेवासा	1. राजस्थान
B. ईसमपुर	2. तमिलनाडु
C. डीडवाना	3. महाराष्ट्र
D. गुडियाम गुफा	4. कर्नाटक

कूट

	A	B	C	D		A	B	C	D
(a)	3	4	2	1	(b)	3	2	4	1
(c)	3	4	1	2	(d)	4	3	1	2

जानें सही उत्तर

1. (b)	**2.** (b)	**3.** (d)	**4.** (a)	**5.** (d)	**6.** (a)	**7.** (b)	**8.** (a)	**9.** (a)	**10.** (a)
11. (c)	**12.** (c)	**13.** (d)	**14.** (b)	**15.** (c)	**16.** (c)	**17.** (a)	**18.** (d)	**19.** (d)	**20.** (c)

• अध्याय चार

वैदिक संस्कृति

"

भारत में आर्यों के द्वारा सप्तसैन्धव क्षेत्र में जिस संस्कृति का विकास हुआ, उसे वैदिक संस्कृति के नाम से जाना जाता है। वैदिक संस्कृति के लोगों के आर्थिक, सामाजिक एवं राजनीतिक जीवन तथा इनकी सैद्धान्तिक आस्थाओं को जानने के लिए इसे दो कालों-पूर्व वैदिक अर्थात् ऋग्वैदिक काल एवं उत्तर वैदिक काल में बाँटा जाता है। वैदिक संस्कृति ने समाज एवं धर्म के क्षेत्र में महत्त्वपूर्ण योगदान दिया है।

आर्यों का आगमन

- आर्य शब्द से तात्पर्य श्रेष्ठ अथवा कुलीन होता है। सर्वप्रथम जर्मन संस्कृतविद् **मैक्समूलर** ने 1853 ई. में आर्य शब्द का प्रयोग किया। भारत में आर्यों का आगमन 1500 ई. पू. से पहले हुआ था।
- आर्य जिस भाषा का प्रयोग करते थे, उसे इण्डो-यूरोपियन परिवार की भाषा माना गया। इण्डो-यूरोपियन भाषा का सबसे प्राचीन नमूना 1600 ई. पू. के आस-पास उत्कीर्ण इराक के **कस्साइट अभिलेख** तथा सीरिया के **मितन्नी अभिलेखों** से मिलता है।
- आर्यों के मूल निवास पर विद्वानों में मतभेद हैं, किन्तु आल्पस पर्वत के पूर्वी क्षेत्र, जिसे **यूरेशिया** कहा जाता है, सम्भवत: आर्यों का मूल निवास है।
- भारत में आर्यों ने जिस क्षेत्र में निवास किया, उसे **सप्त सैन्धव प्रदेश** कहा जाता है। यह क्षेत्र पूर्वी अफगानिस्तान, पाकिस्तान तथा भारत में पंजाब एवं हरियाणा तक विस्तृत था।
- भारत में आर्यों की जानकारी ऋग्वेद से मिलती है, जो हिन्द-यूरोपीय भाषाओं का सबसे पुराना ग्रन्थ है। ऋग्वेद में आर्य शब्द का उल्लेख 36 बार हुआ है, परन्तु सामान्यत: इससे सांस्कृतिक समुदाय का बोध होता है। आर्य लोग एक ही प्रजाति से सम्बन्धित नहीं थे, परन्तु इनकी प्रारम्भिक संस्कृति लगभग समान थी। वे सभी **हिन्द-यूरोपीय परिवार** की भाषा बोलते थे।
- आरम्भिक आर्यों का निवास पूर्वी अफगानिस्तान, पाकिस्तान और भारत के पंजाब तथा हरियाणा में था।
- 1400 ई. पू. के **बोगजकोई** (एशिया माइनर) के अभिलेख में ऋग्वैदिक काल के देवताओं (इन्द्र, वरुण, मित्र तथा नासत्य) का उल्लेख मिलता है। इससे अनुमानित होता है कि वैदिक आर्य ईरान से होकर भारत में आए होंगे।

आर्यों के मूल स्थान सम्बन्धी विभिन्न मत

विद्वान	मूल स्थान
प्रो. मैक्समूलर	मध्य एशिया (बैक्ट्रिया)
बालगंगाधर तिलक	उत्तरी ध्रुव
डॉ. अविनाशचन्द्र दास	सप्तसैन्धव प्रदेश
डॉ. सम्पूर्णानन्द	आल्पस पर्वत के पूर्व में यूरेशिया के समीप
दयानन्द सरस्वती	तिब्बत
बैण्डेनिस्टन, नेहरिंग एवं प्रो. गार्डन चाइल्ड	दक्षिणी रूस
गंगानाथ झा	ब्रह्मर्षि देश
गाइल्स महोदय	हंगरी तथा डेन्यूब नदी की घाटी
प्रो पेनका व हर्ट	जर्मनी के मैदानी भाग
रोड्स	बैक्ट्रिया
विलियम जोन्स	यूरोप
डी. एस. त्रिवेदी	देविका (मुल्तान)
एल. डी. कल्ल	कश्मीर हिमालय देश
मेयर, कीथ ओकल्डन बर्ग	पामीर का पठार

वैदिक संस्कृति/काल

वैदिक संस्कृति/काल को सुविधा की दृष्टि से दो भागों में बाँटा गया है
(i) ऋग्वैदिक काल (1500-1000 ई. पू.)
(ii) उत्तर वैदिक काल (1000-600 ई. पू.)

ऋग्वैदिक काल

- इस काल की जानकारी का एकमात्र स्रोत **ऋग्वेद** है। ऋग्वेद के अनेक तथ्यों की ईरानी भाषा के प्राचीनतम ग्रन्थ जेंद **अवेस्ता** से समानता है। ऋग्वैदिक काल में आर्यों का जीवन कबीलाई प्रकार का था, जहाँ उनका जीवन अस्थायी प्रकार का होता था एवं युद्धों की प्रधानता थी।
- उनका मुख्य व्यवसाय **पशुचारण** था तथा कृषि का स्थान गौण था। आर्यों का समाज **पुरुष प्रधान** समाज था। आर्यों के समाज में पुरुष की प्रधानता थी। उनके जीवन में घोड़े का सबसे अधिक महत्त्व था।
- पालतू घोड़े पहली बार ईसा पूर्व छठी सहस्राब्दि में **काला सागर** और **यूराल पर्वत** के क्षेत्र में उपयोग किए गए। यूराल पर्वत से घोड़े की 60000 अस्थियाँ प्राप्त हुईं।

भौगोलिक विस्तार

- ऋग्वेद में उल्लिखित सात नदियों (सिन्धु, सरस्वती, सतलुज, व्यास, रावी, झेलम एवं चिनाब) के आधार पर आर्यों के निवास क्षेत्र को **सप्त सैन्धव प्रदेश** कहा गया है।
- सतजल नदी से लेकर यमुना नदी तक के क्षेत्र ब्रह्ममावर्त्त के नाम से जाने गए। मनुस्मृति के अनुसार, सरस्वती एवं दृशद्वती नदियों के मध्य के क्षेत्र को **ब्रह्ममावर्त्त** कहा गया है।
- वैदिक सभ्यता, भारत की एक प्राचीन सभ्यता है, जिसमें वेदों की रचना हुई। वैदिक शब्द वेद से बना है, जिसका अर्थ होता है–ज्ञान। वैदिक सभ्यता मूलत: एक ग्रामीण सभ्यता थी।
- गंगा एवं यमुना के दोआब तथा इसके सीमावर्ती प्रदेश, जो आर्यों के अधिपत्य में थे, वे **ब्रह्मर्षिदेश** के नाम से जाने गए। बाद के वर्षों में आर्यों का अधिपत्य (विस्तार) सम्पूर्ण उत्तरी भारतीय क्षेत्रों में हो गया, जों **आर्यावर्त्त** के नाम से जाना गया।
- ऋग्वेद में पाकिस्तान व अफगानिस्तान की नदियों (कुम्भा, क्रमु, गोमती एवं सुवास्तु) का उल्लेख मिलता है, जिससे पता चलता है कि अफगानिस्तान आर्य संस्कृति का ही अंग था।
- इस तरह आरम्भिक आर्यों का निवास पूर्वी अफगानिस्तान, पाकिस्तान और भारत के पंजाब, हरियाणा तथा पश्चिमी उत्तर प्रदेश आदि में था।

> ऋग्वेद में हिमालय पर्वत एवं इसकी एक चोटी **मुजवत** का भी उल्लेख है। ऋग्वैदिक पुरातात्विक साक्ष्य मुख्यत: तीन प्रकार के हैं-**काले एवं लाल मृद्भाण्ड** (Black and Red Ware), **ताम्र पुंज** (Copper Hoards) तथा **गेरुवर्णी मृद्भाण्ड** (Ochre Coloured Pottery)।

- भारत में आर्य सर्वप्रथम पंजाब और अफगानिस्तान क्षेत्र में बसे थे।
- वैदिक ग्रन्थों में 31 नदियों का उल्लेख मिलता है, जिनमें से ऋग्वेद ग्रन्थ में 25 नदियों का उल्लेख प्राप्त होता है किन्तु ऋग्वेद के नदी सूक्त में 21 नदियों का उल्लेख है, जिसमें सिन्धु नदी का **सर्वाधिक** उल्लेख है। यह आर्यों की सबसे प्रमुख नदी थी।
- ऋग्वैदिक आर्यों की सबसे पवित्र नदी **सरस्वती** थी, जिसे **मातेतमा, देवीतमा एवं नदीतमा** कहा गया है। नदी सूक्त में विपाशा (व्यास) नदी का उल्लेख नहीं है।
- ऋग्वेद में चार समुद्रों का उल्लेख है। सम्भवत: समुद्र किसी जलराशि का वाचक था। ऋग्वेद में गंगा नदी का एक बार, जबकि यमुना नदी का तीन बार उल्लेख हुआ है। मरुस्थल के लिए धन्व शब्द का उपयोग किया गया है।

ऋग्वैदिक काल की नदियाँ

प्राचीन नाम	आधुनिक नाम
वितस्ता	झेलम
अस्किनी	चिनाब
परुष्णी	रावी
शतुद्रि	सतलुज
विपाशा	व्यास
सरस्वती (सर्वश्रेष्ठ नदी)	घग्घर
क्रुमु	कुर्रम
कुभा	काबुल
गोमती	गोमल
सदानीरा	गण्डक
सुवास्तु	स्वात
सिन्धु	सिन्ध (इण्डस)
सुषोमा	सोहन
द्विषद्वती	घग्घर

आर्यों का जनजातीय युद्ध

- भारत में आर्यों का दास, दस्यु आदि नाम के स्थानीय जनों से संघर्ष हुआ। ऋग्वेद में वर्णित है कि भरत वंश के राजा दिवोदास ने शम्बर को पराजित किया था।
- ऋग्वेद में **दस्यु हत्या** शब्द का उल्लेख मिलता है, परन्तु दास हत्या शब्द का प्रयोग एक बार भी नहीं मिलता।
- आर्य सर्वप्रथम पंजाब में आकर बस गए। धीरे-धीरे वे दक्षिण-पूर्व की ओर बढ़कर दिल्ली के उत्तरी क्षेत्र तक पहुँच गए।
- इन्द्र ने आर्यों के शत्रुओं को पराजित किया था। ऋग्वेद में इन्द्र को **पुरन्दर** कहा गया है, जिसका अर्थ है-दुर्गों को तोड़ने वाला।
- परम्परानुसार आर्यों के पाँच कबीले अर्थात् **जन** थे, जिनका समुदाय **पंचजन** कहलाता था।
- **भरत** और **त्रित्सु** आर्यों के शासक वंश थे और पुरोहित वशिष्ठ दोनों वंशों के समर्थक थे।
- बाद में चलकर इस देश का नाम इसी भरत कुल के आधार पर भारतवर्ष पड़ा, इसका उल्लेख ऋग्वेद में मिलता है।

दशराज्ञ युद्ध

- भरत और दस राजाओं के बीच जो युद्ध हुआ, वह **दशराज्ञ युद्ध** के नाम से विदित है। इस युद्ध का मूल कारण भरत वंश के राजा **सुदास** के द्वारा अपने पुरोहित विश्वमित्र को उनके पद से हटाकर उनके स्थान पर वशिष्ठ को नियुक्त कर देना था। यह युद्ध परुष्णी नदी के तट पर लड़ा गया था, इसकी पहचान रावी नदी से की जाती थी। इस युद्ध में सुदास विजयी हुआ। इस युद्ध का उल्लेख ऋग्वेद के **7वें मण्डल** में मिलता है।
- पराजित जनों में **पुरुजन** सबसे महान थे। कालान्तर में भरतों और पुरुओं के बीच मैत्री हो गई तथा दोनों ने मिलकर नया शासक कुल बनाया, जो **कुरु** के नाम से प्रसिद्ध हुआ।
- आगे चलकर कुरु जनों ने पंचालों के साथ मिलकर उच्च गंगा मैदान में अपना संयुक्त राज्य स्थापित किया।

सामाजिक स्थिति

- ऋग्वैदिक समाज के संगठन का आधार **गोत्र** या **जन्ममूलक** था, जो प्रत्येक व्यक्ति की पहचान का आधार था। लोगों की सबसे अधिक आस्था अपने-अपने कबीले के प्रति रहती थी। समाज की सबसे छोटी व आधारभूत इकाई **परिवार** या **कुल** था। परिवार का मुखिया **पिता** होता था, उसे **कुलप** कहा जाता था। समाज **पितृसत्तात्मक** था।
- संयुक्त परिवार की प्रथा प्रचलित थी। नाना, दादा, नाती, पोते आदि सभी के लिए एक ही शब्द **नप्तृ** का प्रयोग होता था।

ऋग्वेद के **दसवें मण्डल** में वर्णित पुरुष सूक्त में चार वर्णों की उत्पत्ति का वर्णन मिलता है। इसमें कहा गया है कि ब्राह्मण परम-पुरुष के मुख से, क्षत्रिय उसकी भुजाओं से, वैश्य उसकी जांघों से एवं शूद्र उसके पैरों से उत्पन्न हुआ है।

- इस काल में व्यवसाय के आधार पर ही समाज का विभेद प्रारम्भ हुआ। युद्ध में प्राप्त सम्पत्ति के असमान वितरण के कारण समाज में असमानता आई। धीरे-धीरे कबायली समाज तीन वर्गों में बँट गया-**योद्धा**, **पुरोहित** और **सामान्य लोग** (प्रजा)।

वर्ण

- ऋग्वेद में **वर्ण** शब्द रंग के अर्थ में तथा कहीं-कहीं व्यवसाय चयन के अर्थ में प्रयुक्त हुआ है। ऐसा प्रतीत होता है कि आर्य भाषा-भाषी गौर वर्ण के थे और मूलवासी लोग काले रंग के थे।
- प्रारम्भ में हमें तीन वर्णों का उल्लेख मिलता है-"**ब्रह्म, क्षत्र, विश**। शूद्र शब्द का उल्लेख सर्वप्रथम ऋग्वेद के दसवें मण्डल के पुरुष सूक्त में मिलता है। ऋग्वेद में दास प्रथा का उल्लेख भी मिलता है।"

- इस काल में सामान्यत: **गुरुकुल पद्धति** थी, जहाँ मौखिक शिक्षा दी जाती थी। शिक्षा की चर्चा ऋग्वेद के सातवें मण्डल में है। ऋग्वेद में एक छात्र लिखता है कि "मैं कवि हूँ, मेरे पिता चिकित्सक हैं और मेरी माता आटा पीसती हैं।"
- इससे स्पष्ट होता है कि एक ही परिवार के लोग विभिन्न प्रकार के कार्य करते थे। ऋग्वैदिक काल में दास प्रथा प्रचलित थी। पुरोहितों को दक्षिणा में दास दिए जाने का उल्लेख है, जिसका प्रयोग घरेलू कार्यों के लिए होता था।
- दास प्रत्यक्षत: खेती के कार्य में या अन्य उत्पादक कार्यों में नहीं लगाए जाते थे।
- ऋग्वेद में वैद्य को **भिषज** कहा गया है। मिषज के रूप में **अश्विन देवता** को जाना जाता है।
- आर्यों के द्वारा शाकाहारी एवं मांसाहारी दोनों प्रकार के भोजन प्रयुक्त किए जाते थे। साथ ही, **सोम** एवं **सुरा** का भी प्रचलन ऋग्वैदिक काल में देखने को मिलता है।
- तपेदिक (यक्ष्मा) का वर्णन भी कई स्थलों पर किया गया है।
- मृतकों को प्राय: अग्नि द्वारा जलाया जाता था, लेकिन कभी-कभी दफनाया भी जाता था।
- विवाह एक पवित्र संस्कार माना जाता था। समाज में दो प्रकार के विवाह प्रचलित थे

  (i) **अनुलोम विवाह** उच्च वर्ण का पुरुष ओर निम्न वर्ण की स्त्री।

  (ii) **प्रतिलोम विवाह** उच्च वर्ण की स्त्री और निम्न वर्ण का पुरुष।
- ऋग्वैदिक काल में तीन प्रकार के वस्त्र प्रचलित थे- **नीवी** (अधोवस्त्र) शरीर के निचले हिस्से में पहना जाने वाला वस्त्र, **वासस** (उत्तरीय) शरीर के ऊपर ढँका जाने वाला वस्त्र एवं **अधिवासस** या **द्रापि** (यह ऊपर से धारण की जाने वाली चादर या ओढ़नी थी) इत्यादि।
- आर्यों के वस्त्र का निर्माण मूलत: सूत, ऊन एवं चर्म (जानवरों की खाल) से किया जाता था।

स्त्रियों की दशा

- ऋग्वैदिक समाज में स्त्रियों की दशा बहुत अच्छी थी। वह सभा तथा विदथ में हिस्सा ले सकती थीं। कन्याओं का **उपनयन संस्कार** होता था।
- स्त्रियों में पुनर्विवाह (विधवा विवाह) नियोग प्रथा (महिला अपने देवर के साथ साहचर्य स्थापित करती थीं।) एवं **बहुपति विवाह** का प्रचलन था।

- स्त्रियाँ यज्ञ कार्यों में सहभागी होती थीं, परन्तु बाल-विवाह, सती-प्रथा तथा पर्दा प्रथा जैसी प्रथाएँ प्रचलित नहीं थी। **लोपामुद्रा, घोषा, सिक्ता, विश्ववारा, अपाला** आदि विदुषी स्त्रियों ने ऋग्वेद की बहुत-सी ऋचाओं की रचना की है।
- विवाह में दहेज कुप्रथा का प्रचलन नहीं था, किन्तु उपहार दिए जाते थे। इन उपहारों को **वहतु** कहा जाता था। आजीवन अविवाहित रहने वाली कन्याओं को **अमाजू** कहा जाता था। "ऋग्वेद में पत्नी ही गृह है", (जायदस्तम) कहकर उसके महत्त्व की व्याख्या की गई है।
- नर्तकियों द्वारा एक विशेष परिधान **पेशस** के उपयोग का वर्णन मिलता है।
- इस काल में कान में कर्णशोभन एवं शीश पर कुम्ब नामक आभूषण पहने जाते थे। इसके अतिरिक्त भुजबन्द खादि, रूक्म, केयूर, नुपूर, कंकण आदि आभूषण भी पहने जाते थे।

ऋग्वैदिक काल के प्रमुख शब्द

अघन्या (जिसका वध न हो)	गाय
गोण्ता	राजा
गोप्त	धनी व्यक्ति
गोहंता/गोहन	अतिथि
गविष्ट, गेसु, गम्य	युद्ध
दुहिता	पुत्री
उर्वरा	उपजाऊ भूमि
खिल्य	पशुचारण योग्य भूमि
धन्व	मरुस्थल
सीता	हल से बनी सिरा (नालियाँ)
किवाश	हलवाहा
लांगल	हल के लिए
कुल्या	बड़ी नहर
करीषु	गोबर की खाद
स्थिवि	अनाज कोठार
तन्तुवाय	जुलाहा
तक्षण	बढ़ई
वाप्ता	नाई
गवयुति	दूरी
गोधूलि	समय
अनस	बैलगाड़ी
अवट	कूप (कुआँ)
पर्जन्य	बादल
भिषज	वैद्य
कुसीद	ऋण लेने व बलि देने की प्रथा
उर्दर	अनाज मापने वाला पात्र

राजनीतिक स्थिति

- ऋग्वैदिक प्रशासन मुख्यत: एक **कबीलाई व्यवस्था** वाला शासन था, जिसमें सैनिक भावना प्रमुख थी। कबीले के राजा को **गोप्ता** कहा जाता था। ऋग्वैदिक काल में राजा का पद आनुवंशिक हो चुका था।
- सबसे छोटी इकाई **कुल** (परिवार) थी, जिसका प्रधान कुलप, होता था ग्राम, विश और जन ये उच्चतर इकाई थीं। ग्राम सम्भवत: कई परिवारों के समूह को कहते थे। **ग्रामणी** ग्राम का प्रधान होता था।
- **विश** कई ग्रामों का समूह था। इसका प्रधान **विशपति** कहलाता था। अनेक विशों का समूह **जन** होता था। जन के अधिपति को **जनपति** या राजा कहा जाता था। ऋग्वेद में **जन** शब्द का उल्लेख 275 बार मिलता है, जबकि **जनपद** शब्द का उल्लेख एक बार भी नहीं मिलता है।

प्रशासनिक इकाई

कुल — ग्राम — विश — जन — राष्ट्र

- जनों के प्रधान को **राजन** कहा जाता था। राजा के चुनाव में समिति का महत्त्वपूर्ण योगदान था। राजा को जनस्यगोपा, पुरभेत्ता, विशपति, गणपति, गोपति कहा जाता था। राजा की सहायता हेतु पुरोहित, सेनानी एवं ग्रामीण नामक प्रमुख अधिकारी थे। इनमें सबसे प्रमुख **पुरोहित** था।

> ऋग्वेद में सभा (8 बार), समिति (9 बार), विदथ (122 बार) तथा गण जैसी संस्थाओं का उल्लेख मिलता है। ऋग्वेद की सबसे प्राचीन संस्था **विदथ** थी।

- सभा मुख्य रूप से वृद्ध जनों एवं कुलीन व्यक्तियों की **संस्था** थी। इसके सदस्यों को **सुजान** कहा जाता था। समिति कबीलों की आम सभा थी, जिसके प्रमुख को **ईशान** कहा जाता था। यह राजा की नियुक्ति, पदच्युति करने के साथ उस पर नियन्त्रण भी रखती थी। सभा एवं समिति के द्वारा राजा को सलाह प्रदान की जाती थी। विदथ में लूटी गई वस्तुओं का बँटवारा होता था।
- राजा भूमि का स्वामी नहीं था, भू-स्वामित्व जनता के पास था। बलि प्रजा द्वारा राजा को स्वेच्छा से दिया जाने वाला उपहार था। राजा इसके बदले उनकी सुरक्षा की जिम्मेदारी लेता था। राजा नियमित या स्थायी सेना नहीं रखता था। **व्रात, गण, ग्राम** और **सर्ध** नाम से कबायली टोलियाँ लड़ाई लड़ती थीं।
- ऋग्वेद में राजा को गोप्ता जनस्य (कबीले का संरक्षक) एवं पुराभेत्ता (नगरों पर विजय प्राप्त करने वाला) के नाम से सम्बोधित किया गया है।
- इस युग में राजतन्त्रात्मक एवं गणतन्त्रात्मक, दोनों ही प्रकार के शासन की व्यवस्था प्रचलित थी। राजा का प्रमुख कार्य कबीले की सुरक्षा सुनिश्चित करना होता था।
- सबसे महत्त्वपूर्ण अधिकारी **पुरोहित** होता था। पुरोहित के पश्चात् सेनानी का स्थान आता था। चरागाह का प्रधान **वाज्रपति** तथा लड़ाकू दलों के प्रधान को **ग्रामीण** कहा जाता था।

आर्थिक स्थिति

- ऋग्वैदिक आर्यों का प्रारम्भिक जीवन अस्थायी था। इनकी संस्कृति मूलतः ग्रामीण थी। कबायली संरचना के अनुकूल **पशुपालन** मुख्य पेशा तथा **कृषि** गौण पेशा था। पशुओं में गाय सर्वाधिक महत्त्वपूर्ण थी, जिसका ऋग्वेद में 176 बार उल्लेख मिलता है। **गाय** का प्रयोग विनिमय के माध्यम के रूप में भी किया जाता था।
- आर्यों की अधिकांश लड़ाइयाँ गायों को लेकर हुईं। ऋग्वेद में युद्ध का पर्याय **गविष्टि** (गायों का अन्वेषण) है। गवेषण, गोषु, गेसू, गव्य आदि सभी शब्द युद्ध के लिए प्रयुक्त होते थे।
- गाय का दूध पुत्रियों के द्वारा दूहे (निकाले) जाने के कारण उसे **दुहिता** कहा जाता था।
- धनी व्यक्ति को **गोमत** तथा राजा को **गोपति** कहा जाता था। समय की माप के लिए **गोधूलि** तथा दूरी की माप के लिए **गवयतु** शब्द का प्रयोग किया गया है। गाय को अघन्या (न मारे जाने योग्य) माना गया था।
- गाय की हत्या या उसे घायल करने पर वेदों में मृत्युदण्ड तथा देश से निर्वासित करने का भी उल्लेख था। पणि नामक व्यापारी पशुओं की चोरी करने के लिए कुख्यात थे। ऋग्वेद में घोड़ा, बैल, भैंस, भैंसा, भेड़, बकरी, ऊँट, का उल्लेख है, परन्तु बाघ और हाथी का उल्लेख नहीं है।

> **ऋग्वैदिक काल में कृषि**
>
> ऋग्वेद के चतुर्थ मण्डल में कृषि प्रक्रिया का वर्णन मिलता है तथा एक ही अनाज **यव** अथवा **जौ** का उल्लेख है। ऋग्वैदिक आर्यों को पाँच ऋतुओं का ज्ञान था। रचि (सम्पत्ति) की गणना मुख्यतः मवेशियों से ही होती थी।

- गाय के अतिरिक्त घोड़ा, हाथी, ऊँट, बैल, भेड़, बकरी, कुत्ते आदि प्रमुख पशु थे। ऋग्वेद काल में लोग गाय को चराने, कृषि करने तथा रहने के लिए भूमि पर अधिकार रखते थे, परन्तु भूमि उनकी निजी सम्पत्ति नहीं थी।
- ऋग्वेद में बढ़ई, रथकार, बुनकर, चर्मकार, कुम्हार आदि शिल्पियों के उल्लेख मिलते हैं। बढ़ई के लिए तक्षण, धातुकर्मी के लिए कर्मार तथा सोने के लिए **हिरण्य** शब्द मिलता है। ऋग्वेद में कपास का उल्लेख नहीं मिलता है। इस काल में ऋण देकर ब्याज लेने वाले को **बेकनाट** (सूदखोर) कहा जाता था।
- उन्होंने आरावाला पहिया भी चलाया, जो सर्वप्रथम 2300 ई. पू. में प्रयोग में लाया गया था तथा उन्हें खेतड़ी (राजस्थान) से ताँबे की प्राप्ति होती थी।

> ऋग्वेद में **अयस** का प्रयोग मिलता है, इसकी पहचान ताँबे अथवा काँसे के रूप में की गई। इस काल में लोग लोहे से परिचित नहीं हुए थे।

- सम्भवतः ऋग्वैदिक आर्यों को अंकों की जानकारी थी।

धार्मिक स्थिति

- आर्यों का धार्मिक जीवन बहुत पवित्र और सरल था। आर्य **बहुदेववादी** होते हुए भी **एकेश्वरवाद** में विश्वास करते थे। इस समय प्राकृतिक शक्तियों का मानवीकरण कर उनकी पूजा की गई। इसमें यज्ञ का महत्त्वपूर्ण स्थान था। वे मुख्य रूप से प्रकृति की पूजा करते थे।
- प्रकृति के प्रतिनिधि के रूप में आर्यों के देवताओं की तीन श्रेणियाँ-आकाश के देवता, अन्तरिक्ष के देवता व पृथ्वी के देवता थीं।

देवताओं की श्रेणी	देवता
आकाश के देवता	सूर्य (सबसे प्रमुख देवता), वरुण (जल का देवता, दण्ड विधाता), द्यौस (सृजन, स्वर्ग का देवता, सबसे प्राचीन मित्र), पूषन (पशुओं व शूद्रों के देवता), विष्णु (विश्व के पालनकर्ता व संरक्षक), सविता (अमरत्व का देवता), अदिति, ऊषा (प्रगति व उत्थान की देवी), अश्विन (रोगों को दूर करने वाला देवता), मित्र (प्रकाश का देवता) आदि।
अन्तरिक्ष के देवता	इन्द्र (पुरन्दर), मारुत (तूफान का देवता), रुद्र (पशुओं का देवता), पर्जन्य (वर्षा का देवता)।
पृथ्वी के देवता	अग्नि (यज्ञ, गृह के सर्वश्रेष्ठ देवता), सोम (वनस्पति का देवता), पृथ्वी (सृजन की देवी), बृहस्पति (यज्ञ के देवता), सरस्वती (विद्या की देवी)।

- ऋग्वेद में इन्द्र (सर्वाधिक महत्त्वपूर्ण देवता) का वर्णन सर्वाधिक प्रतापी एवं लोकप्रिय देवता के रूप में किया जाता है, जिसे 250 सूक्त समर्पित हैं। इन्द्र को आर्यों का युद्ध नेता तथा वर्षा, आँधी, तूफान का देवता माना जाता है।
- ऋग्वेद के 5वें मण्डल में अग्नि सूक्त है। ऋग्वेद में अग्नि की स्तुति में 200 सूक्त मिलते हैं। ये दूसरे सबसे महत्त्वपूर्ण देवता हैं। इस काल में अग्नि देवताओं तथा मनुष्यों के बीच मध्यस्थ था। इसके माध्यम से देवताओं को आहुतियाँ दी जाती थीं।
- तीसरा प्रमुख देवता वरुण था, इन्हें 30 सूक्त समर्पित हैं, जो जलनिधि का प्रतिनिधित्व करता है। वरुण को **ऋतस्य गोपा** कहा गया है।
- रूद्र अनैतिक आचरण से सम्बद्ध देवता है। ऋग्वेद में इन्हें त्रयम्बक कहा गया है। इन्हें **चिकित्सा का संरक्षक** भी माना गया है। **हॉलर** नामक इतिहासकार ने इनकी तुलना यूनानी देवता अपोलो के साथ की है।
- ऋग्वेद के 9वें मण्डल में **सोम** की स्तुति है। सोम को पेय पदार्थ का देवता माना जाता है। **द्यौस** को ऋग्वैदिक कालीन देवों में सबसे प्राचीन माना जाता है। ऋग्वेद के प्रथम तथा 10वें मण्डल की रचना सम्भवतः सबसे बाद में की गई थी।
- गायत्री मन्त्र ऋग्वेद के तीसरे मण्डल में उल्लेखित है। इसके रचनाकार **विश्वामित्र** हैं। यह सूर्य देवता को समर्पित है। देवताओं की उपासना की मुख्य रीति स्तुति पाठ करना तथा यज्ञ बलि अर्पित करना था। इसके अन्तर्गत स्तुति पाठ पर अधिक बल दिया जाता था।
- ऋग्वैदिक काल से मूर्तिपूजा के साक्ष्य प्राप्त नहीं हुए हैं। ऋग्वैदिककालीन लोग देवताओं की उपासना करते थे। उपासना का दृष्टिकोण भौतिकवादी था। इसमें पुनर्जन्म की अवधारणा नहीं थी तथा यज्ञ की तुलना में प्रार्थना ही अधिक प्रचलित थी।

- ऋत् की व्याख्या सृष्टि की अनियमितता, भौतिक एवं नैतिक व्यवस्था तथा अन्तरिक्षीय व्यवस्था के रूप में की गई।

ऋग्वैदिक देवियाँ

देवी	कार्य
सूर्या	सूर्य की पुत्री
इला	आराधना की देवी
सावित्री	सूर्य को प्रेरणा प्रदान करने वाली
पृथ्वी	जगत की माता
ऊषा	अरुणोदय की देवी
सिन्धु	नदी देवी
अदिति	देवों की महान देवी
पुरापाधि	उर्वरता की देवी
अरण्यानी	वन देवी
रात्रि	रात की देवी
दिशान	वनस्पति की देवी
आप:	जल की देवी

उत्तरवैदिक काल (1000-600 ई.पू.)

- उत्तरवैदिक काल का युग आर्य संस्कृति के विकास और प्रसार, उत्कर्ष व विभिन्नीकरण का युग था। इसमें धर्म, दर्शन, नीति, आचार-विचार, मत-विश्वास आदि में एक निश्चित स्पष्टता आई।
- उत्तरवैदिक काल का इतिहास मुख्य रूप से ऋग्वैदिक काल के पश्चात् रचित वैदिक ग्रन्थों पर आधारित है। ऋग्वैदिक काल के पश्चात् सामवेद, यजुर्वेद व अथर्ववेद (वैदिक संहिताओं) की रचना की गई। इसके पश्चात् कई ग्रन्थ लिखे गए, जिन्हें **ब्राह्मण** कहते हैं। इन सभी उत्तरकालीन वैदिक ग्रन्थों की रचना लगभग 1000-500 ई. पू. में उत्तरी गंगा के तट पर की गई।
- इस प्रकार उत्तरवैदिक काल के अध्ययन के महत्त्वपूर्ण साहित्यिक स्रोत सामवेद, यजुर्वेद, अथर्ववेद, ब्राह्मण, आरण्यक एवं उपनिषद् हैं। इसके अतिरिक्त **चित्रित घूसर मृद्भाण्ड** भी (पी. जी. डब्ल्यू. पेण्टेड ग्रे वेअर) इस काल के अध्ययन का एक महत्त्वपूर्ण साक्ष्य है।
- लोहे के प्रयोग की शुरुआत उत्तरवैदिक काल से ही मानी जाती है, इसके पर्याप्त साक्ष्य भी मिले हैं। यजुर्वेद में लोहे के लिए **श्याम अयस** एवं **कृष्ण अयस** शब्द का प्रयोग हुआ है।
- उत्तरवैदिक काल में आर्यों के जीवन में स्थायित्व आया। कृषि का महत्त्व व्यापक रूप से बढ़ा तथा ये विन्ध्याचल के उत्तर के सम्पूर्ण क्षेत्र में पहुँचने में सफल हुए।

भौगोलिक विस्तार

- उत्तरवैदिक काल के लोगों का मुख्य केन्द्र **मध्य देश** था, जिसका प्रसार सरस्वती नदी से लेकर गंगा के दोआब तक था।
- उत्तरवैदिक काल में आर्यों के प्रसार का वर्णन **शतपथ ब्राह्मण** में विदेह माधव की कथा में मिलता है। शतपथ ब्राह्मण में **रेवा** (नर्मदा नदी) एवं **सदानीरा** (गण्डक) का उल्लेख है। इसमें त्रिककुद, क्रौंच, मैनाक आदि पर्वतों का उल्लेख है, जो पूर्वी हिमालय के अन्तर्गत आते हैं।
- उत्तरवैदिक काल के अन्त में 600 ई. पू. के लगभग वैदिक लोग दोआब से पूरब की ओर पूर्वी उत्तर प्रदेश के कोसल और उत्तरी बिहार के विदेह तक विस्तृत हो गए।
- इन वैदिक लोगों का पूर्वी उत्तर प्रदेश और उत्तरी बिहार में ऐसे लोगों से सम्पर्क हुआ, जो ताँबे के औजारों और काले व लाल मृद्भाण्डों का प्रयोग करते थे।

राजनीतिक स्थिति

- उत्तरवैदिक काल में पहली बार **क्षेत्रीय राज्यों** का उदय हुआ। पुरु एवं भरत **कबीला** मिलकर कुरु तथा तुर्वस एवं क्रीवी मिलकर **पांचाल** कहलाए। प्रारम्भिक कुरुओं की राजधानी **आसन्दीवत्** थी, जिसके अन्तर्गत कुरुक्षेत्र (सरस्वती एवं दृषद्वती के बीच की भूमि) सम्मिलित था। बाद में हस्तिनापुर उसकी राजधानी हो गई।
- पांचालों की राजधानी **काम्पिल्य** थी। पांचालों के प्रसिद्ध शासक **प्रवाहण जैवालि** विद्वानों के संरक्षक थे। शतपथ ब्राह्मण में पांचाल को वैदिक सभ्यता का सर्वश्रेष्ठ प्रतिनिधि (दार्शनिक राजाओं और तत्त्वज्ञानी ब्राह्मणों के कारण) कहा गया है। उत्तरवैदिक काल में पांचाल सर्वाधिक विकसित राज्य था। पांचाल राज्य आधुनिक बरेली, बदायूँ और फर्रुखाबाद जिलों में विस्तृत था।
- उत्तरवैदिक काल में छोटे-छोटे जन मिलकर **जनपद** में परिवर्तित हो गए। इसी समय राष्ट्र शब्द का प्रयोग भी पहली बार हुआ। राजा की दैवीय उत्पत्ति का सिद्धान्त सर्वप्रथम **ऐतरेय ब्राह्मण** में मिलता है। अधिकारों में वृद्धि के परिणामस्वरूप अलग-अलग दिशाओं के राजा के नाम अलग-अलग होने लगे।

ऐतरेय ब्राह्मण के अनुसार शासन प्रणाली

क्षेत्र	राज्य का नाम/शासन	राजा का नाम/उपाधि	यज्ञ
पूर्व	साम्राज्य	सम्राट	वाजपेय यज्ञ
पश्चिम	स्वराज्य	स्वराट	अश्वमेध यज्ञ
उत्तर	वैराज्य	विराट	पुरुषमेध यज्ञ
दक्षिण	भोज्य	भोज	सर्वमेध यज्ञ
मध्य देश	राज्य	राजा	राजसूय यज्ञ

- राजा का राज्याभिषेक राजसूय यज्ञ के द्वारा सम्पन्न होता था, जिसका विस्तृत वर्णन सर्वप्रथम ऐतरेय ब्राह्मण में मिलता है। राजसूय यज्ञ कराने वाले पुरोहित को 24000 गाय दान में दी जाती थी।
- राजा की सहायता के लिए उच्च कोटि के अधिकारी थे, जिन्हें **रत्निन** कहा गया है। शतपथ ब्राह्मण में 12 रत्निनों का उल्लेख है
  (i) **पुरोहित** धर्मिक कार्य करना
  (ii) **सेनानी** सेनापति
  (iii) **सूत** राजा का सारथी
  (iv) **ग्रामीण** ग्राम का प्रधान
  (v) **भागदुध** कर संग्रहकर्ता
  (vi) **संग्रहीता** कोषाध्यक्ष

(vii) **अक्षवाप** पासे के खेल में राजा का सहयोगी
(viii) **रथकार** रथ निर्माण करने वाला
(ix) **गोविकर्त्तन** जंगल विभाग का प्रधान
(x) **महिषी** मुख्य रानी
(xi) **पालागल** विदूषक, दूत, मित्र
(xii) **युवराज** राजकुमार

- सबसे प्राचीन संस्था **विदथ** उत्तरवैदिक काल में समाप्त हो गई। राजा पर **सभा** और **समिति** का नियन्त्रण समाप्त हो गया। सभा में स्त्रियों का प्रवेश वर्जित हो गया।
- उत्तरवैदिक काल में राजतन्त्र ही शासन का आधार था और कहीं-कहीं गणतन्त्र के उदाहरण भी मिलते हैं। इसमें स्थायी सेना नहीं होती थी।
- सूत एवं ग्रामीण को **कर्तृ** (राजा बनाने वाला) कहा गया था। राजा न्याय का सर्वोच्च अधिकारी होता था। ब्राह्मण को मृत्युदण्ड नहीं दिया जाता था।
- उत्तरवैदिक काल में राजा अपनी प्रजा से नियमित कर वसूलने लगा, जिसे **बलि**, **शुल्क** या **भाग** कहा जाता था। इसकी मात्रा 1/16 भाग थी।

सामाजिक स्थिति

- उत्तरवैदिक काल में सामाजिक व्यवस्था का आधार वर्णाश्रम व्यवस्था थी, इस काल में वर्ण व्यवस्था का आधार कर्म पर आधारित न होकर जन्म पर आधारित हो गया था। यद्यपि वर्ण व्यवस्था में कठोरता आने लगी थी। समाज में चार वर्ण—ब्राह्मण, क्षत्रिय, वैश्य और शूद्र थे।
- ब्राह्मण के लिए **ऐहि** (आइए), क्षत्रिय के लिए **आगच्छ** (आओ), वैश्य के लिए **आद्रव** (जल्दी आओ) तथा शूद्र के लिए **आधव** (दौड़कर आओ) शब्द प्रयुक्त होते थे

> ब्राह्मण, क्षत्रिय तथा वैश्य इन तीनों को **द्विज** कहा जाता था। ये उपनयन संस्कार के अधिकारी थे। चौथा वर्ण (शूद्र) उपनयन संस्कार का अधिकारी नहीं था और यहीं से शूद्रों को अपात्र या आधारहीन मानने की प्रक्रिया शुरू हो गई।

- यज्ञ का अनुष्ठान बढ़ जाने के कारण ब्राह्मणों की शक्ति में अपार वृद्धि हुई। ब्राह्मण लोग अपने यजमानों के लिए तथा अपने धार्मिक अनुष्ठान के लिए यज्ञ करते थे। इन्हें **अदायी** (दान लेने वाला) और **सोमपाई** (भ्रमण करने वाला) कहा गया है।
- ये युद्ध में देवाराधना करते थे, फलस्वरूप अभयदान प्राप्त करते थे।
- ऐतरेय ब्राह्मण में चारों वर्णों के कर्त्तव्यों का वर्णन मिलता है। इस काल में केवल वैश्य ही कर चुकाते थे। ब्राह्मण एवं क्षत्रिय दोनों वैश्यों से वसूले जाने वाले राजस्व पर जीते थे। शूद्र का कार्य अन्य वर्गों की सेवा करना था। समाज में **रथकार** का स्थान ऊँचा था, जिसका उपनयन संस्कार किया जाता था।
- परिवार में पिता के अधिकारों में वृद्धि हुई। पिता अपने पुत्र को उत्तराधिकार से वंचित कर सकता था। राजपरिवार में **ज्येष्ठाधिकार** का प्रचलन प्रबल हो गया।
- ऋग्वैदिक काल की अपेक्षा उत्तरवैदिक काल में स्त्रियों की दशा में गिरावट आई। इनका उपनयन संस्कार भी बन्द कर दिया गया। पैतृक सम्पत्ति में भी इनका अधिकार समाप्त कर दिया गया ऐतरेय ब्राह्मण में पुत्री को सभी दु:खों का स्रोत तथा पुत्र को परिवार का रक्षक बताया गया है।
- ऐतरेय ब्राह्मण में पुत्री को **कृपण** कहा गया है।

> शतपथ ब्राह्मण में कुछ विदुषी स्त्रियों का वर्णन किया गया है, जो निम्न हैं-गार्गी, गन्धर्व, मैत्रेयी, वेदवती, गृहीता, काश्कृत्सनी इत्यादि।

- उत्तरवैदिक काल में **गोत्र प्रथा** स्थापित हुई। गोत्र शब्द का मूल अर्थ है- गोष्ठ या वह स्थान जहाँ सम्पूर्ण कुल का गोधन पाला जाता था। कलान्तर में इसका अर्थ एक ही मूल पुरुष से उत्पन्न लोगों का समुदाय हो गया।
- उत्तरवैदिक काल में **आश्रम व्यवस्था** स्थापित हुई, जिसमें केवल तीन आश्रमों (ब्रह्मचर्य, गृहस्थ तथा वानप्रस्थ) की जानकारी मिलती थी तथा चौथे आश्रम (संन्यास) की अभी स्पष्ट स्थापना नहीं हुई थी।
- सर्वप्रथम **जाबालोपनिषद्** में चारों आश्रमों का विवरण मिलता है।
- उत्तरवैदिक काल के आर्यों को चावल, नमक, मछली, हाथी तथा बाघ आदि का ज्ञान हो गया था, जिसका उन्हें ऋग्वैदिक काल में ज्ञान नहीं था।

आश्रम व्यवस्था

आश्रम व्यवस्था उत्तर वैदिक काल में स्थापित हुई। छान्दोग्य उपनिषद् में 3 आश्रमों का वर्णन है। जाबालोउपनिषद् में चार आश्रम बताए गए हैं। वैदिकोत्तर काल के ग्रन्थों में चार आश्रम निम्न प्रकार हैं

आश्रम	आयु	कार्य	पुरुषार्थ
ब्रह्मचर्य	0-25	ज्ञान प्राप्ति	धर्म
गृहस्थ	25-50	सांसारिक जीवन	अर्थ व काम
वानप्रस्थ	50-75	ईश्वर ध्यान	मोक्ष
संन्यास	75-100	मोक्ष हेतु तपस्या	मोक्ष

- सभी आश्रम व्यवस्था में से **गृहस्थ आश्रम** को श्रेष्ठ माना गया है तथा यह सभी वर्णों में सामान्यत: प्रचलित था। इस आश्रम में गृहस्थ पाँच महायज्ञों तथा तीन ऋणों से मुक्ति पाता है।
- गृहस्थ आश्रम के पंच महायज्ञों का अनुष्ठान करना पड़ता था, जोकि निम्न है
  (i) **ब्रह्म यज्ञ या ऋषियज्ञ** पठन-पाठन या प्राचीन ऋषि के प्रति कृतज्ञता।
  (ii) **देवयज्ञ** हवन द्वारा देवताओं की पूजा-अर्चना।
  (iii) **पितृयज्ञ** पितरों का तर्पण (जल और भोजन द्वारा)।
  (iv) **नृयज्ञ या मनुष्य यज्ञ** अतिथि सत्कार द्वारा।
  (v) **भूतयज्ञ** समस्त जीवों के प्रति कृतज्ञता ज्ञापन के रूप में चीटियों, पक्षियों, स्वानों आदि को भोजन देना

- गृहस्थ आश्रम में तीन ऋण सम्मिलित थे, जिनको ऋरण होना आवश्यक था, जोकि निम्न हैं
  - **देव ऋण** यज्ञों तथा अनुष्ठानों द्वारा देवी-देवताओं की कृपा के प्रति आभार जताकर इस ऋण से मुक्ति मिलती थी।
  - **ऋषि ऋण** विधिपूर्वक वेदों के अध्ययन से इस ऋण से मुक्ति मिलती थी।
  - **पितृ ऋण** सन्तान को उत्पन्न कर इस ऋण से मुक्ति मिलती थी।

विवाह के प्रकार

प्रमुख स्मृति ग्रन्थ, मनुस्मृति में विवाह के आठ प्रकार का उल्लेख है, जिनका वर्णन निम्नलिखित है

(i) **ब्रह्म** यह प्रशंसनीय विवाह है, इसके अन्तर्गत कन्या के वयस्क होने पर उसके माता-पिता द्वारा योग्य वर को खोजकर विवाह किया जाता था।

(ii) **दैव** यह प्रशंसनीय विवाह है, इसके अन्तर्गत यज्ञ करने वाले पुरोहित के साथ कन्या का विवाह कर दिया जाता था।

(iii) **आर्ष** यह प्रशंसनीय विवाह है, इसके अन्तर्गत कन्या के पिता द्वारा यज्ञ कार्य हेतु एक अथवा दो गाय के बदले में अपनी कन्या का विवाह किया जाता था।

(iv) **प्रजापत्य** यह प्रशंसनीय विवाह है, इसके अन्तर्गत वर स्वयं कन्या के पिता से कन्या माँगकर विवाह करता था।

(v) **आसुर** यह निन्दनीय विवाह है, इसके अन्तर्गत कन्या के पिता द्वारा धन के बदले में कन्या का विक्रय किया जाता था।

(vi) **गन्धर्व** यह निन्दनीय विवाह है, इसके अन्तर्गत कन्या तथा पुरुष प्रेम अथवा कामुकता के वशीभूत होकर विवाह कर लेते थे

(vii) **पैशाच** यह निन्दनीय विवाह है, इसके अन्तर्गत सोई हुई अथवा विक्षिप्त कन्या के साथ सहवास कर विवाह किया जाता था।

(viii) **राक्षस** यह निन्दनीय विवाह है, इसके अन्तर्गत बलपूर्वक कन्या को छीनकर या अपहरण कर, उससे विवाह किया जाता था।

नोटः- स्मृतियों के अनुसार, ब्रहम विवाह दैव विवाह, ऋषि विवाह तथा प्रजापत्य विवाह आदि ब्राह्मणों के लिए मान्य थे। गन्धर्व विवाह क्षत्रियों में तथा असुर विवाह केवल वैश्यों एवं शूद्रों में प्रचलित थे।

उत्तरवैदिक काल में प्रचलित प्रथाएँ

उत्तरवैदिक काल में प्रचलित प्रथाएँ निम्नलिखित हैं

- **दास प्रथा** उत्तरवैदिक साहित्य में दासों से सम्बद्ध जानकारी प्राप्त होती है। तैत्तिरीय संहिता के अनुसार दास-दासियों को उपहारस्वरूप दिया जाता था। मौर्यकालीन समाज तथा सम्राट अशोक के अभिलेखों में दास प्रथा के प्रमाण मिलते हैं। अर्थशास्त्र में 5, मनुस्मृति में 7 तथा नारद स्मृति में 15 प्रकार के दासों का वर्णन है। दास मुक्ति अनुष्ठान का विधान सर्वप्रथम नारद ने किया। चोल साम्राज्य में देवदासी प्रथा तथा दास प्रथा के साक्ष्य प्राप्त हुए हैं। मन्दिर में देव पूजा के लिए रहने वाली स्त्री को **देवदासी** कहा जाता था।
- **सती प्रथा** अथर्ववेद में सती प्रथा का वर्णन है। रामायण के मूल में इसका उल्लेख नहीं है, परन्तु उत्तराखण्ड में वेदयन्ती की माता के सती होने का उल्लेख है। पाण्डु की मृत्यु के बाद भाद्री सती हुई, किन्तु अभिमन्यु, घटोत्कच तथा द्रोण की पत्नियाँ सती नहीं हुईं। कौटिल्य के अर्थशास्त्र में सती प्रथा का प्रमाण नहीं है, किन्तु यूनानी लेखकों ने इसका वर्णन किया है। गुप्तकाल में सती प्रथा का **प्रथम अभिलेखीय प्रमाण** प्राप्त हुआ। 510 ई. के ऐरण अभिलेख के अनुसार, गुप्त नरेश भानुगुप्त का मित्र गोप राज (सैनिक) हूणों के विरुद्ध युद्ध में मारा गया तथा उसकी पत्नी सती हो गई 1829 ई. में **विलियम बैण्टिक** ने सती प्रथा पर प्रतिबन्ध लगाने में **राजा राममोहन राय** की सहायता की।

सोलह संस्कार

सोलह संस्कार एवं उनसे सम्बन्धित तथ्यों का विवरण निम्नलिखित है

- **गर्भाधान संस्कार** सन्तान उत्पन्न करने के लिए।
- **पुंसवन संस्कार** स्त्री के गर्भधारण के तीसरे, चौथे और आठवें महीने में।
- **सीमन्तोन्नयन संस्कार** गर्भ की रक्षा के लिए संस्कार।
- **जातकर्म संस्कार** बच्चे के जन्म के बाद पिता द्वारा शिशु को मधु और घी चटाने का संस्कार।
- **नामकरण संस्कार** शिशु का नामकरण संस्कार।
- **निष्क्रमण संस्कार** जन्म के बाद पहली बार शिशु को घर से बाहर निकालना।
- **अन्नप्राशन संस्कार** जन्म के छठे माह में अन्न खिलाने से सम्बन्धित
- **चूड़ाकर्म संस्कार** तीसरे से आठवें वर्ष के मध्य (मुण्डन)।
- **कर्णवेध संस्कार** रोगों से मुक्ति के लिए कान छेदने का संस्कार।
- **विद्यारम्भ संस्कार** पाँचवें वर्ष में बच्चों को अक्षर ज्ञान।
- **उपनयन संस्कार** शिक्षा ग्रहण से पूर्व किया गया संस्कार।
- **वेदारम्भ संस्कार** वेद अध्ययन से पूर्व किया गया संस्कार।
- **केशान्त संस्कार** 16 वर्ष के बाद पहली बार केशों को उतारना।
- **समावर्तन संस्कार** विद्या अध्ययन समाप्त कर घर लौटने पर किया जाने वाला संस्कार।
- **विवाह संस्कार** वर-वधू के परिणय-सूत्र में बँधने का संस्कार।
- **अन्त्येष्टि संस्कार** मृत्यु के पश्चात् होने वाला संस्कार।

आर्थिक स्थिति

- उत्तरवैदिक काल में पशुपालन के स्थान पर कृषि आर्यों का मुख्य पेशा हो गया। लोहे के उपकरणों के प्रयोग से कृषि क्षेत्र में क्रान्ति आ गई।
- लगभग 1000 ई. पू. में कर्नाटक के धारवाड़ जिले में लोहे के साक्ष्य मिले हैं। इसी काल में पूर्वी पंजाब, पश्चिमी उत्तर प्रदेश, राजस्थान और मध्य प्रदेश में भी लोहे के प्रयोग होने के प्रमाण मिले हैं। शतपथ ब्राह्मण में कृषि की चार क्रियाओं-जुताई, बुआई, कटाई और मड़ाई का उल्लेख हुआ है।
- इस ग्रन्थ में **विदेह माधव** की कथा का भी वर्णन मिलता है। इससे इस बात का संकेत मिलता है कि समस्त आर्य लोग गंगा घाटी में कृषिक व्यवसाय करने लगे थे और पशुपालन इनका गौण पेशा हो गया।
- **अतरंजीखेड़ा** में सर्वप्रथम कृषि से सम्बन्धित लौह उपकरण प्राप्त हुए हैं। लोहे के बने उपकरणों के प्रयोग होने से कृषि का विस्तार होने के अतिरिक्त फसलों की संख्या में भी वृद्धि हुई तथा धान प्रमुख फसल बन गई। कृषि अधिशेष ने जनसंख्या वृद्धि में योगदान दिया।
- अथर्ववेद में सिंचाई के साधन के रूप में वर्णाकूप एवं नहर (कुल्या) का उल्लेख मिलता है। इसमें हल की नाली को **सीता** कहा जाता था। अथर्ववेद के विवरण के अनुसार, सर्वप्रथम पृथ्वीवेन ने हल और कृषि को जन्म दिया। हलों का फाल लकड़ी से निर्मित होता था। वैदिक ग्रन्थों में 6, 8, 12 और 24 बैलों द्वारा हल खींचे जाने का उल्लेख है।
- कृष्ण का भाई **हलधर** कहलाता था, क्योंकि हल उसका अस्त्र (हथियार) था।
- इस काल की मुख्य फसल **धान** और **गेहूँ** हो गई। यजुर्वेद में ब्रीहि (धान), यव (जौ), माण (उड़द) मुद्ग (मूँग), गोधूम (गेहूँ), मसूर आदि अनाजों का वर्णन मिलता है। चावल के अवशेष हस्तिनापुर से मिले हैं, जोकि आठवीं सदी ई. पू. के हैं। अथर्ववेद में सर्वप्रथम नहरों का उल्लेख हुआ है।
- उत्तरवैदिक काल के लोग कई प्रकार के तिलहन का भी उत्पादन करते थे। इस काल में हाथी को पालतू बनाए जाने के साक्ष्य भी प्राप्त हुए, इसके लिए **हस्ति** या **वारण** शब्द का प्रयोग किया गया था।

> चर्मकार, कुम्हार तथा बढ़ईगिरि के शिल्प में भी काफी प्रगति दिखाई देती है। उत्तरवैदिक ग्रन्थों में कपास का उल्लेख नहीं हुआ है, बल्कि ऊनी (ऊन) शब्द का प्रयोग कई बार हुआ है। बुनाई का काम प्रायः स्त्रियाँ करती थीं। कढ़ाई करने वाली स्त्रियों को **पेशस्करी** कहा जाता था।

- वृहदारण्यक उपनिषद् में **श्रेष्ठिन** शब्द तथा ऐतरेय ब्राह्मण में **श्रेष्ठय** शब्द से व्यापारियों की श्रेणी का अनुमान लगाया जाता है। तैत्तरीय संहिता में ऋण के लिए **कुसीद** शब्द मिलता है। शतपथ ब्राह्मण में महाजनी प्रथा का पहली बार वर्णन हुआ है तथा सूदखोर को **कुसीदिन** कहा गया है।

> **मृद्‌भाण्ड**
>
> - उत्तरवैदिक काल के लोग चार प्रकार के मृद्‌भाण्डों से परिचित थे-काला व लाल मृद्‌भाण्ड, काले पॉलिशदार मृद्‌भाण्ड, चित्रित धूसर मृद्‌भाण्ड और लाल मृद्‌भाण्ड।
> - **चित्रित धूसर मृद्‌भाण्ड** सर्वोपरि वैशिष्ट्य सूचक हैं। इन मृद्‌भाण्ड वाले स्तरों में काँच की निधियाँ और चूड़ियाँ मिली हैं। उत्तरवैदिक ग्रन्थों में स्वर्णकारों या आभूषण निर्माताओं का वर्णन है।

- **निष्क, शतमान, पाद, कृष्णल** आदि माप की विभिन्न इकाइयाँ थीं। निष्क जो ऋग्वैदिक काल में स्वर्ण आभूषण था, जो अब एक मुद्रा माना जाने लगा। **द्रोण** अनाज मापने के लिए प्रयुक्त किए जाते थे।
- एक निष्क चार सुवर्णों के बराबर, एक सुवर्ण 320 रत्ती के बराबर, एक शतमान 100 रत्ती के बराबर होती थी। बाट की मूलभूत इकाइयाँ **रत्तिका, गुंजा** तथा **दृष्ठान** होती थीं।
- उत्तरवैदिक आर्यों को समुद्र का ज्ञान हो गया था। इस काल के साहित्य में पश्चिमी और पूर्वी दोनों प्रकार के समुद्रों का वर्णन है। वैदिक ग्रन्थों में समुद्र यात्रा की भी चर्चा है, जिनसे वाणिज्य एवं व्यापार का संकेत मिलता है तथा व्यापार **पण** द्वारा सम्पन्न होता था। सिक्कों का अभी नियमित प्रचलन नहीं हुआ था। सामान्य लेन-देन में वस्तु विनिमय का प्रयोग होता था।
- इस काल के लोग स्वर्ण एवं लोहे के अतिरिक्त टिन, ताँबे, चाँदी और सीसे से भी परिचित हो चुके थे।

> उत्तरवैदिक काल में **धातु शिल्प** उद्योग बन चुका था और धातु गलाने का उद्योग बड़े पैमाने पर होता था। ताँबे को गलाकर सम्भवतः विभिन्न प्रकार के उपकरण एवं वस्तुएँ बनाई जाती थीं।

- तैत्तरीय अरण्यक में पहली बार नगर की चर्चा हुई है। हस्तिनापुर और कौशाम्बी प्रारम्भिक नगर थे, जिन्हें **आद्य नगरीय स्थल** कहा जा सकता है।

धार्मिक स्थिति

- उत्तरवैदिक कालीन धर्म का स्वरूप **बहुदेववादी** तथा उद्देश्य भौतिक सुखों की प्राप्ति था। प्रजापति, विष्णु तथा रुद्र महत्त्वपूर्ण देवता के रूप में स्थापित हो गए। इन्द्र, अग्नि एवं वरुण महत्त्वहीन हो गए।
- सृजन के देवता **प्रजापति** को सर्वोच्च स्थान मिला। इस काल के दो अन्य प्रमुख देवता रुद्र एवं विष्णु माने जाते हैं। रुद्र पशुओं के देवता प्रथा विष्णु लोगों के पालक देवता माने जाते थे। वरुण मात्र जल के देवता माने जाने लगे। वर्ण व्यवस्था के जटिल होते रूप के कारण **पूषन** अब शूद्रों के देवता हो गए। उपासना की पद्धति में विशेष रूप से परिवर्तन दिखाई देता था। यज्ञ का महत्त्व बढ़ गया था, उसमें जटिल कर्मकाण्डों का समावेश हो गया था।
- ऋग्वैदिक काल में 7 पुरोहितों की जगह उत्तरवैदिक काल में 14 पुरोहितों का उल्लेख मिलता है। इस काल के प्रत्येक वेद के अपने पुरोहित थे। ऋग्वेद का पुरोहित होता, सामवेद का उद्‌गाता, यजुर्वेद का अध्वर्यु एवं अथर्ववेद का ब्रह्मा कहलाता था। **ऋत्विज** मुख्य पुरोहित के रूप में सभी यज्ञों का पर्यवेक्षण करता था।

- इसमें कर्मकाण्डों के पीछे छिपे रहस्य को जानने का प्रयत्न किया जाने लगा था तथा यज्ञ में मन्त्रोच्चारण तथा पशुबलि पर विशेष बल दिया जाने लगा।
- अतिथि को गोहन्ता कहा जाता था, क्योंकि अतिथि का स्थान गाय से अधिक था। यजमान (यज्ञ करने वाला) धार्मिक ज्ञान-विज्ञान पर एकाधिकार समझते थे।
- जीवन को सोलह संस्कारों से बाँध दिया गया। इन संस्कारों का **विधानसूत्र साहित्य** विशेषतया गृहसूत्रों में मिलता है। इनका विस्तृत विवेचन सूत्रकालीन सभ्यता के शीर्षक में किया गया है।

उत्तरवैदिक काल में दर्शन

उत्तरवैदिक काल में बहुदेववाद, वासुदेव सम्प्रदाय एवं षड्दर्शनों (सांख्य, योग, न्याय, वैशेषिक, मीमांसा व वेदान्त) का बीजारोपण हुआ। वेदान्त को **उत्तर मीमांसा** तथा मीमांसा को **पूर्व मीमांसा** भी कहा जाता है।

प्रमुख दर्शन व उसके प्रतिपादक

दर्शन	प्रतिपादक
सांख्य	कपिल
योग	पतंजलि (योगसूत्र)
न्याय	गौतम
चार्वाक	चार्वाक
पूर्व मीमांसा	जैमिनी
उत्तर मीमांसा	बादरायण
वैशेषिक	कणाद या उलूक

- मृत्यु की चर्चा सर्वप्रथम शतपथ ब्राह्मण तथा मोक्ष की चर्चा सर्वप्रथम उपनिषद् में मिलती है। पुनर्जन्म की अवधारणा वृहदारण्यक उपनिषद् में मिलती है।
- निष्काम कर्म के सिद्धान्त का प्रतिपादन सर्वप्रथम ईशोपनिषद् में किया गया है। ब्राह्मणों ने यज्ञ के माध्यम से अपनी स्थिति सुदृढ़ कर ली है।
- व्यापक स्तर पर किए जाने वाले यज्ञों का आयोजन सामूहिक रूप से होता था। वाजपेय, अश्वमेध तथा पुरुषमेध महत्त्वपूर्ण यज्ञ थे, जिनसे राजा की शक्ति में बढ़ोत्तरी हुई। इस समय के दो महाकाव्य हैं—महाभारत (जयसंहिता), रामायण।

यज्ञ विधान

- उत्तरवैदिक काल में शब्दों की जादुई शक्ति पर विश्वास किया जाने लगा। श्रौत यज्ञ दो श्रेणियों में विभाजित थे-**हविर्यज्ञ** एवं **सोमयज्ञ**।
- हविर्यज्ञ में अग्निहोत्र, दशपूर्णमास, चतुर्मास्य, आग्रहायण, पशुबलि, सौत्रामणी तथा पिण्ड पितृयज्ञ शामिल थे।
- सोमयज्ञ में अग्निष्टोम, अत्यग्निष्टोम, उक्श्य, षोडशी, वाजपेय, अतिरात्र तथा आप्तोयीम जैसे यज्ञ शामिल थे।

प्रमुख यज्ञों का विवरण

प्रमुख यज्ञों का विवरण निम्न है

- **राजसूय यज्ञ** यह यज्ञ राजा के **राज्याभिषेक** हेतु होता था। इस आनुष्ठानिक यज्ञ से प्रजा को यह विश्वास हो जाता था कि उसके सम्राट को दिव्य शक्ति मिल गई है। इसमें **सोम** ग्रहण किया जाता था। इस यज्ञ के दौरान राजा रत्निनों के घर जाता था। इस यज्ञ का वर्णन शतपथ ब्राह्मण में मिलता है। इसमें सात प्रकार के जल का प्रयोग राजा के राज्याभिषेक में होता था।
- **अश्वमेध यज्ञ** अश्वमेध यज्ञ का शाब्दिक अर्थ है-घोड़े की बलि देना। इस यज्ञ में राजा द्वारा छोड़ा गया घोड़ा, जिन-जिन क्षेत्रों से बिना किसी प्रतिरोध के गुजरता था, उन सभी क्षेत्रों पर राजा का राज्य स्थापित हो जाता था अर्थात् यह शक्ति का द्योतक था।
  यह राजकीय यज्ञों में सर्वाधिक प्रसिद्ध और महत्त्वपूर्ण यज्ञ था। शतपथ ब्राह्मण में भारत के दो राजाओं **भरत दोषयन्ति** और **शतानिक सत्राजित** द्वारा अश्वमेध यज्ञ करने का उल्लेख है। यह यज्ञ क्षेत्र विस्तार से जुड़ा हुआ था।
- **वाजपेय यज्ञ** इस यज्ञ में राजा रथों की दौड़ का आयोजन करता था, जिसमें राजा को सहयोगियों द्वारा विजयी बनाया जाता था। वाजपेय यज्ञ करने से राजा सम्राट बनता था तथा यह यज्ञ 17 दिन चलता था।
- **अग्निष्टोम यज्ञ** इस यज्ञ में सोम रस ग्रहण किया जाता था तथा अग्नि को पशुबलि दी जाती थी। इस यज्ञ से पूर्व याज्ञिक तथा उसकी पत्नी एक वर्ष तक सात्विक जीवन व्यतीत करते थे।
- **सोत्रामणिक यज्ञ** इस यज्ञ में पशु एवं सुरा की आहुति दी जाती थी।
- **पुरुषमेध यज्ञ** इस यज्ञ में पुरुषों की बलि तथा तथा सर्वाधिक 25 यूपों (यज्ञ स्तम्भ) का निर्माण कराया जाता था।

सिन्धु घाटी संस्कृति व वैदिक संस्कृति के बीच अन्तर

सिन्धु घाटी संस्कृति	वैदिक संस्कृति
सिन्धु घाटी संस्कृति **नगरीय** थी।	वैदिक आर्यों की संस्कृति **ग्रामीण** थी।
इस संस्कृति के लोग पाषाण व काँसे से परिचित थे, किन्तु लोहे से परिचित नहीं थे।	इस संस्कृति के लोग स्वर्ण, चाँदी, ताम्र और लोहे से परिचित थे।
इस संस्कृति में धर्म का स्वरूप **इहलौकिक** था। लोग लिंग पूजा एवं मूर्ति पूजा के समर्थक थे।	इस संस्कृति के लोग **बहुदेववाद** के समर्थक थे। आर्य लोग यज्ञ करते थे। लिंग पूजा व मूर्ति पूजा का प्रचलन नहीं था।
इस संस्कृति के लोग घोड़े से अपरिचित थे, किन्तु हाथी और व्याघ्र से परिचित थे।	ऋग्वैदिक में आर्य लोगों का पालतू पशु घोड़ा था, किन्तु हाथी, व्याघ्र से परिचित नहीं थे।
इस संस्कृति में युद्ध आदि में सुरक्षा के सन्दर्भ में **कवच** आदि के उपयोग का साक्ष्य नहीं है।	इस संस्कृति में लोग युद्ध आदि में सुरक्षा हेतु **कवच** और सिर में **शिरस्त्राण** (हेलमेट) का प्रयोग करते थे।
इस संस्कृति के लागों की लिपि **चित्रात्मक** थी।	इस संस्कृति के लोगों की शिक्षा प्रणाली **मौखिक** थी।
इस संस्कृति का समाज परिवार आधारित था तथा परिवार **मातृ-सत्तात्मक** था।	इस संस्कृति का समाज भी परिवार आधारित था तथा परिवार **पितृ-सत्तात्मक** था।

वैदिक साहित्य

वैदिक साहित्य में चार वेदों-ब्राह्मण, आरण्यक, उपनिषद् एवं वेदांग को शामिल किया जाता है, जिनका विवरण इस प्रकार है

वैदिक साहित्य
- वेद
  - ऋग्वेद
  - सामवेद
  - यजुर्वेद
  - अथर्ववेद
- ब्राह्मण ग्रन्थ
- आरण्यक
- उपनिषद्
- वेदांग
- सूत्र साहित्य

वेद

- वेद शब्द **विद्** धातु से बना है, जिसका अर्थ है-जानना अर्थात् ज्ञान। वेदों के संकलनकर्ता **कृष्णद्वैपायन** थे। इन्हें वेदों के पृथक्करण-व्यास के कारण **वेदव्यास** भी कहा जाता है। चारों वेदों को सम्मिलित रूप से **संहिता** कहा जाता है।
- वेदों की रचना देवताओं द्वारा किए जाने के कारण इसे **अपौरुषेय** कहा जाता है। इनमें ऋग्वेद, यजुर्वेद एवं सामवेद को सम्मिलित रूप से **वेदत्रयी** कहा जाता है, जो इस प्रकार हैं

ऋग्वेद

- इसमें 10 मण्डल, 1,028 सूक्त और 11 बालखिल्य सूक्त शामिल हैं। सूक्त का अर्थ है-अच्छी प्रकार से बोला गया। ऋग्वेद की भाषा वैदिक संस्कृत (प्राक् संस्कृत) थी। ऋग्वेद का दूसरे से सातवाँ मण्डल सर्वाधिक प्राचीन है। दसवाँ मण्डल सबसे नवीन है। ऋग्वेद का पाठ करने वाला **होता** या **होतृ** कहलाता था।
- ऋग्वेद के दूसरे से आठवें मण्डल के रचयिता क्रमशः गृत्समद, विश्वामित्र, वामदेव, अत्रि, भारद्वाज, वशिष्ठ, कण्व तथा अंगिरा हैं।
- ऋग्वेद की पाँच शाखाएँ हैं-शाकल, वाष्कल, आश्वलायन, शंखायन तथा मण्डूकायन। नौवाँ मण्डल सोम को समर्पित है। ऋग्वेद के दसवें मण्डल में जिसे **पुरुषसूक्त** भी कहा जाता है, सर्वप्रथम शूद्रों का उल्लेख मिलता है। ऋग्वेद और ईरानी ग्रन्थ जेन्द अवेस्ता में समानता पाई जाती है।
- **असतो मा सद्गमय** वाक्य ऋग्वेद से लिया गया है।

ऋग्वेद के प्रमुख शब्द

शब्द	ऋग्वेद में उच्चारण संख्या	शब्द	ऋग्वेद में उच्चारण संख्या
इन्द्र	250	सभा	8
अग्नि	200	समिति	9
वरुण	30	विदथ	122
जन	275	सोम	144
विश	171	गण	46
माता	234	विष्णु	100
पिता	335	अश्व	215
वर्ण	23	राष्ट्र	10
ब्रज गोशाला	45	वैश्य	1
कृषि	33	शूद्र	1
गौ (गाय)	176	रूद्र	3
पृथ्वी	1	यमुना	3
राजा	1	सेना	20
गंगा	1	ग्राम	13
बृहस्पति	11	क्षत्रिय	9
ब्राह्मण	15		

सामवेद

- इसके अन्तर्गत कुल 1,875 ऋचाओं में से 75 सूक्तों को छोड़कर शेष ऋग्वेद से लिए गए हैं। यह भारतीय संगीतशास्त्र पर प्राचीनतम पुस्तक है। सामवेद का गायन करने वाला **उद्गाता** या **उद्गातृ** कहलाता था।
- इसकी तीन शाखाएँ हैं- **कौथुम**, **जैमिनीय** एवं **राणायनीय**। सामवेद का प्रथम द्रष्टा वेदव्यास के शिष्य जैमिनी को माना जाता है।
- इसे भारतीय संगीत का जनक माना जाता है, क्योंकि संगीत के सात स्वरों 'सा, रे, ग, म, प, द्य, नि' की उत्पत्ति इसी से हुई है। छान्दोग्य तथा जैमिनीय इसके **प्रमुख उपनिषद्** तथा **पंचविश** इस का ब्राह्मण ग्रन्थ है।

यजुर्वेद

- यजु से तात्पर्य यज्ञ से है। इस ग्रन्थ में गद्य एवं पद्य में लिखित यज्ञ एवं बलि की विधियों पर बल दिया गया है। इसमें 40 मण्डल तथा 2,000 मात्र हैं।
- यजुर्वेद का पाठ करने वाले को **अध्वर्यु** कहा जाता था। इसके दो भाग-कृष्ण यजुर्वेद व शुक्ल यजुर्वेद हैं। शुक्ल यजुर्वेद से वाजसनेयी संहिता सम्बद्ध है। कृष्ण यजुर्वेद गद्य में तथा शुक्ल यजुर्वेद पद्य में रचित है।
- कठोपनिषद्, इशोपनिषद्, श्वेताश्वरोपनिषद् और मैत्रायणी उपनिषद् आदि यजुर्वेद के मुख्य उपनिषद् हैं। इसके अन्तिम अध्याय ईशावस्य उपनिषद् का सम्बन्ध आध्यात्मिक चिन्तन से है।
- युजर्वेद का उपवेद धुनर्वेद है। यजुर्वेद में सर्वप्रथम राजसूय एवं वायपेय यज्ञ का वर्णन है। ऋग्वेद, सामवेद तथा यजुर्वेद को **वेदत्रयी** कहा जाता है।

अथर्ववेद

- इसकी रचना अथर्वा ऋषि ने की थी। इसमें 20 अध्याय, 731 सूक्त एवं 6000 मन्त्र हैं। इसमें तन्त्र-मन्त्र संकलित हैं। इसमें तत्कालीन भारतीय औषधि एवं विज्ञान सम्बन्धी जानकारी मिलती है।
- इसमें रोग तथा उसके निवारण के साधन के रूप में जादू-टोनों आदि की जानकारी दी गई है। इसकी दो शाखाएँ हैं—**शौनक** एवं **पिप्पलाद**।
- इसमें सभा और समिति को प्रजापति की दो पुत्रियाँ कहा गया है। अथर्ववेद के उपनिषदों में मुण्डकोपनिषद्, प्रश्नोपनिषद् तथा माण्डूक्योपनिषद् हैं। भारत का राष्ट्रीय आदर्श वाक्य सत्यमेव जयते मुण्डकोपनिषद् से ही लिया गया है।
- काशी का प्राचीनतम उल्लेख अथर्ववेद में मिला है। इसका उपवेद शिल्पवेद है।

ब्राह्मण ग्रन्थ

- वेदों की विशिष्ट व्याख्या के लिए ब्राह्मण ग्रन्थों की रचना की गई। ये गद्य रूप में लिखे गए हैं।
- सभी ब्राह्मण ग्रन्थों का सम्बन्ध किसी-न-किसी वेद से जुड़ा है। इन ग्रन्थों में वेदों के सूक्तों की व्याख्या तथा धार्मिक अनुष्ठानों का विशद् वर्णन मिलता है।
- ब्राह्मण ग्रन्थों का रचयिता याज्ञवल्क्य मुनि को माना जाता है। ऐतरेय, कौशितकी, जैमनीय इत्यादि प्रमुख ब्राह्मण ग्रन्थ हैं।

आरण्यक

- आरण्यक शब्द अरण्य (Forest) से बना है, जिसका अर्थ-वन है। यह ब्राह्मण ग्रन्थों का परिशिष्ट है।
- इस ग्रन्थ में रहस्यवादी सिद्धान्तों का विवरण मिलता है। इसमें जन्म, मृत्यु, पुनर्जन्म इत्यादि का विशद् विवरण दिया गया है।
- वर्तमान में 7 आरण्यक-ऐतरेय, तैत्तरीय, मध्यान्दिन, शंखायन, मैत्रायणी, वृहदाख्यक तथा तलवकार हैं।

उपनिषद्

- उपनिषद् का अर्थ उस विद्या से है, जो गुरु के समीप बैठकर सीखी जाती है। इसमें ब्रह्म और आत्मा के सम्बन्ध में दार्शनिक चिन्तन दिया गया है।
- उपनिषद् भारतीय दर्शन के प्रस्थान बिन्दु हैं। उपनिषदों को वेदान्त भी कहा जाता है, क्योंकि इनमें वेदों का सर्वोच्च और अन्तिम उद्देश्य बताया गया है।
- ये वेदों से सम्बद्ध हैं तथा इनकी संख्या 108 है। छान्दोग्य उपनिषद् में तत्त्वमसि का, वृहदारण्यकोपनिषद् में अश्वमेध यज्ञ का, कठोपनिषद् में यम एवं नाचिकेता संवाद का, ईशापनिषद् में याज्ञवल्क्य एवं श्वेतकेतु संवाद का तथा मुण्डकोपनिषद् में शिक्षा के विषयों में वेदांगों का वर्णन है।

वेदांग

वेदांग ज्ञान में सहायक शास्त्र है। वेदांगों की संख्या निम्न 6 प्रकार है

(i) शिक्षा इसका सम्बन्ध उच्चारण की विधि से है तथा इसका उद्देश्य वैदिक मन्त्रों के विशुद्ध उच्चारण से है।

(ii) कल्प इसका सम्बन्ध यज्ञों के नियम से है।

(iii) व्याकरण इसे वेदों का मुख कहते हैं तथा इसका सम्बन्ध शब्दों के यथार्थ ज्ञान से है।

(iv) ज्योतिष इसमें वैदिक यज्ञों तथा अनुष्ठानों का समय बताया जाता है।

(v) छन्द इसे वेदों का आवरण कहा जाता है। इसका उद्देश्य वैदिक मन्त्रों के समुचित पाठ की सुरक्षा से है।

(vi) निरुक्त इसका तात्पर्य वेदों में दिए गए शब्दों के अर्थ से है। इसे वेद की आत्मा कहा गया है।

वेदों के ब्राह्मण, आरण्यक तथा उपनिषद्

वेद	सूक्त	ब्राह्मण	आरण्यक	उपनिषद्	अध्येता	उपवेद
ऋग्वेद	1028 मन्द	ऐतरेय कौशितकी	ऐतरेय, कौशितकी	ऐतरेय, कौशितकी	होतृ	आयुर्वेद
सामवेद	1810 मन्द	पंचविश, षड्विश,	छान्दोग्य, जैमिनीय	छान्दोग्य, जैमिनीय	छान्दोग्य, केन	उद्गाता	गन्धर्ववेद
यजुर्वेद	–	तैत्तरीय, शतपथ	वृहदारण्यक, तैत्तरीय	श्वेताश्वतर, वृहदारण्यक, ईश, मैत्रायणी, कठ, तैत्तरीय	अध्वर्यु	धनुर्वेद
अथर्ववेद	6000 मन्द	गोपथ	—	मुण्डक, प्रश्न, माण्डुक्य	ब्रह्मा	शिल्पवेद

सूत्र साहित्य

- छठी शताब्दी ई. पू. से तीसरी शताब्दी ई. पू. का काल सूत्रकाल कहलाता है। इस समय सूत्र साहित्य की रचना हुई। सूत्र साहित्यों में समाज तथा व्यवस्था के लिए महत्त्वपूर्ण विधियों एवं आचार-विचारों पर चर्चा की गई है।
- सूत्रकाल तक आते-आते वर्ण जातियों में परिवर्तित हो गए। जातियों का आधार कर्म न होकर जन्म हो गया। प्रथम तीन वर्णों-ब्राह्मण, क्षत्रिय और वैश्य को द्विज कहा गया तथा इन्हें शूद्रों से पृथक् माना जाने लगा।

सूत्र साहित्य का विवरण

कल्प सूत्र	विधि एवं नियमों का प्रतिपादन।
श्रौत सूत्र	यज्ञ से सम्बन्धित विस्तृत विधि-विधानों की व्याख्या।
शुल्व सूत्र	इसमें यज्ञ स्थल तथा अग्निवेदी के निर्माण, माप से सम्बन्धित नियम तथा भारतीय ज्यामिति के प्रारम्भिक रूप की प्रतीति है।
धर्म सूत्र	सामाजिक-धार्मिक कानून तथा आचार संहिता।
गृह सूत्र	मनुष्य के लौकिक एवं पारलौकिक कर्त्तव्य।

प्रीलिम्स फैक्ट्स

- आर्य शब्द इंगित करता है *– श्रेष्ठ वंश को* [UPPSC (Pre) 2007]
- कौन-सा अभिलेख आर्यों के ईरान से भारत में आने की सूचना देता है? *– बोगजकोई* [UPPSC (Mains) 2009]
- बोगजकोई महत्त्वपूर्ण है, क्योंकि *– यहाँ से प्राप्त अभिलेखों में वैदिक देवी-देवताओं के नामों का उल्लेख प्राप्त होता है* [UPPSC (Pre) 2006]
- वैदिक नदी अस्किनी की पहचान किस एक नदी के साथ की जाती है? *– चिनाब नदी* [UPPSC (Pre) 2010]
- उल्लिखित नदियों अस्किनी, परुष्णी, कुभा, क्रुमु, विपाशा तथा शतुद्री आदि में से किस/किन नदियों का उल्लेख अफगानिस्तान के साथ आर्यों के सम्बन्ध का सूचक है/हैं? *– कुभा तथा क्रुमु* [UPPSC (Pre) 2010]
- आरम्भिक वैदिक साहित्य में सर्वाधिक वर्णित नदी है? *– सिन्धु नदी* [IAS (Pre) 1995]
- ऋग्वेद में किस नदी को 'मातेतमा', 'देवीतमा' एवं 'नदीतमा' नाम से सम्बोधित किया गया है? *– सरस्वती नदी को* [UPPSC (Mains) 2008]
- 'त्रयी' नाम है *– तीन वेदों का* [UPPSC (Pre) 2010]
- गायत्री मन्त्र किस पुस्तक में मिलता है? *ऋग्वेद में* [UPPSC (Pre) 2013]
- ऋग्वेद संहिता का नौवाँ मण्डल पूर्णत: किसको समर्पित है? *– सोम देवता को* [BPSC (Pre) 1995, 1997]
- वर्ण व्यवस्था से सम्बन्धित 'पुरुष सुक्त' मूलत: किस वेद में पाया जाता है? *– ऋग्वेद में* [CGPSC (Pre) 2015]
- गोत्र शब्द का उपयोग सर्वप्रथम किस वेद में हुआ था? *– ऋग्वेद में* [UPPSC (Mains) 2005]
- ऋग्वेद के सर्वाधिक मन्त्र किस वैदिक देवता को समर्पित हैं? *– इन्द्र को* [UKPSC (Pre) 2022]
- ऐतरेय, तैत्तरीय, गोपथ तथा शतपथ आदि ब्राह्मण ग्रन्थों में किसका सम्बन्ध ऋग्वेद से है? *– ऐतरेय ब्राह्मण* [MPPSC (Pre) 2017]
- किस वेद का संकलन ऋग्वेद पर आधारित है? *– सामवेद* [UPPSC (Pre) 1997]
- भारतीय उपमहाद्वीप में लोहे के सर्वप्रथम साहित्यिक साक्ष्य किस वेद से प्राप्त हुए हैं? *– यजुर्वेद से* [UPPSC (Pre) 1994]
- 'आयुर्वेद' अर्थात् 'जीवन का विज्ञान' का उल्लेख सर्वप्रथम किस वेद से प्राप्त हुआ है? *– अथर्ववेद* [UPPSC (Pre) 1994]
- चारो वेदों में से किस एक में जादुई माया और वशीकरण का वर्णन है? *– अथर्ववेद* [IAS (Pre) 2014]
- किस वेद में सभा और समिति को प्रजापति की दो पुत्रियाँ कहा गया है? *– अथर्ववेद* [UPPSC (Mains) 2008]
- ऋग्वेद में किसे युद्ध का देवता माना जाता है? *– इन्द्र को* [UPPSC (Mains) 2011]
- वैदिक युग में प्रचलित लोकप्रिय शासन प्रणाली कौन-सी थी? *– वंश परम्परागत राजतन्त्र प्रणाली* [RAS/RTS (Pre) 1996]
- वैदिक युगीन सभा थी *– एक मन्त्रिपरिषद्* [RAS/RTS (Pre) 1994]
- ऋग्वैदिक जनसभा, जो न्यायिक कार्यों से सम्बन्धित थी, क्या कहलाती थी? *– सभा* [JPSC (Pre) 2016]
- वह कौन-सी ब्रह्मवादिनी थी, जिसने कुछ वेद मन्त्रों की स्थापना की थी? *– लोपामुद्रा* [UPPSC (Pre) 1995]
- प्रसिद्ध दस राजाओं का युद्ध किस नदी के तट पर लड़ा गया था? *– परुष्णी नदी* [BPSC (Pre) 1998]
- वैदिक काल में 'पणि' किसे कहा जाता था? *– जिनका व्यापार पर नियन्त्रण होता था* [BPSC (Pre) 2012]
- ऋग्वैदिक काल में निष्क किस अंग का आभूषण था? *– गले का* [UPPSC (Mains) 2007]
- किसे वैदिक देवताओं का पुरोहित माना जाता था? *– बृहस्पति को* [UPPSC (Mains) 2013]
- हिन्दु पौराणिक कथा के अनुसार, समुद्र मन्थन हेतु किस सर्प ने स्वयं को रस्सी के रूप में प्रस्तुत किया? *– वासुकी सर्प* [UKPSC (Pre) 2007]
- अंग-मगध, कोसल-विदेह, कुरु-पांचाल तथा मत्स्य-शूरसेन में से किसे उत्तरवैदिक काल में आर्य संस्कृति का धुर समझा जाता था? *– कुरु-पांचाल* [UPPSC (Mains) 2007]
- किस काल में अछूत की अवधारणा स्पष्ट रूप से उद्धृत हुई? *– उत्तरवैदिक काल में* [BPSC (Pre) 1994]
- भारत में किस स्थल की खुदाई से लौह धातु प्रचलन के प्राचीनतम साक्ष्य मिले हैं? *– अतरन्जीखेड़ा से* [UPPSC (Pre) 2002, 2004]
- सर्ग, प्रतिसर्ग, वंश, मन्वन्तर और वंशानुचरित संकेतक हैं *– पुराणों के* [UPPSC (Pre) 2015]
- उपनिषद् पुस्तकें किससे सम्बन्धित हैं? *– दर्शन से* [UPPSC (Pre) 2002]
- किस एक वैदिक साहित्य में मोक्ष की चर्चा मिलती है? *– उपनिषद्* [UPPSC (Pre) 2003]
- किस ग्रन्थ में सर्वप्रथम देवकी के पुत्र, कृष्ण का वर्णन किया गया है? *– छन्दोग्योपनिषद्* [RAS/RTS (Pre) 2000]
- यम-नचिकेता संवाद किस उपनिषद् में मिलता है? *– कठोपनिषद्* [UPPSC (Mains) 2016]
- सत्यकाम जाबाल की कथा, जो अविवाहित माँ होने के लांछन को चुनौती देती है, उल्लिखित है *– छन्दोग्योपनिषद्* [RAS/RTS (Pre) 2016]
- वैदिक साहित्य का सही क्रम कौन-सा है? *– वैदिक संहिताएँ, ब्राह्मण, आरण्यक, उपनिषद्* [UPPSC (Mains) 2014]

सेल्फ चैक

1. 'आर्य' शब्द इंगित करता है
(a) नृजातीय समूह को
(b) यायावरी जन को
(c) भाषा समूह को
(d) श्रेष्ठ वंश को

2. निम्नलिखित अभिलेखों में से कौन-सा अभिलेख ईरान से भारत में आर्यों के आने की सूचना देता है?
(a) मानसेहरा (b) शहबाजगढ़ी
(c) बोगजकोई (d) जूनागढ़

3. बोगजकोई महत्त्वपूर्ण है, क्योंकि **UPPSC (Pre) 2018**
(a) यह मध्य एशिया एवं तिब्बत के मध्य एक महत्त्वपूर्ण व्यापारिक केन्द्र था
(b) यहाँ से प्राप्त अभिलेखों में वैदिक देवी एवं देवताओं के नाम का उल्लेख प्राप्त होता है
(c) वेद के मूल ग्रन्थों की रचना यहाँ हुई थी
(d) उपरोक्त में से कोई नहीं

4. 'त्रयी' नाम है
(a) तीन वेदों का
(b) धर्म, संघ एवं युद्ध का
(c) हिन्दू धर्म के तीन देवताओं का
(d) तीन मौसमों का

5. वैदिक कालीन प्रशासन में 'भागदुह' कौन अधिकारी था? **UPPSC (Pre) 2023**
(a) जंगलों का प्रधान अधिकारी
(b) राजस्व कर जमा करने वाला
(c) समाचार पहुँचाने वाला दूत
(d) जुआ विभाग का प्रधान अधिकारी

6. वर्ण व्यवस्था से सम्बन्धित 'पुरुष सूक्त' मूलत: निम्न में से किसमें पाया जाता है? **UKPSC (Pre) 2014, CGPSC (Pre) 2015**
(a) ऋग्वेद (b) अथर्ववेद
(c) सामवेद (d) यजुर्वेद

7. निम्नलिखित में से कौन-सा युग्म (दर्शन-प्रचारक) सही सुमेलित है? **UPPSC (Pre) 2023**
(a) वैशेषिका-पतंजलि
(b) उत्तर मीमांसा-कपिल
(c) मीमांसा-कणव (कनद)
(d) न्याय-गौतम

8. वैदिक युग में प्रचलित लोकप्रिय शासन प्रणाली थी
(a) निरंकुश (b) प्रजातन्त्र
(c) गणतन्त्र (d) वंश परम्परागत राजतन्त्र

9. ऋग्वैदिक जन सभा, जो न्यायिक कार्यों से सम्बन्धित थी, क्या कहलाती थी? **JPSC (Pre) 2016**
(a) सभा (b) समिति
(c) विदथ (d) ये सभी

10. **कथन** I आरम्भिक आर्य, जो अनिवार्यत: पशुचारी थे, उन्होंने ऐसी कोई राजनीति संरचना विकसित नहीं की थी, जिसे प्राचीन अथवा आधुनिक अर्थ में राज्य के रूप में पाया जा सके।
कथन II राजतन्त्र वैसा ही था जैसा कि जनजाति मुखिया तन्त्र, जनजाति मुखिया के लिए 'राजन' शब्द का प्रयोग होता था, जो मुख्यत: एक सेनापति था और अपने लोगों पर शासन करता था, किसी विशेष क्षेत्र पर नहीं।
कूट
(a) दोनों कथन अलग-अलग सही हैं तथा कथन II, कथन I का सही स्पष्टीकरण है
(b) दोनों कथन अलग-अलग सही हैं, परन्तु कथन II, कथन I का सही स्पष्टीकरण नहीं है
(c) कथन I सही है, किन्तु कथन II गलत है।
(d) कथन I गलत है, किन्तु कथन II सही है।

11. 'धर्म तथा ऋत्' भारत की प्राचीन सभ्यता के एक केन्द्रीय विचार को चित्रित करते हैं। इस सन्दर्भ में निम्नलिखित कथनों पर विचार कीजिए
1. धर्म व्यक्ति के दायित्वों एवं स्वयं तथा दूसरों के प्रति व्यक्तिगत कर्त्तव्यों की संकल्पना थी।
2. ऋत् मूलभूत नैतिक विधान था, जो सृष्टि और उसमें अन्तर्निहित सभी तत्त्वों के क्रियाकलापों को संचालित करता था।

उपरोक्त में से कौन-सा/से कथन सत्य है/हैं?
(a) केवल 1 (b) केवल 2
(c) 1 और 2 दोनों (d) न तो 1 और न ही 2

12. उत्तरवैदिक काल में निम्नलिखित में से किनको आर्य संस्कृति का धुर माना जाता था?
(a) अंग, मगध (b) कोसल, विदेह
(c) कुरु, पांचाल (d) मत्स्य, शूरसेन

13. अछूत की अवधारणा किस काल में स्पष्ट रूप से उद्धृत हुई?
(a) ऋग्वैदिक काल में (b) उत्तरवैदिक काल में
(c) उत्तर गुप्तकाल में (d) धर्मशास्त्र के समय में

14. शतपथ ब्राह्मण में उल्लिखित राजा विदेह माधव से सम्बन्धित ऋषि थे
(a) ऋषि भारद्वाज (b) ऋषि वशिष्ठ
(c) ऋषि विश्वामित्र (d) ऋषि गौतम राहुगण

15. ऋग्वेद के सम्बन्ध में निम्नलिखित कथनों में से कौन-सा एक सही नहीं है?
(a) देवों की पूजा, प्रार्थना एवं यज्ञीय कर्मकाण्डों द्वारा की जाती थी
(b) देवताओं को शक्तिशाली निरुपित किया गया था, जिन्हें यज्ञ अनुष्ठानों के माध्यम से मनुष्यों के संसार में हस्तक्षेप हेतु प्रेरित किया जा सकता था
(c) ऐसा माना जाता था कि जो अर्पण अग्नि द्वारा उपभुक्त होता है, वह देवताओं द्वारा ग्रहण किया जाता है
(d) यज्ञ मन्दिरों में सम्पन्न किए जाते थे

16. निम्नलिखित में से कौन-से लक्षण ऋग्वेद के अनुसार धर्म के स्वरूप को वर्णित करते हैं?

1. ऋग्वेद के धर्म को प्रकृतिवादी बहुदेववाद कहा जा सकता है।
2. ऋग्वेद के धर्म और ईरानी अवेस्ता के विचारों में आश्चर्यजनक समानताएँ हैं।
3. वैदिक यज्ञ, पुरोहित के, जिसे यजमान कहा जाता था, घर में किए जाते थे।
4. वैदिक यज्ञ दो प्रकार के होते थे-वे जो गृहस्थ द्वारा किए जाते थे और वे जिनके लिए कर्मकाण्ड के विशेषज्ञों की आवश्यकता होती थी।

कूट

(a) केवल 3 (b) 1 और 2
(c) 1, 2, 3 और 4 (d) 1, 2 और 4

17. वैदिक देवता इन्द्र के विषय में निम्नलिखित कथनों पर विचार कीजिए तथा नीचे दिए गए कूट से सही उत्तर चुनिए **UPPSC (Pre) 2017**

1. झंझावत के देवता थे।
2. पापियों को दण्ड देते थे।
3. नैतिक व्यवस्था के संरक्षक थे।
4. वर्षा के देवता थे।

कूट

(a) 1 और 2 (b) 1 और 3
(c) 2 और 4 (d) 1 और 4

18. सूची I एवं सूची II को सुमेलित कीजिए तथा नीचे दिए गए कूट से सही उत्तर चुनिए

सूची I	सूची II
A. ब्रीहि	1. गन्ना
B. मुदग्	2. चावल
C. यव	3. मूँग
D. इक्षु	4. जौ

कूट

	A	B	C	D
(a)	1	2	3	4
(b)	4	3	2	1
(c)	3	4	1	2
(d)	2	3	4	1

19. सुमेलित कीजिए

सूची I	सूची II
A. ब्रह्म विवाह	1. विवाह के सर्वोत्तम प्रकार
B. असुर विवाह	2. कन्या के पिता द्वारा धन लेकर विवाह
C. राक्षस विवाह	3. बलपूर्वक कन्या के साथ विवाह
D. पैशाच विवाह	4. विवाह का निकृष्टतम प्रकार

कूट

	A	B	C	D
(a)	3	1	2	4
(b)	2	3	4	1
(c)	1	2	3	4
(d)	1	3	2	4

20. ऋग्वैदिकालीन आर्यों और सिन्धु घाटी के लोगों की संस्कृति के बीच अन्तर के सम्बन्ध में, निम्नलिखित कथनों में से कौन-सा/से सत्य है/हैं? **IAS (Pre) 2017**

1. ऋग्वैदिकालीन आर्य कवच और शिरस्त्राण (हेलमेट) का उपयोग करते थे, जबकि सिन्धु घाटी सभ्यता में लोगों में इनके उपयोग का कोई साक्ष्य नहीं मिलता।
2. ऋग्वैदिकालीन आर्यों को स्वर्ण, चाँदी और ताम्र का ज्ञान था, जबकि सिन्धु घाटी के लोगों को केवल ताम्र और लोहे का ज्ञान था।
3. ऋग्वैदिकालीन आर्यों ने घोड़े को पालतू बना लिया था, जबकि इस बात का कोई साक्ष्य नहीं है कि सिन्धु घाटी के लोग इस पशु को जानते थे।

कूट

(a) केवल 1 (b) 2 और 3
(c) 1 और 3 (d) 1, 2 और 3

जानें सही उत्तर

1. (d)	2. (c)	3. (b)	4. (a)	5. (b)	6. (a)	7. (b)	8. (d)	9. (a)	10. (a)
11. (c)	12. (c)	13. (b)	14. (d)	15. (d)	16. (d)	17. (d)	18. (d)	19. (c)	20. (c)

• अध्याय पाँच

जैन और बौद्ध धर्म

(छठी सदी ई.पू. के धार्मिक आन्दोलन)

"

छठी सदी ई. पू. न केवल भारत अपितु समस्त विश्व के लिए एक धार्मिक क्रान्ति का काल था। इस दौरान भारत में वैदिक धर्म की प्रतिक्रिया स्वरूप बौद्ध और जैन सम्प्रदायों का उदय हुआ, जिसने भारत में सामाजिक-धार्मिक सुधार आन्दोलन का सूत्रपात किया। इस दौरान विश्व के अनेक देशों में भी बौद्धिक आन्दोलन प्रारम्भ हुए, जिनमें चीन में कन्फ्यूशियस, ईरान में जरथ्रुष्ट तथा यूनान में पाइथागोरस प्रमुख हैं।

- छठी सदी ई. पू. के उत्तरार्द्ध में मध्य गंगा के मैदानों में अनेक धार्मिक सम्प्रदायों का उदय हुआ। इनमें **जैन सम्प्रदाय** व **बौद्ध सम्प्रदाय** सबसे महत्त्वपूर्ण थे और ये दोनों धार्मिक सुधार के परम शक्तिशाली आन्दोलन के रूप में उभरे।
- इनका उदय तत्कालीन समाज में व्याप्त असमानता, वर्ण आधारित भेदभाव, प्रगति में बाधक कर्मकाण्ड आदि के परिप्रेक्ष्य में हुआ।

नवीन धर्मों के उद्भव के कारण

छठी शताब्दी ईसा पूर्व में भारत में नए धर्मों के उद्भव के कारणों को निम्न रूपों में व्यक्त किया जा सकता है

- **वर्णव्यवस्था की जटिलता/कठोरता** वैदिकोत्तर काल में समाज स्पष्टत: चार वर्णों (ब्राह्मण, क्षत्रिय, वैश्य और शूद्र) में विभाजित था तथा जन्म पर आधारित था। छठी शताब्दी ई. पू. तक आते-आते जन्म आधारित जाति व्यवस्था में कठोरता आ गई।
- **वैदिक ग्रन्थों की जटिल भाषा** वैदिक ग्रन्थों की रचना चूँकि संस्कृत भाषा में की गई थी, जो छठी सदी ई. पू. के काल तक आते-आते जनसाधारण की भाषा के स्थान पर मुख्यत: विद्वानों की भाषा बन गई। इससे समाज में धार्मिक कर्मकाण्डों को बढ़ावा मिला। इसके अतिरिक्त स्त्रियों की भाँति शूद्रों को वेद पढ़ने के अधिकार से वंचित रखा गया था।
- **वैश्यों के महत्त्व में वृद्धि** तत्कालीन नगरों कौशाम्बी (प्रयाग के समीप), कुशीनगर, वाराणसी, वैशाली इत्यादि में अधिकांशत: शिल्पी और व्यापारी रहते थे, जिन्होंने सर्वप्रथम सिक्के चलाए। सम्भवत: सिक्कों के प्रचलन से व्यापार-वाणिज्य में वृद्धि हुई और उससे वैश्यों का महत्त्व बढ़ा, किन्तु ब्राह्मण-प्रधान समाज में इनका स्थान तृतीय श्रेणी में था। अतएव वे ऐसे किसी धर्म की खोज में थे, जहाँ उनकी सामाजिक स्थिति में सुधार हो। उन्होंने महावीर और गौतम बुद्ध दोनों की उदारतापूर्वक सहायता की।
- **ब्राह्मणों की श्रेष्ठता की चुनौती** विशेषाधिकारों का दावा करने वाले पुरोहितों या ब्राह्मणों की श्रेष्ठता के विरुद्ध क्षत्रियों का खड़ा होना, नए धर्म के उद्भव का कारण बना। बुद्ध एवं महावीर दोनों ही क्षत्रिय थे।

- **नई कृषि मूलक अर्थव्यवस्था का विकास** इन धर्मों के उद्भव तथा विकास का प्रमुख कारण पूर्वोत्तर भारत (मध्य गंगा घाटी) में नई कृषि मूलक अर्थव्यवस्था का विकास था। लोहे के प्रयोग से कृषि क्षेत्र तथा उत्पादन में वृद्धि ने अधिशेष को बढ़ावा दिया। कृषिगत क्रियाओं हेतु बैलों की माँग बढ़ी, अत: वैदिककालीन धार्मिक कर्मकाण्डों में दी जाने वाली पशुबलि के विरुद्ध आवाज उठाई गई।
- **वैदिक धर्म की जटिलता** उपनिषदों में प्रतिपादित दर्शन ने भी नवीन धर्मों के उद्भव की पृष्ठभूमि तैयार कीं, जैसे-वैदिक कर्मकाण्डों तथा अन्धविश्वासों की आलोचना उपनिषदों में मिलती हैं। साथ ही, बौद्ध धर्म के सिद्धान्तों पर उपनिषदों का प्रभाव देखा जा सकता है।
- **अनुकूल परिस्थितियाँ** कृषि अधिशेष से व्यापार का विकास हुआ तथा नगरीकरण की प्रक्रिया तीव्र हुई। अत: नगरों में एक स्वतन्त्र वातावरण का विकास हो रहा था, जो कर्मकाण्ड का विरोधी था। इसके साथ ही मगध जैसा शक्तिशाली राज्य, जो ब्राह्मणों के प्रभाव से मुक्त था, के शासकों ने नवीन धर्मों को संरक्षण प्रदान किया।

जैन धर्म

- जैन शब्द संस्कृत के **जिन** शब्द से बना है, जिसका अर्थ विजेता होता है अर्थात् जिन्होंने अपने मन, वाणी एवं काया को जीत लिया हो। जैन साधुओं को **निर्ग्रन्थ** (बन्धनरहित) कहा गया है।
- जैन आचार्यों व संस्थापकों को **तीर्थंकर** कहा गया है। जैन परम्परा और अनुश्रुतियों के अनुसार जैन धर्म में 24 तीर्थंकर हुए।
- जैन धर्म के प्रथम तीर्थंकर **ऋषभदेव या आदिनाथ** थे, जिनका जन्म अयोध्या में हुआ था। इन्होंने कैलाश पर्वत पर शरीर का त्याग किया था।

> ऋषभदेव (प्रथम तीर्थंकर) और **अरिष्टनेमि** (22वें तीर्थंकर) का उल्लेख ऋग्वेद में मिलता है। अरिष्टनेमि को ऋग्वेद में वासुदेव कृष्ण का भाई बताया गया है।

- 23वें तीर्थंकर **पार्श्वनाथ काशी** (वाराणसी) के राजा अश्वसेन (इक्ष्वाकु वंशीय) के पुत्र थे। इनका काल महावीर स्वामी से 250 ई.पू. माना जाता है।
- इन्होंने अपने अनुयायियों के लिए **चतुर्याम शिक्षा या चार आचरण** (महावर्त्त) का प्रतिपादन किया और उनको इसका पालन करने को कहा। ये चार आचरण हैं-सत्य (सदा सत्य बोलना), अहिंसा (प्राणियों के प्रति हिंसा न करना), अस्तेय (चोरी न करना) तथा अपरिग्रह (सम्पत्ति न रखना)।
- पार्श्वनाथ ने अपने धर्म में स्त्रियों को भी प्रवेश दिया था, इसकी पुष्टि जैन ग्रन्थ में स्त्री संघ की अध्यक्षा **पुष्पचूला** के उल्लेख से होती है।
- पार्श्वनाथ को झारखण्ड के गिरिडीह जिले में **सम्मेद पर्वत** (आधुनिक पारसनाथ) पर 83 दिनों तक कठोर तपस्या करने के पश्चात् 84वें दिन ज्ञान प्राप्त हुआ था।
- जैन धर्म के 24वें व अन्तिम तीर्थंकर **महावीर स्वामी** थे।

जैन धर्म के तीर्थंकर एवं उनके प्रतीक

क्र.म	तीर्थंकर	प्रतीक	क्र.म	तीर्थंकर	प्रतीक
1.	ऋषभदेव	वृषभ	13.	विमलनाथ	वाराह
2.	अजितनाथ	गज	14.	अनन्तनाथ	श्येन
3.	सम्भवनाथ	अश्व	15.	धर्मनाथ	वज्र
4.	अभिनन्दन नाथ	कपि	16.	शान्तिनाथ	मृग
5.	सुमतिनाथ	क्रौंच	17.	कुन्थुनाथ	अज
6.	पद्मप्रभु	पद्म	18.	अरनाथ	मीन
7.	सुपार्श्वनाथ	स्वास्तिक	19.	मल्लिनाथ	कलश
8.	चन्द्रप्रभु	चन्द्र	20.	मुनिसुव्रत	कूर्म
9.	सुविधिनाथ	मकर	21.	नेमिनाथ	नीलोत्पल
10.	शीतलनाथ	श्रीवत्स	22.	अरिष्टनेमि	शंख
11.	श्रेयान्सनाथ	गैण्डा	23.	पार्श्वनाथ	सर्पफण
12.	पूज्यनाथ	महिष	24.	महावीर	सिंह

महावीर स्वामी

- जैन धर्म का वास्तविक संस्थापक महावीर स्वामी को माना जाता है, जिनका वास्तविक नाम वर्धमान था। इन्होंने 30 वर्ष की अवस्था में अपने अग्रज नन्दिवर्द्धन से आज्ञा लेकर गृहत्याग दिया।
- बारह (12) वर्ष की कठोर तपस्या के बाद **जृम्भिक ग्राम** में ऋजुपालिका नदी के किनारे शाल वृक्ष के नीचे उन्हें कैवल्य की प्राप्ति हुई।
- ज्ञान प्राप्ति के पश्चात् महावीर **केवलिन** कहलाए। सभी इन्द्रियों पर विजय प्राप्त करने के कारण उन्हें जिन (विजेता) कहा गया।
- तपस्या के रूप में अद्भुत पराक्रम दिखाने के कारण वे **महावीर** कहलाए। उन्हें अर्हत (योग्य) तथा निर्ग्रन्थ (बन्धनरहित) के नाम से भी जाना गया। बौद्ध साहित्य में महावीर को **निगणठनाथ पुत्र** कहा गया है।
- ज्ञान प्राप्ति के पश्चात् महावीर ने अपना प्रथम उपदेश राजगृह के निकट वितुलांचल पहाड़ी पर **मेघकुमार** को दिया। जमालि (दामाद) इनका प्रथम शिष्य बना। चम्पा नरेश दधिवाहन की पुत्री चन्दना इनकी प्रथम भिक्षुणी हुईं।
- महावीर ने एक संघ की स्थापना की, जिसमें उनके 11 अनुयायी शामिल थे, जिन्हें **गणधर** कहा गया।

महावीर स्वामी (जीवन परिचय)

जन्म	540 ई. पू. कुण्डग्राम (वैशाली) बिहार
पिता	सिद्धार्थ (वज्जि संघ के ज्ञातृक क्षत्रिय कुल के प्रधान)
माता	त्रिशला (लिच्छवि शासक चेटक की बहन)
बचपन का नाम	वर्धमान
पत्नी	यशोदा (कुण्डिन्य गोत्र के राजा समरवती की कन्या)
पुत्री	प्रियदर्शना (अणोज्जा)
दामाद	जामालि, प्रथम शिष्य, प्रथम विरोधी, (शिष्य बनने के पश्चात्)
शिष्य	मक्खलि पुत्र गोशाल (आजीवक सम्प्रदाय के संस्थापक)
गृहत्याग	30 वर्ष की आयु में अपने अग्रज नन्दिवर्द्धन से आज्ञा लेकर
ज्ञान प्राप्ति (कैवल्य)	12 वर्ष की तपस्या करने के पश्चात् 42 वर्ष की आयु में (जृम्भिक ग्राम में ऋजुपालिका नदी के तट पर शाल वृक्ष के नीचे)
प्रथम उपदेश	राजगृह के निकट वितुलोचक पहाड़ी पर वाराकर नदी के तट पर
निर्वाण (मृत्यु)	468 ई. पू. में 72 वर्ष की आयु में राजगीर के समीप पावापुरी में

जैन धर्म की मुख्य शिक्षाएँ

- महावीर ने अपने उपदेश लोक भाषा प्राकृत में दिए। देश के अलग-अलग भागों में प्राकृत के अनेक रूप प्रचलित थे। मगध में बोली जाने वाली प्राकृत **मागधी** कहलाती थी। प्राकृत में ही जैन साहित्य की रचना की गई।
- जैन धर्म में संसार को दु:ख मूलक माना गया है। मनुष्य जरा वृद्धावस्था तथा मृत्यु से ग्रस्त है। सांसारिक जीवन की तृष्णाएँ व्यक्ति को घेरे रहती हैं। यहीं दु:ख का मूल कारण है।
- संसार त्याग तथा संन्यास मार्ग ही व्यक्ति को सच्चे मार्ग पर ले जा सकता है। जैन दर्शन के अनुसार, सृष्टि की रचना एवं पालन-पोषण सार्वभौमिक विधान से हुआ है। सृष्टिकर्ता के रूप में ईश्वर के अस्तित्व को स्वीकार नहीं किया गया है।
- संसार के सभी प्राणी अपने-अपने संचित कर्मों के अनुसार फल भोगते हैं। कर्मफल ही जन्म तथा मृत्यु का कारण है। कर्मफल से छुटकारा पाकर ही व्यक्ति निर्वाण की ओर अग्रसर होता है। इसके लिए पूर्वजन्म के संचित कर्मों को समाप्त करना तथा वर्तमान जीवन में कर्मफल से विमुख रहना आवश्यक है।
- जैन धर्म में युद्ध और कृषि दोनों वर्जित हैं, क्योंकि दोनों में जीवों की हिंसा होती है।
- इसके परिणामस्वरूप जैन धर्मावलम्बियों में व्यापार और वाणिज्य करने वाले की संख्या अधिक हो गई है।

जैन धर्म के मूल सिद्धान्त

- **दार्शनिक सिद्धान्त**
  - अनीश्वरवाद
  - कर्मवाद
  - आत्मवाद
  - निर्वाण
  - पुनर्जन्म
- **व्यावहारिक सिद्धान्त**
  - पंच महाव्रत
  - अणुव्रत
- **सामाजिक सिद्धान्त**
  - नारी स्वातन्त्र्य
  - आचार नग्नता
  - पाप (जैन धर्म के अनुसार 18 पाप हैं।)

त्रिरत्न

- कर्मफल से मुक्ति के लिए त्रिरत्न का अनुशीलन आवश्यक है। इनमें आचरण पर सर्वाधिक बल दिया गया है जैन धर्म के त्रिरत्न हैं
  - **सम्यक् दर्शन** वास्तविक ज्ञान
  - **सम्यक् ज्ञान** सत्य में विश्वास
  - **सम्यक् आचरण** सांसारिक विषयों से उत्पन्न सुख-दु:ख के प्रति समभाव। इनमें आचरण पर सर्वाधिक बल दिया गया है।
- जैन दर्शन के अनुसार, सम्यक् ज्ञान पाँच प्रकार के होते हैं-मति (इन्द्रिय जनित ज्ञान), श्रुति (श्रवन ज्ञान), अवधि (दिव्य ज्ञान), मन:पर्याय (दूसरे के मन की जान लेना) एवं कैवल्य ज्ञान (सर्वोच्च ज्ञान)। जैन मतानुसार ज्ञान के तीन स्रोत हैं—**प्रत्यक्ष, अनुमान** एवं **तीर्थंकरों** के वचन।
- जैन मत के अनुसार, संसार शाश्वत है। इसका अस्तित्व असंख्य चक्रों में विभाजित है। प्रत्येक चक्र में दो अवधियाँ होती हैं-**उत्सर्पिणी** (विकास की अवधि) तथा **अवसर्पिणी** (ह्रास की अवधि)। प्रत्येक अवधि समस्त उद्देश्यों में अपनी पूर्ववर्ती अवधि के समान होती है, जिसमें 24 तीर्थंकर एवं 12 चक्रवर्ती शासक सहित 63 श्लाका पुरुष (महान पुरुष) होते हैं, जो नियमित मध्यान्तरों पर चक्र में निवास करते हैं।

महाव्रत एवं अणुव्रत

- सम्यक् आचरण के पालन के सन्दर्भ में पाँच महाव्रतों का पालन आवश्यक है। पाँच महाव्रतों में चार सत्य (सदा सत्य बोलना), अहिंसा (प्राणी मात्र के प्रति हिंसा न करना), अस्तेय (चोरी न करना) तथा अपरिग्रह (संग्रह न करना) का प्रतिपादन पार्श्वनाथ ने किया था, जबकि पाँचवाँ महाव्रत **ब्रह्मचर्य** (इन्द्रियों को वश में करना) **महावीर** द्वारा जोड़ा गया था।
- गृहस्थ जीवन व्यतीत करने वाले जैनियों के लिए भी इन्हीं व्रतों की व्यवस्था है, लेकिन इनकी कठोरता में पर्याप्त कमी की गई है, इसलिए इन्हें अणुव्रत कहा गया है। उपरोक्त महाव्रत/अणुव्रतों के अतिरिक्त तीन गुणव्रत भी बताए गए हैं, जो निम्नलिखित हैं
  (i) **दिग्व्रत** दिशाओं में भ्रमण की मर्यादा बाँधना
  (ii) **अनर्थ दण्डवत्** प्रयोजन हीन, पाप उत्पादक वस्तुओं का परित्याग करना।
  (iii) **भोगोपभोग** परिमाण अर्थात् योग्य पदार्थों का परिमाण-निर्धारण।

जैन धर्म के सात शील व्रत

- **दिग्व्रत** अपनी क्रियाओं को विशेष परिस्थितियों में नियन्त्रित रखना।
- **देशव्रत** अपने कार्य को कुछ विशिष्ट क्षेत्रों/प्रदेशों तक सीमित रखना।
- **सामयिक** चिन्तन हेतु कुछ समय निर्धारित करना।
- **अनर्थदण्ड व्रत** बिना कारण अपराध नहीं करना।
- **प्रोषघोपवास** मानसिक एवं कायिक शुद्धि के लिए उपवास करना।
- **उपभोग-प्रतिभोग परिणाम** दैनिक जीवन में काम आने वाली वस्तुओं व पदार्थों को नियन्त्रित करना।
- **अतिथि संविभाग** अतिथि के भोजन के पश्चात् भोजन करना।

कैवल्य

- जैन धर्म में सदस्यों के लिए कैवल्य का विधान है, सामान्य गृहस्थों के लिए नहीं। जब जीव के कर्म समाप्त हो जाते हैं तब वह कैवल्य (मोक्ष) प्राप्त कर लेता है। सामान्य गृहस्थों को संन्यासी या भिक्षु जीवन में प्रवेश करने से पूर्व ग्यारह कोटियों से गुजरना पड़ता है।
- जैन धर्म में **पुनर्जन्म, कर्मवाद, मोक्ष** एवं **आत्मा** की सत्ता को स्वीकार किया गया है। यह वेद की अपौरुषेयता तथा ईश्वर के अस्तित्व को अस्वीकार करता है। यह वर्णव्यवस्था की निन्दा नहीं करता है।

संल्लेखना/सन्थारा

- जैन धर्म में अहिंसा एवं काया क्लेश पर अत्यधिक बल दिया गया है। काया क्लेश के अन्तर्गत उपवास द्वारा आत्महत्या का विधान है। इस पद्धति को **संल्लेखना, सन्थारा** एवं **निषिद्धि** कहा जाता है।
- सन्थारा के अन्तर्गत जब कोई व्यक्ति स्वयं को मृत्यु के निकट अनुभव करता है, तो वह एकान्तवास में चला जाता है तथा मौन व्रत धारण कर अन्न-जल का त्याग कर देता है। इसके पश्चात् वह किसी भी दिन अपने शरीर का त्याग कर देता है।
- उल्लेखनीय है कि अगस्त, 2015 में राजस्थान उच्च न्यायालय द्वारा सन्थारा प्रथा पर **भारतीय दण्ड संहिता की धारा 306** तथा **309** (आत्महत्या की श्रेणी में रखते हुए) पर रोक लगी थी, किन्तु बाद में सर्वोच्च न्यायालय द्वारा राजस्थान उच्च न्यायालय के फैसले पर रोक लगा दी गई।

जैन धर्म के दर्शन

महावीर ने अपना उपदेश प्राकृत (अर्द्ध मागधी) भाषा में दिया। इस धर्म के मुख्य (क्रोड) सिद्धान्त को **अनेकान्तवाद, स्याद्वाद, सप्तभंगी का सिद्धान्त, सप्रतिध सिद्धान्त** अथवा **नयवाद** के नाम से जाना जाता है। स्याद्वाद ज्ञान की सापेक्षता का सिद्धान्त है।

स्याद्वाद/अनेकान्तवाद/सप्तभंगीनय

- स्याद्वाद ज्ञान सम्बन्धी जैन सिद्धान्त है। इसे जैन धर्म की आधारशिला भी कहा जाता है। स्याद्वाद एक दृष्टि है। जब तक यह दृष्टि विचार क्षेत्र में रहती है 'अनेकान्त' है, वहीं जब यह भाषाबद्ध होकर वाणी से नि:सृत होता है, तब वह स्याद्वाद हो जाता है।
- ये कथन के 'सात' प्रकार हैं, जिसे 'स्यात' शब्द से सन्दर्भित करना अनिवार्य है; यथा-स्यात अस्ति (शायद है), स्यात नास्ति (शायद नहीं है) आदि। स्याद्वाद का अर्थ है -सम्भवत: ऐसा है। सामान्यत: सत्य के केवल एक स्वरूप को देखकर सम्पूर्ण सत्य की धारणा बना लेते हैं, जबकि सत्य के अनेक स्वरूप होते हैं, इसलिए इसे अनेकान्तवाद भी कहते हैं। स्याद्वाद को वास्तविकता की बहुलता का सिद्धान्त एवं ज्ञान की **सापेक्षता का सिद्धान्त** भी कहते हैं।
- जैनियों के अनेकान्तवाद सिद्धान्त की तार्किक परिणति उनके सिद्धान्त स्याद्वाद में होती है।

जैन संघ एवं सम्प्रदाय

- महावीर की मृत्यु के पश्चात् केवल एक गणधर सुधर्मन जीवित बचा, जो जैन संघ का प्रथम अध्यक्ष था। सुधर्मन की मृत्यु के बाद **जम्बूस्वामी** 44 वर्षों तक जैन संघ का अध्यक्ष रहा, जो अन्तिम केवलिन था।
- लगभग 300 ई. पू. के आस-पास मगध में 12 वर्षों का भीषण अकाल पड़ा, जिसके कारण भद्रबाहु शिष्यों के साथ दक्षिण चले गए। बचे हुए साधु स्थूलभद्र के नेतृत्व में वहीं बने रहे। स्थूलभद्र के अनुयायी **श्वेताम्बर** (सफेद वस्त्र धारण करने वाले) तथा भद्रबाहु के अनुयायी **दिगम्बर** (नग्न रहने वाले) कहलाए।
- दिगम्बर साधु झूल्लक, ऐल्लक तथा निग्रन्थ कहलाते थे तथा श्वेताम्बर यति, साधु और आचार्य कहलाते थे।

श्वेताम्बर एवं दिगम्बर में अन्तर

श्वेताम्बर/तेरापन्थी	दिगम्बर/समैया
मोक्ष प्राप्ति के लिए वस्त्र त्यागना आवश्यक नहीं	मोक्ष के लिए वस्त्र त्यागना आवश्यक
स्त्रियाँ निर्वाण की अधिकारी	स्त्रियों का निर्वाण सम्भव नहीं
कैवल्य प्राप्ति के बाद भी लोगों को भोजन की आवश्यकता	कैवल्य प्राप्ति के बाद भोजन की आवश्यकता नहीं
श्वेताम्बर मतानुसार महावीर विवाहित थे।	दिगम्बर मतानुसार महावीर अविवाहित थे।
19वीं तीर्थंकर स्त्री थी।	19वें तीर्थंकर पुरुष थे।
इसके अनुयायी उदार प्रकृति के थे तथा धार्मिक नियमों में परिस्थिति के अनुसार परिवर्तन के पक्षधर थे।	यह कट्टरपन्थी सम्प्रदाय था तथा इसके अनुयायी जैन धर्म के नियमों का कठोरता से पालन करते थे।

नोट स्थानकवासी श्वेताम्बर का एक आधुनिक उप-सम्प्रदाय है। यह मूल समूह से इस अर्थ में अलग है कि वे मूर्तिपूजा एवं मन्दिर के आधार को अस्वीकार करते हैं।

जैन धर्म के दस लक्षण

जैन धर्म के दस लक्षण निम्नलिखित हैं

- **उत्तम क्षमा** क्रोधहीनता
- **उत्तम मार्दव** अहंकार का अभाव
- **उत्तम मार्जव** सरलता व कुटिलता का न होना
- **उत्तम सोच** सांसारिक बन्धनों से आत्मा को दूर रखना
- **उत्तम सत्य** सत्य से गम्भीर अनुरक्ति
- **उत्तम तप** जीव को अजीव से मुक्त करने हेतु कठोर तप
- **उत्तम संयम** सदैव संयमित जीवन-यापन
- **उत्तम अकिंचन** आत्मा के स्वाभाविक गुणों में आस्था
- **उत्तम ब्रह्मचर्य** ब्रह्मचर्य व्रका का कड़ाई से पालन
- **उत्तम त्याग** त्याग की भावना को सर्वोपरी रखना

जैन धर्म का प्रचार

- महावीर स्वामी के समय में जैन धर्म का सर्वाधिक प्रसार हुआ। महावीर के समकालीन बिम्बिसार, चण्डप्रद्योत, अजातशत्रु, उदायिन, दधिवाहन एवं चेटक जैन धर्मानुयायी थे। महापद्मनन्द भी जैनी थे। मौर्य शासक चन्द्रगुप्त मौर्य एवं सम्प्रति जैन धर्मानुयायी थे। सम्प्रति ने जैन आचार्य सुघस्ति से शिक्षा ली थी।

- चन्द्रगुप्त मौर्य के समय में पाटलिपुत्र में **प्रथम जैन संगीति** का आयोजन हुआ। कलिंग नरेश **खारवेल कट्टर** जैन अनुयायी थे। उसके हाथी गुम्फा अभिलेख में जैन धर्म का प्राचीनतम अभिलेखीय साक्ष्य मिलता है। खारवेल ने जैन साधुओं के लिए एक गुफा का निर्माण करवाया।
- पूर्व मध्यकाल में राष्ट्रकूट, गंग, गुजरात के चालुक्य एवं चन्देल शासकों ने जैन धर्म को प्रश्रय दिया। राष्ट्रकूट शासक **अमोघवर्ष**, जैन धर्म का अनुयायी था। इसने रत्न भालिका नामक ग्रन्थ की रचना की थी।
- गंग वंश के राजा राजमल चतुर्थ का मन्त्री एवं सेनापति चामुण्ड राय ने 974 ई. में श्रवणबेलगोला के पास एक बाहुबली की मूर्ति का निर्माण करवाया, जो **गोमतेश्वर की मूर्ति** कहलाती है। यहाँ पर प्रत्येक 12 वर्ष में **महामस्तकाभिषेक** किया जाता है।

प्रमुख जैन मन्दिर

दिलवाड़ा का जैन मन्दिर, पारसनाथ का जैन मन्दिर, ऋषभनाथ मन्दिर, दिगम्बर जैन मन्दिर, पार्श्वनाथ का मन्दिर, मेगुती जैन मन्दिर, जलमन्दिर, शोभानाथ मन्दिर, श्री नाकोड़ा पार्श्वनाथ मन्दिर, रणकपुर जैन मन्दिर, कुमारग्राम प्राचीन मन्दिर, जैन श्वेताम्बर-त्रिलोकपुर तीर्थ इत्यादि।

- चौहान शासक पृथ्वीराज ने जैन विद्वान् अर्णोराज धर्मघोष सूरी को आश्रय दिया। मध्यकाल में मुहम्मद-बिन-तुगलक ने जिनसेन सूरि तथा मुगल बादशाह अकबर ने **हरि विजय सूरि** नामक विद्वान् को आश्रय दिया। महावीर की शिक्षाओं को साहित्यों में संकलित करने के लिए दो जैन सभाओं का भी आयोजन किया गया।
- जैन धर्म के प्रचार हेतु पावापुरी में जैन संघ स्थापित किया गया।

जैन संगीतियाँ

सम्मेलन वर्ष	स्थान	अध्यक्ष	मुख्य बिन्दु
प्रथम (322-298 ई. पू.)	पाटलिपुत्र (बिहार)	स्थूलभद्र	12 अंगों का संकलन, इस सभा में धर्म का दो सम्प्रदायों-श्वेताम्बर एवं दिगम्बर में विभाजन हो गया
द्वितीय (513 या 526 ई.)	वल्लभी (गुजरात)	देवार्धि क्षमाश्रवण	कुल 11 अंगों को लिपिबद्ध किया गया।

जैन साहित्य

- जैन साहित्य प्राकृत एवं संस्कृत भाषा में मिलते हैं। जैन साहित्य को **आगम** (सिद्धान्त) कहा जाता है। इसके अन्तर्गत 12 अंग, 12 उपांग, 10 प्रकीर्ण, 6 छेदसूत्र, 4 मूलसूत्र, 1 नन्दी सूत्र तथा 1 अनुयोग सूत्र आता है। दूसरे जैन सम्मेलन में 11 अंगों को लिपिबद्ध किया गया तथा 12वें अंग दृष्टिवाद को नष्ट मान लिया गया।
- जैन ग्रन्थ **आचारांग सूत्र** में जैन भिक्षुओं के आचार नियम, भगवती सूत्र में महावीर के जीवन, न्यायधम्मकहासत्तु में महावीर की शिक्षाओं का संग्रह तथा उवासगदसाओं में उपासकों के जीवन सम्बन्धी नियम दिए गए हैं।
- **भगवती सूत्र** में 16 महाजनपदों का भी वर्णन मिलता है।
- **कुवलयमाया** में हूण शासक तोरमाण तथा भद्रबाहु चरित से चन्द्रगुप्त मौर्य के राज्यकाल की घटनाओं पर प्रकाश डाला गया है।
- भद्रबाहु लिखित कल्पसूत्र, हरिभद्र सूरी कृत अनेकान्त विजय, हेमचन्द्र सूरी कृत, परिशिष्टपर्वन एवं धर्मबिन्दु तथा सर्वनन्दी कृत लोकविभंग कमलमार्तण्ड कृत प्रभाचन्द्र प्रमुख जैन साहित्य हैं। संस्कृत में भद्रबाहु द्वारा लिखित कल्पसूत्र में तीर्थंकरों का जीवन चरित है।
- जैनों ने पहली बार अपभ्रंश भाषा में ग्रन्थ लिखे तथा पहला व्याकरण निर्मित किया।

जैन धर्म का योगदान

- आरम्भ में जैनों ने मुख्यतः ब्राह्मणों द्वारा सम्पोषित संस्कृत भाषा का परित्याग किया और अपने धर्मोपदेश के लिए सामान्यजन की बोलचाल की **प्राकृत** भाषा को अपनाया। इससे प्राकृत भाषा और साहित्य समृद्ध हुए।
- प्राकृत भाषा से कई क्षेत्रीय भाषाएँ विकसित हुईं, इनमें विशेष उल्लेखनीय हैं शौरसेनी, जिससे मराठी भाषा उत्पन्न हुई।
- जैनों के धार्मिक ग्रन्थ **अर्द्ध-मागधी** भाषा में लिखे गए और ये ग्रन्थ छठी सदी ई. पू. में गुजरात में वल्लभी नामक स्थान पर संकलित हुए।
- जैनों ने अपभ्रंश भाषा में पहली बार कई महत्त्वपूर्ण ग्रन्थ लिखे और इसका पहला व्याकरण तैयार किया। जैन रचनाकार **हेमचन्द्र** ने पहला अपभ्रंश व्याकरण लिखा। जैन धर्म ने वैदिक कर्मकाण्ड तथा वर्ण व्यवस्था को रोकने का प्रयत्न किया।
- गुजरात और राजस्थान के जैन मठों में ऐसी कई पाण्डुलिपियाँ पाई जाती हैं, जो अप्रकाशित हैं। जैनों ने आरम्भ में मूर्तिपूजा का विरोध किया, बाद में वे महावीर और तीर्थंकरों की भी पूजा करने लगे। जैन विशाल प्रस्तर-प्रतिमाएँ कर्नाटक, गुजरात, राजस्थान और मध्य प्रदेश में निर्मित हुई थीं।

जैन धर्म के पतन के कारण

जैन धर्म का क्रमिक रूप से पतन हुआ, इसके पतन के लिए किसी एक कारण को उत्तरदायी नहीं माना जा सकता। जैन धर्म के पतन के कारण निम्न हैं

- **अहिंसा पर अत्यधिक बल** तथा धर्म को क्लिष्ट स्वरूप प्रदान करना।
- **जाति व्यवस्था** के दर्शन को बनाए रखना तथा ब्राह्मण धर्म से स्वयं को पृथक् नहीं कर पाना। आत्मपीड़न कठोर व्रत एवं तपस्या पर बल देना।
- **उचित राज्याश्रय का अभाव** एवं ब्राह्मण धर्म का पुनरुत्थान।
- जैन धर्म अपने समकालीन बौद्ध धर्म से प्रतिस्पर्द्धा नहीं कर पाया। बौद्ध धर्म के प्रसार ने जैन धर्म के पतन का मार्ग प्रशस्त कर दिया।

बौद्ध धर्म

- बौद्ध धर्म के संस्थापक महात्मा बुद्ध थे। बुद्ध का अर्थ **प्रकाशमान** अथवा **जाग्रत** होता है। गौतम बुद्ध महावीर के समकालीन थे।
- बुद्ध का जन्म 563 ई. पू. में शाक्यों की राजधानी **कपिलवस्तु** के समीप **लुम्बिनी** (नेपाल की तराई में) में हुआ था। उनका बचपन का नाम सिद्धार्थ था।
- गौतम बुद्ध के पिता **शुद्धोधन** कपिलवस्तु के निर्वाचित शासक और गणतान्त्रिक शाक्यों के प्रधान थे तथा इनकी माता **महामाया** कोलिय गणराज्य (कोशल राजवंश) की कन्या थी।
- गौतम बुद्ध के जन्म के सातवें दिन इनकी माता की मृत्यु हो जाने के पश्चात् इनका पालन-पोषण इनकी मौसी **प्रजापति गौतमी** ने किया। इनका विवाह 16 वर्ष की आयु में यशोधरा से हुआ।
- गौतम बुद्ध के जन्म पर **कालदेव** तथा **कौण्डिन्य** नामक ब्राह्मण ने भविष्यवाणी की थी कि यह बालक चक्रवर्ती राजा या संन्यासी होगा। गौतम बुद्ध के जीवन सम्बन्धी चार दृश्य अत्यन्त प्रसिद्ध हैं, जिन्हें देखकर उनके मन में वैराग्य की भावना उत्पन्न हुई, जो निम्न हैं
  - वृद्ध व्यक्ति
  - बीमार व्यक्ति
  - मृत व्यक्ति
  - प्रसन्न मुद्रा में संन्यासी

गौतम बुद्ध (जीवन परिचय)

जन्म	563 ई. पू.
जन्म स्थल	लुम्बिनी, कपिलवस्तु, (आधुनिक रुम्मिनदेई) नेपाल
बचपन का नाम	सिद्धार्थ (गोत्रीय अभिधान-गौतम)
पिता	शुद्धोधन (शाक्यगण के प्रधान)
माता	महामाया (कोलिय गणराज्य की कन्या)
पालन-पोषण/विमाता	प्रजापति गौतमी (मौसी)
पत्नी	यशोधरा (बिम्बा, गोपा, भद्रकच्छा)-शाक्य कुल
पुत्र	राहुल
गृहत्याग की घटना	माहभिनिष्क्रमण (24 वर्ष की अवस्था में)
घोड़े का नाम	कन्थक
सारथी का नाम	छन्न (चाण)
प्रथम गुरु	आलार कलाम
ज्ञान प्राप्ति	35 वर्ष की अवस्था में वैशाख पूर्णिमा को निरंजना नदी के तट पर स्थित उरुवेला में पीपल वृक्ष के नीचे (बोध गया, बिहार)
प्रथम उपदेश	सारनाथ (ऋषि पत्तनम)
सर्वाधिक उपदेश	श्रावस्ती
मृत्यु की घटना	महापरिनिर्वाण
मृत्यु	483 ई. पू. में 80 वर्ष की अवस्था में मल्लों की राजधानी कुशीनगर में

गौतम बुद्ध के जीवन से सम्बन्धित घटनाएँ

गौतम बुद्ध के जीवन से सम्बन्धित प्रमुख घटनाएँ निम्न हैं

- 29 वर्ष की अवस्था में उन्होंने गृहत्याग दिया, जिसे बौद्ध ग्रन्थों में **महाभिनिष्क्रमण** कहा गया है।
- बुद्ध सर्वप्रथम **अनुपिय** नामक आम्र उद्यान में कुछ दिन रुके। वैशाली के समीप उनकी भेंट सांख्य दर्शन के आचार्य आलार कलाम तथा राजगृह के समीप रुद्रक रामपुत्र से हुई, ये दोनों बुद्ध के प्रारम्भिक गुरु थे।
- छः वर्ष तक कठोर परिश्रम एवं घोर तपस्या के बाद 35 वर्ष की आयु में **वैशाख पूर्णिमा** की एक रात पीपल वृक्ष के नीचे **निरंजना** (पुनपुन) नदी के तट पर सिद्धार्थ को ज्ञान प्राप्त हुआ, इसी दिन से वे तथागत कहलाए।

> **तथागत** पालि भाषा का शब्द है, जिसका अर्थ है—**यथाचारी** या **तथाचारी**। इसका अभिप्राय है— जिस प्रकार की वाणी बोली जाती है, ठीक उसी प्रकार के कर्म का आचरण (अमल) करना। भगवान बुद्ध मनुष्यों की क्षमता के बाहर कभी नहीं बोलते थे तथा जो कुछ भी बोलते थे, उसे स्वयं अपने आचरण से प्रमाणित भी करते थे। इसलिए भगवान बुद्ध को **तथागत** नाम से सम्बोधित किया जाता है।

- ज्ञान प्राप्ति के पश्चात् बुद्ध गौतम बुद्ध के रूप में प्रसिद्ध हुए। इस घटना को **निर्वाण** कहा गया है।
- उरुवेला से बुद्ध सारनाथ (ऋषि पत्तनम एवं मृगदाव) आए। यहाँ उन्होंने पाँच ब्राह्मण संन्यासियों को अपना प्रथम उपदेश दिया, जिसे बौद्ध ग्रन्थों में **धर्मचक्र प्रर्वतन** के नाम से जाना जाता है। बौद्ध संघ में प्रवेश सर्वप्रथम यहाँ से प्रारम्भ हुआ।
- भागवान बुद्ध के द्वारा सर्वप्रथम **तपस्सु** एवं **भल्लिक** नामक दो शूद्रों को बौद्ध धर्म के अनुयायी बनाया गया।
- बुद्ध के राजगृह पहुँचने पर **बिम्बिसार** ने इनका स्वागत किया और वेणुवन विहार दान में दिया। राजगृह में ही **सारिपुत्र, महामोद्गलयान उपालि, अभय** आदि इनके शिष्य बने।
- श्रावस्ती का एक व्यापारी **सुदात्त** (अनाथ पिण्डक) बुद्ध का शिष्य बना और उसने **जेतवन** नामक विहार दान में दिया। ज्ञान प्राप्ति के 8वें वर्ष वैशाली के लिच्छवियों ने बुद्ध को वैशाली आमन्त्रित किया तथा कूटाग्रशाला नामक विहार दान में दिया।
- अपने शिष्य आनन्द के कहने पर बुद्ध ने वैशाली में महिलाओं को संघ में प्रवेश की अनुमति दी। **प्रजापति गौतमी** पहली भिक्षुणी थी। गौतमी की पुत्री नन्दा, बुद्ध की पत्नी यशोधरा, वैशाली की नगरवधू **आम्रपाली** तथा बिम्बिसार की पत्नी क्षेमा भी बुद्ध की शिष्या बन गई।
- कौशाम्बी का शासक **उदायिन**, बौद्ध भिक्षु **पिण्डोला** भारद्वाज के प्रभाव से बौद्ध बन गया तथा **घोषितराम विहार** भिक्षु संघ को प्रदान किया। ज्ञान प्राप्ति के 20वें वर्ष बुद्ध श्रावस्ती पहुँचे तथा वहाँ उन्होंने अँगुलिमाल नामक डाकू को अपना शिष्य बनाया।

> बुद्ध ने अपने जीवन के सर्वाधिक उपदेश कोशल देश की राजधानी श्रावस्ती में दिए। उन्होंने अन्तिम उपदेश कुशीनगर में **सुभद्द** को दिया था।

- अपने शिष्य चुन्द के यहाँ सुकरमाद्दव भोज्य सामग्री खाने से बुद्ध अतिसार रोग से पीड़ित हो गए। अत: 80 वर्ष की अवस्था में इनकी मृत्यु हो गई। इसे बौद्ध परम्परा में **महापरिनिर्वाण** के नाम से जाना जाता है।
- वैशाख पूर्णिमा बौद्ध धर्म में तीन दृष्टियों से पवित्र मानी जाती है—**बुद्ध का जन्म, सम्बोधि प्राप्ति** एवं **महापरिनिर्वाण।**
- बुद्ध की मृत्यु के बाद उनके अस्थि अवशेष के आठ भाग किए गए तथा प्रत्येक पर स्तूप बनवाए गए।

बुद्ध के जीवन से सम्बन्धित घटनाएँ		स्थान
जन्म	—	लुम्बिनी
ज्ञान प्राप्ति	—	बोधगया
प्रथम उपदेश	—	सारनाथ
मृत्यु	—	कुशीनगर

- महापरिनिर्वाण सूत्र में बुद्ध के अस्थि अवशेषों के निम्नलिखित दावेदार मिलते हैं

(i) मगध नरेश अजातशत्रु (ii) कपिलवस्तु के शाक्य
(iii) वैशाली के लिच्छवि (iv) वेठद्वीप के ब्राह्मण
(v) अलकप्प के बुलि (vi) पावा के मल्ल
(vii) पिप्लीवन के मौर्य (viii) रामग्राम के कोलीय।

बुद्ध के जीवन से सबन्धित प्रतीक

घटना	प्रतीक चिह्न
गर्भ	हाथी
जन्म	कमल
यौवन	साँड
गृहत्याग	घोड़ा
ज्ञान	पीपल (बोधि) वृक्ष
प्रथम प्रवचन (धर्मचक्र प्रवर्तन)	चक्र
समृद्धि	शेर
निर्वाण	पदचिह्न
मृत्यु (महापरिनिर्वाण)	स्तूप

बौद्ध धर्म की मुख्य शिक्षा

- बुद्ध ने आम जनता की भाषा पालि में उपदेश दिए। उनके अनुसार सृष्टि दु:खमय, क्षणिक एवं आत्मविहीन है। वे **कर्म** एवं **पुनर्जन्म** में विश्वास करते हैं तथा ईश्वर एवं अपौरुषेय वेद की सत्ता को अस्वीकार करते हैं। बौद्ध धर्म की मुख्य शिक्षा जन्म आधारित वर्ण व्यवस्था को भी अस्वीकार करता है।
- **बौद्ध दर्शन** के अनुसार, मानव शरीर भौतिक तथा मानसिक तत्त्वों के पाँच स्कन्धों से निर्मित है-रूप, संज्ञा, वेदना, विज्ञान एवं संस्कार। चार आर्य सत्य बौद्ध धर्म के मूल सिद्धान्त हैं। ये हैं-दु:ख, दु:ख समुदाय, दु:ख निरोध, दु:ख निरोधगामिनी प्रतिपदा।

अष्टांगिक मार्ग

गौतम बुद्ध ने चतुर्थ आर्य सत्य में **दु:ख निरोध गामिनी प्रतिपदा** कहा है। इसे मध्यमा प्रतिपदा या मध्यम मार्ग भी कहते हैं। उनके इस मध्यमा प्रतिपदा में आठ सोपान हैं, इसलिए इसे **अष्टांगिक मार्ग** भी कहते हैं। इसके आठ सोपान हैं

- **सम्यक् दृष्टि** वस्तुओं को वास्तविक स्वरूप में देखना
- **सम्यक् संकल्प** भौतिक सुखों (लोभ, द्वेष, हिंसा आदि) का त्याग
- **सम्यक् वाक्** अप्रिय वाकों का त्याग करना व सदा सच बोलना
- **सम्यक् कर्मांत** सत्यकर्मों का पालन करना
- **सम्यक् आजीव** सदाचार युक्त जीवन जीना/आजीविका अर्जित करना।
- **सम्यक् व्यायाम** मानसिक/शारीरिक स्वास्थ्य हेतु प्रयत्न करना।
- **सम्यक स्मृति** सात्विक भाव का स्मरण व मिथ्या का त्याग करना
- **सम्यक् समाधि** चित् की एकाग्रता
- अष्टांगिक मार्ग धर्मचक्रप्रवर्तन सुत्त की विषय-वस्तु का अंग है। अष्टांगिक मार्ग को भिक्षुओं का कल्याण मित्र कहा गया है। अष्टांगिक मार्ग का पालन करने से तृष्णा समाप्त हो जाती है और व्यक्ति को निर्वाण की प्राप्ति होती है।

त्रिरत्न

बौद्ध धर्म के त्रिरत्न हैं—बुद्ध, संघ और धम्म। बौद्ध दर्शन के अनुसार, यह सृष्टि विभिन्न चक्रों में विभाजित है। इसमें एक बुद्ध चक्र, तो दूसरा शून्य चक्र होता है। हम बुद्ध चक्र में हैं।

दस शील

- बौद्ध धर्म में निर्वाण प्राप्ति के लिए सदाचार तथा नैतिक जीवन पर अत्यधिक बल दिया गया है। दस शीलों का अनुशीलन नैतिक जीवन का आधार है।
- इन दस शीलों को **शिक्षापद** भी कहा गया है, ये निम्न हैं

(i) अहिंसा (ii) सत्य
(iii) अस्तेय (चोरी न करना)
(iv) अपरिग्रह (धन का संचय न करना)
(v) ब्रह्मचर्य (vi) असमय भोजन न करना
(vii) व्यभिचार न करना (viii) मद्य सेवन न करना
(ix) आरामदायक शय्या (सुखप्रद बिस्तर) का त्याग
(x) आभूषणों का त्याग

प्रतीत्यसमुत्पाद

- प्रतीत्यसमुत्पाद बुद्ध के उपदेशों का सार एवं उनकी सम्पूर्ण शिक्षाओं का आधार स्तम्भ है। प्रतीत्यसमुत्पाद का शाब्दिक अर्थ है-**प्रतीत्य** (किसी वस्तु के होने पर) तथा **समुत्पाद** (किसी अन्य वस्तु की उत्पत्ति)। प्रतीत्यसमुत्पाद के 12 क्रम हैं, जिन्हे **द्वादश निदान** कहा जाता है, जिसमें सम्बन्धित हैं
  - जाति, जरामरण-भविष्य काल से
  - अविद्या संस्कार-भूतकाल से
  - नाम-रूप, स्पर्श, विज्ञान, तृष्णा, वेदना, षड्यातन, भव, उपादान-वर्तमान काल से

- प्रतीत्यसमुत्पाद बौद्ध धर्म का कारण-कार्य सिद्धान्त है। प्रतीत्यसमुत्पाद में ही अन्य सिद्धान्त; जैसे-**क्षणभंगवाद** तथा **नैरात्मवाद** आदि समाहित हैं। दु:ख के कारणों को प्रतीत्यसमुत्पाद (इसके प्राप्त होने से यह उत्पन्न होता है) कहा गया है। इसे हेतु **परम्परा** भी कहा जाता है।
- बौद्ध धर्म के अनुसार, मनुष्य के जीवन का परम लक्ष्य है-**निर्वाण प्राप्ति**। निर्वाण का अर्थ है-दीपक का बुझ जाना अर्थात् जीवन-स्मरण के चक्र से मुक्ति।
- निर्वाण इसी जन्म में प्राप्त हो सकता है, किन्तु महापरिनिर्वाण मृत्यु के बाद ही सम्भव है। तृष्णा रूपी अग्नि के शमन से जीवन-मरण के चक्र से मुक्ति अर्थात् निर्वाण मिल जाती है।

बौद्ध धर्म की आचार-संहिता के मुख्य नियम

- पराये धन का लोभ नहीं करना
- हिंसा नहीं करना
- नशे का सेवन न करना
- झूठ नहीं बोलना
- दुराचार से दूर रहना

बौद्ध संघ

- बुद्ध ने सर्वप्रथम **सारनाथ** में संघ की स्थापना की, बौद्ध धर्म में संघ का महत्त्वपूर्ण स्थान है। यह बौद्ध धर्म के त्रिरत्न का एक अंग है। बुद्ध ने घोषणा की थी कि धर्म और संघ के निर्धारित नियम ही उनके उत्तराधिकारी हैं। यह विवरण **महापरिनिर्वाण सुत्त** में मिलता है।
- बौद्ध संघ का दरवाजा हर प्रत्येक के लिए खुला था, चाहे वह किसी भी जाति का क्यों न हो। बौद्ध धर्म वर्ण व्यवस्था एवं जाति प्रथा का विरोध करता था। अतएव बौद्ध संघ की संरचना गणतन्त्र प्रणाली पर आधारित थी।
- स्त्रियों को भी संघ में प्रवेश का अधिकार प्राप्त था। इसमें प्रवेश के लिए 15 वर्ष या उससे अधिक उम्र अनिवार्य थी। बौद्ध संघ में चोर, हत्यारों, ऋणी, व्यक्तियों, राजा के सेवक, दास तथा रोगी व्यक्तियों का प्रवेश वर्जित था।
- बौद्ध संघ में प्रवेश को उपसम्पदा कहा जाता था। संघ की सदस्यता लेने वालों को सर्वप्रथम **श्रमण** का दर्जा प्रदान किया जाता था तथा 10 वर्षों के पश्चात् उसकी योग्यता स्वीकृत हो जाती थी, तब उसे **भिक्षु** का दर्जा मिलता था।
- संघ की सभा में प्रस्ताव (नत्ति) का पाठ होता था। प्रस्ताव पाठ को **अनुसावन** अथवा **कम्मवाचा** कहा जाता था। सभा की वैध कार्यवाही के लिए कोरम की संख्या न्यूनतम 20 होती थी।
- प्रत्येक 15वें दिन अमावस्या/पूर्णिमा को सांयम उपोसध नामक सभा होती थी। इसमें **पातिमोक्ख** का पाठ होता है। इस सभा में प्रत्येक सदस्य स्वयं द्वारा किए गए नियमों के उल्लंघन को स्वीकारता था तथा गम्भीर अपराध पर वयस्कों तथा वृद्धों की समिति विचार करती है तथा प्रायश्चित करने या संघ से निष्कासन की आज्ञा देती है।
- संघ में प्रस्ताव पर मत होता था, जो गुप्त (गुल्हक) तथा प्रत्यक्ष (वितरक) के रूप में होता था।
- किसी पवित्र अवसर पर भिक्षुओं के एकत्र होकर चर्चा करने को **उपोसथ** कहा जाता था।
- वर्षा ऋतु के दौरान मठों में प्रवास के समय भिक्षुओं द्वारा अपराध स्वीकारोक्ति समारोह **पवारन** कहलाता था।
- बौद्धों के लिए महीने के चार दिन अमावस्या, पूर्णिमा और दो चतुर्थी दिवस उपवास के दिन होते थे। बौद्धों का सबसे पवित्र एवं महत्त्वपूर्ण दिन या त्योहार **वैशाख की पूर्णिमा** है, जिसे **बुद्ध पूर्णिमा** के नाम से जाना जाता है। इस दिन का अत्यधिक महत्त्व इसलिए है, क्योंकि इसी दिन बुद्ध का जन्म, ज्ञान की प्राप्ति एवं महापरिनिर्वाण की प्राप्ति हुई।
- बौद्ध धर्म के अनुयायी दो वर्गों में विभाजित थे- भिक्षु एवं भिक्षुणी तथा उपासक एवं उपसिकाएँ। गृहस्थ जीवन में रहकर ही बौद्ध धर्म के मानने वाले लोगों को **उपासक** कहा जाता था।

स्तूप

- स्तूप का शाब्दिक अर्थ है-**किसी वस्तु का ढेर**। स्तूप का विकास सम्भवत: मिट्टी के ऐसे चबूतरे से हुआ, जिसका निर्माण मृतक की चिता के ऊपर अथवा मृतक की चुनी हुई अस्थियों को रखने के लिए किया जाता था।
- स्तूपों को मुख्यत: चार भागों में बाँटा जा सकता है
  (i) **शारीरिक स्तूप** ये प्रधान स्तूप होते थे, जिनमें बुद्ध के शरीर, धातु, केश और दन्त आदि को रखा जाता था।
  (ii) **पारिभोगिक स्तूप** इसमें महात्मा बुद्ध के द्वारा उपयोग की गई वस्तुएँ; जैसे-भिक्षापात्र, चीवर, संघाटी, पादुका आदि को रखा जाता था।
  (iii) **उद्देशिका स्तूप** ये ऐसे स्तूप होते थे, जिनका सम्बन्ध बुद्ध के जीवन से जुड़ी घटनाओं की स्मृति से जुड़े स्थानों से था।
  (iv) **पूजार्थक स्तूप** ये ऐसे स्तूप होते थे, जिनका निर्माण बुद्ध की श्रद्धा के वशीभूत धनवान व्यक्तियों द्वारा तीर्थ स्थानों पर होता था।

स्तूप के भाग

स्तूप के महत्त्वपूर्ण भाग इस प्रकार होते हैं

- **वेदिका** (रेलिंग) इसका निर्माण स्तूप की सुरक्षा के दृष्टिकोण से उसके चारों ओर किया जाता था।
- **मेधि** (कुर्सी) यह चबूतरे के समान था, जिस पर स्तूप के मुख्य हिस्से निर्मित किए जाते थे।
- **अण्ड** यह स्तूप का अर्द्ध-गोलाकार भाग होता था।
- **हर्मिका** इसका निर्माण स्तूप के शिखर पर अस्थि की रक्षा के लिए किया जाता था।
- **छत्र** यह धार्मिक चित्र का प्रतीक होता था।
- **सोपान** यह मेधि पर जाने-आने के लिए निर्मित सीढ़ी होती थी।

चैत्य तथा विहार

- चैत्य का शाब्दिक अर्थ चिता सम्बन्धी होता है। चैत्य एक बौद्ध मन्दिर होता है, जिसमें स्तूप भी समाहित होते है। पूजा के उद्देश्य से बनाए गए स्तूप को **चैत्य** कहा जाता है।
- विहार बौद्ध चैत्यों या स्तूपों के पास भिक्षुओं के रहने के लिए बनाए गए आवास को कहा जाता था।

बौद्ध धर्म का प्रसार/संगीतियाँ

बुद्ध की मृत्यु के पश्चात् बौद्ध धर्म के विचारों का प्रचार-प्रसार करने के लिए चार बौद्ध संगीतियों का आयोजन किया गया।

बौद्ध संगीतियाँ

संगीति	स्थान	समय	शासनकाल	अध्यक्ष	कार्य
प्रथम	सप्तपर्णीगुफा (राज गृह)	483 ई.पू.	अजातशत्रु	महाकस्सप	बुद्ध के उपदेशों को सुत्तपिटक तथा विनयपिटक में अलग-अलग संकलित किया गया।
द्वितीय	वैशाली	383 ई.पू.	कालाशोक	साबकमीर (सार्वकामनी)	भिक्षुओं में मतभेद के कारण स्थविर एवं महासंघिक में विभाजन
तृतीय	पाटलिपुत्र	250 ई.पू.	अशोक	मोगलिपुत्त तिस्स	अभिधम्मपिटक का संकलन
चतुर्थ	कुण्डलवन (कश्मीर)	72 ई.पू.	कनिष्क	वसुमित्र	बौद्ध संघ का हीनयान एवं महायान सम्प्रदायों में विभाजन

बौद्ध सम्प्रदाय

महात्मा बुद्ध के महापरिनिर्वाण के पश्चात् बौद्ध धर्म अनेक सम्प्रदायों में विभक्त हो गया। इसमें प्रमुख हैं—**हीनयान** तथा **महायान**।

हीनयान

- हीनयान के प्रमुख सम्प्रदाय हैं—**वैभाषिक** तथा **सौत्रान्त्रिक**। वैभाषिक सम्प्रदाय की उत्पत्ति मुख्य रूप से कश्मीर में हुई। विभाषाशास्त्र पर आधारित होने के कारण इसे **वैभाषिक** नाम दिया गया है।
- सौत्रान्तिक मत का मुख्य आधार सूत्र (सुत्त) पिटक है। अत: इसे **सौत्रान्तिक** कहा जाता है। यह चित्त तथा बाह्य जगत दोनों की सत्ता में विश्वास करता है। सौत्रान्तिक सम्प्रदाय के प्रवर्तक कुमारलात थे।
- स्थविरवादी, सर्वास्तिवादी तथा समित्या हीनयान के अन्य प्रमुख उपसम्प्रदाय हैं। स्थविरवादी परम्परागत धर्म था।
- सर्वास्तिवादी के अनुसार, दृश्य जगत के धर्म पूर्णत: क्षणिक है। समित्या एक ऐसी आत्मा की परिकल्पना करता है, जो एक जीवन से दूसरे जीवन में चली जाती है।

महायान

- महायान बौद्ध सम्प्रदाय के दो मुख्य भाग हैं-शून्यवाद या माध्यमिका एवं **विज्ञानवाद** या **योगाचार**। शून्यवाद मत के प्रवर्तन **नागार्जुन** थे, जिनकी प्रसिद्ध कृति **माध्यमिक कारिका** है, इसे सापेक्षवाद भी कहा जाता है। इसके अनुसार, प्रत्येक वस्तु किसी-न-किसी कारण से उत्पन्न हुई है। अत: वह शून्य है। शून्यवाद का अर्थ विनाशवाद नहीं है। यहाँ शून्यता के दो प्रकार अस्तित्व शून्यता एवं विचार शून्यता को माना गया है।
- विज्ञानवाद (योगाचार) मत का विकास ईसा की तीसरी सदी में **मैत्रेयनाथ** द्वारा किया गया। यह मत चित्त अथवा विज्ञान की ही एकमात्र सत्ता स्वीकार करता है। इसमें योगाभ्यास एवं आचरण पर विशेष बल दिया गया है। असंग द्वारा लिखित **सूत्रालंकार** इस धर्म से सम्बन्धित प्राचीनतम ग्रन्थ है।

बोधिसत्व

महायान का आदर्श बोधिसत्व है। बोधिसत्व करुणामय माने गए हैं, जो समस्त प्राणियों के प्रबोध के मार्ग पर चलने में सहायता करने के लिए स्वयं की निर्वाण प्राप्ति विलम्बित करते है। ये मानव अथवा पशु किसी रूप में भी हो सकते हैं। प्रमुख बोधिसत्व **अवलोकितेश्वर, पद्मपाणि, मंजूनाथ, बज्रपाणि, क्षितिगृह, अमिताभ** व **मैत्रेय** (भावी) हैं। कन्हेरी शैलकृत गुफा में ग्यारह सिरों के बोधिसत्व का अंकन किया गया है।

हीनयान एवं महायान में अन्तर

हीनयान	महायान
बुद्ध एक महापुरुष	बुद्ध एक देवता
व्यक्तिवादी धर्म, सभी को अपने प्रयत्नों से मोक्ष प्राप्त करना चाहिए।	परसेवा तथा परोपकार पर बल देना तथा समस्त मानव जाति का कल्याण करना।
मूर्तिपूजा एवं भक्ति में विश्वास नहीं।	मूर्तिपूजा का विधान, मोक्ष के लिए बुद्ध की कृपा।
साधन पद्धति अत्यन्त कठोर, भिक्षु जीवन का हिमायती	सिद्धान्त सरल एवं सुलभ, भिक्षुओं तथा उपासकों का भी महत्त्व।
आदर्श **अर्हत** पद को प्राप्त करना।	आदर्श 'बोधिसत्व' है।
साहित्य पालि भाषा में।	साहित्य संस्कृत भाषा में।

वज्रयान सम्प्रदाय

- पूर्व मध्यकाल में बौद्ध धर्म की महत्त्वपूर्ण विशेषता थी-बौद्ध धर्म में तन्त्र-मन्त्र का बढ़ता प्रभाव। इसके प्रभाव से वज्रयान नामक पन्थ का उद्भव हुआ। इस सम्प्रदाय के अनुयायी बुद्ध को आलौकिक शक्तियों से युक्त मानते थे। इस सम्प्रदाय के सिद्धान्त **मंजुश्रीमूलकल्प** नामक ग्रन्थ में मिलते हैं।
- वज्रयान साधु, गुह्य साधना का प्रयोग करने लगे और **पंचमकार** (मद्य, मांस, मैथुन, मत्स्य, मुद्रा) की साधना करने लगे। वज्रयान का सबसे अधिक विकास आठवीं शताब्दी में हुआ।
- वज्रयान सम्प्रदाय के अन्तर्गत ही 10वीं शताब्दी में एक अन्य सम्प्रदाय काल **चक्रयान** अस्तित्व में आया, इसमें सर्वोच्च देवता **कालचक्र** को माना गया। यह सम्प्रदाय तिब्बत एवं चीन में विशेष रूप से प्रचलित था।
- बंगाल में ही **सहजयान** पन्थ का विकास हुआ। आठवीं शताब्दी में कश्मीर के सर्वज्ञमित्र नामक व्यक्ति ने तन्त्रवाद को बौद्ध सम्प्रदाय में अपनाया था। इस पन्थ में पुरुष के साथ स्त्री की कल्पना भी जुड़ गई। तारा के अतिरिक्त निचले स्तर पर कुछ अन्य स्त्रियाँ भी थीं; जैसे- **मातंगी, पिशाची, योगिनी डाकनी** आदि।

बौद्ध साहित्य

- महात्मा बुद्ध के परिनिर्वाण के उपरान्त आयोजित विभिन्न बौद्ध संगीतियों में संकलित किए गए त्रिपिटक सम्भवत: सर्वाधिक प्राचीन धर्मग्रन्थ हैं; ये हैं–सुत्तपिटक, विनयपिटक एवं अभिधम्मपिटक।
- **सुत्तपिटक** सुत्त का शाब्दिक अर्थ है–धर्मोपदेश। इसकी रचना आनन्द ने की थी। यह पिटक पाँच निकायों में विभाजित है
  - **दीर्घ निकाय** गद्य एवं पद्य दोनों में रचित इस निकाय में अन्य धर्मों के सिद्धान्तों का खण्डन तथा बौद्ध धर्म के सिद्धान्तों का समर्थन किया गया है। इसमें महात्मा बुद्ध के जीवन के अन्तिम उपदेशों, मृत्यु तथा अन्त्येष्टि का वर्णन किया गया है। महापरिनिब्बानसुत्त इसका सर्वाधिक महत्त्वपूर्ण सुत्त है।
  - **मज्झिम निकाय** इसमें महात्मा बुद्ध को कहीं साधारण मनुष्य तो कहीं आलौकिक शक्ति वाले दैव रूप में वर्णित किया गया है।
  - **संयुक्त निकाय** गद्य एवं पद्य दोनों शैलियों के प्रयोग वाला यह निकाय अनेक संयुक्तों का संकलन मात्र है।
  - **अंगुत्तर निकाय** इसमें महात्मा बुद्ध द्वारा भिक्षुओं को उपदेश में कही जाने वाली बातों का वर्णन है। इसमें छठी शताब्दी ई.पू. के सोलह महाजनपदों का उल्लेख मिलता है।
  - **खुद्दक निकाय** भाषा, विषय-शैली की दृष्टि से सभी निकायों से अलग, लघु ग्रन्थों के संकलन वाला यह निकाय स्वयं में स्वतन्त्र एवं पूर्ण है।
- **विनयपिटक** इसमें बौद्ध मठों में रहने वाले भिक्षु-भिक्षुणियों के अनुशासन सम्बन्धी नियम (संघ की स्थापना एवं संघ के नियम) दिए गए हैं। बौद्ध संघ की कार्य-प्रणाली की व्यवस्था भी इसी ग्रन्थ में उल्लिखित है। यह सुत्तविभंग, खन्दक तथा परिवार में विभक्त है। विनयपिटक की रचना **उपालि** ने की थी।
- **अभिधम्मपिटक** इसमें महात्मा बुद्ध के उपदेशों एवं सिद्धान्तों तथा बौद्ध मतों की दार्शनिक व्याख्या की गई है। इस मान्यता के अनुसार इस पिटक का संकलन अशोक के समय में सम्पन्न तृतीय बौद्ध संगीति में मोग्गलिपुत्त तिस्स ने किया। इसके सात अन्य ग्रन्थ–धम्मसंगणि, विभंग, धातुकथा, पुग्गलपन्नत्ति, कथावस्तु, यमक और पत्थान हैं, जिन्हें **सत्तप्रकरण** कहा जाता है। त्रिपिटकों के अतिरिक्त कुछ अन्य बौद्ध ग्रन्थ भी पालि भाषा में लिखे गए हैं। ये निम्न हैं
  - **मिलिन्दपन्हो** इससे ईसा की प्रथम दो शताब्दियों के भारतीय जनजीवन के विषय में जानकारी मिलती है। इसमें यूनानी शासक मिनाण्डर एवं बौद्ध भिक्षु नागसेन के बीच बौद्ध मत पर वार्तालाप का वर्णन है।
  - **दीपवंश** लगभग चतुर्थ शताब्दी ई. में रचित सिंहल द्वीप के इतिहास पर प्रकाश डालने वाला यह पहला ग्रन्थ है।
  - **महावंश** मदन्त महानाम द्वारा सम्भवत: 5वीं एवं छठी शताब्दी ई. में रचित इस ग्रन्थ में मगध के राजाओं की क्रमबद्ध सूची मिलती है।
  - **महावस्तु** यह विनयपिटक से सम्बन्धित ग्रन्थ है।
  - **जातक कथाएँ** पालि भाषा में रचित, इस ग्रन्थ में बुद्ध के पूर्व जन्मों की कथाएँ हैं।

बौद्ध ग्रन्थ

- अश्वघोष ने बुद्धचरित्र, सौन्दरानन्द, सारिपुत्र प्रकरण, सूत्रालंकार, वज्रसूची आदि ग्रन्थों की रचना की है। सौन्दरानन्द में बुद्ध के चचेरे भाई सौन्दरानन्द के संन्यास लेने तथा बौद्ध धर्म में दीक्षित होने का विवरण है।
- सारिपुत्र प्रकरण में बौद्ध के शिष्य सारिपुत्र के बौद्ध धर्म में दीक्षित होने का नाटकीय विवरण है।
- वसुबन्धु की अभिधर्मकोष, असंग का महायान सूत्रालंकार, आर्यदेव की चतु:शतिका, दिङनाग का प्रमाण समुच्चय, शन्तिदेव का शिक्षा समुच्चय अन्य बौद्ध ग्रन्थ हैं।

बौद्ध मुद्राएँ

बौद्ध मुद्राएँ निम्नलिखित हैं

- **अभय मुद्रा** महात्मा बुद्ध की यह मुद्रा शान्ति, सुरक्षा, दयालुता एवं भयमुक्तता का प्रतीक है।
- **भूमि स्पर्श मुद्रा** बुद्ध की यह मुद्रा भाव-भंगिमा बोधगया में उनके ज्ञान प्राप्ति (प्रबोधन) की संकेतक है।
- **धर्मचक्र मुद्रा** बुद्ध की यह मुद्रा उनके जीवन काल के उन महत्त्वपूर्ण क्षणों के ऊपर केन्द्रित है, जब वे प्रबोधन के पश्चात् सारनाथ के कुरंग उपवन में पहली बार धर्मोपदेश दे रहे थे।
- **ध्यान मुद्रा** बुद्ध की यह मुद्रा बुद्ध द्वारा संघ के अच्छे नियमों एवं विधानों के लिए समाधिपूर्ण एवं संकेन्द्रण की भाव-भंगिमा को प्रदर्शित करती है।
- **वरद मुद्रा** बुद्ध की यह मुद्रा अभिलाषा, सच्चाई, दया एवं परोपकार जैसे कार्यों की ओर संकेत करती है।
- **बज्र मुद्रा** यह मुद्रा ज्ञान की भाव-भंगिमा का संकेतक है।
- **वितर्क मुद्रा** यह मुद्रा बुद्ध की शिक्षा के विचार विमर्श एवं उसके प्रसारण की संकेतक है।
- **ज्ञान मुद्रा** यह मुद्रा बुद्ध के अँगूठे के स्पर्श से चक्र के निर्माण और हथेली से सीने को स्पर्श द्वारा प्रदर्शित करती है।
- **करना मुद्रा** बुद्ध की यह मुद्रा आसुरी शक्तियों के निष्कासन और बाधाओं को समाप्त करने (जैसे बीमारी और कमजोरी या नकारात्मक विचारों) की ओर संकेत करती है।

प्राचीन बौद्ध विश्वविद्यालय

विश्वविद्यालय	संस्थापक	अवस्थित
नालन्दा	कुमारगुप्त प्रथम	बिहार
विक्रमशिला	धर्मपाल	बिहार
सोमापुरी	धर्मपाल	बंगाल
ओदन्तपुरी	गोपाल	बिहार
बल्लभी	भट्टारक	गुजरात

बौद्ध धर्म के पतन के कारण

बौद्ध धर्म के पतन के कारण निम्नलिखित हैं

- बौद्ध धर्म में कर्मकाण्डों का प्रारम्भ (अनुष्ठान, विधान)।
- बौद्ध भिक्षुओं का आम लोगों के जीवन से दूर जाना।
- पालि भाषा त्यागकर, संस्कृत को अपनाना।
- मूर्तिपूजा का प्रारम्भ, भक्तों से भारी मात्रा में दान लेना प्रारम्भ।
- ब्राह्मण धर्म का पुनरुत्थान। शुंग, कण्व, सातवाहन तथा गुप्त आदि राजवंशों ने ब्राह्मण धर्म को संरक्षक प्रदान किया।
- बुद्ध को ब्राह्मणों ने विष्णु का अवतार मानकर वैष्णव धर्म में समाहित कर लिया।
- बौद्ध विहारों में कुरीतियाँ।
- कुछ शासकों का बौद्ध विरोधी दृष्टिकोण; जैसे—ब्राह्मण शासक पुष्यमित्र शुंग ने बौद्धों को सताया था तथा शैव सम्प्रदाय के हूण राजा मिहिरकुल ने सैकड़ों बौद्धों की हत्या कर दी थी।

जैन एवं बौद्ध मत में तुलना

समानताएँ	असमानताएँ
दोनों के संस्थापक क्षत्रिय कुल के थे।	जैनियों ने साधारण जन को अपनी व्यवस्था में मुख्य स्थान दिया, जबकि बौद्ध संघ प्रणाली पर निर्भर रहे।
ब्राह्मणवादी संस्कार, वेदों की प्रामाणिकता, यज्ञ तथा ईश्वर के अस्तित्व को अस्वीकार किया गया।	बौद्धों के अनुसार निर्वाण इसी जीवन में सम्भव है, जबकि जैनियों के अनुसार निर्वाण शरीर-मुक्ति पश्चात् ही सम्भव है।
कर्म एवं पुनर्जन्म के सिद्धान्त को स्वीकार किया।	जैन धर्म आत्मा में विश्वास करता है, जबकि बौद्ध धर्म अनात्मवादी है। जैन मत कर्म को एक भौतिक तत्त्व के रूप में मानता है, जबकि बौद्ध इच्छा से किए गए कार्य को ही कर्म कहता है।
सामान्य जन भाषा में उपदेश दिए।	गौतम बुद्ध ने मध्यम मार्ग का उपदेश दिया। वे मोक्ष के लिए कठोर साधना एवं कायाक्लेश में विश्वास नहीं करते थे।
जाति प्रथा तथा स्त्री-पुरुष असमानता की निन्दा की।	महावीर ने बुद्ध की अपेक्षा अहिंसा तथा अपरिग्रह पर अधिक बल दिया है।
शूद्रों एवं महिलाओं द्वारा मोक्ष-प्राप्ति की सम्भावना को स्वीकार किया।	गौतम बुद्ध ने जाति व्यवस्था जैसी सामाजिक कुरीतियों का जितने प्रबल शब्दों में खण्डन किया, महावीर ने नहीं। सामाजिक विषयों में महावीर के विचार ब्राह्मण व्यवस्था से बहुत मिलते थे।

अन्य सम्प्रदाय

बौद्ध ग्रन्थों के अनुसार, छठी सदी ई. पू. में भारत में लगभग 62 सम्प्रदाय थे, जिनमें कुछ प्रमुख सम्प्रदाय निम्नलिखित थे

सम्प्रदाय	संस्थापक	मुख्य विचार
भौतिकवादी	अजित-केस-कम्बलिन	अच्छे या बुरे कर्मों का कोई फल नहीं होता, अधिकतम सुख प्राप्त करना चाहिए।
अक्रियावादी	पूरण कश्यप	'न तो कर्म होता है और न पुनर्जन्म'
आजीवक	मक्खलि गोशाल	आत्मा को अनेकानेक पुनर्जन्मों के पूर्व निर्धारित अटल चक्र से गुजरना ही पड़ता है।
नियतिवादी	पकुध कच्चायन	सब कुछ पूर्व से ही निश्चित है।
अनिश्चियवादी	संजय वेलिट्ठपुत्र	न तो यह कहा जा सकता है कि स्वर्ग या नरक है या फिर नहीं है।

प्रीलिम्स फैक्ट्स

- जैन धर्म के प्रथम तीर्थंकर कौन थे? *– ऋषभदेव* [CGPSC (Pre) 2013]
- जैन तीर्थंकर पार्श्वनाथ मुख्यत: किस स्थान से सम्बन्धित थे? *– वाराणसी से* [UPPSC (Mains) 2016]
- महावीर का प्रथम अनुयायी कौन बना? *– जमालि* [UPPSC (Pre) 2005, 2008]
- त्रिरत्न सिद्धान्त–सम्यक् धारणा, सम्यक् चरित्र, सम्यक् ज्ञान जिस धर्म की महिमा है, वह है *– जैन धर्म* [UPPSC (Pre) 2004]
- अनेकान्तवाद किस धर्म का क्रोड सिद्धान्त एवं दर्शन है? *– जैन मत का* [IAS (Pre) 2009]
- कौन–सा धर्म 'विश्व विनाशकारी प्रलय' की अवधारणा में विश्वास नहीं करता? *– जैन धर्म* [UPPSC (Pre) 2014]
- जैन दर्शन के अनुसार सृष्टि की रचना एवं पालन–पोषण हुआ है *– सार्वभौमिक सत्य से* [IAS (Pre) 2011]
- 'प्रथम जैन परिषद्' का आयोजन किस स्थान पर हुआ था? *– पाटलिपुत्र* [UKPSC (Pre) 2022]
- किस जैन सभा में अन्तिम रूप से 'श्वेताम्बर' आगम का सम्पादन हुआ? *– वल्लभी में* [UPPSC (Mains) 2008]
- महावीर की मृत्यु के बाद जैन संघ का मुखिया किसे कहा गया? *– सुधर्मन* [MPPSC (Pre) 2009]
- यापनीय किसका एक सम्प्रदाय था? *– जैन धर्म का* [UPPSC (Pre) 2010]
- भारत की धार्मिक प्रथाओं के सन्दर्भ में 'स्थानकवासी' सम्प्रदाय का सम्बन्ध किससे है? *– जैन मत से* [IAS (Pre) 2018]
- सोनगिरि का ऐतिहासिक दिगम्बर जैन तीर्थस्थल स्थित है *– मध्य प्रदेश में* [UPPSC (Pre) 1996]
- उत्तर प्रदेश में बौद्ध एवं जैनियों दोनों की प्रसिद्ध तीर्थस्थली है *– कौशाम्बी* [RAS/RTS (Pre) 2007]
- कौन सबसे पूर्वकालिक जैन ग्रन्थ कहलाता है? *– चौदह पूर्व* [BPSC (Pre) 1995]
- कौन–सा ग्रन्थ आरम्भिक जैन साहित्य का भाग नहीं है? *– थेरीगाथा* [IAS (Pre) 1995]
- प्रारम्भिक जैन साहित्य किस भाषा में लिखा गया था? *– अर्धमागधी* [UPPSC (Mains) 2006]
- बुद्ध के जीवन की किस घटना को महाभिनिष्क्रमण के रूप में जाना जाता है? *– गृह त्याग* [UPPSC (Pre) 2014]
- भारतीय कला में बुद्ध के जीवन की किस स्थान घटना का चित्रण 'मृग सहित चक्र' द्वारा हुआ है? *– प्रथम उपदेश* [UPPSC (Mains) 2002]
- बुद्ध ने सर्वाधिक उपदेश दिए थे *– श्रावस्ती में* [UPPSC (Pre) 2011]
- बुद्ध ने अपने जीवन की अन्तिम वर्षा ऋतु कहाँ बिताई थी? *– वैशाली में* [UPPSC (Mains) 2015]
- महात्मा बुद्ध का महापरिनिर्वाण किसके गणतन्त्र में हुआ था? *– मल्लों के* [UPPSC (Pre) 2017]
- गौतम बुद्ध ने अपनी मृत्यु के उपरान्त बौद्ध संघ के नेतृत्व के लिए किसे नामित किया था? *– महाकश्यप* [UKPSC (Pre) 2003]
- बौद्ध संघ में भिक्षुणी के रूप में स्त्रियों के प्रवेश की अनुमति बुद्ध द्वारा कहाँ दी गई थी? *– वैशाली में* [UPPSC (Pre) 2010]
- बुद्ध की खड़ी प्रतिमा किस काल में निर्मित की गई थी? *– कुषाण काल में* [UPPSC (Pre) 1992]
- गान्धार शैली की मूर्तिकला में बुद्ध के सारनाथ में हुए प्रथम धर्मोपदेश से सम्बद्ध प्रवचन मुद्रा का नाम है *– धर्मचक्र* [IAS (Pre) 1994]
- क्षणिकवाद का प्रतिपादन किसने किया? *– बुद्ध ने* [CGPSC (Pre) 2018]
- भगवान बुद्ध के महापरिनिर्वाण के बाद पहली बौद्ध संगीति हुई थी? *– राजगृह में* [BPSC (Pre) 2018]
- किस बौद्ध संगीति में बौद्ध धर्म का विभाजन हीनयान तथा महायान में हुआ था? *– चतुर्थ बौद्ध संगीति* [BPSC (Pre) 1996]
- महायान बौद्ध धर्म में बोधिसत्व अवलोकितेश्वर को और किस नाम से जानते हैं? *– पद्मपाणि* [IAS (Pre) 1997]
- गौतम बुद्ध को एक देवता का स्थान किस राजा के युग में प्राप्त हुआ? *– कनिष्क* [BPSC (Pre) 2002]
- नागार्जुन किस बौद्ध सम्प्रदाय के प्रवर्तक थे? *– माध्यमिक* [UKPSC (Pre) 2007]
- बोधिसत्व पद्मपाणि का चित्र सर्वाधिक प्रसिद्ध और प्राय: चित्रित चित्रकारी है, जो *– अजन्ता में है* [IAS (Pre) 2018]
- भारतीय इतिहास के सन्दर्भ में कौन भावी बुद्ध हैं, जो संसार की रक्षा हेतु अवतरित होंगे? *– मैत्रेय* [IAS (Pre) 2018]
- किस बौद्ध साहित्य में महात्मा बुद्ध के नैतिक एवं सिद्धान्त सम्बन्धित प्रवचन संकलित हैं? *– सुत्तपिटक में* [MPPSC (Pre) 2014, 2015]
- किस बौद्ध ग्रन्थ में संघ जीवन के नियम प्राप्त होते हैं? *– विनयपिटक में* [UPPSC (Pre) 1996]
- जातक से सम्बन्धित वर्णन सही है *– बुद्ध के पूर्व जन्म की कथा* [JPSC (Pre) 2008]
- एशिया के 'ज्योतिपुंज' के रूप में प्रसिद्ध है *– गौतम बुद्ध* [UPPSC (Pre) 2010]
- शून्यता के सिद्धान्त का प्रतिपादन करने वाले बौद्ध दार्शनिक का नाम है *– नागार्जुन* [UPPSC (Pre) 1998]
- आजीवक सम्प्रदाय के संस्थापक थे *– मक्खलिपुत्तगोसाल* [UPPSC (Pre) 1996]
- शिव की दक्षिण मूर्ति प्रतिमा उन्हें किस रूप में प्रदर्शित करती है? *– शिक्षक के रूप में* [UPPSC (Pre) 2016]
- प्राचीन भारत की विश्वोत्पत्ति विषयक धारणाओं के अनुसार चार युगों के चक्र का क्रम इस प्रकार है *– कृत–त्रेता–द्वापर–कलि* [IAS (Pre) 1996]

सेल्फ चैक

1. जैन तीर्थंकर पार्श्वनाथ निम्नलिखित स्थानों में से मुख्यत: किससे सम्बन्धित थे? **UPPSC (Mains) 2016**

(a) वाराणसी (b) कौशाम्बी
(c) गिरिव्रज (d) चम्पा

2. जैनियों का विश्वास है कि मत 24 तीर्थंकरों की शिक्षाओं का परिणाम है। इस कथन के आलोक में, निम्नलिखित में से कौन-सा एक वर्द्धमान महावीर के विषय में सही है?

(a) वे पहले तीर्थंकर और जैन मत के संस्थापक थे
(b) वे 23वें तीर्थंकर थे, जबकि 22 तीर्थंकर पौराणिक माने गए
(c) वे अन्तिम और 24वें तीर्थंकर थे, जिसे इस नए धर्म का संस्थापक नहीं माना गया, बल्कि वर्तमान धार्मिक सम्प्रदाय का सुधारक माना गया
(d) वे 24वें तीर्थंकरों मे से एक नहीं थे

3. कथन I महावीर आरम्भ में 'निर्ग्रन्थ' कहे जाने वाले यतियों के समूह में शामिल हुए थे।
कथन II इस पन्थ की स्थापना उसके 200 वर्ष पूर्व पार्श्व द्वारा की गई थी।

कूट
(a) दोनों कथन व्यष्टित: सत्य है तथा कथन II, कथन I की सही व्याख्या है
(b) दोनों कथन व्यष्टित: सत्य हैं, परन्तु कथन II, कथन I की सही व्याख्या नहीं है
(c) कथन I सत्य है, किन्तु कथन II असत्य है
(d) कथन I असत्य है, किन्तु कथन II सत्य है

4. सूची I एवं सूची II को सुमेलित कीजिए तथा नीचे दिए गए कूट से सही उत्तर चुनिए

सूची I (तीर्थंकर)	सूची II (प्रतीक चिह्न)
A. पार्श्वनाथ	1. वृषभ
B. आदिनाथ	2. सिंह
C. महावीर	3. सर्प
D. शान्तिनाथ	4. हिरण

कूट

	A	B	C	D		A	B	C	D
(a)	2	3	4	1	(b)	4	3	2	1
(c)	1	2	3	4	(d)	3	1	2	4

5. सूची I एवं सूची II को सुमेलित कीजिए तथा कूट की सहायता से सही उत्तर चुनिए

सूची I (तीर्थंकर)	सूची II (प्रतीक लक्षण)
A. आदिनाथ	1. वृषभ
B. मल्लिनाथ	2. अश्व
C. पार्श्वनाथ	3. सर्प
D. सम्भवनाथ	4. जल कलश

कूट

	A	B	C	D		A	B	C	D
(a)	1	4	3	2	(b)	1	3	2	4
(c)	2	4	3	1	(d)	3	1	4	2

6. भारतीय इतिहास में निम्न में से कौन भावी बुद्ध है, जो संसार की रक्षा हेतु अवतरित होगे? **IAS 2010**

(a) अवलोकितेश्वर (b) लोकेश्वर
(c) मैत्रेय (d) पदम्पाणि

7. "आत्मा केवल जन्तु और पादप जीवन की सम्पदा नहीं है, बल्कि शिलाओं, प्रवाहित जलधाराओं और अन्य अनेक प्राकृतिक वस्तुओं की भी है, जिन्हें अन्य धार्मिक सम्प्रदाय जीवित नहीं मानते।" **UPSC (Pre) 2023**

उपरोक्त कथन प्राचीन भारत के निम्नलिखित में से किस एक धार्मिक सम्प्रदाय के एक मूलभूत विश्वास को प्रतिबिम्बित करता है?

(a) बौद्ध परम्परा (b) जैन परम्परा
(c) शैव परम्परा (d) वैष्णव परम्परा

8. निम्नलिखित में से किस स्थान पर प्रथम 'जैन-परिषद्' का आयोजन हुआ था? **UKPSC (Pre) 2022**

(a) पाटलिपुत्र (b) वैशाली
(c) मथुरा (d) उज्जैन

9. जैन साहित्य के बारे में निम्नलिखित कथनों पर विचार कीजिए **IAS (Pre) 2022**

1. जैनों के पवित्र ग्रन्थ सिद्धान्त या आगम के रूप में जाने जाते थे।
2. अद्यतन जैन ग्रन्थों की भाषा पालि की एक पूर्वी बोली है, जिसे अर्द्धमागधी कहते हैं।

उपरोक्त कथनों में से कौन-सा/से कथन सही है/हैं?

(a) केवल 1
(b) केवल 2
(c) 1 और 2 दोनों
(d) न तो 1 और न ही 2

10. निम्नलिखित में से कौन-सा/से कथन जैन सिद्धान्त के अनुरूप है/हैं? **IAS (Pre) 2013**

1. कर्म को विनिष्ट करने का सुनिश्चित मार्ग तपश्चर्या है।
2. प्रत्येक वस्तु में, चाहे वह सूक्ष्मतम कण हो, आत्मा होती है।
3. कर्म आत्मा का विनाशक है और अवश्य इसका अन्त करना चाहिए।

कूट
(a) केवल 1 (b) 2 और 3
(c) 1 और 3 (d) 1, 2 और 3

11. बुद्ध के जीवन की किस घटना को महाभिनिष्क्रमण के रूप में जाना जाता है? **UPPSC (Pre) 2014**

(a) उनका महापरिनिर्वाण
(b) उनका जन्म
(c) उनका गृह त्याग
(d) उनका प्रबोधन

12. गौतम बुद्ध ने अपना उपदेश कहाँ दिया था? **UPPSC (Pre) 2013, JPSC (Pre) 2013, BPSC (Pre) 2014**

(a) वैशाली में (b) कौशाम्बी में
(c) सारनाथ में (d) पावापुरी में

13. महात्मा बुद्ध का महापरिनिर्वाण किसके गणतन्त्र में हुआ था?
UPPSC (Mains) 2005 2017, CGPSC (Pre) 2014, BPSC (Pre) 2014

(a) मल्लों के (b) लिच्छवियों के
(c) शाक्यों के (d) पालों के

14. सूची I एवं सूची II को सुमेलित कीजिए तथा सूचियों के नीचे दिए गए कूट से सही उत्तर चुनिए
UPPSC (Mains) 2005, UPPSC (Pre) 2014

सूची I	सूची II
A. जन्म	1. बोधि वृक्ष
B. प्रथम प्रवचन	2. धर्मचक्र
C. महाबोधि	3. घोड़ा
D. गृहत्याग	4. कमल

कूट

	A	B	C	D		A	B	C	D
(a)	1	2	3	4	(b)	4	3	2	1
(c)	3	4	1	2	(d)	4	2	1	3

15. अनात्मवाद सिद्धान्त है
CGPSC (Pre) 2017

(a) सांख्या का . (b) वेदान्त का
(c) बौद्ध दर्शन का (d) जैन दर्शन का

16. धान्यकटक, जो महासंघिकों के अधीन एक प्रमुख बौद्ध केन्द्र के रूप में समृद्ध हुआ, निम्नलिखित में से किस एक क्षेत्र में अवस्थित था?
UPSC (Pre) 2023

(a) आन्ध्र (b) गान्धार
(c) कलिंग (d) मगध

17. बौद्ध संघ मठवासियों का एक संगठन था

(a) जो धम्म के शिक्षक बने
(b) जिसने शिक्षा के प्रसार में सहायता की
(c) राज्य की एकात्मकता में सहायता करने हेतु
(d) विपत्ति के समय गरीबों को राहत प्रदान करते हेतु

18. प्रथम बौद्ध संगीति के सम्बन्ध में कौन-सा कथन सत्य है?
HPSC (Pre) 2012

1. आनन्द एवं उपालि द्वारा क्रमश: सुत्तपिटक एवं विनयपिटक की रचना की गई थी।
2. इसकी भाषा संस्कृत है।
3. यह बुद्ध के जीवनकाल में हुई थी।
4. इसका उद्देश्य बुद्ध की शिक्षाओं की शुद्धता को बनाए रखना था।

कूट

(a) 1 और 4 (b) 2 और 3
(c) 1 और 2 (d) 2, 3 और 4

19. बौद्धमत के महायान और हीनयान प्रकारों के बीच महत्त्वपूर्ण अन्तर निम्नलिखित में से किसमें स्थित है?

(a) महायान में पुण्य अन्यारोपण हो सकता था, जबकि हीनयान में कोई भी व्यक्ति दूसरे व्यक्ति को मात्र उदाहरण और सलाह से ही सहायता करता
(b) महायान बोधिसत्वों में विश्वास करता था, जबकि हीनयान नहीं करता था
(c) हीनयान में वेदना परित्राता के प्रत्यय को संवर्द्धित किया
(d) महायान में 'अर्हन्त' पूज्य के प्रत्यय को प्रतिपादित किया

20. भगवान बुद्ध की प्रतिमा कभी-कभी एक हस्त मुद्रा युक्त दिखाई गई है, जिसे 'भूमिस्पर्श मुद्रा' कहा जाता है। यह किसका प्रतीक है?
IAS (Pre) 2013

(a) मार पर दृष्टि रखने एवं अपने ध्यान में विघ्न डालने से मार को रोकने के लिए बुद्ध का धरती आह्वान
(b) मार के प्रलोभनों के बावजूद अपनी शुचिता और शुद्धता का साक्षी होने के लिए बुद्ध का धरती आह्वान
(c) इस सन्दर्भ में दोनों ही कथन (a) और (b) दोनों सही हैं
(d) बुद्ध का अपने अनुयायियों को स्मरण कराना कि वे सभी धरती से उत्पन्न होते हैं और अन्त: धरती में विलीन हो जाते हैं, अत: जीवन संक्रमणशील है

जानें सही उत्तर

1. (a)	2. (c)	3. (c)	4. (d)	5. (a)	6. (c)	7. (b)	8. (a)	9. (a)	10. (d)
11. (c)	12. (c)	13. (a)	14. (d)	15. (c)	16. (a)	17. (a)	18. (a)	19. (b)	20. (d)

● अध्याय छः

महाजनपद, मगध का उत्कर्ष व विदेशी आक्रमण

"छठी शताब्दी ई. पू. के आस-पास आर्थिक क्षेत्र में तेजी से बदलाव हुए, जिसके कारण राजनीतिक, सामाजिक एवं धार्मिक क्षेत्रों में भी परिवर्तन आए। इन परिवर्तनों ने एक ओर जहाँ राजनीतिक क्षेत्र में साम्राज्य की स्थापना को सुनिश्चित किया, वही दूसरी ओर सामाजिक-धार्मिक क्षेत्र में व्यापक परिवर्तन का मार्ग भी प्रशस्त किया।'

महाजनपदों का उदय

- छठी शताब्दी ई. पू. के आस-पास कृषि में नवीन तकनीक तथा लोहे के प्रयोग के कारण अधिशेष उत्पादन होने लगा।
- लोहे के हथियारों के प्रयोग से क्षत्रिय वर्ग की शक्ति में वृद्धि हुई। अब शासक कृषि के अतिरिक्त उपज का प्रयोग अपने सैनिक और प्रशासनिक प्रयोजनों के लिए करने लगे। इसके अतिरिक्त कृषि अधिशेष का लाभ शहरों/नगरों को भी मिलने लगा, जो ईसा पूर्व छठी-पाँचवीं सदियों से उदित हुए थे।
- किसानों को कृषि से लाभ होने के कारण भूमि से उनका जुड़ाव हो गया और वे धीरे-धीरे पड़ोस के क्षेत्रों में अपना विस्तार करने लगे। इससे लोगों में प्रादेशिक भावना प्रबल हुई। इन सभी के कारण उत्तर वैदिक काल के जनपद **महाजनपदों** में परिवर्तित हो गए।
- महाजनपदों की कुल संख्या **सोलह** थी, जिसका उल्लेख बौद्ध ग्रन्थ **अंगुत्तरनिकाय**, **महावस्तु** एवं जैन ग्रन्थ **भगवतीसूत्र** में मिलता है। इसमें मगध, कोसल, वत्स और अवन्ति सर्वाधिक शक्तिशाली थे।
- अंगुत्तरनिकाय में सोलह महाजनपदों में दो प्रकार के राज्यों का उल्लेख है
  (i) **राजतन्त्र** इसके अन्तर्गत एकमात्र शासक राजा होता था तथा शासन से सम्बन्धी सभी निर्णय वह स्वयं लेता था। वह कृषकों से वसूले गए राजस्व का अधिकारी होता था तथा उसके पास एक नियमित सेना होती थी।
  (ii) **गणतन्त्र** इसके अन्तर्गत शासन एक राजा के द्वारा न होकर गण/संघ के द्वारा होता था, जैसे 16 महाजनपदों में दो (वज्जि संघ तथा मल्ल) गणतन्त्रात्मक थे। इसमें वज्जि संघ आठ जनों का संघ था, जिसमें प्रत्येक जन के प्रमुख को राजा कहा जाता था।
- इस व्यवस्था में कुलीनों की समिति के अन्तर्गत कार्य किया जाता था। गणतन्त्र शासन में प्रत्येक राजा अपने सेनापति के अधीन सेना का प्रबन्ध करने के लिए स्वतन्त्र था।

छठी शताब्दी ई. पू. के इन महाजनपदों का विवरण इस प्रकार है

- **अंग** यह पूरब से शुरू होने वाला पहला जनपद था, जिसमें आधुनिक मुंगेर और भागलपुर जिले सम्मिलित हैं। अंग की राजधानी चम्पा थी। बुद्ध के समय चम्पा की गणना आत के 6 महानगरों में की जाती थी। 'महापरि निर्वाणसुत्त' में चम्पा के अतिरिक्त अन्य पाँच महानगरों के नाम-श्रावस्ती, राजगृह, बनारस, साकेत तथा कौशाम्बी प्राप्त होते हैं। यहाँ पाँचवीं सदी ईसा पूर्व के लगभग का मिट्टी का किला मिला है।
- **मगध** इस महाजनपद में आधुनिक पटना और गया जिला तथा शाहाबाद का कुछ हिस्सा सम्मिलित था। इसकी राजधानी गिरिव्रज (राजगृह) थी। कालान्तर में मगध की राजधानी **पाटलिपुत्र** बनी। मगध उत्तर भारत का **सबसे शक्तिशाली महाजनपद** था।
- **वज्जि** गंगा के उत्तर में आधुनिक तिरहुत प्रमण्डल में वज्जियों का राज्य था। यह आठ जनों का संघ था। इसके आठ जनों में सबसे प्रबल लिच्छवि थे। इनकी राजधानी वैशाली में थी, जिसकी पहचान आधुनिक वैशाली जिले के बसाढ़ नामक गाँव से की जाती थी।
- **काशी** इस महाजनपद की राजधानी वाराणसी थी। राजघाट की खुदाई से ज्ञात होता है कि सबसे पुराना शहरी निवास स्थल काशी में लगभग 500 ई. पू. का था और उस समय नगर मिट्टी के बाँध से घिरा हुआ था।

> महाजनपदों के आरम्भ में काशी शक्तिशाली राज्य था। सोननन्द जातक थे ज्ञात होता है कि मगध, कोसल व अंग पर काशी का अधिकार था, परन्तु बाद में उसने कोसल की शक्ति के सामने आत्मसमर्पण कर दिया। काशी का सर्वाधिक शक्तिशाली शासक **ब्रह्मदत्त** था।

- **कोसल** पूर्वी उत्तर प्रदेश इस महाजनपद के अन्तर्गत आता है, इसकी राजधानी श्रावस्ती थी, जिसकी पहचान उत्तर प्रदेश के गोण्डा और बहराइच जिलों की सीमा पर **सहेत-महेत** नामक स्थान से की जाती है। रामायण काल में कोसल की राजधानी अयोध्या थी।
- **मल्ल** मल्लों की राजधानी कुशीनारा में थी, यहाँ बुद्ध की मृत्यु हुई थी, इसकी पहचान देवरिया जिले के कसिया नामक स्थान से की गई है। उल्लेखनीय है कि मल्ल महाजनपद के दो भाग थे—एक की राजधानी कुशीनगर एवं दूसरे की पावा थी। कुशीनगर में बुद्ध को **महापरिनिर्वाण** प्राप्त हुआ, जबकि पावा में महावीर को।
- **वत्स** इस महाजनपद की राजधानी इलाहाबाद (प्रयागराज) के निकट कौशाम्बी में थी। वत्स लोग वहीं कुरुजन थे, जो हस्तिनापुर छोड़कर कौशाम्बी में आकर बस गए थे। हस्तिनापुर के बाढ़ में नष्ट हो जाने पर राजा निचक्षु ने कौशाम्बी को अपनी राजधानी बनाया था। बुद्ध काल में यहाँ का शासक उदयन था।
- **अवन्ति** यह राज्य मध्य मालवा और मध्य प्रदेश के सीमावर्ती नगरों में विस्तृत था। इस राज्य के दो भाग थे-उत्तर भाग की राजधानी उज्जयिनी थी और दक्षिण भाग की महिष्मती। कालान्तर में उज्जयिनी ने महिष्मती को परास्त कर दिया। यहाँ बड़े पैमाने पर लौह कर्म का विकास हुआ और इसकी सुदृढ़ किलेबन्दी की गई।
- **कुरु** मेरठ, दिल्ली तथा थानेश्वर के भू-भाग में कुरु महाजनपद अवस्थित था। इसकी राजधानी इन्द्रप्रस्थ में थी, जो वर्तमान दिल्ली में स्थित है। इस महाजनपद पर युधिष्ठिर के वंशजों ने शासन किया।
- **पांचाल** यह उत्तर प्रदेश के बरेली, बदायूँ तथा फरुखाबाद में स्थित था। यह महाजनपद दो भागों में विभाजित था-उत्तरी पांचाल तथा दक्षिणी पांचाल। उत्तरी पांचाल की राजधानी अहिच्छत्र थी तथा दक्षिणी पांचाल की राजधानी काम्पिल्य थी।
- **शूरसेन** यह उत्तर प्रदेश के ब्रजमण्डल क्षेत्र में स्थित था। शूरसेन महाजनपद की राजधानी मथुरा थी। बुद्धकाल में अवन्तिपुत्र यहाँ का राजा था, जो बुद्ध के प्रमुख शिष्यों में से एक था।
- **चेदि** आधुनिक बुन्देलखण्ड में चेदि महाजनपद का क्षेत्र विस्तृत था। इसकी राजधानी सुक्तिमति या सोत्थिवती थी। बुद्ध के समय यहाँ का राजा शिशुपाल था।
- **मत्स्य** यह आधुनिक जयपुर के आस-पास का क्षेत्र था। इसकी राजधानी विराटपुर/विराटनगर थी।
- **गान्धार** यह पकिस्तान के उत्तरी-पश्चिमी क्षेत्र में स्थित था, इसकी राजधानी तक्षशिला थी। प्राचीनकाल में यह प्रमुख शिक्षा का केन्द्र होने के साथ-साथ एक व्यापारिक नगर भी था।
- **अश्मक** 16 महाजनपदों में अश्मक ही एक ऐसा जनपद था, जो दक्षिण भारत में गोदावरी नदी के तटीय क्षेत्र पर अवस्थित था। इसकी राजधानी पोतन या पोटली थी। पुराणों में वर्णित है कि अश्मक राजतन्त्र की स्थापना इक्ष्वाकुवंशीय शासकों के द्वारा की गई थी।
- **कम्बोज** यह उत्तरपथ में स्थित महाजनपद था। इसकी राजधानी हाटक अथवा राजपुर थी। गान्धार इसका पड़ोसी राज्य था तथा यह श्रेष्ठ घोड़ों के लिए प्रसिद्ध था।

महाजनपद एवं उनकी राजधानी

महाजनपद	राजधानी
मगध	गिरिव्रज/राजग्रह (दक्षिण बिहार)
अवन्ति	उत्तरी का उज्जैन, दक्षिणी का महिष्मती
वज्जि	वैशाली (उत्तरी बिहार)
कोसल	श्रावस्ती (फैजाबाद)
काशी	वाराणसी
अंग	चम्पा, प्राचीन नाम मालिनी (मुंगेर एवं भागलपुर)
मल्ल	प्रथम भाग का कुशीनगर, दूसरे भाग का पावा (आधुनिक देवरिया जिला, उत्तर प्रदेश)
चेदि	सोत्थिवती, सुक्तिमति (आधुनिक बुन्देलखण्ड)
वत्स	कौशाम्बी (इलाहाबाद, बाँदा)
कुरु	हस्तिनापुर, इन्द्रप्रस्थ (मेरठ दक्षिण-पूर्व हरियाणा)
मत्स्य	विराट नगर (भरतपुर, अलवर, रोजस्थान)
पांचाल	उत्तरी का अहिच्छत्र, दक्षिणी का काम्पिल्य (रामनगर, बरेली, फर्रुखाबाद)
शूरसेन	मथुरा (आधुनिक ब्रजमण्डल)
गान्धार	तक्षशिला (पेशावर व रावलपिण्डी, पाकिस्तान)
कम्बोज	राजपुर/हाटक (कश्मीर)
अश्मक	पोतन/पोटली

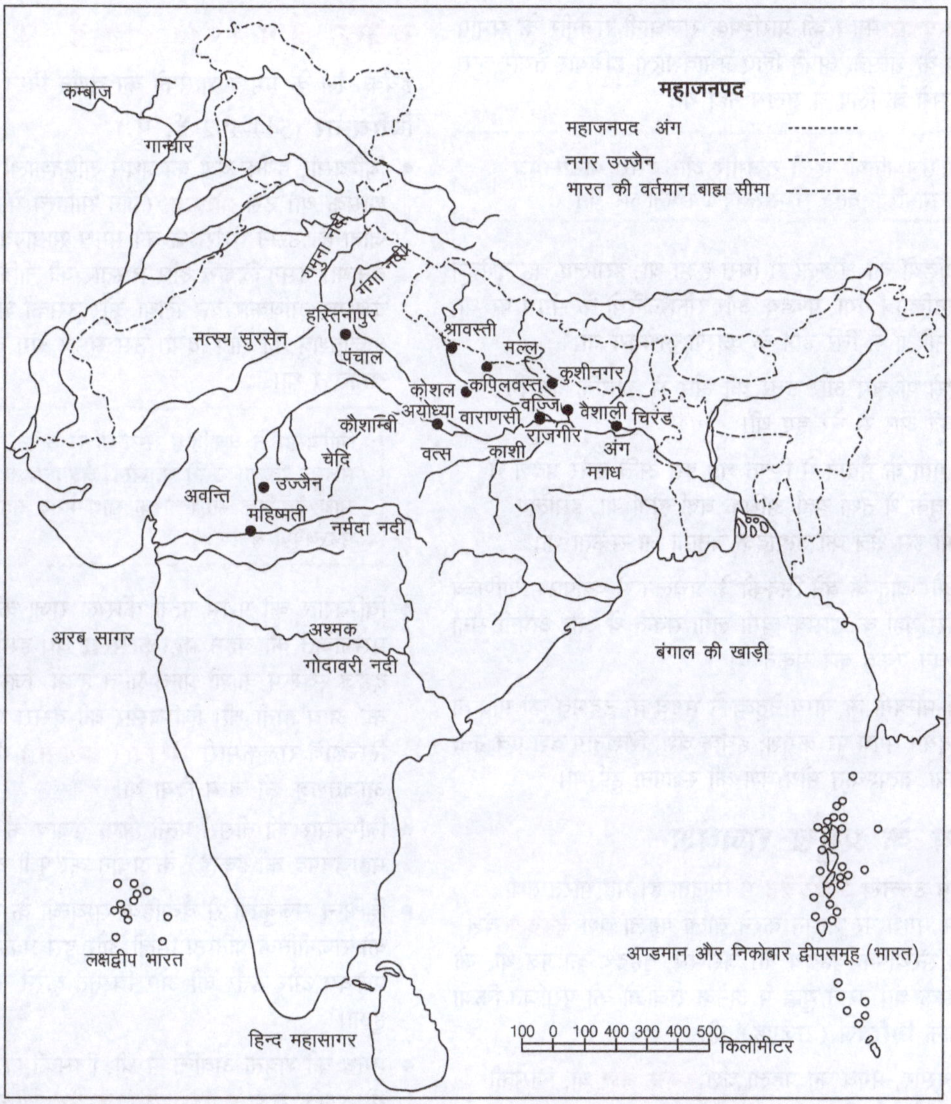

बुद्धकालीन गणतन्त्र / गणराज्य

- बुद्ध काल में **16 महाजनपदों** के अतिरिक्त गंगा घाटी में 10 गणराज्यों के अस्तित्व का प्रमाण मिलता है, जिनका विवरण निम्नवत् है

(i) कपिलवस्तु के शाक्य	(ii) अलकप्प के बुलि
(iii) सुमसुमार पर्वत के भग्ग	(iv) केसपुत के कलाम
(v) रामग्राम के कोलिय	(vi) कुशीनारा के मल्ल
(vii) पावा के मल्ल	(viii) पिप्पलिवन के मोरिय
(ix) वैशाली के लिच्छवि	(x) मिथिला के विदेह

विश्व का प्रथम गणतन्त्र

विश्व का प्रथम गणतन्त्र वैशाली के **लिच्छवि गणराज्य** को माना जाता है। यह वज्जि संघ की राजधानी थी, जिसका गठन 500 ई. पू. में हुआ था।

मगध का उत्कर्ष

सोलह महाजनपदों में मगध, वत्स, कोसल एवं अवन्ति अत्यन्त शक्तिशाली थे। इनमें मगध और अवन्ति अधिक महत्त्वपूर्ण सिद्ध हुए। इनमें मगध ने धीरे-धीरे अन्य तीनों महाजनपदों को पराजित कर अपने साम्राज्य में मिला लिया। महाजनपदों में **मगध** सर्वाधिक महत्त्वपूर्ण और शक्तिशाली साम्राज्य था, क्योंकि पूर्वोत्तर भारत के छोटे-छोटे रजवाड़ों और गणराज्यों का विलय धीरे-धीरे मगध साम्राज्य में हो गया था, किन्तु पश्चिमोत्तर भारत की स्थिति इससे भिन्न थी।

मगध साम्राज्य के उत्कर्ष को निम्न तथ्यों के द्वारा व्यक्त किया जा सकता है

- मगध के शासकों (**बिम्बिसार, अजातशत्रु, महापद्मनन्द** आदि) का साहसी एवं साम्राज्य विस्तार के लिए महत्त्वाकांक्षी होना।

- **लोहे का समृद्ध भण्डार** मगध की प्रारम्भिक राजधानी राजगीर के समीप था। इसलिए मगध के शासक अपने लिए प्रभावशाली हथियार तैयार करा लेते थे, जबकि दूसरों के लिए ये सुलभ नहीं था।

> मगध की दोनों राजधानियाँ पहली **राजगीर** और दूसरी **पाटलिपुत्र** (स्थानान्तरित) सामरिक दृष्टि से महत्त्वपूर्ण स्थानों पर थीं।

- **राजगीर** पाँच पहाड़ियों की शृंखला से घिरा हुआ था, इसलिए वह दुर्भेद्य था। इसी प्रकार पाटलिपुत्र गंगा, गण्डक और सोन नदियों के संगम पर था, जो चारों ओर से नदियों से घिरे होने के कारण अभेद्य था।
- **सोन** और **गंगा** इसे पश्चिम और उत्तर की ओर से, जबकि **पुनपुन** दक्षिण और पूर्व की ओर से घेरे हुए थी।
- मगध राज्य मध्य गंगा के मैदान में स्थित था। इस अति उर्वर प्रदेश में जंगल समाप्त हो चुके थे तथा यहाँ अधिक वर्षा होती थी, इसलिए सिंचाई के बिना भी इस क्षेत्र को उत्पादक बनाया जा सकता था।
- नगरों के उत्थान और धातु के बने सिक्कों के प्रचलन से व्यापार- वाणिज्य समृद्ध हुआ, जिससे यहाँ के शासक चुंगी लगा सकते थे और अपनी सेना के खर्च के लिए धन एकत्र कर सकते थे।
- योग्य शासकों एवं मन्त्रियों के योग्य नेतृत्व ने मगध के उद्भव की प्रक्रिया को आसान बना दिया। मगध पर क्रमश: हर्यंक वंश, शिशुनाग वंश एवं नन्द वंश ने शासन किया, तत्पश्चात् मौर्य वंश की स्थापना हुई थी।

मगध साम्राज्य के प्रमुख राजवंश

- मगध का सर्वप्रथम उल्लेख **अथर्ववेद** में मिलता है। महाभारत तथा पुराणों के अनुसार मगध पर शासन करने वाला पहला वंश **वृहद्रथ** वंश था। इस वंश का संस्थापक वृहद्रथ था। जरासंघ, वृहद्रथ का पुत्र था, जो एक पराक्रमी शासक था। उसने युद्ध में अनेक राजाओं को पराजित किया था। इसकी राजधानी **गिरिव्रज** (राजगृह) थी।
- बौद्ध ग्रन्थों के अनुसार, मगध का पहला वंश **हर्यंक वंश** था, जिसकी स्थापना **बिम्बिसार** ने की थी।

मगध के प्रमुख शासक/राजवंश

हर्यंक वंश-544 ई. पू.-412 ई. पू.
- बिम्बिसार (संस्थापक) 544-492 ई. पू. (52 वर्ष)
- पुत्र
- अजातशत्रु (कुणिक) 492-460 ई. पू. (32 वर्ष)
- पुत्र
- उदायिन तथा उसके उत्तराधिकारी 460-412 ई. पू. (48 वर्ष)
- अन्तिम शासक
- नागदशक

शिशुनाग वंश 412 ई. पू.-344 ई. पू.
- शिशुनाग (संस्थापक) 412-394 ई. पू. (18 वर्ष)
- कालाशोक (काकवर्ण) 394-366 ई. पू. (28 वर्ष)
- काकवर्ण के 10 पुत्र 366-344 ई. पू. (22 वर्ष)
- अन्तिम शासक
- नन्दिवर्द्धन

नन्द वंश 344 ई. पू.-323 ई. पू.
- महापद्मनन्द/महानन्दिन 344-323 ई. पू.
- अन्तिम शासक
- घनानन्द 323 ई. पू.

हर्यंक वंश (544-412 ई. पू.)

हर्यंक वंश के प्रमुख शासकों का वर्णन निम्न प्रकार से है

बिम्बिसार (544-492 **ई. पू.**)

- बिम्बिसार हर्यंक वंश का प्रथम शक्तिशाली व साम्राज्यवादी शासक था। उसे **श्रेणिक** (जैन साहित्य में) नाम से भी जाना जाता है। उसने **गिरिव्रज** को मगध साम्राज्य की राजधानी बनाया। उसने विजय और विस्तार की नीति अपनाते हुए अंग देश पर अधिकार कर लिया और उसका शासन अपने पुत्र अजातशत्रु को सौंप दिया। उस समय अंग का शासक **ब्रह्मदत्त** था।

> बिम्बिसार ने वैवाहिक सम्बन्धों से अपनी स्थिति को मजबूत किया। उसने **कोसल, वैशाली** तथा **गान्धार** के साथ वैवाहिक सम्बन्धों के साथ मगध महाजनपद को महत्त्वपूर्ण बनाया।

- बिम्बिसार की प्रथम पत्नी कोसल राजा की पुत्री और प्रसेनजित की बहन **महाकोसला** थी। इसी विवाह में उसे दहेज स्वरूप काशी प्रान्त प्राप्त हुआ, जिससे उसे एक लाख की आय होती थी। बिम्बिसार की दूसरी पत्नी वैशाली की लिच्छवि राजकुमारी **चेलना (छलना)** थी, जिसने आजतशत्रु को जन्म दिया था।
- बिम्बिसार की तीसरी पत्नी **क्षेमा** पंजाब के मद्र कुल (गान्धार महाजनपद की इकाई) के प्रधान की पुत्री थी।
- विभिन्न राजकुलों से वैवाहिक सम्बन्धों के कारण बिम्बिसार को राजनीतिक प्रतिष्ठा मिली और इस प्रकार मगध राज्य को पश्चिम और उत्तर की ओर विस्तृत करने का मार्ग प्रशस्त हुआ।
- मगध की शत्रुता अवन्ति से थी, जिसकी राजधानी उज्जयिनी में थी। इसके राजा **चण्डप्रद्योत महासेन** का युद्ध बिम्बिसार से हुआ था, परन्तु कुछ समय पश्चात् शत्रुता मित्रता में परिवर्तित हो गई।

> चण्डप्रद्योत जब पीलिया रोग से ग्रस्त था, तब बिम्बिसार ने अवन्ति राज के अनुरोध पर अपने राजवैध **जीवक** को उज्जैन भेजा था।

- मगध की पहली राजधानी **राजगीर** में थी, उस समय इसे गिरिव्रज कहते थे। यह स्थल पाँच पहाड़ियों से घिरा था।
- बौद्ध ग्रन्थों के अनुसार, बिम्बिसार ने लगभग 544 से 492 ई. पू. तक 52 वर्षों तक शासन किया था।
- बिम्बिसार ने शहरों और गाँवों को आपस में जोड़ने के लिए सड़कें बनवाईं और नदियों पर पुल बनवाए थे।
- बिम्बिसार ने सुदूर देशों में, यहाँ तक कि पश्चिमोत्तर भारत के गान्धार राज्य में भी अपने राजदूत भेजे थे।

अजातशत्रु (492-460 ई. पू.)

- अजातशत्रु ने अपने पिता की हत्या करके सिंहासन प्राप्त किया था, इसलिए इसे **पितृहन्ता** कहा गया। अजातशत्रु को **कुणिक** के नाम से भी जाना जाता है।
- अजातशत्रु की माता वैशाली के लिच्छवि कुल की राजकुमारी थी, फिर भी उसने वैशाली पर आक्रमण किया।
- अजातशत्रु की **विस्तारवादी आक्रामक नीति** का काशी और कोसल ने मिलकर सामना किया।
- मगध और कोसल के बीच काफी समय तक संघर्ष जारी रहा। अन्त में अजातशत्रु की विजय हुई।
- कोसल नरेश (प्रसेनजित) को अजातशत्रु के साथ अपनी पुत्री वाजिरा का विवाह करने और अपने जमाई को काशी सौंपकर सन्धि के लिए विवश होना पड़ा।
- अजातशत्रु के प्रतिद्वन्द्वियों में अवन्ति का शासक अधिक शक्तिशाली था। अवन्ति के राजाओं ने ही कौशाम्बी के वत्सों को पराजित किया था।
- अवन्ति के राजा मगध पर आक्रमण करने की धमकी दे रहे थे, इसी समस्या का सामना करने के लिए आजतशत्रु ने राजगीर की किलेबन्दी करवाई थी।
- अजातशत्रु ने अपने कूटनीतिज्ञ मन्त्री **वस्सकार** की सहायता से लिच्छवियों के संघ को भंग किया था। लिच्छवियों के साथ युद्ध में अजातशत्रु ने रथमूसक तथा महाशिलाकंटक नामक हथियारों का प्रयोग किया था। अजातशत्रु की हत्या उसके पुत्र उदायिन ने की थी। अजातशत्रु जैन मतानुयायी था।
- अजातशत्रु के समय में ही राजगृह की सप्त पर्णिगुफा में प्रथम बौद्ध संगीति का आयोजन हुआ था।

उदायिन (460-444 ई. पू.)

- उदायिन अजातशत्रु के बाद मगध के सिंहासन पर बैठा था। पुराणों एवं जैन ग्रन्थों के अनुसार, उदायिन ने गंगा तथा सोन नदियों के संगम पर **पाटलिपुत्र** (कुसुमपुरा) नामक नगर की स्थापना की तथा उसे अपनी राजधानी बनाया। उदायिन जैन धर्मावलम्बी था।
- उदायिन ने पटना में गंगा और सोन के संगम पर एक किला बनवाया। इसका कारण यह था कि पटना, मगध साम्राज्य के केन्द्र में था।
- उदायिन के काल में मगध का साम्राज्य उत्तर में हिमालय से लेकर दक्षिण में छोटानागपुर की पहाड़ियों तक विस्तृत था।

> उदायिन के पश्चात् **अनिरूद्ध, मुण्डक** तथा **नागदशक** ने शासन किया। **नागदशक** इस वंश का अन्तिम शासक था। नागदशक को उसके आमत्य शिशुनाग ने पदच्युत कर स्वयं मगध के सिंहासन पर बैठा।

शिशुनाग वंश (412-345 ई. पू.)

बौद्ध साहित्य के अनुसार राजा नागदशक को नागरिकों द्वारा निष्कासित कर शिशुनाग का चयन किया गया। शिशुनाग के नाम पर ही इस वंश का नाम शिशुनाग वंश पड़ा। इस वंश के प्रमुख शासक निम्न हैं

शिशुनाग (412-394 ई. पू.)

- शिशुनाग ने **साम्राज्यवादी नीति** का अनुसरण करते हुए **अवन्ति** तथा **वत्स** राज्य पर अधिकार कर उसे मगध साम्राज्य में मिला लिया।
- शिशुनाग ने वज्जियों के ऊपर कठोर नियन्त्रण रखने के लिए कुछ समय के लिए वैशाली को राजधानी बनाया। अवन्ति (जिसकी राजधानी उज्जयिनी थी) की शक्ति को समाप्त करना शिशुनांग वंश की सबसे बड़ी उपलब्धि मानी जाती है। उसने अवन्ति को मगध साम्राज्य का हिस्सा बनाया, जो मौर्य साम्राज्य के अन्त तक बना रहा। उसके समय में मगध साम्राज्य के बंगाल से लेकर मालवा तक का क्षेत्र शामिल था।

कालाशोक (394-366 ई. पू.)

- कालाशोक शिशुनाग का उत्तराधिकारी था। पुराण तथा दिव्यावदान में इसका नाम **काकवर्ण** मिलता है। इसके शासनकाल में वैशाली में **द्वितीय बौद्ध संगीति** का आयोजन हुआ था। इसी समय बौद्ध संघ दो भागों–स्थविर तथा महासांघिक में बँट गया था।
- कालाशोक ने वैशाली से अपनी राजधानी का स्थानान्तरण पाटलिपुत्र में किया, जिसे शिशुनाग द्वारा मगध महाजनपद की राजधानी बनाया गया था।

> कालाशोक की मृत्यु के पश्चात् उसके उत्तराधिकारियों ने 344 ई. पू. तक शासन किया। इस वंश का अन्तिम शासक **नन्दिवर्द्धन** (महानन्दिन) था।

नन्द वंश (345-321 ई. पू.)

नन्द वंश के प्रमुख शासक निम्न हैं

महापद्मनन्द (345-323 ई. पू.)

- शिशुनाग वंश के अन्तिम शासक **महानन्दिन** की हत्या कर महापद्मनन्द ने नन्द वंश की स्थापना की। पुराणों में महापद्मनन्द को **सर्वक्षत्रान्तक** (क्षत्रियों का नाश करने वाला) तथा **भार्गव** (परशुराम का अवतार) कहा गया है। इस विशाल साम्राज्य को स्थापित कर उसने **एकराट** एवं **एकक्षत्र** की उपाधि धारण की।
- खारवेल के **हाथीगुम्फा अभिलेख** में उसकी कलिंग विजय का उल्लेख है। पुराणों के अनुसार, महापद्मनन्द के आठ पुत्र थे। घनानन्द भी महापद्मनन्द का पुत्र था।

घनानन्द (323-321 ई. पू.)

- महापद्मनन्द के आठ पुत्रों में घनानन्द सिकन्दर का समकालीन था। ग्रीक (यूनानी) लेखकों द्वारा इसे **अग्रमीज** कहा गया है।
- घनानन्द के समय 326 ई. पू. में सिकन्दर ने पश्चिमोत्तर भारत पर आक्रमण किया था।
- 322 ई. पू. में चन्द्रगुप्त मौर्य ने अपने गुरु **चाणक्य** की सहायता से घनानन्द की हत्या कर मौर्य वंश के शासन की नींव रखी।
- नन्द शासकों के पास एक वृहद् सेना थी। इस सेना में 200000 पदाति, 20000 घुड़सवार और 3000 से लेकर 6000 तक हाथी थे।
- नन्द वंश के शासक जैन मत के पोषक थे। घनानन्द के अमात्य **शकटाल** तथा **स्थूलमद्र** थे।

विदेशी (ईरानी व यूनानी) आक्रमण

- ईसा पूर्व छठी सदी के पूर्वार्द्ध के दौरान मगध के राजा अपने साम्राज्य का विस्तार कर रहे थे। इसी समय ईरान के **हखामनी शासक** भी अपना राज्य का विस्तार कर रहे थे।
- पूर्वोत्तर भारत के छोटे-छोटे गणराज्यों का धीरे-धीरे मगध साम्राज्य में विलय हो गया, परन्तु पश्चिमोत्तर भारत की स्थिति इससे भिन्न थी। मगध की तरह यहाँ कोई शक्तिशाली शासक नहीं था, जो सभी पर एकछत्र शासन कर सके।
- पश्चिमोत्तर क्षेत्र के राज्य कम्बोज, गान्धार और मद्र आदि के राजा आपस में ही लड़ते रहते थे। अत: इस अवसर का लाभ उठाकर भारत पर सर्वप्रथम ईरानियों ने आक्रमण किए और उसके पश्चात् यूनानियों (मकदूनियाई) ने आक्रमण किए। इनका संक्षिप्त विवरण इस प्रकार है

ईरानी आक्रमण (हखामनी शासक)

भारत पर प्रथम विदेशी आक्रमण ईरान के हखामनी वंश के राजाओं ने किया था। इसके प्रमुख शासक निम्न हैं

साइरस द्वितीय (558-529 ई.पू.)

- ईरान में हखामनी वंश की स्थापना **हखमनिश** ने की थी, इसी के कारण उसके उत्तराधिकारियों द्वारा स्थापित राज्य हखामनी साम्राज्य कहलाया था। यद्यपि इस वंश का वास्तविक संस्थापक **साइरस द्वितीय** था।
- वह एक महत्त्वाकांक्षी शासक था। अतएव वह बहुत कम समय में पश्चिम एशिया का सबसे शक्तिशाली शासक बना गया। साइरस ने भारत पर आक्रमण का असफल प्रयास किया।
- साइरस ने सिन्ध के पश्चिम में भारत के सीमावर्ती क्षेत्र विजयी किए। **केम्बिसीज-II** साइरस का उत्तराधिकारी था, जिसका भारत में ईरानी अभियान का कोई वर्णन नहीं मिलता है।

> - **हेरोडोट्स** के अनुसार, साइरस ने पूर्वी देशों पर विजय प्राप्त की थी, जिसमें गान्धार भी शामिल था।
> - **प्लिनी** के अनुसार, उसने अफगानिस्तान (कपिशा) को नष्ट कर दिया था, जबकि **स्ट्रेबो** के अनुसार, साइरस को आक्रमण का विचार छोड़कर केवल सात व्यक्तियों के साथ काबुल घाटी से बचकर भागना पड़ा था।

दारा प्रथम (डेरियस प्रथम) (522-486 ई.पू.)

- भारत पर आक्रमण करने में प्रथम सफलता दारा प्रथम को प्राप्त हुई। उसने 516 ई. पू. में पश्चिमोत्तर भारत में प्रवेश किया और पंजाब तथा सिन्धु नदी के पश्चिम के क्षेत्र और सिन्ध को जीतकर अपने साम्राज्य में मिला लिया। उल्लेखनीय है कि दारा का सेनापति **स्काईलैक्स** ने सिन्धु से भारतीय समुद्र में प्रवेश कर अरब और मकरान तटों का पता लगाया था।
- **सिन्ध क्षेत्र फारस** (ईरान) का बीसवाँ प्रान्त या क्षत्रपी बन गया। फारस साम्राज्य में कुल 23 प्रान्त थे। भारतीय प्रान्तों में सिन्धु, पश्चिमोत्तर सीमा प्रान्त तथा पंजाब का सिन्धु नदी का पश्चिम वाला भाग शामिल था।
- उसके तीन अभिलेखों **बेहिस्तून, पर्सिपोलिस** एवं **नक्श-ए-रुस्तम** से यह ज्ञात होता है कि उसने सर्वप्रथम सिन्धु नदी के तटवर्ती भारतीय भू-भागों को अधिकृत किया।

> **हेरोडोट्स** के अनुसार, ईरानी शासक को भारतीय साम्राज्य से 360 **टैलेण्ट** (मुद्रा तथा भार का प्राचीन माप) सोना राजस्व प्राप्त होता था।

क्षयार्ष/ज़रक्सीज (486-465 ई.पू.)

क्षयार्ष दारा का पुत्र तथा उत्तराधिकारी था। **हेरोडोट्स** के विवरण के अनुसार, उसने भारतीयों की अपनी सेना को यूनानियों के विरुद्ध लड़ाई में शामिल किया था। ज़रक्सीज ने भारतीय प्रदेश पर अपना अधिकार बनाए रखा था।

दारा तृतीय (360-330 ई.पू.)

दारा तृतीय हखमनी वंश का अन्तिम शासक था। सिकन्दर द्वारा 331 ई. पू. में **अरबेला** या **गौगामेला** के युद्ध में दारा तृतीय को पराजित कर दिए जाने के पश्चात् भारत से ईरानी अधिपत्य समाप्त हो गया।

ईरानी आक्रमण के प्रभाव/परिणाम

ईरानी आक्रमण के निम्नलिखित प्रभाव/परिणाम हुए

- समुद्री मार्ग की खोज होने से विदेशी व्यापार को बढ़ावा मिला। ईरानी लिपिकार (कातिब) भारत में लेखन का एक विशेष रूप लेकर आए थे, जो भविष्य में यह **खरोष्ठी** नाम से प्रसिद्ध हुआ। खरोष्ठी लिपि अरबी की भाँति दाईं से बाईं ओर लिखी जाती थी।
- ईसा पूर्व तीसरी सदी में पश्चिमोत्तर भारत में अशोक के कुछ अभिलेख इसी लिपि में लिखे गए। पश्चिमोत्तर सीमा प्रान्त में ईरानी सिक्के भी मिलते हैं, जिनसे ईरान के साथ व्यापार होने का संकेत मिलता है।
- अशोककालीन स्मारक, विशेषकर घण्टे के आकार के गुम्बद ईरानी प्रतिरूप पर आधारित थे। ईरानी शब्द **दिपी** के लिए अशोककालीन लेखकों ने लिपि शब्द का प्रयोग किया है।

यूनानी आक्रमण

यूनानी आक्रमणकारियों का विवरण निम्नलिखित हैं

सिकन्दर

- ईरानी आक्रमण के पश्चात् भारत को यूनानी आक्रमण अर्थात् **मकदूनियाई शासक सिकन्दर** के आक्रमण का सामना करना पड़ा।
- सिकन्दर यूनान के राज्य मकदूनिया का शासक था। वह अपने पिता की मृत्यु के पश्चात् 336 ई. पू. में गद्दी पर बैठा। सिकन्दर का गुरु **अरस्तू** था।

> 326 ई. पू. में सिकन्दर ने **हिन्दूकुश पर्वत** को पार कर भारत पर आक्रमण किया। सिकन्दर ने सर्वप्रथम **अस्पोसिओई** (अश्व जाति), **निशा** एवं **अश्मक** राज्य को जीता। सिकन्दर खैबर दर्रे से होकर भारत आया था तथा उसका पहला आक्रमण तक्षशिला के राजा आम्भी के विरुद्ध था। तक्षशिला के शासक आम्भी ने समर्पण कर दिया। अभिसार के शासक ने भी आत्मसमर्पण कर दिया।

- सिकन्दर के नेतृत्व में यूनानियों ने साम्राज्य को नष्ट कर दिया। उसने न केवल एशिया माइनर (तुर्की) और ईराक को जीता, बल्कि ईरान को भी जीत लिया।
- **हेरोडोट्स** और अन्य **यूनानी लेखकों** ने भारत का वर्णन अपार सम्पत्ति वाले देश के रूप में किया था। इस वर्णन को पढ़कर सिकन्दर भारत पर आक्रमण करने के लिए प्रेरित हुआ।
- झेलम नदी के किनारे पहुँचने पर सिकन्दर का पहला और सबसे शक्तिशाली प्रतिरोध **पोरस** ने किया। पोरस का राज्य झेलम और चिनाब नदी के मध्य पड़ता था। झेलम नदी के तट पर उसका सामना पोरस के साथ हुआ, जिसे **वितस्ता** या **हाइडेस्पीज के युद्ध** के नाम से जाना जाता है, जिसमें पोरस की पराजय हुई।
- सिकन्दर की सहायता करने वाले भारतीय शासक **शशिगुप्त**, **आम्भी** और **संजय** थे। सिकन्दर की सेना ने व्यास नदी से आगे बढ़ने से इनकार कर दिया था।
- यूनानी इतिहासकार **एरियन** ने लिखा है, "युद्ध कला में भारतवासी अन्य तत्कालीन जनों से अत्यन्त श्रेष्ठ थे।"
- मगध पर नन्द वंश का शासन था, उसकी सेना सिकन्दर की सेना से बड़ी थी। इससे डरकर सिकन्दर की सेना ने आगे बढ़ने से मना कर दिया।
- सिकन्दर ने अपने सैनिकों के सम्बन्ध में कहा कि "मैं उन दिलों में उत्साह भरना चाहता हूँ, जो निष्ठाहीन और कायरतापूर्ण डर से दबे हुए हैं।"

> सिकन्दर के आक्रमण के दौरान **अश्मक** एक सीमान्त गणराज्य था, इसकी राजधानी **मस्सग** थी। यूनानी विद्वानों के अनुसार, यहाँ सिकन्दर के विरुद्ध हुए युद्ध में अधिक संख्या में पुरुष सैनिकों के मारे जाने के पश्चात् स्त्रियों ने शस्त्र उठा लिए थे।
>
> सिकन्दर ने अपने साम्राज्य को 6 भागों में विभाजित किया, इसमें तीन भाग सिन्धु के पश्चिम की ओर थे, जो यूनानी थे तथा तीन सिन्धु के पूर्व की ओर, जो भारतीय थे।

सिकन्दर के समकालीन 28 स्वतन्त्र राज्य

1.	तक्षशिला	15	आश्रोयी
2.	फेगेलास	16	अभिसार
3.	सिबोई	17	सोद्राई
4.	पटलेन/पाटल	18	मसनोई
5.	मलोई (मालव)	19	ग्लौनानिकाय
6.	सम्बोस	20	पुरु
7.	नीसा	21	मोसिकनोस
8.	अद्रेस्ताई	22	गान्दारिस/गान्धार
9.	प्यूकेलाओटिस	23	सूद्रक
10.	सोफाइट्स (सौभूति)	24	आस्पेशियन
11.	कथाई/कैथियन्स	25	अस्सकेनोस
12.	आबस्टनोई/अम्बष्ठ	26	गुरेअन्स
13.	अरसेक्स	27	ओसेडिओई
14.	आक्सीकनोस	28	अगलसोई

- सिकन्दर ने विजित प्रदेशों को अपने सेनापति फिलिप को सौंपकर स्थलमार्ग से 325 ई. पू. में भारत से वापसी की।
- भारत में लगभग 19 महीने रहने के पश्चात् वहाँ से लौटते हुए **बेबीलोन** में सिकन्दर की मृत्यु (323 ई. पू.) हो गई। लौटते समय उसने सिबोई, अग्रसेनी, मालव, क्षुद्रक, अम्बष्ठ, कठ और मूसिकनोई राज्य को जीता था।
- सिकन्दर ने भारत से वापस जाते समय अपने भू-भाग को तीन हिस्सों में बाँट दिया और तीन यूनानी गवर्नरों के हाथों में सौंप दिया।
- वापसी के समय सिकन्दर की सेना जलमार्ग (नियार्कस के नेतृत्व में) तथा स्थलमार्ग (क्रेटेरस के नेतृत्व में) से वापस गई। भारतीय भू-भाग पर सिकन्दर की अन्तिम विजय **पाटल** राज्य के विरुद्ध थी।

> सिकन्दर के साथ भारत आने वाले लेखकों में **नियार्कस**, **ऑनेसिक्रिट्स** व **अरिस्टोबुलस** प्रमुख हैं, जिनका विवरण प्रमाणिक है।

भारत में सिकन्दर की सफलता के कारण

- इतिहासकार **हेमचन्द राय चौधरी** ने 28 स्वतन्त्र शक्तियों (राज्यों) का उल्लेख किया है, जो यह स्पष्ट करता है कि भारत में इस समय केन्द्रीय सत्ता का अभाव था।
- सिकन्दर की सफलता का एक अन्य महत्त्वपूर्ण कारण था कि सिकन्दर की सेना अधिक शक्तिशाली थी। उसकी सेना में घोड़ों की काफी बहुलता थी, जिस कारण सैन्य गतिविधियों में तीव्रता आई।
- सिकन्दर को कुछ देशद्रोही शासक का सहयोग मिला, जैसे कि **आम्भी** ने **पोरस** के विरुद्ध सिकन्दर का साथ दिया था।

यूनानी आक्रमण के परिणाम

- सिकन्दर के अभियान से चार भिन्न-भिन्न स्थल मार्गों और जलमार्गों के द्वार खुले, इससे यूनानी व्यापारियों और शिल्पियों के लिए मार्ग प्रशस्त हुए तथा व्यापार की तत्कालीन सुविधाएँ बढ़ीं।
- सिकन्दर ने अपनी विजय के उपलक्ष्य में **निकैया शहर** की स्थापना की, जबकि अपने प्रिय घोड़े की स्मृति में **बऊकेफला** शहर स्थापित किया।
- सिकन्दर ने अपने मित्र **नियार्कस** के नेतृत्व में एक दल को सिन्धु नदी के मुहाने से फरात नदी के मुहाने तक समुद्र तट का पता लगाने और बन्दरगाहों को ढूँढने के लिए भेजा था। इस अभियान के कारण भारत तथा मध्य एशिया के बीच प्रसिद्ध जलमार्ग का पता लगा।
- यूनानी आक्रमण का सबसे महत्त्वपूर्ण पहलू यह था कि यूनानियों ने भारत के सन्दर्भ में अपने विचारों को लिपिबद्ध किया, जो भारतीय इतिहास की जानकारी के लिए मूल्यवान प्रमाणित हुआ।
- भारत द्वारा मुद्रा निर्माण की कला सीखना, जैसेकि **उलूक शैली** के सिक्के इसी के परिणाम थे।
- कला के क्षेत्र में गान्धार शैली में इसके प्रभाव को देखा जा सकता है। इसमें भारतीय यूनानी कला का मिश्रण दृष्टिगोचर होता है।

प्रीलिम्स फैक्ट्स

- किन ग्रन्थों में भारत के सोलह महाजनपदों (षोड्श महाजनपद) की सूची मिलती है? *– बौद्ध ग्रन्थ अंगुत्तर निकाय तथा जैन ग्रन्थ भगवती सूत्र में* [RAS/RTS (Pre) 2016]
- सोलह महाजनपदों के युग में मथुरा किसकी राजधानी थी? *– शूरसेन* [JPSC (Pre) 2013]
- प्राचीन श्रावस्ती का नगर विन्यास किस आकृति का है? *– अर्द्धचन्द्राकार* [UPPSC (Pre) 2010]
- ईसा पूर्व छठी सदी में विश्व की प्रथम गणतन्त्रात्मक व्यवस्था कहाँ थी? *– वैशाली में* [BPSC (Pre) 2003]
- विश्व का पहला गणतन्त्र वैशाली में किस राजवंश द्वारा स्थापित किया गया था? *– लिच्छवि* [BPSC (Pre) 2008]
- शाक्य, यौधेय तथा लिच्छवि में से कौन-सा प्रारम्भिक गणतन्त्र में शामिल नहीं था? *– यौधेय* [UPPSC (Pre) 1992]
- छठी शातब्दी ई.पू. का मत्स्य महाजनपद कहाँ स्थित था? *– राजस्थान में* [UPPSC (Pre) 2017]
- उज्जैन का प्राचीनकाल में क्या नाम था? *– अवन्तिका* [UPPSC (Pre) 2009]
- चण्ड प्रघोत किस प्राचीन गणराज्य के राजा थे? *– अवन्ति* [MPPSC (Pre) 2019]
- छठी शताब्दी ई.पू. में शुक्तिमती कहाँ की राजधानी थी? *– चेदि की* [UPPSC (Mains) 2011]
- महाभारत के अनुसार उत्तरी पांचाल की राजधानी स्थित थी *– अहिच्छत्र में* [UPPSC (Mains) 2006]
- गोदावरी नदी के तट पर स्थित महाजनपद कौन-सा था? *– अश्मक* [RAS/RTS (Pre) 2009]
- अवन्ति, गान्धार, कोशल तथा मगध राज्यों में से किनका सम्बन्ध बुद्ध के जीवन से था? *– कोशल तथा मगध* [IAS (Pre) 2015]
- ईसा पूर्व छठी शताब्दी के प्रारम्भ में भारत का सर्वाधिक शक्तिशाली राज्य कौन-सा था? *– मगध* [IAS (Pre) 1999]
- प्रथम मगध साम्राज्य का उत्कर्ष किस शताब्दी में हुआ था? *– ई.पू. छठी शताब्दी में* [BPSC (Pre) 1998]
- मगध की प्रारम्भिक राजधानी कौन-सी थी? *– राजगृह (गिरिव्रज)* [BPSC (Pre) 2014,2015]
- कौशाम्बी, पाटलिपुत्र, राजगृह तथा गिरिव्रज में से कौन-सा एक मगध साम्राज्य की राजधानी नहीं था? *– कौशाम्बी* [CGPSC (Pre) 2011]
- गौतम बुद्ध के समय का प्रसिद्ध वैद्य जीवक किसके दरबार से सम्बन्धित था? *– बिम्बिसार* [UPPSC (Pre) 2008]
- राजगृह का राजकीय चिकित्सक जीवक, जिसे गणिका के पुत्र के रूप में जाना जाता है, उसका नाम है *– सलावती* [MPPSC (Pre) 2009]
- आजतशत्रु के वंश का नाम क्या था? *– हर्यक वंश* [BPSC (Pre) 2011]
- मगध के किस प्रारम्भिक शासक ने राज्यारोहण के लिए अपने पिता की हत्या की तथा स्वयं इसी कारणवश अपने पुत्र द्वारा मारा गया? *– अजातशत्रु* [UPPSC (Pre) 2007, 2011]
- किसने मगध साम्राज्य में वज्जि गणसंघ को हराकर आत्मसात किया? *– अजातशत्रु* [JPSC (Pre) 2016]
- पाटलिपुत्र नगर का संस्थापक कौन था? *– उदायिन* [BPSC (Pre) 2000, 2003]
- किस शासक द्वारा सर्वप्रथम पाटलिपुत्र का राजधानी के रूप में चयन किया गया? *– उदायिन द्वारा* [BPSC (Pre) 2000, 2003, 2005]
- मगध में नन्दवंश का संस्थापक कौन था? *– महापद्मनन्द* [UKPSC (Pre) 2016]
- राजा नन्द का उल्लेख करने वाला अभिलेखीय प्रमाण है? *– खारवेल का हाथीगुम्फा अभिलेख* [UPPSC (Pre) 2016]
- अभिलेखीय साक्ष्य से प्रकट होता है कि एक नन्द के आदेश पर एक नहर की खुदाई की गई थी, वह स्थान कहाँ स्थित था? *– कलिंग में* [UPPSC (Pre) 1999]
- नन्द वंश के पश्चात् मगध पर किस राजवंश ने शासन किया? *– मौर्य वंश* [BPSC (Pre) 2000]
- नन्द वंश, शुंग वंश, मौर्य वंश तथा हर्यक वंश का सही कालक्रम क्या है? *– हर्यक वंश, नन्द वंश, मौर्य वंश, शुंग वंश* [CGPSC (Pre) 2008]
- प्राचीन भारत पर प्रथम विदेशी आक्रमण किस वंश के राजाओं ने किया था? *–हखामनी वंश* [CGPSC (Pre) 2016]
- सिकन्दर के हमले के समय उत्तर भारत पर किस राजवंश का शासन था? *– नन्द वंश* [IAS (Pre) 2000]
- निर्यार्कस, आनेसिक्रिटिस, डायमेकस तथा आरिस्टोबुलस में से कौन सिकन्दर के साथ भारत नहीं आया था? *– डायमेकस* [UPPSC (Pre) 2015]
- युद्ध भूमि में बड़ी संख्या में सैनिकों के मारे जाने अथवा आहत हो जाने के बाद किस भारतीय गण अथवा राज्य की स्त्रियों ने सिकन्दर के विरुद्ध शस्त्र धारण किए थे? *– मस्सग* [UPPSC (Mains) 2013]

सेल्फ चैक

1. छठी शताब्दी ईसा पूर्व के 16 महाजनपदों के विषय में निम्नलिखित में से किस बौद्ध ग्रन्थ में सूचना मिलती है?

(a) त्रिपिटक (b) दीपवंश
(c) दीघनिकाय (d) अंगुत्तरनिकाय

2. सोलह महाजनपदों में से दक्षिण भारत के गोदावरी नदी के किनारे स्थित जनपद था

(a) चेदि (b) अश्मक
(c) कम्बोज (d) मत्स्य

3. सोलह महाजनपदों के युग में मथुरा इनमें से किसकी राजधानी थी? JPSC (Pre) 2013

(a) वज्जि (b) वत्स
(c) काशी (d) शूरसेन

4. सूची I एवं सूची II को सुमेलित कीजिए तथा नीचे दिए गए कूट से सही उत्तर चुनिए

सूची I (महाजनपद)	सूची II (राजधानी)
A. अंग	1. चम्पा
B. चेदि	2. शुक्तिमति (सोत्थिवती)
C. मगध	3. गिरिव्रज/राजगृह
D. उत्तरी पांचाल	4. अहिच्छत्र

कूट

	A	B	C	D
(a)	1	2	3	4
(b)	2	3	1	4
(c)	1	3	2	4
(d)	2	1	3	4

5. ईसा पूर्व छठी सदी में विश्व की प्रथम गणतन्त्रात्मक व्यवस्था कहाँ थी?

(a) वैशाली (b) एथेन्स
(c) स्पार्टा (d) पाटलिपुत्र

6. 'मिलिन्द पन्हो' राजा मिलिन्द तथा एक बौद्ध भिक्षु के मध्य संवाद रूप में है। वे भिक्षु थे UPPSC (Pre) 2023

(a) नागभट्ट
(b) कुमारिल भट्ट
(c) नागसेन
(d) नागार्जुन

7. छठी शताब्दी ईसा पूर्व का मत्स्य महाजनपद स्थित था UPPSC (Pre) 2017

(a) पश्चिमी उत्तर प्रदेश में
(b) राजस्थान में
(c) बुन्देलखण्ड में
(d) रूहेलखण्ड में

8. मगध के किस प्रारम्भिक शासन ने राज्यारोहण के लिए अपने पिता की हत्या की तथा स्वयं इसी कारण वश अपने पुत्र द्वारा मारा गया?

(a) बिम्बिसार (b) अजातशत्रु
(c) उदायिन (d) नागदशक

9. मगध साम्राज्य में किसने वज्जि गणसंघ को हराकर आत्मसात किया? JPSC (Pre) 2016

(a) चन्द्रगुप्त मौर्य (b) अशोक
(c) महापद्मनन्द (d) अजातशत्रु

10. सुमेलित कीजिए

सूची I (राजा)	सूची II (राज्य)
A. चण्डप्रद्योत	1. मगध
B. उदायिन	2. वत्स
C. प्रसेनजित	3. अवन्ति
D. अजातशत्रु	4. कोसल

कूट

	A	B	C	D		A	B	C	D
(a)	1	2	3	4	(b)	4	3	2	1
(c)	3	2	4	1	(d)	4	1	3	2

11. मालवा क्षेत्र पर मगध की सत्ता का विस्तार निम्न में से किसके शासनकाल में हुआ था?

(a) बिम्बिसार के (b) अजातशत्रु के
(c) उदयभद्र के (d) शिशुनाग के

12. निम्नलिखित मगध राजवंशों को कालक्रमानुसार व्यवस्थित कीजिए

1. नन्द वंश 2. शुंग वंश
3. मौर्य वंश 4. हर्यंक वंश

कूट

(a) 2 1 4 3 (b) 4 1 3 2
(c) 3 2 1 4 (d) 1 3 4 2

13. प्राचीन भारत पर प्रथम विदेशी आक्रमण किस वंश के राजाओं ने किया था?

(a) हखामनी वंश (b) ससानी वंश
(c) पार्थियन वंश (d) कुषाण वंश

14. सिकन्दर के आक्रमण के समय उत्तर भारत पर निम्नलिखित राजवंशों में से किस एक का शासन था? IAS (Pre) 2000

(a) नन्द (b) मौर्य
(c) शुंग (d) कण्व

15. उस वीर भारतीय राजा का नाम बताइए, जिसे सिकन्दर ने झेलम के तट पर पराजित किया था?

(a) आम्भी (b) पुरु (पोरस)
(c) चन्द्रगुप्त मौर्य (d) महापद्मनन्द

16. युद्ध भूमि में बड़ी संख्या में सैनिकों के मारे जाने अथवा आहत हो जाने के बाद किस भारतीय गण अथवा राज्य की स्त्रियों ने सिकन्दर के विरुद्ध शस्त्र उठा लिए थे? UPPSC (Mains)2013

(a) अभिसार (b) ग्लउसाइ
(c) कठ (d) मस्सग

17. सिकन्दर की भारत में सफलता के निम्न कारण थे UPPSC (Pre) 2003

1. भारत में तब कोई केन्द्रीय सत्ता नहीं थी।
2. उसकी सेना श्रेष्ठ प्रकार की थी।
3. उसको देशद्रोही भारतीय शासकों का सहयोग मिला।
4. वह एक अच्छा प्रशासक था।

कूट

(a) 1 और 2
(b) 1, 2 और 3
(c) 2, 3 और 4
(d) उपरोक्त सभी

18. **कथन** (A) लगभग दो वर्ष के अभियान के पश्चात् सिकन्दर ने 325 ई. पू. में भारत छोड़ा।

कारण (R) वह चन्द्रगुप्त मौर्य से पराजित हुआ था।

कूट

(a) A और R दोनों सही हैं तथा R, A की सही व्याख्या करता है
(b) A और R दोनों सही हैं, परन्तु R, A की सही व्याख्या नहीं करता है
(c) A सही है, किन्तु R गलत है
(d) A गलत है, किन्तु R सही है

19. प्राचीन काल के भारत पर आक्रमणों के सम्बन्ध में, निम्नलिखित में से कौन-सा एक सही कालानुक्रम है? UPPSC (Pre) 2023

(a) यूनानी — कुषाण — शक
(b) शक — यूनानी — कुषाण
(c) यूनानी — शक — कुषाण
(d) शक — कुषाण — यूनानी

20. राजा नन्द का उल्लेख करने वाला अभिलेखीय प्रमाण है UPPSC (Pre) 2016

(a) खारवेल का हाथीगुम्फा अभिलेख
(b) रुम्मिनदेई स्तम्भ अभिलेख
(c) रुद्रदामन का जूनागढ़ अभिलेख
(d) धनदेव का अयोध्या अभिलेख

21. अभिलेखिक साक्ष्य से प्रकट होता है कि एक नन्द राजा के आदेश से एक नहर खोदी गई थी UPPSC (Pre) 1999

(a) अंग में (b) बंग में
(c) कलिंग में (d) मगध में

22. मगध साम्राज्य की राजधानी पाटलिपुत्र के बारे में निम्नलिखित में से कौन-सा कथन सत्य है? CGPSC (Pre) 2020

(a) पाटलिपुत्र पूरब में गंगा नदी से एवं उत्तर में चम्पा नदी से घिरा हुआ था
(b) पाटलिपुत्र उत्तर में गंगा नदी से एवं पश्चिम में सोन नदी से घिरा हुआ था
(c) पाटलिपुत्र दक्षिण में विन्ध्य पर्वत से एवं पूरब में गंगा नदी से घिरा हुआ था
(d) पाटलिपुत्र दक्षिण में विन्ध्य पर्वत से एवं पश्चिम में चम्पा नदी से घिरा हुआ था

जानें सही उत्तर

1. (d)	**2.** (b)	**3.** (d)	**4.** (a)	**5.** (a)	**6.** (d)	**7.** (b)	**8.** (b)	**9.** (d)	**10.** (c)
11. (d)	**12.** (b)	**13.** (a)	**14.** (a)	**15.** (b)	**16.** (d)	**17.** (b)	**18.** (c)	**19.** (c)	**20.** (a)
21. (c)	**22.** (b)								

• अध्याय सात

मौर्य साम्राज्य

"

मौर्य साम्राज्य के अन्तर्गत भारत में प्रथम बार राजनीतिक प्रणाली में एकरूपता आई और एक अखिल भारतीय साम्राज्य की स्थापना हुई, जिसके महान शासकों ने सभी क्षेत्रों में उल्लेखनीय कार्य किए।

- पश्चिमोत्तर भारत पर सिकन्दर के आक्रमण के समय मगध पर नन्द वंश का शासन था। नन्द वंश के शासक समृद्ध और शक्तिशाली थे। उनके पास एक विशाल सेना (दो लाख पदाति, बीस हजार घुड़सवार एवं लगभग छ: हजार तक हाथी) थी, जिस कारण सिकन्दर मगध पर आक्रमण करने का साहस नहीं कर सका, परन्तु अन्तिम नन्द शासक घनानन्द अलोकप्रिय (लालची) शासक था, जिसके कारण उसे जनता का नैतिक समर्थन प्राप्त नहीं था।
- ऐसी परिस्थिति में चन्द्रगुप्त मौर्य ने चाणक्य की सहायता से मौर्य वंश की नींव रखी। चन्द्रगुप्त मौर्य ने देश को यूनानी दासता से मुक्त कराया और पहली बार वृहत स्तर पर एक भारतीय साम्राज्य की स्थापना की।

मौर्य वंश की जानकारी के स्रोत

मौर्य साम्राज्य के इतिहास को जानने के कई स्रोत हैं, जिनमें साहित्य, विदेशी विवरण तथा पुरातात्विक सामग्री प्रमुख रूप से शामिल हैं।

मौर्य वंश (322 ई.पू. 185 ई.पू.)

साहित्यिक साक्ष्य	विदेशी विवरण	पुरातात्विक साक्ष्य
• बौद्ध एवं जैन ग्रन्थ	• मेगस्थनीज	• अशोक के अभिलेख
• अर्थशास्त्र	• नियार्कस	• रुद्रदामन का जूनागढ़ अभिलेख
• मुद्राराक्षस	• स्ट्रैबो	• पॉलिश वाले मृद्भाण्ड
• पुराण आदि	• कर्टियस	• स्तूप एवं गुफा (भवन)
		• पंचमार्क सिक्के (मुद्रा)

साहित्यिक साक्ष्य

- ब्राह्मण, बौद्ध एवं जैन साहित्य से मौर्य वंश के इतिहास पर प्रकाश पड़ता है। ब्राह्मण साहित्य में पुराण, बौद्ध ग्रन्थों में दीपवंश, महावंश, महावंश टीका, महाबोधिवंश एवं दिव्यावदान, जैन ग्रन्थों में भद्रबाहु कृत कल्पसूत्र एवं हेमचन्द्र का पारिशिष्टपर्वन, विशाखदत्त रचित मुद्राराक्षस, कौटिल्य का अर्थशास्त्र, क्षेमेन्द्र की बृहत्कथामंजरी, सोमदेव की रचना कथासरित्सागर व पतंजलि के महाभाष्य आदि प्रमुख हैं, जिससे मौर्यकाल के बारे में पर्याप्त जानकारी मिलती है।
- साहित्यिक स्रोतों में कौटिल्य/चाणक्य की रचना अर्थशास्त्र सर्वाधिक महत्त्वपूर्ण है, जो मौर्यकालीन प्रशासन के साथ-साथ मौर्य के जीवन पर भी विस्तृत विवरण प्रस्तुत करती है।

कौटिल्य का अर्थशास्त्र

- मौर्यों के इतिहास का सबसे महत्त्वपूर्ण स्रोत अर्थशास्त्र है। कौटिल्य (विष्णु गुप्त, चाणक्य) ने इस ग्रन्थ की रचना संस्कृत में की है। अर्थशास्त्र, राजनीति और लोक-प्रशासन पर लिखी गई प्रामाणिक पुस्तक है। अर्थशास्त्र में 15 अधिकरण, 180 प्रकरण तथा 6,000 श्लोक हैं। यह गद्य तथा पद्य दोनों शैली में हैं, जिसे सामान्यत: **महाभारत शैली** कहा जाता है।

> **कौटिल्य** (चाणक्य)
> - चाणक्य तक्षशिला के शिक्षा केन्द्र में अध्यापन का कार्य करते थे। पुराणों में इन्हें **द्विजर्षभ** (श्रेष्ठ ब्राह्मण) कहा गया है।
> - **महावंश टीका** में वर्णित जानकारी के अनुसार, चाणक्य तक्षशिला निवासी एक ब्राह्मण था।
> - विशाखदत्त की पुस्तक **मुद्राराक्षस** में इस बात का उल्लेख किया गया है कि राजा नन्द ने चाणक्य को भरे दरबार में अपमानित कर उसके उस सम्मानित पद से हटा दिया, जो उसे प्रदान किया गया था। इस अपमान पर चाणक्य ने यह शपथ ली थी कि वह उसके समूल वंश को नष्ट करके बदला लेगा।
> - चाणक्य को भारत का **मैकियावेली** भी कहा जाता है।

विदेशी विवरण

- इसके अन्तर्गत मेगस्थनीज, नियार्कस, स्ट्रैबो, कर्टियस, प्लिनी, एरियन, आनेसिक्रिटिस, डियोडोरस, प्लूटार्क, जस्टिन व अरिस्टोवुलस आदि विदेशी लेखक प्रमुख हैं, जिन्होंने मौर्य वंश के बारे में पर्याप्त विवरण दिया है।
- यूनानी विवरण में चन्द्रगुप्त का नाम अलग-अलग मिलता है; जैसे—एरियन, स्ट्रेबो तथा जस्टिन ने चन्द्रगुप्त मौर्य को **सेण्ड्रोकोट्स**, एप्पिनायस तथा प्लूटार्क ने **एण्ड्रोकोटस** कहा है, जबकि निर्याकस ने सेण्ड्रोकोट्स नाम का उल्लेख किया है।
- सर्वप्रथम फरवरी, 1793 में सर विलियम जोन्स ने उपर्युक्त तीनों यूनानी नामों की पहचान चन्द्रगुप्त मौर्य से की है।

मेगस्थनीज की इण्डिका

- इण्डिका की मूल प्रति का अभाव है। इसके उद्धरण अनेक यूनानी लेखकों एरियन, स्ट्रेबो, प्लूटार्क, प्लिनी, जस्टिन एवं डायोडोरस के विवरण से प्राप्त होते हैं।
- मेगस्थनीज की इण्डिका से निम्नलिखित वर्णन प्राप्त होते हैं
  - मेगस्थनीज ने चन्द्रगुप्त को सेण्ड्रोकोट्स कहा और बताया कि शासक चारों ओर से महिला अंगरक्षकों से घिरा रहता था। मेगस्थनीज ने पाटलिपुत्र का वर्णन करते हुए कहा कि भव्यता और शान-शौकत में **सूसा** तथा **एकबतना** भी उसकी तुलना नहीं कर सकते।
  - कानून लिखित रूप में नहीं थे। भारतीयों के भोजन में चावल का विशेष महत्त्व था। मदिरा का प्रयोग केवल यज्ञों में मान्य था। समाज 7 वर्गों में बँटा था और दास प्रथा नहीं थी।

> मेगस्थनीज, सेल्यूकस का राजदूत था तथा चन्द्रगुप्त मौर्य के दरबार में 304 ई. पू. से 299 ई. पू. के मध्य रहा।

पुरातात्विक साक्ष्य

- इसके अन्तर्गत **अशोक के अभिलेख** और **रूद्रदामन के जूनागढ़ अभिलेख** प्रमुख हैं। इससे भी मौर्य साम्राज्य के बारे में पर्याप्त जानकारी मिलती है।
- भारत, पाकिस्तान तथा अफगानिस्तान के विभिन्न भागों से अशोक के 40 से भी अधिक अभिलेख प्राप्त हुए हैं।
- उपर्युक्त के अतिरिक्त काली पॉलिश वाले मृद्‌भाण्ड, चाँदी तथा ताँबे के आहत (पंचमार्क) सिक्के भी मिले हैं, जिनसे मौर्यकालीन इतिहास के बारे में जानकारी प्राप्त होती है।

मौर्य साम्राज्य

मौर्य साम्राज्य के रूप में पहली बार भारत में एक अखिल भारतीय साम्राज्य का निर्माण हुआ। मौर्य राजवंश में चन्द्रगुप्त, बिन्दुसार एवं अशोक जैसे महान् शासक हुए, जिनके प्रयासों से राज्य का सर्वांगीण विकास हुआ। राजनीतिक प्रणाली में अपेक्षाकृत अधिक एकरूपता आ गई।

मौर्य साम्राज्य के प्रमुख शासक

मौर्य साम्राज्य के प्रमुख शासकों का विवरण निम्न प्रकार है

चन्द्रगुप्त मौर्य (321-298 ई. पू.)

- चन्द्रगुप्त मौर्य ने अपने गुरु **चाणक्य** की सहायता से नन्द वंश के अन्तिम शासक घनानन्द को पराजित कर मौर्य वंश की स्थापना की।
- ब्राह्मण साहित्य में चन्द्रगुप्त मौर्य को शूद्र, बौद्ध एवं जैन ग्रन्थ में मोदिय क्षत्रिय तथा मुद्राराक्षस में निम्न कुल का माना है। यूनानी लेखकों के विवरण से ज्ञात होता है कि मौर्य साधारण कुल से सम्बन्धित था। उल्लेखनीय है कि चन्द्रगुप्त की माता का नाम मूर था, जिसका संस्कृत में अर्थ होता है-मौर्य। इसलिए इस वंश का नाम मौर्य वंश पड़ा।

> 304-05 ई. पू. में **चन्द्रगुप्त मौर्य** तथा **सेल्यूकस** के मध्य युद्ध हुआ, इस युद्ध में चन्द्रगुप्त मौर्य की विजय हुई। चन्द्रगुप्त मौर्य तथा सेल्यूकस के बीच सन्धि का उल्लेख प्लूटार्क ने तथा इनके बीच वैवाहिक सम्बन्ध का उल्लेख एप्पियानस ने किया।

- सेल्यूकस ने चन्द्रगुप्त मौर्य से अपनी बेटी **हेलेना** का विवाह कर, उसे निम्न प्रदेश उपहारस्वरूप दिए
  - एरिया (हेरात)
  - अराकोशिया (कन्धार)
  - जेड्रोशिया (मकरान तट)
  - पेरिपेनिसडाई (काबुल)
- चन्द्रगुप्त मौर्य ने सेल्यूकस को 500 हाथी उपहार में दिए। सेल्यूकस का राजदूत मेगस्थनीज, चन्द्रगुप्त मौर्य के दरबार में आया था।
- यूनानी लेखकों ने पाटलिपुत्र को **पालिब्रोथा** के नाम से सम्बोधित किया है। पाटलिपुत्र मगध साम्राज्य की राजधानी थी।
- बंगाल पर चन्द्रगुप्त की विजय **महास्थान** अभिलेख से ज्ञात होती है। जबकि चन्द्रगुप्त मौर्य की दक्षिण भारत की विजय के विषय में जानकारी तमिल ग्रन्थ **अहनानूर** एवं **पुरनानूर** तथा अशोक के अभिलेखों से मिलती है।

- चन्द्रगुप्त मौर्य के काल में मौर्यों का शासन दक्षिण में तमिलनाडु तथा पूर्वोत्तर भारत के कुछ भागों को छोड़कर सम्पूर्ण भारतीय उपमहाद्वीप में था।
- रुद्रदामन के **जूनागढ़ अभिलेख** में चन्द्रगुप्त का नाम अंकित है। इससे ज्ञात होता है कि उसने सौराष्ट्र तथा अन्य पश्चिमी क्षेत्रों को विजित किया होगा। यहाँ पर उसके गवर्नर **पुष्यगुप्त** ने **सुदर्शन झील** का निर्माण करवाया था।

> यूनानी लेखक **प्लूटार्क** के अनुसार, चन्द्रगुप्त ने छः लाख की सेना लेकर सम्पूर्ण भारत को रौंद डाला।

- चन्द्रगुप्त मौर्य ने अपने जीवन के अन्तिम समय में राजसिंहासन को छोड़कर जैन मुनि **भद्रबाहु** से जैन धर्म की दीक्षा ली और **श्रवणबेलगोला** (मैसूर) जाकर 298 ई. पू. में **संलेखना पद्धति** (उपवास) द्वारा अपने शरीर का त्याग कर दिया।

बिन्दुसार (298-273 ई. पू.)

- चन्द्रगुप्त मौर्य के पश्चात् उसका पुत्र बिन्दुसार गद्दी पर बैठा। यूनानी लेखों में इसे **अमित्रोचेट्स** (जिसका संस्कृत रूपान्तरण अमित्रघात है), वायुपुराण में **भद्रसार** तथा जैन ग्रन्थों में **सिंहसेन** कहा गया है। अमित्रघात का अर्थ होता है—शत्रुओं का नाश करने वाला।
- बौद्ध ग्रन्थ दिव्यावदान के अनुसार, बिन्दुसार के समय में तक्षशिला में आमात्यों के विरुद्ध दो विद्रोह हुए, जिनका दमन करने के लिए बिन्दुसार ने पहले **सुसीम** तथा बाद में **अशोक** को भेजा। अशोक इस समय उज्जयिनी का प्रशासक था।
- **एथीनियस** नामक एक अन्य यूनानी लेखक ने बिन्दुसार तथा सीरिया के शासक **एण्टियोकस प्रथम** के बीच मैत्रीपूर्ण पत्र-व्यवहार का विवरण दिया है, जिसमें भारतीय शासक ने तीन वस्तुओं की माँग की थी—मदिरा, मीठी अंजीर तथा दार्शनिक। सीरियाई सम्राट ने प्रथम दो (मदिरा तथा मीठी अंजीर) वस्तुएँ भिजवा दीं, परन्तु तीसरी वस्तु अर्थात् दार्शनिक के सम्बन्ध में यह कहा कि यूनानी कानून के अनुसार, दार्शनिकों का विक्रय नहीं किया जा सकता।
- सीरिया के शासक एण्टियोकस ने डायमेकस को तथा मिस्र के शासक टॉलेमी द्वितीय फिलाडेल्फस ने **डायनोसियस** नामक राजदूत को मौर्य (बिन्दुसार) दरबार में भेजा था। बिन्दुसार आजीवक सम्प्रदाय का अनुयायी था तथा उसकी सभा में आजीवक सम्प्रदाय का एक ज्योतिषी **पिंगलवास** निवास करता था।
- बिन्दुसार ने 500 सदस्यों की एक मन्त्रिपरिषद् गठित की थी, जिसका प्रमुख **खल्लाटक** को नियुक्त किया गया था।
- बिन्दुसार के समय में भी चाणक्य को ही प्रधानमन्त्री के रूप में नियुक्त किया गया था।

अशोक (273-232 ई. पू.)

- अशोक 273 ई. पू. में गद्दी पर बैठा, किन्तु उत्तराधिकार युद्ध के कारण 4 वर्ष पश्चात् उसका विधिवत् राज्याभिषेक 269 ई. पू. में हुआ।
- **महावंश** के अनुसार, अशोक ने अपने 99 भाइयों की हत्या कर, मन्त्री **राधागुप्त** की सहायता से अपने बड़े एवं सौतेले भाई सुसीम (सुमन) को हटाकर गद्दी प्राप्त की।
- अशोक को उसके अभिलेखों में सामान्यतः **देवानांपिय** पियदस्सी कहकर सम्बोधित किया गया है। भाब्रू अभिलेख में उसे प्रियदर्शी, जबकि मास्की के लघु शिलालेख में बुद्धशाक्य कहा गया है।
- अशोक नाम का उल्लेख मास्की, गुर्जरा, नेट्टूर तथा उद्‌गोलम अभिलेख में मिलता है। पुराणों में उसे **अशोकवर्द्धन** तथा दीपवंश में **करमोली** कहा गया है।
- कल्हण कृत **राजतरंगिणी** से ज्ञात होता है कि अशोक का आधिपत्य कश्मीर पर भी था।
- उत्तरी कर्नाटक में स्थित **कंगनहल्ली मूर्तिशिल्प शिलालेख** में अशोक के प्रस्तर रूपचित्र में **राण्यो अशोक** (राजा अशोक) उल्लिखित है।
- सिंहली अनुश्रुतियों, दीपवंश तथा महावंश में **देवानामप्रिय** उपाधि अशोक के लिए प्रयुक्त की गई है। वर्ष 1915 में मास्की (कर्नाटक) से प्राप्त लेख में **अशोक** नाम भी पढ़ लिया गया।
- बौद्ध ग्रन्थों में अशोक की माता का नाम धम्मा, पासादिका तथा सुभद्रांगी मिलता है। बौद्ध ग्रन्थों से अशोक की पत्नी असन्धिमित्रा, महादेवी, पद्मावती, तिष्यरक्षिता तथा प्रयाग स्तम्भ लेख से कारुवाकी इत्यादि नामों का पता चलता है।
- बौद्ध ग्रन्थों में अशोक की दो पुत्रियों-संघमित्रा तथा चारुमती एवं दो पुत्रों-कुणाल एवं महेन्द्र के नाम का उल्लेख मिलता है। पुत्र जालौक का उल्लेख राजतरंगिणी में तथा तीवर का उल्लेख **प्रयाग स्तम्भ लेख** में मिलता है

कलिंग युद्ध

- अशोक के राज्याभिषेक के 8 वर्षों के पश्चात् अर्थात् 261 ई. पू. में **कलिंग का युद्ध** लड़ा गया। इस युद्ध में 1 लाख लोग मारे गए तथा 1.50 लाख लोग बन्दी बनाए गए। इसका उल्लेख उसके तेरहवें शिलालेख में मिलता है।
- हाथीगुम्फा अभिलेख से ज्ञात होता है कि कलिंग विजय के समय वहाँ का शासक सम्भवतः **नन्दराज** था। कलिंग तटवर्ती उड़ीसा का प्राचीन नाम था।
- कलिंग युद्ध में हुए व्यापक नरसंहार से अशोक का हृदय द्रवित हो गया। उसने **भेरी घोष** के स्थान पर **धम्म घोष** की नीति अपनाई अर्थात् उसने दूसरे राज्यों पर भौतिक विजय की नीति त्याग दी और सांस्कृतिक विजय पाने की नीति को अपनाया।
- अशोक यह मानने लगा कि दूसरे राज्यों को सैनिक विजय के उपयुक्त क्षेत्र समझना अनुचित है। वह उन्हें आदर्श विचारों से जीतने का प्रयास करने लगा।
- अशोक ने **राजुक** नामक अधिकारी की नियुक्ति की, जिसे प्रजा को पुरस्कार तथा दण्ड दोनों देने का अधिकार प्राप्त था।
- कन्धार अभिलेख से ज्ञात होता है कि अशोक की धम्म नीति का प्रभाव बहेलियों और मछुआरों पर भी हुआ, इन्होंने जीव-हिंसा को त्याग दिया और कृषक जीवन जीने लगे।

राजनीतिक जीवन

- सम्राट अशोक का अन्तिम युद्ध कलिंग का युद्ध था, जिसमें उसने विजय प्राप्त की थी।
- मौर्य शासक अशोक के तेरहवें शिलालेख से यह ज्ञात होता है कि अशोक के पाँच यवन राजाओं के साथ मैत्रीपूर्ण सम्बन्ध थे, जिनमें अन्तियोक (एण्टियोकस द्वितीय **थियोस-सीरिया** का शासक), तुरमय या तुरमाय (टॉलेमी द्वितीय **फिलाडेल्फस-मिस्र** का राजा), अन्तकिनी या एनिकीनी (एण्टिगोनस गोनातास-मेसीडोनिया या मकदूनिया का राजा), मग मकमास या मेगारस (साइरीन का शासक), अलिक सुन्दर या एलिरु सण्ट्रो (अलेक्जेण्डर-एपाइरस या एपीरस का राजा) आदि शामिल थे।

> अशोक के दूसरे (II) एवं तेरहवें (XIII) शिलालेख में संगम राज्यों चोल, पाण्ड्य, सत्तियपुत्त एवं केरलपुत्त सहित ताम्रपर्णी (श्रीलंका) की सूचना मिलती है।

- अशोक के द्वितीय शिलालेख से स्पष्ट होता है कि भारत में अशोक का अधिकार चोल, पाण्ड्य, सत्तियपुत्त, केरलपुत्त एवं ताम्रपर्णी (श्रीलंका) को छोड़कर सर्वत्र था, क्योंकि इन राज्यों को प्रत्यन्त या सीमावर्ती राज्य कहा गया है।
- अशोक ने **खस** एवं **नेपाल** को विजित किया। **राजतरंगिणी** के अनुसार, उसने कश्मीर में **श्रीनगर** तथा नेपाल में **देवपत्तन** नामक नगर बसाया।

धार्मिक जीवन

- अशोक पहले ब्राह्मण धर्म का अनुयायी था। **राजतरंगिणी** के अनुसार, वह शैव धर्म का उपासक था।
- उसके अभिलेखों में सर्वत्र उसे **देवानामप्रिय**, **देवानांपिय पियदस्सी** कहा गया है, जिसका अर्थ है-देवताओं का प्रिय या देखने में सुन्दर। इससे उसकी हिन्दू धर्म में आस्था के संकेत मिलते हैं।

> **सिंहली अनुश्रुतियों** (दीपवंश एवं महावंश) के अनुसार, अशोक ने अपने शासन के चौथे वर्ष में बड़े भाई सुमन के पुत्र निग्रोध के व्यक्तित्व से प्रभावित होकर बौद्ध धर्म अपना लिया। तत्पश्चात् **मोग्गलिपुत्ततिस्स** के प्रभाव से वह पूर्णरूपेण बौद्ध हो गया।

- दिव्यावदान अशोक को बौद्ध धर्म में दीक्षित करने का श्रेय **उपगुप्त** नामक बौद्ध भिक्षु को प्रदान करता है।
- अशोक ने राज्याभिषेक के 10वें वर्ष **बोधगया**, 12वें वर्ष **निगालिसागर** तथा 20वें वर्ष **लुम्बिनी** की यात्रा की। निगालिसागर में उसने कनकमुनि के स्तूप का संवर्द्धन किया। रुम्मिनदेई अभिलेख के अनुसार लुम्बिनी में भूमिकर घटाकर 1/8 भाग कर दिया गया।
- लघु शिलालेख में अशोक स्पष्टत: **बुद्ध**, **धम्म** तथा **संघ** का अभिवादन करता है। सारनाथ, साँची तथा कौशाम्बी के लघु स्तम्भों से भी अशोक के बौद्ध होने का प्रमाण मिलता है।
- अशोक धार्मिक रूप से सहिष्णु था। उसने बराबर की पहाड़ियों में आजीवकों के निवास हेतु तीन गुफाओं का निर्माण कराया, जिनके नाम थे-**कर्ण चौपड़**, **सुदामा गुफा** तथा **विश्व झोपड़ी गुफा**।
- बौद्ध धर्म ग्रहण करने के उपरान्त अशोक ने आखेट और बिहार यात्राएँ रोक दीं तथा उनके स्थान पर धर्म यात्राएँ प्रारम्भ कीं। वह महात्मा बुद्ध के चरण-चिह्नों से पवित्र हुए स्थानों में गया तथा उनकी पूजा की। सर्वप्रथम उसने बोधगया की यात्रा की थी। उसकी यात्राओं का क्रम इस प्रकार है-गया, कुशीनगर, लुम्बिनी, कपिलवस्तु, सारनाथ तथा श्रावस्ती इत्यादि।

अशोक का धम्म

- **धम्म** शब्द संस्कृत भाषा के धर्म का प्राकृत रूपान्तर है। अशोक के धम्म की परिभाषा राहुलोवादसुत्त से ली गई है। स्वनियन्त्रण अशोक की धम्म नीति का मुख्य सिद्धान्त था।
- अशोक अपने धम्म के कारण ही इतिहास में प्रसिद्ध है। यद्यपि अशोक व्यक्तिगत रूप से बौद्ध था, किन्तु उसका धम्म केवल बौद्ध धर्म की सीमा तक ही सीमित नहीं था, बल्कि उसका फलक अत्यधिक व्यापक था।
- अशोक के धम्म से तात्पर्य उस आचार संहिता (नैतिक आचरण) से है, जिसे उसने अपनी प्रजा के उत्थान के लिए प्रस्तुत किया था।
- अपने दूसरे तथा सातवें स्तम्भ लेखों में अशोक ने धम्म की व्याख्या इस प्रकार की है—धम्म है साधुता, बहुत से कल्याणकारी अच्छे कार्य करना, पाप रहित होना, मृदुता, दूसरों के प्रति व्यवहार में मधुरता, दया, दान तथा शुचिता इत्यादि। इसके अतिरिक्त जीव हिंसा न करना, माता-पिता तथा बड़ों की आज्ञा मानना, गुरुजनों के प्रति आदर, मित्र, परिचितों, सम्बन्धियों, ब्राह्मणों तथा श्रमणों के प्रति दानशीलता तथा उचित व्यवहार भी धम्म के अन्तर्गत आते हैं। दासों तथा नौकरों के प्रति उचित व्यवहार भी धम्म के अन्तर्गत आते हैं।
- चण्डता, निष्ठुरता, क्रोध, मान और ईर्ष्या धम्म की प्रगति में बाधक हैं।
- भाब्रू लघु शिलालेख में अशोक के धम्म का उल्लेख मिलता है, जिसमें वह त्रिरत्न-बुद्ध, धम्म और संघ में विश्वास करता है। अपने 12वें शिलालेख में उसने धम्म की **सारवृद्धि** पर बल दिया है।
- साँची एवं सारनाथ लघु स्तम्भ लेख में संघ में फूट डालने के विरुद्ध जारी आदेश कौशाम्बी और पाटलिपुत्र के महामात्रों को दिया गया है।
- विहार यात्रा के रूप में प्रचलित यात्रा को अशोक ने अपने 8वें शिलालेख में धर्मयात्रा के रूप में परिवर्तित कर दिया।

> **धम्ममहामात्र**
>
> धम्ममहामात्र अशोक द्वारा नियुक्त एक अधिकारी था, जो जगह-जगह जाकर समकालीन समस्याओ (सामाजिक व धार्मिक) का समाधान करता था और धम्म की शिक्षा देता था।

- अपने तीसरे शिलालेख में धम्म के प्रचार के लिए नियुक्त रज्जुकों, प्रादेशिकों एवं युक्तों को यह आज्ञा दी गई है कि वे प्रत्येक पाँचवे वर्ष राज्यों का भ्रमण करें एवं जनता को धर्मोपदेश दें। अभिलेखों में इसे **अनुसन्धान** कहा गया है।

- धम्म की स्थापना धम्म के विकास एवं धम्म की देख-रेख के लिए **धम्म-महामात्र** की नियुक्ति की गई।
- अशोक ने धम्म के विचारों को प्रसारित करने के लिए सीरिया, मिस्र, ग्रीस तथा श्रीलंका आदि देशों में दूत भी भेजे।

अशोक द्वारा भेजे गए धर्मप्रचारक

धर्मप्रचारक	स्थान/देश
मज्झान्तिक	कश्मीर तथा गान्धार
महारक्षित	यवन देश
मझिम	हिमालयवर्ती देश
महादेव	महिषमण्डल (मैसूर)
महाधर्मरक्षित	महाराष्ट्र
धर्मरक्षित	अपरान्तक
महेन्द्र तथा संघमित्रा	श्रीलंका
सोना तथा उत्तरा	स्वर्ण भूमि

अशोक के अभिलेख

- अशोक के अभिलेख राज्यादेश के रूप में जारी किए गए हैं। वह पहला शासक था, जिसने अभिलेखों के द्वारा जनता को सम्बोधित किया।
- अशोक के अभिलेख ब्राह्मी, खरोष्ठी, यूनानी एवं अरमाइक लिपि में हैं। सभी अभिलेखों की भाषा प्राकृत है। शाहबाजगढ़ी एवं मानसेहरा अभिलेखों में खरोष्ठी लिपि तथा तक्षशिला एवं लघमान अभिलेखों में अरमाइक लिपि का प्रयोग किया गया है। **शर-ए-कुना** (कन्धार) अभिलेख में अरमाइक एवं यूनानी भाषा का प्रयोग किया गया है।
- अशोक के अभिलेखों की खोज सर्वप्रथम 1750 ई. में **पाद्रेटी फेन्थैलर** नामक पादरी ने की थी। उसने दिल्ली-मेरठ अभिलेख खोजा था। **जेम्स प्रिन्सेप** ने 1837 ई. में सर्वप्रथम ब्राह्मी लिपि को पढ़ने में सफलता प्राप्त की थी।
- 7वें शिलालेख में वर्णित है कि सभी पन्थों में आत्मनियन्त्रण और मन की पवित्रता होनी चाहिए।
- फाह्यान, संकिसा एवं पाटलिपुत्र में तथा ह्वेनसांग, राजगृह एवं श्रावस्ती में अशोक के अभिलेखों की चर्चा करते हैं। अशोक के अभिलेखों का विभाजन निम्नलिखित वर्गों में किया जा सकता है
  - **शिलालेख** इन्हें वृहद् शिलालेख एवं लघु शिलालेख दो वर्गों में बाँटा जाता है।
  - **स्तम्भलेख** इन्हें दीर्घ स्तम्भलेख एवं लघु स्तम्भलेख में विभाजित किया जाता है।
  - **गुहालेख** ये गुफाओं में उत्कीर्ण लेख हैं।
- दीर्घ अभिलेख को चतुर्दश (14) शिलालेख भी कहा जाता है, क्योंकि यह 14 लेखों का समूह है, जो 8 स्थलों से प्राप्त हुआ है।
- धौली तथा जौगढ़ के शिलालेखों पर 11वें, 12वें तथा 13वें शिलालेख उत्कीर्ण नहीं किए गए हैं। इनकी स्थान पर दो पृथक् लेख हैं।
- अशोक के लघु शिलालेख स्तम्भ लेख (दीर्घ एवं लघु) एवं गुहालेखों की लिपियाँ केवल ब्राह्मी हैं।
- अशोक के दीर्घ स्तम्भलेखों की संख्या 7 है, जो 6 विभिन्न स्थानों पर पाए गए हैं; जैसे—दिल्ली टोपरा स्तम्भलेख, मेरठ-दिल्ली स्तम्भलेख, इलाहाबाद स्तम्भलेख, लौरिया-नन्दनगढ़ स्तम्भलेख, लौरिया अरेराज स्तम्भलेख, रामपुरवा स्तम्भलेख आदि। स्तम्भलेखों में मुख्य रूप से धम्म तथा प्रशासनिक बातों का उल्लेख है। **फिरोजशाह तुगलक** ने मेरठ तथा टोपरा के स्तम्भ दिल्ली मँगा लिए थे। इलाहाबाद स्तम्भलेख पहले कौशाम्बी में था। अकबर के शासनकाल में जहाँगीर द्वारा इसे इलाहाबाद के किले में रखा गया।
- **लौरिया-नन्दनगढ़** स्तम्भ लेख, चम्पारण (बिहार) पर मोर का चित्र निर्मित है। **रामपुरवा स्तम्भलेख** चम्पारण (बिहार) में स्थित है, जिसकी खोज **कार्लाइल** ने 1872 ई. में की थी।
- मौर्यकालीन गुहा लेख बराबर की पहाड़ी, नागार्जुनी पहाड़ियों, रामगुहा तथा सीतामढ़ी गुहा से मिलते हैं। बराबर पहाड़ियों की गुफाएँ बिहार के गया जिले में मिली हैं।
- बराबर पहाड़ियों को अशोक के अभिलेखों में **खल्वितक पर्वत** कहा गया है। बराबर की गुफाएँ **आजीवक सम्प्रदाय** को दान में देने के लिए निर्मित की गई थीं। गुहा लेखों को धार्मिक सहिष्णुता का परिचायक माना जाता है।
- अशोककालीन पश्चिमी शक्तियों (यवन, गान्धार, कम्बोज, भोज, आन्ध्र पितनिक) का वर्णन 13वें शिलालेख में हैं।
- कौशाम्बी (इलाहाबाद) स्तम्भलेख को **रानी का अभिलेख** भी कहा जाता है। अशोक के सभी अभिलेखों का विषय प्रशासनिक था।
- **रुम्मिनदेई अभिलेख** अशोक का सबसे छोटा अभिलेख माना जाता है। इसे **आर्थिक अभिलेख** भी कहा जाता है। निग्लीवा या निगालिसागर लघु स्तम्भलेख में कनकमुनि के स्तूप संवर्द्धन की चर्चा मिलती है।

अशोक का प्रथम पृथक् शिलालेख

- "सभी मनुष्य मेरी सन्तान (प्रजा) हैं, जिस प्रकार मैं अपनी सन्तान के लिए इहलौकिक एवं परलौकिक कल्याण की कामना करता हूँ, उसी प्रकार अपनी प्रजा के लिए भी।"
- "जैसे एक माँ अपनी सन्तान को एक कुशल धाय को सौंपकर निश्चिन्त हो जाती है, उसी प्रकार मैंने भी राज्जुकों की नियुक्ति की है।"

अशोक के दीर्घ शिलालेख

शिलालेख	स्थान	शिलालेख	स्थान
शाहबाजगढ़ी	पेशावर (पाकिस्तान)	एर्रगुड़ी	कुर्नूल (आन्ध्र प्रदेश)
मानसेहरा	हजारा (पाकिस्तान)	धौली	पुरी (ओडिशा)
कालसी	देहरादून (उत्तराखण्ड)	जौगढ़	गन्जाम (ओडिशा)
गिरनार	जूनागढ़ (गुजरात)	सोपारा	थाणे (महाराष्ट्र)

अशोक के लघु शिलालेख

लघु शिलालेख	स्थान	लघु शिलालेख	स्थान
मास्की	रायचूर (कर्नाटक)	राजुल मण्डगिरि	कुर्नूल (आन्ध्र प्रदेश)
गुर्जरा	दतिया (मध्य प्रदेश)	गोविमठ	मैसूर (कर्नाटक)
ब्रह्मगिरि	मैसूर (कर्नाटक)	सिद्धपुर	कर्नाटक
भाब्रू	जयपुर (राजस्थान)	एर्रगुड़ी	कुर्नूल (आन्ध्र प्रदेश)
अहरौरा	मिर्जापुर (उत्तर प्रदेश)	सारोमारो	मध्य प्रदेश
जटिंग रामेश्वर	कर्नाटक	नेट्टूर	मैसूर
सासाराम	बिहार	उदगेलन	वेल्लारी (कर्नाटक)
रूपनाथ	जबलपुर (मध्य प्रदेश)	पनगुड़रिया	मध्य प्रदेश
पालकि गुण्डु	कर्नाटक	सन्नाती	कर्नाटक

अशोक के दीर्घ स्तम्भलेख

दीर्घ स्तम्भ लेख	स्थान	दीर्घ स्तम्भ लेख	स्थान
इलाहाबाद	उत्तर प्रदेश	लौरिया-नन्दनगढ़	बिहार
टोपरा-दिल्ली	हरियाणा	लौरिया-अरेराज	बिहार
मेरठ-दिल्ली	उत्तर प्रदेश	रामपुरवा	बिहार

अशोक के लघु स्तम्भलेख

लघु स्तम्भ लेख	स्थान	लघु स्तम्भ लेख	स्थान
इलाहाबाद-कौशाम्बी	उत्तर प्रदेश	रुम्मिनदेई	नेपाल की तराई
साँची	मध्य प्रदेश	निगलिसागर	नेपाल की तराई
सारनाथ	उत्तर प्रदेश		

चौदह शिलालेख

शिलालेख	सम्बन्धित तथ्य/विषय
पहला	पशुबलि की निन्दा
दूसरा	मनुष्यों एवं पशुओं दोनों की चिकित्सा व्यवस्था का उल्लेख। चोल, पाण्ड्य, सत्तियपुत्त एवं केरलपुत्त की चर्चा।
तीसरा	राजकीय अधिकारियों (युक्त, रज्जुक और प्रादेशिक) को प्रत्येक पाँचवें वर्ष दौरा करने का आदेश।
चौथा	भेरीघोष के स्थान पर धम्मघोष की घोषणा।
पाँचवाँ	धम्म महामात्रों की नियुक्ति के विषय में जानकारी, मौर्यकालीन समाज एवं वर्ण-व्यवस्था का उल्लेख।
छठा	धम्म महामात्र किसी भी समय राजा के पास सूचना ला सकता है तथा प्रतिवेदक की चर्चा।
सातवाँ	सभी सम्प्रदायों के लिए सहिष्णुता की बात।
आठवाँ	सम्राट की धर्मयात्राओं का उल्लेख, बोधिवृक्ष के भ्रमण का उल्लेख।
नौवाँ	विभिन्न प्रकार के धम्म समारोहों की चर्चा, सच्ची भेंट व शिष्टाचार का उल्लेख।
दसवाँ	ख्याति एवं गौरव की निन्दा तथा धम्म नीति की श्रेष्ठता पर बल।
ग्यारहवाँ	धम्म नीति की व्याख्या।
बारहवाँ	सर्वधर्म समभाव एवं स्त्री महामात्र की चर्चा।
तेरहवाँ	कलिंग युद्ध का वर्णन, पड़ोसी राज्यों का वर्णन, अपराध करने वाली आटविक जातियों का उल्लेख।
चौदहवाँ	यह लेख कही संक्षेप में, कहीं मध्यम रूप में और कहीं विस्तृत रूप में है। अशोक द्वारा जनता को धार्मिक जीवन जीने के लिए प्रेरित करना।

अभिलेखों के खोजकर्ता

अशोक के शिलालेख	ई./वर्ष	खोजकर्ता
दिल्ली-मेरठ स्तम्भ लेख	1750	पाद्रेटी फेन्थैलर
दिल्ली-टोपरा	1785	कैप्टन पोलियर
बराबर व नागार्जुनी गुफा	1785	हैरिंग्टन
गिरनार शिलालेख	1822	लेफ्टिनेण्ट कर्नल टाड
इलाहाबाद स्तम्भ लेख	1834	टी. एस. बर्ट
शहबाजगढ़ी	1836	एक फ्रांसीसी अधिकारी
धोली अभिलेख	1837	किट्टो
भाब्रू शिलालेख	1840	कैप्टन बर्ट
जौगढ़ अभिलेख	1850	सर वाल्टर इलियट
कालसी शिलालेख	1860	जॉन फॉरेस्ट
रामपुरवा	1872	कार्लाइल
मानसेहरा	1889	कैप्टन ले
निगालि सागर	1895	फिहरर
रुम्मिनदेई	1896	फिहरर
सारनाथ	1905	ऑरेल स्टाइन
मास्की अभिलेख	1915	बीडेन

अशोक : एक महानतम सम्राट/शासक

- अशोक को उनके मानववादी सिद्धान्तों के कारण महान माना जाता है, क्योंकि उन्होंने इसी उच्च सिद्धान्त के आधार पर शासन किया।
- अशोक ने अपने 10वें धम्म अभिलेख में कहा है कि "राजा की कीर्ति का मूल्यांकन उसकी प्रजा की नैतिक उन्नति से किया जा सकता है।" इस सन्दर्भ में अशोक ने साम्राज्य विस्तार के विनाशकारी युद्ध के मार्ग को त्याग कर शान्तिपूर्ण मार्ग का अनुसरण किया।
- अशोक की महानता के मूल्यांकन के सन्दर्भ में कुछ प्रमुख विद्वानों के मत इस प्रकार हैं
  - **आर. सी. दत्त** के अनुसार, "अशोक भारत का महानतम सम्राट था। भारत के किसी सम्राट ने यहाँ तक की विक्रमादित्य ने भी इतनी विश्वव्यापी प्रतिष्ठा प्राप्त नहीं की तथा विश्व इतिहास पर इतना अधिक प्रभाव उत्पन्न नहीं किया है।"
  - **चार्ल्स इलियट** के अनुसार "पवित्र सम्राटों की दीर्घा में वह अकेला ही खड़ा है। वह न तो महान रहस्यों का आकांक्षी था, न ही अपनी आत्मा में लवलीन था, अपितु मानव तथा पशु का एक हितैषी मात्र था।"
  - **राधाकुमुद मुखर्जी** के अनुसार "अशोक इतिहास में शान्ति एवं विश्व बन्धुत्व के अन्वेषकों में सर्वप्रमुख है। इस दृष्टि से वह न केवल अपने समय से अपितु आधुनिक समय से भी बहुत आगे था, जो अब भी इन आदर्शों को कार्यान्वित करने के लिए संघर्ष कर रहा है।"
  - **हेमचन्द्र राय चौधरी** के अनुसार "अशोक में चन्द्रगुप्त मौर्य जैसी शक्ति, समुद्रगुप्त मौर्य जैसी बहुमुखी प्रतिभा तथा अकबर जैसी सहिष्णुता थी।

अशोक के उत्तराधिकारी

- अशोक की मृत्यु लगभग 232 ईसा पूर्व में हुई। अशोक के शासन के पश्चात् अगले 50 वर्ष तक उसके उत्तराधिकारियों का कमजोर शासन चलता रहा। अशोक के पश्चात् कुणाल मौर्य सम्राट बना। उसे दिव्यावदान में **धर्मविवर्धन** कहा गया है।
- **राजतरंगिणी** के अनुसार, मगध में कुणाल के शासन के समय कश्मीर का शासक जालौक था। अशोक के अन्य उत्तराधिकारियों के रूप में सम्प्रति दशरथ, शालिशुक एवं बृहद्रथ का नाम मिलता है।
- अन्तिम मौर्य शासक बृहद्रथ था, बाणभट्ट ने उसे **प्रज्ञा दुर्बल** कहा है।
- हर्षचरित के अनुसार, बृहद्रथ की हत्या उसी के सेनापति पुष्यमित्र शुंग ने 185-184 ई. पू. में उस समय कर दी, जब वह सेना का निरीक्षण कर रहा था।
- पुराणों के अनुसार, अशोक के उत्तराधिकारी कुणाल, बन्धुपालित (कुणाल का पुत्र), इन्द्रपालित (बन्धुपलित का पुत्र), दशोन (इन्द्रपालित का पुत्र), दशरथ (दशोन का पुत्र), सम्प्रति (दशरथ का पुत्र), शालिशूक, देवधर्मन, शतधनुष (देवधर्मन का पुत्र), बृहद्रथ (अन्तिम) थे।

मौर्यकालीन प्रशासनिक व्यवस्था

- मौर्य प्रशासन की जानकारी कौटिल्य के **अर्थशास्त्र** मेगस्थनीज की इण्डिका, रूद्रदामन का जूनागढ़ अभिलेख आदि से मिलती है। मौर्यकालीन प्रशासनिक व्यवस्था लोक कल्याणकारी राज्य की अवधारणा पर आधारित थी। यद्यपि शासन का स्वरूप केन्द्रीकृत था, तथापि वह निरंकुश नहीं था।
- कौटिल्य ने राज्य की **सप्तांग विचारधारा** को प्रतिपादित किया। राज्य के सात अंग हैं-राजा (सिर), अमात्य (आँख), जनपद (जंघा), दुर्ग (बाँह), कोष (मुख), दण्ड (मस्तिष्क) एवं मित्र (कान)।
- मौर्य प्रशासन **केन्द्रीकृत** शासन प्रणाली थी, जिसमें शासन का केन्द्र बिन्दु राजा होता था। कौटिल्य ने राजा को **धर्मप्रवर्तक** अर्थात् सामाजिक व्यवस्था का संचालक कहा है। अर्थशास्त्र एवं अशोक के शिलालेख में मन्त्रिपरिषद् (परिषा) का उल्लेख मिलता है। मन्त्रिपरिषद् के सदस्यों का चुनाव उनके चरित्र की भली-भाँति जाँच के बाद किया जाता था, जिसे **उपधा परीक्षण** कहा जाता था।
- अर्थशास्त्र में सबसे उच्च अधिकारी को **तीर्थ** कहा गया है। इसमें कुल 18 तीर्थों की चर्चा मिलती है, जिसके लिए अधिकतर स्थानों पर **महामात्र** शब्द भी मिलता है। इसके अतिरिक्त 26 अध्यक्षों की चर्चा भी मिलती है।

अर्थशास्त्र में वर्णित प्रमुख तीर्थ

तीर्थ	सम्बन्धित विभाग
पुरोहित	प्रधानमन्त्री, प्रमुख धर्मधिकारी
प्रशास्ता	राजकीय कागजात सुरक्षित रखना
सेनापति	युद्ध विभाग का मन्त्री
युवराज	राजा का उत्तराधिकारी
समाहर्ता	राजस्व विभाग का प्रधान (वित्त मन्त्री)
सन्निधाता	राजकीय कोषाध्यक्ष
प्रदेष्टा	फौजदारी न्यायालय का न्यायाधीश (कमिश्नर)
नायक	सेना का संचालक अथवा नगर रक्षा का अध्यक्ष
कर्मान्तिक	उद्योगों एवं कारखानों का अध्यक्ष
दण्डपाल	पुलिस अधिकारी
व्यावहारिक	नगर का प्रमुख न्यायाधीश
नागरिक	नगर का प्रमुख अधिकारी या नगर कोतवाल
दुर्गपाल	राजकीय दुर्ग रक्षकों का अध्यक्ष
अन्तपाल	सीमावर्ती दुर्गों का रक्षक
आटविक	वन विभाग का प्रधान
दौवारिक	राजमहलों की देख-रेख करने वाला प्रधान
आन्तर्वेशिक	अन्तःपुर का अध्यक्ष
मन्त्रिपरिषदाध्यक्ष	परिषद् का अध्यक्ष

अर्थशास्त्र में वर्णित प्रमुख अध्यक्ष

अध्यक्ष	सम्बन्धित विभाग
पण्याध्यक्ष	वाणिज्य का अध्यक्ष
पौतवाध्यक्ष	माप-तौल का अध्यक्ष
सुराध्यक्ष	शराब एवं मदिरा का अध्यक्ष
सूनाध्यक्ष	बूचड़खाने का अध्यक्ष
अकाराध्यक्ष	खानों का अध्यक्ष
सीताध्यक्ष	कृषि विभागों का अध्यक्ष
कुप्याध्यक्ष	वन तथा उसकी सम्पदा का अध्यक्ष
सूत्राध्यक्ष	कताई-बुनाई विभाग का अध्यक्ष
लोहाध्यक्ष	धातु विभाग का अध्यक्ष
लक्षणाध्यक्ष	टकसाल का अध्यक्ष
मुद्राध्यक्ष	पासपोर्ट विभाग का अध्यक्ष
नवाध्यक्ष	जहाजरानी विभाग का अध्यक्ष
विवीताध्यक्ष	चारागाह का अध्यक्ष
संस्थाध्यक्ष	बाजार का अध्यक्ष
लवणाध्यक्ष	नमक विभाग का अध्यक्ष
शुल्काध्यक्ष	चुंगी एवं शुक्ल विभाग का अध्यक्ष
देवताध्यक्ष	धार्मिक संस्थान का अध्यक्ष

अन्य प्रमुख अधिकारी

अधिकारी	कार्य
महामात्य	प्रमुख अमात्य नगरों का अधिकारी
अमात्य	योग्य अधिकारियों का समूह
अग्रामात्य	प्रधानमन्त्री का पद
स्त्री महामात्र	महिलाओं के नैतिक आचरण को देखने वाला
अन्त: महामात्र	सीमावर्ती क्षेत्रों में धर्म प्रचार करने वाला
धम्म महामात्र	समाज में समन्वय की स्थिति बनाए रखना
एस्टिनोमोई	नगर का अधिकारी
रूपदर्शक	सिक्कों की जाँच करने वाला प्रधान अधिकारी
सौवर्णिक	टकसाल का प्रमुख अधिकारी
रज्जुक	सामाजिक न्याय व राजस्व का अधिकारी
युक्तक	जिले में राजस्व की वसूली करने वाला
महामात्यापसर्प	गुप्तचर विभाग का प्रधान

प्रान्तीय व नगरीय प्रशासन

मौर्य प्रान्त अनेक प्रान्तों में विभक्त था। प्रारम्भ में चन्द्रगुप्त मौर्य ने प्रशासन की सुविधा की दृष्टि से सम्पूर्ण साम्राज्य को चार प्रान्तों में विभाजित किया था, जबकि अशोक के काल में प्रान्तों की संख्या बढ़ कर पाँच (पाँचवाँ प्रान्त कलिंग था) हो गई, जिनके नाम इस प्रकार हैं

प्रान्तीय और नगरीय प्रशासन

क्र.म.	प्रान्त	राजधानी
1.	उत्तरपथ	तक्षशिला
2.	अवन्ति	उज्जयिनी
3.	कलिंग	तोसली
4.	प्राची (प्राच्य)	पाटलिपुत्र
5.	दक्षिणापथ	सुवर्णगिरी

- प्रान्तों का शासन **राजवंशीय कुमार** या **आर्यपुत्र** नामक पदाधिकारियों द्वारा होता था। कुमार या आर्यपुत्र राजवंश के ही किसी सन्तान को बनाया जाता था। अशोक सिंहासनारूढ़ होने से पूर्व उत्तरापथ एवं अवन्ति का कुमार रह चुका था। **कुमारामात्य** की सहायता हेतु प्रत्येक प्रान्त में महामात्र नामक अधिकारी होते थे।
- मौर्यकाल में प्रान्तों को **चक्र** कहा जाता था, जो मण्डलों में विभाजित थे। मण्डल का प्रमुख अधिकारी प्रदेष्टा या प्रादेशकि होता था। मण्डल जिलों में विभाजित थे, जिन्हें **विषय** या **आहार** कहा जाता था। आहार का प्रमुख अधिकारी विषयपति या स्थानिक कहलाता था।
- ग्राम समूहों के अन्तर्गत विभिन्न कोटियाँ थीं-स्थानीय (800 ग्राम), द्रोणमुख (400 ग्राम), खर्वटिक (200 ग्राम), संग्रहण (10 ग्राम) आदि। **ग्राम**, प्रशासन की सबसे छोटी इकाई थी, इसका प्रधान ग्रामणी होता था।
- ग्राम, सभा एवं इसका प्रमुख गाँव से सम्बन्धित कार्य व राजस्व संग्रहण के लिए उत्तरदायी थे। इस कार्य में गोप नामक प्रशासनिक कर्मचारी सहायता करता था।
- गोप का कार्य गाँवों में भूमि एवं मकान का पंजीकरण, हदबन्दी, कर की छूट व जनगणना करना भी होता था।

- **मेगस्थनीज** के अनुसार, पाटलिपुत्र नगर का प्रशासन तीन सदस्यों का एक मण्डल करता था, जो 6 समितियों में विभक्त था। प्रत्येक समिति में 5 सदस्य होते थे, इन समिति के कार्यों का विवरण निम्न प्रकार है
  - पहली समिति का कार्य उद्योग शिल्पों का निरीक्षण।
  - दूसरी समिति का कार्य विदेशियों की देख-रेख।
  - तीसरी समिति का कार्य जन्म-मरण का लेखा-जोखा रखना।
  - चौथी समिति का कार्य व्यापार/वाणिज्य।
  - पाँचवीं समिति का कार्य निर्मित वस्तुओं के विक्रय का निरीक्षण करना।
  - छठी समिति का कार्य बिक्री कर वसूल करना था।

> **यूनानी स्रोतों** से तीन प्रकार के अधिकारियों के विषय में जानकारी मिलती है-एस्ट्रोनोमोई (नगर का प्रमुख), एग्रोनोमोई (जिले का अधिकारी) मार्ग निर्माण अधिकारी एवं सैनिक अधिकारी।

न्याय प्रशासन

- मौर्यकालीन न्याय प्रशासन में राजा/सम्राट प्रमुख होता था।
- अर्थशास्त्र में धर्मस्थीय **कण्टकशोधन** न्यायालय की चर्चा मिलती है।
- **धर्मस्थीय न्यायालय** में स्त्रीधन व विवाह आदि सम्बन्धी मामलों को तथा कण्टकशोधन न्यायालय में हत्या, मारपीट आदि सम्बन्धी मामलों का निपटारा किया जाता था।

> **कौटिल्य** के अनुसार, विधि के चार स्रोत थे-धर्म, व्यवहार, चरित्र एवं राजाज्ञा।

- सबसे निचले स्तर पर **ग्राम न्यायालय** था, जहाँ ग्रामीण एवं ग्राम वृद्ध निर्णय करते थे। मौर्यकाल में सबसे छोटा न्यायालय ग्राम न्यायालय था। इसके ऊपर मुख्यत: संग्रहण, द्रोणमुख, स्थानीय तथा जनपद न्यायालय था। सबसे ऊँचा न्यायालय राजा का न्यायालय होता था।

सैन्य प्रशासन

- यूनानी लेखक **प्लिनी** के अनुसार, चन्द्रगुप्त की सेना में 6,00,000 पैदल सिपाही, 30,000 घुड़सवार और 9,000 हाथी थे।
- एक अन्य स्रोत में वर्णित है कि मौर्यों के पास 8,000 अश्वचालित रथ थे। मौर्यों के पास नौसेना भी थी।
- मौर्य सेना, नन्द सेना से लगभग तीन गुनी थी। राज्यक्षेत्र और आय स्रोतों में बहुत अधिक वृद्धि होने के कारण ही ऐसा सम्भव हो पाया।
- इस सन्दर्भ में जस्टिन ने चन्द्रगुप्त की सेना को **डाकुओं का गिरोह** कहा है।
- कौटिल्य ने सेना को तीन भागों में विभाजित किया है

  (i) पुस्तैनी सेना (ii) किराए की सेना

  (iii) नगरपालिका से सम्बन्धित सेना।

- सैन्य विभाग का सबसे बड़ा अधिकारी सेनापति तथा युद्ध में सेना का नेतृत्व करने वाला अधिकारी **नायक** होता था। **मेगस्थनीज** के अनुसार, सैनिक प्रशासन के लिए 30 अधिकारियों की एक परिषद् थी, जो पाँच-पाँच सदस्यों की छ: समितियों में विभक्त थी। ऐसा ज्ञात होता है कि पैदल, घुड़सवार, हाथी, रथ, नाव और सवारी सेना के संचालन का उत्तरदायित्व 6 समितियों पर होता था।

प्रमुख समितियाँ

समिति	कार्य
प्रथम समिति	जल सेना की व्यवस्था
द्वितीय समिति	यातायात एवं रसद की व्यवस्था
तृतीय समिति	पैदल सैनिकों की देख-रेख
चतुर्थ समिति	अश्वारोही सेना की देख-रेख
पंचम समिति	गजसेना की देख-रेख
छठी समिति	रथ सेना की देख-रेख

गुप्तचर व्यवस्था

- मौर्यकालीन प्रशासन तथा न्याय व्यवस्था को सुचारु रूप से संचालित करने के लिए **गुप्तचर व्यवस्था** की स्थापना की गई।
- गुप्तचरों को **गुप्त पुरुष** (गूढ़पुरुष) तथा इसके प्रधान अधिकारी को महामात्यापसर्प कहा गया। अर्थशास्त्र में दो प्रकार के गुप्तचरों का विवरण है-**संस्था** तथा **संचरा**।
- संस्था संगठित होकर कार्य करती थी, जबकि संचरा घुमक्कड़ थे। पुरुष गुप्तचर को सान्ती, तिष्णा एवं सरद कहा जाता था, जबकि स्त्री गुप्तचर को वृषाली, भिक्षुकी एवं परिव्राजक कहा जाता था। गुप्तचरों के अतिरिक्त पुलिस की भी नियुक्ति की जाती थी, इन्हें **रक्षिण** कहा जाता था।

आर्थिक स्थिति

राज्य की अर्थव्यवस्था कृषि, पशुपालन और वाणिज्य-व्यापार पर आधारित थी, जिन्हें सम्मिलित रूप से वार्ता (वृत्ति का साधन) कहा गया। इन व्यवसायों में कृषि मुख्य थी।

कृषि

- मौर्यकाल मुख्यत: कृषि प्रधान था। अर्थशास्त्र के अनुसार, मौर्यकाल में सभी प्रकार की फसलों का उत्पादन किया जाता था, जिनमें से **धान** की फसल सर्वोत्तम एवं **गन्ने** की फसल निकृष्टतम थी। इस दौरान एक वर्ष में तीन फसलें उपजाई जाती थीं। राजकीय भूमि को **सीता** कहा जाता था। राज्य अपने पूर्ण आधिपत्य वाले उद्योगों का संचालन स्वयं करता था।
- भूमि पर राज्य तथा कृषक दोनों का अधिकार होता था। राजकीय भूमि (सीता भूमि) की व्यवस्था करने वाला प्रधान अधिकारी **सीताध्यक्ष** कहलाता था।
- इस भूमि पर दासों, कर्मचारियों और कैदियों द्वारा जुताई-बुआई होती थी। अर्थशास्त्र में क्षेत्रक (भू-स्वामी) और **उपवास** (काश्तकार) में स्पष्ट भेद किया गया है।
- भूमि कर के रूप में उपज का 1/6 भाग लिया जाता था। राज्य की ओर से सिंचाई का समुचित प्रबन्ध किया गया था, जिसे सेतुबन्ध कहा गया है।

> कौटिल्य ने **अर्थशास्त्र** के कृष्ट (जुती हुई), अकृष्ट (बिना जुती हुई), स्थल (ऊँची भूमि) आदि अनेक प्रकार की भूमियों का वर्णन किया है। **अदेवमातृक** भूमि वह होती थी, जिसमें बिना वर्षा के भी अच्छी खेती होती थी।

उद्योग तथा वाणिज्य एवं व्यापार

- मौर्यकाल में अनेक उद्योग-धन्धे प्रचलित थे, जिनमें सूत कातने एवं बुनने का उद्योग प्रमुख था। उद्योग धन्धों की संस्थाओं को **श्रेणी** कहा जाता था तथा श्रेणी न्यायालय का प्रधान **महाश्रेष्ठि** कहलाता था। बंग का मलमल विख्यात था। कौटिल्य ने **चीनपट्ट** का भी उल्लेख किया है। यह रेशम चीन से आता था।
- मौर्यकाल में आन्तरिक एवं बाह्य दोनों प्रकार के व्यापार होते थे। व्यापार स्थल एवं जल दोनों मार्ग से होता था।
- आन्तरिक व्यापार के प्रमुख केन्द्रों में **तक्षशिला**, **काशी**, **उज्जैन**, **तोसली कलिंग** की राजधानी और **कौशाम्बी** आदि शामिल थे।
- इस समय भारत का बाह्य व्यापार सीरिया, मिस्र, फारस, रोम तथा अन्य पश्चिमी देशों के साथ होता था। यह व्यापार पश्चिमी भारत में भृगुकच्छ बन्दरगाह से तथा पूर्वी भारत में ताम्रलिप्ति बन्दरगाह द्वारा होता था।
- वाणिज्य एवं व्यापार पर राज्य का नियन्त्रण था। इस काल में **ताम्रलिप्ति** पूर्वी तट का महत्त्वपूर्ण बन्दरगाह था, पश्चिमी तट पर भड़ौच तथा **सोपारा** प्रमुख बन्दरगाह थे। कौटिल्य ने स्थल मार्ग की अपेक्षा नदी मार्ग को तथा उत्तर के मार्गों की तुलना में दक्षिण के मार्ग को अधिक महत्त्वपूर्ण माना है, क्योंकि दक्षिण में सोने एवं कीमती धातु मिलती थी।
- इस काल में मार्ग निर्माण के लिए **एग्रोनोमोई** नामक अधिकारी उत्तरदायी था। वे वस्तुएँ, जिनका राज्य स्वयं व्यापार करता था, **राजपण्य** कहलाती थीं। व्यापारियों का नेता **सार्थवाह** कहलाता था।
- मौर्यकाल में भारत का व्यापार मुख्यत: पश्चिमी एशिया, मिस्र, चीन तथा श्रीलंका से होता था। चीन से रेशम, ताम्रपर्णी से मोती, नेपाल से चमड़ा, सीरिया से मदिरा एवं पश्चिमी एशिया से घोड़ों का आयात होता था।
- भारत से हाथी दाँत, कछुए, सीपियाँ, मोती, रंग, नील और बहुमूल्य लकड़ी निर्यात होती थीं।
- अन्तर्देशीय व्यापार सार्थवाहों के माध्यम से किया जाता था। एरियन ने भारतीयों द्वारा श्वेत चमड़े के जूते पहने जाने का उल्लेख किया है। **स्ट्रैबो** के अनुसार, जलयान निर्माण पर राज्य का एकाधिकार था।
- निर्यात पर **निष्क्राम्य** तथा आयात पर **प्रवेश्य** कर लगाया जाता था।

प्रमुख व्यापारिक संगठन

श्रेणी	–	शिल्पियों का संगठन
निगम	–	व्यापारियों का संगठन
संघ	–	देनदारों/महाजनों का संगठन
सार्थवाह	–	कारवाँ व्यापारियों का प्रमुख व्यापारी (अनाज से सम्बन्धित)

- व्यापार शुल्क तीन प्रकार से लगाया जाता था
  (i) **बाह्य शुल्क** देश में उत्पादित वस्तुओं पर लिया जाने वाला शुल्क।
  (ii) **आधित्य शुल्क** विदेशी वस्तुओं पर लिया जाने वाला शुल्क।
  (iii) **अभ्यान्तर शुल्क** राजधानी से लिया जाने वाला शुल्क।
- मौर्यकाल के चार प्रकार के व्यापारिक मार्गों का उल्लेख किया गया है
  - **पहला मार्ग** यह सर्वाधिक महत्त्वपूर्ण (उत्तरापथ) उत्तर-पश्चिम पुरुषपुर से पाटलिपुत्र (ताम्रलिप्ति) तक जाने वाला राजमार्ग था।
  - **दूसरा मार्ग** यह पश्चिम में पाटल से पूर्व में कौशाम्बी के निकट उत्तरापथ मार्ग से मिलता था।
  - **तीसरा मार्ग** यह दक्षिण में प्रतिष्ठान से उत्तर में श्रावस्ती तक जाने वाला राजमार्ग था।
  - **चौथा मार्ग** यह मार्ग मृगुकच्छ से मथुरा तक जाता था, उज्जयिनी इसके मार्ग में पड़ता था।

राजस्व के स्रोत

- मौर्यकाल में आय का प्रमुख स्रोत **भूमिकर** था। इसके दो प्रकार थे-**सेतु कर** तथा **वन कर**। मौर्यकाल में भूमि पर उपज का एक-चौथाई (1/4) या छठा भाग (1/6) भू-राजस्व के रूप में वसूला जाता था। सिंचाई के लिए अलग से उपज का 1/5 से 1/3 भाग कर के रूप में लिया जाता था।
- मौर्यकाल में दुर्ग (नगरों से प्राप्त आय), राष्ट्र (जनपदों ग्रामों से प्राप्त आय), सेतु (फल-फूल एवं सब्जियों से प्राप्त आय), ब्रज (पशुओं से प्राप्त आय), सीता (राजकीय भूमि से होने वाली आय), प्रणय (आपातकालीन कर), हिरण्य (नकद राजस्व), उदकभाग (सिंचाई कर), वर्तनी (सीमा कर) तथा पिण्डकर इत्यादि पूरे गाँव से कर राजस्व के प्रमुख स्रोत थे।
- **मेगस्थनीज** के अनुसार, बिक्रीकर न देने वालों को मृत्युदण्ड दिया जाता था।

कर से सम्बन्धी महत्त्वपूर्ण शब्दावलियाँ

कर	स्रोत सम्बन्धी विषय
सीता	राजकीय भूमि से प्राप्त होने वाली आय
भाग	कृषि उपज का हिस्सा
निष्क्राम्य	निर्यात कर
प्रवेश्य	आयात कर
बलि	एक तरह का राजस्व कर
हिरण्य	अनाज के स्थान पर नकद लिया जाने वाला
प्रणय	आपातकालीन कर
सेतु बन्ध	राज्य की ओर से सिंचाई व्यवस्था
विष्टि	नि:शुल्क श्रम व बेगार

मुद्रा व्यवस्था

- मौर्यों की राजकीय मुद्रा पण थी। मौर्यकाल में आहत मुद्राएँ भी प्रचलित थीं। अर्थशास्त्र में सिक्के के लिए रूप शब्द का प्रयोग हुआ है।
- इस काल में सोने का सिक्का सुवर्ण एवं निठकाद, चाँदी का सिक्का कर्षापण, पण अर्द्धपण, धरण एवं पाद तथा ताँबे का सिक्का मासक, काकणी एवं अर्द्धकाकणी कहलाता था।
- मयूर, पर्वत और अर्द्धचन्द्र की छाप वाली आहत रजत मुद्राएँ मौर्य साम्राज्य की मान्य मुद्राएँ थीं।
- तौल की इकाई घटते क्रम में क्रमश: आढ़क, प्रस्थ, कुडुम्ब, पल एवं सुवर्णमास थीं।
- मुद्राओं के परीक्षण करने वाले अधिकारी को **रूपदर्शक** कहा जाता था।
- राज्य के शीर्षस्थ अधिकारियों को 48000 पण तथा सबसे निचके स्तर के अधिकारियों को 60 पण वेतन मिलता था। पण 3/4 तोले के बराबर चाँदी का सिक्का था।

सामाजिक स्थिति

- मेगस्थनीज ने भारतीय समाज को सात जातियों में विभक्त किया है- **दार्शनिक, किसान, अहीर, कारीगर, शिल्पी, सैनिक, निरीक्षक** तथा **सभासद**। इनमें सबसे अधिक संख्या किसानों की थी।
- कौटिल्य ने **वर्णाश्रम व्यवस्था** को सामाजिक संगठन का आधार माना है तथा चारों वर्णों के व्यवसाय निर्धारित किए हैं। अर्थशास्त्र में शूद्रों को आर्य कहा गया है तथा उन्हें मलेच्छों से भिन्न माना गया है।
- इस काल में शूद्रों को व्यापक पैमाने पर कृषि में लगाया गया।

दास प्रथा

- समाज में दास प्रथा भी प्रचलित थी। कौटिल्य ने नौ प्रकार के दासों की चर्चा की है, जबकि मेगस्थनीज एवं स्ट्रैबो के अनुसार, भारत में दास प्रथा प्रचलित नहीं थी।
- अशोक के शिलालेखों में **दास** और **कर्मकार** का उल्लेख है, जो शूद्र वर्ग के अन्दर ही समाविष्ट किए जाते थे। समाज में दासों की स्थिति सन्तोषजनक थी।

स्त्रियों की स्थिति

- स्त्रियों को **पुनर्विवाह** एवं **नियोग** की अनुमति दी गई थी। सम्भ्रान्त घर की स्त्रियाँ प्राय: घर के अन्दर ही रहती थीं, जिसे कौटिल्य ने **अनिष्कासिनी** कहा है।
- समाज में वेश्यावृत्ति की प्रथा प्रचलित थी तथा इसे राजकीय संरक्षण भी प्राप्त था। स्वतन्त्र रूप से वेश्यावृत्ति करने वाली स्त्रियाँ **रूपाजीवा** कहलाती थीं। इनके कार्यों का निरीक्षण **गणिकाध्यक्ष** करता था।
- स्त्रियाँ प्रशासन में भाग ले सकती थीं। स्त्री एवं पुरुष दोनों को मोक्ष (तलाक) लेने का अधिकार था। चाणक्य ने मोक्ष शब्द का अभिप्राय तलाक से माना है।

> समाज में विधवा विवाह प्रचलित था। कुछ विधवाएँ स्वतन्त्र रूप से जीवन-यापन करती थीं, जिन्हें **छन्दवासिनी** कहा जाता था।

- अर्थशास्त्र में **सती प्रथा** का कोई उल्लेख नहीं मिलता, जबकि कुछ यूनानी लेखको ने उत्तर-पश्चिम में सैनिकों की स्त्रियों के सती होने का उल्लेख किया है।

धार्मिक स्थिति

- मौर्यकाल में ब्राह्मण, बौद्ध, जैन तथा आजीवक धर्मों का प्रचलन था।
- कौटिल्य ने भारत के प्राचीन धर्म को **त्रयी** कहा है। मौर्यकाल में वैदिक धर्म प्रचलित था, किन्तु कर्मकाण्ड प्रधान वैदिक धर्म अभिजात ब्राह्मण तथा क्षत्रियों तक ही सीमित था।
- बड़े-बड़े यज्ञों का आयोजन किया जाता था। मेगस्थनीज ने धार्मिक व्यवस्था में डायोनीसस एवं हेराक्लीज की चर्चा की है, जिसकी पहचान क्रमशः शिव एवं कृष्ण से की गई है।
- जनसाधारण में **नागपूजा** का प्रचलन था। यद्यपि मूर्तिपूजा का भी प्रचलन था। **पतंजलि** के अनुसार, मौर्यकाल में देवमूर्तियों को बेचा जाता था, जिन्हें बनाने वाले शिल्पियों को **देवताकार** कहा जाता था। अर्थशास्त्र में वरुण, नागराज और संकर्षण देवताओं का उल्लेख है।
- चन्द्रगुप्त **जैन धर्म** का तथा बिन्दुसार **आजीवक धर्म** का अनुयायी था। अशोक प्रारम्भ में ब्राह्मण धर्म (शैव) मानता था, लेकिन बाद में बौद्ध धर्म का अनुयायी हो गया। अशोक के काल में **तृतीय बौद्ध संगीति** का आयोजन पाटलिपुत्र में हुआ था। अशोक तथा उसके पौत्र दशरथ ने कुछ गुफाएँ आजीवकों को दान में दी थीं।

कला एवं स्थापत्य

- मौर्यकालीन कला को **राजकीय** एवं **लोक कला** में बाँटा जा सकता है। राजकीय कला के अन्तर्गत नगर निर्माण, स्तूप, गुफाएँ तथा स्तम्भों का निर्माण हुआ। जबकि लोक कला के अन्तर्गत मुख्यतः यक्ष एवं यक्षिणियों की मूर्तियों व मिट्टी की मूर्ति का निर्माण हुआ।

> पाटलिपुत्र के **कुम्हरार** से एक लकड़ी निर्मित राजप्रसाद का अवशेष प्राप्त हुआ है। मेगस्थनीज ने **पोलिब्रोथा** (पाटलिपुत्र) नगर का वर्णन किया है। **फाह्यान** के अनुसार, पाटलिपुत्र का राजप्रसाद देवताओं द्वारा निर्मित है।

- बौद्ध ग्रन्थों के अनुसार, अशोक ने 84 हजार स्तूपों का निर्माण करवाया। अब तक का सबसे प्राचीन स्तूप नेपाल की सीमा पर **पिपरहवा** के खण्डहरों से प्राप्त हुआ है।
- मौर्यकालीन कला का उत्कृष्ट प्रदर्शन अशोक के स्तम्भों में दिखाई पड़ता है। ये चमकदार एकाश्म स्तम्भ, लाल बलुआ पत्थर से निर्मित होते थे। इन स्तम्भों के दो मुख्य भाग उल्लेखनीय हैं-स्तम्भ यष्टि या गावदुम लाट और शीर्ष भाग। शीर्ष भाग के मुख्य अंश हैं-घण्टा, जिसे **अवांगमुखी कमल** भी कहते हैं। इसके ऊपर गोल अण्ड या चौकी है। अशोक के स्तम्भों में सिंह, घोड़ा, हाथी और बैल के चित्र होते हैं।
- अशोक के एकाश्म स्तम्भों में सर्वोत्कृष्ट **सारनाथ के सिंह** स्तम्भ का शीर्ष है। सारनाथ शीर्षस्तम्भ पर चार सिंह पीठ सटाए बैठे हैं। ये चार सिंह एक चक्र धारण किए हुए हैं, जिसमें 24 तीलियाँ हैं। यह चक्र बुद्ध के धर्मचक्र प्रवर्तन का प्रतीक है।
- रामपुरवा में नटुआ बैल ललित मुद्रा में खड़ा है। संकिशा स्तम्भ के शीर्ष स्तम्भ पर हाथी की आकृति है। अशोक के स्तम्भ पर ईरानी एवं यूनानी प्रभाव दिखाई देता है।
- स्तूप मौर्यकालीन स्थापत्य की महत्त्वपूर्ण देन है। **साँची** का महास्तूप, सारनाथ का **धर्मराजिका स्तूप**, भरहुत तथा **तक्षशिला स्थित** स्तूपों का निर्माण मूलतः अशोक के काल में हुआ था। ये स्तूप ईंटों के बने थे।

> मौर्यकाल में चट्टानों को काटकर कन्दराओं के निर्माण को प्रोत्साहन दिया गया। अशोक ने गया (बिहार) के निकट बराबर की गुफाओं में सुदामा की गुफा, कर्णचौपड़ की गुफा तथा विश्व झोपड़ी का निर्माण करवाया। दशरथ ने **लोमश ऋषि** की गुफा तथा **गोपिका गुफा** का निर्माण करवाया।

- ओडिशा (धौली) में उदयगिरि की पहाड़ियों को काटकर एक शैल कृत हाथी की मूर्ति उत्कीर्ण की गई है। यह **धौली हस्ति** नाम से विख्यात है। इसमें एक हाथी को चट्टान को फाड़कर बाहर आते हुए दर्शाया गया है।
- उत्तर प्रदेश के पारखम से प्राप्त 7 फीट ऊँची यक्ष की मूर्ति एवं पटना के दीदारगंज से प्राप्त दक्षिणी की मूर्ति मौर्य कला की विशिष्ट कृति है।
- मौर्यकालीन स्थलों से अनेक पत्थर की मूर्तियों एवं मृद्भाण्ड मिले हैं। दीदारगंज से चाँवरधारणी यक्षी की मूर्ति, परखम से यक्ष तथा बेसनगर से यक्षिणी की मूर्ति प्राप्त हुई है। मौर्यकालीन मृद्भाण्डों में सबसे उत्कृष्ट उत्तरी काली पॉलिश वाले मृद्भाण्ड मिले हैं। मुख्य रूप से ये छोटे कटौरे, रकाबियों और मर्तबान के रूप में प्राप्त हुए हैं।
- उत्तरी काले पॉलिशदार मृद्भाण्ड, पक्की ईंटों तथा छल्लेदार कूपों का प्रयोग, लौह उपकरणों का अधिकाधिक प्रयोग तथा आहत सिक्कों का बाहुल्य मौर्यकालीन भौतिक संस्कृति के आधार थे।

मौर्य साम्राज्य का पतन

- अशोक के बाद कुणाल शासक बना, जिसे **दिव्यावदान** में **धर्मविवर्धन** कहा गया है। **राजतरंगिणी** के अनुसार, मगध में कुणाल के शासन के समय कश्मीर का शासक जालौक था। अशोक के उत्तराधिकारी के रूप में कुणाल, सम्प्रति, दशरथ, शालिशुक एवं बृहद्रथ का नाम मिलता है।
- बृहद्रथ मौर्य वंश का अन्तिम शासक था, जिसकी हत्या उसके ब्राह्मण सेनापति पुष्यमित्र शुंग ने 185 ई. पू. में कर दी थी। मौर्य साम्राज्य जैसे विस्तृत साम्राज्य के पतन के लिए किसी एक कारण का होना पर्याप्त नहीं है। स्पष्ट साक्ष्यों के अभाव में विद्वानों ने अलग-अलग कारण प्रस्तुत किए हैं।

पतन सम्बन्धी मत

इतिहासकार	पतन के कारण
हरप्रसाद शास्त्री	धार्मिक नीति (ब्राह्मण विरोधी नीति)
हेमचन्द्र राय चौधरी	अहिंसक एवं शान्तिप्रिय नीति
डी. डी. कौशाम्बी	आर्थिक कारण (संकटग्रस्त अर्थव्यवस्था)
डी. एन. झा	कमजोर उत्तराधिकारी
रोमिला थापर	(i) अत्यधिक केन्द्रीकृत शासन व्यवस्था (ii) अधिकारी तन्त्र का अप्रशिक्षित होना।

प्रीलिम्स फैक्ट्स

- प्रथम भारतीय साम्राज्य किसके द्वारा स्थापित किया गया था?
  – चन्द्रगुप्त मौर्य द्वारा [UPPSC (Pre) 2002]
- सेण्ड्रोकोट्स से चन्द्रगुप्त मौर्य की पहचान किसने की?
  – विलियम जोन्स [BPSC (Pre) 2008]
- पाटलिपुत्र में स्थित चन्द्रगुप्त का महल मुख्यत: बना था
  – लकड़ी का [BPSC (Pre) 1996]
- जल की आवश्यकता को देखते हुए, किस प्रथम शासक ने गिरनार क्षेत्र में एक झील का निर्माण करवाया था?
  – चन्द्रगुप्त मौर्य [UPPSC (Mains) 2017]
- कौटिल्य के अर्थशास्त्र में किस पहलू पर प्रकाश डाला गया है?
  – राजनीतिक नीतियाँ [UPPSC (Pre) 2012]
- किस मौर्य शासक के शासनकाल में डायमेकस भारत आया था?
  – बिन्दुसार [UPPSC (Pre) 2005]
- अपने शिलालेखों में अशोक सामान्यत: किस नाम से जाने जाते थे?
  – प्रियदर्शी [MPPSC (Pre) 2019]
- अशोक का समकालीन तुरमय कहाँ का राजा था?
  – मिस्र का [UPPSC (Pre) 2012]
- अशोक के धम्म का मूल सन्देश क्या था?
  – शान्ति एवं अहिंसा [BPSC (Pre) 2017]
- तीर्थयात्रा के समय सम्राट अशोक ने किस मार्ग का अनुगमन किया था? *– लुम्बिनी-कपिलवस्तु-बोधगया-सारनाथ-कुशीनगर-श्रावस्ती* [UPPSC (Pre) 1999]
- मौर्य शासकों-चन्द्रगुप्त, अशोक, बिन्दुसार तथा दशरथ में से कौन-सा/से बौद्ध धर्म के अनुयायी थे?
  – अशोक तथा दशरथ [CGPSC (Pre) 2016]
- किस उभारदार मूर्तिशिल्प शिलालेख में अशोक के प्रस्तर रूपचित्र के साथ राण्यों अशोक (राजा अशोक) उल्लिखित है?
  – कंगनहल्ली [IAS (Pre) 2019]
- साँची, भरहुत, सारनाथ तथा अमरावती आदि स्तूपों में से किसे सर्वश्रेष्ठ स्तूप मानते हैं? *– साँची स्तूप* [UPPSC (Mains) 2008]
- अशोक द्वारा स्थापित सबसे सुरक्षित स्तम्भ है
  – लौरिया-नन्दनगढ़ का [UPPSC (Pre) 2009]
- प्राचीन भारतीय अभिलेखों में से किस एक अभिलेख में खाद्यान्न को देश में संकटकाल में उपयोग हेतु सुरक्षित रखने के बारे में प्राचीनतम शाही आदेश दिए गए हैं? *– सोहगौरा ताम्रपत्र* [IAS (Pre) 1998]
- मौर्य साम्राज्य के पेशावर के निकट उत्तर-पश्चिम भाग में अशोक के शिलालेख किस लिपि में लिखे गए थे?
  – खरोष्ठी लिपि में [JPSC (Pre) 2021]
- अशोक का रुमिन्देई स्तम्भ सम्बन्धित है
  – बुद्ध के जन्म से [UPPSC (Mains) 2008]
- चोल, पाण्ड्य, सत्तियपुत्त तथा सातवाहन में से किस दक्षिण राज्य का उल्लेख अशोक के अभिलेख में नहीं है?
  – सातवाहन [UPPSC (Mains) 2008]
- अशोक के किन शिलालेखों से हमें संगम राज्य के विषय में जानकारी प्राप्त होती है?
  – दूसरा और तेरहवाँ शिलालेख [IAS (Pre) 1998]
- अशोक के किस अभिलेख में पारम्परिक अवसरों पर पशुबलि पर रोक लगाई गई है, ऐसा लगता है कि यह पाबन्दी पशुओं के वध पर थी? *– शिला अभिलेख-प्रथम* [UPPSC (Pre) 2009]
- अशोक के शिलालेखों में प्रयुक्त भाषा है *– प्राकृत* [BPSC (Pre) 2004]
- अशोक के अभिलेखों में से कौन-सा अभिलेख पूर्णरूपेण धार्मिक सहिष्णुता के प्रति समर्पित है?
  – 12वाँ शिलालेख [UPPSC (Pre) 2022]
- टॉलेमी द्वितीय, फिलाडेल्फस, जिसके साथ अशोक के राजकीय सम्बन्ध थे, कहाँ का शासक था? *– मिस्र* [UPPSC (Pre) 2006]
- मौर्यकालीन मूर्तियों में, मणिभद्र (यक्ष) नाम से अंकित मूर्ति किस स्थान से प्राप्त हुई है? *– परखम से* [RAS/RTS (Pre) 2012]
- मौर्यकाल में 'एग्रोनोमोई अधिकारी' किस क्षेत्र से सम्बन्धित था?
  – मार्ग निर्माण से [UPPSC (Pre) 2020]
- कौन-सा मौर्ययुगीन अधिकारी माप-तोल का प्रभारी था?
  – पौतवाध्यक्ष [UPPSC (Mains) 2012]
- राज्य के सप्तांग सिद्धान्त के अनुसार राज्य का सातवाँ अंग कौन-सा है? *– मित्र* [UPPSC (Pre) 2015]
- मेगस्थनीज ने भारतीय समाज को कितनी श्रेणियों में विभाजित किया था? *– 7* [BPSC (Pre) 2017]
- मौर्यकाल में शिक्षा का प्रसिद्ध केन्द्र था *– तक्षशिला* [BPSC (Pre) 2005]
- मौर्यकाल में सीता से तात्पर्य था
  – राजकीय भूमि से प्राप्त आय [UPPSC (Pre) 2013]
- प्राचीन भारत में सिंचाई कर (टैक्स) को कहते थे
  – विदकभागम [UPPSC (Mains) 2009]
- मौर्यकाल में प्रणयम था *– आपातकालीन कर* [UPPSC (Pre) 2022]
- मौर्य मन्त्रिपरिषद् में कौन राजस्व एकत्रित करने से सम्बन्धित था?
  समाहर्त्ता [UPPSC (Pre) 2008]
- मौर्यकाल में कर को छिपाने (चोरी) के लिए कौन-सा दण्ड दिया जाता था? *मृत्युदण्ड* [JPSC (Pre) 2013]

सेल्फ चैक

1. यूनानी लेखक जस्टिन द्वारा किसे 'सेण्ड्रोकोट्स' कहा गया था? **UKPSC (Pre) 2016**

(a) चन्द्रगुप्त मौर्य (b) चन्द्रगुप्त प्रथम
(c) चन्द्रगुप्त द्वितीय (d) समुद्रगुप्त

2. मौर्य राजधानी पाटलिपुत्र का सम्बन्ध निम्नलिखित में से किन पुरातात्विक अवशेषों से है?

(a) बुलन्दीबाग और राजगृह
(b) कुम्राहार (कुम्हरार) और मोचरिम
(c) कुम्राहार (कुम्हरार) और बुलन्दीबाग
(d) कुम्राहार (कुम्हरार) और जलालगढ़

3. बिन्दुसार के शासनकाल में अशोक ने अवन्ति महाजनपद जीतकर मौर्य साम्राज्य में मिला लिया था। इसका उल्लेख किस ग्रन्थ में मिलता है? **MPPSC (Pre) 2021**

(a) बुद्धघोष की समन्त पासादिका
(b) कौटिल्य का अर्थशास्त्र
(c) पाणिनि की अष्टाध्यायी
(d) पतंजलि का महाभाष्य

4. निम्नलिखित में से कौन-सा सम्राट अशोक के धम्म का भाग नहीं था?

(a) राजा का सम्मान करना।
(b) अपने धर्म से भिन्न धर्मों के प्रति सहिष्णुता।
(c) ब्राह्मणों का सम्मान करना।
(d) अपनी प्रजा के कल्याण को बढ़ावा देना।

5. तीर्थयात्रा के समय सम्राट अशोक निम्नलिखित स्थान पर गए। उन्होंने किस मार्ग से अनुगमन किया? **UPPSC (Pre) 1999**

1. बोधगया 2. कपिलवस्तु
3. कुशीनगर 4. लुम्बिनी
5. सारनाथ 6. श्रावस्ती

कूट

(a) 1, 2, 3, 4, 5, 6 (b) 1, 3, 4, 2, 5, 6
(c) 4 ,5 ,6, 3, 2, 1 (d) 4, 2, 1, 5, 3, 6

6. निम्नलिखित कथनों पर विचार कीजिए

1. महावंश के अनुसार, अशोक का झुकाव बुद्ध के धम्म की ओर तब हुआ, जब उसके भतीजे निग्रोध ने उसे धर्म सिद्धान्त का उपदेश दिया।
2. दिव्यवदान का मानना है कि व्यापारी से भिक्षु (संन्यासी) बने समुद्र नाम के एक व्यक्ति के प्रभाव में आकर अशोक बुद्ध की शिक्षाओं की ओर उन्मुख हुआ।
3. दीपवंश यह बताता है कि अशोक को बौद्ध धम्म के प्रभाव में लाने वाला प्रमुख व्यक्ति समुद्र है, जो एक व्यापारी का 12 वर्षीय पुत्र था।

उपरोक्त कथनों में से कौन-सा/से कथन सही है/हैं?

(a) केवल 1 (b) केवल 2
(c) 1 और 2 (d) 1 और 3

7. निम्नलिखित में से किस उभारदार मूर्तिशिल्प शिलालेख में अशोक के प्रस्तर रूपचित्र के साथ 'राण्यो अशोक' (राजा अशोक) उल्लिखित है? **IAS (Pre) 2019**

(a) कंगनहल्ली (b) साँची
(c) शाहबाजगढ़ी (d) सोहगौरा

8. मानसेहरा और शाहबाजगढ़ी के अशोक के लेख किसमें लिखे हुए हैं?

(a) प्राकृत भाषा, खरोष्ठी लिपि
(b) प्राकृत भाषा, ब्राह्मी लिपि
(c) प्राकृत, अरमाइक भाषा, ब्राह्मी लिपि
(d) अरमाइक भाषा, खरोष्ठी लिपि

9. निम्नलिखित में से किस राजादेश से बौद्ध धर्म के साथ अशोक के सम्बन्ध प्रकट होते हैं?

(a) प्रधान शिलालेख राजादेश-13 (b) शिलालेख राजादेश-6
(c) लघु शिलालेख राजादेश-1 (d) स्तम्भ राजादेश-4

10. सूची I को सूची II से सुमेलित कीजिए तथा नीचे दिए गए कूट से सही उत्तर चुनिए **UPPSC (Pre) 2017**

सूची I (स्थान)	सूची II (स्मारक/भग्नावशेष)
A. कौशाम्बी	1. धमेख स्तूप
B. कुशीनगर	2. घोषिताराम स्तूप
C. सारनाथ	3. रानाभर स्तूप
D. श्रावस्ती	4. सहेत-महेत

कूट

	A	B	C	D		A	B	C	D
(a)	2	1	3	4	(b)	4	3	2	1
(c)	2	3	1	4	(d)	4	2	1	3

11. अर्थशास्त्र में सर्वप्रथम वर्णित सप्तांग की अवधारणा में क्या सम्मिलित है?

(a) राजा, राज्यक्षेत्र, प्रशासन व राजकोष
(b) संगीत, नृत्य, राग व कुश्ती
(c) मन्त्री, नौकरशाही, उपरश्रित व गुप्तचरी में संलग्न लोग
(d) अभिजात वर्ग, आचार्य वर्ग, व्यापारी वर्ग के मठवासी

12. निम्नलिखित में से कौन-सा अधिकारी मौर्य प्रशासन का भाग नहीं था?

(a) युक्त (b) प्रादेशिक
(c) रज्जुक (d) अग्रहारिक

13. मौर्यकाल में 'एग्रोनोमाई' अधिकारी निम्नलिखित में से किस क्षेत्र से सम्बन्धित थे? **UPPSC (Pre) 2020**

(a) माप-तौल (b) प्रशासन प्रबन्धन
(c) मार्ग निर्माण (d) राजस्व प्रबन्धन

14. सूची I से सूची II से सुमेलित कीजिए

सूची I (अधिकारी)	सूची II (धारित पद)
A. समाहर्ता	1. महल के रक्षकों का प्रमुख
B. सन्निधात्री	2. राजस्व तथा प्रधान संग्राहक
C. संस्थाध्यक्ष	3. कोषपाल
D. अन्तर्वेशिक	4. बाजार अधीक्षक

कूट

	A	B	C	D		A	B	C	D
(a)	2	4	3	1	(b)	2	3	4	1
(c)	1	3	4	2	(d)	1	4	3	2

15. कौटिल्य के अर्थशास्त्र के अनुसार, मौर्यकालीन न्याय व्यवस्था में निम्नलिखित न्यायालय अस्तित्व में थे **CGPSC (Pre) 2015**

1. धर्ममहामात्र
2. धर्मस्थीय
3. रज्जुक
4. कण्टकशोधन

कूट

(a) 1 और 2 (b) 2 और 3
(c) 1 और 3 (d) 2 और 4

16. 'पंकोदकसन्निरोधे' मौर्य प्रशासन द्वारा लिया जाने वाला कैसा जुर्माना था?

(a) पीने के पानी को गन्दा करने पर।
(b) सड़क पर कीचड़ फैलाने पर।
(c) कूड़ा फेंकने पर।
(d) मन्दिर को गन्दा करने पर।

17. मौर्यों के शासनकाल में सिक्के ढालने के लिए निम्नलिखित में से किन पदार्थों का उपयोग होता था?

(a) स्वर्ण एवं चाँदी (b) चाँदी एवं ताम्र
(c) ताम्र एवं काँसा (d) स्वर्ण एवं ताम्र

18. निम्न में से किस स्रोत में उल्लिखित है कि प्राचीन भारत में दासता नहीं थी?

(a) अर्थशास्त्र (b) मुद्राराक्षस
(c) मेगस्थनीज की इण्डिका (d) वायुपुराण

19. निम्नलिखित में से कौन मौर्ययुगीन अधिकारी माप-तौल का प्रभारी था? **UPPSC (Mains) 2012**

(a) पौतवाध्यक्ष (b) पण्याध्यक्ष
(c) सीताध्यक्ष (d) सूचनाध्यक्ष

20. कौटिल्य अर्थशास्त्र के अनुसार निम्नलिखित में कौन-से कथन सही हैं? **IAS (Pre) 2022**

1. न्यायिक दण्ड के परिणामस्वरूप कोई व्यक्ति दास हो सकता था।
2. स्त्री दास अपने मालिक के संसर्ग से पुत्र जनन कर कानूनी रूप से मुक्त हो जाती थी।
3. यदि स्त्री दास का मालिक उस स्त्री से पैदा हुए पुत्र का पिता हो, तो उस पुत्र को मालिक का पुत्र होने का कानूनी हक मिलता था।

कूट

(a) 1 और 2
(b) 2 और 3
(c) 1 और 3
(d) 1, 2 और 3

जानें सही उत्तर

1. (a)	**2.** (a)	**3.** (a)	**4.** (a)	**5.** (b)	**6.** (c)	**7.** (a)	**8.** (a)	**9.** (a)	**10.** (c)
11. (a)	**12.** (d)	**13.** (c)	**14.** (b)	**15.** (d)	**16.** (b)	**17.** (b)	**18.** (c)	**19.** (a)	**20.** (d)

● अध्याय आठ

मौर्योत्तर काल

"

लगभग 200 ई.पू. से जो काल प्रारम्भ होता है, उसमें मौर्य साम्राज्य जैसा कोई बड़ा साम्राज्य दृष्टिगोचर नहीं होता है। मौर्यों के पश्चात् यहाँ कुछ स्थानीय एवं मध्य एशियाई राजवंशों ने शासन किया। इस काल में मध्य एशिया और भारत के बीच घनिष्ठ एवं व्यापक सम्पर्क स्थापित हुए।

मौर्य साम्राज्य के पतन के पश्चात् कुछ समय के लिए भारत की राजनीतिक एकता भंग हो गई। पूर्वी भारत, मध्य भारत, दक्कन में मौर्यों का स्थान कई स्थानीय राजवंशों; जैसे-शुंग, कण्व और सातवाहनों ने लिया, जबकि उत्तर-पश्चिम भारत पर अनेक विदेशी आक्रान्ताओं, जिनमें इण्डो-ग्रीक, शक, पार्थियाई, कुषाण आदि शामिल थे, ने अपने राज्यों की स्थापना की। इस काल में वाणिज्य एवं व्यापार तथा कला एवं स्थापत्य के क्षेत्र में व्यापक प्रगति हुई।

मौर्योत्तरकालीन इतिहास के स्रोत

मौर्योत्तरकालीन इतिहास के प्रमुख स्रोतों में साहित्यिक स्रोतों, अभिलेखों (पुरातात्विक) तथा सिक्कों को प्रमुखता दी जाती है। इन स्रोतों से इस काल के इतिहास के बारे में पर्याप्त जानकारी प्राप्त होती है।

साहित्यिक स्रोत

मौर्योत्तरकालीन इतिहास के साहित्यिक स्रोत निम्न हैं

- **बौद्ध ग्रन्थ** इसमें दिव्यावदान, ललित विस्तार एवं आर्य मंजूश्री मूलकल्प आदि प्रमुख हैं। दिव्यावदान में पुष्यमित्र शुंग द्वारा अशोक के 84 हजार स्तूपों के तोड़े जाने का उल्लेख है।
- **महाभाष्य** पतंजलि द्वारा रचित इस पुस्तक से पुष्यमित्र शुंग के राज्यकाल की प्रमुख घटनाओं का पता चलता है। इसमें यवनों के साकेत तथा माध्यमिका आक्रमण का उल्लेख मिलता है।
- **गार्गी संहिता** ज्योतिषशास्त्र से सम्बन्धित इस पुस्तक में यवन आक्रमण का उल्लेख मिलता है।
- **मालविकाग्निमित्रम्** कालिदास द्वारा रचित इस पुस्तक का सम्बन्ध शुंगकालीन घटना से है। इसमें वसुमित्र द्वारा यवनों की पराजय का उल्लेख है।
- **हर्षचरित** बाणभट्ट द्वारा रचित इस ग्रन्थ में मौर्य शासक बृहद्रथ का उसके सेनापति पुष्यमित्र शुंग द्वारा हत्या का वर्णन मिलता है।
- **नेचुरल हिस्ट्री** 77 ई.पू. में प्लिनी ने लैटिन भाषा में इस पुस्तक को लिखा था। इसमें भूमध्यसागरीय देशों से भारतीय व्यापार का उल्लेख किया गया है।

अभिलेख

- **अयोध्या का लेख** यह लेख पुष्यमित्र के राज्यपाल धनदेव से सम्बन्धित है, जिसमें **पुष्यमित्र शुंग** द्वारा किए गए **दो अश्वमेध** यज्ञों का वर्णन है।
- **बेसनगर का लेख** यह लेख यवन राजदूत हेलियोडोरस से सम्बन्धित है। इस लेख से मध्य भारत में वैष्णव धर्म की स्थिति का पता चलता है।
- **नानाघाट अभिलेख** यह अभिलेख सातवाहन शासक शातकर्णी प्रथम की पत्नी नागानिका से सम्बन्धित है। यह भूमिदान का पहला अभिलेखीय प्रमाण है।
- **जूनागढ़ अभिलेख** यह अभिलेख 150 ई. में रुद्रदामन से सम्बन्धित है। यह **संस्कृत भाषा** का पहला अभिलेख है। यह **चम्पू शैली** में लिखा गया है। इस शैली में गद्य तथा पद्य का मिश्रण पाया जाता है।

सिक्के

इस काल में सिक्कों पर तिथिक्रम अंकित किया जाने लगा था। शुंग काल की कुछ मुद्राएँ अहिच्छत्र, अयोध्या, कौशाम्बी व मथुरा से प्राप्त हुई हैं, इनसे उस समय की ऐतिहासिक जानकारी मिलती है।

मौर्योत्तरकाल के प्रमुख राजवंश

मौर्योत्तर काल के प्रमुख राजवंश

देशी राजवंश	विदेशी राजवंश
शुंग वंश	हिन्द-यवन (इण्डो-ग्रीक)
कण्व वंश	शक
सातवाहन वंश	पार्थियन
चेदि वंश	कुषाण वंश

मौर्यों के पतन के पश्चात् शुंग वंश सत्तारूढ़ हो गया। कुछ वर्षों की शान्ति के बाद उत्तर भारत पर हिन्द-यवन, शक, पार्थियाई तथा कुषाणों ने आक्रमण कर अपनी राजसत्ता स्थापित की। इस समय भारतीय चेतना में विदेशी तत्त्वों का प्रवेश तीव्रगति से हुआ।

मौर्योत्तरकाल के प्रमुख स्थानीय शासक

मौर्योत्तरकाल के प्रमुख स्थानीय शासकों का विवरण इस प्रकार है

शुंग वंश (185-75 ई.पू.)

- पुराणों के अनुसार शुंग वंश की स्थापना **पुष्यमित्र शुंग** ने 185 ई.पू. में की थी।
- शुंग ब्राह्मण थे तथा उज्जैन (मध्य प्रदेश) के निवासी थे। शुंगवंशियों ने पाटलिपुत्र और मध्य भारत में शासन किया।

पुष्यमित्र शुंग

- पुष्यमित्र शुंग मौर्य वंश के अन्तिम शासक बृहद्रथ का सेनापति था। इसने बृहद्रथ की हत्या करके शुंग वंश की स्थापना की थी। शुंग वंश की स्थापना के पश्चात् वह **सेनानी** के नाम से शासन करता था, क्योंकि पुराण व हर्षचरित आदि में पुष्यमित्र के लिए सेनानी अर्थात् **सेनापति की उपाधि** का उल्लेख मिलता है। पुष्यमित्र शुंग ने मगध साम्राज्य की अधीनता को त्याग चुके राज्यों को अपने अधीन कर लिया।
- बाणभट्ट के हर्षचरित में पुष्यमित्र को **अनार्य** कहा गया है। **दिव्यावदान** से यह ज्ञात होता है कि पुष्यमित्र **पुष्यधर्म** का पुत्र था।
- पुष्यमित्र शुंग कट्टर ब्राह्मणवादी था। धनदेव के अयोध्या अभिलेख के अनुसार, उसने दो अश्वमेध यज्ञों का अनुष्ठान किया। सुप्रसिद्ध संस्कृत व्याकरण के ज्ञाता **पतंजलि** उसके अश्वमेध यज्ञ के पुरोहित थे।
- पुष्यमित्र शुंग सम्भवतः बौद्ध विरोधी था, क्योंकि बौद्ध ग्रन्थों में उसको बौद्धों का उत्पीड़क व बौद्ध विहारों को नष्ट करने वाला बताया गया है, परन्तु **भरहुत स्तूप** बनाने का श्रेय पुष्यमित्र शुंग को ही दिया जाता है। साँची स्तूप में काष्ठ वेदिका के स्थान पर उसने पाषाण वेदिका का निर्माण करवाया।
- पुराणों के अनुसार, पुष्यमित्र ने 36 वर्षों तक शासन किया था। पुष्यमित्र के शासनकाल में अनेक विदेशी आक्रमणकारियों के द्वारा भारत पर आक्रमण किए गए।

पुष्यमित्र शुंग के शासनकाल के प्रमुख युद्ध

पुष्यमित्र शुंग के शासनकाल में हुए प्रमुख युद्धों का वर्णन निम्नलिखित है

- **विदर्भ (बरार)** विदर्भ के शासक यज्ञसेन को शुंगों का स्वाभाविक शत्रु कहा गया है। मौर्य शासन के दौरान उसे विदर्भ का शासक नियुक्त किया गया था, किन्तु मगध साम्राज्य के कमजोर हो जाने के पश्चात् उसने स्वयं को विदर्भ का स्वतन्त्र शासक घोषित कर दिया। विदिशा के प्रान्तपति और पुष्यमित्र शुंग को उसके पुत्र अग्निमित्र ने यज्ञसेन को पराजित कर मगध के अधीन कर दिया। कालिदास के प्रथम एवं प्रसिद्ध नाटक **मालविकाग्निमित्रम्** के अन्तर्गत अग्निमित्र और यज्ञसेन की चचेरी बहन मालविका की प्रेमकथा तथा विदर्भ विजय के विवरण का उल्लेख मिलता है।
- **खारवेल युद्ध** हाथीगुम्फा अभिलेख से यह ज्ञात होता है कि कलिंग नरेश खारवेल ने मौर्य वंश के अन्तिम दिनों में मगध पर आक्रमण कर पुष्यमित्र शुंग को पराजित किया था।
- **यवन आक्रमण** पुष्यमित्र शुंग के काल में यवन आक्रमण हुए थे। इसका उल्लेख गार्गी संहिता, मालविकाग्निमित्रम् और महाभाष्य में किया गया है। यवन का शासक **डेमेट्रियस** (दिमित्र) पुष्यमित्र शुंग के समकालीन था।
- **गार्गी संहिता के युगपुराण** अध्याय में यह उल्लेख किया गया है कि यवन साकेत, पांचाल और मथुरा को विजित करने के पश्चात् पाटलिपुत्र तक पहुँच गए थे।

पुष्यमित्र शुंग के उत्तराधिकारी

- पुष्यमित्र शुंग के पश्चात् उसका पुत्र अग्निमित्र शासक बना, जिसने आठ वर्षों तक शासन किया। अग्निमित्र ने **विदिशा** को अपनी राजधानी बनाया था। पुष्यमित्र के समय ही अग्निमित्र विदिशा का गोप्ता (उपराजा) था।
- अग्निमित्र कालिदास के नाटक **मालविकाग्निमित्रम्** का मुख्य नायक है। इस नाटक में विदर्भ की राजकुमारी मालविका और अग्निमित्र के प्रेम-प्रसंग का विवरण दिया गया है।

- अग्निमित्र के पश्चात् क्रमशः वसुज्येष्ठ, वसुमित्र, आन्ध्रक, पुलिन्दक, घोष वज्रमित्र, भागभद्र व देवभूति शुंग वंश के उत्तराधिकारी हुए। भागभद्र, भागवत धर्म (वैष्णव धर्म) का अनुयायी था। उसने विदिशा (बेसनगर) में गरुड़ स्तम्भ की स्थापना कर भागवत विष्णु की पूजा की।
- देवभूति शुंग वंश का अन्तिम शासक था। देवभूति की हत्या उसके मन्त्री वसुदेव (कण्व वंश के संस्थापक) ने की थी।

कण्व वंश (75-30 ई.पू.)

- शुंग वंश के अन्तिम शासक देवभूति की हत्या कर उसके मन्त्री वसुदेव ने 75 ई.पू. में कण्व वंश की स्थापना की।
- यह भी ब्राह्मण वंश था। इसमें केवल चार शासक वसुदेव, भूमिमित्र, नारायण तथा सुशर्मन हुए।
- इस वंश के शासकों ने भी शुंगों द्वारा प्रारम्भ की गई वैदिक एवं संस्कृत संरक्षण की परम्परा को जारी रखा। इसके सम्बन्ध में हर्षचरित से जानकारी प्राप्त होती है।
- अन्तिम शासक सुशर्मन की हत्या 30 ई.पू. में सिमुक ने कर दी और एक नवीन ब्राह्मण वंश आन्ध्र-सातवाहन की नींव रखी।

सातवाहन वंश (30 ई.पू.-250 ई.)

- सातवाहन वंश की स्थापना सिमुक (30 ई.पू.-37 ई.पू.) ने की थी। सातवाहन वंश को पुराणों में आन्ध्र भृत्य तथा अभिलेखों में सातवाहन कहा गया है।
- यह वंश किसी-न-किसी रूप में लगभग चार शताब्दियों तक बना रहा, जो प्राचीन भारत में किसी एक वंश का सर्वाधिक कार्यकाल है। पुराणों के अनुसार, आन्ध्रों ने 300 वर्ष तक शासन किया। **प्रतिष्ठान** इस वंश की राजधानी थी।

> सातवाहनों का शासन महाराष्ट्र, आन्ध्र और कर्नाटक तक विस्तृत था। आरम्भिक सातवाहन शासक आन्ध्र में नहीं, बल्कि उत्तरी महाराष्ट्र में थे, जहाँ उनके प्राचीनतम सिक्के और अधिकांश आरम्भिक अभिलेख मिले हैं।

- सातवाहनों के सबसे बड़े प्रतिद्वन्द्वी शक थे, जिन्होंने अपनी सत्ता दक्कन और पश्चिमी भारत में स्थापित की थी।
- सातवाहनों से सम्बन्धित इतिहास की जानकारी अभिलेख, सिक्के व स्मारकों तीनों से मिलती है।
- सातवाहन पूर्व बस्तियों का अस्तित्व दक्कन के अनेक स्थलों पर काले व लाल मृद्भाण्ड और गेरुआ लेपित चित्रित मृद्भाण्डों के पाए जाने से प्रमाणित होता है।
- सातवाहनों के सबसे पुराने अभिलेख ईसा पूर्व पहली सदी के हैं, उसी समय सातवाहनों ने कण्वों को पराजित कर मध्य भारत के कुछ भागों में अपनी सत्ता स्थापित की।

> **सातवाहन इतिहास के प्रमुख स्रोत**
> - गौतमी बलश्री का नासिक गुहालेख
> - गौतमीपुत्र शातकर्णी के नासिक से मिले दो गुहालेख
> - रानी नागानिका का नानाघाट अभिलेख, पुणे (महाराष्ट्र)
> - यज्ञश्री शातकर्णी का नासिक गुहालेख
> - वशिष्ठीपुत्र पुलुमावी का नासिक गुहालेख
> - वशिष्ठीपुत्र पुलुमावी का कार्ले गुहालेख

प्रमुख सातवाहन शासक

सातवाहन वंश के प्रमुख शासकों में शातकर्णी प्रथम, हाल, गौतमीपुत्र शातकर्णी, वशिष्ठीपुत्र पुलुमावी व यज्ञश्री शातकर्णी शामिल हैं। इनका संक्षिप्त वर्णन निम्न प्रकार है

शातकर्णी प्रथम (27-17 ई.पू.)

- शातकर्णी प्रथम इस वंश का पहला महत्त्वपूर्ण शासक था, जिसकी उपलब्धियों की जानकारी **नागानिका** (इसकी रानी) के **नानाघाट अभिलेख** से मिलती है।
- **भूमिदान का पहला साक्ष्य** इसी अभिलेख से प्राप्त होता है। शातकर्णी प्रथम ने दो अश्वमेध तथा एक राजसूय यज्ञ का अनुष्ठान किया था। पुराणों में इसे कृष्ण का पुत्र कहा गया है।
- शातकर्णी प्रथम ने दक्षिण पथपति व अप्रतिहत चक्र जैसी उपाधियाँ धारण की थीं। उसने मानव शैली की गोल मुद्राएँ तथा अपनी पत्नी के नाम पर रजत मुद्राएँ उत्कीर्ण करवाई थीं।

> शातकर्णी प्रथम पर श्रीसात (शातकर्णी का सूचक) उल्लेख है। जुन्नार से प्राप्त रजत सिक्कों पर शातकर्णी एवं नागानिका के नाम के साथ अश्व की आकृति उत्कीर्ण मिलती है।

हाल (20-24 ई.पू.)

- सातवाहन वंश में हाल महानतम शासक था। वह एक बड़ा कवि तथा कवियों एवं विद्वानों का आश्रयदाता था।
- हाल ने **गाथासप्तशती** नामक एक मुक्तक काव्य की रचना की थी। यह प्राकृत भाषा में है।
- उसकी राजसभा में बृहत्कथा के रचयिता गुणाढ्य तथा कातन्त्र नामक संस्कृत व्याकरण के लेखक सर्ववर्मन निवास करते थे।

गौतमीपुत्र शातकर्णी (106-130 ई.पू.)

- सातवाहन वंश का महानतम शासक गौतमीपुत्र शातकर्णी था, जिसकी सैन्य विजयों की जानकारी इसकी माता बलश्री के नासिक अभिलेख से प्राप्त होती है। इस अभिलेख में उसे एकमात्र ब्राह्मण एवं अद्वितीय ब्राह्मण कहा गया है। इस अभिलेख के अनुसार उसके घोड़ों ने तीनों समुद्रों का पानी पिया था।
- नासिक (जोगलथम्बी) से चाँदी के 8 हजार सिक्के प्राप्त हुए हैं, जिनमें एक ओर नहपान तथा दूसरी ओर गौतमीपुत्र शातकर्णी का नाम है।

- उसने राजाराज, वेणकटक स्वामी, विन्ध्यनरेश की उपाधियाँ धारण कीं। गौतमीपुत्र शातकर्णी ने **वेणकटक** नामक नगर की स्थापना की थी। उसने शक शासक नहपान को पराजित किया था। नहपान क्षहरात वंश से सम्बन्धित था। इसका विस्तार उत्तर में मालवा से दक्षिण में कर्नाटक तक था।
- सौराष्ट्र के शक रूद्रदामन प्रथम ने सातवाहनों को दो बार पराजित किया, परन्तु वैवाहिक सम्बन्ध होने के कारण नष्ट नहीं किया।
- इसने बौद्ध संघ को अजकालमिय तथा कार्ले के भिक्षु संघ को 'करजक' नामक ग्राम दान में दिए।

वशिष्ठीपुत्र पुलुमावी (130-154 ई.)

- गौतमीपुत्र शातकर्णी का उत्तराधिकारी वशिष्ठीपुत्र **पुलुमावी** था। वशिष्ठीपुत्र पुलुमावी को आन्ध्र पर विजय करने के पश्चात् उसे प्रथम आन्ध्र सम्राट कहा गया। पुराणों में उसे **पुलोमा** कहा गया है।
- पुलुमावी को **दक्षिणापथेश्वर** एवं **प्रथम आन्ध्र सम्राट** भी कहा गया है। उसके अभिलेख नासिक, कार्ले और अमरावती में मिले हैं।
- कन्हेरी लेख में उल्लिखित साक्ष्यों के अनुसार पुलमावी का विवाह **रुद्रदामन** की पुत्री से हुआ था।
- पुलुमावी ने अपनी राजधानी आन्ध्र प्रदेश के औरंगाबाद जिले में गोदावरी नदी के किनारे पैठन या प्रतिष्ठान में बनाई थी।
- पुलुमावी द्वारा भारी सिक्के कोरोमण्डल से प्राप्त हुए हैं, जिस पर दो पतवार या दूहरे (मस्तूल) वाले जहाज का अंकन मिलता है।

> **जूनागढ़ अभिलेख** (गिरनार अभिलेख) में रुद्रदामन ने पुलुमावी को दो बार पराजित करने का दावा किया है।

- पुलुमावी के पश्चात् **शिवश्री शातकर्णी** (154-165 ई.) एवं **शिवस्कन्द शातकर्णी** (165-174 ई.) शासक हुए।

यज्ञश्री शातकर्णी (174-203 ई.)

- **यज्ञश्री शातकर्णी** सातवाहन वंश का अन्तिम महान् शासक था, जिसके सिक्के पर नाव का चित्र अंकित था।
- यज्ञश्री शातकर्णी ने उत्तर कोंकण और मालवा को शक शासकों से वापस ले लिया था।
- यज्ञश्री शातकर्णी व्यापार और जलयात्रा का प्रेमी था। इसके सिक्के न केवल आन्ध्र प्रदेश, अपितु महाराष्ट्र, मध्य प्रदेश और गुजरात में भी पाए गए हैं। इन सिक्कों पर जहाज का चित्र है, जो जलयात्रा और समुद्री व्यापार के प्रति उसके प्रेमी का परिचायक है। सातवाहन साम्राज्य के अवशेष पर **वाकाटक** एवं **इक्ष्वाकु वंश** की स्थापना हुई।

चेदि वंश

- कलिंग के चेदि वंश से सम्बन्धित जानकारी का स्रोत इस वंश के महान शासक खारवेल का **हाथीगुम्फा अभिलेख** (प्रथम शताब्दी ई.पू.) में मिलता है।
- इस अभिलेख से अप्रत्यक्ष रूप से पता चलता है कि चेदि वंश का संस्थापक महामेघवाहन नामक व्यक्ति था। इसलिए इसे महामेघवाहन वंश के नाम से भी जानते हैं।

> **खारवेल** चेदि वंश का महानतम शासक था, जो मगध के शासक बृहस्पतिमित्र के विरुद्ध अभियान कर जैन तीर्थंकर शीतलनाथ की मूर्ति मगध से लाने में सफल हुआ, जिसको तीन शताब्दी पूर्व मगध के शासक महापदमनन्द द्वारा कलिंग से ले जाया गया था।

- जैन लोगों को ग्राम दान में दिए जाने का प्रथम उल्लेख हाथीगुम्फा अभिलेख से प्राप्त होता है। इस अभिलेख में दक्षिण के तीन राज्यों चोल, चेर एवं पाण्ड्यों का उसके द्वारा पराजित किए जाने का उल्लेख है। पाण्ड्य शासक से उसने गधे से हल चलवाया था।
- अभिलेखों में खारवेल को **राजर्षि** कहा गया है। हाथीगुम्फा अभिलेख पहला प्रशस्ति अभिलेख है। **महाराज** उपाधि का प्राचीनतम उल्लेख इसी अभिलेख से प्राप्त होता है।

> खारवेल ने अनेक गुफा विहारों का निर्माण करवाया था। ये गुफा जैन भिक्षुओं के लिए बनवाई थीं। इनमें उदयगिरि में 19 तथा खण्डगिरि में 16 गुफाएँ स्थित हैं।

- खारवेल जैन धर्मावलम्बी था, यद्यपि वह सभी धर्मों तथा सम्प्रदायों का सम्मान करता था।

मौर्योत्तरकालीन विदेशी राजवंश/शासक

मौर्योत्तर काल की सबसे महत्त्वपूर्ण परिघटना उत्तर-पश्चिम की ओर से भारत में अनेक जातियों का आगमन तथा भारतीय समाज में उनके समावेश की प्रवृत्ति थी। इनका विवरण निम्न प्रकार है

हिन्द-यवन (इण्डो-ग्रीक)

- उत्तर-पश्चिम से पश्चिमी विदेशियों के आक्रमण मौर्योत्तर काल की सबसे महत्त्वपूर्ण राजनीतिक घटना थी। ये सबसे पहले आक्रमणकारी थे। बैक्ट्रिया के ग्रीक (यूनानी), जिन्हें प्राचीन भारतीय साहित्य ने **यवन** कहा है।
- सर्वप्रथम यूनानी आक्रमणकारियों ने हिन्दुकुश पर्वत पार किया। इन्हें इण्डो-ग्रीक, हिन्द-यवन एवं बैक्ट्रियन ग्रीक के नाम से भी जाना जाता है।

प्रमुख हिन्द-यवन शासक

प्रमुख हिन्द-यवन शासक निम्नलिखित हैं

डेमेट्रियस प्रथम

- भारतीय सीमा में सर्वप्रथम प्रवेश करने का श्रेय **डेमेट्रियस प्रथम** को जाता है। उसने 183 ई.पू. के लगभग पंजाब के कुछ भागों को जीतकर **साकल** (आधुनिक स्यालकोट) को अपनी राजधानी बनाया।
- डेमेट्रियस ने भारतीयों के राजा की उपाधि धारण की और यूनानी तथा खरोष्ठी दोनों लिपियों वाले सिक्के चलाए। डेमेट्रियस के उपरान्त यूक्रेटाइड्स ने भारत के कुछ राज्यों को जीतकर तक्षशिला को अपनी राजधानी बनाया।
- उल्लेखनीय है कि 125 ई.पू. के लगभग बैक्ट्रिया से यवन-शासन समाप्त हो गया तथा वहाँ शकों का शासन स्थापित हो गया। बैक्ट्रिया में यवनों का अन्तिम शासक **हेलियोक्लीज** था।

मिनाण्डर (165-145 ई.पू.)

- मिनाण्डर सबसे प्रसिद्ध यवन शासक था। यह सम्भवत: डेमेट्रियस कुल से सम्बन्धित था। मिनाण्डर बौद्ध साहित्य में **मिलिन्द** के नाम से प्रसिद्ध है। प्रसिद्ध बौद्ध ग्रन्थ मिलिन्दपन्हो में बौद्ध भिक्षु नागसेन एवं मिनाण्डर की वृहद् वार्ता संकलित है।
- भारत पर बैक्ट्रिया के यूनानी राजाओं के शासन के आरम्भ के साथ ही सिक्कों पर राजाओं के नाम व तिथियाँ उत्कीर्ण की जाने लगी थीं।
- हिन्द-यवन शासकों का इतिहास जानने का एकमात्र स्रोत सिक्के हैं। इनके चाँदी के सिक्के **द्रम्भ** कहे जाते थे। मिनाण्डर के सिक्कों पर धर्मचक्र का अंकन मिलता है। वह प्रथम इण्डोग्रीक शासक था, जिसने स्वर्ण सिक्के चलवाए।
- इस वंश के सबसे प्रतापी शासक एण्टियालकीड्स ने **हेलियोडोरस को** भागभद्र के दरबार में भेजा था। हेलियोडोरस ने विदिशा में स्तम्भ की स्थापना की थी।

यूनानियों की देन

- राजत्व का दैवीय सिद्धान्त।
- साँचों से सिक्का-निर्माण की विधि।
- मुद्राओं पर राजा का नाम, चित्र, तिथि अंकित करने का प्रचलन।
- काल गणना, सम्वत् का प्रयोग, सप्ताह के 7 दिन, 12 राशियाँ, कैलेण्डर वर्ष।
- भारत में ज्योतिष का विकास यूनानी सम्बन्धों के कारण सम्भव हुआ।
- नाटक में प्रयुक्त होने वाला **पर्दा** यूनानियों की देन है। इसे **यवनिका** कहा गया।
- उत्तर-पश्चिम भारत में **हेलेनिस्टिक कला** (गान्धार शैली) का विकास।

शक

- शक मूलत: सीरिया के उत्तर में निवास करने वाली जाति थी। शक बोलन दर्रे के मार्ग से भारत आए। ये भारतीय स्रोतों में शकों को **सीथियन** नाम दिया गया है।

शक पाँच शाखाओं में विभक्त थे, जोकि निम्न हैं

- अफगानिस्तान
- पंजाब (राजधानी-तक्षशिला)
- मथुरा
- पश्चिमी भारत
- ऊपरी दक्कन

- तक्षशिला के शक शासकों में **मोगा/माउस** प्रमुख था। इसे प्रथम शक शासक माना जाता है। इसके अनेक सिक्के प्राप्त हुए हैं।
- महाराष्ट्र के पश्चिमी शक शासकों में क्षहरात वंश (नासिक) का नहपान सबसे प्रसिद्ध था। सातवाहन शासक गौतमीपुत्र शातकर्णी से यह पराजित हुआ था। नहपान ने अपने सिक्कों में स्वयं को राजा लिखा है। इसके सिक्के अजमेर से नासिक तक मिलते हैं।

रुद्रदामन प्रथम

- भारत में शकों का सर्वाधिक प्रसिद्ध राजा **रुद्रदामन** (130-150 ई.) था। यह पश्चिमी क्षत्रपों के कादर्मक वंश (उज्जैन) से सम्बन्धित था। रुद्रदामन ने अपने समकालीन **शातकर्णी द्वितीय** (वशिष्ठीपुत्र पुलुमावी) को दो बार हराया।
- इसका शासन न केवल सिन्ध में, बल्कि कोंकण, नर्मदा घाटी, मालवा, काठियावाड़ और गुजरात के बड़े भागों में भी था।

रुद्रदामन ने **सुदर्शन झील** की मरम्मत करवाई। इस झील का निर्माण मौर्यकाल में हुआ था। इसके समय में सौराष्ट्र प्रान्त का शासक **सुविशाख** था।

रुद्रदामन संस्कृत भाषा का संरक्षक था। उसने ही सबसे पहले विशुद्ध संस्कृत भाषा में लम्बा अभिलेख (जूनागढ़ अभिलेख) जारी किया। इस वंश का अन्तिम शासक **रुद्रसिंह तृतीय** था।

- मालवा के एक शासक **विक्रमादित्य** ने 57 ई.पू. में शकों को पराजित किया था। इसी विक्रमादित्य के नाम पर एक नवीन **सम्वत् विक्रम सम्वत्** या **मालवा सम्वत्** की नींव पड़ी।
- विक्रम सम्वत् 57 ई.पू. में शकों पर उसकी विजय से आरम्भ हुआ, तब से विक्रमादित्य शासक की सामान्य उपाधि हो गई तथा ऊँची प्रतिष्ठा और सत्ता का प्रतीक बन गई।
- भारतीय इतिहास में विक्रमादित्य की उपाधि धारण करने वाले शासकों की कुल संख्या 14 थी। गुप्त सम्राट चन्द्रगुप्त द्वितीय सबसे विख्यात विक्रमादित्य हुए।
- शकों की पश्चिम में स्थापित शाखा ने लगभग चार सदियों तक शासन किया। वे गुजरात में चल रहे समुद्री व्यापार से लाभान्वित हुए और उन्होंने भारी संख्या में चाँदी के सिक्के चलाए।

पार्थियाई/पहलव

- **पार्थियाई** मध्य एशिया के ईरान से आए थे। पश्चिमोत्तर भारत में शकों के आधिपत्य के बाद पार्थियाई लोगों का आधिपत्य प्रारम्भ हुआ, जिन्हें भारतीय स्रोतों में **पहलव** कहा गया है।
- भारत में पार्थियन साम्राज्य का वास्तविक संस्थापक **मिथ्रेडेट्स प्रथम** (171-130 ई.पू.) था।
- पहलव वंश का सर्वाधिक शक्तिशाली शासक **गोण्डोफर्नीज** (20-41 ई.) था। खरोष्ठी लिपि में उत्कीर्ण तख्त-ए-बही अभिलेख में इसे **गुदुव्हर** कहा गया है। फारसी में उसका नाम बिन्दफर्ण है, जिसका अर्थ यश विजयी है।
- गोण्डोफर्नीज के शासनकाल में **सेण्ट थॉमस** ईसाई धर्म का प्रचार करने के लिए भारत आया था। इसकी मृत्यु तमिलनाडु में हुई थी।
- गोण्डोफर्नीज ने **देवव्रत** की उपाधि ली थी। पार्थियन राजाओं के सिक्कों पर धार्मिय (धार्मिक) उपाधि मिलती है। उन्होंने बौद्ध धर्म ग्रहण कर लिया था। इस साम्राज्य का अन्त **कुषाणों** द्वारा हुआ।

कुषाण

- पार्थियाई लोगों के शासन का अन्त करके कुषाण सत्ता में आए। इन्हें **यूची** या **तोचेरियन** (तोखारी) भी कहा जाता है। इनका मूल निवास स्थान चीन की सीमा पर स्थित चीनी तुर्किस्तान था।
- कालान्तर में यूची कबीला पाँच भागों में बँट गया था। इन्हीं में से एक कबीले ने भारत के कुछ भागों पर शासन किया। उनका साम्राज्य अमूदरिया से गंगा तक तथा मध्य एशिया के खुरासान से उत्तर प्रदेश के वारणसी तक विस्तृत था।
- भारत में सबसे अधिक (व्यापक रूप में) **सोने के सिक्के** चलाने का श्रेय कुषाणों को है। ये विदेशी शासकों में सर्वाधिक प्रसिद्ध थे।

> मथुरा से प्राप्त सिक्कों, अभिलेखों, सरंचनाओं तथा मूर्तियों के कारण मथुरा को **कुषाणों की द्वितीय राजधानी** माना जाता है।
> ईरान का कुछ भाग, अफगानिस्तान, पूर्व सोवियत गणराज्य में साम्मिलित एशिया का बड़ा भाग कुषाणों के अधीन था।

अन्य प्रमुख शासक

कुजुल कडफिसस (15-64 ई.)

- भारत में कुषाण वंश की स्थापना **कुजुल कडफिसस** ने की थी।
- उसने रोमन सिक्कों की नकल करके ताँबे के सिक्के ढलवाए तथा **महाराजाधिराज** की उपाधि धारण की।
- कडफिसस प्रथम के प्रारम्भिक सिक्कों के मुख्य भागों पर यूनानी राजा **हर्मियस** की आकृति और पृष्ठ भाग पर उसकी अपनी आकृति है। इसका अर्थ यह हुआ कि वह पहले यूनानी राजा हर्मियस के अधीन था।

विम कडफिसस (65-78 ई.)

- कुजुल कडफिसस की मृत्यु के बाद **विम कडफिसस** कुषाण शासक बना।
- विम कडफिसस ने तक्षशिला और पंजाब पर अधिकार कर लिया था। इसे भारत में कुषाण शक्ति का वास्तविक संस्थापक माना जाता है। भारत में **सर्वप्रथम स्वर्ण सिक्के** चलाने का श्रेय विम कडफिसेस को ही दिया जाता है। इसने ताँबे के सिक्के भी चलाए।
- उसके सिक्कों पर एक ओर यूनानी लिपि तथा दूसरी ओर खरोष्ठी लिपि उत्कीर्ण है।
- वह शैव मत का अनुयायी था। उसके कुछ सिक्कों पर शिव, नन्दी तथा त्रिशूल की आकृतियाँ मिलती हैं। उसने **महेश्वर की उपाधि** धारण की।

> विम कडफिसस ने अपने शासनकाल के दौरान विभिन्न उपाधियाँ; जैसे-राजाधिराज, महेश्वर तथा सर्वलोकेश्वर इत्यादि धारण की थीं।

कनिष्क

- कनिष्क सर्वाधिक विख्यात कुषाण शासक था, जिसने 78 ई. में एक सम्वत् चलाया, जो **शक सम्वत्** कहलाता है। इसे वर्तमान में भारत सरकार द्वारा भी प्रयोग में लाया जाता है। वर्तमान में शक सम्वत् चैत्र माह (21 या 22 मार्च) से प्रारम्भ होता है।
- कनिष्क की प्रथम राजधानी **पेशावर** (पुरुषपुर) एवं दूसरी राजधानी मथुरा थी। कनिष्क ने कश्मीर को जीतकर वहाँ कनिष्कपुर तथा तक्षशिका में सिरकप नामक नगर बसाया। पुरुषपुर के निकट उसने सन्धाराम विहार निर्मित करवाया। उसने काशगर, यारकन्द तथा खोतान पर भी विजय प्राप्त की। उसने चीन से रोम को जाने वाले सिल्क रूट पर भी नियन्त्रण किया था।
- कनिष्क ने रोमन सम्राट की तरह **केसर** या **सीजर** की उपाधि धारण की और शकों की तरह क्षत्रप शासन व्यवस्था लागू की।
- कनिष्क ने पाटलिपुत्र पर आक्रमण कर वहाँ से प्रसिद्ध विद्वान अश्वघोष, बुद्ध का भिक्षापात्र और एक अनोखा कुक्कुट प्राप्त किया था।
- **बोगरा** (महास्थान) में पाई गई सोने की मुद्रा पर कनिष्क की एक खड़ी मूर्ति अंकित है। मथुरा में कनिष्क की एक प्रतिमा मिली है, जिसमें उन्हें घुटने तथा चोगा एवं पैरों में भारी जूते पहने हुए दिखाया गया है। इसके द्वारा जारी ताँबे के सिक्के पर बलि का दृश्य अंकित है।

> कनिष्क, कला एवं संस्कृति साहित्य का महान संरक्षक था। इसके समय में मूर्तिकला की **गान्धार** एवं **मथुरा शैली** का विकास हुआ।

- उसके दरबार में पार्श्व, वसुमित्र, अश्वघोष, नागार्जुन जैसे—विद्वान तथा चरक जैसे चिकित्सक रहते थे। कनिष्क ने पेशावर में एक मठ और विशाल स्तूप का निर्माण करवाया था।
- कनिष्क का चीन के शासक **पान चाओ** से युद्ध हुआ था, जिसमें कनिष्क की पराजय हुई थी। कनिष्क को **द्वितीय अशोक** भी कहा जाता है। इस कुल का अन्तिम महान शासक **वासुदेव** था।
- कनिष्क के समय कश्मीर के कुण्डलवन में **चतुर्थ बौद्ध संगीति** का आयोजन हुआ, जिसमें बौद्ध धर्म हीनयान एवं महायान में विभाजित हो गया। इस बौद्ध संगीति के अध्यक्ष वसुमित्र तथा उपाध्यक्ष अश्वघोष थे।

हुविष्क

- कनिष्क का उत्तराधिकारी उसका पुत्र बासिष्क हुआ, तत्पश्चात् हुविष्क शासक बना। हुविष्क ने कश्मीर में हुविष्कपुर नामक नगर की स्थापना करवाई, जिसका उल्लेख राजतंरगिणी में है। उसके सिक्कों पर शिव, स्कन्द तथा विष्णु की आकृतियाँ उत्कीर्ण हैं।
- कुषाण शासकों ने महाराजाधिराज (भारतीय उपाधि), देवपुत्र (चीनी उपाधि), केसर (रोमन उपाधि) जैसी उपाधियाँ धारण कीं। उन्होंने मन्दिर बनवाने की प्रथा (देवकुल) भी प्रारम्भ की।
- कुषाणों ने सर्वाधिक **शुद्ध स्वर्ण सिक्के** (124 ग्रेन) जारी किए। उन्हें सर्वाधिक ताम्र सिक्के चलाने का श्रेय भी प्राप्त है। हुविष्क का सम्भवत: रूद्रदामन ने पराजित किया तथा मालवा शकों के अधीन हो गया।

मौर्योत्तरकालीन प्रशासनिक व्यवस्था

- मौर्योत्तर काल में राज्य अधिकांशत छोटे-छोटे थे। हालाँकि दक्षिण में सातवाहनों ने और उत्तर में कुषाणों ने अधिक विस्तृत प्रदेशों पर शासन किया, किन्तु इन दोनों के राजनीतिक संगठन में मौर्य प्रशासन की भाँति सुदृढ़ व सुव्यवस्थित केन्द्रीकरण नहीं था।
- मौर्योत्तर काल में इसके लिए देवीय तत्त्वों को शामिल करने की प्रवृत्ति अपनाई गई।
- शकों और कुषाणों ने इस भावना को बढ़ावा दिया कि राजा देवता का अवतार होता है।
- कुषाण राजा **देवपुत्र** कहलाते थे। यह उपाधि कुषाणों ने चीनियों से ली, जो अपने राजा को **स्वर्ग का पुत्र** कहते थे।
- शक शासक **त्रातार** (मुक्तिदाता) की उपाधि लेते थे। कुषाण शासकों ने चीनी शासकों के अनुरूप देवपुत्र की उपाधि धारण की तथा मन्दिर बनवाने (देवकुल) की प्रथा आरम्भ की।

> कुषाणों ने राज्य शासन में **क्षत्रप प्रणाली** चलाई। शकों एवं पार्थियन ने दो आनुवंशिक राजाओं के संयुक्त शासन की परिपाटी चलाई। कुषाणों ने प्रान्तों में **द्वैध शासन** की प्रणाली प्रारम्भ की।

- इसमें दो आनुवंशिक राजाओं का संयुक्त शासन होता है, जिसमें एक ही समय में एक ही राज्य पर दो राजाओं का शासन हो सकता था। यूनानियों ने **सेनानी-शासन** (मिलिट्री गवर्नरशिप) की परिपाटी चलाई।
- सातवाहन शासकों ने ब्राह्मणों एवं बौद्ध भिक्षुओं को पहली शताब्दी ई.पू. में कर-मुक्त भूमि प्रदान करने की प्रथा प्रारम्भ की। सातवाहनों के समय का नानाघाट अभिलेख **भूमिदान का प्रथम अभिलेखीय प्रमाण** है।
- सुदृढ़ प्रशासनिक व्यवस्था स्थापित करने हेतु सातवाहन साम्राज्य को अनेक विभागों में विभाजित किया गया था, जिसे **अहार** के नाम से जाना जाता था। इन अहारों को अमात्यों (मन्त्री) के अधीन रखा गया था। अहार के अधीन ग्राम स्थापित किए गए थे, जिसका अध्यक्ष ग्रामिक होता था। इसे ग्राम प्रशासन के लिए उत्तरदायी बनाया गया था।
- सातवाहनकालीन प्रशासन के पदाधिकारियों में रज्जुक/राजस्व विभाग का प्रमुख, भाण्डागरिक (कोषाध्यक्ष), वर्मातिक (भवन निर्माण अधिकारी), पनियघटक (जलापूर्ति अधिकारी) व सेनापति आदि शामिल होते थे।
- इस काल के कुषाण लेखों में सर्वप्रथम **दण्डनायक** तथा **महादण्डनायक** जैसे पदाधिकारी का वर्णन मिलता है। कुषाणों ने प्रान्तों में द्वैध शासन प्रणाली आरम्भ की।

सातवाहनकालीन प्रशासनिक व्यवस्था

- सातवाहन शासकों ने धर्मशास्त्रों में बताए गए राजा के आदर्श पर चलने का प्रयास किया, क्योंकि राजा धर्म का संरक्षक होता था।
- सातवाहनों के समय में जिले को अशोक के काल की भाँति ही **आहार** कहते थे। उनके अधिकारी मौर्य काल की भाँति ही **अमात्य** और **महामात्य** कहलाते थे।
- सातवाहनों के प्रशासन में कुछ मुख्य सैनिक और सामाजिक लक्षण विद्यमान थे। सेनापति को प्रान्त का शासनाध्यक्ष या **गवर्नर** बनाया जाता था।
- सातवाहन काल में ग्रामीण क्षेत्रों में प्रशासन का कार्य **गौल्मिक** नामक अधिकारी के अन्तर्गत होता था।
- गौल्मिक एक सैनिक टुकड़ी का प्रधान होता था, जिसमें नौ रथ, नौ हाथी, पच्चीस घोड़े और पैंतालीस पैदल सैनिक होते थे। गौल्मिक को ग्रामीण क्षेत्रों में इसलिए रखा जाता था, ताकि वह शान्ति व्यवस्था बनाए रखे।

> सातवाहन शासन में सैनिक लक्षण उनके अभिलेखों में वर्णित शब्दों **कटक** और **स्कन्धावार** से प्रकट होते हैं।

- कटक तथा स्कन्धावार सैनिक शिविर और बस्तियाँ होती थीं। वे तब तक प्रशासनिक केन्द्र के रूप में कार्य करते थे, जब तक वहाँ पर राजा स्वयं रहते थे।
- सातवाहनों ने ब्राह्मणों और बौद्ध भिक्षुओं को **कर-मुक्त ग्राम दान** देने की प्रथा आरम्भ की थी।
- ब्राह्मणों एवं बौद्ध भिक्षुओं को, जो उर्वर भूमि और ग्राम दान में दिए जाते थे, उन्हें राजपुरुषों, सैनिकों और राजकीय अधिकारियों के हस्तक्षेप से पूर्णतया मुक्त घोषित कर दिया जाता था।

> सातवाहन राज्य में सामन्तों की तीन श्रेणियाँ प्रचलित थीं। पहली श्रेणी का सामन्त **राजा** कहलाता था और उसे सिक्का ढालने का अधिकार था। द्वितीय श्रेणी का सामन्त महाभोज कहलाता था और तृतीय श्रेणी का सामन्त सेनापति कहलाता था। इन सामन्तों को अपने-अपने क्षेत्रों में कुछ सत्ता प्राप्त थी।

मौर्योत्तरकालीन आर्थिक स्थिति

मौर्योत्तरकालीन आर्थिक स्थिति का विवरण निम्नलिखित है

वाणिज्य एवं व्यापार

- आर्थिक रूप से इस काल का उज्ज्वल पक्ष वाणिज्य व्यापार की प्रगति है। इस काल में वाणिज्य एवं व्यापार की उन्नति के प्रमुख कारण थे, जोकि निम्न है
  - नगरीय एवं ग्रामीण क्षेत्रों में नए वर्गों का उदय
  - रोम, चीनी एवं दक्षिण-पूर्व एशिया के साथ व्यापारिक सम्बन्ध
  - मानसून की खोज

- कुषाणों ने चीन से ईरान तथा पश्चिम एशिया तक जाने वाले **रेशम मार्ग** पर नियन्त्रण बनाए रखा था। यह मार्ग उनके साम्राज्य से गुजरता था। रेशम मार्ग आय का बहुत बड़ा स्रोत था।

> ईसा की पहली सदी में **हिप्पालस** नामक ग्रीक नाविक ने अरब सागर से चलने वाली मानसून हवाओं की जानकारी दी। इससे पश्चिमी एशिया के बन्दरगाहों से व्यापार और अधिक सुगम हो गया।

- ईसा की पहली सदी से व्यापार मुख्यत: समुद्री मार्ग से ही होने लगा, इससे पहले अधिकतर व्यापार स्थल मार्ग से होता था। इस काल में बारबेरिकस (सिन्धु के मुहोने पर) अरिकामेडु (पूर्वोतल पर) बेरीगाजा या भड़ौच (पश्चिमी तट पर) आदि महत्त्वपूर्ण बन्दरगाह थे।

भारत-रोम व्यापार

- प्रथम शताब्दी ई. में अज्ञात यूनानी नाविक ने अपनी **पेरीप्लस ऑफ द एरिथ्रियन सी** नामक पुस्तक में भारत द्वारा रोमन साम्राज्य को निर्यात की जाने वाली वस्तुओं का विवरण दिया है। **प्लिनी** ने प्रतिवर्ष रोम से भारत में जाने वाले सोने की भारी मात्रा के लिए दु:ख प्रकट किया है। अरिकामेडु को पेरिप्लस ऑफ द एरिथ्रियन सी में पेडोक नाम से सम्बोधित किया गया है।
- इस काल में भारत और रोम के बीच व्यापार विकसित अवस्था में था। व्यापार सन्तुलन भारत के पक्ष में था और रोम से मुख्यत: स्वर्ण मुद्राएँ प्राप्त होती थीं। रोमवासी मुख्यत: मसाले का आयात करते थे। काली मिर्च को **यवनप्रिय** कहा जाता था।
- रोम को निर्यातित होने वाली प्रमुख वस्तुएँ मुख्यत: मसाले, काली मिर्च, मोती, मलमल, हाथी दाँत की वस्तुएँ, इत्र, चन्दन, कछुए की खोपड़ी, केसर, हीरा, रत्न, तोता, शेर, चीता आदि थीं।
- रोम से आयातित होने वाली प्रमुख वस्तुएँ मुख्यत: कलश, शराब, सोना एवं चाँदी के सिक्के, पुखराज, टिन, ताँबा, शीशा, लाल चमकीले अस्टेटाइन मृद्‌भाण्ड आदि थीं।
- भारत, चीन से कच्चे रेशम, रेशम के धागे और रेशमी वस्त्र मँगाता था। भड़ौच (भृगुकच्छ) बन्दरगाह से इन वस्तुओं का निर्यात पश्चिमी देशों को किया जाता था। अरब और मिस्र से घोड़े लाए जाते थे।

मौर्योत्तरकालीन प्रमुख बन्दरगाह

मौर्योत्तर काल में सोपारा (पश्चिमी तट), भड़ौच (गुजरात), देवल (सिन्ध), पोलूरा (उड़ीसा तट), चौल, नौरा, टिण्डिस, मुजरिस (केरल तट), कोरकई, पुहार/कावेरीपत्तनम्, नागपत्तनम् (तमिल तट), मसूलीपत्तनम, कौण्डेक, साइला एवं निट्रिंग (आन्ध्र तट) आदि प्रमुख बन्दरगाह थे।

शिल्प एवं उद्योग

- मौर्योत्तर काल में शिल्पियों का विशेषीकरण हुआ। दीर्घनिकाय में 24 एवं महावस्तु में 36 प्रकार के व्यवसायियों तथा मिलिन्दपन्हो में 75 प्रकार के व्यवसायों की चर्चा की गई है।
- व्यापार एवं विनिमय में मुद्राओं का प्रयोग मौर्योत्तर युग की सबसे बड़ी देन है। इस काल का प्रमुख उद्योग, वस्त्र उद्योग था। भारत ने सीसा ढालने की जानकारी ईस्वी सन् के आरम्भ में आकर प्राप्त की।

> मौर्योत्तर काल में **शाटक** नामक वस्त्र के लिए मथुरा, ईंटों के बने रंगाई के हौज के लिए उरैयूर एवं अरिकामेडु (तमिलनाडु), वृक्ष के रेशों से बने वस्त्र के लिए मगध, **मलमल** के लिए बंग एवं पुण्ड्र क्षेत्र (बंगाल) तथा **मसालों** के लिए दक्षिण भारत प्रसिद्ध था।

- व्यापारिक प्रगति के कारण शिल्पकारों ने शिल्प श्रेणियों को संगठित किया। श्रेणियों के पास अपना सैन्य बल होता था। श्रेणी का प्रधान **प्रमुख**, निगम का प्रधान **श्रेष्ठि** तथा पूग का प्रधान **ज्येष्ठक** कहलाता था।
- उत्तर भारत में श्रेष्ठियों को **सेठ** और दक्षिण भारत में **शेट्टि/ चेट्टियार** कहा जाता था। श्रेणियाँ महाजन का भी कार्य करती थीं। ब्याज की सामान्य प्रचलित दर $1\frac{1}{4}$ मासिक थी।
- व्यापारिक कारवा के प्रधान को **सार्थवाह** कहा जाता था। क्रेता और विक्रेता के मध्य सौदेबाजी पणितव्य कहलाती थी। प्रस्थ, आढ़क, द्रोण और खारी बढ़ते हुए क्रम में इस काल के बाट थे।

सिक्के

- हिन्द-यवन शासकों ने सर्वप्रथम सोने के सिक्के चलाए। उनके सिक्कों पर द्विभाषिक लेख होते थे। एक ओर **यूनानी भाषा** और लिपि में तथा दूसरी ओर **प्राकृत भाषा** और **खरोष्ठी लिपि** में होते थे।
- उन्होंने सोने, ताँबे एवं चाँदी के सिक्के चलाए। सोने का सिक्का वजन में 133 ग्रेन का होता था। कुषाणों ने सर्वप्रथम शुद्ध स्वर्ण के सिक्के चलाए, जो 124 ग्रेन के होते थे। सातवाहनों ने सीसे के अतिरिक्त चाँदी, ताँबा, पोटीन आदि के सिक्के भी चलाए।

> मौर्योत्तर काल में विभिन्न प्रकार के सिक्के प्रचलित थे, जो निम्न हैं
> - **सोने के सिक्के** निष्क, दीनार, सुवर्ण और पल
> - **चाँदी के सिक्के** शतमान
> - **ताँबे के सिक्के** काकणी
>
> सोने, चाँदी, ताँबे, राँगा, सीसे आदि सभी धातुओं से निर्मित सिक्के कार्षापण कहलाते थे।

सातवाहनकालीन आर्थिक व्यवस्था

- सातवाहनों ने **करीमनगर** और **वारंगल** से प्राप्त लौह-अयस्क का उपयोग किया था। करीमनगर जिले में एक उत्खनित स्थान पर लोहार की एक दुकान भी मिली है।
- **कोलार** क्षेत्र से प्राप्त स्वर्ण खदानों का उपयोग सातवाहनों ने बहुमूल्य धातु के रूप में किया था।

- सातवाहनों ने भी कुषाणों की भाँति सोने के सिक्के नहीं चलाए, उनके सिक्के अधिकांश सीसे (लेड) के थे, जो दक्कन में पाए जाते हैं। सातवाहन ने पोटीन, ताँबे और काँसे की मुद्राएँ भी चलाईं।

> दक्कन के लोग धान की खेती से परिचित थे और शुरुआत की सदियों में ही कृष्णा और गोदावरी के बीच का क्षेत्र, विशेषकर दोनों नदियों की चट्टानों का क्षेत्र **चावल का विशाल भण्डार** हो गया था। इस काल में कृषकों की उपज का छठा भाग कर के रूप में लिया जाता था।

- विदेशियों के विवरणों में **आन्ध्र** कपास के उत्पादन में प्रसिद्ध बताया गया तथा उत्तर के सम्पर्क से दक्कन के लोगों ने सिक्के, पकी ईंट, छल्लेदा कुआँ, लेखन कला आदि का प्रयोग सीखा।
- दाता के रूप में शिल्पियों में गन्धिकों (इत्र बनाने वाले) के नाम का उल्लेख किया गया है। कालान्तर में इस शब्द का अर्थ व्यापक हो गया और सभी प्रकार के दुकानदारों के लिए यह शब्द प्रयुक्त होने लगा। आज का उपनाम **गाँधी** इसी प्राचीन शब्द से निकला है।
- मिलिदपन्हो और महावस्तु ग्रन्थ में व्यवसायों एवं शिल्पियों का उल्लेख मिलता है, जिसके प्रधान को **श्रेष्ठिन** कहा जाता था।
- व्यापार व्यवसाय में चाँदी, ताँबे के सिक्कों का प्रयोग किया जाता था, जिसे **कार्षापण** कहा जाता था।
- सोने की मुद्रा **सुवर्ण** कहलाती थी। यह 35 चाँदी के कार्षापणों के बराबर होती थी।
- व्यापार आन्तरिक एवं बाह्य दोनों प्रकार से होता था। पश्चिमी देशों के अतिरिक्त **श्रीलंका, सुमात्रा** तथा जावा आदि के साथ व्यापार जल मार्ग से होता था।

मौर्योत्तरकालीन सामाजिक स्थिति

- मौर्योत्तर काल में परम्परागत चारों वर्ण ब्राह्मण, क्षत्रिय, वैश्य और शूद्र थे, किन्तु शिल्प और वाणिज्य में उन्नति का लाभ शूद्रों को मिला।
- **यूनानी, शक, पार्थियन** और **कुषाण** सभी भारत में अपनी-अपनी पहचान अन्ततः खो बैठे। वे भारतीय समाज में योद्धाओं के वर्ग में अर्थात् क्षत्रिय वर्ण में समाविष्ट हुए।
- इस काल के विदेशी शासकों को मलेच्छ एवं निम्न क्षत्रिय वर्ग के रूप में मान्यता मिली।

सातवाहनकालीन सामाजिक स्थिति

- सातवाहनों के सबसे प्रसिद्ध राजा गौतमीपुत्र शातकर्णी ने विच्छिन्न होते **चातुर्वर्ण्य** (चार वर्णों वाली व्यवस्था) को पुनः स्थापित किया और वर्णसंकर (वर्णों और जातियों के सम्मिश्रण) को रोका।
- सातवाहन काल में वर्णसंकर का संकट शकों के प्रवेश से तथा दक्कन में रहने वाले जनजातीय लोगों के सतही **ब्राह्मणीकरण** के कारण उत्पन्न हो गया था।
- इस काल में **मातृसत्तात्मक** ढाँचे के होने का आभास मिलता है। सातवाहन शासकों के नाम मातृप्रधान थे, परन्तु सातवाहन राजकुल पितृसत्तात्मक था, क्योंकि राजसिंहासन का उत्तराधिकारी पुत्र ही होता था।
- सातवाहन काल में महिलाओं की स्थिति अच्छी थी। महिलाएँ शिक्षित थीं, पर्दा प्रथा का प्रचलन नहीं था तथा स्त्रियाँ भी सम्पति में भागीदार होती थीं। समाज में **अन्तर्जातीय विवाह** का प्रचलन था।

> सातवाहन राजपरिवार में महिलाएँ बौद्ध धर्म को प्रश्रय देती थीं, जबकि पुरुष प्रायः वैदिक धर्म का पालन करते थे। सातवाहन काल में रानियों ने स्वाधिकारपूर्वक बड़े-बड़े धार्मिक दान किए और अनेक रानियों ने तो प्रतिशासक (रीजेण्ट) के रूप में भी कार्य किया।

मौर्योत्तरकालीन धार्मिक स्थिति

- भक्ति का विकास मौर्योत्तर काल के धर्म की प्रमुख विशेषता है। बाद में भक्ति के साथ **अवतारवाद** की परिकल्पना और अवतारवाद के साथ मूर्तिपूजा की संकल्पना भी जुड़ गई।
- इस काल में कई विदेशी शासक विष्णु के उपासक बन गए। आर्य देवताओं के समानान्तर गैर-आर्य देवता भी स्थापित हो गए; जैसे- गणेश, कार्तिकेय, मातृदेवी, वृक्ष पूजा, पशु पूजा, सर्प पूजा आदि।
- **मोरा** से प्राप्त प्रथम सदी ई. के एक लेख में संकर्षण, वासुदेव, प्रद्युम्न, साम्ब व अनिरुद्ध की पूजा का वर्णन मिलता है।

> इस काल में बौद्ध धर्म और उसकी **महायान शाखा** का सर्वाधिक प्रचार-प्रसार हुआ। बौद्ध धर्म में मूर्तिपूजा आरम्भ हुई और इसका प्रचलन ब्राह्मण समुदाय में भी हुआ। बुद्ध की सबसे प्राचीन मूर्ति मथुरा से मिली है।

- भारत में सबसे पहले बुद्ध की प्रतिमाओं की पूजा की गई। बौद्ध धर्म की महायान शाखा के अनुयायियों ने सर्वप्रथम बुद्ध की प्रतिमा को स्थापित करके उनकी पूजा प्रारम्भ की।
- इस काल में शैव धर्म के अन्तर्गत **पाशुपात सम्प्रदाय** का विकास हुआ। इसके प्रवर्तक **लकुलिश** थे।
- अनेक कुषाण शासक वैष्णव बने, जिनमें वासुदेव का नाम प्रमुख है। वासुदेव नाम ही विष्णु के अवतार कृष्ण का पर्यायवाची है।

सातवाहनकालीन धार्मिक व्यवस्था

- गौतमी बलश्री शातकर्णी के नासिक अभिलेख में गौतमी पुत्र शातकर्णी को **अद्वितीय ब्राह्मण** कहा गया है।
- सातवाहन शासक ब्राह्मण थे और उन्होंने ब्राह्मण के विजयाभिमान का नेतृत्व किया। सातवाहन शासक कृष्ण, वासुदेव आदि वैष्णव देवताओं के भी उपासक थे।

- सातवाहन शासकों ने **धार्मिक सहिष्णुता** की नीति का अनुसरण किया।
- सातवाहन शासकों ने भिक्षुओं को भी ग्रामदान देकर बौद्ध धर्म का प्रसार किया। उनके राज्य में बौद्ध धर्म के महायान सम्प्रदाय का वर्चस्व था।
- आन्ध्र प्रदेश में **नागार्जुनकोण्ड** और **अमरावती** नगर सातवाहनों के शासन में, विशेषकर उनके उत्तराधिकारी इक्ष्वाकुओं के शासन में बौद्ध संस्कृति के महत्त्वपूर्ण केन्द्र बन गए।
- सातवाहन काल में महाराष्ट्र में पश्चिमी दक्कन के नासिक और जुनार क्षेत्रों में भी व्यापारियों का संरक्षण प्राप्त कर बौद्ध धर्म का विस्तार हुआ।

> सातवाहन राजाओं का वर्णन **राम, भीम, केशव, अर्जुन** आदि पौराणिक महापुरुषों के गुणों से विभूषित रूप से किया गया है। हाल की गाथासप्तशती के आरम्भ में ही शिव की पूजा की गई है, इसके अतिरिक्त पशुपति एवं गौरी, कृष्ण, इन्द्र की पूजा का भी वर्णन किया गया है।

मौर्योत्तरकालीन कला एवं संस्कृति

- मौर्योत्तर काल में (कनिष्क के शासनकाल में) कला के क्षेत्र में दो स्वतन्त्र शैलियों **गान्धार शैली** और **मथुरा शैली** का विकास हुआ।
- इस काल में कला का मुख्य आधार बौद्ध धर्म था। मध्य एशिया से जो मूर्तिशिल्प की कृतियाँ प्राप्त हुई हैं, उनमें बौद्ध धर्म के प्रभाव की छाया में स्थानीय और भारतीय दोनों लक्षणों का मिश्रण पाया जाता है।

गान्धार कला (शैली)

- भारतीय शिल्पकारों का, विशेषकर भारत के पश्चिमोत्तर सीमा प्रान्त गान्धार में मध्य एशियाई, यूनानी और रोमन शिल्पकारों के साथ सम्पर्क हुआ। इससे नई शैली की कला का उदय हुआ, जिसे **गान्धार शैली** कहते हैं। इसमें बुद्ध की प्रतिमाएँ यूनान और रोम की मिश्रित शैली से निर्मित की गईं।
- गान्धार शैली को **इण्डोग्रीक शैली** या **ग्रीक बुद्धिष्ट शैली** भी कहा जाता है। इसका सर्वाधिक विकास कुषाण काल में हुआ। इस शैली की विषय-वस्तु बौद्ध परम्परा से सम्बन्धित है, जबकि निर्माण का तरीका यूनानी था।
- गान्धार कला में मूर्तियों की आकृति को सर्वधा यथार्थ दिखाने का प्रयास किया गया है।
- गान्धार शैली की मूर्तिकला में बुद्ध की मूर्तियाँ यूनानी देवता **अपोलो** की तरह बनाई गई हैं।
- गान्धार कला के अन्तर्गत बुद्ध की **धर्मचक्र मुद्रा, अभय मुद्रा, ध्यान मुदा** तथा **वरद मुद्रा** आदि मूर्तियों का निर्माण किया गया।
- इस शैली की उत्पत्ति का स्रोत एशिया माइनर एवं हेलेनिष्टिक कला थी।

मथुरा कला (शैली)

- मथुरा शैली मूलत: देशी कला थी, जिसमें बुद्ध की विलक्षण प्रतिमाएँ बनीं, परन्तु इस स्थान की ख्याति कनिष्क की सिरविहिन खड़ी मूर्ति को लेकर है। इसके निचले भाग में **कनिष्क** का नाम अंकित है। यहाँ महावीर की भी कई प्रस्तर मूर्तियाँ बनाई गईं।
- कला की मथुरा शैली ईसा की प्रथम सदी से विकसित हुई।
- मथुरा कला में लाल बलुआ पत्थर का प्रयोग किया जाता था। इसकी लाल बलुआ की कृतियाँ मथुरा के बाहर भी पाई जाती हैं। **सम्प्रति मथुरा संग्रहालय** में कुषाणकालीन मूर्तियों का भारत में सबसे अधिक संग्रह है।
- मथुरा कला के अन्तर्गत बुद्ध की धर्मचक्र प्रवर्तन मुद्रा, अभय मुद्रा, ध्यान मुद्रा, भू-स्पर्श मुद्रा आदि मूर्तियों का निर्माण किया गया।
- **साँची के महास्तूप** का निर्माण मौर्यकाल में हुआ था। शुंग काल में उसे पाषाण पट्टिकाओं से जोड़ा गया तथा वेदिका भी पत्थर की ही बनाई गई, जिससे इसका आकार पहले से दोगुना हो गया। सातवाहन काल में वेदिका के चारों दिशाओं में चार तोरण लगा दिए गए।

> **अमरावती कला**
>
> - मौर्योत्तर काल में ही सातवाहन तथा इक्ष्वाकु शासकों के संरक्षण में कृष्णा एवं गोदावरी की निचली घाटी (पूर्वी दक्कन) में अमरावती कला का विकास हुआ।
> - आन्ध्र प्रदेश में **नागार्जुनकोण्डा** और **अमरावती** बौद्ध कला के महान केन्द्र थे, जहाँ बुद्ध के जीवन की कथाएँ अनगिनत पट्टों पर चित्रित की गई हैं तथा इसमें प्रमुख रूप से सफेद पत्थर का प्रयोग किया गया है।

गान्धार कला एवं मथुरा कला में अन्तर

गान्धार कला	मथुरा कला
गहरे नीले एवं काले पत्थर का प्रयोग	लाल पत्थर का प्रयोग
संरक्षक शक एवं कुषाण	संरक्षक कुषाण
यथार्थवादी	आदर्शवादी
मुख्यत: बुद्ध की मूर्तियाँ	बौद्ध, जैन तथा ब्राह्मण धर्म से सम्बन्धित मूर्तियाँ

शुंगकालीन कला एवं साहित्य

- शुंग शासक भागभद्र (भागवत) के शासनकाल के 14वें वर्ष में तक्षशिला के यवन शासक एण्टियालकिट्स के राजदूत हेलियोडोरस ने विदिशा में वासुदेव के सम्मान में **गरुड़ स्तम्भ** स्थापित किया। इस पर दम्भ (आत्मनिग्रह), त्याग तथा अग्रपमाद तीन शब्द अंकित हैं।
- शुंग काल के गरुड़ स्तम्भ के अतिरिक्त अजन्ता का नौवाँ चैत्य मन्दिर, भाजा का चैत्य एवं विहार, नासिक तथा कार्ले के चैत्य तथा मथुरा की अनेक यक्ष-यक्षणियों की मूर्तियाँ आदि ये सभी कला के प्रमुख उदाहरण हैं।
- मौर्य काल में स्तूप का निर्माण ईंटों और मिट्टी की सहायता से किया जाता था, किन्तु शुंग काल में पाषाण (पत्थर) का प्रयोग किया जाने लगा।

- इस काल में राजनैतिक एवं सांस्कृतिक दृष्टि से विदिशा का महत्त्व अत्यधिक हो गया। संस्कृत तथा हिन्दू धर्म का पुनरुद्धार इसी काल में हुआ। महर्षि पतंजलि का इसके उत्थान में महत्त्वपूर्ण योगदान था।

मनुस्मृति नामक ग्रन्थ की रचना शुंग काल के दौरान ही हुई, पुष्यमित्र शुंग ने ब्राह्मण धर्म का पुनरुद्धार किया एवं शुंग शासनकाल को **वैदिक/ब्राह्मण धर्म का पुनर्जागरण का काल** भी कहा जाता है।

सातवाहनकालीन कला

- सातवाहन काल में पश्चिमोत्तर दक्कन या महाराष्ट्र में ठोस चट्टानों को काटकर अनेक **चैत्य** और **विहार** बनाए गए।
- चैत्य बौद्धों के मन्दिर का और विहार भिक्षु-निवास का कार्य करता था। चैत्य अनेक स्तम्भों पर निर्मित था, जो बड़े कमरे (हॉल) के समान था और विहार में एक केन्द्रीयशाला होती थी, जिसमें सामने के बरामदे की ओर एक द्वार था।
- इस काल की महत्त्वपूर्ण स्थापत्य कला है—**कार्ले का चैत्य** (इस काल का सर्वाधिक प्रसिद्ध) व **अमरावती का स्तूप**। ये स्तूप भित्ति-प्रतिमाओं से भरे हुए हैं। इनमें बौद्ध के जीवन के विभिन्न दृश्य उत्कीर्ण किए हुए हैं।

मौर्योत्तरकालीन साहित्य और विधा

- इस काल में साहित्य रचना अधिकांश संस्कृत भाषा में हुई।
- काव्य-शैली का पहला नमूना रुद्रदामन का कठियावाड़ में जूनागढ़ अभिलेख (संस्कृत में) है, जिसका समय लगभग 150 ई.पू. है।

सातवाहनकालीन भाषा/साहित्य

- सातवाहनों की राजकीय भाषा **प्राकृत** थी। सभी अभिलेख प्राकृत भाषा में और ब्राह्मी लिपि में उत्कीर्ण किए गए हैं।
- प्राकृत ग्रन्थ **गाथाहासत्तसई** (गाथासप्तशती) हाल नामक सातवाहन राजाओं की रचना है। इसमें 700 श्लोक हैं, जो प्राकृत लिपि में हैं।
- साहित्यकार अश्वघोष को कुषाणों का सम्पोषण प्राप्त था। इसने बुद्ध की जीवनी बुद्धचरित के नाम से लिखी।
- अश्वघोष ने सौन्दरानन्द नामक काव्य भी लिखा, जो संस्कृत काव्य का उत्कृष्ट उदाहरण है। अश्वघोष के नाटकों के कुछ भाग मध्य एशिया के एक विहार से मिले हैं।
- **सुई विहार** अभिलेख संस्कृत भाषा में है। यह अभिलेख कुषाण साम्राज्य से सम्बद्ध है।
- पतंजलि ने **महाभाष्य** की रचना की। यह उनके पूर्ववर्ती व्याकरणाचार्य पाणिनी की रचना अष्टाध्यायी की टीका है।
- महायान बौद्ध सम्प्रदाय की प्रगति के कारण अनेक अवदानों की रचना की गई। अनेक अवदान बौद्धों की मिश्रित संस्कृत भाषा में लिखे गए हैं। अवदानों का उद्देश्य लोगों को महायान के उपदेशों से अवगत कराना है। इस कोटि की प्रमुख कृतियाँ **महावस्तु** और **दिव्यावदान** हैं।
- यूनानियों ने परदे का प्रचलन आरम्भ कर भारतीय नाट्यकला के विकास में भी योगदान दिया, परन्तु परदा यूनानियों की देन था, इसलिए वह **यवनिका** के नाम से विदित हुआ।
- यवनिका शब्द **यवन** शब्द से बना है और यवन शब्द **आयोनियन** का संस्कृत प्रतिरूप है।

धर्मेत्तर साहित्य का सबसे अच्छा उदाहरण वात्स्यायन द्वारा रचित **कामसूत्र** है। इसका काल ईसा की तीसरी सदी माना जाता है।

कुछ प्रमुख मौर्योत्तरकालीन रचनाएँ

रचनाएँ	रचनाकार	रचनाएँ	रचनाकार
महाभाष्य	पतंजलि	सौदरानन्द, बुद्धचरित	अश्वघोष
चरक संहिता	चरक	गाथासप्तशती	हाल
मिलिन्दपन्हो	नागसेन	उरुभंग	भास
कामसूत्र	वात्स्यायन	चारुदत्ता	भास
नाट्यशास्त्र	भरत मुनि	स्वप्नवासवदत्ता	भास

मौर्योत्तरकालीन विज्ञान और प्रौद्योगिकी

- मौर्योत्तर काल में यूनानियों के सम्पर्क से खगोल और ज्योतिषशास्त्र में प्रगति हुई। संस्कृत ग्रन्थों में ग्रह नक्षत्रों के संचार सम्बन्धी बहुत से यूनानी शब्द मिलते हैं। भारतीय ज्योतिष यूनानी चिन्तनों से प्रभावित हुआ। चिकित्साशास्त्र, वनस्पतिशास्त्र एवं रसायनशास्त्र का विवेचन **चरक** एवं **सुश्रुत** ने किया है।

यूनानी शब्द **द्रकम** (Drachma) भारत में द्रम्म हो गया। यूनानी शासकों ने ब्राह्मी लिपि चलाई और अपने सिक्कों पर अनेक **भारतीय रूपांक** (मोटिफ) चलाए। चरक संहिता में उन वनस्पतियों के नाम हैं, जिनमें रोग की चिकित्सा के लिए दवाइयाँ बनाई जाती थीं।

- कनिष्क को लम्बे कोट, चुस्त पायजामा तथा लम्बे जूतों में चित्रित किया गया है। चमड़े के जूते बनाने का प्रचलन भारत में सम्भवत: मौर्योत्तर काल से आरम्भ हुआ।
- भारत में प्रचलित ताँबे के कुषाणकालीन सिक्के रोमन सिक्कों की नकल थे। भारत में कुषाणों ने, जो सोने के सिक्के ढलवाए, वे रोमन स्वर्ण मुद्राओं की नकल थे। प्राचीन भारत में किसी भी अन्य काल में शीशे के कार्य में ऐसी प्रगति नहीं हुई, जैसी मौर्योत्तर काल में हुई थी।

प्रीलिम्स फैक्ट्स

- मौर्य वंश के पश्चात् किस वंश का राज स्थापित हुआ?
  – शुंग वंश [BPSC (Pre) 2001,2002, 2008]
- पुष्यमित्र शुंग द्वारा दो अश्वमेध यज्ञ किए जाने के विषय में जानकारी किस लेख से मिलती है? *– अयोध्या लेख* [UPPSC (Pre) 2008]
- प्राचीन भारत की किस एक पुस्तक में शुंग राजवंश के संस्थापक के पुत्र की प्रेम कहानी वर्णित है? *– मालविकग्निमित्रम्* [IAS (Pre) 2016]
- कण्व वंश का संस्थापक कौन था? *– वासुदेव* [UPPSC (Pre) 2009]
- मौर्यों के बाद दक्षिण भारत में सबसे प्रभावशाली राज्य कौन-सा था?
  – सातवाहन [UPPSC (Pre) 2003]
- सिमुक किस वंश का संस्थापक था?
  – सातवाहन वंश [UPPSC (Mains) 2008]
- सातवाहन काल में किस भाषा को राजभाषा के रूप में प्रयोग किया जाता था? *– प्राकृत भाषा* [HPSC (Pre) 2021]
- किस सातवाहन शासक को वर्ण व्यवस्था का रक्षक कहा जाता है?
  – गौतमीपुत्र शातकर्णी [CGPSC (Pre) 2013]
- किस वंश के शासक मातृनामों (माता के नाम से प्राप्त किए गए नाम) से पहचाने जाते थे? *– सातवाहन* [HPSC (Pre) 2012]
- किस वंश के शासकों को पुराणों में 'श्रीपर्वतीय' कहा गया है?
  – इक्ष्वाकु वंश [UPPSC (Pre) 2020]
- कलिंग नरेश खारवेल किस वंश से सम्बन्धित था?
  – चेदि राजवंश [UPPSC (Mains) 2015]
- राजा खारवेल का नाम किस अभिलेख के साथ जुड़ा है?
  – हाथीगुम्फा लेख के साथ [BPSC (Pre) 1999]
- पहला ईरानी शासक कौन था, जिसने भारत के कुछ भागों को अपने अधीन किया था? *– डेरियम-प्रथम* [RAS/RTS (Pre) 1996]
- बौद्ध ग्रन्थ 'मिलिन्दपन्हों' किस हिन्द-यवन शासक पर प्रकाश डालता है? *– मिनाण्डर* [UPPSC (Pre) 2008]
- भारत में प्रथम बार किसके द्वारा सैनिक शासन व्यवहार में लाया गया था? *– ग्रीकों द्वारा* [IAS (Pre) 2000]
- किस शासक के सिक्कों पर संकर्षण एवं वसुदेव दोनों अंकित हैं?
  – अगाथोक्लीज [UPPSC (Mains) 2017]
- किस हिन्द-यवन शासक ने सीसे के सिक्के जारी किए थे?
  – स्ट्रैटो द्वितीय [UPPSC (Pre) 2014]
- प्राचीन संस्कृत ग्रन्थों में प्राप्त यवनप्रिय शब्द किसका घोतक था?
  – काली मिर्च का [IAS (Pre) 1995]
- बिना बेगार के किसने सुदर्शन झील का जीर्णोद्धार कराया था?
  – रुद्रदामन-प्रथम [UPPSC (Pre) 2014]
- किस अभिलेख में रुद्रदामन प्रथम की विभिन्न उपलब्धियाँ वर्णित हैं?
  – जूनागढ़ [BPSC (Pre) 2011]
- काव्य शैली का प्राचीनतम नमूना किस शासक के अभिलेख में मिलता है? *– काठियावाड़ के रुद्रदामन के* [UPPSC (Pre) 2017]
- शक-क्षत्रप काल में सोने-चाँदी के सिक्कों का अनुपात क्या था?
  – 1:10 [UPPSC (Pre) 2022]
- भारत में पार्थियन साम्राज्य का वास्तविक संस्थापक कौन था?
  – मिथ्रेडेट्स [MPPSC (Pre) 2014]
- किस शासक को सर्वप्रथम सोने के सिक्के जारी करने का श्रेय दिया जाता है? *– विम कडफिसेस* [UPPSC (Pre) 2009]
- कुषाण शासक कनिष्क का राज्याभिषेक किस ई. में हुआ?
  – 78 ए.डी. [UPPSC (Pre) 1991]
- शक सम्वत् पर आधारित राष्ट्रीय पंचांग (कैलेण्डर) का 1 चैत्र, ग्रिगेरियन कैलेण्डर पर आधारित 365 दिन के सामान्य वर्ष की तिथियों में से किस एक के तदनुरूप है?
  – 22 मार्च (अथवा 21 मार्च) [IAS (Pre) 2014]
- कनिष्क के सारनाथ बौद्ध प्रतिमा अभिलेख की तिथि क्या है?
  – 81 ई. [UPPSC (Pre) 2014]
- कश्मीर में कनिष्क के शासनकाल में, जो बौद्ध संगीति आयोजित हुई थी, उसकी अध्यक्षता किसने की थी? *– वसुमित्र ने* [IAS (Pre) 2001]
- श्रावस्ती, कौशाम्बी, पाटलिपुत्र तथा चम्पा नगरों में से किसका उल्लेख कनिष्क के रबतक अभिलेख में नहीं है?
  – श्रावस्ती का [MPPSC (Pre) 2010]
- किस चीनी जनरल ने कनिष्क को हराया था?
  – पान चाऊ [JPSC (Pre) 2003]
- अश्वघोष किस शासक का समकालीन था?
  – हर्षवर्धन का [UPPSC (Mains) 2008]
- प्राचीन भारत में किस एक राजवंश ने नियमित रूप से सोने के सिक्के चलाए? *– कुषाण* [UPPSC (Pre) 2004]
- किस वंश के शासकों ने उत्तरी तथा उत्तरी-पश्चिमी भारत में सर्वाधिक संख्या में ताँबे के सिक्के जारी किए थे?
  – कुषाणों ने [UPPSC (Pre) 2005]
- गंधार कला शैली एक संश्लेषण है
  – भारतीय तथा यूनानी कला का [UPPSC (Pre) 1996]
- किस मूर्तिकला में सदैव हरित स्तरित चट्टान (शिष्ट) का प्रयोग माध्यम के रूप में होता था? *– गान्धार मूर्तिकला* [IAS (Pre) 1996]
- प्राचीन काल में भारत पर आक्रमणों के सम्बन्ध में शक, कुषाण तथा यूनानी के सम्बन्ध का सही क्रम क्या है?
  – यूनानी-शक-कुषाण [IAS (Pre) 2006]
- भागवत धर्म का ज्ञात सर्वप्रथम अभिलेखीय साक्ष्य कौन-सा है?
  – बेसनगर का गरुड़ स्तम्भ [UKPSC (Pre) 2014]

सेल्फ चैक

1. पुष्यमित्र शुंग द्वारा दो अश्वमेध यज्ञ किए जाने के बारे में जानकारी किस लेख से मिलती है? UPPSC (Pre) 2018
(a) सारनाथ लेख (b) बेसनगर लेख
(c) अयोध्या लेख (d) हाथीगुम्फा लेख

2. प्राचीन भारत की निम्नलिखित पुस्तकों में से किस एक में शुंग राजवंश के संस्थापक के पुत्र की प्रेम कहानी है? IAS (Pre) 2016
(a) स्वप्नवासवदत्ता (b) मालविकाग्निमित्रम्
(c) मेघदूत (d) रत्नावली

3. पतंजलि के महाभाष्य के बारे में निम्नलिखित कथनों पर विचार कीजिए
1. इसमें कौटिल्य का उल्लेख है।
2. यह व्याकरण ग्रन्थ है और इसमें ऐतिहासिक व्यक्तित्वों का सन्दर्भ केवल प्रसंगवश आया है।
उपरोक्त कथनों में से कौन-सा/से कथन सही है/हैं?
(a) केवल 1 (b) केवल 2
(c) 1 और 2 दोनों (d) न तो 1 और न ही 2

4. शुंग वंश के बाद किस वंश ने भारत पर राज किया? BPSC (Pre) 2019
(a) सातवाहन (b) कुषाण (कुशान)
(c) कनवा (कण्व) (d) गुप्त

5. पुराणों में सातवाहनों की पहचान निम्नलिखित में से किस विशेष नाम से की गई है?
(a) आन्ध्र (b) शक
(c) क्षत्रप (d) शुंग

6. सातवाहनों के बारे में निम्नलिखित में से कौन-सा एक कथन सही नहीं है?
(a) सातवाहनों का पुराणों के आन्ध्रों के साथ तादात्म्य समझा जाता है।
(b) सातवाहनों ने ब्राह्मण वंश का दावा किया और ब्राह्मणी वैदिक परम्परा का अनुसरण किया।
(c) सातवाहन और शक दीर्घकालिक संघर्ष में लगे रहे।
(d) वशिष्ठीपुत्र शातकर्णी ने शक शासक रुद्रदामन द्वितीय को हराया।

7. सातवाहन शासकों के सन्दर्भ में निम्नलिखित कथनों में से कौन-सा/से कथन सत्य है/हैं? UPPSC (Pre) 2021
1. सातवाहन नरेश प्राकृत भाषा के पोषक थे।
2. सातवाहन काल में कला के लोक पक्ष को अधिक प्रोत्साहन मिला।

कूट
(a) केवल 1
(b) 1 और 2 दोनों
(c) केवल 2
(d) न तो 1 और न ही 2

8. सातवाहनों से सम्बन्धित निम्नलिखित कथनों पर विचार कीजिए
1. सातवाहन शासक मातृनामों से पहचाने जाते थे।
2. सातवाहनों का सिंहासन का उत्तराधिकार सामान्यत: पितृवंशीय था।
उपरोक्त कथनों में से कौन-सा/से कथन सही है/हैं?
(a) केवल 1 (b) केवल 2
(c) 1 और 2 दोनों (d) न तो 1 और न ही 2

9. कलिंग नरेश खारवेल निम्न में से किस वंश से सम्बन्धित था? UPPSC (Mains) 2015
(a) चेदि (b) कदम्ब
(c) कलिंग (d) हर्यंक

10. प्राचीनकाल में भारत पर आक्रमणों के सम्बन्ध में निम्नलिखित में से कौन-सा एक सही कालानुक्रम है?
(a) यूनानी, शक, कुषाण (b) यूनानी, कुषाण, शक
(c) शक, यूनानी, कुषाण (d) शक, कुषाण, यूनानी

11. निम्न शासकों में से किसके सिक्कों पर संकर्षण एवं वासुदेव दोनों अंकित हैं? UPPSC (Main) 2017
(a) हुविष्क (b) कनिष्क
(c) समुद्रगुप्त (d) अगाथोक्लीज

12. बिना बेगार के किसने सुदर्शन झील का जीर्णोद्धार कराया? IAS (Pre) 2014
(a) चन्द्रगुप्त मौर्य (b) बिन्दुसार
(c) अशोक (d) रुद्रदामन प्रथम

13. शक क्षत्रप काल में सोने-चाँदी के सिक्कों का अनुपात क्या था? IAS (Pre) 2022
(a) 1 : 20 (b) 1 : 25
(c) 1 : 35 (d) 1 : 10

14. भारत में पार्थियन साम्राज्य का वास्तविक संस्थापक कौन था? MPPSC (Pre) 2014
(a) गोण्डोफर्नीज (b) विम कडफिसस
(c) मिथ्रेडेट्स (d) हुविष्क

15. शक सम्वत् पर आधारित राष्ट्रीय पंचांग (कैलेण्डर) का 1 चैत्र, ग्रिगेरियन कैलेण्डर पर आधारित 365 दिन के सामान्य वर्ष की निम्नलिखित तिथियों में से किस एक के तदनुरूप है? IAS (Pre) 2014
(a) 22 मार्च अथवा 21 मार्च
(b) 15 मार्च अथवा 16 मई
(c) 31 मार्च अथवा 30 मार्च
(d) 21 मार्च अथवा 20 अप्रैल

16. निम्नलिखित में से कौन-से विद्वान कनिष्क के समकालीन थे?
1. अश्वघोष 2. नागार्जुन
3. वसुमित्र 4. चाणक्य

कूट
(a) 1 और 2 (b) 3 और 4
(c) 2 और 4 (d) 1, 2 और 3

17. सूची I को सूची II से सुमेलित कीजिए तथा नीचे दिए गए कूट में से सही उत्तर चुनिए

सूची I	सूची II
A. डेमेट्रियस	1. पहलव
B. रुद्रदामन	2. कुषाण
C. गोण्डोफर्नीज	3. हिन्द-यूनानी
D. विम कडफिसस	4. शक

कूट

	A	B	C	D
(a)	1	3	2	4
(b)	4	3	1	2
(c)	3	4	1	2
(d)	1	2	3	4

18. बुद्ध का किसके सिक्कों पर अंकन हुआ है? **UPPSC (Pre) 2010**

(a) विम कडफिसेस (b) कनिष्क
(c) नहपान (d) बुद्ध गुप्त

19. निम्नलिखित युग्मों में से कौन-सा युग्म सही सुमेलित नहीं है?

(a)	कुषाण	स्वर्ण एवं ताम्र
(b)	गुप्त	स्वर्ण एवं रजत
(c)	सातवाहन	स्वर्ण
(d)	कल्चुरि	स्वर्ण, रजत एवं ताम्र

20. नीचे दो कथन दिए गए हैं, जिनमें से एक को कथन व दूसरे को कारण कहा गया है।

कथन (A) कुषाण फारस की खाड़ी और लाल सागर से होकर व्यापार करते थे।

कारण (R) उनकी सुसंगठित नौसेना उच्च कोटि की थी।

कूट

(a) A और R दोनों सही हैं तथा R, A का सही स्पष्टीकरण है
(b) A और R दोनों सही हैं, परन्तु R, A का सही स्पष्टीकरण नहीं है
(c) A सही है, किन्तु R गलत है
(d) A गलत है, किन्तु R सही है

21. सूची I तथा सूची II को सुमेलित कीजिए

सूची I	सूची II
A. गान्धार कला	1. मिनाण्डर
B. जूनागढ़ शिलालेख	2. पतिक
C. मिलिन्दपन्हो	3. कुषाण
D. तक्षशिला लेख	4. रुद्रदामन प्रथम

कूट

	A	B	C	D
(a)	1	3	4	2
(b)	2	4	3	1
(c)	3	4	1	2
(d)	2	1	3	4

जानें सही उत्तर

1. (c)	2. (b)	3. (b)	4. (c)	5. (a)	6. (d)	7. (b)	8. (c)	9. (a)	10. (a)
11. (d)	12. (d)	13. (d)	14. (c)	15. (a)	16. (d)	17. (c)	18. (b)	19. (c)	20. (c)
21. (c)									

• अध्याय नौ

संगम काल (दक्षिण भारत)

"भारत के सुदूर दक्षिण में तीनों ओर समुद्र से घिरा दक्षिणतम भू-भाग प्रचीनकाल में तमिलकम् या तमिलहम् नाम से विख्यात था। इस भू-भाग का इतिहास संगम युग से प्रारम्भ होता है। यह भू-भाग अपनी विशिष्ट भौगोलिक अवस्थिति के कारण व्यापार-वाणिज्य एवं विशिष्ट संस्कृति का केन्द्र रहा हैं।

- भारतीय प्रायद्वीप का दक्षिणी छोर, जो कृष्णा नदी के दक्षिण में है, तीन राज्यों-चोल, पाण्ड्य और चेर या केरल में विभक्त था। अशोक के अभिलेखों में **चोल, पाण्ड्य, चेर** (केरलपुत्त) एवं सत्तियपुत्त का उल्लेख है, जो उसकी साम्राज्य की सीमा पर बसे हुए थे।
- इसके अतिरिक्त आरम्भिक संगम ग्रन्थ के लेखकों को भी सोन और गंगा नदी के विषय में ज्ञात था। साथ ही मगध साम्राज्य की राजधानी पाटलिपुत्र की भी जानकारी थी। उपरोक्त तीनों राज्यों से सम्बन्धित जानकारी **संगम साहित्य** से मिलती है।

संगम काल

- संगम संस्कृत भाषा का शब्द है, जिसका अर्थ है-मिलन अथवा समागम। संगम से तात्पर्य तमिल कवियों के संघ/परिषद्/गोष्ठी से है, जिसे राजकीय संरक्षण प्राप्त होता था। इन्हीं कवियों द्वारा तमिल साहित्य की रचना की गई, जो संगम साहित्य के नाम से प्रचलित हुआ।
- यह कृष्णा एवं तुंगभद्रा नदियों के **तमिलकम्** प्रदेश में तमिल कवियों एवं विद्वानों का मिलन था।

> संगम किसी सामन्त या राजा के आश्रय में आयोजित होता था। ईसा की 8वीं सदी में रचित संगम की तमिल टीकाओं में कहा गया है कि तीन संगम 9,990 वर्ष तक चलते रहे। उनमें 8,598 कवि शामिल हुए और 197 पाण्ड्य राजा उनके सम्पोषक थे। संगम के अन्तर्गत तमिल कवि के विद्वान एक स्थान पर एकत्रित होते थे तथा **संगम** के समक्ष अपनी-अपनी रचनाएँ प्रस्तुत करते थे।

- तीनों संगमों का आयोजन पाण्ड्य शासकों के संरक्षण में हुआ, जिनका संक्षिप्त विवरण निम्नलिखित है

प्रथम संगम

- प्रथम संगम का आयोजन **मदुरै में अगत्स्य ऋषि की अध्यक्षता** में हुआ था।
- इस संगम में कुल सदस्यों की संख्या 549 थी, जिसमें 4499 लेखकों ने अपनी रचनाएँ प्रस्तुत कीं और उन्हें प्रकाशित करवाने की अनुमति प्राप्त की। यह संगम 89 पाण्ड्य राजाओं के संरक्षण में हुआ, जो 4400 वर्षों तक चला।

- वर्तमान में प्रथम संगम का कोई भी ग्रन्थ उपलब्ध नहीं है, यद्यपि इसमें कई ग्रन्थों; जैसे—परिपदाल, मुदुनारै, आकट्टियम, कलरि आविरै व मुदुकुरुकु का संकलन हुआ था।

द्वितीय संगम

- द्वितीय संगम का आयोजन कपाटपुरम् (अलैवाई) में अगत्स्य ऋषि की अध्यक्षता में हुआ।
- द्वितीय संगम 59 पाण्ड्य राजाओं के संरक्षण में हुआ, जिसमें 3,700 रचनाकारों ने अपनी रचनाओं को प्रकाशित करवाने की अनुमति प्राप्त की।
- इस संगम का एकमात्र तमिल व्याकरण ग्रन्थ **तोलकाप्पियम** है, जिसकी रचना अगस्त्य ऋषि के शिष्य तोलकाप्पियर ने की थी।

तृतीय संगम

- तृतीय संगम नक्कीरर की अध्यक्षता में मदुरै में आयोजित हुआ। यह संगम 1850 वर्षों तक चलता रहा, जिसमें 449 रचनाकारों ने अपनी रचना को प्रकाशित करवाने की अनुमति प्राप्त की।
- इस संगम में 49 रचनाएँ संकलित की गईं, जो वर्तमान में भी उपलब्ध हैं। इस संगम की प्रमुख रचनाओं में नत्रिनई, नूत्रैबधू, नेन्दुथोकै, कूथु, कुरूंथोकै, एन्कुरुन्नूर, परि-पादल, पदित्रुप्पट, पैरिसे, वरि व सित्रिसै आदि शामिल हैं।

> आधुनिक समय में उपलब्ध **तमिल ग्रन्थ** का संकलन तृतीय संगम में ही किया गया था। संगम में प्रस्तुत किसी भी रचना का प्रकाशन तभी होता था, जब उसे संगम से प्रकाशित करवाने की अनुमति प्राप्त हो जाती थी।

विभिन्न संगम

संगम	अध्यक्ष	संरक्षक एवं संख्या	स्थल	सदस्यों की संख्या
प्रथम	अगस्त्य ऋषि	पाण्ड्य (89)	मदुरै	549
द्वितीय	अगस्त्य ऋषि	पाण्ड्य (59)	कपाटपुरम	49
तृतीय	नक्कीरर	पाण्ड्य (49)	मदुरै	49

आरम्भिक राज्य

संगम साहित्य से प्राप्त जानकारी के अनुसार, चोलों का राज्य उत्तर-पूर्व में, चेर का राज्य दक्षिण-पश्चिम में और पाण्ड्यों का राज्य दक्षिण-पूर्व में अवस्थित था। इनका विवरण निम्न प्रकार है

चोल राज्य

- चोल राज्य पूर्वी तमिलनाडु में पेन्नार तथा वेलार नदियों के मध्य पाण्ड्य राज्य के पूर्वोत्तर में स्थित था। चोल राज्य मध्यकाल के आरम्भ में **चोलमण्डलम्** (कोरोमण्डल) कहलाता था। इसका प्रतीक चिह्न (राजकीय चिह्न) **बाघ** था। इसकी प्रारम्भिक राजधानी उत्तरी मनलूर थी। चोलों की अन्य राजधानियाँ उरैयूर, तंजावूर एवं पुहार इत्यादि थीं।
- उरैयूर राजनीतिक सत्ता केन्द्र तथा **पुहार** एक बन्दरगाह था।

चोल राज्य के प्रमुख शासक

चोल राज्य के प्रमुख शासक निम्न हैं

इलंजेतचेन्नी

- इलंजेतचेन्नी चोल राजवंश का प्रथम शासक था। उसने अपनी राजधानी **उरैयूर** में स्थापित की।
- उरैयूर चोलों का राजनीतिक सत्ता का केन्द्र था, जो सूती कपड़ों के व्यापार के लिए प्रसिद्ध था।

एलारा

- ईसा पूर्व दूसरी सदी के मध्य में चोल राजा एलारा ने श्रीलंका पर विजय प्राप्त की थी।
- एलारा ने श्रीलंका पर लगभग 50 वर्षों तक शासन किया।

करिकाल

- चोलों का अधिक सुनिश्चित इतिहास ईसा की दूसरी सदी में उसके प्रख्यात राजा करिकाल से शुरू होता है।

> **करिकाल** प्रारम्भिक चोल राजाओं में सर्वाधिक महत्त्वपूर्ण शासक था। इसका काल लगभग 190 ई. माना जाता है। करिकाल का अर्थ था-जले हुए पैरों वाला व्यक्ति।

- उसने कृषि तथा उद्योग की उन्नति हेतु जंगल को भूमि में परिवर्तित करवाया था। सिंचाई हेतु तालाब बनवाए। उसने पुहार (कावेरी पत्तनम्) की स्थापना की और कावेरी नदी के किनारे 160 किमी लम्बा बाँध बनवाया।
- ब्राह्मण मतानुयायी होने के कारण करिकाल ने इस धर्म को राजकीय संरक्षण प्रदान किया।
- तंजौर के निकट **वेण्णि** के युद्ध से उसे अत्यधिक प्रसिद्धि प्राप्त हुई। इस युद्ध में उसने चेर तथा पाण्ड्य राज्य के ग्यारह राजाओं के समूह पर विजय प्राप्त की।

> **पेरुनानुन्नु पादे** के अनुसार करिकाल सात स्वरों (संगीत) का ज्ञाता तथा वैदिक धर्म अनुयायी था।
>
> **पेरुनरकिल्लि** इसने राजसूय यज्ञ का सम्पादन किया था।

- ईसा की चौथी सदी से नौवीं सदी तक के दक्षिण भारतीय इतिहास में चोलों की भूमिका नगण्य रही, किन्तु कलान्तर में 9वीं शताब्दी के मध्य में विजयालय के नेतृत्व में चोल सत्ता का पुनरुत्थान हुआ।

चेर राज्य

- संगमकालीन राज्यों में चेर सबसे प्राचीन राज्य था। अशोक के वृहद शिलालेखों में चेरों का उल्लेख केरलपुत्त के रूप में हुआ है।
- केरलपुत्त के नाम से चर्चित चेर राज्य आधुनिक **कोंकण, मालाबार** के तटीय क्षेत्र, उत्तरी **त्रावणकोर** एवं **कोचिच** तक विस्तृत था। यह राज्य पाण्ड्य राज्य के उत्तर और पश्चिम में था। चेर राजवंश का प्रतीक चिह्न (राजकीय चिह्न) **धनुष** था।

- ईसा की आरम्भिक सदियों में चेर क्षेत्र का महत्त्व चोलों और पाण्ड्यों के लगभग बराबर था।

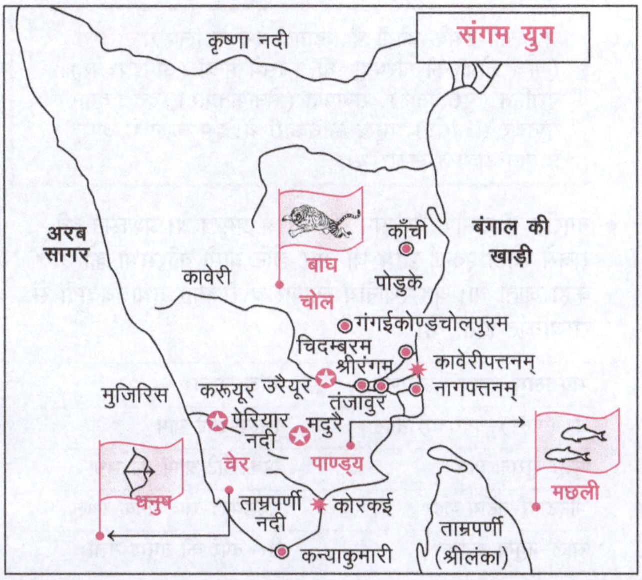

चेर राज्य के प्रमुख शासक

चेर राज्य के प्रमुख शासक निम्न हैं

उदियन जेरल

- उदियन जेरल (130 ई.) चेर वंश का प्रथम शासक था। कहा जाता है कि उसने **महाभारत** के युद्ध में भाग लेने वाले वीरों को भोजन करवाया था।
- उदियन जेरल ने एक बड़ी **पाकशाला** बनवाई थी। इसके माध्यम से वह जनता में भोजन वितरित करवाता था।
- उसने **अधिराज** की उपाधि धारण की, जो किसी समकालीन शासक पर विजय का प्रतीक था।

नेदुनजेरल आदन

- नेदुनजेरल आदन (लगभग 155 ई.) ने **मदुरै** को अपनी राजधानी बनाया।
- उसने **इमयवरम्बन** की उपाधि ग्रहण की, जिसका अर्थ है-हिमालय तक सीमा वाला। इसके अतिरिक्त उसने **अधिराज** की भी उपाधि धारण की थी।

> **आदन** ने यवन व्यापारियों को बन्दी बनाया था तथा उनसे धन भी लूटा। इसके अतिरिक्त उसने मालाबार तट पर अपने किसी शत्रु को नौसैनिक युद्ध में हराया था। इसने व्यपार में बाधा उत्पन्न करने वाली कदम्बु जनजाति का दमन किया।

कुट्टवन

- कुट्टवन, नेदुनजेरल आदन का छोटा भाई था। उसे **हाथियों का स्वामी** कहा जाता है।
- उसने **कोन्गु का युद्ध** जीतने के पश्चात् **अधिराज** की उपाधि धारण की थी।

शेनगुट्टवन

- शेनगुट्टवन (लगभग 180 ई.) को **लाल चेर या भला चेर** भी कहा जाता था, उसने उत्तर दिशा में चढ़ाई की और गंगा को पार किया।
- उसका यशोगान परणर कवि ने किया है। वह कौमार्य की देवी उपासना से सम्बन्धित पत्तिनी सम्प्रदाय का संस्थापक था। उसके शासनकाल में **पत्तिनी पूजा** या **कण्णगी पूजा** प्रारम्भ हुई थी। शिलप्पदिकारम में उल्लिखित है कि पत्तिनी पूजा में चोल तथा पाण्ड्य शासकों के साथ श्रीलंका के शासक भी शामिल हुए।

पेरुनेजरल इंरपोरई

- **पेरुनेजरल इंरपोरई (190 ई.)** चोल शासक करिकाल का समकालीन था। उसने दक्षिण में गन्ने की खेती प्रारम्भ की थी।
- चेर वंश का अन्तिम शासक **सैईयै** (लगभग 210 ई.) था, जिसे पाण्ड्य शासक नेडुंजेलियन ने पराजित किया था।

पाण्ड्य राज्य

- पाण्ड्य से तात्पर्य प्राचीन प्रदेश से है। पाण्ड्य राज्य प्रायद्वीपों के सुदूर दक्षिण और दक्षिणी-पूर्वी भाग में था। इसमें आधुनिक तमिलनाडु के तिरुन्नवेली, रामनद और मदुरै जिले शामिल थे। पाण्ड्यों की राजधानी मदुरै थी। इसका प्रतीक चिह्न **कार्प** (एक प्रकार की **मछली**) था।
- मेगस्थनीज ने पाण्ड्य राज्य का **उल्लेख माबर** नाम से किया है। यह राज्य मोतियों के लिए प्रसिद्ध था। यहाँ स्त्रियों का शासन था।
- संगम साहित्य से ज्ञात होता है कि पाण्ड्य राज्य धनवान और समृद्ध था। पाण्ड्य राजाओं को रोमन साम्राज्य के साथ व्यापार में लाभ होता था।

> ईसा की आरम्भिक सदियों में तमिल-परिषदों में संकलित साहित्य में, जो संगम साहित्य नाम से विख्यात है, इसमें पाण्ड्य राजाओं का उल्लेख है, किन्तु उनमें कोई क्रमबद्धता नहीं है।

पाण्ड्य राज्य के प्रमुख शासक

पाण्ड्य राज्य के प्रमुख शासक निम्न हैं

नेडियोन

- नेडियोन का अर्थ है-लम्बा आदमी। संगमकालीन साहित्य के अनुसार यह पाण्ड्य राजवंश का प्रथम शासक था।
- नेडियोन ने **पहरुली** नामक नदी को अस्तित्व प्रदान किया था तथा समुद्र की पूजा भी प्रारम्भ करवाई थी।

नेडुंजेलियन

- नेडुंजेलियन पाण्ड्य शासकों में (लगभग 210 ई.) सबसे विख्यात था। उसकी प्रसिद्धि **तलैयालंगानम** के युद्ध में विजय के परिणामस्वरूप हुई।
- उसने इस युद्ध में चोल, चेर तथा पाँच राजाओं को पराजित किया और चेर शासक **शेय** (हाथी की आँख वाला) को बन्दी बना लिया था।
- इस युद्ध में विजय के पश्चात् तलैयालंगानम की उपाधि धारण की।

- उसने रोमन सम्राट ऑगस्टस के दरबार में अपना दूत भेजा था।
- नक्कीरर तथा माम्मुडि मरुदन जैसे प्रसिद्ध कवियों ने नेडुंजेलियन पर काव्य रचना की, जो **पत्तुपात्र** में संकलित है। **मुदरैकांजी** नामक रचना में नेडुजेलियन को कुशल शासक बताया गया है।
- पाण्ड्य राज्य की राजधानी मदुरै नेण्डुजेलियन के समय में व्यापारिक और सांस्कृतिक क्रियाकलापों का केन्द्र था तथा उसने वैदिक धर्म को बढ़ावा दिया तथा अनेक यज्ञ किए।
- उसने दो पड़ोसी राज्यों तथा पाँच सामन्तों के समूह पर विजय प्राप्त की। शिलप्पादिकारम की रचना इसी के शासनकाल में हुई।
- इसी के शासनकाल में शिलप्पादिकारम के नायक कोवलन को चोरी के आरोप में फाँसी दे दी गई।
- संगम काल का अन्तिम पाण्ड्य शासक नल्लिवकोडन था, जिसका उल्लेख नत्तनार की कविता में मिलता है।

क्र.	तुलना	चेर	चोल	पाण्ड्य
1.	क्षेत्र	केरल/कावेरी नदी	आन्ध्र प्रदेश/पेन्नार व बेल्लार नदी	तमिलनाडु/कावेरी व ताम्रपर्णी नदी
2.	अवस्थिति	कोचीन व मालाबार क्षेत्र	तंजावुर व तिरुचिरापल्ली	तिरुनेलवेली व रामनाथपुरम्
3.	शाब्दिक अर्थ	पर्वतीय देश	नया देश	प्राचीन देश
4.	प्रशासनिक राजधानी	वांजि/करैयूर	उरैयूर	मदुरै
5.	समुद्री राजधानी	मुजिरिस	पुहार/ कावेरीपत्तनम	कोरकई
6.	प्रथम शासक	उदियन जेरल	उरवहप्पहर्रे	नेडियोन
7.	प्रथम उल्लेख	ऐतरेय ब्राह्मण	अष्टाध्यायी	इण्डिका
8.	उपनाम	सबसे प्राचीन राज्य	सर्वाधिक शक्तिशाली राज्य	दक्षिणी राज्य

संगमकालीन शासन व्यवस्था

- संगमकालीन प्रशासन **राजतन्त्रात्मक** एवं **वंशानुगत** था। समस्त अधिकार राजा में निहित थे, जो प्रजा को सन्तान के रूप में मानता था।
- राज्य का सर्वोच्च न्यायालय राजा की सभा (मनरम) होती थी। साथ ही राजधानी में एक राजसभा स्थापित की गई थी, जो नालवै के नाम से जानी जाती थी। ये न्याय व्यवस्था में राजा की सहायता किया करते थे। राजा का जन्म दिवस प्रतिवर्ष मनाया जाता था, जिसे पेरुनल कहते थे।
- संगमकालीन शासकों द्वारा ब्राह्मणों को (ब्राह्मण मतानुयायी होने के कारण) प्रशासन में सर्वोच्च अधिकार एवं सुविधाएँ दी गई थीं।
- इस काल के शासक चक्रवर्ती बनने के लिए युद्ध करते थे तथा युद्ध में **वीरगति** की प्राप्ति को शुभ कार्य माना जाता था।
- राज्य को मण्डलों में, मण्डलम को नाडु में तथा नाडु को उर में विभाजित किया गया था। समुद्रतटीय कस्बों को पतिनम्, बड़े गाँव पेरूर, छोटे गाँव सिरुर तथा पुराने गाँव मुडूर कहलाते थे अर्थात् संगम काल में प्रशासनिक दृष्टिकोण से राज्य को विभिन्न छोटी-छोटी इकाइयों में बाँटा गया था, जिसमें प्रत्येक इकाई का अपना एक अधिकारी होता था। सार्वजनिक स्थल को **पोडियाल** एवं नगर की प्रमुख गली को तेरू कहा जाता था।

राजा को उसके कार्यों में सहायता देने के लिए पंचावरम (पाँच लोगों की परिषद्) थी, जिसमें मन्त्री (अमैइयच्चर), पुरोहित (पुरोहितार), सेनापति (सेनापतियार), दूत (दूतार), गुप्तचर (ओररिर) प्रमुख अधिकारी थे। इस काल में दण्ड विधान अत्यन्त कठोर थे।

- नगरीय व ग्रामीण प्रशासन में मन्नरम प्रमुख थे। प्रशासन की सबसे छोटी इकाई **ग्राम** थी और छोटे ग्रामों की सभा को अवै कहा जाता था। यह स्थानीय व्यापार व रोजगार तथा विवादों से सम्बन्धित होती थी।

मण्डलम्-राज्य (सम्पूर्ण)	**नाडु-प्रान्त**
उर (पेरुर)-नगर/बड़े नगर	सिरुर-छोटे ग्राम
मुडूर-पुराना ग्राम	अवै-छोटे ग्रामों की सभा
पट्टिनम्-तटीय शहर	पोडियाल-सार्वजनिक स्थल
सालै-प्रमुख सड़क	तेरु-नगर की प्रमुख गली

संगमकालीन सैनिक व्यवस्था

- संगमकालीन शासकों के पास पेशेवर सैनिक होते थे। सेना प्रमुख को एनाडि की उपाधि दी जाती थी।
- सेना में हाथी, घोड़े एवं रथ होते थे। सेना की अग्र टुकड़ी तुसी तथा पिछली टुकड़ी कुलै कहलाती थी।
- युद्ध में मारे गए सैनिकों की पाषाण मूर्तियाँ स्मारक स्वरूप बनाई जाती थीं, जिन पर उनके नाम और सफलताएँ अंकित की जाती थीं।

पाण्ड्य एवं चोल शासन में नागरिक और सैनिक पदों पर धनी किसान (वेल्लाल) होते थे। इनके अतिरिक्त राजनिवास की सुरक्षा हेतु सशस्त्र महिलाओं को तैनात किया जाता था।

प्रमुख नगर एवं उनकी प्रसिद्धि के कारण

प्रमुख नगर	प्रसिद्धि
मदुरै	पाण्ड्य राज्य की राजधानी
उरैयूर	चोलों की राजधानी व सूती कपड़ों का बड़ा केन्द्र
पुहार	चोलों की समुद्रतटीय राजधानी व प्रसिद्ध बन्दरगाह
कोरकाई	पाण्ड्यों की तटीय राजधानी
वांजि या करैयूर	चेरों की राजधानी
मुशिरी/मुजिरिस	चेरकालीन प्रसिद्ध बन्दरगाह

राजस्व (कर) प्रणाली

- संगम काल कृषि एवं व्यापार दोनों की दृष्टि से उन्नत था। राज्य की आय का मुख्य स्रोत खेती की उपज से आने वाला कर था।
- वरियमवारि कर अदा करने वाले क्षेत्र की एक इकाई थी। इस इकाई से कर वसूलने वाले प्रभारी को **वरियार** कहा जाता था।

- भूमि की माप हेतु **मा** और **वेलि** का प्रचलन था। भूमिकर को इरय, चुंगी एवं सीमा शुल्क को उल्गु या शुंगम, राजा को दिए जाने वाले कर को कुडमै या पादु तथा जबरन वसूला जाने वाला कर ईरादु कहलाता था।
- भूमिकर नकद अथवा अनाज दोनों रूपों में लिया जाता था। कर देने हेतु अनाज को अम्बानम् में तौला जाता था। यह एक बड़ी तौल थी तथा नालि, उलाकू तथा अलाक छोटी तौल थी।

संगमकालीन सामाजिक स्थिति

- समकालीन **तोलकाप्पियम** के अनुसार तमिल समाज चार वर्णों में विभक्त था। ये वर्ण थे-**अरसर** (शासक), **शुड्डुम** (ब्राह्मण), **वेनिगर** (वणिक), **पुलैयन** (दस्तकार) तथा **वेलाल** या **वेल्लार** (किसान)।
- यह वर्ण व्यवस्था आर्य युगीन वर्ण व्यवस्था से भिन्न थी। तमिल भूमि में ब्राह्मणों का उदय सबसे पहले संगम काल में होता है।
- इस काल में तीव्र सामाजिक विषमता का बोध होता है। धनी लोग ईंट और सुरखी के मकानों में तथा गरीब लोग झुग्गी-झोंपड़ियों में रहते थे।
- तोलकाप्पियम के अनुसार, संगम काल में विवाह को एक संस्कार के रूप में मान्यता दी गई। इसमें आठ प्रकार के विवाहों की चर्चा है।
- स्त्री-पुरुष के सहज प्रणय को पंचतिन्नै, एकपक्षीय प्रेम को **कक्किरै** तथा औचित्यहीन प्रेम को **पेरुन्दिणै** कहा जाता था।

> सती प्रथा का प्रचलन विशेषकर सैनिक वर्गों में था। स्त्रियों की स्थिति उच्च थी। तमिल साहित्य में नच्चेलियर तथा औवैयर जैसी कवयित्रियों की चर्चा मिलती है। नर्तक, नर्तकियों के दल घूम-घूमकर लोगों का मनोरंजन करते थे, इन्हें **पाणर** और **विडैलियर** कहा जाता था।

- संगम साहित्य में मृतक संस्कार की अग्निदाह तथा समाधीकरण की विधियों का वर्णन है।
- तमिल ब्राह्मण मदिरा और मांस का सेवन करते थे। चोल एवं पाण्ड्य राज्य में सैनिक और असैनिक दोनों प्रकार के अधिकारियों के पदों पर वेल्लार या धनी किसानों की नियुक्ति की जाती थीं। समाज में अस्पृश्यता तथा दास प्रथा प्रचलित थीं।

सामाजिक व्यवस्था के प्रमुख अंग

वेल्लार (धनी किसान)	उणवार (साधारण हलवाहा)
कडैसियर (भूमिहीन मजदूर)	अरसर (शासक वर्ग)
पुलैयन (रस्सी बनाने वाली जाति)	मलवर (डाका डालने वाला)
एनियर (शिकारियों की जाति)	परत्तियर (गणिका)
वेलीर (मजदूर कृषक वर्ग)	वेनिगर (वणिक या व्यापारी वर्ग)
कणिगैचर (नर्तकी)	अण्डनर (ब्राह्मण)

संगमकालीन धार्मिक स्थिति

- संगम काल में मुख्यत: तीन मत (**ब्राह्मण, बौद्ध** एवं **जैन**) प्रचलित थे। यद्यपि दक्षिण भारत में वैदिक यज्ञ का प्रारम्भ हो चुका था।
- धर्म का सम्बन्ध कर्मकाण्डों और कतिपय आध्यात्मिक अवधारणाओं से था। कर्मकाण्डों का सम्बन्ध जीवात्मवादी तथा मानवरूपी देवपूजा के विविध रूपों से था।
- पुनर्जन्म, वीर पूजा, पितृ पूजा, सती पूजा का सम्पूर्ण दर्शन मृत्यु से सम्बन्धित था। जीवात्मवाद तमिल संगम धर्म का एक प्रमुख अंग था और इसमें प्रस्तर, जल, नक्षत्र और ग्रहों की पूजा शामिल थी।
- **अगस्त्य** और **कौण्डिन्य** ऋषि का दक्षिण भारत से पर्याप्त सम्बन्ध रहा है। वहाँ अनेक मन्दिर अगस्तेश्वर नाम से प्रसिद्ध हैं, जहाँ शिव की मूर्तियाँ स्थापित हैं।

> दक्षिण भारत में **मुरुगन** (पहाड़ी क्षेत्र के खेत) की उपासना सबसे प्राचीन है। मुरुगन दक्षिण भारत के प्रमुख देवता थे। मुरुगन का एक अन्य नाम सुब्रह्मण्यम् भी था। स्कन्द-कार्तिकेय से इस देवता का एकीकरण हो गया। मुरुगन का प्रतीक **मुर्गा** अर्थात् कुक्कुट होता था तथा इसकी उपासना में जो नृत्य किए जाते थे, उसे **वेलनाडल** कहा जाता था।

- पुहार में इन्द्र (मरुद्रम) के सम्मान में उत्सव मनाया जाता था तथा **कोरनाबाई** विजय की देवी थी।
- बहेलिए जाति के लोग **कोरेलै** की उपासना करते थे तथा पशुचारक कृष्ण की पूजा करते थे। जबकि मछुआरे एवं तटवर्ती लोगों वरुण की पूजा करते थे।
- **मरियम्मा** (परशुराम की माता) चेचक से सम्बन्धित शीतला माता थी। येलम्मा सीमा की देवी थी। मणिमैखले में कापालिक शैव संन्यासियों की चर्चा मिलती है।
- संगम युग में अनन्तशायी विष्णु, कृष्ण, बलराम, शिव, अर्द्धनारीश्वर आदि देवताओं की पूजा भी लोकप्रिय थी।
- **कुडुरैकरडावुल** (वन देवी) की तुलना प्राय: दुर्गा देवी के साथ की जाती है, जिसकी उपासना भी एक अन्य अवशिष्ट धार्मिक परम्परा थी।
- आर्योकरण के प्रभावस्वरूप वामनावतार रास लीलाएँ, शिवाख्यान इत्यादि की कथाओं का भी प्रचलन हो गया था।

विभिन्न प्रदेशों से जुड़े देवता

क्षेत्र	देवता	निवासी
कुरुन्जि (पर्वत)	मुरुगन	कुरुवर (शिकारी)
पल्लै (निर्जन स्थल)	कोरनाबाई	मरवर (योद्धा)
मुल्लै (जंगल)	मेयन (विष्णु)	कुरुम्बर (गड़रिए)
मरुदम (जुते क्षेत्र)	इन्द्र	उलवर (कृषक)
नेयतल (समुद्रतट)	वरुण	पटदावर (मछुआरे)

संगमकालीन आर्थिक स्थिति

- संगमकालीन अर्थव्यवस्था सुचालित तथा पूर्णतया आत्मनिर्भर थी। सामान्य लोग अधिकांशतः कृषक अथवा पशुपालक, शिकारी और मछुवारे थे। समृद्ध तथा शक्तिशाली वर्ग में तीन प्रकार के लोग थे-वेतर, वेलिर और वेल्लार।
- संगम साहित्य में व्यापारी वर्ग को **वेनिगर** कहा गया है। अधिकांश व्यापार वस्तु विनिमय द्वारा होता था। बाजार को **अवनम** के नाम से जाना जाता था, यह लेन-देन का एक केन्द्र होता था।
- संगम साहित्य के अनुसार, दक्षिण भारत की भूमि (प्रायद्वीप का सिरा और उससे लगे क्षेत्र) बहुत ही उपजाऊ थी। खेतों में धान, रागी और ईख, कुल्थी व जौ की उपज होती थी।
- इन सभी के अतिरिक्त तमिल प्रदेश में अनाज, फल, गोल मिर्च व हल्दी की भी उपज होती थी। इस काल में कृषि के अतिरिक्त मछली उत्पादन, जहाजों का निर्माण और कताई-बुनाई के उद्योग महत्त्वपूर्ण थे।
- संगम काल में स्थानीय और बाह्य दोनों प्रकार का व्यापार होता था। इस काल में आयात की जाने वाली वस्तुओं में मुख्यतः सिक्के (सोना-चाँदी), पुखराज, महीन कपड़े, छपे वस्त्र, सुरमा, शीशा, टिन, ताँबा एवं शराब आदि थीं।

> **पेरिप्लस ऑफ इरिथियन सी** के अनुसार, तोण्डी, मुशिरी, नेलसिण्डा, नौरा इत्यादि पश्चिमी तट के प्रमुख बन्दरगाह थे। चोल राज्य में पुहार (कावेरीपत्तनम), पाण्ड्य राज्य में शालियूर तथा चेर राज्य में कोर्कई प्रमुख बन्दरगाह थे। कोरोमण्डल समुद्रतट पर **अरिकमेडु** प्रसिद्ध बन्दरगाह था।

- निर्यात की जाने वाली वस्तुओं में मुख्यतः काली मिर्च, मोती, हाथी दाँत, रेशमी वस्त्र, नीलमणि, हीरे, मसाले, सूती वस्त्र आदि थे।
- प्राचीन तमिल काव्य में रेशम के ऊपर विभिन्न प्रकार की नक्काशीदार बुनाई का वर्णन किया गया है। **उरैयूर** सूती कपड़े के व्यापार के लिए प्रसिद्ध था।
- व्यापार के फलस्वरूप चावल, अदरक, दालचीनी आदि कई वस्तुओं के नाम यूनानी भाषा में तमिल भाषा से लिए गए हैं।
- प्रथम शताब्दी ई. में रोम के साथ व्यापार तमिलों के लिए इतना अधिक लाभप्रद था कि पाण्ड्य नरेश ने रोमन सम्राट **ऑगस्टस** का सहयोग प्राप्त करने के लिए उनके पास दो दूत भेजे थे। ऑगस्टस के सिक्के **पुहार, मुजिरिस** और **अरिकमेडु** से मिले हैं।
- ऑगस्टस तथा टिवेरियस की मुहर वाले सिक्के और नीरो के सोने एवं चाँदी के सिक्के तमिल प्रदेश के अनेक स्थलों से प्राप्त हुए हैं।
- राजस्व का मुख्य स्रोत भू-राजस्व था, जिसकी दर उत्पादन का 1/6 भाग थी। **तिरुक्काम्युलियर** नामक स्थान चोल, चेर, पाण्ड्य राज्य के संगम स्थल के रूप में था।
- संगम काल में पूर्वी तट की तुलना में पश्चिमी तट पर बन्दरगाहों की संख्या अधिक थी; जैसे—तोडी, मुशिरी, नेलिसिण्डा, नौरा आदि बन्दरगाह पश्चिमी तट पर ही अवस्थित थे।
- प्राचीन बौद्ध ग्रन्थों में उत्तर भारत और सुदूर दक्षिण के बीच व्यापार का उल्लेख है। इसके लिए इसमें **दक्षिणापर्थ** मार्ग का वर्णन किया गया है। यह गंगा घाटी से गोदावरी घाटी तक जाता था।
- उत्तर-दक्षिण के मध्य व्यापार मुख्यतः विलासिता की वस्तुएँ से सम्बन्धित था; जैसे-स्वर्ण, रत्न व मोती आदि। यद्यपि उत्तर के काली मृद्भाण्ड भी सुदूर दक्षिण में लोकप्रिय थी।
- उल्लेखनीय है कि संगम काल में व्यापारिक कारवे (स्थल मार्ग) का नेतृत्व करने वाले सार्थवाह को **मासत्तुवान** और समुद्री सार्थवाह को **मानामिकन** कहा जाता था।

संगम साहित्य

- संगम में एकत्र तमिल कवियों द्वारा रचित प्राचीनतम तमिल साहित्य को **संगम साहित्य** कहा जाता है तथा इस साहित्य में जिस युग की जानकारी प्राप्त होती है, उसे **संगम काल/युग** कहा जाता है।
- संगमकालीन रचनाओं को दो वर्गों में वर्गीकृत किया गया है—अगम (प्रेम सम्बन्धी) तथा पुरम (राजाओं की प्रशंसा)। इन्हें मुख्यतः दो समूहों में बाँटा जा सकता है—आख्यानात्मक और उपदेशात्मक।
- आख्यानात्मक ग्रन्थ मेलकणक्कु अर्थात् मुख्य अट्ठारह ग्रन्थ, जिसमें आठ पद्य संकलन और दस ग्राम्य गीत हैं। इन ग्रन्थों को **वीरगाथा काव्य** भी कहा जाता है।
- उपदेशात्मक ग्रन्थ कीलकणक्कु अर्थात् अट्ठारह लघु ग्रन्थ कहलाते हैं।

> प्रथम एवं द्वितीय संगम की सभी रचनाएँ विनष्ट हो गईं, जबकि एक तमिल व्याकरण **तोलकाप्पियम** बचा रहा। तीसरे संगम में रचित साहित्य आठ संग्रह ग्रन्थों में संकलित है, जिन्हें **ऐत्तुतोगई** कहते हैं।

- संगम साहित्य को साधारण रूप से तीन वर्गों में विभाजित किया जा सकता है
  - (i) **पत्थुप्पातु** यह संक्षिप्त दस पदों का संग्रह है, जिसकी रचना सम्भवतः दूसरी सदी ई. में की गई थी। इसमें पाण्ड्य शासक ने नेडुंनजेलियन तथा चोल शासक करिकाल के विषय में जानकारी मिलती है।
  - (ii) **इत्थुथोकै** यह आठ कविताओं का संग्रह है। इसके अन्तर्गत तत्कालीन राजाओं के नाम व समाज का विवरण दिया गया है।
  - (iii) **पदिनेनकीलकन्कु** यह अट्ठारह लघु कविताओं का संग्रह है। इसके अन्तर्गत तिरूवल्लुवर की तिरुक्कुरल या कुरल सर्वश्रेष्ठ रचना है। इसे तमिल साहित्य का **बाइबिल** कहा गया है।

कुछ प्रमुख संगमकालीन साहित्य

रचनाकार	रचना	रचनाकार	रचना
तिरूवल्लुवर	तिरूक्कुरल/कुरल	इलंगोआदिगल	शिलप्पादिकारम
तोल्काप्पियर	तोल्काप्पियम	तिरूतक्कदेवर	जीवक चिन्तामणि
रुद्रसर्मन	अहनानूरु	सीतलैसत्तनार	मणिमेखलै

संगम काल के महाकाव्य

संगम काल के प्रमुख पाँच महाकाव्य—शिलप्पादिकारम, मणिमेखलै, जीवक चिन्तामणि, वलयपति और कुण्डलकेशि हैं, किन्तु इनमें से केवल पहले के तीन महाकाव्य ही उपलब्ध हैं, जिनका संक्षिप्त विवरण निम्नलिखित है

शिलप्पादिकारम्

- यह तमिल भाषा का पहला काव्य ग्रन्थ है तथा इसे **तमिल साहित्य का रत्न** माना जाता है। तमिल साहित्य में इसे एक राष्ट्रीय काव्य के रूप में मान्यता प्राप्त है।
- इस महाकाव्य की रचना चेर शासक **शेनगुट्टुवन** के भाई **इलंगोआदिगल** (जैन धर्मावलम्बी) ने की थी।
- इसके प्रमुख पात्र कोवलन, इसकी पत्नी कन्नगी और कावेरीपत्तनम की गणिका माधवी थी।

> शिलप्पादिकारम प्रेमकथा आधारित महाकाव्य है, जिसमें कोवलन अपनी पत्नी कन्नगी की उपेक्षा कर माधवी से प्रेम करता है। इसमें **कन्नगी पूजा** का भी उल्लेख मिलता है।

मणिमेखलै

- इसकी रचना मदुरा के एक व्यापारी **सीतलैसत्तनार** (सत्तनार) ने की थी।
- इसकी नायिका कोवलन एवं माधवी से उत्पन्न पुत्री मणिमेखलै है। मणिमेखलै की कहानी वहीं से प्रारम्भ होती है, जहाँ से शिलप्पादिकारम की समाप्ति होती है। इसमें बौद्ध धर्म के **महायान सम्प्रदाय** का वर्णन किया गया है।

जीवक चिन्तामणि

- इसकी रचना जैन भिक्षु **तिरूतक्कदेवर** ने की थी। इस महाकाव्य का नायक **जीवक** है, जिसका इसमें वर्णन किया गया है। इसमें जीवक आठ विवाह करता है तथा गृहस्थ जीवन के पश्चात् जैन धर्म अपनाकर संन्यासी बन जाता है।
- आठ विवाहों का वर्णन होने के कारण जीवक चिन्तामणि **धर्मग्रन्थ** (मणमूल) भी कहलाता है।

10 ग्रामकाव्य

	रचनाएँ	रचानाकार	संरक्षक
1.	पेरुम्पनात्रुप्पदई	रुद्रन कन्नानार	तोण्डैमान इलाण्डिरैयन (काँची शासक)
2.	तिरूमुरुकात्रुप्पदई	नक्कीरर	–
3.	नेडुनलवदई	नक्कीरर	नेडुंजेलियन (पाण्ड्य)
4.	पोरुनरात्रुप्पदई	कन्नियार	करिकाल (चोल)
5.	पत्तिनप्पालई	रुद्रन कन्नागार	करिकाल (चोल)
6.	मदुरकाईकांचि	मांगुदि मरुदनार	नेडुंजेलियन (पाण्डय)
7.	सिरुपानत्रुप्पदई	नथ्थायार	नालिकोडन (ओयमाण्डु)
8.	मुल्लैप्पातु	नप्पुदनार	तलैयालंगानम् (पाण्डय)
9.	कुरुन्जिपात्तु	कपिलर	बृहदत्त (आर्य सम्राट)
10.	मलैपदुकदाम	कौसिकनार	कन्नन (पर्वतीय सरदार)

प्रीलिम्स फैक्ट्स

- चेर वंश का राजकीय प्रतीक चिह्न क्या था? *– धनुष [UPPSC (Pre) 2007]*
- यहूदी किसके साम्राज्य के समय भारत आए? *– चेर [JPSC (Pre) 2006]*
- उदियंजीरल किस वंश से सम्बन्धित था? *– चेर वंश [UKPSC (Pre) 2003]*
- दक्षिण भारत के किस वंश के राजा ने रोम में एक दूत 26 ई.पू. में भेजा था? *– पाण्ड्य [MPPSC (Pre) 2005]*
- पाण्ड्य राज्य की जीवन रेखा कौन-सी नदी थी? *– वेंगी [UPPSC (Pre) 2010]*
- तृतीय संगम का आयोजन कहाँ हुआ था? *– मदुरई में [UPPSC (Pre) 2006]*
- मीनाक्षी मन्दिर कहाँ स्थित है? *– मदुरई में [UPPSC (Pre) 1992]*
- संगम युग में कौन-सा एक प्रसिद्ध बन्दरगाह था, जिसकी प्रसिद्धी संगम काव्यों तथा यूनानी वृत्तान्तों में मोतियों के लिए लिपिबद्ध है? *– कोरकाई [UKPSC (Pre) 2005]*
- चोलों का राज्य किस क्षेत्र में विस्तृत था? *– कोरोमण्डल तट तथा दक्कन के कुछ भाग तक [UPPSC (Pre) 1991]*
- कावेरीपत्तनम किस राजवंश की राजधानी थी? *– चोल राजवंश [JPSC (Pre) 2006]*
- कदम्ब, चोल, चेर तथा पाण्ड्य राजवंशों में से किसका उल्लेख संगम साहित्य में नहीं हुआ है? *– कदम्ब [BPSC (Pre) 1996]*
- संगमकाल में उरैयूर किसके लिए विख्यात था? *– कपास के व्यापार के केन्द्र के रूप में [BPSC (Pre) 1994]*
- कोरके, तोण्डी, मुशिरी तथा पुहार बन्दरगाहों में कौन-सा/से पश्चिमी तट पर स्थित था/थे? *– तोण्डी तथा मुशिरी [UPPSC (Pre) 2012]*

- 9वीं सदी में किसके द्वारा चोल साम्राज्य की नींव रखी गई थी? *- विजयालय* [RAS/RTS (Pre) 2016]
- किस चोल राजा ने जल सेना प्रारम्भ की थी? *- राजराज प्रथम* [CGPSC (Pre) 2015]
- उस चोल शासक का नाम बताइए, जिसने श्रीलंका के उत्तरी भाग पर विजय प्राप्त की थी? *- राजराज प्रथम* [UPPSC (Mains) 2014]
- किस चोल शासक को चोलगंगम नामक वृहद् कृत्रिम झील बनवाने का श्रेय दिया जाता है? *- राजेन्द्र प्रथम* [UPPSC (Mains) 2016]
- चोल राजाओं में से किस एक ने सीलोन पर विजय प्राप्त की थी? *- राजेन्द्र प्रथम* [IAS (Pre) 20016]
- किस चोल शासक के शासनकाल में व्यापारिक मण्डल चीन भेजा गया था? *- राजराज प्रथम* [UPPSC (Pre) 1992]
- वह चोल राजा कौन था, जिसने श्रीलंका को स्वतन्त्रता दी और सिंहल राजकुमार के साथ अपनी पुत्री का विवाह कर दिया था? *- कुलोत्तुंग प्रथम* [UPPSC (Pre) 2012]
- चोलों के अधीन ग्राम प्रशासन के बहुत-से ब्यौरे जिन अभिलेखों में मिलते हैं, वे कहाँ हैं? *- उत्तर मेरुर में* [IAS (Pre) 1993]
- किसकी प्रशासनिक प्रणाली की अद्वितीय विशेषता ग्राम स्वयात्तता का विकास थी? *- चोल* [MPPSC (Pre) 2022]
- वह दक्षिण भारतीय राज्य, जो अपनी नौसैनिक शक्ति हेतु प्रसिद्ध था? *- चोल* [UPPSC (Pre) 2004]
- चालुक्य, चोल, कदम्ब तथा कल्चुरि राजवंशों में से किसके शासक अपने शासनकाल में ही अपना उत्तराधिकारी घोषित कर देते थे? *- चोल* [UPPSC (Pre) 2003]
- श्रेणी, नगरम, नानादेशि तथा मणिग्राम में से कौन-सी संस्था विदेशी व्यापार से सम्बन्धित थी? *- नानादेशि* [UPPSC (Pre) 2018]
- ईसा की प्रारम्भिक शताब्दियों में भारत तथा रोम के बीच घनिष्ठ व्यापारिक सम्बन्धों की सूचना किस पुरास्थल की खुदाइयों से प्राप्त होती है? *- अरिकामेडु* [UPPSC (Pre) 2003]
- दक्षिण भारत विशेषकर चोल युग के स्थापत्यों की विश्व में श्रेष्टतम प्रतिमा रचना मानी जाती है *- नटराज* [IAS (Pre) 1993]
- किस मन्दिर परिसर में एक भारी-भरकम नन्दी की मूर्ति है, जिसे भारत की विशालतम नन्दी मूर्ति माना जाता है? *- वृहदेश्वर मन्दिर* [UPPSC (Pre) 1999]
- तंजौर का वृहदेश्वर मन्दिर कौन-से चोल सम्राट के शासनकाल में निर्मित हुआ था? *- राजराज प्रथम के* [RPSC (Mains) 2008]
- दक्षिण भारत के मन्दिरों के आकर्षक द्वार क्या कहलाते हैं? *- गोपुरम* [BPSC (Pre) 2017]
- तमिल रामायण या रामावतारम का लेखक कौन था? *- कम्बन* [UPPSC (Pre) 2014]
- संगम साहित्य में 'तोल्लयकापियम' किस विषय पर आधारित ग्रन्थ है? *- तमिल व्याकरण का* [UPPSC (Pre) 2014]
- संगम साहित्य में कोन, को एवं मन्नन किसके लिए प्रयुक्त होते थे? *- राजा* [RAS/RTS (Pre) 2010]
- संगम साहित्य दक्षिण भारत के इतिहास की पुर्नसंरचना के लिए महत्त्वपूर्ण स्रोत बना। यह किस भाषा में लिखा गया? *- तमिल* [RAS/RTS (Pre) 2016]
- शैव सन्तों के लेखन संग्रह को पाँचवाँ वेद भी समझा जाता है। इस संग्रह का नाम क्या है? *- तिरुमुराय* [JPSC (Pre) 2021]
- महाभारत का तेलगू भाषा में अनुवाद किसने किया था? *- नन्नय और टिक्कन ने* [UPPSC (Pre) 2012]

सेल्फ चैक

1. संगम काल के सम्बन्ध में निम्नलिखित में से कौन-सा कथन सही नहीं है?
(a) मेगस्थनीज के अनुसार पाण्ड्य राज्य मोतियों के लिए प्रसिद्ध था
(b) अशोक के अभिलेखों में केवल चोल व केरल (चेर) पुत्र का उल्लेख है
(c) संगम ग्रन्थ के लेखकों को पाटलिपुत्र की जानकारी थी
(d) संगमकालीन लेखकों को सोन और गंगा नदी ज्ञात थी

2. निम्नलिखित में से कौन एक तमिल देश के संगम युग का राजवंश नहीं था? UPPSC (Pre) 2010
(a) चेर (b) चोल
(c) पल्लव (d) पाण्ड्य

3. चोलवंश का कौन-सा शासक सात स्वरों (संगीत) का ज्ञाता था?
(a) करिकाल (b) शेनगुट्टवन
(c) कोरकाई (d) पेरूनल

4. संगमकालीन किस चोल शासक ने श्रीलंका पर विजय प्राप्त की थी?
(a) एलारा (b) करिकाल (c) नेडियोन (d) मरुदम

5. चेर वंश का राजकीय प्रतीक चिह्न क्या था?
(a) धनुष (b) मछली (c) बाघ (d) हाथी

6. उदियन जेरल किस वंश से सम्बन्धित था? UKPSC (Pre) 2022
(a) चेर वंश (b) पाण्ड्य (c) बाघ (d) हाथी

7. पाण्ड्य राज्य की जीवन रेखा कौन-सी नदी थी?
(a) गोदावरी (b) कृष्णा (c) तुंगभद्रा (d) वेंगी

8. निम्नलिखित में से कौन-सा महत्त्वपूर्ण पाण्ड्य बन्दरगाह था, जिसकी प्रसिद्धि संगम काव्यों तथा यूनानी वृत्तान्तों में मोतियों के लिए लिपिबद्ध है?
(a) मुशिरी (b) कोरकाई (c) पुहार (d) अरिकमेडु

9. निम्नलिखित में से कौन-सा युग्म (छठी शताब्दी तक दक्षिण भारत का राज्य एवं उसकी राजधानी) सही सुमेलित नहीं है? GPSC (Pre) 2016

(a) पल्लव — काँचीपुरम
(b) पाण्ड्य — मदुरै
(c) चेर — पुदुचेरी
(d) चोल — तंजौर

10. निम्नलिखित में से कौन-सा एक, संगम कविताओं में यथावर्णित 'वटकिरुतल' की प्रथा को स्पष्ट करता है? UPSC (Pre) 2023

(a) राजाओं द्वारा महिला अंगरक्षिकाओं को नियुक्त करना
(b) राजदरबारों में विद्वानों का, धर्म और दर्शन से जुड़े विषयों पर विचार-विमर्श करने हेतु एकत्र होना
(c) किशोरियों द्वारा कृषि-क्षेत्रों की निगरानी करना और चिड़ियों तथा पशुओं को भगाना
(d) युद्ध में पराजित राजा का आमरण अनशन कर आनुष्टानिक मृत्युवरण करना

11. तमिल संगम ग्रन्थों के अनुसार निम्नलिखित में से कौन बड़े भूमि स्वामी रहे थे?

(a) गृहपति (b) उज्हावर
(c) अडिमाई (d) वेल्लार

12. सूची I को सूची II से सुमेलित कीजिए और सूचियों के नीचे दिए गए कूट का प्रयोग कर सही उत्तर चुनिए

सूची I	सूची II
A. कुरिंचि	1. चारागाही क्षेत्र
B. पलाई	2. समुद्र तट
C. नेयताल	3. शुष्क क्षेत्र
D. मुल्लाई	4. पर्वतीय क्षेत्र

कूट

	A	B	C	D		A	B	C	D
(a)	1	2	3	4	(b)	1	3	2	4
(c)	4	3	2	1	(d)	4	2	3	1

13. निम्नलिखित में से कौन-से संगम बन्दरगाह पश्चिमी तट पर स्थित थे? नीचे दिए गए कूट से सही उत्तर चुनिए UPPSC (Pre) 2012

1. कोरके 2. पुहार
3. तोण्डी 4. मुशिरी

कूट

(a) 1 और 2 (b) 2 और 3
(c) 3 और 4 (d) 4 और 1

14. प्राचीन दक्षिण भारत के सन्दर्भ में, कोरकई, पूमपुहार और मुचीरि किस रूप में सुविख्यात थे? UPSC (Pre) 2023

(a) राजधानी नगर
(b) पत्तन
(c) लौह और इस्पात निर्माण के केन्द्र
(d) जैन तीर्थंकरों के चैत्य

15. 'दक्षिणापथ' के रूप में सुख्यात प्राचीन व्यापार मार्ग जोड़ता था

(a) अजन्ता को गोलकुण्डा से (b) एलोरा को मुजिरिस से
(c) अजन्ता को अरिकमेडु से (d) अजन्ता को पाटलिपुत्र से

16. प्राचीन दक्षिण भारत में संगम साहित्य के बारे में निम्नलिखित कथनों में कौन-सा कथन सही है? IAS (Pre) 2022

(a) संगम कविताओं में भौतिक संस्कृति का कोई सन्दर्भ नहीं है
(b) वर्ण का सामाजिक वर्गीकरण संगम कवियों को ज्ञात था
(c) संगम कविताओं में समर शौर्य का कोई सन्दर्भ नहीं है
(d) संगम साहित्य में जादुई शक्तियों को असंगत बताया गया है

17. निम्नलिखित तमिल ग्रन्थों में किसे 'लघुवेद' की संज्ञा दी गई है?

(a) नन्दिकलम्बकम् (b) कलिंगत्तुपर्णि
(c) पेरियपुराणम् (d) कुरल

18. महाकाव्य शिलप्पादिकारम किससे सम्बन्धित है?

(a) राम की कहानी (b) कथानक में जैन तत्त्व
(c) श्रीलंका के बौद्धों की संस्कृति (d) शक्ति उपासना की पूजा-पद्धति

19. संगम साहित्य में 'तोल्लकाप्पियम' एक ग्रन्थ है UPPSC (Pre) 2014

(a) तमिल कविता का (b) तमिल व्याकरण का
(c) तमिल वास्तुशास्त्र का (d) मिल राजशास्त्र का

20. सूची I को सूची II से सुमेलित कीजिए और सूचियों के नीचे दिए गए कूट का प्रयोग कर सही उत्तर चुनिए UPPSC (Pre) 2014

सूची I	सूची II
A. तिरुक्कुरल	1. प्रेम कथा
B. तोल्काप्पियम	2. दर्शन
C. शिलप्पादिकरम	3. वणिक कथा
D. मणिमेखलै	4. व्याकरण

कूट

	A	B	C	D		A	B	C	D
(a)	1	2	4	3	(b)	2	3	4	1
(c)	4	2	3	1	(d)	2	4	1	3

21. **कथन** (A) पाण्डिनेन किलकनक्कु समूह की अहम एवं पुरम कविताएँ संगम रचनाओं का अनुवर्तन हैं।
कारण (R) उन्हें प्रमुख संगम रचनाओ के विपरीत उत्तर संगम रचनाओं में सम्मिलित किया गया। IAS (Pre) 2000

कूट

(a) A और R दोनों सही हैं तथा R, A की सही व्याख्या है
(b) A और R दोनों सही हैं, परन्तु R, A की सही व्याख्या नहीं है
(c) A सही है, किन्तु R गलत है
(d) A गलत है, किन्तु R सही हैं

22. मणिमेखलै के लेखक कौन हैं?

(a) कोवलन (b) सत्तनार
(c) इलंगोआदिगल (d) तिरूतक्कदेवर

जानें सही उत्तर

1. (b)	2. (c)	3. (a)	4. (a)	5. (a)	6. (a)	7. (d)	8. (b)	9. (c)	10. (d)
11. (d)	12. (c)	13. (c)	14. (b)	15. (d)	16. (b)	17. (d)	18. (d)	19. (b)	20. (d)
21. (a)	22. (b)								

अध्याय दस

गुप्तकाल

"

गुप्त साम्राज्य का उद्भव उत्तर भारत में कुषाण साम्राज्य के पतन के पश्चात् हुआ। गुप्तों ने कुषाणों और सातवाहनों के एक विस्तृत भू-भाग पर अपना साम्राज्य स्थापित किया। गुप्तों के शासनकाल में भारत में सामाजिक, धार्मिक, साहित्यिक, वैज्ञानिक एवं तकनीकी का विकास हुआ। कला एवं साहित्य में हुई प्रगति के कारण गुप्तकाल को भारतीय इतिहासकारों ने क्लासिकल युग की संज्ञा दी है।

परिचय

- ईसा की तीसरी सदी के मध्य में दक्कन के दक्षिण में सातवाहन तथा उत्तर में कुषाण दोनों साम्राज्यों का अन्त हो गया। अतएव चौथी सदी के प्रारम्भ में **कुषाण साम्राज्य** के खण्डहर पर नए **गुप्त साम्राज्य** का प्रादुर्भाव हुआ, जिसने अपना आधिपत्य **कुषाण** और **सातवाहन** दोनों के राज्यक्षेत्रों में बहुत बड़े भाग पर स्थापित किया।
- गुप्त साम्राज्य, मौर्य साम्राज्य जितना व्यापक और विशाल तो नहीं था, परन्तु इसने सम्पूर्ण उत्तर भारत को एक सूत्र में बाँधे रखा।
- कुषाणों के पतन के पश्चात् उत्तर भारत में अनेक राजतन्त्र एवं गणतन्त्र राज्यों का उदय हुआ। राजतन्त्रों में नागवंश, आभीर, इक्ष्वाकु तथा गणतन्त्रों में अर्जुनायन, मालव, यौधेय, लिच्छवि, शिवि तथा कुणिन्द आदि शामिल थे।

गुप्त सम्भवत: कुषाणों के सामन्त थे। गुप्त वंश का आरम्भिक राज्य **उत्तर प्रदेश** और **बिहार** में था। कुषाणों से प्राप्त सैन्य तकनीक एवं वैवाहिक सम्बन्धों ने गुप्त साम्राज्य के प्रसार एवं सुदृढ़ीकरण में महत्त्वपूर्ण भूमिका निभाई। गुप्त शासकों के अधिकांश अभिलेख उत्तर प्रदेश से प्राप्त हुए हैं।

गुप्तकालीन इतिहास के स्रोत

गुप्तकालीन इतिहास की जानकारी के तीन स्रोत-साहित्यिक, पुरातात्विक और विदेशी यात्रियों के विवरण हैं। इनका संक्षिप्त विवरण निम्न है

साहित्यिक स्रोत

- इसमें **कालिदास** द्वारा रचित मालविकाग्निमित्रम्, कुमारसम्भवम, ऋतुसंहार, अभिज्ञानशाकुन्तलम, मेघदूत, **वात्स्यायन** की रचना कामसूत्र, **शूद्रक** की रचना मृच्छकटिकम आदि रचनाएँ गुप्तकालीन इतिहास पर प्रकाश डालती हैं।
- विशाखदत्त के नाटक **देवीचन्द्रगुप्त** में गुप्त शासक रामगुप्त तथा चन्द्रगुप्त द्वितीय के बारे में उल्लेख मिलता है।

पुरातात्विक स्रोत

- पुरातात्विक स्रोतों के अन्तर्गत अभिलेख, सिक्के एवं स्मारक शामिल हैं, जिनसे गुप्तकाल के बारे में जानकारी मिलती है।
- समुद्रगुप्त के **प्रयाग प्रशस्ति अभिलेख** से समुद्रगुप्त द्वारा विजित क्षेत्रों के बारे में पर्याप्त जानकारी मिलती है।
- स्कन्दगुप्त के जूनागढ़ अभिलेख में इसके द्वारा सुदर्शन झील के पुनर्निर्माण किए जाने का उल्लेख है और **भीतरी अभिलेख** से हूण आक्रमण होने की जानकारी प्राप्त होती है।
- गुप्तकाल में निर्मित मन्दिरों, मूर्तियों व चैत्यगृह आदि से समकालीन कला एवं स्थापत्य का पता चलता है। गुप्तकालीन अजन्ता एवं बाघ की गुफाओं के चित्र उल्लेखनीय हैं।
- इसके अतिरिक्त देवगढ़ का दशावतार मन्दिर (झाँसी, उत्तर प्रदेश), भीतरगाँव का मन्दिर (कानपुर, उत्तर प्रदेश), नचना कुठार का पार्वती मन्दिर (पन्ना, मध्य प्रदेश) व तिगवा का विष्णु मन्दिर (जबलपुर, मध्य प्रदेश) आदि विशेष रूप से महत्त्वपूर्ण हैं।

> गुप्त शासकों द्वारा जारी किए गए सोने, चाँदी व ताँबे के सिक्के प्राप्त हुए हैं। इस काल में स्वर्ण सिक्कों को **दीनार**, चाँदी के सिक्कों को **रूपक** अथवा **रूप्यक** तथा ताँबे के सिक्कों को **माषक** कहा जाता था। गुप्तकालीन सोने के सिक्के का सबसे बड़ा ढेर राजस्थान के बयाना से प्राप्त हुआ है।

विदेशी यात्रियों के विवरण

- इसके अन्तर्गत चीनी यात्री **फाह्यान** और **ह्वेनसांग** का विवरण प्रमुख हैं। फाह्यान चन्द्रगुप्त द्वितीय के शासनकाल में भारत आया था। उसने मध्य प्रदेश का उल्लेख किया है, जबकि ह्वेनसांग के विवरण में कुमारगुप्त द्वारा नालन्दा महाविहार की स्थापना करवाने का उल्लेख मिलता है।
- इसके अतिरिक्त ह्वेनसांग ने बुद्धगुप्त, नरसिंहगुप्त, बालादित्य आदि का उल्लेख किया है।

गुप्त वंश के प्रमुख शासक

गुप्त वंश के प्रमुख शासक निम्न हैं

गुप्त वंश के प्रमुख शासक

↓

श्रीगुप्त (240-280 ई.)

↓

घटोत्कच (280-319 ई.)

↓

चन्द्रगुप्त प्रथम (319-355 ई.)

↓

समुद्रगुप्त (355-375 ई.)

↓

चन्द्रगुप्त द्वितीय (375-415 ई.)

↓

कुमारगुप्त प्रथम (415-455 ई.)

↓

स्कन्दगुप्त (455-467 ई.)

श्रीगुप्त (240-280 ई.)

- गुप्त वंशावली की चर्चा **कुमारगुप्त** के **बिलसड स्तम्भ लेख** से मिलती है।
- इन लेखों में गुप्त वंश का प्रथम शासक **श्रीगुप्त** को बताया गया है। अतः स्पष्ट होता है कि गुप्त वंश की स्थापना श्रीगुप्त ने की थी।
- **प्रभावती गुप्ता** के **पूना ताम्रपत्र अभिलेख** में गुप्तों के आदिपुरुष श्रीगुप्त तथा इनके पुत्र घटोत्कच गुप्त का उल्लेख किया गया है।
- **इत्सिंग** की यात्रा विवरण के अनुसार, श्रीगुप्त ने मगध में चीनी यात्रियों के लिए मन्दिर का निर्माण करवाया और उसे 24 गाँव दान में दिए थे।

> गुप्त वंश के संस्थापक श्रीगुप्त ने **महाराज** की उपाधि धारण की थी।

घटोत्कच (280-319 ई.)

- श्रीगुप्त के पश्चात् उसका पुत्र घटोत्कच गुप्त वंश का शासक बना। यद्यपि अपवाद स्वरूप स्कन्दगुप्त के **सुपिया** लेख (रीवा, मध्य प्रदेश) में घटोत्कच को गुप्त वंशावली में प्रथम शासक बताया गया है। इससे यह ज्ञात होता है कि गुप्तों का राजनैतिक इतिहास घटोत्कच से आरम्भ हुआ।
- प्रभावती गुप्ता के पूना एवं रिद्धपुर ताम्रपत्र लेख में **घटोत्कच** को गुप्त वंश का प्रथम शासक बताया गया है।
- उल्लेखनीय है कि श्रीगुप्त एवं घटोत्कच दोनों ने ही **महाराज** की उपाधि धारण की थी।

चन्द्रगुप्त प्रथम (319-335 ई.)

- घटोत्कच के पश्चात् **चन्द्रगुप्त प्रथम** गुप्तवंश का शासक बना। यह गुप्त वंश का पहला प्रसिद्ध शासक हुआ। यह गुप्त वंश का वास्तविक संस्थापक था।
- चन्द्रगुप्त प्रथम ने **महाराजाधिराज** की उपाधि धारण की थी। इसके राज्यारोहण की तिथि 319 ई. थी तथा इसे **गुप्त सम्वत्** का आरम्भ माना गया है (शक सम्वत का आरम्भ 78 ई.)।
- चन्द्रगुप्त प्रथम ने लिच्छवि राजकुमारी **कुमारदेवी** से विवाह किया और वैशाली राज्य को प्राप्त किया। क्षत्रिय कुल में विवाह करने से चन्द्रगुप्त प्रथम की प्रतिष्ठा में बढ़ोतरी हुई। इसकी पुष्टि निम्न तथ्यों से होती है
  - पहला, स्वर्ण सिक्कों में चन्द्रगुप्त कुमार देवी प्रकार, लिच्छवि प्रकार, राजा-रानी प्रकार व विवाह प्रकार इत्यादि हैं।
  - दूसरा, समुद्रगुप्त के **प्रयाग अभिलेख** में उसे लिच्छवि **दौहित्र** कहा गया है।
- गुप्तवंश में सर्वप्रथम चन्द्रगुप्त प्रथम ने रजत (चाँदी) मुद्राओं को जारी किया था।
- **वायु पुराण** में इसकी राज्य सीमा का उल्लेख अप्रत्यक्ष रूप से किया गया है।

- चन्द्रगुप्त प्रथम ने **साकेत** (अयोध्या), **प्रयाग** (प्रयागराज) और **मगध** पर शासन किया था।

> चन्द्रगुप्त प्रथम ने अपने स्वर्ण सिक्कों पर **कुमार देवी** का नाम उत्कीर्ण करवाया और इसके पृष्ठ भाग पर **लिच्छवयः** (लिच्छवि) खुदवाया।

समुद्रगुप्त (335-380 ई.)

- चन्द्रगुप्त प्रथम का उत्तराधिकारी (पुत्र) समुद्रगुप्त हुआ। इनके कुछ सोने के सिक्के प्राप्त हुए हैं, जिन पर काच नाम उत्कीर्ण है तथा **सर्वराजोच्छेत्ता** विरुद भी मिलता है।
- अभिलेखों में यह विरुद समुद्रगुप्त के **लिए प्रयुक्त** हुआ है।
- अपने विजय अभियान को पूर्ण करने के पश्चात् उसने अश्वमेध यज्ञ सम्पन्न किया तथा **अश्वमेध पराक्रम की उपाधि** धारण की।
- उल्लेखनीय है कि चन्द्रगुप्त द्वितीय की पुत्री प्रभावती गुप्ता के पूना अभिलेख में समुद्रगुप्त को अनेक अश्वमेध यज्ञ करने वाला कहा गया है। यद्यपि प्रयाग प्रशस्ति में अश्वमेध यज्ञ का उल्लेख नहीं है।
- चीनी स्रोत से ज्ञात होता है कि समुद्रगुप्त से श्रीलंका के शासक **मेघवर्मन** ने गया में एक बौद्ध मठ बनाने की अनुमति माँगी थी, जिसकी अनुमति दे दी गई थी।
- समुद्रगुप्त विजेता के साथ-साथ कवि, संगीतज्ञ और विद्या का संरक्षक था। इसके सिक्कों पर उसे वीणा बजाते हुए दिखाया गया है, इसलिए इसे कविराज की उपाधि प्रदान की गई है।
- सिक्कों पर उसने व्याघ्र पराक्रम, अप्रतिरथ, पराक्रमांक आदि विरुद धारण किए। प्रयाग प्रशस्ति में समुद्रगुप्त के लिए **धर्मप्रचारबन्धु** उपाधि का उल्लेख मिलता है।
- ताम्रपत्र में समुद्रगुप्त को **परम भागवत** कहा गया है।

समुद्रगुप्त के विजय अभियान

- समुद्रगुप्त एक महान् विजेता था। प्रयाग स्तम्भ लेख से उसकी सामारिक विजयों का विवरण मिलता है। समुद्रगुप्त के व्यापक विजयों के कारण विन्सेंट स्मिथ (इतिहासकार) ने उसे (समुद्रगुप्त) **भारत का नेपोलियन** कहा है।
- समुद्रगुप्त द्वारा विजित स्थान और क्षेत्रों को पाँच समूहों में बाँटा गया, जो निम्नलिखित हैं
  - (i) **प्रथम चरण** अपनी विजय प्रक्रिया के अन्तर्गत समुद्रगुप्त ने सर्वप्रथम आर्यावर्त्त (उत्तर भारत) की तीन शक्तियों को पराजित किया। इस अभियान के दौरान उसने अच्युत, नागसेन तथा कोतकुलज शासकों को पराजित किया। अपने द्वितीय आर्यावर्त्त (उत्तरी भारत) अभियान के दौरान समुद्रगुप्त ने नौ शासकों को पराजित किया। प्रयाग प्रशस्ति में आर्यावर्त्त के नौ राजाओं रुद्रदेव, नन्दी, मतिल, नागदत्त, चन्द्र वर्मा, गणपति नाथ, नागसेन, अच्युत तथा बलवर्मा का उल्लेख मिलता है। इसने इन शासकों के राज्यों को प्रत्यक्ष रूप से अपने साम्राज्य में मिला लिया।
  - (ii) **द्वितीय चरण** समुद्रगुप्त ने पंजाब के गणतन्त्र राज्य; जैसे-अर्जुनायन मालव, यौधेय, माडक, आभीर, काव, खर्परिक तथा सीमावर्ती राज्यों; जैसे-समतट, कामरूप, डवाक, नेपाल तथा कर्तृपुर को पराजित किया।
  - (iii) **तृतीय चरण** इस चरण में समुद्रगुप्त ने विन्ध्य क्षेत्र के आटविक राज्यों को पराजित किया।
  - (iv) **चतुर्थ चरण** इसके अन्तर्गत समुद्रगुप्त ने पल्लव राज्य समेत दक्षिण भारत के बारह राज्यों को पराजित किया। अपने दक्षिणापथ अभियान के लिए समुद्रगुप्त ने तीन नीति अपनाई। प्रथम-ग्रहण (शुत्र पर अधिकार), द्वितीय-मोक्ष (शत्रु को मुक्त करना) तथा तृतीय-अनुग्रह (शत्रु को उसका राज्य लौटाना)।

समुद्रगुप्त के दक्षिण भारत के बारह विजय अभियान

उत्तरी कोसल का शासक महेन्द्र	अवमुक्त का नीलराज
महाकान्तर का व्याघ्रराज	वेंगी का हस्तिवर्मन
दक्षिणी कोसल का मन्तराज	पालक का उग्रसेन
पिष्टपुर का महेन्द्रगिरि	देवराष्ट्र का कुबेर
कोट्टूर का स्वमीदत्त	एरण्डपल्ल का राजा दमन
काँची का विष्णुगोप	कुस्थलपुर का धनंजय

  - (v) **पंचम चरण** समुद्रगुप्त ने उत्तर-पश्चिम भारत के कुछ विदेशी राज्यों से भी सम्बन्ध स्थापित किया, जिसमें देवपुत्र षहिषाहानुषाहि, शक, मुरुण्ड, सिंघल आदि शामिल हैं।

समुद्रगुप्त के विजय अभियानों की जानकारी के स्रोत

समुद्रगुप्त के विजय अभियानों की जानकारी के स्रोत निम्न हैं

- समुद्रगुप्त महान् विजेता था। हरिषेण लिखित प्रयाग प्रशस्ति के सातवें श्लोक से इसकी सामरिक विजयों का विवरण प्रारम्भ होता है। यह प्रशस्ति **चम्पू शैली** में लिखी गई है।
- समुद्रगुप्त को प्रयाग प्रशस्ति में एक महान् विजेता और सम्पूर्ण पृथ्वी को विजय (धरणि बन्ध) करने वाले के रूप में उल्लेख किया गया है।
- हरिषेण ने समुद्रगुप्त के बारे में लिखा है कि वे देवताओं में कुबेर (धनदेव), इन्द्र (वर्षा के देवता), वरुण (समुद्र देव) और यम (मृत्यु देव) के तुल्य हैं।
- **ऐरण अभिलेख** (सागर जिला, मध्य प्रदेश) में समुद्रगुप्त का पृथु, राघव आदि राजाओं से भी बढ़कर एक दानी राजा के रूप में उल्लेख किया गया है। इस अभिलेख में उसकी पत्नी का नाम दत्तदेवी अंकित है।
- अशोक निर्मित यह स्तम्भ मूलत: कौशाम्बी में स्थित था, जिसे अकबर ने इलाहाबाद में स्थापित करवाया था। इस स्तम्भ पर जहाँगीर तथा बीरबल का भी उल्लेख है।

> उल्लेखनीय है कि इलाहाबाद के अशोक स्तम्भ पर ही समुद्रगुप्त के सन्धिविग्रहिक हरिषेण ने संस्कृत भाषा में प्रशंसात्मक वर्णन प्रस्तुत किया है, जिसे प्रयाग प्रशस्ति कहा गया है। प्रयाग प्रशस्ति में सर्वप्रथम **भारतवर्ष** शब्द का उल्लेख मिलता है।

समुद्रगुप्त की विजय की नीति

समुद्रगुप्त की विजय की नीति निम्न हैं

- **राज्य प्रसभोद्धरण** उत्तरी भारत के नौ राज्यों की विजय को आर्यावर्त्त राज्य प्रसभोद्धरण कहा गया है अर्थात् राज्यों का बलात् उन्मूलन कर, उन्हें अपने साम्राज्य में मिला लिया।
- **ग्रहणमोक्षानुग्रह** दक्षिणापथ शासकों के प्रति समुद्रगुप्त ने ग्रहण, मोक्ष तथा अनुग्रह (ग्रहणमोक्षानुग्रह) की नीति अपनाई। दक्षिण विजय को धर्मविजय भी कहा जाता है।
- **सर्वकरदानाज्ञाकरण** यह नीति सीमान्त क्षेत्रों के लिए थी। गणतन्त्रीय राज्यों ने सर्वकरदान, आज्ञाकरण और प्राणागमन के द्वारा तुष्ट करने की चेष्टा की।
- **आत्मनिवेदन, कन्योपायन व गुरुत्मन्दक** विदेशी शासकों ने समुद्रगुप्त की अधीनता स्वीकार करते हुए आत्मनिवेदन (प्रार्थना), कन्योपायन (वैवाहिक सम्बन्ध) तथा गुरुत्मन्दक (मुद्रा द्वारा शासन करना) की विधि अपनाई।
- **परिचारिकीकृत नीति** इस नीति के अन्तर्गत आटविक (जनजातीय) राज्यों को सेवक बनाया जाता था।

समुद्रगुप्त की मुद्राएं

- प्रयाग प्रशस्ति एवं ऐरण अभिलेख से विभिन्न प्रकार की मुद्राओं का उल्लेख मिलता है। ये मुद्राएँ समुद्रगुप्त के जीवन पर प्रकाश डालती हैं। ये छ: मुद्राएँ निम्न प्रकार हैं

(i) **गरुड़** इस मुद्रा के पृष्ठभाग पर सिंहासनासीन देवी के साथ पराक्रम: शब्द उत्कीर्ण है। इस प्रकार की मुद्राएँ समुद्रगुप्त की नागवंशी राजाओं पर विजय की पुष्टि करती हैं। इनमें समुद्रगुप्त को सैकड़ों युद्धों को जीतने वाला बताया गया है।

(ii) **धनुर्धारी** इस मुद्रा के मुख्य भाग पर राजा धनुष-बाण लिए खड़ा है तथा इसके पृष्ठ भाग पर सिंहवाहिनी देवी के साथ उसकी उपाधि अप्रतिरथ: उत्कीर्ण है।

(iii) **परशु** इस मुद्रा में राजा परशु धारण किए हुए और उसकी उपाधि कृतान्त (यम) परशु उत्कीर्ण है।

(iv) **अश्वमेध** इन मुद्राओं से समुद्रगुप्त द्वारा अश्वमेध यज्ञ किए जाने की पुष्टि होती है। मुद्रा पर यज्ञ के रूप में बँधे हुए घोड़े के चित्र व मुद्रालेख राजाधिराज पृथ्वी को जीतकर और अश्वमेध यज्ञ का अनुष्ठान कर स्वर्गलोक की विजय करता हुआ उत्कीर्ण है।

(v) **व्याघ्रहनन** इस मुद्रा के पृष्ठ भाग पर गंगा घाटी की विजय के रूप में मकरवाहिनी गंगा और राजा समुद्रगुप्त उत्कीर्ण है। इसमें समुद्रगुप्त को व्याघ्र का शिकार (आखेट) करते हुए दिखाया गया है।

(vi) **वीणावादन** इन मुद्राओं में समुद्रगुप्त को वीणा वादन करते हुए दिखाया गया है, जिससे स्पष्ट होता है कि समुद्रगुप्त संगीत प्रेमी था।

रामगुप्त

- समुद्रगुप्त के पश्चात् रामगुप्त शासक बना, किन्तु यह एक कमजोर शासक था।
- विशाखदत्त की रचना **देवीचन्द्रगुप्त** के अनुसार, रामगुप्त ने शक आक्रमणकारियों के सम्मुख समर्पण कर दिया था। चन्द्रगुप्त द्वितीय, समुद्रगुप्त का छोटा (कनिष्ठ) पुत्र था, जिसने रामगुप्त को अपदस्थ कर गुप्त साम्राज्य का शासन अधिगृहीत कर लिया। इसने शकों को पराजित किया।
- शकों के समक्ष रामगुप्त के समर्पण और चन्द्रगुप्त के सत्ता अधिग्रहण की घटना की चर्चा हर्षचरित (बाणभट्ट), काव्यमीमांसा (राजशेखर) तथा राष्ट्रकूट शासक गोविन्द चतुर्थ के **सांगली ताम्रलेख** में भी मिलती है।

चन्द्रगुप्त द्वितीय (380-415 ई.)

- गुप्तवंशावली में समुद्रगुप्त के पश्चात् चन्द्रगुप्त द्वितीय का नाम उल्लिखित है, परन्तु दोनों शासकों के बीच रामगुप्त नामक एक दुर्बल शासक के अस्तित्व का भी पता चलता है।
- इसने मेहरौली (दिल्ली) में लौह स्तम्भ खुदवाकर अपना विजयोत्सव मनाया था, इस स्तम्भ पर चन्द्र नामक शासक की विजय का वर्णन है, जिसकी पहचान चन्द्रगुप्त द्वितीय से की गई है। चन्द्रगुप्त द्वितीय के विजयों का उल्लेख इसके उदयगिरि अभिलेख में मिलता है। **उज्जयिनी** को इसने द्वितीय राजधानी बनाया था।
- इसके शासनकाल में प्राप्त **मथुरा स्तम्भलेख** पर सर्वप्रथम तिथि अंकित होने का प्रमाण मिला है।
- चन्द्रगुप्त द्वितीय ने नाग राजकुमारी **कुबेरनागा** से विवाह करके नागवंश के साथ वैवाहिक सम्बन्ध स्थापित किए तथा बाद में अपनी पुत्री प्रभावती का विवाह वाकाटक नरेश **रुद्रसेन द्वितीय** से तथा अपने पुत्र कुमारगुप्त प्रथम का विवाह कदम्ब शासक काकुत्सवर्मन की पुत्री से किया था।
- वैवाहिक सम्बन्धों के पश्चात् चन्द्रगुप्त द्वितीय ने वाकाटक राज्य पर अप्रत्यक्ष रूप से अपना प्रभाव स्थापित कर पश्चिमी मालवा तथा गुजरात पर प्रभुत्व स्थापित कर लिया। इस विजय से चन्द्रगुप्त द्वितीय को पश्चिमी समुद्र तट प्राप्त हो गया, जोकि व्यापार व वाणिज्य के लिए विख्यात था। इससे मालवा एवं उसका मुख्य नगर उज्जैन समृद्ध हुआ।
- उज्जयिनी को उसने अपनी दूसरी राजधानी बनाई थी, जबकि पहली राजधानी पाटलिपुत्र थी।
- चन्द्रगुप्त द्वितीय ने **विक्रमादित्य की उपाधि** शक विजय के उपलक्ष्य में धारण की थी।

चन्द्रगुप्त द्वितीय ने **विक्रमादित्य, पराक्रम का सूर्य विक्रमांक** एवं **परमभागवत** की उपाधियाँ धारण की थीं। इसके अन्य नाम **देवगुप्त**, **देवराज** तथा **देवश्री** थे। शकों (रुद्रसिंह तृतीय) पर विजयोपरान्त इसे **शकारि** कहा गया। विक्रमादित्य की उपाधि उसे 57 ई. पू. में उज्जैन के शासक द्वारा पश्चिमी भारत में शक क्षत्रपों पर विजय पाने के उपलक्ष्य में दी गई थी।

- इसने शकों पर विजय प्राप्त करने के पश्चात् मालवा क्षेत्र में व्याघ्र शैली के चाँदी के सिक्के जारी किए। सर्वप्रथम इसने चाँदी के सिक्के चलवाए।
- इसके दरबार में कालिदास, धन्वन्तरि, क्षपणक, अमरसिंह, शंकु, वेतालभट्ट, घटकर्पर, वाराहमिहिर, वररुचि जैसे नवरत्न थे। इसका सचिव वीरसेन शैव और सेनापति आम्रकार्दव बौद्ध था। इसके समय में प्रसिद्ध चीनी यात्री **फाह्यान** (399-414 ई.) भारत आया था। इसके समय में पाटलिपुत्र एवं उज्जयिनी शिक्षा के प्रमुख केन्द्र थे।
- चन्द्रगुप्त द्वितीय का काल ब्राह्मण धर्म के चरमोत्कर्ष का काल था।

चन्द्रगुप्त द्वितीय के नवरत्न/विद्वान

लेखक	नाटक
कालिदास	नाटक व काव्य से सम्बन्धी
अमरसिंह	शब्दकोष रचना सम्बन्धी
शंकु	वास्तुकला सम्बन्धी
धन्वन्तरि	चिकित्सा से सम्बन्धी
क्षपणक	ज्योतिष विद्या से सम्बन्धी
बेतालभट्ट	जादू से सम्बन्धी
वररुचि	व्याकरण से सम्बन्धी
घटकर्पर	काव्य से सम्बन्धी
वाराहमिहिर	खगोल विज्ञान से सम्बन्धी

- फाह्यान ने पवित्र बौद्ध स्थानों की यात्रा की। **संकिसा** तथा **श्रावस्ती** में उसने अनेक स्मारक तथा भिक्षु देखे। उसने पाटलिपुत्र में अशोक का राजमहल देखा तथा यह इससे इतना प्रभावित हुआ कि उसे देवताओं द्वारा निर्मित बताया।
- इसने नालन्दा, राजगृह, बोधगया, वैशाली, श्रावस्ती तथा कपिलवस्तु की भी यात्रा की।

कुमारगुप्त प्रथम (415-455 ई.)

- कुमारगुप्त प्रथम के समय के सर्वाधिक (18) गुप्तकालीन अभिलेख प्राप्त हुए हैं। कुमारगुप्त के बिल्सड अभिलेख से ही कुमारगुप्त प्रथम तक गुप्तों की वंशावली प्राप्त होती है।
- इसके सुव्यवस्थित शासन का वर्णन इसके मन्दसौर अभिलेख से मिलता है, जिसकी रचना **वत्सभट्टि** ने की थी। करमदण्डा अभिलेख से भी इसके शासनकाल की जानकारी मिलती है।
- कुमारगुप्त प्रथम के अन्तिम दिनों में **पुष्यमित्र** नामक जातियों ने आक्रमण किया, इसका उल्लेख स्कन्दगुप्त के भित्तरी स्तम्भलेख में मिलता है। कुमारगुप्त ने उन्हें पराजित करने के लिए अपने पुत्र स्कन्दगुप्त को भेजा, जो पुष्यमित्रों को पराजित करने में सफल रहा।
- कुमारगुप्त प्रथम ने **नालन्दा विश्वविद्यालय** की स्थापना करवाई थी। इसे **ऑक्सफोर्ड ऑफ महायान** भी कहा जाता है।
विश्वविद्यालय में समय की माप के लिए जलघड़ी का प्रयोग किया जाता था।
- इसने **महेन्द्रादित्य, श्रीमहेन्द्र** और **महेन्द्र अश्वमेध** आदि उपाधियाँ धारण कीं।
- इसके समय में गुप्तकालीन मुद्राओं का सबसे बड़ा ढेर **बयाना** (राजस्थान) से प्राप्त हुआ है, जिसमें मयूर शैली की मुद्राएँ (गरुड़ के स्थान पर) सर्वाधिक महत्त्वपूर्ण थीं।
- इसने अश्वमेध यज्ञ किया तथा अश्वमेध प्रकार की मुद्राएँ चलवाईं।
- एकमात्र गुप्त शासक कुमारगुप्त के सिक्कों के मुख भाग पर मयूर को खिलाते हुए राजा की आकृति और पृष्ठ भाग पर **कार्तिकेय** का अंकन मिलता है। कुमारगुप्त की शक्रादित्य उपाधि को महेन्द्रादित्य के समान माना गया।

स्कन्दगुप्त (455-467 ई.)

- यह **कुमारगुप्त प्रथम** का उत्तराधिकारी था। स्कन्दगुप्त के समय मध्य एशिया के हूणों ने आक्रमण किया। **भीतरी स्तम्भ लेख** के अनुसार, प्रथम हूण आक्रमण इसी के समय हुआ, जबकि जूनागढ़ अभिलेख के अनुसार, इसने हूणों के आक्रमण को विफल कर दिया था।
- जूनागढ़ अभिलेख में हूणों को **म्लेच्छ** कहा गया है। स्कन्दगुप्त को कहौम स्तम्भ लेख में शक्रादित्य, आर्यमंजुश्री मूलकल्प में देवराय तथा जूनागढ़ अभिलेख में श्री परिक्षिप्तवक्षा कहा गया है।
- जूनागढ़ अभिलेख के अनुसार, स्कन्दगुप्त ने सुदर्शन झील के पुनरुद्धार का कार्य सौराष्ट्र के गवर्नर **पर्णदत्त** के पुत्र **चक्रपालित** को सौंपा था। इसने झील के किनारे एक विष्णु मन्दिर का निर्माण भी करवाया था।
- पुष्यगुप्त वैश्य (चन्द्रगुप्त मौर्य के समय), तुसास्प (अशोक के समय) एवं सुविशाख (रुद्रदामन के समय) भी **सुदर्शन झील** से सम्बन्धित हैं।
- ह्वेनसांग ने नालन्दा संघाराम को बनवाने वाले शासकों में शक्रादित्य के नाम का उल्लेख किया है, जिससे स्कन्दगुप्त द्वारा नालन्दा संघाराम को सहायता देने का प्रमाण मिलता है।
- **स्कन्दगुप्त** ने 466 ई. में **चीनी सांग सम्राट** के दरबार में राजदूत भेजे थे। स्कन्दगुप्त एक कुशल सैन्य संचालक तथा प्रशासक था। स्कन्दगुप्त ने **वृषभ शैली** के सिक्के जारी किए थे।

हूण शासक

- चीनी यात्री **सुंगयुन**, जिसने 515 से 520 ई. के बीच भारत की यात्रा की थी, इसने खुशनवाज को हूणों का प्रथम राजा माना है। हूणों का महत्त्वपूर्ण शासक **तोरमाण** था। इसका भारत के मध्यवर्ती भाग तक अधिकार था।
- तोरमाण के अधीन गुप्तों की सत्ता को बहुत आघात पहुँचा। तोरमाण का पुत्र **मिहिरकुल** था। मन्दसौर अभिलेख के अनुसार, लगभग 552 ई. में मिहिरकुल को यशोवर्मन ने पराजित किया था।
- मिहिरकुल को बौद्ध धर्म का विरोधी तथा मूर्तिभंजक कहा गया है।
- ह्वेनसांग के अनुसार, पराजित होने के बाद इसने कश्मीर में आश्रय प्राप्त किया तथा बाद में कश्मीर के राजा की हत्या कर, वहाँ का स्वतन्त्र शासक बन गया।
- बौद्ध साहित्य में हूण शासकों को बुद्ध का विरोधी बताया गया है। सम्भवत: मिहिरकुल की पराजय के साथ भारत में हूणों की प्रभुता समाप्त हो गई।

परवर्ती गुप्त शासक

- स्कन्दगुप्त के पश्चात् पूर्वगुप्त/पुरुगुप्त, बुद्धगुप्त, नरसिंहगुप्त, अनुगुप्त, वैन्यगुप्त कुमारगुप्त तृतीय और विष्णुगुप्त तृतीय शासक हुए। **विष्णुगुप्त तृतीय,** गुप्त साम्राज्य का अन्तिम शासक था।
- बुद्धगुप्त ने नालन्दा महाविहार को धन दान में दिया था। नरसिंहगुप्त ने हूण नरेश मिहिरकुल को पराजित किया। **भानुगुप्त के ऐरण अभिलेख** (510 ई.) से सती प्रथा का पहला अभिलेखीय प्रमाण मिलता है।
- गुप्तों के पतन के साथ नए वंशों का उदय हुआ। इनमें **वल्लभी के मैत्रक, कन्नौज के मौखरि** तथा **थानेश्वर के वर्धन वंश** आदि प्रमुख थे।

राजत्व का सिद्धान्त

- मौर्यों के विपरीत गुप्त राजाओं ने महाराजाधिराज, परमभट्टारक, परमेश्वर, परमदेवता जैसी आडम्बरपूर्ण उपाधियाँ धारण कीं।
- राजा की दैवी उत्पत्ति का सिद्धान्त, जो **मनुस्मृति** में प्राप्त है, गुप्त युग तक लोकप्रिय हो चुका था। राजा को रक्षा और पालन करने वाले भगवान विष्णु के रूप में देखा जाने लगा तथा राजसत्ता की देवी लक्ष्मी विष्णु की पत्नी के रूप में सिक्कों की पीठ पर सदैव अंकित होती रहीं। चन्द्रगुप्त विक्रमादित्य ने अपनी तुलना इन्द्र, वरुण, यम और कुबेर से की है।
- राजपद वंशागत था, परन्तु राजसत्ता ज्येष्ठाधिकार की अटल प्रथा के अभाव में सीमित थी। राजा को धर्म के अनुसार, वर्णाश्रम धर्म का रक्षक बताया गया था।
- गुप्त शासक साम्राज्यवादी थे, लेकिन केन्द्रीय शासन का जो नियन्त्रण मौर्य युग में देखने को मिलता है, वह इस युग में नहीं मिलता, क्योंकि गुप्त युग में ही विकेन्द्रीकरण की प्रवृत्ति बढ़ने लगी थी।

गुप्तकालीन प्रशासनिक व्यवस्था

- गुप्तकालीन प्रशासन में **राजा** शीर्ष पर होता था तथा उसका यह कर्त्तव्य था कि वह युद्ध और शन्ति के समय राज्य की नीति को सुनिश्चित करे तथा किसी भी आक्रमण से जनता की रक्षा करे।
- **कामन्दक** (नीतिसार) एवं **कालिदास** दोनों ने मन्त्रिमण्डल या मन्त्रिपरिषद् का उल्लेख भी किया है। मन्त्रियों का चयन सम्राट द्वारा उनकी व्यक्तिगत योग्यता के आधार पर राजकुमार, सामन्तों तथा उच्च अधिकारियों में से किया जाता था। मन्त्रियों के लिए **मन्त्रित** तथा **सचिव** शब्द प्रयुक्त किया जाता था।
- गुप्त साम्राज्य के सबसे बड़े अधिकारी **कुमारामात्य** होते थे। उन्हें राजा उनके अपने ही प्रान्त में नियुक्त करता था। वे स्थानीय शासन तथा केन्द्र के बीच कड़ी का कार्य करते थे।
- हरिषेण (समुद्रगुप्त का सन्धिविग्रहिक), वीरसेन (चन्द्रगुप्त द्वितीय का सन्धिविग्रहिक), शिखरस्वामी (चन्द्रगुप्त द्वितीय का मन्त्री), पृथ्वीषेण (कुमारगुप्त का मन्त्री), चक्रपालित (स्कन्दगुप्त के मन्त्री) एवं पर्णदत्त (स्कन्दगुप्त के मन्त्री) गुप्तकाल के प्रमुख अधिकारी थे।
- गुप्तकाल में एक अधिकारी एकसाथ अनेक पदों को धारण करता था। इसी काल से पद वंशानुगत होने लगे थे। इसकी जानकारी करमदण्डा अभिलेख से मिलती है।
- गुप्तकालीन प्रशासन में दो नई प्रवृत्तियाँ देखने को मिलती हैं, जिनमें पहली, पदों का आनुवंशिक होना; जैसे-अनन्तसेन कुमारगुप्त का मन्त्री था, जो वीरसेन का पुत्र था और वीरसेन, हरिषेण का पुत्र एवं हरिषेण, ध्रुवभूति का पुत्र था। दूसरी, एक ही व्यक्ति को एकसाथ अधिक पदों पर नियुक्त किया जाना; जैसे-प्रयाग प्रशस्ति के अनुसार, हरिषेण-कुमारामात्य, सन्धिविग्रहिक तथा महादण्डनायक के पदों पर नियुक्त था।

गुप्तकालीन अधिकारी एवं उनके विभाग

अधिकारी	विभाग
महासेनापति	सर्वोच्च सेनापति
रणभाण्डागारिक	सेना की आवश्यकताओं की पूर्ति करने वाला अधिकारी
सर्वाध्यक्ष	केन्द्रीय सचिवालय का प्रधान
महाबलाधिकृत	सेनापति
महादण्डनायक	न्यायाधीश
सन्धिविग्रहिक	युद्ध तथा सन्धि के विषयों से सम्बन्धित
दण्डपाशिक	पुलिस विभाग का सर्वोच्च अधिकारी
विनयस्थिति संस्थापक	शिक्षा तथा धर्म सम्बन्धी अधिकारी
भण्डागाराधिकृत	राजकोष का अधिकारी
महाअक्षपटलिक	लेखा विभाग का सर्वोच्च अधिकारी
युक्त पुरुष	युद्ध में प्राप्त तथा हस्तगत की गई सम्पत्ति का लेखा-जोखा रखने वाला अधिकारी
महाप्रतिहार	राजप्रासाद से सम्बन्धित विषयों की देख-रेख करने वाला अधिकारी
अग्रहारिक	दान विभाग का प्रधान

प्रान्तीय एवं स्थानीय प्रशासन

- साम्राज्य का विभाजन प्रान्तों में हुआ था, जिसे **भुक्ति** कहा जाता था। इस पर **उपरिक** नामक अधिकारी नियुक्त किया जाता था। सीमान्त प्रदेश के प्रशासक को **गोप्ता** कहा जाता था।
- प्रान्तों का विभाजन विषयों अर्थात् जिलों में हुआ था, जिसका प्रधान विषयपति (कुमारामात्य) होता था। जिले के अन्य अधिकारी थे-शौल्किक (सीमा शुल्क एवं चुँगी संग्रहकर्ता), गौल्मिक (वन एवं दुर्ग अधिकारी), ध्रुवाधिकरण (भूमिकर अधिकारी), पुस्तपाल (रिकॉर्ड रखने वाला) आदि। विषयों को **विथियों** में बाँटा गया था।
- विथि से छोटी इकाई **पेठ** थी, जो अनेक ग्रामों का समूह होती थी। सबसे छोटी प्रशासनिक इकाई ग्राम थी, जिसका प्रशासन ग्राम सभा द्वारा चलाया जाता था। ग्राम सभा को मध्य भारत में पंचमडली तथा विहार में ग्राम जनपद कहा जाता था।
- उल्लेखनीय है कि जिला स्तर पर एक जिला परिषद् होती थी, जो **विषय परिषद्** कहलाती थी। इसके अतिरिक्त प्रत्येक नगर में एक नगरपरिषद् होती थी। इसमें क्षेत्रीय व्यावसायिक समूह की प्रमुखता होती थी।

- नगर प्रशासन के प्रमुख अधिकारी पुरपाल, नगर रक्षक या द्रांगिक कहलाते थे। नगरों के प्रशासन में व्यापारी एवं शिल्पी संघ की भी भूमिका थी।
- साम्राज्य के अधिकतर भाग सामन्तों या मण्डलेश्वरों के अधीन थे। साम्राज्य के सीमावर्ती सामन्त तीन उत्तरदायित्व पूर्ण करते थे-सम्राट के दरबार में स्वयं उपस्थित होकर सम्मान निवेदन करना, नजराना चढ़ाना तथा विवाहार्थ अपनी पुत्री को समर्पित करना।
- पुरोहितों और प्रशासकों को क्षेत्र-विशेष में ग्राम अनुदान के द्वारा कर-ग्रहण और शासन करने की छूट दी जाती थी, जिससे सामन्त तन्त्र को बल मिला तथा जो ग्राम दे दिए जाते थे, उनमें राजा के अधिकारियों और अमलों को प्रवेश करने का अधिकार नहीं रहता था। **अनुदानभोगी** वहाँ के अपराधकर्मियों को सजा भी दे सकता था।

नगरपरिषद् में शामिल समूह

प्रथम कायस्थ	लिपिकों का प्रधान
प्रथम कुलिक	कारीगर समुदाय का प्रमुख
सार्थवाह	व्यापारियों का नेता
नगर श्रेष्ठि	पूँजीगत वर्ग का नेता

न्याय प्रशासन

- **नारद** और **बृहस्पति** स्मृतियों से यह ज्ञात होता है कि गुप्त युग में न्याय व्यवस्था अत्यधिक विकसित थी। इस काल में न्यायालय चार श्रेणियों (वर्गों) में विभक्त थे—(i) राजा का न्यायालय (ii) पूग (iii) श्रेणी एवं (iv) कुल।
- गुप्तकालीन न्याय व्यवस्था में **सम्राट** सर्वोच्च न्यायाधीश होता था तथा सभी प्रकार के मामलों की सुनवाई के लिए अन्तिम न्यायालय होता था।
- न्यायाधीश को दण्डनायक, महादण्डनायक तथा सर्वदण्डनायक कहा जाता था।
- इस काल में प्रथम बार **दीवानी** और **फौजदारी** कानूनों में भेद किया गया तथा इसकी विशद व्याख्या की गई। फाह्यान के अनुसार, इस काल में दण्ड विधान कम कठोर था।
- चोरी एवं व्यभिचार फौजदारी कानून से तथा सम्पत्ति सम्बन्धी विवाद दीवानी कानून से सम्बन्धित था।
- स्मृति ग्रन्थों के अनुसार, विवादों के निपटारे के लिए **पूग** और **कुल** नामक संस्थाओं का वर्णन किया गया है। इसमें पूग नगर में रहने वाली विभिन्न जातियों की समिति थी और कुल समान परिवार के सदस्यों की समिति थी। ये दोनों संस्थाएँ केवल अपने सदस्यों के विवादों का ही निपटारा करती थीं।
- स्मृतियों के अनुसार, न्यायालयों की चार श्रेणियाँ होती थीं
  (i) **शासित** राजा द्वारा शासित (सर्वोच्च न्यायालय)
  (ii) **प्रतिष्ठित** स्थायी न्यायालय
  (iii) **अप्रतिष्ठित** विशेष कार्यों/विषयों के लिए स्थापित न्यायालय
  (iv) **मुद्रित** प्राड्विवाक का न्यायालय

> प्रथम विधि निर्माता का श्रेय **बृहस्पति** को दिया जाता है। गुप्तकाल में गुप्तचर प्रणाली का भी उल्लेख मिलता है, यद्यपि इसकी जानकारी सीमित थी।

- मृच्छकटिकम के अन्तर्गत नगर के न्यायालय को **अधिकरण मण्डप** तथा न्यायाधीश को **अधिकरणिक** के रूप में उल्लेखित किया गया है।

सैन्य प्रशासन

- गुप्तकाल में राजा के पास स्थायी सेना होती थी। सैन्य प्रशासन में सेना का सर्वोच्च अधिकारी सेनापति, **महाबलाधिकृत** था।
- सेना के चार प्रमुख अंग थे-पदाति, रथारोही, अश्वारोही तथा गजसेना। पुलिस विभाग के पदाधिकारियों में उपरिक, दशापराधिक, चौरोद्धरणिक, दण्डपाशिक, अंगरक्षक आदि प्रमुख पद थे।
- गुप्तचर कर्मचारी को दूत तथा पुलिस के छोटे कर्मचारी को **भट** (भाटा) या **चाट** कहा जाता था।
- **रणभाण्डागारिक** सैन्य सामान की व्यवस्था करने वाला अधिकारी था।

राजस्व प्रशासन

- गुप्तकाल में आय भू-राजस्व से प्राप्त आय थी।
- गुप्तकाल में सामान्यत: भूमि पर सम्राट का स्वामित्व माना जाता था। वह भूमि से उत्पादन के 1/6 भाग का अधिकारी होता था। इसे कालिदास ने सम्राट का **षष्टमांश वृत्ति** कहा है।
- इस प्रकार के कर को **भाग** कहा जाता था। इसमें भोग, उद्रंग, उपरिकर का उल्लेख भी मिलता है। कर की दर 1/4 से 1/6 के बीच होती थी। करों की अदायगी **हिरण्य** (नकद) तथा **मेय** (अन्न) दोनों ही रूपों में की जाती थी।
- भूमिकर संग्रह करने के लिए ध्रुवाधिकरण तथा भूमि आलेखों को सुरक्षित रखने के लिए महाक्षपटलिक एवं **करणिक** नामक पदाधिकारी थे। न्यायाधिकरण नामक अधिकारी भूमि सम्बन्धी विवादों का निपटारा करता था, जबकि शौल्किक-सीमा शुल्क या भू-कर अधिकारी होता था।

राजस्व शब्दावली

कर	विषय
भाग	राजा को दिया जाने वाला भूमि उपज का 1/6 भाग
भोग	राजा को दैनिक वस्तुओं; जैसे—फल-फूल, सब्जी आदि के रूप में दिया जाने वाला कर
उद्रंग	स्थायी कृषकों द्वारा लिया जाने वाला कर
उपरिकर	अस्थायी कृषकों द्वारा लिया जाने वाला कर
भूतावात प्रत्याय	राज्य में उत्पन्न तथा आयात की वस्तुओं पर लगाया जाने वाला कर
शुल्क	सीमा व बिक्री की वस्तुओं पर लगाया जाने वाला कर

अन्य कर

- वैष्ठिका (बेगार), भट (पुलिस कर), प्रणय (ग्रामवासियों पर लगाया जाने वाला अनिवार्य कर), चारासन (चरागाहों पर शुल्क), चाट (लुटेरों द्वारा उत्पीड़न से मुक्ति का कर), दशापराध (दस प्रकार के अपराधों पर किए गए जुर्माने), हलदण्ड (हल पर लगाया जाने वाला कर) आदि।

- ब्राह्मणों तथा मन्दिरों को दान में दी जाने वाली भूमि को अग्रहार कहा जाता था। ऐसे भूमिदानों का उद्देश्य धार्मिक तथा शैक्षणिक होता था।
- अग्रहार कर से मुक्त होता था तथा इस प्रकार की भूमि पर धारक का पूर्ण नियन्त्रण होता था।
- ब्राह्मण पुरोहितों का भू-स्वामी के रूप में उदय हुआ। यह किसानों के हित के विपरीत था।

गुप्तकालीन आर्थिक स्थिति

गुप्तकालीन आर्थिक स्थिति का विवरण निम्न है

कृषि

- गुप्तकालीन आर्थिक व्यवस्था का मुख्य आधार कृषि थी। **अमरकोश** में 12 प्रकार की भूमि का उल्लेख मिलता है।
- निवर्तन, कुल्यावाप, द्रोणवाप तथा आढ़वाप भूमि माप का पैमाना था।
- कृषि अधिकांशत: वर्षा पर निर्भर थी। सिंचाई का सर्वोत्तम उदाहरण स्कन्दगुप्त के जूनागढ़ अभिलेख में मिलता है।
- उत्तर भारत में सिंचाई के प्रमुख साधन कुआँ और अरघट्ट थे। प्रायद्वीपीय भारत में तालाब से सिंचाई की (यन्त्र चालित सिंचाई प्रणाली) जाती थी।

भूमि के प्रकार

प्रकार	विवरण
वस्तु	वास करने योग्य भूमि
औदक	दलदली भूमि
क्षेत्र	खेती के लिए उपयुक्त भूमि
गोचर	पशुओं के चारा योग्य भूमि
खिल्ल	नहीं जोती जाने वाली भूमि
अप्रहत	बिना जोती गई जंगल भूमि

उद्योग

- गुप्तकाल का सर्वप्रमुख उद्योग **वस्त्र उद्योग** था। मिट्टी के बर्तन एवं मृण्मूर्तियाँ बनाने तथा पत्थर एवं धातु के सामान तैयार करने का उद्योग भी इस काल में विकसित हुआ।
- **मेहरौली का लौह स्तम्भ** गुप्तकालीन धातु निर्माण कला का सर्वोत्कृष्ट उदाहरण माना जाता है, क्योंकि यह आज भी जंगरहित है।
- शिल्पियों एवं व्यावसायियों के निगम श्रेणी तथा संघ होते थे। अपने व्यवसायों के अतिरिक्त ये श्रेणियाँ स्थानीय प्रशासन में भाग लेना, मुहर चलाना, बैंक का कार्य करना तथा दान-पुण्य एवं जनहित आदि के कार्य भी करती थीं।
- मन्दसौर अभिलेख में रेशम बुनकरों की श्रेणी के द्वारा विशाल सूर्य मन्दिर के निर्माण एवं मरम्मत तथा स्कन्दगुप्त के इन्दौर ताम्रपत्र अभिलेख में **तैलिक श्रेणी** का उल्लेख मिलता है, जो सूर्य मन्दिर में दीपक जलाने में प्रयुक्त तेल के खर्च का वहन करता था।

व्यापार एवं मुद्रा

- गुप्तकाल तक रोमन व्यापार का पतन हो चुका था, लेकिन दक्षिण-पूर्व एशिया एवं चीन के साथ व्यापार में वृद्धि हुई।
- चीन और भारत के बीच व्यापार सम्भवत: वस्तुओं की विनिमय पर आधारित था, जिसके कारण विदेशी व्यापार को बढ़ावा नहीं मिल सका।
- इसके अन्तर्गत आन्तरिक व्यापार भी पहले जैसा उन्नत नहीं था, यद्यपि इसमें **सार्थवाह** एवं **श्रेष्ठि** संघों का उल्लेख मिलता है।
- नालन्दा एवं वैशाली से श्रेष्ठी, सार्थवाह, प्रथम कुलिक और कुलिक की मुहरें मिली हैं।
- प्राचीन भारतीय गुप्त राजवंश के समय विदेशी व्यापार बन्दरगाहों के माध्यम से होता था।
- **ताम्रलिप्ति** पूर्वी तट का, जबकि **भृगुकच्छ** (भड़ौच) पश्चिमी भारत का प्रमुख बन्दरगाह था।
- इस काल में चीन से रेशम (चीनांशुक), यूथोपिया से हाथीदाँत तथा अरब, ईरान एवं बैक्ट्रिया से घोड़ों का आयात किया जाता था।
- गुप्तकाल में गंगा के नदी-मुख प्रदेश (डेल्टा) में स्थित ताम्रलिप्ति (तामलुक) बन्दरगाह से दक्षिण-पूर्व एशिया की स्वर्णभूमि (बर्मा, वर्तमान में म्यांमार), यवद्वीप (जावा और कम्बोज, कम्बोडिया) जैसे देशों के साथ सबसे अधिक व्यापार होता था।
- भड़ौच, सोपारा और कल्याण पश्चिमी तट पर मुख्य बन्दरगाह थे तथा वहाँ से भी दक्षिण-पूर्व के लिए जहाज भेजे जाते थे।

वाणिज्यिक निकाय एवं उनके कार्य के आधार पर विभाजन

वाणिज्यिक निकाय	समूह
श्रेष्ठि	श्रेष्ठियों, शिल्पियों एवं श्रेणियों का केन्द्रीय समूह
पूग	विभिन्न जातियों का व्यापारिक समूह
श्रेणी	एक ही जाति के व्यापारियों का समूह
निगम	व्यापारियों की समिति

सिक्के

- प्राचीन भारत के गुप्त राजाओं ने सबसे अधिक स्वर्णमुद्राएँ जारी कीं, जिन्हें उनके अभिलेखों में **दीनार** कहा गया है। सोने का सिक्का 144 ग्रेन का होता था। चाँदी के सिक्कों को **रूपक** तथा ताँबे के सिक्कों को **माषक** कहा जाता था।
- शक विजय के पश्चात् चन्द्रगुप्त विक्रमादित्य ने बड़ी संख्या में चाँदी के सिक्के जारी किए, क्योंकि पश्चिमी क्षत्रपों के यहाँ चाँदी के सिक्कों का महत्त्वपूर्ण स्थान था। कुषाणों के विपरीत गुप्तकाल के ताँबे के सिक्के बहुत कम मिलते हैं।

> फाह्यान के अनुसार, सामान्य लोग खरीद-बिक्री के लिए **कौड़ी** का प्रयोग करते थे।

- गुप्तकालीन सर्वाधिक सिक्के बयाना (भरतपुर, राजस्थान) से मिले हैं।

गुप्तकालीन सामाजिक स्थिति

- गुप्तकालीन समाज परम्परागत चार वर्णों में विभक्त था। चार वर्णों का आधार गुण और कर्म न होकर जन्म था। समाज में **ब्राह्मणों** का स्थान सर्वोच्च था।
- क्षत्रिय वर्ण का मुख्य कार्य क्षेत्र की रक्षा तथा सैनिक सेवा थी। वैश्य वर्ण का मुख्य कार्य कृषि एवं व्यवसाय था। वाणिज्य-व्यापार के पतन के कारण वैश्यों की सामाजिक स्थिति में गिरावट आई।

> गुप्तकाल में **विष्टि** बलात श्रम अथवा बेगार का एक प्रकार था। इसमें श्रम से छूट के लिए एक निश्चित राशि कर के रूप में देय होती थी। यह एक प्रकार का कर था और राज्य की आय का स्रोत भी था।

- चौथा वर्ण शुद्ध था। इस काल में शूद्रों की स्थिति में सुधार हुआ। उन्हें रामायण, महाभारत और पुराण सुनने का अधिकार मिल गया। इसके साथ ही कुछ गृह संस्कारों या घरेलू अनुष्ठानों का अधिकार भी मिला गया। शुद्र कृष्ण नामक नए देवता की पूजा भी कर सकते थे।
- सातवीं सदी से शूद्रों की पहचान मुख्यत: कृषक के रूप में होने लगी, जबकि पूर्व काल में उनका चित्रण केवल अपने ऊपर के तीनों वर्णों की सेवा करने वाले वर्ग सेवक, दास और कृषि-मजदूर के रूप में ही होता था।
- गुप्तकाल में **अनुलोम** एवं **प्रतिलोम** विवाहों के फलस्वरूप अनेक मिश्रित जातियों का उदय हुआ। वर्ण संकर जाति तथा प्रतिलोम विवाह से उत्पन्न सन्तान को अछूत माना जाता था। फाह्यान के अनुसार, समाज में अछूतों का स्पर्श वर्जित था। स्मृतियों में इन्हें **अन्त्यज** अथवा **चाण्डाल** कहा गया है।
- नई जातियों में भूमि अनुदान की प्रथा के विकास के कारण कायस्थों का उदय हुआ।
- कायस्थों का सर्वप्रथम उल्लेख याज्ञवल्क्य ने किया है। उनका प्रधान कार्य केवल लेखकीय ही नहीं होता था, बल्कि वे लेखाकरण, गणना, आय-व्यय और भूमिकर के अधिकारी भी होते थे।
- जाति के रूप में **कायस्थ** का उल्लेख सर्वप्रथम **ओशनम् स्मृति** में हुआ है। गुप्तकालीन अभिलेखों में उन्हें **प्रथम कायस्थ** या **ज्येष्ठ** कहा गया है।
- गुप्तकाल में सामाजिक व्यवस्था की सबसे छोटी इकाई परिवार थी।
- इस काल में वर्ण व्यवस्था के आधार पर न्याय किया जाता था और दण्ड में वर्णभेद विद्यमान था। मनुस्मृति के अनुसार, चोरी करने के आरोप में ब्राह्मण को सबसे अधिक और शुद्र को सबसे कम दण्ड दिया जाता था। जबकि हत्या के आरोप में शुद्र को सर्वाधिक तथा ब्राह्मण को सबसे कम दण्ड मिलता था। वस्तुत: ब्राह्मण मृत्युदण्ड की सजा से मुक्त था।

> **मिताक्षरा व्यवस्था** में पुत्र अपने पिता के जीवनकाल में ही सम्पत्ति पर अधिकार का दावा कर सकता था, जबकि दायभाग व्यवस्था में पुत्र, पिता की मृत्यु के उपरान्त ही सम्पत्ति पर अधिकार का दावा कर सकता था।

दास प्रथा

- इस काल में दास प्रथा प्रचलित थी, परन्तु दासों को आर्थिक कार्यों में न लागकर मुख्यत: घरेलू कार्यों में लगाया गया जाता था। मनु ने 7 प्रकार तथा **नारद** ने 15 प्रकार के दासों का उल्लेख किया है।
- धार्मिक भूमिदानों ने भी दास प्रथा को कमजोर बना दिया। युद्ध में बन्दी बनाए गए तथा ऋण न चुका सकने वाले लोग प्राय: दास बना लिए जाते थे। नारद स्मृति में **दास मुक्ति का उल्लेख** है।

स्त्रियों की दशा

- गुप्तकाल में स्त्रियों की दशा में पहले की अपेक्षा गिरावट आई। इसके प्रमुख कारण उपनयन संस्कार बन्द होना, अल्पायु में विवाह होना, पर्दा प्रथा, सती प्रथा तथा नियोग का प्रचलन आदि थे।
- कालिदास रचित **मेघदूत** में वर्णित है कि इस काल में उत्तर भारत (उज्जैन के महाकाल मन्दिर) में देवदासी प्रथा के भी साक्ष्य प्राप्त होते है। **कामसूत्र** एवं **मुद्राराक्षस** में गणिकाओं तथा वेश्याओं का वर्णन मिलता है। इसमें स्त्रियों को सम्पत्ति सम्बन्धी अधिकार भी दिए गए।
- गुप्तकाल में शुद्रो की भाँति स्त्रियों को भी रामायण, महाभारत एवं पुराण सुनने का अधिकार प्राप्त हुआ।

> **मनुस्मृति** (सबसे पुरानी स्मृति) में कहा गया है कि विवाह के समय वधु को भेंट के रूप में माँ-बाप द्वारा दिए गए आभूषण, अलंकरण, वस्त्र आदि सामान **स्त्रीधन** होते हैं।

- छठी सदी के स्मृतिकार **कात्यायन** ने कहा है कि "स्त्री अपने स्त्रीधन के साथ अपनी अल्प सम्पत्ति को भी बेच सकती है और गिरवी रख सकती है।"
- कात्यायन के अनुसार, जमीन में स्त्रियों को हिस्सा मिलता था, परन्तु भारत के पितृतन्त्रात्मक समाज में धर्मशास्त्र के अनुसार, सामान्यत: पुत्री को अचल सम्पत्ति का उत्तराधिकार नहीं मिलता था।
- **अमरकोश** में शिक्षिकाओं के लिए उपाध्याय, उपाध्यायीय और आचार्य शब्द का उल्लेख मिलता है। इससे ज्ञात होता है कि यहाँ स्त्री शिक्षा का प्रचलन था।

गुप्तकालीन धार्मिक स्थिति

- गुप्त शासकों का राजकीय धर्म वैष्णव था। उन्होंने परमभागवत की उपाधि धारण की तथा गरुड़ को अपना राजकीय चिह्न बनाया। दो गुप्त शासकों **समुद्रगुप्त** एवं **कुमारगुप्त** को अश्वमेध यज्ञ करने का श्रेय प्राप्त है।
- स्कन्दगुप्त का जूनागढ़ अभिलेख तथा बुद्धगुप्त का ऐरण स्तम्भ लेख विष्णु की स्तुति से प्रारम्भ होता है। इस काल में हिन्दू धर्म के तीन महत्त्वपूर्ण पक्ष विकसित हुए
  - मूर्ति उपासना का केन्द्र बन गई।
  - यज्ञ का स्थान उपासना ने ले लिया।
  - वैष्णव तथा शैव धर्मों का समन्वय हुआ।

- गुप्तकाल में वैष्णव धर्म सम्बन्धी सबसे महत्त्वपूर्ण अवशेष देवगढ़ (झाँसी) का पंचायतन श्रेणी **दशावतार मन्दिर** है। इस मन्दिर में शेषनाग की शय्या पर विश्राम करते हुए नारायण विष्णु को दिखाया गया है।
- गुप्तकाल में नारायण, संकर्षण, लक्ष्मी जैसे अवैदिक देवी-देवताओं को वैष्णव धर्म का अभिन्न अंग बना दिया गया। इसमें मन्दिरों और मूर्तियों के निर्माण के साथ-साथ **अवतारवाद** की धारणा का उदय हुआ। विष्णु के दस अवतार-मत्स्य, कूर्म, वाराह, नरसिंह, वामन, परशुराम, राम, कृष्ण, बुद्ध और कल्कि हैं।
- गुप्तकाल में बौद्ध एवं जैन धर्मों का भी प्रचार-प्रसार हुआ। महायान शाखा के अन्तर्गत बोधिसत्वों की प्रतिमाएँ बनाई जाने लगीं। विहारों, चैत्यों और मूर्तियों का निर्माण हुआ। इस काल के प्रसिद्ध बौद्ध आचार्य वसुबन्धु एवं असंग थे।
- **फाह्यान** के अनुसार, "गुप्तकाल में कश्मीर, अफगानिस्तान और पंजाब बौद्ध धर्म के केन्द्र थे।"
- गुप्तकाल में महायान बौद्ध धर्म की तुलना में भागवत वैष्णव अधिक प्रभावी हो गया।

> **त्रिमूर्ति** के अन्तर्गत गुप्तकाल में ब्रह्मा, विष्णु और महेश (शिव) की पूजा आरम्भ हुई। गुप्तकाल में अन्य देवताओं की तुलना में दैवी शक्ति का वैभव अत्यन्त बढ़ गया। अर्द्धनारीश्वर के रूप में शक्ति और शिव दोनों सम्प्रदायों का एकीकरण हुआ, परन्तु शक्ति की प्रधानता स्वीकार की गई।

गुप्तकालीन कला एवं स्थापत्य

- गुप्तकाल में स्थापत्य, मूर्तिकला एवं चित्रकला के अतिरिक्त अन्य विविध कलाओं का उत्थान हुआ।
- कला एवं संस्कृति की दृष्टि से यह काल **स्वर्ण युग** कहलाता है।

स्थापत्य कला

- गुप्तकाल में ही मन्दिर निर्माण कला का जन्म हुआ था। देवगढ़ का दशावतार मन्दिर (वैष्णव मन्दिर) भारतीय मन्दिर निर्माण में शिखर का सम्भवत: पहला उदाहरण है। इस काल के मन्दिरों के निर्माण में छोटी-छोटी ईंटों तथा पत्थरों का प्रयोग किया जाता था।
- इस काल के मन्दिर की प्रमुख विशेषताएँ है-गर्भगृह, दालान, सभाभवन, ड्योढी, प्राचीरयुक्त प्रांगण, चपटी और शिखरयुक्त छतों का निर्माण आदि। देवता की मूर्ति को गर्भगृह में स्थापित किया जाता था और गर्भगृह के चारों ओर प्रदक्षिणापथ बनाया जाता था।
- भूमरा एवं खोह का शिव मन्दिर, तिगवा एवं उदयगिरि का विष्णु मन्दिर, सिरपुर का लक्ष्मण मन्दिर, देवगढ़ का दशावतार मन्दिर नालन्दा बौद्ध बिहार तथा भीतरगाँव का ईंटों का मन्दिर इस काल की प्रमुख इमारतें हैं।

प्रमुख गुप्तकालीन मन्दिर

मन्दिर	स्थान
भूमरा का शिव मन्दिर	सतना, मध्य प्रदेश
तिगवा का विष्णु मन्दिर	जबलपुर, मध्य प्रदेश
नचना कुठार का पार्वती मन्दिर	पन्ना, मध्य प्रदेश
एरण का विष्णु मन्दिर	सागर जिला, मध्य प्रदेश
भीतरगाँव का मन्दिर	कानपुर, उत्तर प्रदेश
देवगढ़ का दशावतार मन्दिर	ललितपुर, उत्तर प्रदेश
साँची का मन्दिर	रायसेन, मध्य प्रदेश
पिपारिया का विष्णु मन्दिर	जबलपुर, मध्य प्रदेश
नागोद का शिव मन्दिर	सतना, मध्य प्रदेश
मुकुन्द दर्रा का मन्दिर	कोटा, राजस्थान
मणिनाग का मन्दिर	नालन्दा, बिहार
मढ़ी का मन्दिर	जबलपुर, मध्य प्रदेश

मूर्तिकला

- गुप्तकाल में मथुरा, सारनाथ और पाटलिपुत्र मूर्तिकला के प्रमुख केन्द्र थे।
- इस काल की विष्णु की मानवाकार प्रतिमाएँ तथा बुद्ध की सारनाथ एवं मथुरा प्रतिमाएँ अधिक प्रसिद्ध हैं। गंगा और यमुना का मूर्ति रूप गुप्तकाल की ही देन है।

चित्रकला

- गुप्तकाल के चित्रों के अवशेषों को बाघ तथा अजन्ता की गुफाओं में देखा जा सकता है। अजन्ता गुफाएँ वर्तमान महाराष्ट्र में अवस्थित **शिलाकृत गुहा स्थापत्य** का उदाहरण हैं।
- अजन्ता की 29 गुफाओं में से गुफा संख्या 16, 17 एवं 19 गुप्तकालीन हैं। अजन्ता की गुफाएँ मुख्यत: बौद्ध धर्म से सम्बद्ध हैं, जिनमें बोधिसत्व पद्मपाणि का चित्र सर्वाधिक प्रसिद्ध है।
- वात्स्यायन के कामसूत्र में चित्रकला की गणना 64 कलाओं में से एक में की गई है।

> गुप्त शासक अजन्ता चित्रकला के नहीं, अपितु हिन्दू धर्म के संरक्षक थे। इसलिए सर्वप्रथम गुप्तकाल से विष्णु, शिव एवं अन्य हिन्दू देवताओं की प्रतिमाएँ मिली हैं।

गुप्तकालीन शिक्षा एवं साहित्य

- गुप्तकालीन अभिलेखों में 14 प्रकार की विधाओं का उल्लेख है। पाटलिपुत्र, वल्लभी, उज्जयिनी, काशी और मथुरा इस काल के प्रमुख शैक्षणिक केन्द्र थे। नालन्दा भी आगे चलकर विश्वविख्यात शैक्षणिक केन्द्र के रूप में विकसित हुआ। इस काल की अधिकांश रचनाएँ **संस्कृत भाषा** में लिखी गईं।
- अधिकांश पुराणों की रचना इसी काल में हुई। महाभारत और रामायण का अन्तिम रूप से संकलन इसी काल में हुआ। याज्ञवल्क्य, नारद, कात्यायन एवं बृहस्पति की स्मृतियाँ भी इसी काल में लिखी गईं।

- भारत के प्रमुख **षड्दर्शनों** का अन्तिम रूप से संकलन गुप्तकाल में ही हुआ। असंग ने महायान संग्रह, योगाचार भूमिशास्त्र, महायान सूत्रालंकार जैसे ग्रन्थ की रचना की।

षड्दर्शन एवं उनके प्रर्वतक

दर्शन	प्रर्वतक
सांख्या	कपिल
न्याय	अक्षपाद गौतम
योग	पतंजलि
वैशेषिक	कणाद या उलूक
पूर्व मीमांसा	जैमिनी
पूर्व मीमांसा या वेदान्त	वादरायण

नोट इस काल के सभी नाटक सुखान्त हैं। नाटकों में निम्न वर्ग के लोग भिन्न-भिन्न भाषाएँ, जबकि उच्च वर्ग के लोग संस्कृत भाषा बोलते थे।

गुप्तकालीन प्रमुख साहित्य

- **रामायण** पहली एवं दूसरी शताब्दी के दौरान संस्कृत भाषा में रामायण की रचना महर्षि वाल्मीकि ने की थी। इसमें मूलत: 6000 श्लोक थे, जो कालान्तर में 12000 और फिर 24000 हो गए।
- इसे **चतुर्विंशति साहस्री संहिता** भी कहा गया है। यह महाकाव्य-बालकाण्ड, अयोध्याकाण्ड, अरण्यमाण्ड किष्किन्धामण्ड सुन्दरकाण्ड, लंकाकण्ड एवं उत्तरकाण्ड नामक सात काण्डो में बँटा है।

गुप्तकालीन प्रमुख नाटक एवं नाटककार

नाटक	नाटककार	नाटक का विषय
मालविकाग्निमित्रम्	कालिदास	अग्निमित्र एवं मालविका की प्राणय-कथा पर आधारित।
विक्रमोर्वशीयम	कालिदास	सम्राट पुरुवा एवं उर्वशी अप्सरा की प्रणय-कथा पर आधारित।
अभिज्ञानशाकुन्तलम	कालिदास	दुष्यन्त तथा शकुन्तला की प्रणय-कथा पर आधारित।
मुद्राराक्षस	विशाखदत्त	इस ऐतिहासिक नाटक में चन्द्रगुप्त मौर्य के मगध के सिंहासन पर बैठने की कथा का वर्णन है।
देवीचन्द्रगुप्तम	विशाखदत्त	इस ऐतिहासिक नाटक में चन्द्रगुप्त द्वितीय द्वारा शकराज का वध कर ध्रुवस्वामिनी से विवाह का वर्णन है।
मृच्छकटिकम्	शूद्रक	इस नाटक में नायक चारुदत्त, नायिका वसन्तसेना के अतिरिक्त राजा, ब्राह्मण, जुआरी, व्यापारी, वेश्या, चोर, धूर्त दास आदि का वर्णन है।
स्वप्नवासवदत्तम	भास	इसमें महाराज उदायिन एवं वासवदत्ता की प्रेमकथा का वर्णन किया गया है।
प्रतिज्ञायौगन्धरायणम	भास	इसमें महाराज उदायिन किस तरह यौगन्धरायण की सहायता से वासवदत्ता को उज्जयिनी से लेकर भागता है, का वर्णन है।
चारुदत्तम	भास	इस नाटक का नायक चारुदत्त मूलत: भास की कल्पना है।

नोट अभिज्ञानशाकुन्तलम् पहली तथा भगवद्गीता दूसरी ऐसी रचना है, जिसका अनुवाद अंग्रेजी में हुआ।

- **महाभारत** ईसा पूर्व चौथी शताब्दी में इसकी रचना महर्षि वेदव्यास ने की थी। महाभारत में मूलत: 8800 श्लोक थे, जिसे **जयसंहिता** कहा जाता है। श्लोकों की संख्या 24000 होने पर यह भारत कहलाया। गुप्तकाल में श्लोकों की संख्या 100000 होने पर यह **शतसाहस्री संहिता** या **महाभारत** कहलाया।
- **पुराण** ऐतिहासिक कथाओं का सबसे अच्छा क्रमबद्ध विवरण पुराणों में मिलता है। पुराणों की कुल संख्या 18 है तथा पुराणों में सर्वाधिक प्राचीन एवं प्रमाणिक मत्स्य पुराण है।
- **स्मृति** भारतीय इतिहास में ई. पू. द्वितीय शताब्दी से लेकर मध्यकाल तक विभिन्न स्मृति ग्रन्थों की रचना हुई। मौर्योत्तर काल में रचित मनुस्मृति सबसे प्राचीन और प्रमाणिक है।

प्रमुख गुप्तकालीन रचनाएँ

रचना	रचनाकार
कुमारसम्भव, रघुवंशम्, मेघदूत, ऋतुसंहारम्, अभिज्ञानशाकुन्तलम्, मालविकाग्निमित्रम्, विक्रमोर्वशीयम	कालिदास
वृहतसंहिता, पंचसिद्धान्तिका	वाराहमिहिर
मुद्राराक्षस, देवीचन्द्रगुप्तम	विशाखदत्त
सूर्यसिद्धान्त, आर्यभट्टीयम	आर्यभट्ट
पंचतन्त्र	विष्णु शर्मा
न्यायावतार	सिद्धसेन
योगाचार	असंग
मृच्छकटिकम्	शूद्रक
नीतिसार	कामन्दक
ब्रह्म सिद्धान्त	ब्रह्मगुप्त
दशकुमारचरित्	दण्डिन
काव्य दर्शन	दण्डिन
विशुद्धिमग	बुद्धघोष
उरुभंग	भास
किरातार्जुनीयम्	भारवि
अमरकोश	अमर सिंह
रावण वध	वत्सभट्टी
चन्द्रव्याकरण	चन्द्रगोमिन

गुप्तकालीन विज्ञान और प्रौद्योगिकी

- गुप्तकाल में सबसे अधिक प्रगति गणित एवं ज्योतिष के क्षेत्र में हुई।
- गणित के क्षेत्र में गुप्तकाल का महत्त्वपूर्ण ग्रन्थ **आर्यभट्टीयम** है। इसके रचयिता आर्यभट्ट थे, वे पाटलिपुत्र के निवासी थे।
- आर्यभट्ट ने स्पष्ट किया था कि पृथ्वी सूर्य की परिक्रमा करती है, परन्तु उनके इस सिद्धान्त को स्वीकार नहीं किया गया।
- शून्य की खोज आर्यभट्ट ने की थी। इसके अतिरिक्त उन्होंने वर्गमूल, घनमूल निकालने की विधि तथा ज्या (Sine) का सिद्धान्त दिया।

- प्रयागराज के निकट प्राप्त 448 ई. के एक गुप्त अभिलेख से ज्ञात होता है कि ईसा की पाँचवीं सदी के आरम्भ में भारत में **दाशमिक पद्धति** ज्ञात की गई थी।
- ब्रह्मगुप्त ने सर्वप्रथम बताया कि पृथ्वी में गुरुत्वाकर्षण बल है। ब्रह्मगुप्त ने **ब्रह्म सिद्धान्त** की रचना की। इन्होंने चतुर्भुज के क्षेत्रफल, विकर्णों की लम्बाई शून्य के प्रयोग तथा द्विघात समीकरणों के हल हेतु सूत्र दिए।
- **धनवन्तरि** गुप्तकाल के महान् चिकित्सक थे, उन्हें आयुर्वेद का जनक भी कहा जाता है।
- वाराहमिहिर गुप्तकाल के ज्योतिषी थे, उन्होंने पंचसिद्धान्तिका, वृहत् संहिता, वृहत् जातक नामक ग्रन्थों की रचना की तथा पालकाप्य ने पशु चिकित्सा पर आधारित ग्रन्थ हस्तायुर्वेद की रचना की।
- **वृहत् संहिता** वाराहमिहिर की सुविख्यात कृति है। यह ईसा की छठी सदी की पुस्तक है। वाराहमिहिर के अनुसार, चन्द्रमा, पृथ्वी का चक्कर लगाता है और पृथ्वी सूर्य का चक्कर लगाती है।

> खगोलशास्त्र में **रोमक सिद्धान्त** नामक पुस्तक रची गई, इसके नाम से ही अनुमान लगाया जा सकता है कि इस पर यूनानी चिन्तकों का प्रभाव था।

- गुप्तकालीन शिल्पकारों ने अनेक लौह और काँस्य कृतियों का सृजन किया। दिल्ली के मेहरौली में स्थित लौह स्तम्भ लोहे से निर्मित वस्तुओं का उत्कृष्ट उदाहरण है। इसका निर्माण ईसा की चौथी सदी में हुआ था। पारे का आविष्कार भी इसी काल में हुआ।
- भारतीय अंक पद्धति और अंक संकेतों को अरबों ने अपनाया। इसके बाद वहाँ से इन्हें यूरोप ले जाया गया, जिन्हें हम **अरबी अंक** कहते हैं, वे वस्तुत: भारतीय मूल के अंक हैं।
- औषधियों का उल्लेख सबसे पहले अथर्ववेद में मिलता है। सुश्रुत और चरक दो महान आयुर्विज्ञान के ज्ञाता थे।

> सुश्रुत ने **सुश्रुत संहिता** मे मोतियाबिन्द, पथरी तथा अनेक रोगों का शल्योपचार बताया है। इन्होंने शल्य क्रिया के 121 उपकरणों का उल्लेख किया है।

- चरक की **चरक संहिता** भारतीय चिकित्साशास्त्र का विश्वकोश है। इसमें ज्वर, कुष्ठ, मिरगी और दमे के अनेक भेदोपभेद का वर्णन है। चरक की पुस्तक में अधिक संख्या में उन पेड़-पौधों का वर्णन है, जिनका प्रयोग औषधि के रूप में होता है।
- नागार्जुन एक प्रसिद्ध रसायन शास्त्री थे। वाग्भट्ट ने **अष्टांग संग्रह** नामक आयुर्वेद ग्रन्थ की रचना की।
- नागार्जुन ने रस-चिकित्सा का आविष्कार किया तथा बताया की सोना, चाँदी व खनिज पदार्थों के रासायनिक प्रयोग रोगों का उपचार किया जा सकता है।

गुप्त साम्राज्य का पतन

- चन्द्रगुप्त द्वितीय के उत्तराधिकारियों को ईसा की पाँचवीं सदी के अन्तराल में मध्य एशिया के हूणों के आक्रमण का सामना करना पड़ा।
- स्कन्दगुप्त के काल में हूणों ने भारत पर आक्रमण किया था। हूण घुड़सवारी में दक्ष थे तथा धातु के बने रकाबों का प्रयोग करते थे।
- 485 ई. में हूणों ने पूर्वी मालवा और मध्य भारत के बड़े भागों को अपने अधिकार क्षेत्र में कर लिया, इससे गुप्त साम्राज्य छोटा हो गया।
- मालवा के औलिकर सामन्त वंश के यशोवर्मन ने हूणों को पराजित किया था। उसने उत्तर भारत में अपना प्रभुत्व स्थापित करने के उपलक्ष्य में 532 ई. में **विजयस्तम्भ** का निर्माण किया।
- भू-स्वामी सामन्तों ने स्थानीय स्तर पर वर्चस्व स्थापित कर गुप्त साम्राज्य को अत्यधिक दुर्बल बना दिया।
- मौखरि वंश के लोगों ने गुप्तकाल के पश्चात् बिहार और उत्तर प्रदेश में सत्ता स्थापित की तथा कन्नौज को राजधानी बनाया।
- विदेशी व्यापार में ह्रास से गुप्त साम्राज्य की स्थिति दुर्बल हो गई, जिसके कारण रेशम बुनकरों की एक श्रेणी 473 ई. में गुजरात से मालवा चली गई तथा वहाँ अन्य पेशा अपना लिया।

गुप्तकाल के समकालीन अन्य राजवंश

राजवंश	संस्थापक	स्थापना वर्ष
वाकाटक राजवंश	विन्ध्यशक्ति सर्वसेन	255 ई. 330 ई.
नाग राजवंश	भवनाग	305 ई.
हूण राकवंश	तोरमाण	500 ई.
त्रैकूटक राजवंश	इन्दुदत्त	415 ई.
माथुर राजवंश	अच्युत शंकरवर्मन	325 ई. 350 ई.
विष्णु कुण्डिन राजवंश	विक्रमेन्द्र प्रथम	475 ई.
शालंकायन राजवंश	देववर्मन	300 ई.

प्रीलिम्स फैक्ट्स

- गुप्तवंश का शासनकाल कब से कब तक था?
  - 319 से 500 ई. तक [CGPSC (Pre) 2003]
- गुप्त सम्वत् की स्थापना किसने की थी?
  - चन्द्रगुप्त प्रथम [MPPSC (Pre) 1991]
- पहला गुप्त शासक कौन था, जिसने सिक्के जारी किए थे?
  - चन्द्रगुप्त प्रथम [UPPSC (Pre) 2011]
- प्राचीन भारत का नेपोलियन किसे कहा जाता है?
  - समुद्रगुप्त [BPSC (Pre) 2015]
- इलाहाबाद का अशोक स्तम्भ लेख किस गुप्त शासक के शासन के विषय में जानकारी देता है? ***- समुद्रगुप्त*** [IAS (Pre) 2006]
- 'पृथिव्या प्रथम वीर' उपाधि किस शासक की थी?
  - समुद्रगुप्त [UPPSC (Pre) 2016]
- प्रथम गुप्त शासक जिसने 'परमभागवत' की उपाधि धारण की थी?
  - चन्द्रगुप्त द्वितीय [UPPSC (Pre) 2009, 2015]
- किस गुप्त राजा का एक अन्य नाम देवगुप्त था?
  - चन्द्रगुप्त द्वितीय [UPPSC (Mains) 2007]
- रजत सिक्के जारी करने वाला प्रथम गुप्त शासक कौन था?
  - चन्द्रगुप्त द्वितीय [UPPSC (Pre) 2010]
- प्रसिद्ध चीनी यात्री फाह्यान ने किसके शासनकाल में भारत की यात्रा की थी? ***- चन्द्रगुप्त द्वितीय*** [BPSC (Pre) 2017]
- कालिदास किस गुप्त शासक के शासनकाल से सम्बन्धित थे?
  - चन्द्रगुप्त द्वितीय [MPPSC (Pre) 1990]
- नालन्दा विश्वविद्यालय की स्थापना किसके द्वारा की गई थी?
  - कुमारगुप्त प्रथम [BPSC (Pre) 2015]
- नालन्दा विश्वविद्यालय किस विषय की शिक्षा के लिए विश्व में प्रसिद्ध था? ***- बौद्ध धर्म दर्शन*** [BPSC (Pre) 1998]
- किस एकमात्र गुप्त शासक के सिक्कों पर कार्तिकेय का अंकन मिलता है? ***- कुमारगुप्त प्रथम*** [UPPSC (Pre) 2011]
- किस गुप्त शासक ने हूणों पर विजय प्राप्त की थी?
  - स्कन्दगुप्त [UPPSC (Pre) 2009]
- पुण्ड्रवर्द्धन भुक्ति कहाँ अवस्थित थी?
  - उत्तर बंगाल में [UPPSC (Pre) 2012]
- गुप्तकाल में गुजरात, बंगाल एवं तमिल राष्ट्र में स्थित केन्द्र किससे सम्बन्धित थे? ***- वस्त्र उत्पादन से*** [RAS/RTS (Pre) 2010]
- ताम्रलिप्ति, भड़ौच, कल्याण तथा कैम्बे में से किस एक बन्दरगाह से गुप्तकाल में उत्तर भारतीय व्यापार संचालित होता था?
  - ताम्रलिप्ति [IAS (Pre) 1999]
- गुप्त साम्राज्य में किन्हें कर रहित कृषि भूमि प्रदान की जाती थी?
  - ब्राह्मणों को [MPPSC (Pre) 2014, 2015]
- गुप्तकाल में बिना जोती हुई जंगली भूमि को किस नाम से जाना जाता था? ***- अप्रहत*** [BPSC (Pre) 2017]
- गुप्तकाल में भूमि राजस्व की दर क्या थी?
  - उपज का छठा भाग [BPSC (Pre) 1997]
- भारतीय इतिहास के सन्दर्भ में 'कुल्यवाप' तथा 'द्रोणवाप' शब्द क्या निर्दिष्ट करते हैं? ***- भू-माप*** [IAS (Pre) 2020]
- सती प्रथा का प्रथम अभिलेखीय साक्ष्य प्राप्त हुआ है
  - ऐरण से [UPPSC (Mains) 2010]
- भागवत सम्प्रदाय के विकास में किस राजवंश की देन अत्यधिक थी?
  - गुप्तवंश [BPSC (Pre) 1994]
- चन्द्रगुप्त के नौ रत्नों में से कौन फलित ज्योतिष से सम्बन्धित था?
  - क्षपणक [UPPSC (Pre) 2002]
- गुप्तकाल में अपनी आयुर्विज्ञान विषयक् रचना के लिए कौन जाना जाता है? ***- सुश्रुत*** [IAS (Pre) 1996]
- धनवन्तरि, भास्कराचार्य, चरक तथा सुश्रुत में से किसका प्राचीन भारत के आयुर्वेदशास्त्र से सम्बन्ध नहीं है?
  - भास्कराचार्य [UPPSC (Pre) 1993]
- लीलावती का लेखक भास्कर द्वितीय था, एक
  - गणितज्ञ [UKPSC (Pre) 2022]
- गुप्तकाल में लिखित संस्कृत नाटकों में स्त्री और शूद्र बोलते हैं
  - प्राकृत [IAS (Pre) 1995]
- सर्वप्रथम किसने यह व्याख्या की थी कि पृथ्वी के अपनी धूरी पर घूमने के कारण प्रतिदिन सूर्योदय एवं सूर्यास्त होता है?
  - आर्यभट्ट [BPSC (Pre) 2018]
- प्राचीन भारत का वह ग्रन्थ, जिसका 15 भारतीय एवं 40 विदेशी भाषाओं में अनुवाद हुआ ***- पंचतन्त्र*** [RAS/RTS (Pre) 1992]
- शूद्रक द्वारा लिखी गई प्राचीन भारतीय पुस्तक 'मृच्छकटिकम्' का विषय था ***- एक धनी व्यापारी और एक गणिका की पुत्री की प्रेमगाथा*** [IAS (Pre) 2003]
- अमरकोष, कामसूत्र, मेघदूतम् तथा मुद्राराक्षस में कौन गुप्तकाल में लिखी गई थी? ***- ये सभी*** [UPPSC (Mains) 2009]

सेल्फ चैक

1. चरक संहिता कितने अध्यायों और खण्डों में विभाजित है? UPPSC (Pre) 2023

(a) 120 अध्याय और 8 खण्ड (b) 80 अध्याय और 7 खण्ड
(c) 100 अध्याय और 5 खण्ड (d) 60 अध्याय और 8 खण्ड

2. 'प्राचीन भारत का नेपोलियन' किसे कहा जाता है? CGPSC (Pre) 2005, BPSC (Pre) 2015

(a) चन्द्रगुप्त मौर्य (b) पुष्यमित्र
(c) कनिष्क (d) समुद्रगुप्त

3. निम्नलिखित में से कौन-सा एक प्रयाग प्रशस्ति में वर्णित समुद्रगुप्त का गुण नहीं था?

(a) तीक्ष्ण और परिष्कृत बुद्धि (b) निपुण मूर्तिकार
(c) उत्कृष्ट संगीत प्रस्तुतियाँ (d) प्रतिभाशाली काव्य निपुणता

4. निम्नलिखित कथनों पर विचार कीजिए CGPSC (Pre) 2018

1. हरिषेण समुद्रगुप्त के दरबार का प्रसिद्ध कवि था।
2. उसने 'देवीचन्द्रगुप्तम्' की रचना की।
3. वह 'प्रयाग-प्रशस्ति' का भी रचयिता था।

उपरोक्त कथनों में से कौन-सा/से कथन सही है/हैं?

(a) केवल 1 (b) 1 और 2
(c) 1, 2 और 3 (d) 1 और 3

5. सूची I को सूची II से सुमेलित कीजिए UPPSC (Pre) 2018

सूची I (दक्षिण भारत के समुद्रगुप्त के समकालीन नरेश)	सूची II (नरेश)
A. धनंजय	1. अवमुक्त
B. नीलराज	2. काँची
C. उग्रसेन	3. कुस्तलपुर
D. विष्णुगोप	4. पालक्का

कूट

	A	B	C	D		A	B	C	D
(a)	1	2	3	4	(b)	2	1	4	3
(c)	3	1	4	2	(d)	4	3	2	1

6. प्रथम गुप्त शासक, जिसने 'परमभागवत' की उपाधि धारण की, वह था UPPSC (Pre) 2009, 2015

(a) चन्द्रगुप्त प्रथम (b) समुद्रगुप्त
(c) चन्द्रगुप्त द्वितीय (d) श्रीगुप्त

7. चन्द्रगुप्त द्वितीय के सन्दर्भ में निम्नलिखित में से कौन-सा/से कथन सही है/हैं? UPPSC (Pre) 2022

1. शक विजय के सन्दर्भ में सबसे सबल प्रमाण इस नरेश की रजत मुद्राएँ हैं।
2. इन मुद्राओं की तौल लगभग 33 ग्रेन होती थी।

कूट

(a) केवल 1 (b) 1 और 2 दोनों
(c) केवल 2 (d) न तो 1 और न ही 2

8. निम्नलिखित कथनों में से कौन-सा/से कथन सही है/हैं?

1. फाह्यान का 'गाओसेंग फाह्यान झुआन' भारत में बौद्ध स्थलों और प्रथाओं का आद्यतन आँखों-देखा चीनी विवरण था।
2. यह ग्रन्थ लिखते समय फाह्यान केवल 25 वर्ष का था।
3. फाह्यान के भारत आने का प्रमुख उद्देश्य उन ग्रन्थों को प्राप्त करना और ले जाना था, जिनमें मठ के नियम अन्तर्विष्ट थे।

कूट

(a) 1, 2 और 3 (b) केवल 2
(c) 1 और 3 (d) केवल 3

9. नालन्दा विश्वविद्यालय की स्थापना किसके द्वारा की गई थी? BPSC (Pre) 2015

(a) कुमारगुप्त द्वितीय (b) कुमारगुप्त प्रथम
(c) चन्द्रगुप्त समुद्रगुप्त (d) समुद्रगुप्त

10. सूची I को सूची II से सुमेलित कीजिए तथा सूचियों के नीचे दिए गए कूट से सही उत्तर का चयन कीजिए

सूची I (शासक)	सूची II (रानियाँ)
A. चन्द्रगुप्त	1. दत्तादेवी
B. समुद्रगुप्त	2. कुबेरनागा
C. चन्द्रगुप्त द्वितीय	3. कुमारदेवी
D. कुमारगुप्त प्रथम	4. अनन्त देवी

कूट

	A	B	C	D		A	B	C	D
(a)	3	1	2	4	(b)	2	1	3	4
(c)	1	2	3	4	(d)	4	3	2	1

11. निम्नलिखित युग्मों में से कौन-सा युग्म सही सुमेलित नहीं है? UPPSC (Main) 2014

(a) कुमारगुप्त प्रथम — मन्दसौर अभिलेख
(b) पतिक — तक्षशिला अभिलेख
(c) प्रभावती गुप्ता — उदयगिरि गुहा अभिलेख
(d) समुद्रगुप्त — ऐरण अभिलेख

12. निम्नलिखित में से किस गुप्त शासक ने हूणों पर विजय प्राप्त की?

(a) चन्द्रगुप्त द्वितीय (b) कुमारगुप्त प्रथम
(c) स्कन्दगुप्त (d) भानुगुप्त

13. गुप्त राजवंश के सम्बन्ध में निम्नलिखित में से कौन-सा/से कथन सही है/हैं?

1. कुमारामात्य सबसे महत्त्वपूर्ण अधिकारी थे तथा घरेलू प्रान्तों में वे राजा द्वारा प्रत्यक्ष रूप से नियुक्त किए जाते थे।
2. गाँव के मुखिया का महत्त्व समाप्त हो गया तथा उसकी सहमति के बिना भूमि का लेन-देन शुरू हो गया।

कूट

(a) केवल 1 (b) केलव 2
(c) 1 और 2 दोनों (d) न तो 1 और न ही 2

14. प्राचीन भारत में देश की अर्थव्यवस्था में अत्यन्त महत्त्वपूर्ण भूमिका निभाने वाली 'श्रेणी' संगठन के सन्दर्भ में निम्नलिखित मे से कौन-सा/से कथन सही है/हैं? **IAS (Pre) 2012**

1. प्रत्येक 'श्रेणी' राज्य की एक केन्द्रीय प्राधिकरण के साथ पंजीकृत होती थी और प्रशासनिक स्तर पर राजा उनका प्रमुख होता था।
2. 'श्रेणी' ही वेतन, कार्य करने के नियमों, मानकों और कीमतों को सुनिश्चित करती थी।
3. 'श्रेणी' का अपने सदस्यों पर न्यायिक अधिकार होता था।

कूट

(a) 1 और 2 (b) केवल 3
(c) 2 और 3 (d) 1, 2 और 3

15. भारत के इतिहास के सन्दर्भ में 'कुल्यावाप तथा द्रोणवाप' शब्द क्या निर्दिष्ट करते हैं? **IAS (Pre) 2020**

(a) भू-माप
(b) विभिन्न मौद्रिक मूल्यों के सिक्के
(c) नगर की भूमि का वर्गीकरण
(d) धार्मिक अनुष्ठान

16. गुप्तकाल के दौरान भारत में बलात् श्रम (विष्टि) के सन्दर्भ में निम्नलिखित में से कौन-सा कथन सही है? **IAS (Pre) 2019**

(a) इसे राज्य के लिए आय का एक स्रोत, जनता द्वारा दिया जाने वाला एक प्रकार का कर माना जाता था
(b) यह गुप्तकाल साम्राज्य के मध्य प्रदेश तथा काठियावाड़ क्षेत्रों में पूर्णत: अविद्यमान था
(c) बलात् श्रमिक साप्ताहिक मजदूरी का हकदार होता था
(d) मजदूर के ज्येष्ठ पुत्र को बलात् श्रमिक के रूप में भेज दिया जाता था

17. निम्नलिखित में से गुप्तकालीन सिक्कों से सम्बन्धित कौन-सा कथन सही नहीं है?

(a) गुप्त राजाओं ने बड़ी संख्या में सोने के सिक्के जारी किए, जो 'दीनार' कहलाते थे
(b) चन्द्रगुप्त द्वितीय, कुमारगुप्त प्रथम, स्कन्दगुप्त तथा बुद्धगुप्त ने चाँदी के सिक्के जारी किए
(c) सिक्कों के अग्रभाग पर राजाओं की आकृति तथा पृष्ठभाग पर देव प्रतिमाओं की उकेरी गई है
(d) गुप्त राजाओं द्वारा जारी किए गए सबसे अधिक सिक्के ताँबे के थे

18. पुराणों के सन्दर्भ में, निम्नलिखित कथनों में से कौन-सा सही है? **UPPSC (Pre) 2023**

1. विष्णु पुराण से मौर्य वंश की जानकारी मिलती है।
2. वायु पुराण गुप्त वंश की शासन व्यवस्था पर प्रकाश डालता है।

(a) 1 और 2 दोनों (b) केवल 2
(c) न तो 1 ना ही 2 (d) केवल 1

19. निम्न में से किसने पहली बार यह व्याख्या की थी कि पृथ्वी के अपनी धुरी पर घूमने के कारण प्रतिदिन सूर्योदय एवं सूर्यास्त होता है? **BPSC (Pre) 2018**

(a) आर्यभट्ट (b) भास्कर
(c) ब्रह्मगुप्त (d) वाराहमिहिर

20. गुप्त साम्राज्य के पतन के विभिन्न कारण थे, निम्नलिखित कथनों में कौन-सा कारण नहीं था? **UKPSC (Pre) 2014**

(a) हूण आक्रमण
(b) प्रशासन का सामन्तीय ढाँचा
(c) उत्तरवर्ती गुप्तों का बौद्ध धर्म स्वीकार करना
(d) अरब आक्रमण

जानें सही उत्तर

1. (a)	2. (d)	3. (b)	4. (d)	5. (c)	6. (c)	7. (b)	8. (d)	9. (b)	10. (a)
11. (c)	12. (c)	13. (a)	14. (c)	15. (a)	16. (a)	17. (d)	18. (a)	19. (a)	20. (d)

● अध्याय ग्यारह

गुप्तोत्तर काल (पूर्व मध्यकाल)

"गुप्त साम्राज्य के पतन के पश्चात् उत्तर भारत में कई नए राजवंशों का उदय हुआ। गुप्तोत्तर काल में सामन्तवाद का उद्भव हुआ, जिसने राजनीतिक, आर्थिक, सामाजिक, धार्मिक तथा कला एवं संस्कृति के क्षेत्र में व्यापक परिवर्तन किए।

गुप्तोत्तर काल में नवीन वंशों का उद्भव

- भारतीय इतिहास में गुप्त साम्राज्य के पतन के पश्चात् सामन्तवाद नामक नई प्रवृत्ति का उद्भव हुआ, जिसने विकेन्द्रीकरण एवं क्षेत्रीयता की भावना को बढ़ावा दिया। यद्यपि इस दौरान कुछ प्रमुख राजवंशों ने शासन किया, लेकिन सम्पूर्ण भारत को एकसूत्र में बाँधा नहीं जा सका।
- इसी काल में कन्नौज को लेकर पाल, प्रतिहारों एवं राष्ट्रकूटों के मध्य त्रिपक्षीय संघर्ष हुआ। राजनीतिक व्यवस्था की यह प्रवृत्ति तुर्क शासन की स्थापना तक जारी रही।

> गुप्त साम्राज्य के पतन के साथ-साथ अनेक नए वंशों का उदय हुआ, जिनमें वल्लभी के मैत्रक, पंजाब के हूण, मालवा और मगध के उत्तरगुप्त, कन्नौज के मौखरि तथा थानेश्वर के पुष्यभूति वंश प्रमुख थे।

मौखरि वंश

- मौखरि वंश की स्थापना हरिवर्मा द्वारा की गई। मौखरि मुख्यतः बिहार से सम्बद्ध थे, ये गुप्तों के सामन्त थे। इनकी जानकारी के मुख्य स्रोत हर्षचरित, हरहालेख (बाराबंकी, उत्तर प्रदेश) तथा ताम्रमुद्रा लेख मौखरि वंश की मुद्राएँ (भितौरा, फैजाबाद) हैं।
- गुप्तोत्तर काल में उत्तर भारत की राजनीति में महत्त्वपूर्ण भूमिका निभाने वाली शक्तियों में मौखरियों का प्रमुख स्थान था।
- उनकी शक्ति का केन्द्र कन्नौज या कान्यकुब्ज था। पतंजलि के महाभाष्य में मौखरि का उल्लेख एक गोत्र के रूप में हुआ है। बराबर और नागार्जुनी गुफाओं से प्राप्त अभिलेखों में मौखरियों के तीन आरम्भिक शासकों यज्ञवर्मा, शार्दूलवर्मा तथा अनन्तवर्मा का उल्लेख है।
- ये आरम्भिक शासक गुप्तों के अधीनस्थ शासक या सामन्त प्रतीत होते हैं। नालन्दा अभिलेख में 7 राजाओं की सूची दी गई है, जिनमें से प्रथम तीन राजाओं हरिवर्मा, आदित्यवर्मा और ईश्वरवर्मा को **महाराज** की उपाधि से विभूषित किया गया है। यद्यपि बाद के तीन राजाओं ईशानवर्मन, सर्ववर्मन, अवन्तिवर्मन को **महाराजाधिराज** की उपाधि से विभूषित किया गया है।

वल्लभी के मैत्रक वंश

- गुप्त शासक **बुद्धगुप्त** के शासनकाल में मैत्रक सरदार **भट्टारक** ने अपनी स्वतन्त्र सत्ता स्थापित कर ली, जो गुप्तों का अधीनस्थ प्रशासक या सामन्त था। इसने गुप्त वंश की कमजोरी का लाभ उठाकर स्वयं को गुजरात और सौराष्ट्र का शासक घोषित कर दिया।
- उसने अपनी राजधानी वल्लभी में स्थापित की। मैत्रकों का पहला तिथियुक्त अभिलेख 526 ई. का है, जिसमें **ध्रुवसेन प्रथम** को महाराज, महाप्रतिहार, महादण्डनायक आदि उपाधियों से विभूषित किया गया है।
- शिलादित्य प्रथम के शासनकाल में यह वंश अधिक प्रभावशाली हो गया। यह इस वंश का महान शासक था।
- मैत्रक वंश का शासन मालवा (मध्य प्रदेश) और राजस्थान तक विस्तृत हो गया था, किन्तु बाद में मैत्रकों को दक्कन के चालुक्यों तथा कन्नौज के शासक हर्षवर्द्धन से पराजित होना पड़ा।
- इस वंश के शासक **ध्रुवसेन द्वितीय** से हर्ष ने अपनी पुत्री का विवाह किया था।

गौड़ वंश

- गुप्तोत्तर काल में पूर्व में बंगाल में गौड़ राज्य का उदय हुआ। यहाँ का शासक शशांक **हर्षवर्द्धन** का समकालीन था तथा उसने हर्षवर्द्धन के भाई राज्यवर्द्धन की हत्या कर दी थी।
- गौड़ का एक स्वतन्त्र राजनीतिक इकाई के रूप में सर्वप्रथम उल्लेख **हरहा अभिलेख** में मिलता है। शशांक ने गौड़ की राजधानी **कर्णसुवर्ण** में स्थापित की।
- शशांक के कुछ स्वर्ण सिक्के मिले हैं, जिन पर गजलक्ष्मी का चित्र अंकित है। ह्वेनसाँग, बाणभट्ट तथा बौद्ध ग्रन्थ **आर्यमंजूश्रीमूलकल्प** इसका उल्लेख करते हैं।
- 619-20 ई. में शशांक की मृत्यु के बाद हर्ष ने गौड़ को जीत लिया। शशांक शैव मतावलम्बी था। ह्वेनसाँग के अनुसार इसने बोधगया के विहार और बोधिवृक्ष को नष्ट कर दिया था।

> उल्लेखनीय है कि पाल वंश के कई शिलालेखों तथा अन्य दस्तावेजों से यह ज्ञात होता है कि गौड़ विशुद्ध रूप से सूर्यवंशी (क्षत्रिय) थे, किन्तु बौद्ध धर्म को प्रश्रय देने के कारण ब्राह्मणवादियों ने इन्हें शूद्र बताने का प्रयास किया।

थानेश्वर के पुष्यभूति (वर्द्धन वंश)

- गुप्त साम्राज्य के पतन के पश्चात् छठी शताब्दी के उत्तरार्द्ध तथा सातवीं शताब्दी के पूर्वार्द्ध में हरियाणा के अम्बाला जिले के थानेश्वर नामक स्थान पर पुष्यभूति वंश की स्थापना हुई। पुष्यभूति वंश की स्थापना **पुष्यभूति** ने की थी, जो कालान्तर में वर्द्धन वंश के नाम से विख्यात हुआ। इस वंश को वैश्य जाति से सम्बन्धित माना जाता है। यह वंश हूणों के साथ हुए अपने संघर्ष के कारण प्रसिद्ध हुआ। पुष्यभूति गुप्तों के सामन्त थे, किन्तु हूणों के आक्रमण के बाद उन्होंने स्वयं को स्वतन्त्र घोषित कर दिया।
- इस वंश में नरवर्द्धन, राजवर्द्धन, आदित्यवर्द्धन एवं प्रभाकरवर्द्धन शासक हुए। प्रभाकरवर्द्धन के दो पुत्र-राज्यवर्द्धन एवं हर्षवर्द्धन तथा पुत्री राज्यश्री थी।

> हर्षचरित में प्रभाकरवर्द्धन को **हूण हरिण केसरी** (हूणरूपी हिरण के लिए सिंह समान) कहा गया है। सिन्धुराज, गुर्जर प्रजागर, गान्धाराधिपगन्ध, हिपकूट हस्तिज्वरों, सुगन्धिराज, लाटपाटवपाटच्चरों तथा मालव लक्ष्मी लतापरशु आदि ये सम्भवतः गुप्तों के अधीनस्थ सामन्त थे, किन्तु हूणों के आक्रमण के पश्चात् स्वतन्त्र हो गए।

- प्रभाकरवर्द्धन के समय में वर्द्धन वंश की शक्ति और प्रतिष्ठा में वृद्धि हुई। अपनी स्थिति को सुदृढ़ करने के लिए इसने मौखरि वंश के शासक ग्रहवर्मा के साथ अपनी पुत्री **राज्यश्री** का विवाह किया। प्रभाकरवर्द्धन के पश्चात् राज्यवर्द्धन शासक बना।
- इसके समय कन्नौज में मौखरि शासक **ग्रहवर्मा की हत्या** मालवराज देवगुप्त ने की थी। अपनी बहन राज्यश्री को बचाने के प्रयास में राज्यवर्द्धन की मालवराज देवगुप्त एवं गौड़ शासक शशांक द्वारा मिलकर हत्या कर दी गई और राज्यश्री को कन्नौज में गिरफ्तार कर लिया गया।
- राज्यवर्द्धन के पश्चात् हर्षवर्द्धन वर्द्धन वंश का शासक बना। हर्षवर्द्धन के मधुबन, बाँसखेड़ा, सोनीपत तथा नालन्दा से प्राप्त अभिलेख पुष्यभूति/वर्द्धन वंश की जानकारी के महत्त्वपूर्ण स्रोत हैं।

> **बाणभट्ट** एवं **ह्वेनसाँग** के विवरण से भी हर्षकालीन भारत के राजनीतिक-सामाजिक जीवन की महत्त्वपूर्ण जानकारी प्राप्त होती है।

हर्षवर्द्धन (606-647 ई.)

- हर्षवर्द्धन का जन्म थानेश्वर में हुआ था। वह 606 ई. में (16 वर्ष की अवस्था में) अपने भाई राज्यवर्द्धन की मृत्यु के पश्चात् शासक बना था।
- हर्षवर्द्धन, वर्द्धन वंश का सर्वाधिक शक्तिशाली शासक था तथा उसने अपने पराक्रम से उत्तर भारत के विस्तृत भू-भाग को अपने साम्राज्य के अधीन सुदृढ़ एवं संगठित किया।
- शासक बनते ही हर्षवर्द्धन ने आचार्य **दिवाकर मित्र** की सहायता से राज्यश्री को खोज निकाला तथा उसे सती होने से बचाया और उसे वापस कन्नौज ले आया। कन्नौज के मन्त्रियों एवं राज्यश्री की सहमति से हर्षवर्द्धन कन्नौज का भी शासक बन गया। ह्वेनसाँग ने हर्षवर्द्धन को **शिलादित्य** के नाम से सम्बोधित किया था।
- इसके पश्चात् उसने थानेश्वर के स्थान पर कन्नौज को अपनी राजधानी बनाया।

> हर्षवर्द्धन का साम्राज्य सामन्ती संगठन पर आधारित था, जो हर्षवर्द्धन की उपाधियों **परमभट्टारक, महाराजाधिराज, सकलोत्तरापथेश्वर,** चक्रवर्ती, सार्वभौम परमेश्वर, परम माहेश्वर आदि से स्पष्ट हो जाता है।

हर्षवर्द्धन का राज्य विस्तार

- ह्वेनसाँग के अनुसार, उत्तर भारत में पाँच राज्य-पंजाब, कन्नौज, गौड़ या बंगाल, उड़ीसा और मिथिला हर्षवर्द्धन के अधीन थे।
- हर्षवर्द्धन ने गौड़ शासक शशांक को पराजित किया था। कामरूप के शासक **भास्करवर्मन** और मगध के शासक **माधवगुप्त** से इसने मैत्री सम्बन्ध स्थापित किया।

> नर्मदा नदी के तट पर हर्षवर्द्धन और चालुक्य शासक पुलकेशिन द्वितीय के मध्य युद्ध (632 ई.) हुआ था। ह्वेनसाँग के विवरण और **ऐहोल अभिलेख** से ज्ञात होता है कि इस युद्ध में सम्भवत: हर्षवर्द्धन की हार हुई थी।

- हर्षवर्द्धन ने कश्मीर पर आक्रमण कर वहाँ से बुद्ध का दाँत लाकर कन्नौज के निकट **संघाराम** में स्थापित किया।
- इस प्रकार हर्षवर्द्धन का साम्राज्य उत्तर में हिमालय से लेकर दक्षिण में नर्मदा नदी व विन्ध्य पर्वत तक, पूर्व में ब्रह्मपुत्र से पश्चिम में सौराष्ट्र तथा कठियावाड़ तक विस्तृत था।
- हर्षवर्द्धन ने नर्मदा नदी के दक्षिण में सैनिक अभियान करके कुन्तल, चोल और कांची पर विजय प्राप्त की थी।
- बाणभट्ट एवं ह्वेनसाँग दोनों ने कश्मीर और नेपाल पर हर्षवर्द्धन के आधिपत्य को स्वीकार कर लिया। हर्षवर्द्धन के साम्राज्य में उत्तर प्रदेश, बिहार, बंगाल, असम और उड़ीसा के अतिरिक्त कश्मीर, पंजाब, पश्चिमोत्तर के राज्य एवं नेपाल शामिल थे।
- ह्वेनसाँग मालवा, वल्लभी, गुर्जर तथा सिन्ध पर भी हर्ष के आधिपत्य की पुष्टि करता है।
- चीन के साथ भी हर्षवर्द्धन ने मैत्रीपूर्ण सम्बन्ध स्थापति किए। उसने 641 ई. में अपने दूत को चीन भेजा तथा 643 और 646 ई. में दो चीनी दूत उसके दरबार में आए।
- हर्षवर्द्धन ने लगभग 647 ई. तक शासन किया। हर्षवर्द्धन की मृत्यु के पश्चात् उत्तराधिकारी के न होने पर **अर्जुन** नामक किसी स्थानीय शासक ने कन्नौज पर अधिकार कर लिया।

हर्षकालीन प्रशासनिक व्यवस्था

- हर्षवर्द्धन ने गुप्तों द्वारा स्थापित मूल प्रशासनिक व्यवस्था को बनाए रखा, परन्तु आवश्यकतानुसार इसमें संशोधन एवं परिवर्तन भी किया।
- **राजतन्त्रात्मक व्यवस्था** के अनुकूल हर्षवर्द्धन राज्य और शासन का प्रधान था। हर्ष का प्रशासन पूर्व की अपेक्षा अधिक सामन्तिक और विकेन्द्रीकृत था। उसने पदाधिकारियों को शासन-पत्र द्वारा जमीन देने की प्रथा चलाई।
- ह्वेनसाँग के अनुसार, हर्षवर्द्धन एक मन्त्रिपरिषद् की सहायता से प्रशासन चलाता था, जिसकी निश्चित संख्या तो ज्ञात नहीं, परन्तु इसमें सामन्तों, विभागीय प्रधानों और राजा के सलाहाकारों को स्थान दिया गया था। **नागानन्द** में प्रधान अमात्य तथा **रत्नावली** में प्रधानमन्त्री और अन्य मन्त्रियों का उल्लेख है।
- प्रशासनिक सुविधा की दृष्टि से राज्य मुक्ति, विषय एवं ग्राम में विभाजित था। शासन की सबसे छोटी इकाई ग्राम थी।
- हर्षवर्द्धन के सीधे नियन्त्रण वाले क्षेत्र को प्रशासनिक सुविधा के उद्देश्य से प्रान्तों में बाँटा गया था, जो **भुक्ति** या **देश** कहलाता था। इसका शासक सम्राट द्वारा नियुक्त होता था, जो उपरिक महाराज, आयुक्त, गोप्ता, भोगपति एवं राष्ट्रीय नामों से जाना जाता था।
- **विषय** भुक्ति से छोटी इकाई (जिले के समान) थी, जिस पर विषयपति शासन करता था तथा विषय पृथक् में विभक्त थे। पृथक् में अनेक ग्राम होते थे। ग्राम-प्रशासन का प्रधान **महत्तर** होता था।

ह्वेनसाँग की यात्रा का विवरण

- चीनी यात्री ह्वेनसाँग नालन्दा महाविहार में पढ़ने के लिए और भारत से बौद्ध ग्रन्थों को ले जाने के लिए 630 ई. में स्थलमार्ग से भारत आया। ह्वेनसाँग के भारत आगमन के समय चीन का शासक **ताई शुंग** था। भारत से वह 645 ई. में चीन लौट गया।
- इस अवधि में उसने हर्ष के दरबार में कई वर्ष व्यतीत किए और भारत के प्रमुख नगरों, बौद्ध केन्द्रों, स्तूपों और महाविहारों का भ्रमण किया। भारत को वह **यिन तु** कहकर पुकारता था। चीन लौटकर उसने पाश्चात्य संसार के लेख **सी-यू-की** नामक पुस्तक में भारत के सन्दर्भ में विस्तृत विवरण दिया है। ह्वेनसांग को 'यात्रियों का राजकुमार' तथा 'वर्तमान शाक्यमुनि' कहा गया। ह्वेनसाँग की जीवनी उसके सहयोगी **ह्वी ली** ने लिखी है।
- थानेश्वर में उसने **जयगुप्त** नामक बौद्ध विद्वान से शिक्षा प्राप्त की। 637 ई. में ह्वेनसाँग नालन्दा पहुँचा, उस समय नालन्दा विश्वविद्यालय के आचार्य शीलभद्र थे।
- वल्लभी के शासक ध्रुवसेन को वह हर्ष वर्द्धन का दामाद तथा सिन्ध के राजा को शूद्र बताता था। उसने कन्नौज की धर्मसभा तथा प्रयाग की छठी **महामोक्ष परिषद्** में भाग लिया। ह्वेनसाँग के अनुसार, हर्षवर्द्धन समस्त भारत का स्वामी था, जो प्रजा के हित में शासन करता था।
- ह्वेनसाँग के अनुसार, ब्राह्मण धर्म अनेक शाखाओं में विभक्त था। बालकों की शिक्षा सात वर्ष की आयु से प्रारम्भ होती थी। बौद्ध विहारों के अतिरिक्त गुरुकुलों में भी शिक्षा दी जाती थी। उसके अनुसार, वर्णमाला में 47 अक्षर होते थे।
- शिक्षा का विश्वविख्यात केन्द्र **नालन्दा महाविहार** था, जहाँ चीन, जापान, तिब्बत, श्रीलंका इत्यादि स्थानों से विद्वान् अध्ययन के लिए आते थे। नालन्दा विश्वविद्यालय का भरण-पोषण 100 गाँवों के राजस्व से होता था। वल्लभी शिक्षा का दूसरा विख्यात केन्द्र था।

सैन्य व्यवस्था

- ह्वेनसाँग हर्षवर्द्धन की सेना को **चतुरंगिणी** कहता है, जिसमें पैदल, घुड़सवार, रथ और हाथी की टुकड़ियाँ थीं।
- बाणभट्ट के अनुसार, हर्षवर्द्धन का मन्त्री **भण्डि** राजा के साथ सैनिक अभियानों में भाग लेता था। भण्डि के अतिरिक्त **अवन्ती** (युद्ध और शान्ति का मन्त्री), सिंहनाद (सेना का प्रधान) तथा कुन्तल (घुड़सवार सेना का प्रधान), स्कन्दगुप्त (हस्ति सेना का प्रधान) तथा सामन्त, महराज (नागरिक प्रशासन का प्रमुख) आदि का भी उल्लेख मिलता है।
- हर्षवर्द्धन के **जलबेड़े** का उल्लेख मधुबन और बाँसखेड़ा अभिलेखों में हुआ है। सेना का सर्वोच्च पदाधिकारी महाबलाधिकृत होता था।

न्याय व्यवस्था

- ह्वेनसाँग के अनुसार, राज्य में अपराध कम होते थे तथा अपराधियों को कठोर सजा दी जाती थी और अपराधियों की जाँच के लिए अग्नि, जल, विष, तुला परीक्षा की व्यवस्था की गई थी।
- यद्यपि सम्राट ही न्याय व्यवस्था का सर्वोच्च अधिकारी था। तथापि इसमें कानून व्यवस्था से सम्बद्ध अनेक अधिकारियों का उल्लेख मिलता है, जिनमें महापरमात्र, परमात्री, दण्डिक, दण्डपाशिक, चौरोद्धरणिक आदि प्रमुख थे।

हर्षकालीन आर्थिक स्थिति

- राज्य को सर्वाधिक आय भूमि से प्राप्त होती थी, जिनमें उद्रंग, **उपरिकर**, **धान्य** और **हिरण्य** सबसे अधिक महत्त्वपूर्ण थे। इसके अतिरिक्त तुल्यमेय, भाग, भोग, भूतवात इत्यादि अन्य कर भी थे।
- **भोगिक** कर वसूलने वाला तथा पुस्तपाल जमीन का हिसाब रखने वाला पदाधिकारी था। उपज का 1/6 भाग राजस्व के रूप में वसूल किया जाता था।
- वन भी राजकीय आय के महत्त्वपूर्ण स्रोत थे। वनपाल वनों की सुरक्षा करता था। हर्षचरित में आदिवासी कृषकों का उल्लेख है।
- हर्षचरित में तुलायन्त्र (जलपम्प) का वर्णन है। वर्षा के समय मथुरा सूती वस्त्रों के निर्माण हेतु प्रसिद्ध था।

ह्वेनसाँग के समय बौद्ध धर्म तथा नालन्दा

- हर्षवर्द्धन एक धर्मसहिष्णु शासक था। प्रारम्भ में वह अपने कुल देवता **शिव** की उपासना करता था, बाद में वह बौद्ध धर्म का महान सम्पोषक हो गया।
- ह्वेनसाँग के समय में बौद्ध धर्म 18 सम्प्रदायों में बँटा हुआ था। नालन्दा बौद्ध धर्म का सबसे विख्यात केन्द्र था। यहाँ बौद्ध भिक्षुओं को शिक्षित करने के लिए एक बड़ा विश्वविद्यालय था।

> ऐसा माना जाता है कि **नालन्दा विश्वविद्यालय** में 10,000 छात्र थे, जो सभी बौद्ध भिक्षु थे, उन्हें महायान सम्प्रदाय का बौद्ध दर्शन पढ़ाया जाता था। ह्वेनसाँग के अनुसार, नालन्दा विश्वविद्यालय का भरण-पोषण 100 गाँवों के राजस्व से होता था।

- **इत्सिंग** (670 ई.) नामक एक अन्य चीनी यात्री के अनुसार, नालन्दा विश्वविद्यालय का भरण-पोषण 200 गाँवों के राजस्व से होता था।
- हर्षवर्द्धन ने कन्नौज में महायान के सिद्धान्तों के प्रचार के लिए एक विशाल सम्मेलन आयोजित किया था। उसके द्वारा आयोजित सम्मेलन में न केवल चीनी यात्री ह्वेनसाँग और कामरूप के राजा भास्कर वर्मन आए, बल्कि 20 देशों के राजा और विभिन्न सम्प्रदायों के हजारों पुरोहित शामिल हुए थे।
- हर्षवर्द्धन ने कन्नौज के पश्चात् प्रयाग में महासम्मेलन आयोजित किया।

> **प्रयाग में सभा**
>
> - हर्षवर्द्धन प्रत्येक 5 वर्षों की अवधि पर प्रयागराज में **राजकीय सभा** (महामोक्ष परिषद्) का आयोजन करता था। इस सभा में शाही खजाने से लोगों के कल्याण के लिए व्यय किया जाता था।
> - बुद्ध, सूर्य तथा शिव की प्रतिमाओं को इस सभा में पूजा के लिए रखा जाता था। ह्वेनसाँग ने प्रयागराज की छठी सभा में भाग लिया था।

हर्षकालीन साहित्य

- हर्षवर्द्धन ने **प्रियदर्शिका**, **नागानन्द** एवं **रत्नावली** नामक तीन नाटक लिखे। बाणभट्ट ने कादम्बरी, हर्षचरित, पूर्वपीठिका और चण्डीशतक की रचना की।
- बाणभट्ट के अतिरिक्त **मयूर, जयसेन** और **मातंग दिवाकर** भी हर्षवर्द्धन के दरबारी थे। मयूर ने **सूर्यशतक** की रचना की थी।
- **कुम्भमेला** प्रारम्भ करने का श्रेय हर्षवर्द्धन को दिया जाता है।

मगध के उत्तर-गुप्त

- उत्तर-गुप्त शासक भी मौखरियों की ही भाँति गुप्तों के अधीनस्थ सामन्त प्रतीत होते हैं। इस वंश का संस्थापक **कृष्णगुप्त** को माना जाता है।

> बिहार के मगध क्षेत्र से प्राप्त दो अभिलेखों **अफसढ़ अभिलेख** और **देवबर्नाक अभिलेख** में उत्तर-गुप्त शासकों की सूची दी गई है।

- अफसढ़ अभिलेख में आठ राजाओं कृष्णगुप्त, हर्षगुप्त, जीवितगुप्त, कुमारगुप्त, दामोदरगुप्त, महासेनगुप्त, माधवगुप्त तथा आदित्यसेन का उल्लेख है। देवबर्नाक अभिलेख में तीन राजाओं देवगुप्त, विष्णुगुप्त तथा जीवितगुप्त द्वितीय की सूची है।
- इस अभिलेख में वर्णित **देवगुप्त** की पहचान हर्षवर्द्धन के समकालीन मालवा के उत्तर-गुप्त शासक से की जाती है। उत्तर-गुप्तों के मौखरि, वर्द्धन और गौड़ के साथ मैत्री एवं युद्ध के सम्बन्ध रहे थे।

तीन साम्राज्यों का काल (8वीं से 10वीं सदी)

तीन साम्राज्यों का काल निम्नलिखित है

पाल	प्रतिहार	राष्ट्रकूट
गोपाल (750-770 ई.)	नागभट्ट प्रथम (730-756 ई.)	दुन्तिदुर्ग (735-756 ई.)
धर्मपाल (770-810 ई.)	वत्सराज (775-800 ई.)	कृष्ण प्रथम (756-774 ई.)
देवपाल (810-850 ई.)	नागभट्ट द्वितीय (800-833 ई.)	ध्रुव (780-793 ई.)
विग्रहपाल (850-854 ई.)	मिहिरभोज प्रथम (836-885 ई.)	गोविन्द तृतीय (793-814 ई.)
नारायणपाल (854-988 ई.)	महेन्द्रपाल प्रथम (885-910 ई.)	अमोघवर्ष (814-878 ई.)
महिपाल प्रथम (988-1038 ई.)	महिपाल प्रथम (912-944 ई.)	कृष्ण द्वितीय (878-914 ई.)
रामपाल (1075-1126 ई.)		इन्द्र तृतीय (914-927 ई.)
मदनपाल (1144-1162 ई.)		कृष्ण तृतीय (934-996 ई.)

बंगाल का पाल वंश

- ह्वेनसाँग ने जिस समय बंगाल की यात्रा की थी, उस समय बंगाल में चार स्वतन्त्र राज्य थे–**पुण्ड्रवर्द्धन, कर्णसुवर्ण, समतट** और **ताम्रलिप्ति**।
- शशांक की मृत्यु एवं हर्षवर्द्धन के पश्चात् बंगाल की राजनीतिक स्थिति बिगड़ गई। वहाँ **मत्स्य न्याय** की स्थिति व्याप्त हो गई।

> बंगाल की राजनीतिक अव्यवस्था का अन्त करने के लिए सभी सरदारों एवं सामन्तों ने **गोपाल** को अपना राजा चुना। गोपाल के राजपद पर निर्वाचन की पुष्टि तारानाथ के विवरण तथा धर्मपाल के खलीमपुर ताम्रपत्र अभिलेख से होती है।

- पाल वंश का शासन बंगाल खाड़ी से लेकर दिल्ली तक और जालन्धर से लेकर विन्ध्य पर्वत तक, बिहार और कन्नौज तक विस्तृत था।

बंगाल के पाल वंश के प्रमुख शासक

बंगाल के पाल वंश के प्रमुख शासक निम्न हैं

गोपाल (750-770 ई.)

- गोपाल ने **शशांक** की मृत्यु के बाद 650 से 750 ई. के मध्य बंगाल में व्याप्त अव्यवस्था को समाप्त किया। पाल साम्राज्य की स्थापना 750 ई. में गोपाल ने की थी।
- देवपाल के मुंगेर ताम्रपत्र अभिलेख में इसे समुद्रपर्यन्त पृथ्वी का विजेता बताया गया है।
- गोपाल बौद्ध धर्म का अनुयायी था। उसने बिहारशरीफ के निकट **ओदन्तपुरी विहार** की स्थापना की। साथ ही नालन्दा में भी एक विहार बनवाया। गोपाल को जनता ने स्वयं चुनकर राजा बनाया था।

धर्मपाल (770-810 ई.)

- गोपाल के पश्चात् उसका पुत्र धर्मपाल पाल वंश का राजा बना। वह आरम्भिक पाल शासकों में सबसे योग्य एवं शक्तिशाली था। उसने बंगाल को उत्तरी भारत के प्रमुख राज्यों की श्रेणी में स्थापित कर दिया।
- धर्मपाल की महत्त्वपूर्ण सफलता थी– कन्नौज के शासक इन्द्रायुध को परास्त कर चक्रायुध को अपने संरक्षण में कन्नौज की गद्दी पर बैठाना।

> 11वीं शताब्दी में गुजराती कवि सोड्ढल ने धर्मपाल को 'उत्तरापथ स्वामी' की उपाधि से सम्बोधित किया है। धर्मपाल एक उत्साही बौद्ध था। उसके लेखों में उसे **परम सौगात** कहा गया है।

- उसने विक्रमशिला तथा सोमपुरी (पहाड़पुर) में प्रसिद्ध विहारों की स्थापना की। उसकी राजसभा में प्रसिद्ध बौद्ध लेखक **हरिभद्र सूरि** निवास करते थे।
- धर्मपाल ने प्रसिद्ध विक्रमशिला विश्वविद्यालय की स्थापना भागलपुर (बिहार) में की थी।
- उसने नालन्दा विश्वविद्यालय को (व्यय की पूर्ति हेतु) 200 गाँव उदारतापूर्वक दान में दिए थे।
- धर्ममाल, राष्ट्रकूट शासक ध्रुव से पराजित हुआ था।

देवपाल (810-850 ई.)

- धर्मपाल के पश्चात् देवपाल पाल वंश का शासक बना। देवपाल धर्मपाल का पुत्र था। अरब यात्री **सुलेमान** ने देवपाल को प्रतिहार राष्ट्रकूट शासकों से अधिक शक्तिशाली माना है। उसने पाल राज्य को रुहमा या धर्म (धर्मपाल का संक्षिप्त रूप) कहा है। देवपाल ने मुंगेर में अपनी राजधानी स्थापित की थी।
- देवपाल ने सुवर्णद्वीप के शैलेन्द्रवंशी शासक बालपुत्तदेव को नालन्दा में विहार बनवाने की अनुमति दी तथा बौद्ध विहार के अनुरक्षण के लिए पाँच गाँव अनुदान में प्रदान किए।
- देवपाल बौद्ध धर्म का संरक्षक था। लोकेश्वर शतक के रचयिता वज्रदत्त को उसने संरक्षण दिया।
- देवपाल के पश्चात् पाल साम्राज्य में उत्तराधिकार का संघर्ष **विग्रहपाल** एवं **शूरपाल** के मध्य हुआ था। इसमें विजयी विग्रहपाल ने अपने पुत्र नारायणपाल को सिंहासन सौंपकर संन्यास ग्रहण कर लिया।

> **नारायणपाल** (854-915 ई.) ने राज्य को पुन: संगठित किया, परन्तु उसे गुर्जर-प्रतिहारों और राष्ट्रकूटों से पराजित होना पड़ा। इसके बाद के शासक राज्यपाल, गोपाल द्वितीय और विग्रहपाल द्वितीय के समय पालों की स्थिति कमजोर रही।

महीपाल प्रथम (988-1038 ई.)

- महीपाल प्रथम को पाल **वंश का दूसरा संस्थापक** माना जाता है।
- उसके शासनकाल में **राजेन्द्र चोल** ने बंगाल पर आक्रमण किया तथा पाल शासक को पराजित किया। उसने बौद्ध भिक्षु अतिशा के नेतृत्व में तिब्बत में एक धर्म प्रचारक मण्डल भेजा था।

रामपाल (1075-1120 ई.)

- पाल वंश का अन्तिम शासक रामपाल को माना जाता है। उसके शासनकाल में **कैवर्तो का विद्रोह** हुआ था, जिसका उल्लेख संध्याकर नन्दी के रामचरित में मिलता है।
- रामपाल के बाद कुमारपाल, गोपाल तृतीय तथा मदनपाल ने लगभग 30 वर्ष तक शासन किया। पाल राजाओं द्वारा बड़ी संख्या में हाथी रखे जाते थे।

पालकालीन संस्कृति

- बंगाल के पाल शासक बौद्ध धर्म (वज्रयान सम्प्रदाय) के अनुयायी थे। पाल शासकों के समय में सन्तरक्षित, कमलशील और दीपंकर नामक बौद्ध विद्वानों ने तिब्बत की यात्रा की।
- संस्कृत के अतिरिक्त बंगला लिपि एवं भाषा तथा जनभाषा की प्रगति पालों के अधीन हुई। **केदार मिश्र** एवं **दर्मपाणी** देवपाल के योग्य मन्त्री थे। हिन्दू काव्य में **दायभाग** के जन्मदाता जीमूतवाहन को पाल शासकों का संरक्षण प्राप्त था।

> पाल कलाकारों को काँस्य की मूर्तियाँ बनाने में महारत हासिल थी। मूर्तिकला का विकास बौद्ध धर्म के महायान और वज्रयान सम्प्रदायों के प्रभावों से हुआ। इस कला के प्रमुख केन्द्र **नालन्दा, बोधगया** एवं **कुर्किहार** थे।

बंगाल का सेन वंश

पाल राजवंश के पतनोपरान्त बंगाल का शासन-सूत्र सेन राजवंश के अधीन हो गया, जिसकी स्थापना **सामन्तसेन** ने राढ़ नामक स्थान पर की थी। इनका वर्णन निम्न प्रकार है

विजयसेन (1095-1158 ई.)

- सेन वंश का प्रथम महान् शासक विजयसेन था। कवि धोयी द्वारा रचित **देवपाड़ा प्रशस्ति** लेख में विजयसेन की यशस्वी विजयों का उल्लेख करते हुए कहा गया है कि उसने **नव्य नान्य** एवं **वीर** (नेपाल एवं मिथिला) को पराजित किया।
- विजयसेन ने विजयपुरी और विक्रमपुर नामक दो राजधानियों की स्थापना की। उसकी उपलब्धियों से प्रभावित होकर श्रीहर्ष नामक कवि ने उसकी प्रशंसा में विजयप्रशस्ति काव्य की रचना की।

> विजयसेन **शैवमतानुयायी** था, जो अरिराजवृषभशंकर की उपाधि से स्पष्ट होता है। विजयसेन ने **परमेश्वर, महाराजाधिराज** तथा **परमभट्टारक** की भी उपाधियाँ धारण की थीं।

बल्लालसेन (1158-1178 ई.)

- विजयसेन की मृत्यु के बाद बल्लालसेन बंगाल का शासक बना। इसे बंगाल में **जाति प्रथा** तथा **कुलीन प्रथा** को संगठित करने का श्रेय प्राप्त है।
- वह कुलीनवाद के नाम से प्रसिद्ध एक सामाजिक आन्दोलन का प्रचलनकर्ता भी था। बल्लालसेन स्वयं विद्वान तथा विद्वानों का संरक्षक था।
- लघु भारत एवं बल्लालचरित से ज्ञात होता है कि बल्लाल का मिथिला और उत्तरी बिहार पर अधिकार था।
- बल्लालचरित में बल्लालसेन को बंग, राढ़, वारेन्द्र और मिथिला का अधिपति कहा गया है। बल्लालसेन **शैवमतानुयायी** था।
- उसने **दानसागर** ग्रन्थ की रचना की थी तथा एक अन्य ग्रन्थ अद्‌भुत सागर की रचना को प्रारम्भ किया था, किन्तु उसे पूर्ण नहीं कर सका।
- बल्लालसेन ने गौड़ेश्वर, परममाहेश्वर, नि:शंकशंकर, परमभट्टारक, महाराजाधिराज जैसी उपाधियाँ धारण कीं।

लक्ष्मणसेन (1179-1205 ई.)

- बल्लालसेन का उत्तराधिकारी उसका पुत्र लक्ष्मणसेन था। उसने बंगाल की प्राचीन राजधानी गौड़ के निकट ही एक अन्य राजधानी **लखनौती** (लक्ष्मणवती) की स्थापना की।
- उसे पुरी, काशी और प्रयाग में विजय स्तम्भों की स्थापना का भी श्रेय दिया जाता है। उसने कन्नौज, बनारस, इलाहाबाद तक सैनिक अभियान किए तथा कलिंग एवं कामरूप पर भी आक्रमण किया।
- लक्ष्मणसेन ने गहड़वाल शासक जयचन्द को पराजित किया था। अभिलेखों में उसे **परमभागवत** की उपाधि प्रदान की गई है। उसके शासन के उत्तरार्द्ध में बंगाल के सामन्तों ने विद्रोह किया तथा स्वतन्त्र सत्ता की स्थापना की।
- 1202 ई. में **बख्तियार खिलजी** ने लखनौती पर आक्रमण कर उस पर अधिकार कर लिया। इस घटना का वर्णन मिनहाज-उस-सिराज की पुस्तक तबकात-ए-नासिरी में किया गया है। लक्ष्मणसेन पूर्वी बंगाल भाग गया तथा वहाँ पर 1205 ई. तक शासन करता रहा।
- उसने लक्ष्मण सम्वत् भी प्रचलित किया और वैष्णव धर्म को संरक्षण प्रदान किया तथा **परमवैष्णव** की उपाधि धारण की।
- उसने अपने अभिलेखों को नारायण (विष्णु) की स्तुति से आरम्भ करवाया।
- उसने अपने पिता द्वारा प्रारम्भ किए गए अद्‌भुत सागर नामक ग्रन्थ की रचना को पूर्ण किया।
- उसके द्वारा विरचित कुछ कविताएँ हमें सदुक्तिकर्णामृत में प्राप्त होती हैं, जिसकी रचना उसके दरबारी कवि **श्रीधरदास** ने की थी।

> लक्ष्मणसेन की राजसभा में **गीतगोविन्द** के लेखक जयदेव, पवनदूत के लेखक धोयी तथा ब्राह्मण सर्वस्व के रचयिता **हलायुध** निवास करते थे। हलायुध उसका प्रधान न्यायाधीश तथा मुख्यमन्त्री था।

गुर्जर-प्रतिहार वंश

- इस वंश की उत्पत्ति गुजरात व दक्षिण-पश्चिम राजस्थान में हुई थी। प्रतिहारों के अभिलेखों में उन्हें श्रीराम के अनुज लक्ष्मण का वंशज बताया गया है। पुलकेशिन द्वितीय के **ऐहोल अभिलेख** में सर्वप्रथम गुर्जर जाति का उल्लेख हुआ है।

> गुर्जर-प्रतिहारों का राज्य उत्तर भारत के क्षेत्रों में विस्तृत था, जिसमें गंगा-यमुना दोआब, हरियाणा तथा पंजाब के क्षेत्र और पश्चिमी राजस्थान के क्षेत्र शामिल थे। गुर्जर-प्रतिहार वंश की स्थापना **हरिश्चन्द्र** नामक राजा ने की थी, किन्तु इस वंश का वास्तविक राजा नागभट्ट प्रथम था।

गुर्जर-प्रतिहार वंश के प्रमुख शासक

गुर्जर-प्रतिहार वंश के प्रमुख शासक निम्न हैं

नागभट्ट प्रथम (730-756 ई.)

- नागभट्ट प्रथम का उल्लेख **पुलकेशिन द्वितीय** के ऐहोल अभिलेख तथा बाणभट्ट के हर्षचरित में मिलता है।
- **मिहिरभोज** की ग्वालियर-प्रशस्ति के अनुसार, नागभट्ट ने अरबों को परास्त किया।
- ग्वालियर प्रशस्ति में उसे **मलेच्छों (अरबों) का नाशक** बताया गया है।

वत्सराज (775-800 ई.)

- वत्सराज एक शक्तिशाली शासक था। इसे प्रतिहार साम्राज्य का वास्तविक संस्थापक माना जाता है। उसने त्रिपक्षीय संघर्ष में सर्वप्रथम भाग लिया और पाल शासक धर्मपाल को पराजित किया, किन्तु वह राष्ट्रकूट शासक ध्रुव से पराजित हुआ।
- उसकी मृत्यु के बाद उसका पुत्र **नागभट्ट द्वितीय** (800-833 ई.) गद्दी पर बैठा। उसने कन्नौज पर अधिकार करके उसे प्रतिहार साम्राज्य की राजधानी बनाया।

मिहिरभोज प्रथम (836-885 ई.)

- मिहिरभोज के काल की घटनाओं की जानकारी लेखों के अतिरिक्त **कल्हण** तथा अरब यात्री **सुलेमान** के विवरणों से मिलती है।
- वह वैष्णव धर्म का संरक्षक था। इसकी उपलब्धियों की चर्चा ग्वालियर प्रशस्ति अभिलेख में है।
- इसने कन्नौज को अपनी राजधानी बनाया था।
- उसके सिक्कों और अभिलेखों में उसे **आदिवाराह** एवं **प्रभास** की उपाधि से विभूषित किया गया है।
- मिहिरभोज ने चाँदी के **द्रम्म सिक्के** चलवाए। पाल नरेश देवपाल तथा राष्ट्रकूट नरेश ध्रुव ने इसे पराजित किया था।

महेन्द्रपाल प्रथम (885-910 ई.)

- मिहिरभोज के पश्चात् उसके पुत्र महेन्द्रपाल प्रथम ने शासन किया। उसने राष्ट्रकूट शासक इन्द्र तृतीय को पराजित किया, किन्तु वह कश्मीरी शासक से युद्ध में पराजित हो गया।
- उसकी राजसभा में प्रसिद्ध विद्वान् **राजशेखर** निवास करते थे, जिसने अनेक रचनाएँ कीं, जिनमें कर्पूरमंजरी, काव्यमीमांसा, बालरामायण, विद्धशालभंजिका, हरविलास आदि प्रमुख हैं।
- राजशेखर ने अपने संरक्षक महेन्द्रपाल को **रघुकुलतिलक** तथा **रघुग्रामिणी** कहा है।

महिपाल प्रथम (912-944 ई.)

- महीपाल प्रथम इस वंश का अन्तिम प्रभावशाली राजा था। इसके शासनकाल में बगदाद निवासी **अल मसूदी** (915-916 ई.) गुजरात आया था।
- अल मसूदी, गुर्जर-प्रतिहार को अल गुर्जर और राजा को बौरा कहकर पुकारता है, जो सम्भवत: आदि-वराह का विशुद्ध उच्चारण है।
- राजशेखर, महीपाल प्रथम आर्यावर्त्त को **महाराजाधिराज** कहता था। राजशेखर को महेन्द्रपाल प्रथम तथा महिपाल दोनों का संरक्षण प्राप्त था।
- 963 ई. में राष्ट्रकूट शासक कृष्ण तृतीय ने प्रतिहार राजा को पराजित किया।

> 1018 ई. में **महमूद गजनवी** ने कमजोर गुर्जर शासक राज्यपाल को पराजित किया। राज्यपाल का पुत्र त्रिलोचनपाल भी 1019 ई. में महमूद गजनवी से पराजित हुआ।

अन्य शासक

- महीपाल के पश्चात् महेन्द्रपाल द्वितीय, देवपाल, विनायक पाल द्वितीय तथा महीपाल द्वितीय शासक हुए।
- इस वंश का अन्तिम शासक **यशपाल** (1036 ई.) था। प्रतिहार शासकों के पास भारत में सर्वोच्च अश्वारोही सैनिक थे।

> प्रतिहारों के सामन्त गुजरात के चालुक्य, जेजाकभुक्ति के चन्देल, ग्वालियर के कच्छपघात, मध्य भारत के कल्चुरि, मालवा के परमार, दक्षिण भारत के गुहिल तथा शाकम्भरी के चौहान आदि कालान्तर में स्वतन्त्र हो गए।

- गहड़वालों ने कन्नौज पर अधिकार कर गुर्जर पुतिहार वंश का अन्त कर दिया।

राष्ट्रकूट वंश

- राष्ट्रकूटों का उत्थान बादामी के चालुक्य राज्य के अवशेषों पर हुआ तथा इसका अन्त भी चालुक्यों की एक शाखा कल्याणी के चालुक्यों द्वारा हुआ।
- राष्ट्रकूट बादामी के चालुक्यों के सामन्त थे। दक्कन में राष्ट्रकूटों का शासन पाल और प्रतिहार वंशों के समकालीन था।

राष्ट्रकूट वंश के प्रमुख शासक

राष्ट्रकूट वंश के शासकों का वर्णन निम्न है

- **दन्तिवर्मन** या **दन्तिदुर्ग** (735-756 ई.) यह राष्ट्रकूट साम्राज्य का संस्थापक था, जिसने 8वीं शताब्दी के मध्य (752 ई.) चालुक्य शासक कीर्तिवर्मन को पराजित करके स्वतन्त्र राज्य की स्थापना की।
- अरबों का आक्रमण सफल न होने के कारण चालुक्य शासक विक्रमादित्य ने इसे **पृथ्वीवल्लभ** और **खण्ड्वालोक** की उपाधि दी। इसने अपनी राजधानी मान्यखेत बनाई। दन्तिदुर्ग ने उज्जयिनी में हिरण्यगर्भ (महादान) यज्ञ किया, जिसमें प्रतिहार राजा ने द्वारपाल का कार्य किया था।
- **कृष्ण प्रथम** (756-773 ई.) इसने बादामी के चालुक्यों के अस्तित्व को पूर्ण रूप से नष्ट कर दिया। इसने एलोरा के प्रसिद्ध कैलाश मन्दिर (गुहा मन्दिर) का निर्माण करवाया।
- **ध्रुव** (धारावर्ष, 780-793 ई.) इसने त्रिसत्तात्मक संघर्ष में दृढ़तापूर्वक हस्तक्षेप किया तथा प्रतिहार नरेश वत्सराज एवं पाल शासक धर्मपाल को पराजित किया।
- **गोविन्द तृतीय** (793-814 ई.) इसने चालुक्य शासक को पराजित कर वीरनारायण की उपाधि ग्रहण की। गोविन्द तृतीय ने पल्लव, पाण्ड्य, केरल तथा गंग राजाओं द्वारा बनाए गए संघ को ध्वस्त कर दिया। इसने पाल शासक धर्मपाल तथा प्रतिहार शासक नागभट्ट द्वितीय को पराजित किया। इसने प्रतिहार शासक से मालवा छीनकर परमार वंश के अपने एक अधिकारी उपेन्द्र को सुपुर्द कर दिया।

> **अमोघवर्ष** (814-878 ई.) यह राष्ट्रकूटों का महान् शासक था। अमोघवर्ष विद्या और कला का उदार संरक्षक था। इसने कविराज मार्ग तथा प्रश्नोत्तरमलिका की रचना कन्नड़ भाषा में की। राष्ट्रकूटों की मातृभाषा कन्नड़ थी। इसकी राजसभा में आदि पुराण के लेखक जिनसेन तथा गणितसार संग्रह के लेखक **महावीराचार्य** एवं **स्वयं-भू** निवास करते थे। अमोघवर्ष ने तुलापुरुष दान सम्पन्न किया था। अमोघवर्ष जैन धर्म का अनुयायी था। अमोघवर्ष के काल में अरब यात्री सुलेमान भारत आया था।

अन्य प्रमुख शासक

राष्ट्रकूट वंश के अन्य प्रमुख शासकों का वर्णन निम्न है

- **इन्द्र तृतीय** (915-927 ई.) इन्द्र तृतीय के समय भारत भ्रमण पर आए हुए अरब यात्री अलमसूदी के अनुसार, राष्ट्रकूट राजा बलहारा या बल्लभराज भारत का सर्वश्रेष्ठ राजा था।
- **कृष्ण तृतीय** (939-967 ई.) इसने अपने राज्यारोहण के समय अकाल वर्ष की उपाधि धारण की। कांची और तंजौर को जीतने के बाद उसने कांचीयुम-तंजुयुमकोण्ड (कांची-तंजौर का विजेता) की भी उपाधि ग्रहण की थी। इसने चोल शासक परान्तक प्रथम को 949 ई. में पराजित किया तथा चोल साम्राज्य के उत्तरी भाग पर अधिकार कर लिया। चोल विजय के पश्चात् वह आगे बढ़कर रामेश्वरम तक गया, जहाँ उसने विजय स्तम्भ तथा देवालय की स्थापना की।

> कृष्ण तृतीय ने रामेश्वरम में **कृष्णेश्वर** तथा **गण्डमार्तण्डादित्य** के मन्दिर बनवाए। इसकी राज्यसभा में कन्नड़ भाषा का कवि पोन्न निवास करता था, जिसने शान्तिपुराण की रचना की।
> **कन्नड़ साहित्य के त्रिरत्न** पम्पा, पोला तथा रन्ना थे। पम्पा तथा पोला को कृष्ण तृतीय का संरक्षण प्राप्त था।

- **कर्क द्वितीय** (974-75 ई.) में चालुक्य राजा तैलप द्वितीय ने राष्ट्रकूट वंश के अन्तिम शासक कर्क द्वितीय को परास्त करके राष्ट्रकूट राज्य पर अधिकार कर लिया तथा कल्याणी के चालुक्य वंशीय राज्य की स्थापना की।

कन्नौज के लिए त्रिपक्षीय संघर्ष

- हर्ष के समय से ही कन्नौज का नियन्त्रण उत्तरी भारत पर प्रभुत्व का प्रतीक माना जाता था। वस्तुत: कन्नौज पर आधिपत्य होने से गंगाघाटी एवं इसमें उपलब्ध व्यापारिक और कृषि सम्बन्धित समृद्ध संसाधनों पर नियन्त्रण हो सकता था।

> आठवीं शताब्दी में कन्नौज पर अधिकार करने के लिए तीन बड़ी शक्तियों **पाल, प्रतिहार** और **राष्ट्रकूट** के मध्य संघर्ष आरम्भ हो गया। यह त्रिपक्षीय संघर्ष 200 वर्षों तक चला। यह संघर्ष अनेक चरणों में समाप्त हुआ।

- कन्नौज पर स्वामित्व के लिए संघर्ष का आरम्भ पाल शासक धर्मपाल ने किया। अपने उद्देश्य की पूर्ति के लिए उसने कन्नौज पर आक्रमण कर **इन्द्रायुध** को पराजित किया तथा चक्रायुध को अधीनस्थ शासक के रूप में प्रतिष्ठित किया।
- प्रतिक्रियास्वरूप प्रतिहार शासक वत्सराज ने चक्रायुध एवं धर्मपाल दोनों को पराजित किया। शीघ्र ही राष्ट्रकूट शासक ध्रुव ने वत्सराज एवं धर्मपाल को पराजित किया।
- इस प्रकार कन्नौज पर आधिपत्य के लिए संघर्ष प्रारम्भ हो गया। यद्यपि इस त्रिदलीय संघर्ष का कोई लाभदायक परिणाम नहीं निकला।
- लम्बे संघर्षों ने तीनों राज्यों की शक्ति को नष्ट कर, पतन अवश्यम्भावी बना दिया। गुर्जर-प्रतिहार साम्राज्य के अवशेषों पर दसवीं शताब्दी में अनेक राजपूत राज्यों का उदय हुआ, जिन्होंने तत्कालीन भारतीय राजनीति में महत्त्वपूर्ण भूमिका निभाई।

त्रिपक्षीय संघर्ष में शामिल शासक

चरण	पाल शासक	प्रतिहार शासक	राष्ट्रकूट शासक	निष्कर्ष
प्रथम	धर्मपाल	वत्सराज	ध्रुव	राष्ट्रकूटों को सफलता
द्वितीय	धर्मपाल	नागभट्ट द्वितीय	–	गुर्जर-प्रतिहारों को सफलता
तृतीय	धर्मपाल	नागभट्ट द्वितीय	गोविन्द तृतीय	राष्ट्रकूटों को सफलता
चतुर्थ	देवपाल, नारायणपाल	रामभद्र, मिहिरभोज	अमोघवर्ष, कृष्ण द्वितीय	प्रतिहारों को सफलता
पंचम	–	महेन्द्रपाल, महिपाल	इन्द्र तृतीय	पहले राष्ट्रकूटों को सफलता, बाद में प्रतिहार अन्तिम रूप से सफलता

राजपूत वंश

- गुप्तोत्तर काल के दौरान महत्त्वपूर्ण परिवर्तन सामन्तवाद का उद्भव था, जिसने भारतीय इतिहास को प्राचीन से मध्यकाल में रूपान्तरित किया। इस युग के इतिहास को **राजपूतयुगीन इतिहास** भी कहा जाता है।
- राजपूतों की उत्पत्ति इस काल की महत्त्वपूर्ण विशेषता है। इन राजपूतों की उत्पत्ति के विषय में भिन्न-भिन्न मत प्रचलित हैं। कुछ विद्वान् इसे भारत में रहने वाली एक जाति मानते हैं, तो कुछ अन्य इसे विदेशियों की सन्तान मानते हैं। यद्यपि कुछ विद्वान् राजपूतों को आबू पर्वत पर वशिष्ट के अग्निकुण्ड से उत्पन्न हुआ मानते हैं।
- यह सिद्धान्त चन्दबरदाई के **पृथ्वीराजरासो** पर आधारित है तथा प्रतिहार, चालुक्य, चौहान और परमार राजपूतों का जन्म इसी से माना जाता है।

प्रमुख राजपूत राजवंश

अजमेर	चौहान
कन्नौज	गहड़वाल
गुजरात	चालुक्य (सोलंकी)
मालवा	परमार
जेजाकभुक्ति (बुन्देलखण्ड)	चन्देल
त्रिपुरी	कल्चुरि
दिल्ली	तोमर

शाकम्भरी का चौहान वंश

- चौहान वंश की अनेक शाखाओं में से 7वीं शताब्दी में **वासुदेव** द्वारा स्थापित शाकम्भरी (साम्भर एवं अजमेर के निकट) के चौहान राज्य का इतिहास में विशेष स्थान है।
- इस वंश के इतिहास तथा वंशावली की जानकारी विग्रहराज द्वितीय के **हर्ष प्रस्तर अभिलेख** तथा सोमेश्वरकालीन **बिजौलिया प्रस्तर लेख** से मिलती है।

> चौहान प्रतिहार शासकों के सामन्त थे। 10वीं शताब्दी के प्रारम्भ में वाक्पतिराज प्रथम ने प्रतिहारों से स्वयं को स्वतन्त्र करा लिया। उसके पुत्र सिद्धराज ने अपने राज्य का विस्तार करके **महाराजाधिराज** की उपाधि धारण की।

चौहान वंश के प्रमुख शासक

चौहान वंश के प्रमुख शासक निम्न हैं

अजयराज

- अजयराज (12वीं शताब्दी) एक महान निर्माता था। उसने **अजमेर** नगर की स्थापना की।
- अजयराज का उत्तराधिकारी **अर्णोराज** (1130-1150 ई.) एक महत्त्वपूर्ण शासक था। उसने अजमेर के निकट सुल्तान महमूद की सेना को पराजित किया।

विग्रहराज चतुर्थ अथवा वीसलदेव (1153-1163 ई.)

- इसकी सबसे बड़ी सफलता तोमरों की स्वाधीनता समाप्त करके उन्हें अपना सामन्त बनाना था। उसने **हरिकेल** नामक एक संस्कृत नाटक की रचना की।
- इस नाटक के कुछ अंश **अढ़ाई दिन का झोपड़ा** नामक मस्जिद की दीवारों पर उत्कीर्ण किए गए हैं।

> बीसलदेव ने सरस्वती का प्रसिद्ध मन्दिर बनवाया। उसके दरबार में कथा सरित्सागर के रचयिता सोमदेव निवास करते थे, जिनके द्वारा बीसलदेव की प्रतिष्ठा में **ललितविग्रहराज** नामक ग्रन्थ की रचना की गई।

पृथ्वीराज तृतीय (1178-1192 ई.)

- सोमेश्वर का पुत्र पृथ्वीराज तृतीय चौहान वंश का एक महान शासक था। कथाओं में उसे **रायपिथौरा** कहा गया है। उसके अधिकार में दिल्ली से लेकर अजमेर तक का भू-भाग शामिल था। उसने बुन्देलखण्ड के चन्देल शासक परमार्दिदेव को 1182 ई. में एक रात्रि अभियान में पराजित किया।
- इसमें परमार्दिदेव के **आल्हा-ऊदल** नामक लोकप्रसिद्ध सेनानायकों ने भयंकर युद्ध किया। 1186 ई. में पृथ्वीराज तृतीय ने गुजरात के चालुक्य शासक भीम द्वितीय पर आक्रमण किया।
- 1191 ई. में मुहम्मद गौरी तथा पृथ्वीराज तृतीय के मध्य **तराइन का प्रथम युद्ध** हुआ, जिसमें **मुहम्मद गौरी** पराजित हुआ। अगले ही वर्ष 1192 ई. में मुहम्मद गौरी व पृथ्वीराज चौहान के मध्य **तराइन का द्वितीय युद्ध** हुआ, जिसमें **पृथ्वीराज** पराजित हुआ तथा उसे बन्दी बनाकर कुछ समय बाद उसकी हत्या कर दी गई।

> पृथ्वीराज तृतीय के राजकवि चन्दबरदाई ने पृथ्वीराजरासो नामक अपभ्रंश महाकाव्य और जयानक ने पृथ्वीराज विजय नामक संस्कृत काव्य की रचना की। अन्य रचनाओं में जयचन्द का **हम्मीर महाकाव्य** प्रसिद्ध है।

कन्नौज का गहड़वाल वंश

- गुर्जर-प्रतिहारों के बाद **चन्द्रदेव** (1080-1100 ई.) ने कन्नौज में गहड़वाल वंश की स्थापना की। गहड़वाल प्रतिहारों के सामन्त थे। उनका मूल निवास स्थान विन्ध्याचल का पर्वतीय वन प्रान्त माना जाता है।
- चन्द्रदेव ने महाराजाधिराज की उपाधि धारण की। **चन्द्रावती अभिलेख** से उसके कार्यों पर प्रकाश पड़ता है। गहड़वाल शासकों को **काशी नरेश** के रूप में भी जाना जाता था।

गहड़वाल वंश के प्रमुख शासक

गहड़वाल वंश के प्रमुख शासक निम्न हैं

गोविन्दचन्द्र (1114-55 ई.)

- गहड़वाल वंश का सवाधिक शक्तिशाली शासक गोविन्दचन्द्र था। उसने कन्नौज के प्राचीन गौरव को पुनः स्थापित किया। वह स्वयं बड़ा विद्वान था। उसे उसके लेखों में **विविध विद्याविचार वाचस्पति** कहा गया है।

- उसका शान्ति एवं युद्ध मन्त्री लक्ष्मीधर भी शास्त्रों एवं विधि का प्रकाण्ड विद्वान् था, जिसने **कृत्यकल्पतरु कल्पद्रुम** नामक ग्रन्थ की रचना की, जो कानून की पुस्तक है।

> गोविन्दचन्द्र की रानी कुमारदेवी के सारनाथ अभिलेख में गोविन्दचन्द्र को बनारस की तुर्कों से रक्षा करने के लिए **हरि का अवतार** कहा गया है।

जयचन्द (1170-1194 ई.)

- गहड़वाल वंश का अन्तिम महत्त्वपूर्ण शासक जयचन्द था। उसने सम्भवतः मुहम्मद गौरी को दिल्ली एवं अजमेर पर आक्रमण का निमन्त्रण दिया था।
- 1194 ई. में **चन्दावर के युद्ध** में वह मुहम्मद गौरी के द्वारा पराजित हुआ और मारा गया।
- जयचन्द ने संस्कृत के प्रख्यात कवि **श्रीहर्ष** को संरक्षण प्रदान किया, जिसने **नैषधचरितम्** एवं **खण्डनखाद्य** की रचना की।
- जयचन्द का समकालीन दिल्ली तथा अजमेर का चौहान नरेश **पृथ्वीराज तृतीय** था। आख्यानों के अनुसार, पृथ्वीराज तृतीय ने जयचन्द की पुत्री संयोगिता का अपहरण कर लिया था।
- जयचन्द्र ने देवगिरि के यादवों, गुजरात के सोलंकियों और तुर्कों को कई बार पराजित किया था। अपनी विजय के उपलक्ष्य में उसने राजसूय यज्ञ भी किया था। इल्तुतमिश ने कन्नौज पर आधिपत्य कर इस वंश को समाप्त कर दिया।

गुजरात (अन्हिलवाड़) का चालुक्य वंश

- चालुक्य अथवा सोलंकी अग्निकुल से उत्पन्न राजपूतों में से एक थे। प्राचीन ग्रन्थ **कुमारपालचरित** एवं **वर्णरत्नाकार** आदि में परम्परागत रूप से जिन 36 राजपूत कुलों की सूची मिलती है, उनमें चालुक्य अथवा सोलंकी का भी उल्लेख है।
- इस वंश का संस्थापक मूलराज प्रथम था। उसने गुजरात के एक बड़े भाग को जीतकर अन्हिलवाड़ को अपनी राजधानी बनाया। इस वंश के शासक जैन धर्म के पोषक एवं संरक्षक थे।

चालुक्य वंश के प्रमुख शासक

चालुक्य वंश के प्रमुख शासक निम्न हैं

भीम प्रथम (1022-1064 ई.)

- चालुक्य वंश का सबसे शक्तिशाली शासक भीम प्रथम था। उसके शासनकाल में गुजरात पर महमूद गजनवी का आक्रमण (1025 ई.) हुआ। उसने **सोमनाथ के मन्दिर** को लूटा तथा उसे विनष्ट किया।
- भीम प्रथम ने सोमनाथ मन्दिर का, जो पहले लकड़ी और फिर ईंटों द्वारा निर्मित था, के स्थान पर पत्थर द्वारा निर्माण करवाया।
- भीम प्रथम के सेनानायक विमल शाह ने माउण्ट आबू पर प्रसिद्ध जैन मन्दिर (दिलवाड़ा मन्दिर) का निर्माण करवाया।
- एक मान्यता के अनुसार, सोमनाथ मन्दिर का पुनर्निर्माण **कुमारपाल** ने करवाया था।

जयसिंह सिद्धराज (1094-1143 ई.)

- जयसिंह अल्पायु में शासक बना था। उसने **सिद्धराज** एवं **अवन्तिनाथ** की उपाधि धारण की थी। यह पराक्रमी तथा वीर होने के साथ-साथ विद्वानों का आश्रयदाता भी था। प्रसिद्ध जैन आचार्य हेमचन्द उसके दरबार में थे।
- जयसिंह ने सिद्धपुर में **रुद्रमहाकाल का मन्दिर** बनवाया, जहाँ उसने हाथियों पर आरुढ़ अपने सात पूर्वजों की मूर्तियों को प्रतिष्ठापित किया।
- आबू पर्वत पर उसने एक मण्डप का निर्माण करवाया। जयसिंह सिद्धराज शैव मतानुयायी था।

कुमारपाल (1143-1172 ई.)

- कुमारपाल एक महत्त्वाकांक्षी शासक था। प्रसिद्ध जैन आचार्य हेमचन्द ने कुमारपाल को जैन धर्म में दीक्षित किया था।
- इसके पश्चात् **परम अर्हत** की उपाधि धारण की और सम्पूर्ण साम्राज्य में अहिंसा (अभक्ष, नियम तथा पशु वद्य निषेध) के सिद्धान्तों को क्रियान्वित किया।
- कुमारपाल ने जैन परम्परा के अनुसार द्युत क्रीड़ा (जुआ), शराब व वैश्यावृत्ति पर भी प्रतिबन्ध लगा दिया।

> जयचन्द्र सूरि की रचना **कुमारपालचरित** में कुमारपाल की विजयों का यशगान किया गया है।

- कुमारपाल के द्वारा **सोमनाथ मन्दिर** का अन्तिम रूप से पुनर्निमाण करवाया गया था। कुमारपाल एक धर्मसहिष्णु राजा था, उसने हेमचन्द्र के साथ सोमनाथ मन्दिर में जाकर भगवान शिव की पूजा की थी।

अजयपाल (1172-1176 ई.)

- कुमारपाल के पश्चात् अजयपाल उसका उत्तराधिकारी बना।
- इसके शासनकाल में शैव एवं जैन धर्मावलम्बियों के मध्य गृह युद्ध आरम्भ हो गया, जिसके परिणामस्वरूप अनेक जैन भिक्षुओं की हत्या कर दी गई और अनेक जैन मन्दिरों को नष्ट कर दिया गया।

> **मूलराज द्वितीय** (1176-1178 ई.) तथा **भीम द्वितीय** (1178-1195 ई.) इस वंश के अन्य प्रमुख शासक थे। सम्भवतः भीम द्वितीय (कहीं-कहीं मूलराज द्वितीय उल्लिखित) ने 1178 ई. में मुहम्मद गौरी को गुजरात आक्रमण के समय पराजित किया था।
>
> 1195 ई. में कुतुबुद्दीन ऐबक ने अन्हिलवाड़ पर अधिकार कर लिया। उसने 1195 ई. में कुतुबुद्दीन ऐबक को भी पराजित किया, किन्तु 1197 ई. में भीम द्वितीय तुर्कों से पराजित हो गया। भीम द्वितीय के एक मन्त्री लवण प्रसाद ने गुजरात में **बघेल वंश** की स्थापना की।

मालवा का परमार वंश

- परमारवंशी शासक प्रारम्भ में प्रतिहारों के अधीन सामन्त थे। इस वंश का संस्थापक उपेन्द्र अथवा कृष्णराज था तथा प्रथम स्वतन्त्र एवं शक्तिशाली शासक सीयक अथवा श्रीहर्ष था।
- परमारों की प्रारम्भिक राजधानी उज्जैन थी, जो बाद में धार हो गई।

वाक्पतिमुंज (973-995 ई.)

- मालवा में परमारों की शक्ति का उत्कर्ष वाक्पतिमुंज के समय में प्रारम्भ हुआ।
- मुंज ने चालुक्य शासक तैलप द्वितीय को कई बार पराजित किया, परन्तु अन्त में इसी संघर्ष में वह मारा गया। मुंज, कला एवं साहित्य का महान संरक्षक था।
- उसने धार में **मुंज सागर झील** का निर्माण कराया। मुंज ने श्रीवल्लभ, पृथ्वी वल्लभ, अमोघवर्ष आदि उपाधियाँ धारण की थीं। उसके दरबार में पद्मगुप्त, धनंजय, धनिक तथा हलायुध आदि विद्वान् थे।
- कौथेम दान-पत्र से पता चलता है कि वाक्तपतिमुंज ने हूणों को पराजित किया था।

राजाभोज (1000-1055 ई.)

- राजाभोज इस वंश का सबसे महान शासक था। उदयपुर प्रशस्ति के अनुसार, उसने तुरुष्कों (तुर्कों) को पराजित किया तथा धार को अपनी राजधानी बनाया। भोज ने **नवसाहसांक** अर्थात् **नवविक्रमादित्य** की उपाधि धारण की थी।
- उसने 1008 ई. में **महमूद गजनवी** के विरुद्ध शाही शासक आनन्दपाल को सैनिक सहायता दी थी।

> भोज अपनी विद्वता के कारण **कविराज** उपाधि से प्रख्यात था। उसने चिकित्साशास्त्र पर **आयुर्वेद सर्वस्व** एवं स्थापत्यकला पर **समरांगणसूत्राधार** नामक पुस्तक लिखी।
> उसने खगोलशास्त्र, धर्म, व्याकरण, स्थापत्यशास्त्र आदि बीस से अधिक ग्रन्थ लिखें। भोज के दरबारी कवियों में भास्करभट्ट, दामोदर मिश्र, धनपाल आदि प्रमुख थे।

- **भोज ने धार** नगरी का विस्तार किया और वहाँ **भोजशाला** के रूप में प्रख्यात एक महाविद्यालय की स्थापना करके उसमें वाग्देवी की प्रतिमा की प्राण-प्रतिष्ठा की। इस भोजशाला की दीवारों के प्रस्तर खण्डों पर आज भी संस्कृत श्लोक अभिलिखित हैं। उसने अपने नाम पर भोजपुर नगर बसाया तथा एक बहुत बड़े **भोजसर** नामक तालाब को निर्मित करवाया।
- भोज ने सरस्वती कष्ठाभरण, सिद्धान्त संग्रह, योगसूत्रवृत्ति, नाम मालिका तथा विद्याविनोद नामक ग्रन्थों की रचना की।

जेजाकभुक्ति का चन्देल वंश

- बुन्देलखण्ड या जेजाकभुक्ति क्षेत्र में चन्देल वंश का उदय हुआ, जिसकी राजधानी **खजुराहो** थी।
- इस वंश की स्थापना 9वीं शताब्दी में नन्नुक ने की थी। चन्देल प्रतिहारों के सामन्त थे तथा वे राजपूतों के 36 कुलों में से एक थे। नन्नुक के पुत्र जयसिंह अथवा जेजा के नाम पर यह प्रदेश जेजाकभुक्ति कहलाया।

चन्देल वंश के प्रमुख शासक

चन्देल वंश के प्रमुख शासक निम्न हैं

यशोवर्मन (925-950 ई.)

- यशोवर्मन ने साम्राज्यवादी नीति का अनुसरण करके मालवा, चेदि और महाकौशल पर आक्रमण करके अपने राज्य का विस्तार किया। यशोवर्मन ने प्रतिहारों से कालिंजर छीन लिया।
- उसने खजुराहो के प्रसिद्ध **विष्णु मन्दिर** (चतुर्भुज) का निर्माण करवाया।

> **धंग देव** (950-1002 ई.)
> - यह यशोवर्मन का पुत्र था। धंग को प्रतिहारों से पूर्ण स्वतन्त्रता का वास्तविक श्रेय दिया जाता है। उसने **कालिंजर** को अपनी राजधानी बनाया।
> - ग्वालियर विजय धंग की एक महत्त्वपूर्ण सफलता थी। उसने भटिण्डा के शाही शासक जयपाल को सुबुक्तगीन के विरुद्ध सैनिक सहायता भेजी। उसने खजुराहों में जिननाथ, विश्वनाथ, वैद्यनाथ आदि भव्य मन्दिरों का निर्माण करवाया। धंग देव ने प्रयाग के संगम में डूबकर शरीर का त्याग किया था।

गण्ड (1002-1019 ई.)

- धंग के बाद उसका पुत्र गण्ड राजा हुआ।
- उसने 1008 ई. में **महमूद गजनवी** का सामना करने के लिए जयपाल के पुत्र आनन्दपाल द्वारा बनाए हुए संघ में भाग लिया।

विद्याधर (1019-1029 ई.)

- चन्देल शासकों में सर्वाधिक शक्तिशाली था। यह गण्डदेव का पुत्र था। मुसलमान लेखक उसके नाम का उल्लेख चन्द्र तथा विदा नाम से करते हैं।
- विद्याधर ने 1019 ई. में गुर्जर-प्रतिहार शासक राज्यपाल की हत्या कर दी, क्योंकि वह महमूद गजनवी से युद्ध करने के स्थान पर भाग खड़ा हुआ था।
- विद्याधर ने परमार भोज तथा कल्चुरि शासक गांगेयदेव को भी पराजित किया था।

> चन्देल शासक **कीर्तिवर्मन** (1060-1100 ई.) ने चेदि वंश के कर्ण को परास्त किया। चन्देल वंश का अन्तिम शक्तिशाली शासक परमार्दिदेव अथवा परमल था।

- 1182 ई. में पृथ्वीराज ने इसे पराजित कर महोबा पर तथा 1203 ई. में कुतुबुद्दीन ऐबक ने कालिंजर पर अधिकार कर लिया और अन्ततः 1205 ई. में चन्देल राज्य दिल्ली में मिल गया।

उड़ीसा का पूर्वी गंग वंश

- गंग वंश का सर्वाधिक प्रतापी शासक **अनन्तवर्मा चोड़गंग** (976-1048 ई.) था। उसने पुरी के प्रसिद्ध जगन्नाथ मन्दिर का निर्माण करवाया। इसके अतिरिक्त इस वंश के शासकों द्वारा निर्मित **कोणार्क का सूर्य मन्दिर** भी विश्व प्रसिद्ध है।

- पूर्वी गंग वंश की राजधानी **कलिंग नगर** थी। इस वंश के शासक धर्म एवं कला के महान संरक्षक थे।

> पूर्वी गंग वंश के शासकों ने उत्तर भारत के मुसलमानों और दक्षिण के बहमनी सुल्तानों के आक्रमण से उड़ीसा व जाजनगर की रक्षा का अन्तिम समय तक प्रयत्न किया। 14वीं शताब्दी में उड़ीसा पर मुसलमानों ने आधिपत्य स्थापित कर लिया।

कल्चुरि वंश

- कल्चुरि राज्य की स्थापना **कोकल्ल प्रथम** ने की थी। कोकल्ल प्रथम ने त्रिपुरी को अपनी राजधानी बनाया था। कल्चुरि सम्भवत: चन्द्रवंशी क्षत्रिय थे। **गांगेयदेव** (1019-1040 ई.) इस वंश का सबसे प्रतापी राजा था, जिसने विक्रमादित्य की उपाधि धारण की।
- **लक्ष्मीकर्ण** (1042-1072 ई.) इस वंश का अन्तिम शक्तिशाली राजा था। उसने त्रिकलिंगाधिपति की उपाधि धारण की।
- इसके पश्चात् कल्चुरियों की शक्ति कम हो गई तथा 1211 ई. के आस-पास चन्देलों ने इस राज्य पर अधिकार कर लिया। कल्चुरि शासक **त्रैकूटक सम्वत्** का प्रयोग करते थे, जोकि 248-249 ई. में प्रचलित हुआ था।

कश्मीर के राजवंश

- कश्मीर के हिन्दू राज्य के इतिहास के बारे में जानकारी **कल्हण** की **राजतरंगिणी** से मिलती है।
- कश्मीर पर शासन करने वाले शासकों में कार्कोट वंश, उत्पल वंश व लोहार वंश शामिल हैं। इनका विवरण निम्न है

कार्कोट वंश

- कश्मीर में कार्कोट राजवंश की स्थापना 7वीं शताब्दी में **दुर्लभवर्द्धन** ने की थी। वह गोनन्द वंश के अन्तिम शासक बालादित्य की हत्या करके शासक बना।
- चीनी यात्री **ह्वेनसाँग** ने उसके शासनकाल में कश्मीर की राजधानी प्रवरपुर में दो वर्ष तक प्रवास किया था।
- दुर्लभवर्द्धन के पश्चात् उसका पुत्र **दुर्लभक** (632-682 ई.) उत्तराधिकारी बना। उसने प्रतापपुर नामक शहर बसाया तथा प्रतापादित्य की उपाधि धारण की।

> दुर्लभक के पश्चात् क्रमश: **चन्द्रापीड़** (वज्रादित्य) और तारापीड़ (उदयादित्य) शासक बने। इनमें चन्द्रापीड़ एक न्यायप्रिय राजा था, तो वहीं तारापीड़ का कल्हण द्वारा एक क्रूर और निर्दयी शासक के रूप में वर्णन किया गया है।

- तारापीड़ के पश्चात् **ललितादित्य मुक्तापीड़** (724-760 ई.) शासक बना। वह इस वंश का सबसे शक्तिशाली शासक था।
- ललितादित्य ने कन्नौज शासक यशोवर्मन के साथ सन्धि कर तिब्बतियों को पराजित किया, तत्पश्चात् उसने यशोवर्मन को भी पराजित कर कन्नौज पर अधिकार कर लिया।
- उसने कश्मीर में **मार्तण्ड** (सूर्य) मन्दिर और **परिहास केशव** (विष्णु) मन्दिर का निर्माण करवाया था।
- कार्कोट वंश का अन्तिम शासक **जयापीड़ विनयादित्य** (770-810 ई.) था। वह विद्वानों का बहुत ही आदर करता था। उसके दरबार में उद्भट्ट, दामोदर गुप्त आदि विद्वान् लेखक रहते थे।

> **राजतरंगिणी**
>
> - कल्हण द्वारा रचित राजतरंगिणी का संस्कृत साहित्य में ऐतिहासिक घटनाओं के क्रमबद्ध इतिहास लिखने का प्रथम प्रयास है।
> - इस ग्रन्थ में आदिकाल से 1151 ई. के आरम्भ तक कश्मीर के शासक के काल की घटनाओं का क्रमबद्ध तरीके से उल्लेख किया गया है।
> - राजतरंगिणी में कुल आठ तरंग और 8000 के लगभग श्लोक हैं। इसके प्रथम तीन तरंगों में कश्मीर के प्राचीन इतिहास, जबकि चौथी से छठी तरंगों में **कार्कोट वंश** तथा **उत्पल वंश** का वर्णन किया गया है और सातवीं एवं आठवीं तरंगों में **लोहार वंश** का उल्लेख किया गया है।
> - राजतरंगिणी का ऐतिहासिक दृष्टिकोण से विशेष महत्त्व है, क्योंकि कल्हण द्वारा इसमें तटस्थ रूप से (बिना पक्षपात किए हुए) शासकों के गुण-दोषों का विवरण दिया गया है। यह अन्य लेखकों/विद्वानों के लिए आधार प्रदान करने का कार्य करती है।

उत्पल वंश

- कश्मीर में कार्कोट वंश के पतन के पश्चात् उत्पल वंश की स्थापना हुई। उत्पल वंश की स्थापना **अवन्तिवर्मन** (855-883 ई.) ने की थी।
- अवन्तिवर्मन के अभियन्ता सूय्य ने कृषि की उन्नति हेतु नहरों का निर्माण करवाया था। अवन्तिवर्मन ने कई नगरों की भी स्थापना की थी, जिसमें अवन्तिपुर नगर विशेष रूप से प्रसिद्ध है। अवन्तिवर्मन के पश्चात् **शंकरवर्मन** तथा **क्षेमेन्द्रगुप्त** शासक बना।
- 980 ई. में उत्पल वंश की रानी दिद्दा बनी। दिद्दा का विवाह क्षेमेन्द्रगुप्त से हुआ था। रानी की मृत्यु (1003 ई.) होने के पश्चात् कश्मीर में **लोहार वंश** की स्थापना हुई।

लोहार वंश

- लोहार वंश की स्थापना **संग्राम राज** (1003-1028 ई.) ने की थी।
- संग्राम राज के पश्चात् अनन्त एवं उसकी पत्नी सूर्यमती ने संयुक्त रूप से शासन किया।
- लोहार वंश के शासकों में **हर्ष** का नाम विशेष रूप से उल्लेखनीय है, क्योंकि हर्ष कवि, विद्वान तथा अनेक भाषाओं व विद्याओं का ज्ञाता था। उसने कल्हण को आश्रय प्रदान किया था।
- हर्ष का व्यक्तित्व गुणों व दोषों का सम्मिश्रण था। उसे **कश्मीर का नीरो** भी कहा जाता है।
- हर्ष के शासनकाल में भयंकर अकाल पड़ने व उसके द्वारा लगाए गए दमनपूर्ण करों से त्रस्त होकर उत्सल और सुस्सल नामक दो भाइयों ने विद्रोह कर दिया और हर्ष तथा उसके पुत्र भोज की लगभग 1101 ई. में हत्या कर दी।

- इस वंश का **अन्तिम शासक जयसिंह** (1128-1155 ई.) था। उल्लेखनीय है कि कल्हण की राजतरंगिणी का विवरण जयसिंह के शासन तक मिलता है। जयसिंह ने अपने शासन के दौरान यवनों को पराजित किया था।
- 1339 ई. में कश्मीर तुर्कों के अधीन हो गया। उनमें **जैन-उल-अबिदीन** सर्वाधिक लोकप्रिय शासक हुआ।
- जैन-उल-अबिदीन को **कश्मीर का अकबर** भी कहा जाता है।

गुप्तोत्तर काल की प्रशासनिक व्यवस्था

- सामन्तवाद का विकास इस काल की प्रमुख व्यवस्था थी, जबकि राजनीतिक विकेन्द्रीकरण इस काल की एक अन्य प्रमुख विशेषता थी। राजतन्त्र सैद्धान्तिक रूप से अनियन्त्रित अथवा **निरंकुश** था। सामन्तवाद के विकास से केन्द्रीय सत्ता कमजोर हुई, जबकि प्रान्तीय व स्थानीय सत्ता मजबूत हुई।
- सामन्तवाद के विकास से भूमि के स्वामित्व एवं नियन्त्रण आधारित प्रशासनिक संरचना का उदय हुआ। सामन्त एवं उसके स्वामी शासक के मध्य सेवक (दास) व स्वामी का सम्बन्ध होता था।
- प्रशासन में राजा की सहायता के लिए अनेक मन्त्री एवं पदाधिकारी होते थे। पाल, सेन, चन्देल, चौहान तथा कल्चुरि आदि शासकों के अभिलेखों में मन्त्रियों का उल्लेख मिलता है।
- गुप्तोत्तरकालीन, प्रशासनिक व्यवस्था विभिन्न स्तरों में विभाजित थी। प्रत्येक स्तर पर विभिन्न प्रकार के अधिकारी मौजूद थे। थोड़े-बहुत परिवर्तन के साथ पूर्व की प्रशासनिक व्यवस्था चलती रही।

गुप्तोत्तर काल की आर्थिक स्थिति

- गुप्तोत्तर काल में अर्थव्यवस्था का आधार कृषि थी। **नीतिवाक्यामृत** में अनेक प्रकार के संग्रहों का उल्लेख किया गया है, जिनमें धान्य संग्रह को श्रेष्ठ बताया गया है।
- इस काल में अधिकारियों, मन्दिरों, ब्राह्मणों आदि को उनकी सेवाओं के बदले भू-क्षेत्र प्रदान करने से सामन्तवाद का उदय हुआ। यद्यपि भूमिदान की प्रथा का प्रारम्भ सातवाहन काल में हुआ था। **अभिधानरत्न माला** नामक ग्रन्थ में तत्कालीन समय में बोए जाने वाले विभिन्न अनाजों का वर्णन है।
- जिन जमीनों को अनुदान के रूप में दिया जाता था, उन्हें आग्रद शासन, चतुर्वेद ग्राम, ब्रह्मदेय ग्राम आदि कहा जाता था, परन्तु अनुदान प्राप्तकर्ता को भूमि को बन्धक रखने या बेचने का अधिकार नहीं होता था।
- स्थायी रूप से प्रदत्त धर्मदाय को **मूल्यनीति** या **अक्षयनीति** आदि नामों से जाना जाता था।
- भूमि कर सिद्धान्त जमीन की उत्पादन क्षमता एवं वास्तविक उत्पादन के आधार पर 1/12 से लेकर 5/6 भाग तक निर्धारित होता था।

> करों का संग्रह गाँव का **मुखिया** करता था। भूमि मापन के कुछ लोक प्रचलित मापक थे; जैसे—निवर्तन, पट्टिकहल, भूमि, पातक, खरिवाप, कूल्यावाप, द्रोणावाप, आढ़वाप, खण्डूकवाप, नीलिकवाप आदि।

- चन्देल एवं परमार शासकों ने बड़ी-बड़ी झीलों तथा तालाबों का निर्माण करवाया था। संस्कृत ग्रन्थों में **अरघट्ट** (रहट) का उल्लेख है। सिंचाई के लिए रहट के प्रयोग का प्रथम उल्लेख **गाथासप्तशती** में मिलता है।
- **नारद-स्मृति** के अनुसार, इस काल में उत्पादन क्षमता के अनुसार भूमि को चार भागों में विभक्त किया गया था
  (i) उर्वर (ii) बंजर
  (iii) खिल (तीन-चार वर्ष तक बोई) (iv) मरु (रेतीली)।

भूमि का वर्गीकरण

◆ वाहीत	जो बोया गया हो।
◆ अकृष्ट	जिसमें खेती न की गई हो।
◆ ऊसर	जहाँ बीज न उगता हो।
◆ सात्त	व्यक्तिगत या एक कृषक के स्वामित्व वाली भूमि।
◆ प्रकृष्ट या कृष्ट	विभिन्न कृषकों द्वारा जोती जाने वाली भूमि।

उद्योग एवं व्यापार

- पूर्व मध्यकाल (गुप्तोत्तर काल) में व्यापार का ह्रास हुआ, जिसके अनेक कारण थे-चोर और डाकुओं के कारण मार्गों का असुरक्षित होना, सामन्तवादी प्रकृति बढ़ने के कारण केन्द्रीय शक्ति का ह्रास तथा व्यापारियों के एक राज्य से दूसरे राज्य में आने-जाने पर अधिक चुंगी कर आदि।
- इस समय बंगाल मलमल, पान, सुपारी तथा सण (सन) के लिए, मगध एवं कलिंग धान (चावल) के लिए, मालवा गन्ने, अफीम एवं सीपी के लिए, गुजरात सूती कपड़े, नील एवं चमड़े की निर्मित वस्तुओं के लिए प्रसिद्ध था, जबकि दक्षिण का क्षेत्र मूल्यवान पत्थर, मोती, चन्दन, मसाले आदि के लिए विख्यात था।

> भारत के पूर्वी तट पर ताम्रलिपि, सप्तग्राम तथा पश्चिमी तट पर देवल, थाना, खम्भात एवं भड़ौच प्रसिद्ध बन्दरगाह थे। पूर्वी तट पर ताम्रलिपि के स्थान पर **सप्तग्राम** का महत्त्व अधिक बढ़ गया था। इस काल की प्रमुख आयातित वस्तुएँ सोना, टिन, ताँबा, मसाले, मूँगा, घोड़े आदि थीं।

- भड़ौच के बने हुए वस्त्र इतने प्रसिद्ध थे कि उन्हें **वरोज** कहा जाता था। मध्य प्रदेश चुनरी के लिए प्रसिद्ध था। कश्मीर में वस्त्रोउद्योग-विशेषकर सफेद लिनन का उल्लेख ह्वेनसाँग ने किया है। पौधों के रेशों से बना हुआ कपड़ा **दुकूल** कहलाता था।
- प्रतिहारों के ग्वालियर अभिलेख में तेलियों तथा मालियों के मुखिया का उल्लेख है।

कर व्यवस्था

- व्यापारियों को पण्य वस्तुओं पर अधिक कर देना पड़ता था। **तरशुल्क** राज्य की आय का प्रमुख स्रोत था।
- पाल अभिलेखों में इसे वसूलने वाले अधिकारी को **तरिक** कहा गया है। मल्लकर या तुरूष्क दण्ड उपद्रवी जनजातियों से निपटने के लिए लगाया जाता था।

- भाग, भोग, हिरण्य, प्रत्यय, उद्रंग, प्रस्थ तथा उपरिकर इस काल के प्रमुख कर थे।

प्रमुख कर

भाग	उपज का हिस्सा (भूमिकर)।
भोग	फल, फूल, लकड़ी आदि उपहारस्वरूप राजा को प्रदान करना।
हिरण्य	नकद रूप में वसूल किया जाने वाला कर।
प्रत्यय	चुंगी कर।
कर	नियमित राजस्व।
उद्रंग	स्थायी किसानों पर लगाया गया कर।
प्रस्थ	सहयोग राशि जो ग्रामीणों द्वारा अधिकारियों को दी जाती थी।
उपरिकर	अस्थायी कृषकों पर लगने वाला कर।

सिक्के

- प्रबन्धचिन्तामणि, लीलावती, द्रव्य-परीक्षा, लेक्षाधिपति नामक ग्रन्थों में भागका, रूपका, कार्षापण, दीनार, द्रम्म, निष्क, गधिया, टंका, गण्डायका आदि सिक्कों की चर्चा मिलती है।
- सियादोनी अभिलेख में 10वीं सदी के मध्य के विभिन्न प्रकार के द्रम्मों की चर्चा है।
- पूर्व मध्यकाल में सिक्कों का उपयोग कम हो गया था। व्यापार का माध्यम वस्तु विनिमय था। साधारण लेन-देन और व्यापार **कौड़ियों** के माध्यम से होता था, जिन्हें प्रतिहार अभिलेखों में **कपर्दक** कहा गया है।
- सोने के सिक्कों की मात्रा बहुत कम थी। अधिकांश सिक्के चाँदी एवं ताँबे के थे। पाल एवं सेन राजाओं में केवल देवपाल के छः सोने के सिक्के मिले हैं और गुजरात के चालुक्यों में केवल **जयसिंह सिद्धराज** का एक सोने को सिक्का मिला है।

गुप्तोत्तर काल की सामाजिक स्थिति

- गुप्तोत्तर काल में भारत में दो सशक्त सामाजिक धाराएँ प्रवाहित हुईं। पहली, विदेशी जातियों का आत्मसातीकरण तथा दूसरी, जाति प्रथा की कठोरता। परम्परागत रूप से समाज मुख्यतः चार वर्णों में विभाजित था। समाज में ब्राह्मणों का स्थान सर्वश्रेष्ठ था।
- राजपूतों का अभ्युदय इस काल की महत्त्वपूर्ण घटना है, जिन्होंने प्राचीन क्षत्रियों का स्थान ले लिया।
- व्यापार-वाणिज्य में गिरावट के कारण वेश्यों की स्थिति में गिरावट आई। उनके लिए कृषि, पशुपालन और व्यापार जैसे व्यवसाय निर्दिष्ट किए गए।
- **कुसीद वृत्ति** (सूद पर रुपये उधार देना) वैश्यों का व्यवसाय बताया गया है। जबकि अलबरूनी ने वैश्यों एवं शूद्रों में कोई अन्तर नहीं पाया है।

> समाज में **शूद्रों की संख्या** सर्वाधिक थी। आर्थिक दृष्टि से इस युग की महत्त्वपूर्ण विशेषता है—कृषि कार्य सामान्यतः शूद्रों का व्यवसाय होना। शूद्रों में कुछ वर्णसंकर जातियाँ भी थीं।

- अनुलोम एवं प्रतिलोम विवाहों के परिणामस्वरूप अनेक वर्णसंकर जातियों की उत्पत्ति हुई। अनुलोम जातियाँ द्विज मानी जाती थीं, इसलिए उन्हें यज्ञोपवीत संस्कार का अधिकार था। इस काल में जन्मी वर्णसंकर जातियों में **कायस्थ** सर्वाधिक उल्लेखनीय थे। सबसे निम्न जाति अन्त्यज थी, जिनमें सर्वाधिक निम्न चाण्डाल थे।

स्त्रियों की दशा

- गुप्तोत्तरकालीन समाज में बाल विवाह, बहुविवाह, सती और जौहर प्रथा, जैसी कुप्रथाओं ने अपना प्रभाव बना लिया था।
- इन कुप्रथाओं ने स्त्रियों की सामान्य स्थिति में गिरावट कर दी। समाज में गणिकाओं, वेश्याओं और देवदासियों का भी एक वर्ग था। **बाणभट्ट** एवं **मेधातिथि** ने सती प्रथा की कड़ी आलोचना की है।
- क्षेमेन्द्र समकालीन सामाजिक बुराइयों को व्यंग्यों के माध्यम से व्यक्त करता था।
- राजवंश की कुछ स्त्रियाँ प्रशासन में भाग लेती थीं, धार्मिक अनुदान देती थीं तथा विभिन्न कलाओं की शिक्षा प्राप्त करती थीं।

> कल्याणी के चालुक्यों की राजकुमारियाँ प्रदेशों की शासिका थीं। रुद्राम्मा ने काकतीय राजवंश पर 40 वर्षों तक शासन किया। उसके शासन की प्रशंसा वेनिस यात्री **मार्को पोलो** ने की है।

दास प्रथा

- पूर्व मध्यकाल में दास प्रथा में वृद्धि हुई। इन्हें किसी सामाजिक वर्ग के रूप में नहीं जाना गया था।
- दासों की सामाजिक स्थिति अन्त्यजों तथा तिरस्कृत जातियों से बेहतर थी। **विज्ञानेश्वर** ने **मिताक्षरा** में नारद द्वारा कथित पन्द्रह प्रकार के दासों का उल्लेख किया है।
- **लेख पद्धति** के अनुसार, वस्तुओं के विनिमय में दासों का निर्यात समुद्री मार्ग से पश्चिमी देशों को होता था। दास-दासियों को दान में देने की प्रथा इस काल में बहुत प्रचलित हो गई थी। बौद्ध मठों और मन्दिरों को दास दान के रूप में दिए जाते थे।

> **विज्ञानेश्वर** के अनुसार, ऋण न चुका सकने के कारण ऋणी स्वयं को ऋणदाता का दास बना लेता था। दास प्रायः घरेलू कार्यों में ही लगाए जाते थे।

- पूर्वकाल की अपेक्षा इस काल में दासों की स्थिति में गिरावट आई। दासों की मुक्ति का विस्तृत विवरण सर्वप्रथम **नारद स्मृति** में मिलता है।

गुप्तोत्तर काल की धार्मिक स्थिति

- धार्मिक एवं सांस्कृतिक दृष्टि से क्षेत्रीय सांस्कृतिक इकाइयों का आविर्भाव इस काल की महत्त्वपूर्ण विशेषता है। शैव, वैष्णव, बौद्ध एवं जैन सभी धर्मों का समाज में स्थान था।
- **ह्वेनसाँग** द्वारा शिव का उल्लेख किया गया है। **हर्षचरित** में बाणभट्ट ने थानेश्वर में खण्डपरेशु (शिव) की पूजा की चर्चा की है। पाल, सेन और चन्देल राजाओं के अभिलेखों में **ॐ नमः शिवाय** का प्रयोग किया गया है।

- **शक्ति पूजा** इस काल में बहुत व्यापक हो गई। शैव धर्म पाशुपत, कापालिक, अघोरी, लिंगायत, शिवाद्वैत आदि अनेक उप-सम्प्रदायों में विभाजित था। कापालिकों में नर बलि की प्रथा प्रचलित थी।
- ईश्वरीय सम्प्रदायों में शक्ति, परमदेवता की अर्द्धांगिनी के रूप में संसार में प्रचलित हो गई। दुर्गा की उपासना का श्रेय **मार्कण्डेय पुराण** को है।
- **गणेश** को सिद्धि देने वाला तथा उद्देश्यों की पूर्ति में सहायक देवता माना गया। सूर्य पूजा का प्रसिद्ध केन्द्र मुल्तान में था। मुल्तान में सूर्य मन्दिर का उल्लेख ह्वेनसाँग, आबूजइद, अलमसूदी तथा अलबरूनी ने किया था।
- **बुद्ध** एवं **जिन** को **विष्णु का अवतार** माना जाने लगा। शक्ति पूजा व्यापक हो गई।

> बौद्ध धर्म ने तान्त्रिक प्रभाव के कारण मन्त्रयान, वज्रयान, सहजयान आदि रूप धारण कर लिया था। हर्ष तथा पालों ने बौद्ध धर्म को संरक्षण दिया था। कश्मीर में सर्वज्ञमित्र ने स्रोत, स्तव तथा क्रिया को बौद्ध धर्म में प्रचलित किया।

- राजस्थान में अनेक जैन मन्दिरों का निर्माण हुआ, जिनमें ओसिया में **महावीर का मन्दिर** प्रसिद्ध है। गुजरात के चालुक्यों तथा गंग वंश ने इसे संरक्षण प्रदान किया।

गुप्तोत्तर काल में भाषा एवं साहित्य

- भाषा एवं साहित्य के दृष्टिकोण से भी यह समृद्ध काल था। दरबारी रचनाओं के साथ-साथ इस काल में स्वतन्त्र रचनाएँ भी हुईं।
- इस काल में संगीत, नीतिशास्त्र, इतिहास, व्याकरण तथा अन्य विधाओं पर अनेक रचनाएँ हुईं। श्रीहर्ष का नैषधचरित, सन्ध्याकर नन्दी का रामचरित, धनंजय का राघवपाण्डि, सोमेश्वर का मानसरोवर, भोज का युक्तिकल्पतरू, चन्दबरदाई का पृथ्वीराज रासो, उद्योतन सूरी का कुवलयमाला तथा हेमचन्द्र का कुमारपालचरित इस काल की कुछ प्रमुख रचनाएँ हैं।

> पूर्व मध्यकाल में जैनों ने अपभ्रंश भाषा में साहित्य लिखकर साहित्य की अमूल्य सेवा की। धनंजय के राघव पाण्डिय को बाएँ से दाएँ पढ़ने पर **रामकथा** तथा दाएँ से बाएँ पढ़ने पर **कौरव कथा** का ज्ञान होता है।

गुप्तोत्तर काल में कला एवं संस्कृति

इस काल की वास्तुकला की मुख्य कृतियाँ मन्दिर हैं। भौगोलिक आधार पर शास्त्रकारों ने इनकी तीन शैलियाँ निर्धारित की हैं—नागर, द्रविड़ एवं बेसर।

- **नागर शैली** उत्तरी भारत में हिमालय से विन्ध्य प्रदेश के भू-भाग में विकसित हुई। नागर शैली के मन्दिर चतुष्कोणीय होते हैं। नागर शैली के मन्दिरों के शिखरों में खड़ी रेखा की प्रधानता होने के कारण इसे रेखीय शिखर भी कहते हैं। वर्गाकार तथा ऊपर की ओर वक्र होते हुए शिखर, इन मन्दिरों की विशेषताएँ हैं।
- **उड़ीसा** के मन्दिर शुद्ध नागर शैली का प्रतिनिधित्व करते हैं। लिंगराज मन्दिर पूर्व विकसित नागर शैली के सर्वोत्तम उदाहरण हैं। पुरी का जगन्नाथ मन्दिर भी लिंगराज की तरह नागर शैली में बना है। भारतीय राजाओं और पूर्वी वास्तुकला की महान उपलब्धि कोणार्क का सूर्य मन्दिर है।
- **द्रविड़ शैली** कृष्णा तथा कुमारी अन्तरीप के मध्य अर्थात् आधुनिक तमिलनाडु प्रदेश में विकसित हुई। द्रविड़ शैली के मन्दिर आयताकार तथा शिखर पिरामिड के आकार का होता है। गर्भगृह के चारों ओर वर्गाकार छत से ढका हुआ बाड़ा होता है, जिसे प्रदक्षिण पथ कहते हैं। बाद में इन मन्दिरों के साथ अनेक स्तम्भयुक्त मण्डप, गलियारे तथा विशाल गोपुरम भी जोड़ दिए गए हैं। पल्लव, चोल, पाण्ड्य तथा चालुक्यों के शासनकाल में इस शैली में मन्दिरों का निर्माण हुआ; जैसे-महाबलीपुरम्, कांची, वातापी, ऐहोल, तंजौर (वृहदेश्वर) के मन्दिर।
- **बेसर शैली** विन्ध्य और कृष्णा के मध्य, जिसे दक्षिणावर्त्त भी कहा जाता है, नामक प्रदेशों में प्रचलित थी। बेसर शैली में नागर और द्रविड़ शैली के तत्त्व मिश्रित हैं। बेसर शैली के मन्दिरों में देवबुल, गर्भगृह और जगमोहन (सभा मण्डप) होता था। इस शैली के मन्दिर अर्द्ध-गोलाकार होते थे। होयसल राष्ट्रकूट के ऐहोल तथा कैलाश मन्दिर बेसर शैली में निर्मित हैं।

> - **खजुराहो** के मन्दिर चन्देल राजाओं के समय 950-1050 ई. के मध्य बनाए गए हैं। खजुराहो में मन्दिर चबूतरों पर निर्मित हैं। यहाँ के मन्दिरों की वास्तुकला की मुख्य विशेषता शिखर है। इन शिखरों पर छोटे-छोटे शिखर संलग्न हैं। इन्हें **उरूशृंग** कहते हैं।
> - **राजस्थान** में ब्राह्मण एवं जैन मन्दिर स्थित हैं। यहाँ के कुछ मन्दिरों के शिखर नागर शैली से मिलते-जुलते हैं। पश्चिमी भारत मन्दिर-निर्माण शैली का चरमोत्कर्ष **दिलवाड़ा का जैन मन्दिर** है जो दसवीं और तेरहवीं शताब्दी में सफेद संगमरमर से बना है।

प्रीलिम्स फैक्ट्स

- सम्राट हर्षवर्द्धन ने अपनी राजधानी थानेश्वर से कहाँ स्थानान्तरित की थी? *- कन्नौज [UPPSC (Pre) 1992]*
- चालुक्य वंश के किस शासक ने हर्षवर्द्धन को पराजित किया था? *- पुलकेशिन द्वितीय [IAS (Pre) 2003]*
- ह्वेनसांग किसके शासनकाल में भारत आया था? *- हर्षवर्द्धन [UPPSC (Mains) 2012]*
- ह्वेनसांग ने किस विश्वविद्यालय में अध्ययन किया था? *- नालन्दा [BPSC (Pre) 2008]*
- ह्वेनसांग की भारत यात्रा के समय सूती कपड़े के उत्पादन के लिए सबसे प्रसिद्ध नगर था? *- मथुरा [BPSC (Pre) 1996]*
- चीनी लेखक भारत का उल्लेख किस नाम से करते हैं? *- यिन-तु [UPPSC (Pre) 2013]*
- फाह्यान, इत्सिंग, मेगस्थनीज तथा ह्वेनसांग के भारत आने का कालक्रम क्या है? *- मेगस्थनीज-फाह्यान-ह्वेनसांग-इत्सिंग [IAS (Pre) 1999]*
- गुप्तोत्तर युग में प्रमुख व्यापारिक केन्द्र था *- कन्नौज [RAS/RTS (Pre) 1996]*
- सम्राट हर्षवर्द्धन ने दो महान धार्मिक सम्मेलनों का आयोजन किया था *- कन्नौज तथा प्रयाग में [UPPSC (Pre) 1995]*
- प्राचीन नगर जो महाभारत एवं महाभाष्य दोनो में उल्लिखित है *- माध्यमिका (नागरी) [RAS/RTS (Pre) 2016]*
- हर्षचरितम् नामक पुस्तक किसने लिखी? *- बाणभट्ट [BPSC (Pre) 2005]*
- माध्यमिक शाखा के मूल ग्रन्थ माध्यमिक-कारिका के रचयिता हैं? *- नगार्जुन [JPSC (Pre) 2008]*
- भवभूति, हस्तिमल्ल तथा क्षेमेश्वर क्यों प्रसिद्ध थे? *- नाटककार के रूप में [IAS (Pre) 2021]*
- पाल वंश का संस्थापक कौन था? *- गोपाल [UPPSC (Pre) 2013]*
- उज्जैन, वाराणसी, विक्रमशिला तथा गिरनार में से कौन-सा बौद्ध शिक्षा का केन्द्र है? *- विक्रमशिला [MPPSC (Pre) 2012]*
- विक्रमशिला विश्वविद्यालय का संस्थापक कौन था? *- धर्मपाल [JPSC (Pre) 2013]*
- नालन्दा, विक्रमशिला, तक्षशिला तथा ओदन्तपुर में से कौन-सा स्थान पूर्वमध्यकाल में शिक्षा का केन्द्र नहीं था? *- तक्षशिला [UKPSC (Pre) 2016]*
- सोमपुर महाविहार का निर्माण किसने कराया था? *- धर्मपाल ने [UPPSC (Mains) 2005]*
- सुवर्ण भूमि का वह राजा कौन था, जिसने नालन्दा में एक बौद्ध विहार की स्थापना की तथा उसके रख-रखाव हेतु अपने दूत द्वारा देवपाल से पाँच गाँव दान में देने की प्रार्थना की? *- बालपुत्र देव [BPSC (Pre) 2018]*
- ताम्रपत्र लेख दर्शाते हैं कि प्राचीनकाल में विहार के राजाओं का सम्बन्ध किस देश (बर्मा, थाईलैण्ड, कम्बोडिया तथा जावा-सुमात्रा में से) से था? *- जावा-सुमात्रा से [BPSC (Pre) 1999]*
- महानतम प्रतिहार राजा कौन था? *- मिहिर भोज [UPPSC (Pre) 2010]*
- महान संस्कृत कवि एवं नाटककार राजशेखर किनके दरबार से सम्बन्धित थे? *- महिपाल एवं महेन्द्रपाल प्रथम [RAS/RTS (Pre) 2013]*
- राष्ट्रकूट साम्राज्य की नींव किसने रखी थी? *- दन्तिदुर्ग [IAS (Pre) 2006]*
- किस राष्ट्रकूट शासक ने हिरण्यगर्भ नामक धार्मिक कार्य कराया था? *- दन्तिदुर्ग [UPPSC (Pre) 2015]*
- कौन-सा राष्ट्रकूट शासक अपने पिता के अभियानों के क्रम में सैनिक छावनी में पैदा हुआ था? *- अमोघवर्ष राष्ट्रकूट [UPPSC (Mains) 2013]*
- एलोरा गुफाओं का निर्माण किस वंश के शासकों ने करवाया था? *- राष्ट्रकूट [UPPSC (Pre) 2010]*
- 12वीं सदी में राष्ट्रकूट वंश के पाँच शिलालेख किस राज्य से प्राप्त हुए हैं? *- कर्नाटक [BPPSC (Pre) 1999]*
- 'महोदया' किसका पुराना नाम था? *- कन्नौज [UPPSC (Mains) 2012]*
- किस राष्ट्रकूट शासक ने प्रतिहार शासक नागभट्ट द्वितीय को हराया था? *- गोविन्द तृतीय [UPPSC (Pre) 2022]*
- किस राष्ट्रकूट शासक ने एलोरा के कैलाश मन्दिर का निर्माण कराया था? *- कृष्ण प्रथम [UKPSC (Pre) 2022]*
- नागभट्ट द्वितीय, महिपाल, महेन्द्रपाल तथा वत्सराज का कालक्रमानुसार संयोजन है *- वत्सराज-नागभट्ट द्वितीय-महेन्द्रपाल-महिपाल [UPPSC (Mains) 2017]*
- वे राजवंश जो कन्नौज पर आधिपत्य स्थापित करने के लिए त्रिकोणीय संघर्ष में उलझे हुए थे, वे थे *- पाल, गुर्जर प्रतिहार तथा राष्ट्रकूट [UPPSC (Pre) 2005]*
- लक्ष्मण सम्वत् चलाने का श्रेय किस शासक को है? *- लक्ष्मणसेन [UPPSC (Pre) 1999]*
- हम्मीर महाकाव्य में चौहानों को किस वंश का क्षत्रिय बताया गया है? *- सूर्यवंशी [RAS/RTS (Pre) 1999]*
- 'पृथ्वीराज विजय' का लेखक कौन हैं? *- जयानक [RAS/RTS (Pre) 2012]*
- किस शासक के शासनकाल के दौरान दिल्ली-शिवालिक स्तम्भ अभिलेख उत्कीर्ण कराया गया था? *- विग्रहराज चतुर्थ [BPSC (Pre) 2009]*
- किस राजपूत राजवंश ने 8वीं शताब्दी में, दिल्लिका (देहली) शहर की स्थापना की थी? *- तोमर वंश [MPPSC (Pre) 2014]*

- जेजाकभुक्ति प्राचीन नाम था *– बुन्देलखण्ड का [UPPSC (Mains) 2008]*
- किस चन्देल राजा ने महमूद गजनवी का सामना किया था? *– विद्याधर [MPPSC (Pre) 2022]*
- अल्हा-ऊदल का सम्बन्ध किस स्थान से था? *– महोबा से [MPPSC (Pre) 2010]*
- किस राजवंश ने भारत को प्रसिद्ध खजुराहो के मन्दिर दिए? *– चन्देल [MPPSC (Pre) 2019]*
- राजा भोज ने किस स्थान पर शासन किया था? *– धार पर [MPPSC (Pre) 2010]*
- चित्तौड़ के त्रिभुवन नारायण मन्दिर को किसने बनवाया था? *– परमार राजा भोज ने [MPPSC (Pre) 2019]*
- गोविन्दचन्द्र गहड़वाल की एक रानी कुमारदेवी ने 'धर्मचक्रजिन' विहार कहाँ बनवाया था? *– सारनाथ में [UPPSC (Mains) 2007]*
- कर्नाट वंश का संस्थापक कौन था? *– नान्यदेव [BPSC (Pre) 2016]*
- कर्नाट वंश का अन्तिम शासक कौन था? *– हरिसिंह [BPSC (Pre) 2016]*
- भास्कर नामक राजा द्वारा हर्षवर्द्धन को भेजे गए उपहारों का उल्लेख हर्षचरित में मिलता है। भास्कर किससे सम्बन्धित है? *– असम के वर्मन राजवंश से [BPSC (Pre) 2008]*
- कोणार्क का सूर्य मन्दिर किसने बनवाया था? *– नरसिंह देवर्मन प्रथम [UPPSC (Pre) 1995]*
- गौडवहो के रचयिता थे *– वाक्पति [UPPSC (Pre) 2014]*
- कुरुसपाल शिलालेख से किस शासक के सम्बन्ध में जानकारी मिलती है? *– सोमेश्वर प्रथम [CGPSC (Pre) 2020]*
- 'आर्यक-स्तम्भ' वाले मंच की विशेषताएँ किस स्तूप में मिलती हैं? *– अमरावती [UPPSC (Pre) 2022]*

सेल्फ चैक

1. मौखरि शासकों की राजधानी थी **CGPSC (Pre) 2011**
(a) थानेश्वर
(b) कन्नौज
(c) पुरुषपुर
(d) उपरोक्त में से कोई नहीं

2. हर्ष के समय की सूचनाएँ किसकी पुस्तकों में निहित हैं?
(a) हरिषेण (b) कल्हण
(c) कालिदास (d) इनमें से कोई नहीं

3. सम्राट हर्ष ने अपनी राजधानी थानेश्वर से कहाँ स्थानान्तरित की थी?
(a) प्रयाग (b) दिल्ली
(c) कन्नौज (d) राजगृह

4. चीनी लेखक भारत का उल्लेख किस नाम से करते हैं? **UPPSC (Pre) 2013**
(a) फो-क्यो-की (b) यिन-तु
(c) सि-यू-की (d) सिकिया-पोनो

5. निम्नलिखित शासकों में से किसने हर्षवर्द्धन को पराजित किया था? **UPPSC (Mains) 2016**
(a) कीर्तिवर्मन द्वितीय
(b) विक्रमादित्य
(c) पुलकेशिन
(d) पुलकेशिन द्वितीय

6. निम्नलिखित में से कौन विक्रमशिला विश्वविद्यालय के संस्थापक थे? **JPSC (Pre) 2013, UPPSC (Pre) 2015, 2016**
(a) गोपाल
(b) धर्मपाल
(c) देवपाल
(d) महिपाल

7. सुवर्णभूमि का वह राजा कौन था, जिसने नालन्दा में एक बौद्ध विहार की स्थापना की तथा उसके रख-रखाव हेतु अपने दूत द्वारा देवपाल से पाँच गाँव दान में देने के लिए प्रार्थना की? **BPSC (Pre) 2018**
(a) धरणीन्द्र (b) संग्रामधनंजय
(c) बालपुत्र देव (d) चूड़ामणिवर्मन

8. गुर्जर-प्रतिहार शासकों में से किसकी उपाधि 'आदिवराह' थी?
(a) वत्सराज (b) नागभट्ट द्वितीय
(c) मिहिरभोज (d) नागभट्ट प्रथम

9. निम्नलिखित ऐतिहासिक व्यक्तियों के नाम कालक्रमानुसार संयोजित कर नीचे दिए गए कूट से सही उत्तर चुनिए **UPPSC (Mains) 2017**
1. नागभट्ट द्वितीय 2. महीपाल
3. महेन्द्रपाल 4. वत्सराज
कूट
(a) 2, 3, 1, 4 (b) 4, 1, 3, 2
(c) 1, 2, 3, 4 (d) 3, 1, 4, 2

10. 'गीत-गोविन्द' का रचयिता कौन था? **UPPSC (Pre) 1999, 2010**
(a) धोयी (b) गोवर्द्धनाचार्य
(c) जयदेव (d) लक्ष्मणसेन

11. निम्नलिखित शासकों के नाम सही कालक्रमानुसार संयोजित कर नीचे दिए गए कूट से सही उत्तर का चयन कीजिए
1. विद्याधर 2. धंग
3. यशोवर्मा 4. कीर्तिवर्मा
कूट
(a) 3, 2, 1, 4 (b) 1, 3, 2, 4
(c) 3, 1, 4, 2 (d) 2, 3, 1, 4

12. निम्नलिखित में से परमार राजवंश के इतिहास पर प्रकाश डालने वाला स्रोत कौन-सा है? **MPPSC (Pre) 2019**

(a) पद्मगुप्त का नवसाहसांक चरित
(b) मेरुतुंग की प्रबन्ध चिन्तामणि
(c) उदयपुर प्रशस्ति
(d) उपरोक्त सभी

13. निम्नलिखित साम्राज्यों पर विचार कीजिए **UPSC (Pre) 2023**

1. होयसल
2. गहड़वाल
3. काकतीय
4. यादव

उपरोक्त में से कितने साम्राज्यों ने अपने राज्य आठवीं शताब्दी ईस्वी में स्थापित किए?

(a) केवल एक (b) केवल दो
(c) केवल तीन (d) किसी ने नहीं

14. कोणार्क का सूर्य मन्दिर किसने बनवाया था? **UPPSC (Pre) 1993, 1995**

(a) नरसिंह देववर्मन (b) राजेन्द्र चोल
(c) अशोक (d) कृष्णदेव राय

15. निम्नलिखित युग्मों पर विचार कीजिए **IAS (Pre) 2022**

राजा	राजवंश
1. नन्नुक	चन्देल
2. जयशक्ति	परमार
3. नागभट्ट द्वितीय	गुर्जर-प्रतिहार
4. भोज	राष्ट्रकूट

उपरोक्त युग्मों में से कौन-सा/से युग्म सही सुमेलित है/हैं?

(a) केवल 1 (b) 1 और 3
(c) केवल 3 (d) ये सभी

16. भारत के इतिहास में निम्नलिखित घटनाओं पर विचार कीजिए **IAS (Pre) 2020**

1. राजाभोज के अधीन प्रतिहारों का उदय।
2. महेन्द्रवर्मन प्रथम के अधीन पल्लव सत्ता की स्थापना।
3. परान्तक प्रथम द्वारा चोल सत्ता की स्थापना।
4. गोपाल द्वारा पाल राजवंश की स्थापना।

उपरोक्त घटनाओं का प्राचीन काल से आरम्भ कर सही कालानुक्रम क्या है?

(a) 2, 1, 4, 3 (b) 3, 1, 4, 2
(c) 2, 4, 1, 3 (d) 3, 4, 1, 2

17. कल्हण की 'राजतरंगिणी' से लिए गए निम्नलिखित कथनों पर विचार कीजिए

1. जन सामान्य चावल तथा उत्पल-शाक (कड़वे स्वाद की एक जंगली सब्जी) खाते थे।
2. हर्ष ने कश्मीर में एक ऐसी साधारण पोशाक शुरू की, जो राजा को शोभा दे, जिसमें एक लम्बा कोट शामिल था।

उपरोक्त कथनों में से कौन-सा/से कथन सही है/हैं?

(a) केवल 1 (b) केवल 2
(c) 1 और 2 दोनों (d) न तो 1 और न ही 2

18. निम्नलिखित में से कौन त्रिकोणात्मक संघर्ष का हिस्सा नहीं था? **UPPSC (Pre) 2015**

(a) प्रतिहार (b) पाल
(c) राष्ट्रकूट (d) चोल

19. भारतीय इतिहास के सन्दर्भ में निम्नलिखित में से कौन-सा/से सामन्ती अवस्था का/के अनिवार्य तत्त्व है/हैं? **IAS (Pre) 2015**

1. अत्यन्त सशक्त केन्द्रीय राजनीतिक सत्ता और अत्यन्त दुर्बल प्रान्तीय अथवा स्थानीय राजनीतिक सत्ता।
2. भूमि के नियन्त्रण तथा स्वामित्व पर आधारित प्रशासनिक संरचना का उदय।
3. सामन्त तथा उसके अधिपति के मध्य स्वामी-दास सम्बन्ध का बनना।

कूट

(a) 1 और 2 (b) 2 और 3
(c) केवल 3 (d) 1, 2 और 3

20. मध्यकालीन भारत के आर्थिक इतिहास के सन्दर्भ में शब्द 'अरघट्टा' (Arghatta) किसे निरूपित करता है? **IAS (Pre) 2016**

(a) बन्धुआ मजदूर
(b) सैन्य अधिकारियों को दिए गए भूमि अनुदान
(c) भूमि की सिंचाई के लिए प्रयुक्त जलचक्र (वाटर ह्विल)
(d) कृषि भूमि में बदली गई बंजर भूमि

जानें सही उत्तर

1. (b)	**2.** (b)	**3.** (c)	**4.** (b)	**5.** (d)	**6.** (b)	**7.** (c)	**8.** (c)	**9.** (b)	**10.** (c)
11. (a)	**12.** (d)	**13.** (d)	**14.** (a)	**15.** (b)	**16.** (c)	**17.** (c)	**18.** (d)	**19.** (b)	**20.** (c)

● अध्याय बारह

दक्षिण भारत के साम्राज्य

"

लगभग 300 ई. से 750 ई. तक विन्ध्य से दक्षिण के प्रदेशों (प्रायद्वीप) में द्वितीय ऐतिहासिक चरण (लगभग 200 से 300 ई. पू. तक) वाली प्रक्रियाएँ चलती रहीं, किन्तु कुछ ऐसे लक्षण भी दिखाई देते हैं, जो प्रथम ऐतिहासिक चरण में विशेष महत्त्व के नहीं थे। इस काल के मध्य इन क्षेत्रों में कई राज्यों का उदय हुआ। इन राज्यों के उदय होने से इस क्षेत्र में सामाजिक, आर्थिक व विशेष रूप से सांस्कृतिक क्षेत्र में व्यापक परिवर्तन हुए।

दक्षिण भारत के साम्राज्यों का उदय

- उत्तर भारत से गुप्त साम्राज्य के पतन के साथ ऐतिहासिक दृष्टि से विन्ध्य से दक्षिण (प्रायद्वीप) क्षेत्र में कई नए राज्यों; जैसे—**वाकाटक, कदम्ब, गंग, चालुक्य, पल्लव, राष्ट्रकूट** आदि राज्यों का उदय हुआ। 9वीं शताब्दी में चोल राज्यों का पुनर्उत्थान हुआ। इसकी जानकारी हमें अनुदान पत्रों से मिलती है।
- इन नए राज्यों के उदय होने से इन क्षेत्रों की सामाजिक और आर्थिक स्थिति पूर्व की तुलना में अधिक सुदृढ़ हुई, इन सभी क्षेत्रों में सांस्कृतिक दृष्टि से युगान्तकारी परिवर्तन हुए। इस सन्दर्भ में तमिलनाडु में पल्लवों और कर्नाटक में बादामी के चालुक्यों के शासन में शिव और विष्णु के प्रस्तर-मन्दिरों का निर्माण प्रारम्भ हुआ और इनमें सांस्कृतिक स्वरूप को स्थायित्व प्रदान किया।

आभीर वंश

- आभीर वंश की स्थापना 249 ई. में ईश्वर सेन द्वारा की गई। यह वंश सातवाहन शासन के उपरान्त पश्चिमी दक्कन में सैन्य शासन के रूप में उभरा था।

> आभीरों ने स्वयं को **यदुवंशी क्षत्रिय** घोषित किया। समुद्रगुप्त के प्रयाग प्रशस्ति में आभीरों की चर्चा सीमावर्ती शासकों के रूप में की गई थी। पतंजलि ने महाभाष्य में आभीर शासकों की चर्चा की है। **तैलगुण्डा अभिलेख** (181 ई.) में आभीर रुद्राभूति ने स्वयं को शक क्षत्रप रुद्रसिम्हा का सेनापति (Commander-in-chief) घोषित किया था।

- ईश्वरसेन, आभीर वंश का पहला स्वतन्त्र शासक था, जो आभीर शिवदत्त का पुत्र था। ईश्वरसेन ने **कल्चुरि-चेदि सम्वत्** की स्थापना की।
- ईश्वरसेन के उत्तराधिकारियों ने 200-300 वर्षों तक शासन किया। आभीर वशिष्ठिपुत्र वसुसेना इस वंश का अन्तिम शासक था।
- आभीर वशिष्ठिपुत्र वसुसेन की मृत्यु के बाद आभीरों ने अपनी स्वतन्त्रता खो दी। कदम्ब तथा इक्ष्वाकु वंश ने उनके क्षेत्र पर अधिकार कर लिया।

कदम्ब वंश

- कदम्ब वंश का संस्थापक **मयूरशर्मन** था, जिसे 18 अश्वमेध यज्ञ करने का श्रेय दिया जाता है। इसका क्षेत्र उत्तरी कर्नाटक था।
- पुलकेशिन द्वितीय ने कदम्ब को पराजित करके अपने अधीन कर लिया था। कदम्बों की राजधानी वैजयन्ती या बनवासी थी। इन शासकों की वंशावली हमें **तालगुण्ड स्तम्भलेख** से ज्ञात होती है।

> **गंग वंश**
> - गंग वंश की स्थापना कर्नाटक में हुई थी, जिन्हें **पश्चिमी गंग** या मैसूर गंग कहा जाता है। इनकी प्रारम्भिक राजधानी कोलार थी, जो स्वर्ण खान के लिए प्रसिद्ध है, बाद में इसकी राजधानी तलकाड़ हो गई।
> - इस वंश के शासक **दुर्विनीत** ने छठी सदी में पल्लवों से अपने राज्य को स्वतन्त्र कर लिया। इसके उत्तराधिकारी श्रीहर्ष ने **महाराजाधिराज** की उपाधि धारण की। पुलकेशिन द्वितीय ने इस राज्य को अपने अधीन कर लिया।

वाकाटक वंश

- मौर्योत्तर काल में दक्कन पर सातवाहनों का शासन था। सातवाहनों के पतन के बाद आन्ध्र क्षेत्र में **इक्ष्वाकु** आए। ये क्षेत्रीय लोग ही थे, किन्तु अतिरिक्त प्रतिष्ठा प्राप्त करने के लिए उन्होंने इक्ष्वाकुओं की वंश परम्परा से स्वयं को जोड़ लिया।
- उत्तरी महाराष्ट्र और बरार (विदर्भ) में सातवाहनों के स्थान पर एक स्थानीय शक्ति वाकाटकों ने प्रभुत्व स्थापित किया।

वाकाटक वंश के प्रमुख शासक

वाकाटक वंश के प्रमुख शासक निम्न हैं

विन्ध्यशक्ति

- वाकाटक राजवंश की स्थापना लगभग 255 ई. के आस-पास **विन्ध्यशक्ति** नामक व्यक्ति ने की थी, जिसका मूल निवास स्थान बरार (विदर्भ) था। इसकी आरम्भिक राजधानी पुरिका (बरार) थी। इसकी तुलना इन्द्र और विष्णु से की गई है।
- वह विष्णुवर्द्धन गौत्र का ब्राह्मण था। उसने बिना उपाधि के शासन किया।
- वाकाटक राजवंश के शासकों की राजनैतिक उपलब्धियों का उल्लेख **अजन्ता गुहालेख** में मिलता है।

प्रवरसेन प्रथम (275-325 ई.)

- विन्ध्यशक्ति के पश्चात् उसका पुत्र **प्रवरसेन प्रथम** इस वंश का शासक बना। इसने महाराजाधिराज की उपाधि ग्रहण की थी।
- पुराणों में इसे **प्रवीर** कहा गया है। पुराणों के अनुसार, प्रवरसेन प्रथम ने चार अश्वमेध यज्ञ और एक वाजपेय यज्ञ करवाए थे। प्रवरसेन के पश्चात् इसका विभाजन दो भागों प्रवरपुर वंश (मुख्य वाकाटक) और वत्सगुल्म वंश में हो गया। इसने गुप्तों से मैत्रीपूर्ण सम्बन्ध स्थापित किए थे।

> प्रवरसेन के पश्चात् **रुद्रसेन प्रथम** (335-360 ई.) शासक बना। वह समुद्रगुप्त का समकालीन था। उनके पश्चात् पृथ्वीसेन प्रथम (360-385 ई.) शासक हुए।

रुद्रसेन द्वितीय (385-390 ई.)

- रुद्रसेन द्वितीय का विवाह चन्द्रगुप्त द्वितीय की पुत्री प्रभावती गुप्ता से हुआ था।
- प्रभावती गुप्ता ने रुद्रसेन की मृत्यु के पश्चात् 13 वर्षों तक अपने अल्पवयस्क पुत्रों **दिवाकर सेन** और **दामोदर सेन** की संरक्षिका के रूप में शासन किया।

प्रवरसेन द्वितीय (395-440 ई.)

- प्रवरसेन द्वितीय (आरम्भिक नाम दामोदर सेन) वाकाटक वंश का (मुख्य वाकाटक) अन्तिम शक्तिशाली शासक था। उसने प्रवरपुर को अपनी नई राजधानी बनाया। बालाघाट अभिलेख में उसे **परमभागवत** कहा गया है।
- प्रवरसेन द्वितीय ने सेतुबन्ध नामक काव्यकृति की रचना की, जिसमें राम की लंका विजय का वर्णन है। उसने कदम्बों से वैवाहिक सम्बन्ध स्थापित किए।
- कुछ विद्वानों के अनुसार, प्रवरसेन द्वितीय के राजदरबार में चन्द्रगुप्त द्वितीय के राजकवि कालिदास ने निवास किया था। संस्कृत की विदर्भ शैली का पूर्ण विकास वाकाटक राजाओं के दरबार में ही हुआ।

चालुक्य वंश

वाकाटकों के पश्चात् चालुक्यों का प्रभाव बढ़ा। इन्होंने लगभग 200 वर्षों तक शासन किया। ये स्वयं को ब्रह्मा, मनु या चन्द्र का वंशज कहते थे।

बादामी का चालुक्य वंश

- चालुक्यों ने छठी सदी के आरम्भ में पश्चिमी दक्कन में अपना राज्य स्थापित किया। इसकी राजधानी **वातापी** (आधुनिक बादामी) थी, जो कर्नाटक के बीजापुर जिले में स्थित है।
- चालुक्यों का उदय स्थल बादामी होने के कारण इन्हें बादामी के चालुक्य कहते हैं। इन्हें **आरम्भिक पश्चिमी चालुक्य** भी कहा जाता है। चालुक्यों का राज्य कृष्णा और तुंगभद्रा नदियों के मध्य था।

> इस वंश का संस्थापक **पुलकेशिन प्रथम** (543-566 ई.) को माना जाता है। इसकी उपाधि सत्याश्रय व रणविक्रम थी। इसे पृथ्वी बल्लभ भी कहा जाता है।

बादामी के चालुक्य

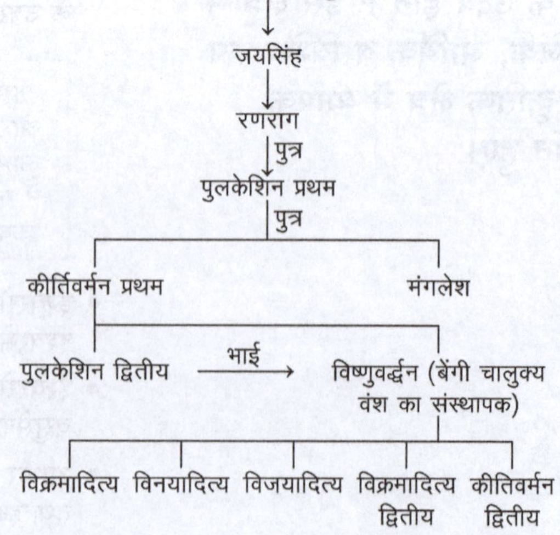

कीर्तिवर्मन प्रथम (566-597 ई.)

- पुलकेशिन प्रथम की मृत्यु के पश्चात उसका पुत्र **कीर्तिवर्मन प्रथम** शासक बना। उसने पुरुरणपराक्रम, सत्याश्रय आदि उपाधियाँ धारण कीं।
- महाकूट स्तम्भ लेख में उसे बहुसुवर्ण अगिनष्टोम यज्ञ करने वाला कहा गया। यह वातापी **(बादामी) का प्रथम निर्माता** था।

मंगलेश (597-610 ई.)

- कीर्तिवर्मन के पश्चात् पुलकेशिन द्वितीय के अवयस्क होने के कारण उसके छोटे भाई मंगलेश को संरक्षक के रूप में चालुक्य शासन की बागडोर मिली।
- महाकूट स्तम्भ तथा नूनेर दानपत्र के अनुसार इसने बुद्धराज (कल्चुरि शासक) पर आक्रमण किया तथा रेवती द्वीप (गोवा) पर अधिकार कर लिया था।
- **पुलकेशिन द्वितीय** (610-642 ई.) यह कीर्तिवर्मन प्रथम का पुत्र एवं चालुक्य वंश का महान शासक था। इसने सत्याश्रय श्री पृथ्वी वल्लभ महाराज एवं दक्षिणापथेश्वर की उपाधि धारण की।
- उसने पश्चिमी गंग, कदम्ब एवं हर्षवर्द्धन को पराजित किया तथा **परमेश्वर** की उपाधि ग्रहण की। इसकी जानकारी **रविकीर्ति** लिखित ऐहोल अभिलेख से मिलती है।
- पुलकेशिन द्वितीय ने वेंगी को जीतकर अपने भाई विष्णुवर्द्धन को वहाँ का शासक नियुक्त किया। इसके साथ ही वेंगी में चालुक्य शाखा की नींव रखी। चीनी यात्री **ह्वेनसाँग** ने 641 ई. में पुलकेशिन द्वितीय की राजसभा में प्रवेश किया तथा राज्य का भ्रमण किया।
- विक्रमादित्य प्रथम ने गुजरात में लाट क्षेत्र को जीतकर अपने भाई **जयसिंहवर्मन** को वहाँ का शासक नियुक्त किया, इसके साथ ही गुजरात में चालुक्य की लाट शाखा का विकास हुआ।
- पल्लव शासक **नरसिंहवर्मन प्रथम** ने श्रीलंका के शासक के साथ मिलकर पुलकेशिन द्वितीय को पराजित किया एवं उसकी हत्या कर दी। पुलकेशिन के ईरान के साथ राजनयिक सम्बन्ध थे।
- अजन्ता के एक चित्र में उसे ईरानी राजदूत का स्वागत करते हुए दिखाया गया है।
- बादामी का चालुक्य वंश का अन्तिम शासक **कीर्तिवर्मन द्वितीय** (747-757 ई.) था, जिसका पराजित कर दन्तिदुर्ग ने राष्ट्रकूट वंश की स्थापना की।
- चालुक्यों के शासनकाल में पहाड़ों एवं चट्टानों को काटकर भव्य मन्दिरों का निर्माण हुआ।

> चालुक्यों ने **बेसर शैली** में एहोल में 70 मन्दिर तथा पट्टडकल में 10 मन्दिर बनवाएँ। इसी कारण ऐहोल को मन्दिरों का शहर कहा जाता है।

वेंगी का चालुक्य वंश

- पुलकेशिन द्वितीय के भाई **विष्णुवर्द्धन प्रथम** (615-633 ई.) ने इस राजवंश की स्थापना की। इसकी राजधानी क्रमशः पिष्टपुर, वेंगी और राजमुन्दरी बनी।
- विजयादित्य प्रथम (746-764 ई.) ने राष्ट्रकूटों से इस वंश की रक्षा की, परन्तु विष्णुवर्द्धन चतुर्थ (764-799 ई.) को राष्ट्रकूट शासक कृष्ण प्रथम तथा ध्रुव ने पराजित किया। विजयादित्य द्वितीय (799-847 ई.) इस वंश का अन्तिम महान शासक था।

कल्याणी का चालुक्य वंश

10वीं सदी के अन्तिम चरण में इस राजवंश की स्थापना **तैलप द्वितीय** (993-997 ई.) ने की, जो आरम्भ में राष्ट्रकूटों का सामन्त था। तैलय-II का पर मार शासक मुंज से दीर्घकालीन संघर्ष हुआ, जिसका उल्लेख मेरुतुंग कृत प्रबन्ध चिन्तामणि से ज्ञात होता है। तैलय-II ने मुंज के राज्य पर 6 बार आक्रमण किया, परन्तु प्रत्येक बार पराजित हुआ।

कल्याणी के चालुक्य

तैलप द्वितीय (973-997 ई.)
↓
सत्याश्रय (997-1008 ई.)
↓
विक्रमादित्य पंचम (1008-15 ई.)
↓
अय्यन (1015 ई.)
↓
जयसिंह द्वितीय (1015-42 ई.)
↓
सोमेश्वर प्रथम (1042-68 ई.)
↓
सोमेश्वर द्वितीय (1068-76 ई.)
↓
विक्रमादित्य षष्ठ (1076-1126 ई.)
↓
सोमेश्वर तृतीय (1126-38 ई.)
↓
जगदेकामल्ला द्वितीय (1138-55 ई.)
↓
तैलैप तृतीय (1155-63 ई.)
↓
जगदेकामल्ला तृतीय (1163-83 ई.)
↓
सोमेश्वर चतुर्थ (1184-1200 ई.)

- **सत्याश्रय** (997-1008 ई.) इसने चोल शासक राजराज प्रथम को पराजित किया तथा कन्नड़ कवि गदायुद्ध को संरक्षण दिया। इसका गुरु विमलचन्द्र जैन था, जो एक विद्वान था।
- **सोमेश्वर प्रथम** (1042-1068 ई.) इसने 1042 ई. में सत्ता सम्भाली। चोल नरेश राजराय प्रथम ने सोमेश्वर को परास्त का **विजयेन्द्र** की उपाधि धारण की। सोमेश्वर प्रथम ने परमार नरेश भोज को हराकर धार पर कब्जा कर लिया। अन्य लेखों से पता चलता है कि चालुक्यों ने धार नगरी को जला दिया तथा माण्डू पर अधिकार कर लिया। सोमेश्वर ने चालुक्य राजधानी मान्यखेत से स्थानान्तरित कर कल्याणी में बनाई।
- सोमेश्वर प्रथम कोप्पम तथा कुडलसंगमय के युद्ध में चोलों से बुरी तरह पराजित हुआ। चोलों से निरन्तर पराजय के चलते उसने तुंगभद्रा नदी में डूबकर आत्महत्या कर ली।
- **विक्रमादित्य षष्ठ** (1076-1126 ई.) यह इस शाखा का अन्तिम महान शासक था। इसने चालुक्य विक्रम सम्वत् (1076 ई.) आरम्भ किया। राजकवि विल्हण उसका दरबारी था, जिसने विक्रमांकदेवचरित की रचना की थी। उसकी राज्यसभा में मिताक्षरा के लेखक विज्ञानेश्वर भी निवास करते थे।
- **सोमेश्वर तृतीय** (1126-1138 ई.) इसने भूलोकमल्ल एवं त्रिभुवनमल्ल विरुद धारण किया। इसने शिल्पशास्त्र पर **मानसोल्लास** ग्रन्थ लिखा।
- **सोमेश्वर चतुर्थ** (1184-1200 ई.) यह इस वंश का अन्तिम शासक था। इसे यादव राजा भिल्लन से पराजित होकर गोवा भागना पड़ा। कल्याणी पर यादवों का अधिकार हो गया तथा चालुक्यों का राजवंश समाप्त हो गया।

नोट चालुक्यों का पारिवारिक चिन्ह **वाराह** था।

पल्लव वंश

इक्ष्वाकुओं को अपदस्थ कर पल्लवों ने सत्ता सम्भाली। पल्लवों का अधिकार दक्षिणी आन्ध्र एवं उत्तरी तमिलनाडु दोनों पर था। उन्होंने कांची (आधुनिक कांजीवरम) को अपनी राजधानी बनाई। पल्लव का अर्थ होता है—लता।

पल्लव वंश के प्रमुख शासक

इस वंश के प्रमुख शासक निम्न हैं

सिंह विष्णु (575-600 ई.)

- इस वंश का संस्थापक सिंहविष्णु को माना जाता है। इसने चेर, चोल, पाण्ड्य, मालवा, मलय, कलभ्र तथा सिंहल के राजाओं पर विजय प्राप्त की तथा अपनी शक्ति का विस्तार किया।
- वह वैष्णव धर्म का अनुयायी था। उसकी राजसभा में महाकवि भारवि निवास करते थे। उसके समय में मामल्लपुर में आदि वराह गुहा मन्दिरों का निर्माण हुआ।

महेन्द्रवर्मन प्रथम (600-630 ई.)

- यह सिंहविष्णु का पुत्र तथा उत्तराधिकारी था। इसने मत्तविलास, भगवदज्जुकीयम्, विचित्रचित्त, गुणभर आदि उपाधियाँ ग्रहण की थीं।
- इसने मत्तविलास प्रहसन नामक हास्य ग्रन्थ की रचना की। पुलकेशिन द्वितीय ने इस राज्य पर आक्रमण किया था। इसने शैव सन्त अय्यर के प्रभाव से जैन धर्म का त्याग कर शैव मत ग्रहण कर लिया।

नरसिंहवर्मन प्रथम (630-668 ई.)

- इसने बादामी के चालुक्यों (पुलकेशिन द्वितीय) पर अधिकार करने के बाद अपना विजय स्तम्भ स्थापित किया था। इस विजय के बाद उसने वातापीकोण्ड की उपाधि धारण की थी।
- नरसिंहवर्मन प्रथम ने महामल्लपुरम् मामल्लपुरम (महाबलीपुरम) नामक एक नए नगर की स्थापना की।
- इसके शासनकाल में महाबलीपुरम के कुछ एकश्मक रथों का भी निर्माण हुआ था, जिनमें से धर्मराज मन्दिर अभी तक विद्यमान है। उसने द्रविड़ शैली के जिस रूप का आरम्भ किया था, उसे मामल्ल शैली कहा जाता है।
- ये मन्दिर शिलाकृत स्थापत्य के अद्वितीय उदाहरण हैं। इन पर हिन्दू धर्म से सम्बद्ध अर्जुन की तपस्यारत मूर्ति एवं गंगावतरण की कथा आदि उत्कीर्ण हैं। इसके शासनकाल (641 ई.) में चीनी यात्री ह्वेनसांग काँची गया था।

नरसिंहवर्मन द्वितीय (700-725 ई.)

- इसने राजसिंह शैली में काँची के कैलाशनाथ मन्दिर तथा महाबलिपुरम के शोर मन्दिर का एवं ऐरावतेश्वर मन्दिर का निर्माण करवाया। संस्कृत के प्रख्यात लेखक दण्डिन उसकी राजसभा में रहते थे।
- इसने अपना एक दूत मण्डल चीन भेजा था तथा चीनी बौद्ध यात्रियों के लिए नागपट्टनम में एक विहार निर्मित करवाया था। इसने राजसिंह, आगमप्रिय व शंकर भक्त की उपाधियाँ धारण कीं। इसने काँची में संस्कृत महाविद्यालय घटिका की स्थापना की।

नन्दिवर्मन द्वितीय (731-796 ई.)

- परमेश्वरवर्मन द्वितीय की आकस्मिक मृत्यु के बाद कांची के लोगों ने नन्दिवर्मन द्वितीय को राजा चुना। नन्दिवर्मन द्वितीय वैष्णव मतानुयायी था। इसने कला और साहित्य को पर्याप्त प्रोत्साहन दिया।
- इसने कांची के मुक्तेश्वर मन्दिर तथा बैकुण्ठ पेरुमल मन्दिर का निर्माण करवाया था। प्रसिद्ध वैष्णव सन्त तिरुमंगाई अलवार इसका समकालीन था।

नन्दिवर्मन तृतीय (846-869 ई.)

- यह शैव मतानुयायी था। इसकी राजसभा में तमिल भाषा का प्रसिद्ध कवि सन्त पेरुन्देवनार निवास करता था, जिसने भरतवेणवा नामक ग्रन्थ की रचना की थी।
- अपराजित पल्लव वंश का अन्तिम महत्त्वपूर्ण शासक था।
- पल्लवों ने अधिकांश ब्राह्मणों को कर मुक्त अनुदान दिया। आरम्भिक पल्लवों के 16 भूमि अनुदान पत्र प्राप्त हुए हैं।

पल्लवकालीन कला एवं स्थापत्य

- पल्लवकालीन कला का सर्वोत्तम रूप मन्दिर स्थापत्य में देखा जा सकता है, जो द्रविड़ शैली में है। यहाँ चट्टानों को काटकर मन्दिरों का निर्माण करवाया गया।
- इस काल में वास्तुकला की कई शैलियाँ प्रचलित हुईं। रथ शैली के मन्दिरों का निर्माण रथ के आकार में हुआ था। इनका निर्माण काष्ठकला से प्रभावित था। यह एक शिलाखण्डीय मन्दिर है, जो एक पत्थर को काटकर बनाया गया है।
- ये सप्त पैगोड़ा के नाम से लोकप्रिय हैं, किन्तु वास्तव में ये संख्या में आठ हैं। ये रथ हैं— धर्मराज, भीम, अर्जुन, नकुल, सहदेव, द्रौपदी, गणेश पिण्डारि एवं वालायानकुट्टीय।

मन्दिर निर्माण शैलियाँ

शैली	विशेषता	उदाहरण
महेन्द्रवर्मन शैली	स्तम्भ एवं मण्डप का प्रयोग, सादगी, स्तम्भयुक्त कक्ष	दालवनुर, त्रिचनापल्ली, पल्लवरम से प्राप्त मन्दिर।
मामल्ल शैली या नरसिंहवर्मन शैली	मण्डप एवं रथ का प्रयोग	सप्त पैगोड़ा, वराह मन्दिर, महिष मन्दिर।
राजसिंह शैली	स्वतन्त्र रूप से मन्दिर निर्माण, शिखर एवं गोपुरम का निर्माण	महाबलीपुरम का तटीय मन्दिर, कांचीपुरम का कैलाश मन्दिर, बैकुण्ठ पेरुमल मन्दिर।
नन्दिवर्मन शैली	छोटा-छोटा आकार, कोई नवीनता नहीं	मुक्तेश्वर मन्दिर, मातंगेश्वर मन्दिर, परशुरामेश्वर मन्दिर।

चोल राजवंश

- 8वीं शताब्दी के उत्तरार्द्ध से पुन: चोलों की राजनीतिक सत्ता का उत्थान हुआ। इस समय तक दक्षिण भारत में पल्लव, चालुक्य, राष्ट्रकूट तथा पाण्ड्यों के मध्य सर्वोच्चता के लिए संघर्ष हो रहा था।
- चोलों का आरम्भिक इतिहास संगम युग से प्रारम्भ होता है।

- 9वीं शताब्दी के मध्य चोल साम्राज्य का उदय हुआ। ये पल्लवों के सामन्त थे। अशोक के अभिलेखों तथा मेगस्थनीज की इण्डिका से चोलों की राजधानी ज्ञात होती है।
- इन्होंने 9वीं से 12वीं शताब्दी तक तमिलनाडु, आन्ध्र प्रदेश तथा कर्नाटक पर शासन किया। चोल वंश के शासक निम्न हैं

चोल वंश

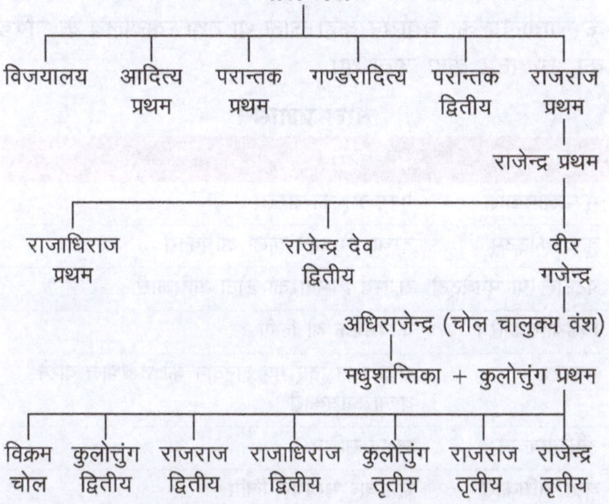

विजयालय (850-875 ई.)

- चोल साम्राज्य की स्थापना विजयालय ने की थी, जो आरम्भ में पल्लवों का सामन्त था। इसने पाण्ड्य शासकों से तंजौर को छीनकर उरैयूर के स्थान पर तंजौर को अपनी राजधानी बनाया। विजयालय ने **नरकेसरी** की उपाधि धारण की। इसे चोल साम्राज्य का द्वितीय संस्थापक माना जाता है।
- इसके उत्तराधिकारी **आदित्य प्रथम** (875-907 ई.) ने पल्लव शासक अपराजितवर्मन को परास्त कर चोलों को पूर्ण रूप से स्वतन्त्र घोषित किया। इसने **कोदण्डराय** की उपाधि ग्रहण की थी।

परान्तक प्रथम (907-955 ई.)

- चोल शासक परान्तक प्रथम ने 915 ई. में वेल्लूर के युद्ध में पाण्ड्य तथा श्रीलंका की संयुक्त सेनाओं को पराजित किया और **मदुरैकोण्ड** की उपाधि धारण की।
- 949 ई. में राष्ट्रकूट शासक कृष्ण तृतीय ने पश्चिमी गंगों की सहायता से **तक्कोलम के युद्ध** में परान्तक प्रथम को पराजित किया। **उत्तर मेरूर** अभिलेख परान्तक प्रथम का है। इसमें स्थानीय प्रशासन का वर्णन है। इसके दरबार में वेंकट माधव रहता था। यह ऋग्वेद का टीकाकार है।

राजराज प्रथम (985-1014 ई.)

- राजराज प्रथम अपने पिता के जीवनकाल में ही युवराज नियुक्त हुआ। इसका वास्तविक नाम **अरिमोलिवर्मन** था। इसने अपने पितामह परान्तक प्रथम की लौह व रक्त नीति का अनुसरण किया।
- इसने त्रिवेन्द्रम के चेरों की नौसेना को नष्ट कर दिया और मदुरै पर अधिकार कर लिया।
- इसने सर्वप्रथम चेरों की सेना को कण्डूर में परास्त किया। तत्पश्चात् चालुक्य, पाण्ड्य तथा दक्षिण मैसूर के गंग राजाओं को पराजित किया।
- इसने श्रीलंका के शासक महेन्द्र पंचम को पराजित कर राजधानी अनुराधापुर को नष्ट कर दिया तथा नई राजधानी पोल्लनरूवा को बनाया, जिसका नया नाम जन्नाथमंगलम् रखा। श्रीलंका के जीते गए क्षेत्र का नाम **मामुण्डीचोलपुरम्** रखा।
- यह शैव धर्मानुयायी था, इसने **शिवपाद शेखर** की उपाधि ली। अरमोलिवर्मन, मुम्माडिचोल, काण्डलूर शालैकलमस्त, जगन्नाथ इसकी प्रमुख उपाधियाँ थीं।
- इसने शैलेन्द्र शासक विजयतुंगवर्मन को नागपत्तनम में चूड़ामणि बौद्ध विहार बनाने की आज्ञा दी और आनडमंगलम् नामक ग्राम दान में दिया। इसने अभिलेखों का निर्माण ऐतिहासिक प्रशस्ति के साथ करवाने की प्रथा शुरू की और इसने 1000 ई. में भूमि माप की प्रथा चलाई।

> **वृहदेश्वर मन्दिर** प्रारम्भ में इसका नाम राजराजेश्वर मन्दिर था। यह एक शैव मन्दिर है, जिसका निर्माण चोल शासक रामराज प्रथम ने 1010 ई. में करवाया था। यह मन्दिर पूर्णतया: ग्रेनाइट से निर्मित है। यह मन्दिर वर्तमान में यूनेस्को की विश्व धरोहर में शामिल है।

राजेन्द्र प्रथम (1014-1044 ई.)

- इसकी उपलब्धियों की जानकारी तिरुवालंगाडु एवं करन्दई अभिलेख से प्राप्त होती है। 1017 ई. में इसने सम्पूर्ण श्रीलंका (सिंहल) को विजय किया तथा वहाँ के राजा और रानी के मुकुट व राजचिन्ह को अपने अधिकार में कर लिया। श्रीलंका की विजय के उपरान्त राजेन्द्र ने पाण्ड्यों तथा चेरों पर भी आक्रमण किया।
- 1022 ई. में इसने उत्तर भारत का अभियान किया। इसने बंगाल के पाल शासक महिपाल को पराजित किया। इस अभियान का नेतृत्व अरैय्यन राजराजन ने किया था, इस गंगा घाटी के अभियान की सफलता पर राजेन्द्र ने **गंगैकोण्डचोलपुरम** (गंगा का चोल विजेता) की उपाधि धारण की तथा इसके उपलक्ष्य में इसने गंगैकोण्डचोलपुरम नामक नई राजधानी की स्थापना की। इसकी अन्य उपाधियाँ–वीर राजेन्द्र, मुडिगोण्ड चोल आदि थीं।
- राजेन्द्र प्रथम को पण्डित चोल के नाम से भी जाना जाता है। इसने गंगैकोण्डचोलपुरम में एक भव्य मन्दिर का निर्माण करवाया था। इसने 1015 ई. एवं 1033 ई. में चीन में दूतमण्डल भेजा था।

> राजेन्द्र की सर्वाधिक महत्त्वपूर्ण विजय 1035 ई. में **कदारम** (आधुनिक केद्दह) के श्रीविजय साम्राज्य के विरुद्ध थी। श्रीविजय साम्राज्य मलाया प्रायद्वीप, सुमात्रा, जावा और निकटवर्ती द्वीपों तक विस्तृत था। यहाँ के शैलेन्द्रवंशी शासक ने विजयतुंगवर्मन को पराजित किया।

- इस विजय से चोलों का पूर्वी जगत से व्यापार आसान हो गया। शैलेन्द्र ने नागपट्टनम में बौद्ध विहार बनवाया तथा इसके अनुरोध पर राजेन्द्र प्रथम ने विहार के व्यय हेतु एक गाँव दान में दिया। राजेन्द्र प्रथम के सबसे महत्त्वपूर्ण अभियान कलिंग व बंगाल विजय हैं।

राजाधिराज प्रथम (1044-1052 ई.)

- पश्चिमी चालुक्य शासक सोमेश्वर को परास्त किया और विजय राजेन्द्र तथा वीराभिषेक की उपाधि ली। इस विजय के उपलक्ष्य में इसने अश्वमेध यज्ञ किया, जो प्राचीन भारत में अन्तिम उदाहरण है।
- पश्चिमी चालुक्य शासक सोमेश्वर प्रथम के साथ 1055 ई. में दूसरी बार कोप्पम की लड़ाई हुई, जिसमें राजाधिराज मारा गया, वहीं युद्धभूमि में राजेन्द्र द्वितीय का राज्याभिषेक हुआ।

राजेन्द्र द्वितीय (1052-1064 ई.)

राजाधिराज की मृत्यु के पश्चात् राजेन्द्र द्वितीय शासक बना। इसने राजकेसरी की उपाधि धारण की।

कुलोत्तुंग प्रथम (1070-1122 ई.)

- इसके काल से चोल-चालुक्य वंश का शासन आरम्भ होता है। इसके काल में सिंहली नरेश विजयबाहु ने श्रीलंका को स्वतन्त्र करा लिया, जिससे कुलोत्तुंग ने अपनी पुत्री का विवाह कर दिया।
- इसने 1077 ई. में 72 व्यापारियों का दूतमण्डल चीन भेजा। वैष्णव सन्त रामानुज इसके समकालीन थे, जिन्हें इसने राज्य से निकाल दिया था। करों को हटाने के कारण कुलोत्तुंग प्रथम को शुंगम तर्वित कहा जाता था।

विक्रम चोल (1122-1135 ई.)

- इसने चिदम्बरम के नटराज मन्दिर का पुनरुद्धार कराया था। इसकी उपाधि त्यागसमुद्र थी।
- कुलोत्तुंग द्वितीय (1135-50 ई.) ने चिदम्बरम मन्दिर में स्थित गोविन्दराज की मूर्ति को समुद्र में गिरा दिया था।

राजेन्द्र तृतीय (1250-1279 ई.)

यह चोल वंश का अन्तिम शासक था। 1279 ई. में मारवर्मन कुलशेखर पाण्ड्य ने चोल राज्य को जीत लिया, जिसके साथ चोल वंश समाप्त हो गया।

चोलकालीन प्रशासनिक व्यवस्था

- चोल प्रशासन में राजा सर्वाधिक महत्त्वपूर्ण व्यक्ति था। राजा की शक्ति और प्रतिष्ठा का पता इस बात से चलता है कि चोल राजाओं और रानियों की मूर्तियाँ मन्दिरों में स्थापित कर उनकी पूजा की जाती थी।
- चोल शासक चक्रवर्तीगल तथा त्रिलोक सम्राट जैसी उपाधियाँ ग्रहण करते थे। राजा, मन्त्रियों एवं अन्य पदाधिकारियों की सहायता से शासन करता था।

> **राजपद** वंशानुगत था तथा युवराज ज्येष्ठता के आधार पर राज्य का चोलकालीन उत्तराधिकारी बनता था। प्रशासन की सुविधा के लिए विशाल चोल साम्राज्य छः प्रान्तों में विभाजित था। चोल साम्राज्य अवरोही क्रम में मण्डल, कोट्टम, वलनाडु, नाडु तथा कुर्रम में बँटे हुए थे।

- अधिकारियों का उच्च वर्ग पेरुन्दनम एवं निम्न वर्ग सेरुन्दनम कहलाता था। सरकारी पद अक्सर कुल परम्परागत होते थे। अधिकारियों को उनकी सुविधानुसार भू-राजस्व में वेतन दिया जाता था, जो जीविता कहलाता था। राजा के प्रधान सचिव को औलेनायकम कहते थे।
- न्याय के लिए नियमित न्यायालय की स्थापना की गई थी। सम्राट के न्यायालय को धर्मासन कहा जाता था तथा न्यायालय के पण्डितों को धर्मभट्ट कहा जाता था।

चोल प्रशासन

विभाग	अधिकारी
मुण्डलामडालि	मण्डलम् का सरदार
कुन्दरकोट्टम	दरबार में रहने वाला अधिकारी
पट्टौले या मुगबेट्टी	राजस्व विभाग का छोटा अधिकारी
विडैयाधिकारिन	कार्यप्रेषक या लिपि
मध्यस्थ	राजा द्वारा दिए गए अनुदान की देखभाल करने वाला अधिकारी
औलेनायकम	प्रधान सचिव
वद्या अधिकारी	समाचार सम्प्रेषण लिपि
विदैयामिल	भ्रमण अधिकारी
तिरुवन्दरम्	एक प्रधान कर्मचारी
ओलैय	सम्राट की आज्ञाओं का प्रारूप तैयार करना

चोलकालीन स्थानीय स्वशासन

- चोल प्रशासन की सबसे मुख्य विशेषता स्थानीय स्वशासन थी। चोल शासक परान्तक प्रथम के **उत्तर-मेरूर** अभिलेखों से स्थानीय स्वशासन की विस्तृत जानकारी मिलती है।

> चोलों के शासनकाल में स्थानीय स्वशासन में उर, सभा, महासभा तथा नाट्टूर का विशेष महत्त्व था। उर, सर्वसाधारण का तथा सभा, ब्राह्मणों का संगठन था। महासभा गाँवों में होती थी। नाडुओं की समितियाँ **नाट्टूर** तथा व्यापारियों की समितियाँ **नगरम** कहलाती थीं।

- **ब्रह्मदेव** या **अग्रहार** गाँव कर मुक्त थे, जो ब्राह्मणों को दान में दिए जाते थे। देवदान गाँव देवताओं या मन्दिरों को दान में दिए जाते थे। चोल काल में गाँव की सभी अक्षयनिधियाँ ग्राम सभा के अधीन होती थीं।
- सभा या महासभा अग्रहार (ब्राह्मणों) की संस्था थी। यह समितियों के माध्यम से कार्य करती थी, जिसे वारियम कहा जाता था।
- इस समिति में 30 सदस्य चुने जाते थे, जिनमें से 12 ज्ञानी व्यक्तियों की एक समिति समवत्सर वारियम कहलाती थी। ये समितियाँ 30 सदस्यों में से ही निर्मित होती थीं।

प्रमुख समितियाँ

- **तोट्टावारियम (उपवन समिति)** इस समिति में 12 सदस्य होते थे।
- **एरिवारियम (सिंचाई समिति)** (तड़ाग समिति)
- **पंचभार** पंच बनकर झगड़ों का निपटारा किया जाता था।
- **पोनवारियम** यह स्वर्ण समिति थी।
- **उदासीनवारियम** यह संन्यासियों एवं विदेशियों की समिति थी।
- **सम्वत्सवारियम** यह 12 बुजुर्ग विद्वान सदस्यों की समिति थी।
- **कनक्कूवारियम** यह लेखा-जोखा से सम्बन्धित थी।
- **धर्मवरियम** यह विद्याध्ययन की व्यवस्था करती थी।
- **न्यायातारवारियम** यह न्याय समिति थी।
- **कलणिवारियम** यह लेखाओं की देखभाल से सम्बन्धित थी।
- **मूलपरूडैयार** यह धार्मिक संस्था, जो मन्दिरों की देखरेख करती थी।
- **गुणवारियम** यह ग्राम के कार्यों की व्यवस्था के लिए थी।

- समिति के सदस्यों हेतु अनेक योग्यताएँ थी; जैसे-आयु 35-70 वर्ष के मध्य, डेढ़ एकड़ भूमि, अपना मकान, वैदिक मन्त्रों का ज्ञान, 3 वर्ष से अधिक समय तक समिति का सदस्य रहना आदि।
- आय-व्यय का ब्यौरा नहीं देना तथा चोरी करने का अपराध एवं अन्य पाप कर्मों में लिप्त होना इत्यादि समिति के लिए अयोग्यताएँ थीं। इसके सदस्यों का चुनाव लॉटरी के माध्यम से होता था।

चोलकालीन सैन्य व्यवस्था

- चोलकालीन चोलों के पास एक विशाल सेना थी, जिसके तीन अंग थे—गज सेना, अश्वारोही सेना और पैदल सेना।
- चोलों की नौसेना अत्यधिक शक्तिशाली थी। सेना की टुकड़ी का नेतृत्व करने वाला नायक तथा सेनाध्यक्ष **महादण्डनायक** कहलाता था।
- सेना कड़गम या पडैविड्डु (छावनी) में रहती थी। चोल राज्य में दो प्रकार के सैनिक होते थे-शाही खजाने से वेतन पाने वाले (कैईक्कोलार) एवं स्थानीय रक्षा के लिए भर्ती किए गए सैनिक (नाट्टुप्पादाई)।
- राजमहल के सैनिक **वल्लभ** कहलाते थे। राजा स्वयं ही सर्वोच्च सेनापति होता था तथा युद्ध में सेना का नेतृत्व करता था।
- सेना का एक चुनिन्दा दल अंगरक्षक के रूप में सदैव राजा के साथ रहता था, जिसे **वेल्लईक्कारर** कहा जाता था। सैन्य सेवाओं के बदले सैनिकों को राजस्व का एक भाग अथवा खण्ड देने की प्रथा थी।

चोलकालीन राजस्व व्यवस्था

- चोल प्रशासन में भू-राजस्व की राशि कुल उपज का 1/3 भाग थी, जो नकद या अनाज के रूप में ली जाती थी। भू-राजस्व को **कदमई** कहा जाता था।
- भू-राजस्व के अतिरिक्त व्यापार कर, विवाह समारोह पर लगने वाला कर तथा लूटमार से राज्य को आय होती थी।
- इसमें हस्तशिल्पकारों एवं कारीगरों के आवास स्थान (कुम्मनचचेरी), चाण्डालों की बस्तियाँ (पराचचेरी), मन्दिर, तड़ाग, नहरें, शमशान भूमि (सुडगुड्) आदि कर मुक्त भू-क्षेत्र थे।
- करों की वसूली स्थानीय प्रशासन द्वारा तथा नगरों में **नगरम् समिति** द्वारा की जाती थी। राजराजा प्रथम तथा कुलोतुंग ने भूमि का सर्वेक्षण करवाकर भू-राजस्व निर्धारित किया।

प्रमुख कर

- चोल अभिलेखों में भूमिकर के अतिरिक्त अनेक प्रकार के करों एवं उपकरों की सूचियाँ दृष्टव्य हैं; जैसे—

कर	उपकर
कुडिमै	लगान
मगन्मै	कुम्हारों, लुहारों आदि पर कर
आयम	राजस्व कर
मरमज्जाडि	उपयोगी वृक्ष कर
कडमै	सुपारी के बागान पर कर
मनैइरै	गृह कर
कडैइरै	व्यापारिक प्रतिष्ठान कर
पेवरी	तेलघानी कर
किडाक्काशु	नर पशुधन कर
पाडिकावल	गाँव-सुरक्षा कर
वाशाल्तिरम्	द्वार कर
एरिपत्ति	जलाशय के पुनर्निर्माण के लिए लगाया गया कर

चोलकालीन आर्थिक स्थिति

- चोल काल में आर्थिक जीवन का मुख्य आधार कृषि, व्यापार-वाणिज्य, शिल्प एवं व्यवसाय थे। इस काल में कृषि हेतु सिंचाई की समुचित व्यवस्था की गई थी। इसके लिए कुछ स्थानों पर कुएँ खोदे गए तथा कुछ स्थानों पर विशाल सरोवर बनाए गए। नौवीं सदी का एक जलद्वार तमिलनाडु से प्राप्त हुआ है।
- कावेरी डेल्टा की उपजाऊ भूमि के कारण चावल की खेती अत्यधिक मात्रा में होती थी। कई क्षेत्रों में एक वर्ष में दो फसलें उगाई जाती थीं।

चोल अभिलेखों में भूमि की विभिन्न कोटियों का वर्णन है, जो निम्न हैं

- **केल्लनवगाइ** गैर-ब्राह्मण किसान स्वामी की भूमि।
- **ब्रह्मदेय** ब्राह्मणों को उपहार में दी गई भूमि।
- **तनियूर** ब्राह्मणों को दिए गए ग्राम ब्रह्मदेय कहलाते थे। इन ब्रह्मदेयों में से जो अधिक महत्त्वपूर्ण थे, वे तनियूर कहलाते थे।
- **शालाभोग** विद्यालय के रख-रखाव के लिए भूमि।
- **देवदान** मन्दिर को उपहार में दी गई भूमि।
- **पल्लिच्चन्दम्** जैन संस्थानों को दान दी गई भूमि।

- धातुकर्म, वस्तु उद्योग एवं नमक उद्योग का विशेष विकास हुआ। विदेशी व्यापार मुख्यतया दक्षिण-पूर्व एशियाई देशों के साथ होता था।
- मन्दिरों की आर्थिक क्रियाकलापों में महत्त्वपूर्ण भूमिका थी। नगरीकरण की प्रक्रिया बढ़ी तथा अनेक समृद्ध नगरों का उदय हुआ।
- अनेक देशों से व्यापार करने वाले बड़े संघ (नानादेशी) तथा **मणिग्रामम् संघ** तमिलनाडु में स्थित थे।

> व्यापारियों के स्थानीय संगठन को **नगरम्** कहा जाता था। ऐसे संगठन काँची तथा मामल्लपुर में स्थित थे। सबसे महत्त्वपूर्ण व्यापारिक संगठन नानादेशी था, जिसे अय्यवोलेपुर (ऐहोल) के पाँच सौ स्वामियों के नाम से जाना जाता था। इस काल में गोदामों तथा विक्रय केन्द्रों को **एरिविरप्यात्तन** कहा जाता था।

- चिट्टरामेलि किसानों का एक संगठन था। चोल काल में एक मानक सोने का सिक्का कलंजु या कल्याणजु था। काशु भी एक स्वर्ण सिक्का था, जो कलंजु के आधे के बराबर होता था।
- राजराज प्रथम एवं राजेन्द्र प्रथम के द्वारा जारी सोने एवं चाँदी के सिक्के पर उनके नाम एवं चित्र उत्कीर्ण हैं।

चोलकालीन सामाजिक स्थिति

- चोल काल में जाति व्यवस्था के अन्तर्गत ब्राह्मण एवं वेल्लाल (शूद्र वर्ण के बड़े भूस्वामी) का सर्वोच्च स्थान था।
- समाज दो वर्गों ब्राह्मण एवं गैर-ब्राह्मण में विभाजित था। **वलंगई** (दक्षिण वर्गीय) तथा **इडंगई** (वाम वर्गीय) दो औद्योगिक वर्गीय समूह थे।
- दक्षिण वर्गीय जातियाँ मुख्यत: कृषक एवं श्रमिक जातियाँ थीं तथा वाम वर्गीय जातियाँ हस्तशिल्पकारों या दस्तकारों की जातियाँ थीं।
- चोल समाज में क्षत्रिय एवं वैश्य वर्ग का न होना एक महत्त्वपूर्ण तथ्य है। समाज में कुछ वर्गों को अछूत (परैया) माना जाता था। **वेल्लाल** शूद्र कृषक थे।
- चोल काल में रथराज नामक नए वर्ग का उदय हुआ, जिनकी उत्पत्ति उच्च वर्ग के पुरुषों और निम्न वर्ग की महिलाओं के संयोग से हुई थी।

> **चोल काल** में स्त्रियों की स्थिति उत्तर भारत की अपेक्षा उच्च थी। इसमें देवदासी प्रथा भी (सती प्रथा, बहु-विवाह) प्रचलित थी और इसमें दास प्रथा के भी प्रमाण प्राप्त हुए हैं। इसमें उच्च कुल की स्त्रियाँ प्रशासन से सम्बद्ध थीं।

चोलकालीन धार्मिक स्थिति

- चोल काल में वैष्णव एवं शैव मतों का व्यापक प्रसार हुआ, जिनमें अलवार एवं नयनार सन्तों ने महत्त्वपूर्ण भूमिका निभाई। चोल शासकों ने शैव धर्म को विशेष प्रश्रय दिया था। चोलकालीन एक धार्मिक संगठन **मूलपेरूडियार** का उल्लेख मिलता है।
- नयनार सन्त अप्पर, नानसम्बन्दर, तिरुमूलर, सुन्दरमूर्ति, नाम्बिअण्डारनाम्बि आदि हैं।
- अलवार सन्त पोयगई, पूडम, तिरुमंलिशई, तिरुमंगई, पेरिपलवार, अण्डाल आदि हैं।

चोलकालीन कला एवं संस्कृति

- चोलों के अन्तर्गत मन्दिर बनाने की द्रविड़ शैली, जिसका प्रारम्भ पाण्ड्य तथा पल्लवों ने 7वीं एवं 9वीं शताब्दी के मध्य किया था, शीर्ष पर पहुँच गई।
- गर्भगृह के ऊपर एक के बाद एक कई मंजिलों का निर्माण इस शैली की मुख्य विशेषता थी। ये मन्दिर 5 से 7 मंजिल तक होते थे तथा वे एक विशेष शैली में बने होते थे, जिसे **विमान शैली** कहा जाता था।
- द्रविड़ शैली के मन्दिरों का आरम्भिक उदाहरण कांचीपुरम का कैलाशनाथ मन्दिर है। मन्दिर स्थापत्य का एक अन्य उदाहरण **गंगैकोण्ड चोलपुरम** का मन्दिर है।
- चोल मन्दिर निर्माण कला की मुख्य विशेषताएँ थीं-वर्गाकार या ऊँचे विमान, मण्डप, गोपुरम, कलापूर्ण स्तम्भों से युक्त वृहत्सदन आदि।

> तंजौर से प्राप्त **नटराज शिव** की काँस्य मूर्ति के अतिरिक्त पार्वती, स्कन्द, कार्तिकेय एवं गणेश की भी मूर्तियाँ प्राप्त हुई हैं। नटराज की प्रसिद्ध प्रतिमा कुम्भकोणम के **नागेश्वर मन्दिर** में है। वृहदेश्वर मन्दिर की दीवारों पर अजन्ता की चित्रकला का प्रभाव दिखाई देता है।

- चोल काल में मन्दिर और ग्राम महासभाएँ शिक्षा की व्यवस्था करती थीं। विद्यार्थियों को नि:शुल्क शिक्षा दी जाती थी और शिक्षा का माध्यम स्थानीय भाषा तमिल न होकर संस्कृत थी।
- इलाइरम, त्रिभुवनी, तिरुवादुतुराई एवं तिरुवरियूर प्रसिद्ध विश्वविद्यालय थे। इस काल में संस्कृत और तमिल भाषा साहित्य की अधिक प्रगति हुई। राजराज प्रथम ने **राजराजेश्वर नाटकम्** तथा **राजराजा विजयम्** ग्रन्थ लिखा।
- कुलोत्तुंग प्रथम के राजकवि जयगोन्दार ने **कलिंगन्तुपर्णी** तथा दरबारी शेक्कीलार ने पेरीयपुराणम् की रचना की। कुलोत्तुंग तृतीय के संरक्षण में कम्बन ने तमिल रामायण की रचना की। कम्बन का तमिल साहित्य का स्वर्णयुग था।
- परान्तक प्रथम के संरक्षण में वेंकट माधव ने **ऋग्र्थदीपिका** की रचना की। चोल शासक वीर राजेन्द्र को महान तमिल विद्वान बताया गया है।

> 10वीं सदी में पम्पा, पोन्ना तथा रन्ना कन्नड़ साहित्य के त्रिरत्न माने जाते थे। जबकि 11वीं सदी में कम्बन ओट्टक्कुट्टन और पुगालेन्दि को तमिल साहित्य का **त्रिरत्न** माना जाता है।

दक्षिण भारत के अन्य राजवंश

दक्षिण भारत के अन्य राजवंश निम्नलिखित हैं

देवगिरि का यादव वंश

- कल्याणी के चालुक्य शासक सोमेश्वर चतुर्थ को उसके यादव सामन्त भिल्लम (1187-1191 ई.) ने पराजित कर अपनी स्वतन्त्रता की घोषणा की।
- भिल्लम ने देवगिरि नामक नगर की स्थापना की और उसे अपनी राजधानी बनाया। यादव वंश का अन्तिम स्वतन्त्र शासक रामचन्द्र था, जिस पर 1309 ई. में अलाउद्दीन खिलजी ने आक्रमण किया।
- रामचन्द्र ने मलिक काफूर (अलाउद्दीन खिलजी के सेनापति) के सम्मुख आत्मसमर्पण किया।

द्वारसमुद्र का होयसल वंश

- होयसल यादवों की एक शाखा थी, जो अपने को चन्द्रवंशी मानते थे। उनका राज्य चालुक्य तथा चोल साम्राज्य के बीच एक मध्यस्थ राज्य था।
- विष्णुवर्द्धन, वेल्लाल द्वितीय एवं वेल्लाल तृतीय इस वंश के प्रमुख शासक थे। होयसलों की राजधानी द्वारसमुद्र (आधुनिक हलेबिड) थी। होयसलों का काल मन्दिर निर्माण शैली के लिए विख्यात है।
- ये मन्दिर आज भी द्वारसमुद्र, हलेबिड, बेलूर तथा श्रवणबेलगोला में मिलते हैं।

> होयसल काल में मन्दिरों का निर्माण भवन के समान ऊँचे ठोस चबूतरे पर किया जाता था। चबूतरों एवं दीवारों पर अश्वारोहियों, हँसों, हाथियों, राक्षसों एवं पौराणिक कथाओं से सम्बन्धी अनेक मूर्तियाँ बनाई जाती थीं।

वारंगल का काकतीय वंश

- चोल करिकाल के वंशज काकतीय का पहला ज्ञात शासक बेन प्रथम था। चोल द्वितीय, रुद्रदेव, महादेव तथा गणपति अन्य प्रमुख शासक थे। गणपति ने अपनी राजधानी अमरकोण्ड से वारंगल स्थानान्तरित की।
- गणपति के बाद रुद्रम्मादेवी काकतीय राज्य की शासिका बनीं। उल्लेखनीय है कि अभिलेखों में रुद्रम्मादेवी को महाराजा तथा उसके नाम का रूपान्तर रुद्रदेव कहकर सम्बोधित किया गया है। इसके पश्चात् प्रतापरुद्रदेव शासक हुआ, जिसने मलिक काफूर के आक्रमण (1310-1311 ई.) के समय उसे कोहिनूर, हाथी, घोड़े एवं बहुमूल्य उपहार दिए। 1323 ई. में प्रतापरुद्रदेव, मुहम्मद तुगलक से पराजित हुआ और बन्दी बना लिया गया।

प्रीलिम्स फैक्ट्स

- वाकाटक राजवंश के किस एक शासक ने चार अश्वमेघ यज्ञों का सम्पादन किया था? *– प्रवरसेन प्रथम ने [UPPSC (Mains) 2003, 2011]*
- चालुक्य वंश का सबसे महान शासक कौन था? *– पुलकेशिन द्वितीय [UPPSC (Pre) 2011]*
- चालुक्यों की राजधानी कहाँ थी? *– वातापी या बादामी [UPPSC (Pre) 1991]*
- चालुक्य शासक पुलकेशिन ने हर्ष को कब पराजित किया था? *– 634 ई. में [JPSC (Pre) 2016]*
- कौन-सा अभिलेख हर्षवर्द्धन के विरुद्ध पुलकेशिन द्वितीय की सैन्य सफलता का उल्लेख करता है? *– एहोल अभिलेख [IAS (Pre) 1999]*
- किस वंश द्वारा प्राय: महिलाओं को प्रशासन में उच्च पद प्रदान किए जाते थे? *– चालुक्य [UPPSC (Mains) 2007]*
- कदम्ब राजाओं की राजधानी थी *– वनवासी [UPPSC (Pre) 2005]*
- किस चीनी यात्री ने चालुक्यों के शासनकाल में चीन एवं भारत के सम्बन्धों का विवरण दिया है? *– ह्वेनसांग [UPPSC (Mains) 2014]*
- किस शासक ने खम्भात में तोड़ी गई मस्जिद के पुनर्निर्माण के लिए आर्थिक सहायता प्रदान की थी? *– जयसिंह सिद्धराज ने [UPPSC (Pre) 1999]*
- मालाधर वसु, हेमचन्द्र सूरि, पार्थसारथी तथा सायण आदि मध्यकालीन विद्वानों /लेखकों में कौन जैन धर्म का अनुयायी था? *– हेमचन्द्र सूरि [UPPSC (Pre) 2009]*
- प्राचीन भारत का कौन-सा महत्त्वपूर्ण व्यापार केन्द्र उस व्यापार मार्ग पर था, जो कल्याणी को वेगी से जोड़ता था? *– तगर [IAS (Pre) 1994]*
- चतुर्वेदीमंगलम्, परिषद्, अष्टदिग्गज तथा मणिग्राम में से कौन-सा प्राचीन भारत में व्यापारियों का निगम था? *– मणिग्राम [IAS (Pre) 1997]*
- महिला शासिका रुद्रमादेवी किस राजवंश से सम्बन्धित हैं? *– काकतीय [UKPSC (Pre) 2022]*
- पल्लव राजवंश का संस्थापक कौन था? *– सिंह विष्णु [JPSC (Pre) 2014]*
- मामल्लपुरम में रथ स्मारकों का निर्माण किस वंश के शासकों ने करवाया था? *– पल्लव [UPPSC (Mains) 2007]*
- काँची के कैलाशनाथ मन्दिर तथा महाबलीपुरम के शोर मन्दिर का निर्माण किसने करवाया था? *– नरसिंहवर्मन द्वितीय [BPSC (Pre) 2009]*
- परमेश्वरवर्मन प्रथम, नरसिंहवर्मन प्रथम, नन्दिवर्मन द्वितीय तथा महेन्द्रवर्मन प्रथम का सही कालक्रम क्या है? *– महेन्द्रवर्मन प्रथम-नरसिंहवर्मन प्रथम-परमेश्वरवर्मन प्रथम-नन्दिवर्मन द्वितीय [UPPSC (Pre) 2013]*
- किस ऋषि के बारे में कहा जाता है कि उन्होंने दक्षिण भारत का आर्यकरण किया, उन्हें आर्य बनाया? *– अगस्त्य ने [JPSC (Pre) 2013]*

सेल्फ चैक

1. वाकाटक राजवंश का संस्थापक किसे माना जाता है? UPPSC (Pre) 2014
(a) प्रवरसेन प्रथम (b) विन्ध्यशक्ति
(c) रुद्रसेन प्रथम (d) प्रवरसेन द्वितीय

2. निम्नलिखित शासकों में से किस एक ने चार अश्वमेधों का सम्पादन किया था? UPPSC (Mains) 2003, 2011
(a) पुष्यमित्र शुंग (b) प्रवरसेन प्रथम
(c) समुद्रगुप्त (d) चन्द्रगुप्त द्वितीय

3. कदम्ब राजाओं की राजधानी थी
(a) तंजौर (b) वनवासी
(c) कांची (d) बादामी

4. उत्तर भारत पर किस राजवंश ने शासन नहीं किया?
(a) चालुक्य (b) राजपूत UKPSC (Pre) 2010
(c) गुप्त (d) मौर्य

5. चालुक्य वंश का सबसे महान शासक कौन-सा था?
(a) विक्रमादित्य
(b) मंगलेश
(c) पुलकेशिन द्वितीय
(d) पुलकेशिन प्रथम

6. निम्नलिखित उत्कीर्ण लेखों में से कौन-सा एक हर्षवर्द्धन के विरुद्ध पुलकेशिन द्वितीय की सैन्य सफलता का उल्लेख करता है?
(a) इलाहाबाद स्तम्भ उत्कीर्ण लेख
(b) ऐहोल उत्कीर्ण लेख
(c) दामोदरपुर ताम्र-पट्टिका उत्कीर्ण लेख
(d) बिल्सड उत्कीर्ण लेख

7. निम्न में से किस चीनी यात्री ने चालुक्यों के शासनकाल में चीन एवं भारत के सम्बन्धों का विवरण दिया है? UPPSC (Mains) 2014
(a) फाह्यान (b) ह्वेनसांग
(c) इत्सिंग (d) मात्वालिन

8. पल्लव राजवंश का संस्थापक कौन था? JPSC (Pre) 2014
(a) महेन्द्रवर्मन प्रथम
(b) सिंहविष्णु
(c) नरसिंहवर्मन प्रथम
(d) नन्दिवर्मन तृतीय

9. निम्न में से किस शासक ने सिंहल द्वीप के विरुद्ध 642 ई. में दो समुद्री अभियान भेजे थे?
(a) राजाराम
(b) नरसिंह वर्मन प्रथम
(c) कीर्ति वर्मन प्रथम
(d) जयसिंह प्रथम

10. महाबलीपुरम में रथ मन्दिरों का निर्माण कराया गया था UPPSC (Mains) 2014
(a) चोलों द्वारा (b) पल्लवों द्वारा
(c) चेदियों द्वारा (d) चालुक्यों द्वारा

11. निम्नलिखित पल्लव शासकों का नाम उनके राज्यकाल को दृष्टिगत रखते हुए सही कालानुक्रमानुसार व्यवस्थित कीजिए और नीचे दिए गए कूट से सही उत्तर का चयन कीजिए
1. परमेश्वरवर्मन प्रथम 2. नरसिंहवर्मन प्रथम
3. नन्दिवर्मन द्वितीय 4. महेन्द्रवर्मन प्रथम
कूट
(a) 4, 2, 1, 3 (b) 4, 3, 1, 2
(c) 1, 3, 2, 4 (d) 3, 2, 1, 4

12. निम्नलिखित में से किस राष्ट्रकूट शासक ने प्रतिहार शासक नागभट्ट द्वितीय को हराया था? UPPSC (Pre) 2022
(a) ध्रुव (b) गोविन्द तृतीय
(c) इन्द्र तृतीय (d) कृष्ण तृतीय

13. एलोरा एवं एलीफेण्टा के स्थल किस काल से सम्बन्धित हैं? MPPSC (Pre) 2022
(a) प्रतिहार (b) चालुक्य
(c) राष्ट्रकूट (d) होयसल

14. राष्ट्रकूट राजाओं के बारे में निम्नलिखित कथनों पर विचार कीजिए
1. वे शैवमत के प्रबल संरक्षक थे और धर्म के अन्य रूपों का समर्थन नहीं करते थे।
2. उन्होंने केवल संस्कृत विद्वानों को बढ़ावा दिया और उन्हें वृहद् अनुदान दिए।
उपरोक्त कथनों में से कौन-सा/से कथन सही है/हैं?
(a) केवल 1 (b) केवल 2
(c) 1 और 2 दोनों (d) इनमें से कोई नहीं

15. वह चोल राजा कौन था, जिसने श्रीलंका को स्वतन्त्रता दी और सिंहल राजकुमार के साथ अपनी पुत्री का विवाह कर दिया था? UPPSC (Pre) 2012
(a) कुलोत्तुंग प्रथम
(b) राजेन्द्र प्रथम
(c) अधिराजेन्द्र
(d) राजाधिराज प्रथम

16. निम्न में से किसकी प्रशासनिक प्रणाली की अद्वितीय विशेषता ग्राम स्वायत्तता का विकास थी? MPPSC (Pre) 2022
(a) चेर
(b) चोल
(c) पाण्ड्य
(d) पल्लव

17. दक्षिण भारत की वणिक श्रेणियों के बारे में निम्नलिखित कथनों पर विचार कीजिए **IAS (Pre) 2016**

1. अयोघोल वणिक श्रेणी मूलत: ऐहोल में स्थापित हुई थी।
2. 13वीं शताब्दी में अंजुवनम वणिक श्रेणी के अधीनस्थ मणिग्रामन वणिक श्रेणी बनाई गई थी।

उपरोक्त कथनों में से कौन-सा/से कथन सही है/हैं?

(a) केवल 1 (b) केवल 2
(c) 1 और 2 दोनों (d) इनमें से कोई नहीं

18. भारत के इतिहास के सन्दर्भ में निम्नलिखित युग्मों पर विचार कीजिए **UPPSC (Pre) 2020**

	शब्द	विवरण
1.	एरिपत्ति	वह भूमि, जिससे मिलने वाला राजस्व अलग से ग्राम जलाशय के रख-रखाव के लिए निर्धारित कर दिया जाता था।
2.	तनियूर	एक अकेले ब्राह्मण अथवा एक ब्राह्मण समूह को दान में दिए गए ग्राम।
3.	घटिका	प्राय: मन्दिरों के साथ सम्बद्ध विद्यालय।

उपरोक्त युग्मों में से कौन-सा/से युग्म सही सुमेलित है/हैं?

(a) 1 और 2 (b) केवल 3
(c) 2 और 3 (d) 1 और 3

19. **कथन** (A) हमें चोलों के विषय में उनके पूर्ववर्ती राजवंशों की अपेक्षा अधिक जानकारी मिलती है। **UKPSC (Pre) 2022**

कारण (R) चोल शासकों ने मन्दिरों की दीवारों पर अभिलेख उत्कीर्ण करने का चलन प्रारम्भ किया, जिनमें उनकी विजयों के ऐतिहासिक विवरण दिए जाते थे।

कूट

(a) A और R दोनों सही हैं तथा R, A की सही व्याख्या करता है
(b) A और R दोनों सही हैं, परन्तु R, A की सही व्याख्या नहीं करता है
(c) A सही है, किन्तु R गलत है
(d) A गलत है, किन्तु R सही है

20. निम्नलिखित में से कौन-सी राजवंश महिला शासक रुद्रमादेवी से सम्बन्धित है?

(a) पूर्वी गंग (b) होयसल
(c) काकतीय (d) पश्चिमी चालुक्य

जानें सही उत्तर

1. (b)	**2.** (b)	**3.** (b)	**4.** (a)	**5.** (c)	**6.** (b)	**7.** (b)	**8.** (b)	**9.** (b)	**10.** (b)
11. (a)	**12.** (b)	**13.** (c)	**14.** (d)	**15.** (a)	**16.** (b)	**17.** (a)	**18.** (d)	**19.** (a)	**20.** (c)

• अध्याय तेरह

प्राचीन भारत के विविध पहलू

"

प्राचीन भारत के अन्तर्गत कुछ ऐसे विषय या तथ्य हैं, जिनका क्रमवार विवरण देना सम्भव नहीं हो पाया तथा वे सूचीक्रम के अन्तर्गत उपयुक्त स्थान नहीं बना पाए। अतएव उन विषयों या पहलुओं का विस्तृत विवेचन इस अध्याय में किया गया है।

प्राचीन भारत में सभ्यता के विकास और राज्यों के निर्माण व विकास के क्रम में विविध पहलुओं/विषयों का भी विकास हुआ। इन विविध पहलुओं के अन्तर्गत विभिन्न शिक्षा के केन्द्र, विज्ञान व प्रौद्योगिकी (इसके अन्तर्गत गणित, खगोलशास्त्र, ज्योतिष विज्ञान, चिकित्सा आदि आते हैं), विभिन्न शासकों द्वारा प्रारम्भ किए गए सम्वत् आदि को शामिल किया जाता है।

प्राचीन इतिहास का संक्षिप्त घटनाक्रम

काल	तिथि (ई./ई.पू.)	विशेष तथ्य
प्रागैतिहासिक काल	आरम्भ से 3000 ई.पू.	यह काल आदिमानव के इतिहास से सम्बन्धित है। इस काल में मनुष्य भोजन के लिए आखेट/शिकार तथा मूलकन्द पर निर्भर था।
सिन्धु घाटी सभ्यता/ हड़प्पा सभ्यता	2500-1500 ई.पू.	सिन्धु घाटी सभ्यता या हड़प्पा सभ्यता प्राचीन भारत की पहली सभ्यता थी। इस सभ्यता की मुख्य विशेषता नगरीकरण का होना था।
वैदिक युग	1500-600 ई.पू.	वेदों के संकलन होने के कारण इस कालखण्ड को वैदिक काल कहा जाता है। इस काल में (लगभग 1000 ई. पू.) लोहे से परिचित हो जाने से सामाजिक जीवन में व्यापक परिवर्तन हुए।
प्राचीन भारत में धार्मिक आन्दोलन या जैन और बौद्ध धर्म	600-322 ई.पू.	समाज में व्याप्त वर्ण व्यवस्था, जाति व्यवस्था, असमानता एवं कर्मकाण्ड के कारण महावीर एवं गौतम बुद्ध ने धार्मिक आन्दोलन चलाया। इस कालखण्ड में 16 महाजनपदों का गठन हुआ। 600 ई.पू. में द्वितीय नगरीय क्रान्ति हुई।
मौर्य काल	322-185 ई.पू.	चन्द्रगुप्त मौर्य ने अपने गुरु चाणक्य/कौटिल्य की सहायता से नन्द वंश के शासक घनानन्द को पराजित कर मौर्य वंश की स्थापना की थी।
विदेशी आक्रमण	183 ई.पू. से 320 ई.	इस काल में बैक्ट्रियन, पार्थियन, शक एवं कुषाणों के आक्रमण हुए तथा भारतीयों का मध्य एशिया के साथ सम्पर्क (व्यापार) स्थापित हुआ।
संगम युग (दक्षिण भारत)	65 ई. से 250 ई.	इस काल में सुदूर दक्षिण में संगम साहित्य की रचना हुई एवं चोल, पाण्ड्य एवं चेर राज्यों का उद्भव हुआ।
गुप्त काल	319-520 ई.	प्राचीन भारत के इतिहास में इस काल को क्लासिकल युग की संज्ञा दी जाती है। गुप्त वंश का वास्तविक संस्थापक चन्द्रगुप्त प्रथम था।
छोटे राज्यों का काल	500-606 ई.	इस काल में उत्तर भारत में अनेक राज्यों का उदय हुआ; यथा- मैत्रकों ने वल्लभी में तथा पुष्यभूति वंश के शासकों ने थानेश्वर में एवं मौखरियों ने कन्नौज में स्वतन्त्र सत्ता की स्थापना की।
हर्षवर्द्धन का काल	606-647 ई.	इस काल का सर्वाधिक प्रसिद्ध शासक हर्षवर्द्धन था। हुणों के आक्रमण से उसका राज्य अनेक टुकड़ों में विभाजित हो गया।

राजतन्त्र एवं गणतन्त्र

- विश्व में भारत एक ऐसा देश रहा है, जहाँ प्रारम्भ से ही राजतन्त्र एवं गणतन्त्र का अस्तित्व रहा है।
- यूनान के अतिरिक्त भारत ही एक ऐसा देश है, जहाँ किसी-न-किसी प्रकार के गणतन्त्र का प्रयोग-परीक्षण किया गया है।
- कौटिल्य के अर्थशास्त्र से इस बात में कोई शंका नहीं रह गई कि भारत के लोग विशाल साम्राज्य का प्रशासन चला सकते थे और जटिल समाज की समस्याओं को हल कर सकते थे।
- मौर्य तथा अनेक अन्य वंशों के शासकों ने धार्मिक सहिष्णुता एवं केन्द्रीकृत शासन का अद्‌भुत परिचय दिया।

प्रमुख राजवंश

राजवंश	संस्थापक	राजधानी
हर्यंक वंश	बिम्बिसार	राजगृह, पाटलिपुत्र
शिशुनाग वंश	शिशुनाग	पाटलिपुत्र
नन्द वंश	महापद्मनन्द	पाटलिपुत्र
मौर्य वंश	चन्द्रगुप्त मौर्य	पाटलिपुत्र
शुंग वंश	पुष्यमित्र शुंग	पाटलिपुत्र
कण्व वंश	वसुदेव	पाटलिपुत्र
सातवाहन वंश	सिमुक	प्रतिष्ठान
इक्ष्वाकु वंश	श्री शान्तमूल	नागार्जुनीकोण्ड
कुषाण वंश	कडफिसस प्रथम	पुरुषपुर (पेशावर), मथुरा
गुप्त वंश	श्रीगुप्त	पाटलिपुत्र
हूण वंश	तोरमाण	शाकल (स्यालकोट)
पुष्यभूति/वर्धन वंश	नरवर्द्धन	थानेश्वर, कन्नौज
पल्लव वंश	सिंहविष्णु	काँचीपुरम
राष्ट्रकूट वंश	दन्तिवर्मन	मान्यखेत
पाल वंश	गोपाल	मुंगेर
गुर्जर-प्रतिहार वंश	हरिश्चन्द्र	कन्नौज
सेन वंश	सामन्त सेन	राढ़
गहड़वाल वंश	चन्द्रदेव	कन्नौज
चौहान वंश	वासुदेव	अजमेर
चन्देल वंश	नन्नुक	खजुराहो
गंग वंश	वज्रहस्त पंचम	पुरी
उत्पल वंश	अवन्तिवर्मन	कश्मीर
परमार वंश	उपेन्द्र या कृष्णराज	धार, उज्जैन
सोलंकी वंश	मूलराज प्रथम	अन्हिलवाड़
कलचुरि वंश	कोकल्ल	त्रिपुरी
चोल वंश	विजयालय	तंजावुर

प्रमुख गणराज्य

गणराज्य	क्षेत्र
शाक्य	कपिलवस्तु (नेपाल की तराई)
मालव	पंजाब, राजस्थान
भग्ग	सुसुमगिरि, मिर्जापुर (उत्तर प्रदेश)
यौधेय	पूर्वी पंजाब, उत्तर प्रदेश, राजस्थान
बुलि	अलकप्प, बेतिया, आरा (बिहार)
शिवि	राजस्थान
कालाम	केसपुत्त, सुल्तानपुर (उत्तर प्रदेश)
कुणिन्द	हरियाणा, पंजाब
कोलिय	रामग्राम, गोरखपुर (उत्तर प्रदेश)
कुलुट	काबुल घाटी
मल्ल	कुशीनारा, कुशीनगर जिला (उत्तर प्रदेश)
मल्ल	पावा, कुशीनगर जिला (उत्तर प्रदेश)
मोरिय	पिप्पलिवन, गोरखपुर जिला (उत्तर प्रदेश)
लिच्छवि	वैशाली (बिहार)
विदेह	मिथिला (बिहार)
अर्जुनायन	भरतपुर, अलवर (राजस्थान)

शिक्षा एवं साहित्य

- भारत में शिक्षा को प्रारम्भ से ही महत्त्व प्रदान किया गया है। भौतिक तथा आध्यात्मिक उत्थान एवं विभिन्न उत्तरदायित्वों के विधिवत् निर्वाह के लिए शिक्षा की महती आवश्यकता को सदैव स्वीकार किया गया। यह व्यक्ति के चरित्र निर्माण, नागरिक तथा सामाजिक कर्त्तव्यों का ज्ञान, संस्कृति के संरक्षण एवं प्रसार का साधन रही है।
- ऋग्वैदिक काल में शिक्षा का मुख्य पाठ्यक्रम **वैदिक साहित्य** का अध्ययन था। उत्तर वैदिक काल में ब्राह्मण ग्रन्थ शिक्षा के विषय बन गए। सूत्र युग के अन्त तक आते-आते अन्यान्य विषयों का समावेश पाठ्यक्रम में कर लिया गया।
- प्राचीन भारतीय साहित्य तथा विदेशी यात्रियों के विवरण से पता चलता है कि शिक्षा के पाठ्यक्रम में 4 वेद, 6 वेदांग, 14 विधाएँ, 18 शिल्प, 64 कलाएँ आदि सम्मिलित थीं। **ह्वेनसांग** एवं **अलबरूनी** के विवरण से पता चलता है कि व्याकरण तथा ज्योतिष की शिक्षा का भारत में बहुत अधिक प्रचलन था।
- प्राचीन भारतीय शिक्षा पद्धति का एक प्रमुख तत्त्व **गुरुकुल व्यवस्था** है, जो विद्यार्थी शिक्षा केन्द्रों से सम्बद्ध छात्रावासों में निवास करते थे, उन्हें **अन्तेवासी** अथवा आचार्य को **कुलवासी** कहा गया है। प्राचीन शिक्षा पद्धति में परीक्षा लेने तथा उपाधि प्रदान करने की प्रथा का अभाव था।

> भारतीय संस्कृति में मन्दिरों ने भी शिक्षा के प्रोत्साहन में विशेष योगदान दिया। पल्लवकालीन मन्दिरों से सम्बद्ध **घटिका** नामक विद्यालय इसका उल्लेखनीय उदाहरण है।

प्रमुख शिक्षा केन्द्र

प्रमुख शिक्षा केन्द्र निम्न हैं

तक्षशिला

- वर्तमान पाकिस्तान के रावलपिण्डी जिले में स्थित तक्षशिला प्राचीन समय में शिक्षा का एक प्रमुख केन्द्र था।
- कोशल (कोसल) के राजा प्रसेनजित, मगध का राजवैद्य जीवक, सुप्रसिद्ध राजनीतिविद् चाणक्य, बौद्ध विद्वान् वसुबन्धु आदि ने यहीं शिक्षा प्राप्त की थी।
- **चाणक्य** यहाँ के प्रमुख आचार्य भी थे। चन्द्रगुप्त मौर्य ने अपनी सैनिक शिक्षा यहीं से ग्रहण की थी।

नालन्दा

- प्राचीन भारत के शिक्षा केन्द्रों में नालन्दा विश्वविद्यालय का नाम सर्वाधिक उल्लेखनीय है। इसकी स्थापना गुप्त शासक कुमारगुप्त प्रथम (415-455 ई.) ने की, जिसकी सुप्रसिद्ध उपाधि **महेन्द्रादित्य** की थी।
- इस विश्वविद्यालय में आठ बड़े कमरे तथा व्याख्यान के लिए 300 छोटे कमरे बने हुए थे। यहाँ भारत के अतिरिक्त चीन, मंगोलिया, तिब्बत, कोरिया, मध्य एशिया आदि देशों से भी विद्यार्थी शिक्षा ग्रहण करने आते थे।

> ह्वेनसांग ने यहाँ 18 महीने तक रहकर अध्ययन किया था। ह्वेनसांग के समय इस विश्वविद्यालय के कुलपति **शीलभद्र** थे।
> इत्सिंग ने यहाँ रहकर 400 संस्कृत ग्रन्थों की प्रतिलिपियाँ तैयार की थीं। यहाँ का **धर्मगंज** नामक पुस्तकालय तीन भव्य भवनों–रत्नासागर, रत्नोदधि तथा रत्नंजक में स्थित था।

- यहाँ 10,000 विद्यार्थियों को पढ़ाने हेतु लगभग 2000 शिक्षक थे। नालन्दा महायान बौद्ध धर्म की शिक्षा का एक प्रमुख केन्द्र था। **वर्तमान** में नालन्दा विश्वविद्यालय बिहार के नालन्दा जिले के राजगीर नामक स्थान पर स्थित है।

वल्लभी

- वल्लभी पश्चिम भारत में शिक्षा तथा संस्कृति का प्रसिद्ध केन्द्र था। इस नगर की स्थापना मैत्रकवंशी शासक **भट्टार्क** ने की थी।
- यह हीनयान बौद्ध धर्म की शिक्षा का प्रमुख केन्द्र था। इत्सिंग बताता है कि सभी देशों के विद्वान् यहाँ एकत्रित होते थे तथा विविध सिद्धान्तों पर शास्त्रार्थ करके उनकी सत्यता निर्धारित किया करते थे।
- ह्वेनसांग के अनुसार, यहाँ एक सौ बौद्ध बिहार थे, जिनमें लगभग 6000 हीनयानी भिक्षु निवास करते थे।

विक्रमशिला

- विक्रमशिला के महाविहार की स्थापना पाल नरेश **धर्मपाल** ने करवाई थी। विक्रमशिला विश्वविद्यालय में छः महाविद्यालय थे। प्रत्येक में एक केन्द्रीय कक्ष तथा 108 अध्यापक थे। केन्द्रीय कक्ष को **विज्ञान भवन** कहा जाता था। यहाँ के आचार्यों में दीपंकर एवं श्रीज्ञान का नाम सर्वाधिक उल्लेखनीय है, जो इस विश्वविद्यालय के कुलपति थे।
- यहाँ के स्नातकों को अध्ययनोपरान्त पाल शासकों द्वारा उपाधियाँ प्रदान की जाती थीं।

> स्नातकों को **पण्डित** की उपाधि दी जाती थी। महापण्डित, उपाध्याय तथा आचार्य क्रमशः उच्चतर उपाधियाँ थीं।

- 1203 ई. में मुस्लिम आक्रान्ता बख्तियार खिलजी द्वारा विक्रमशिला विश्वविद्यालय को ध्वस्त कर दिया गया तथा भिक्षुओं की सामूहिक हत्या की गई।

धर्म

- भारत में मानव द्वारा प्रकृति की शक्ति का मानवीकरण किया गया तथा उसकी पूजा की जाने लगी, जिससे वैदिक धर्म या ब्राह्मण धर्म प्रभावशाली रूप में विकसित हुआ। ब्राह्मणीय धर्म के साथ-साथ भारत में जैन और बौद्ध धर्म का भी उदय हुआ।
- भारत में ईसाई धर्म ईसा की पहली सदी के आस-पास आया, परन्तु उसके पश्चात् भी प्राचीनकाल में इसका अधिक प्रसार नहीं हो सका। बौद्ध धर्म भी देश से धीरे-धीरे समाप्त हो गया, हालाँकि विदेशों में इसका प्रसार हुआ। इसके अतिरिक्त प्राचीनकाल में कुछ अन्य धर्मों का उद्भव एवं विकास भी हुआ, जो निम्नलिखित हैं

वैष्णव धर्म (भागवत धर्म)

- इस धर्म का सर्वप्रथम उल्लेख छठी शताब्दी ई. पू. के आस-पास उपनिषदों में मिलता है। इस धर्म के संस्थापक वासुदेव कृष्ण थे, जो वृष्णि वंशीय यादव कुल के नेता थे। **छांदोग्य उपनिषद** में कृष्ण का सर्वप्रथम उल्लेख मिलता है। इसमें कृष्ण को देवकी का पुत्र व घोर अंगिरस का शिष्य बताया गया है। वासुदेव के दैवीकरण का सबसे प्राचीन उल्लेख पाणिनी की अष्टाध्यायी से प्राप्त होता है। मेगस्थनीज ने शूरसेन (मथुरा) में कृष्ण (हेराक्लीज) की पूजा का उल्लेख किया है।
- वासुदेव कृष्ण को वैदिक देव विष्णु का अवतार माना गया। बाद में इसका समीकरण नारायण से किया गया। नारायण के उपासक **पंचरात्रिक** कहलाए। पंचरात्र व्यूह के प्रमुख देवता-वासुदेव, लक्ष्मी, संकर्षण, प्रद्युम्न एवं अनिरुद्ध आदि हैं।
- भागवत धर्म सूर्य पूजा से सम्बन्धित है। भागवत धर्म का सिद्धान्त भगवद्गीता में निहित है।

> भगवद्गीता प्रतिपादित अवतार सिद्धान्त भागवत धर्म की महत्त्वपूर्ण विशेषता थी। वासुदेव कृष्ण सहित चार वृष्णि वीरों की पूजा को चतुर्व्यूह के रूप में कल्पना की गई है। चतुर्व्यूह पूजा का सर्वप्रथम उल्लेख **विष्णु संहिता** में मिलता है तथा प्रथम शती ई. में मथुरा के समीप मोरा नामक स्थान से चतुर्व्यूह पूजा का प्रमाण मिलता है। चतुर्व्यूह में संकर्षण, प्रद्युम्न, अनिरुद्ध एवं साम्ब आते हैं।

- भागवत सम्प्रदाय के नायकों का विवरण वायु पुराण में निम्न रूपों में मिलता है-संकर्षण (रोहिणी पुत्र), वासुदेव (देवकी पुत्र), प्रद्युम्न (रुक्मणी पुत्र), साम्ब (जाम्बवती पुत्र), अनिरुद्ध (प्रद्युम्न पुत्र) इत्यादि।

- भागवत सम्प्रदाय में विष्णु के दस अवतारों का उल्लेख मिलता है, जो निम्नलिखित हैं

(i) मत्स्य (ii) कूर्म (कच्छप) (iii) वाराह
(iv) नृसिंह (v) वामन (vi) परशुराम
(vii) राम (viii) कृष्ण (ix) बुद्ध
(x) कल्कि (भविष्य में होगा)

> - दक्षिण भारत में वैष्णव धर्म के उपासकों को **अलवार सन्तों** के नाम से जाना जाता था।
> - प्रारम्भिक अलवार सन्तों में पोयगई, पूडम तथा पेय के नाम मिलते हैं। तिरुमंगई, पेरिय अलवार, अण्डाल, नाम्मलवार, तिरुमलिशई तथा मधुर कवि अन्य प्रमुख सन्त हैं।
> - अलवारों में एकमात्र महिला अण्डाल थी, जो कृष्ण की प्रेम दीवानी थी।

शैव धर्म

- ऋग्वेद में शिव को **रुद्र** कहा गया है। सिन्धु घाटी सभ्यता तथा वैदिक काल में शिव के साक्ष्य प्राप्त हुए हैं। अथर्ववेद में शिव के 7 नामों का उल्लेख मिलता है। तैत्तरीय संहिता और श्वेताश्वर उपनिषद् में शिव की चर्चा मिलती है।
- लिंग पूजा का प्रथम स्पष्ट उल्लेख मत्स्य पुराण में मिलता है। महाभारत में शिव का उल्लेख श्रेष्ठ देवता के रूप में हुआ है।
- मेगस्थनीज ने ई. पू. चौथी शताब्दी में डायोनिसस (शिव) की पूजा का उल्लेख किया है। **वामन पुराण** में शैव सम्प्रदाय की संख्या चार बताई गई है—पाशुपत, कापालिक कालामुख तथा लिंगायत अथवा वीर शैव। इनका विवरण निम्न प्रकार है

पाशुपत

- यह शैव मत का सबसे पुराना सम्प्रदाय है, जिसके संस्थापक **लकुलीश** थे। इन्हें भगवान शिव के 18 अवतारों में से एक माना जाता है।
- इस सम्प्रदाय के अनुयायियों को **पंचार्थिक** कहा गया है। इसके अनुयायी मस्तक पर भस्म लगाते और गले में रुद्राक्ष की माला पहनते थे।
- इस सम्प्रदाय का प्रमुख ग्रन्थ पाशुपत सूत्र है। नेपाल के काठमाण्डू में स्थित पशुपतिनाथ मन्दिर इस सम्प्रदाय का प्रमुख केन्द्र है।

कापालिक

- यह सम्प्रदाय अत्यन्त भयंकर और आसुरी प्रवृत्ति का था। इस सम्प्रदाय के इष्टदेव भैरव थे।
- इस मत के अनुयायी सुरा-सुन्दरी का पान करना, जटा-जूट रखना, मांस ग्रहण करना, शरीर पर श्मशान की भस्म लगाना तथा हाथ में नरमुण्ड धारण करना आदि। इनका मुख्य केन्द्र **श्रीशैल** नामक स्थान था, जिसका प्रमाण भवभूति के **मालतीमाधव** में मिलता है।

कालामुख

- इस सम्प्रदाय के अनुयायी कापालिक वर्ग के ही थे, किन्तु वे उनसे भी अतिवादी प्रकृति के थे। शिव पुराण में उन्हें **महाव्रतधर** कहा गया है।
- ये लोग नर कपाल में भोजन करते थे और शरीर पर चिता की भस्म लगाते थे तथा सुरापान करते थे।

लिंगायत अथवा वीर शैव

- यह सम्प्रदाय दक्षिण भारत (कर्नाटक) में प्रचालित था। इन्हे **जंगम** भी कहा जाता था।
- इस सम्प्रदाय के लोग मूर्तिपूजा न करके **शिवलिंग** की पूजा करते थे।

शाक्त धर्म

- **ऋग्वेद** के दसवें मण्डल में एक पूरा सूक्त ही शक्ति की उपासना पर है, जिसे तान्त्रिक **देवी सूक्त** कहते हैं।
- वैदिक साहित्य में उमा, पार्वती, अम्बिका, हेमवती, रुद्राणी और भवानी जैसे नाम मिलते हैं। इस सम्प्रदान में मुख्यत: माँ दुर्गा एवं काली की उपासना की जाती है।
- मार्कण्डेय पुराण में देवी की महिमा का वर्णन किया गया है। **चौंसठ योगिनी का मन्दिर** (जबलपुर) शाक्त धर्म के विकास और प्रगति को प्रमाणित करने का उपलब्ध साक्ष्य है।
- सिन्धु सभ्यता में भी मातृदेवी की पूजा के प्रमाण मिले हैं।
- शाक्तों के दो वर्ग हैं-कौलमार्गी तथा समयाचारी। पूर्ण रूप से अद्वैतवादी साधक **कौल** कहे जाते हैं, जो कर्दम और चन्दन में, शत्रु और पुत्र में, श्मशान और भवन में तथा कांचन और तृण में कोई भेद नहीं समझते।
- शाक्त धर्म में कुण्डलिनी नामक रहस्यमय शक्ति का अत्यधिक महत्त्व है।

> **सूर्य पूजा**
>
> - **चक्र**, स्वास्तिक एवं किरण मण्डल के आधार पर प्रागैतिहासिक संस्कृतियों एवं हड़प्पा सभ्यता में सूर्य पूजा को प्रमाणित किया जाता है। ऋग्वेद में सूर्य की अनेक विशेषताओं का उल्लेख मिलता है।
> - उत्तर वैदिक साहित्य में भी सूर्य पूजा का उल्लेख मिलता है। गुप्त एवं गुप्तोत्तर काल के साथ-साथ आधुनिक काल में भी सूर्य पूजा प्रचलित है। **ह्वेनसांग** ने चन्द्रभागा नदी के तट पर शाम्ब द्वारा सूर्य मन्दिर बनवाए जाने का विवरण दिया है।
> - **वृहत् संहिता** के अनुसार, उत्तर भारत में मगों के प्रभाव से ही सौर सम्प्रदाय स्थापित हुआ। सूर्य मन्दिरों में सूर्य देवता की प्रतिमा स्थापित करने के लिए मग ही विशेषतया अधिकृत थे। **अलबरूनी** भी मगों को ही सूर्य प्रतिमा का सच्चा पुजारी कहता था।
> - कुमारगुप्त के **मन्दसौर अभिलेख** तथा स्कन्दगुप्त के इन्दौर ताम्रपत्र से सूर्य मन्दिर के निर्माण का उल्लेख मिलता है। हूण नरेश मिहिरकुल के ग्वालियर लेख के अनुसार, यहाँ पहाड़ी पर मातृचेट ने एक सूर्य मन्दिर बनवाया था। हर्ष भी सूर्य पूजा करता था।
> - गुजरात में मोढेरा, राजस्थान में ओसिया तथा सिरोही एवं उड़ीसा में कोणार्क सूर्य उपासना के प्रसिद्ध केन्द्र थे।

अन्य प्रमुख धर्म

अन्य प्रमुख धर्म निम्न प्रकार हैं

ईसाई धर्म

- यह एक एकेश्वरवादी धर्म है, जिसमें ईसा मसीह प्रमुख देवता माने जाते हैं। ईसा के जन्मदिन को क्रिसमस के रूप में मनाया जाता है। ऐसी मान्यता है कि ईसा मसीह ईश्वर के पुत्र थे, इसलिए उनका जन्म कुँवारी मरियम के गर्भ से हुआ था।
- ईसाई धर्म मे अनेक सम्प्रदाय है; जैसे—रोमन कैथोलिक, प्रोटेस्टेण्ट, आर्थोडॉक्स, मॉरोनी तथा एवनजीलक आदि।
- भारत में ईसाई धर्म का प्रचार सन्त थॉमस ने प्रथम शताब्दी में चेन्नई में किया था। ईसाई धर्म का पवित्र चिन्ह क्रॉस है।
- **न्यूटेस्टामेण्ट** तथा **ओल्डटेस्टामेण्ट** ईसाई धर्म के प्रमुख ग्रन्थ हैं।

इस्लाम धर्म

- इस धर्म के संस्थापक पैगम्बर हजरत मुहम्मद साहब (570 ई. से 622 ई.) थे। इस धर्म का प्रमुख ग्रन्थ **कुरान** है।
- 622 ई. में पैगम्बर के द्वारा की गई मक्का से मदीना की यात्रा को इस्लाम जगत में हिजरी सम्वत् के नाम से जाना जाता है।
- पैगम्बर मुहम्मद साहब की मृत्यु के बाद इस्लाम धर्म दो भागों-शिया तथा सुन्नी में बँट गया। पैगम्बर मुहम्मद साहब के उत्तराधिकारी खलीफा कहलाए।

> इस्लामी जगत में खलीफा का पद वर्ष 1924 तक रहा, क्योंकि वर्ष 1924 में ही इसे तुर्की के शासक मुस्तफा कमाल पाशा ने समाप्त कर दिया। भारत में सर्वप्रथम **इस्लाम धर्म का आगमन** अरबों के माध्यम से हुआ।

पारसी धर्म

- इस धर्म के पैगम्बर जरथुस्ट्र (ईरानी) थे। पारसियों का धार्मिक ग्रन्थ **जेन्द अवेस्ता** है। नौरोज पारसियों का प्रमुख त्योहार है।
- पारसी धर्म एकेश्वरवादी है। यह केवल **अहुरमज्दा** में आस्था रखते हुए अन्य देवताओं की सत्ता को नकारता है।
- दैनिक जीवन के अनुष्ठानों एवं कर्मकाण्डों में **अग्नि** भी उनके प्रमुख देवता के रूप में दृष्टिगोचर होती है।

विज्ञान एवं प्रौद्योगिकी

- प्राचीन भारत में विज्ञान एवं प्रौद्योगिकी की महत्त्वपूर्ण प्रगति हुई। खगोलविद्या में इसलिए प्रगति हुई, क्योंकि ग्रह देवता माने जाने लगे थे। ग्रहों का सम्बन्ध ऋतुओं और मौसमों के परिवर्तनों से था तथा इन परिवर्तनों का सम्बन्ध खेती से था।
- व्याकरण और भाषा विज्ञान का उद्‌भव इसलिए हुआ, क्योंकि ब्राह्मण व पुरोहित वेद की ऋचाओं और मन्त्रों के उच्चारण की शुद्धता को बहुत अधिक महत्त्व देते थे।

गणित

- ईसा पूर्व तीसरी सदी में आकर गणित, खगोलविद्या और आयुर्विज्ञान तीनों का विकास अलग-अलग आरम्भ हुआ। गणित के क्षेत्र में प्राचीन भारतीयों ने तीन विशिष्ट योगदान दिए—**अंकन पद्धति**, **दाशमिक पद्धति** और **शून्य**।
- दाशमिक पद्धति का प्रयोग सर्वप्रथम ईसा की पाँचवीं सदी में आरम्भ हुआ। **अंकमाला** का प्रयोग ई. पू. तीसरी सदी के अशोक के अभिलेख से प्राप्त होता है।
- शून्य का आविष्कार भारतीयों ने ईसा पूर्व दूसरी सदी में किया। उल्लेखनीय है कि वैदिक साक्ष्यों में 1 के आगे 12 बार शून्य लगाने को **पदार्द्ध** कहा गया है।

> **बीजगणित** में भारतीयों का महत्त्वपूर्ण योगदान रहा है। हड़प्पा में बनी ईंट की इमारतों से प्रकट होता है कि पश्चिमोत्तर भारत में लोगों को मापन और ज्यामिति का अच्छा ज्ञान था। शुल्व सूत्र में भी इसके साक्ष्य हैं। यज्ञ वेदी बनाने के लिए आपस्तम्ब ने व्यावहारिक ज्यामिति की रचना की। इसमें न्यूनकोण, अधिककोण और समकोण का वर्णन किया गया है।

- **रेखागणित** सम्बन्धी सिद्धान्तों के प्रतिपादन तथा विकास का प्रधान श्रेय **बौधायन** को ही दिया जा सकता है, जिसने वृत्त को वर्ग तथा वर्ग को वृत्त में बदलने का नियम प्रस्तुत किया।
- बौधायन के सूत्रों में सर्वप्रथम **पाई** (π) के मान का परिकलन किया गया, जिसका शुद्धतम मान आर्यभट्ट ने ज्ञात किया। **आर्यभट्ट** ने त्रिभुज का क्षेत्रफल ज्ञात करने का नियम निकाला, जिसके फलस्वरूप त्रिकोणमिति का जन्म हुआ। कोण के ज्या का सिद्धान्त आर्यभट्ट के सूर्य सिद्धान्त में वर्णित है।
- आर्यभट्ट के पश्चात् ब्रह्मगुप्त (लगभग सातवीं सदी) का नाम आता है। उनकी प्रसिद्ध कृति ब्रह्मस्फूट सिद्धान्त में वृत्तीय चतुर्भुजों, चक्रीय चतुर्भुजों, वर्गों, आयतों आदि की परिभाषा एवं व्याख्या के सूत्र दिए गए हैं।
- भारतीय ज्योतिषों में ब्रह्मगुप्त के ब्रह्मस्फूट सिद्धान्त में ज्योतिष सम्बन्धी विवरण है।

> गणितज्ञ **भास्कर** का सुप्रसिद्ध ग्रन्थ **सिद्धान्त शिरोमणि** है, जिसके चार भाग हैं-लीलावती, बीजगणित, ग्रहगणित तथा गोला। भास्कर ने अनिर्णीत वर्ग समीकरण के हल की जो विधि दी है, उसे चक्रवाल विधि (Cyclic Method) की संज्ञा दी गई है। भास्कराचार्य ने ही न्यूटन से पूर्व **गुरुत्वाकर्षण का सिद्धान्त** दिया था। शून्य को उन्होंने अविभाजित बताया।

- **खगोलशास्त्र** इसके प्रसिद्ध विद्वान् आर्यभट्ट पाँचवीं सदी में हुए। आर्यभट्ट ने बेबिलोनियाई विधि से ग्रह-स्थिति की गणना की, उन्होंने चन्द्रग्रहण और सूर्यग्रहण के कारण का पता लगाया, उन्होंने अनुमान के आधार पर पृथ्वी की परिधि का मान निकाला, जो आज भी शुद्ध माना जाता है।
- उन्होंने बताया कि सूर्य स्थिर है और पृथ्वी घूमती है। आर्यभट्ट के शिष्यों निःशंक, पाण्डुरंगस्वामी तथा लाटदेव ने उनके सिद्धान्तों का प्रचार-प्रसार किया। जबकि लाटदेव को **सर्वसिद्धान्त गुरु** भी कहा जाता है।

ज्योतिष विद्या

- छठी सदी के विद्वान् वाराहमिहिर फलित ज्योतिष के प्रणेता के रूप में स्मरणीय हैं, उन्होंने पंचसिद्धान्तिका, वृहत् जातक, वृहत् संहिता तथा लघु जातक की रचना की। वृहत् संहिता में यवनों को ज्योतिष का जन्मदाता होने के कारण ऋषियों के समान पूज्य बताया गया है।
- भारतीय ग्रन्थों में ज्योतिष के पाँच सिद्धान्तों—पैतामाह, वशिष्ठ, सूर्य, पोलिश तथा रोमक का उल्लेख है।

> - पैतामाह – सूर्य और चन्द्रमा सम्बन्धी वर्णन।
> - वशिष्ठ – राशि और लग्नों से सम्बन्धी।
> - पोलिश – सूर्य और चन्द्रग्रहण सम्बन्धी।
> - सूर्य – ज्योतिष से सम्बन्धी विभिन्न नियम व ग्रहण।
> - रोमक – यूनानी सिद्धातों की गणना।

- वृहत् जातक तथा वृहत् संहिता में ज्योतिष, भौतिक भूगोल, नक्षत्र विद्या, वनस्पति विज्ञान, प्राणिशास्त्र आदि का विश्लेषण किया गया है। इनमें से रोमक तथा पोलिश यूनानियों की देन है।

भौतिक शास्त्र

- आधुनिक भौतिकी का सर्वप्रमुख सिद्धान्त परमाणुवाद (Atom Theory) है। बुद्ध के समकालीन **पकुधकच्चायन** ने बताया कि सृष्टि का निर्माण सात तत्त्वों-पृथ्वी, जल, अग्नि, वायु, सुख, दुःख तथा जीव से मिलकर हुआ है।
- भारत में परमाणुवाद के संस्थापक वैशेषिक दर्शन के प्रवर्तक **महर्षि कणाद** (ई. पू. छठी सदी) को माना जाता है, जिन्होंने भारत में भौतिकशास्त्र का आरम्भ किया।
- **रसायनशास्त्र** प्राचीन रसायनशास्त्र को रसविद्या अथवा रसशास्त्र के नाम से जाना जाता है। प्राचीन ग्रन्थों में रसविद्या को पराविद्या कहा गया है।
- बौद्ध दार्शनिक **नागार्जुन** को रसायन का नियामक माना गया है। **पारा** (Mercury) **की खोज** उनका सबसे महत्त्वपूर्ण आविष्कार था। प्रौद्योगिकी विज्ञान के क्षेत्र की महत्त्वपूर्ण प्रगति इस्पात निर्माण के क्षेत्र में हुई है।
- भारत में इस्पात की सबसे अच्छी तलवारों का निर्माण होता था। इस्पात को उट्ज भी कहा जाता था।

चिकित्सा शास्त्र

- औषधियों का उल्लेख सर्वप्रथम **अथर्ववेद** में मिलता है। अथर्ववेद में आयुर्वेद के सिद्धान्त तथा व्यवहार सम्बन्धी बातें मिलती हैं।
- **विषस्य विषमौधम** अर्थात् विष की दवा विष ही होती है, का सिद्धान्त भी अथर्ववेद के एक मन्त्र में मिलता है। इसी पद्धति पर आधुनिक होम्योपैथी चिकित्सा आधारित है, जिसका मूल सिद्धान्त सम-से-सम की चिकित्सा है।

> प्रसिद्ध विश्वविद्यालय तक्षशिला में चिकित्सा के ख्याति प्राप्त विद्वान् थे। मुनि आत्रेय की आत्रेय संहिता आयुर्वेद की प्रसिद्ध रचना है, जिसमें जल चिकित्सा का वर्णन है। ईसा की दूसरी सदी में आयुर्वेद के दो महान विद्वान् हुए-**सुश्रुत** और **चरक**।

- सुश्रुत संहिता में उपदेष्टा धन्वन्तरि है तथा सम्पूर्ण संहिता सुश्रुत को सम्बोधित करके कही गई है। सुश्रुत संहिता में सुश्रुत ने मोतियाबिन्द, पथरी तथा कई अन्य रोगों का शल्योपचार बताया है।
- उन्होंने शल्य क्रिया के 121 उपकरणों का उल्लेख किया है। लोगों के उपचार के लिए उन्होंने आहार और सफाई पर बल दिया है।
- चरक की **चरक-संहिता** भारतीय चिकित्साशास्त्र का विश्वकोश है। चरक-संहिता, **काय चिकित्सा** का प्राचीनतम ग्रन्थ है, जो महर्षि आत्रेय के उपदेशों पर आधारित है।

प्रमुख सम्वत्

प्राचीन भारतीय लेखों में उल्लिखित अधिकांश तिथियाँ किसी-न-किसी सम्वत् से सम्बद्ध हैं। प्रमुख सम्वतों का उल्लेख निम्नवत् है

- **विक्रम सम्वत्** जैन साहित्य में महावीर के निर्वाण तथा विक्रम सम्वत् के मध्य 470 वर्षों का अन्तर बताया गया है। इसके दो अन्य नाम कृत सम्वत् एवं मालव सम्वत् मिलते हैं। जैन ग्रन्थ इसे मालवा के शासक विक्रमादित्य से सम्बन्धित करते हैं, जिसने 57 ई. पू. में शकों को पराजित करने के उपलक्ष्य में इसे प्रवर्तित किया था।
- **शक सम्वत्** विक्रमादित्य के उत्तराधिकारियों को शकों ने पराजित कर उसके राज्य पर अधिकार कर लिया। इस विजय के उपलक्ष्य में उन्होंने अपना सम्वत् चलाया, जिसे शक सम्वत् कहा जाता है। इस प्रकार शक सम्वत् की प्रारम्भिक तिथि 135 - 57 = 78 ई. निकली है। भारत का वर्तमान राष्ट्रीय पंचाग (कैलेण्डर) शक सम्वत् पर आधारित है। 365 दिन के सामान्य वर्ष में शक सम्वत् में वर्ष का पहला दिन 1 चैत्र, ग्रेगोरियन कैलेण्डर के अनुसार, प्रतिवर्ष 22 मार्च या अधिवर्ष वर्ष में 21 मार्च को पड़ता है।
- **कलचुरि-चेदि सम्वत्** मूलतः इसकी स्थापना 248-49 ई. के लगभग पश्चिमी भारत के आभीर नरेश ईश्वरसेन द्वारा की गई थी। मध्य प्रदेश तथा उत्तर प्रदेश के कलचुरि शासकों ने अपने लेखों में इसी सम्वत् का प्रयोग किया।

> **गुप्त सम्वत्** चक्रवर्ती गुप्त राजाओं तथा उनके सामन्तों के लेखों में गुप्त सम्वत् का प्रयोग मिलता है। इसे गुप्त प्रकाल नाम दिया गया है। इसकी स्थापना गुप्तवंश के शासक चन्द्रगुप्त प्रथम ने 319 ई. में की थी।

- **वल्लभी सम्वत्** अलबरूनी के विवरण से इसकी सूचना मिलती है। वह लिखता है कि वल्लभ नामक राजा ने शक काल के 241 वर्ष बाद वल्लभी सम्वत् का प्रवर्तन किया था। इस प्रकार इसकी स्थापना तिथि 78 + 241 = 319 ई. निकाली है। यही तिथि गुप्त सम्वत् की भी है। अतः दोनों सम्वत् एकसमान प्रतीत होते हैं।
- **हर्ष सम्वत्** इसका सम्बन्ध वर्द्धन वंश के शासक हर्षवर्द्धन से है। हर्ष के लेखों, समकालीन उत्तरगुप्त राजाओं तथा नेपाल के लेखों में इस सम्वत् का प्रयोग पाया जाता है। हर्ष के लेखकों में राज्यारोहण की तिथि 606 ई. है। अतः सम्भवतः हर्ष सम्वत् का प्रारम्भ इसी समय हुआ होगा।

प्रीलिम्स फैक्ट्स

- शक संवत पर आधारित राष्ट्रीय पंचांग (कैलेण्डर) का प्रथम चैत्र ग्रिगेरियन कैलेण्डर पर आधारित 365 दिनों सामान्य वर्ष में किस दिन आता है? *– 22 मार्च (अथवा 21 मार्च)* [IAS (Pre) 2014]
- खजुराहो के मन्दिरों का निर्माण किस वंश के शासकों द्वारा किए गए थे? *– चन्देल* [MPPSC 2014]
- किस शैलकृत गुफा में ग्यारह सिरों वाले बोधिसत्व की छवि चित्रित है? *– कन्हेरी* [UPPSC 2017]
- कालिदास द्वारा रचित नाट्य कृति 'मालविकाग्निमित्रम्' का नायक कौन है? *– शुंग शासक अग्निमित्र* [UPPSC 1998]
- 'गणित' विषय के अध्ययन के लिए महान कृति 'लीलावती' किसने लिखी? *– भास्कराचार्य* [UPPSC (Pre) 2017]
- सेना गिरि जहाँ एक स्थान पर सबसे अधिक 103 जैन मन्दिर हैं, किस जगह पर स्थित है? *– दतिया* [UPPSC (Mains) 2004]
- किस स्थान पर बौद्ध, हिन्दू तथा जैन शैलकृत गुफाएँ एक साथ अवस्थित हैं? *– एलोरा* [UPPSC (Mains) 2006]
- वाराहमिहिर की रचना 'पंच सिद्धांतिका' खगोल विज्ञान के किस संकल्पना पर आधारित है? *– ग्रीक खगोल सिद्धान्त* [UPPSC 2014]
- एलिफेंटा के प्रसिद्ध गुफा मन्दिर के निर्माण का श्रेय किस वंश के शासकों को है? *– राष्ट्रकूट* [UKPSC 2010]
- एलोरा के कैलाश मन्दिर का निर्माण किस राजकीय वंश के शासकों ने किया था? *– राष्ट्रकूट* [UPPSC (Pre) 2001]
- प्रसिद्ध जगन्नाथ मन्दिर कहाँ अवस्थित है? *– ओडिशा* [UPPSC 2002]

सेल्फ चैक

1. चन्द्रगुप्त मौर्य ने अपनी सैनिक शिक्षा कहाँ से ग्रहण की थी?
(a) नालन्दा (b) तक्षशिला
(c) वल्लभी (d) विक्रमशिला

2. प्राचीन भारत के शिक्षा केन्द्रों में नालन्दा विश्वविद्यालय का नाम सर्वाधिक उल्लेखनीय है। इसकी स्थापना किसने की थी?
(a) चन्द्रगुप्त द्वितीय (b) अशोक
(c) स्कन्दगुप्त (d) कुमारगुप्त

3. इत्सिंग के अनुसार निम्नलिखित में से कहाँ पर सभी देशों के विद्वान् एकत्रित होते थे तथा विविध सिद्धान्तों पर शास्त्रार्थ करके उनकी सत्यता निर्धारित करते थे?
(a) विक्रमशिला (b) तक्षशिला
(c) वल्लभी (d) नालन्दा

4. शून्य की खोज किसने की थी?
(a) रोमवासियों ने (b) चीनियों ने
(c) भारतीयों ने (d) सुमेरियों ने

5. विक्रमशिला नामक प्राचीन विश्वविद्यालय की स्थापना बंगाल के किस शासक ने की? CGPSC (Pre) 2011
(a) धर्मपाल (b) गोपाल
(c) देवपाल (d) महीपाल

6. निम्नलिखित में से कौन-सा एक कथन सत्य नहीं है?
(a) दक्षिण भारत में वैष्णव धर्म के उपासकों को अलवार सन्तों के नाम से जाना जाता है।
(b) दक्षिण भारत में वैष्णव धर्म के उपासकों को नयनार सन्तों के नाम से जाना जाता है।
(c) प्रारम्भिक अलवार सन्तों में पोयगई, पूडम तथा पेय नाम मिलते हैं।
(d) अलवारों में एकमात्र महिला अण्डाल थीं, जो कृष्ण की भक्त थीं।

7. निम्नलिखित कथनों पर विचार कीजिए
1. दक्षिण भारत में शैव धर्म का प्रचार नयनारों द्वारा किया गया।
2. नयनारों द्वारा संग्रहित श्लोकों को तिरुमूरै कहा जाता है।
उपरोक्त कथनों में से कौन-सा/से कथन सही है/हैं?
(a) केवल 1
(b) केवल 2
(c) 1 और 2 दोनों
(d) न तो 1 और न ही 2

8. निम्नलिखित में से कौन बीजगणित के क्षेत्र में अपने योगदान के लिए विशेष रूप से जाना जाता है?
(a) आर्यभट्ट
(b) ब्रह्मगुप्त
(c) भास्कर
(d) लल्ल

9. सुमेलित कीजिए **IAS (Pre) 2006**

सूची I (उपलब्धि/आविष्कार/परिकलन)	सूची II (प्राचीन भारतीय विद्वान्)
A. पृथ्वी द्वारा सूर्य परिक्रमा की कालावधि	1. आर्यभट्ट
B. पाई (π) के मान का परिकलन	2. भास्कराचार्य
C. शून्य अंक की खोज	3. बौधायन
D. साँप-सीढ़ी का खेल	4. ज्ञानदेव

कूट

	A	B	C	D		A	B	C	D
(a)	2	4	1	3	(b)	1	3	2	4
(c)	2	3	1	4	(d)	1	4	2	3

10. गणित की पुस्तक 'लीलावती' के लेखक थे **UKPSC (Pre) 2010**

(a) रामानुज (b) कौटिल्य
(c) अमर्त्यसेन (d) भास्कराचार्य

11. आर्यभट्ट निम्नलिखित में से कौन थे?

(a) भारतीय राजनीतिज्ञ
(b) भारतीय गणितज्ञ एवं खगोलशास्त्री
(c) भारतीय संस्कृत के विद्वान् एवं कवि
(d) उपरोक्त में से कोई नहीं

12. निम्नलिखित युग्मों में से कौन-सा युग्म सही सुमेलित नहीं है?

1. सूर्य — राशि व लग्न से सम्बन्धी ज्योतिष विद्या।
2. पैतामह — सूर्य और चन्द्रमा सम्बन्धी ज्योतिष विद्या।
3. पोलिश — यूनानी सिद्धान्तों की गणना।

कूट

(a) केवल 1 (b) केवल 2
(c) 2 और 3 (d) 1 और 3

13. प्राचीनकालीन भारत में हुई वैज्ञानिक प्रगति के सन्दर्भ में निम्नलिखित में से कौन-से कथन सही हैं? **IAS (Pre) 2012**

1. प्रथम सदी ई. में विभिन्न प्रकार के विशिष्ट शिल्प औजारों का उपयोग सामान्य था।
2. तीसरी सदी ई. के आरम्भ में मानव शरीर के आन्तरिक अंगों का प्रत्यारोपण शुरू हो चुका था।
3. पाँचवी सदी ई. में कोण के ज्या का सिद्धान्त ज्ञात था।
4. सातवीं सदी ई. में चक्रीय चतुर्भुज का सिद्धान्त ज्ञात था।

कूट

(a) 1 और 2 (b) 3 और 4
(c) 1, 3 और 4 (d) ये सभी

14. शक सम्वत् पर आधारित राष्ट्रीय पंचाग कैलेण्डर का 1 चैत्र ग्रेगोरियन कैलेण्डर पर आधारित 365 दिन के सामान्य वर्ष की निम्नलिखित तिथियाँ में से किस एक के तद्नुरूप है? **IAS (Pre) 2014**

(a) 22 मार्च अथवा 21 मार्च
(b) 15 मई अथवा 16 मई
(c) 31 मार्च अथवा 30 मार्च
(d) 21 अप्रैल अथवा 20 अप्रैल

15. निम्नलिखित कथनों पर विचार कीजिए **UPPSC (Pre) 2011**

1. विक्रम सम्वत् 57 ई. पू. से आरम्भ हुआ।
2. शक सम्वत् 78 ई. से आरम्भ हुआ।
3. गुप्त काल 319 ई. से आरम्भ हआ।
4. भारत में मुस्लिम शासन का युग 1192 ई. से शुरू हुआ।

उपरोक्त कथनों में कौन-से कथन सही हैं?

(a) 1 और 2
(b) 3 और 2
(c) 1, 2 और 3
(d) ये सभी

जानें सही उत्तर

1. (b)	2. (d)	3. (c)	4. (c)	5. (a)	6. (b)	7. (c)	8. (c)	9. (c)	10. (d)
11. (b)	12. (c)	13. (a)	14. (a)	15. (d)					

भारत में अरब-तुर्क आक्रमण

"गुप्तोत्तर काल में उत्तरी भारत में सशक्त एवं केन्द्रीय सत्ता का अभाव था। साथ ही छोटे-छोटे राज्य आपस में ही संघर्षरत थे, जिसके कारण अनेक विदेशी आक्रमणकारी भारत की ओर आकर्षित हुए। अरब आक्रमणकारियों का उद्देश्य व्यापार एवं वाणिज्य में वृद्धि के साथ-साथ धार्मिक तथा राजनीतिक विस्तार भी रहा था। भारत में तुर्कों के आक्रमण दो चरणों में सम्पन्न हुए। प्रथम चरण का नेता महमूद गजनवी तथा दूसरे चरण का मुहम्मद गौरी था।

अरबों द्वारा सिन्ध पर विजय

- हर्षवर्द्धन की मृत्यु के पश्चात् उत्तर भारत में प्रशासनिक व्यवस्था विच्छिन्न हो गई। यहाँ एक वृहद् एवं शक्तिशाली राज्य के स्थान पर अनेक छोटे-छोटे एवं दुर्बल राज्यों का उदय हुआ। ये राज्य अपनी प्रतिद्वन्द्विता में इतने उलझे हुए थे कि **विदेशी आक्रमण** का आकलन ही नहीं कर पाए और इसी राजनीतिक दुर्बलता का लाभ अरबों ने उठाया।
- सिन्ध पर आक्रमण करने से पूर्व अरबों ने 637 ई. में मुम्बई के समीप थाना पर आक्रमण किया और उसके बाद पश्चिमी तट पर लगातार आक्रमण करते रहे, परन्तु उन्हें सफलता प्राप्त नहीं हुई।
- भारतीय क्षेत्रों पर प्रथम अरब आक्रमण 712 ई. में **मुहम्मद बिन कासिम** के नेतृत्व में सिन्ध पर हुआ। इस समय सिन्ध का शासक **दाहिर** था (इससे पूर्व अरब अल हरि अल बहिति के नेतृत्व में मकरान और बलूचिस्तान पर अधिकार कर चुके थे)।

> अरबों के आक्रमण के विषय में पर्याप्त सूचना 9वीं शताब्दी के बिलादूरी द्वारा लिखित पुस्तक **फुतूल-अल-बलदान** एवं **चचनामा** से मिलती है।

मुहम्मद बिन कासिम के अभियान

मुहम्मद बिन कासिम के अभियानों का वर्णन निम्नलिखित है

- **देवल अभियान** मुहम्मद बिन कासिम का प्रथम आक्रमण देवल पर हुआ। 712 ई. की बसन्त ऋतु में मुहम्मद बिन कासिम देवल के बन्दरगाह पर पहुँचा। देवल के शासक दाहिर ने राजपूत शासकों के साथ किले की रक्षा का प्रयास किया, किन्तु वे असफल रहे।
- **निरुन अभियान** देवल से मुहम्मद बिन कासिम निरुन की ओर बढ़ा। यह नगर उस समय बौद्ध-भिक्षुओं और श्रमणों के अधीन था, परन्तु बौद्धों ने बिना युद्ध किए ही कासिम की अधीनता स्वीकार कर ली थी।

- **सेहबन अभियान** निरुन से अरबों ने सेहबन की ओर प्रस्थान किया। वहाँ दाहिर का चचेरा भाई **माझरा** शासन करता था। उसने बिना युद्ध के ही कासिम की अधीनता को स्वीकार कर लिया था।
- **रावर अभियान** मुहम्मद बिन कासिम ने सेहबन विजय के पश्चात् सिन्ध नदी को पार कर दाहिर पर आक्रमण किया। इस आक्रमण के पश्चात् दाहिर ने रावर में आश्रय लिया, परन्तु 20 जून, 712 में दाहिर और मुहम्मद बिन कासिम के मध्य हुए युद्ध में दाहिर की मृत्यु हो गई।

> दाहिर की मृत्यु के पश्चात् उसकी पत्नी रानीबाई ने युद्ध का संचालन किया, परन्तु कुछ समय पश्चात् उन्होंने अपने सम्मान में जौहर प्रथा के द्वारा आत्महत्या कर ली।

- **ब्राह्मनावाद** रावर से मुहम्मद बिन कासिम ने ब्राह्मनावाद की ओर प्रस्थान किया। उसकी रक्षा दाहिर का बेटा जयसिंह कर रहा था। इस स्थान पर भयानक युद्ध हुआ, जिसमें लगभग 20 हजार सैनिकों की मृत्यु हुई। युद्ध के पश्चात् दाहिर की दूसरी विधवा रानी लाडदेवी की दो कन्याओं (सूर्यदेवी, परमलदेवी) को कैद कर लिया गया।
- **आरोर अभियान** मुहम्मद बिन कासिम के आरोर पर आक्रमण के पश्चात् दाहिर के पुत्र ने कुछ समय तक साहसपूर्वक राजधानी की रक्षा की, किन्तु अन्त में वह पराजित हो गया। इस प्रकार मुहम्मद बिन कासिम को सिन्ध पर पूर्ण विजय प्राप्त हुई।
- **मुल्तान अभियान** 713 ई. में मुहम्मद बिन कासिम ने मुल्तान की ओर कूच किया। एक विश्वासघाती व्यक्ति ने मुहम्मद बिन कासिम को उस नदी के विषय में बताया, जिससे मुल्तान के लोग अपने पानी की आपूर्ति सुनिश्चित करते थे। इस नदी के पानी को बन्द करने से मुहम्मद बिन कासिम मुल्तान पर विजय प्राप्त करने में सफल हुआ। मुल्तान से अत्यधिक सोने की प्राप्ति होने के कारण इसे **स्वर्णनगरी** भी कहा जाने लगा।

> मुल्तान विजय के पश्चात् मुहम्मद बिन कासिम ने शेष भारत को जीतने की योजना बनाई। उसने कन्नौज को विजय करने के लिए **अबु हकीम** के अधीन 1,000 अश्वारोही सेना भेजी, यद्यपि इसके पूर्ण होने के बाद ही कासिम की मृत्यु हो गई।

मुहम्मद बिन कासिम की मृत्यु के पश्चात् अरबों की भारत में स्थिति

- मुहम्मद बिन कासिम की मृत्यु से भारत में अरबों के साम्राज्य विस्तार की योजना में शिथिलता आ गई ।
- 714 ई. में खलीफा के देहान्त के पश्चात् **दश्मिक** में एक आन्तरिक अशान्ति के कारण अरबों के अधीन क्षेत्रों में नियुक्त राज्यपाल और सरदार धीरे-धीरे स्वतन्त्र होते गए।
- खलीफा हिशाम (724-43 ई.) के समय **जुनैद** की नियुक्ति सिन्ध के गवर्नर के रूप में हुई, जिसे कालान्तर में भारतीय राजाओं से पराजय झेलनी पड़ी।

> भोज की ग्वालियर प्रशस्ति से **नागभट्ट प्रथम** द्वारा म्लेच्छों (अरबों) को परास्त करने के विषय में विस्तृत जानकारी प्राप्त होती है।

- 9वीं सदी के उत्तरार्द्ध तक आते-आते सिन्ध से खलीफा का नियन्त्रण पूर्णत: समाप्त हो गया। सिन्ध में अब केवल दो छोटी रियासतें-मंसूरा और मुल्तान ही अरबों के भू-नियन्त्रण में रह गईं।

सिन्ध विजय के प्रभाव

सिन्ध विजय के प्रभाव निम्नलिखित हैं

- डॉ. **स्टैनले लेनपूल** के अनुसार, "सिन्ध को अरबों ने विजय तो किया, किन्तु यह विजय ऐतिहासिक और इस्लाम धर्म की घटना नाममात्र ही रही। यह एक प्रभावरहित विजय थी।"
- अरबों ने भारतीय जनजीवन को काफी प्रभावित किया और स्वयं भी प्रभावित हुए। अरबों ने चिकित्सा, दर्शनशास्त्र, नक्षत्र विज्ञान, गणित और शासन प्रबन्ध की शिक्षा भारतीयों से ली। बगदाद के खलीफाओं ने भारतीय विद्वानों को संरक्षण प्रदान किया।
- मंसूर के समय (753-774 ई.) में अरब विद्वान भारत से अपने साथ दो पुस्तकें—ब्रह्मगुप्त का **ब्रह्म सिद्धान्त** तथा श्रीहर्ष द्वारा रचित खण्डनखण्डखाद्य लेकर गए। भारतीय विद्वानों की सहायता से अलफजारी ने अरबी में इन पुस्तकों का अनुवाद किया।
- अरब आक्रमणकारी मुहम्मद बिन कासिम ने सिन्धवासियों से **जजिया** नामक कर की पहली बार वसूली की। सम्भवत: सिन्ध विजय अभियान में मुहम्मद बन कासिम की बौद्धों ने सहायता की।
- अरबों ने सिन्ध में ऊँट पालन और खजूर की खेती का प्रचलन किया तथा अरबों ने दिरहम नामक सिक्के का भी सिन्ध में प्रचलन करवाया।
- अरबों ने **शून्य** और **दाशमिक पद्धति** का ज्ञान भारत से सीखकर रोमन साम्राज्य में प्रसारित किया। इस ज्ञान को गणितज्ञ अलख्वारिज़्म ने 9वीं सदी में अरब में तथा ईसाई मठवासी एवेलार्ड ने 12वीं सदी मे यूरोप में प्रसारित किया। अरब में इसे **अरब अंक पद्धति** के नाम से भी जाना जाता है।
- भारत एवं अरब के मध्य व्यापारिक सम्बन्धों में बढ़ोतरी आई एवं इसमें अधिक वृद्धि तब देखने को मिली, जब अब्बासी खलीफा के द्वारा एक नए शहर **बगदाद** की स्थापना की गई।
- मुल्तान व सिन्ध में स्थायी रूप से रहने वाले अरबी लोगों ने एक नए सम्प्रदाय **करमतिया** को शुरू किया था।

> **अरब के लोग** भारतीय गायकों की प्रवीणता और हिन्दू चित्रकारों की चतुरता से प्रभावित थे। अरबों ने भारतीय मन्दिर की बुर्ज कला को मस्जिदों और मकबरों में सम्मिलित किया था। अरबी स्थापत्य के अन्तर्गत प्रार्थना के गलीचे के नुकीले घुमाव तथा मेहराब भारतीय धर्मस्थलों से ही प्रभावित थे, जो हिन्दू और बौद्ध स्थलों पर प्रमुखता से देखे जा सकते हैं।

- अरबों ने चीन द्वारा अविष्कृत कागज, कम्पास (कुतुबनुमा), छपाईखाना, बारूद आदि का ज्ञान यूरोप तक फैलाया।
- अरबी मस्जिद, **विष्णु मन्दिर** के स्थापत्य से अत्यधिक समानता प्रदर्शित करती थी। उनकी मस्जिदों के प्रवेशद्वार भारतीय मन्दिरों के गोपुरम तथा गाँवों के मुख्य द्वार से समानता रखते थे। भारतीय विजय स्तम्भों की नकल अरबी मस्जिदों की मीनारों में प्रमुखता से देखी जा सकती है।

तुर्क आक्रमण

8वीं सदी में भारत पर अरबों के आक्रमण के पश्चात् भारत में बहुत-सी क्षेत्रीय शक्तियों का उदय हुआ था, परन्तु इन शक्तियों के मध्य समन्वय न होने के कारण वह भारत में तुर्क आक्रमण को विफल न कर सके। अरबों के विपरीत तुर्कों को भारत में मुस्लिम शासन की स्थापना का श्रेय प्रमुखता से दिया जाता है।

तुर्कों का आक्रमण

1. **अलप्तगीन**
   - गजनवी वंश का संस्थापक।
   - गजनी में स्वतन्त्र तुर्क राज्य की स्थापना।
2. **सुबुक्तगीन**
   - भारत पर आक्रमण करने वाला प्रथम तुर्क शासक।
   - 986 ई. में सुबुक्तगीन ने हिन्दूशाही राजवंश के राजा जयपाल के विरुद्ध एक संघर्ष में भाग लिया, इसमें जयपाल की पराजय हुई।
3. **महमूद गजनी** (गजनवी) (यामिनी वंश) (ज्येष्ठ पुत्र)
   - सुल्तान की उपाधि धारण करने वाला प्रथम तुर्क शासक। यह उपाधि इसने बगदाद के खलीफा से प्राप्त की थी।
   - भारत पर 17 बार आक्रमण एवं 1025 ई. में सोमनाथ शिव मन्दिर (गुजरात) पर आक्रमण।
4. **शहाबुद्दीन मुहम्मद गौरी**
   - भारत के तुर्की राज्य का संस्थापक।
   - भारत में मुस्लिम साम्राज्य का वास्तविक संस्थापक।

> **तुर्क कौन थे**- यह चीन की उत्तरी-पश्चिमी सीमाओं पर निवास करने वाली एक लडाकू एवं बर्बर जाति थी। तुर्क, उमैय्यावंशी शासकों के प्रभाव में आने के बाद इस्लाम धर्म के सम्पर्क में आए। कालान्तर में उन्होंने इस्लाम धर्म स्वीकार कर लिया। उनका उद्देश्य एक विशाल मुस्लिम सम्राज्य की स्थापना करना था।

अलप्तगीन

- अलप्तगीन बुखारा के सामन्ती शासक **अब्दुल मलिक** (964-961 ई.) का दास था। वह असाधारण योग्यता और साहस का स्वामी था, जिस कारण उसे 956 ई. में खुरासान का राज्यपाल बनाया गया।
- 961 ई. में अब्दुल मलिक की मृत्यु के पश्चात् उसके भाई और चाचा के मध्य सिंहासन के लिए युद्ध हुआ, जिसमें अलप्तगीन ने उसके चाचा की सहायता की, किन्तु इस युद्ध में अब्दुल मलिक के भाई **मंसूर** की विजय हुई।
- इसके पश्चात् अलप्तगीन अपने 8000 वफादार सैनिकों के साथ अफगान प्रदेश के **गजनी** शहर में बस गया। उसने गजनी शहर और इसके पड़ोसी भागों पर अपना अधिकार स्थापित किया तथा **गजनवी वंश** की स्थापना की।
- अलप्तगीन की मृत्यु के पश्चात् **इस्हाक** और **बलक्तगीन** क्रमशः गजनवी वंश के शासक बने।
- बलक्तगीन के पश्चात **पीराई** तथा इसके बाद **सुबुक्तगीन** गजनी की गद्दी पर विराजमान हुआ।

सुबुक्तगीन

- सुबुक्तगीन, अलप्तगीन का एक दास था। अलप्तगीन उसकी योग्यता से इतना प्रभावित था कि उसने उसे **अमीर-उल-उमरा** की उपाधि से विभूषित किया। अलप्तगीन ने अपनी पुत्री का विवाह भी सुबुक्तगीन से ही किया। उसने सिंहासनारूढ़ होने के पश्चात् आक्रमणों का सिलसिला शुरू किया था, जिससे उसे पूर्वी संसार में सफलता प्राप्त हुई।
- सुबुक्तगीन ही वह पहला तुर्की शासक था, जिसने हिन्दूशाही शासक जयपाल को पराजित किया था।

> 997 ई. में सुबुक्तगीन की मृत्यु होने के पश्चात् उसका पुत्र महमूद गद्दी पर बैठा। भारत पर आक्रमण करने वाला प्रथम तुर्क (मुस्लिम) शासक **सुबुक्तगीन** को ही माना जाता है।

महमूद गजनवी (998-1030 ई.)

- महमूद गजनवी 998 ई. में (मात्र 27 वर्ष की आयु में) राजगद्दी पर आसीन हुआ।
- महमूद गजनवी ने 1000-1027 ई. के बीच भारत पर 17 बार आक्रमण किया, जिसका प्रमुख उद्देश्य भारतीय धन-सम्पदा को लूटना था।
- महमूद गजनवी का पहला आक्रमण 1000 ई. में सीमावर्ती नगरों पर हुआ। इसके पश्चात् 1001 ई. में उसने हिन्दूशाही शासक **जयपाल** पर आक्रमण किया, जिसे उसने छलपूर्वक हरा दिया। इस युद्ध के पश्चात् जयपाल द्वारा आत्महत्या कर ली गई, जिसके पश्चात् उसका उत्तराधिकारी **आनन्दपाल** बना।
- महमूद गजनवी के द्वारा मुल्तान आक्रमण के दौरान **भेरा** के निकट आनन्दपाल को पराजित कर, 1006 ई. में मुल्तान पर विजयी प्राप्त की गई। 1008 ई. में इसने मुल्तान पर आक्रमण कर उसे अपने राज्य में सम्मिलित कर लिया।
- 1009 ई. में गजनी का युद्ध पुनः आनन्दपाल के मध्य हुआ, जिसके पश्चात् उसका आधिपत्य सिन्ध के **नागरकोट** तक स्थापित हो गया।
- महमूद ने 1014 ई. में **थानेश्वर** पर आक्रमण किया। हिन्दुओं ने उसका डटकर सामना किया, किन्तु फिर भी उनकी हार हुई।
- महमूद ने 1018 ई. में कन्नौज पर आक्रमण किया। वहाँ गुर्जर-प्रतिहार शासक के प्रतिनिधि राज्यपाल का शासन था। उस समय कन्नौज हिन्दुस्तान के साम्राज्य की प्रसिद्ध राजधानी थी।
- इस आक्रमण के दौरान **महमूद बरन** (बुलन्दशहर) पहुँचा। वहाँ के शासक हरदत्त ने महमूद की अधीनता स्वीकार कर ली। इसके पश्चात् महमूद ने यमुना के तट पर **महावन प्रदेश** (मथुरा) के अधिपति कुलचन्द्र पर आक्रमण किया।

- इस युद्ध में कुलचन्द्र की पराजय हुई। इस युद्ध में उसने काफी मन्दिरों को नष्ट किया।
- महमूद ने 1019 ई. में हिन्दुस्तानी राजा **त्रिलोचपाल** को पराजित किया। इसके पश्चात् उसने वर्ष 1020-21 ई. में केदेलखण्ड के निकट विद्याधर की सेना को परास्त किया।
- 1021-22 ई. में महमूद ने ग्वालियर के राजा कीर्तिराज को सन्धि करने पर बाध्य किया एवं कालिंजर के किले का घेरा डाल दिया, किन्तु वह इसे जीत नहीं पाया। इसके पश्चात् वह चन्देल राजा गोण्ड के प्रसिद्ध दुर्ग कालिंजर की ओर बढ़ा, परन्तु महमूद की शक्ति का अनुभव करके गोण्ड ने सन्धि करना उचित समझा।

> - महमूद का सबसे प्रसिद्ध आक्रमण (16वाँ) 1025-26 ई. में **सोमनाथ** के मन्दिर पर हुआ था। इस आक्रमण के अन्तर्गत वहाँ का शासक भीम प्रथम अपने साथियों सहित अपनी राजधानी छोड़कर भाग गया। इस युद्ध में महमूद को सर्वाधिक सम्पत्ति प्राप्त हुई। इस आक्रमण में 50,000 से अधिक लोग मारे गए।
> - महमूद ने इस मन्दिर को नष्ट कर दिया तथा मन्दिर की अथाह सम्पत्ति लेकर सिन्ध वापस लौट गया
> - सोमनाथ मन्दिर को लूटकर जाते समय जाटों द्वारा उसे हानि पहुँचाई गई। इसका बदला उसने 1027 ई. में जाटों पर आक्रमण करके लिया।

- 1030 ई. में महमूद गजनवी की मृत्यु हो गई।

महमूद गजनवी द्वारा किए गए कार्य

- डॉ. स्टेनले लेनपूल के अनुसार, "महमूद एक महान सेनानी, प्रशंसनीय साहसी, अविजयी शासक, मानसिक और शारीरिक शक्ति रखने वाला व्यक्ति था, किन्तु वह नए शासन अथवा सिद्धान्तों का निर्माण करने वाला और दूरदर्शी राजनीतिज्ञ नहीं था।"
- महमूद कलाकारों और वास्तुकारों का संरक्षक था। उसने गजनी में बहुत से मदरसे, खानकाहें और मस्जिदें बनवाईं।
- महमूद को मूर्तियों को तोड़ने के कारण **मूर्तिभंजक** (बुतशिकन) कहा जाता है।
- महमूद गजनवी द्वारा जारी की गई रजत मुद्रा पर एक ओर अरबी तथा दूसरी ओर संस्कृत मुद्रा लेख अंकित किए गए थे।

> महमूद के दरबार में **अलबरूनी, फिरदौसी, उत्बी** एवं **फरुंखी** आदि विद्वान थे। इसी के दरबार में फिरदौसी ने **शाहनामा** की रचना की। अलबरूनी, महमूद के आक्रमण के समय भारत आया, जिसकी प्रसिद्ध पुस्तक **किताब-उल-हिन्द** तत्कालीन इतिहास जानने का महत्त्वपूर्ण साधन है। इसमें भारतीय गणित, इतिहास, भूगोल, खगोल दर्शन आदि की समीक्षा की गई है।

महमूद गजनवी के आक्रमण के बाद भारत की स्थिति

- भारत का उत्तरी भाग महमूद गजनवी के आक्रमण के पश्चात् असुरक्षित हो गया।
- महमूद गजनवी ने भारत के उत्तर-पश्चिम हिन्दूशाही साम्राज्यों को समाप्त कर, अन्य आक्रमणकारियों के लिए मार्ग का निर्माण किया, जो भविष्य में अनेक आक्रमणकारियों का प्रमुख मार्ग रहा।
- महमूद गजनवी के आक्रमण ने भारत की अर्थव्यवस्था को प्रत्यक्ष रूप से प्रभावित किया, क्योंकि उसने भारत की अपार धन-सम्पदा को लूटा था।
- महमूद गजनवी के आक्रमण का सबसे प्रमुख प्रभाव यह रहा कि भारत के बहुत से हिन्दू शासकों ने मुस्लिम धर्म को स्वीकार किया, जिसने भारत में मुस्लिम धर्म के प्रसार को अग्रसित किया।

मुइजुद्दीन मुहम्मद गौरी

- **मुइजुद्दीन मुहम्मद बिन साम** को भारत में मुस्लिम वंश का वास्तविक संस्थापक माना जाता है, जिसे शहाबुद्दीन मुहम्मद गौरी अथवा **गौर वंश का मुहम्मद** भी कहा जाता है।
- यह सत्य है कि मुहम्मद बिन कासिम पहला आक्रमणकारी था, किन्तु अल्पायु में मृत्यु के कारण वह भारत में मुस्लिम साम्राज्य स्थापित करने मे असफल रहा।
- महमूद गजनवी ने भी भारत पर कई आक्रमण किए, किन्तु वह भी भारत में साम्राज्य निर्माण में असफल रहा। वस्तुतः मुहम्मद गौरी को भारत में मुसलमान साम्राज्य को स्थापित करने का श्रेय दिया जाता है।
- गौरी वंश का उदय 12वीं शताब्दी में हुआ। महमूद गजनवी के अधीन गौर एक पहाड़ी राज्य था। मुहम्मद गौरी 1173 ई. में यहाँ का शासक चुना गया।
- मुहम्मद गौरी गजनी का शासक होने के कारण **पंजाब** को अपने राज्य का भाग मानता था। इस समय पंजाब का शासन गजनी वंश के शासक खुसरव मलिक के हाथ में था। पंजाब को भारत का सिंह द्वार कहा जाता था, अतः इस पर आक्रमण करना उसके लिए आवश्यक हो गया।
- मुहम्मद गौरी ने 1175 से 1205 ई. के मध्य भारत में साम्राज्य स्थापित करने के लिए विभिन्न आक्रमण किए।

मुहम्मद गौरी के दास

- ताजुद्दीन यल्दौज (गजनी)
- कुतुबद्दीन ऐबक (लाहौर, दिल्ली) दिल्ली सल्तनत की स्थापना
- नासिरुद्दीन कुबाचा (उच्छ, मुल्तान)
- बख्तियारुद्दीन खिलजी (बंगाल)

भारत पर मुहम्मद गौरी के आक्रमण

- भारत पर मुहम्मद गौरी का प्रथम आक्रमण 1175 ई. में **मुल्तान** पर हुआ। उस समय मुल्तान पर करमाथी जाति के शासक (मुस्लिम) थे।
- 1178 ई. में गौरी ने पाटन (गुजरात) पर आक्रमण किया, किन्तु गुजरात के शासक **भीम द्वितीय** ने उसे आबू पर्वत की तलहटी में **अन्हिलवाड़ा** के युद्ध में पराजित किया। भारत में यह मुहम्मद गौरी की पहली पराजय थी।
- 1179 ई. में उसने पेशावर पर आक्रमण किया तथा उस पर अपना अधिकार स्थापित किया। 2 वर्ष बाद अर्थात वर्ष 1982 में उसने लाहौर (पंजाब) पर आक्रमण किया, जिसमें खुसरव मलिक ने गौरी को बहुमूल्य भेंट देकर अपनी रक्षा की। मुहम्मद गौरी ने 1185 ई. में सियालकोट को विजित किया।
- मुहम्मद गौरी ने 1185 ई. में पुनः लाहौर के शासक **खुसरव** को बन्दी बनाकर लाहौर को भी जीत लिया।
- मुहम्मद गौरी द्वारा 1189 ई. में भटिण्डा के दुर्ग पर आक्रमण किया गया। उस समय भटिण्डा का शासन **पृथ्वीराज चौहान** के संरक्षण में था, जिससे पृथ्वीराज चौहान को अत्यन्त पीड़ा पहुँची, जो तराइन के युद्ध के प्रमुख कारणों में से एक कारण बना।
- 1191 ई. में भटिण्डा के निकट तराइन का प्रथम युद्ध गौरी और पृथ्वीराज चौहान के मध्य हुआ, जिसमें मुहम्मद गौरी पराजित हुआ। मुहम्मद गौरी की भारत में यह दूसरी पराजय थी।

> तराइन के प्रथम युद्ध में पराजित होने के बाद मुहम्मद गौरी गजनी लौट गया, लेकिन 1192 ई. में वह पुनः तराइन आ पहुँचा। 1192 ई. में तराइन का द्वितीय युद्ध प्रारम्भ हुआ। एक बड़ी सेना के साथ पृथ्वीराज चौहान ने गौरी का सामना किया, किन्तु वह गौरी से पराजित हो गया। तराइन के युद्धों का विवरण **मिनहाज-उस-सिराज** में मिलता है।

- गौरी ने द्वितीय तराइन युद्ध के पश्चात् दिल्ली को राजधानी बनाकर हांसी, समाना, मेरठ तथा अलीगढ़ पर अधिकार किया।
- 1194 ई. में मुहम्मद गौरी ने कन्नौज के शासक **जयचन्द** पर आक्रमण किया तथा चन्दावर के युद्ध में उसे पराजित किया। जयचन्द की पराजय के उपरान्त उसकी हत्या कर दी गई।
- 1205 ई. में मुहम्मद गौरी का अन्तिम मुकाबला **खोखरों** से हुआ। मुहम्मद गौरी जब वापस गजनी जा रहा था, तो मार्ग में **दमयक** नामक स्थान पर 15 मार्च, 1206 को उसकी हत्या कर दी गई। 1206 ई. में मुहम्मद गौरी की मृत्यु के पश्चात् उसके गुलाम ऐबक ने भारत में नए वंश की नींव रखी, जिसे **गुलाम वंश** (ममलूक वंश) कहा गया।
- मुहम्मद गौरी के दूसरे गुलाम यल्दौज को गजनी का उत्तराधिकारी नियुक्त किया गया था।

> मुहम्मद गौरी के सेनापति **बख्तियार खिलजी** ने बंगाल व बिहार में लूट की व उसने **नालन्दा** एवं **विक्रमशिला** विश्वविद्यालयों को जला दिया।

मुहम्मद गौरी की उपलब्धियाँ

- मुहम्मद गौरी में महमूद गजनवी जैसी प्रतिभा नहीं थी, तथापि राजनैतिक सुधारों में वह महमूद गजनवी से अधिक योग्य था।
- मुहम्मद गौरी ऐसा साम्राज्य स्थापित करने में सफल हुआ, जो शताब्दियों तक स्थायी बना रहा।
- शेख मुइनुद्दीन चिश्ती, मुहम्मद गौरी के साथ भारत आए थे, जिन्होंने भारत में **चिश्ती सम्प्रदाय** की नींव रखी थी।
- मुहम्मद गौरी द्वारा प्रसारित मुद्रा पर एक ओर **कलमा** तथा दूसरी ओर **लक्ष्मी** की आकृति अंकित थी।

तुर्की विजय का भारत पर प्रभाव

- तुर्की आक्रमण के कारण भारत में **बहु-राजतन्त्र की समाप्ति** का मार्ग प्रशस्त हो गया।
- तुर्की विजय के पश्चात् भारत में सामन्तवाद के अन्त के साथ केन्द्रीकृत निरंकुश प्रणाली का उदय हुआ था।
- तुर्की विजय का भारत की अर्थव्यवस्था पर भी प्रत्यक्ष प्रभाव पड़ा, जिसके कारण शहरी अर्थव्यवस्था का भारत में उदय हुआ, जिसने एक ऐसे बाजार की परिकल्पना की, जहाँ मुद्रा का एकसमान मूल्य था।
- तुर्की विजय के पश्चात् भारतीय सेनाओं के व्यवसायों में भी परिवर्तन हुआ। अब सामन्ती सेना के स्थान पर स्थायी सेना को रखा गया, जिसने सैनिकों की भर्तियों को विभिन्न क्षेत्रों में सुनिश्चित किया।
- तुर्की विजय के पश्चात् **फारसी भाषा** को प्रशासन की भाषा के रूप में स्वीकृत किया गया।
- तुर्की विजय ने भारत में प्रचलित जाति व्यवस्था को समाप्त करने का कार्य प्रारम्भ किया। अब जो लोग जाति व्यवस्था के विरोध में थे, वे सुल्तान के समर्थक बन गए।
- तुर्कों की **नई प्रौद्योगिकी** ने भारतीय अर्थव्यवस्था में सकारात्मक परिवर्तन किया।
- उत्तर भारत पर तुर्कों की विजय का एक और प्रभाव पड़ा, जिसे प्रोफेसर मुहम्मद हबीब ने **नगरीय क्रान्ति** का नाम दिया था।

प्रीलिम्स फैक्ट्स

- भारत पर पहला सफल मुस्लिम आक्रमण कब हुआ था? ***– 712 ई. में*** *[UPPSC (Pre) 1991]*
- मुहम्मद बिन कासिम था ***– एक अरब आक्रमणकारी*** *[UPPSC (Pre) 1992]*
- भारत की जनता के सन्दर्भ में 'हिन्दू' शब्द का प्रथम बार प्रयोग किसने किया था? ***– अरबों ने*** *[IAS (Pre) 1995]*
- चचनामा के अनुसार, छठी और सातवीं शताब्दी में सिन्धु देश की राजधानी क्या थी? ***– अरोड़*** *[MPPSC (Pre) 2021]*
- धंग, विद्याधर, जयशक्ति तथा डंग जैसे चन्देल शासकों में से कौन महमूद गजनवी से पराजित नहीं हुआ था? ***– विद्याधर*** *[UPPSC (Pre) 1991]*
- महमूद गजनवी के हमले के बाद किसने सोमनाथ मन्दिर का पुनर्निर्माण कराया था? ***– भीमदेव*** *[JKPSC (Mains) 2016]*
- गजनवी के आक्रमण के समय आधुनिक हरियाणा के क्षेत्र में किस वंश का शासन था? ***– तोमर राजवंश का*** *[HPSC (Pre) 2021]*
- मुहम्मद बिन कासिम, शेरशाह, अकबर तथा महमूद गजनवी में से किस शासक ने संस्कृत मुद्रालेख के साथ चाँदी के सिक्के निर्गत किए? ***– महमूद गजनवी*** *[UPPSC (Pre) 2000]*
- महमूद गजनवी का दरबारी इतिहासकार कौन था? ***– उत्बी*** *[UPPSC (Pre) 1991]*
- पुराणों का अध्ययन करने वाला प्रथम मुसलमान कौन था? ***– अलबरूनी*** *[UPPSC (Pre) 2002]*
- किस अरब लेखक ने कलचुरी शासक गांगेयदेव और उसकी राजधानी त्रिपुरी का विवरण दिया था? ***– अल-बरूनी*** *[MPPSC (Pre) 2023]*
- शाहनामा ग्रन्थ का लेखक कौन था? ***– फिरदौसी*** *[MPPSC (Pre) 2015]*
- महमूद गजनवी के साथ भारत आने वाला मुस्लिम विद्वान कौन था? ***– अलबरूनी*** *[UKPSC (Pre) 2019]*
- 'किताब-उल-हिन्द' रचना के प्रसिद्ध लेखक का क्या नाम था? ***– अलबरूनी*** *[RAS/RTS (Pre) 2010]*
- ''तहकीक-ए-हिन्द'' पुस्तक के लेखक कौन हैं? ***– अल-बरूनी*** *[MPPSC (Pre) 2023]*
- मध्य एशिया के किस शासक ने 1192 ई. में उत्तर भारत को जीता? ***– शाहबुद्दीन मुहम्मद गौरी*** *[UPPSC (Pre) 1995, 2004]*
- मुहम्मद गौरी को सबसे पहले किस भारतीय शासक ने पराजित किया था? ***– भीम द्वितीय ने (1178 ई. में)*** *[UPPSC (Pre) 1990]*
- वह कौन-सा युद्ध था, जिसमें भारत में मुस्लिम शक्ति की स्थापना हुई थी? ***– तराइन का द्वितीय युद्ध*** *[UPPSC (Pre) 1995]*
- मुहम्मद गौरी ने जयचन्द को किस युद्ध में पराजित किया था? ***– चन्दावर का युद्ध (1194 ई.)*** *[UPPSC (Pre) 2008]*
- भारत में मुहम्मद गौरी ने किसे प्रथम इक्ता प्रदान किया था? ***– कुतुबुद्दीन ऐबक*** *[BPSC (Pre) 1994]*
- किस मुस्लिम शासक के सिक्कों पर देवी लक्ष्मी की आकृति बनी है? ***– मुहम्मद गौरी*** *[UKPSC (Pre) 2006]*
- मुहम्मद गौरी के किस दास ने बंगाल एवं बिहार पर विजय प्राप्त की? ***– बख्तियार खिलजी*** *[BPSC (Pre) 2016]*
- चंगेज खां, महमूद गजनवी, मुहम्मद गौरी तथा तैमूर का सही कालक्रम है ***– महमूद गजनवी-मुहम्मद गौरी-चंगेज खां-तैमूर*** *[UPPSC (Mains) 2008]*
- भारत पर तुर्की आक्रमण की सफलता का एक प्रमुख कारण था ***– उत्तरी भारत में राजनीतिक एकता का अभाव*** *[UPPSC (Pre) 2018]*

सेल्फ चैक

1. भारत पर प्रथम मुस्लिम आक्रमण किस वर्ष हुआ?
(a) 647 ई. (b) 1013 ई.
(c) 712 ई. (d) इनमें से कोई नहीं

2. चचनामा के अनुसार, छठी और सातवीं शताब्दी में सिन्ध देश की राजधानी क्या थी? **MPPSC (Pre) 2021**
(a) देवल (b) अरोड़ (c) लोदवा (d) बाड़मेर

3. भारत पर अरब आक्रमण के सम्बन्ध में कौन-सा कथन सत्य नहीं है?
(a) अरबों ने सर्वप्रथम सिन्ध पर आक्रमण किया।
(b) सिन्ध भारत का पश्चिमोत्तर प्रान्त था।
(c) भारत पर पहला अरब आक्रमण 712 ई. में हुआ था।
(d) अरब सिन्ध को जीतने में सफल नहीं हुए।

4. निम्नलिखित में से किसने महमूद गजनवी के आक्रमण के बाद सोमनाथ मन्दिर का पुनर्निर्माण कराया था? **JKPSC (mains) 2016**
(a) भीमराव प्रथम (b) भीमदेव
(c) मूलराज (d) जयसिंह सिद्धिराज

5. अरब आक्रमण के सम्बन्ध में निम्नलिखित कथनों पर विचार कीजिए
1. राजस्थान के स्थानीय शासकों ने अरबों को आगे बढ़ने से रोक दिया था।
2. अरब के लोग केवल विजेता बनकर ही भारत में आए थे।
3. अरबों ने पश्चिम भारत में बस्तियाँ स्थापित कीं।
उपरोक्त कथनों में से कौन-सा/से कथन सत्य है/हैं?
(a) केवल 3 (b) 1 और 2 (c) 1 और 3 (d) 1, 2 और 3

6. 'शाहनामा' ग्रन्थ का लेखक कौन था? **MPPSC (Pre) 2015**
(a) उत्बी (b) फिरदौसी (c) अलबरूनी (d) बरनी

7. महमूद गजनवी के साथ भारत आने वाला मुस्लिम विद्वान कौन था? **UKPSC (Pre) 2010**
(a) इब्नबतूता (b) अलबरूनी
(c) अमीर खुसरो (d) फरिश्ता

8. निम्नलिखित कथनों में से कौन अलबरूनी के सम्बन्ध में सही नहीं है? **UPPSC (Pre) 2014**
(a) वह एक धर्मनिरपेक्ष लेखक था।
(b) उसका ग्रन्थ उस समय के जीवन्त भारत से प्रभावित था।
(c) वह संस्कृत का विद्वान था।
(d) वह त्रिकोणमिति का विशेषज्ञ था।

9. युद्ध, जिसमें भारत में मुस्लिम शक्ति की स्थापना हुई
(a) तराइन का प्रथम युद्ध (b) तराइन का द्वितीय युद्ध
(c) पानीपत का प्रथम युद्ध (d) पानीपत का द्वितीय युद्ध

10. 1194 ई. के चन्दावर के युद्ध में मुहम्मद गौरी ने किसे हराया था? **MPPSC (Pre) 2017**
(a) कुमारपाल (b) जयचन्द
(c) गोविन्दराज (d) भीम द्वितीय

11. निम्न में से किस मुस्लिम शासक के सिक्कों पर देवी लक्ष्मी की आकृति बनी हुई थी?
(a) मुहम्मद गौरी
(b) अलाउद्दीन खिलजी
(c) अकबर
(d) उपरोक्त में से कोई नहीं

12. मुहम्मद गौरी के किस दास ने बंगाल एवं बिहार पर विजय प्राप्त की? **BPSC (Pre) 2016**
अथवा बिहार का प्रथम मुस्लिम विजेता कौन था?
(a) कुतुबुद्दीन ऐबक (b) इल्तुतमिश
(c) बख्तियार खिलजी (d) यल्दौज

13. **कथन** (A) महमूद गजनवी ने भारत पर 17 बार आक्रमण किया।
कारण (R) वह भारत मे स्थायी मुस्लिम शासन की स्थापना करना चाहता था।
कूट
(a) A और R दोनों सही हैं तथा R, A की सही व्याख्या है।
(b) A और R दोनों सही हैं, परन्तु R, A की सही व्याख्या नहीं है।
(c) A सही है, किन्तु R गलत है।
(d) A गलत है, किन्तु R सही है।

14. निम्नलिखित नामों को कालानुक्रम में व्यवस्थित करें व नीचे दिए गए कूट से सही उत्तर चुने
1. चंगेज खाँ 2. महमूद गजनवी
3. मुहम्मद गौरी 4. तैमूर
कूट
(a) 1, 2, 3, 4 (b) 2, 3, 1, 4
(c) 3, 4, 1, 2 (d) 4, 1, 2, 3

15. निम्न कथनों पर विचार कीजिए और नीचे दिए गए कूटों की सहायता से सही उत्तर चुनिए
कथन (A) भारत पर तुर्की आक्रमण सफल हुए।
कारण (R) उत्तर भारत में राजनीतिक एकता नहीं थी।
कूट
(a) A और R दोनों सही हैं तथा R, A की सही व्याख्या है।
(b) A और R दोनों सही हैं, परन्तु R, A की सही व्याख्या नहीं है।
(c) A सही है, किन्तु R गलत है।
(d) A गलत है, किन्तु R सही है।

जानें सही उत्तर

1. (d)	**2.** (b)	**3.** (d)	**4.** (b)	**5.** (c)	**6.** (b)	**7.** (b)	**8.** (a)	**9.** (b)	**10.** (b)
11. (a)	**12.** (c)	**13.** (c)	**14.** (b)	**15.** (a)					

● अध्याय पन्द्रह

दिल्ली सल्तनत

"

1206-1526 ईस्वी तक की अवधि के दौरान दिल्ली की शासन-व्यवस्था में एक इस्लामी साम्राज्य स्थापित किया गया, जिसे दिल्ली सल्तनत के नाम से जाना गया। इन 320 वर्षों की अवधि में क्रमशः पाँच राजवंशों ने शासन किया, जिन्हें ममलूक (गुलाम), खिलजी, तुगलक, सैय्यद एवं लोदी वंश के नाम से जाना जाता है। इनमें से प्रारम्भिक तीन वंश तुर्की, सैय्यद वंश अरबी एवं लोदी वंश अफगान से सम्बन्धित थे।

गुलाम वंश

- गुलाम वंश को **ममलूक** एवं **इल्बरी वंश** के नाम से भी जाना जाता है। तुर्क शासकों को, जिन्होंने भारत पर शासन किया, उन्हें फारसी इतिहासकार द्वारा मुइज्जी, कुतबी, शम्सी और बलबनी वंशों में विभाजित किया गया।
- आधुनिक इतिहासकारों ने इन्हें पठान, गुलाम वंश, आरम्भिक तुर्क, ममलूक वंश और इल्बारी वंश आदि के नाम से सम्बोधित किया है। इतिहासकारों ने 1206 से 1290 ई. तक दिल्ली सल्तनत पर शासन करने वाले शासकों को **गुलाम वंश** का नाम दिया है।

दिल्ली सल्तनत

गुलाम वंश (ममलूक वंश)	खिलजी वंश	तुगलक वंश	सैय्यद वंश	लोदी वंश
कुतुबुद्दीन ऐबक (1206-1210 ई.)	जलालुद्दीन खिलजी (1290-1296 ई.)	ग्यासुद्दीन तुगलक शाह प्रथम (1320-1325 ई.)	खिज्र खाँ (1414-1421 ई.)	बहलोल लोदी (1451-1489 ई.)
इल्तुतमिश (1210-1236 ई.)	अलाउद्दीन खिलजी (1296-1316 ई.)	मुहम्मद बिन तुगलक (1325-1351 ई.)	मुबारकशाह (1421-1434 ई.)	सिकन्दर लोदी (1489-1517 ई.)
रजिया सुल्तान (1236-1240ई.)	शाहबुद्दीन उमर (1316 ई.) (35 दिन)	फिरोजशाह तुगलक (1351-1388 ई.)	मुहम्मदशाह (1434-1445 ई.)	इब्राहिम लोदी (1517-1526 ई.)
गयासुद्दीन बलबन (1265-1286 ई.)	कुतुबुद्दीन मुबारक शाह खिलजी (1316-1320 ई.)	नासिरुद्दीन मुहम्मद (1394-1412 ई.)	अलाउद्दीन आलमशाह 1445-1476 ई.)	
कैकुबाद (1287-1290 ई.)	नासिरुद्दीन खुसरो शाह (15 अप्रैल से 7 सितम्बर, 1320			
शमसुद्दीन क्यूमर्स (मार्च, 1290 से जून, 1290)				

कुतुबुद्दीन ऐबक (1206-1210 ई.)

- कुतुबुद्दीन ऐबक को भारत में तुर्की राज्य का संस्थापक माना जाता है। ऐबक एक तुर्की शब्द है, जिसका अर्थ होता है-चन्द्रमा का देवता। कुतुबुद्दीन ऐबक ने अपनी पुत्री का विवाह इल्तुतमिश से और अपनी बहन का विवाह नासिरुद्दीन कुबाचा के साथ किया तथा स्वयं ने एल्दौज की पुत्री के साथ विवाह किया। कुतुबुद्दीन ऐबक मुहम्मद गौरी का दास था।
- मुहम्मद गौरी ने उसे अमीर-ए-अखूर (शाही अस्तबल का प्रधान) नियुक्त किया। इसी अधिकार से उसने गौरी के साथ अभियानों में भाग लिया। तराइन के युद्ध के पश्चात् मुहम्मद गौरी द्वारा ऐबक को भारत में विजित प्रदेशों का प्रभारी नियुक्त किया गया। मुहम्मद गौरी की मृत्यु के पश्चात् उसका राज्याभिषेक 25 जून, 1206 को लाहौर में हुआ।
- उसने लाहौर को अपनी राजधानी बनाई। तराइन के द्वितीय युद्ध के बाद गौरी ने ऐबक को अपने विजित प्रदेशों का प्रबन्धक नियुक्त किया। इन क्षेत्रों पर नियन्त्रण स्थापित करने के लिए ऐबक ने दिल्ली के समीप इन्द्रप्रस्थ को अपना मुख्यालय बनाया।
- गौरी की मृत्यु के बाद ऐबक ने शासन अपने हाथ में ले लिया। ऐबक ने **मलिक** और **सिपाहसरलार** की उपाधियों से शासन प्रारम्भ किया, उसने सुल्तान की पदवी धारण नहीं की।
- 1208 ई. में ऐबक दासत्व से मुक्त हुआ। दासत्व से मुक्ति-पत्र मुहम्मद गौरी के भतीजे गयासुद्दीन महमूद ने प्रदान की थी।

> ऐबक को उसकी उदारता के कारण लाखबख्श व पीलबख्श अर्थात् लाखों का दानी कहा जाता है।

- हसन निजामी और फख्र मुदव्विर उसके दरबार के प्रमुख विद्वान थे।

कुतुबुद्दीन ऐबक द्वारा किए गए निर्माण कार्य

- ऐबक ने दिल्ली के महरौली में कुव्वत-उल-इस्लाम मस्जिद का निर्माण करवाया। पहले यह एक जैन मन्दिर था, जिसे बाद में विष्णु मन्दिर में परिवर्तित कर दिया गया था। उसने अजमेर में अढ़ाई दिन का झोपड़ा (पूर्व में यह विग्रहराज बीसलदेव चतुर्थ द्वारा निर्मित एक संस्कृत महाविद्यालय था) नामक मस्जिद का निर्माण करवाया।
- दिल्ली में किला-ए-राय पिथौरा के निकट एक नगर की स्थापना की, जो दिल्ली में प्राचीनतम 7 नगरों में माना जाता है। 1199 ई. में सूफी सन्त **ख्वाजा कुतुबुद्दीन बख्तियारुद्दीन काकी** के सम्मान में इसने कुतुबमीनार का निर्माण शुरू करवाया था, जिसे इल्तुतमिश ने पूर्ण करवाया।

> 1210 ई. में चौगान (आधुनिक पोलो) खेलते समय घोड़े से अचानक गिर जाने के कारण ऐबक की मृत्यु हो गई। ऐबक ने अपने साम्राज्य के सुदृढ़ीकरण करने के अन्तर्गत एल्दौज एवं कुबाचा से कुशलतापूर्वक राजनीतिक समझौता कर लिया था।

आरामशाह (1210 ई.)

- कुतुबुद्दीन ऐबक की मृत्यु होने पर लाहौर के अमीरों ने उसके अयोग्य पुत्र आरामशाह को सुल्तान घोषित किया। वह आठ माह तक सुल्तान रहा।
- शीघ्र ही बदायूँ के गवर्नर इल्तुतमिश की सेना ने उसे जड़(JUD) के मैदान में पराजित कर मार डाला। इस प्रकार इल्बरी वंश का शासन प्रारम्भ हुआ।

इल्तुतमिश (1210-1236 ई.)

- इल्तुतमिश एक इल्बरी तुर्क था। ऐबक की मृत्यु के समय इल्तुतमिश बदायूँ का सूबेदार था। इल्तुतमिश पहला ऐसा सुल्तान था, जिसने सुल्तान पद की स्वीकृति खलीफा से प्राप्त की। इल्तुतमिश शम्सी वंश का शासक था, जिसके कारण नए वंश का नाम शम्सी वंश पड़ा। ऐबक के विपरीत इसने अपनी राजधानी लाहौर को न बनाकर दिल्ली को बनाया था।
- इल्तुतमिश को दिल्ली सल्तनत का वास्तविक संस्थापक माना जाता है।

> ऐबक ने 1197 ई. में इल्तुतमिश को दिल्ली में एक लाख जीतल में खरीदा था। इसे गुलामों का गुलाम भी कहा जाता है।

- राज्यारोहण के समय इल्तुतमिश के सम्मुख (राजपूत राजाओं का स्वतन्त्र होना, मंगोल आक्रमण, कुबाचा की विस्तार नीति) अनेक समस्याएँ थीं, जिनका उसने सामना किया और उचित अवसरों पर उन्हें हल किया।

इल्तुतमिश के द्वारा किए गए युद्ध

इल्तुतमिश के द्वारा किए गए युद्धों का वर्णन निम्न है

एल्दौज से युद्ध

- इल्तुतमिश के शासक बनने के साथ ही एल्दौज ने भारत पर अपनी सम्प्रभुता का दावा पेश किया। इल्तुतमिश ने कूटनीति से कार्य लिया और उसने एल्दौज की नाममात्र की प्रभुसत्ता स्वीकार कर ली।
- 1215 ई. में ख्वारिज्म के शाह से पराजित होकर एल्दौज लाहौर आया और पंजाब पर अधिकार कर कुबाचा को वहाँ से भगा दिया। इल्तुतमिश ने तराइन के ऐतिहासिक मैदान में एल्दौज को पराजित कर बन्दी बना लिया।

कुबाचा से युद्ध

- 1216-17 ई. में इल्तुतमिश ने कुबाचा पर आक्रमण किया, परन्तु उसकी शक्ति को पूर्णत: समाप्त नहीं कर पाया। अत: 1228 ई. में उसने कुबाचा पर पुन: आक्रमण किया, जिसमें कुबाचा पराजित हुआ।
- पराजय से लज्जित होकर कुबाचा ने सिन्धु नदी में डूबकर आत्महत्या कर ली। तत्पश्चात् इल्तुतमिश ने मुल्तान और उच्छ को दिल्ली सल्तनत में मिला लिया।

बंगाल विद्रोह

- ऐबक की मृत्यु के पश्चात् अलीमर्दान खाँ ने बंगाल में अपनी स्वतन्त्रता की घोषणा कर दी। 1221 ई. में खिलजी सरदार हिसामुद्दीन इवाज ने उसकी हत्या कर दी और **गयासुद्दीन** की उपाधि धारण की। इल्तुतमिश बंगाल की ओर बढ़ा, परन्तु इवाज ने उसकी अधीनता स्वीकार कर ली।

- इल्तुतमिश ने **मलिक जानी** को बिहार का सूबेदार नियुक्त किया, लेकिन इवाज ने मलिक जानी को बाहर निकाल दिया। इल्तुतमिश के पुत्र महमूद ने 1226 ई. में इवाज को पराजित किया, लेकिन 1230-31 ई. में ही अन्तिम रूप से बंगाल को जीता जा सका। इसके पश्चात् इल्तुतमिश ने इस विद्रोह को स्वयं समाप्त कर दिया।

दिल्ली के अमीर विद्रोह का दमन

इल्तुतमिश को दिल्ली के अमीर द्वारा मान्यता प्राप्त नहीं हुई थी, जिसका प्रमुख कारण अमीरों द्वारा इल्तुतमिश को पसन्द न करना था। अत: इल्तुतमिश ने अमीर का दमन कर सैनिक जागीरदारों को अपने नियन्त्रण में लिया।

चालीस गुलाम सरदारों के गुट का संगठन

इल्तुतमिश ने चालीस गुलाम सरदारों के एक गुट का गठन किया और इस संगठन का नाम **तुर्कान-ए-चहलगानी** रखा गया। इस संगठन के सभी 40 सदस्यों को राज्य में प्रतिष्ठित पद प्रदान किए गए।

इल्तुतमिश द्वारा किए गए प्रमुख कार्य

इल्तुतमिश के द्वारा किए गए प्रमुख कार्यों का वर्णन निम्न प्रकार है

- इल्तुतमिश ने प्रशासन तन्त्र को नियमित आधार पर संगठित किया और किलों में सैनिकों की नियुक्ति की तथा राजस्व व प्रशासनिक अधिकारी नियुक्त किए।
- इल्तुतमिश ने देश को एक राजधानी, स्वतन्त्र राज्य, राजतन्त्रीय प्रशासन और शासक वर्ग प्रदान किया।
- इल्तुतमिश ने शुद्ध अरबी भाषा के चाँदी के **टंके** जारी किए, जिनका भार 175 ग्रेन था।
- इल्तुतमिश के दरबार में **ताजुद्दीन दबीर, रूहानी, मिन्हाज-उस-सिराज** जैसे विद्वान रहते थे। मिनहाज ने तबकात-ए-नासिरी की रचना की थी, जिसे आरम्भिक मध्यकालीन इतिहास का ज्ञान होता है।

इल्तुतमिश ने अपने साम्राज्य में न्याय व्यवस्था सुधारने के लिए दो शेरों की मूर्तियाँ बनवाकर उसमें घण्टियाँ लगवाईं। उन घण्टियों को बजाकर सामान्यतया कोई भी न्याय माँग सकता था। न्याय माँगने के समय **लाल रंग** का वस्त्र धारण किया जाता था।

- इल्तुतमिश ने कुतुबुद्दीन ऐबक द्वारा प्रारम्भ किए गए कुतुबमीनार के निर्माण को भी पूर्ण करवाया। उसने अपने पुत्र नासिरुद्दीन की स्मृति में **सुल्तानगढ़ी का मकबरा** निर्मित किया।

इसके अतिरिक्त उसने मुहम्मद गौरी की स्मृति में **मदरसा-ए-मुइज्जी** तथा अपने पुत्र की स्मृति में **नासिरी मदरसा** निर्मित किया।

इल्तुतमिश ने **इक्ता व्यवस्था** को भारत में संगठित किया। इसने मुल्तान से लेकर लखनौती तक का क्षेत्र विभाजित कर दिया।

इल्तुतमिश की मृत्य के पश्चात् उत्तराधिकार से सम्बन्धित युद्ध

- इल्तुतमिश की मृत्यु के पश्चात् (लगभग 30 वर्ष) अनिश्चितता का काल था, क्योंकि इस काल में लगभग पाँच शासकों ने शासन किया, परन्तु उनका कोई विशेष प्रभाव नहीं रहा, जिस कारण उन्हें हटा दिया गया था।
- इल्तुतमिश ने रजिया के साहस, बुद्धिमत्ता और प्रशासन के गुण के कारण उसे अपना उत्तराधिकारी नियुक्त किया था, परन्तु इल्तुतमिश की मृत्यु के पश्चात् तुर्क अमीरों ने इल्तुतमिश के पुत्र रुकनुद्दीन फिरोजशाह को गद्दी पर बैठा दिया।
- फिरोज एक अयोग्य शासक था, जिसके कारण उसकी माँ शाह तुर्कान ने सम्पूर्ण शक्ति स्वयं के अधीन केन्द्रित कर ली।
- राज्य में फैली अव्यवस्था का लाभ उठाकर रजिया ने लाल वस्त्र धारण कर दिल्ली की जनता से न्याय माँगा। जनता ने रजिया का समर्थन किया, तत्पश्चात रुकनुद्दीन फिरोज को बन्दी बना लिया गया और रजिया दिल्ली की गद्दी पर आसीन हो गई।

रजिया सुल्तान (1236-1240 ई.)

- रजिया नवम्बर, 1236 में शासिका बनी। उसका विरोध प्रसिद्ध तुर्क अमीरों ने किया, जिनमें निजाम-उल-मुल्क जुनैदी, मलिक अलाउद्दीन जानी, मलिक सैफुद्दीन कूची, कबीर खाँ अयाज और मलिक ईजुद्दीन सलारी प्रमुख थे।

सुल्तान की शक्ति एवं सम्मान में वृद्धि करने के लिए रजिया ने पर्दा प्रथा का त्याग किया तथा वह पुरुषों के समान **कुबा** (कोट) और **कुलाह** (टोपी) पहनकर दरबार में बैठती थी तथा शासन का कार्य भी वह स्वयं सम्भालती थी।

- **एल्तगीन** को रजिया ने बदायूँ का इक्तादार और उसके पश्चात् अमीर-ए-हाजिब का महत्त्वपूर्ण पद दिया तथा अल्तूनिया को सरहिन्द (भटिण्डा) का इक्तादार नियुक्त किया। एक अबीसीनियाई हब्शी अफसर **जलालुद्दीन याकूत,** जिसके प्रति वह विशेष अनुराग रखती थी, को **अमीर-ए-आखूर** (अश्वशाला का प्रधान) नियुक्त किया।
- 1240 ई. में सरहिन्द के सूबेदार अल्तूनिया ने विद्रोह कर दिया, तत्पश्चात् रजिया ने अल्तूनिया से विवाह कर लिया। अमीरों ने रजिया के भाई बहरामशाह को दिल्ली की गद्दी पर बैठाया।
- दोनों दिल्ली की ओर बढ़े, किन्तु वह बहरामशाह द्वारा पराजित हुई तथा 13 अक्टूबर, 1240 को कैथल के समीप षड्यन्त्रकारी डाकुओं के द्वारा उसकी हत्या कर दी गई।

- **मिन्हाज के अनुसार,** "भाग्य ने उसे पुरुष नहीं बनाया, वरन् उसके समस्त गुण उसके लिए लाभप्रद हो सकते थे। रजिया में वे सभी प्रशंसनीय गुण थे, जो एक सुल्तान में होने चाहिए।"
- **एल्फिन्स्टन के अनुसार,** "यदि रजिया स्त्री न होती, तो उसका नाम भारत के महान शासकों में लिया जाता।"

रजिया की मृत्यु के बाद अनिश्चितता

- रजिया की मृत्यु के बाद मुईजुद्दीन बहरामशाह को शासक बनाया गया, परन्तु अमीरों के षड्यन्त्र के कारण 2 वर्ष के पश्चात् 1242 ई. में उसकी हत्या कर दी गई। इसी के समय सर्वप्रथम नायब-ए-मुमालिकत का पद सृजित किया गया।
- सर्वप्रथम यह पद रजिया के विरुद्ध षड्यन्त्र करने वाले एक नेता एल्तगीन को मिला। 1242 ई. में बहरामशाह की हत्या के बाद अमीरों ने अलाउद्दीन मसूदशाह को सुल्तान बनाया। इसके काल में बलबन नामक एक अमीर शक्तिशाली बन गया। उसने अन्य अमीरों को सहायता से 1246 ई. में मसूदशाह को बन्दी बनाकर इल्तुतमिश के पौत्र नासिरुद्दीन महमूद को सुल्तान बनाया
- नासिरुद्दीन के काल में कुछ थोड़े से समय को छोड़कर शासन सत्ता पूर्णतया उसके नायब बलबन के हाथों में रही। 1249 ई. में उसने बलबन को **उलूग खाँ** की उपाधि प्रदान की और सेना पर पूर्ण नियन्त्रण के साथ नायब-ए-मुमालिकत का पद दिया।
- इसके काल में भारतीय मुसलमानों का एक पृथक् दल बन गया था, जो बलबन का विरोधी था। इसका नेता इमादुद्दीन रिहान था। इसे ही मिनहाजुद्दीन सिराज की **तबकाते-ए-नासिरी** समर्पित है।

> **तारीख-ए-मुबारकशाही** के अनुसार 1265 ई. में नासिरुद्दीन महमूद की मृत्यु होने पर बलबन ने स्वयं को सुल्तान घोषित किया तथा उसका उत्तराधिकारी बना।

बलबन

- बलबन इल्तुतमिश का दास था। वह इल्बरी तुर्क था। यद्यपि बचपन में ही मंगोलों ने उसे दास के रूप में बेच दिया था। बलबन का मूल नाम **बहाउद्दीन** था। उसने 1265 ई. में दिल्ली सल्तनत के शासन की बागडोर अपने अधीन कर ली।
- बलबन दिल्ली सल्तनत का एक ऐसा व्यक्ति था, जो सुल्तान न होते हुए भी सुल्तान के छत्र का उपयोग करता था। उसने स्वयं को ईरानी शहंशाह, अफरासियाब का वंशज कहा था। वह पहला शासक था, जिसने सुल्तान के पद और अधिकारों के बारे में विस्तृत रूप से विचार प्रकट किए। उसने सुल्तान की प्रतिष्ठा को स्थापित करने के लिए **रक्त एवं लौह की नीति** अपनाई।
- बलबन ने **चालीसा दल** का दमन किया। बलबन के शासन की सफलता का मुख्य श्रेय उसका गुप्तचर विभाग था। मंगोलों का मुकाबला करने के लिए उसने सैन्य विभाग **दीवान-ए-अर्ज** की स्थापना की। बलबन के समय दिल्ली का कोतवाल फखरूद्दीन था।

> बलबन ने **सिजदा** (घुटनों के बल बैठकर सुल्तान के सामने शीश झुकाना) और **पाबोस** (पेट के बल लेटकर सुल्तान के चरणो को चूमना) की प्रथा को अपने दरबार में शुरू करवाया, जो मूलत: ईरानी प्रथा थी, जिन्हें गैर-इस्लामी समझा जाता था। इसके अतिरिक्त उसने ईरानी त्योहार **नौरोज प्रथा** भी आरम्भ की।

- 1279 ई. में बंगाल के सूबेदार तुगरिल खाँ ने विद्रोह किया। तुगरिल ने **मुगीसुद्दीन** की उपाधि ग्रहण की और अपने नाम के सिक्के चलाए तथा खुतबा पढ़वाया। बाद में बलबन ने विद्रोह को समाप्त किया तथा विद्रोहियों को मृत्युदण्ड दिया।
- उत्तरी-पश्चिमी सीमाओं पर मंगोलों के आक्रमण से बचने के लिए उसने एक दुर्ग शृंखला का निर्माण कराया तथा अपने ज्येष्ठ पुत्र शाहजादा मुहम्मद को वहाँ का शासन सौंपा, किन्तु मंगोलों (तैमूर) के एक प्रबल आक्रमण का सामना करते हुए शाहजादा मुहम्मद मारा गया।
- बलबन न्याय को सर्वोच्च दायित्व समझता था। वह साधारण व्यक्ति के साथ अन्याय और अत्याचार पर अधिकारियों तथा स्वयं के सम्बन्धियों को भी कठोर दण्ड देता था।
- बलबन ने **दीवान-ए-विजारत** (वित्त विभाग) को सैन्य विभाग से पृथक् कर **दीवान-ए-अर्ज** (सैन्य विभाग) की स्थापना की। विभाग के प्रमुख को **अर्ज-ए-मुमालिक** कहा जाता था।
- बलबन ने इमाद-उल-मुल्क को अपना पहला अर्ज-ए-मुमालिक बनाया। इस विभाग पर सेना की भर्ती, प्रशिक्षण, वेतन एवं रख-रखाव आदि का उत्तरदायित्व होता था।
- बलबन से पहले तुर्की सैनिकों को वेतन के बदले, जो भूमि प्राप्त होती थी, वही सैनिकों के उत्तराधिकारियों को भी प्राप्त होती थी, परन्तु बलबन ने इस व्यवस्था में ऐसा परिवर्तन किया कि उस भूमि पर सैनिकों का केवल जीवित रहने तक ही अधिकार रहता था। सैनिकों की मृत्यु के पश्चात् वह जमीन पुन: राज्य के अधीन हो जाती थी।
- बलबन ने सैनिकों के वेतन में वृद्धि तथा सैनिक कार्य न करने वाले को पेंशन देकर सेवा मुक्त किया।
- गुप्तचरों के प्रमुख अधिकारी को **बरीद-ए-मुमालिक** तथा गुप्तचरों को **बरीद** कहा जाता था। गुप्तचर सीधे सुल्तान से सम्बन्धित होते थे, जिन्हें नकद वेतन दिया जाता था।
- राजपद के विषय में बलबन का विचार भी दैवीय सिद्धान्त के समान था। उसने **जिल्ले इलाही** या **ईश्वर की छाया** की उपाधि धारण ग्रहण की।

> बलबन के अनुसार, सुल्तान पृथ्वी पर ईश्वर का प्रतिनिधि है और उसका स्थान केवल पैगम्बर के पश्चात् है। बलबन ने स्वयं को फिरदौसी के शाहनामा में वर्णित **अफरासियाब वंशज** से सम्बद्ध बताया।

- बलबन का प्रसिद्ध कथन था—"जब भी मैं किसी निम्न कुल के व्यक्ति को देखता हूँ, तो अत्यधिक कुछ होकर मेरा हाथ स्वयं तलवार पर चला जाता है।"
- बलबन के राजत्व सिद्धान्त की दो मुख्य विशेषताएँ थीं
  - सुल्तान का पद ईश्वर के द्वारा प्रदान किया गया है।
  - सुल्तान का निरंकुश होना आवश्यक है।
- शहजादा मुहम्मद की मृत्यु का बलबन के स्वास्थ्य पर नकारात्मक प्रभाव पड़ा, जिस कारण 1286 ई. में बलबन की मृत्यु हो गई।

> बरनी के अनुसार, ''बलबन की मृत्यु से दु:खी हुए मलिकों ने अपने वस्त्र फाड़ डाले और सुल्तान के शव को नंगे पाँव कब्रिस्तान ले जाते समय अपने सिर पर धूल फैंकी तथा 40 दिन का उपवास किया।''

नोट बलबन ने गढ़मुक्तेश्वर की मस्जिद की दीवारों पर उत्कीर्ण लेखों में स्वयं को खलीफा का सहायक कहा है।

बलबन के उत्तराधिकारी

- 1285 ई. में तमर या तिमुर खाँ के नेतृत्व में मंगोल आक्रमण हुआ। इसे रोकने के क्रम में ही बलबन का पुत्र शहजादा मुहम्मद मारा गया। मुहम्मद को **खाने शहीद** की उपाधि मिली।
- पुत्र मुहम्मद की मृत्यु के बाद उसने अपने दूसरे पुत्र **बुगरा खाँ** को लखनौती से बुलाया, किन्तु कुछ समय बाद वह वापस लखनौती लौट गया। अपने पुत्र की सुल्तान पद से उदासीनता के कारण बलबन ने शहजादा मुहम्मद के पुत्र कैखुसरो को सुल्तान घोषित किया, परन्तु उसके विरोधियों द्वारा कैखुसरो की हत्या करवा दी गई।
- बलबन की मृत्यु के पश्चात् उसका पौत्र **कैकुबाद** (1287-90 ई.) दिल्ली सल्तनत का उत्तराधिकारी हुआ।

> कोतवाल **मलिक फखरुद्दीन** ने कैकुबाद को सुल्तान बनाने में प्रमुख भूमिका निभाई।

- जब वह सुल्तान बना, उस समय उसकी आयु मात्र 17 वर्ष थी। उसके दादा बलबन ने उसके जीवन पर कठोर प्रतिबन्ध लगा रखा था। इसके परिणामस्वरूप जब वह सुल्तान बन गया, तो उसने अपनी पुरानी क्षति की पूर्ति के लिए मदिरा व स्त्रियों का अधिक-से-अधिक आनन्द लेना शुरू कर दिया।
- इसके पश्चात् दिल्ली के सुल्तान फखरुद्दीन के दामाद निजामुद्दीन ने सारी शक्ति अपने हाथों में ले ली और सुल्तान उसके अधीन मात्र एक खिलौना बनकर रह गया।
- कैकुबाद के शासनकाल में मंगोलों ने चढ़ाई (आक्रमण) कर दी। गजनी का तमर खाँ उनका सरदार था।
- इस सूचना के पश्चात् कैकुबाद के पिता बुगरा खाँ ने एक विशाल सेना के साथ दिल्ली की ओर कूच किया। उसका उद्देश्य अपने पुत्र का सिंहासन छीनना था। 1288 ई. में बुगरा खाँ अयोध्या में घाघरा के तट तक आ पहुँचा, परन्तु रणक्षेत्र में पिता-पुत्र के मध्य समझौता हो गया।
- इसके कुछ समय पश्चात् कैकुबाद की लकवा ग्रस्तता के कारण मृत्यु हो गई, जिसके पश्चात् शमसुद्दीन क्यूमर्स ने सिंहासन पर आसीन हुआ।
- शमसुद्दीन क्यूमर्स के संरक्षक जलालुद्दीन सुल्तान ने इसे बन्दी बनाकर हत्या करवा दी। इसके पश्चात् खिलजी वंश की स्थापना हुई।

खिलजी वंश (1290-1320 ई.)

- खिलजी वंश की स्थापना **फिरोजशाह खिलजी** ने 1290 ई. में की थी। सत्ता स्थापित करने के बाद उसने जलालुद्दीन की पदवी धारण की। इस वंश के कुल 5 शासकों (जलालुद्दीन फिरोजशाह खिलजी, अलाउद्दीन खिलजी, शिहबुद्दीन उमर, कुतुबुद्दीन मुबारकशाह व नासिरुद्दीन खुसरोशाह) ने 1290 से 1320 ई. तक अर्थात् 30 वर्षों तक शासन किया।
- खिलजियों के हाथ में सत्ता आने से सत्ता में कुलीन तन्त्र का अन्त हो गया तथा सत्ता कुलीन तुर्कों के हाथों से निकलकर निम्नवर्गीय तुर्कों, अफगानों व हिन्दुस्तानी मुस्लिमों के हाथ में आ गई। इसी कारण खिलजी वंश की स्थापना **खिलजी क्रान्ति** के नाम से भी प्रसिद्ध है।

> मुहम्मद हबीब ने तुर्कों के आगमन को **नगरीय क्रान्ति** कहा, परन्तु वे अलाउद्दीन खिलजी के कार्य को **ग्रामीण क्रान्ति** से जोड़ते हैं।

जलालुद्दीन फिरोज खिलजी (1290-1296 ई.)

- जलालदुद्दीन का राजनीतिक उत्कर्ष कैकुबाद (1286-90 ई.) के समय में प्रारंभ हुआ।
- कैकुबाद के समय से ही जलालुद्दीन ने अपनी योग्यता से एक सैनिक के स्तर से उठते हुए सर-ए-जहाँदार (शाही अंगरक्षक) के पद को प्राप्त किया। बाद में वह **समाना का गवर्नर** बना दिया गया।
- मंगोल आक्रमण का सफलतापूर्वक सामना करने के बाद कैकुबाद ने उसे दिल्ली बुलाकर **शाइस्ता खाँ** की उपाधि दी तथा आरिज-ए-मुमालिक (सेना मन्त्री) का पद भी दिया।
- कैकुबाद द्वारा बनवाए गए किलोखरी (कूलागढ़ी) के महल में जलालुद्दीन ने 13 जून, 1290 को अपना राज्याभिषेक करवाया। इसने किलोखरी को अपनी राजधानी बनाया। राज्याभिषेक के समय इसकी आयु 70 वर्ष थी।

> जलालुद्दीन के समय 1292 ई. में अब्दुल्ला के नेतृत्व में मंगोलों ने पंजाब पर आक्रमण कर दिया तथा सुनाम तक पहुँच गए। जलालुद्दीन ने कार्यवाही करते हुए उसे सिन्धु नदी के तट पर परास्त किया। इस पराजय के पश्चात् चंगेज खाँ के एक वंशज उलुग खाँ ने अपने 4000 समर्थकों के साथ इस्लाम स्वीकार कर भारत में ही रहने का निश्चय किया। इनको **नवीन मुसलमान** कहा गया।

- मध्यकाल में उदार नीति को अपनाने वाला पहला शासक जलालुद्दीन फिरोज खिलजी था। **अहस्तक्षेप की नीति** भी इसके द्वारा ही अपनाई गई थी।
- 1296 ई. में अलाउद्दीन ने सुल्तान की अनुमति के बिना दक्षिण भारत स्थित देवगिरि पर आक्रमण किया। इस युद्ध में वहाँ का शासक **रामचन्द्र देव** पराजित हुआ।

> जलालुद्दीन की अनुमति से 1292 ई. में मालवा स्थित भिलसा पर अलाउद्दीन ने आक्रमण किया। इससे प्रसन्न होकर सुल्तान ने उसे अवध की सूबेदारी भी प्रदान की। उसी के समय में ईरानी फकीर **सीदी मौला** को हाथी के पैरों तले कुचला गया था।

- 19 जुलाई, 1296 को जलालुद्दीन अपने भतीजे अलाउद्दीन से मिलने और बधाई देने (देवगिरि आक्रमण के पश्चात्) कड़ा गया। वहाँ उसके भतीजे अलाउद्दीन खिलजी (अली गुर्शास्प) द्वारा छलपूर्वक सुल्तान का वध कर दिया गया।

अलाउद्दीन खिलजी (1296-1316 ई.)

- अली गुर्शास्प, जिसके बाद में **राज्यारोहण** के साथ अलाउद्दीन की उपाधि धारण की, वह जलालुद्दीन के भाई सिहाबुद्दीन का पुत्र था। सिहाबुद्दीन की मृत्यु के पश्चात् इसका पालन-पोषण जलालुद्दीन ने किया था।
- जलालुद्दीन ने राज्यारोहण के बाद उसे **अमीर-ए-तुजुक** के पद पर नियुक्त किया था। मलिक छज्जू के विद्रोह में उसने अपनी योग्यता तथा सैनिक प्रतिभा का परिचय दिया। इससे प्रभावित होकर सुल्तान जलालुद्दीन ने उसे कड़ा-मानिकपुर का सूबेदार नियुक्त किया था।
- अलाउद्दीन खिलजी ने अपने चाचा जलालुद्दीन की कड़ा मानिकपुर में हत्या करके 19 जुलाई, 1296 में स्वयं को सुल्तान घोषित किया तथा **सिकन्दर-ए-सानी** या **सिकन्दर द्वितीय सानी** की उपाधि धारण की थी।
- जलालुद्दीन की मृत्यु के पश्चात् उसकी बेगम मलिका-ए-जहाँ ने अपने छोटे पुत्र कद्र खाँ को रुकनुद्दीन इब्राहिम के नाम से सिंहासन पर बैठा दिया।
- इस सूचना के मिलने पर अलाउद्दीन कड़ा से दिल्ली की ओर आया, परन्तु अलाउद्दीन के दिल्ली आगमन से भय के कारण इब्राहिम खाँ अपनी माता के साथ दिल्ली को छोड़कर मुल्तान भाग गया। इसके पश्चात् अक्टूबर, 1296 में अलाउद्दीन ने स्वयं को विधि-विधान के साथ शासक नियुक्त किया। अलाउद्दीन का राज्याभिषेक दिल्ली में बलबन द्वारा निर्मित लाल महल में किया गया
- **एल्फिन्सटन** के अनुसार, "अलाउद्दीन का शासन गौरवपूर्ण था, अनेक मूर्खतापूर्ण एवं क्रूर नियमों के पश्चात् भी वह सफल शासक था। उसने अपनी शक्ति का प्रयोग उचित तरीके से किया।"

अलाउद्दीन खिलजी का उत्तर में सैन्य अभियान

अलाउद्दीन खिलजी का उत्तर में सैन्य अभियानों का विवरण निम्न है

गुजरात अभियान (1299 ई.)

- गुजरात कृषि एवं व्यापार दोनों ही दृष्टि से एक समृद्ध क्षेत्र था। गुजरात के बन्दरगाहों से घोड़ों का व्यापार होता था। अलाउद्दीन ने **उलूग खाँ** और **नुसरत खाँ** के अधीन एक सेना भेजी। गुजरात के शासक रायकरण बघेल ने अपनी पुत्री देवल देवी के साथ देवगिरि के शासक राजा रामचन्द्र के यहाँ शरण ली।
- इस विजय के पश्चात् अलाउद्दीन खिलजी की सेना ने गुजरात में अत्यधिक लूटपाट की। उनके द्वारा **सोमनाथ मन्दिर** को लूटा गया। दूसरी ओर रायकरण बघेल ने देवगिरि के राजा रामचन्द्र की सहायता से बगलाना क्षेत्र पर अपना अधिकार बनाए रखा।

> अलाउद्दीन खिलजी की सेना ने खम्भात को लूटा और वहाँ से एक किन्नर **मलिक काफूर** को दिल्ली लाया गया, जिसे **हजार दीनारी** के नाम से भी जाना जाता है। बाद में यह अलाउद्दीन के दक्षिण अभियानों का प्रमुख सेनापति बना।

रणथम्भौर अभियान (1300-01 ई.)

- रणथम्भौर अभियान की पूर्वपीठिका गुजरात अभियान में ही तैयार हो गई थी। वस्तुत: गुजरात अभियान के पश्चात् वापस लौटती हुई सेना में युद्ध के लूट के बँटवारे के मामलों पर संघर्ष छिड़ गया। कुछ सैनिक सरकारी कोष से धन लेकर भाग गए। तत्पश्चात् उन्होंने रणथम्भौर में शरण ली।
- अलाउद्दीन ने रणथम्भौर के शासक हम्मीरदेव से उन सैनिकों को वापस करने का प्रस्ताव भेजा, परन्तु हम्मीरदेव के इनकार करने पर अलाउद्दीन ने नुसरत खाँ और उलूग खाँ के अधीन एक सेना आक्रमण करने हेतु भेजी, जिसमें नुसरत खाँ मारा गया और उलूग खाँ वापस भाग आया।
- अन्तत: अलाउद्दीन ने स्वयं रणथम्भौर के अभियान को नेतृत्व किया। **रणमल** (हम्मीरदेव का प्रधानमन्त्री विश्वासघात करके तुर्कों से मिल गया और 1301 ई. में रणथम्भौर का किला जीत लिया गया।

> रणथम्भौर के किले पर हम्मीरदेव अपने सैनिकों के साथ लड़ते हुए मारे गए। उनकी रानियों ने **जौहर व्रत** ले लिया। अमीर खुसरो ने, जो स्वयं रणथम्भौर में था, इस जौहर व्रत का चित्रण किया।
>
> जोधपुर के सर संस्कृत शिलालेख के अनुसार, "अलाउद्दीन के देवतुल्य शौर्य से पृथ्वी अत्याचारों से मुक्त हुई।"

चित्तौड़ अभियान (1303 ई.)

- **अलाउद्दीन** ने चित्तौड़ के राजा **रतनसेन** के विरुद्ध 1303 ई. अभियान किया। अमीर खुसरो इस युद्ध में अलाउद्दीन के साथ था। मलिक मुहम्मद जायसी के पद्मावत से ज्ञात होता है कि अलाउद्दीन ने सम्भवत: रानी पद्मिनी को प्राप्त करने के लिए ही यह अभियान किया था।
- सात माह की घेरेबन्दी के बाद चित्तौड़ का किला जीत लिया गया। अलाउद्दीन ने अपने पुत्र खिज्र खाँ को यहाँ का प्रशासक नियुक्त किया और चित्तौड़ का नाम बदलकर **खिज्राबाद** कर दिया।
- इस युद्ध के दौरान मंगोल तारगी बेग ने सुल्तान की अनुपस्थिति में दिल्ली पर आक्रमण कर दिया था, परन्तु वह दिल्ली पर अधिकार नहीं कर सका।

मालवा अभियान (1305 ई.)

- चितौड़ के बाद अनेक राजपूत राजाओं ने अलाउद्दीन की अधीनता स्वीकार कर ली थी, किन्तु मालवा के शासक महलकदेव ने अधीनता स्वीकार नही की। अत: 1305 ई. में सुल्तान ने मालवा को जीतने के लिए आईन-उल-मुल्क मुल्तानी के नेतृत्व में सेना भेजी।
- **आईन-उल-मुल्क** ने माण्डु के किले को घेर लिया। यहाँ विश्वासघातियों की सहायता से उसने किले पर अधिकार कर लिया। इसके पश्चात् राजा महलकदेव मारा गया। इस विजय के पश्चात् उज्जैन, धार, चन्देरी पर भी खिलजियों का अधिकार हो गया।

मारवाड़ का अभियान (1308 ई.)

- मारवाड़ का अभियान अलाउद्दीन ने 1308 ई. में मारवाड़ पर चढ़ाई की। इस युद्ध में कठिन संघर्ष के पश्चात् मारवाड़ का शासक शीतलदेव मारा गया।
- इसके पश्चात् मारवाड़ का शासक कमालुद्दीन गुर्ग को नियुक्त किया गया।

जालौर अभियान (1311 ई.)

- कान्हणदेव को पराजित करके जालौर पर अधिकार कर लिया गया। सिवाना और जालौर का प्रशासक कमालुद्दीन को नियुक्त किया गया।

अलाउद्दीन के दक्षिण भारत में सैन्य अभियान

- अलाउद्दीन ने दक्षिण भारत में अप्रत्यक्ष रूप से शासन करने की योजना बनाई, क्योंकि यह भौगोलिक रूप से काफी दूरी पर स्थित था। अलाउद्दीन पहला सुल्तान था, जिसने दक्षिण भारत की विजय योजना बनाई और उसे सफलतापूर्वक क्रियान्वित किया। दक्षिण भारत के अभियानों का नेतृत्व **मलिक काफूर** ने किया।
- अलाउद्दीन के दक्षिण सैन्य अभियानों के बारे में चर्चा **तारीख-ए-फिरोजशाही, खजायन-उल-फुतूह** तथा **फुतूह-उस-सलातीन** में मिलती हैं।

देवगिरि अभियान (1307-08 ई.)

अलाउद्दीन के दक्षिण भारत में सैन्य अभियानों के विवरण निम्नलिखित है

- सुल्तान बनने से पूर्व अलाउद्दीन ने 1296 ई. में देवगिरि पर आक्रमण किया तथा वहाँ के शासक रामचन्द्र देव को पराजित किया। कालान्तर में रामचन्द्र ने सुल्तान को कर देना बन्द कर दिया तथा उसने गुजरात के शासक रायकरण को शरण दी थी।
- अत: अलाउद्दीन ने मलिक काफूर के अधीन देवगिरि के विरुद्ध एक अभियान भेजा। मलिक काफूर की सहायता के लिए **अल्प खाँ** को भी भेजा गया था।
- इस अभियान में राजा रामचन्द्र पराजित हुए और उन्हें दिल्ली भेज दिया गया। अलाउद्दीन ने रामचन्द्र देव के प्रति सम्मानपूर्ण व्यवहार किया तथा उसे **राय रायन** की उपाधि दी। साथ ही एक लाख सोने की मुद्राएँ और नौसारी का जिला देकर, उन्हें अपने राज्य में वापस भेज दिया।

वारंगल अभियान (1309 ई.)

- देवगिरि का अभियान पूर्ण करने के बाद मलिक काफूर ने 1309 ई. में वारंगल के काकतीय शासक के विरुद्ध अभियान किया। इस अभियान में काफूर को रामचन्द्र देव की सहायता प्राप्त हुई। काकतीय शासक **प्रताप रुद्रदेव द्वितीय** पराजित हुआ, किन्तु वह स्वयं काफूर के सामने उपस्थित नहीं हुआ।
- यद्यपि बाद में उसने अपनी सोने की मूर्ति बनवाकर उसके गले में जंजीर डालकर आत्मसमर्पण हेतु काफूर के समक्ष भेजी। काफूर को वारंगल से बहुत अधिक धन प्राप्त हुआ, जिसमें विश्व प्रसिद्ध **कोहिनूर हीरा** भी था, जो वारंगल की खान से निकला था।

माबर अभियान (1311 ई.)

- काफूर ने 1311 ई. में पाण्ड्य राज्य के लिए प्रस्थान किया। मुस्लिम इतिहासकार **मदुरा** को ही **माबर** कहते हैं। माबर शासक मारवर्मन कुलशेखर की मृत्यु हो चुकी थी। वीर पाण्ड्य और सुन्दर पाण्ड्य आपस में लड़ रहे थे। ये दोनों भाई मारवर्मन कुलशेखर के पुत्र थे। इस युद्ध में सुन्दर पाण्ड्य ने अलाउद्दीन से सहायता माँगी। इसके पश्चात् अलाउद्दीन ने मलिक काफूर को वहाँ भेजा।
- काफूर ने शीघ्र ही माबर पर अधिकार कर लिया। वीर पाण्डया वहां से भाग गया। काफूर ने उस प्रदेश को लूटा और बहुत सारा धन लेकर वापस आया। काफूर ने यहीं पर **बारामती** या **बरमतपुरी** (ब्रह्मपुरी-चिदम्बरम) के सोने के मन्दिर को भी लूटा।

द्वितीय देवगिरि अभियान (1313 ई.)

- रामचन्द्र देव की मृत्यु के पश्चात् उसका पुत्र शंकरदेव राज्य सिंहासन पर बैठा, जिसने दिल्ली को कर देने से मना कर दिया।
- इसके पश्चात् मलिक काफूर को पुन: देवगिरि भेजा गया, जिसने शंकरदेव की हत्या कर दी। इस युद्ध के पश्चात् भी मलिक काफूर ने विभिन्न नगरों को लूटा और अत्यधिक धन प्राप्त किया।

अलाउद्दीन के समय मंगोल आक्रमण

- मंगोलों मध्य एशिया की एक बर्बर प्रजाति थी। वे न केवल विजित क्षेत्रों को लूटते थे, बल्कि उसको तहस-नहस भी कर देते थे। भारत की समृद्धता को देखते हुए मंगोलों ने उत्तर-पश्चिम सीमा से तत्कालीन दिल्ली सल्तनत पर कई बार आक्रमण किये।
- मंगोलों ने अलाउद्दीन के समय लगभग सात बार दिल्ली पर आक्रमण किया, परन्तु वे सफलता प्राप्त नहीं कर सके।
- मंगोलों से निपटने के लिए अलाउद्दीन ने रणनीतिक सूझ-बूझ तथा सामारिक महत्त्व वाले स्थानों का उचित तरीके से उपयोग किया।
- मंगोलों से युद्ध के लिए उसने जफर खाँ, गाजी मलिक इत्यादि को विशेष रूप से नियुक्त किया। उसने मंगोलों से सुरक्षा के लिए उत्तर-पश्चिम क्षेत्र के लिए एक स्थायी सेना का भी प्रबन्ध किया। इसके पश्चात् **दीपालपुर** व **मुल्तान** क्षेत्रों में कड़ी सुरक्षा का प्रबन्ध किया।
- मंगोलों से सुरक्षा के लिए उसने **सीरी किले की मरम्मत** (1304 ई.) कर उसे अपनी राजधानी बनाया। इस कार्य में उसने बलबन की नीति को ही सुदृढ़ करने का कार्य किया।

अलाउद्दीन का उत्तर भारतीय अभियान

राज्य	शासक	अभियान का नेतृत्तकर्ता	वर्ष	विशेष
गुजरात	राकरण बघेल	उलुग खाँ और नुसरत खाँ	1298 ई.	जैसलमेर को विजित किया
रणथम्भौर	हम्मीर देव	उलुग खाँ और नुसरत खाँ	1301 ई.	नुसरत खाँ मारा गया
चित्तौड़	रतनसिंह	अलाउद्दीन खिलजी	1303 ई.	चित्तौड़ पर अधिकार
मालवा	महलकदेव	आइनुलमुल्क मुल्तानी	1305 ई.	मालवा साम्राज्य के अधीन
सिवाना	शीतलदेव	कमालुद्दीन कुर्ग	1308 ई.	—
जालौर	कान्हणदेव	कमालुद्दीन कुर्ग	1311 ई.	—

अलाउद्दीन का दक्षिण भारतीय अभियान

राज्य	शासक	अभियान का नेतृत्वकर्ता	वर्ष	विशेष
देवगिरि	रामचन्द्र देव	अलाउद्दीन	1296 ई.	—
देवगिरि	रामचन्द्र देव	मलिक काफूर	1307 ई.	रामचन्द्र द्वारा आत्मसमर्पण
वारंगल	प्रताप रुद्रदेव	मलिक काफूर	1309 ई.	काफू यहाँ के शासक की सोने की मूर्ति तथा भारी मात्रा में लूट का माल लेकर लौटा।
द्वारसमुद्र	वीरवल्लाल तृतीय	मलिक काफूर	1310 ई.	—
पाण्ड्य	वीर पाण्ड्य	मलिक काफूर	1311 ई.	—
देवगिरि	शंकरदेव	मलिक काफूर	1313 ई.	देवगिरि दिल्ली सल्तनत में शामिल

अलाउद्दीन खिलजी के सुधार

- अलाउद्दीन ने मध्यकाल में एक प्रशासक के रूप में उत्कृष्ट कार्य किए। डॉ. के. एस. के अनुसार, ''अलाउद्दीन एक प्रशासकीय प्रयोगकर्ता था, उसने नवीन विचारों को जन्म दिया और नवीन भूमि पर उन्हें रोपा।''

शासन में केन्द्रीकरण पर बल

- अलाउद्दीन की सबसे महत्त्वपूर्ण विशेषता यह थी कि उसने राजनीति को धर्म से कभी प्रभावित नहीं होने दिया। उसने खलीफा की सत्ता को मान्यता दी, लेकिन प्रशासन में उनके हस्तक्षेप को स्वीकार नहीं किया। उसने **यामीन-उल-खिलाफत नासिरी-अमीर उल मुमनिन** (खलीफा का नायब) की उपाधि ग्रहण की। वह निरंकुश राजतन्त्र में विश्वास करता था।
- अलाउद्दीन ने निरंकुशतापूर्वक सारी शक्ति अपने हाथों में केन्द्रित की। उसकी मन्त्रिपरिषद् उसकी आज्ञा के बिना कार्य नहीं कर सकती थी। उसने अमीर का दमन कर सामान्य लोगों को भी उच्च पद पर नियुक्त किया था।

न्याय व्यवस्था

- अलाउद्दीन के समय न्याय व्यवस्था काफी बेहतर थी। उस समय सुल्तान के हाथों में सर्वोच्च न्यायिक शक्ति थी, जिसके पश्चात् क्रमश: **सद्र-ए-जहाँ** (काजी-उल-कुजात) तथा नायब काजी को नियुक्त किया जाता था।
- अलाउद्दीन के समय अर्थदण्ड तथा शारीरिक दण्ड दिए जाते थे, जो अधिकतर सुल्तान की सूझ-बूझ पर निर्भर करते थे।
- **ईश्वरी प्रसाद** के अनुसार ''अलाउद्दीन भाईचारे अथवा पारिवारिक सम्बन्धों की भी चिन्ता नहीं करता था और बिना किसी भेदभाव के दण्ड दिया करता था।''

सैन्य सुधार

- अलाउद्दीन ने **गुप्तचर पद्धति** को पूर्णतया संगठित किया। इस विभाग का मुख्य अधिकारी **बरीद-ए-मुमालिक** था। उसके अन्तर्गत अनेक बरीद (सन्देशवाहक या हरकारे) थे। बरीद के अतिरिक्त अलाउद्दीन ने अनेक सूचनादाता नियुक्त किए, जो **मुनहियन** या **मुन्ही** कहलाते थे।
- अलाउद्दीन ने सेना का केन्द्रीकरण किया। उसने स्थायी सेना के गठन हेतु सीधी भर्ती की। सेना भर्ती के लिए एक सेना मन्त्री आरिज-ए-मुमालिक नियुक्त था। सैनिक भर्ती का आधार योग्यता होती थी, न कि वंश अथवा जाति। सैनिकों का हुलिया रखा जाता था, ताकि किसी प्रकार की प्रतिनियुक्ति न हो सके। सैनिकों के हुलिया रखने का कार्य दीवान-ए-आरिज का होता था।
- सैनिकों को नकद वेतन देना प्रारम्भ किया। उसने सैनिकों के वेतन को 234 टंका प्रतिवर्ष निर्धारित किया।
- एक अतिरिक्त घोड़ा रखने पर 78 टंका वार्षिक अधिक मिलता था। किलों या दुर्गों में अनुभवी तथा विवेकशील सेनानायक नियुक्त किए जाते थे, जिन्हें **कोतवाल** कहा जाता था।

> अलाउद्दीन ने घोड़ों को दागने एवं सैनिकों के हुलिया लिए जाने के विषय में नियम बनाए। स्थायी सेना को गठित करने वाला अलाउद्दीन पहला सुल्तान था। उसने बेहतर नस्ल के घोड़ों की कीमत 100 से 120 टंका तथा टट्टू की कीमत 22 से 25 टंका निर्धारित की।

- सेना की इकाइयों का विभाजन हजार, सौ और दस पर आधारित था, जो खानों, मलिकों, सिपहसालारों इत्यादि के अन्तर्गत थे। दस हजार की सैनिक टुकड़ियों को **तुमन** कहा जाता था। निरीक्षण करके नियुक्त किए गए सैनिकों को सरकारी भाषा में **मुर्रत्तब** कहा जाता था।
- अलाउद्दीन ने सेना में **एक अस्पा** (एक घोड़े का रखना), **द्वि अस्पा** (दो घोड़े का रखना) व्यवस्था लागू की थी।

अलाउद्दीन खिलजी के आर्थिक सुधार

- अलाउद्दीन ने आर्थिक सुधार के अन्तर्गत सर्वप्रथम **मिल्क** (राज्य द्वारा प्रदत्त सम्पत्ति, नाम तथा पेंशन) एवं **वक्फ** (धर्मार्थ के रूप में मिली भूमि) को खालसा भूमि में परिवर्तित किया, जिससे राज्य की आय में सुधार हुआ। इसके अतिरिक्त उसने पूर्व में प्रचलित जागीर प्रथा को समाप्त किया।
- उसने अमीर वर्ग की शक्तियों में कटौती कर साम्राज्य पर अपना अधिकार अधिक मजबूत किया।

> अलाउद्दीन ने भूमि कर के रूप में मुसलमानों से 1/4 भाग तथा हिन्दुओं से 1/2 भाग (50%) प्राप्त किया। उसने गैर-मुसलमानों पर जजिया, खराज, घरी कर (गृहकर) तथा चरी कर (दुधारू पशुओं पर कर) लगाए।

- उसने धार्मिक कर के रूप में मुस्लिमों से **जकात** कर लिया। **खुम्स** (लूट के माल) में भी राज्य की हिस्सेदारी को 4/5वें भाग के रूप में निर्धारित किया। उसने भूमि कर वसूल करने वाले मुकद्दम, खूत चौधरी आदि के विशेषाधिकार में कटौती कर, उनसे भी कर प्राप्त किया।
- उसने राजस्व में वृद्धि के लिए भूमि की माप भी कराई, जिसे **मसाहत** कहा गया था। भूमि की माप के पश्चात् उसे राज्य की आय निर्धारण में आसानी हुई। भूमि की वास्तविक उपज को ज्ञात करने के लिए उसने **दीवान-ए-मुस्तखराज** विभाग की भी स्थापना की थी।

अलाउद्दीन खिलजी की बाजार नीति

- अलाउद्दीन ने बाजार में जीवन निर्वाह की वस्तुओं के मूल्य को इतना कम किया कि एक सामान्य सैनिक भी उन वस्तुओं को आसानी से खरीद सकता था। इसके लिए उसने सरकार द्वारा निर्धारित मूल्य सूची का निर्माण किया।
- अलाउद्दीन ने बाजार नियन्त्रण नीति की घोषणा को क्रियान्वित करने के लिए इसका कार्यभार **दीवान-ए-रियासत** को सौंपा। दिल्ली में व्यापार करने के लिए व्यापारियों को दीवान-ए-रियासत में लिखवाना पड़ता था। बाजार संचालन की जिम्मेदारी सदर-ए-रियासत नामक अधिकारी पर होती थी। उसने सभी वस्तुओं के लिए अलग-अलग बाजारों की व्यवस्था की। उसके अधीन **शहना** (बाजार का अधीक्षक) एवं **बरीद** (गुप्तचर अधिकारी) एवं मुनहियन (गुप्तचर) की नियुक्ति की गई।
- इन अधिकारियों का कार्य बाजार में वस्तुओं के मूल्यों की तथा बटखरों की जाँच करना था। सभी व्यापारियों को **शहना-ए-मण्डी** में स्वयं को पंजीकृत करवाना पड़ता था। केवल पंजीकृत व्यापारी ही व्यापार कर सकते थे।

> - अलाउद्दीन ने विभिन्न वस्तुओं के लिए विभिन्न प्रकार के बाजार संगठित किए एवं उनके लिए आवश्यक अधिनियम बनाए। ये बाजार थे—**मण्डी** (गल्ला बाजार), **सरा-ए-अदल** (न्याय का स्थान/कपड़ा), घोड़ों व दासों एवं मवेशियों का बाजार तथा अन्य वस्तुओं के लिए सामान्य बाजार।
> - अलाउद्दीन द्वारा स्थापित बाजारों में सबसे मुख्य मण्डी अथवा गल्ला बाजार था। नगर के प्रत्येक मोहल्ले में एक केन्द्रीय गल्ला मण्डी स्थापित की गई, जहाँ अनाज की खरीद-बिक्री होती थी। बाजार के सबसे बड़े अधिकारी को **सदर-ए-रियासत** कहा जाता था। इसकी नियुक्ति सुल्तान के द्वारा की जाती थी।

- **सार्वजनिक वितरण प्रणाली** के साक्ष्य भी अलाउद्दीन खिलजी के समय में देखने को मिलते हैं यह सार्वजनिक वितरण प्रणाली का जनक था।
- उसने आपातकालीन स्थिति से निपटने के लिए बड़े-बडे भण्डार गृह का निर्माण किया था। उसने राशन की व्यवस्था को भी संचालित किया था।

खिलजी वंश की अवनति

- अलाउद्दीन खिलजी के बाद **मलिक काफूर** ने एक वसीयतनामा प्रस्तुत किया, जो या तो नकली था या फिर खिलजी पर दबाव डालकर लिखवाया गया था।
- इस वसीयतनामे के अनुसार खिलजी के बड़े पुत्र खिज्र खाँ को सत्ता से वंचित कर दिया गया और उसके नाबालिक पुत्र शिहाबुद्दीन उमर को शासक बनाया गया। काफूर स्वयं उसका संरक्षक बन गया। इसके पश्चात् कुतुबुद्दीन मुबारकशाह तथा नासिरुद्दीन खुसरो शाह जैसे अयोग्य शासक हुए।

> **कुतुबुद्दीन मुबारकशाह खिलजी** (1316-20 ई.) दिल्ली का प्रथम सुल्तान था, जिसने स्वयं को खलीफा घोषित किया। उसने **अल-वसिक-बिल्लाह** की उपाधि को प्राप्त किया था। उसने खुसरो शाह को अपना मन्त्री भी नियुक्त किया था।

- मुबारकशाह 1317 ई. में देवगिरि गया और हरपाल देव को पराजित कर देवगिरि को दिल्ली सल्तनत में मिला लिया।
- 1320 ई. में खुसरो ने सुल्तान मुबारकशाह की हत्या कर स्वयं को शासक घोषित कर दिया। उसने 'पैगम्बर के सेनापति' की उपाधि धारण की थी। उसके शत्रुओं ने उसके विरुद्ध इस्लाम खतरे में तथा इस्लाम का शत्रु आदि नारे दिए।

तुगलक वंश (1320-1414 ई.)

- तुगलक वंश की स्थापना **गयासुद्दीन तुगलक** ने की थी। इस वंश में कुल आठ शासक हुए। इन आठ शासकों ने 1320 से 1414 ई. तक अर्थात् 94 वर्षों तक शासन किया।
- दिल्ली सल्तनत के काल में तुगलक वंश के शासकों ने सबसे अधिक समय तक शासन किया। दिल्ली पर शासन करने वाले तुर्क राजवंशों में अन्तिम तुगलक वंश था।

गयासुद्दीन तुगलकशाह (1320-1325 ई.)

- गयासुद्दीन का मूल नाम **गाजी तुगलक** अथवा **गाजी बेग तुगलक** था। इब्नबतूता के अनुसार, वह तुर्की की कराना शाखा से सम्बन्धित था। फरिश्ता के अनुसार, उसका पिता तुर्की गुलाम तथा माता पंजाब की जाट महिला थी।
- अलाउद्दीन ने उसकी योग्यता से प्रभावित होकर उसे दीपालपुर का राज्यपाल नियुक्त किया था। गयासुद्दीन को **मलिक-उल-गाजी** की उपाधि मंगोलों को पराजित करने के पश्चात् मिली थी।
- गयासुद्दीन 3 सितम्बर, 1320 को दिल्ली की गद्दी पर बैठा। **गाजी** की उपाधि धारण करने वाला वह प्रथम सुल्तान था।
- गयासुद्दीन तुगलक, जब गद्दी पर बैठा, उसके सामने प्रान्तों का विद्रोह सबसे प्रमुख समस्या थी, क्योंकि सिन्ध और बंगाल पर शासन नाममात्र का था। गुजरात के क्षेत्रों तथा राजपूत शासकों द्वारा लगातार विद्रोह किया जा रहा था।
- गद्दी पर बैठने के समय उसकी आर्थिक स्थिति भी ठीक नहीं थी, क्योंकि उसके पूर्ववर्ती शासकों ने उलेमाओं और अमीरों को प्रसन्न करने के लिए अत्यधिक धन का व्यय किया था।

> **तुगलकाबाद** नामक नगर भी गयासुद्दीन तुगलक ने बसाया था। उसके मकबरे में तुगलक शैली की वास्तुकला को स्पष्ट देखा जा सकता है।

गयासुद्दीन तुगलकशाह के सैन्य अभियान

- गयासुद्दीन तुगलक ने अपने पुत्र जौना खाँ को 1321 ई. में तेलंगाना (वारंगल) के शासक प्रताप रुद्रदेव के विरुद्ध भेजा, जिसमें वह असफल रहा। इसके पश्चात् गयासुद्दीन ने 1322-23 ई. में पुन: जौना खाँ को तेलंगाना के विरुद्ध भेजा, इस बार जौना खाँ की जीत हुई। तेलंगाना पर अधिकार होने के पश्चात् इसका नाम सुल्तानपुर रखा गया।
- गयासुद्दीन ने 1324 ई. में बंगाल के विरुद्ध अभियान किया, तथा उसे जीतकर दिल्ली सल्तनत में मिला लिया। लौटते समय सुल्तान ने मिथला पर आक्रमण किया और राजा हरिसिंह देव को अधीनता स्वीकार करने के लिए बाध्य किया।
- 1324 ई. में सुल्तान के पुत्र जौना खाँ ने उड़ीसा के जामनगर पर आक्रमण किया और वहाँ के शासक भानुदेव द्वितीय को पराजित कर, उसे अपने साम्राज्य में मिला लिया।

गयासुद्दीन तुगलकशाह द्वारा किए गए प्रमुख कार्य

- गयासुद्दीन राज्य की आर्थिक स्थिति को सही करने के लिए **लगान व्यवस्था** को पुनर्व्यवस्थित किया। उसने लगान को छोड़कर सभी करों पर रोक लगा दी। उसने ठेकेदारों तथा इक्तादारों की लगान व्यवस्थाओं को सुधारने का भी प्रयास किया।
- अलाउद्दीन खिलजी द्वारा लागू की गई भूमि लगान तथा बाजार व्यवस्था को त्याग दिया गया। खुत, मुकद्दम एवं चौधरी को भी कुछ रियायतें दी गईं। लगान निश्चित करने में बटाई का प्रयोग पुन: प्रारम्भ कर दिया गया, ऋणों की वसूली बन्द करवा दी गई तथा भू-राजस्व की दर को 1/3 कर दिया।
- उसने किसानों की सुविधा के लिए अलाउद्दीन की **मसाहत पद्धति** को त्याग दिया। सम्भवत: पहले की भाँति उत्पादन का 1/5 या 1/3 भाग लगान के रूप में वसूल किया जाने लगा। इसके अतिरिक्त उसने आदेश दिया कि एक वर्ष में इक्ता (सूबा) के राजस्व में 1/11 से 1/10 से अधिक वृद्धि नहीं की जानी चाहिए। अकाल की स्थिति में इसने फवाजिल या अतिरिक्त कर को केन्द्रीय कोष में जमा करने का निर्देश दिया।
- गयासुद्दीन ने मध्यस्थ वर्ग (भूमिपतियों) को किसानों से लगान के अतिरिक्त सभी प्रकार के कर (Tax) वसूलने से रोक दिया तथा अमीरों या इक्तादारों द्वारा लगान वसूली में ठेकेदारी की प्रथा को बन्द कर दिया।

> गयासुद्दीन ने अलाउद्दीन द्वारा चलाई गई **दाग** (घोड़ों पर मुहर) तथा **हुलिया** (सैनिकों का चेहरा) प्रथा को प्रभावशाली तरीके और उत्साह से लागू किया था। उसने कृषि में उत्पादन को बढ़ाने के लिए **नहर सिंचाई पद्धति** को प्रोत्साहित किया। वह प्रथम सुल्तान था, जिसने नहर का निर्माण करवाया। साथ-ही-साथ डाक व्यवस्था को व्यवस्थित किया।
>
> इसके लिए प्रत्येक 3/4 मील पर डाक लाने वाले कर्मचारी अथवा घुड़सवार नियुक्त किए। डाक विभाग के मुखिया को बरीद-ए-मुमालिक कहा जाता था।

- गयासुद्दीन तुगलक ने अपने शासनकाल में सड़कों तथा पुलों का पुनरुत्थान भी किया था। गयासुद्दीन ने नैतिक शिष्टाचार के अनुपालन के लिए **मुहतसिब** नामक अधिकारी को नियुक्त किया था। उसने शराब की बिक्री तथा उत्पादन पर भी रोक लगा दी थी।
- हिन्दुओं के प्रति गयासुद्दीन ने कठोर नीति अपनाई।

गयासुद्दीन तुगलकशाह की मृत्यु तथा मूल्यांकन

- बंगाल के अभियान से लौटते समय स्वागत समारोह के लिए निर्मित लकड़ी के भवन (तुगलकाबाद के समीप अफगानपुर गाँव) के गिरने से 1325 ई. में उसकी मृत्यु हो गई। इतिहासकार इसके लिए जौना खाँ को दोषी ठहरा रहे थे।
- एक मिथक के अनुसार, गयासुद्दीन तुगलक के सूफी सन्त निजामुद्दीन औलिया से अच्छे सम्बन्ध नहीं थे, क्योंकि गयासुद्दीन ने निजामुद्दीन औलिया से पाँच लाख टंके वापस माँगे थे, जो उसे खुसरो शाह ने भेंट में दिए थे।

> बंगाल अभियान के उपरान्त सुल्तान ने शेख को सन्देश भेजा कि उसके राजधानी में प्रवेश के पूर्व वह दिल्ली छोड़ दे, तो **औलिया** ने उत्तर दिया कि **हुनूज दिल्ली दूरस्थ** (अभी दिल्ली दूर है)।

- जनता के सुख और समृद्धि के लिए गयासुद्दीन ने बहुत से उत्कृष्ट कार्य किए। गयासुद्दीन तुगलक ने कठोर नीति का अनुसरण बलबन के समान किया था।
- गयासुद्दीन ने पूर्ववर्ती शासकों के विपरीत राजस्व की शक्ति और मर्यादा को पुन: स्थापित करने का कार्य किया था।

मुहम्मद बिन तुगलक (1325-1351 ई.)

- गयासुद्दीन तुगलक की मृत्यु के पश्चात् उसका पुत्र जौना खाँ, मुहम्मद बिन तुगलक के नाम से 1325 ई. में सुल्तान बना।
- दिल्ली सल्तनत के सुल्तानों में मुहम्मद बिन तुगलक सर्वाधिक विलक्षण व्यक्तित्व वाला शासक भी था।
- मुहम्मद बिन तुगलक के शासन की जानकारी इब्नबतूता के यात्रा वृत्तान्तों तथा जियाउद्दीन बरनी द्वारा लिखित पुस्तक **तारीख-ए-फिरोजशाही** से मिलती है।
- जौना खाँ, गयासुद्दीन तुगलक का ज्येष्ठ पुत्र था। उसका पालन-पोषण एक सैनिक के समान हुआ था।
- शाही घोड़े का मुख्य पदाधिकारी के रूप में उसकी नियुक्ति खुसरो शाह द्वारा की गई थी। खुसरो शाह उसका संरक्षक भी था, परन्तु आपसी संघर्ष में उसने खुसरो शाह को परास्त कर अपने पिता की सहायता की।
- 1320 ई. में पिता गयासुद्दीन तुगलक के सम्राट बन जाने के बाद राजकुमार जाना खाँ की उत्तराधिकारी के रूप में नियुक्ति हो गई और उसे उलुग खाँ की उपाधि दी गई।
- गयासुद्दीन ने जौना खाँ को वारंगल में दो अभियानों के अन्तर्गत भेजा। जौना खाँ अपने पहले अभियान में असफल तथा दूसरे में सफल रहा था।

- मुहम्मद बिन तुगलक ने झेलम नदी के तट पर मंगोलों को पराजित कर कालानौर पर अधिकार किया था। इसका वर्चस्व पेशावर तक विस्तृत था।
- इब्नबतूता के अनुसार, मुहम्मद बिन तुगलक के राज्यारोहण के समय दिल्ली सल्तनत कश्मीर से आधुनिक बलूचिस्तान तक विस्तृत थी, जो 23 प्रान्तों में बँटी हुई थी।

> इब्नबतूता मोरक्को का यात्री था, जो 1333 ई. में भारत आया था। मुहम्मद बिन तुगलक ने उसे दिल्ली का काजी नियुक्त किया था। 1342 ई. में मुहम्मद बिन तुगलक न उसे राजदूत के रूप में चीन भेजा था। किताब-उल-रहेला उसकी प्रसिद्ध पुस्तक है।

मुहम्मद बिन तुगलक की प्रमुख योजनाएँ

मुहम्मद बिन तुगलक की शासन सम्बन्धी योजनाओं को निम्नलिखित प्रकार से समझा जा सकता है

दोआब में कर वृद्धि (1325-27 ई.)

- दोआब में कर वृद्धि करके 50% कर दिया गया था। बरनी ने इस कर वृद्धि को 10 गुना तथा बदायूँनी ने इसे 10 से 20 गुना बताया था। जिस समय दोआब में कर वृद्धि की गई, उस समय दोआब में अकाल और सूखा पड़ रहा था।
- लगान अधिकारियों ने कठोरता से लगान वसूल किया, फलत: किसानों ने विद्रोह कर दिया। इस विद्रोह को कठोरतापूर्वक दबाने का प्रयास किया गया। बाद में इस संकटापन्न स्थिति में सुल्तान ने कृषकों की सहायता के लिए सोनधर या तकावी ऋण प्रदान किया, किसानों को बीज, बैल आदि दिए और सिंचाई के लिए कुएँ एवं नहरें खुदवाईं।
- बरनी के अनुसार, सुल्तान का खजाना खाली हो गया था, जिसकी पूर्ति हेतु कर वृद्धि की गई।

राजधानी परिवर्तन (1326-27 ई.)

- मुहम्मद बिन तुगलक की योजनाओं में यह सर्वाधिक प्रतिक्रियावादी मानी जाती है। कुतुबुद्दीन मुबारक खिलजी ने देवगिरि का नाम कुतुबाबाद रखा था, मुहम्मद तुगलक ने इसे राजधानी बनाया और देवगिरि का नाम दौलताबाद रखा। उसने दौलताबाद तक सड़क निर्माण तथा सराय का निर्माण करवाया था।
- दिल्ली के स्थान पर देवगिरि को राजधानी बनाने के सम्बन्ध में अनेक मत दिए जाते हैं; जैसे-इब्नबतूता के अनुसार, सुल्तान को दिल्ली के नागरिकों ने असम्मानपूर्ण पत्र लिखे थे, अतएव उन्हें दण्डित करने के लिए देवगिरि को राजधानी बनाने का निर्णय लिया गया।

> - बरनी के अनुसार, देवगिरि को भौगोलिक महत्त्व के कारण राजधानी चुना गया था।
> - इतिहासकार गार्डनर ब्राउन के अनुसार, यह राजधानी परिवर्तन मंगोलों के भय के कारण किया गया था, किन्तु मुहम्मद बिन तुगलक के गद्दी पर बैठने के पश्चात् मंगोल आक्रमण लगभग समाप्त हो गए।

- सुल्तान द्वारा राजधानी परिवर्तन में व्यावहारिक गलती होने के कारण वह असफल सिद्ध हुई। सुल्तान को राजधानी परिवर्तन के अन्तर्गत सर्वप्रथम दरबारी पदाधिकारियों तथा दुकानदारों को ले जाने की आवश्यकता थी, जिससे वह एक सामाजिक वातावरण का निर्माण कर सके।
- राजधानी परिवर्तन से दिल्ली पर आक्रमण को भी रोका नहीं जा सकता था। अत: मुहम्मद बिन तुगलक ने 1335 ई. में अपनी राजधानी को दोबारा दिल्ली परिवर्तित कर ली।

सांकेतिक मुद्रा का प्रचलन

- मुहम्मद बिन तुगलक ने चाँदी के सिक्कों को छोड़कर काँसे, ताँबे या पीतल के सिक्के चलाए। बरनी कहता है कि उसने ताँबे का सिक्का चलाया और फरिश्ता कहता है कि उसने पीतल का या काँसे का सिक्का चलाया। उसने इन सिक्कों पर अल सुल्तान जिल्ली अल्लाह जैस वाक्यों को उत्कीर्ण करवाया, जिसका अर्थ था—सुल्तान ईश्वर की छाया (प्रतिबिम्ब) है।
- मुहम्मद बिन तुगलक के मुद्रा सुधारों में सबसे महत्त्वपूर्ण कार्य ताँबे या काँसे के सिक्कों का प्रचलन था। उसने यह आदेश दिया कि क्रय-विक्रय में सांकेतिक मुद्रा को सोने या चाँदी की मुद्रा के समान प्रचलित किया जाए।
- सांकेतिक मुद्रा के जारी करने में सुल्तान का उद्देश्य यह था कि वह अपनी विजय योजनाओं को पूर्ण करने के लिए एक विशाल सेना रखना चाहता था, जो अधिक आय से ही बनाई जा सकती थी। सुल्तान की प्रगतिशील सोच ने भी मुद्रा में परिवर्तन को प्रोत्साहन दिया था।
- मुहम्मद बिन तुगलक की यह योजना असफल रही, क्योंकि उसने नकली मुद्रा बाजार को नियन्त्रित करने के कठोर उपाय नहीं किए और जैसा कि बरनी मानता है कि प्रत्येक हिन्दू के घर में टकसालें स्थापित हो गई थीं, परन्तु प्रजा ने काँसे तथा ताँबे के सिक्कों को दबा लिया।
- साम्राज्य में जनता के अविश्वास ने भी सांकेतिक मुद्रा के प्रचलन को हतोत्साहित किया था।

> एडवर्ड थॉमस के अनुसार, सुल्तान ने ऐसी कोई विशेष व्यवस्था नहीं की थी, जिससे राजकीय टकसाल के सिक्के तथा साधारणत: कुशल कारीगरों द्वारा बनाए गए निजी सिक्कों का अन्तर ज्ञात किया जा सके। इस कारण लोग अपने करों का भुगतान जाली मुद्रा में करने लगे, जिसने साम्राज्य की अर्थव्यवस्था को कमजोर किया।

खुरासान अभियान (1330 ई.)

- यह योजना भी तुगलक का एक अदूरदर्शी कदम मानी जाती है। खुरासान और इराक की आन्तरिक स्थिति अच्छी नहीं थी। बादशाह और वजीर में शत्रुता थी तथा तरमाशरीन एवं मिस्र का शासक खुरासान पर आक्रमण करना चाहते थे।

- मध्य एशिया की अराजक स्थिति से तंग आकर बहुत से अमीर मुहम्मद बिन तुगलक के दरबार में आए और वे सुल्तान को खुरासान विजय के लिए प्रोत्साहित करने लगे। 1337 ई. में उसने इस विजय के लिए 3,70,000 सैनिकों की एक बड़ी सेना एकत्र की तथा उसे एक वर्ष का अग्रिम वेतन भी दे दिया गया, लेकिन यह योजना कार्यरूप में परिणत नहीं की जा सकी और सेना को भंग कर दिया गया।
- यह तरमाशरीन के साथ मैत्री का परिणाम था। कहा जाता है कि **त्रिमैत्री संगठन** (मुहम्मद-बिन-तुगलक, तरमाशरीन तथा मिस्र के सुल्तान) भी खुरासान के सुल्तान अबू सैय्यद के विरुद्ध बनाया गया था।
- इस अभियान के लिए सुल्तान की सेना जब तैयार हुई, तो ट्रान्स ऑक्सियाना में राजनीतिक परिवर्तन होने के कारण तरमाशरीन को शासक पद से हटा दिया गया। इस प्रकार यह अभियान कभी भी प्रारम्भ न हो सका।

> - **एल्फिन्स्टन** के अनुसार, मुहम्मद बिन तुगलक अपने समय का एक योग्य शासक था, किन्तु उसके सभी शासनोचित गुण व्यर्थ थे, क्योंकि उसमें कुछ ऐसी बातों का सम्मिश्रण था, जिसके आधार पर सुल्तान ने ऐसे कार्य किए, जिससे प्रतीत होता है कि मुहम्मद बिन तुगलक में पागलपन का कुछ अंश था।
> - **बरनी** के अनुसार, वे देश प्राप्त न किए जा सके, जिसका मोह सुल्तान को था और उसका कोष, जो राजनीतिक शक्ति का सच्चा स्रोत था, व्यय कर दिया गया।

मुहम्मद बिन तुगलक द्वारा किए गए विभिन्न कार्य

- मुहम्मद तुगलक ने कृषि की उन्नति के लिए एक नवीन विभाग दीवान-ए-कोही का गठन किया।
- इसने सर्वप्रथम अकालग्रस्त लोगों के लिए अकाल संहिता तैयार करवाई। सिंचाई के लिए सैंकडों कुएँ खुदवाए तथा अकालग्रस्त कृषकों को कृषि ऋण (तकावी) प्रदान किया गया। उसने किसानों को बहुत कम ब्याज दर पर ऋण (सोनधर) उपलब्ध कराया।
- सुल्तान ने उच्च तथा जकात करों को छोड़कर लगभग सभी करों की समाप्ति की घोषणा भी कर दी थी। इसके शासनकाल के दौरान छः वर्ष का भयंकर अकाल पड़ा, जिस कारण यह ढाई वर्षों के लिए दिल्ली से 100 किमी दूर **स्वर्णगिरि** नामक शिविर में रहने चला गया था।
- सुल्तान ने अपने नाम के बदले **खुब्बा एवं सिक्कों** पर अब्बासी खलीफा का नाम उत्कीर्ण कराया। मुहम्मद बिन तुगलक ने हिन्दुओं के होली के त्योहार में भाग लिया तथा अपने दरबार में जैन विद्वान जिनप्रभा सूरी और राजशेखर का स्वागत किया था। उसने सती प्रथा को समाप्त करने का कार्य भी किया था।
- मुहम्मद बिन तुगलक के सबसे अधिक (चौंतीस, जिनमें मुख्यत: बंगाल, भाबर, वारंगल, कोपिली, पश्चिम बंगाल, अवध, गुजरात) विद्रोह हुए, जिसमें सत्ताइस विद्रोह केवल दक्षिण भारत में हुए।
- अवध, गुजरात और सिन्ध के विद्रोह को ही मुहम्मद बिन तुगलक शान्त कर सका। इसके दक्षिण भारत से वापस आने के पश्चात् विजयनगर तथा बहमनी साम्राज्य का उदय हुआ।
- अपने शासनकाल के अन्तिम समय में जब सुल्तान मुहम्मद तुगलक गुजरात में विद्रोह को कुचल कर सिन्ध की ओर बढ़ा, तो मार्ग में थट्टा के निकट गोण्डाल पहुँचकर वह गम्भीर रूप से बीमार हो गया और यहीं पर सुल्तान की 20 मार्च, 1351 को मृत्यु हो गई। इस पर **अब्दुल कादिर बदायूँनी** कहता है कि "सुल्तान को उसकी प्रजा से और प्रजा को सुल्तान से मुक्ति मिल गई।"

> मध्यकालीन भारत के किसी सुल्तान का चरित्र इतना विवादास्पद नहीं रहा, जितना मुहम्मद बिन तुगलक था। कुछ इतिहासकार उसे धर्मपरायण कहते हैं, तो वहीं बरनी और इब्नबतूता दोनों ने सुल्तान को **अत्याचारी** तथा **रक्त-पिपासु** कहा है।

- मुहम्मद बिन तुगलक जब सिंहासन पर विराजमान हुआ, तो साम्राज्य में उत्तर भारत के साथ दक्षिण भारत के राज्य भी शामिल थे, परन्तु उसने केवल उत्तर भारत पर अधिक ध्यान दिया।

फिरोजशाह तुगलक (1351-1388 ई.)

- फिरोज तुगलक गयासुद्दीन तुगलक के भाई मलिक रज्जब का पुत्र था। इसकी माता नैला या नाइला अबोहर के भट्टी राजपूत राणा रायमल की पुत्री थी।
- मुहम्मद बिन तुगलक की मृत्यु के समय फिरोज **थट्टा** में था।
- फिरोजशाह तुगलक का 22 मार्च, 1351 को थट्टा (सिन्ध) में तथा अगस्त, 1351 में दिल्ली में राज्याभिषेक हुआ था।

फिरोजशाह तुगलक द्वारा किए गए प्रमुख कार्य

फिरोजशाह तुगलक द्वारा किए गए प्रमुख कार्यों का वर्णन निम्न प्रकार है

राजस्व एवं कृषि सुधार

- फिरोजशाह तुगलक ने राजस्व एवं ग्रामीण व्यवस्था में सुधार के लिए व्यापार एवं उन्नति तथा जनता की आर्थिक कठिनाइयों को दूर करने के लिए विभिन्न कार्य किए थे।
- उसने मुहम्मद बिन तुगलक द्वारा प्रदत्त समस्त ऋणों (तकावी) को माफ कर दिया। **दण्ड संहिता** को संशोधित करके दण्डों को अधिक मानवीय बनाया तथा सुल्तान को भेंट देने की प्रथा को समाप्त कर दिया।
- फिरोज ने वित्तीय व्यवस्था को सुदृढ़ किया। उसने भी भूमि माप की प्रणाली को त्याग दिया। इसने **जागीरदारी व्यवस्था** को लागू किया।
- लगान की दर निर्धारित करने का दायित्व, ख्वाजा हिसामुद्दीन को दिया गया, जो काफी अनुभवी राजस्व पदाधिकारी था। **ख्वाजा हिसामुद्दीन** ने छः वर्षों तक विभिन्न प्रान्तों का दौरा कर भूमि

सर्वेक्षण का कार्य पूर्ण किया और सम्पूर्ण साम्राज्य के भू-राजस्व की राशि 6 **करोड़** 75 **लाख टंका** निर्धारित की।

> फिरोज ने 24 प्रकार के करों और अबवाबों को हटा दिया, क्योंकि ये गैर-इस्लामिक थे। इनके मे फलस्वरूप 4 प्रकार के कर निर्धारित किए, जो शरीयत के अनुकूल थे—जजिया, जकात, खराज और खुम्स। फिरोजशाह तुगलक प्रथम सुल्तान था, जिसने जजिया को खराज से पृथक् कर दिया। शरीयत के अनुसार, **खुम्स** युद्ध के लूट पर कर होता था और इसमें राज्य का 1/5 भाग और सैनिकों का 4/5 भाग होता था, लेकिन अलाउद्दीन ने इसे परिवर्तित कर दिया था, पुनः फिरोज तुगलक ने इसे शरीयत के अनुकूल बना दिया।

- नहर प्रणाली के निर्माण के बाद उसने उलेमा की स्वीकृति के पश्चात् **हक-ए-शर्ब** नामक सिंचाई कर भी लगाया, जो भूमि की उपज का 10% होता था।

सिंचाई व्यवस्था

- फिरोज ने नहर सिंचाई का विकास किया। यद्यपि माना जाता है कि उसने पाँच नहरों का निर्माण करवाया था। इन नहरों में **उलुगखानी** तथा **रजवाही** सर्वाधिक प्रसिद्ध हैं। इसने 1200 फलों के बाग लगाए। इससे भी राजकीय आय में वृद्धि हुई, जिससे राजस्व में 1,80,000 टंका प्रतिवर्ष की वृद्धि हुई थी। फिरोज ने अपने एक दास एवं आरिज-ए-मुमालिक **बशीर सुल्तान** के ₹ 13 करोड़ हड़प लिए थे।
- उसने 36 शाही कारखानों की स्थापना राजपरिवार के उपयोग में आने वाली आवश्यक वस्तुओं के लिए की थी।

> फिरोजशाह तुगलक की नीतियों के सन्दर्भ में अफीक ने कहा कि सामग्री बहुत सस्ती हो गई, उसके सम्पूर्ण 40 वर्षों के शासनकाल में लोगों ने अकाल नहीं देखा था।

फिरोजशाह तुगलक की सैन्य नीति

- सुल्तान फिरोजशाह तुगलक शान्तिप्रिय था और यथासम्भव उसने युद्ध से बचने का प्रयत्न किया। उसने अन्य प्रान्तों को जीतने का प्रयास नहीं किया, जो मुहम्मद तुगलक के अन्तिम वर्षों में साम्राज्य से पृथक् हो गए थे। मुहम्मद तुगलक के समय बंगाल स्वतन्त्र हो चुका था। इसे प्राप्त करने के लिए फिरोजशाह तुगलक ने दो बार आक्रमण किए, जो असफल हुए।
- फिरोजशाह तुगलक ने **द्वितीय बंगाल अभियान** के दौरान 1360 ई. में जामनगर का अभियान किया। आक्रमण का उद्देश्य जगन्नाथपुरी के मन्दिर को नष्ट करना था। इस अभियान के पश्चात् भी उसने उड़ीसा को अपने साम्राज्य में शामिल नहीं किया।
- फिरोजशाह तुगलक ने काँगड़ा का सफल अभियान 1365 ई. में किया था, जिसके अन्तर्गत ज्वालामुखी मन्दिर से अनेक संस्कृत रचनाओं को उसने चुराया था।
- फिरोजशाह तुगलक को थट्टा में भी दो वर्ष के अभियान (1362-64 ई.) के पश्चात् कोई सफलता नहीं मिली। यह उसका सबसे अन्तिम अभियान था।

फिरोजशाह तुगलक के विनिर्माणकारी, लोककल्याणकारी एवं साहित्यिक कार्य

- फिरोज ने अपनी आत्मकथा **फतूहात-ए-फिरोजशाही** की रचना की, जबकि **सीरत-ए-फिरोजशाही** की रचना किसी अज्ञात विद्वान द्वारा की गई।
- दार-उल-शफा (राजकीय अस्पताल), दीवान-ए-खैरात (गरीबों के लिए दान विभाग), दफ्तर-ए-रोजगार (बेरोजगारों के लिए), लोक निर्माण विभाग (नगरों की स्थापना के लिए) आदि विभागों का निर्माण फिरोजशाह तुगलक द्वारा किया गया था।
- उसने हिन्दू एवं मुस्लिम दोनों सम्प्रदायों के लोगों के विचारों को समझने के लिए एक **अनुवाद विभाग** की भी स्थापना की।
- फिरोजपुर, हिसार, फतेहाबाद, जौनपुर और फिरोजाबाद नगर की स्थापना फिरोजशाह तुगलक ने करवाई थी। दासों की देखभाल के लिए एक विभाग **दीवान-ए-बन्दगान** की स्थापना की गई थी।
- कुतुबमीनार की मरम्मत भी फिरोजशाह तुगलक द्वारा कराई गई थी। वह टोपरा और मेरठ से अशोक द्वारा निर्मित दो स्तम्भ अभिलेखों को दिल्ली लाया। उसने टोपरा के स्तम्भ को फिरोजाबाद की मस्जिद के समीप तथा मेरठ के स्तम्भ को दिल्ली के **कुश्क-ए-शिकार** महल के पास समीप स्थापित करवाया था।
- फिरोजशाह तुगलक पहला तुगलक शासक था, जिसने हिन्दू धर्मग्रन्थों का फारसी में अनुवाद करवाया।

> फिरोज तुगलक ने कुछ नए प्रकार के सिक्के चलाए। उसने **शसगनी** (चाँदी) नामक एक सिक्का चलाया, जो 6 जीतल के बराबर होता था। उसने **अद्धा** नामक एक सिक्का भी चलाया, वह मिश्रित धातु का (चाँदी व ताँबा) होता था, जो आधा जीतल के बराबर होता था। उसने **बिख** नामक एक सिक्का चलाया। वह भी मिश्रित धातु का होता था, जो 1/4 जीतल के बराबर होता था।
>
> फिरोजशाह तुगलक ने सैनिक के **खुम्स** (युद्ध सम्बन्धी कर) में वृद्धि करके, उसे 80% कर दिया था।

फिरोजशाह तुगलक के उत्तराधिकारी

- फिरोज की मृत्योपरान्त उसका पोता **तुगलकशाह द्वितीय** 1388 ई. में गयासुद्दीन तुगलक द्वितीय के नाम से सिंहासन पर बैठा। इसके पश्चात् अबूबक्र, नासिरुद्दीन मुहम्मदशाह और अलाउद्दीन सिकन्दर शाह शासक हुए।
- सिकन्दर शाह की मृत्यु के पश्चात् **नासिरुद्दीन महमूद** (1394-1412 ई.) दिल्ली सल्तनत का शासक बना।
- इसका वजीर **मल्लू इकबाल** था। इसी के समय 1398 ई. में तैमूर-लंग का आक्रमण हुआ, जिसमें नासिरुद्दीन महमूद पराजित हुआ तथा वह अपने वजीर मल्लु इकबाल के साथ गुजरात भाग गया। तैमूर इस आक्रमण के पश्चात् भारत से सोना, चाँदी, हीरे, जवाहरात लेकर गया।

- युद्ध के पश्चात् वह बहुत से कारीगर भी अपने साथ ले गया, जिसका उदाहरण समरकन्द की सुन्दर इमारतों में देखा जा सकता है। जौनपुर, गुजरात तथा मालवा नसिरुद्दीन महमूदशाह के शासनकाल में दिल्ली सल्तनत से स्वतन्त्र हो गए थे।

तुगलक वंश का पतन

तुगलक वंश सल्तनत काल में सबसे अधिक समय तक शासन करने वाला राजवंश था, परन्तु इसके अन्तिम उत्तराधिकारियों के अयोग्य होने के कारण इसका पतन शुरू हो गया। इस वंश के पतन होने के कारण निम्नलिखित हैं

- मुहम्मद तुगलक स्वयं तुगलक साम्राज्य के पतन के लिए आंशिक रूप से उत्तरदायी था। उसके द्वारा शुरू किए गए कार्यों में सफलता न मिलने के कारण उसने अमीरों तथा आम जनता को कठोर दण्ड दिए, जिनके विरुद्ध आम जनता और अमीरों ने विद्रोह किया, जो इस वंश के पतन होने का मुख्य कारण था।
- फिरोजशाह तुगलक द्वारा **जागीर प्रथा** और **दास प्रथा** को प्रारम्भ करना तथा सरकारी तन्त्र में वंशानुगत को प्रोत्साहन देना आदि किए गए कार्यों ने भी इस वंश को दुर्बल किया।
- तुगलक वंश सल्तनत काल में सबसे अधिक समय तक शासन करने वाला राजवंश था, परन्तु इसके अन्तिम उत्तराधिकारियों के अयोग्य होने के कारण इसका पतन शुरू हो गया। इस वंश के पतन होने के कारण निम्नलिखित हैं
- तैमूर के आक्रमण ने भी इस वंश की राजनैतिक कमजोरियों को सामने ला दिया था, जिसके कारण इस वंश का पतन कालखण्ड में होना सुनिश्चित हो गया।

सैय्यद वंश (1414-1451 ई.)

- तुगलक वंश के बाद दिल्ली पर सैय्यद वंश का शासन स्थापित हुआ। इस वंश का संस्थापक **खिज्र खाँ** था। सैय्यदों वंश के 37 वर्ष के शासनकाल में कुल चार शासक हुए।
- सैय्यद वंश के विषय में जानकारी का एकमात्र स्रोत याहिया बिन अहमद सरहिन्दी की पुस्तक **तारीख-ए-मुबारकशाही** है।

सैय्यद वंश के प्रमुख शासक

सैय्यद वंश के प्रमुख शासक निम्नलिखित हैं

खिज्र खाँ (1414-1421 ई.)

- खिज्र खाँ केवल सैयद वंश का संस्थापक नहीं, बल्कि उसका सबसे प्रतापी शासक भी था। तारीख-ए-मुबारकशाही का लेखक खिज्र खाँ के सैय्यद होने के प्रमाण प्रस्तुत करता है। सैय्यद का तात्पर्य पैगम्बर मुहम्मद के वंशज से है।
- खिज्र खाँ मुल्तान के गवर्नर मलिक सुलेमान का पुत्र था। पिता की मृत्यु के पश्चात् इसे मुल्तान का गवर्नर पद तथा जागीर प्राप्त हुई। फिरोजशाह तुगलक की मृत्यु के पश्चात् सारंग खाँ ने इसे बन्दी बना लिया था।
- हालाँकि कुछ समय पश्चात् खिज्र खाँ वहाँ से भागने में सफल रहा। 1398 ई. में वह तैमूर से मिल गया और जाते समय तैमूर ने उसे **मुल्तान**, लाहौर एवं दीपालपुर का सूबेदार नियुक्त कर दिया।
- इतिहासकार फरिश्ता के अनुसार, खिज्र खाँ एक उदार एवं न्यायप्रिय शासक था। उसका अधिकतर कार्यकाल क्षेत्रीय राजवंशों की चुनौतियों के समाधान के अन्तर्गत बीता।
- 20 मई, 1421 में खिज्र खाँ की मृत्यु हो गई। उसने दिल्ली सल्तनत पर लगभग सात वर्ष तक शासन किया था।

> शासक बनने के उपरान्त खिज्र खाँ ने सुल्तान का उपाधि धारण नहीं की। वह **रैयत-ए-आला** की उपाधि से ही सन्तुष्ट रहा। उसने अपने सिक्कों पर तुगलक शासकों का ही नाम रहने दिया। नए सिक्कों पर उसने **तैमूर** तथा उसके पुत्र **शाहरुख** का अंकित कराया।

मुबारकशाह (1421-1434 ई.)

- खिज्र खाँ के पश्चात् उसका पुत्र मुबारकशाह सुल्तान की उपाधि धारण का शासक बना।
- उसने अपने नाम से खुतबा पढ़वाया और अपने नाम के सिक्के चलवाए। सिक्कों पर उसने अपना नाम **मुईज उद् दीन मुबारक शाह** उत्कीर्ण कराया।
- उसने याहिया बिन अहमद सरहिन्दी को संरक्षण प्रदान किया। उसके ग्रन्थ **तारीख-ए-मुबारकशाही** में मुबारकशाह के शासनकाल के विषय में जानकारी मिलती है।
- मुबारकाबाद नगर, जो यमुना नदी के किनारे अवस्थित है, मुबारकशाह द्वारा बसाया गया था।
- मुबारकशाह की हत्या फरवरी, 1434 में कर दी गई।

मुहम्मदशाह (1434-1445 ई.)

- मुबारकशाह का कोई पुत्र नहीं था। अत: सरवर-उल-मुल्क के नेतृत्व में अमीरों एवं सरदारों ने मुहम्मदशाह को गद्दी पर बैठा दिया, जो मुबारकशाह के भाई फरीद का पुत्र था।
- सरवर-उल-मुल्क, जिसने मुबारकशाह की हत्या की थी, को मुहम्मदशाह ने वजीर पद पर नियुक्त किया। सरवर-उल-मुल्क अब वास्तविक शासक था।
- सरवर की अराजकता के कारण अमीर वर्ग उसके विरुद्ध हो गया। अत: अमीर ने सुल्तान को अपने पक्ष में करके सरवर-उल-मुल्क की हत्या करा दी, जिससे सल्तनत में अराजकता का वातावरण बन गया।
- इसके काल में मालवा शासक महमूद खिलजी ने दिल्ली पर आक्रमण किया, किन्तु सरहिन्द के अफगान राज्यपाल बहलोल लोदी की सैन्य सहायता के कारण दिल्ली सल्तनत महमूद खिलजी के आक्रमण से बच गई।
- 1445 ई. में मुहम्मदशाह की मृत्यु हो गई थी।

> मुहम्मदशाह ने बहलोल लोदी का सम्मान किया और उसे **पुत्र** कहकर पुकारा तथा **खान-ए-खाना** की उपाधि से विभूषित किया और पंजाब के अधिकांश भाग पर बहलोल का स्वामित्व भी स्वीकार किया।

अलाउद्दीन आलमशाह (1445-1476 ई.)

- जब 1445 ई. में मुहम्मदशाह की मृत्यु हो गई, तो उसका पुत्र अलाउद्दीन गद्दी पर बैठा, जिसने आलमशाह की उपाधि धारण किया।
- यह अपने प्रभुत्व को बढ़ाने में स्वयं को अयोग्य पाकर तथा अपने वजीर हमीर खाँ से झगड़कर बदायूँ चला गया और वहीं रहने लगा। यह सैय्यद वंश का अन्तिम शासक था। सरहिन्द के गवर्नर बहलोल ने हमीद खाँ की हत्या करवाकर शासन सूत्र अपने हाथों में ले लिया।
- बहलोल ने अलाउद्दीन आलमशाह को दिल्ली आने का निमन्त्रण दिया, लेकिन अलाउद्दीन आलमशाह ने अपनी दुर्बल स्थिति देखकर बदायूँ में ही रहना स्वीकार किया और अपनी मृत्यु तक (1476 ई.) बदायूँ पर शासन करता रहा। याहिया बिन अहमद सरहिन्दी का कहना है कि सैय्यद वंश का संस्थापक पैगम्बर का वंशज था।
- 19 अप्रैल, 1457 को बहलोल का सिंहासनारोहण हुआ, तब उसने सिंहासन किसी सफल समूह की सहायता से ही प्राप्त नहीं किया, अपितु एक ऐसे सुल्तान के उत्तराधिकारी के रूप में भी प्राप्त किया, जिसने ऐच्छिक रूप से अपनी गद्दी का परित्याग कर दिया था।

लोदी वंश (1451-1526 ई.)

- यह दिल्ली की गद्दी पर अधिकार करने वाला पहला अफगान वंश था। यद्यपि लोदियों ने दिल्ली सल्तनत की प्रतिष्ठा और शक्ति को पुनर्स्थापित करने का प्रयास किया।

लोदी वंश के प्रमुख शासक

लोदी वंश के प्रमुख शासक निम्नलिखित हैं

बहलोल लोदी (1451-1489 ई.)

- लोदी वंश की स्थापना बहलोल लोदी ने की थी। सुल्तान बनने से पूर्व यह सरहिन्द का सूबेदार था।
- बहलोल लोदी ने सुल्तान बनने के बाद अपने तन्त्र में व्याप्त कुरीतियों को कम करने का प्रयास किया था। बहलोल लोदी लोदियों की एक प्रमुख जनजाति शाहूखेल से सम्बन्धित था तथा उसने कबीलाई अफगानी शासन को बढ़ावा दिया।
- बहलोल लोदी सम्भल में दरिया खाँ, कोल में ईसा खाँ, साकेत में मुबारक खाँ, मैनपुरी एवं भोगाँव में राजा प्रताप सिंह के विरुद्ध सफल सैन्य अभियान किया।

> बहलोल लोदी ने सबसे पहला अभियान **जौनपुर** के शर्की शासक हुसैनशाह के विरुद्ध किया, जिसमें उसे सफलता प्राप्त हुई। इसके पश्चात् बहलोल लोदी ने अपने पुत्र बारबक लोदी को वहाँ का शासक नियुक्त किया।

- जौनपुर विजय के पश्चात् धौलपुर, कालपी व बाड़ी के सरदारों ने स्वयं ही बहलोल लोदी की अधीनता स्वीकार की।
- बहलोल ने **बहलोली** सिक्का चलाया, जो अकबर के समय तक विनिमय का माध्यम रहा।

> **तारीख-ए-दाऊदी** के अनुसार, बहलोल लोदी सम्मेलनों के अवसर पर कभी भी सिंहासन पर नहीं बैठा और न ही उसने अपने सरदारों को कभी खड़े रहने दिया। आम दरबार में भी वह सिंहासन पर न बैठकर एक गलीचे पर बैठता था।

- बहलोल लोदी का अन्तिम अभियान ग्वालियर के शासक राय कर्ण के विरुद्ध था। इसे इस अभियान में 80 लाख टंके की भेंट प्राप्त हुई। ग्वालियर से लौटते समय जुलाई, 1489 में बीमारी के कारण इसकी मृत्यु हो गई।

सिकन्दर लोदी (1489-1517 ई.)

- बहलोल लोदी की मृत्यु के पश्चात् उसका तीसरा पुत्र निजाम खाँ, सिकन्दर शाह के नाम से 1489 ई. में सुल्तान बना।
- सिकन्दर लोदी के सुल्तान बनने में कुछ अमीरों ने विरोध किया, क्योंकि सिकन्दर लोदी एक हिन्दू महिला का पुत्र था, परन्तु सिकन्दर लोदी ने हिन्दुओं के प्रति दमन की नीति अपनाकर अमीरों के विरोध को शान्त किया।
- सिकन्दर लोदी के सुल्तान बनने के दौरान अधिकतर जागीरदार अपने-अपने क्षेत्रों में संगठित थे।

> **बारबकशाह का दमन**
>
> - बहलोल लोदी ने जौनपुर की विजय के पश्चात् अपने पुत्र बारबकशाह को वहाँ नियुक्त किया, जिसे सिकन्दर लोदी द्वारा भी मान्यता प्रदान की गई।
> - बारबकशाह एक अयोग्य शासक था। जौनपुर में जब शर्की शासक हुसैनशाह के समर्थकों ने विद्रोह किया, तो बारबकशाह इस विद्रोह को कुचलने में असफल रहा।
> - इसके पश्चात् सिकन्दर लोदी ने इसे अपदस्थ कर जौनपुर को दिल्ली सल्तनत में मिला लिया था।

- सिकन्दरशाह का प्रारम्भिक नाम निजामशाह था। उसने अफगान सरदारों से समानता के व्यवहार को त्याग दिया तथा सुल्तान को सर्वोच्च मानने के लिए बाध्य किया।
- सिकन्दर लोदी ने स्वयं कहा था "यदि मैं अपने गुलाम को भी पालकी में बैठा दूँ, तो मेरे आदेश पर मेरे सभी सरदार उसे अपने कन्धों पर उठा ले जाएँगे।" यह लोदी वंश का सर्वश्रेष्ठ शासक साबित हुआ।
- उसने हुसैनशाह को बनारस के तट पर 1494 ई. में पराजित किया तथा बंगाल से बिहार तक के क्षेत्र को अपने अधीन किया। उसने तिरहुत पर आक्रमण कर उसे भी अपने साम्राज्य में मिला लिया।
- 1504 ई. में उसने राजस्थान के शासकों पर अपने अधिकार को सुरक्षित रखने तथा मार्गों पर नियन्त्रण स्थापित करने के उद्देश्य से आगरा नगर की स्थापना की।

- वहाँ पर उसने किले का भी निर्माण कराया, जो बादलगढ़ के किले के नाम से प्रसिद्ध था। 1506 ई. में सिकन्दर ने आगरा को राजधानी बनाया।
- माप के लिए एक पैमाना गज-ए-सिकन्दरी उसी के समय से प्रारम्भ किया गया, जो प्राय: 30 इंच का होता था। उसने मुहर्रम और ताजिया निकालना बन्द करा दिया था। उसने महिलाओं को पीरों की मजारों पर जाने तथा उनकी याद में जुलूस निकालने पर रोक लगा दी।
- उसने यमुना तट पर स्नान तथा बाल को मुण्डवाने की प्रथा पर भी पाबन्दी लगा दी थी।
- सिकन्दर लोदी ने हिन्दुओं पर पुन: जजिया कर लगा दिया। धार्मिक दृष्टि से वह असहिष्णु था।
- वह फारसी भाषा का जानकर था तथा फारसी में गुलरुखी उपनाम से कविताएँ लिखता था।
- सिकन्दर लोदी के स्वयं के आदेश से एक आयुर्वेदिक ग्रन्थ का फारसी में अनुवाद किया गया, जिसका नाम फरंहगे सिकन्दरी रखा गया। उसके समय में गान-विद्या के एक श्रेष्ठ ग्रन्थ **लज्जत-ए-सिकन्दरशाही** की रचना हुई, जो भारतीय संगीत पर पहला फारसी ग्रन्थ है।
- तिब्ब-ए-सिकन्दरी नामक औषधिक ग्रन्थ की रचना उसके वजीर मियाँ भुआ के द्वारा की गई थी।
- गले की बीमारी के कारण 1517 ई. में सिकन्दर लोदी की मृत्यु हो गई।

इब्राहिम लोदी (1517-1526 ई.)

- सिकन्दर लोदी की मृत्यु के पश्चात् उसका ज्येष्ठ पुत्र इब्राहिम लोदी 22 नवम्बर, 1517 को गद्दी पर बैठा। यह लोदी वंश का अन्तिम शासक था।
- इब्राहिम लोदी के सम्राट बनने का कुछ अफगानी सरदारों ने विरोध किया तथा इब्राहिम खाँ के छोटे भाई राजकुमार जलाल खाँ को जौनपुर ले गए तथा उसे वहाँ का शासक नियुक्त किया।
- इस गतिविधि से इब्राहिम लोदी अप्रसन्न हुआ तथा उसने जलाल खाँ को कैद करके उसके खाने में जहर देकर उसकी मृत्यु करा दी। इसके पश्चात् उसने स्वयं को एकमात्र सुल्तान घोषित किया।
- इब्राहिम लोदी की सबसे बड़ी सफलता ग्वालियर विजय (1518 ई.) थी। इसी के समय ग्वालियर अन्तिम रूप से साम्राज्य में शामिल हुआ। इब्राहिम लोदी द्वारा ग्वालियर पर आक्रमण के समय वहाँ का शासक राजा मानसिंह का पुत्र विक्रमजीत था।

> 1518 ई. में मालवा को लेकर इब्राहिम लोदी तथा राणा सांगा के बीच खतोली का युद्ध हुआ, जिसमें राणा सांगा विजयी रहा। 1524 ई. में सांगा एवं इब्राहिम के बीच धौलपुर के निकट युद्ध हुआ, जिसमें लोदी पुन: पराजित हुआ।

- इब्राहिम अपने सरदारों को पराजित कर अपनी सत्ता को सुदृढ़ करना चाहता था, जिस कारण उसने अपने पिता के समय के अधिकतर सरदारों को या तो पदच्युत कर दिया था या उन्हें कारागार में डाल दिया। इसके कारण सरदारों ने इब्राहिम लोदी का साथ छोड़ दिया, जिसने बाबर की विजय को सुनिश्चित किया।
- असन्तुष्ट सरदारों में पंजाब का शासक दौलत खाँ लोदी एवं इब्राहिम लोदी के चाचा आलम खाँ ने काबुल के तैमूर वंशी शासक बाबर को भारत पर आक्रमण करने के लिए निमन्त्रण दिया।
- तत्पश्चात् 21 अप्रैल, 1526 को पानीपत के मैदान में इब्राहिम और बाबर के मध्य युद्ध हुआ, जिसमें इब्राहिम लोदी की हार हुई। बाबर का भारत पर आक्रमण करना ही लोदी वंश के पतन का मुख्य कारण था।
- मध्यकाल में इब्राहिम लोदी ही एक ऐसा शासक था, जो युद्ध भूमि में मारा गया। इसकी मृत्यु के साथ ही सल्तनत युग की समाप्ति तथा मुगल वंश का आरम्भ हुआ।

सल्तनतकालीन प्रशासनिक व्यवस्था

सल्तनतकालीन प्रशासनिक व्यवस्था निम्नलिखित है

सल्तनतकालीन समय में खलीफा से सम्बन्ध

- सल्तनतकालीन प्रशासन में सबसे महत्त्वपूर्ण सम्बन्ध सुल्तान व खलीफा के मध्य थे। यद्यपि हलाकू ने अन्तिम अब्बासी खलीफा की 1258 ई. मे ही हत्या कर दी थी, किन्तु सैद्धान्तिक रूप से इस्लामिक मान्यता को जीवन्त बनाए रखने के किए सल्तनत शासकों ने उनसे सम्बन्ध बनाए रखे और अपने सिक्कों पर खलीफा के प्रतिनिधि नासिर-ए-अमीर-उल-मोमिनिन का अंकन करवाया।
- इल्तुतमिश इस मानदण्ड के हिसाब से दिल्ली का प्रथम वैधानिक सुल्तान था।
- अलाउद्दीन खलजी ने यामिनी-उल-खिलाफत अर्थात् खलीफा के दाएँ हाथ की उपाधि धारण की थी। खिल्लत के पद को धारण न करते हुए भी अलाउद्दीन ने इस परम्परा को जारी रखा था।
- स्वयं को खलीफा मानकर मुबारक खिलजी ने कुछ सीमा तक इस परम्परा को सीमित किया था।
- मुहम्मद बिन तुगलक ने शासन के कुछ वर्षों पश्चात् खिल्लत की उपाधि प्राप्त कर सिक्कों पर भी खलीफा का नाम उत्कीर्ण करवाया था।
- फिरोजशाह तुगलक ने खलीफा का नायब नामक उपाधि धारण करने के उपरान्त, दो बार खिल्लत की उपाधि धारण की।

उलेमा का प्रभाव

- मुस्लिम साम्राज्यों ने उलेमाओं की उपस्थिति, प्रशासनिक व्यवस्था में शरीयत के नियमों का पालन करने हेतु की गई।
- हालाँकि सल्तनत काल के अलाउद्दीन खिलजी व मुहम्मद बिन तुगलक ने उनकी शक्तियों पर नियन्त्रण करने का प्रयत्न किया था।

इक्ता व्यवस्था

- यह एक अरबी शब्द है। **निजामुल-मुल्क-तुसी** के सियासतनामा में इक्ता को परिभाषित किया गया है। इक्ता एक ऐसा भू-क्षेत्र होता था, जो सैनिक व असैनिक अधिकारि (मुख्य रूप से सैनिक) को उस क्षेत्र में शासन संचालन के लिए दिया जाता था। गौरी की विजय के बाद से ही भारत में इक्ता व्यवस्था के प्रमाण मिलते हैं।
- मुहम्मद गौरी ने 1191 ई. में कुतुबुद्दीन ऐबक को हांसी का इक्ता दिया था। उसी ने मलिक नासिरुद्दीन को कच्छ का प्रदेश इक्ता के रूप में प्रदान किया था, परन्तु इक्ता व्यवस्था को भारत में व्यवस्थित करने का श्रेय इल्तुतमिश को जाता है। इल्तुतमिश ने **मुल्तान से लेकर लखनौती** तक का क्षेत्र इक्ता के रूप में विभाजित कर दिया।

> इक्ता के प्रशासक **मुक्ति** या **वली** अथवा **मलिक** कहलाते थे। ये सम्बन्धित क्षेत्र में भू-राजस्व का संग्रह करते थे और उस क्षेत्र का प्रशासन देखते थे। इनसे अपेक्षा की जाती थी कि प्रशासनिक खर्च और वेतन को पूर्ण करने के पश्चात्, जो **फवाजिल** (शेष रकम) बचती थी, उसे वे केन्द्रीय खजाने में भेज (जमा) दें।

- समय-समय पर कुछ सुल्तानों ने इक्तादारों पर नियन्त्रण बढ़ाने के प्रयास भी किए। बलबन ने मुक्ति या वली को नियन्त्रित करने के लिए इक्ता में **ख्वाजा** नामक अधिकारी को नियुक्त किया।
- वह इक्ता की आय का आकलन करता था। अलाउद्दीन ने इक्तादारों के स्थानान्तरण पर बल दिया, ताकि निहित स्वार्थ उत्पन्न न हो सके। उसने इक्ता में नौकरशाही के हस्तक्षेप को बढ़ा दिया।
- इसके अतिरिक्त **दीवान-ए-विजारत** को यह अधिकार दिया कि वह प्रत्येक इक्ता की आय का निश्चित अनुमान लगाए। गयासुद्दीन तुगलक ने इक्ता के राजस्व में से इक्तादार की व्यक्तिगत आय तथा उसके अधीन रखे गए सैनिकों के वेतन में स्पष्ट विभाजन किया।
- मुहम्मद तुगलक ने एक नया कदम उठाया। उसने भू-राजस्व संग्रह और प्रशासन के कार्यों का विभाजन कर दिया। अब मुक्ति के अतिरिक्त एक अन्य अमीर नियुक्त कर दिया गया।

> इक्ता के आय-व्यय के निरीक्षण के लिए एक **आमिल** नामक अधिकारी नियुक्त होने लगा। मुहम्मद तुगलक ने इक्ता के सैनिकों का वेतन भी केन्द्रीय खजाने से देने का प्रावधान किया, ताकि भ्रष्टाचार को रोका जा सके।

- उसके इस कदम के विरुद्ध तीव्र प्रतिक्रिया हुई और यही कारण है कि उसके काल में इतने विद्रोह हुए। फिरोज तुगलक ने मुहम्मद तुगलक की नीति को उलटकर **इक्तादार** के पद को वंशानुगत बना दिया।
- फिरोज तुगलक ने सैनिकों को वेतन के बदले गाँव प्रदान किए। ऐसे गाँव **वजह** कहलाते थे और वजह को धारण करने वाले को **वजहदार** कहा जाता था।
- सिकन्दर लोदी के समय में भूमि का वस्तु की भाँति उपयोग करने की **फवाजिल प्रथा** को समाप्त कर दिया गया। सिकन्दर लोदी ने भूमि को हस्तान्तरणीय बना दिया, जिस कारण यह प्रथा सामन्तवादी प्रक्रिया में बदल गई थी। **विलायत** शब्द का प्रयोग इक्ता के पर्याय शब्द के रूप में किया गया था।

सैन्य व्यवस्था

- सल्तनतकालीन सैन्य संगठन मुख्यतः **तुर्की** और **मंगोल** पद्धति पर आधारित था। सल्तनतकालीन सैन्य व्यवस्था का शुभारम्भ इल्तुतमिश के शासनकाल से होता है। इसके काल में सल्तनत की सेना को **हश्म-ए-कल्ब** (केन्द्रीय सेना) या **कल्ब-ए-सुल्तानी** कहा जाता था।

> सल्तनतकालीन सुल्तानों में बलबन ने **सैन्य विभाग** की स्थापना की तथा अलाउद्दीन खिलजी को एक स्थायी सेना के गठन का श्रेय दिया जाता है।

- मंगोल सेना का यह वर्गीकरण **दशमलव प्रणाली** पर आधारित था और इसे सल्तनतकालीन सैन्य व्यवस्था में भी अपनाया गया। यह सैनिक वर्गीकरण पद सोपान सूचक होने के साथ-साथ सैन्य व्यवस्था के अत्यधिक केन्द्रीभूत होने का आभास करवाता है।
- दस सैनिक का सेनानायक अमीर-ए-दह, दस अमीरों या सौ सैनिकों का सेनानायक अमीर-ए-सदा, एक हजार सैनिकों का सेनानायक अमीर-ए-हजारा तथा दस हजार सैनिकों का सेनानायक अमीर-ए-तुमन कहलाता था।

वजीर	सुल्तान
अब्बास फसल बिन अहमद	महमूद गजनवी
फखरूल मुल्क इसायी नियामुल मुल्क जुनैदी	इल्तुतमिश
निजामुल मुल्क जुनैदी	रजिया
ख्वाजा हसन बराही	बलबन
नुसरत खाँ, मलिक काकू ताजुलमुल्क	अलाउद्दीन खिलजी
अहमद अयाज खाए-ए-जहाँ	फिरोज तुगलक

- इस काल में सैन्य व्यवस्था के अन्तर्गत 1 सुल्तान 10 खान के बराबर, 1 खान 10 मलिक के बराबर, 1 मलिक 10 अमीर के बराबर, 1 अमीर 10 सिपहसालाकार के बराबर, 1 सिपहसालाकार 10 सर-ए-खेल के बराबर तथा सर-ए-खेल अश्वरोही के बराबर होता था।

सल्तनत काल के प्रमुख विभाग

- अलाउद्दीन का काल सैन्य व्यवस्था के सुधार से सम्बन्धित था। उसने सैनिकों की सीधी भर्ती कर उन्हें सरकारी खजाने से वेतन देने का कार्य किया।
- उसके काल में **मुर्त्तब सैनिक** उसे कहा जाता था, जो निरीक्षण के पश्चात् भर्ती होता था। उसने एक घोड़ा रखने वाले का वार्षिक वेतन 234 टंका तथा दो घोड़े रखने वाले का 78 टंका अतिरिक्त देने का प्रबन्ध भी कराया था।
- अलाउद्दीन ने **घोड़े को दागने** की प्रथा प्रारम्भ की तथा सैनिकों का **हुलिया** दर्ज किया।

- गयासुद्दीन तुगलक ने न केवल अलाउद्दीन खिलजी की दाग तथा हुलिया की प्रथा का पालन किया, बल्कि सैनिकों के वेतन रजिस्टर (वसीलात-ए-दृश्य) की जाँच भी स्वयं ही करने लगा।
- मुहम्मद बिन तुगलक के काल में सेनाध्यक्ष तथा सैनिकों को क्रमशः इक्ता तथा नकद धनराशि के रूप में वेतन दिया जाता था। शाही खजाने से उन सैनिकों को भी वेतन दिया जाता था, जो सेनाध्यक्ष के अन्तर्गत आते थे।
- फिरोजशाह तुगलक के काल में सल्तनत का क्षेत्र कम हो जाने के कारण सेना का आकार भी कम हो गया था। फिरोजशाह तुगलक ने सैन्य व्यवस्था के अन्तर्गत **हुलिया दाग प्रथा** को तो बनाए रखा, परन्तु वह सैनिक अनुशासन को स्थिर न रख सका।
- फिरोजशाह तुगलक ने सैनिकों को **आनुवांशिक आधार** पर इक्ताएँ प्रदान कीं ऐसे गाँव **वजह** कहलाते थे और वजह को धारण करने वाले को **वजहदार** कहा जाता था।
- लोदी काल में अफगानों की **प्रजातन्त्रात्मक मनोवृत्ति** के कारण सेना का स्वरूप बदल गया तथा वह जनजातीय लड़ाकू सेना हो गई।
- सल्तनत काल की सेना के मुख्य तीन भाग थे
  - घुड़सवार सेना
  - पैदल सेना
  - हस्ति सेना
- सल्तनत काल में पत्थर एवं आग फेंकने की मशीन को **मगरिब** तथा **अर्रादा** कहा जाता था। इस काल में बारूद, तोप, गोलों का आविष्कार/निर्माण नहीं हुआ था।
- इस काल में **फलाखून** (गुलेल) तथा **चर्ख** (शिला प्रक्षेपास्त्र) के प्रयोग के भी प्रमाण मिलते हैं।

सल्तनत काल के प्रमुख विभाग, नाम तथा उनके कार्य

नाम	विभाग	कार्य
दीवान-ए-विजारत	वजीर का विभाग	मुख्यत: वित्त सम्बन्धी कार्य, परन्तु लोक प्रशासन के प्रत्येक विभाग पर नियन्त्रण।
दीवान-ए-आरिज (अर्ज)	सैन्य विभाग (बलबन द्वारा गठन)	सैनिकों की भर्ती, सैनिक अभियानों का आयोजन, सैनिकों का वेतन एवं निर्धारण तथा सैन्य निरीक्षण।
दीवान-ए-रिसालत	विदेश विभाग	विदेशी सम्पर्क एवं कार्य, कुछ विद्वानों के अनुसार, यह धार्मिक कार्यों से सम्बन्धित था।
दीवान-ए-ईंशा या दीवान-ए-अशरफ	पत्राचार विभाग	शाही घोषणाओं एवं पत्रों के मसविदे तैयार करना, शासकीय घोषणाओं को जारी करना, प्रान्तीय गवर्नरों एवं अधिकारियों को पत्र भेजना।
दीवान-ए-अमीर कोही	कृषि विभाग (मुहम्मद बिन तुगलक द्वारा स्थापित)	कृषि के अन्तर्गत भूमि का विस्तार करना, मालगुजारी व्यवस्था को सुदृढ़ करना।
दीवान-ए-मुस्तखराज	राजस्व विभाग (अलाउद्दीन खिलजी द्वारा स्थापित)	बकाया करों की वसूली करना, राजस्व एकत्र करने वाले अधिकारियों का हिसाब रखना।
दीवान-ए-खैरात	दान विभाग (फिरोजशाह तुगलक द्वारा स्थापित)	गरीब मुस्लिम कन्याओं का विवाह करना, विधवाओं तथा अनाथों की सहायता करना।
दीवान-ए-इस्तिहाक	पेंशन विभाग (फिरोज तुगलक द्वारा स्थापित)	अवकाश प्राप्त कर्मचारियों को वजीफा देना या सैन्य अभियानों में मृत सैनिकों के आश्रितों की सहायता करना।
दीवान-ए-बन्दगान	दास विभाग (फिरोज तुगलक द्वारा स्थापित)	दासों की संख्या में वृद्धि करना तथा उनकी समस्याओं का समाधान करना।

सल्तनत काल के प्रमुख अधिकारी तथा उनके कार्य

अधिकारी का नाम	कार्य
आरिज-ए-मुमालिक	सैन्य विभाग (दीवान-ए-अर्ज) का प्रधान था। सैनिकों की भर्ती करना प्रमुख कार्य।
इंशा-ए-मुमालिक	पत्राचार विभाग का प्रधान।
रिसालत-ए-मुमालिक	विदेश विभाग का प्रधान।
वकील-ए-दर	शाही महल एवं सुल्तान की व्यक्तिगत सेवाओं का प्रबन्ध करता था।
अमीर-ए-हाजिब (बारबक्त)	दरबारी शिष्टाचार के नियमों को लागू करता था।
सर-ए-जहाँदार	सुल्तान के अंगरक्षकों का प्रधान था।
अमीर-ए-बहर	आन्तरिक नौकायन तथा जल मार्गों का नियन्त्रण करता था।
अमीर-ए-मजलिस	सभाओं एवं दावतों जैसे विशेष उत्सवों का प्रबन्ध करता था।
मुस्तौफी-ए-मुमालिक	(महालेखा परीक्षक) राज्य के खर्चों की जाँच करता था (ऑडिटर जनरल)।
मुशरिफ-ए-मुमालिक	महालेखाकार (एकाउण्टेण्ट जनरल) राज्य की आय से सम्बन्धित था।
दीवान-ए-रियासत	बाजार पर नियन्त्रण रखने का कार्य था।
शहना-ए-मण्डी	बाजार मूल्य नियन्त्रण, बाट-माप की जाँच करना था।
मजमुआदार	आय-व्यय को ठीक करना (राजस्व) था।
मुहतसिब	लोगों के आचरण पर दृष्टि रखता था।
मतशर्रिफ	शाही कारखाने की देखभाल करता था।
बरीद-ए-मुमालिक	सूचनादाता एवं गुप्तचर विभाग का प्रमुख था।
सद्र-उस-सुदूर	धर्म सम्बन्धी कार्यों का प्रमुख था।
खाजिन	राजकीय आय को संग्रहीत करता था।
काजी-उल-कुज्जात	न्याय विभाग का प्रमुख था।
मुफ्ती	धर्म की व्याख्या करता था।
अमीर-ए-दाद	बड़े नगरों का मजिस्ट्रेट था।
कोतवाल	शहरों में शान्ति व्यवस्था के लिए उत्तरदायी था।
आमिल	राजस्व वसूली का प्रभारी (अधिकारी) था। परगना स्तर पर यह एक महत्त्वपूर्ण अधिकारी था।
अमीर-ए-आखूर	अश्वशाला का प्रधान था।
कारकून	भूमि कर का हिसाब रखने वाला था।
सहना-ए-पील	हाथियों की सेना का प्रमुख था।
अमीर-ए-तुजुक	उत्सवों का आयोजन करता था।

सल्तनतकालीन अर्थव्यवस्था

- इस काल मे भू-राजस्व, राजस्व की प्रमुख मद थी, जो मुख्यत: 1/5 थी, किन्तु अलाउद्दीन के समय यह दर 1/2 निर्धारित की गई थी।
- **गल्ला-बक्शी** या **बटाई** द्वारा भू-राजस्व का निर्धारण पिछले वर्ष के उत्पादन के आधार पर किया जाता था, जिसे गयासुद्दीन तुगलक द्वारा अपनाया गया था। अलाउद्दीन खिलजी द्वारा अपनाई गई **पैमाइश मसाहत विधि** में प्रति बीघा को उत्पादन का आधार माना जाता था।

> **कनकुत** या **नस्ल प्रणाली** में राजस्व निर्धारण अनुमान के आधार पर किया जाता था। सल्तनत काल में अलाउद्दीन खिलजी तथा सिकन्दर लोदी ने राजस्व की प्राप्ति अनाज के रूप में की थी, जबकि अन्य शासकों ने नकद के रूप में राजस्व प्राप्त किया, जिसके आधार पर कहा जा सकता है कि सल्तनत काल में राजस्व नकद तथा अनाज दोनों रूपों में लिया जाता था।

- 13वीं तथा 14वीं शताब्दी में सिंचाई के अन्तर्गत **नोरिया तकनीकी** का उपयोग किया गया, जो सिंचाई की गियर प्रणाली से मिलती-जुलती थी। इस विधि से अधिक मात्रा में पानी की उपलब्धता को सुनिश्चित किया जा सकता था। नोरिया विधि रहट तथा अरघट प्रणाली से उत्तम थी। सल्तनत काल में सिंचाई का मुख्य साधन कुआँ था।
- तुगलक वंश के गयासुद्दीन तथा फिरोजशाह तुगलक ने एक उत्तम नहर तन्त्र का निर्माण किया, जो वर्तमान समय में भी कार्यरत् है।
- इतिहासकारों के विवरण से पता चलता है कि भारत में दो या तीन बार चावल की खेती की जाती थी। सुरसति अत्यधिक उत्तम किस्म के चावल के लिए प्रसिद्ध था।
- सल्तनत काल में **रेशम** खम्भात क्षेत्र में, **नमक** साम्भर क्षेत्र में, ऊनी साल कश्मीर में, **वस्त्र उत्पादन** बंगाल व गुजरात में, **पान के पत्ते** धार (मालवा) में, **नील** बयाना भरतपुर, राजस्थान में व सरखेज, आगरा में उत्पादित होता था।

> भारत ने रेशम उत्पादन 14वीं-15वीं शताब्दी में चीन से सीखा था। **किरवास** सूती वस्त्र को तथा **गंगाजल** व **शबनम** मलमल के कपड़ों को कहा जाता था। दिल्ली सूती वस्त्रों की रंगाई के लिए प्रसिद्ध था।

उद्योग व्यापार

- तुर्कों ने भारत में नगरीकरण की प्रवृत्ति को प्रोत्साहित किया। उनके द्वारा की गई प्रशासनिक तथा आर्थिक व्यवस्था ने नगरीकरण में सकारात्मक परिवर्तन किया। प्रो. हबीब इसे **नगरीय क्रान्ति** मानते हैं।
- तुर्कों की नवीन प्रौद्योगिकी ने उत्पादन में अधिक वृद्धि की थी।
- सल्तनत काल में कृषि के विकास, व्यापार एवं वाणिज्य के विकास के कारण स्वाभाविक रूप से नगरों का विकास हुआ, जिससे ग्रामीण जनसंख्या शहरों की ओर आकर्षित हुई।
- सल्तनत काल में अनेक प्रकार के **शिल्प उद्योगों** का विकास हुआ। इस समय वस्त्र उद्योग, धातु उद्योग एवं चर्म उद्योग के अतिरिक्त कागज, चीनी, शीशा एवं काष्ठ उद्योग का विकास हुआ। इस्पात से मजबूत तलवारें बनाईं जाती थीं। अन्य प्रकार के अस्त्र-शस्त्र, बर्तन एवं आभूषण विभिन्न धातुओं से बनाए गए।
- 13वीं-14वीं शताब्दी में कागज के निर्माण के कारण बहुत से संस्कृत ग्रन्थों का फारसी में अनुवाद हुआ था, जिसने **जिल्दसाजी** की **प्रौद्योगिकी** के विकास को प्रोत्साहन दिया।
- तुर्कों के आगमन के साथ चटखा व धुनकी का प्रवेश भी भारत में हुआ, जिसमें तकली का प्रयोग वस्त्र उत्पादन में किया जाता था। इस समय **नद्दाफ** शब्द का प्रयोग बुनकर के लिए किया जाता था।
- इस समय आसवन विधि का प्रयोग मदिरा तथा इत्र के लिए किया जाता था। **कलई विधि** का प्रयोग धातु शिल्प के अन्तर्गत किया जाता था, जिसमें जस्ते का प्रयोग भी होता था।
- कश्मीर से प्राप्त **दमिश्की इस्पात** सम्पूर्ण भारत में प्रसिद्ध थी। इस काल में गारे-चूने के कारण स्थापत्य के अन्तर्गत भवन निर्माण सम्भव हुआ। **दीवान-ए-इमारतखाना** की स्थापना फिरोजशाह तुगलक द्वारा की गई थी।
- गैरकृषि उत्पाद आधारित उद्योगों में चमड़ा, धातुएँ, पत्थर, नमक व तेल उद्योग प्रमुख थे।

> सल्तनत काल में विलासी वस्तुओं के लिए शाही कारखानों की स्थापना की गई। फिरोजशाह तुगलक के समय इस प्रकार के 36 शाही कारखानों का निर्माण हुआ। **मुतसर्रिफ** इन कारखानों का निरीक्षण करता था।

आयात-निर्यात

- इस काल में सोना, चाँदी, केसर, अफीम, सिन्दूर, घोड़े आदि अरब व खाड़ी देशों से तथा हाथी दाँत व लाख अफ्रीका से मँगाए जाते थे। अन्तर्राष्ट्रीय व्यापार का प्रमुख बन्दरगाह **देवल** तथा दक्षिणी सिन्ध में **लहरीबन्दर** तथा गुजरात में **कैबे** व **सूरत** स्थानीय रूप से प्रसिद्ध थे।
- अन्हिलवाड़ तीर्थ स्थल के रूप में व्यापारियों में प्रसिद्ध था। कैबे में समृद्ध व्यापारी थे, जो सुन्दर, पत्थर तथा गारे से बने महल में रहते थे। इस काल में भारत, चीन को भारतीय वस्त्र निर्यात तथा कच्चा रेशम और चीनी मिट्टी आयात करता था।
- इस काल में भारत थल और जल दोनों मार्गों से व्यापार करता था। अरब लोग, जो हिन्द महासागर के मार्ग द्वारा व्यापार करते थे, उन्होंने भारत में तमिल तथा गुजराती व्यापारियों को इस क्षेत्र से हटाने के काफी प्रयास किए, परन्तु वे सफल नहीं हो पाए।
- इस काल में **मारवाड़ियों** तथा **गुजरातियों** ने बन्दरगाहों से उत्तर भारत में होने वाले व्यापार पर आधिपत्य बनाए रखा था। इन व्यापारियों ने मन्दिर निर्माण में काफी सहयोग दिया।
- इस काल में **मुल्तानियों** व **खुरासानियों** के व्यापारी मध्य और पश्चिम एशिया के साथ थल मार्ग द्वारा व्यापार करते थे। इस काल में मार्ग में चोरी एक गम्भीर समस्या नहीं थी। व्यापारियों की सुरक्षा के लिए जगह-जगह पर सरायों का निर्माण कराया गया था।
- इस काल में डाक व्यवस्था के अन्तर्गत घोड़ों या दरकारों द्वारा डाक पहुँचाई जाती थीं। इस व्यवस्था में दरकार एक घण्टी का प्रयोग करता था, जो अगले व्यक्ति को सूचित करने में प्रयोग होती थी।

- इस काल में थल और जल मार्गों की वृद्धि से आर्थिक गतिविधियाँ अधिक क्रियाशील हो गईं।
- चीनी यात्रियों द्वारा भारत के लिए कहा गया कि "देवताओं ने पृथ्वी का सम्पूर्ण सोना इस प्रान्त में बिखेर दिया है।"

सल्तनतकालीन आर्थिक शब्दावली

आर्थिक शब्द	व्याख्या
निर्ख-ए-फरमानी	राज्य द्वारा निर्धारित मूल्य
वफा-ए-फरमानी	राज्य द्वारा निर्धारित पैदावार
इक्ता-ए-तमलिक	जिस बंजर भूमि में खानें उपस्थित होती थीं
तरकात	इक्तेदारों से जब्त भूमि
हक-ए-दीवानी	राजकोषीय माँगे
हक-ए-खोती	किसानों से वसूले गए करों के एवज में प्राप्त कर
महसूल	भू-राजस्व का आकलन
खिदमति	पराजित राजाओं से प्राप्त कर
फवाजिल	राजस्व अधिशेष
अबवाब	गौण या अतिरिक्त दर

राजकोषीय प्रशासन

राजकोषीय प्रशासन का वर्णन निम्नलिखित है

जजिया

- यह कर गैर-मुस्लिमों पर लगाया जाता था। इस्लामी सिद्धान्त के अनुसार, मुस्लिम शासक के राज्य में गैर-मुस्लिमों को रहने का कोई अधिकार नहीं था।
- जजिया कर देने के बाद ही वे लोग शासन एवं सुरक्षा प्राप्त कर सकते थे। फिरोज ने ब्राह्मणों पर भी जजिया कर लगाया था।
- **सदका** धार्मिक कर को कहा जाता था।

जकात

- जकात या सदका धनी मुस्लिमों से उनकी आय का 2.5% लिया जाता था।
- इस धन को केवल मुस्लिमों के हित के लिए व्यय किया जाता था।

खुम्स

- युद्ध में लूटे हुए माल एवं भूमि में गड़े खजाने से प्राप्त सम्पत्ति में से 4/5 भाग सैनिकों को और 1/5 भाग राज्य को मिलता था। जबकि अलाउद्दीन ने इसके विपरीत सैनिकों का 1/5 भाग और राज्य का 4/5 भाग कर दिया।
- फिरोज तुगलक ने खिलजी के विपरीत इसे पूर्ववत् बना दिया। सिकन्दर लोदी ने गड़े हुए खजाने में से कोई धन नहीं लिया।

खराज

- गैर-मुसलमानों से लिया जाने वाला भू-जस्व। सामान्य रूप से इसकी दर 1/5 से 1/3 थी, जिसे अलाउद्दीन खिलजी ने 1/2 कर दिया था।

उस्र

- यह कर मुस्लिमों की भूमि पर लगाया जाता था।
- जिस भूमि पर प्राकृतिक रूप से सिंचाई की सुविधा होती थी, उस पर इसकी दर कुल उत्पादन का 1/10 भाग होती था तथा जहाँ राज्य के द्वारा सिंचाई की सुविधा प्रदान की जाती थी, वहाँ इसकी दर कुल उत्पादन का 1/5 भाग होती थी।

हक-ए-शर्ब

- फिरोजशाह तुगलक ने शरीयत के मान्य करों के अतिरिक्त एक अन्य कर लगाया, जिसे हक-ए-शर्ब कहा गया। यह एक सिंचाई कर था।

सल्तनतकालीन सिक्के

- व्यापार और वाणिज्य को बढ़ावा देने के लिए राज्य ने मानक सिक्के जारी किए। **दिहली** नामक सिक्के मुहम्मद गौरी द्वारा चलाए गए, जिसके एक ओर लक्ष्मी और घुड़सवार की आकृति, तो दूसरी ओर देवानगरी लिपि में उसका नाम मुहम्मद बिन साम उत्कीर्ण था।
- प्रारम्भिक दौर के दिहली सिक्के के स्थान पर इल्तुतमिश द्वारा पहली बार मानक सिक्के जारी किए गए। ये मानक सिक्के चाँदी का टंका एवं तांबे के जीतल थे। इल्तुतमिश पहला तुर्क शासक था, जिसने शुद्ध अरबी के सिक्के चलाए। इस काल में **दाम** और **दिरहम** नामक सिक्के भी जारी किए गए।
- चाँदी के सिक्के बलबन द्वारा चलाए गए तथा सोने के सिक्के में वजन की वृद्धि गयासुद्दीन तुगलक ने की थी।
- 14वीं सदी में चाँदी की विश्वव्यापी कमी को देखते हुए मुहम्मद बिन तुगलक द्वारा काँसे/ताँबे का सांकेतिक सिक्का जारी किया गया, लेकिन उसका प्रयास शीघ्र ही असफल हो गया और उसे इस सांकेतिक मुद्रा को वापस लेना पड़ा

> काँसे का **अदली** सिक्का भी इसके द्वारा चलाया गया, जिसे टोकन करेन्सी भी कहा जाता था। सिक्कों पर कलमा भी सर्वप्रथम मुहम्मद बिन तुगलक द्वारा खुदवाया गया। **अधा** एवं **बिख** नामक सिक्के फिरोजशाह तुगलक द्वारा चलाए गए।

लगान व्यवस्था

- **बँटाई** इसमें वास्तविक उपज में से राज्य के भाग का निर्धारण किया जाता था। इसको गल्ला बख्शी, किस्मत-ए-गल्ला, हासिल आदि भी कहा जाता था।
- बँटाई भी तीन प्रकार की होती थी
  - **खेत बँटाई** खड़ी फसल या फसल बोने के तुरन्त बाद करों को निर्धारित करना।
  - **लंक बँटाई** अनाज से भूसे को पृथक् किए बिना ही फसल का कृषक व सरकार के बीच बँटवारा।
  - **रास बँटाई** अनाज से भूसा पृथक् करने के बाद फसल का बँटवारा।
- **मसाहत** भूमि की पैमाइश पर आधारित व्यवस्था थी, जिसमें जोती या बोई गई जमीन की माप के आधार पर एक मानक भू-राजस्व देना पड़ता था।
- **मुक्ताई** यह लगान निर्धारण की एक मिश्रित प्रणाली थी। यही पद्धति मुगलकाल में **कानकूत** कहलाती थी। इस पद्धति में किसान तथा सरकारी कर्मचारी आपसी समझौते से उपज का आकलन करते थे, जिसके आधार पर किसान राजस्व देने को तैयार रहता था।

सल्तनतकालीन स्थापत्य

- इस युग में विकसित होने वाली स्थापत्य कला को इण्डो-इस्लामिक शैली कहा जाता है, क्योंकि यह दोनों कलाओं के समन्वय से विकसित हुई है।
- इस्लामी कला में सजीव चित्रण वर्जित था।
- हिन्दु स्थापत्य शहतीर व स्तम्भ पद्धति पर आधरित था, जिसे क्षैतिज विधि भी कहते हैं। जबकि इस्लामिक कला में मेहराब पद्धति महत्त्वपूर्ण थी।

प्रमुख स्थपना

स्थापत्य कला	शासक
कुव्वत-उल-इस्लाम मस्जिद, कुतुबमीनार, अढ़ाई दिन का झोपड़ा	कुतुबुद्दीन ऐबक
सुल्तानगढ़ी का मकबरा (तुर्क शासकों द्वारा निर्मित प्रथम मकबरा) गन्धक की बावली - महरौली (दिल्ली)	इल्तुतमिश
लाल महल (दिल्ली)	बलबन
अलाई दरवाजा, सीरी नगर, जमातखाना मस्जिद, हजार स्तम्भों वाला महल (दिल्ली)	अलाउद्दीन खिलजी
तुगलकाबाद का निर्माण गयासुद्दीन तुगलक का मकबरा	गयासुद्दीन तुगलक
जहाँपनाह नगर तथा निजामुद्दीन औलिया का मकबरा (दिल्ली)	मुहम्मद बिन तुगलक
खान-ए-जहाँ तेलंगानी का मकबरा (अण्टकोणजीय पहला मकबरा	फिरोजशाह तुगलक
मोठ मस्जिद (दिल्ली)	सिकन्दर लोदी

सल्तनतकालीन संगीत व साहित्य

- सल्तनत काल में सबसे अधिक संगीत प्रेमी कैकुबाद था। बरनी के अनुसार, कैकुबाद के शासनकाल में सड़कें व गलियाँ गायकों से भरी रहती थीं। बुगरा खाँ, जो बलबन का पुत्र था, उसने गायकों तथा नर्तकों की संस्था का निर्माण किया था।
- **राग दर्पण** का फारसी अनुवाद फिरोजशाह तुगलक के काल में कराया गया था।
- **लज्जत-ए-सिकन्दरी** संगीत पुस्तक की रचना सिकन्दर लोदी के काल में हुई थी।
- जौनपुर शासक हुसैनशाह शर्की संगीत क्षेत्र में उत्कृष्ट था। **ख्याल गायकी** की उत्पत्ति भी इनके शासनकाल में हुई। संगीत शिरोमणि का ग्रन्थ भी इन्हीं से सम्बन्धित है।

सल्तनत काल के प्रमुख साहित्यकार एवं उनकी रचनाएँ

साहित्यकार	रचना/रचनाएँ	विशिष्ट तथ्य
हसन निजामी	ताज-उल-मासिरी	इसे कुतुबुद्दीन ऐबक ने संरक्षण दिया। गौरी के भारत आक्रमणों की जानकारी इसके लेखन से प्राप्त होती है।
मिनहाजुद्दीन सिराज	तबकात-ए-नासिरी	यह सुल्तान नासिरुद्दीन महमूद के संरक्षण में रहा और उसी को अपना ग्रन्थ समर्पित किया। इसमे गौरी से लेकर नासिरुद्दीन महमूद तक के इतिहास का वर्णन है।
अमीर हसन देहलवी	फवाद-उल-फवाद	बलबन के संरक्षण में रहा। इसे भारत का सादी कहा गया। यह निजामुद्दीन औलिया का शिष्य था।
जियाउद्दीन बरनी	तारीख-ए-फिरोजशाही, फतवा-ए-जहाँदारी, कुव्वत-उल-तवारीख, सना-ए-मुहम्मदी, हसरतनामा	यह 17 वर्षों तक मुहम्मद तुगलक के संरक्षण में रहा। तारीख-ए-फिरोजशाही में इसने फिरोज तुगलक को आदर्श बताया है। इसमें बलबन से लेकर फिरोज तुगलक तक सभी सुल्तानों का वर्णन है।
बद्र-ए-चाच	दीवान-ए-चाच, शाहनामा	मुहम्मद तुगलक के संरक्षण में रहा और उसकी प्रशंसा में कसीदे लिखे।
शम्स-ए-सिराज अफीक	तारीख-ए-फिरोजशाही	फिरोजशाह तुगलक के संरक्षण में रहा और उसके शासन की प्रशंसा की। इसकी रचना वहाँ से प्रारम्भ होती है, जहाँ बरनी की तारीख-ए-फिरोजशाही समाप्त होती है।
मुहम्मद बिहामद खानी	तारीख-ए-मुहम्मदी	—
आइनुलमुल्क मुल्तानी	इंशा-ए-माहरु (मुंशान-ए-महरुह)	यह अलाउद्दीन खिलजी, मुहम्मद तुगलक और फिरोज तुगलक के काल में विभिन्न उच्च पदों पर रहा।
याहिया बिन अहमद सरहिन्दी	तारीख-ए-मुबारकशाही	यह सैय्यद शासक मुबारकशाह के संरक्षण में रहा और उसी को यह रचना समर्पित की। सैय्यद वंश का इतिहास जानने का एकमात्र स्रोत है। फिरोजशाह की महर प्रणाली का वर्णन।
शेख जमालुद्दीन (जमाली कम्बू)	सियर-उल-आरफीन, मेहरुमाह	ये लोदी काल के सबसे प्रसिद्ध कवि थे और सिकन्दर लोदी के दरबारी कवि भी थे।
अबुल फजल मुहम्मद बिन हुसैन-अल-बैहाकी	तारीख-ए-मसूदी	महमूद गजनवी के दरबार इतिहास आदि का विवरण।
ख्वाजा इसामी	फुतूह-उस-सलातीन	महमूद गजनवी से मुहम्मद तुगलक तक का इतिहास/यह पुस्तक बहमनी वंश के प्रथम शासक अलाउद्दीन बहमनशाह को समर्पित है। चरखे का प्रथम उल्लेख।
फिरोज तुगलक	फतूहात-ए-फिरोजशाही	फिरोज तुगलक की आत्मकथा व अध्यादेशों का संग्रह।

साहित्यकार	रचना/रचनाएँ	विशिष्ट तथ्य
अज्ञात लेखक	सीरात-ए-फिरोजशाही	फिरोज तुगलक के बारे में वर्णन किया गया है।
अमीर खुसरो	किरान-उस-सादेन	बुगरा खाँ व उसके बेटे कैकुबाद के मिलन का वर्णन।
	मिफ्ताह-उल-फतह	जलालुद्दीन खिलजी के सैन्य अभियान व मलिक छज्जू के विद्रोह के दमन का वर्णन।
	नूह-सिपहर	भारत की सामाजिक-राजनीतिक स्थिति का वर्णन।
	आशिका-उल-अनवर	अलाउद्दीन खिलजी की गुजरात विजय, मंगोलों द्वारा स्वयं को कैदी बनाए जाने की घटना, देवलरानी खिज्र खाँ के बीच प्रेम-प्रसंग।
	तुगलकनामा, लैला-मजनू, शीरी-फरहाद, आइन-ए-सिकन्दरी, हस्त-बहिश्त, तारीख-ए-दिल्ली,	अमीर खुसरो की अन्य उल्लेखनीय रचनाएँ।
इब्नबतूता	किताब-उल-रेहला	यात्रा वृत्तान्त।
फिरदौसी	शाहनामा	महमूद गजनवी के राज्य, शासन आदि से सम्बन्धित।
ठक्कर पेरु	द्रव्य परीक्षा	अपभ्रंश में लिखी गई पुस्तक। यह अलाउद्दीन खिलजी का टकसाल प्रमुख था।
जिया नक्शवी	तूतीनामा	संस्कृत कहानी का फारसी में अनुवाद मुहम्मद बिन तुगलक के शासनकाल में लिखित।

प्रीलिम्स फैक्ट्स

- दिल्ली में कुवैत-उल-इस्लाम मस्जिद का निर्माण किसने कराया था?
  - कुतुबुद्दीन ऐबक [HPSC (Pre) 2023]
- सुल्तान कुतुबुद्दीन ऐबक की मृत्यु कैसे हुई?
  - चौगान क्रीड़ा के दौरान अश्व से गिरने पर हुई [IAS (Pre) 2003]
- दिल्ली का प्रथम मुस्लिम शासक कौन था?
  - इल्तुतमिश [UPPSC (Pre) 2002]
- गुलामों का गुलाम किसे कहा गया था?
  - इल्तुतमिश [UPPSC (Pre) 2016]
- किस शासक ने दिल्ली को सल्तनत की राजधानी के रूप में स्थापित किया था? *- इल्तुतमिश [UPPSC (Mains) 2004, 2012]*
- मध्यकालीन भारत की प्रथम महिला शासिका कौन थी?
  - रजिया [UPPSC (Mains) 2004]
- दिल्ली सल्तनत के किस शासक ने भारत में प्रसिद्ध फारसी त्यौहार 'नौरोज' को आरम्भ करवाया? *- बलबन [IAS (Pre) 2003]*
- दिल्ली सल्तनत के किस वंश ने सबसे कम समय तक शासन किया?
  - खिलजी (1290-1320 ई. तक) [MPPSC (Pre) 2017]
- दिल्ली के किस सुल्तान ने 'सिकन्दर सानी' की उपाधि धारण की थी?
  - अलाउद्दीन खिलजी [UPPSC (Pre) 2008]
- अलाउद्दीन खिलजी के प्रसिद्ध सेनापतियों में किसकी मंगोलो के विरुद्ध लड़ते हुए मृत्यु हुई? *- जफर खाँ [BPSC (Pre) 1996]*
- 1306 ई. के बाद अलाउद्दीन खिलजी के समय में दिल्ली के सुल्तान तथा मंगोलों के बीच कौन-सी नदी सीमा बनाती थी?
  - सिन्धु नदी [UPPSC (Pre) 2005]
- अलाउद्दीन खिलजी की विजयों-रणथम्भौर, गुजरात, वारंगल तथा चित्तौड़ का सही कालक्रम क्या है? *- गुजरात (1298 ई.) रणथम्भौर (1301 ई.), चित्तौड़ (1303 ई.), वारंगल (1309 ई.) [UPPSC (Pre) 2002]*
- हजार दीनारी के नाम से किसे जाना जाता था?
  - मलिक काफूर [UKPSC (Pre) 2022]
- अलाउद्दीन के निम्न सेनाध्यक्षों-गाजी मलिक, मलिक काफूर, जफर खाँ तथा उबेर खाँ में से कौन-सा तुगलक वंश का प्रथम सुल्तान बना? *- गाजी मलिक [UPPSC (Pre) 1999]*
- दिल्ली सल्तनत का सर्वाधिक विद्वान शासक जो खगोलशास्त्र, गणित एवं आयुर्विज्ञान सहित अनेक विद्याओं में निपुण था
  - मुहम्मद-बिन-तुगलक [UPPSC (Mains) 2012]
- होली त्यौहार के सार्वजनिक उत्सव में भाग लेने वाला दिल्ली का प्रथम सुल्तान कौन था?
  - मुहम्मद-बिन-तुगलक [UPPSC (Mains) 2004]
- 'राजा को अपनी प्रजा से मुक्ति मिली और प्रजा को अपने राजा से' किस शासक के निधन पर बदायूँनी ने इस प्रकार की टिप्पणी की थी?
  - फिरोज तुगलक [IAS (Pre) 1999, UPPSC (Mains) 2005]
- दिल्ली सल्तनत के किस सुल्तान के दरबार में सबसे अधिक गुलाम थे? *- फिरोज तुगलक[BPSC (Pre) 2002]*
- दिल्ली सल्तनत के किस सुल्तान ने इस उद्देश्य से एक 'अनुवाद विभाग' की स्थापना की कि उससे दोनों सम्प्रदाय के लोगों में एक-दूसरे के विचारों की समझ बेहतर हो सके?
  - फिरोज तुगलक [UPPSC (Mains) 2004]

- तैमूर लंग ने किस वर्ष भारत पर आक्रमण किया था? *– 1398 ई. [MPPSC (Pre) 2005]*
- तैमूर के आक्रमण के बाद भारत में किस वंश का राज स्थापित हुआ? *– सैय्यद वंश [BPSC (Pre) 2002]*
- भारतीय इतिहास के सन्दर्भ में सैय्यद, कलंदर, फारसी, खुशनवीस तथा अरब व्यापारियों में से किसे 'कुलह-दारन' कहा जाता है? *– सैय्यद को [IAS (Pre) 2022]*
- रुकनुद्दीन फिरोज, फिरोज शाह तुगलक, मुबारक खान तथा आलमशाह का सही कालानुक्रम क्या है? *– रुकनुद्दीन, मुबारक खान, फिरोज शाह तुलगक, आलमशाह [IAS (Mains) 2003]*
- सल्तनत शासकों में कौन अफगान मूल के थे? *– लोदी [UPPSC (Pre) 2004]*
- किस मध्ययुगीन सुल्तान को आगरा शहर की नींव रखने एवं उसे सल्तनत काल की राजधानी बनाने का श्रेय जाता है? *– सिकन्दर लोदी [UPPSC (Pre) 2004,05,08]*
- महाराणा सांगा ने इब्राहिम लोदी को किस युद्ध में परास्त किया था? *– खतौली के युद्ध में (1517 ई.) [RAS/RTS (Pre) 2012]*
- भारत के किस मध्यकालीन शासक ने 'इक्ता व्यवस्था' प्रारम्भ की थी? *– इल्तुतमिश [UPPSC (Pre) 2010]*
- सल्तनत काल में फवाजिल का अर्थ था *– इक्तादारों द्वारा सरकारी खजाने में जमा की जाने वाली अतिरिक्त राशि [IAS (Pre) 1998]*
- दीवान-ए-अर्ज विभाग सम्बन्धित था *– सैन्य विभाग से [RAS/RTS (Pre) 2018]*
- दिल्ली सल्तनत के किस राजवंश के अन्तर्गत विजारत का चरमोत्कर्ष हुआ? *– तुगलक [UPPSC (Pre) 1997]*
- अमीर खुसरो, इब्नबतूता, सुल्तान फिरोजशाह तथा जियाउद्दीन बरनी में से किसने सल्तनत काल में डाक व्यवस्था का विस्तृत विवरण दिया है? *– इब्नबतूता [UPPSC (Pre) 2000]*
- मध्यकालीन भारत में शब्द 'फणम' किसे निर्दिष्ट करता था? *– सिक्कों को [IAS (Pre) 2022]*
- सल्तनत काल में सार्वजनिक वितरण प्रणाली किस शासक ने आरम्भ की थी? *– अलाउद्दीन खिलजी ने [BPSC (Pre) 2020]*
- कृषि को समुन्नत करने के लिए नहर खुदवाने के सन्दर्भ में 13वीं शताब्दी का पहला शासक होने का श्रेय किसे प्रदान किया जाता है? *– गयासुद्दीन तुगलक [UPPSC (Mains) 2017]*
- दिल्ली का जो सुल्तान भारत में नहरों के सबसे बड़े जाल का निर्माण करने के लिए प्रसिद्ध है, वह था *– फिरोजशाह तुगलक [IAS (Pre) 1998]*
- दिल्ली के किस सुल्तान ने ब्राह्मणों के ऊपर जजिया कर लगाया था? *– फिरोजशाह तुगलक ने [UPPSC (Pre) 2011]*
- 13 वीं, 14 वीं सदी में भारतीय किसान गेहूँ, चावल, जौ तथा मक्का में से किस फसल की खेती नहीं करते थे? *– मक्का की [UPPSC (Pre) 2011]*
- उलेमा, खान, मलिक तथा सूफी सन्त में से कौन 'दस्तार-बन्दान' कहलाते थे? *– उलेमा [UPPSC (Pre) 2014]*
- सर्वप्रथम लोक निर्माण विभाग की स्थापना किस शासक ने की थी? *– फिरोजशाह तुगलक ने [UPPSC (Pre) 2000]*
- घोड़े के नाल के आकार की मेहराब सर्वप्रथम किस इमारत में प्रयोग में लाई गयी थी? *– अलाई दरवाजा में [UKPSC (Pre) 2016]*
- हिन्दी खड़ीबोली का जनक किसे माना जाता है? *– अमीर खुसरो [UPPSC (Mains) 2002,2012]*
- किस संगीत वाद्य को हिन्दू-मुस्लिम गान-वाद्यों का सबसे श्रेष्ठ मिश्रण माना गया है? *– सितार [RAS/RTS (Pre) 1999]*
- दिल्ली का वह सुल्तान जिसने अपने संस्मरण लिखे थे? *– फिरोजशाह तुगलक [UPPSC (Pre) 2008]*
- 'तारीख-ए-फिरोजशाही' का रचनाकार कौन है? *– जियाउद्दीन बरनी [MPPSC (Pre) 2019]*
- 'गुलरुखी' उपनाम से कविताओं की रचना किस शासक ने की थी? *– सिकन्दर लोदी [UPPSC (Mains) 2015]*
- तुगलकनामा किसकी प्रसिद्ध रचना है? *– अमीर खुसरो [UPPSC (Pre) 2019]*
- अमीर खुसरो, निजामुद्दीन औलिया तथा ख्वाजा मुइनुद्दीन चिश्ती में से किसने दिल्ली के सात सुल्तानों का शासनकाल देखा था? *– शेख निजामुद्दीन औलिया [UPPSC (Mains) 2005]*

सेल्फ चैक

1. आइन-उल-मुल्क मुल्तानी ने इनमें से किस शासक के अधीन सेवा नहीं की थी? **MPPSC (Pre) 2017**

(a) अलाउद्दीन खिलजी (b) मुहम्मद बिन तुगलक
(c) फिरोजशाह तुगलक (d) इल्तुतमिश

2. निम्नलिखित में से किसने फिरोज तुगलक के नागरकोट अभियान के दौरान संग्रहित 300 संस्कृत पुस्तकों का अनुवाद किया? **UPPSC (Pre) 2023**

(a) मुल्ला अब्दुल बाकी
(b) अजीजुद्दीन खान
(c) मिर्जा मुहम्मद अली
(d) तालिब अमूली

3. निम्नलिखित कथनों पर विचार कीजिए और नीचे दिए गए कूटों की सहायता से सही उत्तर चुनिए **UPPSC (Mains) 2013**

कथन (A) बलबन ने अपने शासन को शक्तिशाली बनाया और सम्पूर्ण सत्ता अपने हाथ में केन्द्रित कर ली।

कारण (R) वह उत्तर-पश्चिम सीमा को मंगोल आक्रमण से सुरक्षित करना चाहता था।

कूट

(a) A और R दोनों सही हैं तथा R, A की सही व्याख्या है।
(b) A और R दोनों सही हैं, परन्तु R, A की सही व्याख्या नहीं है।
(c) A सही है, किन्तु R गलत है।
(d) A गलत है, किन्तु R सही है।

4. अलाउद्दीन खिलजी की निम्नलिखित विजयों को कालक्रमानुसार व्यवस्थित कीजिए **UPPSC (Pre) 2022**

1. रणथम्भौर 2. गुजरात
3. वारंगल 4. चित्तौड़

कूट
(a) 4, 2, 3, 1 (b) 3, 4, 1, 2
(c) 2, 1, 4, 3 (d) 1, 3, 2, 4

5. भारतीय इतिहास के सन्दर्भ में निम्नलिखित कथनों पर विचार कीजिए **IAS (Pre) 2022**

1. भारत पर पहला मंगोल आक्रमण जलालुद्दीन खिलजी के राज्यकाल में हुआ।
2. अलाउद्दीन खिलजी के राज्यकाल में एक मंगोल आक्रमणकारी दिल्ली तक आ पहुँचा और उस शहर पर घेरा डाल दिया।
3. मुहम्मद बिन तुगलक मंगोलों से अपने राज्य के कुछ उत्तरी-पश्चिमी भाग अस्थायी रूप से हार गया था।

उपरोक्त कथनों में से कौन-सा/से कथन सही है/हैं?
(a) 1 और 2 (b) केवल 2
(c) 1 और 3 (d) केवल 3

6. निम्नलिखित कथनों पर विचार कीजिए और नीचे दिए गए कूटों की सहायता से सही उत्तर चुनिए **UPPSC (Pre) 1992**

कथन (A) अलाउद्दीन के दक्षिणी अभियान धन-प्राप्ति के अभियान थे।

कारण (R) वह दक्षिणी राज्यों को कब्जे में करना चाहता था।

कूट
(a) A और R दोनों सही हैं तथा R, A की सही व्याख्या है
(b) A और R दोनों सही हैं, परन्तु R, A की सही व्याख्या नहीं है
(c) A सही है, किन्तु R गलत है
(d) A गलत है, किन्तु R सही है

7. राजधानी को दिल्ली से दौलताबाद में स्थानान्तरित करने के पीछे मुहम्मद बिन तुगलक का निम्नलिखित में से कौन-सा/से उद्देश्य था/थे?

1. दौलताबाद में स्थानान्तरण से उन्हें दक्कन एवं गुजरात पर नियन्त्रण स्थापित करने का अवसर मिलता।
2. इससे पश्चिमी एवं दक्षिणी पत्तनों तक पहुँच उपलब्ध होती।
3. यह उत्तर-पश्चिमी सीमा से सीधे मंगोल आक्रमण से उन्हें संरक्षण देता।

कूट
(a) 1 और 2 (b) 2 और 3
(c) 1 और 3 (d) 1, 2 और 3

8. **कथन** (A) मुहम्मद बिन तुगलक दिल्ली छोड़ने के बाद दो वर्षों तक स्वर्गद्वारी शिविर में रहा।

कारण (R) उस समय दिल्ली एक प्रकार के प्लेग से बर्बाद हो गई थी और बहुत से लोग मर गए थे।

कूट
(a) A और R दोनों सही हैं तथा R, A की सही व्याख्या है।
(b) A और R दोनों सही हैं, परन्तु R, A की सही व्याख्या नहीं है।
(c) A सही है, किन्तु R गलत है।
(d) A गलत है, किन्तु R सही है।

9. भारत भ्रमण पर आए यात्रियों के विषय में निम्नलिखित कथनों पर विचार कीजिए **JPSC (Pre) 2020**

1. हेरात के अब्दुर्रज्जाक समरकन्दी ने दिल्ली तथा दौलताबाद का भ्रमण किया।
2. इब्नबतूता दिल्ली तथा दौलताबाद दोनों का विस्तृत लेखा उपलब्ध कराता है।
3. फ्रांस्वा बर्नियर के अनुसार, मुगल भारत में भूमि कोई निजी सम्पत्ति नहीं थी।

उपरोक्त कथनों में से कौन-सा/से कथन सही है/हैं?
(a) केवल 1 (b) 1, 2 और 3
(c) 1 और 3 (d) 2 और 3

10. निम्नलिखित वंशों के लिए क्रम में दिल्ली का शासन क्या था? **UPPSC (Mains) 2012**

1. खिलजी 2. लोदी
3. सैय्यद 4. गुलाम

कूट
(a) 1, 2, 4, 3 (b) 1, 2, 3, 4
(c) 2, 3, 4, 1 (d) 4, 1, 3, 2

11. सूची I व सूची II को सुमेलित कीजिए तथा सूचियों के नीचे दिए गए कूट से सही उत्तर चुनिए।

सूची I	सूची II
A. दीवान-ए-अर्ज	1. धार्मिक मुद्दों से सम्बन्धित
B. दीवान-ए-रीसालत	2. सरकारी-पत्र व्यवहार से सम्बन्धित
C. दीवान-ए-इंशा	3. वित्तीय मामलों से सम्बन्धित
D. दीवान-ए-वजारत	4. सैन्य विभाग से सम्बन्धित

कूट

	A	B	C	D
(a)	1	2	4	3
(b)	2	4	1	3
(c)	3	2	1	4
(d)	4	1	2	3

12. निम्नलिखित युग्मों में से कौन-सा युग्म सही सुमेलित नहीं है? **BPSC (Pre) 2013**

(a) दीवान-ए-मुस्तखराज — अलाउद्दीन खिलजी
(b) दीवान-ए-अमीर — मुहम्मद बिन तुगलक
(c) दीवान-ए-खैरात — फिरोजशाह तुगलक
(d) दीवान-ए-रियासत — बलबन

13. सल्तनत काल की दो प्रमुख मुद्राओं का पता निम्नलिखित कूट से करें

1. दाम 2. जीतल
3. रुपया 4. टंका

कूट
(a) 1 और 2
(b) 1 और 3
(c) 2 और 3
(d) 2 और 4

14. निम्नलिखित में से कौन-सा कथन सही नहीं है? IAS (Pre) 2015

(a) शरफ काई अलाउद्दीन खिलजी का एक मन्त्री था।

(b) गयासुद्दीन तुगलक के अधीन मुक्तिसों (मुक्तियों) को यह चेतावनी दी गई थी कि वे अपने किसी भी अधिकारी के साथ उसके वेतन से अधिक और ऊपर ली गई छोटी राशि के लिए दुर्व्यवहार न करें।

(c) अरबी कृति मसालिक-इ-अब्सार में मुहम्मद बिन तुगलक के अधीन इक्ता प्रणाली की कार्य-पद्धति का वर्णन है।

(d) मार्को पोलो ने दक्षिण भारत में तूतीकोरिन की मुक्ता मात्स्यिकी (पर्ल फिशरी) के बारे में व्यापक उल्लेख नहीं किया है।

15. सूची I व सूची II को सुमेलित कीजिए तथा सूचियों के नीचे दिए गए कूट से सही उत्तर चुनिए

सूची I	सूची II
A. फिरोजशाह तुगलक	1. दीवान-ए-रियासत
B. बलबन	2. नौरोज
C. अलाउद्दीन खिलजी	3. नहरों का निर्माण
D. जहाँगीर	4. सर थॉमस रो

कूट

	A	B	C	D
(a)	1	2	3	4
(b)	3	2	1	4
(c)	4	1	2	3
(d)	4	3	2	1

16. निम्नलिखित कथनों पर विचार कीजिए IAS (Pre) 2019

1. दिल्ली सल्तनत के राजस्व प्रशासन में राजस्व वसूली के प्रभारी को आमिल कहा जाता था।
2. दिल्ली के सुल्तानों की इक्ता प्रणाली एक प्राचीन देशी संस्था थी।
3. 'मीर बख्शी' का पद दिल्ली के खिलजी सुल्तानों के शासनकाल में अस्तित्व में आया।

उपरोक्त कथनों में से कौन-सा/से कथन सही है/हैं?

(a) केवल 1 (b) 1 और 2
(c) केवल 3 (d) 1, 2 और 3

17. खरीतादार कौन था? UPPSC (Pre) 2023

(a) फरमानों को भेजने वाला अधिकारी
(b) शाहीमहल का प्रधान संरक्षक
(c) अधिकारी जो हिसाब-किताब में प्रवीण होता था
(d) परगना का प्रमुख अफसर

18. सूची I व सूची II को सुमेलित कीजिए तथा सूचियों के नीचे दिए गए कूट से सही उत्तर चुनिए UPPSC (Pre) 2022

सूची I (भवन)	सूची II (निर्माणकर्ता)
A. सुल्तानगढ़ी	1. अलाउद्दीन खिलजी
B. लाल महल	2. कुतुबुद्दीन ऐबक
C. जमातखाना मस्जिद	3. इल्तुतमिश
D. अढ़ाई दिन का झोपड़ा	4. बलबन

कूट

	A	B	C	D		A	B	C	D
(a)	4	3	2	1	(b)	3	4	2	1
(c)	4	3	1	2	(d)	3	4	1	2

19. सूची I व सूची II को सुमेलित कीजिए तथा सूचियों के नीचे दिए गए कूट से सही उत्तर चुनिए UPPSC (Pre) 2013

सूची I (रचना)	सूची II (लेखक)
A. तबकात-ए-अकबरी	1. अल उत्बी
B. तबकात-ए-नासिरी	2. मिनहाजुद्दीन बिन सिराजुद्दीन
C. तारीख-ए-फिरोजशाही	3. निजामुद्दीन
D. तारीख-ए-यामिनी	4. जियाउद्दीन बरनी

कूट

	A	B	C	D		A	B	C	D
(a)	3	2	4	1	(b)	2	1	4	3
(c)	1	3	2	4	(d)	3	4	1	2

20. सूची I व सूची II को सुमेलित कीजिए तथा सूचियों के नीचे दिए गए कूट से सही उत्तर चुनिए

सूची I	सूची II
A. ताजुल मासिरी	1. जियाउद्दीन बरनी
B. खजाइन-उल-फतूह	2. हसन निजामी
C. तारीख-ए-मुबारकशाही	3. अमीर खुसरो
D. फतवा-ए-जहाँदारी	4. याहिया बिन अहमद सरहिन्दी

कूट

	A	B	C	D		A	B	C	D
(a)	2	3	4	1	(b)	2	4	1	3
(c)	2	1	4	3	(d)	1	3	4	2

जानें सही उत्तर

1. (d)	**2.** (b)	**3.** (b)	**4.** (c)	**5.** (b)	**6.** (c)	**7.** (c)	**8.** (a)	**9.** (d)	**10.** (d)
11. (d)	**12.** (d)	**13.** (d)	**14.** (d)	**15.** (b)	**16.** (a)	**17.** (a)	**18.** (d)	**19.** (a)	**20.** (a)

• अध्याय सोलह

प्रान्तीय राज्यों का उदय

"

दिल्ली सल्तनत के कमजोर प्रशासनिक तथा सैन्य नियन्त्रण के बीच महत्त्वाकांक्षी सेनानायकों तथा प्रशासनिक अधिकारियों ने सल्तनत के विभिन्न भागों में अपनी स्वतन्त्र सत्ता स्थापित की। इन स्वतन्त्र प्रभागों को प्रान्तीय राज्य भी कहा जाता है। इन स्वतन्त्र प्रान्तीय राज्यों का भारत के मध्यकालीन इतिहास के सांस्कृतिक विकास में महत्त्वपूर्ण स्थान है।

प्रान्तीय राज्य

प्रान्तीय राज्यों का वर्णन निम्नलिखित है

जौनपुर

- जौनपुर नगर की स्थापना **फिरोज तुगलक** ने अपने चचेरे भाई **जौना खाँ** (मुहम्मद बिन तुगलक) की स्मृति में की, जो बाद में शर्की साम्राज्य की राजधानी बना। शर्की शासन में जौनपुर की सांस्कृति उन्नति के कारण इसे **भारत का शिराज** कहा जाता है।
- तैमूर के आक्रमण से दिल्ली में फैली हुई अस्थिरता का लाभ उठाकर 1394 ई. में फिरोज तुगलक के एक किन्नर सूबेदार **मलिक हुसैन सरवर** (ख्वाजा जहाँ) ने जौनपुर में एक स्वतन्त्र शर्की राज्य की स्थापना की।
- इसने अपनी सीमाओं का विस्तार सम्भल, मैनपुरी तथा अलीगढ़ तक किया था। इसकी मृत्यु 1399 ई. में हुई थी।
- सुल्तान नासिरुदीन महमूद तुगलक द्वितीय ने उसे **मलिक-उश-शर्क** (पूर्व का शिराज) तथा **ख्वाजा-ए-जहाँ** की उपाधि प्रदान की। मलिक-उश-शर्क की उपाधि के कारण ही यहाँ का राजवंश शर्की कहलाया।
- इसके उत्तराधिकारी मुबारकशाह शर्की (1399-1402 ई.) ने कोई महत्त्वपूर्ण कार्य नहीं किया, परन्तु इसके उत्तराधिकारी **इब्राहिम शर्की** (1402-1440 ई.) ने सशक्त राज्य का निर्माण किया। **कन्नौज विजय** (1406 ई. में) इब्राहिम शर्की की सबसे महत्त्वपूर्ण विजय थी, जहाँ मुहम्मदशाह तुगलक का शासन था।
- **इब्राहिम शाह शर्की** (1401-1440 ई.) सुसंस्कृत कला एवं साहित्य का प्रेमी था। इसके काल में जौनपुर (पूर्व का शिराज) मुस्लिम विद्या का एक महत्त्वपूर्ण केन्द्र बन गया। उसने **सिराज-ए-हिन्द** की उपाधि धारण की थी।
- प्रसिद्ध **अटाला मस्जिद** का निर्माण 1408 ई. में इब्राहिम शाह शर्की के काल में पूर्ण हुआ। यह जौनपुर में स्थित है।

- इब्राहिम शर्की के उत्तराधिकारी मुहम्मद शर्की (1440-57 ई.), मुहम्मद शर्की (1457-58) तथा हुसैनशाह शर्की (1458-1479 ई.) शर्की का लगातार दिल्ली सल्तनत के साथ संघर्ष जारी रहा।
- जौनपुर पर जब बहलोल लोदी ने आक्रमण किया, तो हुसैनशाह ने भागकर बिहार में शरण ली।
- बहलोल लोदी ने जौनपुर पर विजय प्राप्त करके यहाँ का शासक अपने पुत्र बारबकशाह को नियुक्त किया।
- जामा मस्जिद जौनपुर का निर्माण हुसैनशाह शर्की ने 1470 ई. में किया था। 1483-84 ई. में जौनपुर को दिल्ली सल्तनत में मिला लिया गया।

मलिक मुहम्मद जायसी ने **पद्मावत** की रचना की, ये जौनपुर के निवासी थे।

मालवा

- अपने समृद्ध एवं उपजाऊ क्षेत्रों और अनुकूल जलवायु के कारण मालवा पर अधिकार करना हमेशा बहुमूल्य उपलब्धि माना जाता था। 1305 ई. में इस क्षेत्र पर अलाउद्दीन खिलजी ने अधिकार कर लिया था।
- मालवा की स्वतन्त्र सल्तनत की स्थापना (1401 ई.) हुसैन खाँ गौरी ने की थी, जिसे फिरोज तुगलक ने दिलावर खाँ की उपाधि प्रदान की। इसने धार को अपनी राजधानी बनाया।
- 1405 ई. में दिलावर खाँ के बाद उसका पुत्र अल्प खाँ हुशंगशाह की उपाधि धारणकर शासक बना। उसने अपनी राजधानी माण्डू को बनाया। इसने सभी सम्प्रदायों के प्रति सहिष्णुता की उदार नीति अपनाई। सूफी सन्त शेख बुराहानुद्दीन हुशंगशाह के गुरु थे।
- होशंगाबाद नगर की स्थापना भी हुशंगशाह द्वारा की गई थी। जैनों को मालवा का संरक्षण इसी के काल में दिया गया था, जिससे इस काल में व्यापार में अधिक विस्तार हुआ।
- महमूदशाह खिलजी (1436-1469 ई.) ने मालवा में खिलजी वंश की नींव रखी। यह योग्य शासक था। मैदिनी राप इसका प्रधानमन्त्री था। वह गुजरात के शासक अहमदशाह तथा मेवाड़ के शासक राणा कुम्भा का समकालीन था, मिस्र के खलीफा ने इसे सुल्तान स्वीकार किया था। मालवा व मेवाड़ युद्ध में दोनों शासकों ने अपनी-अपनी विजय का दावा किया है।
- मेवाड़ के शासक ने इस युद्ध में विजयस्वरूप चित्तौड़ में विजय स्तम्भ बनवाया, जबकि महमूद खिलजी ने माण्डू में सात मंजिलों वाला स्तम्भ बनवाया। महमूदशाह ने हुशंगशाह के पुत्र मुहम्मदशाह की हत्या कर शासन पर अधिकार कर लिया।
- माण्डू में एक महाविद्यालय तथा चिकित्सालय का निर्माण भी महमूदशाह ने कराया था।
- गयासुद्दीन, महमूद खिलजी का पुत्र था, इसकी मृत्यु के पश्चात् वह 1469 ई. में गद्दी पर बैठा। वह एक विलासी शासक था। उसके महल में 16000 दासियाँ थीं, जिनमें अधिकतर हिन्द सरदारों की पुत्रियाँ थीं। इसकी अंगरक्षक सेना में तुर्की और इथियोपियाई दासियाँ भी शामिल थीं। माण्डू स्थित जहाज महल का निर्माण गयासुद्दीन खिकजी के समय किया गया था।
- महमूद द्वितीय (1511-1531 ई.) बड़ी विषम परिस्थितियों में सुल्तान बना था। इसने मुस्लिम अमीरों के षड्यन्त्रों से अपनी रक्षा के लिए चन्देरी के राजपूत शासक मेदिनी राय को अपना वजीर नियुक्त किया। 1531 ई. में गुजरात के शासक बहादुरशाह ने महमूद को पराजित कर मालवा को गुजरात राज्य में मिला लिया।
- अब्दुल खाँ के नेतृत्व में 1561-62 ई. में मालवा मुगल साम्राज्य के अन्तर्गत आ गया था। मालवा का अन्तिम शासक बाजबहादुर था। बाजबहादुर की प्रेमिका रूपमती थी।

गुजरात

- गुजरात की भौगोलिक स्थिति, उन्नतशील बन्दरगाह तथा उत्कृष्ट हस्तशिल्पों ने यहाँ की समृद्धि में महत्त्वपूर्ण योगदान दिया। 15वीं सदी के दौरान मालवा एवं गुजरात ने एक-दूसरे पर अंकुश बनाए रखा, यद्यपि दोनों ने राजस्थान के सीमावर्ती राज्यों को अपने नियन्त्रण में लाने का प्रयास किया, किन्तु मेवाड़ के राणा कुम्भा ने इनसे शक्ति सन्तुलन स्थापित कर लिया।
- 1297 ई. में अलाउद्दीन खिलजी ने राजा कर्ण सिंह को पराजित कर गुजरात को दिल्ली सल्तनत में मिला लिया और इसे एक सूबा (इक्ता) बना लिया। मुहम्मद तुगलक द्वारा नियुक्त किए गए यहाँ के सूबेदार जफर खाँ ने तैमूर के आक्रमण के कारण उपजी अव्यवस्था का लाभ उठाकर स्वयं को स्वतन्त्र शासक घोषित कर दिया तथा स्वतन्त्र गुजरात राज्य की स्थापना की और इसे एक सूबा इक्ता बना लिया। 1407 ई. जफर खाँ ने सुल्तान मुजफ्फरशाह की उपाधि धारण की।
- 1411 ई. में मुजफ्फरशाह की मृत्यु के बाद उसका पौत्र अहमदशाह शासक बना।
- अहमदशाह प्रथम को ही गुजरात वंश का वास्तविक संस्थापक माना जाता है। इसने 1413 ई. में अहमदाबाद नामक नगर की स्थापना की। इस नगर की स्थापना असावल के प्राचीन नगर के स्थान पर की गई थी। अहमदाबाद में प्रसिद्ध जामा मस्जिद का निर्माण कराया गया।

अहमदशाह प्रथम ने हिन्दू तीर्थस्थल सिद्धपुर पर इसने आक्रमण किया तथा वहाँ बहुत से मन्दिरों को भी नष्ट किया। गुजरात के हिन्दुओं पर जजिया कर इसी के काल में लगाया गया था।

- महमूद बेगड़ा (1459-1511 ई.) यह 1459 ई. में सिंहासन पर बैठा। यह गुजरात का महानतम शासक सिद्ध हुआ। इसका शासनकाल भारत में क्रोस और क्रेसेण्ट के युद्ध के लिए स्मरणीय है। इसने तुर्की, मिस्र, फारस आदि देशों से घनिष्ठ कूटनीतिक सम्बन्ध बनाए।
- उसने गिरिनार एवं चम्पानेर की पहाड़ियों को जीता तथा गिरिनार पहाड़ियों की तलहटी में मुस्तफाबाद नामक नगर की स्थापना की। चम्पानेर के निकट मुहम्मदाबाद नगर की स्थापना भी इसके द्वारा की गई।

- इन्हीं दोनों पहाड़ियों को जीतने के कारण उसे **बेगड़ा** की उपाधि मिली।
- इसने पुर्तगालियों की नौसेना से संघर्ष के लिए मिस्र के शासक से मित्रता भी की। उसके दरबार में महमूद के उदयराज द्वारा **महमूद** चरित्र नामक ग्रन्थ लिखा गया, जो उसकी प्रशंसा से सम्बन्धित था।

> महमूद बेगड़ा ने चम्पानेर के निकट एक विशाल **बाग-ए-फिरदौस** (स्वर्गिक उपवन) की स्थापना की। स्वर्ण दान देने के कारण उसे **जरबख्श** भी कहा जाता था।
> पुर्तगाली यात्री **बारबोसा** के अनुसार, "बचपन से ही महमूद बेगड़ा को किसी जहर का नियमित रूप से सेवन कराया गया था। अत: यदि कोई मक्खी उसके हाथ पर बैठ जाती थी, तो वह तुरन्त मर जाती थी।"

- वह इतिहास में अधिक खाना खाने वाले शासक के रूप में भी प्रसिद्ध था। रात को सोते समय भी उसके दोनों ओर मांस के समोसे बनाकर रख दिए जाते थे।
- **बहादुरशाह** (1526-1537 ई.) के काल में गुजरात की शक्ति अपनी पराकाष्ठा पर पहुँच गई थी। इसने 1531 ई. में मालवा को जीतकर गुजरात में मिला लिया तथा चितौड़ को भी लूट लिया।
- इसने बाबर व हुमायूँ दोनों से ही युद्ध किए। हुमायूँ एक बार मालवा व गुजरात जीतने में सफल भी रहा, परन्तु बाद में बहादुरशाह पुन: स्वतन्त्र हो गया।

> 1531 ई. में पुर्तगाली गवर्नर **नीनो-द-कुन्हा** ने गुजरात के शासनाधीन द्वीप पर आक्रमण कर दिया। इस आक्रमण का बदला लेने के लिए बहादुरशाह ने तुर्की नौसेना की सहायता से पुर्तगाली नौसेना को दीव में पूर्ण रूप से पराजित किया और पुर्तगालियों को युद्ध की क्षतिपूर्ति करने के लिए बाध्य किया। अत: 1537 ई. में पुर्तगालियों ने धोखे से बहादुरशाह की हत्या कर दी। अन्तत: अकबर द्वारा 1573 ई. में गुजरात पर अन्तिम रूप से अधिकार किया गया।

मेवाड़

- गहलोत राजवंश के अन्तर्गत मेवाड़ एक बहुत प्राचीन राज्य था, जिसकी राजधानी नागदा थी। दिल्ली सुल्तानों के आक्रमण के पश्चात् नई राजधानी चित्तौड़ हो गई।
- 1303 ई. में अलाउद्दीन ने मेवाड़ पर अधिकार कर लिया, किन्तु खिलजी वंश के पतनोपरान्त राजनीतिक अव्यवस्था का लाभ उठाकर सिसोदिया वंशीय हम्मीर देव (1318-1378) ने चित्तौड़ पर अधिकार कर लिया और **सिसोदिया वंश** की नींव रखी।
- हम्मीर देव के पश्चात् उसका पुत्र क्षेत्र सिंह गद्दी पर बैठा और उसने 1378 ई. से 1405 ई. तक शासन किया।
- 1420 ई. में मोकल शासक बना। मोकल ने एकलिंग मन्दिर के चारों और परकोटे का निर्माण तथा अनेक मन्दिरों का जीणोद्धार किया था।
- मोकल के पश्चात् 1433 ई. में **राणा कुम्भा** शासक बना, जो मालवा के महमूद खिलजी के समकालीन था। मालवा विजय के उपलक्ष्य में 1448 ई. में उसने चित्तौड़ में **कीर्ति स्तम्भ** का निर्माण कराया, जिसे **हिन्दू देवशास्त्र के चित्रित कोश** के नाम से भी जाना जाता है। मेवाड़ के कुल 84 किलों में से 36 का निर्माण राणा कुम्भा ने करवाया। इसकी मृत्यु 1468 ई. में हुई।
- कुम्भा एक कुशल वीणावादक तथा महान संगीतकार था। उसने संगीत पर अनेक उच्च कोटि के ग्रन्थ लिखे, जो उसकी संगीत निपुणता को प्रदर्शित करते हैं, उनमें संगीतराज, संगीत मीमांसा, संगीत रत्नाकर सुप्रबन्ध आदि प्रसिद्ध हैं।
- वह ज्ञान की विभिन्न विधाओं; जैसे—गणित, तर्कशास्त्र, धर्मशास्त्र, साहित्य, संगीत में प्रवीण था। उसने जयदेव के गीत गोविन्द पर रसिक प्रिया नामक टीका लिखी। वह एकलिंग महात्म्य के अन्तिम अध्याय का भी रचयिता था।

> **राणा सांगा** (1508-1528 ई.) यह रायमल का पुत्र था और उसका वास्तविक नाम **संग्राम सिंह** था। जयदेव की गीत गोविन्द और चण्डीशतक पर टीका राणा सांगा द्वारा की गई। उसने गुजरात तथा मालवा को पराजित किया। 1517-18 ई. में खतोली के युद्ध में उसने दिल्ली शासक इब्राहिम लोदी को पराजित किया।

- 1527 ई. में मुगल बादशाह बाबर द्वारा खानवा के युद्ध में राणा सांगा पराजित हुआ। 1528 ई. में एक षड्यन्त्रकारी ने जहर देकर उसकी हत्या कर दी। जहाँगीर के काल में मेवाड़ को मुगल साम्राज्य में मिला लिया गया था।

मारवाड़

- मारवाड़ पर **राठौर वंश** का शासन था। राठौर प्राचीन राष्ट्रकूट या कन्नौज के गहड़वाल वंश से सम्बन्धित थे।
- चुन्द (1394-1425 ई.) ने मुस्लिम शासकों तथा राजपूत शासकों से युद्ध करके मारवाड़ राज्य की स्थापना कर जोधपुर को अपनी राजधानी बनाया। इसके पश्चात् क्रमश: **कान्हा** तथा **सता** मारवाड़ के शासक बने।
- सत्ता को पदच्युत करके रामनल ने मारवाड़ पर सत्ता स्थापित की। मेवाड़ के सरदार द्वारा रामनल की हत्या के पश्चात् मेवाड़ व मारवाड़ के मध्य शत्रुता आरम्भ हो गई थी।
- जोधा रामनल का उत्तराधिकारी था। इसके समय में राठौरों की राजनीतिक शक्ति बढ़ गई, जिसके फलस्वरूप रावा कुम्भा को मेवाड़ तथा मारवाड़ की सीमा निश्चित करने के लिए सन्धि करनी पड़ी थी। जोधपुर के दुर्ग का निर्माण जोधा के द्वारा किया गया था।
- बीकानेर की स्थापना राव जोधा के पुत्र **राव बीकाजी** द्वारा की गई। जोधा के उत्तराधिकारियों ने सातल, बीकानेर, मेड़ता आदि राज्यों में अर्द्ध स्वतन्त्र राज्य की स्थापना की थी।
- मारवाड़ का सबसे महान शासक **मालदेव** (1532-1562 ई.) था, जिसके शासनकाल में राठौरों की शक्ति अपनी चरम सीमा पर थी।

उसने शेरशाह से भी संघर्ष किया, तत्पश्चात् शान्ति स्थापित की। मारवाड़ को अकबर ने अपने साम्राज्य में मिला लिया था।

सूर्यवंशी कछवाहों के शासनकाल में जयपुर की राजधानी आमेर थी। यहाँ के शासक भारमल ने अकबर की अधीनता 1561 ई. में स्वीकार कर ली थी। भट्टी वंश के शासक राव जैसल ने **जैसलमेर** की स्थापना की थी।

बंगाल

- दिल्ली से बंगाल की भौगोलिक स्थिति एवं प्राकृतिक विभिन्नता के कारण बंगाल ने सदैव दिल्ली से स्वतन्त्र होने का प्रयास किया।
- बंगाल में **तुगरिल खाँ** का विद्रोह बलबन के काल में हुआ था, जिसमें तुगरिल खाँ को बलबन के पुत्र बुगरा खाँ ने पराजित किया। इसके पश्चात् बुगरा खाँ को बंगाल का सूबेदार नियुक्त किया गया था।
- बुगरा खाँ ने बलबन की मृत्यु के पश्चात् वहाँ स्वतन्त्र साम्राज्य स्थापित कर **नासिरुद्दीन** की उपाधि धारण की थी।
- गयासुद्दीन तुगलक ने बंगाल पर अपना आधिपत्य बनाए रखने के लिए उसे तीन सम्भागों में विभाजित कर उस पर नियन्त्रण स्थापित किया, जिसका कुछ भाग नासिरुद्दीन को भी प्राप्त हुआ।
- मुहम्मद तुगलक के शासनकाल में 1340 ई. में **फखरुद्दीन मुबारकशाह** ने स्वयं को सुल्तान घोषित कर बंगाल को एक स्वतन्त्र राज्य बनाया। **इलियास शाह** नामक एक अमीर ने 1345 ई. में में बंगाल पर कब्जा कर लिया।
- उसने अपने राज्य का विस्तार पश्चिम में तिरहुत से चम्पारण और गोरखपुर एवं अन्तत: बनारस तक किया।
- इलियास शाह ने कामरूप राज्य पर भी अधिकार किया था। 1350 ई. में उसने नेपाल को जीत लिया। 1353 ई. में फिरोज तुगलक ने इलियास के विरुद्ध असफल अभियान किया, जिसके परिणामस्वरूप मैत्री सन्धि के द्वारा कोसी नदी द्वारा दोनों राज्यों की सीमा निर्धारित हुई।
- इलियास के उत्तराधिकारी **सिकन्दर शाह** ने अपने पिता की नीतियों को जारी रखा। इसके द्वारा प्रसिद्ध **अदीना मस्जिद (पाण्डुआ)** का निर्माण 1368 ई. में करवाया गया। इसी के काल में फिरोज तुगलक का दूसरा असफल आक्रमण (1359 ई.) हुआ।
- इस वंश का सर्वाधिक प्रसिद्ध सुल्तान **गयासुद्दीन आजमशाह** (1389-1409 ई.) था। वह अपनी न्यायप्रियता के लिए विख्यात था। इसके शासनकाल में चीन के साथ सम्बन्धों में भी सुधार हुआ।

चीन से व्यापार के कारण **चटगाँव** एक समृद्ध बन्दरगाह बन गया था। पण्डुआ और गौड राजधानियों की सुन्दर इमारतों को सजाने का कार्य बंगाल के सुल्तानों द्वारा किया गया।

- अलाउद्दीन हुसैनशाह (1493-1519 ई.) बंगाल के सुल्तानों में सर्वाधिक श्रेष्ठ था, इसने खलीफतुल्ला की उपाधि धारण की थी। इसने 24 वर्षों तक शासन किया। इसने गौड़ के स्थान पर इकदाला को अपनी राजधानी बनाया। यह चैतन्य महाप्रभु के समकालीन था। इसके काल में बांग्ला भाषा का विकास हुआ।
- उसके शासनकाल में बंगाल साहित्य का सबसे अधिक विकास हुआ। हिन्दुओं के प्रति विशेष उदारता के कारण उसे कृष्ण का अवतार, नृपति तिलक और जगत भूषण आदि उपाधियाँ प्रदान की गईं। इसके काल में बांग्ला भाषा का विकास सर्वाधिक हुआ।
- छोटा सोना मस्जिद का निर्माण अलाउद्दीन हुसैनशाह के कार्यकाल में हुआ था। सत्यवीर आन्दोलन भी इसी के काल में हुआ था।
- नुसरतशाह 1518 ई. में हुसैनशाह की मृत्यु के पश्चात् बंगाल की गद्दी पर बैठा था। इसके शासनकाल में कदम रसूल मस्जिद तथा **सोना मस्जिद** का निर्माण किया गया था।
- शेरशाह ने 1538 ई. में इस वंश के अन्तिम शासक **गयासुद्दीन महमूदशाह** को पराजित कर सम्पूर्ण बंगाल पर अपना अधिकार स्थापित किया था। बंगाल को मुगल साम्राज्य में मिलाने का कार्य अकबर ने किया था।

असम और उत्तरी बंगाल में युद्ध के कारण बंगाल की पश्चिम सीमा **कामाख्या** तथा पूर्व सीमा **अहोम** निर्धारित की गई थी।

उड़ीसा

- उड़ीसा (ओडिशा) पर मध्यकाल में तीन महान वंशों का शासन रहा था—पूर्वी गंगवंश, सूर्यवंशी गजपति वंश तथा माई वंश।
- गंग वंश का एक महत्त्वपूर्ण शासक **अवन्तिवर्मन चोड़** गंग (1076-1148 ई.) था। इसने जगन्नाथपुरी का मन्दिर बनवाया। 13वीं सदी में इसका उत्तराधिकारी नरसिंह वर्मन हुआ। इसने जगन्नाथपुरी के निर्माण कार्य को पूर्ण करवाया।
- इसने ही कोणार्क के प्रसिद्ध सूर्य मन्दिर का निर्माण करवाया था। इसके दरबार का महान कवि विद्याधर था।
- नरसिंह वर्मन प्रथम को **हम्मीरमद मर्दन** की उपाधि विद्याधर ने ही दी थी। अलंकार शास्त्र व एकाबली संस्कृत ग्रन्थ की रचना विद्याधर द्वारा की गई थी।

सूर्यवंशी गजपति वंश का संस्थापक **कपिलेन्द्र** (1435-1467 ई.) था। उसका साम्राज्य उत्तर में हुगली तथा दक्षिण में कावेरी नदी के तट तक विस्तृत था, जिसने बंगाल के शासक नासिरुद्दीन को हराकर **गौड़ेश्वर** की उपाधि धारण की थी।

- उसने बंगाल के राजामहेन्द्री और कोण्डाविड पर 1453 ई. में अधिकार प्राप्त किया। उसने बहमनियों को पराजित किया तथा अपनी सत्ता का विस्तार तेलंगाना के तटवर्ती प्रदेश तक किया था। उसकी मृत्यु 1467 ई. में हुई थी।
- बंगाल पर सल्तनत काल में प्रथम बार आक्रमण गयासुद्दीन तुगलक के काल में हुआ था। फिरोजशाह तुगलक ने 1360 ई. में उड़ीसा पर आक्रमण कर **जगन्नाथ मन्दिर** को भी क्षतिग्रस्त किया था।
- उड़ीसा पर बहमनी, जौनपुर, कोण्डाविडु एवं विजयनगर साम्राज्य ने भी आक्रमण किया। बाबर ने 1526 ई. में उड़ीसा पर आक्रमण कर इसे कमजोर कर दिया था। बंगाल के अफगान शासकों ने 1568 ई. तक इस पर शासन किया था।

कश्मीर

- 1015 ई. में **मीर कासिम** तथा 1021 ई. में महमूद वे दोनों ने कश्मीर पर आक्रमण कर इसे जीतने की कोशिश की, परन्तु असफल रहे। 1320 ई. में मंगोल आक्रमण के द्वारा कश्मीर में मध्यकाल की शुरुआत हुई।
- कश्मीर में हिन्दू राजवंश की स्थापना 1286 ई. में **सिंह देव** द्वारा की गई थी। 1301 ई. में सूहादेव ने कश्मीर में सुदृढ़ हिन्दू राजवंश की स्थापना की।
- इसके शासनकाल में मंगोल ने दलूचा के नेतृत्व में कश्मीर पर आक्रमण कर नरसंहार किया। इस युद्ध में सुहादेव भाग गया।
- इसके शासनकाल में प्रमुख शरणार्थी लद्दाख से रिचन तथा दरिस्तान से लंगर चक और शाहमीर इत्यादि थे।
- 1339-40 ई. में **मन्त्रीशाह मिर्जा** अथवा **शाहमीर** नामक स्वात के सहकर्मी ने कश्मीर के सिंहासन पर अधिकार कर लिया और वहाँ मुस्लिम वंश (शाहमीर वंश) की स्थापना की। वह कश्मीर का पहला मुस्लिम शासक था।
- इसी के काल में कश्मीर पर मंगोल आक्रमणकारी दलूचा का आक्रमण हुआ।
- शाहमीर का उत्तराधिकारी उसका भाई **शिहाबुद्दीन** हुआ। इसे शाहमीर देश का वास्तविक संस्थापक माना जाता है। इसने 13 वर्षों तक शासन किया व अपनी राजधानी इन्द्रकोट से हटाकर वर्तमान श्रीनगर (अलाउद्दीनपुर) में स्थापित की।
- इसके पश्चात् 1398 ई. में सिकन्दर शाह (1389 से 1413 ई.) शासक बना। इसके काल में तैमूर का आक्रमण हुआ। सिकन्दर एक क्रूर शासक था, जिसके शासनकाल में बहुत से हिन्दुओं को मुस्लिम बनाया गया।
- इसी के शासनकाल में बहुत से हिन्दुओं को कश्मीर घाटी छोड़ने का आदेश दिया गया।
- इसके उत्तराधिकारी अलीशाह ने इसी की धर्मान्ध नीति को जारी रखा। सूफी सन्त सैय्यद अली हमदानी का पुत्र सैय्यद मुहम्मद हमदानी सिकन्दर शाह के काल में कश्मीर आया था, जिसके सम्मान में उसने रचनाकार का निर्माण करवाया था।
- सुल्तान **जैन-उल-आबिदीन** (1420-1470 ई.) कश्मीर का सुप्रसिद्ध शासक था, जिसने कश्मीर में शान्ति निर्माण का कार्य किया।
- जैन-उल-आबिदीन को **कश्मीर का अकबर** एवं मूल्य नियन्त्रित व्यवस्था स्थापित करने के कारण कश्मीर का अलाउद्दीन खिलजी भी कहा जाता है।
- जैन-उल-आबिदीन ने जजिया कर समाप्त किया और गौ-हत्या को निषिद्ध कर दिया तथा हिन्दुओं की भावनाओं का आदर करते हुए सती प्रथा से भी प्रतिबन्ध हटा दिया। वह कश्मीरी, फारसी, संस्कृत और अरबी भाषा का विद्वान था। वह **कुतुब** उपनाम से फारसी में कविताएँ लिखता था।

> जैन-उल-आबिदीन आदेश पर **महाभारत** एवं **राजतरंगिणी** का फारसी में अनुवाद किया गया। वह संगीत प्रेमी था।

- ग्वालियर के राजा ने उसके संगीत प्रेम के विषय में सुनकर उसे दो दुर्लभ संस्कृत संगीत ग्रन्थ भेजे थे। उसने वूलर झील में जैना लंका नामक द्वीप का निर्माण करवाया तथा शिकायतनामा ग्रन्थ की रचना की।
- इसने व्यापार तथा उद्योगों को प्रोत्साहित किया तथा कागज और जिल्दसाजी की सीखने हेतु दो व्यक्तियों को समपरकन्द भेजा। उसके कल्याणकारी कार्य हेतु उसे बडशाह (महान सुल्तान) कहा जाता है।

अहोम

- असम के उत्तरी-पूर्वी क्षेत्र में अहोम राज्य स्थापित था। अहोम मंगोलॉयड नस्ल के लोग थे, जो चीन की महान **ताई** जनजाति से सम्बन्धित थे। ये 1228 ई. मे सुखाया के नेतृत्व में भारत आए।
- **अहोमों** का बंगाल के शासकों तथा कालान्तर में मुगलों से भी संघर्ष चलता रहा, किन्तु इनके राज्य का अस्तित्व बना रहा।
- **सुहंगमंग** (1497-1539 ई.) इस वंश का महानतम शासक था। इसके शासनकाल में वैष्णव सन्त शंकरदेव द्वारा प्रसारित वैष्णव धर्म का प्रभाव बढ़ रहा था, जिसके फलस्वरूप इसने वैष्णव धर्म अपना लिया और अपना नाम स्वर्गनारायण रख लिया। अहोमों का अस्तित्व ब्रिटिशकाल तक बना रहा।

> **कामरूप** अहोम राज्य के पश्चिम में स्थित था। इसे **कामत** नाम से भी जाना जाता है। यहाँ की राजधानी कामतापुर थी। यहाँ पर स्वेन वंश का शासन था, जिसका सर्वश्रेष्ठ शासक **नीलाम्बर** (1480-1498 ई.) था।

प्रीलिम्स फैक्ट्स

- जौनपुर नगर किसकी स्मृति में स्थापित किया गया था?
  ***– मुहम्मद बिन तुगलक** [UPPSC(Mains) 2004]*
- जौनपुर नगर में शर्की राज्य की स्थापना किसने की थी?
  ***– मलिक सरवर** [UPPSC (Pre) 2005]*
- जौनपुर शैली का जन्मदाता किस शर्की शासक को माना जाता है?
  ***– इब्राहिम शाह शर्की** [BPSC (Pre) 2002]*
- शर्की वंश के किस शासक के शासनकाल में जौनपुर को दिल्ली सल्तनत में मिला लिया गया था? ***– हुसैनशाह शर्की** [UPPSC (Pre) 2017]*
- कश्मीर में स्वतन्त्र मुस्लिम राज्य की स्थापना किसने की थी?
  ***– शाहमीर ने** [UPPSC (Pre) 2003]*
- कश्मीर के किस शासक के शासनकाल में तैमूर का भारत पर आक्रमण हुआ था? ***– सिकन्दर** [UPPSC (Pre) 2008]*
- कौन 'कश्मीर का अकबर' के नाम से प्रसिद्ध सुल्तान था?
  ***– सुल्तान जैनुल आबिदीन** [BPSC (Pre) 2018]*
- कश्मीर के किस शासक ने सर्वप्रथम जजिया कर समाप्त किया था?
  ***– जैनुल आबिदीन** [UPPSC (Pre) 2006]*
- बंगाल पर तुर्क सत्ता की स्थापना किसने की थी?
  ***– बख्तियार खिलजी ने** [UPPSC (Pre) 2004]*
- मुहम्मद-बिन-तुगलक के शासनकाल में बंगाल के किस शासक ने स्वयं को स्वतन्त्र घोषित कर दिया था?
  ***– अलाउद्दीन अलीशाह ने** [UPPSC (Pre) 2006]*
- बंगाल के किस शासक ने खलीफतुल्ला की उपाधि धारण की थी?
  ***– अलाउद्दीन हुसैनशाह** [BPSC (Pre) 2008]*
- बंगाल के किस शासक के काल में पुर्तगालियों ने सबसे पहले बंगाल में प्रवेश किया? ***– नुसरत शाह** [UPPSC (Pre) 2003]*
- अदीना मस्जिद कहाँ स्थित है? ***– पाण्डुआ में** [UPPSC (Pre) 2009]*
- स्वतन्त्र मालवा राज्य की स्थापना किसने की थी?
  ***– हुसैन खाँ गौरी ने** [UPPSC (Pre) 2003]*
- मालवा में किस शासक ने खिलजी वंश की स्थापना की थी?
  ***– महमूद खिलजी ने** [UKPSC (Pre) 2004]*
- माण्डू में स्थित 'जहाज महल' का निर्माण किस शासक ने करवाया था? ***– गयासुद्दीन खिलजी** [MPPSC (Pre) 2017]*
- माण्डू विजय; दक्षिण विजय की कुंजी थी। यह किसने कहा था?
  ***– अमीर खुसरो** [MPPSC (Pre) 2020]*
- गुजरात के किस शासक ने अहमदनगर की स्थापना की थी?
  ***– अहमदशाह ने** [UPPSC (Pre) 2004]*
- गुजरात के शासक बहादुरशाह ने किस महान संगीतज्ञ को संरक्षण दिया था? ***– मंझू कलावन्त** [UPPSC (Pre) 2003]*
- मेवाड़ के किस शासक ने कीर्ति स्तम्भ का निर्माण करवाया था?
  ***– राणा कुम्भा ने** [UKPSC (Pre) 2011]*
- कीर्ति स्तम्भ प्रशस्ति के रचयिता कौन थे?
  ***– अत्रि कवि** [RAS/RTS (Pre) 2005]*
- मारवाड़ के किस शासक ने बीकानेर की स्थापना की थी?
  ***– राव बीका ने** [RAS/RTS (Pre) 1999]*
- आम्बेर के किस वंश ने स्वयं को भगवान राम का वंशज घोषित किया था? ***– कछवाहा राजवंश ने** [RAS/RTS (Pre) 2004]*
- सूर्यवंशी गजपति वंश के संस्थापक कपिलेन्द्र ने कौन-सी उपाधि धारण की थी? ***– गौड़ेश्वर** [UKPSC (Pre) 2004]*
- गुजरी महल किसने बनवाया था? ***– मानसिंह ने** [MPPSC (Pre) 2010]*
- होयसलों की प्राचीन राजधानी द्वारसमुद्र का वर्तमान नाम है
  ***– हलेविड** [UPPSC (Mains) 2003]*
- होयसल स्मारक किस स्थान पर पाए जाते हैं?
  ***– हलेविड और बेलूर में** [IAS(Pre) 2011]*
- होयसल वंश की राजधानी थी ***– द्वारसमुद्र** [UPPSC (Mains) 2003]*
- दक्षिण भारत के पोलिगर कौन थे?
  ***– क्षेत्रीय,प्रशासकीय एवं सैन्य नियन्त्रक** [UPPSC (Pre) 2015]*
- लाचित बर फुकन नामक योद्धा सम्बन्ध किस राज्य से था, जिसने मुगल सेना का प्रतिरोध किया था? ***– अहोम** [UPPSC (Pre) 2009]*

सेल्फ चैक

1. शर्की वंश के किस शासक के काल में जौनपुर को दिल्ली सल्तनत में मिला लिया गया था? **UPPSC (Pre) 2017**

(a) इब्राहिम शाह शर्की (b) हुसैनशाह शर्की
(c) महमूद खिलजी (d) हुसैनशाह गौरी

2. मालवा में किस शासक ने खिलजी वंश की स्थापना की थी?

(a) महमूद खिलजी (b) मल्लू खाँ
(c) मेदिनी राय (d) दिलावर खाँ

3. माण्डू में स्थित जहाज महल का निर्माण इनमें से किस शासक ने करवाया था? **MPPSC (Pre) 2017**

(a) महमूदशाह खिलजी (b) अलाउद्दीन खिलजी
(c) गयासुद्दीन खिलजी (d) होशंगशाह

4. महमूद बेगड़ा के सम्बन्ध में निम्नलिखित कथनों पर विचार कीजिए **UPPSC (Pre) 2011**

1. उसने पुर्तगाली सेना को पराजित किया था।
2. उसने 'बाग-ए-फिरदौस' की स्थापना की थी।
3. 'उदयराज' उसका दरबारी कवि था।

उपरोक्त कथनों में से कौन-सा/से कथन सत्य है/हैं?

(a) केवल 1 (b) केवल 2
(c) 1, 2 और 3 (d) 2 और 3

5. निम्नलिखित में से कौन-सा विद्वान कुम्भा के दरबार में नहीं था?

(a) मुनि सुन्दर सूरी (b) नाथा
(c) तिल्ला भट्ट (d) मुनि जिन विजय सूरी

6. मेवाड़ के किस शासक ने कीर्ति स्तम्भ का निर्माण करवाया था? **UKPSC (Pre) 2011**

(a) राणा सांगा (b) राणा कुम्भा
(c) मोकल (d) महाराणा प्रताप

7. निम्नलिखित में से कश्मीर के किस शासक ने जजिया और गौ हत्या को समाप्त किया? **UPPSC (Pre) 2023**

(a) शम्सुद्दीन शाह (b) हैदर शाह
(c) सिकन्दर शाह (d) जैनुल अबीदीन

8. मुहम्मद बिन तुगलक के काल में बंगाल के किस शासक ने स्वयं को स्वतन्त्र घोषित कर दिया था?

(a) अलाउद्दीन अलीशाह
(b) अलाउद्दीन हुसैन खान
(c) अलाउद्दीन बहमनशाह
(d) मुहम्मदशाह

9. बंगाल के शासक अलाउद्दीन हुसैनशाह ने कौन-सी उपाधि धारण की थी?

(a) सत्यवीर (b) खलीफतुल्ला
(c) नियावत-ए-खुदाई (d) जिल्लेलाही

10. निम्नलिखित युग्मों में कौन-सा युग्म सही सुमेलित नहीं है? **UPPSC (Pre) 2019, 2018**

(a) अदीना मस्जिद — माण्डू
(b) लाल दरवाजा — जौनपुर
(c) दाखिल दरवाजा — गौड
(c) तीन दरवाजा — अहमदाबाद

11. निम्नलिखित युग्मों में से कौन-सा युग्म सही सुमेलित नहीं है? **UPPSC (Pre) 2021**

	शासक	राज्य
(a)	राणा हमीर	मेवाड़
(b)	राणा चुण्डा	मारवाड़
(c)	मलिक राजा फारूकी	खानदेश
(d)	मलिक सरवर ख्वाजा	मालवा

12. 'कश्मीर का अकबर' नाम से प्रसिद्ध सुल्तान था **BPSC (Pre) 2018**

(a) सुल्तान शमसुद्दीन शाह (b) सुल्तान कुतुबुद्दीन
(c) सुल्तान सिकन्दर (d) सुल्तान जैन-उल-आबिदीन

13. निम्न में से किस शासक ने सर्वप्रथम जजिया कर समाप्त किया था?

(a) जैन-उल-आबिदीन (b) मुहम्मद बिन तुगलक
(c) हुसैनशाह शर्की (d) अकबर

14. जैन-उल-आबिदीन द्वारा पूर्ण की गई कश्मीर की जामा मस्जिद की प्रभावकारी विशेषता में शामिल है/हैं

1. बुर्ज 2. बौद्ध पगोडाओं से समानता 3. फारसी शैली

कूट

(a) केवल 1 (b) 1, 2 और 3
(c) 1 और 3 (d) 2 और 3

15. सेन वंश का सम्बन्ध किस प्रान्तीय राज्य से है? **UPPSC (Pre) 2011**

(a) कामरूप (b) अहोम
(c) उड़ीसा (d) आम्बेर

16. सूची I को सूची II से सुमेलित कीजिए

	सूची I (घटना)		सूची II (स्थान/व्यक्ति)
A.	तर्मशीरिन खान का भारत आक्रमण	1.	विजयनगर
B.	पुर्तगाली करिन्दा फार्नाओ मार्टिज इवेंजेलो का आगमन	2.	जैन-उल-आबिदीन
C.	यात्री नूनिज का आगमन	3.	चम्पानेर
D.	कश्मीर घाटी में नहरों का जाल	4.	मुहम्मद बिन तुगलक

कूट

	A	B	C	D		A	B	C	D
(a)	2	1	3	4	(b)	2	3	1	4
(c)	4	3	1	2	(d)	4	1	3	2

जानें सही उत्तर

1. (b)	2. (a)	3. (c)	4. (c)	5. (d)	6. (b)	7. (d)	8. (a)	9. (b)	10. (a)
11. (d)	12. (d)	13. (a)	14. (b)	15. (a)	16. (c)				

● अध्याय सत्रह

विजयनगर और बहमनी साम्राज्य

"

सल्तनत के पतन के पश्चात दक्कन में उदित होने वाले दो महान् साम्राज्य विजयगनर तथा बहमनी राज्य थे। इन राज्यों ने 200 वर्षों से अधिक समय तक दक्षिण भारत पर शासन किया। इन दोनों राज्यों के मध्य रायचूर दोआब को लेकर लम्बा संघर्ष हुआ।

विजयनगर साम्राज्य

- हरिहर और बुक्का पाँच भाइयों के एक परिवार के सदस्य थे। ये पाँचों भाई संगम के पुत्र थे, जिसके नाम पर इस वंश का नाम संगम वंश पड़ा। पहले वे वारंगल के काकातीय शासक प्रतापरुद्र देव द्वितीय के सामन्त थे, किन्तु 1323 ई. में मुस्लिमों द्वारा वारंगल जीत लिए जाने के बाद दोनों काम्पिली चले गए।
- एक मुस्लिम विद्रोही गुरशास्प को शरण देने पर मुहम्मद बिन तुगलक ने काम्पिली को रौंद डाला तथा हरिहर एवं बुक्का को भी बन्दी बना लिया गया। तत्पश्चात् इन्होंने इस्लाम धर्म स्वीकार कर लिया।
- बाद में हरिहर एवं बुक्का को दक्षिण में विद्रोह शान्त करने के लिए भेजा गया, जहाँ इनके गुरु विद्यारण्य के प्रयास से इनकी शुद्धि हुई। तुंगभद्रा नदी के दक्षिणी तट पर स्थित अनेगोण्डी के आमने-सामने दो नए नगर विजयनगर (जीत की नगरी) तथा विद्यानगर (विद्या की नगरी) बसाए, जिनका अर्थपूर्ण नामकरण किया गया।
- इन ऐतिहासिक घटनाओं के पीछे सन्त विद्यारण्य की जो महत्त्वपूर्ण भूमिका थी, इसी कारण दूसरे नगर का नाम विद्यानगर पड़ा। 18 अप्रैल, 1336 को भगवान विरुपाक्ष की उपस्थिति में मुहम्मद बिन तुगलक के शासनकाल में हरिहर प्रथम एवं बुक्का प्रथम द्वारा अपने पिता की याद में संगम वंश की स्थापना की गई।

> संगम, सालुव, तुलुव तथा अराविडु राजवंशों का सम्बन्ध विजयनगर साम्राज्य से है, जिन्होंने दक्षिण भारत में लगभग 300 वर्षों तक शासन किया। विजयनगर की क्रमानुसार बनी राजधानियाँ अनेगोण्डी, विजयनगर (हम्पी), पेनुकोण्डा तथा चन्द्रगिरि थीं। हम्पी, विजयनगर का वर्तमान नाम है।

संगम वंश के शासक

संगम वंश के शासक निम्नलिखित हैं

विजय साम्राज्य

संगम वंश	सालुव वंश	तुलुव वंश	अराविडु
हरिहर प्रथम	नरसिंह सालुव	कृष्णदेव राय	तिरुमल राय
बुक्का प्रथम	इम्मादि नहसिंह	अच्युतदेव राय	वेंकट द्वितीय
हरिहर द्वितीय	वीर नरसिंह	सदाशिव राय	श्रीरंग तृतीय
देवराय प्रथम			
देवराय द्वितीय			

हरिहर प्रथम (1336-1356 ई.)

- यह **संगम वंश** का प्रथम शासक था, जो 1336 ई. में विजयनगर साम्राज्य की गद्दी पर बैठा। इसने अपने शासन काल के सातवें वर्ष में अपनी राजधानी अनेगोण्डी से विजयनगर (हम्पी) स्थानान्तरित की। 1346 ई. तक होयसल का सम्पूर्ण प्रदेश विजयनगर में मिला लिया गया।
- 1347 ई. मे कदम्ब प्रदेश को विजयनगर साम्राज्य में मिला लिया गया। इस संघर्ष में हरिहर और बुक्का की सहायता उनके भाइयों ने भी की। उन्होंने विजित प्रदेशों का प्रशासन सम्भाला। इनके कार्यकाल में विजयनगर साम्राज्य उत्तर में कृष्णा नदी से दक्षिण में कावेरी नदी तक विस्तृत था।
- इस प्रकार आरम्भ में विजयनगर राज्य व्यवस्था एक **सहकारी राज्य व्यवस्था** (को-ऑपरेटिव कॉमनवेल्थ) थी। हरिहर प्रथम ने इस साम्राज्य की स्थापना की और इसी ने अत्यधिक सीमा तक अपनी प्रशासनिक प्रणाली की रूपरेखा भी तैयार की।
- हरिहर प्रथम द्वारा **महाराजाधिराज** की उपाधि धारण नहीं की गई, क्योंकि इसका साम्राज्य चारों ओर से शत्रुओं से घिरा हुआ था।

बुक्का प्रथम (1356-1377 ई.)

- हरिहर प्रथम के बाद बुक्का प्रथम शासक बना। बुक्का प्रथम को **राजसिंहासन का अवलम्ब** कहा जाता है।
- इसके शासनकाल में विजयनगर साम्राज्य उत्तर में तुंगभद्रा घाटी से दक्षिण में तमिल और चोल साम्राज्य तक फैला हुआ था। इसने **वेदमार्ग प्रतिष्ठापक** की उपाधि ग्रहण की थी।

> बुक्का प्रथम के पुत्र **कुमारकम्पन** को मदुरा क्षेत्र की विजय के लिए भेजा गया था, जिसमें उसे सफलता मिली और मदुरा क्षेत्र को बुक्का प्रथम के समय में ही विजयनगर साम्राज्य में मिला लिया गया। इस विजय की चर्चा कुमारकम्पन की पत्नी गंगादेवी की कृति **मदुरै विजयम** में की गई है।

- 1367 ई. में बुक्का प्रथम ने विवादास्पद तुंगभद्रा दोआब में मुदकल किले पर आक्रमण कर वहाँ की रक्षावाहिनी के एक व्यक्ति को छोड़कर शेष सभी को मौत के घाट उतार दिया। जब इसकी जानकारी बहमनी सुल्तान मुहम्मदशाह प्रथम को हुई, तो बहमनी सुल्तान ने विजयनगर साम्राज्य पर आक्रमण किया, जिसमें विजयनगर का राजा पराजित हुआ। इस युद्ध से हमें पहली बार दोनों ओर से तोपों के प्रयोग की जानकारी मिलती है।
- इसने भी महाराजा की उपाधि धारण नहीं की, हालाँकि साहित्यकारों ने इसे **तीन समुद्रों का स्वामी** कहा है। अपनी वैदेशिक नीति का विस्तार करने हेतु बुक्का प्रथम ने एक शिष्टमण्डल चीन भेजा था।
- ऐसा विदित भी होता है कि हरिहर तथा बुक्का ने संयुक्त शासन चलाया (ज्ञातव्य है कि कुषाणों ने सर्वप्रथम संयुक्त शासन चलाया था)।

हरिहर द्वितीय (1377-1406 ई.)

- बुक्का प्रथम के मरणोपरान्त हरिहर द्वितीय 1377 ई. में संगम वंश का शासक बना। इसने प्रथम बार **महाराजाधिराज** तथा **राजपरमेश्वर** की उपाधियाँ धारण की।
- विरुपाक्ष का उपासक होने के पश्चात् भी इसने वैष्णव, जैनियों और शैवों को भी संरक्षण दिया। इसने श्रीलंका पर अधिकार कर वहाँ के राजा से राजस्व वसूल किया। इसकी एक बड़ी सफलता बहमनी राज्य से गोवा और बेलगाँव का क्षेत्र जीतना था।

> गोवा और बेलगाँव के अतिरिक्त इसने **चोल** एवं **खरपट्टन** पर भी अधिकार स्थापित कर लिया। हरिहर द्वितीय ने कनारा, मैसूर, त्रिचनापल्ली तथा काँची पर भी विजय प्राप्त की। साम्राज्य विस्तार की आकांक्षा में इसने श्रीलंका पर भी आक्रमण किया।

- माधव विद्यारण्य का भाई सायण हरिहर द्वितीय का प्रधानमन्त्री था। हरिहर द्वितीय ने माधव विद्यारण्य को **सर्वोच्च प्रकाश का अवतार** कहा है। इसके सेनापति इरूगपा ने नानर्थरत्नमाला की रचना की थी।
- हरिहर द्वितीय ने अपने भाइयों के बदले पुत्रों को गवर्नर बनाया, जो एक नई परम्परा की शुरुआत थी।
- सुदूर दक्षिण तक विजयनगर साम्राज्य के विस्तार का श्रेय हरिहर द्वितीय को ही जाता है।
- हरिहर द्वितीय की मृत्यु (1406 ई.) के पश्चात् उसके उत्तराधिकारियों की लड़ाई में **देवराय प्रथम** सफल रहा था।

देवराय प्रथम (1406-1422 ई.)

- बुक्का द्वितीय के पश्चात् देवराय प्रथम शासक हुआ। इसका बहमनी सुल्तान **फिरोजशाह** के साथ युद्ध हुआ, जिसमें देवराय प्रथम पराजित हुआ।
- पराजय के कारण उसे अपनी पुत्री का विवाह फिरोजशाह से करना पड़ा तथा दहेज के रूप में बाँकापुर भी बहमनी सुल्तान को देना पड़ा, इस युद्ध को **सोनार की पुत्री के युद्ध** के नाम से जाना जाता है। हालाँकि इस प्रकार का यह पहला राजनीतिक विवाह दक्षिण भारत में नहीं था, बल्कि इससे पूर्व भी **खरेला** का राजा शान्ति स्थापित करने के लिए बहमनी शासक फिरोजशाह के साथ अपनी पुत्री का विवाह कर चुका था।

- बाद में देवराय प्रथम ने वारंगल के शासक को खरेला का राज्य मिलकर बाँट लेने का प्रलोभन देकर अपने पक्ष में कर लिया। तत्पश्चात् देवराय प्रथम ने फिरोजशाह को पराजित कर दिया। इसके पश्चात् विजयनगर साम्राज्य में कृष्णा नदी के तट के रेड्डी क्षेत्र को शामिल किया गया था।

> तुर्की धनुर्धरों को अपनी सेना में शामिल करने वाला **देवराय प्रथम** पहला शासक था। 1410 ई. में देवराय प्रथम ने तुंगभद्रा नदी पर बाँध बनवाया तथा उससे नहरें निकलवाईं, जिसके फलस्वरूप राजधानी में जल का अभाव समाप्त हो गया। इससे राजस्व में 3,50,000 परदाओं की वृद्धि हुई।

- सिंचाई के प्रयोजनों से उसने हरिद्रा नदी पर भी एक बाँध बनवाया। देवराय प्रथम के दरबार को **हरविलासम्** के रचयिता प्रसद्धि तेलुगू कवि श्रीनाथ सुशोभित करते थे।
- देवराय प्रथम के शासनकाल में प्रसिद्ध इतालवी (इटली का) **यात्री निकोलो कॉण्टी** ने विजयनगर की यात्रा की। इसने नगर तथा शासक का उल्लेख करते हुए विजयनगर राज्य में मनाए जाने वाले दीपावली एवं नवरात्र जैसे उत्सवों का भी उल्लेख किया है।
- देवराय प्रथम की मृत्यु के पश्चात् वीर विजय एवं रामचन्द्र कुछ समय के लिए शासक बने। इसके बाद **देवराय द्वितीय** शासक बना।

देवराय द्वितीय (1422-1446 ई.)

- देवराय प्रथम के बाद देवराय द्वितीय शासक हुआ। इसने **इम्मादि देवराय या महान देवराय** की उपाधि धारण की। हिन्दू पौराणिक आख्यानों के अनुसार, सामान्य जन उसे इन्द्र का अवतार मानते थे। उसके अभिलेखों में उसके लिए गजबेटकर की उपाधि (हाथियों का शिकारी) का उल्लेख मिलता है।
- अपनी सेना को शक्तिशाली बनाने के लिए इसने सेना में मुस्लिमों की भर्ती की तथा उन्हें जागीरें प्रदान कीं, जिससे बहमनियों से बराबरी की जा सके।
- **फरिश्ता** के अनुसार, देवराय द्वितीय को लगा कि बहमनी सेना की श्रेष्ठता का कारण उसके अधिक शक्तिशाली घोड़े और अधिक कुशल धनुर्धर हैं, इसलिए उसने मुस्लिमों को भर्ती किया तथा उन्हें जागीर दी और सभी हिन्दू सिपाहियों एवं अफसरों से धनुर्विद्या सीखने को कहा।

> देवराय प्रथम की सेना में 10 हजार मुस्लिम थे। इसी के समय **फारस** (ईरान) का दूत **अब्दुर्रज्जाक** विजयनगर भ्रमण के लिए आया, जिसे ईरान के शासक मिर्जा शाहरुख ने अपने दूत के रूप में भेजा था। इसने विजयनगर को सबसे भव्य शहर के रूप प्रदर्शित किया था।

- पुर्तगाली यात्री **नूनिज** के अनुसार, देवराय द्वितीय को श्रीलंका, क्विलोन, पुलीकट, पेगू, तेनसरीम आदि के राजाओं से कर मिलता था। यह स्वयं विद्वान था तथा विद्वानों का महान संरक्षक भी था। इसने दो संस्कृत ग्रन्थों महानाटक सुधानिधि एवं बादरायण के ब्रह्मसूत्र पर टीका लिखी।
- 1446 ई. में देवराय की मृत्यु के बाद संगम वंश का पतन आरम्भ हुआ। देवराय द्वितीय का उत्तराधिकारी मल्लिकार्जुन था।
- **मल्लिकार्जुन** प्रौढ़ देवराय के नाम से जाना जाता है। इसने भी गजबेटकर की उपाधि धारण की थी। इसके समय चीनी यात्री **माहुआन** (1451 ई.) विजयनगर आया था।
- विरुपाक्ष द्वितीय संगम वंश का अन्तिम शासक था। इसके पश्चात् चन्द्रगिरी के गवर्नर **सालुव नरसिंह** द्वारा सालुव वंश की स्थापना की गई थी।

सालुव वंश (1485-1505 ई.)

- संगम वंश के अन्तिम शासक **विरुपाक्ष द्वितीय** को पराजित करके **नरसिंह सालुव** राजसिंहासन पर बैठा। इस घटना को प्रथम बलापहार कहा जाता है। इसका शासनकाल 1485-90 ई. तक था।
- इसने विजयनगर राज्य के उन क्षेत्रों को पुनः प्राप्त कर लिया, जो संगम वंश के समय बहमनी और उड़ीसा द्वारा हड़प लिए गए थे।
- 1490 ई. में सालुव नरसिंह की मृत्यु के बाद उसका अल्पवयस्क पुत्र इम्मादि नरसिंह (1490-1505 ई.) शासक बना, जिसका संरक्षक नरसा नायक था।

> विरुपाक्ष द्वितीय संगम वंश का अन्तिम शासक था। इसके पश्चात् चन्द्रगिरी के गवर्नर **सालुव नरसिंह** द्वारा सालुव वंश की स्थापना की गई थी।

- 1505 ई. में नरसा नायक के पुत्र वीर नरसिंह ने सालुव नरेश की हत्या करके स्वयं सिंहासन पर अधिकार कर लिया और **तुलुव वंश** की स्थापना की। इस घटना को **द्वितीय बलापहार** कहा जाता है।

तुलुव वंश (1505-1565 ई.)

- इस वंश के शासकों ने 60 वर्षों तक शासन किया। इसकी स्थापना वीर **नरसिंह तुलुव** द्वारा की गई थी।
- वीर नरसिंह द्वारा भुजबल की उपाधि धारण की गई। इसने उदारनीति के अन्तर्गत विवाह कर को समाप्त किया था।
- इसने पुर्तगालियों से मैत्री की और सैनिकों के अधिक अच्छे प्रशिक्षण तथा अपनी घुड़सवार सेना के लिए घोड़े प्राप्त करने के उद्देश्य से एक प्रतिनिधि कन्नूर में अल्मीड़ा के पास भेजा, किन्तु जब अल्मीड़ा ने भटकल में एक किला बनवाना चाहा, तो उसने कोई उत्तर नहीं दिया।

कृष्णदेव राय (1509-1529 ई.)

- वीर नरसिंह की मृत्यु के बाद उसका सौतेला भाई **कृष्णदेव राय** गद्दी पर बैठा।
- 1509 ई. में बहमनी के प्रमुख सरदार बीदर में एकत्र हुए और सुल्तान महमूद द्वितीय के साथ मिलकर कृष्णदेव राय के राज्य पर आक्रमण किया, परन्तु इन्हें वापस लौटना पड़ा। कृष्णदेव राय ने भागती हुई सेनाओं विशेषकर यूसुफ आदिलशाह की सेनाओं को पराजित किया। कोविलकोण के निकट आदिलशाह और कृष्णदेव राय में लड़ाई हुई, जिसमें आदिलशाह मारा गया।

- 1512 ई. में **कृष्णदेव राय** ने बीजापुर को पराजित करके सम्पूर्ण रायचूर दोआब पर अधिकार कर लिया। उसने बीजापुर शासक शाह इस्माइल को **एदोनी के युद्ध** में पराजित किया।
- कृष्णदेव राय ने 1513 ई. में उड़ीसा के शासक गजपति रुद्रदेव को पराजित कर दिया तथा उदयगिरि पर अधिकार कर लिया। गजपति शासक प्रताप रुद्रदेव ने अपनी पुत्री का विवाह कृष्णदेव राय के साथ किया था।
- उदयगिरि से अपनी राजधानी लौटते समय कृष्णदेव राय तथा उसकी रानियाँ-तिरुमाला देवी एवं चिन्ता देवी ने तिरुपति जाकर वेंकेटेश्वर के दर्शन किए तथा उन्हें धन्यवाद दिया।
- कृष्णदेव राय उदयगिरि से बालकृष्ण की एक सुन्दर प्रतिमा ले आए और उसे विजयनगर में पुन: स्थापित किया।
- कृष्णदेव राय ने 1520 ई. में गोलकुण्डा को पराजित कर वारंगल पर अधिकार प्राप्त किया था। कृष्णदेव राय ने अपने शासनकाल के प्रारम्भिक वर्षों में ही दक्षिण भारत के सभी साम्राज्यों को पराजित कर अपनी सम्प्रभुता की पुष्टि की।
- कृष्णदेव राय ने पुर्तगालियों से मित्रतापूर्ण सम्बन्ध रखे थे। इसके प्रतिफल में पुर्तगालियों द्वारा समुद्री नौसेना का विकास कर गोवा को अपने क्षेत्र में शामिल किया।

> कृष्णदेव राय का शासनकाल **तेलुगू साहित्य का स्वर्ण काल** माना जाता है। इन्होंने प्रसिद्ध तेलुगू ग्रन्थ अमुक्तमाल्यदा (मोतियों की माला) की रचना की। इस ग्रन्थ में राजनीतिक विचारों एवं प्रशासनिक नीतियों का विवेचन किया गया है।

- कृष्णदेव राय ने संस्कृत भाषा में जाम्वती कल्याण नामक ग्रन्थ की रचना की थी। कृष्णदेव राय ने **आन्ध्र पितामह** एवं **अभिनव भोज** की उपाधि ग्रहण की। तेलुगू के 8 महान विद्वान उसके दरबार में थे, जो **अष्टदिग्गज** कहलाते थे।
- अष्टदिग्गजों में शामिल विद्वानों में अल्सानी पेड्डना, नन्दी तिम्मन, भट्टमूर्ति धूर्जटि, मादयगिरि मल्लन, अच्चलराजू, रामचन्द्र रामाच्चुदयम, पिंगलीसूरन्न एवं तेनाली रामकृष्ण प्रमुख थे।
- इनमें पेड्डना सर्वप्रमुख थे, जो संस्कृत तथा तेलुगू दोनों भाषाओं के ज्ञाता थे। इन्हें कृष्णदेव राय ने विशेष रूप से सम्मानित किया था।
- कृष्णदेव राय को उसकी सांस्कृतिक उपलब्धियों के कारण **आन्ध्रभोज** कहा जाता है।
- कृष्णदेव राय ने अपनी माता नांगला देवी के नाम पर नांगलापुर नामक नगर की स्थापना की थी। उसने अपनी पत्नी की याद में हास्पेट नामक नगर बसाया था।
- इसके समय पुर्तगाली यात्री **बारबोसा** तथा द्वितीय पुर्तगाली यात्री **डोमिंगो पायस** ने विजयनगर साम्राज्य की यात्रा की तथा कुछ समय तक कृष्णदेव राय के दरबार में ही रहे। डोमिंगो पायस ने कृष्णदेव राय को एक **महान शासक** और **न्यायप्रिय** राजा के नाम की उपाधि दी।
- पुर्तगाली यात्री बारबोसा कृष्णदेव राय के बारे में लिखता है कि "राजा ऐसी स्वतन्त्रता प्रदान करता है, जिससे प्रत्येक व्यक्ति बिना किसी कष्ट के अपनी इच्छानुसार आना और जाना कर सकता है तथा अपने पन्थ के अनुसार, बिना किसी पूछताछ के वह ईसाई, यहूदी, मुस्लिम अथवा हिन्दू रह सकता है। समता और न्याय केवल शासक द्वारा ही नहीं, बल्कि एक-दूसरे के प्रति लोगों द्वारा भी इसका पालन किया जाता है।"

> बाबर ने अपनी आत्मकथा **बाबरनामा** में कृष्णदेव राय को भारत का सर्वाधिक शक्तिशाली शासक बताया है। कृष्णदेव राय ने **विट्ठल स्वामी** तथा **हजारा मन्दिर** का निर्माण कराया।

अच्युतदेव राय (1529-1542 ई.)

- कृष्णदेव राय की मृत्यु के पश्चात् उसका सौतेला भाई अच्युतदेव राय सिंहासन पर बैठा था। अच्युतदेव राय ने नायकों पर प्रभाव जमाने के लिए **महामण्लेश्वर** नामक एक नए अधिकारी की नियुक्ति की।
- पुर्तगालियों ने तूतीकोरिन के मोती उत्पादन क्षेत्रों पर अधिकार इसी के काल में किया था। पुर्तगाली यात्री नुनिज (घोड़े का व्यापारी) इसी के काल में भारत आया था, जिसने अपनी पुस्तक **क्रानिकल ऑफ नूनिज** में विजयनगर का विस्तृत वर्णन किया है।

सदाशिव राय (1542-1570 ई.)

- यह 1543 ई. में गद्दी पर बैठा और 1567 ई. तक शासन किया।
- यह तुलुव वंश का अन्तिम शासक था। इसके शासनकाल में वास्तविक शक्ति उसके मन्त्री रामराय के हाथों में थी। रामराय ने बहमनी राज्य के खण्डों से बने हुए 5 मुस्लिम राज्यों-बीजापुर, गोलकुण्डा, अहमदनगर, बरार और बीजापुर में परस्पर फूट डालने तथा एक-दूसरे के विरुद्ध सहायता देने की नीति अपनाई। जिसके फलस्वरूप **तालीकोटा का युद्ध** हुआ।
- यह उसने शक्ति सन्तुलन को बनाने के लिए किया था। रामराय ने सेना में बड़ी संख्या में मुस्लिमों की भर्ती की।

> **तालीकोटा** (राक्षस तंगरी या बन्नी हट्टी का युद्ध)
> - 23 जनवरी, 1565 को विजयनगर एवं दक्षिण भारतीय राज्यों के महासंघ (जिसमें अहमदनगर, **बीजापुर**, **गोलकुण्डा** एवं **बीदर** शामिल थे) के मध्य हुआ था। इस महासंघ में गोलकुण्डा से शत्रुता के कारण **बरार** शामिल नहीं था।
> - इस महासंघ को मजबूत पारस्परिक वैवाहिक सम्बन्धों ने बनाया था।
> - इस युद्ध में महासंघों की संयुक्त शक्तियों ने विजयनगर को बुरी तरह से पराजित किया। 70 वर्षीय **रामराय** वीरतापूर्वक लड़ते हुए शत्रु पक्ष द्वारा मारा गया।

अराविडु वंश (1570-1652 ई.)

- इस वंश की स्थापना 1510 ई. के आस-पास तिरुमल ने पेनुकोण्डा में की थी। यह दक्षिण भारत के विजयनगर साम्राज्य का चौथा और अन्तिम वंश था। इसी वंश के **वेंकट द्वितीय** ने चन्द्रगिरि को अपना मुख्यालय बनाया।
- इस वंश का अन्तिम शासक श्रीरंग तृतीय था, जिसके शासनकाल में तंजौर, मैसूर तथा मदुरै राज्यों का स्वतन्त्र निर्माण हुआ। इसके बाद विजयनगर साम्राज्य भिन्न-भिन्न भागों में बँट गया।

विजयनगर साम्राज्य के राजवंश

यात्री	देश	शासक	विवरण
निकोलो कॉण्टी	इटली	देवराय प्रथम	विजयनगर शहर का वर्णन।
अब्दुर्रज्जाक	फारस	देवराय द्वितीय	विजयनगर सचिवालय का वर्णन।
डोमिंगो पायस	पुर्तगाली	कृष्णदेव राय	विजयनगर के शिल्प व व्यापार का वर्णन।
बारबोसा	पुर्तगाली	कृष्णदेव राय	सती प्रथा का वर्णन।
सीजर फ्रेडरिक	पुर्तगाली	तालीकोट युद्ध के बाद भारत	विजयनगर का वर्णन किया।
नूनिज	पुर्तगाली	अच्युत देवराय	सती प्रथा का उल्लेख।
निकितिन	रूस	मुहम्मद तृतीय	विजयनगर का असमानता का वर्णन।

विजयनगर की प्रशासन पद्धति

विजयनगर की शासन पद्धति निम्न है

केन्द्रीय प्रशासन

- विजयनगर में **राजा** (इसे राय कहा जाता था) का पद सर्वोच्च होता था, जिसे नायकों द्वारा चुना जाता था। राजा की सहायता के लिए एक मन्त्रिपरिषद् होती थी, जिसमें 20 सदस्य होते थे, जिनकी आयु 50 से 70 वर्ष के बीच होती थी।
- मन्त्रियों की बैठक एक हॉल में होती थी, जिसे **वैंकटविलासमानप** कहा जाता था। इस काल में न्यायाधीश का कार्य भी राजा के द्वारा किया जाता था। न्यायिक व्यवस्था के अन्तर्गत धर्मनिरपेक्ष नीति को अपनाया जाता था।
- कृष्णदेव राय द्वारा रचित **अमुक्तमाल्यदा** पुस्तक में राजा और प्रजा के सम्बन्धों में विस्तृत चर्चा की गई है।

> प्रधानमन्त्री को प्रधानी या महाप्रधानी कहा जाता था, जो केन्द्र में राजा और युवराज के बाद सबसे बड़ा अधिकारी होता था। मन्त्रियों को **दणनायक** की उपाधि भी दी जाती थी, जो अधिकारियों की एक विशेष श्रेणी को प्रदर्शित करती थी। राजा मन्त्रिपरिषद् का परामर्श मानने के लिए बाध्य नहीं था। कृष्णदेव राय ने एक बार अपने मन्त्री **सालुवतिम्मा** को दण्डित किया था।

- चोल नरेशों की भाँति विजयनगर के नरेश भी अपने जीवनकाल में ही युवराज नियुक्त कर देते थे। उसकी नियुक्ति के बाद उसका अभिषेक किया जाता था, जिसे **युवराज पट्टाभिषेकम्** कहते थे।

इसके अतिरिक्त एक राज्यपरिषद् भी होती थी, जिसके सदस्य महत्त्वपूर्ण नायक और प्रान्तपति होते थे।

- विजयनगर में संयुक्त शासकों के भी उदाहरण मिलते हैं; जैसे-हरिहर और बुक्का।
- राजा को प्रशासन में सहायता देने के लिए मन्त्रिपरिषद् होती थी। मन्त्रियों की नियुक्ति या पदच्युति राजा करता था।
- मौर्य प्रशासन के समान सप्तांग व्यवस्था का अनुसरण किया गया। शासन संचालन हेतु राजा के बाद राजपरिषद् तथा इसके बाद केन्द्रीय मन्त्रिपरिषद् होती थी। मन्त्रिपरिषद् के अध्यक्ष को **सभानायक** की संज्ञा दी जाती थी।

> **आयंगर व्यवस्था**
>
> - विजयनगर काल में ग्रामीण प्रशासन की महत्त्वपूर्ण विशेषता आयंगर व्यवस्था थी। इस शासन के लिए 12 शासकीय व्यक्तियों को नियुक्त किया जाता था। इसी समूह को **आयंगर** भी कहा जाता था।
> - आयंगरों के पद आनुवंशिक होते थे। आयंगर व्यवस्था की विशिष्टता थी कि भूमि द्वारा आय का विशेष आवण्टन तथा निश्चित नकद भुगतान पहली बार ग्राम्य सेवकों को किया गया था।

प्रान्तीय प्रशासन

- शासन व्यवस्था को सुविधाजनक बनाने हेतु साम्राज्य का विभाजन प्रान्तों में किया गया था। प्रान्तों का प्रमुख गर्वनर राजपरिवार से सम्बन्धित राजकुमार को ही बनाया जाता था।
- गवर्नर प्रान्तों में उत्तम शासन व्यवस्था संचालित करने के लिए उत्तरदायी था।
- स्रोतों के अनुसार, विजयनगर साम्राज्य छः **प्रान्तों** में विभक्त था

प्रान्तों का विभाजन

- राज्य को प्रान्त कहा जाता था।
- मण्डल (कमिश्नरी) प्रान्तों के अन्तर्गत थे।
- कोट्टम या वलनाडु, जिले कहलाते थे।
- नाडु (परगना या तहसील) कोट्टम या वलनाडु के अन्तर्गत थे।
- मेलाग्राम (50 ग्रामों का समूह) नाडुओं के अन्तर्गत थे।
- स्थल एवं सीमा कुछ गाँवों के समूह होते थे।
- प्रशासन की सबसे छोटी इकाई उर या ग्राम थी।

भूमि के प्रकार तथा राजस्व व्यवस्था

विजयनगर साम्राज्य की समस्त भूमि निम्न भागों में विभाजित थी

- **भण्डारवाद भूमि** यह भूमि राजकीय थी। दुर्गों को सुदृढ़ीकरण करने में इस प्रकार की भूमि की आय का प्रयोग किया जाता था। यद्यापि इस प्रकार की भूमि की मात्रा कम थी। राज्य द्वारा ब्राह्मणों, मन्दिर तथा मठों को ब्रह्मदेय, देवदेय तथा मठापुर भूमि दान में दी जाती थी, जो कर मुक्त होती थी।

अमरम् भूमि इस प्रकार की भूमि अधिक होती थी। यह कुल भूमि का 3/4 भाग थी। यह भूमि नायकों की वंशानुगत नहीं थी। अमरम् भूमि प्राप्त करने पर नायक के दो उत्तरदायित्व होते थे—प्रथम इसका आय-व्यय केन्द्रीय सरकार को प्रस्तुत करना तथा दूसरा निश्चित संख्या में सैनिक रखना, जिन्हें राजा की सेवा के लिए प्रस्तुत करना पड़ता था।

- **रत्तकोडगै** यह युद्ध में अविस्मरणीय प्रदर्शन करने वाले को दी जाने वाली भूमि थी, जो कर मुक्त होती थी।

सिंचाई व्यवस्था

- विजयनगर शासकों ने सिंचाई व्यवस्था के अन्तर्गत नहरों और बाँधों का निर्माण कराया था। सिंचाई व्यवस्था को सुदृढ़ करने के लिए उन्होंने स्थानीय करों को माफ करने का भी कार्य किया।
- राज्य अपने संसाधनों से भी सिंचाई व्यवस्था को सुचारू करने का भी कार्य करता था।
- सिंचाई में पूँजी निवेश के द्वारा आय प्राप्त की जाती थी। तमिल क्षेत्रों में इसे **दासवन्दा** कहा जाता था और आन्ध्र एवं कर्नाटक में **कोट्टकोडगै** कहा जाता था।

भू-राजस्व

- भू-राजस्व साम्राज्य की आय का सबसे प्रमुख स्रोत था।
- भू-राजस्व सामान्य रूप में हिन्दू विधि के अनुरूप उपज का 1/6 भाग होता था। ब्राह्मणों तथा मन्दिरों की भूमि पर नाममात्र का कर क्रमश: 1/20 तथा 1/30 आरोपित किया जाता था।
- कृष्णदेव राय के समय में साम्राज्य की भूमि का सर्वेक्षण कराया गया तथा राजस्व का अनुमान भी लगाया गया था।

मुद्रा व्यवस्था

- विजयनगर साम्राज्य की मुद्रा प्रणाली भारत की सर्वाधिक प्रशंसनीय मुद्रा प्रणालियों में से एक थी। साम्राज्य में स्वर्ण सिक्कों का सर्वाधिक प्रचलन था।
- विजयनगर का सबसे प्रसिद्ध स्वर्ण सिक्का **वाराह** था। इसका वजन 52 ग्रेन था। इसे विदेशी यात्रियों ने हूण, परदौस या पगोड़ा के रूप में उल्लिखित किया है।
- वाराह सिक्का सम्पूर्ण भारत तथा विश्व के प्रमुख व्यापारिक नगरों में स्वीकार किया जाता था।

सोने के छोटे सिक्के **प्रताप** तथा **फणम** कहलाते थे, जबकि चाँदी के छोटे सिक्के **तार** कहे जाते थे।

- हरिदार प्रथम के सिक्कों पर हनुमान तथा गरुड़ की, तुलुव वंश के शासकों के सिक्कों पर सामान्यत: उमा माहेश्वर, वेंकटेश, बालकृष्ण की आकृतियाँ, सदाशिव राय के सिक्कों पर लक्ष्मी नारायण का अंकन मिलता है।
- अराविडु वंश के शासक के सिक्को पर शंख एवं चक्र अंकित हैं।
- विजयनगर में इटली की मुद्रा **केट** व **फ्लोरिन** का भी प्रचलन था।

विदशी व्यापार

- विदेशी व्यापार उन्नत अवस्था में था। व्यापार सम्बन्धी जानकारी के मुख्य स्रोत कृष्णदेव राय की अमुक्तमाल्यदा में **डोमिंगो पायस** तथा **नूनिज** का विवरण है। बारबोसा के अनुसार, भारतीय समुद्री व्यापार पर मुस्लिम सौदागरों का पूर्ण नियन्त्रण था।
- अरब व्यापार पहले अरबों तथा पुर्तगालियों द्वारा किया जाता था। सफेद चावल, नील, गन्ना, हीरे तथा लोहे का निर्यात, जबकि घोड़े, मोती, ताँबा, चीन का रेशम और मखमल आदि का आयात होता था। मुख्य खानें कृष्ण नदी के तट पर कुरनूल तथा अन्नतपुर में थीं। मालाबार तट पर सबसे महत्त्वपूर्ण बन्दरगाह कालीकट था।

सामाजिक व्यवस्था

- विजयनगर का समाज प्राचीन हिन्दू समाज की परम्पराओं पर आधारित था। यहाँ पर वर्ण एवं जाति जटिल व्यवस्था का प्रचलन था। यह अन्तिम साम्राज्य था, जहाँ वर्णाश्रम आधारित सामाजिक व्यवस्था को प्रश्न दिया गया।
- यहाँ पर ब्राह्मण सर्वोच्च माने जाते थे, उन्हें सेना और प्रशासन में उच्च पद प्राप्त होते थे तथा अनेक विशेषाधिकार प्राप्त भी होते थे। वे मृत्युदण्ड से मुक्त थे।
- समाज का क्षत्रिय वर्ण अनुपस्थित था। अत: समाज में ब्राह्मणों के बाद दूसरा स्थान शेट्टियों या चेट्टियों का था। सामान्यत: व्यापार/व्यवसाय इन्हीं के हाथों में केन्द्रित था।
- **वीर पांचल** दस्तकारों का वर्ग था। ये व्यापार भी करते थे। रेड्डी वर्ग आन्ध्र क्षेत्र में महत्त्वपूर्ण था।

समाज में बढ़ई, सुनार, लोहार, की स्थिति ऊँची थी, किन्तु चर्मकार, बुनकर व तेली का स्थान नीचा था। इसी प्रकार निम्न वर्गों द्वारा उच्च जातियों के विशेषाधिकार पर अधिकार स्थापित करने से सामाजिक तनाव उत्पन्न हुआ। जुलाहे को **वैकोल्लार** कहा जाता था।

स्त्रियों की दशा

- विजयनगर समाज में स्त्रियों को सम्मानजनक स्थान प्राप्त था। वे महान विदुषियाँ, साहित्यकार, संगीतकार, लेखाधिकारी, सुरक्षा कर्मी, न्यायाधीश, नृत्य एवं गायवादन, मल्लयुद्ध में भाग लेने वाली तथा ज्योतिषी आदि होती थीं।
- समाज में पर्दा प्रथा प्रचलित थी। समाज में विधवाओं को बहुत हेय एवं अपमानजनक समझा जाता था।
- बारबोसा, नूनिज, सीजर जैसे यात्रियों ने इस कुप्रथा का आँखों देखा वर्णन किया है। बारबोसा के अनुसार, चेट्टियों, ब्राह्मणों व लिंगायतों में सती प्रथा प्रचलित नहीं थी, जबकि लिंगायत सम्प्रदाय में विधवाओं को जीवित दफन कर दिया जाता था।

समाज में **दास प्रथा** तथा **सती प्रथा** का प्रचलन था, जिसका वर्णन निकोली कोण्टी एवं फरनाओ नूनिज ने किया है। मनुष्यों के क्रय-विक्रय को **वेस-वग** कहा जाता था।

- चेट्टियों व ब्राह्मणों को छोड़कर सभी वर्गों में सती प्रथा को पवित्र माना जाता था, जिनमें नायक और राज परिवार प्रमुख थे। प्रस्वर स्मारक सती होने वाली स्त्रियों की स्मृति में बनाए जाते थे।
- विजयनगर साम्राज्य के अन्तर्गत दहेज प्रथा को मान्यता प्राप्त नहीं थी, हालाँकि बाल विवाह के कारण दहेज प्रथा का भी विकास हुआ।
- कृष्णदेव राय ने विधवा विवाह पर लगने वाले टैक्स को समाप्त किया था। मन्दिरों में रहने वाली देवदासियों को जीवन निर्वहन के लिए भूमि तथा वेतन दिए जाने के प्रमाण भी मिलते हैं।
- **गण्डपेद्र** नामक आभूषण युद्ध मे वीरता प्रदर्शित करने वाले सैनिक को पैरों में पहनाया जाता था।

> **शतरंज** और **पासा** इस साम्राज्य के प्रमुख लोकप्रिय खेल थे। महानवमी, नवरात्र, रामनवमी राज्य में प्रमुखता से मनाए जाने वाले त्योहार थे। महानवमी में राजा की उपस्थिति में बलि दिए जाने के प्रमाण मिलते हैं।

- राज्य में मठों, अग्रहारों और मन्दिरों के माध्यम से शिक्षा दिए जाने के प्रमाण मिलते हैं। वेदों की शिक्षा मुख्यत: अग्रहारों द्वारा दी जाती थी।

बहमनी साम्राज्य

- दक्षिण भारत में तुगलक साम्राज्य से पृथक् होने वाला दूसरा बड़ा राज्य बहमनी राज्य था। मुहम्मद बिन तुगलक के शासनकाल में निरन्तर विद्रोह और अशान्ति की स्थिति ने दक्षिण भारत के तुर्क सरदारों को भी स्वतन्त्र सत्ता स्थापित करने की प्रेरणा दी थी।
- तुगलक साम्राज्य का प्रशासन चलाने के लिए पश्चिमी और दक्षिणी प्रान्तों में ऐसे सैनिक सरदारों की नियुक्ति की गई थी, जो **अमीर-ए-सादा** कहलाते थे।
- मुहम्मद बिन तुगलक ने **इस्माइल खाँ** को नासिरुद्दीन शाह की उपाधि प्रदान कर अपना शासक घोषित किया। इस्माइल खाँ ने अलाउद्दीन के पक्ष में स्वेच्छा से पद त्याग दिया, क्योंकि वह एक बूढ़ा एवं सरल स्वभाव का व्यक्ति था।
- अलाउद्दीन ने 1347 ई. में साम्राज्य का शासन अपने हाथ में ले लिया था।

अलाउद्दीन हसन बहमनशाह (1347-1358 ई.)

- बहमनी साम्राज्य की स्थापना मुहम्मद तुगलक के काल में अलाउद्दीन हसन बहमनशाह (हसन गंगू) ने 1347 ई. में की थी। दिल्ली सल्तनत के विघटन के परिणामस्वरूप स्थापित हुए मुस्लिम राज्यों में यह सर्वाधिक शक्तिशाली था।
- इसका मूल नाम **जफर खाँ** था तथा इसकी उपाधि अमीर-उल-उमरा और सिकन्दर द्वितीय थी। उसने गद्दी पर बैठने के उपरान्त गुलबर्ग को अपनी राजधानी बनाया और इसका नाम अहसानाबाद रखा।
- शासन को सुव्यवस्थित करने के लिए साम्राज्य को चार सूबों (तरफों)-गुलबर्गा, दौलताबाद, बरार और बीदर में बाँटा गया। वह पहला मुस्लिम शासक था, जिसने दक्कन में पहली बार हिन्दुओं से जजिया कर न लेने का आदेश दिया और राज्य में सभी कृषि उपज नि:शुल्क आने दी।

> बहमनशाह ने 1358 ई. तक शासन किया, उसने समीपवर्ती क्षेत्रों-कोटगिरि, कल्याणी और बीदर को जीतकर अपने राज्य का विस्तार किया।

- उसकी मृत्यु तक उसका साम्राज्य उत्तर में वेनगंगा नदी तथा दक्षिण में कृष्ण नदी, पूर्व में भौगिरी तथा पश्चिम में दौलताबाद तक विस्तृत था।

मुहम्मदशाह प्रथम (1358-1375 ई.)

- यह बहमनशाह का पुत्र था। इसने अपने नाम से खुतवा पढ़वाया तथा खलीफा से मान-पत्र प्राप्त किया।
- मुहम्मदशाह के कार्यकाल में मद्यगृह को बन्द किया गया तथा साम्राज्य में शासन को चलाने के लिए कठोर प्रबन्ध किए गए थे।
- इसके काल में बारूद का प्रयोग पहली बार हुआ, जिससे रक्षा संगठन में नई क्रान्ति उत्पन्न हुई।
- 1375 ई. में मुहम्मदशाह की मृत्यु के पश्चात् क्रमश: अलाउद्दीन मुहम्मद दाउद, मुहम्मदशाह द्वितीय, गयासुद्दीन और शमसुद्दीन दाउद ने शासन किया, परन्तु इनके कार्यकाल में कोई विशेष कार्य होने के कारण इतिहास में इनकी चर्चा नाममात्र की गई है।

ताजुद्दीन फिरोजशाह (1397-1422 ई.)

- यह बहमनी वंश के सर्वाधिक विद्वान सुल्तानों में से एक था। विजयनगर का शासक नरसिंह राय, ताजुद्दीन फिरोजशाह से पराजित हुआ तथा अनेक भेंट सहित उसने अपनी पुत्री का विवाह **फिरोजशाह** से कर दिया।
- इसके बाद देवराय प्रथम भी सोनार के युद्ध में फिरोजशाह से हार गया और उसने भी अपनी बेटी का विवाह उसके साथ कर दिया तथा बकापुर दहेज में देकर सन्धि कर ली।

> ताजुद्दीन विद्वान, कवि एवं सुलेखक था। वह अनेक भाषाओं (अरबी, फारसी और तुर्की, तेलुगू, मराठी, मलयालम) का ज्ञाता था। वह अपनी पत्नियों से अलग-अलग भाषा में बात करता था।

- उसने भीमा नदी के तट पर **फिरोजाबाद** नगर की नींव रखी तथा दो बन्दरगाहों चौल एवं दभौल का विकास किया। उसने खगोलशास्त्र के अध्ययन को बढ़ावा देने के लिए दौलताबाद के निकट **जन्तर-मन्तर** की स्थापना की।

शिहाबुद्दीन अहमदशाह प्रथम (1422-1436 ई.)

- शिहाबुद्दीन अहमद प्रथम ने गुलबर्गा के स्थान पर बीदर को अपनी नई राजधानी बनाया तथा उसका नया नाम **मुहम्मदाबाद** रखा।
- शिहाबुद्दीन का शासन धर्म व न्याय के लिए प्रसिद्ध था। इसे इतिहास में **सन्त अहमद** या **अहमदशाह वली** के नाम से जाना जाता था।

- इसने अपने शासनकाल में तेलंगाना से 1425 ई. में, मादुर से 1426 ई. में तथा मालवा से 1429 ई. में युद्ध किया था।
- इसके समय में पहली बार प्रसिद्ध सन्त गेसूदराज का उल्लेख मिला, जिनके द्वारा मिराज-उल-आसिकिन की रचना की गई थी।

अलाउद्दीन अहमद द्वितीय (1436-1458 ई.)

- जफर खाँ, अलाउद्दीन अहमद द्वितीय के नाम से सिंहासनारूढ़ हुआ। अफाकियों का आगमन तीव्र हो गया। इसने **संगमेश्वर** के शासक के विरुद्ध सफलता प्राप्त की तथा उसकी बेटी से विवाह किया।
- विजयनगर शासक देवराय द्वितीय ने उसके समय में मुदकल पर अधिकार कर लिया तथा बीजापुर में लूटपाट की। बाद में देवराय द्वितीय पराजित हुआ और दोनों में समझौता हुआ।
- दोनों के साम्राज्य की सीमा तुंगभद्रा नदी मान ली गई। उसके समय में पहली बार महमूद गवाँ का उल्लेख मिला। उसने सार्वजनिक शिक्षालय व कल्याणकारी संस्थाएँ स्थापित कीं, जिसमें राजधानी बीदर में बना एक वैभवशाली चिकित्सालय महत्त्वपूर्ण है।

हुमायूँ शाह (1458-1461 ई.)

- यह अत्यन्त क्रूर शासक था। इसे **जालिम** तथा **दक्कन का नीरो** (उसके आलसी स्वभाव के कारण) आदि भी कहा जाता है।
- हुमायूँ ने महमूद गवाँ को अपना प्रधानमन्त्री बनाया, इसके समय तेलंगाना में दो विद्रोह हुए, जिसे इसने बड़ी क्रूरता से दबा दिया।

निजामुद्दीन अहमद तृतीय (1461-1463 ई.)

- हुमायूं के पश्चात् उसका अल्पव्यस्क पुत्र निजामुद्दीन अहमद तृतीय बना। इसके समय में प्रधानमन्त्री महमूद गवाँ का नियन्त्रण सम्पूर्ण राज्य पर था।
- इसके शासनकाल में बहमनी साम्राज्य बंगाल की खाड़ी से लेकर अरब सागर तक विस्तृत था।

शमशसुद्दीन मुहम्मद तृतीय (1463-1482 ई.)

- यह बहमनी साम्राज्य का अन्तिम प्रमुख शासक था, उसके दरबार में दलगत राजनीति प्रारम्भ हो गई।
- इसके शासनकाल में ख्वाजा जहाँ इसका मन्त्री बना। इसके समय में ईरानी व्यापारी महमूद गवाँ ने बहमनी सुल्तान की कृपा प्राप्त कर ली तथा महमूद गवाँ को मलिक-ए-तुज्जार की उपाधि प्रदान की गई।
- 1482 ई. में शमसुद्दीन मुहम्मद तृतीय ने महमूद गवाँ को राजद्रोह के आरोप में फाँसी दे दी।
- इस वंश के अन्तिम शासक **सलीमउल्लाह** (1526-1538 ई.) के काल में बहमनी राज्य का तीव्र पतन हुआ तथा बहमनी राज्य पाँच छोटे-छोटे राज्यों में बँट गया।

महमूद गवाँ

- महमूद गवाँ जन्म से **ईरानी** था, जो व्यापार करने के उद्देश्य से बहमनी राज्य में आया था। बहमनी राजाओं द्वारा उसे **मलिक-उज-तुज्जार** की उपाधि दी गई थी।
- वह बहमनी राज्य का योग्यतम प्रधानमन्त्री था, जिसने साम्राज्य का चहुँमुखी विकास किया।
- उसका सबसे बड़ा योगदान बहमनी साम्राज्य की समस्त राजनीतिक समस्याओं का निराकरण कर उसे उत्कर्ष की पराकाष्ठा तक पहुँचाना था।
- वह एक कुशल प्रशासक था। शासन को सुचारू तरीके से चलाने के लिए उसने चार प्रान्तों को आठ भागों में विभाजित किया। महमूद गवाँ ने **दामोल** एवं **गोवा** पर सैनिक अभियान कर उसे विजय किया था। उसने राज्य को समृद्धि के शिखर पर पहुँचा दिया, जिससे रुष्ट होकर गवाँ के विरोधियों ने सुल्तान के कान भर दिए और मुहम्मद तृतीय ने उसे मृत्युदण्ड दे दिया।

दक्कन के प्रमुख राज्य एवं संस्थापक

राज्य	स्थापना (ई.)	संस्थापक	राजवंश	राज्यों का विलय
बरार	1484	फतेहउल्लाह इमाद	इमादशाही	1574 ई. में अहमदनगर ने इसे अपने राज्य में मिलाया।
बीजापुर	1489	यूसुफ आदिल खान	आदिलशाही	1686 ई. में औरंगजेब ने मुगल साम्राज्य में मिलाया।
अहमदनगर	1490	मलिक अहमद	निजामशाही	1633 ई. में शाहजहाँ ने मुगल साम्राज्य में मिलाया।
गोलकुण्डा	1512	कुली कुतुबशाह	कुतुबशाही	1687 ई. में औरंगजेब ने मुगल साम्राज्य में मिलाया।
बीदर	1526	अमीर अली बरीद	बरीदशाही	1618 ई. में बीजापुर ने अपने राज्य में मिला लिया।

बहमनी साम्राज्य के पतन के कारण

- बहमनी साम्राज्य का अस्तित्व 175 वर्षों तक रहा। यद्यपि प्रभावशाली तरीके से इसकी सत्ता 140 वर्षों तक रही थी। इस राजवंश में कुल 18 सुल्तान हुए। इनमें से कुछ ही सुल्तान योग्य तथा शक्तिशाली थे। बहमनी समाज के सुल्तान स्वेच्छाचारी एवं निरंकुश थे।
- बहमनी शासक भोग विलास में लिप्त रहे और उनका दरबार षड्यन्त्रों तथा कुचक्रों का केन्द्र बना रहा। इन कुचक्रों का मूल कारण दरबार में विदेशियों तथा स्थानीय दक्षिणी अमीर के दो दल थे।

बहमनी साम्राज्य की सबसे बड़ी दुर्बलता उसकी धार्मिक अत्याचारों की नीति थी। फरिश्ता ने हर्षतिरेक में विशाल पैमाने पर हिन्दुओं की हत्याओं का वर्णन किया है, उसमें अतिश्योक्ति हो सकती है, लेकिन वह धर्मान्धता का चित्र प्रस्तुत करते हैं। इस साम्राज्य के पतन का कारण महमूद गवाँ की हत्या रही थी।

बहमनी साम्राज्य का विभाजन

बहमनी साम्राज्य का विभाजन निम्नलिखित है

अहमदनगर के निजामशाह (1490-1633 ई.)

- **मलिक अहमद** ने 1490 ई. में अहमदनगर को स्वतन्त्र घोषित कर निजामशाही वंश की स्थापना की तथा अहमदनगर की राजधानी जुन्नार से अहमदनगर स्थानान्तरित की। मलिक अहमद ने निजामुलमुल्क की उपाधि धारण की।
- अन्ततः मुगल बादशाह शाहजहाँ ने 1633 ई. में अहमदनगर को मुगल साम्राज्य में मिला लिया। इस प्रकार अन्तिम रूप से अहमदनगर का पतन हो गया।

बीजापुर के आदिलशाही (1490-1686 ई.)

- बीजापुर के आदिलशाही वंश की स्थापना युसूफ आदिलशाह द्वारा 1490 ई. में की गई थी।
- इसके बाद **इब्राहिम आदिलशाह द्वितीय** (1580-1627 ई.) बीजापुर का शासक बना। उदार नीति अपनाने के कारण प्रजा द्वारा इसे जगत गुरु तथा गरीबों की सहायता करने के कारण अबला बाबा एवं निर्धनों का मित्र नामक उपाधि से सम्बोधित किया जाता था।
- इसने हिन्दी गीत संग्रह **किताब-ए-नौरस** नामक ग्रन्थ की रचना की। इसी के शासनकाल में फरिश्ता ने **तारीख-ए-फरिश्ता** नामक ग्रन्थ की रचना की।

> इब्राहिम आदिलशाह ने फारसी के स्थान पर **हिन्दी** को **राजभाषा** बनाया। **मुहम्मद आदिलशाह** अपने पिता इब्राहिम आदिलशाह द्वितीय की मृत्यु के पश्चात् बीजापुर का शासक बना। मुहम्मद आदिलशाह ने बीजापुर में विश्व प्रसिद्ध **गोल गुम्बद** (जो उसका मकबरा था) का निर्माण करवाया।

गोलकुण्डा के कुतुबशाही (1581-1687 ई.)

- **कुली कुतुबशाह** ने 1512 ई. में गोलकुण्डा में कुतुबशाही वंश की स्थापना की।
- इसका शासनकाल मुख्य रूप से विजयनगर के साथ संघर्षों एवं आन्ध्र प्रदेश की भौगोलिक सीमाओं तक अपने साम्राज्य का विस्तार करने में व्यतीत हुआ।
- इब्राहिमशाह (1550-1580 ई.) गोलकुण्डा के सुल्तानों में प्रथम शासक था, जिसने कुतुबशाह की उपाधि धारण की।

> मुहम्मद कुली कुतुबशाह (1580-1612) इब्राहिम की मृत्यु के पश्चात् गोलकुण्डा का शासक बना, जिसने हैदराबाद नगर की स्थापना की तथा वहाँ **चारमीनार** का निर्माण करवाया।

- **फरवरी, 1687** में मुगल बादशाह औरंगजेब ने गोलकुण्डा को मुगल साम्राज्य में मिला लिया।

बरार के इमादशाही (1490-1574 ई.)

- बहमनी राज्य से अलग होने वाला सर्वप्रथम क्षेत्र बरार था, जिसकी स्थापना हिन्दु से मुस्लिम बनने वाले **फतेहउल्लाह इमादशाह** ने की थी।
- इसने **इमादशाही वंश** की स्थापना 1484 ई. में की। 1574 ई. में अहमदनगर के शासक मुर्तजा निजामशाह ने बरार को अहमदनगर राज्य में मिला लिया।

बीदर के बरीदशाही (1527-1619 ई.)

- अमीर अली बरीद ने वर्ष 1526-27 में बीदर को स्वतन्त्र घोषित कर बरीदशाही वंश की स्थापना की। इसे **दक्कन का लोमड़ी** कहा जाता है।
- बीदर के कमजोर शासकों का लाभ उठाकर 1619 ई. में बीजापुर के आदिलशाही सुल्तान इब्राहिम आदिल द्वितीय ने बीदर पर आक्रमण कर इसे बीजापुर में मिला लिया। बीदर में एक मदरसे तथा विद्यालय का निर्माण महमूद गवाँ द्वारा कराया गया था।

प्रीलिम्स फैक्ट्स

- किस स्थान के खण्डहर विजयनगर की प्राचीन राजधानी का प्रतिनिधित्व करते हैं? *- हम्पी [UPPSC (Mains) 2008]*
- विजयनगर साम्राज्य के किस शासक ने कृष्णा नदी के दक्षिणी तट पर एक नए नगर की स्थापना की और उस देवता के प्रतिनिधि के रूप में अपने नए राज्य पर शासन करने का दायित्व लिया, जिसके बारे में माना जाता था कि कृष्णा नदी से दक्षिण की समस्त भूमि उस देवता की है? *- हरिहर प्रथम [IAS (Pre) 2015]*
- विजयनगर साम्राज्य की स्थापना किस वर्ष हुई थी? *- 1336 A. D. [MPPSC (Pre) 2023]*
- विजयनगर के किस शासक ने चीन के सम्राट के पास अपना राजदूत भेजा? *- बुक्का प्रथम [CGPSC (Pre) 2008]*
- विजयनगर का वह प्रथम शासक कौन था, जिसने बहमनियों से गोवा को छीना? *- हरिहर द्वितीय [BPSC (Pre) 1995]*
- प्रमुख तेलगू कवि श्रीनाथ किसके दरबार में थे? *- देवराय द्वितीय [CGPSC (Pre) 2019]*
- विजयनगर साम्राज्य के किस शासक की उपाधि 'आन्ध्र भोज' की थी? *- कृष्णदेव राय [JPSC (Pre) 2013]*
- कृष्णदेव राय ने किस प्रसिद्ध नगर की स्थापना की थी? *- नगलापुर [UPPSC (Pre) 2016]*
- विजयपुर के राजा कृष्णदेव राय ने गोलकुण्डा का युद्ध किस राजा के साथ लड़ा था? *- कुली कुतुबशाह [BPSC (Pre) 1999]*
- कृष्णदेव राय के दरबार में अष्टदिग्गज कौन थे? *- आठ तेलुगू कवि [RAS/RTS (Pre) 2010]*
- जब राजा वोडियार ने मैसूर राज्य की स्थापना की तब विजयनगर साम्राज्य का शासक कौन था? *- वेंकट द्वितीय [IAS (Pre) 2006]*
- विजयनगर साम्राज्य की वित्तीय व्यवस्था की प्रमुख विशेषता क्या थी? *- भू-राजस्व [BPSC (Pre) 1994]*
- विजयनगर में अमरनायकों का वर्ग सन्दर्भित करता है *- सेना कमाण्डर [UPPSC (Pre) 1994]*
- विरुपाक्ष मन्दिर कहाँ अवस्थित है? *- हम्पी में [IAS (Pre) 2009]*
- प्रसिद्ध विजय विट्ठल मन्दिर, जिसके 56 तक्षित स्तम्भ संगीतमय स्वर निकालते हैं, कहाँ अवस्थित है? *- हम्पी में [IAS (Pre) 2007]*
- विजयनगर का प्रसिद्ध हजारा मन्दिर किस शासक के शासनकाल में निर्मित हुआ था? *- कृष्णदेव राय [MPPSC (Pre) 2014]*
- किसके राज्यकाल में 'कल्याण मण्डपम' की रचना मन्दिर निर्माण का एक विशिष्ट अभिलक्षण था? *- विजयनगर [IAS(Pre) 2019]*
- विजयनगर काल में दक्षिणभारत की किस नृत्य परम्परा का पहली बार विकास हुआ? *- यक्षगान [UKPSC (Pre) 2022]*
- फारसी यात्री अब्दुर्रज्जाक भारत में किस राजा के शासनकाल में आया था? *- देवराय द्वितीय [BPSC (Pre) 2017]*
- निकोलोकोण्टी कौन था? *- एक इतालवी यात्री था, जिसने विजयनगर की यात्रा की। [MPPSC (Pre) 2016]*
- बहमनी राज्य की स्थापना किस सदी में हुई थी? *- 14 वीं सदी में [MPPSC (Pre) 2015]*
- बहमनी राज्य की स्थापना किस वर्ष हुई थी? *- 1347 ई. में [UPPSC (Mains) 2016]*
- बहमनी राज्य की स्थापना किसने की थी? *- अलाउद्दीन हसन ने [BPSC (Pre) 2016]*
- बहमनी राज्य की प्रथम राजधानी कौन-सी थी? *- गुलबर्गा [CGPSC (Pre) 2015]*
- मुस्लिम शासकों हुसैनशाह, जैनुल आबिदीन, महमूद द्वितीय तथा इब्राहिम आदिलशाह द्वितीय में से किसको उसकी धर्मनिरपेक्षता में आस्था के कारण उसकी मुस्लिम प्रजा उसे जगत गुरु कहकर पुकारती थी? *- इब्राहिम आदिलशाह द्वितीय [IAS (Pre) 2000]*
- 'किताब-ए-नौरस' पुस्तक का लेखक कौन था? *- इब्राहिम आदिलशाह द्वितीय [UPPSC (Pre) 2020]*
- गोलकुण्डा को वर्तमान में किस नाम से जाना जाता है? *- हैदराबाद [MPPSC (Pre) 1990]*
- संसार के विशालतम गुम्बदों में से एक गोल गुम्बद कहाँ स्थित है? *- बीजापुर में [IAS (Pre) 1995]*
- बीजापुर के आदिलशाही वंश की स्थापना किसने की थी? *- युसुफ आदिलशाह ने (1490 ई. में) [UPPSC (Pre) 2004]*
- कुतुबशाही राजवंश की स्थापना 1518 ई. में कुली कुतुबशाह के द्वारा कहाँ की गई थी? *- गोलकुण्डा में [UPPSC (Pre) 2003]*
- इमादशाही राजवंश की स्थापना फतेहउल्ला इमादशाह द्वारा किस स्थान पर की गई थी? *- बरार में (1490 ई.) [UPPSC (Pre) 2003]*

सेल्फ चैक

1. निम्नलिखित राज्यों में से दो भाइयों, हरिहर तथा बुक्का ने किसकी स्थापना की थी? JPSC (Pre) 2021

(a) काम्पिली राज्य की (b) विजयनगर राज्य की
(c) काकतीय राज्य की (d) होयसल राज्य की

2. तुंगभद्रा नदी किस साम्राज्य का भरण-पोषण करती थी?

(a) चोल (b) विजयनगर
(c) वाकाटक (d) पाण्ड्य

3. निम्न में इनमें से किसने कृष्णा नदी के दक्षिणी तट पर एक नए नगर की स्थापना की और उस देवता के प्रतिनिधि के रूप में अपने इस नए राज्य पर शासन करने का दायित्व लिया, जिसके बारे में माना जाता था कि कृष्णा नदी से दक्षिण की समस्त भूमि उस देवता की है? IAS (Pre) 2015

(a) अमोघवर्ष प्रथम (b) बल्लाल द्वितीय
(c) हरिहर प्रथम (d) प्रतापरुद्र द्वितीय

4. प्रमुख तेलुगू कवि 'श्रीनाथ' किसके दरबार में थे? CGPSC (Pre) 2019

(a) हरिहर द्वितीय
(b) देवराय प्रथम
(c) देवराय द्वितीय
(d) कृष्णदेव द्वितीय

5. निम्नलिखित में से कौन महाभारत के तेलुगू अनुवादों के लिए विख्यात हैं?

1. कम्बन 2. कुहन
3. नन्नय 4. टिक्कन

कूट

(a) 1 और 2
(b) 2 और 3
(c) 3 और 4
(d) 4 और 1

6. निम्नलिखित कथनों पर विचार कीजिए

1. विजयनगर के शासक कृष्णदेव राय ने अमुक्तमाल्यदा ग्रन्थ की रचना की।
2. कृष्णदेव राय को आन्ध्र भोज के नाम से भी जाना जाता है।
3. उनके दरबार को अल्सानी पेड्डना नामक राजकवि सुशोभित करता था, जो संस्कृत एवं तमिल दोनों भाषाओं का ज्ञाता था।

उपरोक्त कथनों में से कौन-सा/से कथन सही है/हैं?

(a) केवल 1 (b) केवल 2
(c) 1 और 2 (d) ये सभी

7. निम्नलिखित में से किन राजवंशों ने विजयनगर राज्य के अधिराजस्व के अधीन शासन किया?

(a) संगम, सालुव तथा अराविडु
(b) संगम, होयसल, अराविडु तथा तुलुव
(c) होयसल, सालुव, पोलिगर तथा संगम
(d) देवगिरि के यादव, होयसल, सालुव तथा अराविडु

8. विजयनगर साम्राज्य के निम्न में से किस एक शासक ने तुंगभद्रा नदी पर एक विशाल बाँध निर्मित किया और नदी से राजधानी नगर तक कई किलोमीटर लम्बी एक नहर और कुल्या का निर्माण किया? UPSC (Pre) 2023

(a) देवराय प्रथम
(b) बुक्का प्रथम
(c) वीर विजय
(d) विरूपाक्ष

9. विजयनगर के शासक कृष्णदेव राय की कराधान व्यवस्था से सम्बन्धित निम्नलिखित कथनों पर विचार कीजिए IAS (Pre) 2016

1. भूमि की गुणवत्ता के आधार पर भू-राजस्व की दर नियत होती थी।
2. कारखानों के निजी स्वामी एक औद्योगिक कर देते थे।

उपरोक्त कथनों में से कौन-सा/से कथन सही है/हैं?

(a) केवल 1
(b) केवल 2
(c) 1 और 2 दोनों
(d) न तो 1 और न ही 2

10. निम्न कथनों पर विचार कीजिए और नीचे दिए गए कूटों की सहायता से सही उत्तर चुनिए IAS (Pre) 2003

कथन (A) सालुव नरसिंह ने प्राचीन राजवंश को समाप्त कर राजवंशी पदवीं ग्रहण की।

कारण (R) वे राज्य को और अधिक पतन तथा विघटन से बचाना चाहते थे।

कूट

(a) A और R दोनों सही हैं तथा R, A की सही व्याख्या करता है
(b) A और R दोनों सही हैं, परन्तु R, A की सही व्याख्या नहीं करता है
(c) A सही है, किन्तु R गलत है
(d) A गलत है, किन्तु R सही है

11. निकोलो द कोण्टी, अब्दुर्रज्जाक, अफानासी निकितिन और फर्नाओ नूनिज ने किस साम्राज्य की यात्रा की?

(a) कन्नौज का साम्राज्य
(b) विजयनगर साम्राज्य
(c) होयसल साम्राज्य
(d) राष्ट्रकूट साम्राज्य

12. पुर्तगाली लेखक नूनिज के अनुसार, विजयनगर साम्राज्य में महिलाएँ निम्नलिखित में से किन क्षेत्रों में निपुण थीं? IAS (Pre) 2021

1. कुश्ती 2. ज्योतिषशास्त्र
3. लेखाकरण 4. भविष्यवाणी

कूट

(a) 1, 2 और 3
(b) 1, 3 और 4
(c) 2 और 4
(d) उपरोक्त सभी

13. निम्नलिखित में से कौन-सा एक बहमनी राज्य के महमूद गवाँ द्वारा किया गया सुधारक उपाय नहीं था?

(a) राज्य आठ प्रान्तों या तरफों में बाँटा गया था
(b) अभिजातों को वेतन दिया जाता था तथा घोड़ों की सैन्य टुकड़ी रखने को कहा गया था
(c) भूमि का एक भू-भाग, खालिसा तरफदारों के खर्चों के लिए रखा गया था
(d) भूमि को मापा गया था तथा उसी आधार पर भूमि कर तय किया गया था

14. निम्नलिखित में से कौन 'किताब-ए-नौरस' नामक पुस्तक का लेखक था? UPPSC (Pre) 2020

(a) इब्राहिम आदिलशाह द्वितीय
(b) अली आदिलशाह
(c) कुली कुतुबशाह
(d) अकबर द्वितीय

15. अहमदनगर के निजामशाही वंश का अन्त कैसे हुआ? IAS (Pre) 2004

(a) अहमदनगर को मुगल साम्राज्य में मिलाकर हुसैनशाह को आजीवन कारावास दिया गया
(b) मुगल सेना ने दौलताबाद किला ध्वस्त कर दिया और अहमदनगर के निजाम-उल-मुल्क की हत्या कर दी
(c) फतेह खान ने निजाम-उल-मुल्क की राजगद्दी छीन ली
(d) 1631 ई. में मुगलों के साथ युद्ध में मलिक अम्बर पराजित हुआ और सम्पूर्ण राज परिवार मुगल सेना द्वारा मार दिया गया

16. निम्नलिखित युग्मों में से कौन-सा युग्म सही सुमेलित नहीं है? UPPSC (Pre) 2004

(a) बाजबहादुर — मालवा
(b) कुतुबशाह — गोलकुण्डा
(c) सुल्तान मुजफ्फरशाह — गुजरात
(d) यूसुफ आदिलशाह — अहमदनगर

17. सूची I को सूची II से सुमेलित कीजिए UPPSC (Pre) 2003

सूची I	सूची II
A. आदिलशाही	1. अहमदनगर
B. कुतुबशाही	2. बीजापुर
C. निजामशाही	3. गोलकुण्डा
D. इमादशाही	4. बरार

कूट

	A	B	C	D
(a)	1	2	3	4
(b)	2	3	4	1
(c)	3	4	1	2
(d)	2	3	1	4

जानें सही उत्तर

1. (b)	2. (b)	3. (c)	4. (c)	5. (c)	6. (c)	7. (a)	8. (a)	9. (c)	10. (a)
11. (b)	12. (d)	13. (b)	14. (a)	15. (a)	16. (d)	17. (d)			

• अध्याय अट्ठारह

धार्मिक आन्दोलनों का उदय

(भक्ति एवं सूफी आन्दोलन)

"

धार्मिक आन्दोलनों का उदय हिन्दू एवं इस्लाम धर्म के साझा (समन्वित) संस्कृतिकरण के परिणामस्वरूप हुआ। नयनार एवं अलवार भक्तों के माध्यम से भक्ति आन्दोलन का सूत्रपात दक्षिण भारतीय क्षेत्रों से होते हुए सम्पूर्ण भारतीय प्रदेशों में फैल गया, जबकि सूफी आन्दोलन, मुस्लिम आक्रान्ताओं के साथ आए अनेक सम्प्रदायों, जैसे-चिश्ती, सुहरावर्दी, कादिरी, नक्शबन्दी आदि ने लोकप्रियता के शिखर पर पहुँचाया।

परिचय

- मध्यकाल में सन्तों और सूफियों द्वारा भारत में भक्ति तथा सूफी आन्दोलन की शुरुआत की गई, जिसने भारतीय लोगों में एक नवजीवन का संचार किया था। भक्ति आन्दोलन एकेश्वरवाद एवं ईश्वर के प्रति समर्पण पर बल देता है।
- भक्ति आन्दोलन आडम्बरों, अन्धविश्वासों तथा कर्मकाण्डों से दूर रहकर धार्मिक सरलता पर बल देता है। भक्ति मार्ग को महत्त्व देते हुए इसमें जनसाधारण की भाषा में प्रचार-प्रसार पर बल दिया गया। इस्लामिक विचारधारा में रहस्यवादियों को **सूफी** कहा गया है।

सूफी आन्दोलन

- सूफी शब्द की उत्पत्ति के सम्बन्ध में इतिहासकारों में मतभेद हैं। सूफी शब्द की उत्पत्ति अरबी भाषा के **सफा** शब्द से हुई है, जिसका अर्थ है-**पवित्रता**। इसके अनुसार, जो व्यक्ति आध्यात्मिक रूप से और आचार-विचार से पवित्र थे, वे ही सूफी थे। एक अन्य मतानुसार, सूफी शब्द की उत्पत्ति **सफा** शब्द से हुई है, जिसका अर्थ है-**पंक्ति अर्थात्** नमाज हेतु पंक्तिबद्ध खड़े होने जैसे अनुशासन की प्रक्रिया का पालन करने वाला।
- सबसे प्रमाणिक विचार यह है कि **सूफी** शब्द अरबी भाषा के **सूफ** शब्द से उत्पन्न हुआ है। सूफ का अर्थ है—ऊन तथा सूफी ऊनी वस्त्र धारण करने वाले धर्म-प्रचारक और सन्त थे। कालान्तर में यह शब्द उन धर्मोपदेशकों या सन्तों के लिए प्रयोग किया जाने लगा, जो उदार और रहस्यवादी विचारों में विश्वास रखते थे।
- वर्तमान में इसके अर्थ को इश्क मजाजी तथा इश्क हकीकी के रूप में भी जाना जाता है। सूफी सिलसिले का आधार भी **कुरान** ही है। कुरान की रूढ़िवादी व्याख्या शरीयत कहलाती है, जो इसकी उदारवादी व्याख्या तरीकत से जुड़ा हुआ है। इसका मानना है कि हक (परमात्मा) तथा खलक (जीव) दोनों एक ही हैं।

> इस्लाम में सूफी वही कहलाता है, जो तसत्वुफ का अनुयायी तथा सभी धर्मों से प्रेम करने वाला हो। **सूफीवाद** के अनुसार, मनुष्य ईश्वर की प्रेमपूर्ण भक्ति के माध्यम से ईश्वर के साथ एकाकार हो सकता था।

सूफी आन्दोलन के प्रमुख सिद्धान्त

- सूफी विचारधारा में गुरु (पीर) और शिष्य (मुरीद) के बीच सम्बन्ध का बहुत महत्त्व है। प्रत्येक पीर अपना उत्तराधिकारी (वली) नियुक्त करता था।
- सूफी दर्शन केवल एक ''ईश्वर में विश्वास (एकेश्वरवादी) करता था। उनके अनुसार, ईश्वर एक है और सभी कुछ ईश्वर में है।''
- सूफियों का जीवन सामान्य होता था। वे मूर्तिपूजा में विश्वास नहीं करते थे। वे संगीत और गायन को ईश्वर नाम लेने में सहायक मानते थे और भाव-विभोर होकर नाचते तथा गाते थे।
- इसके अतिरिक्त बहुत-से सूफी एकान्त में ध्यान साधना व प्राणायाम (श्वास नियमन) भी करते थे। सूफी सिलसिला मुख्यत: दो वर्गों में विभाजित है
  - **बा-शरा** अर्थात् वे जो इस्लामी विधान (शरा) को मानते थे। बा-शरा सिलसिलों में से केवल दो ही उत्तर भारत में अधिक प्रचलित हुए। ये सिलसिले थे-चिश्ती सुहरावर्दी कादरी और नक्शबन्दी।
  - **बे-शरा** अर्थात् वे जो इस्लामी विधान (शरा) को नहीं मानते थे। बे-शरा अधिकतर घुमक्कड़ सूफी-सन्त होते थे।

> **मन्सूर हल्लज** प्रथम साधक था, जिसने स्वयं को अनहलक घोषित किया और अपने प्राण न्यौछावर कर दिए। परवर्ती कालों में मन्सूर सूफी विचारधारा का प्रतीक बन गया।

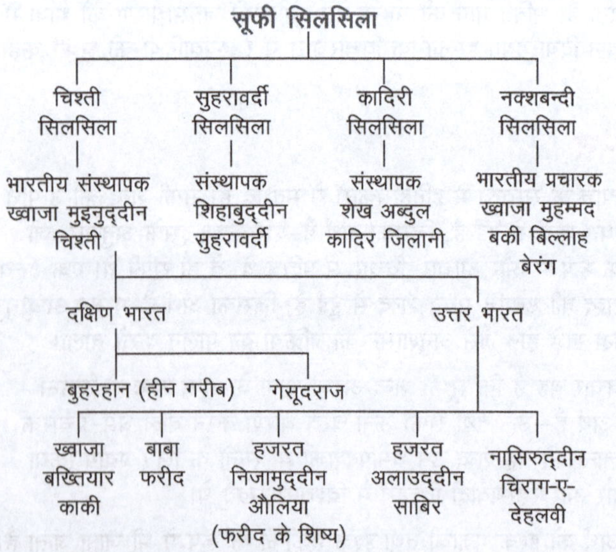

चिश्ती सिलसिला

शेख मुइनुद्दीन चिश्ती

- चिश्ती, भारत का प्राचीन सूफी सिलसिला है। **ख्वाजा मुइनुद्दीन** 1192 ई. (बारहवीं शताब्दी) में मुहम्मद गौरी की सेना के साथ भारत आए थे और बाद में इन्होंने चिश्तियाँ परम्परा की नींव रखी। ये **ख्वाजा उस्मान हारूनी** के शिष्य थे।
- मुइनुद्दीन चिश्ती ने अजमेर में अपना निवास-स्थान बनाया। उनकी समाधि अजमेर में **ख्वाजा साहब** के नाम से प्रसिद्ध है। इनकी मृत्यु 1235 ई. में हुई थी।
- खवाजा मुइनुद्दीन चिश्ती के पश्चात् सूफी सन्तों का वर्णन निम्न है

कुतुबुद्दीन बख्तियार काकी (1186-1236 ई.)

- मुइनुद्दीन चिश्ती के शिष्यों में ख्वाजा कुतुबुद्दीन बख्तियार काकी एवं हमीदुद्दीन नागौरी प्रमुख थे। बख्तियार काकी का जन्म करगना में 1186 ई. में हुआ था।
- ख्वाजा कुतुबुद्दीन बख्तियार काकी इल्तुतमिश के समकालीन थे, इन्हीं की याद में कुतुबमीनार का निर्माण करवाया गया था।

हमीदुद्दीन नागौरी

ये मुइनुद्दीन चिश्ती के प्रमुख शिष्य थे। मुइनुद्दीन चिश्ती ने इन्हें सुल्तान तारीकिन की उपाधि दी थी। इनकी गतिविधि का प्रमुख केन्द नागौर (राजस्थान) था।

शेख फरीदुद्दीन गंज-ए-शंकर

- इनका उपनाम **बाबा फरीद** था। ये बख्तियार काकी के प्रमुख शिष्य थे। इनकी गतिविधियों का प्रमुख केन्द हांसी (हरियाणा) तथा अजोधन (पंजाब) था।
- बाबा फरीद के कारण चिश्तियाँ सिलसिले को भारत में लोकप्रियता प्राप्त हुई। ये बलबन के दामाद थे। इनके कुछ पद **गुरु ग्रन्थ साहिब** में संकलित हैं। इनके उपदेशों में पंजाबी भाषा प्रयोग की गई थी।

निजामुद्दीन औलिया

- उत्तर भारत के अग्रणी सूफी सन्त शेख निजामुद्दीन औलिया थे। इनका जन्म बदाँयू में 1236 ई. में हुआ था। ये अविवाहित सूफी सन्त थे। इन्होंने सुल्तान अलाउद्दीन खिलजी तथा जलालुद्दीन खिलजी के मिलने के प्रस्ताव को अस्वीकार कर दिया था।
- ये तुगलक सुल्तान **गयासुद्दीन तुगलक** के समकालीन थे, जिसने औलिया की अतिशय लोकप्रियता से भयभीत होने के कारण उन्हें दिल्ली छोड़ने का आदेश दिया था।
- गयासुद्दीन तुगलक के बंगाल अभियान के पश्चात् इसने औलिया को पत्र लिखा, जिसके जवाब में औलिया ने कहा, दिल्ली अभी दूर है। औलिया को योग की प्राणायाम पद्धति को अपनाने के कारण इन्हें **योगी सिद्ध** कहा जाता था। इन्हें आदि पुरुष भी कहा जाता था।

> इनके प्रमुख शिष्य अमीर खुसरो थे। शेख निजामुद्दीन औलिया को महबूब-ए-इलाही (ईश्वर का प्रिय) एवं सुल्तान-उल-औलिया (सन्तों का राजा) भी कहा जाता है।
>
> ऐसी मान्यता है कि सन्त **निजामुद्दीन औलिया** ने सात शासकों का कार्यकाल देखा था, किन्तु वे कभी भी किसी के दरबार में उपस्थित नहीं हुए।

नासिरुद्दीन महमूद

शेख नासिरुद्दीन महमूद, शेख निजामुद्दीन औलिया के उत्तराधिकारी थे। ये **चिराग-ए-दिल्ली** के नाम से लोकप्रिय हुए। इन्होंने तौहीद-ए वजूदी की रचना की थी। इनके कथनों का संग्रह खैर-उल-मजलिस है।

> **शेख सलीम चिश्ती**
>
> शेख सलीम चिश्ती के महत्त्वपूर्ण सन्त शेख सलीम चिश्ती थे। इनको **शेख-उल-हिन्द** की संज्ञा से विभूषित किया गया था। इन्होंने सीकरी में अपना खानकाह बनाया। यहीं पर अकबर ने **फतेहपुर सीकरी** की स्थापना की थी। इन्हीं के नाम पर अकबर ने अपने पुत्र का नाम सलीम रखा।

शेख बुरहानुद्दीन गरीब

निजामुद्दीन औलिया के शिष्य शेख बुरहानुद्दीन गरीब को दक्षिण में चिश्ती सिलसिले के प्रसार के लिए प्रमुख माना जाता है। इन्होंने अपने प्रचार-प्रसार का केन्द्र **दौलताबाद** को माना था।

शेख सिराजुद्दीन उस्मानी

शेख सिराजुद्दीन उस्मानी, जिन्हें **अखनसिराज** भी कहा जाता था, इन्हें औलिया द्वारा आइना-ए-हिन्द (भारत दर्पण) की उपाधि दी गई।

ख्वाजा सैयद मुहम्मद गेसूदराज

ख्वाजा सैय्यद मुहम्मद गेसूदराज को गेसूदराज उनके बड़े बालों के कारण कहा जाता था। इन्हें बन्दा नवाज की उपाधि भी प्राप्त थी। इनके द्वारा कर्नाटक में गुलबर्गा को शिक्षा का स्थायी केन्द्र बनाया गया।

शेख अब्दुल कुद्दुस गंगोही

शेख अब्दुल कुद्दुस गंगोही चिश्ती सिलसिले की शाखा चिश्ती शाबरी से शेख अब्दुल कुद्दुस गंगोही से सम्बन्धित थी, जो नाथ योगियों के सर्वेश्वरवाद सिद्धान्त में मान्यता रखते थे। इनके द्वारा वहदत-उल-वजूद को मान्यता दी गई थी।

> इनके द्वारा लिखी गई पुस्तक रुश्दनामा में अलख निरंजन अलख एवं अगोचर को बताया गया है। उन्हें **अलख** नाम से भी जाना जाता है। इन्होंने यौगिक क्रियाओं पर बल दिया, इनके द्वारा लिखी गई कविताएँ अलख नाम से प्रसिद्ध हैं।

शेख निजामुद्दीन फारूखी

- चिश्ती सिलसिले के सन्त शेख निजामुद्दीन फारूखी थानेश्वरी को जहाँगीर ने अपने राज्य से निष्कासित कर दिया था, क्योंकि इन्होंने जहाँगीर के पुत्र खुसरो को आशीर्वाद दिया था।
- चिश्ती सन्त कलीमुल्लाह ने सुन्नी, शिया मुस्लिम और हिन्दुओं को एकसाथ रहने का उपदेश दिया। ये औरंगजेब के समकालीन थे।

चिश्ती सिलसिले के सिद्धान्त

- पवित्रता और सादगी के साथ जीवन निर्वहन करना।
- स्वेच्छा से निर्धनता तथा अभाव का जीवन अपनाना, क्योंकि धन आत्मिक विकास में बाधक था।
- राजनीतिक गतिविधियों के प्रति उदासीन रहना और सुल्तान से धन या पदवी स्वीकार न करना।
- भावनाओं पर नियन्त्रण रखना तथा आचार-विचार शुद्ध रखना।
- मानव सेवा को ही परमात्मा की सेवा तथा भक्ति मानना।
- संगीत को विशेष महत्त्व देना।
- भूख एवं दरिद्रता को ईश्वरीय वरदान मानना।

सुहरावर्दी सिलसिला

- इस सिलसिले के संस्थापक बगदाद के शिहाबुद्दीन सुहरावर्दी थे।
- भारत में सुहरावर्दी सिलसिले को संगठित, सुदृढ़ तथा लोकप्रिय बनाने का श्रेय शिहाबुद्दीन सुहरावर्दी के शिष्य बहाउद्दीन जकारिया को जाता है।
- सुहरावर्दी सिलसिले का मुख्यालय मुल्तान में था। इसके अतिरिक्त यह पंजाब एवं सिन्ध में भी लोकप्रिय था। बहाउद्दीन जकारिया ने कुबाचा के विरुद्ध इल्तुतमिश को सहायता दी थी। इसी कारण इल्तुतमिश ने इन्हें **शेख-उल-इस्लाम** की उपाधि दी।
- चिश्तियों के विपरीत सुहरावर्दी सन्त सामान्य जीवन में विश्वास न करके आराम का जीवन व्यतीत करते थे। वे प्रशासनिक पदों को भी ग्रहण करते थे तथा राजनीतिक सम्पर्क द्वारा अपने कार्यों को अधिक उचित ढंग से करना चाहते थे।

> **सुहरावर्दी** सन्त धन-संचय पर भी बल देते थे। कहा जाता है कि बहाउद्दीन जकारिया मध्ययुगीन भारत के सबसे धनी सन्त थे। ये दरिद्रता को आध्यात्मिक जीवन जीने हेतु आवश्यक शर्त नहीं मानते थे।

- शेख रुकनुद्दीन, शेख समाउद्दीन जमाली, मखदूमे जहाँनियाँ, सैय्यद जलालुद्दीन बुखारी आदि सुहरावर्दी सिलसिले के प्रमुख सन्त थे।
- सुहरावर्दी सन्त बाबा फखरुद्दीन ने पेनूकोण्डा के राजा तथा प्रजा दोनों को दीक्षित किया था।
- सुहरावर्दी सिलसिले के सबसे प्रसिद्ध सन्त हमीदुद्दीन नागौरी के नाम पर नागौर शहर का नाम पड़ा था।
- सुहरावर्दी सिलसिले के सन्त सैय्यद जलालुद्दीन को 36 बार मक्का की यात्रा करने के कारण **जहाँनियाँ जहागरत** की उपाधि दी गई। इन्होंने फिरोज तुगलक की राजस्व नीति को परिवर्तित किया। इन्हें शेख-उल-इस्लाम के पद पर फिरोज तुगलक ने नियुक्त किया।

फिरदौसी सिलसिला

- यह सुहरावर्दी सिलसिले की एक शाखा थी। इस सिलसिले के संस्थापक समरकन्द के शेख बदरुद्दीन थे। इस सिलसिले के सबसे प्रसिद्ध सन्त **शर्फुद्दीन याहया मनेरी** थे। इनके पत्रों को **मक्तूबात** के नाम से जाना जाता है। इन्होंने अपने पुत्रों में इस्लाम कानून के निकट वहदत-उल-वजूद को लाने की कोशिश की थी।
- शेख हुसैन बल्खी भी फिरदौसी के प्रमुख सन्तों में से एक थे, जिनका केन्द्र बिहार का क्षेत्र था।

चिश्ती सिलसिले और सुहरावर्दी सिलसिले में अन्तर

- चिश्ती सिलसिले के सन्तों के द्वारा शासक एवं अमीर वर्ग के लोगों से सम्पर्क स्थापित नहीं किया जाता था, जबकि सुहरावर्दी सन्तों के द्वारा शासक एवं अमीर वर्ग से सम्पर्क स्थापित करते हुए, उसने लाभ प्राप्त किया जाता था।
- चिश्ती सन्त व्यक्तिगत धन को अस्वीकार करते थे। यदि धन की प्राप्ति हो भी जाए, तो उसे लोगों में वितरित कर देते थे, जबकि सुहरावर्दी सन्त व्यक्तिगत सम्पत्ति का विरोध नहीं करते थे।
- चिश्ती सन्त के **जमातखाने** में सभी प्रकार के लोग बैठ सकते थे, जबकि सुहरावर्दी सन्तों की बैठकों में साधारण व्यक्ति एवं अमीर लोगों के बैठने की अलग-अलग व्यवस्था एवं अलग-अलग समय निर्धारित किया जाता था।

कादिरी सिलसिला

- इसकी स्थापना शेख अब्दुल कादिर जिलानी ने 12वीं सदी में की थी। शेख अब्दुल कादिर ने सम्पूर्ण भारत में इस परम्परा का प्रचार किया। यह इस्लाम में प्रथम रहस्यवादी पन्थ था।
- दारा शिकोह कादिरी सिलसिले का अनुयायी था और इसने लाहौर में मियाँ मीर से भेंट की थी। जब मियाँ मीर की मृत्यु हो गई, तो दारा शिकोह सुल्तान शाह बदख्शी नामक उसके उत्तराधिकारी का शिष्य बन गया। मियाँ मीर की जीवनी उसने **शेखमा-तुल-औरिया** नाम से लिखी।
- भारत में इस शाखा का सर्वप्रथम प्रचार शाह नियामत उल्लाह व मकदूम जिलानी ने 15वीं सदी में किया था। मकदूम जिलानी ने कच्छ को अपना शिक्षा का क्रेन्द बनाया। सिकन्दर लोदी जिलानी का शिष्य था।

कादिरी सिलसिला रूढ़िवादी इस्लाम का प्रचार करना चाहता था। इस सिलसिले में संगीत के लिए कोई स्थान नहीं था। इस सिलसिले के लोगों की पहचान हरे रंग की पगड़ी थी, जिसमें लाल गुलाब का फूल लगा होता था, ये लोग शिया सन्त के अनुयायी थे। इस सिलसिले का प्रभाव सिन्ध, पंजाब तथा दक्कन के क्षेत्रों में फैला हुआ था।

नक्शबन्दी सिलसिला

- ख्वाजा उबैदुल्ला या ख्वाजा बहाउद्दीन नक्शबन्द ने 13वीं सदी में नक्शबन्दी सिलसिले की स्थापना की थी।
- भारत में इसके संस्थापक **ख्वाजा बकी बिल्लाह** (1563-1603 ई.) थे, जो इस सम्प्रदाय के प्रणेता बहाउद्दीन नक्शबन्दी के सातवें उत्तराधिकारी थे।
- नक्शबन्दी सिलसिले के अनुयायी सनातन इस्लाम में आस्था रखते थे और पैगम्बर द्वारा प्रतिपादित नियमों का ही पालन करते थे। यह सम्प्रदाय धर्म में नवीन परिवर्तनों का पूर्ण रूप से विरोधी था।
- इस शाखा से जुड़े महत्त्वपूर्ण सन्त शेख अहमद सरहिन्दी थे, इन्हें मुजाहिद तथा युजाहिद अलिफसानी के नाम से भी जाना जाता है। इनके शिष्य शेख आदमबनूरी को शाहजहाँ द्वारा साम्राज्य से बाहर किया गया था, जो कट्टरपन्थी इस्लाम के प्रबल समर्थक थे। ये अकबर तथा जहाँगीर के समकालीन थे। अकबर की उदारनीतियों का इनके द्वारा विरोध किया गया।
- मुगल साम्राट औरंगजेब नक्शबन्दी सिलसिले से ही सम्बन्धित था। इस सिलसिले का अन्तिम सूफी सन्त ख्वाजा मीरदर्द था। दिल्ली के ख्वाजा मुहम्मद नासिर अदलीव व उसके पुत्र ख्वाजा मीरदर्द ने तहरीका-ए-मुहम्मदिया नामक आन्दोलन नक्शबन्दी सिलसिले के अन्तर्गत चलाया था।
- सूफियो में यह सबसे अधिक कट्टरवादी सिलसिला था, इस सिलसिले के द्वारा संगीत का विरोध तथा एकेश्वरवाद सिलसिले का विरोध किया गया था।

सूफी सन्त	सम्बन्धित उपाधियाँ
शेख नासिरुदीन महमूद	चिराग-ए-देहलवी
मुजाहिद	शेख अहमद सरहिन्दी
बन्दानवाज	सैय्यद मुहम्मद गेसूदराज
महबूब-ए-इलाही	शेख निजामुद्दीन औलिया

शत्तारी सिलसिला

- लोदी काल में शाह अब्दुल्ला ने शत्तारी सिलसिले की स्थापना की। इस शाखा के महत्त्वपूर्ण सन्त हजरत मुहम्मद गौस थे, जिनका केन्द्र ग्वालियर था। ये **तानसेन के गुरु माने जाते हैं।**
- हुमायूँ भी इनसे अत्यधिक प्रभावित था। मुहम्मद गौस ने अमृतकुण्ड नामक संस्कृत ग्रन्थ का फारसी में अनुवाद किया। इस सिलसिले का प्रसार जौनपुर, बंगाल और दक्कन के क्षेत्रों में था।
- इस सिलसिले के सन्तों ने सुहरावर्दियों की भाँति आरामदायक जीवन व्यतीत किया था तथा राज्य संरक्षण को प्राप्त किया था। यह सिलसिला हिन्दू तथा मुस्लिम की एकता पर बल देता था।
- निजामुद्दीन कलन्दर ने भारत में कलन्दरिया शाखा का प्रचार किया था, जो निजामुद्दीन औलिया के शिष्य भी थे। सन्त शरीफुद्दीन अली भी कलन्दरिया सिलसिले से सम्बन्धित थे।

सूफियों से सम्बन्धित शब्दावली

वस्ल	ईश्वर प्राप्ति को।
वहादत-उल-वुजूद	सर्वेश्वरवाद (परमात्मा का एकत्व सिद्धान्त)।
समा	संगीत एवं नृत्य।
चिल्ला	लगातार चालीस दिनों तक साधना।
हश्म-ए-दम	प्राणायाम।
फना	ईश्वर प्रेम में विलीन होना।
तवक्कुल	परमात्मा में विश्वास।
खानकाह	यह मठ की तरह होता है।
बदाहत-उल-सुहूद	प्रत्यक्षवाद (स्वामी और भक्त सम्बन्ध)।
रिजा	आत्मसमर्पण।
फ़ना	परमात्मा में अन्तर्निहित होना।
हकीकत	सत्य की स्थिति में परमात्मा को जानना।
मारिफत	दैवीय ज्ञान प्रसिद्ध हेतु उन्मुख होना।
इश्कमजाजी	लौकिक प्रेम।
इश्कहकीकी	अलौकिक प्रेम।
मसनवी	कविताओं के रूप में वर्णन।

सूफी मत का प्रभाव

- मुस्लिम सूफी सन्तों ने इस्लाम का शान्ति और प्रेम का सन्देश हिन्दुओं के समक्ष प्रस्तुत किया था। इन्होंने मानवतावादी दृष्टिकोण अपनाया और सभी मनुष्यों की समानता तथा एकता के सिद्धान्त को स्थापित किया।
- सूफी मत में प्रभाव के कारण इस्लाम धर्म में **उदारवाद** का विकास हुआ था। सूफी सन्तों ने अहिंसा और शान्ति जैसे तत्त्वों को प्रसारित कर जनसाधारण से अपना सम्पर्क स्थापित किया था।

> सूफी सन्तों ने भारतीय संस्कृति से काफी कुछ ग्रहण किया। पंजाबी साहित्य पर **बाबा फरीद** के प्रभाव को स्पष्टतम देखा जा सकता है। कुछ सूफी सन्तों; जैसे-नूर मुहम्मद जायसी, मंझन, कुतुबन ने अवधी भाषा में साहित्य का निर्माण किया था।

- सूफी सन्तों ने भारतीय समाज में फैली कुछ बुराइयों; जैसे—शराब सेवन, जमाखोरी, वेश्यावृत्ति, दास प्रथा आदि को समाप्त करने में अधिक योगदान दिया था।
- सूफी सन्तों द्वारा लिखे गए साहित्य आध्यात्मिक तत्त्वों से परिपूर्ण थे। नव सूफीवाद के सूफी सन्तों ने मुनष्यों को यथार्थ में जीने की कला से अवगत कराया था। इन **नव सूफीवाद** के सन्तों में जफर, ख्वाजा मीर दर्द, गालिब आदि प्रमुख थे।
- सूफी सन्तों ने समाज में समन्वय स्थापित करने के लिए लोगों में मानसिक और आध्यात्मिक विकास के लिए चेतना उत्पन्न की थी।
- सूफी सन्तों ने मुस्लिम आक्रमणकारियों के विपरीत प्रेम तथा शान्ति से धर्म परिवर्तन (हिन्दु से मुस्लिम) को भी प्रोत्साहित किया था।

भक्ति आन्दोलन

- भारत में भक्ति की जड़ें अत्यन्त गहरी तथा प्राचीन हैं। भारतीय धार्मिक परम्परा के प्रस्थापन बिन्दु अर्थात् वैदिक काल से ही भक्ति के चिह्न दृष्टिगोचर होते हैं। रामायण और गीता में ज्ञान और कर्म के साथ भक्ति को भी मोक्ष का मार्ग माना गया है।
- भक्ति का वास्तविक विकास सातवीं और बारहवीं सदियों के बीच दक्षिण भारत में हुआ। इस काल में यहाँ भक्ति से सम्बन्धित दो धाराएँ चलीं, जिनमें पहली, नयनारों की थी और दूसरी, अलवारों की थी।
- **नयनारों** तथा **अलवारों** ने बौद्ध और जैन धर्मों की तपश्चर्या की शिक्षा को अस्वीकार करके मोक्ष के मार्ग के रूप में ईश्वर के प्रति व्यक्तिगत भक्ति का उपदेश दिया।
- इन्होंने जाति प्रथा को अस्वीकार कर दिया और स्थानीय भाषाओं का उपयोग करके ईश्वर के प्रति व्यक्तिगत प्रेम तथा भक्ति का सन्देश दक्षिण भारत के विभिन्न भागों में फैलाया।

> दक्षिण भारत में तमिल भाषा में रामायण **कम्बन** द्वारा लिखी गई थी। बासवन्ना द्वारा बारहवीं शताब्दी में हिन्दुओं में प्रेरणा उत्पन्न की थी।

- इनके द्वारा चलाए गए शैव सम्प्रदाय में सामाजिक समता और गुरु को महत्त्व दिया गया था। उत्तर भारत में भक्ति आन्दोलन की शुरुआत **रामानन्द** द्वारा की गई थी।
- मध्यकाल में दो परस्पर विरोधी आस्थाओं एवं विश्वासों के खिलाफ धार्मिक सुधार अति आवश्यक हो गया था, क्योंकि समाज में ऐसे सुधार की अधिक आवश्यकता थी, जिसके द्वारा ब्राह्मण धर्म के कर्मकाण्डों एवं इस्लामिक कट्टरपन्थियों के प्रभाव को कम किया जा सके।
- इसलिए इस्लाम एवं हिन्दू धर्म में दो महत्त्वपूर्ण रहस्यवादी आन्दोलनों **सूफी** एवं **भक्ति** का शुभारम्भ हुआ।

मध्यकालीन सन्त

भक्ति आन्दोलन को लोकप्रिय एवं सफल बनाने में सन्तों का महत्त्वपूर्ण योगदान रहा है। इनका वर्णन निम्नलिखित है

शंकराचार्य

- शंकराचार्य का जन्म 8वीं सदी में केरल प्रान्त के कलादी ग्राम में हुआ था। ये भारत के महान् सन्त एवं दार्शनिक थे। इनका सिद्धान्त **अद्वैतवाद** के नाम से विख्यात है। इस मत के अनुसार, सृष्टि का एकमात्र तत्त्व ब्रह्म है और व्यक्ति मायारूपी संसार से भ्रमित होता रहता है। शंकराचार्य द्वारा **नव-ब्राह्मण धर्म** की स्थापना की गई।
- नव-ब्राह्मण धर्म के अन्तर्गत जैन और बौद्ध धर्म में कमी आई तथा शैव और वैष्णव धर्म का उत्थान हुआ, जिसने ब्राह्मणवाद के प्रभाव को प्रसारित कर मन्दिर और मूर्तियों के निर्माण को प्रोत्साहित किया।
- शंकराचार्य ने **स्मृति सम्प्रदाय** की स्थापना हिन्दू धर्म की सुव्यवस्थित व्याख्या करने के लिए की थी।
- इसकी प्रमुख रचना ब्रह्मसूत्र भाष्य, उपदेश साहसी, प्रपन्व सारतंग तथा मरीषापच्च आदि हैं।
- बौद्ध धर्म को महायान शाखा से प्रभावित होने के कारण इन्हें **प्रच्छन्न बौद्ध** भी कहा जाता है।

शंकराचार्य द्वारा स्थापित मठ

मठ	स्थल	राज्य
शृंगेरी मठ (शिव)	मैसूर	कर्नाटक
गोवर्धन मठ (बलभद् व सुमद्रा)	पुरी	उड़ीसा
शारदा मठ (कृष्ण)	द्वारिका	गुजरात
ज्योतिष मठ (विष्णु)	बद्रीनाथ	उत्तराखण्ड

- शंकराचार्य के मतानुसार, ''ब्रह्म एवं जीव मूलतः और तत्त्वतः एक हैं और हमें जो अन्तर दिखता है-वह अज्ञानता के कारण जीव की मुक्ति के लिए ज्ञान आवश्यक है। जीव की मुक्ति ब्रह्म में लीन हो जाने से है।''
- हालाँकि शंकराचार्य के निर्गुण ज्ञानवादी दर्शन का प्रभाव लोगों को अधिक प्रभावित नहीं कर सका, जिस कारण निम्नलिखित मतों का भी विकास हुआ

मत	संस्थापक	मत	संस्थापक
विशिष्टाद्वैतवाद	रामानुजाचार्य	शुद्धाद्वैतवाद	वल्लभाचार्य
द्वैतवाद	माध्वाचार्य	अचिन्त्यभेदाभेद	चैतन्य
द्वैताद्वैतवाद/भेदाभेद	निम्बार्काचार्य	—	—

रामानुजाचार्य

- भक्ति आन्दोलन के सर्वप्रथम प्रतिपादक रामानुजाचार्य का जन्म 1017 ई. में मद्रास के समीप श्री पेरम्बुदुर में हुआ था। रामानुजाचार्य अलवार सन्तों के शिष्य परम्परा में तथा **विशिष्टाद्वैत दर्शन** के प्रवर्तक थे। ये एक वैष्णव सन्त थे।
- इन्होंने वेदान्त तथा वैष्णव धर्म के मध्य समन्वय स्थापित करने का प्रयास किया और भक्ति को दार्शनिक आधार प्रदान किया था। रामानुज ने भक्ति आन्दोलन की दार्शनिक पीठिका निर्मित कर दी, इन्होंने शंकर के अद्वैतवाद में संशोधन किया।

> रामानुजाचार्य ने कांचीपुरम के यादव **प्रकाश** के संरक्षण में विद्या ग्रहण कर, रामानुज होयसल यादव, राजकुमार विष्णुवर्धन के भाई को वैष्णव धर्म अपनाने में सहायता की थी।

- रामानुजाचार्य द्वारा ब्रह्मसूत्र पर लिखी गई टीका श्री भाष्य में कहा गया है कि ईश्वर की कृपा से शूद्र भी मोदन को प्राप्त कर सकता है। दक्षिण में रामानुजाचार्य को **विष्णु का अवतार** माना जाता है।
- इनका मानना है कि ''ब्रह्म एवं जीव एक ही तत्त्व से निर्मित हैं, परन्तु दोनों एक नहीं हैं। जीव की मुक्ति के लिए ज्ञान आवश्यक है, परन्तु उससे भी आवश्यक है-ईश्वर की कृपा। जीव की मुक्ति ब्रह्म में लीन हो जाने में नहीं है, परन्तु स्वयं मिलन का साक्षी बनकर उसे महसूस करने में है।''
- रामानुज ने भक्ति आन्दोलन को एक ओर दार्शनिक आधार दिया तथा दूसरी ओर एक समझौता सूत्र लाया गया, जिसके अनुसार उन्होंने उच्च जातियों के समाज में कुछ सुविधाएँ प्रदान कीं।
- इन्होंने शूद्रों के लिए वर्ष में दिन निश्चित किया था, जिस दिन वे कुछ मन्दिरों में जा सकते थे। इस समझौते के सूत्र को **दक्षिणवाद** के नाम से जाना जाता है।

निम्बार्काचार्य

- निम्बार्काचार्य का जन्म 12वीं सदी में मद्रास (आधुनिक कर्नाटक) के बेलारी जिले में निम्बापुर में एक ब्राह्मण परिवार में हुआ। निम्बार्काचार्य को **सुदर्शन चक्र** का अवतार माना जाता है। इनका **मत द्वैताद्वैत** कहलाता है। ये रामानुजाचार्य के समकालीन थे।
- इन्होंने मथुरा में शक्तिपीठ की स्थापना की। उन्होंने कृष्ण को ब्रह्म के रूप में देखा और राधा को उनकी शक्ति के रूप में बताया। निम्बार्काचार्य का सम्प्रदाय **सनक** अथवा **सनकादि** के नाम से विख्यात है।

माध्वाचार्य

- माध्वाचार्य का जन्म 1199 ई. में उडुप्पी (कर्नाटक) में हुआ था। इन्हें **आनन्दतीर्थ** व **पूर्णप्रज्ञ** के नाम से भी जाना जाता था। इन्होंने वेदान्त के निर्गुण ब्रह्म के स्थान पर विष्णु की प्रतिष्ठा की। ये भक्तिपूर्वक विष्णु की उपासना पर बल देते थे।
- इनका सम्प्रदाय **ब्रह्म सम्प्रदाय** था तथा इनका मत **द्वैतवाद** के नाम से जाना जाता है।
- वेदान्त दर्शन के तीन दार्शनिकों में माध्वाचार्य को रामानुजाचार्य एवं शंकराचार्य के समकक्ष माना गया है।

वल्लभाचार्य

- वल्लभाचार्य का जन्म वाराणसी में हुआ था तथा ये तेलुगू ब्राह्मण थे। इनके पिता तेलंगाना से वाराणसी तीर्थ करने के लिए आए थे और यहीं पर बस गए थे। वाराणसी के बाद वल्लभाचार्य ने वृन्दावन को अपना केन्द्र बना लिया था। ये कृष्ण भक्ति शाखा के सन्त थे।
- ये कृष्ण की उपासना **श्रीनाथ जी** के रूप में करते थे। वल्लभाचार्य के व्यक्तित्व पर विष्णु स्वामी के रुद्र सम्प्रदाय का अत्यधिक प्रभाव पड़ा।
- इनकी भक्ति का दार्शनिक आधार पुष्टिमार्ग था। ये कहते थे कि ''पुष्टिमार्ग के द्वारा ही ईश्वर की प्राप्ति की जा सकती है। इन्होंने कहा कि जीव उतना ही सत्य है, जितना की ब्रह्म, क्योंकि यह ब्रह्म का ही एक अंश है।'' अत: इनका दर्शन या मत **शुद्धाद्वैत** कहलाया।
- कृष्ण भक्ति को अत्यधिक लोकप्रिय बनाने का कार्य वल्लभाचार्य के पुत्र विट्ठलनाथ द्वारा किया गया था।

रामानन्द

- रामानन्द 14वीं सदी में उत्तरी भारत के महान भक्ति सन्त थे। इनका जन्म इलाहाबाद (वर्तमान प्रयागराज) में हुआ था। रामानन्द ने दक्षिण और उत्तर के बीच सेतु का कार्य किया तथा दक्षिण भारत के भक्ति आन्दोलन को उत्तर भारत में प्रसारित किया। इन्होंने विष्णु के स्थान पर राम की भक्ति आरम्भ की। रामानन्द के गुरु रामानुज थे।
- रामानन्द ने अपने उपदेशों का माध्यम भाषा के रूप में हिन्दी को अपनाया, ताकि उनका सन्देश प्रत्यक्ष रूप से जन सामान्य तक पहुँच सके। इन्होंने बिना किसी जन्म, जाति, धर्म या लिंग के भेदभाव के सभी के लिए भक्ति के द्वार खोल दिए।

> महिलाओं को सन्त मठों में समान प्रस्थिति देने वाले प्रथम भक्तिकालीन सन्त रामानन्द थे। उन्होंने **पद्मावती** और **सुरसीर** नामक महिला को अपनी शिष्य बनाया, उनके 12 शिष्यों में कुछ निचली जाति के लोग भी थे-कबीर (जुलाहा), धन्ना (जाट), सेना (नाई), रैदास (मोची), सदना (कसाई) पीपा (राजपूत)।

कबीर

- कबीर का जन्म 1398 ई. में माना जाता है। कबीर रामानन्द के प्रमुख शिष्यों में से एक थे, जो सल्तनत काल के लोदी वंश के सिकन्दर लोदी के समकालीन माने जाते हैं।
- कबीर ने जात-पात, मूर्तिपूजा तथा अवतार सिद्धान्त को अस्वीकार किया। कबीर निर्गुण सन्त होकर भी शुद्ध गृहस्थ बने एवं शारीरिक श्रम की प्रतिष्ठा को महत्त्व दिया। इन्होंने जाति प्रथा, छुआ छूत, पर्दा प्रथा एवं कर्मकाण्डों की आलोचना की।

> कबीर की वाणी का संग्रह इनके शिष्यों ने किया, जोकि मुख्यत: तीन रूपों में मिलती हैं-**साखी, सबद, रमैनी**। इन्हीं तीनों का संग्रह **बीजक** कहलाता हैं।

- शंकराचार्य के अद्वैतवाद, नाथपन्थियों का अन्त साधनात्मक रहस्य तथा सूफियों के एकेश्वरवाद एवं तसत्वुफ का प्रभाव कबीर के काव्य में प्रत्यक्ष रूप से देखा जा सकता है। कबीरदास की भाषा को **सधुक्कड़ी** तथा **पंचमेल खिचड़ी** भी कहकर सम्बोधित किया गया है।

रैदास (रविदास)

- रैदास रामानन्द के अति प्रसिद्ध शिष्यों में से एक थे। इनका धार्मिक जीवन जितना गूढ़ था, उतना ही उन्नत और पवित्र भी था। सिखों के **गुरु ग्रन्थ साहिब** में संगृहीत रविदास के तीस से अधिक भजन हैं। ये पेशे से मोची थे।

> रविदास के अनुसार, मानव सेवा ही जीवन में धर्म की सर्वोत्कृष्ट अभिव्यक्ति का माध्यम है। कबीर ने इन्हें **सन्तों का सन्त** कहा गया है।

- मीराबाई ने अपने गुरु के रूप में भी रविदास को मान्यता प्रदान की थी। वर्तमान में रविदासी रविदास के प्रमुख अनुयायी हैं। इनकी परम शिष्या चितौड़ की रानी झाला थी।

दादू दयाल

- दादू दयाल का जन्म अहमदाबाद में एक जुलाहा परिवार में हुआ था। इनकी मृत्यु 1603 ई. में राजस्थान के नराना या नारायण गाँव में हुई थी। दादू गृहस्थपूर्ण थे तथा इनका विश्वास था कि गृहस्थ का सहज जीवन आध्यात्मिक अनुभूति के लिए अधिक उपयुक्त है।
- कबीर तथा नानक के साथ निर्गुण भक्ति की परम्परा में दादू का महत्त्वपूर्ण स्थान है। इन्होंने आध्यात्मिक अनुभूति के लिए गृहस्थ जीवन को बाधक नहीं माना था।
- इनके जीवन का महान स्वप्न सभी धर्मों के विपथगामियों को प्रेम और बन्धुत्व के एक सूत्र में आबद्ध करना था और इस महान आदर्श को कार्य रूप में परिणत करने के लिए **ब्रह्म सम्प्रदाय** या **परब्रह्म सम्प्रदाय** की स्थापना की गई। इन्होंने पुस्तकीय ज्ञान का सम्मान करते हुए सन्तों के उपदेशों को संग्रहित करने पर विशेष बल दिया।

> दादू के अनेक शिष्यों में सुन्दरदास, रज्जब तथा सूरदास प्रमुख थे, इनकी रचनाओं को इनके शिष्य सन्तदास एवं जगनदास ने को **हरडेबानी** नाम से संग्रहित किया। कालान्तर में अंगवधू, जिसका सम्पादन रज्जब ने अंगवधू के नाम के अन्तर्गत किया।

- दादू दयाल ने रचनाओं में इस्लामी शब्दों को प्रमुखता से प्रयोग किया था। उनकी काव्य भाषा और ब्रजभाषा से राजस्थानी और खड़ी बोली के शब्दों का मिश्रण प्राप्त होता है।

रज्जब

- ये दादू दयाल के शिष्य थे तथा रज्जब-बानी इनकी प्रमुख रचना थी।
- इनकी रचनाओं में उदाहरण शैली का प्रमुखता से प्रयोग किया गया था।

गुरुनानक

- गुरुनानक का जन्म 1469 ई. में तलवण्डी (आधुनिक ननकाना) पंजाब में एक खत्री परिवार में हुआ था। एकेश्वरवाद तथा मानव मात्र की एकता गुरु के मौलिक सिद्धान्त थे। ये उस समय उपदेश देते थे, जब दिल्ली सल्तनत का पतन हुआ तथा मुगलों ने दिल्ली के सिंहासन पर अधिकार कर लिया। ये लोदी वंश के सिकन्दर लोदी के समकालीन थे।
- नानक कबीर की भाँति मूर्तिपूजा, तीर्थयात्रा तथा धार्मिक आडम्बरों के कट्टर विरोधी थे, किन्तु ये कर्म एवं पुनर्जन्म में विश्वास रखते थे। उन्होंनें हिन्दू-मुस्लिम एकता पर बल दिया था।
- गुरुनानक ने निराकार (आकार रहित) ईश्वर की कल्पना की और इस निराकार ईश्वर को इन्होंने अकाल पुरुष (अनन्त एवं अनादि ईश्वर) की संज्ञा दी। ईश्वरीय ज्ञान की प्राप्ति हेतु इन्होंने गुरु को अनिवार्य अंग माना।
- ये काव्य रचना करते थे और रबाब के संगीत के साथ गाया करते थे। उनका स्वामीभक्त शिष्य मरदाना सारंगी बजाया करता था। इन्होंने प्रेरणादाई कविताओं एवं गीतों की रचना की, जिन्हें एक पुस्तक रूप में सकंलित किया गया, जो बाद में **आदि ग्रन्थ** के नाम से प्रकाशित हुआ।
- इसके द्वारा नारी के सम्मान को भी प्रोत्साहित किया गया था। इसके उपदेशों को अकबर की नीतियों में स्पष्ट देखा जा सकता है। यंगत, संगत और भोजन में लंगर व्यवस्था को गुरुनानक द्वारा शुरू किया गया था।

> **गुरुग्रन्थ साहिब** सिक्खों का संकलन गुरुनानक द्वारा किया गया था। जपुजी, आसादीवार, रहिरास और सोहिला गुरुनानक की प्रमुख रचनाएँ हैं।

- हिन्दी, फारसी, बहुल पंजाबी और पंजाबी गुरुनानक देव की काव्य भाषाएँ थीं।

चैतन्य महाप्रभु

- चैतन्य महाप्रभु का जन्म 1486 ई. में नवद्वीप या नदिया (बंगाल) में हुआ था। चैतन्य का वास्तविक नाम **विश्वम्भर** था। बाल्यावस्था में इनका नाम निमाई था। ये सगुणोपासक तथा कृष्ण भक्ति शाखा से सम्बन्धित हैं।
- चैतन्य को बंगाल में आधुनिक वैष्णववाद का संस्थापक माना जाता है। ये **गौरांग महाप्रभु** के नाम से भी जाने जाते थे। चैतन्य ने भक्ति में कीर्तन को मुख्य स्थान दिया। इनके समय बंगाल का शासक अलाउद्दीन हुसैनशाह था।
- इन्होने राधा कृष्ण की उपासना की। ये सगुण उपासक थे। भक्त कवियों में चैतन्य एकमात्र ऐसे कवि थे, जिन्होंने मूर्तिपूजा का विरोध नहीं किया। इन्होंने **अचिन्त्य भेदाभेद** सम्प्रदाय की स्थापना की।

> कृष्णदास कविराज ने बांग्ला में **चैतन्य चरितामृत** (चैतन्य की जीवनी) लिखी तथा संस्कृत में मुरारी गुप्त ने तथा बांग्ला में वृन्दावन दास ने चैतन्य महाप्रभु की जीवनी लिखी थी। चैतन्य महाप्रभु के शिष्यों में उड़ीसा के राजा प्रतापरुद्र तथा राजमुन्द्री के प्रान्तपति **रामानन्द** शामिल थे।

मीराबाई

- मीराबाई का जन्म 1498 ई. में हुआ था। ये भारत की एक महान महिला सन्त थीं। ये मेड़ता के राजा रत्नसिंह राठौर की इकलौती सन्तान थीं। इनका विवाह राणा सांगा के पुत्र भोजराज के साथ हुआ था।

- मीरा भगवान कृष्ण की भक्त थीं तथा इन्होंने राजस्थानी और ब्रजभाषा में गीतों की रचना की तथा जयदेव के गीत गोविन्द पर टीका लिखी। **पदावली मीराबाई** का भक्ति गीत है।

> मीराबाई ने अपने काव्य में कृष्ण को प्रेमी, सहचर और अपना पति मानकर चित्रित किया है।

- मीराबाई ने सामाजिक अस्मिता को त्यागकर व्यक्तिगत अस्मिता को अपनाकर कृष्ण की भक्ति की थी। इनके काव्य में विरह को स्पष्ट रूप से देखा जा सकता है। मध्यकालीन समय में नारी की स्थिति को मीराबाई के काव्य में देखा जा सकता है।

तुलसीदास

- तुलसीदास मुगल शासक **अकबर** के समकालीन थे। इनका जन्म 1532 ई. में बाँदा जिले के राजापुर नामक ग्राम में हुआ था।
- ये राम के भक्त थे। इन्होंने 1574-75 ई. में अवधी भाषा में **रामचरितमानस्** की रचना की। रामचरितमानस् में सर्वोच्च कोटि की धार्मिक भक्ति का विवरण है।
- इनकी अन्य रचनाएँ अवधी भाषा में रचित हैं। इनकी रचनाओं में गीतावली, दोहावली, कवितावली, रामलला नहछू, पार्वती मंगल, जानकी मंगल, रामाज्ञा प्रश्न तथा विनयपत्रिका हैं।

सूरदास

- सुरदास का जन्म आगरा-मथुरा मार्ग पर रुनकता नामक ग्राम में 1478 ई. को हुआ था। इनके गुरु वल्लभाचार्य थे, जिनकी प्रेरणा से इन्होंने अपनी रचनाओं में कृष्णलीला को समाहित किया।
- ये अकबर एवं जहाँगीर के समकालीन थे। सूरदास भगवान कृष्ण और राधा के भक्त थे।
- इन्होंने ब्रजभाषा में तीन ग्रन्थों-**सूरसारावली, सूरसागर** एवं **साहित्य लहरी** की रचना की। इन ग्रन्थों में सूरसागर सबसे प्रसिद्ध है। इसे **पुष्टि मार्ग का जहाज** भी कहा गया है।

शंकरदेव

- इनका जन्म 1499 ई. में हुआ था शंकरदेव मध्यकालीन असम के महानतम् धार्मिक सुधारक थे। इनका सन्देश विष्णु या उनके अवतार कृष्ण के प्रति पूर्ण भक्ति पर केन्द्रित था।
- एकेश्वरवाद इनकी शिक्षाओं का सार है। इनके द्वारा स्थापित सम्प्रदाय एकशरण सम्प्रदाय के रूप में प्रसिद्ध है। इन्होंने सर्वोच्च देवतओं की महिला सहयोगियों; जैसे-लक्ष्मी, राधा, सीता आदि को मान्यता प्रदान नहीं की। ये मूर्तिपूजा एवं कर्मकाण्ड दोनों के विरोधी थे।

> ये अकेले कृष्णमार्गी वैष्णव सन्त थे, जो मूर्ति के रूप में कृष्ण की पूजा के विरोधी थे। ये **असम के चैतन्य** नाम से भी प्रसिद्ध थे। **अंकिया** नामक नाटक शैली का विकास शंकरदेव के द्वारा किया गया था।

नरसी मेहता

गुजरात से सम्बन्धित नरसी मेहता के गीत **सूरत संग्राम** में संकलित है। इनका प्रसिद्ध भजन **वैष्णव जन तो तेनो कहिये, पीर पराई जाने रे था।**

सन्त एवं उनके सम्प्रदाय

सन्त	सम्प्रदाय	सन्त	सम्प्रदाय
रामानुजाचार्य	श्री सम्प्रदाय	पुरन्दर दास	दासकूट सम्प्रदाय
माध्वाचार्य	ब्रह्म सम्प्रदाय	नित्यानन्द गोस्वामी	चैतन्य पन्थ
वल्लभाचार्य	रुद्र सम्प्रदाय	दादू दयाल	निपख सम्प्रदाय
सन्त लालदास	लाल पन्थ	हित हरिवंश	राधावल्लभ सम्प्रदाय
गोविन्द प्रभु	महानुभाव पन्थ	रामानन्द	रामावत सम्प्रदाय
निम्बार्क	सनक सम्प्रदाय	श्रीचन्द (गुरु नानक के पुत्र)	उदासी सम्प्रदाय
स्वामी हरिदास	सखी सम्प्रदाय	जयनाथ	बिश्नोई सम्प्रदाय
जगजीवन साहब	सतनामी सम्प्रदाय	निरंजन	निरंजनी सम्प्रदाय
चण्डीदास	बाऊल सम्प्रदाय		

महाराष्ट्र में धार्मिक आन्दोलन

- मध्यकालीन भक्तिकाल में वैष्णोवादी भक्ति परम्परा से ही महाराष्ट्र धर्म का उदय हुआ। विठोवा इस धर्म के प्रमुख देवता थे। इस आन्दोलन को **पण्ढरपुर आन्दोलन** के नाम से भी प्रसिद्धि प्राप्त हुई थी।
- **धरकरी** और **बरकरी** इस आन्दोलन के अन्य दो भाग थे। इस धर्म के प्रमुख सन्त ज्ञानेश्वर, नामदेव, एकनाथ, तुकाराम और रामदास थे।

ज्ञानेश्वर

- सन्त ज्ञानेश्वर 13वीं सदी के महाराष्ट्र के एक प्रमुख सन्त थे। ये रहस्यवादी सम्प्रदाय के संस्थापक थे। भावार्थ दीपिका (श्रीमद्भगवतगीता) का मराठी रूप इनके द्वारा ही लिखा गया था। ज्ञानेश्वरी इनके द्वारा रचित प्रमुख संग्रह है।
- महाराष्ट्र के महान कवि ज्ञानेश्वर, नामदेव के समकालीन माने जाते हैं। महाराष्ट्र संस्कृति के अधिक प्रवर्तकों में इनका नाम शीर्ष पर है।

> **अमृतानुभव** तथा **चंगप्रशस्ति** की रचना ज्ञानेश्वर द्वारा की गई। ये गुरु गोरखनाथ की नाथ योगी शिष्य परम्परा से सम्बन्धित थे। इनके द्वारा साँप सीढ़ी के खेल की उत्पत्ति भी की गई थी।

नामदेव

- डॉ. ताराचन्द ने परम्परा के आधार पर इनकी जन्म तिथि 1270 ई. बताई है। नामदेव का जन्म एक दर्जी के परिवार में हुआ था। अपने प्रारम्भिक जीवन में ये **डाकू** थे।
- बारकरी सम्प्रदाय के रूप में प्रसिद्ध विचाराधारा की गौरवशाली परम्परा की स्थापना में इनकी मुख्य भूमिका रही।
- इनके कुछ गीतात्मक पद्य **गुरुग्रन्थ साहिब** में संकलित हैं। नामदेव ने कहा था कि ''एक पत्थर की पूजा होती है, तो दूसरे को पैरों तले रौंदा जाता है। यदि एक भगवान है, तो दूसरा भी भगवान है।''
- नामदेव के समय में महाराष्ट्र में नाम और महानुभाव पन्थों का व्यापक प्रसार हुआ। इन्हें **सन्त शिरोमणि** के नाम से भी जाना जाता है।

एकनाथ

- एकनाथ का जन्म 1538 ई. में पैठण (औरंगाबाद) में हुआ था। इन्होंने जाति एवं धर्म में कोई भेदभाव नहीं किया। प्रतिदिन कीर्तन करना इनकी दिनचर्या थी। इनकी भगवद्गीता के चार श्लोकों पर लिखी गई टीकाएँ प्रसद्धि हैं।
- एकनाथ के द्वारा रामायण पर टीकाओं की रचना भी की गई थी। रामायण शक्तिमणी, स्वयंवर, गौलना एवं भरुद इनकी प्रमुख पुस्तकें हैं।

रामदास

- रामदास का जन्म 1608 ई. में हुआ था। इनका पूरा नाम नारायण सूर्याजीपन्त कुलकर्णी था। इन्होंने बारह वर्षों तक सम्पूर्ण भारत का भ्रमण किया तथा अन्ततः कृष्णा नदी के तट पर चफाल के पास निवास करने लगे, जहाँ इन्होंने एक मन्दिर की स्थापना की।
- इन्होंने परमार्थ सम्प्रदाय की स्थापना की और दासबोध आनन्द भुवन नामक पुस्तक की रचना की। ये शिवाजी के आध्यात्मिक गुरु थे।
- रामदास धरकरी सम्प्रदाय के प्रमुख सन्तों में से एक थे। गुरु ग्रन्थ साहिब में इनकी स्तुतियाँ संकलित की गई हैं।

तुकाराम

- तुकाराम का जन्म 1598 ई. में एक शूद्र परिवार में पूना के देही में हुआ था। इन्हें दक्षिण का कबीर कहा जाता है। इन्होंने शिवाजी द्वारा दिए गए विपुल उपहारों की भेंट लेने से इनकार कर दिया।
- ये भी बारकरी सम्प्रदाय से जुड़े हुए थे। इन्होंने अनेक अभंगों की रचना की, जिसमें इनकी शिक्षाएँ सन्निहित हैं और महाराष्ट्र में जिनका व्यापक रूप से गायन किया जाता है।
- गुरु ग्रन्थ साहिब में इनकी स्तुतियाँ शामिल की गईं हैं। इन्होंने हिन्दू-मुस्लिम एकता पर काफी बल दिया।

अलवार और नयनार

अलवार एवं नयनार सन्त निम्न हैं

अलवार सन्त

- अलवार विष्णु भक्त के सन्त थे। इनकी संख्या 12; यथा-तिरुमंगाई, अण्डाल, पेरियालवार, तिरुमलिराई, अलवार, पोयगयी, भूत्तार नम्मलवार, कुलशेखर, पेयलवार, तोण्डरदिष्पोडि, तिरुप्पान, तथा मधुरकवि थी।
- नम्मलवार ने विष्णु की प्रशंसा में अत्यन्त भक्तिपूर्ण गीतों की रचना की। अलवार भक्ति आन्दोलन मूलतः भावानात्मक था, दार्शनिक नहीं।
- इसमें मोक्ष हेतु ज्ञान, व्रत या सामाजिक स्तर के बन्धन नहीं थे। इनके चार ग्रन्थ चतुर्वेद कहलाते हैं। मधुरकवि नम्मलवार के शिष्य थे। इन्होंने गुरु भक्ति को ईश्वर भक्ति के समान बताया। कुलशेखर पहले त्रावणकोर के राजा थे।
- तिरुप्पन निम्न कुल से सम्बन्धित थे। अण्डाल महिला सन्त थीं। तिरुमंगाई शूद्र वर्ण से सम्बन्धित थे। इन सन्तों के गीत दिव्य प्रबन्धम् में संकलित हैं।

नयनार सन्त

- नयनार शिव भक्त सन्त थे, इनकी संख्या 63 थी। इन्होंने शिव भक्ति से सम्बन्धित गीतों की रचना की, जो तेवरम् नाम से संकलित हैं, जबकि भक्ति गीत तिरुपाडुयम या तिरुमुडै कहे जाते हैं।
- इन गीतों को नम्बिअण्डार नम्बि ने व्यवस्थित रूप दिया, जो चोल शासक राजराज प्रथम व राजेन्द्र प्रथम के समकालीन था। प्रारम्भिक नयनार सन्तों की भक्ति भावनात्मक थी।
- इनमें प्रमुख सन्त थे-सन्त अप्पार, तिरुनाबुक्करार, तिरुज्ञान सम्बन्दर, मणिक्कावाचगर, नान सम्बन्दर तथा सुन्दरमूर्ति। बाद में नयनार सन्तों ने शैवमत के दार्शनिक आधार का प्रतिपादन किया। इनको सन्तानाचार्य कहा गया है। इनमें भराई ज्ञान तथा उमापति शिवाचार्य के नाम उल्लेखनीय हैं।

धार्मिक आन्दोलन का सामाजिक, राजनीतिक और धार्मिक जीवन पर प्रभाव

धार्मिक आन्दोलन का सामाजिक, राजनीतिक और धार्मिक जीवन पर व्यापक प्रभाव पड़ा, जो निम्नलिखित है

- **धार्मिक आन्दोलन** एक प्रकार का सामाजिक सुधार आन्दोलन भी था। भक्ति आन्दोलन के कारण कर्मकाण्ड और आडम्बर करने की गतिशीलता में कमी आई। मोक्ष प्राप्त करने के लिए गृह त्याग की आवश्यकता नहीं मानी गई। समाज में जागृति एवं नवीन चेतना का विकास हुआ।
- **भक्ति आन्दोलनों** ने समाज में व्याप्त जाति-प्रथा का विरोध किया, जिसके परिणामस्वरूप निम्न जातियों का उत्थान हुआ। इनके उत्थान को हिन्दू समाज में सुधार के रूप में देखा जाता है।
- धार्मिक जीवन पर भक्ति आन्दोलन का प्रभाव स्पष्ट रूप से देखा जा सकता है। इसके परिणामस्वरूप हिन्दुओं एवं मुसलमानों में धार्मिक सहिष्णुता का विकास हुआ।
- भक्ति आन्दोलन ने हिन्दुओं तथा मुसलमानों में समन्वय (Co-ordination) स्थापित कर, उन्हें एकता के सूत्र में बाँधा।
- भक्ति आन्दोलन ने हिन्दुओं में आशा का संचार किया, परिणामस्वरूप उनको अपने धर्म में गहरी श्रद्धा का विकास हुआ।
- भक्तिकाल के अन्तर्गत **क्षेत्रीय भाषाओं का विकास** हुआ, क्योंकि भक्तिकाल के सन्त क्षेत्रीय लोगों की समझ में आने वाली भाषाओं का ही प्रमुख रूप से प्रयोग करते थे, जिससे पंजाबी, हिन्दी, बांग्ला, कन्नड़, तेलुगू तमिल भाषाओं का भी विकास हुआ।

प्रीलिम्स फैक्ट्स

- परम्परा के अनुसार अलवारों और नयनारों की संख्या कितनी है? *- 12 और 63 [MPPSC (Pre) 2023]*
- किस सन्त ने अद्वैतवाद का प्रतिपादन किया था? *- शंकराचार्य [CGPSC (Pre) 2012, 2013]*
- आदि शंकराचार्य द्वारा स्थापित चार मठ हैं- *बद्रीनाथ, द्वारका, पुरी, शृंगेरी [UPPSC (Pre) 2006,UKPSC (Pre) 2012]*
- महाप्रभु बल्लभाचार्य की जन्म स्थली कहाँ है? *- चम्पारण्य [CGPSC (Pre) 2016]*
- ''कोई व्यक्ति किसी व्यक्ति से उसका धर्म-सम्प्रदाय या जाति न पूछे'' यह कथन है *- रामानन्द [UPPSC (Pre) 2019]*
- दादू , कबीर, रामानन्द तथा तुलसीदास में से किस भक्ति सन्त ने अपने सन्देश से प्रचार के लिए सबसे पहले हिन्दी का प्रयोग किया? *- रामानन्द [IAS (Pre) 2002]*
- सुप्रसिद्ध मध्यकालीन सन्त शंकरदेव किस सम्प्रदाय से सम्बन्धित थे? *- अद्वैत सम्प्रदाय [UPPSC (Pre) 2015]*
- असम एवं कूच बिहार में वैष्णव धर्म का प्रवर्तन किसने किया? *- शंकरदेव ने [UPPSC (Mains) 2016]*
- नागार्जुन, तुकाराम, त्यागराज तथा वल्लभाचार्य में से कौन भक्ति आन्दोलन का प्रस्तावक नहीं था? *- नागार्जुन [IAS (Pre) 2010]*
- राधास्वामी सत्संग के संस्थापक कौन थे? *- शिव दयाल साहब [UPPSC (Pre) 2002]*
- आदि शंकराचार्य, भर्तृहरि, चैतन्य तथा रामानन्द में से किसकी अनूप वेदिका चुमनारगढ़ में है? *- भर्तृहरि [UPPSC (Pre) 2006]*
- 'ईश्वर केवल मनुष्य के सद्गुण को पहचानता है तथा उसकी जाति नहीं पूछता; आगामी दुनिया में कोई जाति नहीं होगी।' यह सिद्धान्त किस भक्ति सन्त का है? *- गुरु नानक [RAS/RTS (Pre) 2010]*
- किस शासक के शासनकाल में गुरु नानक ने सिख धर्म की स्थापना की थी? *- सिकन्दर लोदी [UPPSC (Pre) 2008]*
- किस सिख गुरु का जन्म पटना में हुआ था? *- गुरु गोविन्द सिंह [BPSC (Pre) 2015]*
- किस सिख गुरु की मृत्यु के लिए औरंगजेब जिम्मेदार था? *- गुरु तेग बहादुर [UPPSC (Pre) 2004, 2005]*
- किस सिख गुरु ने गुरुमुखी प्रारम्भ की थी? *- गुरु अंगद [UPPSC (Mains) 2017]*
- पंजाब में अमृतसर नगर की स्थापना किस सिखगुरु ने की थी? *- गुरु रामदास [UPPSC (Pre) 1996]*
- 'आदिग्रन्थ' अथवा 'गुरु ग्रन्थ साहिब' का संकलन किस सिख गुरु ने किया था? *- गुरु अर्जुन देव [UKPSC (Pre) 2008]*
- निम्बार्क चक्रधर, नामदेव तथा रामदास में से कौन वारकरी सम्प्रदाय का सन्त था? *- नामदेव [UPPSC (Mains) 2002]*
- भक्त तुकाराम किस मुगल सम्राट के समकालीन थे? *- जहाँगीर [IAS (Pre) 2006]*
- कबीर, मीराबाई, चैतन्य तथा गुरु नानक में से भक्ति सन्तों का सही तैथिक (कालानुक्रम) अनुक्रम क्या है? *- कबीर (1398-1495 ई), - गुरुनानक (1469-1538 ई), चैतन्य (1486-1533 ई.) , मीराबाई (1498-1546 ई.) [UPPSC (Mains) 2014]*
- ''पोथी पढ़-पढ़ जग मुआ पण्डित भया न कोय, ढाई आखर प्रेम का, पढे सों पण्डित होय।'' *- कबीरदास [MPPSC (Pre) 2023]*
- कबीर, नामदेव, मीराबाई तथा गुरुनानक का सही कालानुक्रम क्या है? *- नामदेव (जन्म-1270 ई.), कबीर (जन्म-1398 ई.), गुरुनानक (जन्म 1469 ई.), मीराबाई (जन्म 1498 ई.) [UPPSC (Mains) 2005]*
- सूफीवाद की चिश्तियाँ शाखा का संस्थापक कौन था? *- ख्वाजा अबू-अब्दाल [UPPSC (Pre) 2014]*
- भारत में चिश्तियाँ सूफी मत का संस्थापक कौन था? *- ख्वाजा मुइनुद्दीन चिश्ती [UPPSC (Mains) 2014]*
- ख्वाजा मुइनुद्दीन चिश्ती किसके शिष्य थे? *- ख्वाजा उस्मान हारुनी [UPPSC (Pre) 2014]*
- किस सूफी सन्त के विचारों को सिखों के धर्म ग्रन्थ 'आदि ग्रन्थ' में संकलित किया गया है? *- शेख फरीदद्दीन गंज-ए-शंकर [UPPSC (Pre) 1994]*
- कौन सूफी सन्त महबूब-ए-इलाही कहलाता था? *- शेख निजामुद्दीन औलिया [UPPSC (Pre) 2014, 2016]*
- शेख फरीद का सर्वाधिक ख्यातिलब्ध शिष्य जिसने दिल्ली के सात सुल्तानों का शासन देखा था, कौन था? *- निजामुद्दीन औलिया [UPPSC (Mains) 2014]*
- दिल्ली सल्तनत के किस सुल्तान से निजामुद्दीन औलिया ने भेंट करने से इनकार कर दिया था? *- अलाउद्दीन खिलजी [UPPSC (Pre) 2021]*
- सूफी सन्तों में से कौन कृष्ण को औलिया के अन्तर्गत मानता था? *- शाह मुहम्मद गौस [UPPSC (Mains) 2012]*
- प्रसिद्ध सन्त सलीम चिश्ती कहाँ निवास करते थे? *- फतेहपुर सीकरी में [UPPSC (Pre) 1999]*
- शेख बहाउद्दीन जकारिया किस सूफी सम्प्रदाय से सम्बन्धित थे? *- सुहरावर्दी सम्प्रदाय [BPSC (Pre) 2018]*
- किस सूफी सन्त को 'चिराग-ए-दिल्ली' कहा जाता है? *- नासिरुद्दीन [UPPSC (Pre) 2017)]*
- चिश्ती, सुहरावर्दी, नक्शबन्दी तथा कादिरी में से कौन अतिकट्टर सूफी सम्प्रदाय था? *- नक्शबन्दी [JPSC (Pre) 2016]*
- किस सूफी सम्प्रदाय में संगीत निषिद्ध था? *- नक्शबन्दियाँ [UPPSC (Pre) 2013]*
- उलेमा, खानकाह, शेख तथा समा में से किसका सम्बन्ध सूफीवाद से नहीं था? *- उलेमा [UPPSC (Pre) 2014]*
- अब्दुर्रहीम खानखाना का मकबरा कहाँ स्थित है? *- दिल्ली में [UPPSC (Pre) 2010]*
- दारा शिकोह किस सूफी सिलसिले से सम्बन्धित था? *- कादिरी [UPPSC (Mains) 2013]*

सेल्फ चैक

1. ख्वाजा मुइनुद्दीन चिश्ती किसके शिष्य थे? UPPSC (Pre) 2014

(a) ख्वाजा अब्दाली चिश्ती (b) शाह वली उल्लाह
(c) मीर दर्द (d) ख्वाजा उस्मान हारूनी

2. 'फवायदुल फवाद' नामक पुस्तक शेख निजामुद्दीन औलिया की बातचीत का विवरण है, इसका संकलन किया था UPPSC (Pre) 2021

(a) अमीर हसन सिज्जी ने (b) अमीर खुसरो ने
(c) जियाउद्दीन बरनी ने (d) अमीर हसन निजामी ने

3. सूफी सन्तों को काल क्रमानुसार लगाएँ HPSC (Pre) 2021

1. नसिरुद्दीन चिराग-ए-दिल्ली
2. शेख मुइनुद्दीन सिज्जी
3. बाबा फरीद
4. निजामुद्दीन औलिया

कूट

(a) 2, 4, 3, 1 (b) 2, 3, 4, 1
(c) 1, 3, 4, 2 (d) 1, 2, 3, 4

4. निम्नलिखित सन्तों में से कौन सूफी थे? UPPSC (Pre) 1998

1. रहीम
2. निजामुद्दीन औलिया
3. मुइनुद्दीन चिश्ती
4. रसखान

कूट

(a) 1 और 3 (b) 1, 2 और 3
(c) 2 और 3 (d) 2 और 4

5. निम्नलिखित युग्मों में से कौन-सा युग्म सुमेलित नहीं है?

(a) चिश्ती - दोआब
(b) सुहरावर्दी - सिन्ध
(c) औलिया - मध्य प्रदेश
(d) फिरदौसा - बिहार

6. निम्नलिखित युग्मों में से कौन-सा युग्म सही सुमेलित है? UPPSC (Pre) 2010

(a) खुल्दाबाद शेख - सलीम चिश्ती का मकबरा
(b) फतेहपुर सीकरी - एत्मादुद्दौला का मकबरा
(c) आगरा - औरंगजेब का मकबरा
(d) दिल्ली - अब्दुर्रहीम खान-खाना का मकबरा

7. बारहवीं सदी के आस-पास इस्लामिक दुनिया के विभिन्न भागों में सूफी सिलसिलों का रूप-निर्धारण आरम्भ हुआ, जो क्या प्रकट करता है?

1. गुरु और शिष्य के बीच निरन्तर सम्पर्क।
2. पैगम्बर मुहम्मद की अविच्छिन्न आध्यात्मिक वंशावली।
3. भक्तों की ओर आध्यात्मिक शक्ति और आशीष का हस्तान्तरण।

कूट

(a) 1 और 2 (b) केवल 2
(c) 1 और 3 (d) 1, 2 और 3

8. हठयोग के सन्दर्भ में निम्नलिखित में से कौन-सा/से कथन सही है/हैं? UPPSC (Pre) 2019

कूट

1. हठयोग नाथपन्थियों द्वारा अपनाया जाता था।
2. हठयोग क्रिया को सूफी सन्तों ने भी अपनाया था।

कूट

(a) केवल 1
(b) केवल 2
(c) 1 और 2 दोनों
(d) न तो 1 और न ही 2

9. सूची I सूची II से सुमेलित कर नीचे दिए गए कूट से सही उत्तर चुनिए UPPSC (Mains) 2013

	सूची I		सूची II
A.	ख्वाजा मुइनुद्दीन चिश्ती	1.	सुहरावर्दिया
B.	शेख अहमद सरहिन्दी	2.	कादिरिया
C.	दारा शिकोह	3.	चिश्तिया
D.	शेख शहाबुद्दीन	4.	नक्शबन्दिया

कूट

	A	B	C	D		A	B	C	D
(a)	2	4	3	1	(b)	2	3	4	1
(c)	3	4	2	1	(d)	1	2	3	4

10. सूफी मत के सन्दर्भ में निम्नलिखित में से कौन-सा/से कथन सही है/हैं?

1. सूफी मत वह रहस्यवादी प्रतिपादन था, जो इस्लाम के अन्दर विकसित हुआ।
2. सूफी दर्शन में सर्वशक्तिमान की खोज में विश्व प्रेम की बात कर धार्मिक सहिष्णुता के वातावरण पर विशेष बल दिया गया।
3. सूफियों ने बहुत जटिल दर्शन विकसित किया और बहुत कठिन प्रथाएँ शुरू कीं, जो लोगों के लिए दुरूह थीं।

कूट

(a) 1 और 2 (b) केवल 2
(c) केवल 3 (d) 1 और 3

11. सगुण भक्ति परम्पराओं के सम्बन्ध में निम्नलिखित में से कौन-सा/से कथन सही है/हैं?

1. सगुण भक्ति परम्पराएँ विशिष्ट देवताओं; जैसे—विष्णु या उनके अवतारों की आराधना पर केन्द्रित हैं।
2. सगुण भक्ति परम्पराओं में देव एवं देवताओं की अवधारणा मानवाकृतीय (मानवरूपी) रूपों में की जाती है।

कूट

(a) केवल 1
(b) केवल 2
(c) 1 और 2 दोनों
(d) न तो 1 और न ही 2

12. भक्ति आन्दोलन के बारे में निम्नलिखित में से कौन-सा/से कथन सही है/हैं?

1. भक्ति और सूफी सन्तों ने धीरे-धीरे हिन्दुत्व व इस्लाम के मूलभूत सिद्धान्तों की बेहतर समझ उत्पन्न की और इस तथ्य पर बल दिया कि उनमें बहुत समानताएँ हैं।
2. भक्ति और सूफी सन्त; यथा-नियम, रीतियों और अनुष्ठानों पर अपेक्षाकृत अधिक बल देते हुए धर्म के प्रति दृष्टिकोण में महत्त्वपूर्ण परिवर्तन भी लाए।
3. इन्होंने क्षेत्रीय भाषाओं व साहित्य की संवृद्धि में भी योगदान दिया।

उपरोक्त कथनों में से कौन-सा/से कथन सही नहीं है/हैं?

(a) 1 और 2
(b) केवल 2
(c) 2 और 3
(d) केवल 3

13. निम्न में से भक्ति सन्तों का सही तैथिक (कालानुक्रम) अनुक्रम चुनिए
UPPSC (Mains) 2014

(a) कबीर, गुरुनानक, चैतन्य, मीराबाई
(b) कबीर, चैतन्य, गुरुनानक, मीराबाई
(c) कबीर, मीराबाई, चैतन्य, गुरुनानक
(d) गुरुनानक, चैतन्य, मीराबाई, कबीर

14. निम्नलिखित युग्मों में से कौन-सा युग्म सही सुमेलित है?
UPPSC (Mains) 2005

(a) अद्वैतवाद - रामानुज
(b) विशिष्टाद्वैतवाद - शंकराचार्य
(c) द्वैतवाद - माध्वाचार्य
(d) द्वैताद्वैतवाद - वल्लभाचार्य

15. सन्त कवि कबीर से सम्बन्धित छन्दों का संग्रह निम्नलिखित में से किस/किन परम्परा/परम्पराओं में किया गया है?

1. बीजक वाराणसी वाला।
2. कबीर ग्रन्थावली राजस्थान वाला।
3. आदि ग्रन्थ साहिब।

कूट

(a) 1 और 2 (b) 1, 2 और 3 (c) 2 और 3 (d) केवल 3

16. भक्ति सन्त नामदेव के बारे में कौन-से कथन सत्य हैं?
HPSC (Pre) 2021

1. वे पण्ढरपुर के विट्ठल को पूजते थे।
2. वे गुजरात से थे।
3. वे दर्जी के पुत्र थे।
4. उन्होंने कई अभंग लिखे।

कूट

(a) 1, 2, 3 और 4 (b) 2, 3 और 4
(c) 1, 3 और 4 (d) 1, 2 और 3

17. सूची I को सूची II के साथ सुमेलित कीजिए और सूचियों के नीचे दिए गए कूट का प्रयोग करते हुए सही उत्तर का चयन कीजिए

सूची I	सूची II
A. वृन्दावन दास	1. शिवसंकीर्तन
B. कृष्णदास कविराज	2. चण्डीमंगल
C. मुकुन्दराम चक्रवर्ती	3. चैतन्यचरितामृत
D. रामेश्वर भट्टाचार्य	4. चैतन्यमंगल

कूट

	A	B	C	D
(a)	4	2	3	1
(b)	4	3	2	1
(c)	1	3	2	4
(d)	1	2	3	4

जानें सही उत्तर

1. (d)	2. (a)	3. (b)	4. (c)	5. (c)	6. (d)	7. (d)	8. (c)	9. (c)	10. (a)
11. (c)	12. (b)	13. (a)	14. (c)	15. (b)	16. (c)	17. (b)			

• अध्याय उन्नीस

मुगलकाल

"

भारत में मुगल वंश की स्थापना 1526 ई. में पानीपत के प्रथम युद्ध में दिल्ली सल्तनत के अन्तिम वंश 'लोदी वंश' के सुल्तान इब्राहिम लोदी की बाबर के हाथों पराजय के साथ हुई। बाबर के द्वारा स्थापित इस साम्राज्य को अकबर ने सुदृढ़ता प्रदान की, जिस कारण इसे मुगल साम्राज्य का वास्तविक संस्थापक माना जाता है।

मुगलकाल : राजवंश

- चौदहवीं सदी में तैमूर ने मध्य एशिया के क्षेत्र में एक विशाल साम्राज्य का निर्माण किया था, जो उसकी मृत्यु के पश्चात् छोटे-छोटे भागों में विभाजित हो गया था।
- **बाबर** भी तैमूर वंश से सम्बन्धित था, जो प्रारम्भ में फरगना का शासक था, परन्तु वहाँ इसे लगातार युद्धों का सामना करना पड़ा। अत: इसने अफगानिस्तान की ओर रुख किया, जहाँ इसने काबुल, कन्धार तथा समरकन्द के क्षेत्र जीते, परन्तु वह वहाँ अधिक समय तक शासन स्थापित नहीं कर सका और अन्तत: उसने दक्षिणी-पूर्वी एशिया अर्थात् भारत की ओर रुख किया।

मुगल वंश के शासक

बाबर (1526-1530 ई.)
↓
हुमायूँ (1530-1540, 1555-1556 ई.)
↓
अकबर (1556-1605 ई.)
↓
जहाँगीर (1605-1627 ई.)
↓
शाहजहाँ (1628-1658 ई.)
↓
औरंगजेब (1658-1707 ई.)

बाबर (1526-1530 ई.)

- भारत में मुगल वंश के संस्थापक बाबर का वास्तविक नाम **जहीरुद्दीन मुहम्मद बाबर** था। जहीरुद्दीन मुहम्मद बाबर का जन्म 14 फरवरी, 1483 ई. को ट्रान्स-ऑक्सियाना (मावराउन्नहर) की एक छोटी-सी रियासत फरगना में हुआ था।
- बाबर के पिता का नाम उमरशेख मिर्जा तथा माँ का नाम **कुतलुगनिगार खानम** था। तुर्की भाषा में बाबर का अर्थ—बाघ से है। अत: जहीरुद्दीन मुहम्मद अपनी आक्रामकता तथा निर्भिकता के कारण बाबर कहलाया।
- बाबर पितृ पक्ष की ओर से तैमूर का पाँचवाँ वंशज तथा मातृ पक्ष की ओर से चंगेज खाँ का चौदहवाँ वंशज था। बाबर ने जिस नवीन राजवंश की नींव रखी, वह तुर्की नस्ल का **चगताई वंश** था, जिसका नाम चंगेख खाँ के द्वितीय पुत्र के नाम पर पड़ा था, जिसे बाद में **मुगल वंश** कहा गया।

> बाबर अपने पिता की मृत्यु के बाद 11 वर्ष की अल्पायु में 1494 ई. में **फरगना** की गद्दी पर बैठा था। 1501 ई. में बाबर ने शैवानी खाँ को पराजित किया तथा समरकन्द पर अधिकार कर लिया।

- 1504 ई. में काबुल विजय के उपरान्त बाबर का काबुल और गजनी पर अधिकार हो गया। 1507 ई. में उसने **पादशाह** (बादशाह) की उपाधि धारण की। पादशाह से पूर्व **बाबर मिर्ज़ा** की पैतृक उपाधि धारण करता था।

बाबर का भारत पर आक्रमण

- बाबर का भारत पर आक्रमण मध्य एशिया में शक्तिशाली उज़्बेकों से बार-बार पराजय तथा शक्तिशाली सफवी एवं उस्मानी वंश के भय का प्रतिफल था।
- बाबर का भारत पर आक्रमण करने का मुख्य कारण धन की आवश्यकता भी थी, क्योंकि काबुल की आमदनी से वह सैनिकों की आवश्यकताओं को पूर्ण नहीं कर पा रहा था।
- तत्कालीन भारत राजनैतिक रूप से अत्यधिक अस्थिर था। इब्राहिम लोदी के सरदार उसके विरोधी हो गए थे। पंजाब के सरदार दौलत खाँ ने अपने बेटे दिलावर खाँ को बाबर के पास भारत पर आक्रमण करने का निमन्त्रण देने के लिए भेजा। दूसरी ओर राणा सांगा ने भी बाबर को आक्रमण के लिए प्रेरित किया।
- 1518-1519 ई. तक बाबर ने पहली बार **बाजौर** और **भेरा** के किले पर कब्जा कर लिया। यह युद्ध युसुफजाई जाति के विरुद्ध था। बाबर की आत्मकथा **बाबरनामा** के अनुसार इस युद्ध में तोप और बारूद का प्रयोग किया गया था।

> बाबर ने दूसरी बार सितम्बर, 1519 में पेशावर पर आक्रमण किया, परन्तु अधिकार नहीं कर सका। बदख्शाँ में उपद्रव की सूचना पाकर उसे वापस लौटना पड़ा। बाबर का **तीसरा आक्रमण** 1520 ई. में हुआ। इस बार उसने पुन: बाजौर तथा भेरा पर विजय प्राप्त की। **सियालकोट** एवं **सैय्यदपुर** पर भी उसका आधिपत्य हो गया।

- इसी समय बाबर को पंजाब के गवर्नर दौलत खाँ लोदी का भारत पर आक्रमण करने के लिए निमन्त्रण मिला, इसे स्वीकारते हुए वह पंजाब की ओर बढ़ा तथा उसने लाहौर, दीपालपुर एवं जालन्धर पर अधिकार कर लिया।
- लाहौर में ही बाबर ने इब्राहिम लोदी की सेना को पहली बार परास्त किया। बाबर ने चौथी बार 1525 ई. में पंजाब पर आक्रमण किया और दौलत खाँ लोदी को परास्त किया।

पानीपत का प्रथम युद्ध

- पानीपत का प्रथम युद्ध 21 अप्रैल, 1526 को बाबर और इब्राहिम लोदी के बीच हुआ तथा इस युद्ध में बाबर की विजय हुई। इस युद्ध में बाबर ने उज़्बेकों की **तुलूगमा युद्ध नीति** तथा तोपों को सजाने की **उस्मानी विधि** (रूमी विधि) का प्रयोग किया था। उस्मानी विधियों में दो गाड़ियों के बीच खाली स्थान में तोप को रखकर चलाया जाता था।
- बाबर ने तुलुगमा युद्ध नीति उज़्बेकों से ग्रहण की थी। उस्ताद अली और मुस्तफा खाँ नामक दो योग्य तुर्की अधिकारियों ने पानीपत के प्रथम युद्ध में बाबर के तोपखाने का नेतृत्व किया। इस युद्ध में इब्राहिम लोदी युद्धभूमि में मारा गया। बाबर ने इस जीत का श्रेय अपने तीरन्दाजों को दिया था।

> पानीपत के युद्ध में विजय के उपलक्ष्य में बाबर ने काबुल के प्रत्येक निवासी को एक-एक चाँदी का सिक्का दान में दिया था। अपनी उदारता के कारण बाबर को **कलन्दर** भी कहा जाता है।

खानवा का युद्ध

- राजपूतों के विरुद्ध लड़े गए खानवा के युद्ध का मुख्य कारण बाबर का भारत में रहने का निश्चय था। दूसरा, बाबर ने राणा सांगा पर आरोप लगाया कि उन्होंने भारत आने का निमन्त्रण दिया था, परन्तु इब्राहिम लोदी के विरुद्ध बाबर की सहायता नहीं की।
- राणा सांगा एवं बाबर के बीच शक्ति का प्रदर्शन आगरा से 40 किमी दूर खानवा नामक स्थान पर 16 मार्च, 1527 को हुआ। खानवा के युद्ध में राणा सांगा की ओर से हसन खाँ मेवाती, इब्राहिम लोदी का भाई महमूद लोदी, आलम खाँ लोदी तथा मेदिनी राय ने भाग लिया था।
- बाबर की आत्मकथा बाबरनामा में इस युद्ध की चर्चा मिलती है। इस कठिन परिस्थिति में धैर्य का सहारा लेते हुए बाबर ने खानवा युद्ध के समय अपने सैनिकों के मनोबल को बढ़ाने के लिए **जिहाद** (धर्म युद्ध) का नारा दिया।
- साथ ही मुस्लिमों पर से **तमगा** (एक प्रकार का सीमा कर) हटा दिया गया। इस युद्ध ने सैनकों में उत्साह उत्पन्न कर दिया तथा बाबर विजयी हुआ। बाबर ने खानवा के युद्ध में विजय प्राप्ति के बाद **गाजी की उपाधि** धारण की।

चन्देरी का युद्ध

- बाबर ने जनवरी, 1528 में चन्देरी पर आक्रमण किया। इसके पूर्व बाबर ने मेदिनी राय को अपने पक्ष में मिलाने एवं चन्देरी के बदले उन्हें शम्साबाद देने का प्रस्ताव रखा, परन्तु मेदिनी राय द्वारा प्रस्ताव ठुकराने के बाद उसने आक्रमण कर उसे पराजित कर दिया।
- इस युद्ध में राजपूत स्त्रियों ने **जौहर व्रत** का पालन किया।

घाघरा का युद्ध

- बाबर ने मई, 1529 में घाघरा के युद्ध में बिहार तथा बंगाल की संयुक्त अफगान सेना को पराजित किया, जिसका नेतृत्व महमूद लोदी कर रहा था।
- बाबर के साम्राज्य में काबुल, पंजाब व आधुनिक उत्तर प्रदेश का क्षेत्र शामिल था।

> 26 दिसम्बर, 1530 को बाबर ने हुमायूँ को अपना उत्तराधिकारी घोषित किया। 48 वर्ष की आयु में 26 दिसम्बर, 1530 को एक बीमारी से बाबर की मृत्यु हो गई। बाबर के शव को आगरा के **आराम बाग** में रखा गया तथा बाद में उसके शव को **काबुल** ले जाकर दफनाया गया, जहाँ बाद में उसका मकबरा बनाया गया।

प्रमुख योगदान

- कुषाणों के पश्चात् बाबर ही एक ऐसा शासक था, जिसका साम्राज्य काबुल से कन्धार तक विस्तृत था। मुगलों द्वारा लाई गई तोपों और बन्दूकों ने राज्य को नई शक्ति दी तथा केन्द्रीकरण को बढ़ावा दिया।

- बाबर ने अपनी आत्मकथा तुजुक-ए-बाबरी तुर्की भाषा में लिखी। तुजुक-ए-बाबरी को बाबरनामा भी कहा जाता है। पायन्दा खाँ तथा अब्दुर्रहीम खानखाना ने बाबर की आत्मकथा का फारसी में तथा श्रीमती बेवरिज ने अंग्रेजी में अनुवाद किया है।
- बाबर ने **मुबइयान** नामक एक पद्य शैली विकसित की थी। मुबइयान इस्लामी विधि की पुस्तक है। उसने तुर्की भाषा में एक दीवान (काव्य संग्रह) लिखा। उसने शेख उबैदुल्ला अहरार कृत वालिदिया रिसाला का छन्दबद्ध रूपान्तर किया।
- उसने अलंकार शास्त्र पर 'रिसाल-ए-उसज' की रचना की और **खत-ए-बाबरी** नामक एक नई शैली प्रारम्भ की। उसने भी सड़कों को मापने के लिए **गज-ए-बाबरी** का प्रयोग किया, जो जहाँगीर के समय तक चलता रहा। शाहरुख नामक चाँदी का सिक्का भी बाबर के द्वारा चलाया गया था।

> बाबर बागों को लगाने का बड़ा शौकीन था। उसने आगरा में ज्यामितीय विधि से एक बाग लगवाया, जिसे नूरे-अफगान कहा जाता था, परन्तु अब इसे **आराम बाग** कहा जाता है।

- गंजीफा (ताश का खेल) तथा इश्कबाजी (कबूतरों का खेल) नामक दो खेलों को बाबर द्वारा भारत लाया गया था। इश्कबाजी उसका प्रिय खेल था।

हुमायूँ (1530-40, 1555-56 ई.)

- हुमायूँ का पूरा नाम **नासिरुद्दीन मुहम्मद हुमायूँ** था। उसका जन्म 1508 ई. में काबुल में हुआ था। यह बाबर की तीन पत्नियों में से माहम बेगम का पुत्र था। इसकी बहन गुलबदन बेगम थी।
- **हुमायूँनामा** में लिखा गया है कि बाबर ने अपने राज्य का निर्माण हुमायूँ के लिए ही किया था। 12 वर्ष की छोटी आयु में ही उसे बदख्शाँ के प्रशासन की देखभाल के लिए नियुक्त किया गया।
- बाबर की मृत्यु के पश्चात् नासिरुद्दीन मुहम्मद हुमायूँ 23 वर्ष की आयु में 30 दिसम्बर, 1530 को हिन्दुस्तान के सिंहासन पर बैठा।
- उसने अपने साम्राज्य का विभाजन करते हुए भाई कामरान को काबुल एवं कन्धार, अस्करी को सम्भल तथा हिन्दाल को मेवात की जागीर दी। हालाँकि कुछ समय पश्चात् कामरान ने लाहौर और मुल्तान का क्षेत्र जीत लिया था।

हुमायूँ की कठिनाइयाँ

- हुमायूँ के राज्याभिषेक के पश्चात् उसे अत्यधिक कठिनाइयों का सामना करना पड़ा, जिसमें सबसे प्रमुख उसके भाइयों द्वारा उसका साथ न देना था। अफगान भी हुमायूँ के सबसे बड़े शत्रु थे। अफगान बाबर के समय से ही मुगल साम्राज्य के लिए एक बड़ी समस्या थे।
- बाबर ने मुगल राजवंश स्थापित तो किया, परन्तु वह राजवंश को स्थायी आधार न प्रदान कर सका। इसी के विरोध में **मेलसन** ने कहा है कि "जब बाबर की मृत्यु हुई, तो पूर्वकालीन मुसलमान-राजवंशों की भाँति मुगल राजवंश की जड़ें भी भारतीय भूमि पर टिक नहीं सकी थीं।"
- अपने भाइयों को साम्राज्य में हिस्सा देना हुमायूँ की सबसे बड़ी भूल थी। दिल्ली में मुगलों की स्थापना के पश्चात् बाबर द्वारा अपने सैनिकों को अत्याधिक धन दिया गया। पानीपत के युद्ध के पश्चात् बाबर द्वारा काबुल की जनता को चाँदी के सिक्के दिए गए थे। बाबर के पश्चात् हुमायूँ ने भी राज्याभिषेक के पश्चात् अपव्ययों पर नियन्त्रण नहीं रखा, जिसके कारण वित्तीय अस्थिरता उत्पन्न हो गई थी।
- हुमायूँ के सामने राजपूत भी एक बड़ी समस्या थे, क्योंकि राणा सांगा का पुत्र **रतन सिंह** भारत से मुगलों को बाहर निकालने के लिए प्रयासरत् था।

> हुमायूँ की सबसे बड़ी कठिनाई उसके अफगान शत्रु थे। हुमायूँ का समकालीन शत्रु अफगान शेरखाँ था, जो **शेरशाह सूरी** के नाम से विख्यात था।

- बंगाल के शासक नुसरतशाह के सहयोग से इब्राहिम लोदी का भाई महमूद लोदी अपने पैतृक राज्यों को प्राप्त करना चाहता था। गुजरात शासक की सहायता से इब्राहिम लोदी का चाचा **आलम खाँ** भी दिल्ली पर अधिकार करना चाहता था।
- बिहार में शेरखाँ भी स्वतन्त्र राज्य स्थापित करने का प्रयास कर रहा था।

हुमायूँ के सैन्य अभियान

हुमायूँ के सैन्य अभियान निम्नलिखित हैं

- **कालिंजर अभियान** (1531 ई.) हुमायूँ ने अपना पहला आक्रमण 1531 ई. में कालिजर राज्य पर किया। इस समय कालिंजर का शासक प्रताप रुद्रदेव था। कालिंजर के शासक प्रताप रुद्रदेव ने हुमायूँ की अधीनता स्वीकार कर ली, यद्यपि मुगलों ने इसे सीधे अपने नियन्त्रण में नहीं लिया, जिसे हुमायूँ की कमजोरी माना गया।
- **दौरहा अथवा दौहरिया या दौरा का युद्ध** (1532 ई.) इस युद्ध में जौनपुर के निकट गोमती नदी के तट पर हुमायूँ ने महमूद लोदी के नेतृत्व वाली अफगान सेना को हराकर जौनपुर क्षेत्र पर अधिकार कर लिया।
- **चुनार का प्रथम घेरा** (1532 ई.) चुनार के मजबूत किले पर शेरखाँ का अधिकार था। 4 माह के घेरे के पश्चात् एक समझौते के अन्तर्गत किला शेरखाँ के ही अधिकार में छोड़ दिया गया और बदले में शेरखाँ का पुत्र कुतुब खाँ एक सैन्य टुकड़ी के साथ हुमायूँ की सेवा में भेज दिया गया।
- **बहादुरशाह से संघर्ष** (1535-36 ई.) गुजरात का शासक बहादुरशाह एक योग्य एवं महत्त्वाकांक्षी शासक था। उसने मालवा (1531 ई.) तथा रायसीन (1532 ई.) पर अधिकार कर लिया था, साथ ही उसने अजमेर भी जीत लिया और 1534 ई. में चित्तौड़ को सन्धि के लिए बाध्य कर दिया। यद्यपि बहादुरशाह ने तुर्की मूल के तोपची रूमी खाँ की सहायता से तोपखाना भी तैयार किया था, परन्तु यह निष्फल रहा और मालवा एवं गुजरात के बड़े भागों (क्षेत्र) पर मुगलों का अधिकार हो गया।

> हुमायूँ ने गुजरात का प्रबन्ध अस्करी को सौंप दिया था, जो अयोग्य सिद्ध हुआ और शीघ्र गुजरात मुगलों के हाथों से निकल गया। कुछ समय पश्चात् पुर्तगालियों की सहायता से **बहादुरशाह** ने गुजरात व मालवा पर अधिकार कर लिया था, परन्तु 1537 ई. में बहादुरशाह की आकस्मिक मृत्यु हो गई।

- **चुनार का दूसरा घेरा** (1537 ई.) हुमायूँ ने चुनार (पूर्व का द्वार) पर अधिकार कर लिया, यद्यपि शेरशाह के पुत्र कुतुब खाँ ने उसे योजनाबद्ध तरीके से लगभग छ: महीने तक रोके रखा था, किन्तु बाद में हुमायूँ ने चुनार दुर्ग पर कब्जा कर लिया।
- **बंगाल विजय** (1538 ई.) जब हुमायूँ चुनार के घेरे में व्यस्त था, तब शेरखाँ ने बंगाल जीतकर वहाँ का खजाना लूट लिया और जब हुमायूँ बंगाल पहुँचा, तो शेरखाँ वहाँ से जा चुका था। हुमायूँ को गौड़ में विनाशलीला एवं शवों के ढेर दिखाई दिए। हुमायूँ ने गौड़ का पुनर्निर्माण करके उसका नाम जन्नताबाद रखा।
  बंगाल विजय के पश्चात् हुमायूँ आमोद-प्रमोद में व्यस्त हो गया। दूसरी ओर शेरखाँ मुगल क्षेत्रों को विजित करने में लगा रहा, उधर हिन्दाल ने आगरा पर कब्जा करके स्वयं को बादशाह घोषित कर दिया। बंगाल से लौटते समय शेरखाँ ने हुमायूँ का मार्ग अवरुद्ध कर दिया। परिणामस्वरूप शेरखाँ से उसका संघर्ष हुआ।

> **चौसा का युद्ध** (27 जून, 1539) कर्मनासा नदी के तट पर चौसा नामक स्थान पर शेरखाँ के नेतृत्व में अफगानों ने हुमायूँ की सेना को बुरी तरह हराया। हुमायूँ ने निजाम नामक भिश्ती की सहायता से जान बचाई। बदले में हुमायूँ ने उसे एक दिन के लिए बादशाह बना दिया और भिश्ती के नाम के चमड़े के सिक्के ढलवाए।

- **बिलग्राम का युद्ध** (17 मई, 1540) कन्नौज के निकट बिलग्राम नामक स्थान पर गंगा नदी के तट पर शेरशाह ने पुन: मुगलों को परास्त कर दिया। हुमायूँ किसी तरह जान बचा पाया तथा ईरान की ओर पलायन कर गया तथा दिल्ली की गद्दी पर शेरशाह का अधिकार हो गया।

हुमायूँ के असफल होने के कारण

हुमायूँ के असफल होने के निम्नलिखित कारण थे

- हुमायूँ के पिता बाबर ने अपनी मृत्यु से पहले हुमायूँ को अपने भाइयों के मध्य साम्राज्य में समान भागीदारी की बात कही थी, जिसका हुमायूँ द्वारा पालन भी किया गया था, जोकि उस समय गलत सिद्ध हुआ, क्योंकि उस समय मुगल साम्राज्य को एकसाथ लेकर चलने का समय था, न कि आपस में बाँटने का।
- हुमायूँ के भाई लगातार दिल्ली की गद्दी के लिए भी संघर्ष कर रहे थे, जिसके कारण वे हुमायूँ की सहायता के लिए भी उपलब्ध नहीं होते थे, जो हुमायूँ के असफल होने के प्रमुख कारणों में से एक था।
- **शेरशाह** की शक्ति की उपेक्षा भी हुमायूँ के लिए गलत सिद्ध हुई। यदि हुमायूँ 1532 ई. में चुनार के युद्ध में शेरशाह को पराजित कर उसकी शक्ति समाप्त कर देता, तो शेरशाह भविष्य में उसके लिए चुनौती उत्पन्न नहीं कर पाता।
- विलासितापूर्ण जीवन हुमायूँ के असफल होने में मुख्य कारण था। उसके विलासितापूर्ण होने के कारण ही गुजरात के शासक बहादुरशाह ने पुन: गुजरात पर अधिकार प्राप्त कर लिया था।
- हुमायूँ ने कभी भी स्थिति के अनुसार कार्य नहीं किया। चौसा के युद्ध में शिविरों में पानी भरने की समस्या को उसने गम्भीर रूप से नहीं लिया, जिस कारण इस समस्या का सामना उसने बिलग्राम के युद्ध में भी किया था।

> दिल्ली तथा आगरा पर शेरशाह के अधिकार के पश्चात् वह सिन्ध होते हुए, ईरान के शाह के पास पहुँच गया। निर्वासित कार्यकाल में उसने मीर अली अकबर की पुत्री **हमीदा बानो बेगम** से विवाह किया, जिसने 1542 ई. में मुगलकाल के सबसे प्रतापी राजा अकबर को अमरकोट में जन्म दिया।

हुमायूँ द्वारा पुन: राज्य प्राप्ति

- प्रारम्भ में हुमायूँ वर्षों तक सिन्ध, राजस्थान में भटकता रहा। 1543 ई. में वह ईरान गया और शिया बनने की शर्त पर ईरान के शाह से सैन्य सहायता प्राप्त की। 1545 ई. में हुमायूँ ने काबुल और कन्धार पर अधिकार कर लिया।
- शेरशाह के उत्तराधिकारी इस्लाम शाह की मृत्यु के पश्चात् उसने पुन: भारत विजय के लिए सोचा। हिन्दुस्तान पर पुन: अधिकार करने के लिए हुमायूँ ने 5 दिसम्बर, 1554 को पेशावर तथा लाहौर पर अधिकार कर लिया।
- 15 मई, 1555 में मच्छीवाड़ा नामक स्थान पर मुगलों एवं अफगान सरदार हैबत खाँ एवं तातार खाँ के मध्य हुए संघर्ष में हुमायूं की विजय हुई। इस प्रकार सम्पूर्ण पंजाब पर मुगलों का अधिकार हो गया था।
- भारत विजय के अपने अगले प्रयास में हुमायूँ की सेना और अफगानों की सेना के बीच **सरहिन्द** नामक स्थान पर 22 जून, 1555 को युद्ध हुआ। इस युद्ध में अफगान सेना का नेतृत्व सुल्तान सिकन्दर शाह सूर एवं मुगल सेना का नेतृत्व बैरम खाँ ने किया। इस युद्ध में अफगानों की पराजय हुई।
- सरहिन्द विजय के पश्चात् 23 जुलाई, 1555 में हुमायूँ एक बार फिर से दिल्ली के तख्त पर बैठा, किन्तु वह बहुत दिनों तक जीवित नहीं रह सका।
- दिल्ली में **दीनपनाह** भवन में स्थित पुस्तकालय की सीढ़ियों से गिरकर जनवरी, 1556 में हुमायूँ हो गई।

> **हुमायूँ के चरित्र का मूल्यांकन**
>
> - हुमायूँ की कब्र वास्तुकार मिर्ज़ा गियास बेग द्वारा बनाई गई थी, जो ईरानी संस्कृति से प्रभावित थी। इसका निर्माण उसकी बेगम **हमीदा बानो** द्वारा कराया गया था। वर्तमान में यह मकबरा दिल्ली में स्थित है।
> - हुमायूँ ज्योतिष पर अधिक विश्वास करता था तथा सप्ताह के सातों दिन अलग-अलग रंग के वस्त्र पहनता था। वह सोमवार को सफेद शनिवार को काले तथा रविवार को पीले रंग के कपड़े पहनता था। **लेनपूल** के अनुसार, "हुमायू जिन्दगी भर लुढ़कता रहा और अन्तत: लुढ़ककर ही मर गया।"

शेरशाह सूरी (1540-1545 ई.)

- शेरशाह का वास्तविक नाम **फरीद** था, इसका जन्म 1472 ई. (कुछ इतिहासकारों के अनुसार 1486 ई.) में नारनौल अथवा बजवाड़ा में हुआ था। इसका पिता हसन सूर सहसराम खवासपुर तथा टाण्डा का इक्तादार था। इन परगनों पर शासन करके शेरशाह ने 1497-1518 ई. तक प्रशासन एवं राजव्यवस्था का वास्तविक अनुभव प्राप्त किया।
- शेरशाह द्वारा एक शेर को मार डालने के कारण दक्षिण बिहार के सूबेदार बहार खाँ लोहनी ने उसे **शेरखाँ** की उपाधि दी थी।
- 1528 ई. में चन्देरी के युद्ध में वह बाबर की सेना में शामिल हुआ था, परन्तु 1529 ई. में शेरखाँ ने महमूद लोदी की ओर से मुगलों के विरुद्ध घाघरा के युद्ध में भाग लिया था।
- 1539 ई. में चौसा के युद्ध में हुमायूँ को पराजित करने के बाद शेरखाँ ने **शेरशाह सुल्तान-ए-आदिल** की उपाधि धारण की और अपने नाम का खुतबा पढ़वाया तथा अपने नाम के सिक्के भी जारी किए। 17 मई, 1540 को कन्नौज या बिलग्राम के युद्ध में हुमायूँ की पराजय हुई।
- शेरशाह ने अपने साम्राज्य का विस्तार पूर्व में बंगाल तक तथा पश्चिम में सिन्ध तक किया था।

> **शेरशाह सूरी का राज्याभिषेक**
>
> शेरशाह ने चौसा में 1539 ई. में तथा बिलग्राम (कन्नौज) में 1540 ई. में हुमायूँ को परास्त कर दिल्ली का सिंहासन प्राप्त किया। इस प्रकार उसने 1540 ई. में उत्तर भारत में सूरवंश अथवा **द्वितीय अफगान साम्राज्य** की स्थापना की।

शेरशाह के सैन्य अभियान

- गद्दी प्राप्त करने के पश्चात् शेरशाह ने सर्वप्रथम 1541 ई. में उत्तर-पश्चिम सीमा में गक्खरों पर आक्रमण किया, ताकि मुगलों को भारत में प्रवेश करने से रोका जा सके, परन्तु शेरशाह गक्खरों को पूर्णतः दबा नहीं सका।
- शेरशाह ने अपनी उत्तर-पश्चिम सीमा को सुरक्षित करने के लिए वहाँ पर टोडरमल के निर्देशन में **रोहतासगढ़** नामक किला बनवाया। 1542 ई. में शेरशाह ने मालवा पर आक्रमण कर उसे अपने साम्राज्य में सम्मिलित कर लिया था।
- शेरशाह ने 1543 ई. में रायसीन पर आक्रमण करके धोखे से वहाँ के शासक पूरणमल की हत्या कर दी, इसके पश्चात् राजपूत स्त्रियों ने जौहर कर लिया। इस घटना से लज्जित होकर शेरशाह के पुत्र कुतुब खाँ ने आत्महत्या कर ली।
- 1544 ई. में शेरशाह ने मारवाड़ पर आक्रमण किया तथा जाली पत्रों की कूटनीति के माध्यम से मारवाड़ के शासक **मालदेव** की सेना में फूट डाल दी, परिणामतः राजपूत थोड़े से सैनिकों के साथ लड़े और पराजित हुए। यह शेरशाह का सबसे कठिन अभियान था।
- मारवाड़ पर आक्रमण के दौरान **जैता** एवं **कुम्पा** की वीरता को देखकर शेरशाह ने कहा था कि "मुट्ठी भर बाजरे के लिए मैंने हिन्दुस्तान का साम्राज्य गँवा दिया होता।"

> 1545 ई. में शेरशाह ने कालिंजर पर अपना अन्तिम आक्रमण किया, जिसका शासक **कीरत सिंह** था। इस अभियान के दौरान जब वह उक्का नामक आग्नेयास्त्र चला रहा था, तो उसी दौरान किले की दीवार से टकराकर एक गोला पास रखे बारूद के ढेर पर आ गिरा, जिसमें आग लग जाने से 22 मई, 1545 ई. को उसकी मृत्यु हो गई, परन्तु कालिंजर पर उसका अधिकार हो गया।

शेरशाह सूरी का प्रशासन

- मध्यकालीन भारत के महानतम शासकों में शेरशाह सूरी की गणना की जाती है। इसका प्रमुख कारण शेरशाह की उत्तम शासन व्यवस्था थी।
- शेरशाह का मॉडल कुछ सीमा तक अलाउद्दीन खिलजी के मॉडल से प्रभावित था और इस मॉडल ने अकबर के मॉडल को प्रभावित किया था।

केन्द्रीय प्रशासन

शेरशाह के प्रशासन की विशेषता उसका अत्यधिक केन्द्रीकृत होना था। शेरशाह स्वयं प्रशासन की धुरी था एवं स्वयं ही सभी महत्त्वपूर्ण कार्य करता था।

प्रान्तीय प्रशासन

शेरशाह ने अपने साम्राज्य को प्रान्तों में विभक्त किया, जिन्हें **सूबा** भी कहा जाता था, जिसका सर्वोच्च अधिकारी (सूबेदार) राजा का पुत्र, मित्र तथा घनिष्ठ व्यक्ति होता था।

> **शेरशाह सूरी के प्रशासनिक विभाग**
>
> शेरशाह के अन्तर्गत निम्न प्रशासनिक विभाग महत्त्वपूर्ण थे
>
> - **दीवान-ए-आरिज** यह एक सैन्य विभाग था। शेरशाह ने दाग एवं हुलिया पद्धति को पुनर्जीवित किया। इसका प्रमुख आरिज-ए-मुमालिक होता था।
> - **दीवान-ए-इंशा** यह एक पत्राचार से सम्बन्धित विभाग था।
> - **दीवान-ए-कजा** यह एक न्याय विभाग था। इसका प्रमुख काजी था।
> - **दीवान-ए-रिसालत** यह एक धर्म से सम्बन्धित विभाग था।
> - **दीवान-ए-बरीद** यह एक गुप्तचर विभाग था, जिसका प्रमुख बरीद-ए-मुमालिक था।
> - **दीवान-ए-वजारत** यह आर्थिक विभाग से सम्बन्धित एक विभाग था। इस विभाग का प्रमुख वजीर होता था, जिसका पद प्रधानमन्त्री के समान था।

स्थानीय प्रशासन व्यवस्था

- शेरशाह के स्थानीय शासन की तीन प्रमुख भाग-सरकार, परगना तथा ग्राम थे।
- शेरशाह ने अपने सम्पूर्ण साम्राज्य को 47 सरकारों में विभाजित किया था। बंगाल सूबे को 19 सरकारों में बाँट दिया गया था।
- प्रत्येक सरकार को एक सैनिक अधिकारी (शिकदार) के नियन्त्रण में छोड़ दिया गया था। उसकी सहायता के लिए एक असैनिक अधिकारी **अमीर-ए-बंगाल** की नियुक्ति होती थी।

- इसके शासन में शिकदार-ए-शिकदारान एक सैनिक अधिकारी होता था। यह सामान्य प्रशासन के लिए उत्तरदायी होता था। मुन्सिफ-ए-मुन्सिफान मुख्यतया एक न्यायिक अधिकारी होता था।

परगने का शासन

- प्रत्येक सरकार अनेक परगनों में बँटी होती थी, जिसमें एक शिकदार, एक मुन्सिफ, एक फोतदार (खजाँची) तथा दो कारकून होते थे।
- मुन्सिफ का कार्य दीवानी मुकदमों का निर्णय करना तथा भूमि की माप एवं लगान की व्यवस्था करना था।

ग्राम प्रशासन

- प्रशासन की सबसे छोटी इकाई ग्राम होती थी। एक परगने में अनेक ग्राम होते थे।
- शेरशाह ने गाँव की परम्परागत व्यवस्था में कोई परिवर्तन नहीं किया। गाँव के परम्परागत **मुखिया**, **चौकीदार**, **पटवारी** को सरकार स्वीकार करती थी।
- ग्राम पंचायत ही गाँव की सुरक्षा, शिक्षा और सफाई आदि का प्रबन्ध करती थी।

भू-राजस्व प्रशासन

- भू-राजस्व प्रशासन में भी शेरशाह के मॉडल ने अकबर के मॉडल को प्रभावित किया। शेरशाह से पूर्व अलाउद्दीन खिलजी एवं सिकन्दर लोदी ने भूमि माप की प्रणाली अपनाई थी। शेरशाह के भू-राजस्व सुधार के निम्न उद्देश्य थे
  - उत्पादन में वृद्धि
  - रैयतों की सुरक्षा
  - राजकीय आय में वृद्धि
- शेरशाह ने इस सुधार की प्रक्रिया हेतु **अहमद खाँ** नामक अधिकारी को अधिकृत किया। अहमद खाँ ने हिन्दू ब्राह्मणों की सहायता से भूमि की माप कराई और कृषि भूमि का एक दस्तावेज तैयार किया। भूमि माप में शेरशाह ने माप की इकाई के रूप में **गज-ए-सिकन्दरी** का प्रयोग किया, जो 39 अँगुल या 32 इंच या 3/4 मी की सन की रस्सी होती थी।

> शेरशाह की भूमि माप की पद्धति **जब्ती पद्धति** कहलाती है। जब्ती पद्धति **टोडरमल पद्धति** के नाम से भी जानी जाती थी, क्योंकि टोडरमल को इस प्रणाली का जनक माना जाता है।

- प्रत्येक किसान को पट्टा दिया जाता था और उससे कबूलियत लिखवाई जाती थी। पट्टे में जमीन के स्वामी का नाम आदि स्पष्ट किए जाते थे। कबूलियत में यह बात स्पष्ट की जाती थी कि सम्बन्धित किसानों को कितना राजस्व प्रदान करना है।
- शेरशाह के समय में **रैयतवाड़ी व्यवस्था** के अन्तर्गत किसानों से सीधा लगान लिया जाता था।
- शेरशाह के समय भू-राजस्व की दर कुल उत्पादन का एक-तिहाई थी। शेरशाह ने अनाजों की दर तालिका तैयार कराई, जिसे **रय** के नाम से जाना जाता है।
- दर निर्धारण के लिए आस-पास के क्षेत्रों के मूल्य को आधार बनाया जाता था। किसानों को यह विकल्प दिया गया था कि वे अनाज या नकद में भू-राजस्व अदा कर सकते हैं।

> भू-राजस्व के अतिरिक्त कुछ अन्य प्रकार के कर भी लिए जाते थे। भूमि माप के अधिकारी एवं भू-राजस्व वसूल करने वाले अधिकारी को वेतन देने के लिए **जरीबाना** और **मुहासिलाना** नामक कर भी लगाया जाता था। जरीबाना उत्पादन का 2.5% तथा मुहासिलाना उत्पादन का 5% होता था।

गुप्तचर प्रणाली

- शेरशाह की गुप्तचर प्रणाली अत्यन्त कुशल थी। उसने सभी प्रमुख नगरों तथा केन्द्रों में भी गुप्तचरों को नियुक्त किया था।
- इन गुप्तचरों ने भी शेरशाह को तुरन्त सूचना भेजने के लिए सरायों में डाक चौकियों की व्यवस्था की, जहाँ दो घोड़े हमेशा उपलब्ध रहते थे। शेरशाह के सकल प्रशासन में उसकी गुप्तचर प्रणाली का महत्त्वपूर्ण योगदान था।

सैन्य प्रशासन

- शेरशाह ने विशाल केन्द्रीय सेना रखी। वह स्वयं प्रधान सेनापति था और स्वयं सैनिकों की भर्ती करता था। **दाग** (घोड़ों को दागने की युक्ति) तथा हुलिया (सैनिक का हुलिया लिखना) का सख्ती से पालन होता था। सैनिकों एवं सरदारों को मुख्यत: जागीर के माध्यम से वेतन दिया जाता था। वेतन का अधिकार सैन्य योग्यता थी।
- शेरशाह ने सैनिकों को कठोर अनुशासन में रखा। यद्यपि सैनिकों की पदोन्नति भी शेरशाह स्वयं ही करता था। शेरशाह की सेना के चार अंग थे
  - घुड़सवार सैनिक, जिनकी संख्या 1,50,000 थी।
  - पदाति सैनिक, जिनकी संख्या 25,000 थी।
  - हस्ति सेना, जिसमें **अब्बास खाँ** के अनुसार, 5000 हाथी थे।
  - बन्दूकचियों की संख्या 50,000 बताई गई।

निर्माण कार्य

- शेरशाह ने अनेक सड़कों का निर्माण कराया एवं पुरानी सड़कों की मरम्मत कराई। ये निम्न हैं
  - बंगाल में सोनारगाँव से शुरू होकर दिल्ली, लाहौर होते हुए पंजाब में अटक तक पहली सड़क बनवाई। इस सड़क मार्ग को ही **ग्राण्ड ट्रंक रोड** कहा जाता है। यह नाम लार्ड ऑकलैण्ड के द्वारा सम्बोधित किया गया। इसी सड़क को **सड़क-ए-आजम** भी कहा जाता था।
  - आगरा से बुरहानपुर तक।
  - आगरा से जोधपुर होती हुई चित्तौड़ तक।
  - लाहौर से मुल्तान तक।
- शेरशाह ने शिकदारों के अधीन 1700 सरायों का निर्माण कराया, जिनमें हिन्दुओं और मुसलमानों के ठहरने की अलग-अलग व्यवस्था थी।

> **शिकदार** सराय की देखभाल का प्रमुख अधिकारी होता था। इतिहासकार तथा कानूनगो ने सरायों को "साम्राज्य रूपी शरीर की धमनियाँ कहा हैं।

मुद्रा व्यवस्था

- शेरशाह ने उस समय प्रचलित मिश्र धातु के घटिया सिक्कों के स्थान पर चाँदी का रुपया, (180 ग्रेन) और ताँबे का दाम (380 ग्रेन) चलाए। चाँदी का रुपया सर्वप्रथम शेरशाह ने ही चलाया था।
- शेरशाह के शासनकाल में चाँदी के रुपये एवं ताँबे के दाम का अनुपात 1:64 था। इसके साम्राज्य में सिक्का ढालने की 23 टकसालें थीं। सिक्कों पर शेरशाह का नाम, पद और टकसाल का नाम **अरबी** एंव या **नागरी लिपि** में अंकित किया गया था।

> **स्मिथ** के अनुसार, "यह रुपया वर्तमान ब्रिटिश मुद्रा-प्रणाली का आधार है।"

शेरशाह सूरी द्वारा निर्मित भवन व इमारतें

- शेरशाह ने अपने साम्राज्य की उत्तर-पश्चिम सीमा को सुरक्षित रखने के लिए **रोहतासगढ़** के किले का निर्माण कराया। **सासाराम** का मकबरा शेरशाह ने अपने जीवनकाल में ही बनवाया था। यह एक झील के मध्य में स्थित है। कनिंघम ने शेरशाह के मकबरे को ताजमहल से भी सुन्दर माना है।
- उसने कन्नौज के पुराने नगर को नष्ट कर **शेर सूर** नामक नए नगर का निर्माण कराया। दिल्ली में उसने हुमायूँ द्वारा निर्मित **दीनपनाह** को तुड़वाकर उसके ध्वंसावशेषों पर पुराने किले का निर्माण कराया। इस किले के अन्दर **किला-ए-कुहना** नामक मस्जिद बनवाई गई।

शेरशाह सूरी का उत्तराधिकारी

- शेरशाह के पश्चात् उसका उत्तराधिकारी उसका पुत्र **जलाल खाँ** हुआ। जलाल खाँ ने **इस्लामशाह** के नाम से शासन किया।
- इस्लामशाह का उत्तराधिकारी **फिरोज** था, परन्तु उसके चाचा मुबारिज खाँ ने उसकी हत्या कर दी और स्वयं **आदिलशाह सूर** के नाम से शासक बन गया। इसी आदिलशाह के प्रधानमन्त्री हेमू को अकबर ने पानीपत के दूसरे युद्ध में हराया था।
- 1555-56 ई. तक हुमायूँ उत्तर भारत का एक बड़ा भाग (क्षेत्र) अफगानों से छीनकर दिल्ली में मुगल राजवंश को पुन: प्रतिष्ठित करने में सफल हो गया।

शेरशाह सूरी का मूल्यांकन

- शेरशाह महान विजेता तथा प्रशासक था। नि:सन्देह रचनात्मक प्रतिभा में अकबर के बाद शेरशाह का स्थान है।
- शेरशाह सूरी ने समन्वयनीति के अन्तर्गत हिन्दू और मुस्लमानों को समान अधिकार एवं दर्जा दिया। उसके अधिकतर कार्य जनकल्याण से सम्बन्धित थे।

> शेरशाह की नीति को आगे चलकर अकबर द्वारा भी अपनाया गया था। **अब्बास खाँ शेरवानी** के अनुसार, "शेरशाह बुद्धिमत्ता और अनुभव में दूसरा हैदर था।"

सूर साम्राज्य के पतन के कारण

- शेरशाह के **अयोग्य उत्तराधिकारी** सूर वंश के पतन के प्रमुख कारण थे।
- शेरशाह के उत्तराधिकारियों का **समाज से अलगाव** भी सूर साम्राज्य के पतन का एक प्रमुख कारण था, जिससे जनता का शासन के प्रति सम्मान कम हुआ।
- **अफगान शासकों के मध्य संघर्ष** ने साम्राज्यों को तोड़ने का कार्य किया। हुमायूँ ने इन्हीं परिस्थितियों का लाभ उठाकर द्वितीयक अफगान साम्राज्य का अन्त कर मुगल साम्राज्य को पुन: स्थापित किया।

अकबर (1556-1605 ई.)

- जलालुद्दीन मुहम्मद अकबर का जन्म 15 अक्टूबर, 1542 को अमरकोट के शासक **राणा वीरसाल** के यहाँ हमीदा बानो बेगम के गर्भ से हुआ था। **हमीदा बानो बेगम** हुमायूँ की फारसिया पत्नी थी।
- 1551 ई. में नौ वर्ष की अवस्था में अकबर को गजनी की सूबेदारी दी गई। हुमायूँ ने हिन्दुस्तान की पुनर्विजय के समय मुनीम खाँ को अकबर का संरक्षक नियुक्त किया। सरहिन्द के युद्ध के बाद हुमायूँ ने अकबर को युवराज घोषित किया।
- दिल्ली पर अधिकार करने के बाद हुमायूँ ने अकबर को लाहौर का गवर्नर नियुक्त किया। साथ ही अकबर के संरक्षक मुनीम खाँ को अपने दूसरे पुत्र मिर्जा हकीम का संरक्षक नियुक्त कर **बैरम खाँ** को अकबर का संरक्षक नियुक्त किया।

> अकबर ने हुमायूँ की मृत्यु के बाद कलानौर में बैरम खाँ की देख-रेख में अपना राज्याभिषेक किया। बैरम खाँ को उसने वकील अर्थात् वजीर नियुक्त किया। हुमायूँ की मृत्यु के पश्चात् सूरवंशी आदिल खाँ के प्रधानमन्त्री हेमू ने दिल्ली और आगरा पर पुन: अधिकार कर लिया था।

पानीपत का द्वितीय युद्ध

- हेमू और अकबर की सेना के बीच 5 नवम्बर, 1556 को पानीपत का द्वितीय युद्ध लड़ा गया, जिसमें हेमू मारा गया। इसके पश्चात् अकबर आगरा और दिल्ली का शासक नियुक्त हुआ। हेमू उर्फ हेमचन्द्र मूलत: रेवाड़ी का एक बनिया था।
- हेमू ने जब तारदी बेग को पराजित किया और कुछ समय के लिए दिल्ली पर अधिकार कर लिया, तो स्वयं **विक्रमादित्य** की उपाधि धारण कर स्वतन्त्र शासक बन गया। विक्रमादित्य की उपाधि धारण करने वाला वह 14वाँ शासक था।

बैरम खाँ (1556-1560 ई.)

- हुमायूँ ने जब अकबर को पंजाब का सूबेदार बनाया था, तो उसी समय उसने अपने वफादार बैरम खाँ को अकबर का संरक्षक नियुक्त किया था।
- 1556 से 1560 ई. के बीच शासन सूत्र अधिकतम सीमा तक बैरम खाँ के हाथों में था। बैरम खाँ वकील के पद पर था और अधिकांश शक्तियाँ उसने अपने हाथों में रखी थीं।

- फारस के शिया सम्प्रदाय से सम्बन्धित बैरम खाँ को उसकी ईमानदारी के लिए **खान-ए-खाना** की उपाधि से सम्मानित किया गया था।
- बैरम खाँ के नेतृत्व में अकबर ने पानीपत, ग्वालियर, जौनपुर तथा चुनार आदि क्षेत्रों पर विजय प्राप्त की थी। अकबर के सुन्नी अधिकारियों का आरोप था कि बैरम खाँ अपने शिया सम्बन्धियों को बेहतर पद और जागीर बाँटता था। साथ ही राज्य पर स्वतन्त्रतापूर्वक शासन करना चाहता था।
- अकबर ने एक आदेश जारी कर बैरम खाँ को अपदस्थ कर दिया। मुगल सेना ने तिलवाड़ा के निकट युद्ध में उसे पराजित कर दिया, जिसमें बैरम खाँ ने आत्मसमर्पण कर दिया। अकबर ने उसके सामने तीन प्रस्ताव रखे
    - वह चाहे, तो काल्पी एवं चन्देरी का सूबेदार बन जाए।
    - वह बादशाह के व्यक्तिगत सलाहकार के रूप में दरबार में रहे।
    - वह मक्का चला जाए।
- बैरम खाँ ने मक्का जाने का निश्चय किया, परन्तु वह मक्का न पहुँच सका। गुजरात में अफगानों के दल ने उस पर आक्रमण कर दिया और **मुबारक खाँ** नामक व्यक्ति (जिसके पिता को बैरम खाँ ने मच्छीवाड़ा के युद्ध में मार दिया था) ने बैरम खाँ को मार डाला।
- बैरम खाँ की मृत्यु के पश्चात् उसकी विधवा सलीम बेगम से अकबर ने निकाह किया तथा उसके पुत्र अब्दुर्रहीम को खान-ए-खाना की उपाधि से सम्मानित भी किया

पेटीकोट शासन (1560-62 ई.)

- अकबर के शासनकाल में 1560-62 ई. के समय उसकी धाय माँ माहम अनगा, उसका पुत्र अधम खाँ तथा उसकी पुत्री जीजी अनगा के द्वारा शासन कार्य में सर्वेसर्वा होने के कारण इतिहासकारों ने इस काल को **अतकाखैल** या **पेटीकोट** सरकार की संज्ञा दी है। अबुल फजल ने बैरम खाँ के पतन में सबसे अधिक उत्तरदायी अकबर की धाय माँ माहम अनगा को ही ठहराया है।
- मुगलों के द्वारा मालवा व गोण्डवाना का साम्राज्य पेटीकोट शासन के अन्तर्गत किया गया था।
- इस गुट की प्रभावशीलता 1564 ई. में ख्वाजा मुअज्जम को मृत्युदण्ड दिए जाने के पश्चात् समाप्त हो गई थी।

अकबर के सैन्य अभियान

अकबर के सैन्य अभियान निम्नलिखित हैं

मालवा अभियान (1561-62 ई.)

- अकबर ने मालवा के अभियान पर अधम खाँ को भेजा। इस समय मालवा का शासक **बाजबहादुर** था। अधम खाँ ने मालवा विजित किया।
- इसी समय बाज-बहादुर के पक्ष में मालवा में विद्रोह हो गया, जिसमें परिस्थितियों का लाभ उठाकर अधम खाँ ने अकबर के वजीर **अतगा खाँ** की हत्या कर दी, जिससे क्रोधित होकर अकबर ने अधम खाँ को मृत्युदण्ड (छत से नीचे फेंककर) दिया। शीघ्र ही उसकी मृत्यु के शोक में उसकी माँ माहम अनगा की मृत्यु भी हो गई।

1562 ई. में अकबर ने **मालवा** को अन्तिम रूप से जीत लिया। काफी समय तक बाजबहादुर इधर-उधर भटकता रहा, अन्तत: उसने अकबर के सामने समर्पण कर दिया। अकबर ने उसे क्षमा दान देकर अपने मनसबदारों (2000) में शामिल कर लिया।

- इस युद्ध में बाजबहादुर की पत्नी **रूपमती** ने जहर खाकर अपने अस्तित्व की रक्षा की थी। वर्तमान के उज्जैन में बाजबहादुर और रूपमति की समाधि है।

आमेर अभियान (1562 ई.)

- अकबर मुइनुद्दीन चिश्ती की दरगाह के दर्शन के लिए जा रहा था। मार्ग में उसकी मुलाकात आमेर के शासक भारमल (बिहारीमल) से हुई। भारमल ने अपनी पुत्री के विवाह की इच्छा प्रकट की। तत्पश्चात् उसकी पुत्री **हरखा बाई** से अकबर का विवाह हुआ।
- भारमल के पुत्र **भगवान दास** को अकबर द्वारा उच्च मनसबदार प्रदान किया गया था।

मेड़ता अभियान (1562 ई.)

- मेड़ता, मेवाड़ के शासक उदय सिंह के जागीरदार जयमल के अधीन था। अकबर ने 1562 ई. में इस पर विजय प्राप्त की।
- इस युद्ध के पश्चात् जयमल ने मेवाड़ के राजा उदय सिंह के यहाँ शरण ली।

गढ़कटंगा या गोण्डवाना अभियान (1564 ई.)

- गोण्डवाना की राजधानी जबलपुर के निकट स्थित चौरागढ़ थी। इसकी शासिका महोबा की चन्देल राजकुमारी **दुर्गावती** थी, जो दलपत शाह की विधवा थी। गढ़कटंगा राज्य की स्थापना **अमनदास** द्वारा की गई थी।
- इलाहाबाद के गवर्नर आसफ खाँ ने 1564 ई. में गोण्डवाना पर चढ़ाई की। पराजित होने के बाद दुर्गावती ने आत्महत्या कर ली। तत्पश्चात् अकबर ने इसमें हस्तक्षेप किया और गोण्डवाना का राज्य वापस कर दिया।
- अकबर ने **चन्द्रशाह** को इस साम्राज्य का शासक नियुक्त किया था।

मेवाड़ अभियान (1567 ई.)

- 1567 ई. में अकबर ने चित्तौड़ पर घेरा डाला। वहाँ का शासक उदय सिंह सामन्तों की सलाह पर किले का भार जयमल और फत्ता (फतेह सिंह) के अधीन सौंपकर स्वयं जंगलों में छिप गया। **जयमल** और **फत्ता** (फतेह सिंह) युद्ध करते हुए वीरगति को प्राप्त हुए। अकबर ने जयमल और फत्ता से प्रभावित होकर दोनों की हाथी पर सवार प्रतिमा को आगरे के किले में मुख्य द्वारा पर स्थापित कराया।
- उदय सिंह ने कालान्तर में यह युद्ध उदयपुर से मुगलों के विरुद्ध जारी रखा। इस युद्ध में अत्यधिक संघर्ष के कारण अकबर को **जेहाद** का नारा देना पड़ा था।

रणथम्भौर (1569 ई.)

- अकबर ने रणथम्भौर की विजय भी प्राप्त की। यहाँ का शासक सूरजन राय हाड़ा राजपूत पराजित हुआ तथा अकबर ने मानसिंह को समझौते के लिए भेजा।
- सूरजन राय ने अकबर की सर्वोच्चता विभिन्न शर्तों के साथ स्वीकार की; जैसे—मुगलों से वैवाहिक सम्बन्ध न रखना, सिजदा न करना, दरबार में सशस्त्र प्रवेश की अनुमति आदि।

कालिंजर (1569 ई.)

कालिंजर के राजा रामचन्द्र ने आत्मसमर्पण कर दिया। युद्ध के पश्चात् मजनू खाँ को यहाँ का राज्यपाल नियुक्त किया गया था।

जैसलमेर, बीकानेर, मारवाड़ (1570 ई.)

- जैसलमेर के शासक **हरराय**, बीकानेर के शासक **कल्याणमल** तथा मारवाड़ के शासक **चन्द्रसेन** ने अकबर की सर्वोच्चता को स्वीकार किया। अकबर ने चन्द्रशाह के विद्रोह के कारण मारवाड़ को कुछ समय के लिए मुगल साम्राज्य का भाग बना लिया था।
- 1570 ई. तक मेवाड़, बाँसवाड़ा, डूंगरपुर तथा प्रतापगढ़ आदि राज्यों ने अकबर के प्रभुत्व को स्वीकार नहीं किया था।

मेवाड़ अभियान (हल्दीघाटी का युद्ध, 1576 ई.)

- **महाराणा प्रताप** 1572 ई. में मेवाड़ का शासक बना। अकबर द्वारा 1576 ई. में मेवाड़ के विरुद्ध अभियान दल **मानसिंह** के नेतृत्व में भेजा गया।
- महाराणा प्रताप की राजधानी कुम्भलगढ़ थी। 1576 ई. में हल्दीघाटी या गोगुण्दा के युद्ध में महाराणा प्रताप पराजित हुआ, परन्तु उसने आत्मसमर्पण नहीं किया।

> **अबुल फजल** कहता है कि महाराणा प्रताप को खमनौर में पराजित किया गया।

- इस युद्ध में मुगल सैन्य नेतृत्व आसफ खाँ एवं मानसिंह द्वारा किया गया, जबकि राणा प्रताप की सेना का नेतृत्व हकीम सूर एवं भीलों की संयुक्त सेना ने किया।
- जब राणा प्रताप शत्रुओं से घिर गया, तब सरदार झाला ने मुकुट उतारकर स्वयं पहन लिया और राणा को वहाँ से भगाने में सहायता भी की।

गुजरात अभियान (1572-73 ई.)

- अकबर ने मध्य भारत तथा राजपुताना में अपनी स्थिति सुदढ़ करने के पश्चात् 1572 ई. में गुजरात पर अपना ध्यान केन्द्रित किया। इस समय यहाँ कोई केन्द्रीय सत्ता नहीं थी।
- गुजरात पश्चिमी देशों से व्यापार का केन्द्र स्थल था। मक्का की यात्रा करने वाले मुस्लिमों को यहीं से जाना पड़ता था। इसी कारण सूरत को **बाबुल-ए-मक्का** कहा जाता था।
- यहाँ के शासक मुजफ्फर शाह तृतीय ने अकबर के विद्रोही सम्बन्धी मिर्जाओं को शरण दी थी।

> **स्मिथ महोदय** ने अकबर के इस अभियान को इतिहास का सबसे द्रुतगामी आक्रमण माना है।

- अकबर ने गुजरात विजय के उपलक्ष्य में **फतेहपुर सीकरी** में **बुलन्द दरवाजा** बनवाया था।

बिहार एवं बंगाल की विजय

- शेरशाह के शासन में सुलेमान किरानी बिहार का सूबेदार था। उसने 1564 ई. में अकबर की अधीनता स्वीकार कर ली।
- 1572 ई. में सुलेमान की मृत्यु हो गई और उसका पुत्र दाऊद खाँ बंगाल का शासक बना। उसने अपने पिता की नीति को बदल दिया और स्वयं को स्वतन्त्र घोषित कर दिया।

> अकबर ने जौनपुर के सूबेदार मुनीम खाँ **खान-ए-खाना** को अफगानों पर आक्रमण करने का ओदश किया। दाऊद खाँ पराजित होकर बंगाल भाग गया।

- मुनीम खाँ ने तुकारोई के युद्ध (1575 ई.) में दाऊद खाँ पर निर्णायक विजय प्राप्त की। इस प्रकार बिहार, बंगाल, उड़ीसा पर मुगलों का आधिपत्य स्थापित हो गया।

पश्चिमोत्तर की विजय

पश्चिमोत्तर की विजय का वर्णन निम्न है

काबुल (1581 ई.)

- अकबर के समय में काबुल पर हकीम मिर्जा का शासन था। अकबर ने हकीम मिर्जा को पराजित कर उसकी बहन **बख्तुन्निशा बेगम** को वहाँ का सूबेदार नियुक्त किया, परन्तु कुछ समय पश्चात् हकीम मिर्जा ने काबुल पर पुनः अधिकार कर लिया।
- हकीम मिर्जा की मृत्यु के पश्चात् काबुल मुगल साम्राज्य के अधीन आ गया, जहाँ मानसिंह को सूबेदार नियुक्त किया गया। अकबर के इस अभियान में पुर्तगाली विद्वान् मोंसेरात भी उसके साथ था।

कश्मीर की विजय (1885-86 ई.)

- अकबर ने कश्मीर की विजय के लिए **राजा भगवान दास** और कासिम खाँ को भेजा था।
- इस युद्ध में कश्मीर का शासक यूसुफ खाँ पराजित हुआ और उसने मुगलों की अधीनता स्वीकार कर ली, किन्तु बाद में उसके पुत्र याकूब खाँ ने विद्रोह कर दिया, जिसे कुचलने के बाद कश्मीर को मुगल सामाज्य में मिला लिया गया।

सिन्ध की विजय

- सिन्ध के शासकों ने प्रारम्भ में अकबर की अधीनता स्वीकार कर उसे धन और पत्र भेजे थे, लेकिन कालान्तर में यह स्थिति उलट गई।
- इससे रुष्ट होकर अकबर ने **अब्दुर्रहीम खानखाना** को मुल्तान और सिन्ध का सूबेदार नियुक्त कर दिया तथा सिन्ध और ब्लूचियों पर आक्रमण करने की आज्ञा दे दी। तत्पश्चात् 1591 ई. में खानखाना ने सिन्ध पर विजय प्राप्त कर ली। इस समय यहाँ का शासक जानी बेग था।
- काठियावाड़, बलूचिस्तान और मकरान 1595 ई. तक मुगल साम्राज्य के अधीन आ गए थे। इस प्रकार इस काल तक मुगलों का साम्राज्य हिन्दुकुश पर्वतमाला से अरब सागर तक विस्तृत था।

दक्षिण भारत का अभियान

- मुगलकाल में सर्वप्रथम अकबर के समय दक्षिण भारत का अभियान किया गया। इस समय दक्षिण भारत में खानदेश, अहमदनगर, बीजापुर और गोलकुण्डा स्वतन्त्र राज्य थे। इनमें से खानदेश को छोड़कर अन्य सभी ने अकबर की अधीनता स्वीकार करने से मना कर दिया।
- 1595 ई. में अकबर न **अब्दुर्रहीम खानखाना** व **राजकुमार मुराद** के नेतृत्व में अहमदनगर के विरुद्ध एक सेना भेजी। चाँद बीबी 1596 ई. में मुगलों के साथ सन्धि करने हेतु विवश हुई।
- इस सन्धि के अनुसार अकबर को बरार का क्षेत्र मिला और अकबर ने बहादुरशाह को शासक मान लिया, परन्तु यह सन्धि अधिक समय तक नहीं रही। चाँद बीबी ने स्वयं को शासन से पृथक् कर लिया, तत्पश्चात् अन्य सरदारों ने सन्धि को ठुकराकर मुगलों से बरार को छीनने का प्रयास किया।
- अकबर ने खानखाना और मुराद को अहमदनगर पर पुन: आक्रमण करने के आदेश दिए, परन्तु दोनों के मतभेदों को देखते हुए खानखाना के स्थान पर अबुल फजल को भेजा गया। 1597 ई. में मुराद की मृत्यु हो गई और शहजादा दानियाल को पुन: खानखाना के साथ भेजा गया।
- 1599 ई. में दौलताबाद पर अधिकार कर लिया गया तथा 1600 ई. में अहमदनगर के किले को भी जीत लिया गया। अकबर के पुत्र दानियाल ने अहमदनगर से सन्धि कर ली और **मुर्तजा निजामशाह** को शासक मान लिया।

> **असीरगढ़** तथा उसके आस-पास के क्षेत्रों को मुगल सेनाओं ने 1601 ई. तक जीत लिया था। विभिन्न इतिहासकारों के अनुसार, इस किले को सोने की चाबी से खोला गया था।

- बीजापुर को जीत लेने के पश्चात् वहाँ के शासक आदिलशाह द्वारा अपनी पुत्री का विवाह शहजादा दानियाल के साथ कराने की पेशकश की गई।
- अन्त: मुगल साम्राज्य में अहमदनगर, बुरहानपुर, बरार तथा असीरगढ़ को शासित कर लिया गया। अकबर द्वारा सम्राट की पदवीं दक्षिण विजय के पश्चात् ग्रहण की गयी थी।

अकबर की प्रशासनिक व्यवस्था

- मनसबदारी व्यवस्था मुगल प्रशासनिक व्यवस्था का एक ऐसा रूप है, जिसमें सैनिक एवं असैनिक दोनों रूप मिले हुए हैं। इस व्यवस्था को अकबर के शासनकाल के 19वें वर्ष में लागू किया गया था। **दशमलव प्रणाली** पर आधारित यह व्यवस्था सम्भवत: चंगेज खाँ से ली गई थी।
- 1592 ई. मनसबदार व्यवस्था में **जात और सवार** को वर्गीकृत किया गया था। जात का सम्बन्ध मनसबदार की हैसियत से तथा सवार का सम्बन्ध घुड़सवारों की संख्या से होता है।
- अकबर ने मनसब के द्वारा सरकारी पदों को एकीकृत किया। अबूल फजल ने **आइन-ए-अकबरी** में मनसब के 66 वर्गों का उल्लेख किया है।

अकबर की धार्मिक नीति

- धार्मिक नीति के क्षेत्र में अकबर ने उल्लेखनीय योगदान दिया। अकबर की महानता उसकी धार्मिक नीति पर ही आधारित है। अपनी उदार धार्मिक नीति से उसने सभी धर्मों और सम्प्रदायों के बीच एकता एवं समन्वय स्थापित करने का प्रयास किया।

> बायजीद, मुनीम खाँ, मीर अब्दुल लतीफ एवं मुल्ला पीर जैसे उदार शिक्षकों का प्रभाव अकबर पर पड़ा, इन्हीं से उसने **सुलह-ए-कुल** अर्थात् सार्वत्रिक भाईचारे का श्रेष्ठ सिद्धान्त सीखा।

- अकबर सूफियों की **चिश्तिया शाखा** के निकट था तथा शेख सलीम चिश्ती के प्रति उसके मन में अपार श्रद्धा थी। अपनी प्रजा को पूर्ण रूप से धार्मिक स्वतन्त्रता प्रदान कर अकबर ने इस्लाम के मूल तत्त्वों को समझने की उत्सुकता व्यक्त की।
- अकबर ने सामाजिक-धार्मिक उदारता के अन्तर्गत युद्ध बन्दियों को दास बनाए जाने पर प्रतिबन्ध लगाया (1562), तीर्थकर की समाप्ति (1563) तथा जजिया पर रोक (1569) आदि कार्य कराएँ।

इबादतखाना (1575 ई.)

- इबादतखाने में प्रत्येक बृहस्पतिवार को संध्या के समय नियमित रूप से धार्मिक विचार-विमर्श हुआ करता था। प्रारम्भ में केवल यह मुसलमान शेख सैय्यदों और उलेमाओं तक सीमित था।
- इसमें **शेख मुबारक,** फैजी और **अबुल फजल** स्वतन्त्र विचारकों एवं उदार धर्मशास्त्रियों के दल का प्रतिनिधित्व करते थे, जबकि शेख मखदूम-उल-मुल्क और शेख अब्दुल नबी कट्टर सुन्नी दल के नेता थे। शीघ्र ही धर्मशास्त्रियों ने विचार-विमर्श के मध्य परस्पर असहिष्णुता का भाव दर्शाया, जिस कारण अकबर बहुत अप्रसन्न हुआ।
- फलत: 1578 ई. में इबादतखाने को सभी धर्मावलम्बियों के लिए खोल दिया गया। अब हिन्दू, जैन, पारसी व ईसाई आदि धर्मों के आचार्य भी इबादतखाने में भाग लेने लगे। इबादतखाने में भाग लेने वाले विभिन्न धर्मों के प्रमुख आचार्य निम्न थे

धर्म	गुरु
हिन्दू	पुरुषोत्तम तथा देवी
ईसाई	रूडोल्फ अकावीवा व एण्टोनी मॉनसेरॉट
पारसी	दस्तूर जी व मेहर जी राणा
जैन	हरविजय सूरी, विजयसेन सूरी, भानुचन्द उपाध्याय व जिनचन्द्र सूरी

- अकबर ने हरविजय सूरी को **जगतगुरु** तथा जिनचन्द्र सूरी को **युग प्रधान** की उपाधि प्रदान की।

महजर की घोषणा (1579 ई.)

- सितम्बर, 1579 में अकबर ने समस्त धार्मिक मामलों को अपने हाथ में लेने के लिए एक महजरनामा व घोषणा-पत्र जारी करवाया, जिसके अनुसार उलेमा के मतभेदों की दशा में अकबर को इमामे आदिल (प्रधान व्याख्याकार) के रूप में स्वीकार किया गया।

- इस दस्तावेज में उसे **अमीर-उल-मोमिनीन** कहा गया। इस घोषणा के द्वारा अकबर धार्मिक विषयों पर विवाद की स्थिति में सबसे बड़ा धार्मिक अधिकारी हो गया।
- उसे विरोधी न्यायिक धारणाओं में से किसी एक को चुनने का अधिकार प्राप्त था। उसका निर्णय अन्तिम होता था तथा उलेमा व मुस्लिम जनता इससे बद्ध होती थी। महजर-पत्र का प्रारूप शेख मुबारक ने तैयार किया था तथा उसे जारी करने की प्रेरणा स्वयं मुबारक तथा उसके दोनों पुत्र अबुल फजल एवं फैजी द्वारा दी गई थी।
- इस पर हस्ताक्षर करने वाले अन्य धार्मिक गुरु **अखदुन-उल-मुल्क** काजी जलालुद्दीन मुल्तानी और शेख मुबारक आदि शामिल थे।

दीन-ए-इलाही

- अबुल फजल एवं बदायूँनी ने इसे **तौहीद-ए-इलाही** भी कहा है। सामान्यत: इसका तात्पर्य एकेश्वरवाद से माना गया है। दीन-ए-इलाही वस्तुत: एक आचार संहिता के रूप में था, जिसमें एक सामाजकि धार्मिक समन्वय स्थापित किया जा सकता था और यह सभी धर्मों के लिए खुला था।
- अकबर के विरुद्ध जौनपुर के काजी मुल्ला अहमद याजदी ने फतवा जारी किया था। दीन-ए-इलाही क्या था, इस बारे में अनेक मत प्रचलित हैं।

> अबुल फजल के अनुसार, लोगों की सांसारिक एवं धार्मिक प्रवृत्तियों में सामंजस्य हेतु आवश्यक था कि बादशाह लोगों की **रहनुमाई** (मार्गदर्शन) करे तथा **मुरीद** (अल्लाह की खिदमत करने वाला) बनाए। इसके अन्तर्गत अकबर लोगों को मुरीद बनाता था।

- प्रत्येक रविवार बारह-बारह लोगों की टोलियों में लोगों को मुरीद बनाया जाता था। लोग अपनी पगड़ी अकबर के पैरों पर रख देते थे तथा अकबर पगड़ी को उठाकर उन्हें पहनाता था तथा गुरु के रूप में गुरु मन्त्र देता था।
- ये लोग एक-दूसरे का अभिवादन **अल्लाह-हू-अकबर** तथा जल्ले- जलालहू कहकर करते थे। अपने जन्मदिन के महीने में मांसाहार से परहेज करते थे तथा दान-दक्षिणा आदि करते थे।
- हजारों की संख्या में लोग मुरीद बने। **दीन-ए-इलाही** की सदस्यता का द्वार सभी धर्मों के लोगों के लिए खुला था।
- इसके प्रमुख सिद्धान्त निम्नलिखित थे
  - सम्राट को अपना आध्यात्मिक गुरु मानना।
  - सम्राट के आदेशानुसार आचरण करना।
  - दानशीलता।
  - सांसारिक इच्छा का परित्याग।
  - शाकाहारी भोजन लेना।
  - विशुद्ध नैतिक जीवन व्यतीत करना।
  - मधुर भाषी होना।
  - ईश्वर से प्रेम तथा उसकी एकात्मकता के प्रति समर्पण।
  - अल्पायु, बाँझ व गर्भवती स्त्रियों से शारीरिक सम्पर्क निषिद्ध था।
- हिन्दू धर्म में केवल बीरबल ने ही इसे स्वीकार किया था। अकबर के विश्वसनीय अमीरों टोडरमल और मानसिंह ने भी इसे स्वीकार नहीं किया था।

> **स्मिथ** के अनुसार, दीन-ए-इलाही अकबर की मूर्खता का स्मारक तथा उसके साम्राज्यवादी जामे का पोषक था।
>
> अकबर के द्वारा हिन्दुओं के त्यौहार में भाग लेना, तिलक लगाना तथा झरोखा दर्शन आदि कार्य को सुचारू किया गया तथा **इलाही सम्वत्** को अकबर द्वारा 1583 ई. में शुरू किया गया था।

अकबर की वित्तीय व्यवस्था

अकबर की वित्तीय व्यवस्था का विवरण निम्न प्रकार है

मुद्रा व्यवस्था

- 1577 ई. में अकबर टकसाल ग्रहों में सुधार कर अब्दुल सिराजी को टकसाल का दरोगा बनाया। टकसाल का प्रमुख चौधरी कहलाता था।
- अकबर ने मुगल मुद्रा व्यवस्था को सुव्यवस्थित रूप दिया। उसने सोने, चाँदी और ताँबे की विभिन्न तोल एवं मूल्यों के सिक्के चलाए और उनका पारस्परिक अनुपात निश्चित कर दिया।
- उसके एक सिक्के पर एक ओर अल्ला-हू-अकबर तथा दूसरी ओर टकसाल का नाम अंकित होता था। चाँदी के एक सिक्के पर एक ओर धनुर्धारी राम तथा दूसरी ओर राम-सीता की प्रतिमाएँ अंकित होती थीं और देवनागरी में **रामसिया** शब्द अंकित होता था।
- अकबर ने असीरगढ़ विजय के उपलक्ष्य में सिक्कों पर बाज की आकृति अंकित करवाई। अधिकांश सिक्के गोल थे, किन्तु कुछ चौकोर भी होते थे। बादशाह के नाम पर टकसाल का नाम जारी किया गया था। वर्ष एवं कुरान की आयतें सिक्कों पर अंकित की जाती थीं।
- यद्यपि अकबर ने सिक्कों पर अपनी आकृति अंकित नहीं कराई। **शंसब** अकबर द्वारा चलाया गया सोने की मुहर का सबसे बड़ा सिक्का था, जो 101 तोला के लगभग था। सोने की मुहर मुगलकाल में सर्वाधिक प्रचलित थी।
- **इलाही** सोने का गोलाकार सिक्का था, जिसका मूल्य दस रुपये के बराबर था। इसके अतिरिक्त रहस, अत्याह, विन्सात, चगुल तथा लाल-ए-जलाली आदि भी सोने के सिक्के थे।

> अकबर द्वारा जारी चाँदी के सिक्के थे—**रुपया** (चौकोर) एवं **जलाली**। जलाली सिक्का चौकोर आकार का होता था। ताँबे के **दाम** एवं **जीतल** नामक सिक्के होते थे, जिनकी कीमत रुपये का 40वाँ भाग होती थी। यद्यपि एक दाम में 25 जीतल होते थे।

भू-राजस्व व्यवस्था

- अकबर के काल में भू-राजस्व व्यवस्था में जो सुधार हुए, उनका मुख्य उद्देश्य यह था कि मध्यस्थी अपना भार सामान्य किसानों पर न डाल पाएँ। साथ ही, कृषि के विस्तार एवं सुधार का प्रयास भी राज्य के प्रोत्साहन से चलता रहा।

- अबकर ने 1580 ई. से भू-राजस्व की **दहसाला प्रणाली** लागू की। इसे **टोडरमल बन्दोबस्त** भी कहते थे, क्योंकि टोडरमल का नाम इससे प्रमुख रूप से जुड़ा था। यद्यपि शाह मंसूर भी इसे तैयार करने में सहयोगी थे और इसे **शाह मंसूर** ने ही लागू किया था।

कृषि भूमि की कोटियाँ

- **पोलज** इसमें प्रतिवर्ष खेती का कार्य होता था। टोडरमल बन्दोबस्त के अन्तर्गत यह सर्वश्रेष्ठ भूमि मानी गई थी। जब्ती प्रणाली के अन्तर्गत सर्वाधिक उर्वर भूमि को पोलज भूमि के अन्तर्गत वर्गीकृत किया गया था। इस पर पूर्ण भू-राजस्व वसूला जाता था।
- **परती** वह भूमि जिस पर वर्षभर से खेती नहीं हो रही हो, परती भूमि कहलाती थी। इस भूमि को कुछ समय के लिए उर्वरा शक्ति बढ़ाने के लिए छोड़ दिया जाता था। यहाँ पूर्ण भू-राजस्व लगता था।
- **चाचर** जो भूमि दो से चार वर्ष तक खेती के कार्य हेतु प्रयोग में नहीं लाई जाती थी, चाचर भूमि कहलाती थी। यहाँ खेती शुरू करने पर प्रारम्भ में कम तथा तीसरे वर्ष से पूर्ण भू-राजस्व वसूला जाता था।
- **बंजर** जो भूमि पाँच वर्ष या उससे अधिक समय तक खेती के कार्य हेतु प्रयोग में नहीं लाई जाती थी, उसे बंजर भूमि कहा जाता था। इस भूमि से पाँचवें वर्ष से पूर्ण भू-राजस्व वसूला जाता था, यदि इसमें खेती प्रारम्भ की जाती थी।

भू-राजस्व दर

- अकबर ने प्रारम्भ में शेरशाह की **जब्ती** एवं **रै** व्यवस्था को ही अपनाया, परन्तु कालान्तर में उसने इस व्यवस्था में अनेक परिवर्तन किए। मुगलों ने खाली पड़ी जमीनों पर कम भू-राजस्व वसूलकर खेती के विस्तार को प्रोत्साहन दिया। भूमिकर (लगान) राज्य की आय का सबसे बड़ा साधन था।
- सल्तनतकाल से ही लगान निर्धारण एवं वसूली की प्रविधियाँ त्रुटिपूर्ण थीं, जिससे किसानों एवं वसूली कर्मचारियों को परेशानियों का सामना करना पड़ता था।
- इसके अन्तर्गत 1574 ई. में स्थानीय कानूनगो को, जिसे स्थानीय भाषा में **किरोड़ी** कहा जाता था, जिसे **आमिल** या **अमल गुजार** भी कहा जाता था।
- उसे एक करोड़ दाम वाली जमीनों की जिम्मेदारी दी गई, जहाँ उसने जोते-बोए क्षेत्र की पैमाइश की और उत्पादकता का आकलन किया तथा साथ ही कृषि का विस्तार किया।
- इसी काल में जमीन की पैमाइश (माप) लाई गई, जिसमें बाँस के टुकड़े लोहे की जंजीरों से जुड़े होते थे।
- 1586-87 ई. में अकबर ने एक नई माप **गज-ए-इलाही** (33.5 इंच) का प्रयोग प्रारम्भ करवाया, जिसने गज-ए-सिकन्दरी (32 इंच) का स्थान लिया। क्षेत्रफल की इकाई बीघा को माना गया।
- 1576 ई. में हिन्दुस्तान (लाहौर से इलाहाबाद तक का क्षेत्र) को खालसा (केन्द्र के प्रत्यक्ष नियन्त्रण में आने वाली भूमि) में शामिल किया गया, ताकि कृषि की वास्तविक जानकारी मिल सके। इन सभी जानकारियों एवं अनुभवों के आधार पर भू-राजस्व दरों की एक नई सूची जारी की गई।
- यह नई सूची प्रत्येक परगने में पिछले दस वर्षों के जोते-बोए गए क्षेत्र, उत्पादकता तथा स्थानीय मूल्यों पर आधारित थी। जमीनों को देय मालगुजारी (भू-राजस्व) तथा हलकों (क्षेत्रों) में बाँट दिया गया।
- मालगुजारी सम्बन्धी ये नियम अथवा परम्पराएँ, सम्बन्धित क्षेत्र के दस्तूर कहे जाते थे। यह दस वर्षों का बन्दोबस्त नहीं था, बल्कि पिछले दस वर्षों पर आधारित बन्दोबस्त था, जिसमें भू-राजस्व दर को 1/3 निर्धारित किया गया था।
- इस व्यवस्था के लागू होने से बुआई के तुरन्त बाद होने वाली पैमाइश होते ही भू-राजस्व का अनुमान हो जाता था। किसानों को भू-राजस्व अनाज के रूप में देने की छूट थी, परन्तु नकदी फसलों; जैसे—गन्ना, कपास, तम्बाकू इत्यादि का भू-राजस्व नकद ही देना होता था।

> अकबर ने स्थानीय कीमतों को आधार मानकर एक मूल्य सूची बनाई, जिसे **दस्तूर-ए-अमल** भी कहा जाता था, जिससे नकद रूप में राजस्व की प्राप्ति की जा सकती थी। इस प्रक्रिया से गाँवों के लोगों को भी लाभ प्राप्त हुआ था। अकबर ने अपनी राजस्व व्यवस्था में नकद प्राप्ति को अधिक प्राथमिकता प्रदान की थी।

- अकबर के काल में किसानों को तकावी ऋण, अग्रिम ऋण के अन्तर्गत दिया जाता था। आपदा के समय कर की दर को कम किया जाता था, ताकि किसानों को दोहरे आर्थिक भार से बचाया जा सके।
- अकबर ने अपनी भू-राजस्व व्यवस्था के अन्तर्गत गल्ला-बक्शी तथा बटाई व्यवस्था को भी अपनाया था, जिसे पूर्ववर्ती रिकॉर्डों के आधार पर तय किया जाता था।
- **नक्श** या **कनकूत** व्यवसाय में करों का निर्धारण मापन के बाद अनुमान पर निर्धारित किया जाता था। नक्श या कनकूत की व्यवस्था औरंगजेब के काल में सबसे अधिक प्रचलन में थी।

> **नाबूद प्रथा**
>
> नाबूद प्रथा आइन-ए-दहसाला में एक विशिष्ट प्रथा थी, जिसके अन्तर्गत किसान अपनी भूमि का अधिकतम $12\frac{1}{2}\%$ भाग गैर-कृषि कार्य के लिए रख सकता था। इस भूमि पर राज्य द्वारा कोई कर नहीं लिया जाता था।

दहशाला प्रथा में विचलन

- अकबर काल के पश्चात् इस व्यवस्था में परिवर्तन देखा गया, जिसके अन्तर्गत नाबूद प्रथा को बन्द कर दिया गया। इजारेदारी/ठेकेदारी प्रथा को शाहजहाँ द्वारा प्रतिबन्धित किया गया था।
- मुर्शिद कुली खाँ ने शाहजहाँ के काल में दक्षिण भारत में दहशाला व्यवस्था को अपनाया था, इसलिए उसे **दक्षिण का टोडरमल** भी कहा जाता था।

कृषकों का वर्गीकरण

- मुगलकाल में कृषकों को तीन वर्गों में विभाजित किया गया है
  - (i) **खुदकाश्त** वे किसान, जो अपनी भूमि पर खेती करते थे। इनको मलिक-ए-जमीन के नाम से भी जाना जाता था।
  - (ii) **पाहीकाश्त** जिनके पास अपने हल, बैल होते थे और वे दूसरे गाँव में जाकर खेती करते थे। इन्हें खुदकाश्त किसानों का स्तर प्राप्त था।
  - (iii) **मुजारियन** इनकी स्थिति बटाईदारों जैसी होती थी और ये प्राप्त इनाम की भूमि पर कार्य करते थे। इनको मुजरा कृषक भी कहा जाता था।

अकबर के दरबार में नवरत्न

- **अबुल फजल** यह अकबर का मुख्य सलाहकार एवं सचिव था। इसने **अकबरनामा** की रचना की तथा अकबर का राजत्व प्रतिपादित किया। यह शेख मुबारक का पुत्र था तथा कुछ विद्वान् इसे **दीन-ए-इलाही** का मुख्य पुरोहित मानते थे। वीरसिंह बुन्देला ने 1602 ई. में सलीम के इशारे (आदेश) पर इसकी हत्या कर दी।
- **टोडरमल** यह प्रारम्भ में शेरशाह के अधीन कार्य करता था तथा रोहतासगढ़ के किले के निर्माण से सम्बद्ध रहा। अकबर के अधीन इसने दीवान के रूप में कार्य किया। यह भू-राजस्व व्यवस्था में सुधार हेतु विशेषकर दहसाला प्रणाली के लिए प्रसिद्ध है।
- **मानसिंह** यह आमेर के कछवाहा शासक भारमल का पौत्र था तथा इसने अनेक सैन्य अभियानों का नेतृत्व किया।
- **बीरबल** यह अकबर का साथी एवं मित्र था तथा अपनी वाक्पटुता एवं बुद्धिमत्ता के लिए लोक प्रसिद्ध है। बीरबल का मूल नाम महेशदास था तथा यह कालपी का ब्राह्मण था। इसे अकबर ने कविराज एवं राजा की उपाधि दी थी। यह 1586 ई. में यूसुफजइयों के विद्रोह का दमन करते हुए मारा गया।
- **तानसेन** यह महान संगीतकार था। पहले यह ग्वालियर के राजा के दरबार में था। इसका मूल नाम रामतनु पाण्डेय था। कालान्तर में इसने इस्लाम धर्म स्वीकार कर लिया। अकबर ने इसे **कण्ठाभरण वाणी विलास** की उपाधि दी थी।
- **अब्दुर्रहीम खानखाना** यह बैरम खाँ का पुत्र था। अकबर ने इसका अपने पुत्र की भाँति पालन-पोषण किया। इसने **बाबरनामा** का फारसी अनुवाद किया तथा रहीम नाम से हिन्दी साहित्य में अप्रतिम योगदान दिया। यह एक कुशल योद्धा भी था तथा इसने अनेक सैन्य अभियानों का सफल नेतृत्व किया।
- **फैजी** यह अकबर के दरबार में राजकवि के पद पर आसीन था तथा इसी की अध्यक्षता में अनुवाद विभाग की स्थापना हुई। इसने लीलावती का फ़ारसी भाषा में अनुवाद किया था।
- **मुल्ला दो प्याजा** अरबवासी मुल्ला दो प्याजा हुमायूँ के काल में भारत आया। इसे अकबर ने दो प्याजा की उपाधि दी थी। यह अकबर का सलाहकार था
- **हकीम मुकाम** यह अकबर का प्रधान रसोइया था।

- **लेनपूल** के अनुसार, "अकबर भारत के बादशाहों में सर्वश्रेष्ठ बादशाह और साम्राज्य का वास्तविक संस्थापक एवं व्यवस्थापक माना जाता है।"

जहाँगीर (1605-1627 ई.)

- जहाँगीर का जन्म 30 अगस्त, 1569 को फतेहपुर सीकरी में शेख सलीम चिश्ती की कुटिया में हुआ। इन्हीं के नाम पर उसका नाम **सलीम** रखा गया। इसकी माता कछवाहा राजकुमारी (जयपुर) हरखाबाई (मरियम उज्जमानी) थी। सलीम का एक विवाह मानसिंह की बहन मानबाई से (1585 ई.) हुआ था।
- 1605 ई. में अकबर की मृत्यु के पश्चात् उसका पुत्र जहाँगीर गद्दी पर बैठा। उसका राज्याभिषेक आगरा के किले में हुआ और उसने **नूरुद्दीन मुहम्मद जहाँगीर बादशाह गाजी** की उपाधि धारण की। गद्दी पर बैठते ही जहाँगीर को अपने पुत्र खुसरो के विद्रोह (1606 ई.) का सामना करना पड़ा।
- खुसरो के मामा मानसिंह तथा ससुर मिर्जा अजीज कोका के उकसाने पर खुसरो ने विद्रोह किया था। जहाँगीर ने उसे भैरोवाल (जालन्धर के निकट) युद्ध में (1606 ई.) हराकर कैद कर लिया तथा बाद में उसे अन्धा करवा दिया था।
- दक्षिण अभियान के अन्तर्गत 1622 ई. में शाहजहाँ ने खुसरो की हत्या कर दी। इसके शव को इलाहाबाद में दफनाया गया था।
- खुसरो के विद्रोह से गुरु अर्जुन देव की घटना जुड़ी हुई है। माना जाता है कि अर्जुन देव ने तरणतारण में खुसरो को शरण दी थी। अत: जहाँगीर ने गुरु को दण्डित कर हत्या कर दी और गुरु अर्जुन देव के पुत्र हरगोविन्द को जेल में डाल दिया।

जहाँगीर के आरम्भिक कार्य

जहाँगीर ने गद्दी पर बैठने के उपरान्त सर्वप्रथम 12 आदेश पारित किए, जिन्होंने प्रशासन को मजबूत करने का कार्य किया था। जहाँगीर के बारह अध्यादेश का विवरण निम्न है

(i) अनावश्यक करों; जैसे-मीर, बहरी, तमगा, जकात आदि का निषेध।
(ii) सड़कों की सुरक्षा तथा चोरी-डकैती रोकने के उपाय एवं राजा या जागीरदारों द्वारा सराय, मस्जिद और अन्य जन-सुविधाओं की व्यवस्था।
(iii) लावारिस सम्पत्ति, जो पहले राजकोष में जमा कर ली जाती थी, का कल्याणकारी कार्यों में उपयोग।
(iv) शराब तथा मादक द्रव्यों पर प्रतिबन्ध।
(v) अपराधियों के नाक, कान काटने की सजा पर रोक।
(vi) जागीरदारों, राजकीय अधिकारियों द्वारा किसान की जमीन पर कब्जा करने पर रोक।
(vii) अस्पतालों की स्थापना तथा चिकित्सकों (हकीमों) की नियुक्ति।
(viii) जहाँगीर के जन्मदिन, राज्यारोहण दिवस तथा अकबर के जन्मदिन के अवसर पर पशुवध पर प्रतिबन्ध।
(ix) रविवार (अकबर का जन्मदिन) के दिन का उचित सम्मान।
(x) मनसब और विशेष जागीरों (अल्तून तमगा) का स्थायीकरण।
(xi) एम्मा या मदद-ए-माश का स्थायीकरण।
(xii) कैदियों की रिहाई।

- जहाँगीर ने गद्दी पर बैठते ही आगरा के किले और यमुना के तट पर खड़े एक पत्थर के खम्भे के बीच शुद्ध सोने की न्याय की जंजीर लगवाई, ताकि जनता अपनी शिकायतों को सम्राट तक पहुँचा सके। जहाँगीर इस न्याय की जंजीर को **जंजीर-ए-अदली** कहता था।

नूरजहाँ का राजनीतिक परिदृश्य

- नूरजहाँ, जहाँगीर की पत्नी थी। इसका वास्तविक नाम **मेहरुन्निसा** था। इसकी माता का नाम अस्मत बेगम तथा पिता का नाम मिर्ज़ा ग्यास बैग था। इसका भाई आसफ खाँ दीवान था।
- अकबर ने मिर्ज़ा ग्यास बैग को ऐत्मादुद्दौला की उपाधि दी तथा काबुल का दीवान बनाया। मेहरुन्निसा का विवाह अलीकुली खाँ (1594 ई.) से हुआ था।
- अकबर के काल में सलीम ने अलीकुली खाँ को **शेर अफगान** का खिताब (1599 ई.) दिया था। शेर अफगान की मृत्यु के बाद जहाँगीर ने आसक्त होकर नूरजहाँ से विवाह कर लिया तथा उसे **नूरमहल** एवं **नूरजहाँ** की उपाधि दी।
- डच लेखक डी लायट ने इस प्रेम विवाह का वर्णन किया है। नूरजहाँ अत्यन्त बुद्धिमान व महत्त्वाकांक्षी स्त्री थी।

> नूरजहाँ एवं उसके समर्थकों ने एक गुट बना लिया, जिसे **नूरजहाँ गुट** अथवा **जुण्टा** (Junta) कहा गया। इसमें उसके अतिरिक्त ऐतमादुद्दौला व उसका भाई आसफ खाँ और शहजादा खुर्रम भी शामिल थे।

- खुर्रम के गद्दी के प्रमुख दावेदार के रूप में उभरने से तथा जहाँगीर के लगातार बीमार रहने से नूरजहाँ का प्रभाव घटता गया। नूरजहाँ की माता अस्मत बेगम को इत्र के आविष्कार का श्रेय दिया जाता है।
- आसफ खाँ की पुत्री अर्जुमन्द बानो बेगम का विवाह (1612 ई.) शाहजहाँ से हुआ। 1621 ई. में नूरजहाँ ने अपनी पुत्री लाडली बेगम का विवाह शहजादा शहरयार से किया। अत: वह बाद में शाहजहाँ के स्थान पर शहरयार का पक्ष लेने लगी।
- जहाँगीर की मृत्यु के पश्चात् वह राजनीतिक परिदृश्य से हट गई तथा अपना शेष जीवन उसने लाहौर में व्यतीत किया।
- नूरजहाँ, जहाँगीर के साथ शिकार पर जाती थी। वह जहाँगीर के साथ झरोखा दर्शन में भी उपस्थित होती थी। जहाँगीर के साथ नूरजहाँ का नाम सिक्कों पर खुदवाया गया।

जहाँगीर के सैन्य अभियान

जहाँगीर के सैन्य अभियानों का विवरण निम्नलिखित है

मेवाड़ (1605-1615 ई.)

- जहाँगीर ने सर्वप्रथम मेवाड़ पर नियन्त्रण के लिए 1608 ई. में महावत खाँ, 1609 ई. में अब्दुल्ला खाँ तथा 1613 ई. में खुर्रम के नेतृत्व में अनेक अभियान मेवाड़ भेजे। फलस्वरूप 1615 ई. में राणा अमर सिंह एवं मुगलों के बीच एक सन्धि हो गई थी।
- राणा अमर सिंह और मुगलों के बीच सन्धि की निम्नलिखित शर्तें थीं
    - राणा अमर सिंह ने मुगल आधिपत्य स्वीकार कर लिया। जहाँगीर ने मेवाड़ का समस्त भू-क्षेत्र एवं चित्तौड़ का किला राणा को वापस कर दिया, किन्तु शर्त यह थी कि वह केवल चित्तौड़ के किले को सुदृढ़ नहीं करवाएगा।
    - राणा ने राजकुमार करण सिंह को मुगल दरबार में भेजा।
    - राणा से वैवाहिक सम्बन्ध स्थापित करने के लिए नहीं कहा गया।

> **राणा अमर सिंह** ने इस सन्धि के परिणामस्वरूप आत्म-ग्लानि के कारण अपना सिंहासन अपने पुत्र युवराज करण सिंह को सौंप दिया और नौ-चौकी नामक एकान्त स्थान पर जाकर अपना शेष जीवन व्यतीत किया।

- जहाँगीर ने राणा अमर सिंह एवं उसके पुत्र करण सिंह की संगमरमर की दो मूर्तियाँ बनवाकर आगरा में अपने राजमहल के उद्यान में रखवाईं।

काँगड़ा विजय (1620 ई.)

- 1620 ई. जहाँगीर के काल में शहजादा खुर्रम ने 4 महीने की किले की घेराबन्दी के बाद काँगड़ा दुर्ग पर विजय प्राप्त की थी।
- जहाँगीर का **काँगड़ा अभियान** सबसे कठिन था।

दक्षिण विजय

- दक्षिण नीति के सम्बन्ध में जहाँगीर का उद्देश्य था कि अकबर द्वारा प्राप्त किए गए भू-भाग को सुरक्षित रखना और दक्षिण में अकबर की उपलब्धियों को अक्षुण्ण रखना।
- मुगलों की दक्षिण विजय के मार्ग में सबसे बड़ी बाधा मलिक अम्बर की उपस्थिति थी। वह अहमदनगर का वजीर था।
- 1610 ई. में **मलिक अम्बर** ने दक्षिण के मुगल गवर्नर अब्दुर्रहीम खानखाना को खदेड़ दिया। जब खानखाना असफल हो गया, तब जहाँगीर ने दक्षिण की मुहिम पर अपने योग्य पुत्र शहजादा खुर्रम को भेजा, किन्तु बीजापुर के शासक की मध्यस्थता के कारण अहमदनगर की पराजय के पश्चात् भी उनमें सन्धि हो गई।
- जहाँगीर ने इस सफल अभियान के फलस्वरूप खुर्रम को शाहजहाँ तथा बीजापुर के शासक इब्राहिम आदिलशाह द्वितीय को **फर्जन्द** (पुत्र) की उपाधि दी।
- इस विजय के फलस्वरूप जहाँगीर को वह भू-भाग प्राप्त हो गया, जो अकबर ने जीता था। इसके अतिरिक्त 14 कोस की अतिरिक्त भूमि भी प्राप्त हुई। 1626 ई. में मलिक अम्बर की मृत्यु हो गई, किन्तु उसने अपनी नीतियों से दक्षिण के अन्य राज्यों को असन्तुष्ट कर दिया।
- शोलापुर के मुद्दे पर उसका बीजापुर के साथ संघर्ष हुआ और उसने बीजापुर की राजधानी नौरसपुर को जला दिया। इस प्रकार अहमदनगर और बीजापुर का सौहार्द समाप्त हो गया।

> 1621 ई. में ही जहाँगीर ने अपना दक्षिण अभियान समाप्त कर दिया, क्योंकि इसके बाद उसे 1623 ई. में शाहजहाँ के विद्रोह और 1626 ई. में महावत खाँ के विद्रोह के कारण दक्षिण की ओर ध्यान देने का अवसर प्राप्त ही नहीं हो सका। अन्तत: 1627 ई. में जहाँगीर की मृत्यु हो गई।

कन्धार

- जहाँगीर ने फारसियों से **भारत का सिंह द्वार** कहे जाने वाले तथा व्यापार एवं सैनिक दृष्टि से महत्त्वपूर्ण प्रान्त कन्धार को 1606-07 ई. में जीत लिया, किन्तु शीघ्र ही वह स्वतन्त्र हो गया।
- 1622. ई. फारस के शाह अब्बास ने कन्धार को मुगलों से पुन: छीन लिया, फलत: जहाँगीर के शासनकाल में ही कन्धार, ईरानियों के कब्जे में चला गया।

जहाँगीर द्वारा अपनाई गई राजपूत नीति

- जहाँगीर द्वारा राजपूतों के लिए अकबर नीति का ही पालन किया गया था। जहाँगीर काल में ही राजपूतों के साथ वैवाहिक सम्बन्ध स्थापित किए जाते गए थे।
- इस काल में मुगलों द्वारा राजपूतों को उच्च मनसबदारी तथा उच्च प्रशासनिक पद दिए गए थे।

जहाँगीर की धार्मिक नीति

- जहाँगीर के शासनकाल में भी अकबर की सहिष्णुता की नीति का अनुसरण होते देखा गया। 1612 ई. में पहली बार रक्षाबन्धन का त्यौहार मनाया गया तथा ब्राह्मणों और मन्दिरों को दान दिए गए। साथ ही अकबर द्वारा जारी गौ-हत्या निषेध की परम्परा को जारी रखा गया।
- यद्यपि कुछ अवसरों पर जहाँगीर द्वारा धार्मिक पक्षपात किया गया; जैसे—राजौरी के हिन्दुओं को मुस्लिम लड़कियों से विवाह करने पर दण्ड दिया गया तथा **काँगड़ा विजय** पर गाय कटवाकर जश्न मनाया गया। अजमेर के वाराह मन्दिर को तोड़ा गया तथा गुजरात के जैनियों को सजा दी गई।

जहाँगीर के शासनकाल में विदेशियों का भ्रमण

- जहाँगीर के शासनकाल में ही कम्पनी के प्रतिनिधि के रूप में **कैप्टन हॉकिन्स** (1608-11 ई.) और **सर टॉमस रो** (1615-19 ई.) भारत आए थे।
- कैप्टन हॉकिन्स इंग्लैण्ड के राजा जेम्स प्रथम के प्रतिनिधि के रूप में अकबर के लिए एक पत्र लाया था, परन्तु जब वह भारत पहुँचा, तो मुगल वंश का शासक जहाँगीर था। जहाँगीर ने कैप्टन हॉकिन्स के साथ आगरा के किले में बातचीत की। जहाँ हॉकिन्स ने जहाँगीर से फारसी में बात की। इसके पश्चात् जहाँगीर ने उसे **इंग्लिश खान** की उपाधि दी।
- सर टामस रो 1615 ई. में जेम्स प्रथम के दूत के रूप मे भारत आया था। उसने जहाँगीर से सूरत में अग्रेजों को व्यापार करने की छूट प्राप्त की।

> जहाँगीर अपने शासन के परवर्ती वर्षों में बीमार रहने लगा। अन्तत: नवम्बर, 1627 में उसकी मृत्यु हो गई। उसे लाहौर के निकट **शाहदरा** में दफनाया गया।

जहाँगीर की मृत्यु एवं उसका मूल्यांकन

- जहाँगीर को उच्च शिक्षा प्राप्त हुई थी। वह फारसी और तुर्की का अच्छा ज्ञाता था। हिन्दी और अरबी का भी वह साधारण ज्ञान रखता था।
- जहाँगीर बहुत न्यायप्रिय था। हालाँकि शराब की आदत ने जहाँगीर की छवि को धूमिल किया था।

> जहाँगीर का काल चित्रकला का स्वर्णिम काल था। उसने अपने चित्रकार उस्ताद मंसूर को **नादिर-उल-अस्र** तथा अबुल हसन को **नादिर-उल-जमाँ** की उपाधि दी थी।

- जहाँगीर की गणना महान मुगल सम्राटों में की जा सकती है। उसमें एक ओर प्रतिभाशाली सेनानायक, चतुर राजनीतिज्ञ या बुद्धिमान प्रशासक के गुणों का अभाव था, तो दूसरी ओर न्यायप्रियता, उदारता और साम्राज्य को संगठित तथा सुरक्षित रखने के गुण भी विद्यमान थे। उसने प्रजा की सुख समृद्धि पर ध्यान दिया, जो एक योग्य प्रशासक के आवश्यक गुण थे।

शाहजहाँ (1627-1658 ई.)

- शाहजहाँ का जन्म लाहौर में 5 जनवरी, 1592 को मारवाड़ के मोटा राजा उदयसिंह की पुत्री **जगत गोसाई** (जोधाबाई) के गर्भ से हुआ था।

> शाहजहाँ का विवाह 1612 ई. में आसफ खाँ की पुत्री **अर्जुमन्द बानू बेगम** से हुआ था, जो इतिहास में **मुमताज महल** के नाम से विख्यात हुई। शाहजहाँ द्वारा इसे **मल्लिका-ए-जमानी** की उपाधि प्रदान की गई थी।

- 1627 ई. में जहाँगीर की मृत्यु के साथ ही मुगल दरबार में सत्ता के लिए उथल-पुथल प्रारम्भ हो गई। नूरजहाँ अपने दामाद **शहरयार** को शासक बनाना चाहती थी, किन्तु उसका भाई आसफ खाँ उसके विरुद्ध हो गया, जो अपने दामाद शाहजहाँ को शासक बनाना चाहता था। शाहजहाँ उस समय दक्षिण में था।
- अत: आसफ खाँ ने गद्दी को सुरक्षित रखने के लिए खुसरो के अल्पवयस्क पुत्र **दाबरबख्श** को शासक बना दिया। इसके पश्चात् उसने शहरयार को एक युद्ध में पराजित करके बन्दी बना लिया और उसकी आँखें निकलवा लीं। तब तक शाहजहाँ आगरा पहुँच चुका था। 1628 ई. में शाहजहाँ का आगरा में सिंहासनारोहण हुआ।
- फरवरी, 1628 में **अबुल मुजफ्फर शहाबुद्दीन मुहम्मद साहिब किरन-ए-सानी** की उपाधि ग्रहण कर शाहजहाँ राजगद्दी पर बैठा था।

शाहजहाँ के काल के प्रमुख विद्रोह

शाहजहाँ के काल के प्रमुख विद्रोह निम्नलिखित हैं

बुन्देला राजपूतों का विद्रोह

- शाहजहाँ के शासनकाल में पहला विद्रोह 1628 ई. में **जुझार सिंह बुन्देला** द्वारा किया गया। जुझार सिंह बुन्देला, वीर सिंह बुन्देला का पुत्र था, जो जहाँगीर का विशेष पात्र रहा था, जिसने जहाँगीर के कहने पर अबुल फजल की हत्या कर दी थी।
- शाहजहाँ ने बुन्देलखण्ड पर आक्रमण करने का आदेश दिया तथा स्वंय इस अभियान का नेतृत्व किया। 1639 ई. में जुझार सिंह ने आत्मसमर्पण कर दिया तथा 5 वर्ष तक वफादरी के साथ मुगल बादशाह की सेवा की और दक्षिण के युद्धों में भाग लिया।

- 1634 ई. में जुझार सिंह अपनी राजधानी आरेछा चला गया। 1635 ई. में उसने गोण्डवाना पर आक्रमण कर उसकी राजधानी चौरागढ़ को जीत लिया तथा वहाँ के शासक प्रेमनारायण को मार दिया।
- एक अधीनस्थ शासक दूसरे अधीनस्थ शासक पर बिना बादशह की आज्ञा के आक्रमण करे यह मुगल नीति के अनुसार अपराध था।
- अत: शाहजहाँ ने उसे गोडवाना के बराबर जागीर देने को कहा, जिसे मामने से जूझार सिहं ने मना कर दिया।
- अन्तत: मुगल सेना ने औरंगजेब के नेतृत्व में आक्रमण कर दिया। 1835 में यह विद्रोह समाप्त हो गया।

खान-ए-जहाँ लोदी का विद्रोह

- शाहजहाँ के काल में अफगान सूबेदार **खान-ए-जहाँ लोदी** ने भी एक विद्रोह किया था।
- शाहजहाँ ने दक्षिण के राज्यों को नियन्त्रित करने के लिए दक्षिण के गवर्नर के पद पर खान-ए-जहाँ लोदी को नियुक्त किया, किन्तु खान-ए-जहाँ लोदी अहमदनगर के शासन मुर्तजा निजामशाह से मिल गया।
- मुर्तजा निजामशाह ने उसे मुगल क्षेत्र पर आक्रमण करने के लिए अधिकृत किया। शाहजहाँ इस बात से क्रुद्ध हो गया और उसने खान-ए-जहाँ लोदी को बन्दी बनाकर मृत्युदण्ड दे दिया।

पुर्तगालियों का विद्रोह

शाहजहाँ ने 1632 ई. के दौरान कासिम खाँ के नेतृत्व में सेना भेजकर पुर्तगालियों को बंगाल में उनके उत्पातों के लिए दण्डित करने के लिए उनके गढ़ हुगली पर आक्रमण किया, जिसमें बड़ी संख्या में पुर्तगाली मारे गए तथा जो बचे उन्हें मुसलमान बना दिया गया।

सिखों के विरुद्ध अभियान

- शाहजहाँ के काल में सिक्खों तथा मुगलों के मध्य सम्बन्ध कटुतापूर्ण थे। इसका पहला उदाहरण शाहजहाँ के बाज का उड़कर गुरु हरगोविन्द के पास चले जाने से सम्बन्धित था। हालाँकि मध्यस्थता के द्वारा इस विवाद को शान्त किया गया।

> गुरु हरगोविन्द द्वारा **गोविन्दपुर** नामक नगर बसाने को लेकर भी शाहजहाँ तथा गुरु हरगोविन्द के मध्य विवाद शुरू हो गया। इस विवाद में सिख गुरु हरगोविन्द द्वारा शाहजहाँ के फौजदार अब्दुल्लाह खाँ को पराजित किया गया।

- सिखों तथा मुगलों के मध्य युद्ध का एक कारण बीघीचन्द्र द्वारा मुगल घुड़शाल से घोड़े चुराकर गुरु हरगोविन्द को उपहार स्वरूप देना भी था। इस बार भी मुगल सेना को हार का मुँह देखना पड़ा।
- अन्त में गुरु हरगोविन्द ने कश्मीर की पहाड़ियों में कीरतपुर नामक स्थान पर रहना आरम्भ कर दिया। वहीं पर उनकी मृत्यु हुई।

शाहजहाँ की दक्षिण नीति

- कहा जाता है कि जब खान-ए-जहाँ लोदी ने विद्रोह किया था, तो दक्षिण भारत में अहमदनगर के शासक मुर्तजा निजामशाह ने उसकी सहायता की थी। अत: मुगलों को अहमदनगर पर आक्रमण का बहाना मिल गया।
- शाहजहाँ ने महावत खाँ के नेतृत्व में अहमदनगर पर आक्रमण किया और 1633 ई. में उसे जीतकर अपने साम्राज्य में मिला लिया।
- इसके पश्चात् मुगलों ने गोलकुण्डा के शासक **शेख अब्दुल्ला कुतुबशाह** पर दबाव डालकर उसे सन्धि करने पर विवश किया। फलत: 1636 ई. में गोलकुण्डा के शासक शेख अब्दुल्ला कुतुबशाह ने मुगलों से सन्धि कर ली। इसके अन्तर्गत ईरान के शाह का नाम गोलकुण्डा के खुतबे से हटा दिया गया तथा शाहजहाँ का नाम खुतबे एवं सिक्कों पर लिखवा दिया।
- इसके पश्चात् शाहजहाँ ने औरंगजेब को दक्षिण का सूबेदार नियुक्त किया। शाहजहाँ को **कोहिनूर हीरा** गोलकुण्डा के वजीर मुहम्मद सईद ने ही उपहारस्वरूप दिया था।
- दक्षिण में अहमदनगर को प्राय: बीजापुर से सहायता प्राप्त होती रहती थी। इसके परिणामस्वरूप आसफ खाँ तथा बीजापुर के शाह के मध्य युद्ध हुआ। इस युद्ध में मराठों के आ जाने से मुगलों कों घेरा उठाना पड़ा।

> 1636 ई. में शाहजहाँ स्वयं बीजापुर के अभियान के अन्तर्गत दक्षिण भारत पहुँचा। इस समय बीजापुर के शाहक **मुहम्मद आदिलशाह** का अपने सरदारों पर नियन्त्रण नहीं था, जिस कारण बीजापुर की हार हुई। इसी समय शाहजहाँ ने गोलकुण्डा से सन्धि की तथा शाहजी भोंसले को बीजापुर की सेवाएँ लेने के लिए अधिकृत किया।

कन्धार व मध्य एशिया

- जहाँगीर के समय में 1622 ई. में कन्धार मुगलों के अधिकार से निकल गया था, किन्तु शाहजहाँ के कूटनीतिक प्रयास से असन्तुष्ट किलेदार **अली मर्दन खाँ** ने 1639 ई. में यह किला मुगलों को सौंप दिया था।
- 1648-49 ई. में ईरान के शासक शाह अब्बास द्वितीय ने कन्धार पर आक्रमण किया, उस समय कन्धार का मुगल गवर्नर दौलत खाँ था। इससे पहले की उसे कोई सहायता पहुँच पाती, उस पर शाह अब्बास ने अधिकार कर लिया। तत्पश्चात् मुगल फिर कभी कन्धार नहीं जीत पाए।
- शाहजहाँ मध्य एशिया की राजनीति से लाभ उठाना चाहता था, चूँकि अब उज्बेक की शक्ति कमजोर हो चुकी थी और उज्बेक साम्राज्य विभाजित हो चुका था। इस विभाजन के परिणामस्वरूप बल्ख और बुखारा का क्षेत्र नजर मुहम्मद को मिला, किन्तु नजर मुहम्मद के पुत्र अब्दुल अजीज ने उसके विरुद्ध विद्रोह कर दिया और नजर मुहम्मद से बुखारा का क्षेत्र अपने अधीन कर लिया था।

धार्मिक नीति तथा राजपूत नीति

- शाहजहाँ ने पहले से चली आ रही उदारता की नीति में परिवर्तन करते हुए मध्यम मार्ग अपनाया। उसने औपचारिक रूप से राज्य को इस्लामी राज्य घोषित कर दिया तथा शरीयत के प्रति आदर दिखाया।
- इसके अतिरिक्त उसने धर्मतत्त्वज्ञों को **सिजदा** एवं **जमींबोस** से मुक्त कर दिया तथा इसके स्थान पर चहार तस्लीम की प्रथा चलाई और इलाही सम्वत् के स्थान पर हिजरी सम्वत् चलाया तथा कुछ समय के लिए हिन्दुओं पर **तीर्थ यात्रा कर** भी लगाया गया। पगड़ी में बादशाह की तस्वीर पहनने पर रोक लगा दी गई।

- 1633 ई. में शाहजहाँ ने नए मन्दिर बनाने पर रोक लगाते हुए निर्माणाधीन मन्दिरों को तुड़वा दिया, इसने गौ हत्या पर लगी पाबन्दी को हटा दिया। कश्मीर में हिन्दू मर्द से मुसलमान लड़की की शादी पर पाबन्दी लगा दी गई।
- चित्तौड़ के राजा जगत सिंह ने जब किले की मरम्मत कराई, तो शाहजहाँ ने सन्धि तोड़ने के आरोप में चित्तौड़ पर आक्रमण कर दिया।

> शाहजहाँ ने **राजा रघुनाथ** (शाही दीवान) के अतिरिक्त किसी भी राजपूत को सूबेदार का पद नहीं दिया था।

उत्तराधिकारी संघर्ष

- शाहजहाँ के चार पुत्र थे—**दाराशिकोह**, **शाहशुजा**, **औरंगजेब** तथा **मुरादबख्श**।
- 1657 ई. में शाहजहाँ बीमार हो गया। शाहजहाँ, दाराशिकोह को अपने साथ ही रखता था। यद्यपि औरंगजेब दक्षिण का, शुजा बंगाल का तथा मुराद गुजरात का गवर्नर था।
- शाहजहाँ ने अपनी बीमारी के समय अप्रत्यक्ष रूप से दाराशिकोह को अपना उत्तरधिकारी घोषित कर दिया। दाराशिकोह को शाहजहाँ ने **वलीअहद** घोषित कर दिया था। साथ ही उसकी जात रैंक को 40 हजार से बढ़ाकर 60 हजार कर दिया गया। अत: उसके अन्य पुत्रों को इस बात की आशंका हुई कि वे सत्ता से वंचित हो जाएँगे।
- सर्वप्रथम शुजा ने बंगाल में तथा मुराद ने गुजरात में स्वयं को स्वतन्त्र घोषित कर दिया, किन्तु औरंगजेब ने कूटनीतिक कारणों से अपनी स्वतन्त्रता की घोषणा नहीं की।
- सर्वप्रथम मुराद ने अपने मन्त्री अलीनिकी की हत्या कर गुजरात में स्वयं को सम्राट घोषित किया और अपने नाम के सिक्के बनवाए।
- उत्तराधिकार युद्ध में भाग लेने के लिए सर्वप्रथम शाहशुजा ने जनवरी, 1658 में राजधानी की ओर कूच किया। उत्तराधिकार युद्ध की शुरुआत शाहशुजा एवं शाही सेना (दारा के पुत्र सुलेमान शिकोह एवं जयसिंह के नेतृत्व में) के बीच बनारस से पाँच किमी दूर **बहादुरपुर** के युद्ध से हुई, जिसमें हारकर शुजा पूर्व की ओर भाग गया।
- इस प्रकार साम्राज्य की मुख्य सेना **सुलेमान शिकोह** के साथ चली गई, किन्तु सुलेमान शिकोह से यह भूल हो गई कि वह शुजा को खदेड़ते हुए बिहार तक पहुँच गया।
- दूसरी ओर औरंगजेब के विरुद्ध दाराशिकोह ने **जसवन्त सिंह** को भेजा। तब तक मालवा में औरंगजेब की सेना मुराद की सेना से मिल चुकी थी और औरंगजेब एवं मुराद के बीच एक समझौता हो चुका था।
- 25 अप्रैल, 1658 को उज्जैन से 14 मील दूर **धरमत** नामक स्थान पर औरंगजेब और मुरादबख्श की सम्मिलित सेनाओं ने जसवन्त सिंह तथा कासिम खाँ के नेतृत्व वाली शाही सेना को पराजित किया।
- इसी बीच 29 मई, 1658 को **सामूगढ़ का युद्ध** हुआ और दारा शिकोह आगरा छोड़कर भाग गया। 8 जून, 1658 को औरंगजेब ने आगरा पर अधिकार कर लिया और शाहजहाँ को बन्दी बना लिया।
- **दिसम्बर**, 1658 में औरंगजेब ने **खजवा** के युद्ध में शुजा को पराजित किया और उसके पीछे उसने मीर जुमला को लगा दिया। मीर जुमला ने शुजा को खदेड़ते हुए अराकान की पहाड़ियों में पहुँचा दिया, जहाँ कुछ अराकानियों ने शुजा की हत्या कर दी।
- औरंगजेब ने मुरादबख्श को भी गिरफ्तार कर लिया तथा मुराद पर एक हत्या का मुकदमा चलाया और अन्त में उसे मृत्यु दण्ड दे दिया गया। मार्च, 1659 में **देवराय के युद्ध** में दाराशिकोह अन्तिम रूप से पराजित हुआ।

विदेशी यात्री

- शाहजहाँ के शासनकाल में **ज्याँ बैप्टिस्ट टेवर्नियर** (फ्रांसीसी) भारत आया था। वह एक जौहरी था। वह इससे पहले भी छ: बार भारत आ चुका था। उसके द्वारा भारत के हीरों तथा उनकी खदानों की विस्तृत चर्चा की गई है।
- शाहजहाँ के काल में फ्रांसीसी चिकित्सक फ्रांसिसी बर्नियर (चिकित्सक) भी भारत आया था। शाहजहाँ के काल में ही दो इतालवी यात्री **पीटर मुण्डी** और **निकोलो मनूची** भी भारत आए थे। निकोली मनूची ने शाहजहाँ के काल में उत्तराधिकारी के युद्ध को देखा। उसने अपने वृत्तान्त को स्टोरियो-डी-मोगोर में संरक्षित किया था।

शाहजहाँ की मृत्यु

शाहजहाँ की मृत्यु जनवरी, 1666 में आगरा किले के **मुसम्मन बुर्ज** में हुई। इसके पश्चात् इसे आगरा के ताजमहल में मुमताज महल के कक्ष के समीप दफनाया गया था।

दाराशिकोह

- दाराशिकोह शाहजहाँ का सबसे बड़ा पुत्र था। उसे पंजाब की सूबेदारी मिली तथा शाहजहाँ ने उसे **शाहबुलन्द इकबाल** की उपाधि भी दी। दारा अपनी साम्प्रदायिक उदारता के लिए प्रसिद्ध था। यद्यपि **लेनपूल** ने दारा को **लघु अकबर** भी कहा है। दारा ने वेद और बाइबिल का अध्ययन किया तथा उसकी मान्यता थी कि वेद, कुरान के अनुपूरक हो सकते हैं। वह सूफियों एवं भक्त सन्तों की संगत पसन्द करता था तथा कादरी सूफी मुल्लाशाह बदख्शी का अनुयायी था।
- दारा ने **मज्म-उल-बहरीन** (दो समुद्रों का संगम) नामक पुस्तक की रचना की, जिसमें उसने हिन्दू और इस्लाम धर्मों को एक ही ईश्वर की प्राप्ति के दो मार्ग बताए। उसने वेदों को ईश्वरीय कृति मानते हुए उनका संकलन करवाया। उसने **सिर्र-ए-अकबर** नाम से बावन **उपनिषदों** का फारसी अनुवाद भी करवाया।
- उसने सूफी पन्थ से सम्बन्धित निम्न पुस्तकें लिखी
  सफीनत-उल-औलिया (सूफियों की जीवनी)।
  सकीनत-उल-औलिया (भारत के कादरी सूफियों की जीवनी)।
  हसनात-उल-आरफीन (सन्तों की वाणी का संकलन)।
  तरीकत-उल-हकीकत (आध्यात्मिक मार्ग के विभिन्न चरण)।
  रिसाला-ए-हक-नुमा (सूफी प्रथाओं का वर्णन)।

जहाँआरा

जहाँआरा उत्तराधिकारी के युद्ध में दाराशिकोह के साथ थी। उसे भी औरंगजेब द्वारा गिफ्तार करवाया गया, परन्तु उसकी मृत्यु आग से जलने से हुई। इसके द्वारा साहिबिया नामक पुस्तक सूफी सन्त मुल्लाशाह पर लिखी गई। औरंगजेब द्वारा उसे साम्राज्य की **प्रथम महिला** की उपाधि दी गई।

औरंगजेब (1658-1707 ई.)

- औरंगजेब का जन्म 3 नवम्बर, 1618 को उज्जैन के निकट दोहद नामक स्थान पर हुआ था। 18 मई, 1637 को औरंगजेब का विवाह फारस राज घराने की राजकुमारी **दिलरास बानो बेगम** (राबिया बीबी) से हुआ था।
- उसका पहला सैन्य अभियान ओरछा शासक जुझार सिंह बुन्देला के विरुद्ध था। औरंगजेब दो बार दक्षिण का सूबेदार (1636-44 ई. व 1652-57 ई. तक) बना। उसके द्वारा **मुर्शिद कुली खाँ** की सहायता से दक्षिण की लगान व्यवस्था को सही किया गया, जो टोडरमल और मलिक अम्बर की रैयतवाड़ी व्यवस्था पर स्थापित थी।
- इसके पश्चात् उसे गुजरात की सूबेदारी मिली और बाद में वह बल्ख व कन्धार के आक्रमण का सेनापति नियुक्त हुआ। उत्तराधिकार के संघर्ष के समय औरंगजेब दक्षिण का सूबेदार था।

सामूगढ़ की विजय के उपरान्त औरंगजेब ने आगरा पर अधिकार कर लिया तथा 31 जुलाई, 1658 को अपना दिल्ली में पहला राज्याभिषेक करवाया।

- उसने **अबुल मुजफ्फर मुहीउद्दीन मुहम्मद औरंगजेब बहादुर आलमगीर पादशाह गाजी** की उपाधि ली। खाजवा एवं देवराई के युद्धों में विजय के उपरान्त 15 जून, 1659 को दिल्ली में उसने दोबारा अपना राज्याभिषेक करवाया।

औरंगजेब की दक्षिण नीति

औरंगजब की दक्षिण नीति के निम्नलिखित है

बीजापुर

- 1656 ई. की सन्धि के लागू न होने से औरंगजेब ने **जयसिंह** के नेतृत्व में एक सेना को बीजापुर पर आक्रमण करने के लिए भेजा, हाँलाकि इस युद्ध में जयसिंह ने शिवाजी से समझौता (पुरन्दर की सन्धि) कर मुगलों की सहायता करने को कहा, परन्तु मराठों ने गोलकुण्डा की सहायता कर बीजापुर की जीत सुनिश्चित की। इसके पश्चात् जयसिंह को दक्षिण से वापस बुला लिया गया।
- **सिकन्दर आदिलशाह** के (1672-77 ई.) शासक बनने के पश्चात् दरबारी समूह दो भागों में बँट गया, जिसमें एक गुट का नेतृत्व रब्बास खाँ ने तथा दूसरे का नेतृत्व बहलोल खाँ द्वारा किया गया।
- इस परिस्थिति का लाभ उठाकर 1686 ई. में औरंगजेब ने स्वयं आक्रमण कर बीजापुर क्षेत्र को जीत लिया।
- **औरंगजेब** ने दक्षिण अभियान के अन्तर्गत बहादुर खाँ, दिलेर खाँ, शाहआलम और शहजादा आजम आदि को बीजापुर विजय के लिए भेजा था।

गोलकुण्डा

- गोलकुण्डा में अब्दुल्ला कुतुबशाह के शासन के पश्चात् अबुल हसन वहाँ का शासक बना, जिसके काल में प्रशासन की शक्तियाँ ब्रह्माण भाइयों मदन्ना और अखन्ना को दे दी गई, जिनका शिवाजी से घनिष्ठ सम्बन्ध था।
- औरंगजेब ने 1685 ई. में मुअज्जम व खान-ए-जहाँ के नेतृत्व में तथा 1687 ई. में स्वयं के नेतृत्व में गोलकुण्डा पर आक्रमण किया। इस काल में मुगल सूबों की संख्या 20 थी।

मराठा अभियान

- **दक्कन** में औरंगजेब की मुख्य समस्या **मराठे** थे। औरंगजेब मराठों पर नियन्त्रण करने के लिए दक्कनी सल्तनतों का सहयोग चाहता था, परन्तु दक्कनी रियासतें मराठों को मुगलों के विरुद्ध अपनी ढाल मानती थीं।
- यही कारण था कि कई वर्षों तक प्रयास करने के पश्चात् भी औरंगजेब न तो मराठों पर नियन्त्रण पा सका और न ही दक्कनी सल्तनतों को पूर्णत: अपने पक्ष में ला सका। यद्यपि इसके लिए उसने इस्लाम का सहारा भी लिया था।
- औरंगजेब ने निश्चय किया कि दक्कनी सल्तनतों—बीजापुर तथा गोलकुण्डा का विलय मुगल साम्राज्य में किए बिना मराठों पर नियन्त्रण नहीं किया जा सकता।
- मुगलों से शिवाजी का पहला संघर्ष 1656 ई. में हुआ, जब शिवाजी ने अहमदनगर एवं जुन्नार के किले पर आक्रमण किया। 1663 ई. में शिवाजी ने दक्षिण के मुगल सूबेदार शाइस्ता खाँ को हराया।
- शिवाजी की बढ़ती शक्ति को कुचलने के लिए औरंगजेब ने जयसिंह को 1665 ई. में दक्षिण भेजा।
- जयसिंह एवं शिवाजी के मध्य जून, 1665 में **पुरन्दर की सन्धि** हुई, जिसके अन्तर्गत शिवाजी ने 4 लाख हूण वाले 23 किले मुगलों को सौंप दिए और स्वयं मार्च, 1666 में आगरा के किले के दीवान-ए-आम में औरंगजेब के समक्ष प्रस्तुत हुए और यहीं से शिवाजी को कैद कर जयपुर भवन में रखा गया, जहाँ से शिवाजी फरार हो गए। 1666 ई. में आगरा में शिवाजी के साथ उसका व्यवहार तथा 1689 ई. में **शम्भाजी** की हत्या उसकी बहुत बड़ी गलतियाँ साबित हुईं।

औरंगजेब की दक्षिणी नीति विजय के कारण

- बीजापुर तथा मराठों की सहायता करना।
- मुगलों के विरुद्ध गोलकुण्डा की सहायता करना।
- दक्षिण भारत का आर्थिक सम्पन्न होना।
- दक्षिण भारत का शिया अनुयायी होना।
- दक्षिण अभियान के अन्तर्गत औरंगजेब (1660-81 ई.) अपने सेनापति भेजे, परन्तु 1681 ई. के बाद उसने दक्षिण भारत में अपनी सेना का नेतृत्व किया।

अन्य विजय

- 1657 ई. में कूच बिहार के शासक **प्रेम नारायण** द्वारा मुगल क्षेत्रों पर अधिकार करने का प्रयास किया गया। 1658 ई. में अहोमों द्वारा गुवाहाटी और उसके आस-पास के क्षेत्रों को लूटा जाने लगा।
- 1660 ई. में औरंगजेब द्वारा **मीर जुमला** को बंगाल का सूबेदार नियुक्त किया गया।

> 1661 ई. में मीर जुमला द्वारा कूच बिहार पर आक्रमण कर उसे मुगल साम्राज्य में मिला लिया गया और कूच बिहार की राजधानी का नाम बदलकर **आलमगीर नगर** कर दिया गया।

- मीर जुमला की मृत्यु (अप्रैल, 1663) के पश्चात् **शाइस्ता खाँ** को (1663 ई.) बंगाल का सूबेदार बनाया गया। उसके समय में पुनः अहोमों में संघर्ष आरम्भ हुआ।
- अहोमों एवं कूच शासकों ने मुगलों की अधीनता स्वीकार कर ली तथा मुगलों का प्रभाव आसाम की घाटी में स्थायी हो गया।
- पुर्तगाली (फिरंगी), अराकानी (माघ) समुद्री डाकुओं ने मिलकर बंगाल के तटवर्ती क्षेत्रों में अशान्ति फैलाई। उनके अत्याचारों और लूटपाट से चटगाँव से ढाका तक का क्षेत्र असुरक्षित हो गया था।

> बंगाल के सूबेदार शाइस्ता खाँ ने एक सुदृढ़ जल बेड़े का गठन कर बंगाल की खाड़ी में स्थित **सोनद्वीप**, जो डाकुओं की गतिविधियों का केन्द्र था, पर अधिकार कर लिया। इसके बाद चटगाँव पर आक्रमण कर उस पर भी अधिकार (1666 ई.) कर लिया गया।

औरंगजेबकालीन विद्रोह

औरंगजेबकालीन विद्रोह निम्नलिखित हैं

जाट विद्रोह

- जाट आगरा, मथुरा, ग्वालियर और आस-पास के क्षेत्रों में निवास करते थे। 1669 ई. में जाटों ने तिलपत के जमींदार **गोकुला जाट** के नेतृत्व में विद्रोह किया। वस्तुतः जाट मुगल गवर्नर अब्दुल नबी की नीतियों से असन्तुष्ट थे।
- अब्दुल नबी ने **केशवराय मन्दिर** के एक भाग को गिरा दिया था, परन्तु इस विद्रोह का मौलिक कारण कृषकों का असन्तोष होना था। मुगल फौजदार **हसन अली खाँ** ने जाटों को परास्त किया और गोकुला को बन्दी बनाकर मार डाला।
- 1685 ई. में राजाराम के नेतृत्व में जाटों ने दूसरा विद्रोह किया। यह विद्रोह अधिक संगठित और उग्र था।
- राजाराम ने सिकन्दरा में स्थित अकबर के मकबरों को लूटा और मकबरे से अकबर की हड्डियों को निकालकर जला दिया था।
- राजाराम के विद्रोह को दबाने के लिए कछवाहा राजा बिशन सिंह से औरंगजेब ने अनुरोध किया। बिशन सिंह को मथुरा का फौजदार नियुक्त किया गया और उसे सम्पूर्ण क्षेत्र जमींदारी में दिया गया। बिशन सिंह ने राजाराम को परास्त किया।
- 1688 ई. में राजाराम के मरणोपरान्त उसके भतीजे **चूड़ामण** ने जाट नेतृत्व की बागडोर सम्भाली।
- इसने जाटों को सैनिक शक्ति में बदल दिया। इसने एक पृथक् जाट राज्य (भरतपुर) की स्थापना भी की।

बुन्देला विद्रोह

- उत्तराधिकार के युद्ध में ओरछा के शासक **चम्पतराय** ने औरंगजेब का साथ दिया था।
- औरंगजेब ने उसे **पंचहजारी मनसब** प्रदान किया था, किन्तु 1661 ई. में चम्पतराय ने विद्रोह कर दिया। पराजित होने के बाद उसने मुगलों का आधिपत्य स्वीकार करने के स्थान पर आत्महत्या कर ली।
- चम्पतराय की मृत्यु के बाद उसके पुत्र **छत्रसाल** ने औरंगजेब के विरुद्ध विद्रोह का नेतृत्व किया तथा 1707 ई. में वह बुन्देलखण्ड का स्वतन्त्र शासक बन गया।

सतनामी विद्रोह

- सतनामी वैरागियों का एक धार्मिक पन्थ था। इस पन्थ की स्थापना 1657 ई. में **नारनौल** नामक स्थान पर हुई थी।
- 1672 ई. में एक मुगल सिपाही और सतनामी के बीच झड़प हो गई, तत्पश्चात् इसने एक विद्रोह का रूप ले लिया, किन्तु इस विद्रोह को दबा दिया गया।
- इस विद्रोह को दबाने में स्थानीय जमींदारों ने, जिनमें अधिकतर राजपूत थे, मुगलों का साथ दिया था।

राजपूतों का विद्रोह

- राजपूतों के विद्रोह में जोधपुर या मारवाड़ का विद्रोह महत्त्वपूर्ण माना जाता है। मारवाड़ के शासक **जसवन्त सिंह** एक महत्त्वपूर्ण मनसबदार थे।
- 1678 ई. में उनकी मृत्यु हो गई। वे सन्तानहीन थे, किन्तु उनकी मृत्यु के शीघ्र बाद ही उनकी दो रानियों ने दो पुत्रों को जन्म दिया, जिसमें बड़ा पुत्र अजीत सिंह था।

> मारवाड़ के राठौरों ने **अजीत सिंह** को शासक बनाना चाहा, किन्तु औरंगजेब ने जसवन्त सिंह के बड़े भाई अमर सिंह के पौत्र इन्द्र सिंह को ₹ 30 लाख के बदले मारवाड़ का टीका दे दिया, किन्तु मारवाड़ के राठौरों ने अजीत सिंह को शासक बनाने के लिए दुर्गादास राठौर के नेतृत्व में विद्रोह कर दिया।
>
> इस अभियान के दौरान ही 1679 ई. में औरंगजेब ने हिन्दुओ पर जजिया कर लगाना प्रारम्भ कर दिया था।

- मेवाड़ के **राणा राजसिंह** भी राठौरों से जा मिले और दोनों ने मिलकर मुगल साम्राज्य के विरुद्ध **गुरिल्ला युद्ध** प्रारम्भ कर दिया।
- इसके पश्चात् राणा राजसिंह के उत्तराधिकारी **जगत सिंह** ने औरंगजेब के साथ समझौता कर लिया, किन्तु मारवाड़ अकेले संघर्ष करता रहा और यह संघर्ष तब तक चलता रहा, जब तक कि औरंगजेब के उत्तराधिकारी **बहादुरशाह** ने अजीत सिंह को शासक नहीं मान लिया।

- औरंगजेब के विरुद्ध विद्रोह करने वालों में सिख अन्तिम थे। यह उसके काल का एकमात्र ऐसा विद्रोह था, जो धार्मिक कारणां से हुआ था। सिख विद्रोह मुख्यत: 1674 ई. में गुरु तेगबहादुर को प्राण दण्ड दिए जाने के पश्चात् प्रारम्भ हुआ।

> गुरु तेगबहादुर की मृत्यु के पश्चात् गुरु गोविन्द सिंह ने औरंगजेब की नीतियों का विरोध किया। उन्होंने **मखोवल** या **आनन्दपुर** में अपना मुख्यालय बनवाया। गुरु गोविन्द सिंह ने पूरक ग्रन्थ को संकलित किया, जिसका नाम दसवें बादशाह का ग्रन्थ रखा गया।

- गुरु गोविन्द सिंह ने अपनी मृत्यु से पूर्व ही गुरु की गद्दी को समाप्त कर दिया था और सिखों को एक कट्टर सम्प्रदाय बनाने में अहम भूमिका अदा की।
- औरंगजेब की मृत्यु के पश्चात् उसके अधिकारी बहादुरशाह प्रथम ने गुरु गोविन्द के साथ सन्धि कर ली, तत्पश्चात् गुरु ने दक्षिण भारत के युद्धों में उसका साथ दिया।

धार्मिक नीति

- औरंगजेब एक कट्टर एवं रूढ़िवादी सुन्नी मुसलमान था। उसने कुरान (शरीयत) को अपने शासन का आधार बनाया।
- औरंगजेब बहुत पढ़ा-लिखा व्यक्ति था। वह **हदीस** एवं **शरा** का गहन अध्येता था।
- उसकी सेना में लगभग 33% अधिकारी हिन्दू थे तथा यह अनुपात महान मुगल शासकों में सर्वाधिक था, परन्तु उसके शक्की स्वभाव और शरीयत के पालन पर बल व कठोर दण्ड देने की उसकी नीति के कारण अनेक बार समस्याएँ उत्पन्न हुईं तथा इस्लाम को राजनीतिक लाभ के लिए प्रयोग करने हेतु उसके प्रयासों के भी नकारात्मक परिणाम सिद्ध हुए।
- इनमें से अनेक कार्यों को शुद्धतावादी कहा जा सकता है, जोकि निम्न हैं
  - सिजदे पर रोक।
  - सिक्कों पर कलमा खुदवाने पर रोक।
  - सभी सूबों में मुहतसिबत नियुक्त किए गए, जो शरीयत का अनुपात सुनिश्चित करवाते थे।
- 1669 ई. में औरंगजेब ने कई अन्य शुद्धतावादी कदम भी उठाए, जोकि निम्न हैं
  - दरबार में संगीत पर रोक व झरोखा दर्शन पर रोक, बादशाह को कीमती वस्तुओं से तोलने (तुलादान) पर रोक।
  - ज्योतिषियों से जन्त्रियाँ बनवाने और नए राजा के माथे पर टीका लगाने पर रोक।
  - 1688 ई. में **होली** और **मुहर्रम** सार्वजनिक रूप से मनाने पर रोक।
  - दरबारियों के रेशमी वस्त्रों पर प्रतिबन्ध आदि।
- **औरंगजेब** के कुछ कार्य स्पष्ट रूप से धार्मिक कट्टरता के परिचायक थे; जैसे—जजिया आरोपित करना एवं मन्दिरों को तुड़वाना तथा नए मन्दिरों के निर्माण पर रोक लगाना।
- उसने 1669 ई. में मुहतसिबों को हिन्दू मन्दिरों एव पाठशालाओं को नष्ट करने के आदेश दिए।
- औरंगजेब ने अनेक मन्दिर नष्ट करवाए, जिनमें बनारस का काशी विश्वनाथ मन्दिर, मथुरा में वीरसिंह बुन्देला द्वारा निर्मित केशवराय मन्दिर तथ गुजरात का सोमनाथ मन्दिर प्रमुख हैं।

> **औरंगजेब का मूल्यांकन**
> - औरंगजेब स्वभाव से अविश्वासी था, इसलिए वह शासन के अधिकतर कार्य स्वयं करता था।
> - औरंगजेब ने अर्थव्यवस्था में विस्तार के अन्तर्गत **राहदारी** (परिवहन कर) तथा **पण्डारी** (चुँगी कर) को समाप्त किया।
> - औरंगजेब का गैर-मुस्लिमों के प्रति असहिष्णु व्यवहार मुगल साम्राज्य के लिए बेहतर सिद्ध नहीं हुआ, क्योंकि उस समय भारत में गैर-मुस्लिमों की संख्या अधिक थी।
> - औरंगजेब का काल भय और **आतंक का काल** माना जाता है।
> - औरंगजेब को उसके चरित्रिक गुणों के कारण जिन्दा पीर भी कहा जाता था।
> - औरंगजेब के पश्चात् मुगलकाल को कोई उत्तम शासक प्राप्त न हो सका, जिसके कारण मुगलों का पतन शुरू हो गया।

प्रीलिम्स फैक्ट्स

- बाबर ने सर्वप्रथम 'बादशाह' की पदवी कहाँ धारण की थी?
  –काबुल में [UPPSC (Mains) 2015]
- पानीपत का प्रथम युद्ध, खानवा का युद्ध, प्लासी का युद्ध तथा पानीपत के तीसरा युद्ध में से किस युद्ध में एक पक्ष द्वारा प्रथम बार तोपों का उपयोग किया गया था? *–पानीपत का प्रथम युद्ध* [UPPSC (Pre) 2016]
- किस मुगल शासक ने भारत में आटोमन पद्धति का अपनाया था?
  –बाबर ने [JKPSC (Mains) 2016]
- किस एक युद्ध में बाबर ने जिहाद की घोषणा की थी?
  –खानवा का युद्ध [UPPSC (Mains) 2009]
- वह मुगल सम्राट कौन है, जिसके जीवन से धैर्य व संकल्प से सफलता की शिक्षा मिलती है? *–नसीरुद्दीन हुमायूँ* [RAS/RTS (Pre) 1996]
- हुमायूँ ने चुनार दुर्ग पर प्रथम बार आक्रमण कब किया था?
  –1532 ई. में [BPSC (Pre) 2008]
- हुमायूँ द्वारा लड़े गए चार प्रमुख युद्धों चौंसा, देवरा कन्नौज तथा सरहिन्द का सही कालानुक्रम क्या है? *–देवरा (1532 ई.), (चौसा (1539 ई.), कन्नौज (1540 ई.), सरहिन्द (1555 ई.)* [BPSC (Pre) 1996]
- बहलोल लोदी, सिकन्दर लोदी, शेरशाह सूरी तथा इस्लामशाह सूरी में से किस सुल्तान ने पहले 'हजरते आला' की उपाधि अपनाई और बाद में सुल्तान की? *–शेरशाह सूरी* [BPSC (Pre) 2001]
- फरीद जो बाद में शेरशाह सूरी बना, ने कहाँ से शिक्षा प्राप्त की थी?
  –जौनपुर [RAS/RTS (Pre) 2015]
- "मात्र एक मुट्ठी बाजरे के चक्कर में मैने अपना साम्राज्य खो दिया होता" यह कथन किस मध्यकालीन शासक का है?
  –शेरशाह सूरी [UPPSC (Mains) 2007]
- शेरशाह को अपनी वीरता से प्रभावित करने वाले जयता और कुम्पा किस राज्य से सम्बन्धित थे? *–मारवाड़* [UPPSC (Pre) 2022]
- किस अभियान के दौरान शेरशाह की मृत्यु हुई?
  –कालिंजर अभियान [UPPSC (Pre) 1993]
- किस स्थान पर अकबर को हुमायूँ की मृत्यु की सूचना मिलने पर राजगद्दी पर बैठाया गया था? *–कलानौर* [CGPSC (Pre) 2016]
- अकबर के दरबार में आने वाला पहला अंग्रेज व्यक्ति कौन था?
  –रॉल्फ फिन्च [JPSC (Pre) 2003]
- बाबर, हुमायूँ , अकबर तथा औरंगजेब में से किसको एक प्रबुद्ध निरंकुश कहा जा सकता है? *–अकबर को* [UPPSC (Mains) 2009]
- अकबर ने सर्वप्रथम वैवाहिक सम्बन्ध राजपूतों के किस गृह से स्थापित किए? *–कछवाहों से* [UPPSC (Pre) 2004]
- हल्दी घाटी का युद्ध किस वर्ष हुआ था?*–1576 ई.* [UKPSC (Pre) 2012]
- हल्दी घाटी के युद्ध में महाराणा प्रताप की सेना के सेनापति कौन थे?
  –हकीम खाँ [BPSC (Pre) 2015]
- किस मुगल बादशाह के विरुद्ध जौनपुर से फतवा जारी हुआ था?
  –अकबर [UPPSC (Mains) 2011]
- दिल्ली का वह शिक्षा केन्द्र जो 'मदरसा-ए-बेगम' कहलाता था, किसके द्वारा स्थापित किया गया था?
  –माहम अनगा के द्वारा [UPPSC (Mains) 2012]
- वह प्रसिद्ध जैन आयार्च कौन थे, जिनको अकबर ने बहुत सम्मानित किया था? *–हरिविजय सूरि* [UPPSC (Pre) 2012]
- किस मुगल सम्राट के काल में अंग्रेजी ईस्ट इण्डिया कम्पनी ने भारत में अपना सर्वप्रथम कारखाना स्थापित किया था? *–जहाँगीर* [IAS(Pre) 2008]
- वह कौन-सा मुगल सम्राट था, जिसने तम्बाकू के प्रयोग पर निषेध लगाया था? *–जहाँगीर* [UPPSC (Mains) 2005]
- ईरान के शाह और मुगल शासकों के बीच झगड़े की जड़ क्या थी?
  –कन्धार पर अधिकार [BPSC (Pre) 1994]
- मुगलों एवं मेवाड़ के राणा के मध्य चित्तौड़ की सन्धि किस मुगल शासक के शासनकाल में हस्ताक्षरित हुई थी? *–जहाँगीर* [UPPSC (Pre) 2008]
- जहाँगीर ने 'टॉमस रो' को कहाँ मिलने का अवसर दिया था?
  –अजमेर [MPPSC (Pre) 2010]
- किस अंग्रेजी राजदूत को जहाँगीर ने 'खान' की उपाधि से सम्मानित किया था? *–हॉकिन्स* [UPPSC (Pre) 2015]
- जहाँगीर, ग्यासबेग, आसफ खाँ तथा खुर्रम में से कौन नूरजहाँ के गुट का सदस्य नहीं था? *–जहाँगीर* [UPPSC (Mains) 2015]
- विलियम हॉकिन्स, राल्फ फिन्च , टॉमस रो तथा निकोलस डाउटन जैसे विदेशी यात्रिओं के भारत आने का कालक्रम क्या है?
  –राल्फ फिन्च (1583 ई.), विलियम हॉकिन्स (1608 ई.), निकोलस डाउटन (1614 ई.), टॉमस रो (1615 ई.) [UPPSC (Pre) 2021]
- किस मुगल बादशाह ने 'सिजदा' के ईरानी रिवाज को समाप्त किया?
  –शाहजहाँ ने [UPPSC (Mains) 2010]
- किस इतिहासकार ने शाहजहाँ के शासनकाल को मुगलकाल का स्वर्णयुग कहा है? *–ए.एल. श्रीवास्तव* [BPSC (Pre) 1996]
- शाहजहाँ के वल्ख अभियान का क्या उद्देश्य था?
  –काबुल की सीमा से सटे बल्ख और बदख्शां में एक मित्र शासक को लाना [IAS (Pre) 2002]
- सुप्रसिद्ध 'कोहिनूर हीरा' शाहजहाँ को किसने उपहार में दिया था?
  –मीर जुमला ने [UPPSC (Mains) 2016]
- किस मुगल शासक ने बनारस के संस्कृत और हिन्दी के महान विद्वान कवीन्द्र आचार्य सरस्वती को राजकीय संरक्षण प्रदान किया था?
  –शाहजहाँ [UPPSC (Pre) 2022]
- किस मुगल बादशाह का दो बार राज्यभिषेक हुआ था?
  औरंगजेब [JPSC (Pre) 2003]
- किस मुगल बादशाह की सेवा में सर्वाधिक हिन्दू सेनापति थे?
  –औरंगजेब [UPPSC (Pre) 2000]
- औरंगजेब ने बीजापुर की विजय कब की थी?
  –1686 ई. में [UPPSC (Pre) 1992]
- धरमट का युद्ध किस-किसके बीच लड़ा गया था?
  –औरंगजेब तथा दाराशिकोह [IAS (Pre) 2003]
- 1687 ई. में जब औरंगजेब ने गोलकुण्डा के किले पर अधिकार किया, उस समय गोलकुण्डा का शासक कौन था?
  –अबुल हसन कुतुबशाह [UPPSC (Pre) 2020]
- औरंगजेब ने किसे साहिबात-उज-जमानी की उपाधि प्रदान की थी?
  –जहाँआरा को [UPPSC (Pre) 2014]

सेल्फ चैक

1. निम्नलिखित युद्धों में से किस एक में बाबर ने 'जिहाद' की घोषणा की थी?

(a) पानीपत का युद्ध (b) खानवा का युद्ध
(c) चन्देरी का युद्ध (d) इनमें से कोई नहीं

2. निम्न युग्मों में से कौन-सा युग्म सही सुमेलित नहीं है? **UPPSC (Pre) 2015**

(a) पानीपत का प्रथम युद्ध - 1526 ई.
(b) खानवा का युद्ध - 1527 ई.
(c) घाघरा का युद्ध - 1529 ई.
(d) चन्देरी का युद्ध - 1530 ई.

3. निम्नलिखित पर विचार कीजिए
बाबर के भारत में आने के फलस्वरूप **IAS (Pre) 2015**

1. उपमहाद्वीप में बारूद के उपयोग की शुरुआत हुई।
2. इस क्षेत्र में स्थापत्य कला में मेहराब और गुम्बद बनने की शुरुआत हुई।
3. इस क्षेत्र में तैमूरी (तिमूरिद) राजवंश स्थापित हुआ।

उपरोक्त कथनों में से कौन-सा/से कथन सही है/हैं?

(a) 1 और 2 (b) केवल 3
(c) 1 और 3 (d) 1, 2 और 3

4. बाबर के साम्राज्य में सम्मिलित थे

1. काबुल का क्षेत्र
2. पंजाब का क्षेत्र
3. आधुनिक उत्तर प्रदेश का क्षेत्र
4. आधुनिक राजस्थान का क्षेत्र

कूट

(a) 1 और 2 (b) 2 और 3
(c) 1, 2 और 3 (d) 2, 3 और 4

5. हुमायूँ द्वारा लड़े गए चार प्रमुख युद्धों की तिथि के अनुसार सही क्रम अंकित करें। इन युद्ध स्थलों के नाम नीचे अंकित हैं

(a) चौसा, देवरा, कन्नौज, सरहिन्द
(b) देवरा, कन्नौज, चौसा, सरहिन्द
(c) सरहिन्द, देवरा, चौसा, कन्नौज
(d) देवरा, चौस, कन्नौज, सरहिन्द

6. "मात्र एक मुट्ठी बाजरे के चक्कर में मैंने अपना साम्राज्य खो दिया होता।" इस कथन को आप किस मध्यकालीन शासक से सम्बद्ध करेंगे?

(a) अलाउद्दीन खिलजी (b) मुहम्मद तुगलक
(c) शेरशाह (d) औरंगजेब

7. कैप्टन हॉकिन्स के सन्दर्भ में, निम्नलिखित कथनों में से कौन-सा सही है? **UPPSC (Pre) 2023**

1. वह 1611 ई. में जेम्स प्रथम के दूत के रूप में भारत आया।
2. वह तुर्की भाषा का बहुत अच्छा ज्ञाता था।

(a) न तो 1 ना ही 2 (b) केवल 1
(c) केवल 2 (d) 1 और 2 दोनों

8. **कथन** (A) सम्राट अकबर ने 1581 ई. में विशाल सेना सहित अफगानिस्तान की ओर कूच किया।

कारण (R) वे मध्य एशिया में अपने पैतृक देश फरगना को वापस प्राप्त करने के लिए अग्रसर थे।

कूट

(a) A और R दोनों सही हैं तथा R, A की सही व्याख्या है।
(b) A और R दोनों सही हैं, परन्तु R, A की सही व्याख्या नहीं है।
(c) A सही है, किन्तु R गलत है।
(d) A गलत है, किन्तु R सही है।

9. मुगल सम्राट अकबर से सम्बन्धित निम्नलिखित कथनों पर विचार कीजिए तथा सही उत्तर चुनिए **CGPSC (Pre) 2021**

1. 'तानसेन' रामबली पाण्डेय को मुगल सम्राट अकबर द्वारा प्रदान की गई पदवी थी।
2. अकबर का विवाह राजा मानसिंह की बहन के साथ हुआ था।
3. अबुल फजल 'आइन-ए-अकबरी' के लेखक थे।
4. राजा टोडरमल अकबर की सेना के प्रधान सेनापति थे।

कूट

(a) 1 और 2 (b) 3 और 4
(c) केवल 3 (d) केवल 4

10. फिलीपाइन्स में नारियल एवं गन्ने की कृषि विकास का श्रेय किसको जाता है? **UPPSC (Pre) 2023**

(a) हॉलैण्डवासियों को
(b) ब्रिटेनवासियों को
(c) स्पेन एवं अमेरिकीवासियों को
(d) फ्रांसवासियों को

11. निम्नलिखित में से किसने जहाँगीर के विरुद्ध विद्रोह किया था? **UPPSC (Pre) 2013**

1. आसफ खाँ 2. खुर्रम
3. महावत खाँ 4. खुसरो

कूट

(a) 1 और 2 (b) 2 और 3
(c) 2 और 4 (d) 2, 3 और 4

12. निम्नलिखित युग्मों में से कौन-सा युग्म सही सुमेलित नहीं है? **UPPSC Pre 2010**

(a) बाबर — खानवा का युद्ध
(b) हुमायूँ — चौसा का युद्ध
(c) अकबर — हल्दीघाटी का युद्ध
(d) जहाँगीर — बल्ख का युद्ध

13. सूची I को सूची II से सुमेलित कीजिए **UPPSC (Mains) 2012**

सूची I	सूची II
A. हल्दीघाटी का युद्ध	1. बाबर
B. बिलग्राम का युद्ध	2. अकबर
C. खुसरो का विद्रोह	3. हुमायूँ
D. खानवा का युद्ध	4. जहाँगीर

कूट

	A	B	C	D
(a)	2	3	4	1
(b)	1	3	2	4
(c)	3	2	4	1
(d)	2	4	1	3

14. मुगलकाल के निम्नलिखित युद्धों को कालक्रमानुसार व्यवस्थित कीजिए
CGPSC (Pre) 2008

1. घाघरा का युद्ध
2. खानवा का युद्ध
3. चौसा का युद्ध
4. सामूगढ़ का युद्ध

कूट

(a) 2, 1, 3, 4
(b) 1, 3, 2, 4
(c) 3, 2, 1, 4
(d) 2, 3, 1, 4

15. सूची I को सूची II से सुमेलित कीजिए तथा सूचियों के नीचे दिए गए कूट से सही उत्तर चुनिए
UPPSC (Pre) 2023

सूची I (पुस्तक)	सूची II (विषय)
A. मिरात-ए-सिकन्दरी	1. बंगाल का इतिहास
B. बुरहान-ए-माशिर	2. बहमनी के अहमदनगर का इतिहास
C. रियाज-उस-सलातिन	3. महमूद गवां के पत्रों का संग्रह
D. रियाज़-उल-इंश	4. गुजरात विजय

कूट

	A	B	C	D
(a)	4	2	1	3
(b)	2	4	1	3
(c)	1	2	4	3
(d)	4	2	3	1

16. औरंगजेब ने किसे 'सहिबात-उज-जमानी' की उपाधि प्रदान की?
UPPSC (Pre) 2014

(a) शाइस्ता खान
(b) अमीर खान
(c) जहाँआरा
(d) रोशनआरा

17. औरंगजेब के शासनकाल की निम्नलिखित घटनाओं पर विचार कीजिए और उनको कालक्रमानुसार व्यवस्थित कीजिए
UPPSC (Pre) 2022

1. देवराई की लड़ाई
2. बनारस के पास शुजा की पराजय
3. सामूगढ़ की लड़ाई
4. धरमत में विजय

कूट

(a) 4, 2, 1, 3
(b) 1, 3, 4, 2
(c) 3, 4, 2, 1
(d) 2, 4, 3, 1

18. निम्नलिखित युद्धों को कालानुक्रम में व्यवस्थित कीजिए और नीचे दिए गए कूटों में से सही उत्तर चुनिए
UPPSC (Pre) 2019

1. सर्नाल का युद्ध
2. बिलग्राम का युद्ध
3. धरमत का युद्ध
4. जाजऊ का युद्ध

कूट

(a) 2, 1, 3, 4
(b) 2, 3, 4, 1
(c) 3, 2, 1, 4
(d) 3, 1, 2, 4

19. निम्नलिखित में से कौन-सा सही सुमेलित नहीं है?
UPPSC (Pre) 2023

(a) शाह तुर्कन - इल्तुतमिश की पत्नी
(b) हमीदा बानु बेगम - अलाउद्दीन खिलजी की पत्नी
(c) इल्तुतमिश - रजिया के पिता
(d) गुलबदन बेगम - बाबर की पुत्री

जानें सही उत्तर

1. (b)	**2.** (d)	**3.** (b)	**4.** (c)	**5.** (d)	**6.** (c)	**7.** (a)	**8.** (c)	**9.** (c)	**10.** (c)
11. (d)	**12.** (d)	**13.** (a)	**14.** (a)	**15.** (a)	**16.** (c)	**17.** (d)	**18.** (a)	**19.** (c)	

● अध्याय बीस

मुगल प्रशासन, आर्थिक एवं धार्मिक व्यवस्था

"

मुगलों के द्वारा एक केन्द्रीकृत प्रशासनिक व्यवस्था स्थापित की गई थी। आर्थिक क्षेत्र में आन्तरिक एवं बाह्य व्यापार उन्नत स्थिति में था एवं उनकी धार्मिक व्यवस्था को समन्वित संस्कृति के सन्दर्भ में समझा जा सकता है।

मुगलकालीन प्रशासन

- मुगल प्रशासन में बादशाह की सहायता के लिए अनेक अधिकारियों की नियुक्ति की जाती थी। इन अधिकारियों की सहायता से केन्द्रीय शासन व्यवस्था का संचालन किया जाता था।
- इसी प्रकार प्रान्तीय एवं स्थानीय प्रशासन भी थे, जो सीधे केन्द्र के प्रति उत्तरदायी होते थे। इस प्रशासनिक व्यवस्था का विकास **बाबर** एवं **हुमायूँ** के शासनकाल में हुआ, लेकिन अकबर के शासनकाल में यह अपनी पूर्णता पर पहुँचा।

केन्द्रीय शासन

- मुगल शासक व्यवस्था में बादशाह प्रमुख होता था। वह प्रधान सेनापति तथा सर्वोच्च न्यायाधीश होता था।
- मुगल शासकों द्वारा अपने पूर्ववर्ती शासकों के विपरीत सुल्तान के अतिरिक्त बादशाह की उपाधि ग्रहण की गई, ताकि अपनी सम्प्रभुता की घोषणा कर सकें। शासकों ने अपने दैवीय अधिकारों पर बल दिया। साथ ही उन्होंने अनेक गैर-इस्लामिक प्रथाओं को भी प्रश्रय दिया।
- मुगल साम्राज्य की विशालता के कारण प्रशासन के संचालन हेतु अनेक प्रशासनिक अधिकारियों की नियुक्ति की गई, जिनका वर्णन निम्न है

वकील (वकील-ए-मुतलक)

- मुगल प्रशासन में सम्राट के बाद शासन कार्यों को संचालित करने वाला सबसे महत्त्वपूर्ण अधिकारी वकील होता था।
- वकील के पास नागरिक और सैनिक दोनों शक्तियाँ थीं। वह केन्द्र में विभिन्न मन्त्रियों की नियुक्ति तथा उन्हें पदच्युत करता था, किन्तु बाद में यह प्रथा समाप्त हो गई।
- **सम्राट अकबर** ने अपने वकील **बैरम खाँ** के बाद वकील पद के महत्त्व को कम करने के लिए अपने शासनकाल के 8वें वर्ष में एक नया पद दीवान-ए-वजारत-ए-कुल का गठन किया, जिसका प्रमुख कार्य राजस्व एवं वित्तीय मामलों का प्रबन्धन करना था।
- वकील पद की महत्ता कम होने के पश्चात् दीवान या वजीर, बादशाह के बाद मुख्य अधिकारी की भूमिका निभाता था।

दीवान/वजीर

- अबुल फजल के अनुसार, **आय-व्यय विभाग** का प्रमुख वजीर कहलाता था, जिसे दीवान भी कहते थे। अकबर के काल में सामान्यत: वजीर के लिए **दीवान** शब्द ही प्रचलित था। दीवान वित्तीय मामलों में बादशाह का प्रथम सहायक था। वह खजाने की निगरानी करता था तथा हिसाब-किताब की जाँच करता था।

> अकबर ने सर्वप्रथम **मुजफ्फर खाँ तुरबती** को इस पद पर नियुक्त किया था। इसके बाद इस पद पर अनेक योग्य व्यक्ति आसीन हुए; जैसे—टोडरमल, ख्वाजा शाह मन्सूर, ऐतमादुद्दौला, असद खाँ आदि।

- असद खाँ (औरंगजेब काल में दीवान था) इस पद पर सर्वाधिक 31 वर्ष तक आसीन रहा। शाहजहाँ के काल में अफजल खाँ, इस्लाम खान एवं सादुल्ला खान दीवान रहे। जहाँगीर के काल में ग्यास बेग (ऐतमादुद्दौला) दीवान के पद पर आसीन रहे।

मीर बख्शी

- मुगलकाल में दिल्ली सल्तनत के **दीवान-ए-अर्ज** का नाम बदलकर मीर बख्शी कर दिया गया। इस पद की शुरुआत अकबर के काल में हुई। यह सैन्य विभाग का होता था। इसके पास दीवान-ए-अर्ज के समस्त अधिकार होते थे।
- मनसबदारों की नियुक्ति एवं वेतन सम्बन्धी कागजात इसी के द्वारा अनुशंसित एवं अग्रसरित किए जाते थे। वह व्यक्तिगत रूप से दाग एवं चेहरे की जाँच करता था। निरीक्षण के आधार पर ही वेतन का निर्धारण किया जाता था एवं इसके बाद ही **दीवान-ए-कुल** उन्हें भुगतान करता था।
- मीर बख्शी सम्राट के समक्ष सैन्य विभाग सम्बन्धी सभी मामले रखता था। मीर बख्शी द्वारा **सरखत** नामक पत्र पर हस्ताक्षर करने के बाद ही सेना का मासिक वेतन निर्धारित होता था।
- वह प्रान्तीय बख्शियों एवं वाक्यानवीसों से सीधा सम्पर्क रखता था।

मुख्य काजी

- यह **काजी-उल-कुज्जात** के नाम से जाना जाता था तथा न्याय विभाग का प्रधान होता था। इसका मुख्य कार्य दीवानी और फौजदारी दोनों मामलों में शरीयत को लागू करना था।
- जिला व नगर काजियों की नियुक्ति मुख्य काजी के द्वारा की जाती थी। **मुफ्ती** के द्वारा काजी को सहायता दी जाती थी। अरबी न्यायशास्त्र विद्वान मुफ्ती शरीयत कानून के हिसाब से काजियों को सलाह देते थे, परन्तु निर्णय लेने की शक्ति काजी के पास होती थी।

मुहतसिब

- यह जनता के नैतिक आचरणों का निरीक्षण करता था और यह देखता था कि शरीयत के अनुसार कार्य हो रहा है या नहीं। साथ-ही-साथ वह माप-तौल का निरीक्षण, मूल्य नियन्त्रण आदि की भी देख-रेख करता था, इसकी नियुक्ति औरंगजेब द्वारा की गई थी।
- औरंगजेब के द्वारा इन्हें हिन्दू मन्दिर एवं पाठशालाएँ तोड़ने का उत्तरदायित्व सौंपा गया था।

सद्र-उस-सुदूर (सद्र-ए-कुल)

- यह बादशाह का मुख्य धार्मिक परामर्शदाता होता था। इसे **शेख-उल-इस्लाम** भी कहा जाता था।
- इसका प्रमुख कार्य दान-पुण्य की व्यवस्था करना, धार्मिक शिक्षण की व्यवस्था करना, विद्वानों को कर मुक्त भूमि एवं वजीफा (मदद-ए-माश) प्रदान करना तथा इस्लामिक कानूनों के पालन की समुचित व्यवस्था करना था।

मीर-ए-समाँ

- मीर-ए-समाँ के पास साम्राज्य के अन्तर्गत आने वाले कारखानों के संगठन और प्रबन्धन का स्वतन्त्र प्रभार होता था। यह शाही महल, हरम तथा रसोई आदि की भी प्रबन्धक होता था। उसके अधीन आने वाले अधिकारी दीवाने बयूतात, मुशरिफ, दरोगा और तहसीलदार थे।
- औरंगजेब के काल में इसे **खान-ए-समाँ** कहा जाने लगा।

प्रान्तीय प्रशासन

- सर्वप्रथम प्रान्तों का निर्माण अकबर के काल में हुआ। 1580 ई. में उसने अपने साम्राज्य का विभाजन 12 प्रान्तों में किया, जो अन्त तक 15 हो गए, क्योंकि इसमें बरार, खानदेश तथा अहमदनगर नामक प्रान्त जुड़ गए।
- **जहाँगीर** के समय सूबों की संख्या 17 थी। उसने काँगड़ा को जीतकर उसे लाहौर सूबे में मिला दिया। औरंगजेब के काल में इनकी संख्या बढ़कर 20 हो गई थी।

> **मुगलों का प्रान्तीय शासन** केन्द्रीय शासन का ही प्रतिरूप था। प्रशासन की दृष्टि से मुगल साम्राज्य को सूबों (प्रान्तों), सूबों को सरकारों (जिलों) में, सरकारों को परगनों (महालों) में तथा परगनों को गाँवों में बाँटा गया था।

सूबेदार

- सूबेदार, सूबे का प्रमुख होता था। इसकी स्वंय की सेना होती थी। यह सूबे में कर एकत्रण एवं न्याय आदि के लिए उत्तरादायी होता था। सूबेदार को सूबे के सम्पूर्ण सैनिक एवं असैनिक अधिकार प्राप्त थे।
- 1586 ई. में अकबर ने सूबों में एक नया परिवर्तन करते हुए एक नया दीवान पद सृजित कर दिया, जो सूबेदारों की शक्ति पर नियन्त्रण रखता था।
- सूबेदारों (गवर्नरों) को किसी भी जागीरदार या अधिकारी को अपनी स्पष्ट आज्ञा का उल्लंघन करने पर उसे दण्डित करने का अधिकार था।

प्रान्तीय दीवान

- दीवान, सूबे (प्रान्त) का **वित्त अधिकारी** होता था। यद्यपि वह ओहदे में सूबेदार (गवर्नर) से नीचे होता था, किन्तु वह **सूबेदार** (गवर्नर) का **मातहत** (अधीन) नहीं होता था।
- वह सीधे केन्द्रीय दीवान के प्रति उत्तरदायी होता था। इस प्रकार दीवान और सूबेदार एक-दूसरे पर नियन्त्रण रखते थे।

बख्शी

- बख्शी की नियुक्ति केन्द्रीय मीर बख्शी के अनुरोध पर शाही दरबार द्वारा की जाती थी। बख्शी का मुख्य कार्य सूबे की सेना की देखभाल करना था।
- प्रान्तीय बख्शी को **वाकिया-निगार** (वाकियानवीस) के रूप में भी कार्य करना होता था। इस रूप में इसका कार्य सूबे की समस्त जानकारी केन्द्र को देना था।

> प्रान्तीय बख्शी और केन्द्रीय मीर बख्शी में एक अन्तर था कि प्रान्तीय बख्शी सेना का वेतनाधिकारी होता था, जबकि केन्द्रीय मीर बख्शी सेना का वेतनाधिकारी नहीं होता था। केन्द्र में यह कार्य **दीवान-ए-तन** करता था।

प्रान्तीय सद्र

- प्रान्तीय सद्र एवं प्रान्तीय काजी का पद कभी-कभी एक ही व्यक्ति को दे दिया जाता था।
- सद्र की दृष्टि से वह प्रजा के नैतिक चरित्र एवं इस्लाम धर्म के कानूनों के पालन की व्यवस्था करता था और काजी की दृष्टि से न्याय करता था। उसे **मीर-ए-अदल** भी कहा जाता था।

कोतवाल

यह बड़े शहरों एवं राजधानी में आन्तरिक शान्ति एवं सुरक्षा हेतु तैनात किया जाता था तथा नगर की कानून व्यवस्था भी इसके अन्तर्गत थी।

सरकार (जिले) का प्रशासन

- प्रशासनिक सुविधा के लिए सूबों को सरकार (जिला) में विभाजित किया गया था। मुगलकाल में सरकार (जिलों) में फौजदार, अमलगुजार, खजानदार और वितिक्ची इत्यादि महत्त्वपूर्ण अधिकारी होते थे। मुगलकाल में सरकार (जिले) का मुख्य प्रशासक **फौजदार** होता था। इसका मुख्य कार्य सरकार (जिले) में कानून-व्यवस्था बनाए रखना तथा चोर-लुटेरों से जनता की रक्षा करना था।
- **आमिल या अमलगुजार** सरकार (जिला) का वित्त अधिकारी होता था। उसका कार्य लगान वसूल करना तथा कृषि एवं किसान दोनों की देखभाल करना था। वह खालसा भूमि का राजस्व भी एकत्र करता था। इसे आय-व्यय की मासिक रिपोर्ट दरबार में भेजनी होती थी और यही जिले की आय को **शाही खजाने** में नियमित रूप से भेजता था। वितिक्ची, अमलगुजार का प्रमुख सहायक होता था। यह कृषि सम्बन्धी जरूरी आँकडे व कागजात तैयार करता था।

> कोतवाल की नियुक्ति **मीर आतिश** की संस्तुति पर केन्द्र सरकार द्वारा की जाती थी। उसका मुख्य कार्य नगर में शान्ति एवं सुरक्षा स्थापित करना तथा स्वच्छता एवं सफाई की व्यवस्था करना था।

परगने का प्रशासन

प्रत्येक सरकार (जिला) कई **परगनों** में बँटा होता था। परगने के प्रमुख अधिकारी शिकदार, आमिल, फोतदार, कानूनगो और कारकून होते थे। इनका विवरण निम्न प्रकार है

- **शिकदार** इस का मुख्य कार्य परगने में शान्ति व्यवस्था स्थापित करना तथा राजस्व वसूल कराने में आमिल की सहायता करना था।
- **आमिल** यह परगने का वित्त अधिकारी होता था। किसानों से लगान वसूल करना उसका मुख्य कार्य होता था। इस कार्य के लिए गाँव के कृषकों से प्रत्यक्ष सम्बन्ध बनाना होता था। अकबर ने अपने शासनकाल के 18वें वर्ष प्रति वर्ष प्रत्येक परगने (महाल) में, जिसकी मालगुजारी आय प्रतिवर्ष 1 करोड़ दाम (₹ 25,000) थी, एक आमिल नियुक्त किया, जिसे करोड़ी कहा जाता था।
- **कानूनगों** शाहजहाँ के शासनकाल में प्रत्येक परगने में मालगुजारी निर्धारण के लिए एक परगना अमीन की नियुक्ति की गई थी।
- **फोतदार** परगने के खजाँची को फोतदार कहते थे।
- **कारकून** यह परगने के राजस्व का लेखा करने वाला क्लर्क होता था।

> परगने में पटवारियों का अफसर **कानूनगो** था, जो परगने की पैदावार, मालगुजारी आदि कागजों को तैयार कराने हेतु उत्तरदायी होता था।

ग्राम प्रशासन

- मुगल शासक गाँव को एक स्वायत्त संस्था मानते थे, जिसके प्रशासन का उत्तरदायित्व मुगल अधिकारियों को नहीं दिया जाता था।
- गाँव का मुख्य अधिकारी **ग्राम प्रधान** होता था, इसकी सहायता के लिए एक **पटवारी** होता था। भू-राजस्व के मुख्य अधिकारियों में खुत, मुकद्दम और चौधरी होते थे।
- परगने के अन्तर्गत आने वाले गाँवो को भावदा/दीह तथा इसके अन्तर्गत आने वाले क्षेत्र को **नागला** कहा जाता था।

मुगलकाल में उच्चाधिकारी

उच्चाधिकारी	सम्बन्धित विभाग
मीर-आतिश	शाही तोपखाने का प्रधान था।
दीवान-ए-तन	वेतन और जागीरों से सम्बन्धित मामलों का निपटारा करता था।
दरोगा-ए-डाक चौकी	गुप्तचर विभाग का प्रमुख होता था। साथ ही पत्र-व्यवहार का भी प्रभारी होता था।
मीर-ए-अर्ज	बादशाह के पास भेजे जाने वाले आवेदन-पत्रों का प्रभारी होता था।
मीर-ए-बहर	जल सेना का प्रधान होता था।
मीर-ए-तोजक (मीर-ए-तुजुक)	धर्मानुष्ठान का अधिकारी, उत्सवों आदि का प्रबन्धक होता था।
मीर-ए-बर्र	वन विभाग का अधीक्षक था।
नाजिर-ए-बयूतात (दीवान-ए-बयूतात)	शाही कारखानों का अधीक्षक होता था।

उच्चाधिकारी	सम्बन्धित विभाग
वाकिया-नवीस	समाचार लेखक होता था, जो राज्य के सभी समाचारों से केन्द्र को अवगत कराता था।
खुफिया-नवीस	गुप्त पत्र-लेखक होते थे, जो गुप्त रूप से केन्द्र को महत्त्वपूर्ण खबरें उपलब्ध कराते थे।
हरकारा	ये जासूस और सन्देश वाहक दोनों होते थे।
वितिक्ची	दरबार की सभी घटनाओं एवं खबरों को लिखने के लिए नियुक्ति, प्रान्तों की भूमि एवं लगान सम्बन्धी कागजात भी तैयार करता था।
परवानची	ऐसी आज्ञाओं को लिखने वाला, जिस पर सम्राट की मुहर की आवश्यकता नहीं पड़ती थी।
मुशर्रिफ (लेखाधिकारी)	यह राज्य की आय-व्यय का लेखा-जोखा रखता था।
मुस्तौफी (लेखा परीक्षक)	यह मुशर्रिफ द्वारा तैयार आय-व्यय के लेखे-जोखे की जाँच करता था।
मुसद्दी	यह बन्दरगाहों के प्रशासन की देखभाल करता था।

मुगल सैन्य व्यवस्था

- मध्यकाल के अन्य राज्यों की तरह मुगल साम्राज्य भी सैन्य शक्ति पर आधारित था। उसके द्वारा सैन्य शक्ति के बल पर ही भारत को विजित किया गया था।
- मुगलों की सैन्य व्यवस्था को सुदृढ़ करने का कार्य बाबर, हुमायूँ, अकबर, जहाँगीर, शाहजहाँ और औरंगजेब आदि सभी शासकों द्वारा किया गया था।
- मुगल सेना में ईरानी, तूरानी, अफगानी, मराठे तथा भारतीय मुस्लिम सम्मिलित थे, जो उनकी सेना की एक प्रमुख विशेषता थी।

सैन्य प्रशासन

- मुगल सैन्य दल को चार श्रेणियों में विभाजित किया गया था
  - अधीनस्थ राजाओं की सेनाएँ
  - मनसबदारों की सैन्य टुकड़ियाँ
  - अहदी सैनिक
  - दाखिली सैनिक (पूरक सैनिक)
- अहदी सैनिक बादशाह के सैनिक होते थे। इनकी भर्ती, वेतन, वस्त्र एवं घोड़े सभी राज्य की ओर से दिए जाते थे तथा इन्हें एक पृथक् अमीर और बख्शी के अधीन रखा जाता था। दाखिली मनसबदारों की सेवा में रखा जाता था।

पैदल सेना

- पैदल सेना मुगल सेना की सबसे बड़ी शाखा थी। मुगलों की पैदल सेना में दो प्रकार के सैनिक होते थे
  - **अहशाम सैनिक** इसमें बन्दूकची, शमशीरबाज और तलवारबाज आदि शामिल थे, जो तीर-कमान, भाला, तलवार और कटार आदि हथियारों का प्रयोग करते थे।
  - **सेहबन्दी सैनिक** ये सैनिक बेकार (बेरोजगार) लोगों में से चुन लिए जाते थे, जो मालगुजारी वसूल करने में मदद करते थे।

अश्वारोही सेना

- यह सेना मुगल सेना का प्राण मानी जाती थी। इसमें दो प्रकार के घुड़सवार सैनिक थे
  - **बरगीर** इन सैनिकों को सभी साज-समान राज्य की ओर से दिया जाता था।
  - **सिलेदार** इन्हें सभी साज-समान (घोड़े और अस्त्र-शस्त्र) की व्यवस्था स्वयं करनी होती थी। इन्हें केवल युद्ध के अवसर पर ही नियुक्त किया जाता था। इनका वेतन बरगीर से अधिक होता था।

हाथी सेना

- मुगलकाल में अकबर ने इसके प्रबन्ध के लिए एक पृथक् विभाग संगठित किया, जिसे **पीलखाना** कहा जाता था।
- अकबर जिन हाथियों का प्रयोग अपनी सेना के लिए करता था, उन्हें **खास** कहा जाता था।

नौसेना

- नौसेना मुगलकाल में नौसेना का कोई सुव्यवस्थित संगठन नहीं था, अकबर ने एक विभाग स्थापित किया, जिसे **नवाड़ा** कहा जाता था।
- इसका प्रमुख अधिकारी **मीर-ए-बहर** होता था।

तोपखाना

- मुगल तोपखाने का प्रयोग फारसी तोपची उस्ताद अली तथा मुस्तफा खाँ के नेतृत्व में बाबर के समय में हुआ था। बाद में उस्ताद कबीर और हुसैन ने इसे सफल नेतृत्व प्रदान किया था। **मीर-ए-आतिश** मुगल तोपखाने का प्रमुख अधिकारी होता था।
- मुगल तोपखाने को दो भागों में बाँटा गया था—जिन्सी एवं दस्ती। जिन्सी भारी तोपें होती थीं, जबकि दस्ती हल्की तोपें थीं।

मनसबदारी व्यवस्था

- मनसब से तात्पर्य **पद** से है, इससे अधिकारी की पद में अवस्थिति वेतन तथा नियत संख्या में सेना, घोड़े व हथियारों का पता चलता है। यह व्यवस्था मध्य एशिया प्रशासनिक व्यवस्था से प्रेरित थी।
- मनसबदारी व्यवस्था सरकारी सोपान व्यवस्था से सम्बद्ध थी। सभी मुगल अधिकारी, चाहे वे सैन्य सेवा से सम्बद्ध हों या प्रशासन से या दरबार से या अन्य किसी वर्ग से, एक ही सोपानक्रम में संयोजित कर दिए गए थे।
- मनसबदारी व्यवस्था दशमलव पद्धति पर आधारित थी, जिसमें 10 से लेकर 5,000 तक के मनसब प्रदान किए जाते थे।

मनसबदरी व्यवस्था की शुरुआत 1577 ई. में अकबर द्वारा की गई थी, जो पहले एकल व्यवस्था के रूप में थी। 1592 ई. में इसका द्विवर्गीकरण कर **जात** व **सवार** पद से युक्त कर दिया गया। जात व्यक्तिगत पद तथा वेतन से जुड़ा था, वहीं सवार से तात्पर्य घुड़सवारों की संख्या से था।

- आइन-ए-अकबरी में मनसब की 66 कोटियाँ मानी गई थीं, जबकि **अबुल फजल** ने 33 श्रेणियों का ही वर्णन किया है। 5,000 से अधिक का मनसब शाही परिवार के सदस्यों को ही मिलता था। यद्यपि अजीज कोका तथा मानसिंह को 7,000 के मनसब दिए गए थे।
- मनसब का इस प्रकार संख्यागत वर्गीकरण **दशमलव पद्धति** पर आधारित था तथा इसे मंगोलों से जोड़ा जाता है। मनसबदारों को वेतन प्रायः जागीर के रूप में दिया जाता था तथा ऐसी स्थिति में जागीर से राज्य को जो भी राजस्व प्राप्त होता था, उसे वसूलने का अधिकार मनसबदार को होता था। इस प्रकार मनसबदार को जागीरदार भी कहा जा सकता है।

> अकबर द्वारा शुरू की गई **दाह विष्टि व्यवस्था** में प्रत्येक सवार को दो घोड़े रखने होते थे। अकबर के काल में एक घुड़सवार को रखने वाले को **अधसवार** कहा जाता था।

- किसी भी मनसबदार को अपने क्षेत्र में जागीर नही दी जाती थी, किन्तु राजपूतों को यह अधिकार प्राप्त था। ऐसी जागीर **वतन जागीर** कहलती थी, जो आनुवंशिक आधार पर निर्धारित थी।

मनसबदारों का वर्गीकरण

- मनसबदारों को तीन श्रेणियों में बाँटा गया
  - **प्रथम श्रेणी** में वे मनसबदार आते थे, जिनकी सवार संख्या जात के बराबर थी।
  - **द्वितीय श्रेणी** में वे मनसबदार आते थे, जिनकी सवार संख्या जात संख्या की आधी या उससे अधिक होती थी।
  - **तृतीय श्रेणी** में वे मनसबदार आते थे, जिनकी सवार संख्या जात के आधे से कम थी। उदाहरण के लिए, (जात/सवार) 5,000/5,000 वाला प्रथम श्रेणी, 5,000/3,000 वाला द्वितीय श्रेणी तथा 5,000/2,000 वाला तृतीय श्रेणी का मनसबदार होता था। प्रथम श्रेणी के मनसबदार को सबसे अधिक तथा तृतीय श्रेणी के मनसबदार को सबसे कम वेतन मिलता था।
- एक सवार कितने घोड़े रखेगा, इस बारे में दस-बीसी (दह-बिस्ती) व्यवस्था लागू होती थी अर्थात् दस घुड़सवारों के बीच बीस घोड़े $[(3\times3+2\times4+1\times3)=20]$ होंगे।

मनसबदारी में परिवर्तन

- जहाँगीर ने मनसबदारी व्यवस्था में **दु-अस्पा एवं सिंह-अस्पा** दर्जे को लागू किया। ऐसा करके जात को बढ़ाए बिना ही सवारों की संख्या में वृद्धि सम्भव की गई। इसका अर्थ यह था कि इस दर्जे के धारक को अपने पास साधारण दर्जे के धारक की तुलना में दोगुने सवार रखने होंगे।
- जहाँगीर द्वारा इस व्यवस्था को लागू करने का उद्देश्य अपने विश्वासपात्र लोगों को सन्तुष्ट करना था।
- जहाँगीर ने राजपूतों को दी जाने वाली वेतन जागीर की तरह अलतमगा नामक जागीर चलाई, जो मुस्लिम कुलीनों को दी जाती थी।
- **शाहजहाँ** ने मनसबदारी में **मासिक व्यवस्था** प्रारम्भ की और तिमाही, छमाही का नियम बनाया; जैसे—यदि किसी मनसबदार का 6 माह का वेतन निर्धारित किया गया, तो सैनिक कर्तव्यों में उसी अनुपात में कमी कर दी गई। केन्द्र से दूरी के आधार पर उसने सैन्य दायित्व निर्धारित किए और 1/2 भाग और 1/4 भाग का नियम लागू किया
- दूसरी ओर शाहजहाँ ने जागीरदारों को निर्धारित संख्या से कम घुड़सवार रखने की छूट भी दे दी। अब जागीरदार एक-तिहाई अथवा एक-चौथाई घुड़सवार ही रखने के लिए स्वतन्त्र थे।
- शाहजहाँ ने **शिशमाहा** (जमा की 50% वसूली सम्भव) तथा **सीमाहा** (जमा की 25% वसूली सम्भव) नामक जागीरें प्रचलित कीं।
- **औरंगजेब** के शासनकाल में मनसबदारों की संख्या में अप्रत्याशित वृद्धि हुई, जिससे एक नए प्रकार का संकट उत्पन्न हो गया।
- अपने शासनकाल के उत्तरार्द्ध के अन्तिम 25 वर्ष लगातार दक्कन में रहने के कारण उसने दक्कनी लोगों को खुले हाथ मनसबदारी प्रदान की, उन्हें मनसब तो प्रदान कर दिया गया, लेकिन उन्हें देने के लिए उसके पास जागीर नहीं थी। इससे इनमें जागीर पाने की स्पर्द्धा होने लगी और इस स्पर्द्धा से विकट संकट उत्पन्न हुआ।
- औरंगजेब के काल में हिन्दू मनसबदारों की संख्या सर्वाधिक थी।

मुगलकालीन अर्थव्यवस्था

- मुगलकालीन अर्थव्यवस्था मूलतः कृषि पर आधारित थी। आय का प्रमुख स्रोत भू-राजस्व था। अतः मुगल शासकों ने कृषि विकास की और विशेष ध्यान दिया। कृषि के अतिरिक्त उद्योग एवं व्यापार भी उन्नत अवस्था में थे।
- मुगलकाल में कृषि में उत्पादकता बढ़ाने के साधन कम थे। हालाँकि जनसंख्या की कमी तथा भू-क्षेत्र की अधिकता के कारण उत्पादन का अभाव नहीं रहा था।

> शाहजहाँ के समय में मुगलकाल का सबसे भयावह अकाल पड़ा। इससे निपटने के लिए शाहजहाँ ने रावी से लाहौर तक **नहर-ए-फैज** नामक नहर बनवाई। साथ ही उसने फिरोजशाह तुगलक द्वारा निर्मित **नहर-ए-साहिब** की मरम्मत करवाकर उसे **नहर-ए-शाह** नाम दिया।

- मुगलकाल में अकाल की जानकारी बाबर, हुमायूँ, अकबर एवं जहाँगीर के शासनकाल में भी मिलती है। मुगल शासक शाहजहाँ के काल में 1630-32 ई. में दक्कन एवं गुजरात में एक गम्भीर दुर्भिक्ष पड़ा, जिसके कारण दक्कन एवं गुजरात बर्बाद हो गए। अकाल की भयावहयता का वर्णन एक अंग्रेजी व्यापारी **पीटर मुण्डी** ने किया है।
- मुगलकाल में कृषि का विकास एवं विस्तार हुआ। मुगल शासकों में विशेषकर अकबर ने कृषि के विकास हेतु अनेक प्रकार के प्रोत्साहन दिए; जैसे—बंजर भूमि पर खेती हेतु भू-राजस्व में छूट अथवा किसानों को ऋण देना।

- कृषि तकनीक, उपकरण अथवा पद्धति में कोई विकास नहीं हुआ। आइन-ए-अकबरी से खरीफ की 25 और रबी की 16 फसलों तथा उनसे प्राप्त राजस्व की सूचना मिलती है।
- पेलसर्ट के विवरण के अनुसार, सर्वोत्तम नील की पैदावार बयाना (भरतपुर) तथा सरखेज (गुजरात) में होती है।
- भारत में 17वीं शताब्दी के उत्तरार्द्ध में कॉफी तथा 18वीं शताब्दी में आलू, टमाटर तथा लाल मिर्च का उत्पादन होने लगा था।
- **जीन्स-ए-आला** के अन्तर्गत नकदी फसलों को रखा जाता था, जिसमें गन्ना सर्वाधिक उत्पादित होता था। सबसे अच्छा गन्ना पश्चिम बंगाल में उत्पादित होता था।
- पूर्वी राजस्थान व महाराष्ट्र में 18वीं सदी से मक्का उत्पादन होने लगा, किन्तु आइन-ए अकबरी में मक्के की खेती का उल्लेख नहीं मिलता है।

> **तम्बाकू** 1604 ई. अथवा 1605 ई. में **पुर्तगालियों** द्वारा भारत लाया गया। आलू तथा मिर्च भी पुर्तगाली लाए थे। तम्बाकू की खेती जहाँगीर के समय में प्रारम्भ हुई, किन्तु जहाँगीर ने तम्बाकू पर प्रतिबन्ध लगा दिया था। यह मुगल दरबार में सर्वप्रथम अकबर के काल में पहुँचा था।

- इस काल में अफीम का उत्पादन बिहार व मालवा क्षेत्र में होता था, जिसका उपयोग औषधि के रूप में किया जाता था।
- भारत के पंजाब, बंगाल तथा गुजरात राज्य में गुड़ और चीनी उत्पादित की जाती थी।

मुगलकालीन उद्योग

- मुगलकाल में उद्योग भी राजस्व का प्रमुख स्रोत थे। इस समय भारत में विर्निमित वस्तुओं का अन्तर्राष्ट्रीय स्तर पर भी निर्यात किया गया था।
- इस काल में राजकीय नियन्त्रण के अन्तर्गत संचालित उद्योगों के द्वारा विभिन्न प्रकार की वस्तुओं का उत्पादन होता था। अकबर द्वारा मुगलकाल में शिल्पकारों की स्थिति को सुधारने के लिए अबुल फजल ने उसकी प्रशंसा की है।

खनिज तथा उद्योग

खनिज/अयस्क	क्षेत्र
सोना	कुमाऊ पर्वत, पंजाब की नदियाँ, बिहार की नदियाँ
ताँबा	राजस्थान (खेतड़ी) व मध्य भारत
संगमरमर	मकराना
हीरा	गोलकुण्डा
लोहा	इलाहाबाद, बिहार, बंगाल, कश्मीर
नमक	साम्भर झील तथा पंजाब की पहाड़ियाँ

कपड़ा उद्योग

- भारत का सबसे बड़ा उद्योग **सूती वस्त्र** अथवा **कपड़ा उद्योग** था। इस काल में सूती, रेशमी व ऊनी सभी प्रकार के कपड़ों का उत्पादन किया जाता था। इस काल में कपड़ों को रंगने के लिए भी उद्योगों की स्थापना की गई थी।

> सूती वस्त्रों के प्रमुख केन्द्रों में बंगाल में सोनारगाँव, उत्तर प्रदेश में बनारस, आगरा, सिन्ध, पंजाब, लाहौर, मुल्तान, थट्टा, गुजरात, अहमदाबाद, पटना, बडौदा, भडौच और सूरत, बुरहानपुर तथा गोलकुण्डा प्रसिद्ध थे।

- कश्मीर, पंजाब व पहाड़ी क्षेत्रों में ऊनी वस्त्रों का उत्पादन किया जाता था। अमृतसर में **कालीन** तथा **शॉल** बनाने का उद्योग जहाँगीर के द्वारा स्थापित किया गया था।
- बंगाल मलमल के कपडों के लिए प्रसिद्ध था। बंगाल में रेशम से मिलता-जुलता सम का कपड़ा भी तैयार किया जाता था।

धातु उद्योग

- इस काल में ताँबे के बर्तन का निर्माण **दिल्ली**, काँसे के बर्तन का निर्माण **बंगाल**, पीतल के बर्तन का निर्माण **काशी** तथा सोने-चाँदी के गहनों का निर्माण **बीदर** में किया जाता था।
- इस काल में भारतीय दमिश्की की इस्पात से बनी तलवारों की माँग सम्पूर्ण विश्व में थी।
- इस काल में काँच के बर्तनों का निर्माण स्थानीय स्तर पर किया जाता था। फतेहपुर सीकरी, बिहार तथा बरार के काँच उद्योग के कारखाने अवस्थित थे। चीनी मिट्टी के बर्तन आयात किए जाते थे।
- इस काल में भारत में पोत निर्माण कार्य भी किया जा रहा था। इस काल में **शोरे** का उत्पादन बिहार में होता था। शोरे का उपयोग पानी को ठण्डा करने तथा बारूद निर्माण में किया जाता था।

तकनीकी विकास

- यद्यपि मुगलकाल में तकनीकी और विज्ञान का अत्यधिक विकास नहीं हुआ।
- भारत में **आग्नेय अस्त्रों** का उपयोग उत्तर में मुगलों द्वारा तथा दक्षिण में पुर्तगालियों द्वारा किया गया था।
- **दानिशमन्द खाँ** को विलियम हार्वे तथा पैगुएट के रक्त परिसंचरण की खोज के बारे में फ्रांसासी चिकित्सक **वर्नियर** द्वारा बताया गया था।
- इस काल में लकड़ी के कोयले द्वारा लोहे को गलाया जाता था, जिसने युद्ध शस्त्रों; जैसे-तोपों और बन्दूकों को बनाने की तकनीक का विकास किया था।
- भारत में जस्ता सम्बन्धी धातु शोधन की तकनीकी काफी पहले से ही ज्ञात थी। अबुल फजल जस्ता उत्पादन के लिए राजस्थान के **जाबर** क्षेत्र का वर्णन करता है।

- राजस्थान के खेतड़ी में ताँबे की खान थी। **टिन** का उत्पादन न के बराबर होता था, अत: टिन पश्चिम एशिया से आयात किया जाता था।
- भारत के दक्षिण राज्य आन्ध्र प्रदेश में **वुट्ज पद्धति** द्वारा लोहे बनाने का कार्य किया जाता था, जिसे लोहा बनाने की अति प्राचीन विधि माना गया है।
- भारत में पीतल और काँसे का निर्माण सीमित मात्रा में होता था, इसलिए इसे आयात भी किया जाता था।
- पुर्तगाली के छपाई खाने में भारतीय व्यापारी भीमजी पारिख ने रुचि (इच्छा) दिखाई, जो पुर्तगालियों द्वारा गोवा में स्थानान्तरित किया गया था। इस काल में भारत में **पवन-चक्की** तथा **आसवन विधि** प्रचलन में थी।

> 16वीं एवं 17वीं शताब्दी के दौरान भारत के शहरों में समय पता करने के लिए जलघड़ी का प्रयोग किया जाता था। इसे फारसी में तास और सम्पूर्ण यान्त्रिकी को ताप घड़ियाल कहा जाता था। यूरोपवासी भारत में यान्त्रिक घड़ी लेकर आए। **सर टॉमस रो** ने जहाँगीर को एक यान्त्रिक घड़ी भी भेंट में दी थी।

- मुगलकाल में भवन का नक्शा बनाने की प्रथा चल पड़ी, जिसे फारसी में **खाका** कहते थे। जहाँगीर के समय नूरजहाँ की माँ असमत बेगम ने गुलाबजल से इत्र बनाने का आविष्कार किया था।

व्यापार-वाणिज्य व्यापार

- **आन्तरिक व्यापार** गाँव से शहर के बीच अथवा एक शहर से दूसरे शहर के बीच विकसित था। देश के भिन्न-भिन्न क्षेत्रों में अलग-अलग किस्म की वस्तुएँ होती थी; जैसे—चावल, आटा, दाल, घी, दूध आदि को गाँव से शहर भेजा जाता था। इस आन्तरिक व्यापार में थोक व्यापारी, खुदरा व्यापारी, दलाल और दुकानदार आदि शामिल थे।
- मुगलकाल में थोक व्यापारियों को **सेठ**, **बोहरा** व **मोदी** कहा जाता था, जबकि खुदरा व्यापारियों को व्यापारी व **वानिक** कहा जाता था। दक्षिण भारत में चेट्टी व्यापारिक समुदाय के प्रमुख अंग थे। हिन्दू, जैन तथा मुस्लिम गुजराती व्यापारियों में सम्मिलित थे। राजस्थान के प्रमुख व्यापारी ओसवाल, माहेश्वरी, अग्रवाल और मारवाड़ी आदि थे।
- शाहजहाँ व औरंगजेब के शासनकाल में जीन **बैप्टिस्ट ट्रैवर्नियर** (फ्रांसीसी जौहरी) 6 बार भारत आया था। इसने भारत में हीरों एवं हीरे की खद्दानों का विवरण दिया है।
- मध्यकाल में बंजारा लोग सबसे महत्त्वपूर्ण व्यापारी खानाबदोश थे। उनका कारवाँ **टोडा** कहलाता था। सुल्तान अलाउद्दीन खिलजी बंजारों का ही प्रयोग नगर के बाजारों तक अनाज की ढुलाई के लिए करते थे। बादशाह जहाँगीर ने अपने संस्मरणों में लिखा है कि बंजारे विभिन्न क्षेत्रों से अनेक बैलों पर अनाज ले जाकर शहरों में बेचते थे।
- रेशमी कपड़ा विदेशों से मँगाया जाता था। इन कपड़ों को **पटोला** कहा जाता था। इत्र (असमत बेगम द्वारा आविष्कृत), सुगन्धित तेल तथा गुलाब जल जैसी वस्तुओं के उत्पादन में जौनपुर और गुजरात प्रसिद्ध थे।

> गोवा, भड़ौच, मछलीपट्टनम प्रमुख **जहाज निर्माण केन्द्र** थे। काष्ठ उद्योग के लिए कश्मीर विख्यात था। शाहजहाँ के काल में कश्मीर एवं लाहौर कालीन उद्योग के लिए प्रसिद्ध थे।

- खाद्यान्नों तथा अन्य व्यापारिक माल को गाँवों से शहरों की ओर ले जाने का कार्य बंजारे करते थे। वे स्थल मार्ग से घोड़ों तथा बैलों द्वारा माल लेकर इधर-उधर पहुँचाते थे।
- इसके अतिरिक्त बंजारे शाही सेनाओं के अभियानों में भी माल पहुँचाने का कार्य करते थे। बैलगाड़ियाँ व ऊँट परिवहन के मुख्य साधन थे। इसके अतिरिक्त खच्चर तथा मनुष्य भी कभी-कभी परिवहन का कार्य करते थे।
- ये व्यापारी कारवाँ, काफिला तथा समूह बनाकर चला करते थे। मध्यकालीन शासकों द्वारा सरायों, कुओं तथा अन्य प्रकार की सुविधाएँ देकर इनको प्रोत्साहित किया जाता था। चोरों से सुरक्षा की व्यवस्था भी की जाती थी।
- सरायें डाक चौकियों का कार्य करती थीं। **हरकारे** समाचार को एक स्थान से दूसरे स्थान पर पहुँचाते थे, जिससे सूचना का आदान-प्रदान लगातार होता रहता था।
- गुप्तचर विभाग का गठन भी सूचना प्राप्त करने हेतु किया गया था। इन सूचनादाताओं में साधु, संन्यासी, वेश्याएँ आदि को भी शामिल किया गया था। इस काल में विलासिता की वस्तुओं के कारण दस्तकारों के उत्पादन में अभूतपूर्व वृद्धि हुई थी।
- **पादरी मोंसेरात** के अनुसार, ''लाहौर एशिया तथा यूरोप का एक प्रसिद्ध और बड़ा शहर था।''

> - इस काल में आगरा, फतेहपुर सीकरी आदि बड़े शहरों का विकास हुआ, जो लन्दन शहर से भी बड़े प्रतीत होते थे।
> - इस काल में अहमदाबाद का भी विकास व्यापारिक नगर के रूप में हुआ। इस काल में बहुत से नगरों का विकास उद्योग व्यापार के केन्द्रों के रूप में हुआ था।

- मुगलकाल में **हुण्डी प्रणाली** विकसित अवस्था में थी। हुण्डी का प्रयोग रकम भेजने के अतिरिक्त अल्प समय के ऋण के लिए होता था। सर्राफ रुपए के लेन-देन का विशेषज्ञ होता था। यह हुण्डी का भी कार्य करता था।
- मुगल बादशाह सभी आयातों एवं निर्यातों पर 3.5% चुंगी लेते थे। सोना-चाँदी पर 2% चुंगी लेते थे तथा सूरत के सभी मालों पर 3.5% चुंगी ली जाती थी।
- औरंगजेब के काल में हिन्दू व्यापारियों से वस्तु के मूल्य का 5% तथा मुस्लिम व्यापारियों से 2.5% लिया जाने लगा। अकबर ने आन्तरिक व्यापार पर लगने वाले राहदारी शुल्क को समाप्त कर दिया।

- आन्तरिक व्यापार के साथ-साथ मध्यकाल में बाह्य व्यापार का भी विकास हुआ। इसके अन्तर्गत विदेशों से भारत के व्यापार को बढ़ावा दिया गया।
- यूरोपीय व्यापारियों के भारत में आकर बसने तथा उन्हें मुगलों द्वारा व्यापारिक सुविधाएँ उपलब्ध कराने से भारत के विदेशी व्यापार को प्रोत्साहन मिला।
- इस समय भारत का बाह्य व्यापार फ्रांस, हॉलैण्ड, पुर्तगाल, इंग्लैण्ड, अरब, मिस्र, मध्य एशिया, फारस, श्रीलंका, बर्मा, चीन, दक्षिण-पूर्व एशिया द्वीप समूह आदि देशों से था। आन्तरिक व्यापार एवं बाह्य व्यापार, स्थल एवं जल दोनों मार्गों से होता था।
- **निर्यात की वस्तुओं** में चीनी, कपड़ा, अनाज, तेल, तिलहन, नील, शोरा, चन्दन की लकड़ी, नारियल, काली मिर्च, मोती तथा पशुओं की खाल आदि प्रमुख थे। कपड़े का निर्यात दक्षिणी जावा, सुमात्रा, बोर्निया, मलाया, अरब, तुर्की तथा यूरोपीय देशों को किया जाता था।
- यूरोपीय देशों में इंग्लैण्ड और हॉलैण्ड में सूती कपड़े की माँग अधिक थी। अरब एवं फारस की खाड़ी देशों को नारियल, नील, केसर, चन्दन की लकड़ी, सुगन्धित पदार्थ आदि निर्यात किए जाते थे।
- **आयात की वस्तुओं** में सोना-चाँदी, ताँबा, अफीम, सिल्क, संगमरमर विलास आदि आयात की वस्तुएँ थीं, परन्तु आयातित वस्तुओं में घोड़ा प्रमुख था।

> सोने-चाँदी के आयात को देखकर ही **बर्नियर** कहता है कि "विश्व के प्रत्येक भागों से चक्कर लगाने के बाद सोना-चाँदी, अन्त में भारत में सोने-चाँदी का दलदल है, दफन हो जाता है।" तुर्की तथा अदन से उत्तम नस्लों के घोड़े मँगाए जाते थे। कालीन का आयात ईरान से बड़े पैमाने पर होता था।

मुगलकालीन सामाजिक व्यवस्था

- इस काल में ग्रामीण लोग मिट्टी के घरों में रहते थे, जिनका मुख्य आहार चावल, मोटे अनाज और दाल थीं।
- इस काल में बंगाल के लोगों का मुख्य आहार **मछली** तथा दक्षिण भारत के लोगों का मुख्य आहार **मांस** था। उत्तर भारत के लोगों का मुख्य आहार गेहूँ, मांस, अनाज, दाल और हरी सब्जी आदि थे।
- इस काल में घी और तेल सस्ते तथा शक्कर और नमक काफी खर्चीली खाद्य वस्तुएँ थीं।

> इस काल में लोग **मवेशी** अधिक रखते थे, जिस कारण दूध और दही पर्याप्त मात्रा में उपलब्ध थे। इस काल में जिन किसानों के पास हल और बैल नहीं थे, उन्हें निम्न किसान माना जाता था और वे जमींदारों के यहाँ कार्य करते थे।

- मुगलकाल में समाज निम्न तीन वर्गों में विभक्त था

शासक वर्ग

- सामाजिक और आर्थिक दृष्टि से मुगल सरदारों को विशेषाधिकार प्राप्त थे। इस काल में अधिकतर मुगल सरदार **खुरासान, ईरान** तथा **तजाकिस्तान** से आते थे, जो उनका मूल स्थान भी था।
- बाबर के काल में अफगानी सरदार मुगलों में शामिल नहीं हुए, परन्तु जहाँगीर काल में **अफगानी सरदार** को उच्च स्थान दिया जाने लगा।

> **शेखजादा** या **हिन्दुस्तानी** भारतीय मुस्लिमों को कहा जाता था, जिन्हें शाही सेवा में शामिल किया जाता था।

- अकबर काल में हिन्दू सरदार को नियमित रूप से सरदार वर्ग में शामिल किए जाने लगा, जिनमें कछवाहों के राजपूत प्रमुख थे। अकबर के अधीन हिन्दू सरदारों का अनुपात लगभग 16% था।
- इस काल में उन्हीं राजपूतों को सरदार का दर्जा दिया जाता था, जो वंशानुगत रूप से राजा तथा अभिजात वर्ग से सम्बन्धित होते थे। सरदार वर्ग में स्थिरता **जहाँगीर** और **शाहजहाँ** के काल में आई।
- मुगल सरदार वर्ग में **तूरानियों** तथा **ईरानियों** को सम्मिलित किया गया था। भारत में जन्मे सरदारों की संख्या जहाँगीर और शाहजहाँ काल में अधिक थी। इस काल में अफगानों, भारतीय मुस्लिमों और हिन्दुओं का सरदार वर्ग में प्रभुत्व बढ़ता गया।
- जहाँगीर दक्कन में मराठों को एक श्रेष्ठ शक्ति के रूप में मान्यता प्रदान करता था। जहाँगीर तथा शाहजहाँ दोनों अपने पक्ष में मराठों को करना चाहते थे। शिवाजी के पिता शाहजी, शाहजहाँ की सेवा करने वाले मराठा थे। शाहजहाँ काल में हिन्दुओं का सरदार वर्ग में 24% अनुपात था, जो औरंगजेब काल में 33% तक हो गया था।
- औरंगजेब के शासनकाल में मराठों और दक्कनी मुस्लिमों को विशेष स्थान दिया जाता था। मुगल हिन्दू सरदारों में आधे से अधिक मराठे थे।
- इन सरदारों के पास विशाल **अस्तबल** तथा **हयसाल** होते थे। इन सरदारों के पास हरम की व्यवस्था होती थी, जो सामाजिक प्रतिष्ठा का बोध कराती थी।
- सरदार वर्ग शासकों की भाँति अपने कपड़े तथा रहन-सहन का चयन करते थे। इन सरदारों द्वारा कुछ फल, बुखारा तथा समरकन्द से मँगाए जाते थे। इस काल में बर्फ भी एक विलासिता की वस्तु थी।

जमींदार

- भारत में प्राचीन काल से ही भूमि पर व्यक्तिगत स्वामित्व के अधिकार की व्यवस्था प्रचलित है।
- भारत में परती भूमि पर सर्वप्रथम कृषि करने वाले को जमीन का **मालिक** कहा जाता था। भूमि के स्थानान्तरण में उत्तराधिकारी के नियम का पालन किया जाता था।
- इस काल में खेती के लिए परती भूमि की उपलब्धता अधिक थी, जिसे व्यक्ति उपजाऊ बनाकर अपने नाम कर सकता था।

- इस काल में जमींदारों के एक वर्ग को वंशानुगत रूप से भू-राजस्व की वसूली करने का अधिकार भी प्राप्त था, जो उस जमींदार की जमींदारी या तालुका कहलाती थी। जमींदारी का स्वामित्व स्वयं जमींदार नहीं होता था।
- जमींदारों के ऊपर होने वाले राजाओं का समय के साथ क्षेत्राधिकार बड़ा या छोटा होता रहता था।
- जमींदार गढ़ियों और छोटे किलों में रहते थे तथा अपनी सशस्त्र सेनाएँ रखते थे। जमींदार वर्ग देशभर में बिखरा हुआ था, जिस कारण वह अपनी सेनाओं को इकट्ठा न कर सका।
- जमींदार अपनी जाति, कुल तथा कबीले के आधार पर अपनी जमींदारियों में बसे किसानों से घनिष्ठ रूप से जुड़े होते थे। इस काल में किसानों का जीवन स्तर छोटे राजाओं तथा सरदारों के समान होता था।

> मुगलकाल में गाँवों में रहने वाले सरदारों को एक प्रकार के शिथिल ढंग के **स्थानीय भद्रजनों का वर्ग** भी कहा जा सकता है।

मध्य वर्ग

- इस काल में मध्यम वर्ग के अन्तर्गत व्यापारी और दुकानदारों को सम्मिलित किया जाता था। इस काल में भारत में धनाढ्य व्यापारियों और **वणिकों** की संख्या अधिक थी, जिसमें से कुछ को विश्व समृद्धि भी प्राप्त थी।
- व्यापारियों द्वारा जानमाल की सुरक्षा की जाती थी, किन्तु उन्हें प्रशासन में स्थान नहीं दिया जाता था।
- मध्यम वर्ग में छोटे मनसबदार, दुकानदार और कारीगारों को सम्मिलित किया जाता था। इसके अतिरिक्त संगीतज्ञ, हकीम, कलाकार, विद्वान, काजी, इतिहासकार आदि को भी मध्यम वर्ग में सम्मिलित किया जाता था।

> इस काल में विद्वानों और उलेमाओं को भी भूमि दान दी जाती थी, जिसे सम्राटों के अतिरिक्त छोटे शासक, जमींदार आदि के द्वारा भी दान दिया जाता था। इस प्रकार दी गई भूमि को **मदद-ए-माश** तथा **शासन** कहा जाता था।

- उलेमा इस प्रकार की भूमि को प्राप्त कर ग्रामीण उच्चवर्ग के अन्तर्गत आ जाते थे, जो गाँवों तथा शहरों के बीच एक कड़ी में कार्य करते थे। इस काल में **खेमचन्द्र** एवं **मथुरादास** ईस्ट इण्डिया कम्पनी के प्रमुख एजेण्ट थे।

मुगलकालीन साहित्य

- मुगलकाल में साहित्य में फारसी, संस्कृत, उर्दू, हिन्दी एवं क्षेत्रीय भाषाओं; जैसे—बंगाल, मराठी, पंजाबी, गुजराती, राजस्थानी, उड़िया आदि में अनेक ग्रन्थों की रचनाएँ हुईं।
- मुगलों के समय में फारसी राजभाषा होने के कारण सर्वाधिक साहित्यिक ग्रन्थों की रचना इसी भाषा में हुई। इस भाषा में इतिहास, जीवन वृत्तान्त, काव्य संस्मरण लिखे गए एवं संस्कृत के प्रमुख ग्रन्थों का फारसी भाषा में अनुवाद हुआ।

बाबर

प्रमुख शासकों के शासनकाल में साहित्य का विकास निम्न है

- बाबर ने स्वयं अपनी जीवनी **तुजुक-ए-बाबरी** तुर्की भाषा में लिखी, यहा अब्दुर्रहीम खान-ए-खाना ने **बाबरनामा** के नाम से इसका अनुवाद फारसी में किया।
- इस पुस्तक के अतिरिक्त बाबर ने कुछ कविताएँ लिखीं तथा बाबरी लिपि का प्रसार किया। उसके समय में मिर्जा हैदर ने **तारीख-ए-रशीदी** एवं सैय्यद मुकबर अली द्वारा **तवारीख** नामक ग्रन्थों की रचना की गई।

हुमायूँ

- हुमायूँ के समय में भी अनेक ग्रन्थ लिखे गए। उसकी बहन **गुलबदन बेगम** ने हुमायूँ की जीवनी **हुमायूँनामा** लिखी। इसमें बाबर और हुमायूँ काल के समाज के बारे में बताया गया है। इसमें बाबर को जहर दिए जाने का भी उल्लेख किया गया है।
- **तारीख-ए-रशीदी** इसकी रचना **मिर्जा हैदर दुगलत** द्वारा की गई। इस पुस्तक में बाबर का मौसेरा भाई तथा बाबर की अभद्रता, मध्य एशिया की राजनीति तथा कन्नौज के युद्ध का वर्णन किया गया है।

> कानून-ए-हुमायूँनी इस पुस्तक के लेखक **ख्वांदामीर** हैं, जिन्हें **अमीर-ए-अख्बार** की उपाधि दी गई थी। इस पुस्तक में हुमायूँ द्वारा दिए गए अध्यादेशों तथा कानूनों का वर्णन किया गया है।

अकबर

- **तोहफा-ए-अकबरशाही** अकबर के आग्रह पर अब्बास खाँ शेरवानी द्वारा लिखी गई। इस पुस्तक में शेरशाह तथा अकबर से सम्बन्धित तथ्यों को प्रस्तुत किया गया।
- **तारीख-ए-शाही** को अहमद यादगार द्वारा लिखा गया। इस पुस्तक का अन्य नाम तारीख-ए-सलातीन-ए-अफगाना भी है। इस पुस्तक में बहलोल लोदी काल से लेकर अकबर काल की विस्तृत चर्चा की गई है।
- **नफाइस-उल-मासिर** यह अकबर के शासनकाल पर रचित पहली रचना है, जो मीर अलाउद्दौला कजविनी द्वारा लिखी गई। इसमें केवल 1575 ई. तक की घटनाओं का ही वर्णन है।
- **तारीख-ए-अकबरी** आरिफ कन्धारी द्वारा लिखित तारीख-ए-अकबरी में अकबर द्वारा किए गए विभिन्न सुधारों का वर्णन किया गया है।

अकबरनामा

- अकबरनामा नामक पुस्तक अबुल फजल द्वारा 7 वर्षों में लिखी गई थी। यह पुस्तक तीन भागों में है।
- इस पुस्तक के प्रथम भाग में तैमूर से लेकर हुमायूँ काल तक तथा अकबर के प्रारम्भिक जीवन के बारे में चर्चा की गई है।
- इसके दूसरे भाग में अकबर के राज्याभिषेक से लेकर 46 वर्ष तक के काल के बारे में चर्चा मिलती है।
- **आइन-ए-अकबरी** नाम से प्रसिद्ध तीसरे भाग में मुगल साम्राज्य की प्रशासनिक व्यवस्था तथा सांख्यिकी विवरण को प्रस्तुत किया गया है।
- पाँच भागों में विभक्त आइन-ए-अकबरी के प्रथम तीन भागों में अकबर की शासन प्रणाली तथा चौथे भाग में प्राकृतिक सौन्दर्य व सामाजिक सांस्कृतिक स्थिति एवं जलवायु की चर्चा तथा अन्तिम भाग में अबुल फजल की जीवनी और अकबर एवं अबुल फजल की कुछ कहावतों का वर्णन किया गया है।
- फैजी द्वारा लिखित अकबरनामा में मनसबदारी के स्तर (66), सूफी सम्प्रदायों की संख्या (14), चित्रकारों की संख्या (15), संगीतकारों की संख्या (36), शिल्पकारों की संख्या (28) के बारे में बताया गया है।

- **तारीख-ए-अल्फी** इस्लाम के हजार वर्ष पूर्ण होने के उपलक्ष्य में मुल्ला दाउद द्वारा लिखी गई। अबुल फजल द्वारा इसकी प्रस्तावना दी गई थी।
- **तबकात-ए-अकबरी** जिसे तारीख-ए निजामी के नाम से भी जाना जाता है, की रचना निजामुद्दीन अहमद द्वारा की गई। निजामुद्दीन अहमद गुजरात के बख्शी पद पर कार्यरत् थे, जिन्होंने अकबर के साथ अनेक युद्धों में भाग लिया था। इस पुस्तक में अधिक आँकड़े होने के कारण इसे **नीरस पुस्तक** भी कहा जाता था।
- इस पुस्तक के प्रथम दो भागों में सल्तनत तथा मुगलकाल के बारे में और तीसरे भाग में गुजरात, जौनपुर तथा बंगाल के बारे में बताया गया है। इस पुस्तक में मुगल साम्राज्य में 300 छोटे शहरों तथा 120 बड़े शहरों होने के बारे में बताया गया है।
- **तजकिरा-ए-हुमायूँ व अकबरी** बायजीद बयात द्वारा लिखित तजकिरा-ए-हुमायूँ व अकबरी पुस्तक में हुमायूँ व अकबर के साम्राज्य का तुलनात्मक अध्ययन किया गया है।
- **मुन्तखब-उत-तवारीख** बदायूँनी द्वारा लिखित मुन्तखब-उल-तवारीख में भारत के इतिहास का उल्लेख किया गया है। इसके प्रथम भाग को तबकात-ए-अकबरी का संक्षिप्त रूप बताया जाता है, जिसमें हुमायूँ काल का वर्णन किया गया है। दूसरे भाग में अकबर की चर्चा तथा तीसरे भाग में सूफियों और विद्वानों की चर्चा की गई है।
- बदायूँनी अकबर को **काफिर** कहता था तथा उसकी नीतियों का विरोध करता था।

जहाँगीर

- **तुजुक-ए-जहाँगीरी** या **जहाँगीरनामा** यह जहाँगीर की आत्मकथा है, जो फारसी भाषा में है। इसमें 16 वर्षों का इतिहास जहाँगीर ने स्वयं लिखा, किन्तु इसे बाद में मौतमिद खाँ ने पूर्ण किया। जहाँगीरनामा के लेखन में मुहम्मद हादी का भी योगदान माना जाता है।
- इकबालनामा-ए-जहाँगीरी मौतमिद खाँ द्वारा लिखी गई, जिसमें जहाँगीर द्वारा मादक द्रव्यों के सेवन की चर्चा की गई है।

शाहजहाँ

- शाहजहाँ के समय भी अनेक इतिहासकार हुए; जैसे-अब्दुल हमीद लाहौरी एवं इनायत खाँ।
- अमीन फजलीनी शाहजहाँ के काल के प्रथम 10 वर्षों का वर्णन किया तथा अब्दुल हमीद लाहौरी ने इसके 20 वर्षों का वर्णन किया। इसके एक खण्ड में मनसबदारों की सूची भी मिलती है। मुहम्मद वारिस ने भी पादशाहनामा के एक भाग की रचना की, जिसमें शाहजहाँ के शासनकाल के बारे में बताया गया है।
- **पादशाहनामा** पादशाहनामा शीर्षक के अन्तर्गत शाहजहाँ के शासनकाल का वर्णन दो भागों में विभाजित किया गया है। इसे तीन इतिहासकारों द्वारा लिखा गया है।
- **शाहजहाँनामा** यह पुस्तक उसके एक अधिकारी इनायत खाँ द्वारा लिखी गई। दूसरी शाहजहाँनामा सादिक खाँ द्वारा लिखी गई।
- **चहार चमन** चन्द्रभान द्वारा लिखित चहार चमन में शाहजहाँ काल की शासन प्रणाली के बारे में चर्चा की गई है।

औरंगजेब

- औरंगजेब काल में लिखी गई **आलमगीरनामा** (आलमगीरी) के लेखक **मुहम्मद काजिम शिराजी** थे। इसमें औरंगजेब के शासनकाल के प्रारम्भिक 10 वर्षों की चर्चा की गई है। औरंगजेब का आधिकारिक इतिहासकार भी मुहम्मद काजिम शिराजी ही था।
- औरंगजेब के काल में ही **आलमगीरनामा** नामक एक अन्य पुस्तक हातिम खाँ द्वारा लिखी गई थी।

मआसिर-ए-आलमगिरी पुस्तक साकी मुस्तैद खाँ द्वारा लिखी गई। इस पुस्तक की रचना औरंगजेब की मृत्यु के पश्चात् की गई। इस पुस्तक में सतनामों के विद्रोह का वर्णन मिलता है। इस पुस्तक को जदुनाथ सरकार ने मुगल साम्राज्य का गजेटियर भी कहा है।

- **मुन्तखब-उल-लुवाब** नामक पुस्तक **खफी खाँ** द्वारा गुप्त रूप से लिखी गई। इस पुस्तक में औरंगजेब के शासनकाल के आलोचनात्मक विवरण के द्वारा भ्रष्टाचार पर चोट की गई थी।
- **फुतुहात-ए-आलमगीरी** नामक पुस्तक ईश्वरदास नागर द्वारा लिखी गई। इसमें औरंगजेब के काल के 34 वर्षों का वर्णन मिलता है। इसमें औरंगजेब तथा राजपूतों के मध्य बदलते सम्बन्धों का भी वर्णन मिलता है।

फतवा-ए-आलमगीरी

- मुस्लिम विधि के सबसे बड़े डाइजेस्ट **फतवा-ए आलमगीरी** की रचना शेख निजाम की अध्यक्षता में 6 विद्वानों द्वारा की गई। इस पुस्तक में इस्लामिक कानून व प्रशासनिक नियमों की चर्चा मिलती है।
- **खुलासत-उत-तवारीख** पुस्तक सुजनराय भण्डारी द्वारा लिखी गई। इस पुस्तक में मुगलकाल की राजनैतिक प्रशासनिक तथा भौगोलिक स्थितियों के बारे में चर्चा की गई है।
- **नुस्ख-ए-दिलकुशा** नामक पुस्तक भीमसेन द्वारा लिखी गई, जिसमें मराठा-मुगलों के मध्य संघर्ष का वर्णन किया गया है।
- **वाक्यात-ए-आलमगीरी** नामक पुस्तक आकिल खाँ द्वारा लिखी गई। इसमें उत्तराधिकारियों से सम्बन्धित युद्धों तथा सिंहासन की लड़ाई के बारे में चर्चा की गई है।

मुगलकालीन साहित्य

क्र. सं.	साहित्य का नाम	लेखक का नाम	भाषा	शासक के कार्यकाल में
1.	बाबरनामा	अब्दुर्रहीम खान-ए-खाना	फारसी	बाबर
2.	तुजुक-ए-बाबरी	बाबर (स्वयं की आत्मकथा)	तुर्की	बाबर
3.	रामायण	बदायूँनी	फारसी	अकबर
4.	भगवद्गीता	राजा टोडरमल	फारसी	अकबर
5.	पंचतन्त्र (कालीला एवं दिमना)	मौलाना शाह मुहम्मद शाहाबादी	फारसी	अकबर
6.	लीलावती (गणित की पुस्तक)	फैजी	फारसी	अकबर
7.	कालिया दमन (अयार-ए-दानिश)	अबुल फज़ल	फारसी	अकबर
8.	अकबरनामा (आइने-अकबरी)	अबुल फज़ल	फारसी	अकबर
9.	हुमायूँनामा	गुलबदन बेगम	फारसी	अकबर
10.	मुन्तखब-उल-तवारीख	अब्दुल कादिर बदायूँनी	फारसी	अकबर
11.	तबकाते-अकबरी	निजामुद्दीन अहमद	फारसी	अकबर
12.	अथर्ववेद	सरहिन्दी	फारसी	जहाँगीर
13.	तुजुके-ए-जहाँगीरी (जहाँगीर की आत्मकथा)	जहाँगीर मोतमिद खाँ, मुहम्मद हादी	फारसी	जहाँगीर
14.	इकबालनामा-ए-जहाँगीर	मौतमिद खाँ बख्शी	फारसी	जहाँगीर
15.	मआसिरे-जहाँगीरी	ख्वाजा कामगार	फारसी	जहाँगीर
16.	योग वशिष्ठ	दाराशिकोह	फारसी	शाहजहाँ
17.	बावन उपनिषद् (सिर्र-ए-अकबर)	दाराशिकोह	फारसी	शाहजहाँ
18.	शाहजहाँनामा	इनायत खाँ	फारसी	शाहजहाँ
19.	पादशाहनामा	मुहम्द अमीन	फारसी	शाहजहाँ
20.	नुस्खा-ए-दिलकुशा	भीमसेन	फारसी	औरंगजेब
21.	आलमगीरनामा	मिर्जा मुहम्मद कासिम	फारसी	औरंगजेब
22.	मुआसिर-ए-आलमगीरी	साकी मुश्तैद खाँ	फारसी	औरंगजेब
23.	फतवा-ए-आलमगीरी	निजामुद्दीन अहमद	फारसी	औरंगजेब

प्रीलिम्स फैक्ट्स

- मुगल प्रशासन के दौरान जिले को किस नाम से जाना जाता था? ***–सरकार** [UKPSC (Pre) 2008]*
- मध्यकालीन भारत के ऐतिहासिक स्रोतों मे उल्लिखित 'चकला' शब्द का आशय क्या है? ***–यह सूक्ष्म और परगना के बीच की क्षेत्रीय इकाई थी** [UPPSC (Pre) 2018]*
- अकबर के शासनकाल में पुनर्गठित केन्द्रीय प्रशासन तन्त्र के अन्तर्गत सैनिक विभाग का प्रमुख कौन होता था? ***–मीर बख्शी** [IAS (Pre) 1997]*
- अकबर कालीन सैन्य व्यवस्था आधारित थी? ***–मनसबदारी पर** [UPPSC (Pre) 1992]*
- मुगलकाल मुहतसिब कौन था? ***–लोक आचरण अधिकारी** [BPSC (Pre) 2005]*
- अकबर ने जिस मनसबदारी प्रणाली को लागू किया, वह किस देश की प्रचलित प्रणाली से उधार ली गई थी? ***– मंगोलिया से** [IAS (Pre) 1994]*
- दु-अस्था तथा सीह-अस्पा प्रथा किस मुगल सम्राट ने आरम्भ की थी? ***–जहाँगीर** [BPSC (Pre) 1994]*
- मुगलों ने नौरोज का त्योहार किससे ग्रहण किया? ***–पारसियों से** [UPPSC (Pre) 2001]*
- किस मुगल शासक ने राम-सीता की आकृतियों और 'रामसीय' देव-नागरी लेख से युक्त कुछ सिक्के चलाए? ***– अकबर ने** [UPPSC (Mains) 2010]*
- गुलबदन बेगम किस मुगल शासक की पुत्री थी? ***–बाबर की** [UPPSC (Pre) 2004]*
- किस इतिहासकार ने 'दीन-ए-इलाही' को धर्म कहा था? ***–अब्दुल कादिर बदायूँनी** [UPPSC (Pre) 2000]*
- कृषकों की सहायता हेतु किस मध्यकालीन शासक ने 'पट्टा एवं कबूलियत' की व्यवस्था आरम्भ की थी? ***–शेरशाह ने** [UPPSC (Pre) 2008, 2009]*
- अकबर के काल में भू-राजस्व व्यवस्था की एक प्रसिद्ध नीति 'आइन-ए-दहसाला' पद्धति किसके द्वारा निर्मित की गई थी? ***–टोडरमल** [JPSC (Pre) 2013]*
- जब्ती, दहसाला, बँटाई तथा कनकूत में से किस कर व्यवस्था को बन्दोबस्त व्यवस्था के नाम से भी जाना जाता है? ***–दहसाला** [UPPSC (Pre) 2013]*
- भूमि लगान के एकत्रीकरण के लिए दिए जाने वाले ठेके का नाम क्या था? ***–इजारा** [MPPSC (Pre) 2009]*
- मुगल प्रशासन में 'मदद्-ए-माश' क्या इंगित करता है? ***–विद्वानों को दी जाने वाली कर मुक्त भूमि** [BPSC (Pre) 2004]*
- मुगल काल में ताँबे का सिक्का कहलाता था ***–दाम** [UPPSC (Pre) 2008]*
- दिल्ली सल्तनत के पराभव के उपरान्त किस शासक द्वारा स्वर्णमुद्रा का सर्वप्रथम प्रचलन किया था? ***–शेरशाह ने** [UKPSC (Pre) 2014]*
- शुद्ध चाँदी के रुपये का आविष्कार किस मध्यकालीन शासक ने किया था? ***–शेरशाह** [IAS (Pre) 2016]*
- किस मुगल सम्राट के शासनकाल में जजिया पुन: लगाया गया? ***–औरंगजेब ने** [UPPSC (Pre) 2002]*
- मुगल काल में किस बन्दरगाह को 'बाबुल मक्का' (मक्का द्वार) कहा जाता था? ***–सूरत** [IAS (Pre) 2001]*
- दिल्ली के पुराने किले के वर्तमान स्वरूप का निर्माण किसने करवाया था? ***–शेरशाह सूरी ने** [UPPSC (Pre) 2016]*
- दिल्ली का कौन-सा ऐतिहासिक स्मारक भारतीय तथा फारसी वास्तुकला का उदाहरण है? ***–हुमायूँ का मकबरा** [UPPSC (Pre) 2002]*
- अकबर के द्वारा बनाई गई किस इमारत का नक्शा बौद्ध विहार के समान है? ***–पंचमहल** [JPSC (Pre) 2003]*
- दिल्ली में पुराने किले के सामने 'खैरुल मजिंल' नामक मस्जिद का निर्माण किसने करवाया था? ***–माहम अनंगा** [UPPSC (Pre) 2018]*
- गुजरी महल किसने बनवाया था? ***–मानसिंह ने** [MPPSC (Pre) 2008, 2010]*
- मुगल काल की किस इमारत को 'शाने फतेहपुर' के नाम से जाना जाता है? ***–जामा मस्जिद** [UKPSC (Pre) 2016]*
- ईरानी वास्तुकला का सर्वप्रथम समन्वय किस इमारत में देखने को मिलता है? ***–ताजमहल** [RAS/RTS (Pre) 1992]*
- दिल्ली के लाल किले में मोती मस्जिद का निर्माण किसके द्वारा कराया गया? ***–औरंगजेब** [MPPSC (Pre) 2014]*
- तानसेन का मकबरा कहाँ स्थित है? ***–ग्वालियर** [MPPSC (Pre) 2010]*
- आगरा स्थित ऐत्मादुद्दौला के मकबरे का निर्माण किसने करवाया था? ***–नूरजहाँ ने** [BPSC (Pre) 2008]*
- कौन-सा मकबरा 'द्वितीय ताजमहल' ने नाम से जाना जाता है? ***– राबिया-उद-दुर्रानी का मकबरा** [UPPSC (Pre) 2013]*
- बीबी के मकबरे का निर्माण किसने करवाया था? ***–औरंगजेब** [RAS/RTS (Pre) 1999]*
- चित्रकला की मुगल शैली को किसने आरम्भ किया था? ***–हुमायूँ ने** [UPPSC (Mains) 2012]*
- 'दसवन्त और बसावन' प्रसिद्ध चित्रकार किस मुगल सम्राट के राजदरबारी थे? ***–अकबर** [BPSC (Pre) 2017]*
- सम्राट अकबर द्वारा किस चित्रकार को 'जरीकलम' की उपाधि प्रदान की गई थी? ***–मोहम्मद हुसैन को** [UPPSC (Pre) 1995]*
- अकबर के आदेश के अन्तर्गत 'हम्जानामा' के प्रसिद्ध चित्रकार कौन थे? ***–मीर सैयद अली और अब्दुस्समद** [HPSC (Pre) 2021]*
- जहाँगीर ने किस प्रसिद्ध चित्रकार को नादिर-उज-जमा की उपाधि प्रदान की थी? ***–अबुल हसन** [UPPSC (Mains) 2014]*
- जहाँगीर के दरबार में पक्षियों का सबसे बड़ा चित्रकार कौन था? ***–मंसूर** [UPPSC (Pre) 1998]*
- अबुल फजल द्वारा अकबरनामा को कितने वर्षों में पूरा किया गया था? ***–सात वर्षों में** [UPPSC (Pre) 2014]*
- अनवार-ए-सुहैली नामक ग्रन्थ किसका अनुवाद है? ***–पंचतन्त्र का** [UPPSC (Pre) 1999]*
- अकबर के काल में महाभारत का फारसी में अनुवाद जिसके निर्देशन में हुआ, वह है ***–फैजी** [RAS/RTS (Pre) 2016]*
- शाहजहाँ के शासनकाल का राजकवि कौन था? ***–कलीम** [UPPSC (Mains) 2015]*
- शाहजहाँ ने किसे 'शाह-बुलन्द इकबाल' की उपाधि प्रदान की थी? ***–दाराशिकोह** [UPPSC (Pre)1994]*

सेल्फ चैक

1. शब्द और अर्थ के निम्नलिखित युग्मों में से कौन-सा एक युग्म सही सुमेलित नहीं है?

(a) खालिसा — वे गाँव, जहाँ की आय सीधे राजकोष में जाती थी।
(b) मौजा — विद्रोही राज्यक्षेत्र।
(c) इनाम — विद्वान तथा धार्मिक व्यक्तियों को आवण्टित भूमि।
(d) जागीर — मनसबदारों को उनके वेतन के बदले में दिया गया राज्य क्षेत्रीय आवण्टन।

2. 'दु-अस्पा' तथा 'सिंह-अस्पा' प्रथा किसने शुरू की थी?
BPSC (Pre) 1994

(a) अकबर (b) जहाँगीर (c) शाहजहाँ (d) औरंगजेब

3. मुगलों की 'मनसबदारी व्यवस्था' एक जटिल व्यवस्था थी। इसके दक्ष निष्पादन के प्रमुख आधार थे

1. मनसबदार की पदवी केवल सैन्य कार्मिकों को प्रदान करने की प्रथा।
2. दाग प्रथा का समुचित प्रचलन।
3. जागीरदारी व्यवस्था का समुचित प्रचलन।

उपरोक्त कथनों में से कौन-सा/से कथन सही है/हैं?

(a) केवल 1 (b) 1 और 3
(c) 2 और 3 (d) 1, 2 और 3

4. 'मुगल मनसब' प्रणाली प्रथा के बारे में निम्नलिखित में से कौन-से कथन सही हैं?

1. 'जात' पद शाही सोपान (धर्मतन्त्र) में मनसबदार की स्थिति और उसके वेतन का सूचक था।
2. 'सवार' पद घुड़सवारों की उस संख्या का सूचक था, जो मनसबदार को रखने होते थे।
3. 17वीं शताब्दी में 1000 अथवा अधिक 'सवार' पद सम्भालने वाले मनसबदारों को उच्च/नोबल (उमरा) के रूप में पदनाम दिया जाता था।

कूट

(a) 1 और 2 (b) 1 और 3
(c) 2 और 3 (d) 1, 2 और 3

5. **कथन** (A) सभी मनसबदार सेना के पदाधिकारी नहीं होते थे।
कारण (R) मुगल शासन के अधीन उच्च पदाधिकारी भी मनसबदार होते थे और उनका वर्गीकरण होता था।

कूट

(a) A और R दोनों गलत हैं। (b) A और R दोनों सही हैं।
(c) A सही है, किन्तु R गलत है। (d) A गलत है, किन्तु R सही है।

6. निम्न में से किस इतिहासकार ने 'दीन-ए-इलाही' को एक धर्म कहा?
UPPSC (Pre) 2000

(a) अबुल फजल (b) अब्दुल कादिर बदायूँनी
(c) निजामुद्दीन अहमद (d) इनमें से कोई नहीं

7. कृषकों की सहायता हेतु किन मध्ययुगीन शासकों ने 'पट्टा' एवं 'कबूलियत' की व्यवस्था प्रारम्भ की थी?
UPPSC (Pre) 2008, 2009

(a) अलाउद्दीन खिलजी (b) गयासुद्दीन तुगलक
(c) फिरोजशाह तुगलक (d) शेरशाह

8. अकबर काल में भू-राजस्व व्यवस्था की एक प्रसिद्ध नीति 'आइन-ए-दहसाला' पद्धति किसके द्वारा निर्मित की गई थी?
JPSC (Pre) 2013

(a) शाहनवाज खाँ (b) अब्दुर्रहीम खान-ए-खाना
(c) टोडरमल (d) मुल्ला दो प्याजा

9. निम्नलिखित में से कौन-सा एक मुगल भारत में फसलों से सरोकार रखने वाले शब्द 'जिन्स-ए-आला' के सही अर्थ को द्योतक है?

(a) धान की फसल (b) नकद फसल
(c) मोटहन (कोर्स) फसल (d) सूखे क्षेत्रों में उगाई गई फसलें

10. मध्यकालीन भारतीय व्यापार एवं वाणिज्य के बारे में निम्नलिखित कथनों पर विचार कीजिए

1. मध्यकाल में भारत विश्व में दूर-दूर तक सूती माल का निर्यात करता था।
2. भारत विश्व में दूर-दूर से अपने सूती माल के बदले में सोना व चाँदी प्राप्त करता था।
3. मध्यकाल में भारत यूरोपीय उद्योगों को कच्चे माल की पूर्ति भी करता था।

उपरोक्त कथनों में से कौन-सा/से कथन सही है/हैं?

(a) 1 और 2 (b) केवल 1
(c) 2 और 3 (d) केवल 3

11. निम्नलिखित चित्रकारों में से किसे जहाँगीर ने 'नादिर-उज-जमाँ' की पदवी दी थी?
UPPSC (Mains) 2013, 2014

(a) अबुल हसन (b) फारूख बेग
(c) बिशनदास (d) आगा रजा

12. निम्नलिखित में से कौन-सी एक पुस्तक अकबर के दरबार के चित्रों से सज्जित नहीं थी?
BPSC (Pre) 2004

(a) हमजानामा (b) रज्मनामा
(c) बाबरनामा (d) तारीख-ए-अल्फी

13. निम्नलिखित युग्मों में से कौन-सा एक युग्म सही सुमेलित है?
UPPSC (Mains) 2009

(a) बाबर — तुजुक-ए-बाबरी
(b) हुमायूँ — हुमायूँनामा
(c) शेरशाह — तारीख-ए-शेरशाही
(d) अकबर — तबकात-ए-अकबरी

जानें सही उत्तर

1. (b)	**2.** (b)	**3.** (c)	**4.** (d)	**5.** (b)	**6.** (b)	**7.** (d)	**8.** (c)	**9.** (b)	**10.** (a)
11. (a)	**12.** (c)	**13.** (a)							

• अध्याय इक्कीस

मराठा साम्राज्य

"

मराठा शक्ति का उत्कर्ष औरंगजेब के काल की प्रमुख घटना है। औरंगजेब की नीतियाँ, दक्कन की भौगोलिक परिस्थितियाँ तथा मराठों की स्वतन्त्रता की भावना एवं लड़ाकू प्रवृत्ति ने इसको एक प्रमुख शक्ति के रूप में उभरने में सहायता की।

मराठा साम्राज्य के उदय के कारण

मुगल साम्राज्य के पतन के पश्चात् महाराष्ट्र में एक सशक्त क्षेत्रीय शक्ति के रूप में मराठों का उदय हुआ था। मराठों के उदय के लिए अनेक कारक उत्तरदायी हैं, जिनका वर्णन निम्न है

- **बहमनी शासकों** ने मराठों को प्रशासन और सेना में स्थान देकर आत्मविश्वास जाग्रत किया। मलिक अम्बर ने गुरिल्ला युद्ध का प्रयोग कर मराठा घुड़सवारों के आत्मविश्वास को बढ़ाया। मुगलों के विरुद्ध मराठे न केवल लड़े, बल्कि जीते भी। इससे मराठों को अत्यधिक आत्मबल मिला।
- **भक्ति आन्दोलन** ने समाज को रूढ़ियों से मुक्त करने की दिशा में कार्य किया। तत्कालीन मराठा सन्तों एवं कवियों ने जनसामन्य में हिन्दू गौरव एवं एकता की भावना को जाग्रत किया। साथ ही मराठी भाषा के उपयोग ने सन्तों की शिक्षाओं से सभी को जोड़ा। फलत: अलग मराठा पहचान तथा मराठा राष्ट्रवाद का उदय हुआ।

महाराष्ट्र की पठारी भूमि किलों के निर्माण तथा **गुरिल्ला युद्ध** के लिए उपयुक्त थी। मराठवाड़ा की भौगोलिक स्थिति मराठों के उदय में सहायक रही। शिवाजी के रूप में मराठों को एक चमत्कारिक नेता मिला। इनमें मराठा समाज के विविध तत्त्वों को संगठित करने की अद्भुत क्षमता थी। इसके अतिरिक्त औरंगजेब की हिन्दू विरोधी नीतियों ने भी मराठों के उत्थान में महत्त्वपूर्ण भूमिका अदा की।

शिवाजी

- शिवाजी के नेतृत्व में मराठा शक्ति का उदय होना तत्कालीन इतिहास की एक महत्त्वपूर्ण घटना है। मराठे शीघ्र ही सम्पूर्ण भारतीय पटल पर छा गए, यद्यपि कुछ समय बाद ही इनका पतन भी हो गया।
- शिवाजी के पिता **शाहजी भोंसले** थे। वे पहले अहमदनगर की सेवा में थे, किन्तु 1633 ई. में शाहजहाँ द्वारा अहमदनगर को जीत लेने के बाद वे बीजापुर की सेवा में चले गए। बाद में उन्होंने अपने अधीन आने वाली पूना की जागीर को शिवाजी को सौंप दिया। शिवाजी का जन्म **शिवनेर** के किले में अप्रैल, 1627 में हुआ था। इनकी माता का नाम **जीजाबाई** (देवगिरि के जागीरदार यादवराय की पुत्री) था।

- शिवनेरी देवी के नाम पर इनको शिवाजी नाम दिया गया। इनकी माताजी ने प्रारम्भ से ही इनको राष्ट्र तथा धर्म की रक्षा हेतु प्रेरित किया। **दादाजी कोण्डदेव** शिवाजी के संरक्षक थे, जो पूना स्थित शाहजी की जागीर की देखभाल करते थे।
- शिवाजी पर धरकरी सम्प्रदाय से सम्बन्धित अपने गुरु **समर्थ रामदास** का अत्यधिक प्रभाव पड़ा। शिवाजी की पहली पत्नी साईबाई निम्बालकर थीं तथा दूसरी पत्नी पुतलाबाई थीं, जो सती हो गई थीं।

शिवाजी के सैन्य अभियान

- शिवाजी ने अपना पहला सैन्य अभियान बीजापुर के विरुद्ध किया तथा 1643 ई. में **सिंहगढ़ का किला** जीता। इसके बाद 1646 ई. में तोरण तथा मुरुम्बगढ़ और 1647 ई. में कोण्डाना को जीता।
- **कोण्डाना विजय** के बाद बीजापुर दरबार ने शिवाजी के पिता शाहजी भोंसले पर राजद्रोह का आरोप लगाकर उन्हें कैद कर लिया। फलत: शिवाजी ने अपने पिता की मुक्ति हेतु कोण्डाना का किला छोड़ दिया।
- 1648 ई. में इन्होंने **पुरन्दर** का किला नीलोजी नीलकण्ठ से जीता तथा 1656 ई. में चन्द्रराव मोरे से **जावली** का किला जीता, जिससे इन्हें वीर मावली सैनिकों की सेवाएँ मिलीं।

> शिवाजी ने अप्रैल, 1656 में **रायगढ़** को अपनी राजधानी बनाया। इन्होंने 1656 ई. तक चाकन, पुरन्दर, बारामती, सूपा, तिकोना तथा लौहगढ़ के किलों पर अधिकार कर लिया। 1657 ई. में अहमदनगर तथा जुन्नार पर आक्रमण के समय इन्होंने पहली बार मुगलों (औरंगजेब) का सामना किया।

बीजापुर से संघर्ष

- शिवाजी की सफलताओं से उद्वेलित बीजापुर ने प्रख्यात सरदार **अफजल खाँ** को सितम्बर, 1659 में उनके विरुद्ध कार्यवाही करने हेतु भेजा। इसने अपने दूत कृष्णजी भास्कर को भेजकर प्रतापगढ़ के जंगल में मिलने की इच्छा जताई। यहीं शिवाजी को अफजल खाँ के षड्यन्त्र का पता चला।
- इन्होंने अफजल खाँ को उसी की भाषा में जवाब देने का निर्णय किया। इनके साथ दो अंगरक्षक जीवमहल तथा शम्भूजी कावजी थे। नेताजी पालकर तथा मोरो पिंगले के नेतृत्व में मराठा सेना जंगल में तैयार खड़ी थी, अफजल खाँ के अंगरक्षकों में एक सैयद बान्दा प्रख्यात तलवारबाज था।
- शिवाजी ने गोपीनाथ को दूत बनाकर अफजल खाँ के पास भेजा। नवम्बर, 1659 को प्रतापगढ़ के दक्षिण में पार नामक स्थान पर अफजल खाँ ने धोखे से शिवाजी की हत्या करने का प्रयास किया, परन्तु वह स्वयं मारा गया और मराठा सेना ने बीजापुर की सेना को बुरी तरह पराजित किया तथा कोंकण, कोल्हापुर व पन्हाला के किले पर अधिकार कर लिया। अन्तत: बीजापुर के शासक ने शिवाजी को स्वतन्त्र शासक मान लिया।

मुगलों से संघर्ष

- औरंगजेब ने 1663 ई. में अपने मामा **शाइस्ता खाँ** को दक्षिण का सूबेदार नियुक्त कर शिवाजी को समाप्त करने का आदेश दिया।
- इसने बीजापुर के साथ मिलकर कुछ युद्धों में मराठों के विरुद्ध सफलता भी पाई, परन्तु 15 अप्रैल, 1663 को रात्रि के समय शिवाजी ने दुस्साहसपूर्ण कारनामे को अंजाम देते हुए शाइस्ता खाँ के पूना शिविर में घुसकर आक्रमण कर दिया, जिसमें शाइस्ता खाँ का अँगूठा कट गया, परन्तु वह भाग निकला। यद्यपि इसमें उसका पुत्र **फतह खाँ** मारा गया। आक्रमण से जहाँ शिवाजी की प्रतिष्ठा बढ़ी, वहीं मुगलों की प्रतिष्ठा को भी गहरा आघात पहुँचा।
- क्रुद्ध औरंगजेब ने शाइस्ता खाँ को वापस बुला लिया और बंगाल भेज दिया।

> मराठों ने 1664 ई. में सूरत को प्रथम बार लूटा। इसका वर्णन **जॉन ऑक्साइडन** द्वारा मिलता है।

- तत्पश्चात् औरंगजेब ने आमेर के कछवाहा सरदार जयसिंह को दक्षिण का सूबेदार नियुक्त किया। इसने शिवाजी को सन्धि के लिए बाध्य कर दिया, जो **पुरन्दर की सन्धि** (22 जून, 1665) के नाम से प्रसिद्ध हुई।
- इस सन्धि के अनुसार, शिवाजी को अपने 35 में से 23 किले मुगलों को देने पड़े, उनके पुत्र शम्भाजी को मुगल दरबार में 5,000 का मनसब दिया गया तथा शिवाजी ने मुगलों की ओर से बीजापुर के विरुद्ध युद्ध एवं सेवा करने का वचन दिया। इस सन्धि के समय **मनूची** भी उपस्थित था।
- इसी क्रम में शिवाजी औरंगजेब से मिलने (1666 ई.) आगरा पहुँचे, किन्तु वहाँ इनका औरगजेब से विवाद हो गया। इसके पश्चात् इन्हें जयपुर महल में बन्दी बना लिया गया। रामसिंह (जयसिंह का पुत्र) ने इनकी सुरक्षा की गारण्टी ली थी, परन्तु ये अपने हमशक्ल **होरजी-फर्जन्द** को अपने स्थान पर लिटाकर भाग निकले।
- सितम्बर, 1666 को रायगढ़ पहुँच कर इन्होंने दक्षिण के सूबेदार **मुअज्जम** के माध्यम से सन्धि प्रस्ताव रखा, जिसे औरंगजेब ने स्वीकार (1668 ई.) कर लिया। औरंगजेब ने इन्हें **राजा** की उपाधि दी और इनके पुत्र शम्भाजी को मनसब प्रदान किया तथा बरार में एक जागीर दी।
- शिवाजी ने फरवरी, 1670 में सिंहगढ़ (कोण्डाना) का किला जीता। इसी समय (1670 ई.) इन्होंने सूरत में दूसरी बार लूट की। इसके पश्चात् इन्होंने 1671 ई. में सलेहर (दुर्ग) और 1672 ई. में बीजापुर से **पन्हाला** दुर्ग जीता लिया।

शिवाजी

◆ जन्म	– 1627 ई. (शिवनेर, पहाड़ी दुर्ग)		
◆ पिता	– शाहजी भोंसले	◆ माता	– जीजाबाई
◆ संरक्षक	– कोण्डदेव (दादाजी)	◆ गुरु	– रामदास
◆ राज्याभिषेक	– 1674 ई.	◆ राजधानी	– रायगढ़
◆ मृत्यु	– 1680 ई.		

शिवाजी का राज्याभिषेक

- 16 जून, 1674 को रायगढ़ किले में शिवाजी का राज्याभिषेक काशी के प्रसिद्ध विद्वान **विश्वेश्वर भट्ट** अथवा **गंगा भट्ट** ने किया। विश्वेश्वर भट्ट ने कायस्थ धर्म प्रतीप नामक ग्रन्थ की रचना की थी। उनका सम्बन्ध उदयपुर के राजपूत राजवंश से स्थापित किया गया। इस अवसर पर हेनरी ऑक्साइडन उपस्थित था। इस अवसर पर शिवाजी ने **छत्रपति** की उपाधि ली तथा हिन्दू धर्म की रक्षा का प्रण लिया। उन्होंने **हैन्दव धर्मोद्धारक** व **गौब्राह्मण प्रतिपालक** की उपाधि भी धारण की।
- 1678 ई. में शिवाजी ने **जिंजी** का किला जीत लिया तथा इसे दक्षिणी क्षेत्रों की राजधानी बनाया। यह उनकी अन्तिम विजय थी। अपने पुत्र शम्भाजी के कारण वे अत्यन्त दु:खी थे, क्योंकि शम्भाजी मुगल सूबेदार दिलेर खाँ से जाकर मिल गया था। इसके वापस लौटने पर शिवाजी ने उसे कैद करवा दिया और शिवाजी की मृत्यु के समय (1680 ई.) में वह पन्हाला के किले में ही कैद था।

शिवाजी के अन्तर्गत मराठा प्रशासनिक व्यवस्था

- शिवाजी का राजत्व प्राचीन हिन्दू आदर्शों पर आधारित था। उनका साम्राज्य वस्तुत: दो भागों में विभक्त था। प्रथम वह भाग, जो सीधे शिवाजी (मराठों) के अधीन था और स्वराज (मुल्क-ए-कदिम) कहलाता था तथा द्वितीय वह भाग, जो मुगलों अथवा बीजापुर के अधिकार में था, परन्तु शिवाजी (मराठे) वहाँ चौथ वसूलते थे।
- शिवाजी ने **रघुनाथ पण्डित हनुमन्ते** के निरीक्षण में राजव्यवहार कोश नाम से शासकीय शब्दावली का शब्दकोश तैयार करवाया।

केन्द्रीय प्रशासन

- शिवाजी के प्रशासन में राजा सम्पूर्ण प्रभुत्व सम्पन्न निरंकुश शासक था।
- राजा ही प्रशासन का प्रधान सेनापति एवं न्यायाधीश था। राजा को सलाह देने के लिए आठ मन्त्रियों का एक समूह होता था, जिसे **अष्टप्रधान** कहा जाता था। यह कोई मन्त्रिपरिषद् नहीं थी, इसका कार्य राजा को सलाह देना मात्र था। इसके अन्तर्गत निम्नलिखित पदाधिकारी शामिल थे
  - **पेशवा** अथवा मुख्य प्रधान यह प्रधानमन्त्री था तथा सम्पूर्ण राज्य के प्रशासन (सैनिक एवं असैनिक दोनों) की देखभाल करता था। सरकारी पत्रों पर राजा के नीचे इसकी मुहर लगती थी।
  - **अमात्य** अथवा मजमुआदार यह वित्त एवं राजस्व मन्त्री था।
  - **वाकियानवीस** यह राजा के दैनिक कार्यों को लेखबद्ध वह करता था।
  - **शुरूनवीस** या सचिव यह राजकीय पत्र-व्यवहार तथा परगने का हिसाब देखता था, इसे चिटनिस भी कहते थे। यद्यपि इसे गृहमन्त्री भी कह सकते हैं।
  - **दबीर** या सुमन्त यह विदेश मन्त्री था।
  - **सर-ए-नौबत** अथवा सेनापति यह सेना सम्बन्धी कार्य देखता था।
  - **पण्डितराव** यह अनुदान से सम्बन्धित था।
  - **न्यायाधीश** राजा के बाद यही मुख्य न्यायाधिकारी था।
- इन आठ मन्त्रियों में न्यायाधीश व पण्डितराव को छोड़कर सभी मन्त्रियों को सैनिक कार्यों व आक्रमणों में भाग लेना होता था।

प्रान्तीय प्रशासन

- शिवाजी द्वारा अपने साम्राज्य को तीन भागों में बाँटा गया था, जिसमें इसका उत्तरी भाग सूरत से पूना तक विस्तृत था, जिसके प्रमुख **मोरोपन्त पिंगले** थे।
- इनका दक्षिणी प्रान्त दक्षिणी कोंकण तक विस्तृत था, जिसके प्रमुख **अन्नाजी दत्तो** थे। इनके दक्षिणी-पूर्वी प्रान्त के अन्तर्गत सतारा, कोल्हापुर और दलनौन आदि क्षेत्र आते थे, जिसके प्रमुख **दत्ताजी पन्त** थे।
- राज्य, प्रान्त अथवा सरसूबा में बँटा था। प्रान्त का प्रमुख अधिकारी **सरसूबेदार** अथवा **सर-ए-कारकून** अथवा मुख्य देशाधिकारी कहलाता था। प्रान्त, महालों में विभक्त था। महाल का अधिकारी सरहवलदार कहलाता था। महाल में अनेक तर्फ होते थे, जिनका प्रमुख हवलदार होता था।
- गाँव (मौजा) सबसे छोटी इकाई थी, जिसका प्रमुख पटेल या पाटिल होता था। इनका सहायक कुलकर्णी होता था।

सैन्य प्रशासन

- शिवाजी के पास एक नियमित एवं स्थायी सेना थी। सेना का मुख्य भाग पैदल और घुड़सवार सेना थी। मराठा सेना का श्रेष्ठतम भाग अश्वारोही सेना थी। घुड़सवार सेना दो भागों में विभक्त थी
  - **बरगीर** ये वे घुड़सवार सैनिक थे, जिन्हें राज्य की ओर से घोड़े और शस्त्र दिए जाते थे। ये नियमित वेतन भी प्राप्त करते थे।
  - **सिलेदार** ये स्वतन्त्र सैनिक थे, जो अपना अस्त्र-शस्त्र स्वयं रखते थे। इन्हें लूट के माल में हिस्सा भी दिया जाता था।

अश्वारोही सेना का पदक्रम

- 25 घुड़सवार एक हवलदार के अधीन होते थे।
- 5 हवलदार एक जुमलादार के अधीन होते थे।
- 10 जुमलादार एक हजारी के अधीन होते थे।
- 5 एक हजारी एक पंचहजारी के अधीन होते थे।
- सेना का सर्वोच्च अधिकारी **सर-ए-नौबत** होता था।

- शिवाजी ने कोंकण के क्षेत्र पर नियन्त्रण स्थापित करने के लिए एक नौसेना का विकास किया था। कल्याण विजय के बाद यहाँ 1650 ई. में नौसैनिक अड्डा स्थापित किया था। बाद में कोलाबा नौसेना का प्रमुख केन्द बना।
- **आंग्रियों** का उनकी नौसेना में प्रमुख स्थान था। जंजीरा के सीद्दियों की नौसेना उस समय सबसे प्रमुख थी। शिवाजी की नौसेना से उनका काफी संघर्ष हुआ।

किले मराठा सैन्य व्यवस्था के विशिष्ट लक्षण थे। किले में निम्न तीन अधिकारी होते थे

- **हवलदार** पहाड़ी दुर्ग इसी के अधीन होते थे। इनका प्रमुख कार्य किले के आन्तरिक प्रशासन को देखना था।
- **सर-ए-नौबत** यह सम्पूर्ण घुड़सवार सेना का प्रधान होता था। ये मराठा तथा सबनीस ब्राह्मण होते थे।
- **सबनिस** (ब्राह्मण) यह नागरिक (असैनिक) और राजस्व प्रशासन देखता था। इनके द्वारा किले के अन्दर असैनिक शासन (रसद, पत्र-व्यवहार आदि) की देखभाल की जाती थी।

राजस्व प्रशासन

- भू-राजस्व व्यवस्था मलिक अम्बर की व्यवस्था पर आधारित थी, जहाँ कृषकों से सीधे सम्बन्ध स्थापित करने का प्रयास किया गया। यह एक प्रकार से रैयतवाड़ी व्यवस्था जैसी थी, परन्तु शिवाजी जमींदारी (देशमुखी) व्यवस्था समाप्त नहीं कर पाए।
- शिवाजी ने रस्सी द्वारा भूमि माप के स्थान पर काठी एवं मानक छड़ी (जरीब) के प्रयोग को प्रारम्भ किया। 20 काठी के बराबर 1 बीघा तथा 1 चावर के बराबर 120 बीघा होती थी। 1670 ई. में अन्नाजी दत्तो ने व्यापक स्तर पर भू-सर्वेक्षण करवाया।
- शिवाजी ने भू-राजस्व को 33% से बढ़ाकर 40% कर दिया, लेकिन अन्य कर और चुंगी आदि को समाप्त कर दिया गया।

प्रमुख कर

- **चौथ** पड़ोसी राज्य की आय का एक-चौथाई (1/4) भाग होती थी। बदले में मराठा आक्रमण तथा लूटपाट से सुरक्षित रहने का आश्वासन मिलता था।
- **सरदेशमुखी** भी पड़ोसी राज्यों से वसूला जाता था। यह पड़ोसी राज्य की आय का 10% या दसवाँ भाग था। यह कर शिवाजी उस क्षेत्र के सबसे बड़े देशमुख (सरदेशमुख) होने के नाते लेते थे।
- **मोकासा** ये एक प्रकार की जागीर थी, जिसे प्रमुख मराठा सरदारों को दिया जाता था, किन्तु शेष को नकद वेतन देने की भी व्यवस्था थी।
- **मिरासपट्टी या सिंहासन पट्टी** एक उपकर था।
- **पतदाम** विधवा पुनर्विवाह पर लगाया गया कर था।
- **पोलपट्टी** युद्ध से लूटा गया धन कर्जपट्टी या जस्तीपट्टी जमींदारों पर लगने वाला असाधारण कर था।
- **बाबती** चौथ की आय का 1/4 भाग राजा के लिए होता था।
- **सहोत्रा** चौथ की आय का 6% पन्त-सचिव के लिए होता था।
- **नादगुण्डा** चौथ की आय का 3% राजा की इच्छा पर निर्भर होता था।

- **गुमाश्ता** सरदेशमुखी वसूल करने वाले अधिकारी थे।
- **पाटिल, मामलतदार** तथा **सरसूबेदार** क्रमशः गाँव, जिला तथा प्रान्त (सूबा) के न्यायिक अधिकारी थे।
- **उपरिस** बँटाईदार थे, जिन्हें कभी भी बेदखल किया जा सकता था।
- ग्रामीण स्तर पर **कुलकर्णी** तथा **पाटिल** के द्वारा भू-राजस्व की वसूली की जाती थी। कुलकर्णी भूमि की माप से सम्बन्धित लेखा-जोखा तथा पटेल भू-राजस्व की वसूली का कार्य करते थे।
- बन्दरगाह से राज्य को राजस्व की प्राप्ति होती थी।

मराठाकालीन अधिकारी

पद	सम्बन्धित तथ्य
मिरासदार	ऐसा वर्ग, जिनका भूमि पर वंशानुगत अधिकार होता था।
पाटिल या पटेल	ग्राम का मुखिया या मुख्य अधिकारी था, जो कर सम्बन्धी, न्यायिक तथा अन्य प्रशासनिक कार्य करता था।
कुलकर्णी (लेखपाल) **चौगुले**	भूमि का लेखा-जोखा रखता था। पटेल का सहायक तथा कुलकर्णी के लेखों की देखभाल करता था।
बारह बलूटे (शिल्पी)	ग्राम की औद्योगिक आवश्यकताओं की पूर्ति करते थे।
मामलतदार	ग्रामों में कर निर्धारण पटेल के परामर्श से करते थे। इसके अतिरिक्त ये जिले में पेशवा के प्रतिनिधि होते थे। कामविसदार चौथ भी वसूलता था।
देशमुख	मामलतदार के ऊपर नियन्त्रण रखते थे।
देशपाण्डे (जिलाधिकारी)	उनकी पुष्टि के बिना कोई लेखा स्वीकार नहीं किया जाता था।
कामविसदार	चौथ वसूल करना।
कारखानाविस	अन्न भण्डार के प्रभारी होते थे।

शिवाजी के उत्तराधिकारी

शिवाजी के उत्तराधिकारियों का वर्णन निम्न है

शम्भाजी (1680-89 ई.)

- शिवाजी की मृत्यु (1680 ई.) के समय शम्भाजी पन्हाला के किले में कैद था। अतः शिवाजी का दूसरा पुत्र राजाराम गद्दी पर बैठा, लेकिन 20 जुलाई, 1680 को राजाराम को गद्दी से उतारकर शम्भाजी सेनापति हम्मीर मोहिते की सहायता से गद्दी पर बैठ गया।
- शम्भाजी ने मुगल सूबेदार दिलेर खाँ से समझौता कर लिया, जिसमें शम्भाजी को सात हजार का मनसब देना निश्चित हुआ।
- शम्भाजी के शासनकाल में षड्यन्त्र एवं विद्रोह हुए, जिससे उसका शासनकाल अधिक स्थिर नहीं रहा। शम्भाजी का विश्वास मराठा सरदारों पर से उठ गया तथा उसने नीलोपन्त को अपना पेशवा तथ्य उत्तर भारतीय ब्राह्मण कवि कलश को मुख्य सलाहकार नियुक्त किया। शम्भाजी का पुर्तगालियों एवं सिद्दियों से भी संघर्ष हुआ।
- शम्भाजी ने औरंगजेब के विद्रोही पुत्र शहजादा अकबर को संरक्षण दिया, फलतः उसे औरंगजेब का कोपभाजन बनना पड़ा।
- मुगल सेनापति मुकर्रब खाँ ने 1689 ई. को संगमेश्वर के निकट नावड़ी गाँव से शम्भाजी एवं कवि कलश को पकड़ लिया और औरंगजेब ने कोड़ेगाँव में दोनों की हत्या करवा दी। इसके पश्चात् येसूबाई (शम्भाजी की पत्नी) ने विरोध जारी रखा, जिसे कुछ समय पश्चात् उसके पुत्र शाहू के साथ गिरफ्तार कर लिया गया।
- मराठों के द्वारा स्त्रियों को युद्ध में ले जाने की परम्परा इसी काल में शुरू हुई।

शिवाजी की प्रशासनिक व्यवस्था के मूल अष्टप्रधान को शम्भाजी के द्वारा नष्ट कर दिया गया।

राजाराम (1689-1700 ई.)

- शम्भाजी की हत्या के बाद राजाराम को मराठा मन्त्रिपरिषद् ने कैद से मुक्त करके शासक घोषित किया, क्योंकि शम्भाजी का पुत्र **शाहू** अल्पवयस्क था। राजाराम ने स्वयं को शाहू का **प्रतिनिधि** ही माना तथा कभी गद्दी पर नहीं बैठा।
- इस समय मराठे मुगलों से जूझ रहे थे तथा राजाराम ने सुरक्षा की दृष्टि से रायगढ़ के स्थान पर दक्षिणी क्षेत्र में स्थित जिंजी (कर्नाटक) को अपनी राजधानी बनाया।
- मराठा क्षेत्र के एक बड़े क्षेत्र पर मुगलों का अधिकार हो गया था, जिससे विरुद्ध मराठों का स्वतन्त्रता संग्राम प्रारम्भ हुआ। इन में अनेक योग्य मराठा सरदारों ने मुगलों के विरुद्ध संघर्ष किया तथा मुगलों का इस क्षेत्र में रहना लगभग असम्भव बना दिया। ऐसे सरदारों में सन्ताजी घोरपड़े, प्रहलाद नीराजी, रघुनाथपन्त हनुमन्ते, धनाजी जाधव, त्रयम्बक राव मोरे आदि प्रमुख थे।

> प्रशासन में राजाराम ने एक नए पद प्रतिनिधि का सृजन किया, पहला प्रतिनिधि **प्रहलाद निराजी** था। साथ ही उसने सरदारों को जागिरें प्रदान कीं और सरदारों को अपनी सेनाएँ रखने की छूट भी दी। इससे भविष्य में मराठा सरदारों की स्वायत्त सत्ता तथा अन्ततः मराठा संघ निर्माण का मार्ग प्रशस्त हुआ। 1700 ई. में राजाराम की मृत्यु हो गई।
>
> **संरजामी प्रथा** को पुनः शुरू करने का कार्य राजाराम द्वारा किया गया था।

- राजाराम ने क्रमशः प्रतापगढ़, पन्हाला, जिंजी तथा सतारा में पलायन किया था।

शिवाजी द्वितीय तथा ताराबाई (1700-1707 ई.)

- राजाराम की मृत्यु के पश्चात् इनके अल्पवयस्क पुत्र शिवाजी द्वितीय को गद्दी पर बिठाया गया तथा राजाराम की पत्नी **ताराबाई** उसकी संरक्षिका बनी। ताराबाई के काल में मराठों का पुनः उत्थान हुआ और मराठों ने सतारा, रायगढ़, सिंहगढ़ आदि पर अधिकार कर लिया।
- ताराबाई का प्रभाव दक्षिण भारत में बढ़ता चला गया। 1700-1707 ई. का काल **मराठा स्वतन्त्रता संघर्ष** के नाम से जाना जाता है। इतिहासकार **खफी खाँ** ने ताराबाई की प्रशंसा की है।
- 1707 ई. में औरंगजेब की मृत्यु के बाद मुगल-मराठा सम्बन्धों में नए अध्याय की शुरुआत हुई।

शाहू (1707-1749 ई.)

- जुल्फिकार खाँ के कहने पर आजम ने शाहू को बन्दी जीवन (18 वर्ष) से मुक्त कर दिया।
- अतः अब शाहू ने गद्दी पर अपना दावा पेश किया, जिसके परिणामस्वरूप मराठों में उत्तराधिकार का संघर्ष छिड़ गया।
- नवम्बर, 1707 में शाहू ने **खेड़ा के युद्ध** में ताराबाई को पराजित कर दिया, तत्पश्चात् वह भागकर दक्षिण महाराष्ट्र चली गई, जहाँ पर कोल्हापुर में ताराबाई और उसके पुत्र का प्रभुत्व स्थापित हुआ, जबकि सतारा में शाहू का अधिकार हो गया।

> **शाहू का राज्याभिषेक** फरवरी, 1708 में सतारा में हुआ, जिसे उसने अपनी राजधानी बनाया था। दक्षिण में कोल्हापुर को आधार बनाकर ताराबाई शासन कर रही थी।

- 1714 ई. में राजाराम की दूसरी पत्नी **राजसबाई** ने ताराबाई तथा उसके पुत्र शिवाजी द्वितीय को कैद करके कोल्हापुर पर अधिकार कर लिया और अपने पुत्र शम्भाजी द्वितीय को मराठा छत्रपति कोल्हापुर में घोषित किया।
- अन्ततः मराठों का आपसी संघर्ष 1731 ई. में **वारना की सन्धि** से समाप्त हुआ, जब शाहू तथा राजाराम की दूसरी पत्नी राजसबाई से उत्पन्न पुत्र शम्भाजी द्वितीय के मध्य समझौता हुआ कि उत्तरी क्षेत्र में सतारा को राजधानी बनाकर शाहू तथा दक्षिणी क्षेत्र में कोल्हापुर को राजधानी बनाकर शम्भाजी द्वितीय शासन करेंगे।
- 1708 ई. में शाहू ने **बालाजी विश्वनाथ** को **सेनाकर्ते** (सैन्य व्यवस्थापक) पद पर आसीन किया तथा 1713 ई. में उसे पेशवा बना दिया।
- बालाजी विश्वनाथ के पेशवा बनने के बाद पेशवा पद धीरे-धीरे मराठा राजनीति का प्रमुख पद बन गया तथा छत्रपति प्रभावहीन होता गया।
- चूँकि शाहू के कोई पुत्र नहीं था, परिणामतः उसने ताराबाई द्वारा प्रस्तुत बच्चे को छत्रपति बनाया, किन्तु ताराबाई द्वारा घोषित शिवाजी द्वितीय का पुत्र राजाराम द्वितीय असली पुत्र नहीं था।
- पेशवा की दृष्टि में छत्रपति का महत्त्व समाप्त हो गया और छत्रपति सतारा में नाममात्र का शासक रह गया।

> **बालाजी बाजीराव** तथा **राजाराम द्वितीय** के मध्य **संगोला की सन्धि** (1750 ई.) से पेशवा मराठा संघ का वास्तविक प्रधान बन गया।

पेशवाओं के काल में मराठा शक्ति का उत्कर्ष

पेशवाओं के काल में मराठा शक्ति का उत्कर्ष निम्न प्रकार हुआ

बालाजी विश्वनाथ (1713-1720 ई.)

- कोंकण के चितपावन ब्राह्मण बालाजी विश्वनाथ ने अपना जीवन एक छोटे राजस्व अधिकारी के रूप में प्रारम्भ किया था। उसे मराठा साम्राज्य का **द्वितीय संस्थापक** माना जाता है।
- 1699 से 1708 ई. तक बालाजी विश्वनाथ धनाजी जाधव की सेवा में रहे। 1708 ई. में उसकी मृत्यु के बाद उसके पुत्र चन्द्रसेन जाधव के ताराबाई के पक्ष में मिल जाने पर बालाजी विश्वनाथ को शाहू की सेवा में आने का अवसर प्राप्त हुआ।

> बालाजी विश्वनाथ की सबसे महत्त्वपूर्ण उपलब्धि 1719 ई. में मुगल बादशाह की ओर से **सैयद हुसैन अली** द्वारा मराठों से की गई सन्धि थी। इस सन्धि के अनुसार, मुगल बादशाह **रफी-उद्-दरजात** ने शाहू को महाराष्ट्र और उसके द्वारा विजित प्रदेश का स्वामी मान लिया। दक्कन के मुगल सूबों तथा मैसूर, त्रिचनापल्ली व तंजौर में चौथ व सरदेशमुखी वसूल करने के अधिकार को मान्यता दी गई।

- इसके बदले में शाहू ने अवसर पड़ने पर मुगलों को 15,000 घुड़सवार सैनिकों की सहायता देने और मुगल बादशाह को प्रतिवर्ष ₹ 10 लाख देना स्वीकार किया।
- शाहू, कोल्हापुर में शम्भू द्वितीय को परेशान नहीं करेंगे तथा शाहू की माता एवं सगे सम्बन्धियों को रिहा किया जाएगा। कान्हाजी आंगड़े से बालाजी विश्वनाथ के अच्छे सम्बन्ध होने के कारण मराठों को स्थायित्व प्राप्त हुआ था। **रिचर्ड टेम्पल** ने इस सन्धि को **मराठों का मैग्नाकार्टा** कहा है। 2 अप्रैल, 1720 को बालाजी विश्वनाथ का देहान्त हो गया।

बाजीराव प्रथम (1720-1740 ई.)

- शाहू ने बालाजी विश्वनाथ की मृत्यु के बाद उसके पुत्र बाजीराव प्रथम को पेशवा नियुक्त किया। उसके अधीन मराठा शक्ति अपने चरमोत्कर्ष पर पहुँच गई। उसने हिन्दू जाति की कीर्ति को विस्तृत करने के लिए ही **हिन्दू पद पादशाही** के आदर्श को फैलाने का प्रयत्न किया।

> मुगल साम्राज्य के प्रति अपनी नीति की घोषणा करते हुए बाजीराव प्रथम ने कहा कि "हमें इस जर्जर वृक्ष के तने पर आक्रमण करना चाहिए, शाखाएँ तो स्वयं ही गिर जाएँगी।"

- **शकूर खेड़ा युद्ध** (1724 ई.) में निजाम-उल-मुल्क ने मुगल सूबेदार मुबारिज खाँ को परास्त किया था। इस युद्ध में बाजीराव ने इसकी सहायता की थी।बाजीराव ने 7 मार्च, 1728 को पालखेड़ के समीप निजाम को पराजित किया तथा उसने मुंगी शिवगाँव की सन्धि की।
- इस सन्धि के अनुसार, निजाम ने शाहू को चौथ तथा सरदेशमुखी देना, शम्भाजी को सहायता न देना, विजित प्रदेश लौटाना तथा बन्दी छोड़ देना स्वीकार किया।
- 1731 ई. में **वार्ना की सन्धि** द्वारा शम्भाजी द्वितीय ने शाहू की अधीनता स्वीकार कर ली। 1737 ई. में मुगल बादशाह ने निजाम को मराठों के विरुद्ध भेजा, परन्तु बाजीराव ने उसे भोपाल के पास युद्ध में पराजित किया।
- बाजीराव ने 1737 ई. में मुगल बादशाह मुहम्मद शाह रंगीला पर आक्रमण कर और उसे दिल्ली छोड़ने पर विवश कर दिया। इस प्रकार उसने गुजरात, मालवा तथा बुन्देलखण्ड में अपना प्रभुत्व स्थापित किया था।

> **भोपाल युद्ध** के परिणामस्वरूप 1738 ई. में **दुरई-सराय की सन्धि** हुई। इस सन्धि के अन्तर्गत निजाम ने सम्पूर्ण मालवा का प्रदेश तथा नर्मदा से चम्बल के क्षेत्र की पूर्ण सत्ता मराठों को सौंप दी। 1739 ई. में **बसीन की विजय** बाजीराव की महान सैन्य कुशलता एवं सूझ-बूझ का प्रतीक थी। इस युद्ध में बाजीराव ने पुर्तगालियों से सालसेट तथा बसीन छीन लिया। यूरोपीय शक्ति के विरुद्ध यह मराठों की महानतम विजय थी। वह शिवाजी के बाद गुरिल्ला युद्ध का सबसे बड़ा प्रतिपादक था।

- इसके काल में ही संघीय व्यवस्था की शुरुआत हुई थी। उसे लड़ाकू पेशवा के रूप में भी स्मरण किया जाता है।
- बाजीराव, **मस्तानी** नाम की मुस्लिम स्त्री से प्रेम सम्बन्ध के कारण भी चर्चित रहा। 28 अप्रैल, 1740 को नर्मदा नदी के किनारे उसकी मृत्यु हो गई।

> मराठा साम्राज्य के अन्तर्गत पेशवा पूना क्षेत्र में, भोंसले नागपुर क्षेत्र में, गायकवाड़ बड़ौदा क्षेत्र में, होल्कर इन्दौर क्षेत्र में, सिन्धिया ग्वालियर क्षेत्र में तथा पवार धार क्षेत्र में शासन करते थे।

बालाजी बाजीराव (1740-1761 ई.)

- पेशवा बाजीराव की मृत्यु के बाद उसका पुत्र बालाजी बाजीराव (नाना साहेब के नाम से प्रसिद्ध) गद्दी पर बैठा। बालाजी के समय में पेशवा का पद पैतृक बन गया था।
- 1750 ई. में हुई **संगोला सन्धि** के बाद पेशवा के हाथ में सभी अधिकार सुरक्षित हो गए। अब छत्रपति नाममात्र का राजा रह गया। मराठा संगठन का वास्तविक नेता पेशवा (वंशानुगत) बन गया तथा मराठा राजनीति का केन्द्र अब पूना हो गया।
- इसके शासनकाल में मराठा साम्राज्य का अधिकतम विस्तार हुआ। इसने मालवा तथा बुन्देलखण्ड पर अधिकार को कायम रखते हुए तंजौर को भी विजित किया तथा राजपूत क्षेत्रों से भी चौथ वसूलने लगा। इससे **हिन्दू पद पादशाही** धर्म का उल्लंघन किया।
- हैदराबाद के निजाम को एक युद्ध में पराजित कर बालाजी ने 1752 ई. में **झलकी की सन्धि** की, जिसके अन्तर्गत निजाम ने बरार का आधा भाग मराठों को दे दिया।
- अलीवर्दी खाँ को बंगाल पर किए गए आक्रमण के परिणामस्वरूप उड़ीसा त्यागना पड़ा और बंगाल तथा बिहार से चौथ के रूप में ₹12 लाख वार्षिक देना स्वीकार करना पड़ा।
- उसने 1757 ई. में **सिन्दरखेड़ के युद्ध** में तथा 1760 ई. में उदगीर के युद्ध में निजाम को पराजित किया था। इसने वजीर बनाने में इमाद-उल-मुल्क की सहायता भी की थी।

पानीपत का तृतीय युद्ध (1761 ई.)

- मराठों और अफगानिस्तान के शासक अहमदशाह अब्दाली के मध्य हुए इस युद्ध में **अहमदशाह अब्दाली** विजयी हुआ और मराठे पराजित हुए।
- इस युद्ध में **नजीबुद्दौला**, अवध के नवाब शुजाउद्दौला, रूहेला सरदार हाफिज रहमत खाँ और सादुल्ला खाँ ने अब्दाली का समर्थन किया। इस युद्ध का तत्कालिक कारण मराठों द्वारा उसके पंजाब के वायसराय तैमूर शाह के निष्कासन का बदला लेना था।
- जाटों (सूरजमल), राजपूतों एवं सिखों ने भी मराठों का साथ नहीं दिया तथा मल्हार राव होल्कर युद्ध से भाग गया।
- इस युद्ध का नेतृत्व पेशवा बालाजी बाजीराव का चचेरा भाई सदाशिव राव भाऊ एवं पेशवा का पुत्र विश्वास राव कर रहा था।
- इस युद्ध में मराठा तोपखाने का नेतृत्व **इब्राहिम गार्दी कर** रहा था। इस युद्ध में पराजय को बालाजी सहन नहीं कर सका और 1761 ई. में उसकी मृत्यु हो गई।

- **पेशवा** को पराजय की सूचना एक व्यापारी द्वारा कूट सन्देश के रूप में पहुँचाई गई, जिसमें कहा गया कि "दो मोती विलीन हो गए, बाइस सोने की मुहरें लुप्त हो गईं और चाँदी तथा ताँबे की तो पूरी गणना ही नहीं की जा सकती।"

> पानीपत का तृतीय युद्ध **काशीराज पण्डित** नामक इतिहासकार ने देखा था।

- इस युद्ध में मराठों की हार का प्रमुख कारण सदाशिव भाऊ का गलत व्यवहार, गुरिल्ला युद्ध के स्थान पर प्रत्यक्ष युद्ध, स्त्रियों को युद्ध में ले जाना तथा मराठों को किसी से सहायता प्राप्त न होना था।
- **पानीपत के तृतीय युद्ध** ने भारतीय राजनीति में एक निर्णायक मोड़ दिया। मराठों जो मुगलों के अवसान के दौर में सबसे प्रमुख भारतीय शक्ति बनकर उभरे थे, का पतन हो गया।, अब मराठे सर्वप्रमुख भारतीय शक्ति न रहकर एक शक्ति मात्र बनकर रह गए।
- मराठों से इस बात की अपेक्षा की गई थी कि वे मुगलों का स्थान ग्रहण करेंगे, लेकिन वे ऐसा करने में असफल हुए, क्योंकि मराठे भी अन्ततः उसी पतनशील आर्थिक, सामाजिक व्यवस्था का प्रतिनिधित्व कर रहे थे, जिसका प्रतिनिधित्व मुगल साम्राज्य कर रहे थे। इस प्रकार अंग्रेजों को भारत में साम्राज्य सुदृढ़ करने का समय मिल गया।

> मराठा साम्राज्य में कितना का अर्थ आपसी मनमुटाव का लाभ उठाकर किया गया समझौता था। हजूर दफ्तर पूना में पेशवा का सचिवालय था। मराठा साम्राज्य के अन्तर्गत व्यक्ति को उसकी सेवा के बदले (भूमि अनुदान) वेतन दिया जाता था।

माधवराव प्रथम (1761-1772 ई.)
यह 17 वर्ष की आयु में 1761 ई. में पेशवा बना। इसके समय में बादशाह शाहआलम को मराठे अपने संरक्षण में इलाहाबाद से दिल्ली ले गए। इसकी क्षय रोग से मृत्यु हुई।

नारायण राव (1772-1773 ई.)
माधवराव की मृत्यु के बाद उसका छोटा भाई नारायण राव पेशवा बना, किन्तु 1773 ई. में उसके चाचा रघुनाथ राव ने उसकी हत्या कर दी।

माधवराव नारायण (1774-1795 ई.)
नारायण राव के पश्चात् उसका पुत्र माधवराय नारायण पेशवा बना। नाना फड़नवीस के नेतृत्व में मराठा सरदारों में मराठा राज्य की देखभाल के लिए बारा भाई कौंसिल की नियुक्ति हुई?

बाजीराव द्वितीय (1796-1818 ई.)
यह रघुनाथ राव का पुत्र था। नाना फड़नवीस की मृत्यु के पश्चात्, जिन मराठा नेताओं के हाथों में शक्ति रही, उनमें **पेशवा बाजीराव द्वितीय, दौलतराव सिन्धिया** तथा **यशवन्त राव होल्कर** प्रमुख थे।

प्रमुख मराठा वंश तथा उनकी राजधानी

वंश	राजधानी	वंश	राजधानी
पेशवा	पुणे	गायकवाड़	बड़ौदा
सिन्धिया	ग्वालियर	छत्रपति	सतारा
भोंसले	नागपुर	होल्कर	इन्दौर

मराठों के पतन के कारण

- मराठों का आपसी विभाजन; जैसे—होल्कर, सिन्धिया, पेशवा।
- मराठों की राजनीतिक अदूरदर्शिता।
- पानीपत के तृतीय युद्ध का परिणाम।
- मराठों को दक्षिण के शक्तिशाली राज्यों से हमेशा जूझना पड़ा। अतः वे राष्ट्रीय शक्ति नहीं बन सके।
- योग्य मराठा पेशवाओं का अभाव।
- मराठों की आर्थिक दुर्बलता।
- युद्ध की परम्परागत पद्धति।
- अंग्रेजों का महत्त्वपूर्ण शक्ति के रूप में उदय।
- गुरिल्ला युद्ध के स्थान पर प्रत्यक्ष युद्ध को अपनाना।

प्रीलिम्स फैक्ट्स

- शिवाजी का जन्म कब हुआ तथा कब उन्होंने छत्रपति की उपाधि धारण की? *– क्रमश: –1627, 1674 ई. [UPPSC (Pre) 2015]*
- शिवाजी के गुरु का क्या नाम था? *– रामदास [MPPSC (Pre) 2016]*
- शिवाजी की राजधानी कहाँ थी? *– रायगढ़ [UPPSC (Pre) 1990]*
- वह कौन सेनानायक था, जिसे बीजापुर के सुल्तान ने 1659 ई. में शिवाजी को दबाने के लिए भेजा था? *– अफजल खाँ [UPPSC (Pre) 1999]*
- किस मुगल सेनानायक के साथ शिवाजी ने पुरन्दर की सन्धि (1665 ई.) पर हस्ताक्षर किए थे? *– जयसिंह [UPPSC (Mains) 2011]*
- शिवाजी मुगलों की कैद से भागने के समय किस नगर में कैद थे? *– आगरा [MPPSC (Pre) 2005]*
- शिवाजी ने मुगलों को किस युद्ध में पराजित किया था? *– सलहार [UPPSC (Mains) 2005]*
- शिवाजी के शासनकाल में विदेश मन्त्री को क्या कहा जाता था? *– सुमन्त [MPPSC (Pre) 2014]*
- शिवाजी के समय 'सरनोबत' का पद किससे सम्बन्धित था? *– सैन्य प्रशासन से [UPPSC (Pre) 2014]*
- सुरक्षा के लिए मराठों के राजस्व के दावों को किस नाम से जाना जाता था? *– चौथ [UPPSC (Pre) 2018]*
- सरंजामी प्रथा किससे सम्बन्धित थी? *– मराठा भू-राजस्व प्रथा से [UPPSC (Pre) 2008]*
- मोड़ी लिपि का प्रयोग किनके लेखों में मिलता है? *– मराठों के [IAS (Pre) 1995]*
- अहिल्याबाई, मुक्ताबाई, ताराबाई तथा रुक्मिणीबाई में से किसने 1700 ई. के आगे मुगल साम्राज्य के विरुद्ध संघर्ष का नेतृत्व किया? *– ताराबाई [UPPSC (Pre) 2008]*
- औरंगजेब की मृत्यु के समय मराठा नेतृत्व किसके हाथ में था? *– ताराबाई [UPPSC (Pre) 2012]*
- शम्भाजी के बाद मराठा शासन को किसने सरल एवं कारगर बनाया? *– बालाजी विश्वनाथ [IAS (Pre) 2000]*
- किसके समय में मराठा राजा नाचीज हो गया और पेशवा वास्तविक शासक बना? *– बालाजी बाजीराव [MPPSC (Mains) 2007]*
- किस एक इतिहासकार ने पानीपत की तीसरी लड़ाई को स्वयं अपनी आँखों से देखा था? *– काशीराज पण्डित [CGPSC (Pre) 2003]*
- पानीपत के तृतीय युद्ध में मराठों को किसने पराजित किया था? *– अफगानों ने [UPPSC (Mains) 2012]*
- गुलाम कादिर रुहेला, नजीब खान, अली मुहम्मद खाँ तथा हफीज रहमत खाँ में से कौन रुहेला सरदार अहमदशाह अब्दाली का विश्वासपात्र था? *– नजीब खान [UPPSC (Mains) 2006]*
- लार्ड वेलेजली की सहायक सन्धि स्वीकार करने वाला पहला मराठा सरदार कौन था? *– पेशवा बाजीराव द्वितीय [BPSC (Pre) 1996]*
- किस मराठा राजनेता ने 31 दिसम्बर, 1802 को बसई (बसीन) की सन्धि पर हस्ताक्षर किए थे *– बाजीराव द्वितीय [JPSC (Pre) 2008]*
- पेशवाई को कब समाप्त किया गया था? *– 1818 ई. में [UPPSC (Mains) 2017]*

सेल्फ चैक

1. शिवाजी का जन्म कब हुआ तथा इन्होंने छत्रपति की उपाधि कब धारण की? UPPSC (Pre) 2015
(a) क्रमशः 1626, 1675 ई.
(b) क्रमशः 1625, 1671 ई.
(c) क्रमशः 1627, 1661 ई.
(d) क्रमशः 1627, 1674 ई.

2. निम्नलिखित पेशवाओं के शासनकाल पर विचार कीजिए तथा उन्हें कालक्रमानुसार व्यवस्थित कीजिए UPPSC (Pre) 2023
1. बालाजी विश्वनाथ 2. बाजीराव
3. नारायण राव 4. माधव राव

नीचे दिए गए कूट के सही उत्तर चुनिए
(a) 1, 2, 4, 3 (b) 1, 3, 2, 4
(c) 2, 1, 4, 3 (d) 1, 2, 3, 4

3. 'उपारि' शब्द निम्नलिखित में से किस एक के सम्बन्ध में है?
(a) मुगल शासन के अधीन स्वामित्व अधिकार की एक श्रेणी
(b) मराठा शासन के अधीन काश्तकारी अधिकार की एक श्रेणी
(c) मराठा फौज में एक सैनिक
(d) मुगलकाल के एक गाँव का मुखिया

4. निम्नलिखित विचारकों में से किसने यह तर्क प्रस्तुत किया है कि सामान्यतः मराठा शासन ने और विशेषतः शिवाजी ने भारत में आद्य राष्ट्रवादी चेतना को विकसित किया है?
(a) पण्डिता रमाबाई
(b) एम. जी. रानाडे
(c) बिपिनचन्द्र पाल
(d) गोपाल कृष्ण गोखले

5. शिवाजी की सैन्य विदग्धता के बारे में निम्नलिखित कथनों पर विचार कीजिए
1. वे गुरिल्ला रणनीति और फुर्तीले घुड़सवार युद्ध में प्रवीण थे।
2. इन्होंने पश्चिमी दक्कन के पठारी पर्वतों पर किलाबन्द दुर्गों की शृंखला निर्मित की थी।

उपरोक्त कथनों में से कौन-सा/से कथन सही है/हैं?
(a) केवल 1
(b) केवल 2
(c) 1 और 2 दोनों
(d) न तो 1 और न ही 2

6. शिवाजी के 'अष्टप्रधान' में निम्नलिखित अधिकारी थे CGPSC (Pre) 2018
1. मजूमदार 2. दबीर
3. वाकियानवीस 4. सुरनवीस

कूट
(a) 1, 2 और 3
(b) 2, 3 और 4
(c) 1, 2 और 4
(d) 1, 2, 3 और 4

7. **कथन** (A) मुगल शासन के ह्रास के पश्चात् भारत में मराठे सर्वाधिक समर्थ देशीय शक्ति के रूप में उभरकर सामने आए।
कारण (R) संयुक्त भारत देश की स्पष्ट संकल्पना सर्वप्रथम मराठों ने ही की थी। IAS (Pre) 2003

कूट
(a) A और R दोनों सही हैं तथा R, A की सही व्याख्या है।
(b) A और R दोनों सही हैं, परन्तु R, A की सही व्याख्या नहीं है।
(c) A सही है, किन्तु R गलत है।
(d) A गलत है, किन्तु R सही है।

8. अजमेर में ख्वाजा मुइनुद्दीन चिश्ती की दरगाह पर नजर (भेंट) भेजने वाले प्रथम मराठा सरदार कौन थे?
(a) राजा शाहू (शिवाजी के पौत्र)
(b) पेशवा बालाजी विश्वनाथ
(c) पेशवा बालाजी राव
(d) नवाब अली बहादुर, पेशवा बालाजी राव प्रथम का पौत्र (मस्तानी नामक पत्नी से)

9. निम्नलिखित को सही कालानुक्रम में रखिए UPPSC (Mains) 2005
1. छत्रपति शाहू जी 2. राजाराम
3. शम्भाजी 4. शिवाजी द्वितीय

कूट
(a) 3, 2, 1, 4 (b) 3, 2, 4, 1
(c) 2, 3, 1, 4 (d) 1, 2, 3, 4

10. एक इतिहासकार ने पानीपत की तीसरी लड़ाई को स्वयं देखा, वह कौन था? CGPSC (Pre) 2003
(a) खफी खाँ
(b) काशीराज पण्डित
(c) दत्ताजी पिंगले
(d) हरचरण दास

11. निम्नलिखित में से कौन रूहेला सरदार अहमदशाह अब्दाली का विश्वासपात्र था? UPPSC (Mains) 2006
(a) गुलाम कादिर रूहेला
(b) नजीब खान
(c) अली मुहम्मद खाँ
(d) हफीज रहमत खाँ

12. निम्नलिखित को उनके शासन के क्रम में व्यवस्थित कीजिए UPPSC (Mains) 2004
1. बाजीराव प्रथम
2. बालाजी बाजीराव
3. बालाजी विश्वनाथ
4. माधवराव प्रथम

कूट
(a) 4, 3, 1, 2 (b) 1, 2, 3, 4
(c) 3, 1, 2, 4 (d) 2, 1, 4, 3

13. **कथन** (A) 1750 ई. तक मराठा साम्राज्य पेशवा की अध्यक्षता में एक परिसंघ बन गया था।
कारण (R) शाहू के उत्तराधिकारी पेशवा की इच्छा पर निर्भर थे।
UPPSC (Pre) 1997

कूट
(a) A और R दोनों सही हैं तथा R, A की सही व्याख्या करता है।
(b) A और R दोनों सही हैं, परन्तु R, A की सही व्याख्या नहीं करता है।
(c) A सही है, किन्तु R गलत है।
(d) A गलत है, किन्तु R सही है।

14. **कथन** (A) राज्य के मामले में शिवाजी एक मन्त्रिपरिषद् से परामर्श लेते थे।
कारण (R) प्रत्येक मन्त्री अपने विभाग का स्वतन्त्र प्रभार रखता था।
UPPSC (Pre) 1997

कूट
(a) A और R दोनों सही हैं तथा R, A की सही व्याख्या करता है।
(b) A और R दोनों सही हैं, परन्तु R, A की सही व्याख्या नहीं करता है।
(c) A सही है, किन्तु R गलत है।
(d) A गलत है, किन्तु R सही है।

15. छत्रपति शिवाजी से सम्बन्धित निम्नलिखित घटनाओं को कालक्रमानुसार व्यवस्थित कीजिए तथा नीचे दिए गए कूट से सही उत्तर का चयन कीजिए
1. चाकन के किले पर विजय
2. अफजल खाँ का प्रकरण
3. मुगलों से मतभेद का प्रारम्भ
4. सूरत पर आक्रमण तथा लूटना

कूट
(a) 1, 3, 2, 4
(b) 1, 2, 3, 4
(c) 2, 4, 3, 1
(d) 2, 3, 1, 4

16. निम्नलिखित में से कौन-सा एक यान्दाबू की सन्धि (1826 ई.), सालबाई की सन्धि (1782 ई.) तथा गण्डमक की सन्धि (1879 ई.) में सर्वनिष्ठ है?
(a) इन सन्धियों द्वारा विभिन्न भारतीय शक्तियों ने ब्रिटिश को हराने के लिए गठजोड़ बनाए
(b) इन सन्धियों ने दक्षिण एशियाई शक्तियों को नियन्त्रित करने में ब्रिटिश को समर्थन किया
(c) इन सन्धियों ने विदेश में भारतीय संस्कृति के प्रसार को आगे बढ़ाया
(d) इन सन्धियों ने दक्षिण एशिया में व्यापार को संवर्द्धित करने में बढ़ावा दिया

17. मराठों और ब्रिटिशों के बीच निम्नलिखित सन्धि/कन्वेंशनों को कालक्रमानुसार (सबसे पहले से शुरुआत करते हुए) व्यवस्थित कीजिए
1. सालबाई की सन्धि
2. पुरन्दर की सन्धि
3. बडगाँव की सन्धि
4. सूरत की सन्धि

कूट
(a) 4, 2, 3, 1
(b) 4, 3, 2, 1
(c) 1, 3, 2, 4
(d) 1, 2, 3, 4

जानें सही उत्तर

1. (d)	**2.** (a)	**3.** (b)	**4.** (b)	**5.** (c)	**6.** (d)	**7.** (c)	**8.** (a)	**9.** (b)	**10.** (b)
11. (b)	**12.** (c)	**13.** (a)	**14.** (c)	**15.** (a)	**16.** (b)	**17.** (a)			

• अध्याय बाईस

उत्तर मुगलकाल

"

औरंगजेब की मृत्यु के पश्चात् मुगल साम्राज्य का विघटन तेजी से प्रारम्भ हुआ। इसके परिणामस्वरूप अनेक उत्तराधिकारी शक्तियों का उदय देखने को मिलता है और वास्तविक शक्तियाँ मुगल शासकों के हाथों से निकलकर ब्रिटिशों के हाथों में एकत्रित होने लगीं।

परिचय

- मार्च, 1707 में **औरंगजेब** की मृत्यु के बाद भारतीय इतिहास में एक नवीन युग का आरम्भ हुआ, जिसे उत्तर मुगलकाल के नाम से जाना जाता है। यह काल मुगल साम्राज्य के पतन का काल था। भारत में देशी और विदेशी शक्तियों ने अनेक छोटे-बड़े राज्य स्थापित किए।
- औरंगजेब की मृत्यु के पश्चात् उसके तीनों पुत्रों **मुअज्जम**, **मुहम्मद आजम** तथा **मुहम्मद कामबख्श** के मध्य उत्तराधिकार का युद्ध हुआ, जिसमें मुअज्जम (बहादुशाह प्रथम) विजयी हुआ। औरंगजेब की मृत्यु के समय मुअज्जम काबुल, आजम गुजरात और कामबख्श बीजापुर का सूबेदार था।
- जाजऊ में जून, 1707 में लड़े गए युद्ध में मुअज्जम ने आजम को परास्त कर मुगल सिंहासन पर अधिकार कर लिया तथा **बहादुरशाह प्रथम** की उपाधि के साथ दिल्ली की गद्दी पर बैठा। बहादुरशाह (मुअज्जम) ने अपने तीसरे भाई कामबख्श को 1709 ई. में बीजापुर के निकट पराजित किया।

उत्तर मुगलकाल

↓

बहादुशाह प्रथम (1707-1712 ई.)

↓

जहाँदारशाह (1712-1713 ई.)

↓

फर्रूखसियर (1713-1719 ई.)

↓

मुहम्मदशाह (1719-1748 ई.)

↓

अहमदशाह बहादुर (1748-1754 ई.)

↓

आलमगीर द्वितीय (1754-1759 ई.)

↓

शाहआलम द्वितीय (1759-1806 ई.)

↓

अकबर द्वितीय (1806-1837 ई.)

↓

बहादुरशाह द्वितीय (1837-1857 ई.)

उत्तर मुगलकाल के शासक

उत्तर मुगलकाल के शासक निम्न हैं

बहादुरशाह प्रथम या मुअज्जम (1707-1712 ई.)

- शासक बनने के उपरान्त बहादुरशाह प्रथम ने **मेल-मिलाप की नीति** अपनाई। उसने शिवाजी के पौत्र साहू को, जो 1689 ई. से मुगलों के पास कैद था, मुक्त कर दिया और महाराष्ट्र जाने की अनुमति दे दी। **गुरु गोविन्द सिंह** (सिखों के 10वें गुरु) को उसने 5000 का मनसब प्रदान किया।
- गुरु गोविन्द सिंह की मृत्यु के पश्चात एक सिख नेता **बन्दाबहादुर** के नेतृत्व में सिखों ने पंजाब में बगावत कर दी। अत: बहादुरशाह ने सिखों के विरुद्ध कार्यवाही करने का निर्णय लिया तथा 1711 ई. में बन्दाबहादुर को लौहगढ़ के किले में पराजित किया।
- यद्यपि बन्दाबहादुर ने पुन: 1712 ई. में लौहगढ़ के किले पर अधिकार कर लिया। इसी युद्ध में बहादुरशाह प्रथम की मृत्यु हो गई थी। बहादुरशाह द्वारा अन्धाधुन्ध जागीर एवं पदोन्नति देने के कारण राजकीय खजाना खाली हो गया।

> इतिहासकार **खफी खाँ** के अनुसार, बहादुरशाह प्रथम के चरित्र में कोई दोष नहीं था, लेकिन देश के प्रशासन एवं सुरक्षा में उसने इतनी लापरवाही दिखाई कि यह **शाह-ए-बेखबर** नाम से जाना जाने लगा।

- बहादुरशाह की मृत्यु के पश्चात् उसके चार पुत्रों (जहाँदारशाह, अजीम-उस-शान, जहाँशाह तथा रफी-उस-शान) के बीच उत्तराधिकार की लड़ाई प्रारम्भ हुई।
- राज सिंहासन के दावेदार इतनी अधिक शीघ्रता में थे कि बादशाह के ज्येष्ठ पुत्र जहाँदारशाह के पक्ष में उत्तराधिकार के युद्ध के समापन तक मृत बादशाह बहादुरशाह का शव लगभग एक महीने तक बिना दफनाए हुए पड़ा रहा और उत्तराधिकार युद्ध के समापन के बाद ही उसे दिल्ली में दफनाया जा सका।

जहाँदारशाह (1712-1713 ई.)

- उत्तराधिकार के युद्ध में अपने तीनों भाइयों को पराजित कर 1712 ई. में जहाँदारशाह (बहादुरशाह प्रथम) गद्दी पर बैठा।
- जहाँदारशाह ने गद्दी प्राप्त करने में तत्कालीन शक्तिशाली अमीर और ईरानी दल के नेता **जुल्फिकार खाँ** की सहायता ली थी। अत: कालान्तर में उसे वजीर तथा उसके पिता **असद खाँ** को वकील नियुक्त किया गया।
- जहाँदारशाह ने आमेर के राजा जयसिंह को **मिर्जा** की उपाधि के साथ मालवा का सूबेदार बनाया तथा मारवाड़ के अजीत सिंह को महाराजा की पदवी दी गई और गुजरात का सूबेदार बनाया गया।

> मराठा शासक को दक्कन की **चौथ** और **सरदेशमुखी** इस शर्त पर दे दी गई कि उसकी वसूली मुगल अधिकारी करेंगे और उसके पश्चात् मराठा अधिकारियों को दे देंगे।

- इसने जजिया कर समाप्त कर दिया था। जागीरों और ओहदों की वृद्धि पर रोक लगाकर जुल्फिकार खाँ ने साम्राज्य की वित्तीय स्थिति को सुधारने की कोशिश की, परन्तु उसने एक गलत प्रवृत्ति इजारा (भू-राजस्व की वसूली को ठेके पर दिए जाने की प्रथा) को बढ़ावा दिया।
- अजीम-उस-शान के पुत्र फर्रूखसियर (जहाँदारशाह का भतीजा) ने हिन्दुस्तानी गुट के अमीर **सैयद बन्धुओं** के सहयोग से जहाँदारशाह को सिंहासन से अपदस्थ कर 11 फरवरी, 1713 को उसकी हत्या करवा दी।
- जहाँदारशाह को लोग **लम्पट मूर्ख** भी कहते थे।

फर्रूखसियर (1713-1719 ई.)

- फर्रूखसियर को मुगल बादशाह की गद्दी सैयद बन्धुओं **अब्दुल्ला खाँ** और **हुसैन अली खाँ** के सहयोग से मिली। सैयद बन्धुओं ने फर्रूखसियर के गद्दी पर बैठते ही जजिया कर समाप्त कर दिया तथा तीर्थयात्रा कर की समाप्ति का आदेश भी पारित किया।
- अब्दुल्ला खाँ को वजीर का पद एवं कुतुब-उल-मुल्क की उपाधि तथा हुसैन अली को मीर बख्शी का पद तथा अमीर-उल-उमरा की उपाधि प्रदान की गई।
- फर्रूखसियर के शासनकाल में ही सिख नेता **बन्दाबहादुर** गुरुदासपुर में पकड़ा गया और 19 जून, 1716 को उसकी हत्या कर दी गई।
- उसने 1717 ई. में ईस्ट इण्डिया कम्पनी को व्यापारिक छूट प्रदान की। इसे कम्पनी का मैग्नाकार्टा कहा जाता है। सैयद बन्धुओं ने मराठा शासक शाहू को स्वराज्य तथा दक्कन के प्रान्तों की चौथ और सरदेशमुखी वसूल करने के अधिकार देकर उसके साथ समझौता कर लिया।
- इसके बदले में शाहू उन्हें 15,000 घुड़सवारों के द्वारा दक्कन में समर्थन देने को तैयार हो गया। फर्रूखसियर ने जयसिंह को **सवाई** की उपाधि दी।
- 1719 ई. में सैयद बन्धुओं में हुसैन अली खाँ ने तत्कालीन मराठा पेशवा बालाजी विश्वनाथ से **दिल्ली की सन्धि** की, जिसके अन्तर्गत मुगल साम्राज्य में प्रभुसत्ता के लिए हो रहे संघर्ष में मराठे मुगलों को सैन्य सहायता देंगे, जिसके लिए उन्हें अनेक रियायतें (छूट) दी जाएँगी।

> सैयद बन्धुओं के बढ़ते हस्तक्षेप से डरकर **फर्रूखसियर** इनके विरुद्ध षड्यन्त्र करने लगा, जिसकी जानकारी सैयद बन्धुओं को हो गई। अत: उन्होंने पेशवा **बालाजी विश्वनाथ** तथा मारवाड़ के अजीत सिंह के सहयोग से जून, 1719 में फर्रूखसियर को सिंहासन से अपदस्थ कर उसकी हत्या करवा दी।

- फर्रूखसियर की हत्या और मुहम्मदशाह के बादशाह बनने से पूर्व सैयद बन्धुओं ने रफी-उद्-दरजात (28 फरवरी, 1719 से 4 जून, 1719) तथा रफी-उद्-दौला (6 जून, 1719 से 17 सितम्बर, 1719) को मुगल बादशाह बनाया, किन्तु शीघ्र ही दोनों की मृत्यु हो गई।
- इसके उपरान्तत रफीउद्दौला (शाहजहाँ द्वितीय) का पुत्र **रौशन अख्तर** (मुहम्मदशाह) बादशाह बना। उत्तर मुगलकाल में अमीरों के विभिन्न गुटों की शासन निर्माता के रूप में महत्त्वपूर्ण भूमिका थी।

- सैयद बन्धु (अब्दुल्ला खाँ एवं हुसैन अली खाँ) हिन्दुस्तानी गुट के अमीर थे, जिन्हें उत्तर मुगलकाल में **शासक निर्माता** (किंग मेकर) की उपाधि प्राप्त थी। ये मूलतः अरब के निवासी थे, परन्तु पीढ़ियों से भारत में बसे होने के कारण हिन्दुस्तानी माने जाते थे। इन्होंने फर्रूखसियर, रफी-उद्-दरजात, रफी-उद्-दौला, मुहम्मदशाह आदि को शासक बनाया था।

मुगल दरबार के विभिन्न गुट

- **तूरानी गुट** मध्य एशिया के सुन्नी मुसलमानों से सम्बन्धित था। सैयद बन्धुओं के पश्चात् मुगल दरबार में इनकी उपस्थिति देखी गई। निजाम-उल-मुल्क, अमीन खाँ और जकारिया खाँ आदि इस गुट से सम्बन्धित थे।
- **ईरानी गुट** शिया मुसलमान थे। जुल्फिकार खाँ, सआदत खाँ, अमीर खाँ, इस्हाक खाँ आदि इस गुट से सम्बन्धित थे।
- **अफगानी गुट** अली मुहम्मद खाँ एवं मुहम्मद बेगस अफगानी गुट से सम्बन्धित थे।

मुहम्मदशाह (1719–1748 ई.)

- रौशन अख्तर सैयद बन्धुओं के सहयोग से सितम्बर, 1719 को मुहम्मदशाह की उपाधि के साथ मुगल राजसिंहासन पर बैठा। अत्यधिक विलासितापूर्ण जीवन व्यतीत करने के कारण इसे **रंगीला** कहा गया।
- इसके काल में सैयद बन्धुओं का अन्त तूरानी दल के नेता **चिनकिलिच खाँ** ने किया। अतः मुहम्मदशाह ने चिनकिलिच खाँ को अपना वजीर नियुक्त किया।
- 1724 ई. में चिनकिलिच खाँ, निजामुलमुल्क ने दक्कन में स्वतन्त्र हैदराबाद राज्य की स्थापना की तथा मुहम्मदशाह ने उसकी स्वतन्त्रता को मान्यता देते हुए उसे **आसफजाह की उपाधि** प्रदान की। इसी के काल में मुर्शिद कुली खाँ ने बंगाल तथा चूड़ामन व बदन सिंह ने भरतपुर तथा सआदत खाँ ने अवध में अपनी स्वतन्त्र सत्ता की स्थापना की थी।
- इसके शासनकाल में मराठों ने 1737 ई. में दिल्ली पर चढ़ाई कर दी और उनका किसी ने प्रतिरोध नहीं किया। 1738 ई. में मुगल-मराठा सन्धि सिरौज में हुई, जिसके अन्तर्गत ₹ 50 लाख की आर्थिक सहायता के बदले शासक ने नर्मदा तक मराठा अधिकार को मान्यता दे दी।

नादिरशाह का आक्रमण (1739 ई.)

- मुहम्मदशाह के शासनकाल में फारस के नादिरशाह (ईरान का नेपोलियन) ने 1738-39 ई. के बीच भारत पर आक्रमण किया, जिसमें मुगल सेना बुरी तरह पराजित हुई। 57 दिनों तक दिल्ली में लूटपाट करने के बाद 1739 ई. में वह वापस चला गया।
- वापस लौटते वक्त वह मुगल राजसिंहासन **तख्त-ए-ताऊस**, **कोहिनूर हीरा** तथा मुहम्मदशाह द्वारा तैयार करवाई गई हिन्दू संगीत की प्रसिद्ध चित्रित **फारसी पाण्डुलिपि** को भी अपने साथ ले गया। 1747 ई. में उसकी मृत्यु हो गई।

अहमदशाह अब्दाली के आक्रमण (1748–1767 ई.)

- मुहम्मदशाह के शासनकाल में ही नादिरशाह के उत्तराधिकारी अहमदशाह अब्दाली ने 1748 ई. में भारत पर आक्रमण किया। अहमदशाह अब्दाली को **दुर्रे-दुर्रानी** (युग का मोती) कहा गया। नादिरशाह ने उसके बारे में कहा था कि "अब्दाली जैसे चरित्र का व्यक्ति सारे ईरान, तूरान और हिन्दुस्तान में नहीं देखा।"
- 1748–1767 ई. के दौरान उसने भारत पर सात बार आक्रमण किया। अब्दाली ने 1761 ई. में पानीपत की तीसरी लड़ाई में मराठों की सेना को पराजित किया।
- अहमदशाह का इस युद्ध में भाग लेने का तत्कालीन कारण मराठों द्वारा लाहौर से अपने वायसराय **तैमूर शाह** के निष्कासन का बदला लेना था। 1767 ई. में अब्दाली का अन्तिम आक्रमण सिखों के विरुद्ध हुआ।
- भारत से वापस जाने से पूर्व इसने स्वयं द्वारा विजित भारतीय प्रदेशों की सूबेदारी रूहेला सरदार नजीबुद्दौला (मुगल साम्राज्य का मीर बख्शी) को सौंप दी।

अहमदशाह बहादुर (1748–1754 ई.)

- 26 अप्रैल, 1748 को मुहम्मदशाह की मृत्यु के बाद अहदमशाह दिल्ली के सिंहासन पर बैठा। इसके काल में अहमदशाह अब्दाली ने भारत पर कुल पाँच बार आक्रमण किए।
- इसके शासनकाल में राजकीय कामकाज का नेतृत्व राजमाता उधमबाई (उपाधि किबला-ए-आलम) कर रही थी। अहमदशाह ने हिजड़ों (किन्नरों) के सरदार जावेद खाँ को **नवाब बहादुर** की उपाधि प्रदान की।
- उसने सफदरजंग को अपना वजीर तथा कमरूद्दीन के पुत्र मुइन-उल-मुल्क को पंजाब का सूबेदार बनाया। सफदरजंग ने जब जावेद खाँ की हत्या करवा दी, तब अहमदशाह ने इमाद-उल-मुल्क (गाजीउद्दीन) को वजीर बनाया।

गाजीउद्दीन इमाद-उल-मुल्क ने मराठों के सहयोग से अहमदशाह को अपदस्थ कर उसकी आँखें निकलवाकर सलीमगढ़ की जेल में डाल दिया तथा अजीजुद्दीन को आलमगीर द्वितीय की उपाधि के साथ मुगल बादशाह बनाया।

आलमगीर द्वितीय (1754–1759 ई.)

- आलमगीर द्वितीय अपने वजीर इमाद-उल-मुल्क का कठपुतली शासक था। इसका वास्तविक नाम **अजीजुद्दीन** था।
- आलमगीर द्वितीय ने गाजीउद्दीन इमाद-उल-मुल्क के विरुद्ध षड्यन्त्र करना शुरू कर दिया, किन्तु षड्यन्त्र का भेद खुल जाने पर गाजीउद्दीन ने उसे सत्ताच्युत कर उसकी हत्या करवा दी।

प्लासी के युद्ध (1757) के समय आलमगीर द्वितीय दिल्ली का शासक था। आलमगीर द्वितीय के बाद **शाहआलम द्वितीय** मुगल बादशाह बनाया गया।

शाहआलम द्वितीय (1759–1806 ई.)

- शाहआलम द्वितीय का नाम **अलीगौहर** था। यह आलमगीर द्वितीय का पुत्र था। इसने बिहार में शाहआलम द्वितीय के नाम से स्वयं को मुगल बादशाह घोषित किया। यद्यपि वह वर्षों तक दिल्ली नहीं आ सका।
- शाहआलम द्वितीय और उसके उत्तराधिकारी केवल नाममात्र के सम्राट थे तथा अपने अमीर मराठों अथवा अंग्रेजों के हाथों की कठपुतलियाँ थे।
- इसके समय में पानीपत का तृतीय युद्ध (1761 ई. में) तथा बक्सर का युद्ध (1764 ई. में) हुआ। बक्सर के युद्ध में इसने बंगाल के अपदस्थ नवाब **मीरकासिम** का साथ दिया। इसी युद्ध में कासिम की ओर से अवध के नवाब **शुजाउद्दौला** ने भी हिस्सा लिया था।

> बक्सर के युद्ध में पराजित होने के बाद शाहआलम द्वितीय को 1765 ई. में ईस्ट इण्डिया कम्पनी से **इलाहाबाद की सन्धि** करनी पड़ी, जिसके बाद उसे अनेक वर्षों तक इलाहाबाद में अंग्रेजों का पेंशनभोगी बनकर रहना पड़ा।

- 1772 ई. में मराठा सरदार **महादजी सिन्धिया** ने शाहआलम द्वितीय को पुनः दिल्ली के सिंहासन पर बैठाया।
- उसके समय में ही 1803 ई. में अंग्रेजों ने दिल्ली पर अधिकार कर लिया। रुहेला सरदार **गुलाम कादिर** ने शाहआलम द्वितीय को अन्धा बना दिया था तथा 1806 ई. में शाहआलम द्वितीय की हत्या कर दी गई।

अकबर द्वितीय (1806–1837 ई.)

- शाहआलम द्वितीय की मृत्यु के बाद उसका पुत्र अकबर द्वितीय मुगल बादशाह बना। यह भी अंग्रेजों का पेंशनभोगी बना रहा। अकबर द्वितीय अंग्रेजों के संरक्षण में बनने वाला प्रथम मुगल बादशाह था, इसके समय में बादशाहत मात्र लाल किले तक सिमट कर रह गई।
- अकबर द्वितीय ने **राममोहन राय** को राजा की उपाधि दी तथा उन्हें अपनी पैरवी के लिए इंग्लैण्ड भेजा था। 1837 ई. इंग्लैंड में उसकी मृत्यु हो गई।

बहादुरशाह द्वितीय (1837–1857 ई.)

- 1837 ई. में अकबर द्वितीय की मृत्यु के बाद बहादुरशाह द्वितीय अन्तिम मुगल बादशाह बना। बहादुरशाह द्वितीय **जफर** के नाम से कविता तथ शायरी लिखते थे, इसलिए वे बहादुरशाह जफर के नाम से प्रसिद्ध थे।
- 1857 ई. के विद्राह में विद्रोहियों का साथ देने के कारण अंग्रेज सरकार ने इन्हें गिरफ्तार कर रंगून निर्वासित कर दिया, जहाँ 1862 ई. में इनकी मृत्यु हो गई।
- यह मुगल साम्राज्य का अन्तिम शासक था। इसकी मृत्यु के पश्चात् भारत में मुगल साम्राज्य का अन्त (समाप्त) हो गया।

प्रीलिम्स फैक्ट्स

- औरंगजेब की मृत्यु 1707 ई. में होने के बाद किस मुगल शासक ने सत्ता सम्भाली? ***– बहादुरशाह प्रथम [UPPSC (Mains) 2012]***
- मुगल सम्राट जहाँदारशाह के शासन के समय से पूर्व अन्त कैसे हुआ? ***–एक युद्ध में अपने भतीजे फर्रूखशियर द्वारा पराजित होने के बाद [IAS (Pre) 2003]***
- किस मुगल बादशाह ने अंग्रेजों को उनके व्यापार में सहायता करने के लिए एक महत्त्वपूर्ण आदेश दिया? ***– फर्रूखशियर [BPSC (Pre) 2002]***
- किस मुगल सम्राट ने अंग्रेजों का बंगाल में शुल्क मुक्त व्यापार की सुविधा प्रदान की थी? ***– फर्रूखशियर [UPPSC (Pre) 2010]***
- किस मुगल बादशाह को रंगीला के नाम से जाना जाता है? ***– मुहम्मदशाह [MPPSC (Pre) 2014]***
- उत्तर मुगलकाल में किस शासक के शासनकाल में हिजड़ों एवं महिलाओं में एक वर्ग का प्रमुख था? ***– मुहम्मदशाह [UPPSC (Mains) 2004]***
- मयूर सिंहासन पर बैठने वाला अन्तिम मुगल सम्राट कौन था? ***– मुहम्मदशाह [BPPSC (Pre) 1995]***
- सम्राट शाहआलम द्वितीय ने ईस्ट इण्डिया कम्पनी को बंगाल, बिहार तथा ओडिशा की दीवानी कब प्रदान की? ***– 12 अगस्त, 1765 [BPSC (Pre) 2008]***
- किस मुगल बादशाह को वजीर गाजीउद्ददीन ने दिल्ली में दाखिल नहीं होने दिया था? ***– शाहआलम द्वितीय [BPSC (Pre) 2001]***
- भारत का अन्तिम मुगल सम्राट कौन था? ***– बहादुरशाह जफर [MPPSC (Pre) 2000]***
- अन्तिम मुगल सम्राट बहादुशाह था। इसके पिता का नाम क्या था? ***– अकबरशाह द्वितीय [UPPSC (Pre) 2005]***
- अवध का प्रथम नवाब कौन था? ***– सआदत अली खाँ [UPPSC (Mains) 2008]***
- हैदराबाद के स्वतन्त्र राज्य का संस्थापक कौन था? ***– चिनकिलिच खाँ [UPPSC (Mains) 2011]***
- 1733 ई. में जिज मुहम्मदशाही पुस्तक जो नक्षत्रों सम्बन्धी ज्ञान से सम्बन्धित है, के लेखक कौन हैं? ***– जयपुर के संवाई जयसिंह [RAS/RTS (Pre) 2007]***
- महाराजा जयसिंह द्वितीय ने वेधशालाएँ कहाँ बनवाई थीं? ***– दिल्ली, जयपुर, मथुरा, उज्जैन तथा वाराणसी में [UPPSC (Mains) 2007]***
- मुहम्मदशाह, जहाँदारशाह, आलमगीर द्वितीय तथा अहमदशाह का सही कालक्रम क्या है? ***– जहाँदारशाह (1712-13 ई.), मुहम्मदशाह (1719-48 ई.), अहमदशाह (1748-54 ई.), आलमगीर द्वितीय (1754-58 ई.) [UPPSC (Pre) 2018]***
- जहाँगीर, मुहम्मदशाह, अहमदशाह अब्दाली तथा बहादुरशाह का सही कालक्रम है ***– जहाँगीर (1605-27 ई.), मुहम्मदशाह (1719-48 ई.), अहमदशाह अब्दाली (1748-67 ई.), बहादुरशाह (1837-57 ई.) [UPPSC (Pre) 2001]***

सेल्फ चैक

1. उत्तरकालीन मुगलकाल के सैयद बन्धुओं के बारे में निम्नलिखित में से कौन-सा कथन सत्य नहीं है?
(a) वे जहाँदारशाह को सत्ता में लाए
(b) उन्होंने प्रशासन शक्ति को नियन्त्रित किया
(c) उन्होंने सहिष्णुता की धार्मिक नीति अपनाई
(d) उन्होंने राजा शाहू के साथ एक समझौता किया

2. मुगल सम्राट जहाँदारशाह के शासन का समय से पूर्व अन्त कैसे हुआ? IAS (Pre) 2003
(a) उनके वजीर ने उन्हें गद्दी से उतार दिया
(b) सीढ़ी से उतरते समय फिसलने के कारण उनकी मृत्यु हो गई
(c) एक युद्ध में वे अपने भतीजे द्वारा पराजित हुए
(d) मदिरा के अत्यधिक सेवन के फलस्वरूप रोग के कारणवश उनकी मृत्यु हुई

3. मध्यकालीन गुजरात के इनमें से किस एक शासक ने दियु को पुर्तगालियों के सुपुर्द कर दिया? UPPSC (Pre) 2023
(a) अहमदशाह (b) महमूद बेगढ़ा
(c) बहादुरशाह (d) मुहम्मदशाह

4. निम्नलिखित में से किस मुगल बादशाह ने अंग्रेजों को उनके व्यापार में सहायता करने के लिए एक महत्त्वपूर्ण फरमान दिया? BPSC (Pre) 2002
(a) बहादुरशाह प्रथम (b) फर्रूखसियर
(c) शाहआलम द्वितीय (d) बहादुरशाह द्वितीय

5. निम्नलिखित में से कौन एक मुगल सम्राट द्वारा नियुक्त बंगाल का अन्तिम गवर्नर था? UPPSC (Mains) 2013
(a) सरफराज खाँ (b) मुर्शिद कुली खाँ
(c) अलीवर्दी खाँ (d) शुजाउद्दीन मुहम्मद खाँ

6. **कथन I** जहाँदारशाह के शासनकाल का शीघ्र ही जनवरी, 1713 में समापन हो गया।
कथन II उसके भतीजे फर्रूखसियर ने उसे आगरा में हराया।
कूट
(a) दोनों कथन व्यष्टित: सत्य है तथा कथन II, कथन I का सही स्पष्टीकरण है।
(b) दोनों कथन सत्य है, परन्तु कथन II, कथन I का सही स्पष्टीकरण नहीं है।
(c) कथन I सत्य है, किन्तु कथन II असत्य है।
(d) कथन I असत्य है, किन्तु कथन II सत्य है।

7. निम्न में से किसके शासन में हिजड़ों तथा महिलाओं के एक वर्ग का प्रभुत्व था? UPPSC (Mains) 2004
(a) मुहम्मदशाह (1719-1748)
(b) अहमदशाह (1748-1754)
(c) आलमगीर (1754-1759)
(d) शाहआलम द्वितीय (1759-1806)

8. संगीत की टप्पा शैली निम्नलिखित में से किस मुगल सम्राट के दरबार में परिष्कृत एवं विकसित हुई? UPPSC (Pre) 2023
(a) अकबर (b) शाहजहाँ
(c) मुहम्मद शाह (d) जहाँगीर

9. सम्राट शाहआलम द्वितीय ने ईस्ट इण्डिया कम्पनी को बंगाल, बिहार तथा ओडिशा की दीवानी प्रदान की UPPSC (Pre) 2004, BPSC (Pre) 2008
(a) 12 अगस्त, 1765 (b) 18 अगस्त, 1765
(c) 29 अगस्त, 1765 (d) 21 अगस्त, 1765.

10. **कथन** (A) शाहआलम द्वितीय ने साम्राज्य में प्रारम्भिक वर्ष अपनी राजधानी से दूर व्यतीत किए।
कारण (R) उत्तर-पश्चिम सीमान्त से विदेशी आक्रमण का भय लगा रहता था। IAS (Pre) 2003
कूट
(a) A और R दोनों सही हैं तथा R, A की सही व्याख्या है।
(b) A और R दोनों सही हैं, परन्तु R, A की सही व्याख्या नहीं है।
(c) A सही है, किन्तु R सही है।
(d) A गलत है, किन्तु R सही है।

11. भारतीय इतिहास के सन्दर्भ में निम्नलिखित कथनों में से कौन-सा/से कथन सही है/हैं? IAS (Pre) 2021
1. हैदराबाद राज्य से आरकोट की निजामत का उदय हुआ।
2. विजयनगर साम्राज्य से मैसूर राज्य का उदय हुआ।
3. रूहेलखण्ड राज्य का गठन अहमदशाह दुर्रानी द्वारा अधिकृत राज्य क्षेत्र में हुआ।
कूट
(a) 1 और 2 (b) केवल 2 (c) 2 और 3 (d) केवल 3

12. निम्नलिखित कथनों में से कौन-सा बहादुरशाह जफर के बारे में सही नहीं है? UPPSC (Mains) 2006
(a) वह बिना साम्राज्य का सम्राट था
(b) इब्राहिम जोक और असद उल्लाह खाँ गालिब उस कविता के शिक्षक थे
(c) हसन अस्करी उसके आध्यात्मिक निर्देशक थे
(d) वह एक लाख रुपये से कम प्रतिमाह ईस्ट इण्डिया कम्पनी से पेंशन के रूप में प्राप्त करता था

13. निम्नलिखित को कालानुक्रम में व्यवस्थित कीजिए और नीचे दिए गए कूट से सही उत्तर का चयन कीजिए UPPSC (Pre) 2018
1. मुहम्मदशाह 2. जहाँदारशाह
3. आलमगीर द्वितीय 4. अहमदशाह
कूट
(a) 1, 3, 4, 2 (b) 2, 1, 4, 3 (c) 3, 1, 2, 4 (d) 4, 2, 3, 1

जानें सही उत्तर

1. (a)	**2.** (c)	**3.** (c)	**4.** (b)	**5.** (b)	**6.** (a)	**7.** (b)	**8.** (c)	**9.** (a)	**10.** (b)
11. (b)	**12.** (d)	**13.** (b)							

• अध्याय तेईस

क्षेत्रीय शक्तियों का उदय

"

उत्तर मुगलकाल में मुगल साम्राज्य का विघटन तेजी से प्रारम्भ हुआ। इसके परिणामस्वरूप अनेक क्षेत्रीय राज्यों का उदय देखने को मिलता है। इसी समय भारत में विदेशी शक्तियों ने भी अपनी राजनीतिक महत्त्वकांक्षा को पूरा करने का प्रयास किया, जिसमें अन्ततः अंग्रेजों को सफलता प्राप्त हुई।

प्रान्तीय स्वायत्त राज्य

मुगल साम्राज्य, जिसने अपनी विशेषताओं से सम्पूर्ण मध्ययुगीन भारत को प्रभावित किया, के उत्तरोत्तर शिथिल होते रहने पर एक प्रकार से राजनैतिक शून्यता की स्थिति उत्पन्न होती जा रही थी। इसी दौरान भारत के कुछ प्रमुख स्वतन्त्र प्रान्तीय स्वायत्त राज्यों का उदय हुआ। इन प्रान्तीय स्वायत्त राज्यों का वर्णन निम्न है

बंगाल

स्वतन्त्र बंगाल की नींव **मुर्शिद कुली खाँ** ने रखी। बंगाल के प्रमुख नवाब का वर्णन निम्न प्रकार है

बंगाल के नवाब

मुर्शिद कुली (1717-1727 ई.)
↓
शुजाउद्दीन (1727-1739 ई.)
↓
सरफराज खाँ (1739-1740 ई.)
↓
अलीवर्दी खाँ (1740-1756 ई.)
↓
सिराजुद्दौला (1756-1757 ई.)
↓
मीर जाफर (1757-1760 ई.)
↓
मीरकासिम (1760-1763 ई.)
↓
मीर जाकर (1763-1765 ई.)

मुर्शिद कुली खाँ (1717-27 ई.)

- औरंगजेब ने मुर्शिद कुली खाँ को 1700 ई. में बंगाल का **दीवान** बनाया। इस समय बंगाल का **सूबेदार** अजीम-उस-शान था, जो राजदरबार से सम्बन्धित था। यह प्रायः दिल्ली में ही रहता था। अतः बंगाल की वास्तविक सत्ता मुर्शिद कुली खाँ के पास थी। मुगल सम्राट **फर्रूखसियर** ने 1717 ई. में मुर्शिद कुली खाँ को सूबेदार नियुक्त किया।
- मुर्शिद कुली खाँ ने आगे चलकर मुगल शासकों की कमजोरी का लाभ उठाकर स्वतन्त्र बंगाल राज्य की स्थापना की।
- इसके समय में जमींदारों के कुल तीन विद्रोह हुए, पहला विद्रोह सीताराम राय, उदय नारायण तथा गुलफाम मुहम्मद के द्वारा किया गया था। इसके बाद शुजात खाँ द्वारा तथा अन्तिम विद्रोह नजात खाँ के द्वारा किया गया।
- मुर्शिद कुली खाँ ने ढ़ाका के स्थान पर **मुर्शिदाबाद** को अपनी राजधानी बनाया। मुर्शिद कुली खाँ ने भूमि बन्दोबस्त में **इजारेदारी** प्रथा का प्रारम्भ किया। इस प्रथा/व्यवस्था के अन्तर्गत भू-राजस्व वसूल करने का कार्य ठेके (टेण्डर) पर दिया जाता था।

- मुर्शिद कुली खाँ के द्वारा नई भू-राजस्व व्यवस्था के अन्तर्गत जागीर भूमि के एक बड़े भू-भाग को खालसा भूमि के रूप में परिवर्तित कर दिया गया। इसके द्वारा **तकावी ऋण** की भी व्यवस्था की गई। इसके अन्तर्गत गरीब खेतिहरों को अग्रिम (एडवान्स) के रूप में पहले धनराशि प्रदान की जाती थी।

शुजाउद्दीन (1727-1739 ई.)

- मुर्शिद कुली खाँ के बाद इसका दामाद शुजाउद्दीन 1727 ई. में बंगाल का नवाब बना।
- इसके द्वारा अलीवर्दी खाँ को बिहार का नायब सूबेदार बनाया गया।

सरफराज खाँ (1739-1740 ई.)

- 1739 ई. में शुजाउद्दीन का पुत्र सरफराज खाँ बंगाल का नवाब बना। इसके द्वारा **आलम-उद्-दौला हैदर जंग** की उपाधि धारण की गई।
- इसके समय में बिहार के नायब सूबेदार अलीवर्दी खाँ के द्वारा विद्रोह कर दिया गया। गिरिया के युद्ध (1790 ई.) में सरफराज की मृत्यु हो गई तथा **अलीवर्दी खाँ** बंगाल का नवाब बन गया।

अलीवर्दी खाँ (1740-1756 ई.)

- अलीवर्दी खाँ ने बंगाल मुगल सम्राट को ₹2 करोड़ घूस देकर 1740 ई. में अपने पद (नवाब) को प्राप्त किया था। यह नाममात्र के लिए मुगल सम्राट के अधीन था। इसके द्वारा केवल एक बार मुगल सम्राट को नजराना भेजा गया था।
- मराठों के हमलों से तंग आकर अलवर्दी खाँ ने रघुजी से सन्धि की। इस सन्धि के अनुसार उसने 1751 ई. में उड़ीसा प्रान्त का बड़ा भाग तथा वार्षिक चौथ की धनराशि मराठों को देना स्वीकार किया।

> अलीवर्दी खाँ ने यूरोपियों की तुलना **मधुमक्खियों** से की और कहा कि "यदि इन्हें न छेड़ा जाए, तो शहद देंगी और यदि छेड़ा जाए, तो काट-काट कर मार डालेंगी।"

- अलीवर्दी खाँ ने अंग्रेजों तथा फ्रांसीसियों पर पर्याप्त नियन्त्रण रखा तथा उन्हें क्रमश: कलकत्ता और चन्द्रनगर के किले की किलेबन्दी की अनुमति नहीं दी।
- 1756 ई. में अलीवर्दी खाँ की मृत्यु के बाद उसकी सबसे छोटी बेटी का पुत्र **सिराजुद्दौला**, जिसे अलीवर्दी खाँ ने अपना उत्तराधिकारी नियुक्त किया था, नवाब बना।

सिराजुद्दौला (1756-57 ई.)

- सिराजुद्दौला के प्रतिद्वन्द्वी और विरोधियों में पूर्णिया के नवाब शौकतजंग (चचेरा भाई), सिराज की मौसी **घसीटी बेगम** तथा उसका सेनापति **मीरजाफर** (अलीवर्दी का दामाद), जगत सेठ (बंगाल का सबसे बड़ा बैंकर), रायदुर्लभ, मानिक चन्द, अमीर चन्द, खादिम खाँ आदि प्रमुख थे।
- अपने विरोधियों के दमन के क्रम में सिराजुद्दौला ने मौसी घसीटी बेगम को बन्दी बना लिया तथा सेनापति मीरजाफर को हटाकर उसके स्थान पर मीरमदान को नियुक्त किया और नवाब शौकतजंग को अक्टूबर, 1756 में मनिहारी के युद्ध में पराजित कर, उसकी हत्या कर दी।
- कलकत्ता पर अधिकार (15 जून, 1756) करने हेतु नवाब ने स्वयं युद्ध का नेतृत्व किया, जिसमें कलकत्ता के गवर्नर **ड्रेक** को **फुल्टा द्वीप** में शरण लेनी पड़ी तथा मिस्टर हॉलवेल ने अपने कुछ सहयोगियों के साथ नवाब के समक्ष आत्मसमर्पण कर दिया।

> 20 जून को फोर्ट विलियम के पतन के बाद सिराज ने बन्दी बनाए गए 146 कैदियों को, जिनमें स्त्री और बच्चे भी थे, को एक घुटनयुक्त अँधेरे कमरे में बन्द कर दिया। 21 जून को प्रात:काल तक इस घुटनयुक्त अँधेरे कमरे में केवल 21 व्यक्ति ही जीवित बचे, जिनमें अंग्रेज अधिकारी हॉलवेल भी शामिल था। अंग्रेज इतिहासकारों ने 20-21 जून (1956) की इस घटना को **काल कोठरी त्रासदी** (Black Hole Tragedy) की संज्ञा दी।

- **क्लाइव** ने 2 जून, 1757 को कलकत्ता पर कब्जा कर लिया। 1757 ई. में कम्पनी और नवाब के मध्य सम्पन्न **अलीनगर की सन्धि** के फलस्वरूप अंग्रेजों को सिक्का ढालने एवं कलकत्ता में किलेबन्दी का भी अधिकार मिल गया। 18 अगस्त, 1757 को अंग्रेजों ने कलकत्ता में अपनी टकसाल स्थापित की।
- सिराजुद्दौला की कमजोर होती स्थिति को देखते हुए अंग्रेजों ने इसके विरोधियों मीरजाफर, रायदुर्लभ और जगत सेठ को अपने षड्यन्त्र में शामिल कर लिया। इस षड्यन्त्र के कारण ही प्लासी का युद्ध हुआ।

मीरजाफर (1757-1760 ई.) तथा प्लासी का युद्ध (1757 ई.)

- 23 जून, 1757 को मुर्शिदाबाद के दक्षिण में 22 मील की दूरी पर स्थित प्लासी नामक गाँव में दोनों सेनाएँ युद्ध हेतु आमने-सामने आ गईं। नवाब की सेना के वफादार सिपाही **मीरमदान** और **मोहनलाल** मैदान में लड़ते हुए वीरगति को प्राप्त हुए। सिराजुद्दौला की हत्या मीरजाफर के पुत्र मीरन ने मुहम्मद बेग द्वारा करवा दी। इस युद्ध के बाद 28 जून, 1757 को अंग्रेजों ने मीरजाफर को बंगाल का नवाब बना दिया।
- क्लाइव के प्रति कृतज्ञता व्यक्त करने हेतु मीरजाफर ने तत्कालीन मुगल बादशाह आलमगीर द्वितीय से क्लाइव को **उमरा** की उपाधि और **चौबीस परगना** की जमींदारी प्रदान करवाई। साथ ही क्लाइव को ₹2 लाख 34 हजार की भेंट भी प्राप्त हुई। सेना तथा नाविकों के लिए ₹50 लाख प्रदान किए गए।

> इतिहासकारों ने मीरजाफर को **क्लाइव के गीदड़** की पदवी दी। 27 सितम्बर, 1760 को **वेन्सिटार्ट** और **मीरकासिम** के बीच एक गुप्त सन्धि हुई, जिसके अन्तर्गत व्यवस्था की गई थी कि वर्दवान, मिदनापुर और चटगाँव की जमींदारी कम्पनी को सौंपकर मीरकासिम नायब सूबेदार के रूप में बंगाल की वास्तविक सत्ता का प्रयोग करे तथा मीरजाफर अपने पद पर बना रहे, परन्तु मीरजाफर को सन्धि के द्वारा दी गई व्यवस्था स्वीकार्य नहीं थी।

- मीरजाफर के कार्यकाल में ही ब्रिटिशों की **फूट डालो एवं राज करो** की नीति की शुरुआत हुई थी।

प्लासी के युद्ध का परिणाम

- इस युद्ध के पश्चात् ल्यूक स्क्राफ्टन को नवाब के दरबार में अंग्रेज रेजिडेण्ट नियुक्त किया गया।
- इस युद्ध के उपरान्त ही अंग्रेजों द्वारा बंगाल को आर्थिक रूप से लूटा गया। 1757 से 1760 ई. के बीच मीरजाफर ने अंग्रेजों को ₹ 3 करोड़ की घूस दी तथा क्लाइव को क्षतिपूर्ति के रूप में 37,70,833 पौण्ड की धनराशि प्राप्त हुई।

> प्लासी के युद्ध के परिणामों की बक्सर के युद्ध में अंग्रेजों की विजय के साथ पुष्टि हुई। युद्ध ने अंग्रेजों को तात्कालिक सैनिक एवं वाणिज्यिक लाभ प्रदान किया। कम्पनी का बंगाल, बिहार और उड़ीसा पर राजनीतिक प्रभुत्व स्थापित हुआ। ईस्ट इण्डिया कम्पनी बंगाल में अब **शासक निर्माता** (King Maker) बन गई।

मीरकासिम (1760-63 ई.)

- अलीवर्दी खाँ के बाद बंगाल का दूसरा सबसे योग्य नवाब मीरकासिम था। इसे बंगाल के शासक के पद पर आसीन किए जाने की घटना को गवर्नर वैन्सिटार्ट ने 1760 की क्रान्ति की संज्ञा दी थी।
- वह अपनी राजधानी को स्थानान्तरित करके मुर्शिदाबाद से मुंगेर ले गया, क्योंकि वह षड्यन्त्रकारी दरबारियों एवं ब्रिटिश हस्तक्षेप से दूर रहना चाहता था।
- 1717 ई. में मुगल बादशाह द्वारा प्रदत्त व्यापारिक आदेश का बंगाल में दुरुपयोग देखकर नवाब मीरकासिम ने आन्तरिक व्यापार पर सभी प्रकार के शुल्कों की वसूली बन्द करवा दी।
- मुंगेर में मीरकासिम ने तोपों तथा तोड़ेदार बन्दूकों के निर्माण हेतु कारखानों की स्थापना की, ताकि उसकी सेना भी यूरोपीय मॉडल के अनुरूप सुदृढ़ हो पाए।

मीरजाफर (1763-1765 ई.)

- जुलाई, 1763 में मीरकासिम को कम्पनी ने बर्खास्त कर मीरजाफर को पुन: बंगाल का नवाब बनाया। तत्पश्चात् मुगल सम्राट शाहआलम द्वितीय, अवध के नवाब शुजाउद्दौला और मीरकासिम ने मिलकर अंग्रेजों के विरुद्ध एक सैन्य गठबन्धन का निर्माण किया।

> **बक्सर का युद्ध** (1764 ई.)
> - बक्सर के मैदान में अवध के नवाब शुजाउद्दौला, मुगल सम्राट शाहआलम द्वितीय तथा मीरकासिम की संयुक्त सेना अक्टूबर, 1764 में पहुँची।
> - हेक्टर मुनरो के नेतृत्व में अंग्रेजी सेना ने बक्सर के युद्ध को 22 अक्टूबर, 1764 को जीत लिया। प्लासी के युद्ध ने अंग्रेजों की प्रभुता बंगाल में स्थापित की तथा साथ ही बक्सर के युद्ध ने कम्पनी को एक अखिल भारतीय शक्ति का रूप भी दे दिया।

नज्मुद्दौला

- 1765 ई. मीरजाफर के अल्प वयस्क पुत्र नज्मुद्दौला को नवाब बनाया गया।
- बक्सर के युद्ध के पश्चात् क्लाइव पुन: ब्रिटिश गवर्नर बना। उसने बंगाल तथा अवध के नवाब और मुगल सम्राट से सन्धि की।

अवध

- पश्चिम में कन्नौज से लेकर पूर्व में कर्मनाशा नदी तक फैला अवध का सूबा एक विस्तृत और समृद्धशाली क्षेत्र था।

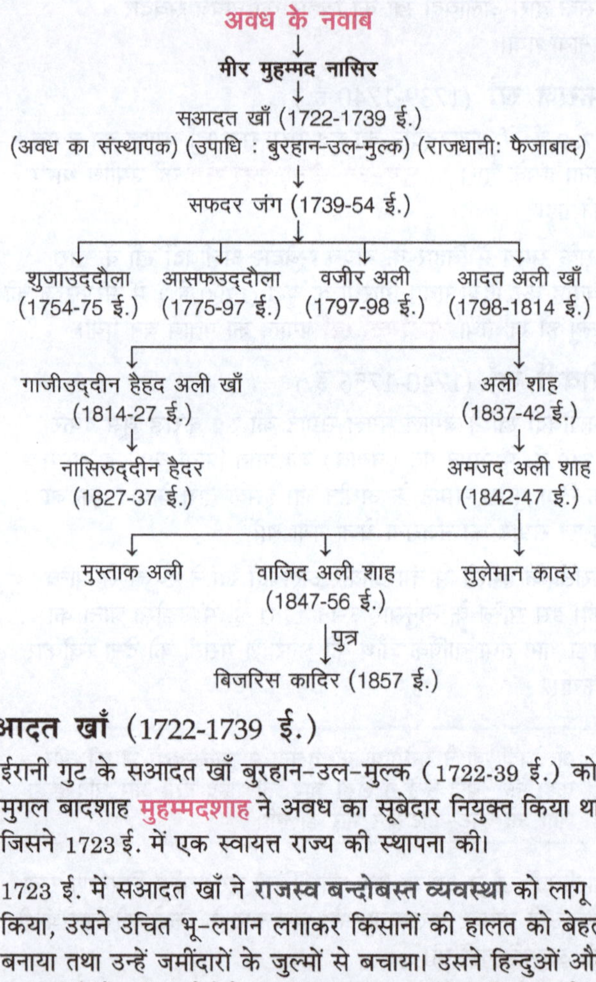

सआदत खाँ (1722-1739 ई.)

- ईरानी गुट के सआदत खाँ बुरहान-उल-मुल्क (1722-39 ई.) को मुगल बादशाह मुहम्मदशाह ने अवध का सूबेदार नियुक्त किया था, जिसने 1723 ई. में एक स्वायत्त राज्य की स्थापना की।
- 1723 ई. में सआदत खाँ ने **राजस्व बन्दोबस्त व्यवस्था** को लागू किया, उसने उचित भू-लगान लगाकर किसानों की हालत को बेहतर बनाया तथा उन्हें जमींदारों के जुल्मों से बचाया। उसने हिन्दुओं और मुसलमानों के बीच कोई भेद नहीं किया तथा जागीरदारी प्रथा को जारी रखा। मुगल सम्राट मुहम्मदशाह ने सआतद खाँ को सात हजार का मनसब एवं बुरहान-उल-मुल्क की उपाधि प्रदान की थी।
- 1739 ई. में मुगल बादशाह मुहम्मदशाह ने उसे नादिरशाह के विरुद्ध लड़ने के लिए दिल्ली बुलाया। सआदत खाँ ने ही दिल्ली पर आक्रमण के लिए नादिरशाह को प्रेरित किया था।
- नादिरशाह ने सआदत खाँ से ₹ 20 करोड़ की माँग की थी, जिसे पूर्ण न कर पाने के कारण ही 1739 ई. में उसने विष खाकर आत्महत्या कर ली।

सफदरजंग (1739-1754 ई.)

- सआदत खाँ के बाद उसका भतीजा तथा दामाद सफदरजंग (अबुल मंसूर खाँ) अवध का नवाब बना। 1742 ई. में सफदरजंग ने कुछ समय के लिए पटना पर अधिकार कर लिया।
- 1748 ई. में मुहम्मदशाह ने सफदरजंग को अपना वजीर नियुक्त किया। इसलिए इसका अन्य नाम **नवाब वजीर** भी था। सफदरजंग ने फर्रुखाबाद के बंगश पठानों और जाटों के विरुद्ध सैन्य अभियान किए। 1753 ई. में बादशाह अहमदशाह ने सफदरजंग को वजीर के पद से बर्खास्त कर दिया तथा 1754 ई. में अवध में इसकी मृत्यु हो गई।

शुजाउद्दौला (1754-1775 ई.)

- 1754 ई. में सफदरजंग की मृत्यु के बाद उसका पुत्र शुजाउद्दौला अवध का नवाब और मुगल साम्राज्य का वजीर बना।
- 1761 ई. मे हुए पानीपत में तृतीय युद्ध में शुजाउद्दौला ने अफगान शासक अहमदशाह अब्दाली का साथ दिया। जबकि 1764 ई. के बक्सर के युद्ध में इसने बंगाल के अपदस्थ नवाब मीरकसिम का साथ दिया था।
- उसने बक्सर युद्ध में हिस्सा लिया तथा 1774 ई. में **रूहेला** को परास्त कर रूहेलखण्ड पर अधिकार कर लिया। 1775 ई. में इसकी मृत्यु हो गई।

> **इलाहाबाद की सन्धियाँ**
>
> - **क्लाइव** ने जुलाई, 1765 में मुगल सम्राट **शाहआलम द्वितीय** के साथ इलाहाबाद की सन्धि की, जिसे **इलाहाबाद की प्रथम सन्धि** के नाम से जाना जाता है। इस सन्धि के अनुसार, कम्पनी के मुगल सम्राट शाहआलम द्वितीय से स्थायी रूप से बंगाल बिहार और उड़ीसा की दीवानी प्राप्त हुई, जबकि कम्पनी ने मुगल सम्राट को ₹ 26 लाख प्रतिवर्ष पेंशन के रूप में देना स्वीकार किया।
> - इलाहाबाद की **दूसरी सन्धि** (16 अगस्त, 1765) अवध के नवाब **शुजाउद्दौला** और **क्लाइव** के बीच हुई। इस सन्धि के अनुसार, कम्पनी को ₹ 50 लाख तथा चुनार का दुर्ग अवध से प्राप्त हुआ।
> - अवध की सुरक्षा के लिए ब्रिटिशों के द्वारा अवध में अंग्रेजी सेना की एक टुकड़ी रखी गई, जिसके खर्च का वहन अवध के नवाब के द्वारा किया जाता था।
> - ईस्ट इण्डिया कम्पनी को अवध में कर मुक्त व्यापार करने की छूट प्राप्त हुई।

आसफउद्दौला (1775-1797 ई.)

- 1775 ई. में फैजाबाद की सन्धि के बाद आसफउद्दौला अवध का नवाब बना। यह सन्धि अंग्रेजों के साथ हुई थी। इसने अपनी राजधानी फैजाबाद से लखनऊ स्थानान्तरित की। इसने लखनऊ में एक इमामबाड़ा बनवाया।
- अवध का अगला नवाब सआदत खाँ द्वितीय हुआ, जिसने अंग्रेजों से सहायक सन्धि कर ली थी।

वाजिद अली शाह (1847-1856 ई.)

वाजिद अली शाह अवध का अन्तिम नवाब था। इसे फरवरी, 1856 में लॉर्ड डलहौजी द्वारा कुशासन का आरोप लगाकर (जेम्स आउट्रम की रिपोर्ट) के आधार पर अवध पर अधिकार कर लेने के बाद कलकत्ता भेज दिया गया।

हैदराबाद

- हैदराबाद में स्वतन्त्र **आसफजाही** वंश की स्थापना मुगल बादशाह मुहम्मदशाह द्वारा दक्कन में नियुक्त सूबेदार **चिनकिलिच खाँ** (निजामुलमुल्क) ने 1724 ई. में की। यह तूरानी गुट का सरदार था। सैय्यद बन्धुओं के पतन में इसकी महत्त्वपूर्ण भूमिका थी।
- मुहम्मदशाह ने 1722 ई. में चिनकिलिच खाँ को दक्कन के छः सूबों की सूबेदारी सौंपी थी, जिसका मुख्यालय औरंगाबाद में था। 1722 से 1724 ई. तक वह मुगल साम्राज्य का वजीर रहा, किन्तु सम्राट के व्यवहार से तंग आकर वह दक्कन वापस चला गया और उसने स्वतन्त्र हैदराबाद राज्य की स्थापना की। निजाम ने दिल्ली की सरकार से अपनी स्वन्त्रता की घोषणा कभी नहीं की थी, किन्तु स्वतन्त्र शासक की भाँति व्यवहार किया।
- **निजाम-उल-मुल्क** ने हिन्दुओं के प्रति उदार नीति अपनाते हुए पूरनचन्द को अपना दीवान नियुक्त किया। इसने जागीरदारी प्रथा को अपनाया।
- मुहम्मदशाह ने **मुबारिज खाँ** को आदेश दिया था कि वह निजाम को जीवित अथवा मृत पकड़े। 1724 ई. में शकूरखेड़ा के युद्ध में निजाम-उल-मुल्क (चिनकिलिच खाँ) ने मुबारिज खाँ को पराजित कर मार डाला।
- विवश होकर मुहम्मदशाह ने चिनकिलिच खाँ को दक्कन का वायसराय नियुक्त कर दिया तथा उसे **आसफजाह** की उपाधि प्रदान की। हैदराबाद भारतीय राज्यों में ऐसा प्रथम राज्य था, जिसने वेलेजली की सहायता सन्धि के अन्तर्गत एक आश्रित सेना रखना स्वीकार किया।
- 1748 ई. में निजाम-उल-मुल्क की मृत्यु के पश्चात् हैदराबाद आन्तरिक संघर्ष और कर्नाटक के प्रश्न पर अंग्रेजों एवं फ्रांसीसी की कूटनीति का शिकार हुआ।

कर्नाटक

- कर्नाटक, मुगल दरबार का एक सूबा था। कर्नाटक के नायब सूबेदार को **कर्नाटक का नबाब** कहा जाता था।
- सादतुल्ला खाँ द्वारा 1720 ई. में कर्नाटक की एक स्वतन्त्र राज्य के रूप में स्थापना की गई, जिसकी राजधानी अर्काट में बनाई गई। कर्नाटक पहले दक्कन में मुगल साम्राज्य का एक प्रान्त था, जिसका प्रयोग अंग्रेजों और फ्रांसीसियों ने भारतीय युद्धों के दौरान मैदान के रूप में किया।
- **सआदतुल्लाह खाँ** ने अपने भतीजे दोस्त अली को हैदराबाद के निजाम की अनुमति के बिना ही अपना उत्तराधिकारी घोषित कर दिया।

मराठों ने 1740 ई. में दोस्त अली की हत्या कर दी। दोस्त अली का उत्तराधिकारी सेफदर अली बना। लॉर्ड वेलेजली ने टीपू सुल्तान के साथ गुप्त षड्यन्त्र रचने का आरोप लगाकर कर्नाटक के नवाब मुहम्मद अली और उनके उत्तराधिकारी उमदत-उल-उमर से राजगद्दी का अधिकार छीन लिया।

केरल

- कालीकट, चिरक्कल, कोचीन तथा त्रावणकोर 18वीं सदी के आरम्भ में केरल के 4 प्रमुख राज्य थे।
- त्रावणकोर के राजा मार्तण्ड वर्मा ने डचों को पराजित किया था और उनकी सत्ता का अन्त किया।
- इसने अपनी सेना को **यूरोपीय मॉडल** के आधार पर संगठित कर अपने राज्य का विस्तार किया तथा सिंचाई हेतु नहरों का निर्माण भी करवाया।
- इसका उत्तराधिकारी कार्तिक तिरुनल राय वर्मा प्रसिद्ध विद्वान, कवि संगीतज्ञ तथा अभिनेता था। वह धाराप्रवाह अंग्रेजी बोलता था। उसे यूरोपीय मामलों में गहरी रुचि थी। वह लन्दन, कलकत्ता तथा मद्रास से निकलने वाले पत्र-पत्रिकाओं को नियमित रूप से पढ़ता था।

18वीं सदी में मलयालम साहित्य का विकास हुआ। **त्रावणकोर राज्य** की राजधानी त्रिवेन्द्रम संस्कृत विद्वानों का केन्द्र थी।

उत्तर मुगलकालीन प्रमुख राज्य

राज्य	संस्थापक	समय
बंगाल	मुर्शिद कुली खाँ	1719-20 ई.
अवध	सआदत खान (बुरहान-उल-मुल्क)	1722-24 ई.
हैदराबाद	निजाम-उल-मुल्क (चिनकिलिच खाँ)	1724 ई.
जयपुर	सवाई राजा जयसिंह	18वीं सदी
मैसूर	हैदर अली	18वीं सदी
भरतपुर	चूड़ामन, बदन सिंह	18वीं सदी
कर्नाटक	सआदत उल्ला खाँ	18वीं सदी
रूहेल व बंगश पठान	मुहम्मद खाँ बंगश	18वीं सदी

भरतपुर (जाट)

- दिल्ली, मथुरा तथा आगरा के समीपवर्ती क्षेत्रों में जाट जाति के लोगों का निवास था। ये मूलत: समीपवर्ती क्षेत्रों में कृषि कार्य करने वाले जमींदार थे।
- इन्होंने औरंगजेब की नीतियों के विरुद्ध विद्रोह किया था। प्रथम विद्रोह तिलुपत के जमींदार **गोकुल** ने 1669 ई. में किया। यह विद्रोह असफल रहा, परन्तु आगे चलकर चूड़ामन आदि जाट नेताओं ने जाटों को संगठित किया। भरतपुर के प्रमुख शासक निम्न हैं
  - चूड़ामन ने 1700 ई. में **भरतपुर राज्य की नींव रखी।** इसने थीन नामक स्थान पर एक सुदृढ़ दुर्ग बनाया तथा मुगलों की शक्ति को चुनौती दी। 1721 ई. में जयसिंह द्वितीय के अधीन मुगल सेना ने इसके विरुद्ध अभियान चलाया और दुर्ग जीत लिया। इसके पश्चात् चूड़ामन ने आत्महत्या कर ली।
  - बदन सिंह ने डींग, कुम्बेर, वेद तथा भरतपुर में चार दुर्ग बनाए। अहमदशाह अब्दाली ने बदन सिंह को **राणा** की उपाधि प्रदान की और इसके साथ महेन्द्र शब्द को भी जोड़ा।
  - सूरजमल बदन सिंह के पश्चात् इसने जाटों का नेतृत्व किया। इसने 1756-1763 ई. तक शासन किया। इसका साम्राज्य पूर्व में गंगा से लेकर दक्षिण में चम्बल तथा पश्चिम में आगरा और उत्तर में दिल्ली तक था। इसने मुगल राजव्यवस्था को अपनाया तथा एक स्थायी राज्य की स्थापना की। इसे **जाटों का अफलातून** भी कहा गया है। 1763 ई. में इसकी मृत्यु हुई।
  - जवाहर सिंह की मृत्यु के बाद क्रमश: रतन सिंह, केसरी सिंह, रणजीत सिंह तथा रणधीर सिंह शासक हुए। 1805 ई. में रणधीर सिंह ने अंग्रेजो की अधीनता स्वीकार कर ली थी।

रूहेलखण्ड

- वीर दाउद और उसके पुत्र अली मुहम्मद खाँ ने बरेली में एक छोटी-सी जागीर का विस्तार कर रूहेलखण्ड में एक स्वतन्त्र राज्य स्थापित किया, जो उत्तर में कुमाऊँ तथा दक्षिण में गंगा नदी तक विस्तृत था। इसकी पहली राजधानी आँवला (बरेली) थी, किन्तु बाद में रामपुर राजधानी बनी।
- रूहेलों का दिल्ली, अवध तथा जाटों से लगातार संघर्ष रहा। **हाफिज रहमत खाँ** (रूहेलों के नेता) ने बाह्य आक्रमणों से सुरक्षा हेतु अवध के नवाब वजीर से सन्धि की।
- 1773 ई. में रूहेलखण्ड पर मराठों के आक्रमण के समय अवध के नवाब वजीर ने अंग्रेजी सेना की मदद से उन्हें भगा दिया और सन्धि के अनुसार रूहेलों से धनराशि की माँग की, किन्तु धनराशि न देने पर अवध ने अंग्रेजों की सहायता से रूहेलों पर आक्रमण कर दिया।
- 1774 ई. में **मीरापुरकटरा के युद्ध** में हाफिज रहमत खाँ की मृत्यु हो गई, इसके पश्चात् इसका पुत्र फैजुल्ला खाँ रामपुर का शासक बना तथा शेष भाग शुजाउद्दौला को दे दिया गया।

उत्तर प्रदेश में फर्रूखाबाद के आस-पास बंगरा पठानों ने 1714 ई. में एक स्वतन्त्र राज्य की स्थापना की, जिसे मुहम्मद खाँ बंगरा ने अपना नेतृत्व प्रदान किया और **फर्रूखाबाद नगर** की नींव रखी।

राजपूत राज्य

- 18वीं शताब्दी में मुगल साम्राज्य की दुर्बलता का लाभ उठाकर प्रमुख राजपूत राज्यों ने स्वयं को केन्द्रीय सत्ता से स्वतन्त्र कर लिया। बहादुरशाह प्रथम ने 1708 ई. में जोधपुर पर आक्रमण किया।
- अजीत सिंह ने अधीनता तो स्वीकार कर ली, परन्तु शीघ्र ही उसने जयसिंह द्वितीय तथा दुर्गादास राठौर के साथ मिलकर मुगलों के विरुद्ध एक गठजोड़ बना लिया। 1714 ई. में मुगल सेनापति हुसैन अली ने जोधपुर पर आक्रमण किया। इस युद्ध में पराजित होकर अजीत सिंह को अपनी पुत्री का विवाह मुगल सम्राट फर्रूखसियर से करना पड़ा।

- 18वीं शताब्दी के राजपूत शासकों में सवाई राजा मिर्जा जयसिंह का स्थान सर्वोपरि है। इन्होंने विज्ञान और कला के महान केन्द्र के रूप में जयपुर शहर की स्थापना की। जयसिंह एक महान खगोलशास्त्री भी थे। इन्होंने दिल्ली, जयपुर, वाराणसी, उज्जैन तथा मथुरा में सर्वोत्तम और आधुनिक उपकरणों से सुसज्जित **पर्यवेक्षण शालाएँ** (वेधशाला) बनवाईं।
- इन्होंने **जिजमुहम्मदशाही** (खगोल पिण्डों की गति) नामक सारणियों का सेट तैयार किया। जिजमुहम्मदशाही सारणियों का ऐसा सेट था, जिससे लोगों को खगोलशास्त्र सम्बन्धी पर्यवेक्षण करने में सहायता मिलती थी।
- इन्होंने यूक्लिड के रेखागणित के तत्त्व का अनुवाद संस्कृत में कराया। इन्होंने त्रिकोणमिती की बहुत-सी कृतियों और लघुगणकों को बनाने तथा उनके प्रयोग सम्बन्धी नेपियर की रचना का अनुवाद संस्कृत में करवाया।

> **जयसिंह** एक समाज सुधारक भी थे। उन्होंने एक ऐसा कानून बनाने की कोशिश की, जिसमें लड़की के विवाह में किसी राजपूत को अत्यधिक व्यय करने पर बाध्य न होना पड़े। दो अश्वमेध यज्ञ कराने का श्रेय भी जयसिंह को दिया जाता है।

सिख

- मुगल सत्ता के साथ निरन्तर संघर्ष के चलते 18वीं सदी में सिखों का उदय एक राजनीतिक शक्ति में रूप में हुआ।
- सिखों के दसवें तथा अन्तिम गुरु, गुरु **गोविन्द सिंह** ने **खालसा पन्थ** की स्थापना की, जिसके कारण सिखों को विशिष्ट वेशभूषा कंघा, कृपाण, कड़ा, केश, कच्छा आदि धारण करना होता था।
- गुरु गोविन्द सिंह की मृत्यु के बाद गुरु की परम्परा समाप्त हो गई। उनके शिष्य **बन्दाबहादुर** ने सिखों का नेतृत्व सम्भाला।
- बन्दाबहादुर के बचपन का नाम लक्ष्मणदेव था। बन्दा बहादुर सिखों का पहला राजनीतिक नेता था। बन्दा बहादुर को गुरु तेगबहादुर ने सिखों का सैन्य प्रमुख नियुक्त किया था।

> बन्दाबहादुर ने पंजाब के सिख किसानों को एकत्र कर मुगलों से लगातार आठ वर्ष तक संघर्ष किया। इसने सिखों पर अत्याचार करने वालों से प्रतिशोध लिया और अपने अधिकार वाले क्षेत्रों में गुरु नानक और गुरु गोविन्द सिंह के नाम के सिक्के चलाए। बन्दाबहादुर को उसके शिष्य **सच्चा बादशाह** अथवा **सच्चा सम्राट** कहते थे।

- 1716 ई. में मुगल बादशाह फर्रूखसियर ने इसे मृत्युदण्ड दे दिया। बन्दा बहादुर की मृत्यु के पश्चात् कुछ समय के लिए सिखों का उत्कर्ष रुक गया, किन्तु शीघ्र ही मुगल नेतृत्व की अक्षमता और नादिरशाह तथा अहमदशाह अब्दाली के लगातार आक्रमणों के कारण उत्पन्न अव्यवस्था का लाभ उठाकर सिखों ने पुन: उत्कर्षता प्राप्त की।
- अब्दाली के वापस जाने के बाद सिखों ने पुन: पंजाब एवं जम्मू राज्य पर अधिकार कर लिया।
- फैजलपुर के कपूर सिंह के नेतृत्व में पंजाब के सिखों ने **दल खालसा** का गठन किया। सिखों की धार्मिक सेना के रूप में गठित दल खालसा को कपूर सिंह की मृत्यु के बाद **जस्सा सिंह अहलूवालिया** ने सम्भाला।

सिखों के 10 गुरु

क्र.सं.	सिख गुरु	सम्बन्धित अतिमहत्त्वपूर्ण तथ्य
1.	गुरु नानक	सिख धर्म के संस्थापक
2.	गुरु अंगद	सिख धर्म के प्रचार में विशेष योगदान, गुरुमुखी लिपि का आविष्कार
3.	गुरु अमरदास	लंगर प्रथा को स्थायी बनाया, मंझी प्रथा का विस्तार तथा सती प्रथा का विरोध
4.	गुरु रामदास	समकालीन अकबर के साथ मैत्री सम्बन्ध बनाए, अमृतसर शहर बसाया
5.	गुरु अर्जुन देव	आदिग्रन्थ का संकलन, तरनतारन तथा करातारपुर नामक शहर बसाया, जहाँगीर द्वारा इनकी हत्या कराई गई
6.	गुरु हरगोविन्द	अमृतसर नगर में अकाल तख्त की स्थापना, सिखों को लड़ाकू कौम में बदला, कश्मीर में कीरतपुरा नगर बसाया
7.	गुरु हर राय	दाराशिकोह से अच्छे सम्बन्ध, शान्त एवं एकन्त जीवन व्यतीत किया
8.	गुरु हरकिशन	चेचक के कारण मृत्यु
9.	गुरु तेगबहादुर	आनन्दपुर साहिब की स्थापना, हिन्दू धर्म के प्रबल समर्थक, औरंगज़ेब द्वारा हत्या
10.	गुरु गोविन्द सिंह	खालसा पन्थ की स्थापना, सिखों में पाहुल प्रथा की शुरुआत, औरंगज़ेब से निरन्तर संघर्ष, सिखों के अन्तिम गुरु, ज़फ़रनामा (फारसी) की रचना

- जस्सा सिंह अहलूवालिया के नेतृत्व में ही खालसा दल 12 स्वतन्त्र मिसल या जत्थों में विभाजित हो गया। कनिंघम ने यहाँ मिसल को अरबी भाषा का शब्द बताया, जिसका अर्थ है-समान या एक जैसा।
- प्रत्येक मिसल का अपना एक झण्डा, नाम तथा चिह्न होता था। उत्तरवर्ती मुगल शासकों द्वारा अहलूवालिया मिसल के संस्थापक सरदार जस्सा सिंह को **सुल्तान-ए-कौम** की उपाधि मिली।
- इनमें से पाँच शक्तिशाली मिसलें थीं-मंगी, अहलूवालिया, सुकरचकिया, कन्हैया तथा नक्कई। इनमें **मंगी मिसल** सबसे शक्तिशाली थी।

रणजीत सिंह (1792-1839 ई.)

- 13 नवम्बर, 1780 को रणजीत सिंह का जन्म हुआ। ये सुकरचकिया मिसल के **प्रमुख महासिंह** के पुत्र थे। 1792 ई. में महासिंह की मृत्यु हो गई और 12 वर्ष की उम्र में ये सुकरचकिया मिसल के प्रमुख बने। रणजीत सिंह ने सभी मिसलों के एकीकरण द्वारा एक शक्तिशाली राज्य की स्थापना की।
- रणजीत सिंह ने 1799 ई. में लाहौर पर तथा 1802 ई. में अमृतसर पर अधिकार कर लिया।

- जमान शाह ने उन्हें राजा की उपाधि दी और लाहौर का सूबेदार मान लिया।
- 1805 ई. में रणजीत सिंह ने अमृतसर को भंगी मिसल से छीन लिया। इस प्रकार पंजाब की राजनीतिक राजधानी लाहौर एवं धार्मिक राजधानी अमृतसर दोनों उसके अधीन हो गईं।
- 1805 ई. में ही अंग्रेजों से पराजित होकर जसवन्त राय होल्कर पंजाब पहुँचा। जनरल लेक इसका पीछा करता हुआ व्यास नदी तक आया और उसने रणजीत सिंह से होल्कर को शरण न देने के लिए कहा।
- दोनों के मध्य एक सहयोग समझौते के द्वारा होल्कर को अमृतसर छोड़ना पडा, जिसके फलस्वरूप अंग्रेजी सेना पंजाब से हटा ली गई।
- 1809 ई. में रूस और फ्रांस की सन्धि को देखते हुए लॉर्ड मिण्टो ने रूसी प्रभाव से सुरक्षा के उद्देश्य से **चार्ल्स मेटकॉफ** को रणजीत सिंह के पास भेजा और दोनों के मध्य अमृतसर की सन्धि हुई।

अमृतसर की सन्धि (1809 ई.)

अमृतसर की सन्धि पर **मेटकॉफ** और **रणजीत सिंह** ने अपने हस्ताक्षर किए। इस सन्धि की प्रमुख शर्तें निम्नलिखित थीं

- सतलज नदी राज्यों की सीमा मान ली गई।
- लुधियाना में एक अंग्रेजी सेना रखी गई, जिससे रणजीत सिंह इस ओर आक्रमण न कर सके।
- सतलज के पूरब के राज्य अब अंग्रेजों के अधीन चले गए।

- 1809 ई. में अहमदशाह अब्दाली के **पौत्र शाहशुजा** को मुहम्मदशाह ने अपदस्थ कर दिया, किन्तु रणजीत सिंह की सहायता से शाहशुजा ने पुनः गददी प्राप्त की। राजगद्दी प्राप्त करने के बाद शाहशुजा ने रणजीत सिंह को कोहिनूर हीरा, (जो नादिरशाह ने भारत से लूटा था) भेंट किया।
- फ्रांसीसी यात्री विक्टर जाक्मा ने रणजीत सिंह की तुलना नेपोलियन बोनापार्ट से की है।
- रणजीत सिंह ने शीघ्र ही 1809 ई. में काँगड़ा पर अधिकार कर लिया। इन्होंने 1813 ई. में कश्मीर पर अब्दाली के उत्तराधिकारियों द्वारा नियुक्त गवर्नर **जब्बार खाँ** को अपदस्थ कर कश्मीर पर पूर्णतः नियन्त्रण कर लिया गया। इसी प्रकार इन्होंने 1818 ई. में मुल्तान पर अधिकार कर लिया।
- 1820-21 ई. में इन्होंने **डेरा गाजी खाँ**, **डेरा इस्माइल खाँ** तथा **लेह** को जीत लिया। 1834 ई. में पेशावर को सिख राज्य का अंग बना लिया गया।
- जब रणजीत सिंह ने सामरिक महत्त्व के क्षेत्र शिकारपुर (जिसे खुरासान का द्वार समझा जाता था) पर अधिकार कर लिया, तब अंग्रेजों ने उन्हें शिकारपुर छोड़ देने को कहा। सिख सैनिक लड़ना चाहते थे, लेकिन रणजीत सिंह ने अंग्रेजों की बात मान ली।
- 1835 ई. में लाहौर से 40 किमी दूर फिरोजपुर, जो कभी अंग्रेजों और रणजीत सिंह के बीच झगड़े का कारण था, को अंग्रेजों ने जीत लिया।

रणजीत सिंह के बाद पंजाब की स्थिति

- 1839 ई. में रणजीत सिंह की मृत्यु के बाद पंजाब में राजनीतिक अस्थिरता आ गई। रणजीत सिंह का पुत्र **खड्गसिंह** उसका उत्तराधिकारी बना। खड्गसिंह के प्रशासन में इसके वजीर ध्यानसिंह का भी हाथ था।
- 1840 ई. में खड्गसिंह की मृत्यु हो गई तथा उसी वर्ष उसके एक और पुत्र **नौनिहाल सिंह** (पुत्रों में सबसे योग्य) की भी मृत्यु हो गई।
- इसके पश्चात् खड्गसिंह की विधवा चाँदकौर और रणजीत सिंह के पुत्र **शेरसिंह** में संघर्ष हुआ। खालसा सेना के सहयोग से चाँदकौर का वध कर दिया गया। तत्पश्चात् 1840 ई. में शेरसिंह राजा बना।
- चाँदकौर के समर्थक **अजीत सिंह** ने 1843 ई. में शेर सिंह की हत्या कर दी और इस प्रकार रानी झिन्दन की संरक्षिता में दिलीप सिंह 1843 ई. में राजा बने। **दिलीप सिंह** के काल में दो आंग्ल-सिख युद्ध भी हुए थे।

मैसूर

- 1565 ई. में तालीकोटा का निर्णायक युद्ध हुआ, जिसने विजयनगर साम्राज्य का अन्त कर दिया, इसके अवशेषों पर जिन स्वतन्त्र राज्यों का जन्म हुआ, उनमें मैसूर एक प्रमुख राज्य था। इस समय यहाँ वाड्यार वंश का शासन था तथा यहाँ का नाममात्र शासक **चिक्का कृष्णराज** था। शासन की वास्तविक शक्ति दो मन्त्रियों-नंजराज एवं देवराज के पास थी।
- इस समय मैसूर पर मराठे तथा निजाम के आक्रमण का खतरा बना रहता था। मराठे निरन्तर मैसूर पर आक्रमण कर उसे राजनीतिक तथा आर्थिक रूप से दुर्बल बनाना चाहते थे, जबकि निजाम मैसूर को मुगल प्रदेश मानकर इस पर अपना अधिकार समझता था।
- 18वीं सदी में **हैदर अली** नामक एक योग्य सेनापति अपनी योग्यता के बल पर मैसूर राज्य का स्वामी बना।

हैदर अली के युद्ध कौशल से प्रभावित होकर **नंजराज** ने 1757 ई. में उसे डिण्डीगुल के किले का फौजदार नियुक्त किया। फ्रांसीसियों की सहायता से उन्होंने डिण्डीगुल में 1755 ई. में एक आधुनिक शस्त्रागार की स्थापना की।

हैदर अली (1761-82 ई.)

- 1761 ई. में हैदर ने मैसूर की सत्ता पर (नंजराज को हटाकर) नियन्त्रण कर लिया।
- 1763 ई. में उसने वेदनूर पर अधिकार कर लिया तथा अपनी राजधानी श्रीरंगपट्टनम (एरिंगापट्टनम) में स्थापित की।
- 1776 ई. में उसके द्वारा स्वयं को मैसूर का राजा घोषित कर दिया गया।
- 1780 ई. में द्वितीय आंग्ल-मैसूर युद्ध के दौरान इसकी मृत्यु हो गई। 1782 ई. में हैदर का पुत्र टीपू सुल्तान मैसूर की गद्दी पर बैठा।

टीपू सुल्तान (1782-99 ई.)

- टीपू सुल्तान का जन्म 20 नवम्बर, 1750 को वर्तमान कर्नाटक के कोलार जिले में हुआ था। वह 1782 ई. में अपने पिता की मृत्यु के पश्चात् गद्दी पर बैठा।
- टीपू ने नए **कैलेण्डर** तथा **सिक्का ढलाई** की नई प्रणाली को लागू किया। वह फ्रांसीसी क्रान्ति से बहुत प्रभावित था।
- श्रीरंगपट्टनम में उसने स्वतन्त्रता-वृक्ष (फ्रांस-मैसूर मैत्री का प्रतीक) लगाया तथा वह एक जैकोबिन क्लब का सदस्य बन गया।
- उसके द्वारा रैयतवाड़ी व्यवस्था को अपनाया गया। वह पैदावार का एक-तिहाई भाग भू-राजस्व के रूप में लेता था।
- उसके दरबार में हिन्दुओं को भी उच्च पदों पर नियुक्त किया गया। **पूरनिया** एवं **कृष्णाराव** इसके दो प्रमुख हिन्दू मन्त्री थे। मैसूर में टीपू सुल्तान ने श्रृंगेरी के मन्दिर में देवी शारदा की मूर्ति के निर्माण के लिए धन दिया था।
- टीपू सुल्तान अनेक भाषाओं का ज्ञाता था; जैसे—कन्नड़, अरबी, फारसी, उर्दू इत्यादि।
- उसके द्वारा एक आधुनिक नौसेना संगठित करने का प्रयास 1796 ई. में किया गया, ताकि ब्रिटिश नौसेना से मुकाबला किया जा सके।
- साथ ही उसने पोत निर्माण के लिए वाजिदाबाद, मोलीदाबाद तथा मंगलौर में डॉक-यार्ड की स्थापना भी की थी।
- अपने व्यक्तिगत धर्म के प्रति उसका दृष्टिकोण रूढ़िवादी था, लेकिन अन्य धर्मों के प्रति उसने सहिष्णुता की नीति का पालन किया।

> टीपू सुल्तान ही प्रथम व्यक्ति थे, जिन्होंने युद्ध में रॉकेट का प्रयोग किया। इन्हें **सीधा-सादा दैव्य** एवं **शेर-ए-मैसूर** भी कहा जाता था।

प्रीलिम्स फैक्ट्स

- प्लासी की लड़ाई कब लड़ी गई थी?- *1757 ई. में* [MPPSC (Pre) 2006]
- वह कौन-सा युद्ध था, जिसने भारत में ब्रिटिश प्रमुख को प्रारम्भ किया? *- प्लासी का युद्ध* [MPPSC (Pre) 1994]
- बंगाल के किस नवाब ने अपनी राजधानी मुर्शिदाबाद से मुंगेर स्थानान्तरित की? *- मीर कासिम* [IAS (Pre) 2005]
- कौन-सा युद्ध भारत में अंग्रेजों के आधिपत्य की स्थापना की दृष्टि से महत्त्वपूर्ण समझा जाता था? *- बक्सर का युद्ध* [MPPSC (Pre) 2008]
- इलाहाबाद की सन्धि के बाद राबर्ट क्लाइव ने मुर्शिदाबाद का उप-दीवान किसे बनाया था? *- मुहम्मद रजा खान को* [BPSC (Pre) 2002]
- 1765 ई. में दीवानी प्रदान किए जाने के बाद ब्रिटिश सबसे पहले किस पर्वतीय जनजाति के सम्पर्क में आए? *- खासी* [IAS (Pre) 2002]
- 18वीं शताब्दी में अवध राज्य का संस्थापक कौन था? *- सआदत खाँ* [UPPSC (Pre) 1994]
- ब्रिटिश साम्राज्य में अवध का विलय कब हुआ था? *- 1856 ई. में* [UPPSC (Mains) 2010)]
- सहायक सन्धि व्यवस्था को स्वीकार करने वाले प्रथम भारतीय देशी शासक कौन थे? *- हैदराबाद के निजाम* [MPPSC (Pre) 2009]
- हैदराबाद में स्वयं को स्वतन्त्र शासक के रूप मे स्थापित करने के बाद किसने निजाम-उल-मुल्क आसफजाह की उपाधि धारण की? *- चिनकिलिच खाँ* [JPSC (Pre) 2008]
- दिल्ली, काबुल, मकरान तथा श्रीनगर में से कौन-सा नगर रणजीत सिंह के राज्य में सम्मिलित था? - [UPPSC (Mains) 2004]
- महाराजा रणजीत सिंह ने किस स्थान पर अदालत-ए-आला की स्थापना की थी? *- लाहौर* [UPPSC (Pre) 2021]
- महाराजा रणजीत सिंह का उत्तराधिकारी कौन था? *- खड्ग सिंह* [JPSC (Pre) 2013]
- सिख साम्राज्य का अन्तिम शासक कौन था? *- दलीप सिंह* [UPPSC (Mains) 2010]
- नन्दराज, हैदरअली, देवराज तथा चिक्का कृष्णराज में से किसने 1755 ई. में डिण्डीगुल (मैसूर) में एक आधुनिक शस्त्रागार की स्थापना की थी? *- हैदरअली* [UPPSC (Pre) 2020]
- किस ब्रिटिश जनरल ने हैदरअली को पोर्तोनोवो के युद्ध में पराजित किया था? *- सर आयरकूट* [JPSC (Pre) 2003]
- हैदरअली, मीर कासिम, शाहआलम द्वितीय तथा टीपू सुल्तान में से किस शासक ने विदेशों में आधुनिक पद्धति से दुतावास स्थापित किए थे? *- टीपू सुल्तान ने* [IAS (Pre) 2001]
- टीपू सुल्तान ने 1780 ई. में ब्रिटिश सेना को किस युद्ध में हराया था? *- पोलीलुर में* [UPPSC (Pre) 2009]
- टीपू सुल्तान ने किस स्थान पर अपनी राजधानी बनाई थी? *- श्रीरंगपट्टनम में* [BPSC (Pre) 1992]
- किस गवर्ननर जनरल ने टीपू के विरुद्ध त्रिपक्षीय गठजोड़ बनाया था? *- लार्ड कार्नवालिस* [UPPSC (Pre) 2006]
- अंग्रेजों ने किसके साथ श्रीरंगपट्टनम की सन्धि की थी? *- टीपू सुल्तान* [BPSC (Pre) 1998]
- मराठा, मुगल, राजपूत तथा सिख में से किसने भारत में अंग्रेजों का सर्वाधिक विरोध किया? *- मराठों ने* [UPPSC (Pre) 1993]
- फोर्ट विलियम, फोर्ट सेण्ट जॉर्ज, फोर्ट सेण्ट डेविड तथा फोर्ट सेण्ट एन्जेलो में से ब्रिटिशों ने किसका सबसे पहले निर्माण किया? *- फोर्ट सेण्ट जॉर्ज* [IAS (Pre) 2007]
- द्वैध शासन का जनक किसे माना जाता है? *- लार्ड क्लाइव को* [BPSC (Pre) 2017]
- प्रथम आंग्ला-वर्मा युद्ध किस सन्धि के द्वारा समाप्त हुआ था? *- याण्डबू की सन्धि से* [BPSC (Pre) 1996]

सेल्फ चैक

1. निम्नलिखित में से कौन एक मुगल सम्राट द्वारा नियुक्त बंगाल का अन्तिम गवर्नर था? UPPSC (Mains) 2013
(a) सरफराज खाँ
(b) मुर्शिद कुली खाँ
(c) अलीवर्दी खाँ
(d) शुजाउद्दीन मुहम्मद खाँ

2. 1756 ई. में ब्रिटिश सरकार द्वारा की गई कलकत्ता की किलेबन्दी को बंगाल के नवाब सिराजुद्दौला ने क्या माना?
(a) बड़े पैमाने पर ब्रिटिश व्यापार की वृद्धि
(b) अपनी प्रभुता पर आक्रमण
(c) भारत में ब्रिटिश की असुरक्षा
(d) बंगाल पर ब्रिटिश नियन्त्रण

3. प्लासी की लड़ाई कब लड़ी गई थी? MPPSC (Pre) 2006
(a) 1757 ई. में (b) 1789 ई. में
(c) 1848 ई. में (d) 1875 ई. में

4. निम्नलिखित में से कौन-सा युद्ध था, जिसने भारत में ब्रिटिश प्रभुत्व को प्रारम्भ किया? MPPSC (Pre) 1994
(a) बक्सर की लड़ाई
(b) प्लासी का युद्ध
(c) मैसूर की तीसरी लड़ाई
(d) 1857 का स्वतन्त्रता संग्राम

5. निम्नलिखित में से किसे 'स्वर्ग से उत्पन्न सेनानायक' कहा गया? UPPSC (Pre) 2009
(a) अल्बुकर्क (b) रॉबर्ट क्लाइव
(c) फ्रांसिस डूप्ले (d) लॉर्ड कॉर्नवालिस

6. निम्नलिखित में से कौन 18वीं शताब्दी में अवध राज्य का संस्थापक था?
(a) मुर्शीद कुली खान
(b) सआदत खाँ
(c) अलीवर्दी खाँ
(d) सरफराज खाँ

7. निम्न में किसने अपनी राजधानी मुर्शिदाबाद से मुंगेर स्थानान्तरित की? UP Lower (Pre) 2003, IAS (Pre) 2005
(a) अलीवर्दी खाँ (b) सिराजुद्दौला
(c) मीरजाफर (d) मीरकासिम

8. ब्रिटिश साम्राज्य में अवध का विलय हुआ था UPPSC (Mains) 2010
(a) 1853 ई. में (b) 1854 ई. में
(c) 1855 ई. में (d) 1856 ई. में

9. 1799 ई. में किंग जॉर्ज को 'बादशाहनामा' किसने भेंट किया था?
(a) अबुल फजल (b) अब्दुल हामिद लाहौरी
(c) अवध के नवाब (d) विलियम जॉन्स

10. निम्न में से किसने हैदराबाद में स्वयं को स्वतन्त्र शासक के रूप में स्थापित करके निजाम-उल-मुल्क आसफजाह की उपाधि धारण की?
(a) करतलब खान (b) बहादुरशाह
(c) अलीवर्दी खाँ (d) चिनकिलिच खाँ

11. रणजीत सिंह के राज्य में सम्मिलित था UPPSC (Mains) 2004
(a) दिल्ली (b) काबुल
(c) मकरान (d) श्रीनगर

12. रणजीत सिंह किस मिसल से सम्बन्धित थे? UPPSC (Pre) 1997
(a) सुकरचकिया (b) सन्धान्वालिया
(c) अहलूवालिया (d) रामगढ़िया

13. रणजीत सिंह ने सुप्रसिद्ध कोहिनूर हीरा प्राप्त किया था BPSC (Pre) 1996
(a) शाहशुजा से (b) जमान शाह से
(c) दोस्त मुहम्मद से (d) शेर अली से

14. महाराजा रणजीत सिंह के उत्तराधिकारी थे JPSC (Pre) 2013
(a) हरिहर सिंह नलवा (b) खड्ग सिंह
(c) शेरसिंह (d) नौनिहाल सिंह

15. निम्नलिखित में से किसने 1755 ई. में डिण्डीगुल (मैसूर) में एक आधुनिक शस्त्रागार की स्थापना की थी? UPPSC (Pre) 2020
(a) नन्दराज (b) हैदर अली
(c) देवराज (d) चिक्का कृष्णराज

16. प्रथम आंग्ल-मैसूर युद्ध (1767-69 ई.) में कौन विजयी हुआ? UPPSC (Mains) 2015
(a) अंग्रेज (b) हैदर अली
(c) मराठा (d) हैदराबाद का निजाम

17. निम्नलिखित भारतीय शासकों में से कौन था, जिसने विदेशों में आधुनिक पद्धति से दूतावास स्थापित किए थे? IAS (Pre) 2001
(a) हैदर अली (b) मीरकासिम
(c) शाहआलम द्वितीय (d) टीपू सुल्तान

18. टीपू सुल्तान ने ब्रिटिश सेना को 1780 ई. में हराया था UPPSC (Pre) 2009
(a) हैदराबाद में (b) पोलीलुर में
(c) श्रीरंगपट्टनम में (d) निजामाबाद में

जानें सही उत्तर

1. (b)	2. (b)	3. (a)	4. (b)	5. (b)	6. (b)	7. (d)	8. (d)	9. (c)	10. (d)
11. (d)	12. (a)	13. (a)	14. (b)	15. (b)	16. (b)	17. (d)	18. (b)		

अध्याय चौबीस

यूरोपीय शक्तियों का आगमन

"

यूरोपीय शक्तियों का आगमन मध्यकालीन इतिहास की एक प्रमुख घटना थी। आरम्भ में इन शक्तियों का उद्देश्य भारत में व्यापार करना था, लेकिन उत्तर मुगलकालीन परिस्थितियों के कारण इनकी महत्त्वांकाक्षा अत्यधिक बढ़ गई, जिस कारण वे धीरे-धीरे राजनीतिक शक्ति भी बन गए। इस शक्ति विस्तार में अन्तः ब्रिटिश सफल हुए।

यूरोपीय कम्पनियों का भारत में आगमन

- भारत में यूरोपीय कम्पनियों का आगमन कोई आकस्मिक घटना नहीं थी। यूरोप के साथ भारत के व्यापारिक सम्बन्ध अत्यन्त प्राचीन काल (यूनानियों के समय) से ही थे। मध्यकाल में यूरोप और दक्षिणी-पूर्व एशिया के साथ भारत का व्यापार अनेक मार्गों से होता था।
- यह व्यापार मुख्यतः भारत के पश्चिमी समुद्र तट से लाल सागर और पश्चिमी एशिया के माध्यम से होता था, जो मुख्यतः मसालों तथा अन्य कीमती वस्तुओं के व्यापार से जुड़ा था।
- 1453 ई. में **कुस्तुनतुनिया** के पतन के साथ ही यूरोप जाने वाले स्थल मार्ग पर तुर्कों का अधिकार हो गया। इसके कारण पश्चिमी यूरोप के राष्ट्रों ने नए व्यापारिक मार्गों की खोज प्रारम्भ की।
- भारत आने वाली यूरोपीय कम्पनियों में सर्वप्रथम **पुर्तगाली** थे। भारत में यूरोपीय कम्पनियों के आने का क्रम क्रमशः **पुर्तगीज, डच, अंग्रेज, डेनिश** और **फ्रांसीसी** है। अंग्रेज, डचों के बाद आए थे, यद्यपि उनकी ईस्ट इण्डिया कम्पनी की स्थापना डच ईस्ट इण्डिया कम्पनी से पूर्व ही हो चुकी थी।

प्रमुख यूरोपीय कम्पनियाँ

कम्पनी	स्थापना	स्थापना स्थल
पुर्तगाली ईस्ट इण्डिया कम्पनी (एस्तादो द इण्डिया)	1498 ई.	कालीकट
अंग्रेजी ईस्ट इण्डिया कम्पनी (द गवर्नर एण्ड कम्पनी ऑफ मर्चेण्ट्स ऑफ लन्दन ट्रेडिंग इन टू द ईस्ट इण्डीज)	1600 ई.	सूरत
डच ईस्ट इण्डिया कम्पनी (वेरिंगदे ओस्त इण्डसे कम्पनी)	1602 ई.	मसूलीपट्टनम
डेनिस ईस्ट इण्डिया कम्पनी	1616 ई.	सूतानाती
फ्रेंच ईस्ट इण्डिया कम्पनी (कम्पनी देश इण्डेस ओरिएण्टलेस)	1664 ई.	सूरत

पुर्तगाली (पुर्तगीज)

- 1498 ई. में पुर्तगाली यात्री **वास्कोडिगामा** उत्तमाशा अन्तरीप (केप ऑफ गुड होप) से होते हुए भारत पहुँचने में सफल रहा। वह 90 दिन की समुद्री यात्रा के बाद **अब्दुल मजीद** नामक गुजराती पथ-प्रदर्शक की सहायता से कालीकट (भारत) के प्रसिद्ध बन्दरगाह कप्पकडाबू पहुँचा।

> कालीकट के समुद्र तटों पर व्यापार कर रहे अरब के व्यापारियों ने वास्कोडिगामा का विरोध किया, किन्तु कालीकट के हिन्दू राजा, जिसकी पैतृक उपाधि **जमोरिन** थी, ने उसका हार्दिक स्वागत किया और उसे मसाले एवं जड़ी-बूटियाँ इत्यादि ले जाने की आज्ञा प्रदान की।

- वास्कोडिगामा को इस समान से यात्रा व्यय निकालने के बाद भी 60 गुना लाभ प्राप्त हुआ। वास्कोडिगामा पुर्तगाल के शासक **डॉन हेनरीक** (प्रिन्स हेनरी द नेवीगेटर) के प्रतिनिधि के रूप में आया था।
- 1500 ई. में **पेड्रो अल्वारेज कैब्राल** के नेतृत्व में द्वितीय पुर्तगाली अभियान कालीकट पहुँचा। कैब्राल ने अरबों को युद्ध में पराजित कर कोचीन और कन्नूर के शासकों से मित्रता स्थापित की।
- **पोप अलेक्जेण्डर चतुर्थ** द्वारा 1453 ई. में ही पूर्वी सामुद्रिक व्यापार हेतु आज्ञा-पत्र प्रदान किया गया था। पुर्तगाली सामुद्रिक साम्राज्य को **एस्तादो द इण्डिया** नाम दिया गया।
- 1502 ई. में वास्कोडिगामा दूसरी बार भारत आया। 1503 ई. में पुर्तगालियों ने कोचीन में पहली फैक्ट्री बनाई, जबकि 1505 ई. में कन्नूर में दूसरी फैक्ट्री स्थापित की, क्योंकि वे काली मिर्च तथा मसालों पर एकाधिकार करना चाहते थे।
- पुर्तगालियों के दो प्रमुख उद्देश्य थे-अरबों और वेनिस के व्यापारियों का भारत से प्रभाव समाप्त करना तथा ईसाई धर्म का प्रचार करना। 1505 ई. में **फ्रांसिस्को-डी-अल्मीडा** को प्रथम पुर्तगाली वायसराय बनाकर भारत भेजा गया।
- ध्यातव्य है कि वास्कोडिगामा भारत में कुल तीन बार आया था और तीसरी बार 5 सितम्बर, 1524 को पुर्तगाली वायसराय के रूप में आया। यहीं पर दिसम्बर, 1524 में कोचीन में उसकी मृत्यु हो गई।

> **पुर्तगाली तथा स्पेनवासियों की खोज**
>
> - पुर्तगालियों और स्पेनवासियों ने भौगोलिक खोजों का युग आरम्भ किया। पुर्तगाल के राजकुमार **हेनरी नेवीगेटर** (डॉन हेनरी) के प्रयासों से ही भौगोलिक खोजों के प्रयास को बल मिला।
> - पुर्तगाल के नाविक **बार्थोलोम्योडियाज** ने 1487 ई. में उत्तमाशा अन्तरीप की खोज की, जिसे उसने तूफानी अन्तरीप कहा।
> - 1492 ई. में स्पेन के निवासी कोलम्बस ने भारत पहुँचने का मार्ग ढूँढते हुए अमेरिका की खोज की।

नोट न्यूजीलैण्ड की खोज 1642 ई. में डच नाविक **अबेल तस्मान** (हॉलैण्ड) द्वारा की गई थी। आस्ट्रेलिया की खोज **कैप्टन जेम्स कुक** (ब्रिटेन) ने 1770 ई. में की थी।

प्रमुख पुर्तगाली गवर्नर

प्रमुख पुर्तगाली गवर्नर निम्नलिखित हैं

फ्रांसिस्को-डी-अल्मीडा (1505-09 ई.)

- भारत में प्रथम पुर्तगाली वायसराय एवं गवर्नर के रूप में फ्रांसिस्को-डी-अल्मीडा का आगमन हुआ। इसको पुर्तगाल सरकार द्वारा यह निर्देश दिया गया था कि वह भारत में ऐसे पुर्तगाली दुर्ग बनाए, जिनका लक्ष्य सुरक्षा न होकर हिन्द महासागर के व्यापार पर पुर्तगाली नियन्त्रण स्थापित करना हो। उसकी यह नीति **ब्लू वाटर पॉलिसी** अथवा **शान्त जल की नीति** कहलाई।
- **बीजापुर** व **गुजरात** के शासक पुर्तगालियों के दक्षिणी बन्दरगाहों से उत्तरी बन्दरगाहों तक की विस्तारवादी नीति से अधिक परेशान थे। परिणामस्वरूप मिस्र, तुर्की और गुजरात के शासकों ने पुर्तगालियों के विरुद्ध एक संयुक्त गठबन्धन बनाया।
- अल्मीडा का 1508 ई. में संयुक्त मुस्लिम नौसेनिक बेड़े (गुजरात, तुर्की और मिस्र) से चौल के समीप युद्ध हुआ, जिसमें वह पराजित हुआ।
- **दीव के युद्ध** फरवरी, 1509 में दीव के युद्ध में इसने मुस्लिम नौसैनिक बेड़े को परास्त कर दिया। 16वीं शताब्दी में हिन्द महासागर पुर्तगाली सागर के रूप में परिवर्तित हो गया।

अल्फांसो-डी-अल्बुकर्क (1509-15 ई.)

- अल्फांसो-डी-अल्बुकर्क 1503 ई. में **स्क्वैड्रन कमाण्डर** के रूप में भारत आया था। 1509 ई. में उसे भारत में वायसराय नियुक्त कर दिया गया। उसे भारत में पुर्तगीज शक्ति का वास्तविक संस्थापक माना जाता है।
- उसने 1510 ई. में बीजापुर के शासक युसूफ आदिलशाह से **गोवा** छीन लिया, जिसे कालान्तर में भारत में पुर्तगीज व्यापारिक केन्द्रों की राजधानी बनाया गया।
- उसने 1511 ई. में दक्षिणी-पूर्वी एशिया की व्यापारिक मण्डी **मलक्का** और 1515 ई. में **होर्मुज** पर अधिकार कर लिया तथा अपनी सेना में भारतीयों की भी भर्ती की। उसने पुर्तगालियों को भारतीय महिलाओं से विवाह करने को प्रोत्साहित किया तथा सती प्रथा पर रोक लगा दी। 1515 ई. में उसकी मृत्यु हो गई। इस प्रकार वह **राजा राममोहन राय** का पूर्वगामी था।
- पुर्तगालियों के भारत मे प्रथम दुर्ग, जो भारत में प्रथम यूरोपीय दुर्ग था, का निर्माण अल्बुकर्क ने ही 1503 ई. में कोचीन में कराया था।
- इसी के समय विजयनगर के शासक कृष्णदेव राय ने पुर्तगालियों को भटकल में दुर्ग बनाने की अनुमति प्रदान की थी।
- अल्बुकर्क ने पुर्तगाल के पूर्व गवर्नर अल्मीडा की ब्लू वाटर पॉलिसी को समाप्त करा दिया।

> 1515 ई. में गोवा में प्रथम **चर्च सेण्ट जेवियर** चर्च का निर्माण कराया गया था।

नीनो-डी-कुन्हा (1529-1538 ई.)

- यह अल्बुकर्क के बाद सबसे महत्त्वपूर्ण वायसराय था। नीनो-डी-कुन्हा ने 1530 ई. में कोचीन के स्थान पर गोवा को अपनी राजधानी बनाया।
- इसने सेण्ट टोमे (मद्रास), हुगली (बंगाल) तथा दीव (काठियावाड़) में पुर्तगीज बस्तियों की स्थापना की।
- इसने 1534 ई. में कृष्णा बेसिन पर तथा 1535 ई. में दीव पर अधिकार कर लिया।
- इसका गुजरात के शासक बहादुरशाह से कृष्णा बेसिन के विषय में समझौता हो गया था, लेकिन दीवार खड़ी करने के प्रश्न पर पुन: बहादुरशाह से पुर्तगालियों का विवाद हो गया। इसी समय जहाज से समुद्र में गिरने से बहादुरशाह की मृत्यु हो गई।

जोवा-डी-कैस्ट्रो (1542-45 ई.)

- नीनो-डी-कुन्हा के बाद जोवा-डी-कैस्ट्रो पुर्तगाली गवर्नर बनकर आया। उसने गोवा पर आक्रमण करने वाली बीजापुर की सेनाओं को पराजित किया।
- पुर्तगालियों ने अकबर की अनुमति से हुगली में तथा शाहजहाँ की अनुमति से बुन्देल में कारखाने स्थापित किए। पुर्तगालियों ने हिन्द महासागर से होने वाले व्यापार पर एकाधिपत्य प्राप्त कर, यहाँ से गुजरने वाले अन्य जहाजों से कर की वसूली की।
- पुर्तगालियों ने कार्टेज-आर्मेडा काफिला पद्धति (Cartez Armeda Cofile System) के द्वारा भारतीय तथा अरबी जहाजों का कार्ट्ज या परमिट के बिना अरब सागर में प्रवेश वर्जित कर दिया। यहाँ तक कि पुर्तगाली अधिकार वाले क्षेत्रों से व्यापार करने के लिए मुगल बादशाह अकबर को भी कार्टेज लेना पड़ता था।
- पुर्तगालियों ने हिन्द महासागर में होने वाले व्यापार पर एकाधिकार स्थापित कर लिया था। उन्होंने फारस की खाड़ी, होर्मुज आदि में चौकियाँ स्थापित कीं तथा जापान के साथ भी व्यापार शुरू किया।
- 1632 ई. में मुगल शासक शाहजहाँ ने पुर्तगालियों को बंगाल के हुगली से भगा दिया था। पुर्तगाली स्वयं को सागर का स्वामी कहते थे।

पुर्तगालियों का योगदान

- पुर्तगालियों के भारत में आगमन से भारत में तम्बाकू, आलू, टमाटर की खेती, जहाज निर्माण तथा प्रिंटिंग प्रेस (1556 ई.) की शुरुआत हुई। इसके अतिरिक्त भारत में गोथिक स्थापत्य कला का आगमन हुआ।
- औषधीय वनस्पति से सम्बन्धित पूर्व वैज्ञानिक ग्रन्थ का 1563 ई. में गोवा में प्रकाशन हुआ। पुर्तगीज मध्य अमेरिका से तम्बाकू, आलू और मक्का भारत लाए थे।
- इसी प्रकार अनानास, पपीता, बादाम, काजू, मूँगफली, शकरकन्द, लीची, सन्तरा आदि पुर्तगालियों की देन थीं, जिन्हे उनके द्वारा अन्य देशों से लाया गया था।
- 1560 ई. में गोवा में ईसाई धर्म के न्यायालय की स्थापना की गई थी।

पुर्तगालियों का पतन

- पुर्तगीज वायसरायों पर पुर्तगाली राजा का अधिक नियन्त्रण।
- स्पेन के पुर्तगाल में सम्मिलित हो जाने के कारण स्पेन सरकार का कम्पनी पर नियत्रन्ण बढ़ा।
- उनकी भारतीय जनता के प्रति धार्मिक असहिष्णुता की भावना।
- अन्य यूरोपीय व्यापारिक कम्पनियों से प्रतिस्पर्द्धा।
- नए उपनिवेश ब्राजील की खोज के पश्चात् पुर्तगालियों की मुख्य रुचि का क्षेत्र ब्राजील हो जाना। गुप्त रूप से व्यापार करना तथा डकैती और लूटमार को अपनी नीति का हिस्सा बनाना।

प्रमुख पुर्तगाली विजय

विजय	ई.	गवर्नर
मुस्लिम बेड़े (गुजरात, मिस्र, तुर्की) पर विजय	1509	अल्मीडा
गोवा विजय	1510	अल्बुकर्क
मलक्का विजय	1511	अल्बुकर्क
होर्मुज विजय	1515	अल्बुकर्क
बेसीन विजय	1534	नीनो-डी-कुन्हा
दीव विजय	1535	नीनो-डी-कुन्हा
दमन विजय	1559	सी. डे. ब्रेगान्जे

डच

- पुर्तगालियों के पश्चात् डचों का आगमन हुआ। डच वर्तमान नीदरलैण्ड (हॉलैण्ड) के निवासी थे।
- 1596 ई. में केप ऑफ गुड होप होते हुए भारत के पूर्व में स्थित सुमात्रा तथा बाण्टेन आने वाला प्रथम डच नागरिक कार्नेलियस हाउटमैन था। 1602 ई. में डच संसद के एक आदेश द्वारा डच ईस्ट इण्डिया कम्पनी (यूनाइटेड ईस्ट इण्डिया कम्पनी ऑफ नीदरलैण्ड) की स्थापना की गई। इस कम्पनी का मूल नाम वेरिंगदे ओस्त इण्डसे कम्पनी (VoC) था।
- इस कम्पनी को 21 वर्षों के लिए डच संसद द्वारा भारत और पूरब के देशों के साथ व्यापार करने, आक्रमण और विजय प्राप्त करने के सम्बन्ध में अधिकार प्राप्त हुए।
- 1605 ई. में डचों ने पुर्तगीजों से अम्बायना ले लिया तथा धीरे-धीरे मसाला द्वीप पुंज (इण्डोनेशिया) में उन्हीं को हराकर अपना प्रभाव स्थापित कर लिया। तब से भारत के साथ सम्पर्क में आकर सूती वस्त्रों का व्यापार करने लगे अर्थात् इन्हें अत्यधिक लाभ की प्राप्ति हुई।

डचों ने 1605 ई. में मसूलीपट्टनम में प्रथम कारखाने की स्थापना की, जहाँ वे सिक्के भी ढालते थे, किन्तु आगे चलकर नागपट्टनम को मुख्यालय बना दिया गया। डचों ने जकार्ता जीतकर 1619 ई. में इसके खण्डहरों पर **बैटविया** नामक नगर बसाया।

- भारत में डच फैक्ट्रियों की सबसे बड़ी विशेषता यह थी कि पुलीकट स्थित गेल्ड्रिया दुर्ग के अतिरिक्त सभी डच बस्तियों में कोई भी किलेबन्दी नहीं थी। 1641 ई. में डचों ने मलक्का और 1658 ई. में सिलोन पर अधिकार कर लिया।

डचों की व्यापारिक नीति

- 17वीं शताब्दी में पूर्व की महत्त्वपूर्ण व्यापारिक शक्ति के रूप में डचों ने पुर्तगालियों को विस्थापित किया। 1690 ई. तक उनका प्रमुख केन्द्र **पुलीकट** था, बाद में नागपट्टनम हो गया।
- डचों द्वारा भारत से नील, शोरा और सूती वस्त्र का निर्यात किया जाता था। ये कपड़े कोरोमण्डल तट, बंगाल और गुजरात से निर्यात किए जाते थे। भारत से भारतीय वस्त्र को निर्यात की वस्तु बनाने का श्रेय डचों को जाता है।
- 1627 ई. में डचों ने बंगाल में प्रथम डच फैक्ट्री **पीपली** में स्थापित की थी, परन्तु शीघ्र ही पीपली का स्थान **बालासोर** ने ले लिया।
- डचों की व्यापारिक व्यवस्था सहकारिता पर आधारित थी। इस व्यवस्था का उल्लेख 1722 ई. के दस्तावेज में किया गया है, जिसमें नागपट्टनम के डच गवर्नर और छः तेलुगू व्यापारियों के बीच समझौते के विषय में लिखा गया है।
- 1658 ई. में डचों ने पुलीकट में अपने स्वर्ण निर्मित **पैगोडा** सिक्के का प्रचलन करवाया था और इसी समय 1658 ई. में डचों ने कासिम बाजार, पटना, बालासोर, नागपट्टनम आदि स्थलों पर अपनी फैक्ट्रियाँ स्थापित कीं।
- 1664 ई. में मुगल शासक औरंगजेब ने डचों को $3\frac{1}{2}\%$ वार्षिक चुंगी पर बंगाल, बिहार और उड़ीसा में व्यापार करने का अधिकार प्रदान किया।
- डचों ने कासिम बाजार में रेशम उद्योग स्थापित किया, जिसमें लगभग 3000 कारीगर थे। डचों की अधिकांश फैक्ट्रियाँ पूर्वी तट पर स्थित थीं, क्योंकि वे इण्डोनेशिया से भी जुड़े हुए थे। डच फैक्ट्रियों के प्रमुख को **फैक्टर** कहा जाता था।

बेदरा का युद्ध

- डचों और अंग्रेजों के बीच 1759 ई. में लड़े गए **बेदरा के युद्ध** में भारत में अंग्रेजी नौसेना की श्रेष्ठता सिद्ध हो गई। इस युद्ध के परिणामस्वरूप डच भारतीय व्यापार से बाहर हो गए।
- डच कम्पनी का सरकार के सीधे नियन्त्रण में होना, कम्पनी के पदाधिकारी और कर्मचारी का भ्रष्ट एवं अयोग्य होना, अंग्रेजों की तुलना में नौसैनिक शक्ति का कमजोर होना, दक्षिणी-पूर्वी एशिया के द्वीपों पर अत्यधिक ध्यान केन्द्रित करना आदि भारत में डचों की असफलता के कारण थे।

भारत में डचों द्वारा स्थापित प्रमुख कारखाने

कारखाने	स्थापना ई.	कारखाने	स्थापना ई.
मसूलीपट्टनम	1605	चिनसुरा	1653
पुलीकट (फोर्ट गैल्ड्रिया)	1610	पटना, कासिम बाजार, बालासोर	1658
सूरत	1616	नागपट्टनम	1659
विमलीपत्तनम	1641	कोचीन	1663
करिकाल	1645		

अंग्रेज

- इनकी प्रारम्भिक समुद्री यात्राएँ सुमात्रा, जावा व मलक्का के लिए हुईं, जिनका उद्देश्य मसालों के व्यापार पर नियन्त्रण करना था।
- 1579 ई. में **विलियम ड्रेक** नामक ब्रिटिश नागरिक ने सर्वप्रथम पूर्वी क्षेत्रों का भ्रमण किया। 1588 ई. में ब्रिटिश नौसेना की स्पेनिश आर्मेडा की हार हुई और इसी के साथ ब्रिटिश की नौसैनिक श्रेष्ठता स्थापित हो गई।
- अपनी इसी श्रेष्ठता को आधार बनाकर ब्रिटिश ने भारत की ओर कूच किया। यूरोपीय व्यापारिक कम्पनियों में, जिन्होंने भारत में आकर अपनी व्यापारिक गतिविधियाँ आरम्भ कीं, उनमें अंग्रेज सर्वाधिक सफल रहे। 1599 ई. में **जॉन मिल्डेनहाल** नामक ब्रिटिश यात्री थल मार्ग से भारत आया।

> 1599 ई. में इंग्लैण्ड में मर्चेण्ट एडवेन्चर्स नामक दल ने अंग्रेजी ईस्ट इण्डिया कम्पनी अथव गवर्नर एण्ड कम्पनी ऑफ मर्चेण्ट्स ऑफ लन्दन ट्रेडिंग इन टू द ईस्ट इण्डीज की स्थापना की। इंग्लैण्ड की महारानी **एलिजाबेथ प्रथम** ने 31 दिसम्बर, 1600 को एक आज्ञा-पत्र द्वारा इसे 15 वर्षों के लिए पूर्वी देशों के साथ व्यापार करने का एकाधिकार प्रदान किया।

- भारत में इस समय मुगल सम्राट अकबर का शासन था। कम्पनी के प्रबन्ध के लिए एक समिति बनाई गई। इसमें एक निदेशक, एक उपनिदेशक और 24 सदस्य नियुक्त किए गए। कम्पनी का प्रारम्भिक उद्देश्य भू-भाग नहीं, बल्कि व्यापार था। 15 वर्ष के पश्चात् सम्राट जेम्स प्रथम ने कम्पनी के व्यापारिक अधिकार को अनिश्चित काल के लिए बढ़ा दिया।

जहाँगीर के काल में कम्पनी

- **कैप्टन हॉकिन्स** 1608 ई. में हेक्टर (रेडड्रेगन) नामक जहाज से सूरत पहुँचा, जहाँ से वह मुगल सम्राट जहाँगीर से मिलने आगरा गया। हॉकिन्स, जहाँगीर के नाम जेम्स प्रथम का पत्र लेकर आया था। हॉकिन्स, तुर्की व फारसी भाषा का बहुत अच्छा ज्ञाता था। हॉकिन्स के व्यवहार से प्रसन्न होकर जहाँगीर ने उसे आगरा में बसने तथा 400 का मनसब एवं जागीरें प्रदान कीं।
- जहाँगीर ने हॉकिन्स को **खान** की उपाधि भी दी थी। हॉकिन्स प्रथम अंग्रेज था, जिसने समुद्री मार्ग के द्वारा भारत की भूमि पर कदम रखा।
- 1611 ई. में अंगेज कैप्टन मिडलटन जहाँगीर के दरबार में पहुँचा और व्यापार करने की अनुमति प्राप्त करने में सफल रहा। जहाँगीर ने 1613 ई. में सूरत में अंग्रेजों को स्थायी कारखाना स्थापित करने की अनुमति प्रदान की।
- अंग्रेज कैप्टन वेस्ड द्वारा सूरत के समीप स्वावल्ली में पुर्तगालियों के जहाजी बेड़े को पराजित कर उनके व्यापारिक एकाधिकार को समाप्त किया गया।
- **सर टॉमस रो** 1615 ई. में जेम्स प्रथम के राजदूत के रूप में जहाँगीर के दरबार में आया तथा वह 1618 ई. के अन्त तक एक मान्य राजदूत के रूप में अजमेर, माण्डू व इलाहाबाद में रहा और उसने राज्य के विभिन्न भागों में कारखाना लगाने तथा व्यापार करने की अनुमति प्राप्त की।

- 1623 ई. तक अंग्रेजों ने सूरत, आगरा, मसूलीपट्टनम, अहमदाबाद तथा भड़ौच में अपनी व्यापारिक कोठियों की स्थापना कर ली थी।

दक्षिण भारत में ईस्ट इण्डिया कम्पनी

- ईस्ट इण्डिया कम्पनी ने दक्षिण में अपना पहला कारखाना 1611 ई. में मसूलीपट्टनम और पेटापुली में स्थापित किया। यहाँ से स्थानीय बुनकरों द्वारा निर्मित वस्त्रों को कम्पनी खरीदकर फारस और बन्तम को निर्यात करती थी।
- 1632 ई. में अंग्रेजों ने **गोलकुण्डा** के सुल्तान से एक **सुनहरा फरमान** प्राप्त कर 500 पैगोडा वार्षिक कर अदा करने के बदले गोलकुण्डा राज्य में स्थित बन्दरगाहों से स्वतन्त्रतापूर्वक व्यापार करने की अनुमति प्राप्त की।
- 1639 ई. में **फ्रांसिस डे** नामक अंग्रेज को चन्द्रगिरि के राजा से मद्रास पट्टे पर प्राप्त हुआ, जहाँ अंग्रेजों ने फोर्ट सेण्ट जॉर्ज नामक किले की स्थाना की।
- 1641 ई. में कोरोमण्डल तट पर फोर्ट सेण्ट जॉर्ज कम्पनी का मुख्यालय बन गया।

शाहजहाँ के काल में कम्पनी

- शाहजहाँ ने पुर्तगालियों से नाराज होकर बंगाल में अंग्रेजों को सीमित क्षेत्र में बाजार की अनुमति प्रदान की, लेकिन अंग्रेज **डॉ. गैब्रियल ब्रॉटन** द्वारा शाहजहाँ की पुत्री का सफलतापूर्वक इलाज करने के कारण बंगाल के सूबेदार शाहशुजा ने ₹ 3,000 वार्षिक कर के बदले में कम्पनी को बंगाल, बिहार एवं उड़ीसा में मुफ्त व्यापार की अनुमति दी।
- बंगाल के हुगली नामक स्थान पर 1651 ई. में ब्रिजमैन के नेतृत्व में प्रथम अंग्रेजी कारखाने की स्थापना हुई।

हुगली के बाद कासिम बाजार, पटना, राजमहल में भी अंग्रेजों द्वारा कारखानें खोले गए। 1658 ई. तक बंगाल, बिहार, उड़ीसा और कोरोमण्डल की समस्त अंग्रेजी फैक्ट्रियाँ फोर्ट सेण्ट जॉर्ज (मद्रास) के अधीन हो गईं। बंगाल का प्रथम अंग्रेज गवर्नर **विलियम हेजेज** था।

औरंगजेब के काल में कम्पनी

- 1667 ई. में सम्राट औरंगजैब ने अंग्रेजो को बंगाल में व्यापार करने की सुविधा प्रदान करते हुए एक फरमान जारी किया।
- 1661 ई. में चार्ल्स द्वितीय ने कम्पनी को एक नया आज्ञा-पत्र प्रदान किया, जिसके आधार पर कम्पनी को मुद्रा ढ़ालने, किला बनाने, न्याय करने तथा ईसाई राज्यों के साथ सन्धि-विग्रह करने का अधिकार मिल गया।
- 1661 ई. में इंग्लैण्ड के राजा **चार्ल्स द्वितीय** का विवाह पुर्तगाली राजकुमारी **कैथरीन** के साथ हुआ। इस अवसर पर पुर्तगालियों ने चार्ल्स द्वितीय को दहेज के रूप में बम्बई का द्वीप प्रदान किया। बम्बई का द्वीप 10 पौण्ड वार्षिक किराए पर चार्ल्स द्वितीय ने 1668 ई. में ईस्ट इण्डिया कम्पनी को दे दिया।
- 1687 ई. में सूरत के स्थान पर बम्बई अंग्रेजों की मुख्य व्यापारिक बस्ती बन गई। गेराल्ड औंगियर, जो बम्बई का गवर्नर था, बम्बई का वास्तविक संस्थापक भी था। आधुनिक कोच्चि कभी भी ब्रिटिश उपनिवेश का भाग नहीं रहा।
- 1680 ई. में औरंगजेब ने एक फरमान जारी किया, जिसमें यह आदेश दिया गया था कि अंग्रेजों से 2% चुंगी के अतिरिक्त 1.5% जजिया के रूप में भी लिया जाएगा।
- कम्पनी ने अन्त में शक्ति के द्वारा अपनी रक्षा करने का निर्णय लिया। अक्टूबर, 1686 में अंग्रेजों ने हुगली को लूट लिया, परन्तु औरंगजेब द्वारा पराजित होने पर वे हुगली से भाग गए और **फीवर आइलैण्ड** पर शरण ली।
- फरवरी, 1690 में कम्पनी के अधिकारियों (जॉब चॉरनाक के नेतृत्व में) और मुगल सरकार के बीच समझौता हो जाने पर जॉब चॉरनाक को बंगाल में कम्पनी के एजेण्ट के रूप में नियुक्त किया गया। 10 फरवरी, 1691 को **जॉब चॉरनाक** ने सूतानाती में अंग्रेजी फैक्ट्री की स्थापना की।
- 1698 ई. में बंगाल के सूबेदार अजीम-उस-शान ने अंग्रेजों को ₹ 1,200 में सूतानूती, गोविन्दपुर और कलिकाता की जमींदारी प्रदान की। यहीं कालान्तर में कलकत्ता नगर बसा।

1700 ई. में स्थापित फोर्ट विलियम का प्रथम गवर्नर सर चार्ल्स ऑयर को बनाया गया। इंग्लैण्ड के राजा विलियम तृतीय द्वारा **विलियम नॉरिश** को औरंगजेब के दरबार में भेजा गया। नॉरिश मिशन का उद्देश्य **इंग्लिश कम्पनी ट्रेडिंग इन ईस्ट** के लिए विशेषाधिकार प्राप्त करना था। वस्तुत: 1688 ई. की क्रान्ति के बाद ब्रिटेन में न्यू कम्पनी की स्थापना हुई।

- 1698 ई. में दो अन्य कम्पनियों की स्थापना हुई थी—जनरल सोसायटी तथा इंग्लिश कम्पनी ट्रेडिंग इन ईस्ट। 1708 ई. में इन सभी का विलय 1599 ई. में बनी मूल कम्पनी में हो गया तथा इस संयुक्त कम्पनी का नाम द यूनाइटेड कम्पनी ऑफ मर्चेण्ट्स ऑफ लन्दन ट्रेडिंग टू द ईस्ट इण्डीज था।
- 1833 ई. के चार्टर द्वारा इस कम्पनी का नाम **ईस्ट इण्डिया कम्पनी** कर दिया गया।

उत्तर मुगलकाल में कम्पनी

- 1715 ई. में कम्पनी ने कलकत्ता से जॉन सरमन की अध्यक्षता में एक दूतमण्डल मुगल बादशाह फर्रूखसियर के दरबार में भेजा। इस दूतमण्डल में एडवर्ड स्टीफेन्सन, विलियम हेमिल्टन नामक सर्जन और ख्वाजा सेहूद आर्मीनियन दुभाषिया थे।
- सर्जन हैमिल्टन ने बादशाह को एक भयानक बीमारी से मुक्ति दिलाई, जिससे खुश होकर 1717 ई. में **फर्रूखसियर** ने एक शाही फरमान जारी किया, जिसके अनुसार ₹ 3,000 वार्षिक कर के बदले बंगाल में अतिरिक्त चुंगी के बिना कम्पनी को व्यापार की अनुमति प्राप्त हुई। इस शाही फरमान को और्म्स महोदय ने कम्पनी का महाधिकार पत्र (मैग्नाकार्टा) कहा।
- फर्रूखसियर द्वारा 1717 ई. में अंग्रेजों को, जो अधिकार प्राप्त हुआ, उससे उनको बहुत लाभ हुआ और न केवल बंगाल में, बल्कि

सम्पूर्ण भारत में अपनी शक्ति बढ़ाने का अवसर प्राप्त हो गया। बंगाल के नवाब मुर्शिद कुली खाँ ने फर्रूखसियर द्वारा दिए गए फरमान के द्वारा बंगाल में स्वतन्त्र प्रयोग को नियन्त्रित करने का प्रयास किया।

> बम्बई में बनाए गए सिक्कों को समूचे मुगल साम्राज्य में चलाने की छूट मिल गई। ₹ 10,000 वार्षिक कर देने के बदले में कम्पनी को सूरत में सभी करों से मुक्ति मिल गई। मराठा सेनानायक **औंगियर** ने पश्चिमी तट पर अंग्रेजों की स्थिति को कमजोर बनाया।

डेन (डेनिश)

- अंग्रेजों के बाद डेन 1616 ई. में भारत आए। 1620 ई. में **ट्रांकोबार** (तमिलनाडु) तथा 1676 ई. में **सेरामपुर** (बंगाल) में उन्होंने अपनी व्यापारिक कम्पनियाँ स्थापित कीं।
- सेरामपुर डेनिशों का प्रमुख व्यापारिक केन्द्र था। 1745 ई. में उन्होंने अपनी सभी भारतीय वाणिज्यिक कम्पनियों को अंग्रेजों को बेच दिया।

फ्रांसीसी

- फ्रांसीसी भारत आने वाली अन्तिम यूरोपीय शक्ति थी। 1664 ई. में सम्राट लुई चौदहवें के मन्त्री कोलबर्ट के प्रयासों से फ्रेंच ईस्ट इण्डिया कम्पनी का गठन हुआ था। कम्पनी का नाम **कम्पनी द इण्डेस ओरियण्टलेस** रखा गया था।
- फ्रांसीसी कम्पनी का निर्माण फ्रांस सरकार द्वारा किया गया था तथा इसका सम्पूर्ण खर्च सरकार ही वहन करती थी। अतः यह कम्पनी सरकार द्वारा संरक्षित एवं सरकारी आर्थिक सहायता पर निर्भर थी।

> 1672 ई. में **फ्रांसिस मार्टिन** के नेतृत्व में फ्रांसीसियों ने मद्रास के निकट सेण्टटोमे को अधिकार में लेकर वहाँ एक फैक्ट्री की स्थापना की, लेकिन 1673 ई. में उसका नौसेना अध्यक्ष **दी ला हे** गोलकुण्डा के शासक व डचों की संयुक्त सेना से पराजित हुआ तथा सेण्ट टोमे डचों को मिल गया।

- 1673 ई. में कम्पनी के निदेशक फ्रैंको मार्टिन और एक गैर-पेशेवर सैनिक वेलांग द लेस्पिने ने **वलिकोण्डापुरम** के मुस्लिम सूबेदार शेर खाँ लोदी से एक गाँव प्राप्त कर फ्रांसीसी बस्ती का निर्माण किया तथा उसका नाम पॉण्डिचेरी रखा। यह पूर्ण रूप से किलाबन्द (फोर्टलुई) था।
- 1674 ई. में स्थापित पॉण्डिचेरी को 1701 ई. में पूर्व की फ्रांसीसी बस्तियों का केन्द्र बनाया गया। इसलिए फ्रांसिस (फ्रैंको) मार्टिन को भारत में फ्रांसीसी बस्तियों का वास्तविक संस्थापक माना जाता है। अंग्रेज समर्थित डचों ने फ्रांसीसियों से 1693 ई. में पॉण्डिचेरी को अपने अधीन ले लिया, किन्तु 1697 ई. में **रिजविक की सन्धि** द्वारा इसे वापस लौटा दिया।
- 1674 ई. में फ्रांसीसियों ने बंगाल के सूबेदार शाइस्ता खाँ से एक स्थान प्राप्त किया तथा इसी स्थान पर 1690-1692 ई. में फ्रांसीसी कोठी **चन्द्रनगर** की स्थापना की। चन्द्रनगर स्थित किले को **फोर्ट ओरलिएण्टस** कहा जाता है।
- फ्रांसीसियों ने मॉरीशस (1721 ई.) मालाबार समुद्र तट पर माहे (1725 ई.) तथा कराइकल (1739 ई.) पर अधिकार कर लिया।
- 1706 ई. में मार्टिन की मृत्यु के बाद फ्रांसीसी बस्तियों एवं व्यापार के स्तर में कमी आई। जून, 1720 में फ्रांसीसी कम्पनी का इण्डीज की चिर स्थायी कम्पनी के रूप में पुनः निर्माण हुआ।
- फ्रांसीसी गवर्नर डूप्ले के काल में फ्रांसीसी प्रभुत्व सम्पन्न हुआ। डूप्ले ने भारतीय राज्यों में हस्तक्षेप किया तथा फ्रांसीसी शक्ति का विस्तार किया।
- 1742 ई. के बाद व्यापारिक हितपूर्ति हेतु फ्रांसीसियों ने राजनीतिक क्षेत्र में भी हस्तक्षेप शुरू किया, जिसकी परिणति आंग्ल-फ्रांसीसी युद्ध में सामने आई। अंग्रेजों व फ्रांसीसियों के मध्य तीन युद्ध हुए, जिसे **कर्नाटक युद्ध** कहा जाता है। इस युद्ध में अन्ततः अंग्रेजों की विजय हुई।

यूरोपीय व्यापारिक कम्पनी से सम्बद्ध व्यक्तित्व

वास्कोडिगामा	भारत आने वाला प्रथम यूरोपीय यात्री।
पेड्रो अल्ब्रेज कैब्राल	भारत आने वाला द्वितीय पुर्तगाली।
फ्रांसिस्को-डी-अल्मीडा	भारत का प्रथम पुर्तगाली गवर्नर।
जॉन मिल्डेन हाल	भारत आने वाला प्रथम ब्रिटिश नागरिक।
कैप्टन हॉकिन्स	प्रथम अंग्रेज दूत, जिसने सम्राट जहाँगीर से भेंट की।
गेराल्ड औंगियर	बम्बई का वास्तविक संस्थापक।
जॉब चॉरनाक	कलकत्ता का संस्थापक।
चार्ल्स आयर	फोर्ट विलियम (कलकत्ता) का प्रथम प्रशासक।
फ्रैंको मार्टिन	पॉण्डिचेरी का प्रथम फ्रांसीसी गवर्नर।
फ्रांसिस डे	मद्रास का संस्थापक।
फादर मोंसेरात	अकबर के दरबार में पहुँचने वाले प्रथम शिष्टमण्डल का अध्यक्ष।
फ्रैंकोइस कैरौ	भारत में प्रथम फ्रांसीसी फैक्ट्री की सूरत में स्थापना की।
जॉन सरमन	मुगल सम्राट फर्रूखसियर से विशेष व्यापारिक रियायत (छूट) प्राप्त करने वाले शिष्टमण्डल का मुखिया।

प्रीलिम्स फैक्ट्स

- व्यापार की लिए भारत आने वाले प्रथम यूरोपीय कौन थे? *- पुर्तगाली [JPSC (Pre) 2008]*
- किस भारतीय राजा ने वास्को-डि-गामा का कालीकट में स्वागत किया था? *- जमोरिन [UPPSC (Pre) 2013]*
- पुर्तगालियों ने भारत में किस स्थान पर प्रथम दुर्ग का निर्माण किया था? *- कोचीन में [UPPSC (Mains) 2010]*
- पुर्तगाली उपनिवेश का प्रथम वायसराय भारत में कौन था? *- अल्मीडा [BPSC (Pre) 2020]*
- बान्देल, चिनसुरा, हुगली तथा श्रीरामपुर आदि फैक्ट्रियों में से कौन-सी पुर्तगालियों द्वारा स्थापित की गई थी? *- हुगली [UPPSC (Pre) 2004]*
- किस यूरोपीय शक्ति ने भारत में प्रथमत: सामुद्रिक व्यापारिक केन्द्र स्थापित किए? *- पुर्तगाली [UPPSC (Pre) 2008]*
- बंगाल की खाड़ी में समुद्री डकैती हेतु हुगली का उपयोग कौन-सी यूरोपीय शक्ति करती थी? *- पुर्तगाली [BPSC (Pre) 2019]*
- भारत के साथ व्यापार के लिए सर्वप्रथम संयुक्त पूँजी कम्पनी किस यूरोपीय शक्ति द्वारा आरम्भ की गई थी? *- डचों द्वारा [IAS (Pre) 1994]*
- डच ईस्ट इण्डिया कम्पनी ने किस वर्ष अपनी फैक्ट्री पटना में स्थापित की थी? *- 1632 ई. में [BPSC (Pre) 2019]*
- ईस्ट इण्डिया कम्पनी के निर्माण के समय इंग्लैण्ड का शासक कौन था? *- एलिजाबेथ प्रथम [UPPSC (Mains) 2010]*
- लन्दन में ब्रिटिश ईस्ट इण्डिया कम्पनी के गठन के समय भारत का बादशाह कौन था? *- अकबर [UPPSC (Pre) 2012]*
- यूरोपीय व्यापारिक कम्पनियों में से किसने सूरत में सर्वप्रथम अपना कारखाना स्थापित किया? *- अंग्रेजों ने [UPPSC (Mains) 2010]*
- बंगलौर, मद्रास, मसुलीपट्टनम तथा सूरत में से 1613 ई. में अंग्रेजी ईस्ट इण्डिया कम्पनी को कहाँ एक कारखाना स्थापित करने की अनुमति मिली? *- सूरत में [IAS (Pre) 2006]*
- किस अंग्रेज अधिकारी ने पुर्तगालियों को स्वाल्ली नामक स्थान पर हराया था? *- थॉमस बैस्ट [BPSC (Pre) 2001]*
- कलकत्ता का संस्थापक कौन था? *- जॉब चारनॉक [UPPSC (Mains) 2004]*
- ब्रिटिश ईस्ट इण्डिया कम्पनी ने बम्बई किससे प्राप्त किया था? *- पुर्तगालियों से [UKPSC (Pre) 2010]*
- अंग्रेजी शासनकाल में भारत का कौन-सा क्षेत्र (राज्य) अफीम उत्पादन हेतु प्रसिद्ध था? *- बिहार [BPSC (Pre) 2005]*
- ईस्ट इण्डिया कम्पनी के किस अंग्रेज गवर्नर को औरंगजेब द्वारा भारत से निष्कासित किया गया? *- [MPPSC (Pre) 2008]*
- भारत में फ्रांसीसियों ने अपना सबसे पहला कारखाना कहाँ स्थापित किया था? *- सूरत में [IAS (Pre) 2003]*
- फ्रांसीसी ईस्ट इण्डिया कम्पनी की स्थापना हुई थी? *- लुई 14वें के शासनकाल में [UPPSC (Mains) 2014]*
- भारत में फ्रांसीसी कम्पनी का संस्थापक कौन था? *- कॉलबर्ट [UPPSC (Pre) 2003]*
- डच, इंग्लिश, फ्रांसीसी तथा पुर्तगाली में से कौन एक स्वतन्त्रता पूर्व भारत में व्यापारी के रूप में सबसे अन्त में भारत आया? *- फ्रांसीसी [IAS (Pre) 2007]*
- वह प्रथम यूरोपीय व्यक्ति कौन था, जिसने भू-क्षेत्र अर्जित करने के उद्देश्य से भारतीय राजाओं के झगड़ों में भाग लेने की नीति आरम्भ की? *- डूप्ले [IAS (Pre) 1996]*

सेल्फ चैक

1. निम्नलिखित में से किसने वास्कोडिगामा का कालीकट में स्वागत किया था?
(a) गेस्पर कोरिया (b) अल्बुकर्क
(c) जमोरिन (d) डॉन अल्मीडा

2. पुर्तगाली उपनिवेश का प्रथम वायसराय भारत में कौन था? **BPSC (Pre) 2020**
(a) डियाज (b) वास्कोडिगामा
(c) अल्मीडा (d) अल्बुकर्क

3. भारत में पुर्तगाली शक्ति का वास्तविक संस्थापक कौन था?
(a) वास्कोडिगामा (b) अल्बुकर्क
(c) बार्थोलोमियो डियाज (d) जॉर्ज ऑक्सडन

4. पुर्तगालियों ने भारत में निम्नलिखित में से किस स्थान पर प्रथम दुर्ग का निर्माण किया था? **UPPSC (Mains) 2010**
(a) अंजीदेव में (b) कन्नानोर में
(c) कोचीन में (d) गोवा में

5. बंगाल की खाड़ी में समुद्री डकैती हेतु हुगली का उपयोग कौन करता था? **BPSC (Pre) 2019**
(a) डच (b) फ्रांसीसी
(c) पुर्तगाली (d) अंग्रेज

6. निम्नलिखित में से कौन-सी एक फसल भारत में पुर्तगालियों द्वारा लाई गई थी?
(a) अफीम (b) कॉफी
(c) पान (d) मिर्च

7. निम्नलिखित में से किन स्थानों पर डचों ने अपने व्यापारिक अड्डे स्थापित किए? **UPPSC (Pre) 2017**
(a) नागपट्टनम, चिनसुरा, मसूलीपट्टनम
(b) सूरत, भरूच, आगरा
(c) कोचीन, अहमदाबाद, पटना
(d) उपरोक्त सभी

8. डच ईस्ट इण्डिया कम्पनी ने किस वर्ष अपनी फैक्ट्री पटना में स्थापित की? **BPSC (Pre) 2019**
(a) 1601 ई. (b) 1632 ई.
(c) 1774 ई. (d) 1651 ई.

9. ईस्ट इण्डिया कम्पनी के निर्माण के समय इंग्लैण्ड का शासक था **UPPSC (Mains) 2010**
(a) चार्ल्स प्रथम (b) एलिजाबेथ प्रथम
(c) जेम्स प्रथम (d) जेम्स द्वितीय

10. निम्नलिखित ब्रिटिश कम्पनियों में से किसे भारत में व्यापार करने का पहला अधिकार-पत्र प्राप्त हुआ था? **UPPSC (Pre) 2014**
(a) लीवेण्ट कम्पनी
(b) ईस्ट इण्डिया कम्पनी
(c) द इंग्लिश कम्पनी ट्रेडिंग टू ईस्ट इण्डीज
(d) ऑस्टेण्ड कम्पनी

11. मद्रास में इंग्लिश ईस्ट इण्डिया कम्पनी के अधिवास के स्थान को किस नाम से जाना जाता था?
(a) फोर्ट विलियम (b) फोर्ट सेण्ट जॉर्ज
(c) एलफिन्स्टन सर्किल (d) मार्बल पैलेस

12. ब्रिटिश ईस्ट इण्डिया कम्पनी ने बम्बई किससे लिया था? **UKPSC (Pre) 2010**
(a) डचों से (b) फ्रांसीसियों से
(c) डेनिशों से (d) पुर्तगालियों से

13. फ्रांसीसी ईस्ट इण्डिया कम्पनी स्थापित हुई थी **UPPSC (Mains) 2014**
(a) लुई चौदहवें के शासनकाल में
(b) लुई तेरहवें के शासनकाल में
(c) लुई पन्द्रहवें के शासनकाल में
(d) लुई सोलहवें के शासनकाल में

14. भारत आने वाले यूरोपीय यात्रियों के बारे में निम्नलिखित कथनों पर विचार कीजिए
1. सर टॉमस रो, ईस्ट इण्डिया कम्पनी के प्रतिनिधि को जहाँगीर द्वारा सूरत में कारखाना स्थापित करने की अनुमति दी गई।
2. पुर्तगालियों के उकसाने से कैप्टन हॉकिन्स को मुगलों द्वारा आगरा से बाहर निकाला गया।
3 कश्मीर की अपनी यात्रा फादर मोंसेरात ने अकबर के साथ की।

उपरोक्त कथनों में से कौन-सा/से कथन सही है/हैं?
(a) केवल 2 (b) 1 और 2
(c) 1 और 3 (d) 2 और 3

15. पॉण्डिचेरी (वर्तमान पुदुचेरी) के सन्दर्भ में निम्नलिखित कथनों पर विचार कीजिए **IAS (Pre) 2010**
1. पॉण्डिचेरी पर अधिकार करने वाली पहली यूरोपीय शक्ति पुर्तगाली थे।
2. पॉण्डिचेरी पर अधिकार करने वाली दूसरी यूरोपीय शक्ति फ्रांसीसी थे।
3. अंग्रेजों ने कभी पॉण्डिचेरी पर अधिकार नहीं किया।

उपरोक्त कथनों में से कौन-सा/से कथन सही है/हैं?
(a) केवल 1 (b) केवल 3
(c) 2 और 3 (d) 1, 2 और 3

16. निम्नलिखित कथनों पर विचार कीजिए **IAS (Pre) 2021**
1. सेण्ट फ्रांसिस जेवियर, जेसुइट संघ (ऑर्डर) के संस्थापक सदस्यों में से एक थे।
2. सेण्ट फ्रांसिस जेवियर की मृत्यु गोवा में हुई तथा यहाँ उन्हें समर्पित एक गिरजाघर है।
3. गोवा में प्रतिवर्ष सेण्ट फ्रांसिस जेवियर के भोज का अनुष्ठान किया जाता है।

उपरोक्त कथनों में से कौन-से कथन सही हैं?
(a) 1 और 2 (b) 2 और 3
(c) 1 और 3 (d) 1, 2 और 3

17. भारतीय इतिहास के सन्दर्भ में निम्नलिखित कथनों पर विचार कीजिए **IAS (Pre) 2022**

1. डच लोगों ने पूर्वी क्षेत्रों में गजपति शासकों द्वारा प्रदान की गई जमीनों पर अपनी फैक्ट्रियाँ/गोदाम स्थापित किए।
2. अल्फांसो-डी-अल्बुकर्क ने बीजापुर सल्तनत से गोवा को छीन लिया था।
3. अंग्रेजी ईस्ट इण्डिया कम्पनी ने मद्रास में विजयनगर साम्राज्य के एक प्रतिनिधि से पट्टे पर ली गई जमीन के एक प्लॉट पर फैक्ट्री स्थापित की थी।

उपरोक्त कथनों में से कौन-से कथन सही हैं?

(a) 1 और 2 (b) 2 और 3
(c) 1 और 3 (d) 1, 2 और 3

18. 18वीं शताब्दी के केरल में त्रावणकोर राज्य के बारे में निम्नलिखित विशेषताओं में से कौन-सी सही है/हैं?

1. 1729 से 1758 ई. तक मार्तण्ड वर्मा त्रावणकोर के शासक थे।
2. त्रावणकोर ने एक सशक्त सेना बनाकर 1741 ई. में डच लोगों को हराया।
3. त्रावणकोर ज्ञान का एक महत्त्वपूर्ण केन्द्र था।

कूट

(a) केवल 1 (b) केवल 2
(c) 1 और 2 (d) 1, 2 और 3

19. सत्रहवीं शताब्दी के पहले चतुर्थांश में निम्नलिखित में से कहाँ इंगलिश ईस्ट इण्डिया कम्पनी के कारखाने स्थित थे?

1. भरूच
2. चिकाकोल
3. त्रिचिनोपोली

कूट

(a) केवल 1 (b) केवल 3
(c) 1 और 2 (d) 2 और 3

20. सूची I को सूची II के साथ सुमेलित कीजिए तथा सूचियों के अन्त में दिए गए कूट से सही उत्तर चुनिए

सूची I	सूची II
A. पॉण्डिचेरी	1. डच
B. गोवा	2. फ्रेंच
C. त्रावणकोर	3. पुर्तगाली (पुर्तगीज)
D. मद्रास	4. डेनिश (डेन)

कूट

	A	B	C	D		A	B	C	D
(a)	2	3	4	1	(b)	1	2	3	4
(c)	3	4	1	2	(d)	4	1	2	3

जानें सही उत्तर

1. (c)	**2.** (c)	**3.** (b)	**4.** (c)	**5.** (c)	**6.** (d)	**7.** (d)	**8.** (b)	**9.** (b)	**10.** (a)
11. (b)	**12.** (d)	**13.** (a)	**14.** (c)	**15.** (a)	**16.** (c)	**17.** (b)	**18.** (d)	**19.** (a)	**20.** (a)

● अध्याय पच्चीस

भारत में ब्रिटिश सत्ता की स्थापना

"व्यापार के उद्देश्य से भारत आने वाली विभिन्न यूरोपीय कम्पनियों में ब्रिटिश ईस्ट इण्डिया कम्पनी ने भारत में अपनी राजनीतिक सत्ता स्थापित की। अपनी राजनीतिक शक्ति की स्थापना के क्रम में जहाँ एक ओर ब्रिटिश ईस्ट इण्डिया कम्पनी ने अन्य यूरोपीय कम्पनियों को युद्ध में पराजित किया, वहीं दूसरी ओर प्लासी और बक्सर के युद्धों में विजय प्राप्त करके उसने भारत में अपनी राजनीतिक सत्ता स्थापित की।

सामान्य परिचय

- **16वीं तथा 17वीं शताब्दी** का यूरोप वाणिज्यवाद की ओर अग्रसरित हुआ। यही वह काल है, जब वहाँ राजतन्त्र संगठित होना प्रारम्भ होता है। इन्हें अधिक-से-अधिक संसाधनों की आवश्यकता थी, जोकि इनके पास उपलब्ध नहीं थे। अतः इन्होंने साम्राज्यवाद की नीति का पालन करते हुए, संसाधनों से परिपूर्ण भारत को व्यापार से प्रारम्भ कर धीरे-धीरे अपने आधिपत्य में लेना प्रारम्भ किया।
- व्यापार और संसाधनों पर एकाधिकार व नियन्त्रण बनाए रखने के लिए इन **यूरोपीय कम्पनियों** के मध्य भी आपसी युद्ध एवं सन्धियाँ हुईं तथा भारतीय शासकों के साथ भी इनकी यहीं नीतियाँ रहीं।
- भारतीय शासक आपसी मतभेद में ही उलझे रहते थे, इनमें एकता का अभाव था। इसलिए मुगल शक्तियों का पतन हो रहा था, उनमें केन्द्रीय शक्ति एवं सत्ता का भी अभाव था। ऐसी स्थिति में इसने यूरोपीय व्यापारिक कम्पनियों का ध्यान व्यापार से राजनीति एवं प्रशासन की ओर आकर्षित कर दिया और इसी क्रम में उनके द्वारा ब्रिटिश साम्राज्य के आधिपत्य की नींव भारत में रखी गई।

भारत में ब्रिटिश सत्ता की स्थापना हेतु बहुत से संघर्ष हुए, जिनका विवरण निम्नलिखित है

आंग्ल-फ्रांसीसी संघर्ष

- फ्रांसीसियों और अंग्रेजों के बीच हुए संघर्ष को **कर्नाटक युद्ध** के नाम से भी जाना जाता है। इस युद्ध के होने का मूल कारण दक्षिण भारत के व्यापार पर इन दोनों ही कम्पनियों के द्वारा प्रभुत्व स्थापित करने का प्रयास था।
- लगभग 20 वर्षों तक चले इस संघर्ष के परिणामस्वरूप भारत में फ्रांसीसी शक्ति अन्तिम रूप से टूट गई। इन युद्धों ने यह सुनिश्चित कर दिया कि भारत पर अंग्रेजों का प्रभुत्व एवं शासन रहेगा।

कर्नाटक का प्रथम युद्ध (1746-48 ई.)

- प्रथम कर्नाटक युद्ध का कारण अंग्रेज कैप्टन बर्नेट के नेतृत्व में अंग्रेजी नौसेना द्वारा कुछ फ्रांसीसी जलपोतों पर अधिकार कर लेना था। परिणामस्वरूप **डूप्ले** ने मॉरिशस के फ्रांसीसी गवर्नर **ला बुर्डोने** से अंग्रेजों के विरुद्ध सहायता माँगी।
- ला बुर्डोने अपने 3,000 सैनिकों के बेड़े के साथ कोरोमण्डल के तट पर पहुँचा और मद्रास के गवर्नर मोर्स को आत्मसमर्पण करने के लिए विवश कर दिया।

> कर्नाटक के युद्ध में **सेण्ट थोमे** का युद्ध सर्वप्रमुख है। यह युद्ध फ्रांसीसी सेना एवं कर्नाटक के नवाब अनवरुद्दीन की सेना के मध्य लड़ा गया। कैप्टन पैराडाइज के नेतृत्व में छोटी-सी फ्रांसीसी सेना ने सेण्ट थोमे के युद्ध में नवाब की विशाल सेना को पराजित किया। इस जीत में मुख्य भूमिका फ्रांसीसी तोपखानों की रही। इसे किसी विदेशी सेना की पहली जीत के रूप में देखा जाता है।

- इस युद्ध ने भारतीय शासकों की सैन्य कमजोरियों को उजागर कर दिया कि यूरोपीय प्रणाली से प्रशिक्षण प्राप्त सुव्यवस्थित एक छोटी सेना भी भारतीय शासकों की बड़ी सेना को पराजित कर सकती है।
- कर्नाटक के प्रथम युद्ध को यूरोप में फ्रांस एवं ब्रिटेन के मध्य चल रहे **आस्ट्रियाई उत्तराधिकार के युद्ध** (1740-48) का विस्तार माना जाता है। यूरोप में फ्रांस एवं ब्रिटेन एक-दूसरे के विरोधी थे, जिसका प्रभाव भारत पर भी दिखाई देता है।

> **एक्स ला शापेल की सन्धि** (1748 ई.) से ऑस्ट्रिया के उत्तराधिकार का युद्ध समाप्त हो गया, जिसके कारण कर्नाटक का प्रथम युद्ध भी समाप्त हो गया। इस सन्धि से मद्रास अंग्रेजों को तथा अमेरिका में लुईसबर्ग फ्रांसीसियों को वापस मिल गए। इस प्रकार प्रथम युद्ध के प्रथम दौर में दोनों पक्ष बराबर रहे।

द्वितीय कर्नाटक युद्ध (1749-54 ई.)

- इस युद्ध के समय कर्नाटक के नवाब के पद को लेकर संघर्ष हुआ, क्योंकि हैदराबाद को एक स्वतन्त्र राज्य के रूप में स्थापित करने वाले **निजाम-उल-मुल्क** की मृत्यु 1748 ई. में हो जाने के बाद उसके पौत्र मुजफ्फरजंग तथा दूसरे पुत्र नासिरजंग के मध्य उत्तराधिकार के लिए संघर्ष आरम्भ हो गया।
- इसी समय कर्नाटक में भी इस प्रकार का संघर्ष कर्नाटक के तत्कालीन नवाब अनवरुद्दीन तथा भूतपूर्व नवाब दोस्त अली के दामाद चन्दा साहब के मध्य आरम्भ हो गया। फ्रांसीसियों ने चन्दा साहब तथा मुजफ्फरजंग का समर्थन किया, तो वहीं अंग्रेजो ने **नासिरजंग** तथा **अनवरुद्दीन** का साथ दिया। अत: एक बार पुन: अंग्रेज एवं फ्रांसीसी भारत में संघर्षरत हो गए।
- 1749 ई. के अम्बूर के युद्ध में अनवरुद्दीन मारा गया तथा उसके बेटे मुहम्मद अली ने त्रिचनापल्ली में शरण ली। 1750 ई. में हैदराबाद में नासिरजंग भी मारा गया तथा मुजफ्फरजंग नवाब बना।
- इससे प्रसन्न होकर मुजफ्फरजंग के द्वारा डूप्ले को कृष्णा नदी से कन्याकुमारी तक के क्षेत्र का गवर्नर बना दिया गया। साथ ही उसे **मसूलीपट्टनम** एवं **पॉण्डिचेरी** (पुदुचेरी) का क्षेत्र भी प्रदान कर दिया।
- मुज्जफरजंग की मृत्यु के पश्चात् सलावतजंग ने फ्रांसीसियों को उत्तरी सरकार का क्षेत्र प्रदान किया गया।
- डूप्ले के द्वारा बुस्सी के नेतृत्व में एक फ्रांसीसी सैन्य टुकड़ी हैदराबाद में तैनात की गई, जिससे दक्षिणी भारतीय क्षेत्रों की सुरक्षा तन्त्र को और भी मजबूत किया गया।
- चाँद साहब ने **अर्काट** को अपनी राजधानी बनाकर शासन किया। चाँद साहब ने फ्रांसीसियों को पॉण्डिचेरी के समीप 80 गाँवों का अनुदान दिया।
- इस समय दक्षिण भारत में फ्रांसीसियों का प्रभाव चरम पर था। इसी बीच **रॉबर्ट क्लाइव**, जो इंग्लैण्ड से मद्रास एक क्लर्क के रूप में आया था, ने त्रिचनापल्ली पर दबाब कम करने के लिए अर्काट के किले को घेर लिया।
- इसी समय तंजौर के सेनापति ने धोखे से चन्दा साहब की हत्या कर दी और त्रिचनापल्ली पर फ्रांसीसियों ने आक्रमण किया, जिसमें वे अंग्रेजों से पराजित हुए।
- इसी समय फ्रांसीसी अधिकारियों ने डूप्ले की नीति की आलोचना करते हुए, उसे वापस बुला लिया। डूप्ले के बारे में **जे. आर. मैरियट** ने कहा कि "डूप्ले ने भारत की पूँजी मद्रास में तलाश कर भयानक भूल की, क्लाइव ने इसे बंगाल में खोज लिया।"
- डूप्ले के स्थान पर **गोडेहू** को 1 अगस्त, 1754 को पॉण्डिचेरी का गवर्नर बनाया गया। गोडेहू ने अंग्रेजों से 1754 ई. में पॉण्डिचेरी की सन्धि कर ली।
- इस सन्धि के द्वारा दोनों पक्ष युद्ध विराम पर सहमत हुए। दोनों कम्पनियों को अपने-अपने क्षेत्र वापस मिल गए। अंग्रेज समर्थक मुहम्मद अली को कर्नाटक का नवाब बनाया गया। इसके साथ ही दोनों कम्पनियों ने भारतीय नरेशों के झगड़ों में हस्तक्षेप न करने का वादा किया।

कर्नाटक का तृतीय युद्ध (1756-63 ई.)

- तृतीय कर्नाटक युद्ध इंग्लैण्ड तथा आस्ट्रिया के मध्य प्रशा में शुरु हुए सप्तवर्षीय युद्ध (1756-63 ई.) का ही विस्तार माना जाता है। यूरोप में फ्रांस, आस्ट्रिया को तथा इंग्लैण्ड, प्रशा को समर्थन दे रहा था। इसका प्रत्यक्ष प्रभाव भारत में उपस्थित दोनों शक्तियों के सम्बन्धों पर पड़ा।

> कर्नाटक के तृतीय युद्ध का वास्तविक आरम्भ तब हुआ, जब फ्रांसीसी सरकार ने **काउण्ट लाली** को भारत में स्थापित सम्पूर्ण फ्रांसीसी क्षेत्र के सन्दर्भ में सैन्य एवं असैन्य अधिकार प्रदान कर भारत भेजा।

- 1758 ई. में काउण्ट लाली ने **फोर्ट सेण्ट डेविड** जीत लिया। इसके पश्चात् मद्रास को घेर लिया गया, लेकिन अंग्रेजी नौसेना आने के कारण उसे घेरा उठाना पड़ा। इसके बाद काउण्ट लाली ने बुस्सी को हैदराबाद से वापस बुलाने की एक गम्भीर भूल की, इससे हैदराबाद में फ्रांसीसियों की स्थिति कमजोर हो गई। कर्नाटक के तृतीय युद्ध का तात्कालिक कारण क्लाइव और वाटसन द्वारा बंगाल स्थित चन्द्रनगर पर अधिकार करना था।
- 22 जनवरी, 1760 को लड़े गए **वाण्डिवाश के युद्ध** में अंग्रेजी सेना को आयरकूट ने तथा फ्रांसीसी सेना को काउण्ट लाली ने नेतृत्व प्रदान किया।
- इस युद्ध में फ्रांसीसी पराजित हुए। इसके बाद फ्रांसीसी पॉण्डिचेरी वापस लौट गए। शीघ्र ही अंग्रेजों ने पॉण्डिचेरी, माहे तथा जिंजी के फ्रांसीसी प्रदेशों पर कब्जा कर लिया। तृतीय कर्नाटक युद्ध का समापन **पेरिस की सन्धि** से हुआ।

पेरिस की सन्धि

फ्रांसीसियों और **अंग्रेजों** के मध्य 1763 ई. में पेरिस सन्धि पर हस्ताक्षर होते ही सप्तवर्षीय युद्ध समाप्त हुआ। इस सन्धि के द्वारा फ्रांसीसियों को भारत स्थित सभी कारखानें वापस कर दिए गए, लेकिन अब उनकी न तो किलेबन्दी की जा सकती थी और न ही सैनिक वहाँ डेरे डाल सकते थे। कारखानें (फैक्ट्रियाँ) अब केवल व्यापार केन्द्रों के रूप में ही कार्य कर सकते थे।

- यह युद्ध पूर्णतः निर्णायक रहा, क्योंकि अब फ्रांसीसी भारत में एक स्वतन्त्र शक्ति के रूप में नहीं रहे और न ही वे अब अपने राज्य का विस्तार कर सकते थे। फ्रांसीसियों की अन्तिम रूप से पराजय ने यह स्पष्ट कर दिया कि आने वाले दिनों में ब्रिटिश ही भारत की सर्वोच्च शक्ति के रूप में स्थापित होंगे। फ्रांसीसी अन्तिम यूरोपियन व्यापारी रहे, जो भारत में व्यापार हेतु आए थे।

आंग्ल-मैसूर संघर्ष

- 1565 ई. में तालीकोटा का निर्णायक युद्ध हुआ, जिसने विजयनगर साम्राज्य का अन्त कर दिया, इसके अवशेषों पर जिन स्वतन्त्र राज्यों का जन्म हुआ, उनमें मैसूर एक प्रमुख राज्य था। इस समय यहाँ वाड्यार वंश का शासन था तथा यहाँ का शासक **चिक्का कृष्णराज** था।
- 18वीं सदी में **हैदर अली** नामक एक योग्य सेनापति अपनी योग्यता के बल पर मैसूर राज्य का स्वामी बना। हैदर अली के युद्ध कौशल से प्रभावित होकर **नंजराज** ने 1757 ई. में उसे डिण्डीगुल के किले का फौजदार नियुक्त किया। फ्रांसीसियों की सहायता से उन्होंने डिण्डीगुल में 1755 ई. में एक आधुनिक शस्त्रागार की स्थापना की।

प्रथम आंग्ल-मैसूर युद्ध (1767-69 ई.)

- **मराठों** तथा **निजाम** से सन्धि कर अंग्रेजों ने हैदर अली के विरुद्ध युद्ध आरम्भ किया, परन्तु कुछ समय पश्चात् निजाम, हैदर अली के पक्ष में हो गया।
- प्रथम आंग्ल-मैसूर युद्ध अंग्रेजों की आक्रामक नीति का परिणाम था। हैदर अली ने अंग्रेजों को करारा जवाब देने के उद्देश्य से मराठों तथा निजाम से सन्धि कर एक संयुक्त सैनिक मोर्चा बनाया। तत्पश्चात् उसने कर्नाटक पर आक्रमण किया, परन्तु 1767 ई. में हैदर और निजाम **तिरुवन्नमलई संगम** में पराजित हो गए।
- 1769 ई. में हैदर अली के द्वारा मंगलौर पर आक्रमण किया गया, जहाँ उसका युद्ध मंगलौर का साथ देने बम्बई से आई प्रशिक्षित ब्रिटिश सेना से हुआ, जिसमें हैदर अली ने अंग्रेजों को पराजित कर दिया और उन्हें **मद्रास की सन्धि** करने के लिए विवश किया।

मद्रास की सन्धि (1769 ई.)

मद्रास की सन्धि 4 अप्रैल, 1769 को **हैदरअली** और **अंग्रेजों** के बीच हुई। इस सन्धि में कैदियों की अदला-बदली तथा विजित स्थानों के आपसी बदलाव की व्यवस्था थी। अंग्रेजों की प्रतिष्ठा को इस सन्धि से भारी आघात लगा, क्योंकि एक भारतीय शक्ति ने मद्रास के द्वार पर सन्धि की शर्तें निश्चित कीं।

- दक्कन क्षेत्र में ब्रिटिशों को पराजित करने वाला **पहला भारतीय** व्यक्ति हैदर अली था।

द्वितीय आंग्ल-मैसूर युद्ध (1780-84 ई.)

- यह युद्ध हैदर अली और अंग्रेजों के मध्य हुआ था। इस युद्ध का प्रमुख कारण हैदर अली पर 1771 ई. में मराठों द्वारा आक्रमण व 1769 ई. की सन्धि के अनुसार अंग्रेजों द्वारा हैदर अली को सहायता नहीं देना था।
- अंग्रेजों द्वारा फ्रांसीसी नियन्त्रण वाले माहे पर कब्जा कर लेना, इस युद्ध का तात्कालिक कारण था, क्योंकि माहे मैसूर राज्य में स्थित था। हैदर अली ने अंग्रेजों से माहे खाली करने के लिए कहा, किन्तु उन्होंने इनकार कर दिया।
- ज्ञातव्य है कि हैदराबाद के निजाम तथा हैदर अली दोनों ही अंग्रेजों से रुष्ट थे। इधर मराठे पहले से ही अंग्रेजों से युद्ध कर रहे थे। इन परिस्थितियों में इन तीनों (**हैदर अली, मराठे और निजाम**) ने मिलकर अंग्रेजों के विरुद्ध एक संयुक्त मोर्चा बनाया।
- 1780 ई. में हैदर अली ने **अर्काट** (कर्नाटक) पर आक्रमण कर इस युद्ध की शुरुआत की और ब्रिटिश कर्नल जॉर्ज बेली को विजित कर अर्काट पर अधिकार कर लिया।

1781 ई. में हैदर अली एवं ब्रिटिश जनरल सर आयरकूट के मध्य **पोर्टोनावा का युद्ध** हुआ, जिसमें हैदर अली पराजित होने के साथ-साथ घायल भी हो गया। इसी युद्ध में हैदर अली की मृत्यु 1782 ई. में हो गई। इनकी मृत्यु के बाद इस युद्ध को उनके पुत्र टीपू सुल्तान के द्वारा जारी रखा गया। तत्पश्चात् मार्च, 1784 ई. में टीपू सुल्तान और अंग्रेजों के मध्य **मंगलौर की सन्धि** के साथ यह युद्ध समाप्त हो गया।

- द्वितीय आंग्ल मैसूर युद्ध के बाद हुई मंगलौर की सन्धि (1784 ई.) से असन्तुष्ट होकर वारेन हेस्टिंग्स ने कहा था कि "यह मैकार्टनी कैसा आदमी है? मैं अभी भी विश्वास करता हूँ कि वह सन्धि के बावजूद भी कर्नाटक को खो देगा।"

मंगलौर की सन्धि (1784 ई.)

यह सन्धि अंग्रेजों की ओर से गवर्नर **लॉर्ड मैकार्टनी** और **टीपू** के बीच मार्च, 1784 में हुई। इस सन्धि द्वारा दोनों पक्षों ने एक-दूसरे के जीते हुए प्रदेश लौटा दिए तथा बन्दियों को मुक्त कर दिया। अंग्रेजों ने यह आश्वासन दिया कि वे मैसूर के साथ मैत्रीपूर्ण व्यवहार रखेंगे और संकट के समय मैसूर की सहायता करेंगे, किन्तु वारेन हेस्टिंग्स को यह शर्त स्वीकार नहीं थी, क्योंकि इस सन्धि से अंग्रेजों की प्रतिष्ठा को ठेस पहुँची थी।

तृतीय आंग्ल-मैसूर युद्ध (1790-92 ई.)

- **लॉर्ड कॉर्नवालिस** ने जब निजाम तथा मराठों को अपने पक्ष में मिलाकर 1790 ई. में टीपू के विरुद्ध **त्रिदलीय संगठन** की रचना की, तब टीपू को युद्ध अवश्यम्भावी प्रतीत होने लगा। उसने अप्रैल, 1790 में त्रावणकोर पर आक्रमण कर दिया।
- अंग्रेजों ने त्रावणकोर के राजा का पक्ष लिया तथा **टीपू सुल्तान** के ऊपर यह आरोप लगाया गया कि उसने ब्रिटिशों के विरुद्ध फ्रांसीसियों से गुप्त समझौता किया। साथ ही त्रावणकोर पर आक्रमण भी किया और इसी को आधार बनाकर ब्रिटिशों के द्वारा युद्ध प्रारम्भ कर दिया गया। इसे तृतीय आंग्ल-मैसूर युद्ध कहा जाता है।
- कॉर्नवालिस ने 1790 ई. में सेना का नेतृत्व करते हुए वेल्लूर और बंगलौर पर अधिकार कर श्रीरंगपट्टनम पर आक्रमण किया।
- 1791 ई. में कॉर्नवालिस द्वारा अरिकेरा के स्थान पर टीपू पूर्णतया पराजित हुआ। कड़े प्रतिरोध के बाद टीपू को बाध्य होकर **श्रीरंगपट्टनम** की सन्धि (मार्च, 1792) करनी पड़ी। इस सन्धि के अनुसार उसे अपने देश का लगभग आधा भाग अंग्रेजों तथा उसके साथियों को देना पड़ा। टीपू को ₹3 करोड़ भी युद्ध क्षति के रूप में देने पड़े। इस सन्धि के द्वारा अंग्रेजों को बारामहल, डिण्डीगुल तथा मालाबार प्राप्त हुए।

तृतीय आंग्ल-मैसूर युद्ध के पश्चात् हुई श्रीरंगपट्टनम की सन्धि (1792 ई.) से उत्साहित होकर लार्ड कॉर्नवालिस ने डण्डस को पत्र में लिखा कि "हमने अपने मित्रों को शक्तिशाली बनाए बिना ही अपने शत्रुओं को कुचल दिया।"

चतुर्थ आंग्ल-मैसूर युद्ध (1799 ई.)

- टीपू सुल्तान ने चतुर्थ आंग्ल-मैसूर युद्ध में अंग्रेजों से मुकाबला करने के लिए अन्तर्राष्ट्रीय सहयोग लेने की दिशा में प्रयास किया। उसने **नेपोलियन** से भी पत्र व्यवहार किया।
- 4 मई, 1799 को टीपू संयुक्त अंग्रेजी सेना से बहादुरी के साथ लड़ता हुआ मारा गया। ब्रिटिशों की ओर से इस युद्ध में सेना का नेतृत्व वेलेजली, हैरिस तथा स्टुअर्ट ने किया था। मैसूर पर विजय प्राप्त कर लेने के उपलक्ष्य में वेलेजली को **मार्क्विस** की उपाधि प्रदान की गई।
- अंग्रेजों ने मैसूर पर नियन्त्रण स्थापित कर वाड्यार वंश के अल्पायु शासक **कृष्णराज द्वितीय** को सत्ता सौंप कर सहायक सन्धि कर ली।

आंग्ल-मैसूर युद्ध

युद्ध	शासक	बंगाल के गवर्नर	सन्धि
प्रथम आंग्ल-मैसूर युद्ध (1767-69 ई.)	हैदर अली	लॉर्ड वेरेलस्ट	मद्रास की सन्धि (1769 ई.)
द्वितीय आंग्ल-मैसूर युद्ध (1780-84 ई.)	हैदर अली/ टीपू सुल्तान	वारेन हेस्टिंग्स	मंगलौर की सन्धि (1784 ई.)
तृतीय आंग्ल-मैसूर युद्ध (1790-92 ई.)	टीपू सुल्तान	लॉर्ड कॉर्नवालिस	श्रीरंगपट्टनम की सन्धि (1792 ई.)
चतुर्थ आंग्ल-मैसूर युद्ध (1799 ई.)	टीपू सुल्तान	लॉर्ड वेलेजली	मैसूर ने सहायक सन्धि मानी

आंग्ल-मराठा संघर्ष

18वीं सदी के पश्चात् तथा 19वीं शताब्दी के पूर्व अंग्रेजों तथा मराठा के मध्य राजनीतिक सर्वोच्चता हेतु संघर्ष हुआ, जिसका वर्णन निम्न है

प्रथम आंग्ल-मराठा युद्ध (1775-82 ई.)

- प्रथम आंग्ल-मराठा युद्ध का कारण मराठों के आपसी झगड़े तथा अंग्रेजों की महत्त्वाकांक्षाएँ थीं। 1775 ई. **रघुनाथ राव** (राघोबा) तथा अंग्रेजों के मध्य **सूरत की सन्धि** हुई।
- इस सन्धि की प्रमुख शर्तें निम्न थीं
  - अंग्रेज रघुनाथ राव को पेशवा बनाने में सैनिक सहायता देंगे, जिनका व्यय रघुनाथ राव को वहन करना था।
  - सालसेट, बसीन और आस-पास के टापू अंग्रेजों को दे दिए जाएंगे। इसके अतिरिक्त सूरत तथा भड़ौच के जिलों की आय का कुछ भाग भी अंग्रेजों को मिलेगा।
  - मराठे बंगाल एवं कर्नाटक पर आक्रमण कर देंगे।
  - यदि रघुनाथ राव ने पूना दरबार से कोई सन्धि की, तो उसमें अंग्रेजों का शामिल किया जाएगा।
- इस सन्धि के फलस्वरूप ही प्रथम आंग्ल-मराठा युद्ध हुआ। इस युद्ध में मराठों की हार हुई।
- नाना फड़नवीस ने अंग्रेज कैप्टन कर्नल ऑप्टन से मार्च, 1776 में **पुरन्दर की सन्धि** की। इसके अन्तर्गत यह व्यवस्था की गई कि कम्पनी रघुनाथ राव का समर्थन नहीं करेगी, परन्तु सालसेट एवं थाना पर कम्पनी का अधिकार बना रहेगा।

बम्बई सरकार पुरन्दर की सन्धि को अस्वीकार करके राघोबा को संरक्षण प्रदान करती रही। दोनों पक्षों में **बड़गाँव** के स्थान पर युद्ध हुआ, जिसमें कम्पनी की सेना पराजित हुई। परिणामस्वरूप 1779 ई. में **बड़गाँव की सन्धि** हुई, जिसके अन्तर्गत अंग्रेजों ने 1773 ई. के बाद जीते गए मराठा क्षेत्रों को वापस करने का वचन दिया। बड़गाँव की अपमानजनक सन्धि को हेस्टिंग्स ने मानने से इनकार कर दिया तथा युद्ध को निरन्तर जारी रखा।

- 1780 ई. में अहमदाबाद, गुजरात एवं ग्वालियर को जीतने में कम्पनी की सेना को सफलता मिली। 1782 ई. में **सालबाई की सन्धि** (अंग्रेज तथा महादजी सिन्धिया के बीच) से प्रथम आंग्ल-मराठा युद्ध समाप्त हो गया तथा एक-दूसरे के विजित क्षेत्र लौटा दिए गए।
- इस सन्धि को मूर्त रूप देने में **महादजी सिन्धिया** ने माधव नारायण राव एवं अंग्रेजों के बीच मध्यस्थता की थी। सन्धि का मुख्य उद्देश्य अंग्रेजों एवं मराठों के मध्य शान्ति स्थापित करना था।
- **माधव नारायण** (माधवराव द्वितीय) की मृत्यु के पश्चात् राघोबा का पुत्र बाजीराव द्वितीय पेशवा बना। बाजीराव द्वितीय एक अयोग्य एवं स्वार्थी शासक था, जिसका उद्देश्य मराठा अधिकारियों को आपस में लड़ाकर अपना हित साधना था।
- **पेशवा बाजीराव द्वितीय** ने सिन्धिया की मदद करते हुए जसवन्त होल्कर के भाई की हत्या करवा दी। परिणामस्वरूप जसवन्त होल्कर ने दौलतराव सिन्धिया एवं पेशवा बाजीराव द्वितीय की संयुक्त सेना पर आक्रमण करते हुए उन्हें परास्त कर दिया।
- पेशवा बाजीराव द्वितीय ने भागकर **बसीन** में शरण ली तथा अंग्रेजों के साथ बसीन की सन्धि की।

बसीन की सन्धि

31 दिसम्बर, 1802 को बसीन में अंग्रेजों के साथ **बसीन की सन्धि** की। सन्धि के परिणामस्वरूप पेशवा बाजीराव द्वितीय ने अंग्रेजों की संरक्षकता स्वीकार करते हुए निम्नलिखित शर्तों के प्रति सहमति व्यक्त की

- अंग्रेजों का संरक्षण स्वीकार करते हुए पेशवा ने 60,000 अंग्रेजी सेना को पूना में रखना स्वीकार किया।
- सेना के बदले पेशवा ने ₹ 26 लाख वार्षिक आय वाला क्षेत्र अंग्रेजों को देना स्वीकार किया अर्थात् गुजरात एवं तुंगभद्रा नदी के दोआब क्षेत्र अंग्रेजों को प्रदान किए गए।
- पेशवा ने कम्पनी को सूरत नगर दे दिया।
- पेशवा ने अपने विदेशी मामले कम्पनी के अधीन कर दिए।
- निजाम से चौथ वसूलने का अधिकार पेशवा ने कम्पनी को दे दिया।

- पेशवा बाजीराव द्वितीय ने उपरोक्त शर्तों के साथ बसीन की सन्धि के रूप में अंग्रेजों के साथ प्रथम सहायक सन्धि स्वीकार कर ली।
- **सिन्धिया** एवं **भोंसले** जैसे अन्य मराठा सरदारों ने बसीन की सन्धि का तीव्र प्रतिरोध किया तथा अंग्रेजों के साथ सन्धि समाप्त करने के लिए युद्ध का विकल्प चुना। फलत: अंग्रेजों एवं मराठों के मध्य द्वितीय आंग्ल-मराठा युद्ध की पृष्ठभूमि तैयार हुई।

द्वितीय आंग्ल-मराठा युद्ध (1803-06 ई.)

- बसीन की सन्धि का प्रतिरोध करते हुए भोंसले एवं सिन्धिया ने अंग्रेजों का विरोध किया। लॉर्ड लेक ने 1803 ई. में भोंसले को पराजित करके उसे **देवगाँव की सन्धि** (17 दिसम्बर, 1803) करने पर विवश कर दिया।
- भोंसले ने अंग्रेजों के साथ सन्धि करते हुए कटक एवं वर्धा नदी के पश्चिमी भाग अंग्रेजों को दे दिए। अंग्रेजों ने 1803 ई. में ही सिन्धिया को परास्त करके **सुरजी-अर्जन गाँव की सन्धि** (30 दिसम्बर, 1803) की।
- इसके प्रतिफलस्वरूप सिन्धिया ने गंगा तथा यमुना के क्षेत्र कम्पनी को सौंप दिए। अंग्रेजो ने द्वितीय मराठा युद्ध को आगे बढ़ाते हुए 1804 ई. में होल्कर के साथ युद्ध किया। सर जॉर्ज बालो ने होल्कर को पराजित करते हुए उसे **राजपुर घाट की सन्धि** करने पर विवश किया।
- **द्वितीय आंग्ल-मराठा युद्ध** के परिणामस्वरूप अंग्रेजों ने मराठा शक्ति पर अपनी श्रेष्ठता सिद्ध की तथा मराठा सरदारों को अपने अधीन कर लिया।

प्रथम आंग्ल-मराठा युद्ध एक नजर में

युद्ध	वर्ष	गवर्नर-जनरल
प्रथम आंग्ल-मराठा युद्ध	1775-82 ई.	वारेन हेस्टिंग्स
द्वितीय आंग्ल-मराठा युद्ध	1803-05 ई.	लॉर्ड वेलेजली
तृतीय आंग्ल-मराठा युद्ध	1817-18 ई.	लॉर्ड हेस्टिंग्स

मराठों द्वारा की गई प्रमुख सन्धियां

सन्धि	ई./वर्ष	सन्धिकर्ता
पुरन्दर की सन्धि	जून, 1665	जयसिंह और शिवाजी
संगोला की सन्धि	1756	बालाजी बाजीराव और राजाराम द्वितीय
झलकी की सन्धि	1752	बालाजी और निजाम
सूरत की सन्धि	मार्च, 1775	रघुनाथ राव और ईस्ट इण्डिया कम्पनी
पुरन्दर की सन्धि	1776	माधवराव नारायण और ब्रिटिश
बड़गाँव की सन्धि	1779	माधवराव नारायण और ब्रिटिश
सालबाई की सन्धि	1782	माधवराव नारायण और ब्रिटिश
बसीन की सन्धि	31 दिस., 1802	बाजीराव द्वितीय और ब्रिटिश
देवगाँव की सन्धि	17 दिस., 1803	भोसले और ब्रिटिश
सुत्री अर्जुन गाँव की सन्धि	30 दिस., 1803	सिन्धिया और ब्रिटिश
राजपुर घाट की सन्धि	1804	होल्कर और ब्रिटिश
पूना की सन्धि	13 जून, 1817	बाजीराव द्वितीय और अंग्रेज
मन्दसौर की सन्धि	6 जून, 1818	होल्कर और ब्रिटिश

तृतीय आंग्ल-मराठा युद्ध (1817-18 ई.)

- लॉर्ड हेस्टिंग्स ने भारत का गवर्नर-जनरल बनने के बाद मराठा शक्ति को समाप्त करके उन्हें अंग्रेजी राज्य में विलय करने के लिए प्रयास किए। इसके द्वारा तृतीय आंग्ल-मराठा युद्ध आरम्भ हुआ। हेस्टिंग्स ने पिण्डारियों के दमन के दौरान मराठों के प्रभुत्व वाले क्षेत्रों पर भी आक्रमण किए, जिससे मराठों एवं अंग्रेजों के बीच असन्तोष पनपा।
- पिण्डारी अवैतनिक सैनिक के रूप में मराठा सेना में कार्य करते थे। लूट के बदले इन्हें कुछ निश्चित राशि प्राप्त होती थी। इनकी सहभागिता लेने की शुरुआत बाजीराव प्रथम के समय में हुई।
- लॉर्ड हेस्टिंग्स ने पिण्डारियों का दमन करने के लिए नवम्बर, 1817 में सिन्धिया के साथ ग्वालियर की सन्धि की, जिसके फलस्वरूप सिन्धिया को चम्बल नदी के दक्षिण-पश्चिम में स्थित राज्यों से अपना प्रभाव हटाना पड़ा।
- जून, 1817 में अंग्रेजों ने पेशवा को मराठा संघ का अध्यक्ष पद त्यागने को कहा। भोंसले इन सन्धियों से पूर्व 1816 ई. में ही अंग्रेजों के साथ नागपुर की सन्धि की शर्तों को स्वीकार चुका था।
- इन अपमानजनक सन्धियों के विरुद्ध विद्रोह करते हुए मराठा सरदारों ने अंग्रेजों के विरुद्ध भी विद्रोह किया, परन्तु अंग्रेजों ने भोंसले को सीताबर्डी के युद्ध में, होल्कर को महीदपुर के युद्ध में तथा पेशवा को किर्की, कोरेगाँव और अण्टी के युद्ध में बुरी तरह पराजित करके मराठा शक्ति को पूर्ण रूप से समाप्त कर दिया।
- मराठों ने पूना के अंग्रेज रेजिडेण्ट व अन्य शिविरों पर आक्रमण किए। इस युद्ध में पेशवा पराजित हुए। परिणामस्वरूप दोनों के बीच पूना की सन्धि हुई।

> सन्धि के बाद 1818 ई. में पेशवा का पद समाप्त कर दिया गया और बाजीराव द्वितीय को पेंशन देकर बिठूर भेज दिया गया तथा पूना का अंग्रेजी राज में विलय कर दिया गया। 1853 ई. में बिठूर में बाजीराव द्वितीय की मृत्यु के साथ ही मराठा साम्राज्य का पतन हो गया।

आंग्ल-सिख संघर्ष

1839 ई. में रणजीत सिंह की मृत्यु के 10 वर्षों के पश्चात् उसका राज्य समाप्त हो गया। सिख क्षेत्रों पर अधिकार को लेकर सिख तथा अंग्रेजो के मध्य संघर्ष हुआ, जिसे आंग्ल सिख संघर्ष कहते हैं।

प्रथम आंग्ल-सिख युद्ध (1845-46 ई.)

- प्रथम आंग्ल-सिख युद्ध महारानी जिन्दन की महत्त्वाकांक्षा का परिणाम था।
- इस युद्ध के समय अंग्रेजी सेना ने लाहौर पर अधिकार कर लिया। लॉर्ड हॉर्डिंग (गवर्नर-जनरल) तथा लॉर्ड गॉफ इस युद्ध के समय भारत के प्रधान सेनापति थे।
- अंग्रेजी सेना ने सर ह्यूगफ के नेतृत्व में सितम्बर, 1845 को मुदकी नामक स्थान पर लालसिंह के नेतृत्व वाली सिख सेना को पराजित किया। सिख सेनाओं को क्रमश: फिरोजशाह (दिसम्बर, 1845), बद्दोवाल (जनवरी, 1846), ओलीवाल, सबराओ (फरवरी, 1846) में पराजित होने के पश्चात् अंग्रेजों के साथ लाहौर की सन्धि करनी पड़ी।

> **लाहौर की सन्धि (8 मार्च, 1846)**
>
> इस सन्धि की शर्तों के अनुसार, एक ब्रिटिश रेजीडेण्ट (सर हेनरी लॉरेन्स) को लाहौर में नियुक्त किया गया। सिखों ने सतलुज नदी के दक्षिणी ओर के सभी प्रदेशों को अंग्रेजों को सौंप दिया। लाहौर दरबार पर ₹ 1.5 करोड़ युद्ध का जुर्माना लगाया गया।
>
> सन्धि के बदले अंग्रेज़ों ने दिलीप सिंह को महाराजा और रानी जिन्दन को संरक्षिका तथा लालसिंह को वजीर के रूप में मान्यता प्रदान की। लाहौर का आकार सीमित करने के लिए अंग्रेज़ों ने कश्मीर को ₹ 50,000 में गुलाबसिंह को बेच दिया, जिस कारण सिखों ने लाल सिंह के नेतृत्व में पुन: विद्रोह कर दिया। आगे चलकर दिसम्बर, 1846 में भैरोवाल की सन्धि हुई।
>
> **भैरोवाल की सन्धि (22 दिसम्बर, 1846)**
>
> दिसम्बर, 1846 में एक अन्य सन्धि भैरोवाल की सन्धि हुई। 22 दिसम्बर, 1846 को सम्पन्न भैरोवाल की सन्धि की शर्तों के अनुसार, दिलीप सिंह के वयस्क होने तक ब्रिटिश सेना का लाहौर प्रवास निश्चित कर दिया गया, साथ ही लाहौर का प्रशासन आठ सिख सरदारों की एक परिषद् को सौंपकर महारानी जिन्दन को ₹ 48,000 की वार्षिक पेंशन पर शेखपुरा भेज दिया गया।

द्वितीय आंग्ल-सिख युद्ध (1848-49 ई.)

- लाहौर की सन्धि के अनुसार ब्रिटिश सेना को 1846 ई. के अन्त तक लौट जाना था, किन्तु महाराजा के अल्पवयस्क होने का बहाना लेकर अंग्रेजों ने सेना को यथावत बनाए रखा।
- मुल्तान के गवर्नर मूलराज को ₹ 20 लाख और रावी नदी के उत्तर का क्षेत्र कम्पनी को सौंपने के लिए जब बाध्य किया गया, तब अंग्रेजों की माँग से खिन्न होकर मूलराज ने त्याग-पत्र दे दिया।
- मुल्तान के गवर्नर मूलराज के विद्रोह के कारण जनता एवं सिखों ने विद्रोह कर दिया, जिसका परिणाम यह हुआ कि लॉर्ड डलहौजी ने अक्टूबर, 1848 में विद्रोहियों के विरुद्ध युद्ध की घोषणा कर दी। द्वितीय आंग्ल-सिख युद्ध के दौरान तीन युद्ध लड़े गए थे। इनका वर्णन निम्न प्रकार है
  - रामनगर का युद्ध 22 नवम्बर, 1848 को जनरल गॉफ के नेतृत्व में अंग्रेजी सेना ने रावी नदी पार कर रामनगर नामक स्थान पर एक अनिर्णायक युद्ध लड़ा।
  - चिलियाँवाला का युद्ध 13 जनवरी, 1849 को लड़े गए चिलियाँवाला युद्ध में अंग्रेजी सेना का नेतृत्व लॉर्ड गॉफ ने किया, जबकि सिख सेना शेरसिंह के नेतृत्व में लड़ी, परन्तु यह युद्ध अनिर्णीत समाप्त हुआ।
  - गुजरात का युद्ध गुजरात के युद्ध को तोपों के युद्ध के नाम से भी जाना जाता है। इस युद्ध को जीतने के बाद हेनरी लॉरेन्स, लॉर्ड एलनबरो की इच्छा के विरुद्ध डलहौजी ने 30 मार्च, 1849 को चार्ल्स नेपियर के नेतृत्व में पंजाब को अंग्रेजी राज्य में मिला लिया। दिलीप सिंह को अंग्रेजों ने ₹ 5 लाख की वार्षिक पेंशन पर रानी जिन्दन के साथ इंग्लैण्ड भेज दिया।

भारत के प्रति अंग्रेजों की नीतियाँ

भारत के प्रति अंग्रेजों की नीतियाँ निम्न थीं

घेरे की नीति (1765-13 ई.)

- वारेन हेस्टिंग्स ने मैसूर और मराठों के साथ युद्ध, अन्य भारतीय रियासतों के साथ बराबरी की पदवी प्राप्त करने की भावना से किया। इस दौरान कम्पनी ने अपने राज्य के चारों ओर **मध्यवर्ती राज्य** (Buffer State) बनाने का प्रयत्न किया।

> कॉर्नवालिस ने भी भारतीय रियासतों को अंग्रेजी राजनीतिक शक्ति और सैनिक रक्षा के घेरे में लाने का प्रयत्न किया। सर जॉन शोर ने यद्यपि देशी रियासतों के प्रति अहस्तक्षेप की नीति अपनाई थी, परन्तु उनके बाद लॉर्ड वेलेजली ने साम्राज्यवादी नीति अपनाते हुए सहायक सन्धि प्रणाली की शुरुआत की।

- लॉर्ड वेलेजली ने सहायक सन्धि एवं कुशासन के आधार पर देशी रियासतों को ब्रिटिश साम्राज्य के अधीन लाने का कार्य किया।

अधीनस्थ पार्थक्य नीति (1813-57 ई.)

- देशी रियासतों के प्रति लॉर्ड हेस्टिंग्स ने अधीनस्थ पृथक्करण की नीति अपनाई। इस नीति के अनुसार देशी रियासतों को अपने आन्तरिक मामलों को छोड़कर, समस्त बाहरी प्रभुसत्ता के लिए कम्पनी के अधीन रहना था।
- यद्यपि शुरू में रियासतों को आन्तरिक मामलों में स्वतन्त्रता दी गई थी, किन्तु अंग्रेजी रेजिडेण्टों की बढ़ती शक्ति ने उन्हें आन्तरिक मामलों में भी पंगु बना दिया। कर्नल लॉ एवं कर्नल वॉकर ने अपनी मजबूत शक्ति के कारण क्रमश: हैदराबाद एवं बड़ौदा रियासतों के आन्तरिक मामलों में हस्तक्षेप किया।

> अधीनस्थ पार्थक्य नीति ने देशी रियासतों की बाह्य एवं आन्तरिक दोनों स्वतन्त्रताएँ छीन लीं। इसी क्रम में लॉर्ड विलियम बैंटिक एवं डलहौजी ने भी अपने कार्यकालों में क्रमश: कुशासन एवं हड़पने की नीति के तहत विभिन्न रियासतों को ब्रिटिश सरकार के अधीन कर लिया।

- बैण्टिक ने कुशासन के आधार पर क्रमश: मैसूर, कछार, कुर्ग एवं जैन्तिया तथा ऑकलैण्ड ने कुर्नूल, माण्डवी तथा कोलाबा एवं जालौन रियासतों का अधिग्रहण कर लिया था, जबकि जैतपुर, बहावलपुर एवं कश्मीर रियासतों के आन्तरिक मामलों में हस्तक्षेप न करने की नीति ब्रिटिश सरकार ने बनाई थी। डलहौजी ने अवध का विलय कुशासन के आधार पर किया था।

अधीनस्थ संघ की नीति (1857-35 ई.)

- 1857 के विद्रोह में कुछ देशी रियासतों ने अंग्रेजों की मदद की थी। इससे प्रभावित होकर अंग्रेजों ने विद्रोह के बाद **डलहौजी की हड़प नीति** को समाप्त कर दिया तथा ब्रिटिश सरकार के प्रति वफादारी प्रदर्शित करने वाली रियासतों के साथ ब्रिटिश सरकार ने विशेष सम्बन्ध स्थापित किए।
- 1858 ई. के राजलेख (चार्टर एक्ट) के पारित होने पर सभी अधीनस्थ रियासतें ब्रिटिश क्राउन के अधीन हो गईं। इसके तहत केवल कुशासन के आधार पर देशी रियासतों को दण्डित करने का प्रावधान किया गया तथा विलय की नीति को पूर्णत: त्याग दिया।

बराबर के संघ की नीति (1935-47 ई.)

- 1935 के अधिनियम के अनुसार, प्रस्तावित भारत के संघ की संघीय विधानसभा में देशी रियासतों को 375 में से 125 स्थान दिए गए और राज्य विधानपरिषद् में 260 में से 104 स्थान दिए गए।
- संघ केवल तभी अस्तित्व में आता था, जब कम-से-कम आधी जनसंख्या और परिषद् में आधे स्थानों वाली रियासतें संघ में सम्मिलित हो जाएँ। वर्ष 1937 के चुनाव प्रभाव एवं दूसरे विश्व युद्ध के छिड़ जाने से संघीय योजना स्थगित कर दी गई।

पड़ोसी राज्यों से संघर्ष

पड़ोसी राज्यों से संघर्ष का वर्णन निम्न है

आंग्ल-नेपाल युद्ध (गोरखा युद्ध)

- नेपाल में गोरखों ने 1768 ई. में अपनी शासन-व्यवस्था स्थापित की, लेकिन ब्रिटिशों के आर्थिक-लाभ हेतु साम्राज्यवाद की नीति के कारण इन्होंने उनकी शासन-व्यवस्था एवं क्षेत्राधिकारों में हस्तक्षेप किया। चूँकि ब्रिटिश ईस्ट इण्डिया कम्पनी तिब्बत के साथ व्यापार के लिए उत्सुक थी, परन्तु नेपाली क्षेत्रों का उपयोग करना था, इसलिए उन्होंने हस्तक्षेप करना प्रारम्भ कर दिया।
- दूसरी ओर नेपाल की भौगोलिक अवस्थिति ऐसी थी कि वे अपना विस्तार उत्तर की ओर नहीं कर सकते थे, क्योंकि वहाँ हिमालय एवं चीन की उपस्थिति थी। दक्षिण दिशा में ब्रिटिश ईस्ट इण्डिया कम्पनी अपना विस्तार 1801 ई. तक गोरखपुर एवं बस्ती जिले तक कर चुकी थी। ऐसे में दोनों की सीमाएँ आपस में मिलने लगीं।
- नेपाल के द्वारा अधिकृत क्षेत्र बुटवल तथा शिवराज को ब्रिटिशों द्वारा अपने अधिकार क्षेत्र में ले लिया गया, तत्पश्चात् मई, 1814 में बुटवल जिले की 3 ब्रिटिश पुलिस चौकियों पर नेपाली गोरखों के द्वारा आक्रमण कर दिया गया।
- इससे क्रुद्ध होकर गवर्नर लॉर्ड हेस्टिंग्स ने इनके विरुद्ध युद्ध की घोषणा कर दी थी और यहीं से आंग्ल-नेपाल युद्ध की शुरुआत होती है।
- इस युद्ध के दौरान जनरल गिलेस्पी मारे गए। मेजर जनरल मार्टिण्डेल भी जैतक दुर्ग को विजित करने में असफल हुए, परन्तु कुछ स्थानों; जैसे-अल्मोड़ा नगर को विजित करने में गार्डनर एवं कर्नल निकल्सन ने सफलता पाई। अन्तिम रूप से डेविड ऑक्टर लोनी के द्वारा गोरखों को 28 फरवरी, 1816 को पराजित कर दिया गया। तत्पश्चात् उनके माध्य **सुगौली की सन्धि** हुई।

सुगौली की सन्धि के प्रावधान

- आंग्ल-नेपाल युद्ध में ब्रिटिश सेना की हार हुई, अत्यधिक क्षति को ध्यान में रखते हुए, ब्रिटिश सेना में गोरखों की भर्ती को अब आरम्भ कर दिया गया। वर्तमान में भारतीय सेना में 7 गोरखा रेजिमेण्ट के अन्तर्गत कुल 39 बटालियन अपनी सेवा दे रही हैं।
- काठमाण्डू में एक ब्रिटिश प्रतिनिधि की नियुक्ति की बात स्वीकार की गई। वहाँ पर प्रथम ब्रिटिश प्रतिनिधि एडवर्ड गार्डनर को नियुक्त किया गया।
- गोरखो ने गढ़वाल, कुमाऊँ, तराई क्षेत्रों को ब्रिटिशों को सौंप दिया साथ ही ब्रिटिशों को शिमला, रानीखेत, अल्मोड़ा, मसूरी जैसे हिल स्टेशन भी प्राप्त हुए, जो उनकी ग्रीष्मकालीन राजधानी बनी थीं और मध्य एशियाई क्षेत्रों से अवागमन में भी सुविधा प्रदान करती थीं।
- सुगौली सन्धि पर हस्ताक्षर ब्रिटिश ईस्ट इण्डिया कम्पनी की ओर से लेफ्टिनेण्ट कर्नल पेरिश ब्रेडशॉ तथा नेपाल की ओर से राजगुरु गजराल मिश्र के द्वारा किए गए थे।
- 1857 के विद्रोह को दबाने में गोरखों ने ब्रिटिशों का सहयोग किया, जिसके कारण ब्रिटिशों ने उन्हें तराई प्रदेश वापस कर दिया।

आंग्ल-बर्मा युद्ध

- आंग्ल-बर्मा युद्ध की पृष्ठभूमि बर्मा के शासक की राज्य-विस्तार की नीति ने तैयार की। बर्मा शासक अपने राज्य का पश्चिमी विस्तार अराकान (वर्तमान मणिपुर) तक मानता था।
- 1819 ई. में बर्मा के राजा के द्वारा गवर्नर-जनरल लॉर्ड हेस्टिंग्स के कार्यकाल के दौरान एक पत्र लिखकर यह दावा किया गया कि कासिम बाजार, ढाका, मुर्शिदाबाद तथा चटगाँव उसके आधिपत्य के अन्तर्गत आते हैं।
- 1822 ई. में बर्मा के शासक द्वारा विजय अभियान चलाकर श्याम को अपने आधिपत्य में ले लिया गया, जोकि भारतीय सुरक्षा के दृष्टिकोण से ब्रिटिश ईस्ट इण्डिया कम्पनी के लिए सही नहीं था। अतः इनके द्वारा वहाँ हस्तक्षेप किया गया।
- 1823 ई. में बर्मा की सेना के द्वारा चटगाँव के समीप स्थित एक द्वीपीय क्षेत्र शाहपुरी पर आक्रमण कर उसे अपने आधिपत्य में लेने का प्रयास किया गया। तत्पश्चात् 24 फरवरी, 1824 को लॉर्ड एम्हर्स्ट ने बर्मा के विरुद्ध युद्ध की घोषणा कर दी।

प्रथम आंग्ल-बर्मा युद्ध (1824-1826 ई.)

- ब्रिटिश ईस्ट इण्डिया कम्पनी के द्वारा दो ओर से अपनी सेनाएँ भेजकर बर्मा पर आक्रमण किया गया। सेनाओं के पहले दल ने उत्तर-पूर्व (असम के मार्ग) की ओर से प्रवेश किया, जबकि दूसरे दल ने कैम्पबेल के नेतृत्व में समुद्री मार्ग से आकर रंगून पर आक्रमण कर दिया।
- ब्रिटिश सेना ने 11 मई, 1824 को रंगून पर अधिकार करने में सफलता प्राप्त की और तत्पश्चात् यह सेना प्रोम की ओर आगे बढ़ गई। बर्मा का सेनापति बान्दुला अचानक हुए रॉकेट विस्फोट में मारा गया, जिसके पश्चात् ब्रिटिश सेना के द्वारा प्रोम पर अपना आधिपत्य स्थापित कर लिया गया। फलस्वरूप ब्रिटिश ईस्ट इण्डिया कम्पनी एवं बर्मा के शासक के मध्य **याण्डबू की सन्धि** सम्पन्न हुई।

याण्डबू की सन्धि (24 फरवरी, 1826)

- ब्रिटिशों को अराकान तथा तेनासीराम के क्षेत्र प्राप्त हुए।
- मणिपुर के स्वतन्त्र अस्तित्व को स्वीकारते हुए, उसे एक स्वतन्त्र राज्य बना दिया गया तथा गम्भीर सिंह को शासक के रूप में दोनों ने स्वीकार किया।
- बर्मा की राजधानी आवा में अब एक ब्रिटिश रेजिडेण्ट की नियुक्ति की जानी थी। कछार, असम तथा जयन्तिया से बर्मा ने अपने आधिपत्य वापस ले लिया।

द्वितीय आंग्ल-बर्मा युद्ध (1852 ई.)

- याण्डूब सन्धि के अन्तर्गत बहुत से ब्रिटिश व्यापारी व्यापार करने के उद्देश्य से बर्मा के दक्षिणी तट एवं रंगून में बस गए, लेकिन कुछ समय पश्चात् ही इनके द्वारा बर्मा सरकार के नियमों एवं निर्देशों का उल्लंघन किया जाने लगा। दण्डस्वरूप बर्मा सरकार के द्वारा ब्रिटिश कप्तान शैपर्ड एवं लुईस पर भारी जुर्माना लगाया गया।
- बर्मा में कार्यरत ब्रिटिश व्यापारियों के द्वारा सहायता माँगने से गवर्नर-जनरल डलहौजी को युद्ध के एक ऐसे अवसर की प्राप्ति हुई, जिसके माध्यम से इमारती लकड़ियों पर नियन्त्रण स्थापित किया जा सकता था। इसलिए उसने क्षतिपूर्ति के ऊपर बातचीत करने के उद्देश्य से कोमोडोर लेम्बर्ट को रंगून भेजा। यह फॉक्स नामक युद्धपोत जहाज का अफसर था।
- लेम्बर्ट के द्वारा बर्मा के राजा का एक जहाज पकड़ लिया गया। यही द्वितीय आंग्ल-बर्मा युद्ध का तत्कालीन कारण बना। इस युद्ध में बर्मा के शासक की हार हुई। तत्पश्चात् ब्रिटिशों के द्वारा 20 दिसम्बर, 1852 को उत्तरी बर्मा (लोअर बर्मा/पेगू) को ब्रिटिश आधिपत्य के अन्तर्गत शामिल कर लिया गया।

तृतीय आंग्ल-बर्मा युद्ध (1885-1888 ई.)

- यह युद्ध वायसराय लार्ड डफरिन के कार्यकाल में बर्मा सरकार द्वारा लट्ठ उद्योग पर भारी जुर्माना लगाने एवं फ्रांसीसियों के साथ अपने सम्बन्ध को अधिक बढ़ाने के कारण हुआ था। इस युद्ध में बर्मा सरकार की हार हुई एवं उसे पुनः ब्रिटिश साम्राज्य (आधिपत्य) के अन्तर्गत शामिल कर लिया गया।

भारत सरकार अधिनियम, 1935 के द्वारा **बर्मा** को भारत से पृथक् दिया गया। 4 जनवरी, 1948 को इसे एक स्वतन्त्र देश का दर्जा प्रदान कर दिया गया।

आंग्ल-अफगान युद्ध

- भारत, ब्रिटिशों के आर्थिक लाभ की दृष्टि से सर्वोत्तम देश रहा, इसलिए वे सदैव ही इसमें अपना आधिपत्य बनाए रखना चाहते थे। किन्तु रूस का आधिपत्य 19वीं सदी के उत्तरार्द्ध में अफगान एवं फारस की सीमा तक हो गया। सुरक्षा दृष्टि से यह ब्रिटिशों के लिए चिन्ता का विषय था।
- इन क्षेत्रों में रूस की उपस्थिति ने ब्रिटिशों को अफगान से सम्बन्ध स्थापित करने अथवा युद्ध करने के लिए प्रेरित किया, क्योंकि अफगान भारत के उत्तरी-पश्चिमी सीमा पर अवस्थित ऐसा प्रान्त था, जो **भारत का प्रवेशद्वार** भी माना जाता था।

प्रथम आंग्ल-अफगान युद्ध

- इस युद्ध की शुरुआत गवर्नर-जनरल **लॉर्ड ऑकलैण्ड** के कार्यकाल में 1839 ई. में हुई।
- 1800 ई. में अहमदशाह अब्दाली का पौत्र शाहशुजा काबुल का शासक बना, लेकिन 1809 ई. में उसके भाई **दोस्त मुहम्मद** ने उसे गद्दी से उतारकर स्वयं को शासक घोषित कर दिया।
- वहीं दूसरी ओर रणजीत सिंह के द्वारा 1823 ई. में पेशावर को विजित किया गया, जिससे उसकी सीमा अफगान तक जा पहुँची। अफगानों के लिए सिख राज्य एक खतरे के रूप में उभरा था।
- शाहशुजा अपने खोए हुए राज्य को पुन: प्राप्त करना चाहता था। इसलिए उसने 1831 ई. में महाराजा रणजीत सिंह को **कोहिनूर हीरा** भेंट स्वरूप प्रदान कर, उनसे सहायता की माँग की।
- ऑकलैण्ड के द्वारा जब महाराजा रणजीत सिंह से दोस्त मुहम्मद को पेशावर नहीं दिलाया गया, तो दोस्त मुहम्मद ने रूस से सन्धि कर ली। वहीं दूसरी ओर ऑकलैण्ड ने जून, 1836 ई. में **त्रिगुट** (**ऑकलैण्ड, रणजीत सिंह एवं शाहशुजा**) बनाया।
- इसी दौरान फारस ने 1837 ई. में रूस की सहायता से हेरात (अफगानिस्तान का सीमावर्ती शहर) पर कब्जा कर लिया। यह शहर सामरिक महत्त्व का भारत का प्रवेशद्वार था।
- ब्रिटिशों के द्वारा सितम्बर, 1937 में कैप्टन **अलेक्जेण्डर बर्न्स** को व्यापारिक यात्रा के नाम पर राजनीतिक परिवेश का आकलन करने हेतु काबुल भेजा गया, किन्तु असफल होकर वह 26 अप्रैल, 1938 को वापस भारत लौट आया।

> ऑकलैण्ड ने 1840 ई. में शाहशुजा को काबुल की गद्दी पर बैठाया और साथ ही 10000 ब्रिटिश सैनिक उसकी सुरक्षा में लगाए गए। तत्पश्चात् दोस्त मुहम्मद के पुत्र अकबर खाँ के नेतृत्व में विद्रोह हो गया। ब्रिटिश पराजित हुए और **मैकनाटन** को **अकबर खाँ** के साथ अपमानजनक सन्धि करनी पड़ी। 1842 ई. तक समस्त ब्रिटिश सेना अफगान से वापस आ गई। इस युद्ध की समाप्ति 1842 ई. में गवर्नर-जनरल लॉर्ड एलनबरो के शासनकाल में हुई।

द्वितीय आंग्ल-अफगान युद्ध (1878-80 ई.)

- द्वितीय आंग्ल-अफगान युद्ध की शुरुआत लॉर्ड लिटन के कार्यकाल के दौरान हुई। लार्ड लिटन के द्वारा अफगान के सन्दर्भ में अग्रगामी नीति का पालन किया गया। इनके द्वारा **नैविल चैम्बरलिन** को राजदूत बनाकर अफगानिस्तान भेजा गया, लेकिन उसे अमीर शेर अली ने खैबर दर्रे से प्रवेश करने से मना कर दिया। फलस्वरूप लॉर्ड लिटन ने 21 नवम्बर, 1778 को युद्ध की घोषणा कर दी।
- लॉर्ड लिटन के द्वारा ब्रिटिश सेना को तीन ओर से आक्रमण करने के लिए अफगानिस्तान भेजा गया। तत्पश्चात् अमीर शेर अली काबुल से तुर्किस्तान की ओर पलायन कर गया और वहाँ पुन: ब्रिटिशों का आधिपत्य स्थापित हो गया। परिणामस्वरूप शेर अली के पुत्र याकूब खाँ के द्वारा ब्रिटिशों के साथ **गण्डमक की सन्धि** मई, 1879 में की गई।

> **गण्डमक की सन्धि**
>
> - **याकूब खाँ** के द्वारा काबुल में एक स्थायी ब्रिटिश रेजिडेण्ट रखने की बात स्वीकार कर ली गई। साथ ही हेरात तथा अन्य सीमावर्ती क्षेत्रों में एक ब्रिटिश प्रतिनिधि रखने की बात भी मान ली गई।
> - उसके द्वारा यह भी स्वीकार किया गया कि उनके (ब्रिटिश भारत सरकार) परामर्श के बिना, वह किसी भी अन्य विदेशी शक्ति से विदेशी सम्बन्ध स्थापित नहीं करेगा।
> - याकूब खाँ ने **कुर्रम** तथा मिसनी दर्रों पर नियन्त्रण करने का अधिकार ब्रिटिशों को सौंप दिया। साथ ही पिसीन, सिवी और कुर्रम जिलों का प्रशासन भी ब्रिटिशों को सौंप दिया गया।
> - इसके बदले ब्रिटिश भारतीय सरकार के द्वारा याकूब खाँ को यह आश्वासन दिया गया कि वह उनकी सुरक्षा विदेशी शक्तियों से करेंगे और उन्हें ₹ 6 लाख वार्षिक भी देंगे।

ब्रिटिशों का सिन्ध अभियान

- ब्रिटिशों के दृष्टिकोण से सिन्ध का अत्यधिक सामरिक महत्त्व था। सिन्ध ब्रिटिश भारत के लिए एक **बफर स्टेट** की भाँति था, जो रूस एवं ईरान के सम्भावित आक्रमण एवं प्रभाव को भारत तक पहुँचने में विलम्ब करा सकता था।
- दूसरी ओर सिन्ध का महत्त्व इसलिए भी बढ़ गया था कि इसके माध्यम से अफगानिस्तान पर आधिपत्य स्थापित कर, रूस के बढ़ते प्रभाव को भारत तक विस्तारित होने से रोका जा सकता था।
- 1783 ई. में सिन्ध पर **मीर फतहअली खाँ** का प्रभुत्व स्थापित हुआ, परन्तु उसकी मृत्यु 1800 ई. में हो जाने के उपरान्त उसके भाइयों (चार यार/चार मित्र) के द्वारा सिन्ध को आपस में बाँट लिया गया। इन्हें सिन्ध के **अमीर** के नाम से जाना गया।
- 1809 ई. में इन अमीरों एवं ब्रिटिशों के मध्य शाश्वत-मित्रता की सन्धि की गई, जिसके अनुसार फ्रांसीसियों को सिन्ध में रहने की अनुमति का प्रावधान नहीं था।

- 1832 ई. में ब्रिटिशों को सिन्ध में व्यापार करने की अनेक रियायतें प्राप्त हुईं। इसी के अन्तर्गत कर्नल पोटिंगर को सिन्ध में राजनीतिक प्रतिनिधि के रूप में नियुक्त किया गया।
- 1832 ई. में ही सिन्ध पर महाराजा रणजीत सिंह के सम्भावित आक्रमण को देखते हुए अमीरों एवं ब्रिटिशों के मध्य एक नई सहायक सन्धि की गई, जिसके अनुसार सिन्ध में ब्रिटिश सेना की एक सहायक टुकड़ी तैनात कर दी गई तथा अमीरों ने यह भी स्वीकार कर लिया कि वे ब्रिटिशों की मध्यस्थता में ही सिन्ध के साथ सम्बन्ध स्थापित करेंगे।
- फरवरी, 1839 में ब्रिटिशों तथा अमीरों के मध्य एक नई सन्धि की गई, जिसके अनुसार सिन्ध के शिकारपुर एवं मक्कर शहर में ब्रिटिश सेना की एक सहायक टुकड़ी स्थापित कर दी गई। इसके बदले ब्रिटिश अमीरों से वार्षिक ₹ 3 लाख वसूल किए जाते थे।
- लॉर्ड एलनबरो (गर्वनर-जनरल, 1942) ने अमीरों के साथ एक नई सन्धि कर उनसे अधिक प्रतिभूति (Security) एवं प्रदेश की माँग की। यह ऐसा समय था, जब वहाँ उत्तराधिकार के संघर्ष की शुरुआत हो चुकी थी।
- ब्रिटिशों के द्वारा मीर फतह के भाई अली मुराद का समर्थन उत्तराधिकारी के रूप में किया गया, न कि उसके पुत्रों का। यही विषम परिस्थिति आंग्ल-सिन्ध युद्ध के रूप में परिवर्तित हो गई और अन्ततः अगस्त, 1843 तक ब्रिटिशों के द्वारा सिन्ध प्रान्त के समस्त भू-भाग को अपने अधीन कर लिया गया।

आंग्ल-तिब्बत युद्ध

- तिब्बत एवं सिक्किम के मध्य सीमा-विवाद को दूर करने एवं तिब्बत में रूस के बढ़ते प्रभाव को समाप्त करने के उद्देश्य से लॉर्ड कर्जन के द्वारा फ्रांसिस यंग हस्बैण्ड के नेतृत्व में एक सैन्य दल ल्हासा (तिब्बत की राजधानी) भेजा गया।
- तिब्बती एवं ब्रिटिश सेना के मध्य गुरु नामक स्थान पर युद्ध हुआ, जिसमें 700 तिब्बती सैनिक मारे गए। तत्पश्चात् इन दोनों के मध्य 7 सितम्बर, 1904 को ल्हासा की सन्धि हुई।

ल्हासा की सन्धि के प्रमुख प्रावधान

- क्षतिपूर्ति के रूप में तिब्बत के द्वारा ब्रिटिशों को ₹ 1 लाख वार्षिक की दर से ₹ 75 लाख देने की बात स्वीकार की गई।
- इस क्षतिपूर्ति राशि की जमानत के रूप में चुम्बी घाटी को ब्रिटिश आधिपत्य में रखने की बात स्वीकार की गई।
- तिब्बत के द्वारा किसी भी विदेशी प्रतिनिधि को तिब्बत में आने की अनुमति प्रदान नहीं की जाएगी। साथ ही वह उन्हें सड़कें, रेलवे, तार एवं खान स्थापित करने के सन्दर्भ में किसी भी प्रकार की न तो सुविधा और न ही रियायत प्रदान करेगा।
- ब्रिटिशों को ग्यान्त्से, मातुंग और गरतोक में व्यापारिक केन्द्र खोलने की अनुमति प्रदान की गई।
- ग्यान्त्से में ब्रिटिश रेजीडेण्ट रखने की बात स्वीकार की गई।

ब्रिटिश विस्तार नीति

ब्रिटिश विस्तार नीति निम्न हैं

सहायक सन्धि प्रणाली

- भारत में फ्रांसीसियों (नेपोलियन) के भय को समाप्त करने तथा अंग्रेज़ी सत्ता की श्रेष्ठता स्थापित करने के उद्देश्य से वेलेजली ने भारत में सहायक सन्धि प्रणाली को प्रचलित किया।
- इस सन्धि को स्वीकार करने वाले राज्यों के वैदेशिक सम्बन्ध अंग्रेजी राज्य के अधीन हो जाते थे, परन्तु उनके आन्तरिक मामलों में हस्तक्षेप नहीं किया जाता था। सहायक सन्धि करने वाले प्रत्येक राज्य को अपनी राजधानी में एक अंग्रेजी रेजिडेण्ट को रखना पड़ता था तथा कम्पनी की पूर्व आज्ञा के बिना राजा किसी भी यूरोपीय को अपनी सेवा में नहीं ले सकता था।

सहायक सन्धि स्वीकार करने वाले राज्यों का क्रम है—हैदराबाद (1798 ई.), मैसूर (1799 ई.), तंजौर (1799 ई.), अवध (1801 ई.), पेशवा (1802 ई.), भोंसले (1803 ई.), सिन्धिया (1804 ई.)। इन राज्यों के अलावा सहायक सन्धि स्वीकार करने वाले अन्य राज्य थे—जयपुर, जोधपुर, मच्छेड़ी, बूँदी तथा भरतपुर।

बंगाल में द्वैध-शासन (1765-72 ई.)

- बंगाल में द्वैध-शासन को समझने के लिए मुगलकाल से चली आ रही दीवानी और निजामत को समझना आवश्यक है।
- मुगलकाल में प्रान्तीय प्रशासन में दो प्रकार के अधिकारी होते थे, जिनमें सूबेदार, जिसे निजामत भी कहा जाता था, का कार्य सैनिक प्रतिरक्षा, पुलिस और न्याय प्रशासन से जुड़ा था। दूसरा प्रान्तीय स्तर पर श्रेष्ठ पद दीवान का था, जो राजस्व एवं वित्त व्यवस्था की देख-रेख करता था। ये दोनों अधिकारी एक-दूसरे पर दृष्टि रखते थे तथा मुगल बादशाह के प्रति उत्तरदायी होते थे।
- 1765 की इलाहाबाद की सन्धि के अनुसार बंगाल में दोहरा शासन प्रबन्ध स्थापित हुआ। बंगाल के नवाब ने कम्पनी को निजामत तथा मुगल सम्राट शाहआलम ने बंगाल, बिहार तथा उड़ीसा की दीवानी दे दी, किन्तु कम्पनी दोनों दायित्वों को निभाने में असमर्थ थी, अतः क्लाइव ने निजामत (शान्ति और सुव्यवस्था) बंगाल के नवाव नज्मुद्दौला को सौंप दी तथा सैन्य सुरक्षा एवं मालगुजारी की वसूली अपने पास रख ली। इस प्रकार बंगाल में दो शक्तियों का शासन स्थापित हो गया, जिसे द्वैध-शासन कहते हैं।
- इलाहाबाद की सन्धि के बाद अंग्रेजों को ₹ 26 लाख वार्षिक देने के बदले दीवानी का अधिकार तथा ₹ 50 लाख बंगाल के नवाब को देने पर निजामत का अधिकार प्राप्त हुआ।
- दीवानी और निजामत दोनों अधिकार प्राप्त कर लेने के बाद ही कम्पनी ने बंगाल में द्वैध-शासन की शुरुआत की। द्वैध-शासन का जनक लियो कार्टिस को माना जाता है।

- रजा खाँ को बंगाल का, शिताब राय को बिहार का एवं रायदुर्लभ को उड़ीसा का दीवान बनाया गया। द्वैध-शासन के अन्तर्गत कम्पनी दीवानी और निजामत के कार्यों का निष्पादन भारतीयों के माध्यम से करती थी, लेकिन वास्तविक शक्ति कम्पनी के अधीन होती थी। इसका प्रचलन बंगाल में 1772 ई. तक रहा।

> द्वैध-शासन के परिणामस्वरूप समूचे बंगाल में अराजकता, अव्यवस्था तथा भ्रष्टाचार का वातावरण बन गया। व्यापार और वाणिज्य का पतन हुआ, व्यापारियों की स्थिति भिखारियों जैसी हो गई, समृद्ध और विकसित उद्योग विशेषत: रेशम व कपड़ा उद्योग नष्ट हो गए तथा किसान भयानक गरीबी के शिकार हो गए। इसी दौरान 1770 ई. में अकाल की स्थिति उत्पन्न हो जाने से जान-माल की भारी क्षति हुई। इस दौरान कर्टियस को बंगाल का गवर्नर नियुक्त किया गया था।

व्यपगत सिद्धान्त की नीति (1848-56 ई.)

- लॉर्ड डलहौजी ने साम्राज्य विस्तार हेतु विलय की नीति का सहारा लिया। इस नीति के अनुसार यदि किसी राज्य का शासक बिना उत्तराधिकारी के मृत्यु को प्राप्त हो, तो राज्य उसके दत्तक पुत्र को नहीं दिया जाता।
- इस नीति के अनुसार **सतारा** (1848 ई.), **जैतपुर** तथा **सम्बलपुर** (1849 ई.), **बघाट** (1850 ई.), **उदयपुर** (1852 ई.), **नागपुर** (1853 ई.) तथा **झाँसी** (1854 ई.) का अधिग्रहण किया गया। इस सिद्धान्त का अधिकार क्षेत्र अक्षित हिन्दू राज्यों तक सीमित था। इसी कारण इन विषयों से इन राज्यों के राजाओं और अभिजात वर्ग में रोष उत्पन्न हो गया। यह सिद्धान्त 1857 की क्रान्ति के लिए उत्तरदायी है

प्रीलिम्स फैक्ट्स

- कर्नाटक युद्ध किन-किन के मध्य लड़ा गया था? ***– अंग्रेज एवं फ्रांसीसियों के मध्य** [UPPSC (Pre) 1995]*
- अंग्रेजों एवं फ्रांसीसियों के बीच पहले कर्नाटक युद्ध का मूल कारण क्या था? ***– ऑस्ट्रियाई राज्य प्राप्ति का युद्ध, जिसके कारण ब्रिटेन एवं फ्रांस विश्व के सभी भागों में एक-दूसरे के शत्रु बन गए थे** [[BPSC (Pre) 2011]]*
- प्रथम कर्नाटक युद्ध की समाप्ति किस सन्धि के द्वारा हुई थी? ***– 1748 ई. की एम्स-ला शापेल की सन्धि** [UPPSC (Pre) 2020]*
- कर्नाटक के तृतीय युद्ध (1756-63ई.) का समापन किस सन्धि के साथ हुआ था? ***– पेरिस की सन्धि** [UPPSC (Pre) 2016]*
- 1760 ई. का वाण्डीवाश का युद्ध अंग्रेजों द्वारा किसके विरुद्ध लड़ा गया था? ***– फ्रांसीसी** [BPSC (Pre) 2020]*
- लॉर्ड वेलेजली द्वारा लागू की गई सहायक सन्धि व्यवस्था का उद्देश्य था ***– कम्पनी हेतु एक नियत आय का प्रबन्ध करना** [IAS (Pre) 2018]*
- रिंग ऑफ फेन्स की नीति का सम्बन्ध किस ब्रिटिश गवर्नर जनरल से था? ***– वॉरेन हेस्टिंग्स** [JPSC (Pre) 2013]*
- हैदराबाद के निजाम, इन्दौर के होल्कर, जोधपुर के राजपूत तथा मैसूर के शासक में से किसने सहायक सन्धि स्वीकार नहीं की थी? ***– इन्दौर के होल्कर ने** [UPPSC (Mains) 2004]*

सेल्फ चैक

1. सूची I को सूची II के साथ सुमेलित कीजिए और सूचियों के नीचे दिए गए कूट के उपयोग से सही उत्तर चुनिए **UPPSC (Pre) 2016**

सूची I		सूची II	
A.	प्रथम कर्नाटक युद्ध	1.	पेरिस की सन्धि से अन्त
B.	द्वितीय कर्नाटक युद्ध	2.	निर्णायक युद्ध
C.	तृतीय कर्नाटक युद्ध	3.	ब्रिटिश की हार
D.	प्रथम मैसूर युद्ध	4.	एक्स-ला-शापेल की सन्धि से अन्त

कूट

	A	B	C	D		A	B	C	D
(a)	1	3	4	2	(b)	2	4	1	3
(c)	4	3	1	2	(d)	3	1	4	2

2. निम्नलिखित में से कौन-सा एक अंग्रेजो एवं फ्रांसीसियों के मध्य प्रथम कर्नाटक युद्ध का मूल कारण था? **BPSC (Pre) 2016**

(a) कर्नाटक की मूल राजनीति में अंग्रेजों तथा फ्रांसीसियों की भागीदारी
(b) अंग्रेजों को दक्षिण से बाहर निकालने की डूप्ले की महत्त्वाकांक्षा
(c) अंग्रेजों एवं फ्रांसीसियों के मध्य व्यापार प्रतिस्पर्धा
(d) ऑस्ट्रियाई राज्य प्राप्ति का युद्ध, जिसके कारण ब्रिटेन एवं फ्रांस विश्व के सभी भागों में एक-दूसरे के शत्रु बन गए

3. एक्स-ला-शापेल, 1748 की सन्धि के सन्दर्भ में निम्नलिखित कथनों में से कौन-सा/से कथन सही है/हैं?

1. प्रथम कर्नाटक युद्ध की समाप्ति। **UPPSC (Pre) 2020**
2. अंग्रेजों को मद्रास पुनः प्राप्त हुआ।

कूट
(a) केवल 1
(b) केवल 2
(c) 1 और 2 दानों
(d) न तो 1 और न ही 2

4. वाण्डीवाश के युद्ध (1760) में **UPPSC (Mains) 2015**

(a) फ्रेंच ने ब्रिटिश को हराया।
(b) ब्रिटिश ने डच को हराया।
(c) ब्रिटिश ने फ्रेंच को हराया।
(d) डच ने ब्रिटिश को हराया।

5. निम्नलिखित गवर्नर-जनरलों में से किसने टीपू सुल्तान के विरुद्ध त्रिपक्षीय गठजोड़ बनाया था?

(a) वॉरेन हेस्टिंग्स
(b) लॉर्ड कॉर्नवालिस
(c) लॉर्ड वेलेजली
(d) लॉर्ड विलियम बैण्टिक

6. निम्नलिखित युग्मों में से कौन-सा एक युग्म सही सुमेलित है?

(a)	प्रथम आंग्ल-मैसूर युद्ध	—	हैदर अली पराजित हुआ था।
(b)	द्वितीय आंग्ल-मैसूर युद्ध	—	हैदर अली ने अंग्रेजों को पराजित किया।
(c)	तृतीय आंग्ल-मैसूर युद्ध	—	टीपू सुल्तान युद्ध जीता और अपना भू-भाग अंग्रेजों को नहीं दिया।
(d)	चतुर्थ आंग्ल-मैसूर युद्ध	—	टीपू सुल्तान पराजित हुआ और युद्ध के मध्य दिवंगत हुआ।

7. निम्नलिखित युग्मों में से कौन-सा एक युग्म सही सुमेलित नहीं है?

(a) कर्नाटक का प्रथम युद्ध — 1746-48 ई.
(b) कर्नाटक का द्वितीय युद्ध — 1750-52 ई.
(c) कर्नाटक का तृतीय युद्ध — 1758-63 ई.
(d) पानीपत का तृतीय युद्ध — 1761 ई.

8. निम्नलिखित में से किसने 1755 ई. में डिण्डीगुल (मैसूर) में एक आधुनिक शस्त्रागार की स्थापना की थी? **UPPSC (Pre) 2020**

(a) नन्दराज (b) हैदर अली
(c) देवराज (d) चिक्का कृष्णराज

9. चतुर्थ आंग्ल मैसूर युद्ध के बारे में निम्नलिखित कथनों में से कौन-से कथन सही हैं?

1. मद्रास परिषद् ने मैसूर पर कठोर एवं तीव्र आक्रमण की नीति का सुझाव दिया।
2. लॉर्ड वेलेजली ने त्रिराष्ट्रीय सन्धि को पुनर्जीवित करने का प्रयास किया।
3. अंग्रेजों के विरुद्ध समर्थन प्राप्त करने हेतु टीपू ने अरेबिया, वर्साय, मॉरिशस तथा काबुल में दूत भेजे।
4. युद्ध बहुत ही थोड़े समय का था, तथापि निर्णायक था।

कूट
(a) 2, 3 और 4 (b) 1, 3 और 4
(c) 2 और 4 (d) 1 और 3

10. प्रथम आंग्ल-मैसूर युद्ध (1767-69 ई.) में कौन विजयी हुआ? **UPPSC (Mains) 2015**

(a) अंग्रेज (b) हैदर अली
(c) मराठा (d) हैदराबाद का निजाम

11. 18वीं शताब्दी के बंगाल में ब्रिटिश शक्ति के सुदृढ़ीकरण के सम्बन्ध में निम्नलिखित कथनों में से कौन-सा/से कथन सही है/हैं?

1. नवाब ने कम्पनी को 1765 ई. में निजामत शक्तियाँ प्रदान कीं।
2. राजस्व संग्रहण तथा न्याय प्रशासन के कार्य ईस्ट इण्डिया कम्पनी के यूरोपीय अधिकारियों को सौंपे गए।

कूट
(a) केवल 1
(b) केवल 2
(c) 1 और 2 दोनों
(d) न तो 1 और न ही 2

12. निम्नलिखित में से कौन-सा युद्ध भारत में अंग्रेजों के आधिपत्य की स्थापना की दृष्टि से सबसे महत्त्वपूर्ण समझा जाता था? UPPSC (Mains) 2021, MPPSC (Pre) 2008
(a) बक्सर (b) प्लासी
(c) श्रीरंगपट्टनम (d) वाण्डीवाश

13. 1756 ई. में ब्रिटिश सरकार द्वारा की गई कलकत्ता की किलेबन्दी को बंगाल के नवाब सिराजुद्दौला ने क्या माना ?
(a) बड़े पैमाने पर ब्रिटिश व्यापार की वृद्धि
(b) अपनी प्रभुता पर आक्रमण
(c) भारत में ब्रिटिश की असुरक्षा
(d) बंगाल पर ब्रिटिश नियन्त्रण

14. निम्नलिखित में से कौन एक मुगल सम्राट द्वारा नियुक्त बंगाल का अन्तिम गवर्नर (सूबेदार) था? UPPSC (Mains) 2013
(a) सरफराज खाँ
(b) मुर्शिद कुली खाँ
(c) अलीवर्दी खाँ
(d) शुजाउद्दीन मुहम्मद खाँ

15. सूची I को सूची II से सुमेलित कीजिए UPPSC (Pre) 2019

सूची I		सूची II	
A.	इलाहाबाद की सन्धि	1.	1782 ई.
B.	मंगलौर की सन्धि	2.	1784 ई.
C.	सालबाई की सन्धि	3.	1769 ई.
D.	मद्रास की सन्धि	4.	1765 ई.

कूट

	A	B	C	D
(a)	4	2	3	1
(b)	2	4	3	1
(c)	4	2	1	3
(d)	2	4	1	3

16. प्रथम आंग्ल-बर्मा युद्ध एक सन्धि द्वारा समाप्त हुआ। वह निम्नलिखित में से कौन-सी सन्धि है?
(a) बर्मा की सन्धि
(b) तामु की सन्धि
(c) भामो की सन्धि
(d) याण्डबू की सन्धि

17. रणजीत सिंह ने सुप्रसिद्ध कोहिनूर हीरा प्राप्त किया था
(a) शाहशुजा से (b) जमानशाह से
(c) दोस्त मुहम्मद से (d) शेर अली से

18. अंग्रेजों द्वारा सिन्ध विजय सम्पन्न हुआ UPPSC (Mains) 2012
(a) लॉर्ड एलनबरो के समय
(b) लॉर्ड हार्डिन्स के समय
(c) लॉर्ड ऑकलैण्ड के समय
(d) लॉर्ड एमहर्स्ट के समय

19. अफगानिस्तान के प्रति आक्रामक नीति किस वायसराय ने अपनाई थी? BPSC (Pre) 2019
(a) लॉर्ड मेयो (b) लॉर्ड लिटन
(c) लॉर्ड डफरिन (d) लार्ड कैनिंग

20. 'द्वैध-शासन का जनक' किसे माना जाता है? BPSC (Pre) 2017
(a) लॉर्ड क्लाइव को
(b) हेक्टर मुनरो को
(c) लॉर्ड मैकाले को
(d) सर लियोनिल कर्टिस को

जानें सही उत्तर

1. (c)	2. (d)	3. (c)	4. (c)	5. (b)	6. (d)	7. (b)	8. (b)	9. (a)	10. (b)
11. (a)	12. (a)	13. (b)	14. (b)	15. (c)	16. (d)	17. (a)	18. (a)	19. (b)	20. (d)

• अध्याय छब्बीस

भारत में ब्रिटिश शासन का प्रशासनिक एवं आर्थिक प्रभाव

“भारत के विशाल साम्राज्य पर आधिपत्य के पश्चात् इस पर नियन्त्रण रखने और शासन चलाने हेतु ब्रिटिश सरकार द्वारा अनेक कानूनों के माध्यम से प्रशासनिक एवं आर्थिक ढांचे का निर्माण किया गया। इस ढाँचे के अन्तर्गत ही औपनिवेशिक काल में स्थानीय स्वशासन, नागरिक सेवा, न्यायिक व्यवस्था एवं भारतीय रियासतों के प्रति नीति को आकार दिया गया।

प्रशासनिक नीतियाँ

- **बक्सर के युद्ध** (1764) के पश्चात् 1765 ई. में ब्रिटिश ईस्ट इण्डिया कम्पनी को बंगाल, बिहार और उड़ीसा की दीवानी प्राप्त हुई।
- बंगाल, बिहार एवं उड़ीसा में ईस्ट इण्डिया कम्पनी के द्वारा सत्ता ग्रहण करने के पश्चात् सभी क्षेत्रों में प्रशासनिक अव्यवस्था एवं अराजकता उत्पन्न हो गई।
- इतने बड़े भू-भाग पर शासन सुचारू रूप से चलाने के लिए कई विधानों की आवश्यकता पड़ने लगी। 1772 ई. तक आर्थिक अस्थिरता इतनी बढ़ गई कि इसके सुधार के लिए संसद को हस्तक्षेप करना पड़ा।
- इसी दिशा में **लॉर्ड नॉर्थ** के प्रस्ताव पर ब्रिटिश संसद में एक विधेयक पारित हुआ, जिसे रेग्यूलेटिंग एक्ट कहा जाता है।

1773 का रेग्यूलेटिंग एक्ट

- सरकार द्वारा कम्पनी के आर्थिक, प्रशासनिक एवं सैनिक कार्यों पर संसद के आंशिक नियन्त्रण के लिए यह एक्ट लाया गया। यह एक्ट भारत में कम्पनी के प्रशासन पर ब्रिटिश संसदीय नियन्त्रणों के प्रयास की शुरुआत थी।
- इस एक्ट के पश्चात् कम्पनी के डायरेक्टरों की संख्या 24 कर दी गई, जिनकी नियुक्ति 4 वर्ष के लिए होने लगी थी। इसके 1/4 सदस्य (6 सदस्य) प्रतिवर्ष अवकाश प्राप्त करते थे।

> इस एक्ट के अन्तर्गत मद्रास (चेन्नई) एवं बम्बई (मुम्बई) प्रेसीडेन्सियों को कलकत्ता (कोलकाता) प्रेसीडेन्सी के अधीन कर दिया गया, जिसका प्रमुख एक **गवर्नर-जनरल** होता था।

- बंगाल के गवर्नर को अंग्रेजी क्षेत्रों के गवर्नर-जनरल का नाम दिया गया। बंगाल का प्रथम गवर्नर-जनरल वॉरेन हेस्टिंग्स बना। गवर्नर-जनरल की परिषद् में चार सदस्य थे। चारों सदस्यों के नाम थे—**फ्रांसिस, बारबेल, क्लेवरिंग** तथा **मॉनसन**। गवर्नर-जनरल की परिषद् से सदस्यों का निवचिन 5 वर्ष के लिए होता था। इस परिषद् में बहुमत से निर्णय होते थे। मत बराबर होने की अवस्था में अध्यक्ष अपना मत देता था।

रेग्यूलेटिंग एक्ट, 1773 के द्वारा कलकत्ता में एक सुप्रीम कोर्ट की स्थापना 1774 ई. में की गई। इसमें एक मुख्य न्यायाधीश तथा तीन अन्य न्यायाधीश होते थे। एलिजा इम्पे को मुख्य न्यायाधीश बनाया गया तथा अन्य न्यायाधीश के रूप में चैम्बर्स, लिमैस्टर एवं हाइड को नियुक्त किया गया था। यह एक अभिलेख न्यायालय था। इसके विरुद्ध प्रिवी काउन्सिल में अपील की जा सकती थी।

- कम्पनी के प्रत्येक अधिकारियों के लिए यह आवश्यक कर दिया गया कि इंग्लैण्ड वापसी के साथ वे अपनी सम्पत्तियों का रिकॉर्ड (विवरण) देंगे।
- इस एक्ट के अनुसार, कम्पनी के निदेशकों को सैनिक, असैनिक और राजस्व सम्बन्धी विवरण ब्रिटिश सरकार के समक्ष प्रस्तुत करना अनिवार्य कर दिया गया।
- इस एक्ट के अनुसार, कम्पनी के अधिकारी (सैन्य/असैन्य) न तो निजी व्यापार कर सकते थे और न ही किसी भारतीय से उपहार अथवा दान ले सकते थे।

एक्ट ऑफ सेटलमेण्ट, 1781

- यह एक्ट रेग्यूलेटिंग एक्ट, 1773 की त्रुटियों को समाप्त करने के लिए लाया गया था। इसके अनुसार, कम्पनी के पदाधिकारियों द्वारा अपने शासकीय रूप में किए गए कार्यों को उच्चतम न्यायालय के अधिकार क्षेत्र से बाहर रखा गया।
- इसके अतिरिक्त उच्चतम न्यायालय का अधिकार क्षेत्र स्पष्ट किया गया। कलकत्ता के सभी निवासियों को इसके अन्तर्गत लाया गया तथा प्रतिवादी का निजी कानून लागू किए जाने की बात की गई।
- इस संशोधन अधिनियम के माध्यम से कार्यपालिका एवं न्यायपालिका के कार्यों का पृथक्करण करने की पहल की गई।
- इस एक्ट के अनुसार, गवर्नर-जनरल की परिषद् द्वारा बनाए गए नियम को उच्चतम न्यायालय से पंजीकृत कराना अनिवार्य नहीं था। इसमें यह भी सुनिश्चित किया गया कि उच्चतम न्यायालय द्वारा आदेश लागू करते समय भारतीयों की धार्मिक एवं सांस्कृतिक परम्पराओं का भी ध्यान रखना होगा।

1784 का पिट्स इण्डिया एक्ट

- इस एक्ट को ब्रिटिश प्रधानमन्त्री यंगर पिट द्वारा प्रस्तुत किया गया था। इस एक्ट का उद्देश्य कम्पनी पर ब्रिटिश क्राउन का नियन्त्रण बढ़ाना था। अतः इसके लिए बोर्ड ऑफ कण्ट्रोल की स्थापना की गई।
- इसके द्वारा सैन्य, असैन्य एवं राजस्व सम्बन्धी मामलों को देखा जाता था। इसका अध्यक्ष ब्रिटिश मन्त्रिमण्डल के किसी सदस्य को बनाया जाता था। इसमें छः सदस्य होते थे,
- बोर्ड ऑफ कण्ट्रोल की अनुमति प्रदान करने पर ही गवर्नर-जनरल किसी भी भारतीय शासक से संघर्ष आरम्भ करने अथवा सहायता देने का आश्वासन दिला सकता था।
- पिट्स इण्डिया एक्ट के विवाद को लेकर ही लॉर्ड नॉर्थ तथा फॉक्स की मिली-जुली सरकार को त्याग-पत्र देना पड़ा। यह पहला और अन्तिम अवसर था, जब किसी भारतीय मामले पर ब्रिटिश सरकार गिर गई हो।
- गवर्नर-जनरल के परिषद् के सदस्यों की संख्या 4 से घटाकर 3 कर दी गई।

इस एक्ट द्वारा कम्पनी के व्यापारिक तथा राजनैतिक क्रियाकलाप पृथक् कर दिए गए। बम्बई तथा मद्रास की परिषद् बंगाल प्रेसीडेन्सी की पद्धति पर आधारित थी और उनके अधीक्षण का अधिकार बंगाल को प्राप्त था।

1786 का अधिनियम

- पिट ने 1786 ई. में यह अधिनियम पारित करवाया, जिसका प्रमुख उद्देश्य कॉर्नवालिस को भारत के गवर्नर-जनरल के पद के लिए तैयार करना था। इस अधिनियम के अन्तर्गत मुख्य सेनापति की शक्तियाँ भी गवर्नर-जनरल में निहित कर दी गईं।
- गवर्नर-जनरल विशेष अवस्था में परिषद् के निर्णयों को रद्द कर सकता था तथा अपना निर्णय लागू कर सकता था। दूसरे शब्दों में कहा जाए, तो उन्हें वीटो की शक्ति प्राप्त हुई।

1793 का राजलेख (चार्टर एक्ट)

- 1793 ई. में एक चार्टर एक्ट पारित किया गया, जिसके द्वारा कम्पनी के व्यापारिक अधिकारों को 20 वर्ष के लिए बढ़ा दिया गया। गवर्नर-जनरल के **बम्बई** (मुम्बई) तथा **मद्रास** (चेन्नई) प्रेसीडेन्सियों पर अधिकार स्पष्ट कर दिए गए। यदि गवर्नर-जनरल बंगाल के बाहर जाता था, तो उसे अपनी परिषद् के असैनिक सदस्यों में से किसी एक को उप-प्रधान नियुक्त करना होता था।
- इस एक्ट के अन्तर्गत मुख्य सेनापति को गवर्नर की परिषद् का सदस्य होने का अधिकार प्राप्त नहीं था।

इस एक्ट के द्वारा यह सुनिश्चित किया गया कि **नियन्त्रण बोर्ड** (Board of Control) के अधिकारियों का वेतन भारतीय कोष से दिया जाए। इस व्यवस्था को वर्ष 1919 तक लागू रखा गया। इस एक्ट के माध्यम से ही जिला अधिकारियों की न्यायिक शक्तियों को वापस ले लिया गया।

- 1793 ई. में ही एक विनियम के द्वारा जिला कलेक्टर को उसकी न्यायिक शक्तियों से वंचित कर दिया गया।

1813 का राजलेख (चार्टर एक्ट)

- इस चार्टर एक्ट के अनुसार, भारत में ब्रिटिश कम्पनी का व्यापारिक एकाधिकार समाप्त हो गया। केवल चीन के साथ व्यापार एवं चाय का एकाधिकार पूर्ववत् बना रहा।
- इस एक्ट में शिक्षा के विकास के लिए ₹ 1 **लाख वार्षिक** दिया जाना निश्चित हुआ। ईसाई मिशनरी को लाइसेन्स लेकर धर्म प्रचार करने की अनुमति मिली। इस एक्ट के अनुसार, व्यापारिक गतिविधियाँ तथा क्षेत्रीय राजस्व दोनों के खाते अलग-अलग कर दिए गए। इसके अतिरिक्त पहली बार अंग्रेजों की भारत पर संवैधानिक स्थिति स्पष्ट की गई।

- इस चार्टर एक्ट के माध्यम से यह व्यवस्था की गई कि बंगाल, बम्बई और मद्रास प्रान्त की सरकारें, जिन भी विधियों का निर्माण करें, उन्हें अनिवार्य रूप से ब्रिटिश संसद द्वारा अनुमोदित होना चाहिए।
- स्थानीय स्वायत्तशासी संस्थाओं को करारोपण का अधिकार प्रदान किया गया।

1833 का राजलेख (चार्टर एक्ट)

- 1833 के चार्टर एक्ट से भारत का प्रशासन 20 वर्षों के लिए कम्पनी के अधीन छोड़ दिया गया।
- इस चार्टर के अनुसार, कम्पनी का चीन के साथ व्यापार एवं चाय के व्यापार पर भी एकाधिकार समाप्त कर दिया गया।
- बम्बई एवं मद्रास प्रेसीडेन्सी को पूर्णत: बंगाल के अधीन कर दिया गया। इस तरह एक प्रकार का प्रशासनिक एकीकरण हुआ।

> बंगाल का गवर्नर अब **भारत का गवर्नर-जनरल** बना दिया गया। लॉर्ड विलियम बैण्टिक भारत का प्रथम गवर्नर-जनरल बना। इस एक्ट के द्वारा एक विधि आयोग की स्थापना की गई, ताकि भारतीय कानूनों को संहिताबद्ध किया जा सके।

- दास प्रथा को प्रतिबन्धित करने के सन्दर्भ में आज्ञा-पत्र जारी किया गया, जिसे 1843 ई. मे **एलनबरो** ने व्यावहारिक रूप दिया।
- इस एक्ट के द्वारा **बम्बई** तथा **मद्रास की संविधान** सभाओं की कानून बनाने की शक्ति समाप्त कर दी गई तथा यह शक्ति गवर्नर-जनरल को प्रदान की गई।
- कानून निर्मित करने हेतु गवर्नर-जनरल की तीन सदस्यीय कार्यकारिणी में एक अतिरिक्त कानूनी सदस्य को सम्मिलित किया गया।

1853 का राजलेख (चार्टर एक्ट)

- इस एक्ट के द्वारा भारतीय प्रशासन कम्पनी के अधीन ही रहने दिया गया, लेकिन इसके लिए कोई समय सीमा निर्धारित नहीं की गई। कोर्ट ऑफ डायरेक्टर से सिविल सर्वेण्ट की नियुक्ति का अधिकार वापस ले लिया गया। अब **प्रतियोगिता परीक्षा** को इस नियुक्ति हेतु आधार बनाया गया। कम्पनी के निदेशकों की संख्या घटाकर 24 से 18 कर दी गई।
- इस चार्टर ने कार्यपालिका तथा विधायी शक्तियों को पृथक् करने का एक निश्चित कदम उठाया। भारतवर्ष के लिए एक पृथक् विधानपरिषद् की स्थापना की गई, विधानपरिषद् में 12 सदस्य होते थे, जोकि विभिन्न प्रान्तों एवं क्षेत्रों से आते थे। यही कारण है कि पहली बार इस दौरान क्षेत्रीय प्रतिनिधित्व देखने को मिला।

> इस एक्ट के अनुसार गवर्नर-जनरल की परिषद् में **छ: नए सदस्यों** में से चार सदस्य-बंगाल, आगरा, मुम्बई तथा मद्रास की प्रान्तीय सरकारों से चुने जाते थे।

- विधानपरिषद् द्वारा पारित विधेयकों को गवर्नर-जनरल वीटो कर सकता था। इसने ही सर्वप्रथम सम्पूर्ण भारत के लिए एक 12 सदस्यीय **विधानमण्डल** (All India Legislative Council) की स्थापना की।
- इस एक्ट द्वारा विधि सदस्य को गवर्नर-जनरल की कार्यकारी परिषद् का पूर्ण सदस्य बना दिया गया।

1858 का भारत सरकार अधिनियम

- इस अधिनियम के अन्तर्गत कम्पनी की विस्तारवादी नीति पर रोक लगा दी गई तथा कम्पनी के शासन का अन्त कर भारत पर प्रशासन का अधिकार **ब्रिटिश क्राउन** (महारानी विक्टोरिया) ने अपने हाथ में ले लिया।
- इस अधिनियम का मुख्य उद्देश्य 1857 के विद्रोह जैसी घटना को दोबारा होने से रोकना था।
- इसके अन्तर्गत **भारत सचिव** के पद का सृजन किया गया। उसकी सहायता के लिए 15 सदस्यीय काउन्सिल बनाई गई। इसमें 7 सदस्यों की नियुक्ति कोर्ट ऑफ डायरेक्टर के द्वारा और 8 सदस्यों की नियुक्ति ब्रिटिश क्राउन के द्वारा की जानी थी। 15 सदस्यों में से आधों को भारत में 10 वर्ष की सेवा का अनुभव होना आवश्यक था।
- **होम चार्जेज** की संकल्पना लाई गई, क्योंकि इनका वेतन भारतीय राजस्व पर ही भारित किया गया था।
- **बोर्ड ऑफ कण्ट्रोल** का अन्त कर दोहरे नियन्त्रण की व्यवस्था को समाप्त कर दिया गया। अब गवर्नर-जनरल को **वायसराय** कहा जाने लगा, क्योंकि वह क्राउन का सीधा प्रतिनिधि था। भारत का प्रथम वायसराय **लॉर्ड कैनिंग** था।
- इस अधिनियम के द्वारा प्रतिवर्ष भारत का लेखा तथा भारत से सम्बन्धित रिपोर्ट संसद में प्रस्तुत करना अनिवार्य बनाया गया।
- इस अधिनियम के अनुसार, अनुबन्धित जनपद सेवा में खुली प्रतियोगिता द्वारा नियुक्तियाँ की जाने लगी।

> **महारानी का घोषणा-पत्र (1858 ई.)**
>
> 1858 ई. में **महारानी विक्टोरिया** की उद्घोषणा जारी की गई, जिसके अन्तर्गत क्राउन द्वारा भारत शासन हस्तगत करने, कम्पनी के शासन का अन्त करने तथा ब्रिटिश सरकार की विस्तारवादी नीति का त्याग करने आदि की घोषणाएँ की गईं। इसे इलाहाबाद में लॉर्ड कैनिंग ने पढ़ा।

1861 का भारतीय परिषद् अधिनियम

- विधि-निर्माण की त्रुटिपूर्ण प्रणाली, वायसराय की निषेधात्मक शक्ति (Veto Power) तथा विधानपरिषद् में भारतीयों का न के बराबर प्रतिनिधित्व आदि कारणों से 1861 के भारतीय परिषद् अधिनियम की पृष्ठभूमि तैयार की गई।
- वायसराय की कार्यकारिणी परिषद् को कानून बनाने की शक्ति देने के साथ ही इसका विस्तार किया गया, जिसमें पाँचवें सदस्य के रूप में एक विधिवेत्ता को शामिल किया गया।
- ब्रिटिश सरकार ने उपरोक्त कमियों को दूर करने के लिए 1861 का भारतीय परिषद् अधिनियम पारित किया। 1861 के अधिनियम ने **भारत में प्रतिनिधि संस्थाओं** को जन्म दिया।

- **वायसराय** को इस बात के लिए अधिकृत किया गया कि वह प्रशासनिक व्यवस्था हेतु विधि बनाए। **कैनिंग** ने **विभागीय व्यवस्था** की शुरुआत की।
- कानून निर्माण के लिए वायसराय कार्यकारिणी की परिषद् में न्यूनतम 6 तथा अधिकतम 12 सदस्यों को मनोनीत कर सकता था। उनका कार्यकाल 2 वर्षों का होता था। इनमें से न्यूनतम आधे सदस्य गैर-सरकारी होते थे।
- **लॉर्ड कैनिंग** ने भिन्न-भिन्न सदस्यों को अलग-अलग विभाग सौंपकर एक प्रकार से **मन्त्रिमण्डलीय व्यवस्था** की नींव रखी।
- गवर्नर-जनरल को स्वविवेक से अध्यादेश जारी करने की शक्ति प्रदान की गई। इस अध्यादेश को **अधिकतम 6 महीने** तक ही जारी (लागू) रखा जा सकता था। अध्यादेश को संकटकालीन परिस्थितियों में ही जारी किया जा सकता था।
- गवर्नर-जनरल को यह भी शक्ति प्रदान की गई है कि वह किसी भी प्रान्त की सीमा में परिवर्तन अथवा नए प्रान्तों का निर्माण कर सकता है, साथ ही वहाँ **लेफ्टिनेण्ट गवर्नर** की नियुक्ति भी कर सकता है।

> इस अधिनियम द्वारा वायसराय की अनुमति के पश्चात् **बम्बई** एवं **मद्रास विधि निर्माण** एवं उसमें संशोधन कर सकते थे, किन्तु यह प्रावधान भी किया गया की इनके द्वारा निर्मित कानून तभी वैध माने जाएँगे, जब उन्हें वायसराय की अनुमति प्राप्त हो।

1892 का भारतीय परिषद् अधिनियम

- इस अधिनियम द्वारा परिषद् के भारतीय सदस्यों को वार्षिक बजट पर बहस करने तथा सरकार से प्रश्न पूछने का अधिकार दिया गया, किन्तु उन्हें मतदान करने या अनुपूरक प्रश्न पूछने का अधिकार नहीं था। केन्द्रीय तथा प्रान्तीय दोनों विधानमण्डलों के लिए यही व्यवस्था थी, परन्तु यदि प्रशासन आवश्यक समझे, तो बिना कारण बताए प्रश्नों का उत्तर देने से मना कर सकता था।
- सार्वजनिक हित से सम्बन्धित मुद्दे पर 6 दिन पूर्व की सूचना पर ही प्रश्न पूछा जा सकता था।

> इस अधिनियम का सबसे महत्त्वपूर्ण प्रावधान निर्वाचन पद्धति की शुरुआत करना था। इस अधिनियम में निर्वाचिन प्रणाली को स्वीकार तो किया गया था, परन्तु स्पष्ट रूप से नहीं। केन्द्रीय विधानमण्डलों के सदस्यों की अधिकतम संख्या 16 एवं न्यूनतम संख्या 10 निर्धारित की गई।

1909 का भारत परिषद् अधिनियम

- इस अधिनियम का मुख्य उद्देश्य भारतीय राजनीति में बढ़ते हुए उग्रवाद तथा क्रान्तिकारी राष्ट्रवाद से उत्पन्न स्थिति का सामना करना था। **मार्ले** उस समय भारत सचिव तथा **मिण्टो** वायसराय था। इसलिए इस अधिनियम को **1909 का मार्ले-मिण्टो सुधार अधिनियम** कहा जाता है।
- सर्वोच्च विधानपरिषद् की सदस्य संख्या 69 कर दी गई, जिनमें 37 सदस्य शासकीय एवं 32 गैर-शासकीय सदस्य थे। शासकीय सदस्यों में 9 पदेन सदस्य थे, जबकि 28 गवर्नर-जनरल द्वारा मनोनीत किए जाते थे। 32 गैर-शासकीय सदस्यों में से 5 गवर्नर-जनरल द्वारा मनोनीत तथा 27 निर्वाचित किए जाते थे।
- इस अधिनियम के द्वारा मुस्लिमों के लिए पृथक् मताधिकार तथा पृथक् निर्वाचन क्षेत्रों की स्थापना की गई।

> लॉर्ड मिण्टो ने पृथक् निर्वाचनमण्डल स्थापित करके **लॉर्ड मार्ले** को लिखा था, "हम नाग के दाँत (Dragon's Teeth) बो रहे हैं और इसका फल भीषण होगा।"

- इस अधिनियम का लक्ष्य भारत के लोगों को उत्तरदायी सरकार प्रदान करना नहीं, बल्कि विधानपरिषदों को **परामर्शदात्री संस्थाओं** के रूप में विकसित करना था, मताधिकार केवल उन्हीं लोगों को दिया गया, जिनकी वार्षिक आय ₹ 15000 थी या ₹ 1000 लगान के रूप में देते थे। बंगाल में वे ही वोट दे सकते थे, जिन्हें नवाब या राजा की उपाधियाँ प्राप्त थीं।
- इसके अन्तर्गत बजट पर बहस करने के साथ-साथ इससे सम्बन्धित पूरक प्रश्न पूछने की भी व्यवस्था की गई। केन्द्रीय परिषद् के सदस्यों की संख्या को बढ़ाकर 16 से 60 कर दिया गया।
- इस अधिनियम द्वारा सर्वप्रथम भारत परिषद् तथा वायसराय की कार्यप्रणाली परिषद् में भारतीय सदस्यों को शामिल किया गया। दो भारतीय **के. सी. गुप्ता** तथा **सैयद हुसैन बिलग्रामी** को भारत परिषद् में तथा **एस. पी. सिन्हा** को वायसराय की कार्यप्रणाली परिषद् में विधिक सदस्य के रूप में शामिल किया गया, जिन्हें बाद मे लॉर्ड की उपाधि प्रदान की गई।
- इस अधिनियम के प्रावधान **हितैषी निरंकुशवाद** के नाम से जाने जाते हैं। पृथक् मताधिकार एवं पृथक् निर्वाचन क्षेत्रों की व्यवस्था के कारण ही गाँधीजी ने इसे **सर्वस्व नाश करने वाला अधिनियम** बताया था।

1919 का भारत सरकार अधिनियम (मॉण्टेग्यू-चेम्सफोर्ड सुधार)

- इस अधिनियम में सर्वप्रथम **उत्तरदायी शासन** शब्द का प्रयोग किया गया तथा भारत परिषद् के सदस्यों की संख्या न्यूनतम 8 तथा अधिकतम 12 निश्चित की गई।
- साम्प्रदायिक आधार पर निर्वाचन प्रणाली का विस्तार करते हुए इसे ईसाइयों, सिखों, आंग्ल-भारतीयों तथा यूरोपियों पर भी लागू कर दिया गया।
- इस अधिनियम द्वारा प्रान्तों में प्रत्यक्ष चुनाव प्रणाली की शुरुआत हुई, जिसमें साम्प्रदायिक आधार पर आरक्षण की व्यवस्था थी। मत देने का अधिकार सम्पत्ति सम्बन्धी योग्यता पर आधारित था। महिलाओं को भी मताधिकार प्रदान किया गया।
- इस अधिनियम के द्वारा पहली बार केन्द्रीय स्तर पर **द्विसदनात्मक विधानमण्डल** की स्थापना की गई। एक सदन को राज्य परिषद् (उच्च सदन) तथा दूसरे को विधानसभा (निम्न सदन) कहा गया।

- राज्य परिषद् के सदस्यों की संख्या 60 थी, जिनमें 34 निर्वाचित तथा शेष नामांकित होते थे। इनका कार्यकाल 5 वर्ष का होता था। केन्द्रीय विधानसभा में कुल 145 सदस्य होते थे, जिनमें 104 निर्वाचित तथा शेष नामांकित होते थे। दोनों की शक्तियाँ समान थीं, किन्तु बजट पर स्वीकृति प्रदान करने का अधिकार केवल विधानसभा को था।
- इस अधिनियम की एक प्रमुख विशेषता **प्रान्तीय सरकारों** के **अधिकार क्षेत्र का परिसीमन** थी। केन्द्रीय तथा प्रान्तीय सरकारों के बीच प्रशासन के विषयों को केन्द्रीय तथा प्रान्तीय दो वर्गों में विभक्त किया गया। प्रान्तीय शासन के क्षेत्र में द्वैध-शासन प्रणाली लागू की गई। इसके अनुसार प्रान्तीय विषयों को आरक्षित तथा हस्तान्तरित नामक दो वर्गों में बाँटा गया।
- आरक्षित विषयों में राजस्व, न्याय, वित्त पुलिस तथा हस्तान्तरित विषयों में शिक्षा, स्वास्थ्य, स्थानीय स्वाशसन आदि शामिल थे।
- आरक्षित विषयों का शासन गवर्नर अपनी परिषद् की सलाह से, जबकि हस्तान्तरित विषयों का शासन गवर्नर भारतीय मन्त्रियों की सलाह से करता था।

> 1909 के अधिनियम की एक उल्लेखनीय उपलब्धि यह थी कि उसके द्वारा **भारत सचिव की परिषद्** तथा **भारत के वायसराय की कार्यकारिणी परिषद्** में सर्वप्रथम भारतीय सदस्यों को सम्मिलित किया गया। 1919 के अधिनियम के अन्तर्गत भारत सचिव के कार्यभार को कम करने के लिए हाई कमिश्नर की नियुक्ति की व्यवस्था की गई।

- 1 अप्रैल, 1921 से द्वैध-शासन बंगाल, मद्रास, मुम्बई, उत्तर प्रदेश बिहार, उड़ीसा, पंजाब, मध्य प्रदेश और असम में प्रारम्भ किया गया।
- ज्ञातव्य है कि द्वैध-शासन का जन्मदाता **लियोनिल कार्टिस** था। इसने अपनी पुस्तक **डायर्को** में द्वैध-शासन का वर्णन किया था।
- इस अधिनियम ने भारत में एक लोक सेवा आयोग के गठन का प्रावधान किया तथा भारत सचिव को भारत में महालेखा परीक्षा की नियुक्ति का अधिकार दिया।
- इस अधिनियम द्वारा सर्वप्रथम केन्द्रीय बजट को राज्य बजट से पृथक् कर दिया गया।
- प्रत्यक्ष निर्वाचन के लिए पहली बार सीमित संख्या में सम्पत्ति एवं कर को आधार बनाया गया।

1935 का भारत सरकार अधिनियम

- भारत सरकार अधिनियम, 1935 के द्वारा भारत में अखिल भारतीय संघ की स्थापना की गई। इस संघ को 11 ब्रिटिश, भारतीय प्रान्तों, 6 कमिश्नरियों तथा उन देशी रियासतों को मिलाकर बनाया गया था, जो इसमें स्वेच्छा से शामिल होना चाहती थीं। इस अधिनियम के द्वारा प्रान्तों में द्वैध-शासन समाप्त करके केन्द्र में द्वैध-शासन लागू कर दिया गया।
- केन्द्रीय सरकार की कार्यकारिणी शक्ति को गवर्नर-जनरल में निहित कर दिया गया। संघीय प्रशासन के विषय को हस्तान्तरित तथा आरक्षित भागों में विभक्त कर दिया गया।
- आरक्षित विषयों में प्रतिरक्षा, विदेशी मामले, धार्मिक विषय और जनजातीय क्षेत्र शामिल थे। अन्य सभी विषय हस्तान्तरित विषयों की सूची में थे।

> 1935 के अधिनियम में विषयों को तीन श्रेणियों में बाँटा गया था-**संघ सूची, प्रान्तीय सूची** तथा **समवर्ती सूची**। संघ सूची में कुल 59 विषय थे। इस सूची में अखिल भारतीय हित के विषय भी आते थे। राज्य सूची में 54 विषय तथा समवर्ती सूची में 36 विषय थे। अवशिष्ट शक्तियों पर अन्तिम निर्णय गवर्नर-जनरल का होता था कि इस पर कानून कौन बनाएगा?

- इस अधिनियम द्वारा दिल्ली में एक संघीय न्यायालय की स्थापना की गई। इसमें 1 मुख्य न्यायाधीश तथा 6 अन्य न्यायाधीश हो सकते थे। इनकी नियुक्ति सम्राट द्वारा की जाती थी। उसके निर्णय के विरुद्ध अपील प्रिवी का उन्सिल में की जा सकती थी। 1 अक्टूबर, 1987 से यह न्यायालय कार्यरत हो गया। इसके प्रथम न्यायाधीश **सर मॉरिश ग्वेयर** थे।
- भारत सरकार अधिनियम, 1935 के अन्तर्गत विधानमण्डल में महिलाओं के लिए आरक्षित स्थानों का प्रावधान किया गया, जिसमें महिलाएँ किसी भी सामान्य सीट से चुनाव लड़ सकती थीं।
- इस अधिनियम के आधार पर ही वर्ष 1937 में चुनाव सम्पन्न हुए थे। इस अधिनियम के द्वारा **अखिल भारतीय संघ** की स्थापना की गई।
- इसी अधिनियम के अन्तर्गत ही **लोक सेवा आयोग** एवं **रिजर्व बैंक** की स्थापना की गई थी।
- इस अधिनियम द्वारा वर्ष 1935 में बर्मा को भारत से अलग कर दिया गया तथा दो नए प्रान्त-उड़ीसा तथा सिन्ध का निर्माण हुआ।

> भारत शासन अधिनियम 1935 के सन्दर्भ में पण्डित नेहरूजी ने कहा था कि ''यह एक ऐसी कार है, जिसमें ब्रेक तो है, पर इंजन नहीं है।'' इसे उन्होंने **दासता का अधिकार-पत्र** भी कहा है। जिन्ना ने इसे ''पूर्णतः सड़ा एवं मूल रूप से बुरा' कहा।

1947 का भारतीय स्वतन्त्रता अधिनियम

- 3 जून, 1947 को माउण्टबेटन योजना पर आधारित इस अधिनियम के अन्तर्गत ब्रिटिश शासन को समाप्त कर 15 अगस्त, 1947 को भारत को स्वतन्त्र एवं सम्प्रभु राष्ट्र घोषित कर दिया गया तथा दो स्वतन्त्र राष्ट्र भारत और पाकिस्तान अस्तित्व में आए।
- इसने वायसराय का पद समाप्त कर दिया और उसके स्थान पर दोनों डोमिनियन राज्यों के लिए गवर्नर-जनरल के पद का सृजन किया। स्वतन्त्र भारत के प्रथम व अन्तिम भारतीय गवर्नर-जनरल **सी राजगोपालाचारी** थे।

महत्त्वपूर्ण अधिनियम : एक नजर में

अधिनियम	स्थापना	महत्त्वपूर्ण निर्णय
रेग्यूलेटिंग एक्ट	1773 ई.	बंगाल में सर्वोच्च न्यायालय की स्थापना।
चार्टर एक्ट (राजलेख)	1813 ई.	पहली बार भारतीयों की शिक्षा के लिए प्रतिवर्ष ₹ 1 लाख खर्च करने की व्यवस्था।
चार्टर एक्ट (राजलेख)	1833 ई.	कम्पनी का भारतीय व्यापार पर से एकाधिकार समाप्त।
भारतीय सरकार अधिनियम	1858 ई.	कम्पनी का शासन समाप्त, ब्रिटिश क्राउन का शासन प्रारम्भ, गवर्नर-जनरल, वायसराय बना।
भारतीय परिषद् अधिनियम	1861 ई.	विभागीय एवं मन्त्रिमण्डलीय प्रणाली का प्रारम्भ, लेजिस्लेटिव काउन्सिल की स्थापना
भारतीय परिषद् अधिनियम	1892 ई.	पहली बार विधानपरिषद् में बजट पर बहस करने का अधिकार मिला।
भारत परिषद् अधिनियम	वर्ष 1909	पृथक् निर्वाचन मण्डल।
भारत सरकार अधिनियम	वर्ष 1919	द्वि-सदनीय व्यवस्थापिका, प्रान्तों में द्वैध-शासन, सिखों को विशेष प्रतिनिधित्व।
भारत सरकार अधिनियम	वर्ष 1935	केन्द्र में द्वैध-शासन, प्रान्तीय स्वायत्तता, निर्वाचन का अधिकार हरिजनों, भारतीय ईसाइयों एवं एंग्लो-इण्डियन को भी दिया गया।
भारतीय स्वतन्त्रता अधिनियम	वर्ष 1947	भारत को पूर्ण स्वतन्त्रता मिली।

औपनिवेशिक आर्थिक नीतियाँ

भारत में अंग्रेजों के आगमन से पूर्व परम्परागत भूमि व्यवस्था स्थापित थी। इसके अन्तर्गत भूमि पर कृषकों का अधिकार था तथा फसल का एक भाग सरकार को दे दिया जाता था, लेकिन ईस्ट इण्डिया कम्पनी ने 1765 ई. में इलाहाबाद की सन्धि द्वारा बंगाल, बिहार तथा उड़ीसा की दीवानी प्राप्त कर ली।

भारत में भू-राजस्व व्यवस्था

- भारत में कृषि आमदनी का प्रमुख साधन था। कम्पनी ने कृषि से राजस्व प्राप्त करने के लिए इस ओर ध्यान दिया।
  अधिक-से-अधिक भूमिकर प्राप्त करने के लिए सबसे पहले **वॉरेन हेस्टिंग्स** द्वारा 1772 ई. में पंचवर्षीय बन्दोबस्त लागू किया गया, जिसे **इजारेदारी प्रथा** (फार्मिंग सिस्टम) के नाम से जाना जाता था।
- इसके अन्तर्गत नीलामी में सबसे अधिक बोली लगाने वाले व्यक्ति को किसी निश्चित क्षेत्र से भू-राजस्व एकत्रित करने का अधिकार सौंप दिया जाता था।
- 1776 ई. में पंचवर्षीय बन्दोबस्त को समाप्त कर एक वर्षीय प्रणाली अपनाई गई। इस बन्दोबस्त में जमींदारों को महत्त्व दिया गया। 1781 ई. में इस प्रणाली में सुधार करते हुए **कलकत्ता** (कोलकाता) में **राजस्व समिति** (Revenue Committee) स्थापित की गई।

स्थायी बन्दोबस्त

- 1790 ई. में कॉर्नवालिस ने एक 10 वर्षीय भू-राजस्व व्यवस्था लागू की, जिसमें भूमि का स्वामी तथा लगान वसूली का उत्तरदायित्व जमींदारों को दिया गया। 1793 ई. में कॉर्नवालिस ने 10 वर्षीय व्यवस्था को परिवर्तित कर स्थायी कर दिया।
- स्थायी बन्दोबस्त बंगाल, बिहार, उड़ीसा, उत्तर प्रदेश के वाराणसी तथा गाजीपुर क्षेत्र और उत्तरी कर्नाटक के क्षेत्रों में लागू किया गया।
- स्थायी बन्दोबस्त को **इस्तमरारी बन्दोबस्त** अथवा **जमींदारी प्रथा** के रूप में भी जाना जाता है। इस प्रणाली के अनुसार, जमींदारों को भू-स्वामी स्वीकार किया गया। सरकार भू-राजस्व के लिए जमींदारों को ही उत्तरदायी मानती थी।
- 1794 ई. में पारित **सूर्यास्त नियम** के अनुसार, निर्धारित तिथि को भू-राजस्व जमा नहीं करने वाले जमींदारों की भूमि जब्त कर ली जाती थी। यह कुल ब्रिटिश भारत के 19% भूमि पर लागू था। इस व्यवस्था में लगान का 10/11 भाग सरकार का तथा 1/11 भाग जमींदारों का निश्चित किया गया। भूमि पर जमींदारों का अधिकार पैतृक तथा हस्तान्तरणीय था।

> **स्थायी बन्दोबस्त** व्यवस्था में सबसे बड़ी कमी यह थी कि इसमें यह निर्धारित नहीं था कि जमींदार किसानों से कितना लगान वसूले, जिसके कारण किसानों का शोषण बढ़ता गया। साथ ही नीलामी के माध्यम से कुछ वर्ग; जैसे-साहूकार तथा व्यापारियों ने जमीन खरीदना प्रारम्भ किया, जिससे उप-सामन्तीकरण की प्रवृत्ति भी उभरी।

- स्थायी बन्दोबस्त का समर्थन करने वालों में रोमेशचन्द्र दत्त एवं राजा राममोहन राय को शामिल किया जाता है।

रैयतवाड़ी बन्दोबस्त

- 1792 ई. में मद्रास प्रेसीडेन्सी में एक नई भू-राजस्व व्यवस्था लागू की गई, जिसे रैयतवाड़ी बन्दोबस्त (Ryotwari Settlement) कहा गया।
- इस प्रणाली के अन्तर्गत लगान के लिए कृषकों के साथ व्यक्तिगत रूप से समझौते किए गए, क्योंकि स्थायी बन्दोबस्त के अन्तर्गत प्राप्त की गई अतिरिक्त राशि को जमींदार स्वयं हड़प लेते थे। इन मध्यस्थों को हटाकर सरकार किसानों के साथ प्रत्यक्ष रूप से जुड़कर स्वयं लाभ प्राप्त करना चाहती थी।
- यह व्यवस्था मद्रास, बम्बई, पूर्वी बंगाल, असम और कुर्ग में 10 वर्षों के लिए लागू की गई थी। रैयतवाड़ी प्रणाली का जन्मदाता **टॉमस मुनरो** एवं **कैप्टन रीड** को माना जाता है, जिसने पुरानी भू-राजस्व व्यवस्था के स्थान पर इसे अधिक महत्त्वपूर्ण माना।

> ईस्ट इण्डिया कम्पनी द्वारा अधिकृत भारतीय भू-भाग के 51% क्षेत्र पर रैयतवाड़ी बन्दोबस्त लागू किया गया। 1792 ई. में **कर्नल रीड** ने तमिलनाडु के बारामहल जिले में सर्वप्रथम इस प्रणाली को लागू किया।

- 1820 ई. में यह व्यवस्था मद्रास में लागू की गई। यहाँ इस व्यवस्था को सुचारु रूप से चलाने के लिए मुनरो को मद्रास का प्रथम गवर्नर नियुक्त किया गया।

- 1825 ई. में यह व्यवस्था बम्बई में तथा 1858 ई. तक यह सम्पूर्ण दक्कन और अन्य क्षेत्रों में लागू हो गई।
- इसके अन्तर्गत किसानों से सीधे 33% भू-राजस्व वसूला जाता था, जो कृषक जितनी भूमि जोतता था, उसे उसका स्वामी मान लिया जाता था, बशर्ते वह समय पर भू-राजस्व भुगतान करता रहे। लगान जमा करने का दायित्व भी किसानों को ही सौंपा गया था, जो किसान मालगुजारी नहीं कर पाता था, उसकी जमीन बेच दी जाती थी।
- यह व्यवस्था 30 वर्षों के लिए लागू की गई और इसकी दर 1/3 निश्चित की गई।

महालवाड़ी बन्दोबस्त

- उत्तरी-पश्चिमी भारत पर नियन्त्रण के पश्चात् ब्रिटिश ईस्ट इण्डिया कम्पनी ने भू-धारण की नई नीति को लागू किया। इसे महालवाड़ी बन्दोबस्त के रूप में जाना जाता है। **महाल** शब्द का अर्थ है—**जागीर** अथवा **गाँव**। यह व्यवस्था प्रत्येक महाल के साथ स्थापित की गई, कृषक के साथ नहीं। इस व्यवस्था के जन्मदाता **हाल्ट मैकेंजी** थे।
- 1819 ई. के अपने प्रतिवेदन में मैकेंजी ने महालवाड़ी भूमि-व्यवस्था का सूत्रपात किया। 1822 ई. में इस व्यवस्था को कानूनी रूप दिया गया।
- 1833 ई. में **मार्टिन बर्ड** तथा **जेम्स टॉमसन** के बन्दोबस्त में यह व्यवस्था अपने सबसे बेहतर रूप में सामने आई। इस व्यवस्था में सुधारों के कारण मार्टिन बर्ड को उत्तरी भारत में भू-राजस्व व्यवस्था का जनक कहा गया है।

> इस व्यवस्था को **मध्य प्रान्त**, **उत्तर प्रदेश** एवं **पंजाब** में लागू किया गया था। यह बन्दोबस्त ईस्ट इण्डिया कम्पनी द्वारा अधिकृत क्षेत्रों के 30% भू-भाग पर लगाया गया। साथ ही यह निर्धारित किया गया कि **ग्राम प्रधान** अथवा लम्बरदार भू-राजस्व वसूली के लिए उत्तरदायी होगा। जहाँ जमींदार लगान वसूल करता था, वहीं लगान भूमि किराए का 30% था। जहाँ भूमि सामूहिक थी, वहाँ लगान भूमि किराए का 95% था।

कृषि का वाणिज्यीकरण

- भारतीय सामान खरीदने के लिए कम्पनी को बुलियन (बहुमूल्य धातु) का आयात करना पड़ता था। बुलियन को अधिक समय तक आयात न किया जाए, इसके लिए उसने भारतीय जनता से करों की वसूली की तथा इस योजना को क्रियान्वित करते हुए कृषि का वाणिज्यीकरण किया। कृषि के वाणिज्यीकरण के अन्तर्गत **नील**, **कच्चा रेशम**, **कपास**, **अफीम** तथा **चाय** पर विशेष रूप से ध्यान केन्द्रित किया गया।
- कृषि का वाणिज्यीकरण किसानों के लिए एक लाभप्रद प्रक्रिया थी, लेकिन ब्रिटिश कम्पनी ने इसका सम्पूर्ण लाभ स्वयं उठाया तथा किसान बर्बाद हो गए। किसानों के पास आधुनिक संयन्त्र नहीं थे, जिनसे वह ठीक प्रकार से खेती करते। इस दशा में किसान ब्रिटिश व्यापारियों पर अधिक निर्भर होने लगे। ब्रिटिश व्यापारियों ने अपने लाभ के लिए कृषि उत्पादों के चयन पर बल दिया, जिसमें नील, कपास तथा चाय प्रमुख थे।
- भारत में **पहला चाय बागान** असम में 1835 ई. में लगाया गया चाय बागानों में कार्य करने के लिए प्राय: छोटानागपुर तथा उसके आस-पास के क्षेत्रों से बन्धुआ मजदूरों को लाया गया। कृषि के वाणिज्यीकरण का प्रभाव विभिन्न अकालों के रूप में देखने को मिला।

> राष्ट्रवादी नेताओं के संघर्ष तथा विभिन्न विद्रोहों के बाद 1880 ई. में **दुर्भिक्ष आयोग** (Famine Commission) गठित किया गया। वर्ष 1901 में कृषि महानिदेशक की नियुक्ति की गई। वर्ष 1905 में **अखिल भारतीय कृषि बोर्ड** का गठन हुआ। वर्ष 1906 में भारतीय कृषि सेवा गठित की गई। प्रान्तों में कृषि विभाग बनाया गया।

- 18वीं शताब्दी के मध्य तक ब्रिटिश ईस्ट इण्डिया कम्पनी द्वारा बंगाल से कपास, रेशम, शोरा, अफीम, चाय, नील इत्यादि का निर्यात किया जाता था।

ब्रिटिशकालीन कुछ प्रमुख कृषि पद्धतियाँ

ब्रिटिशकालीन कुछ प्रमुख कृषि पद्धतियाँ निम्नलिखित हैं

- **तिनकठिया पद्धति (प्रथा)** इस प्रथा के अन्तर्गत किसानों को अपनी भूमि के लगभग 3/20 भाग पर अनिवार्य रूप से नील की खेती करनी पड़ती थी। ऐसा अंग्रेज बगान मालिकों के साथ किए गए अनुबन्ध के आधार पर किया जाता था। यह प्रथा बिहार के चम्पारण जिले में प्रचलित थी।
- **ददनी प्रथा** इस प्रथा के अन्तर्गत ब्रिटिश व्यापारी यहाँ के उत्पादकों, कारीगरों एवं शिल्पियों से अनुबन्ध करते थे कि भविष्य में निर्मित अन्तिम वस्तु को वे उन्हीं को बेचेंगे। इसके लिए वे कुछ राशि अग्रिम (Advance) के रूप में देते थे।
- **दुबला-हाली प्रथा** इसके अन्तर्गत भू-दास, जोकि दुबला तथा हाली कहलाते थे, ये अपनी सम्पत्ति एवं स्वयं का संरक्षक अपने मालिक को ही मानते थे। यह प्रथा सूरत में प्रचलित थी।
- **कमियौटी प्रथा** यह प्रथा उड़ीसा व बिहार में प्रचलित थी। इस प्रथा के अन्तर्गत कमिया जाति के लोग अपने मालिकों से लिए गए ऋण के ब्याज के बदले जीवनभर उनकी सेवा (गुलामी) किया करते थे।

आर्थिक नीतियों का प्रभाव

- भारत में ब्रिटिश शासन की स्थापना का सर्वाधिक प्रभाव देश की आर्थिक प्रवृत्तियों पर पड़ा। ईस्ट इण्डिया कम्पनी ने अपने हितों के लिए भारत की परम्परागत आर्थिक संरचना को प्रभावित किया। कम्पनी के शासनकाल में जिन आर्थिक नीतियों को बढ़ावा दिया गया, उनसे भारत में निर्धनता के नए युग की शुरुआत हुई।
- अंग्रेजों का उद्देश्य भारत के आर्थिक शोषण को प्रभावी बनाने के लिए नीतियों को राजनीतिक परिस्थितियों के अनुरूप बनाना था। ब्रिटिश आर्थिक नीति में परिवर्तनों को निम्न तीन चरणों में विभाजित कर देखा जा सकता है
  (i) **प्रारम्भिक चरण** (1600-1757 ई.) इस चरण में ब्रिटिश ईस्ट इण्डिया कम्पनी का पूरा ध्यान भारत से सूती-वस्त्र तथा मसालों का निर्यात यूरोपीय देशों को करने में था। इस समय कम्पनी भारतीय उत्पादों के बदले अत्यधिक राशि तथा बहुमूल्य धातुएँ भारत लाती थी।

(ii) द्वितीय चरण (1757-1800 ई.) इस चरण में मुगल सत्ता की कमजोरी का राजनीतिक लाभ उठाकर ईस्ट इण्डिया कम्पनी ने अपने लिए जगह बनाई। देशी रियासतों पर प्रभाव बनाकर भारत में आय के स्रोतों की स्थापना की गई।

(iii) तृतीय चरण (1800-1947 ई.) इस समय ब्रिटिश कम्पनी अधिक मजबूत हुई और भारतीय क्षेत्रों पर उसका नियन्त्रण पूर्णत: स्थापित हुआ। कम्पनी ने भू-राजस्व नीतियों में परिवर्तन कर कृषि से अधिक लाभ कमाने का उद्देश्य निर्धारित किया।

धन का बहिर्गमन सिद्धान्त

- भारतीय धन को ब्रिटेन के हित में उपयोग करने की प्रवृत्ति पर अनेक अर्थशास्त्रियों, इतिहासकारों तथा राष्ट्रवादी नेताओं ने विचार किया है। इस प्रवृत्ति को **धन की निकासी** (Drain of Wealth) नाम दिया गया।
- भारत से धन की निकासी के बाद यही धन कर्ज के रूप में भारत आता था और ब्याज की रकम पुन: ब्रिटेन भेजी जाती थी। इस प्रकार से दोहरे धन की निकासी का दूरगामी परिणाम हुआ।

> **धन का बहिर्गमन** (निष्कासन) से अभिप्राय यह है कि भारत की सम्पत्ति एवं संसाधनों का निर्यात ब्रिटेन की ओर किया जाए, किन्तु उसके बदले प्रतिफल के रूप में भारत को किसी भी प्रकार का आर्थिक भौतिक लाभ प्राप्त न हो।

- भारत से धन की निकासी की सबसे कुशल तथा विस्तृत व्याख्या देने का श्रेय दादाभाई नौरोजी को है। दादाभाई नौरोजी ने 2 मई, 1867 को लन्दन में आयोजित ईस्ट इण्डिया एसोसिएशन की बैठक में अपने लेख **इंग्लैण्ड डेब्ट्स टू इण्डिया** नामक पुस्तिका में धन की निकासी के स्वरूप का लेख-जोखा प्रस्तुत किया।
- इसके अतिरिक्त दादाभाई नौरोजी ने द वाण्ट्स एण्ड मीन्स ऑफ इण्डिया, ऑन द कॉमर्स ऑफ इण्डिया तथा पॉवर्टी एण्ड अनब्रिटिश रूल इन इण्डिया नामक निबन्धों में भी अंग्रेजी तथा आर्थिक नीति की आलोचना की।

> राष्ट्रीय आय का प्रथम वैज्ञानिक आकलन डॉ. वी. के. आर. वी. राव ने किया था।

- धन के इस बहिर्गमन को दादाभाई नौरोजी ने अनिष्टों का अनिष्ट कहकर सम्बोधित किया। अमृत बाजार पत्रिका नामक समाचार-पत्र में इस सन्दर्भ में अनेक लेख छपते थे।
- आर. सी. दत्त ने अपनी प्रसिद्ध पुस्तक **इकोनॉमिक हिस्ट्री ऑफ इण्डिया** में धन की निकासी के सिद्धान्त का उल्लेख किया। इसे भारत के आर्थिक इतिहास की पहली पुस्तक माना जाता है।
- अधिकारियों को वेतन तथा पेंशन देने, लन्दन में इण्डिया ऑफिस के व्यय, विदेशों में अंग्रेजों द्वारा लड़ाई, कम्पनी के लिए माल का क्रय तथा विदेशी ऋण पर ब्याज एवं कम्पनी के शेयर धारकों को लाभांश के लिए ईस्ट इण्डिया कम्पनी ने भारतीय राजस्व का उपयोग किया।
- यहाँ गृह व्यय (होम चार्जेज) भी धन की निकासी का एक माध्यम था। भारतीय राष्ट्रीय कांग्रेस ने कलकत्ता अधिवेशन 1896 ई. में धन के निष्कासन सिद्धान्त को स्वीकार किया। वर्ष 1901 के विधानसभा में अपने भाषण में गोपालकृष्ण गोखले ने धन के बहिर्गमन सिद्धान्त का वर्णन किया था।

ब्रिटिश आर्थिक नीतियों के प्रमुख आलोचक

दादाभाई नौरोजी के अतिरिक्त ब्रिटिश आर्थिक नीतियों के प्रमुख आलोचक निम्नलिखित थे

आलोचक	कृति
रमेशचन्द्र दत्त	इकोनॉमिक हिस्ट्री ऑफ इण्डिया
एम. जी. रानाडे	एस्से ऑफ इण्डियन इकोनॉमी
विलियम डिग्बी	प्रास्पोरस ब्रिटिश इण्डिया
जी. सुब्रह्मण्यम अय्यर	सम इकोनॉमिक आस्पैक्ट्स ऑफ ब्रिटिश रूल इन इण्डिया
पृथ्वीचन्द्र राय	पॉवर्टी प्रॉब्लम इन इण्डिया
थियोडोर मोरिसन	द इकोनॉमिक ट्रांजिक्सन इन इण्डिया
जी. वी. जोशी	इकोनॉमिक सिचुएशन इन इण्डिया
जी. वी. जोशी	द इकोनॉमिक रिजल्ट ऑफ फ्री ट्रेड एण्ड रेलवे एक्सटेंशन
जी वी जोशी	जे पत्रमाला
राजकुमार विद्यारत्न	कुली कहानी

अकाल नीति

- देश में पड़ रहे बारम्बार अकाल के कारण कम्पनी को इस दिशा में ध्यान देना पड़ा। अत: कम्पनी ने अकाल के सन्दर्भ में अकाल संहिता बनाई तथा अकाल आयोग एवं समितियों का गठन किया।
- 1883 ई. में केन्द्र सरकार ने अकाल संहिता लागू किया, किन्तु कृषि के विकास के अभाव में अकालों की विभीषिका एवं आवृत्ति निरन्तर बढ़ती गई। अकालों की विभीषिका एवं आवृत्ति को कम करने के गम्भीर प्रयास स्वतन्त्रता के बाद ही प्रारम्भ किए गए।

प्रमुख अकाल आयोग एवं समितियाँ

प्रमुख अकाल आयोग एवं समितियाँ निम्ननिलित हैं

- कर्नल स्मिथ समिति (1860-61) इस समिति ने 1860-61 ई. में दिल्ली तथा उसके आस-पास के क्षेत्रों में पड़ने वाले अकाल के कारणों तथा उनकी भयावहता की जाँच की।
- कैम्पबेल आयोग (1866-67) उड़ीसा में आए अकाल की जाँच के लिए कैम्पबेल आयोग की स्थापना की गई। इस आयोग ने माना कि केवल स्वयंसेवी संस्थाएँ ही राहत कार्यों के लिए उत्तरदायी नहीं हैं। इस आयोग का मानना था कि अकाल पीड़ितों को सहायता पहुँचाने के लिए रेलवे, नहरों एवं सड़कों का कार्य आरम्भ करके सरकार को जनसामान्य को रोजगार प्रदान करना चाहिए।
- स्ट्रेची आयोग (1878-80) इस आयोग ने सिफारिश की कि जरूरतमन्द लोगों को सहायता पहुँचाना राज्य का कर्त्तव्य है। सक्षम लोगों को रोजगार दिया जाए और अशक्त लोगों को भोजन बाँटा जाए तथा प्रत्येक प्रान्त में अकाल कोष होना चाहिए।

- **लायल आयोग** (1897) इस आयोग ने स्ट्रेची आयोग की सिफारिशों से सहमति प्रकट की तथा लचीलापन लाने की दृष्टि से कुछ परिवर्तन करने की अनुशंसा की।
- **मैकडोनाल्ड आयोग** (1900) इस आयोग ने सिफारिश की कि अकाल सहायता तथा अनुदान में दी गई सहायता पर आवश्यकता से अधिक बल दिया गया है। इस आयोग ने नैतिक नीति तथा ग्राम स्तर के कार्यों को प्राथमिकता दी। अकालग्रस्त क्षेत्र को एक अकाल आयुक्त के अधीन रखने का सुझाव दिया गया तथा सरकारी के साथ ही गैर-सरकारी साधनों के उपयोग का भी सुझाव दिया गया।
- **जॉन वुडहेड आयोग** (1945) वर्ष 1945 में आए अकाल की जाँच हेतु जॉन वुडहेड आयोग की नियुक्ति की गई।

वित्त एवं अर्थव्यवस्था से सम्बन्धित प्रमुख आयोग/समितियाँ

वित्त एवं अर्थव्यवस्था से सम्बन्धित प्रमुख आयोग/समितियाँ निम्नलिखित हैं

- **अमीनी समिति** इस समिति की स्थापना 1778 ई. में की गई थी। यह समिति भू-राजस्व एवं अकाल से सम्बन्धित थी।
- **निकोल्सन आयोग** इसकी स्थापना 1892 ई. में की गई थी। यह आयोग सरकारी संस्थाओं की कार्यप्रणाली की जाँच से सम्बन्धित था।
- **वेल्वी आयोग** इस आयोग की स्थापना धन के बहिर्गमन सिद्धान्त पर दादाभाई नौरोजी के आरोपों की समीक्षा के लिए की गई थी।
- **हॉलैण्ड समिति** इस आयोग की स्थापना वर्ष 1916 में की गई थी। समिति उद्योगों के विकास से सम्बन्धित थी।
- **मैक्सवेल ब्लूमफील्ड समिति** इस आयोग की स्थापना वर्ष 1928 में की गई। यह समिति बारदोली कृषक आन्दोलन के पुनर्मूल्यांकन से सम्बन्धित थी।
- **ह्विटले आयोग** इस आयोग की स्थापना वर्ष 1929 में की गई। यह आयोग श्रमिकों से सम्बन्धित था।
- **सप्रू आयोग** इस आयोग की स्थापना वर्ष 1934 में की गई थी। यह आयोग मध्यम वर्ग में बेरोजगारों की जाँच से सम्बन्धित था।
- **फ्लाउड आयोग** इस समिति की स्थापना वर्ष 1940 में की गई थी। इस आयोग ने कुल फसल उत्पादन को दो-तिहाई बँटाइदारों को देने का सुझाव दिया।

भारत में पूँजीवाद का विकास

भारत में पूँजीवाद के विकास में विदेशी तथा देशी दोनों प्रकार की पूँजियों का स्पष्ट योगदान रहा है। भारत में पूँजीवाद की स्थापना का श्रेय विदेशीपूँजी को है। भारत में पूँजीवाद के विकास के तीन चरण निम्नलिखित हैं

वाणिज्यिक पूँजीवाद

- वाणिज्यिक पूँजीवाद का चरण 1757 से 1813 ई. तक की आर्थिक गतिविधियों को माना जाता है। इस समय **ईस्ट इण्डिया कम्पनी** का एकाधिकार भारतीय व्यापार पर था और इस व्यापार पर एकाधिकार प्राप्त करने अथवा बनाए रखने के लिए ही यूरोपीय कम्पनियों (पुर्तगाली, डच तथा फ्रांसीसी) के द्वारा अनेक युद्ध लड़े गए।
- इस चरण में ब्रिटिशों का प्रमुख उद्देश्य कम लागत पर वस्तुएँ खरीदकर उसे अधिकतम लाभ पर यूरोप में बेचना था। इसके लिए वे पूँजी निवेश का भी सहारा लेते थे।
- कम्पनी के द्वारा विजित क्षेत्रों की जनता पर भी कर अधिरोपित किया जाता था। लगान से प्राप्त राशि को ब्रिटिशों के द्वारा वस्तु तथा कीमती धातु के रूप में अपने गृह राज्य भेज दिया जाता था।

भारत के प्रसिद्ध इतिहासकार **के. एम. पणिक्कर** के द्वारा बंगाल के सन्दर्भ में 1765 से 1772 ई. तक के काल को **डाकू राज्य** कहा गया। ब्रिटिश इतिहासकार पर्सिवल स्पीयर ने बंगाल की इस लूट के सन्दर्भ में कहा कि "अब बंगाल में खुला तथा बेशर्म लूट का काल आरम्भ हुआ"।

- इस काल के ब्रिटिश शासन के परिणाम भारत के शिल्प उद्योग के लिए घातक सिद्ध हुए। बंगाल पर अधिकार के बाद कम्पनी के शिल्पकारों को बाध्य किया कि वे केवल कम्पनी के लिए माल बनाएँ। इस प्रकार इस काल में भारतीय शिल्पकला उद्योगों का अत्यन्त ह्रास हुआ।

औद्योगिक पूँजीवाद

- 1813 ई. के बाद औद्योगिक पूँजीवाद का दौर आरम्भ हुआ। ब्रिटेन की औद्योगिक क्रान्ति के साथ भारत एक बाजार में परिवर्तित हो गया। यही दौर था, जब भारत के परम्परागत उद्योगों का तेजी से विनाश हुआ।
- 1813 तथा 1833 के चार्टर एक्टों में ब्रिटिश ईस्ट इण्डिया कम्पनी के एकाधिकार के समाप्त होते ही भारत के आर्थिक शोषण की प्रक्रिया और तीव्र हो गई। भारत से कच्चे मालों का निर्यात ब्रिटेन को किया जाने लगा तथा निर्मित वस्तुएँ भारत में बेची जाने लगीं।
- मशीनों से निर्मित कपड़े हाथो से बने कपड़ों की तुलना में सस्ते होते थे। अत: भारतीय निर्मित कपड़ों की माँग घट गई, जिससे इनका पतन प्रारम्भ हो गया।
- इस दुर्दशा के सन्दर्भ में **कार्ल मार्क्स** का कथन था कि "विश्व के कपड़ों के घर को विदेशी कपड़ों से भर दिया गया।"
- इस सन्दर्भ में भारत के पहले **गवर्नर-जनरल विलियम बैण्टिंक** का कथन था कि "बुनकरों की हड्डियों से भारत की भूमि सफेद हो गई।"
- औद्योगिक पूँजीवाद ने खाद्यान्न फसलों के स्थान पर वाणिज्यिक फसलों के उत्पादन पर अधिक बल दिया, जिससे अनाज में कमी होने के साथ खाद्यान्न के क्षेत्र में मुद्रास्फीति की स्थिति देखी गई।

इस चरण में ही **रेलवे का विकास** अंग्रेजों ने अपने आर्थिक एवं सामरिक उद्देश्यों की पूर्ति हेतु किया। 1858 ई. तक भारत में औद्योगिक पूँजीवाद का दौर चरम पर था।

वित्तीय पूँजीवाद

- 1858 से 1947 ई. के बीच भारत में वित्तीय पूँजीवाद का चरण रहा। इस चरण में रेलवे तथा संचार माध्यमों का विस्तार भारत में किया गया। ब्रिटिश व्यापारियों के हित में प्रारम्भ इन प्रवृत्तियों का लाभ भारतीय पूँजीपतियों ने भी उठाया और स्वदेशी पूँजी के माध्यम से देशी उद्यमों की स्थापना हुई। वित्तीय पूँजीवाद के इस दौर में भारत ब्रिटेन का उपनिवेश बन गया।

- दादाभाई नौरोजी को प्रति व्यक्ति आय का अनुमान लगाने वाला प्रथम राष्ट्रवादी नेता माना जाता है।
- बंगाल में दीवानी प्राप्त होने से पूर्व ईस्ट इण्डिया कम्पनी का भारत में व्यापार एक पक्षीय था। कम्पनी के पास भारत में बेचने के लिए कोई माल नहीं था, जबकि भारतीय मालों को यूरोपीय देशों में बेचने से उसे अत्यधिक लाभ हो रहा था।
- **कारखाना अधिनियम, 1891** लॉर्ड लैन्सडाउन के काल में लाया गया था। यह अधिनियम 50 श्रमिकों वाले कारखानों पर लागू हुआ था। इसके अन्तर्गत महिलाओं पर रात्रि 7 बजे से सुबह 5 बजे तक कार्य करने पर प्रतिबन्ध लगाया गया।
- **लिनलिथगो आयोग** की स्थापना वर्ष 1928 में की गई थी। यह आयोग भारतीय कृषि की स्थिति की जाँच से सम्बन्धित था।

औपनिवेशिक आर्थिक नीतियों का प्रभाव

ब्रिटिश शोषणकारी आर्थिक नीतियों का भारतीय अर्थव्यवस्था पर निम्नलिखित प्रभाव पड़ा

- औद्योगीकरण हतोत्साहित हो गया।
- भारतीय हस्तशिल्प का पतन हो गया।
- कृषि का वाणिज्यीकरण हो गया।
- कृषकों में गरीबी व दरिद्रता बढ़ी।
- हस्तशिल्पों के पतन से कृषि पर भार बढ़ गया।
- अकाल, गरीबी व भुखमरी भारतीयों की नियति बन गए।
- जमींदारी या मध्यस्थ वर्ग का उदय हुआ।
- आधुनिक उद्योगों की शुरुआत हुई।

उद्योगों का विकास

- भारत में आधुनिक उद्योगों का विकास ब्रिटिश सरकार की नीतियों के विरोध में प्रारम्भ हुआ। ब्रिटिश सरकार ने ऐसे उद्योगों को प्रोत्साहित करने का प्रयास नहीं किया। इस प्रकार औपनिवेशिक आर्थिक नीतियों के कारण भारतीय उद्योगों का स्वाभाविक विकास विकृत ही हुआ।
- भारत में रेलवे का विकास ब्रिटिश वाणिज्यिक नीति के प्रभाव में किया गया था, किन्तु इसने आधुनिक उद्योगों के विकास में उत्प्रेरक की भूमिका निभाई।
- भारत में रेल निर्माण की प्रक्रिया आरम्भ होने पर **कार्ल मार्क्स** ने टिप्पणी की थी कि ''रेलवे का प्रादुर्भाव भारत में आधुनिक उद्योगों के आगमन का पूर्व सूचक है।''
- भारत में प्रथम चाय बगान की स्थापना 1835 ई. में की गई तथा **असम चाय लिमिटेड** 1837 ई. में असम के चाबुआ में स्थापित की गई।

भारत में पहला **सूती-वस्त्र उद्योग कावसजी नानाजी डाबर** द्वारा 1854 ई. में स्थापित किया गया, जिसे भारतीयों द्वारा पहली फैक्ट्री माना गया। सभी उद्योगों में एकमात्र वस्त्र उद्योग ही ऐसा था, जिसमें विदेशियों की अपेक्षा भारतीय पूँजीपतियों ने अधिक अंशधारिता अपने अधीन रखी थी।

- भारत की **पहली कोलफिल्ड** की खोज रानीगंज (बंगाल) में 1854 ई. में की गई।
- **जूट कारखाने** की स्थापना जॉर्ज ऑकलैण्ड के द्वारा 1855 ई. में रिसड़ा (बंगाल) में की गई।
- भारत में पहली आधुनिक लौह इस्पात की कम्पनी 1874 ई. में स्थापित की गई, जिसका नाम **बंगाल आयरन एण्ड वर्क्स कम्पनी** था।
- भारत में **कागज उद्योगों** का विकास हुआ। 1879 ई. में लखनऊ में, 1882 ई. में टीटागढ़ में, 1885 ई. में पूना में तथा 1889 ई. रानीगंज में कागज उद्योग स्थापित किए गए।
- जमशेदजी टाटा के द्वारा झारखण्ड के जमशेदपुर (टाटा नगर) में वर्ष 1907 में **टाटा लौह-इस्पात** कारखाना स्थापित किया गया। यह निजी क्षेत्र का पहला लौह-इस्पात कारखाना था।
- भारत में पहला **सीमेण्ट उद्योग** वर्ष 1914 में पोरबन्दर में स्थापित हुआ। इसके बाद कटनी तथा बूँदी में सीमेण्ट उद्योग की स्थापना हुई।
- भारतीय उद्योग के संरक्षण हेतु विचार-विमर्श प्राप्त करने के उद्देश्य से थॉमस हॉलैण्ड के नेतृत्व में एक औद्योगिक आयोग वर्ष 1916 में भारत आया था। भारतीय उद्योगपतियों एवं देशी उद्योगों के संरचनात्मक विकास के उद्देश्य से वर्ष 1927 में **फिक्की** (FICCI) की स्थापना की गई।

रेलवे का विकास

- भारत में रेलवे के विकास का प्रारम्भ **लॉर्ड डलहौजी** के काल में हुआ। लॉर्ड डलहौजी ने यूरोपियन व्यापारियों को लाभ पहुँचाने के लिए भारत में रेलवे की स्थापना की। अंग्रेजों द्वारा भारत में रेल निर्माण का मुख्य उद्देश्य भारत के कच्चे माल को देश के अन्दर के क्षेत्रों से बन्दरगाह तक ले जाना था।
- रेल सेवा ने भारतीय व्यापार को तीव्रगति दी, लेकिन उसका अधिकांश लाभ यूरोपीय व्यापारी ले गए। भारतीयों को इससे कोई विशेष लाभ नहीं मिला, परन्तु आने वाले वर्षों में भारतीय व्यापारियों एवं आम जनता को परिवहन का एक बेहतर विकल्प उपलब्ध हुआ।

कार्ल मार्क्स ने भारत में बिछाई गई रेल लाइन को **आधुनिक युग का अग्रदूत** कहा। भारत में रेलवे का सर्वाधिक विकास तथा रेलवे लाइन का सर्वाधिक विस्तार वर्ष 1899-1905 के मध्य लार्ड कर्जन के कार्यकाल के दौरान हुआ।

- अपने आर्थिक एवं सामरिक हित की पूर्ति हेतु ब्रिटिशों के द्वारा एक रेल आयोग का गठन वर्ष 1902 में **मिस्टर रॉबर्टसन** की अध्यक्षता में किया गया था, जिसमें गुरुदास बनर्जी एवं सैयद बिलग्रामी भारतीय सदस्य के रूप में शामिल थे।
- 1890 के दशक के अन्त तक 39,834 किमी लम्बी रेलवे लाइन का विकास किया जा चुका था। वर्ष 1947 तक यह रेलवे लाइन बढ़कर 70,000 मील तक पहुँच गई। इस प्रकार भारत में ही विश्व का सबसे बड़ा रेलवे संजाल तैयार हुआ।
- **एकवर्थ समिति** के सुझाव पर वर्ष 1924 में रेल बजट एवं सामान्य बजट का पृथक्करण कर दिया गया।

प्रीलिम्स फैक्ट्स

- किस अधिनियम में कलकत्ता में सर्वोच्च न्यायालय की स्थापना का प्रावधान किया गया? *– रेग्यूलेटिंग एक्ट, 1773 [UPPSC (Mains) 2010]*
- किस अधिनियम के अन्तर्गत लॉर्ड कॉर्नवालिस को अपनी काउन्सिल के फैसलों को रद्द करने का अधिकार मिला था? *– 1786 का एक्ट [BPSC (Pre) 2000]*
- किस अधिनियम ने भारतवासियों को अपने देश के प्रशासन में कुछ हिस्सा लेना सम्भव बनाया? *– चार्टर एक्ट, 1833 [IAS (Pre) 2010]*
- नागरिक सेवाओं के लिए प्रतियोगी परीक्षा प्रणाली को सिद्धान्त: किस अधिनियम में स्वीकार किया गया? *– भारतीय चार्टर अधिनियम, 1853 में [BPSC (Pre) 2003]*
- किस एक्ट के द्वारा भारत के गवर्नर जनरल को अध्यादेश जारी करने की शक्ति प्रदान की गई? *– इण्डियन काउन्सिल एक्ट, 1861 [UPPSC (Pre) 1997]*
- किस अधिनियम के अन्तर्गत भारतीय विधान परिषद् को बजट पर बहस करने की शक्ति प्राप्त हुई? *– भारतीय परिषद् अधिनियम, 1892 [UPPSC (Pre) 2003]*
- भारतीय विधानपालिका प्रथम बार द्विसदनीय कब बनाई गई? *– 1919 के भारत सरकार अधिनियम द्वारा [UPPSC (Mains) 2008]*
- किस अधिनियम के अन्तर्गत प्रान्तों में द्वैध शासन प्रणाली लागू की गई थी? *– 1919 के भारत सरकार अधिनियम द्वारा [UPPSC (Pre) 2005]*
- राष्ट्रपति को अध्यादेश निर्गत करने की शक्ति किस अधिनियम द्वारा प्राप्त हुई? *– भारत सरकार अधिनियम, 1935 द्वारा [UPPSC (Mains) 2008]*
- अखिल भारतीय महासंघ स्थापित करने का प्रावधान किस अधिनियम में शामिल किया गया था? *– भारत सरकार अधिनियम, 1935 में [UPPSC (Mains) 2012]*
- भारत के संविधान में केन्द्र और राज्यों के बीच किया गया शक्ति विभाजन किस योजना पर आधारित था? *– भारत सरकार अधिनियम, 1935 [IAS (Pre) 2012]*
- किस एक अधिनियम द्वारा भारत में संघीय न्यायालय की स्थापना की गई थी? *– भारत सरकार अधिनियम, 1935 में [UPPSC (Pre) 2014]*
- किस अधिनियम के फलस्वरूप बर्मा भारत से अलग हुआ? *– गवर्नमेण्ट ऑफ इण्डिया एक्ट, 1935 [UPPSC (Mains) 2011]*
- 1935 के अधिनियम द्वारा स्थापित संघ में अवशेष शक्तियाँ दी गई थीं? *– गवर्नर जनरल को [UPPSC (Mains) 2008]*
- केन्द्र में 'द्वैध शासन' किस अधिनियम के अन्तर्गत स्थापित किया गया था? *– भारत सरकार अधिनियम, 1935 [UPPSC (Pre) 2003]*
- 'स्थायी बन्दोबस्त' किसके साथ किया गया था? *– जमींदारों के साथ [BPSC (Pre) 2011]*
- 'इस्तमरारी बन्दोबस्त' किसने लागू किया? *– लॉर्ड कॉर्नवालिस [UPPSC (Pre) 1991]*
- स्थायी बन्दोबस्त (1793 ई.) के अन्तर्गत जमींदारों से अपेक्षा की गई थी कि वे खेतिहरों को पट्टा जारी करेंगे, किन्तु अनेक जमींदारों द्वारा पट्टे जारी न करने का क्या कारण था? *– जमींदारों के ऊपर कोई सरकारी नियन्त्रण न होना [IAS (Pre) 2001]*
- रैयतवाड़ी प्रथा किसने प्रारम्भ की थी? *– टॉमस मुनरो ने [UPPSC (Pre) 1992]*
- ब्रिटिश द्वारा रैयतवाड़ी प्रथा कहाँ लागू की गई थी? *– बम्बई एवं मद्रास प्रेसीडेन्सी में [JPSC (Pre) 2017]*
- वह प्रथा, जिसके अन्तर्गत किसान स्वंय भूमि का मालिक होता है और सरकार को भू-राजस्व के भुगतान के लिए जिम्मेदार माना जाता है, कौन-सी है? *– रैयतवाड़ी प्रथा [BPSC (Pre) 2019]*
- ब्रिटिश व्यवस्था में रैयतवाड़ी भू-राजस्व संग्रह भारत के किस क्षेत्र में प्रचलित था? *– दक्षिण भारत में [UPPSC (Pre) 2014]*
- किस वर्ष बंगाल और बिहार में भूमि पर किराएदारों के अधिकारों को बंगाल किराएदारी अधिनियम द्वारा दिया गया था? *– 1885 ई. [BPSC (Pre) 2015]*
- शब्द इम्पीरियल प्रेफरेन्स का प्रयोग किस लिए किया जाता था? *– भारत में ब्रिटिश आयातों पर की गई रियासतों के लिए [IAS (Pre) 1999]*
- ब्रिटिश काल के दौरान भारत में उद्योगों का कोई स्वतन्त्र विकास नहीं हुआ। इसका कारण था *– धनिक वर्ग द्वारा भू-सम्पति में निवेश करने को तरजीह देना [IAS (Pre) 1999]*
- 18वीं सदी में बंगाल में वस्त्र उद्योग के पतन के लिए कौन-सा कारण उत्तरदायी था? *– ब्रिटेन को निर्यात करने वाले माल पर उच्च तट कर [BPSC (Pre) 2004]*
- दक्षिण भारत में सिंचाई व्यवस्था का अग्रदूत किसे माना जाता है? *– सर आर्थर कॉटन [UKPSC (Pre) 2016]*
- यह किसका विचार है कि भारत में ब्रिटिश आर्थिक नीति धिनौनी है? *– कार्ल मार्क्स [UKPSC (Pre) 2007]*
- 'पावर्टी एण्ड अनब्रिटिश रूल इन इण्डिया' नामक पुस्तक किसने लिखी है? *– दादाभाई नौरोजी [UPPSC (Mains) 2016]*
- किसे दादाभाई नौरोजी के उत्सारण सिद्धान्त (Drain Theory) में विश्वास नहीं था? *– सर सैयद अहमद खाँ [IAS (Pre) 1996]*
- भारत में उपनिवेशवाद का/के आर्थिक आलोचक था/थे *– दादाभाई नौरोजी, जी. सुब्रह्मण्यम अय्यर तथा आर. सी. दत्त [IAS (Pre) 2015]*

सेल्फ चैक

1. निम्नलिखित में से किससे/किनसे भारत में अंग्रेजी शिक्षा की नींव पड़ी? **IAS (Pre) 2018**

1. 1813 का चार्टर एक्ट
2. जनरल कमेटी ऑफ पब्लिक इंस्ट्रक्शन, 1823
3. प्राच्यविद् एवं आंग्लविद् विवाद

नीचे दिए गए कूट का प्रयोग कर सही उत्तर चुनिए

(a) 1 और 2 (b) केवल 2
(c) 1 और 3 (d) 1, 2 और 3

2. 'चार्टर एक्ट, 1813' के सम्बन्ध में निम्नलिखित कथनों पर विचार कीजिए **IAS (Pre) 2018**

1. इसने भारत में ईस्ट इण्डिया कम्पनी के व्यापार एकाधिपत्य को चाय के व्यापार तथा चीन के साथ व्यापार को छोड़कर समाप्त कर दिया।
2. इसने कम्पनी द्वारा अधिकार में लिए गए भारतीय राज्य क्षेत्रों पर ब्रिटिश राज (क्राउन) की सम्प्रभुता को सुदृढ़ कर दिया।
3. भारत का राजस्व अब ब्रिटिश संसद के नियन्त्रण में आ गया था।

उपरोक्त कथनों में से कौन-से कथन सही हैं?

(a) 1 और 2 (b) 2 और 3
(c) 1 और 3 (d) 1, 2 और 3

3. 1833 के राजलेख (चार्टर एक्ट) में निम्नलिखित में से किस एक का उल्लेख नहीं था?

(a) ईस्ट इण्डिया कम्पनी ने चीन व्यापार का एकाधिकार खो दिया।
(b) कम्पनी के अधिकृत क्षेत्र अगले 20 वर्षों के लिए ब्रिटिश सम्राट के न्यास के रूप में कम्पनी के अधीन रहने दिए गए।
(c) कम्पनी के निदेशकों की संख्या 24 से घटाकर 18 कर दी गई, जिनमें से 6 क्राउन द्वारा मनोनीत होने थे।
(d) कम्पनी के क्षेत्रों के सम्पूर्ण सिविल तथा सैनिक प्रशासन का अधीक्षण, निर्देशन और नियन्त्रण 'गवर्नर-जनरल ऑफ इण्डिया इन काउन्सिल' में निहित था, जिसके 4 सदस्य थे।

4. महारानी विक्टोरिया की उद्घोषणा (1858) का उद्देश्य क्या था? **IAS (Pre) 2014**

1. भारतीय राज्यों को ब्रिटिश साम्राज्य में मिलाने के किसी भी विचार का परित्याग करना।
2. भारतीय प्रशासन को ब्रिटिश क्राउन के अन्तर्गत रखना।
3. भारत के साथ ईस्ट इण्डिया कम्पनी के व्यापार का नियमन करना।

कूट

(a) 1 और 2 (b) केवल 2
(c) 1 और 3 (d) ये सभी

5. निम्नलिखित में से किस एक एक्ट द्वारा बंगाल के गवर्नर-जनरल को भारत के गवर्नर-जनरल के रूप में अभिहित किया गया था? **UPSC (Pre) 2023**

(a) रेग्यूलेटिंग एक्ट
(b) पिट्स इण्डिया एक्ट
(c) 1793 का चार्टर एक्ट
(d) 1833 का चार्टर एक्ट

6. निम्न में से किस अधिनियम के फलस्वरूप बर्मा भारत से पृथक् हुआ **UPPSC (Pre) 2011**

(a) इण्डिया काउन्सिल एक्ट, 1909
(b) गवर्नमेण्ट ऑफ इण्डिया एक्ट, 1919
(c) गवर्नमेण्ट ऑफ इण्डिया एक्ट, 1935
(d) इण्डिया इण्डिपेण्डेन्स एक्ट, 1947

7. औपनिवेशिक भारत के भूमि राजस्व बन्दोबस्त के सन्दर्भ में निम्नलिखित में से कौन-सा कथन सही नहीं हैं **HPSC (Pre) 2021**

(a) 1790 ई. में लॉर्ड वेलेजली ने बंगाल प्रान्त में स्थायी बन्दोबस्त लागू किया।
(b) इसमें जमींदारों को अपनी जमींदारी में सम्पूर्ण जमीन के लिए मालिक रूप में मान्यता प्राप्त हो गई।
(c) इसने भूमि स्वामित्व को वंशानुगत बनाया।
(d) जमींदारों को जमीन बेचने का अधिकार दिया गया।

8. ''1793 ई. में लॉर्ड कॉर्नवालिस की भू-व्यवस्था प्रणाली लागू होने के बाद कानूनी विवादों की प्रवृत्ति में बढ़ोतरी देखी गई थी।'' निम्नलिखित प्रावधानों में से किस एक को सामान्यतया इसके कारक के रूप में जोड़कर देखा जाता है? **IAS (Pre) 2011**

(a) रैयत की तुलना में जमींदार की स्थिति को अधिक सशक्त बनाना।
(b) ईस्ट इण्डिया कम्पनी को जमींदारों को अधिपति बनाना।
(c) न्यायिक पद्धति को अधिक कार्यकुशल बनाना।
(d) उपरोक्त में से कोई नहीं

9. चिरस्थायी बन्दोबस्त (इस्तमरारी बन्दोबस्त) को अन्य प्रदेशों में बहुत ही कम विस्तारित किया गया, क्योंकि **IAS (Pre) 2011**

(a) 1810 ई. के पश्चात कृषि मूल्य में वृद्धि हो गई, जिससे फसल का मूल्य बढ़ गया, जबकि चिरस्थायी बन्दोबस्त में राज्य के अंश में वृद्धि स्वीकृत नहीं थी
(b) रिकॉर्डो के आर्थिक सिद्धान्तों का नीति निर्माताओं पर प्रभाव पड़ा
(c) राज्य का रैयत से सीधे बन्दोबस्त करना कालोचित प्रतीत हुआ
(d) उपरोक्त सभी

10. नीचे दो कथन दिए गए है, जिनमें से एक को कथन (A) और दूसरे को कारण (R) कहा गया है **UPPSC (Pre) 2020**

कथन (A) ब्रिटिश सरकार ने भारत के अलग-अलग भागों में भू-राजस्व की अलग-अलग व्यवस्था लागू की थी।

कारण (R) इससे भारतीय किसानों में अलग-अलग वर्ग बन गए।

कूट

(a) A और R दोनों सही हैं तथा R, A की सही व्याख्या है
(b) A और R दोनों सही हैं, परन्तु R, A की सही व्याख्या नहीं है
(c) A सही है, किन्तु R गलत है
(d) A गलत है, किन्तु R सही है

11. वह प्रथा, जिसके अन्तर्गत किसान स्वयं भूमि का मालिक होता है और सरकार को भू-राजस्व के भुगतान के लिए उत्तरदायी माना जाता है, कौन-सी है? **BPSC (Pre) 2019**

(a) जमींदारी प्रथा (b) रैयतवाड़ी प्रथा
(c) महालवाड़ी प्रथा (d) दहसाला प्रथा

12. दक्षिण रैयत आयोग के सम्बन्ध में निम्नलिखित में से कौन-सा/से कथन सही है/हैं?

1. आयोग ने उन जिलों में जाँच नहीं की थी, जो प्रभावित नहीं थे।
2. आयोग ने रैयतों, साहूकारों और प्रत्यक्षदर्शी साक्षियों के कथन दर्ज किए थे।

कूट

(a) केवल 1 (b) केवल 2
(c) 1 और 2 दोनों (d) न तो 1 और न ही 2

13. ब्रिटिश द्वारा निम्नलिखित में से रैयतवाड़ी प्रथा कहाँ लागू की गई थी? **JPSC (Pre) 2017**

(a) बंगाल प्रेसीडेन्सी
(b) मद्रास प्रेसीडेन्सी
(c) बम्बई प्रेसीडेन्सी
(d) बम्बई एवं मद्रास प्रेसीडेन्सी

14. रैयतवाड़ी बन्दोबस्त के सन्दर्भ में निम्नलिखित कथनों पर विचार कीजिए **IAS (Pre) 2012**

1. किसानों द्वारा लगान सीधे सरकार को दिया जाता था।
2. सरकार रैयत को पट्टे पर देती थी।
3. कर लगाने के पूर्व भूमि का सर्वेक्षण तथा मूल्य निर्धारित किया जाता था।

उपरोक्त कथनों में से कौन-सा/से कथन सही है/हैं?

(a) केवल 1 (b) 1 और 2
(c) 1, 2 और 3 (d) इनमें से कोई नहीं

15. निम्नलिखित में से कौन-सा/से युग्म सही सुमेलित है/हैं? **IAS (Pre) 2010**

1. स्थायी बन्दोबस्त — लॉर्ड कॉर्नवालिस
2. रैयतवाड़ी बन्दोबस्त — थॉमस मुनरो
3. महालवाड़ी बन्दोबस्त — हॉल्ट मैकेंजी

कूट

(a) केवल 1 (b) 1 और 2
(c) 2 और 3 (d) 1, 2 और 3

16. पट्टेदारी पद्धति के सम्बन्ध में निम्नलिखित में से कौन-सा कथन सही नहीं है?

(a) भारत में ब्रिटिश शासन के दौरान पट्टेदारी पद्धति की तीन श्रेणियाँ अर्थात् जमींदारी, महालवाड़ी और रैयतवाड़ी आरम्भ की गई।
(b) जमींदारी व्यवस्था में किसी एक व्यक्ति अथवा अधिक-से-अधिक कुछ संयुक्त मालिकों द्वारा भूमि का अधिकार (हक) रखा जाता था, जो भू-राजस्व के भुगतान के लिए सीधे उत्तरदायी होते थे।
(c) महालवाड़ी व्यवस्था में कृषि भूमि सरकार की (शासकीय) होती थी।
(d) रैयतवाड़ी व्यवस्था में व्यक्तिगत धारकों के पास भूमि का स्थायी अधिकार होता था और वे भू-राजस्व के भुगतान के लिए सीधे उत्तरदायी होते थे।

17. निम्नलिखित में से किस अधिनियम द्वारा, 120 सदस्यों वाले 'चैम्बर ऑफ प्रिन्सेज' की व्यवस्था की गई थी? **UPPSC (Pre) 2023**

(a) 1853 का चार्टर एक्ट
(b) 1919 का अधिनियम
(c) 1909 का अधिनियम
(d) 1793 का अधिनियम

18. सूची I को सूची II से सुमेलित कीजिए

	सूची I	सूची II
A.	बड़े सामन्तों को आवण्टित भूमि	1. जागीरदारी प्रणाली
B.	मालगुजारी के इजारेदारों अथवा तहसीलदारों को आवण्टित भूमि	2. रैयतवाड़ी प्रणाली
C.	उप-किरायदारी पर देने, गिरवी रखने, हस्तान्तरण करने, उपहार देने या विक्रय करने के अधिकार सहित प्रत्येक किसान को आवण्टित भूमि	3. महालवाड़ी
D.	ग्राम स्तर पर की गई भू-राजस्व बन्दोबस्ती	4. जमींदारी प्रणाली

कूट

	A	B	C	D
(a)	1	3	2	4
(b)	1	4	2	3
(c)	3	4	1	2
(d)	2	1	3	4

19. निम्नांकित कथनों में से कौन-सा कथन सही नहीं है? **UPPSC (Mains) 2013**

(a) भारत वर्ष 1947 तक ब्रिटेन का उपनिवेश था।
(b) ब्रिटिशकाल में भारतीय अर्थव्यवस्था गतिहीन रही।
(c) ब्रिटिशकाल में भारत विनिर्मित माल का पूर्तिकर्ता था।
(d) ब्रिटिशकाल में भारत कच्चे माल का पूर्तिकर्ता था।

20. रामोसी विद्रोह अकाल एवं भूख की समस्या से सम्बन्धित भारत के किस क्षेत्र में हुआ था? **BPSC (Pre) 2015**

(a) पश्चिमी भारत
(b) पूर्वी घाट
(c) पूर्वी भारत
(d) पश्चिमी घाट

जानें सही उत्तर

1. (d)	**2.** (a)	**3.** (c)	**4.** (a)	**5.** (d)	**6.** (c)	**7.** (a)	**8.** (d)	**9.** (d)	**10.** (a)
11. (b)	**12.** (c)	**13.** (d)	**14.** (c)	**15.** (d)	**16.** (c)	**17.** (b)	**18.** (b)	**19.** (c)	**20.** (d)

● अध्याय सत्ताइस

सामाजिक-धार्मिक सुधार आन्दोलन

"सामाजिक-धार्मिक सुधार आन्दोलन भारतीय इतिहास की एक महत्त्वपूर्ण घटना है। ब्रिटिश शासन की भेदभावपूर्ण नीतियों के फलस्वरूप भारत में सामाजिक-धार्मिक सुधार आन्दोलनों की शुरुआत हुई। इन आन्दोलनों के माध्यम से विभिन्न भारतीय बुद्धिजीवियों द्वारा भारतीय जनमानस को जाग्रत करने का प्रयास किया गया। सामाजिक-धार्मिक सुधार आन्दोलन को सांस्कृतिक राष्ट्रवाद की अभिव्यक्ति माना जाता है।

सामाजिक-धार्मिक सुधार आन्दोलन

- ब्रिटिश शासन ने भारत में अपनी सुदृढ़ता बनाने हेतु यहाँ के परम्परागत सामाजिक ढाँचे के साथ आर्थिक एवं प्रशासनिक परिवर्तन भी किए। भारतीय समाज में इन परिवर्तनों को आसानी से स्वीकृत करना असम्भव था, जिसके कारण आन्तरिक संघर्ष उत्पन्न हुए।
- भारत के सामाजिक-धार्मिक क्षेत्र में अनेक बुराइयाँ विद्यमान थीं। सामाजिक बुराइयाँ कहीं-न-कहीं धर्म से ही प्रेरित थीं। इसलिए सामाजिक सुधार लाने के लिए धार्मिक सुधार अपरिहार्य रूप से करने ही पड़ते थे, जोकि सांस्कृतिक रूप में भी परिलक्षित हो रहे थे।
- इसी परिप्रेक्ष्य में सामाजिक एवं धार्मिक सुधारकों; जैसे—**राजा राममोहन राय, दयानन्द सरस्वती, ईश्वरचन्द्र विद्यासागर** ने ब्रह्म समाज, प्रार्थना समाज आदि के माध्यम से सुधार लाने के प्रयास किए।
- इन्हें सुधारवादी ब्रिटिश गवर्नर-जनरलों एवं पाश्चात्य शिक्षा प्राप्त नवयुवकों का सहयोग प्राप्त हुआ, जो धर्म, परम्परा एवं रीति-रिवाजों को तर्क की कसौटी पर देखना प्रारम्भ कर चुके थे। 19वीं शताब्दी में सुधार का मुख्य केन्द्र बिन्दु महिलाएँ एवं 20वीं शताब्दी में निम्न जाति वर्ग (दलित) रहे।

सामाजिक-धार्मिक सुधार आन्दोलन की प्रकृति

- भारत के सामाजिक तथा धार्मिक सुधार आन्दोलन यूरोपीय पुनर्जागरण से पृथक् थे। यूरोपीय पुनर्जागरण का बल, जहाँ साहित्य तथा कला पर था, वहीं भारतीय पुनर्जागरण का महत्त्वपूर्ण सरोकार सामाजिक और राष्ट्रीय था, किन्तु इसमें धार्मिक प्रवृत्तियाँ भी अंशत: विद्यमान थीं।
- चूँकि भारतीय परिप्रेक्ष्य में समाज को धर्म से पृथक् करके नहीं देखा जा सकता। धार्मिक आचरणों के कारण ही कहीं-न-कहीं स्त्रियों एवं दलितों की स्थिति में गिरावट आई थी

> सुधारकों के द्वारा **तर्कवाद** (बुद्धिवाद), **मानवतावाद** एवं **मानव एकता** पर बल दिया गया, ताकि सामाजिक, सांस्कृतिक एवं धार्मिक क्षेत्र में व्याप्त बुराइयों को दूर किया जा सके।

सामाजिक-धार्मिक सुधार आन्दोलन के कारण

- मुगल शासन के पतन से भारत की **राजनीतिक एकता** विनष्ट हो गई तथा क्षेत्रीय शक्तियों का उदय हुआ। केन्द्रीकृत सत्ता के कमजोर होने पर भारत में औपनिवेशिक शक्ति का उत्थान हुआ। भारत पर अंग्रेजों का प्रभुत्व बढ़ने के साथ आर्थिक शोषण की प्रवत्तियों में तेजी आई।
- 1813 ई. में **ईसाई पादरियों** का भारत में आगमन हुआ। इन धर्म-प्रचारकों ने सामाजिक कुरीतियों पर प्रहार कर हिन्दू तथा इस्लाम धर्मों की मूल प्रवृत्ति पर आघात किया।
- ब्रिटिश इन सुधारों के माध्यम से भारतीय समाज का आधुनिकीकरण करने की बात नहीं सोच रहे थे, बल्कि वे भारतीयों में अपनी सभ्यता एवं संस्कृति के प्रति निकृष्टता का भाव उत्पन्न कर, उन्हें ब्रिटिश वस्तुओं का उपभोक्ता बनाना चाहते थे, ताकि भारत ब्रिटिश निर्मित वस्तुओं के लिए एक बाजार के रूप में उभरे। धर्मान्तरण की प्रवृत्ति में वृद्धि हुई, जिसकी प्रतिक्रिया भारतीय समाज में देखने को मिली।
- 19वीं सदी के धार्मिक एवं सामाजिक आन्दोलनों को भारतीय प्रेस ने भी काफी प्रभावित किया। प्रेस की स्थापना से ऐसे समाचार पत्र, पत्रिकाएं प्रकाशित हुईं, जिनमें न केवल अंग्रेजों के दुर्व्यवहार की घटनाएं छपती थीं, अपितु इसमें भारतीय राष्ट्रवादियों के विचार भी छपते थे। इस प्रकार के प्रयत्नों से भारतीयों ने अपने समाज एवं धर्म की रक्षा हेतु प्रयत्न प्रारम्भ किए।

> **सन्त फ्रांसिस जेवियर** जेसुइट संघ (ऑर्डर) के संस्थापक सदस्यों में से एक थे। गोवा में प्रतिवर्ष सन्त फ्रांसिस जेवियर के भोज का अनुष्ठान किया जाता है।

- इन आन्दोलनों के श्रीगणेश में अंग्रेजी भाषा की शिक्षा का विशिष्ट योगदान रहा। अंग्रेजी भाषा के माध्यम से पश्चिम के स्वतन्त्रता, समानता, लोकतन्त्र एवं राष्ट्रीयता के विचारों से भारतीय प्रभावित हुए। अत: उनमें भी इन तत्त्वों को अपनाने की रुचि बढ़ी।
- पश्चिम के वैज्ञानिक ज्ञान, बुद्धिवाद एवं मानवतावाद के सिद्धान्तों का भारतीय जनता पर प्रभाव पड़ा। आधुनिक चेतना के साथ कई सामाजिक वर्ग; जैसे-पूँजीवाद, श्रमजीवी तथा आधुनिक बुद्धिजीवी वर्ग सामने आए।

सामाजिक-धार्मिक सुधार संस्थाएँ

19वीं शताब्दी में भारतीय राष्ट्रवादी नेताओं तथा विचारकों द्वारा स्थापित सामाजिक सुधार संस्थाओं ने महत्त्वपूर्ण कार्य किए, जिसका प्रभाव भारतीय समाज तथा धार्मिक प्रवृत्तियों पर पड़ा।

ऐसी संस्थाओं का विस्तृत विवरण निम्नलिखित है

ब्रह्म समाज

- 20 अगस्त, 1828 को **राजा राममोहन राय** ने ब्रह्म समाज की स्थापना कलकत्ता (कोलकाता) में की। धार्मिक सुधार से सम्बन्धित यह पहला महत्त्वपूर्ण संगठन था।
- राजा राममोहन राय अरबी, फारसी, संस्कृत के अतिरिक्त अंग्रेजी, फ्रांसीसी, लैटिन, यूनानी तथा हिब्रू आदि भाषाओं का ज्ञान रखते थे। इन भाषाओं के ज्ञान से उन्होंने पाश्चात्य दर्शन को आत्मसात् किया, जिसका प्रतिबिम्बन ब्रह्म समाज के रूप में सामने आया। ब्रह्म समाज का मुख्य उद्देश्य हिन्दू धर्म में व्याप्त बुराइयों को दूर करना था। ब्रह्म समाज ने **मूर्तिपूजा का विरोध** किया।

> एकेश्वरवाद का समर्थन करते हुए ब्रह्म समाज ने धर्मों की आपसी एकता का सिद्धान्त दिया। इसके अतिरिक्त **तीर्थ यात्रा** तथा **कर्मकाण्ड** का विरोध किया और धार्मिक ग्रन्थों की व्याख्या के लिए पुरोहित वर्ग को अस्वीकार किया गया। ब्रह्म समाज का दृष्टिकोण तार्किक (विवेकशील) एवं वेद तथा उपनिषद् पर आधारित था।

- राजा राममोहन राय ने सती प्रथा के विरुद्ध ऐतिहासिक आन्दोलन किया। इनके प्रयासों से ही 1829 ई. में **सती प्रथा निषेध कानून** बनाया गया, जिसमें इन्हें विलियम बैण्टिक का सहयोग प्राप्त हुआ। इनके द्वारा **बहुपत्नी प्रथा** का भी विरोध किया गया। वे स्त्री शिक्षा के समर्थक थे तथा वे चाहते थे कि महिलाओं को भी पैतृक सम्पत्ति में अधिकार प्रदान किया जाए।
- राजा राममोहन राय ने बहु विवाह, बाल विवाह, पर्दा प्रथा, जाति प्रथा, छुआछूत आदि पर प्रहार किया तथा अन्तर्रजातीय विवाह एवं स्त्री शिक्षा पर विशेष बल दिया।
- राजा राममोहन राय ने **डेविड हेयर** के सहयोग से 1817 ई. में कलकत्ता में हिन्दू कॉलेज तथा 1825 ई. में **वेदान्त कॉलेज** की स्थापना की।
- राजा राममोहन राय के बाद देवेन्द्रनाथ टैगोर ने 1843 ई. में ब्रह्म समाज को नेतृत्व प्रदान किया। उन्होंने 1839 ई. में **तत्त्वबोधिनी सभा** की स्थापना की। तत्त्वबोधिनी सभा तथा तत्त्वबोधिनी पत्रिका ने भारत के अतीत के सुव्यवस्थित अध्ययन को प्रोत्साहित किया। ब्रह्म समाज की शाखाएँ संयुक्त प्रान्त, पंजाब तथा मद्रास में खोली गईं।
- ब्रह्म समाज के विचारों को लेकर 1865 ई. में केशवचन्द्र सेन तथा देवेन्द्रनाथ टैगोर में विवाद हुआ, जिसके बाद केशवचन्द्र सेन मूल ब्रह्म समाज से अलग हो गए तथा आदि ब्रह्म समाज का गठन किया। यही आगे चलकर भारतीय ब्रह्म समाज के रूप में प्रसिद्ध हुआ।
- केशवचन्द्र सेन ने **टेबरनेकल ऑफ न्यू डिस्पेन्सेशन** (1968) एवं **इण्डियन रिफॉर्म एसोसिएशन** (1870) की स्थापना भी की। इसी वर्ष वे हिन्दू पुनरुद्धार प्रवक्ता के रूप में इंग्लैण्ड की यात्रा पर भी गए।
- उन्होंने 1872 ई. में ब्रह्म विवाह अधिनियम को कानूनी रूप से पारित किया। 1878 ई. में आचार्य केशवचन्द्र सेन ने अपनी अल्पायु पुत्री का विवाह कूच विहार के राजा से कर दिया, जोकि ब्रह्म विवाह अधिनियम, 1872 का उल्लंघन था, क्योंकि इस अधिनियम में प्रावधान था कि 14 वर्ष से कम आयु की बालिकाओं एवं 18 वर्ष से कम आयु के बालकों का विवाह वर्जित होगा। अत: भारतीय ब्रह्म समाज में उनके प्रति असन्तोष उभरने लगा।
- केशवचन्द्र सेन के अनुयायियों में आनन्द मोहन बोस, द्वारकानाथ गांगुली एवं शिवनाथ शास्त्री ने भारतीय ब्रह्म समाज से पृथक् होकर 1878 ई. में **साधारण ब्रह्म समाज** का गठन किया। इनके द्वारा ही जाति प्रथा, मूर्तिपूजा का विरोध एवं नारी उत्थान का समर्थन किया गया।

राजा राममोहन राय

- राजा राममोहन राय का जन्म 22 मई, 1774 को हुगली (बंगाल) में हुआ था। उनकी शिक्षा पटना (अरबी तथा फारसी की) एवं बनारस में (संस्कृत की) हुई थी।
- उन्हें अनेक अन्य उपनामों से भी जाना जाता है; जैसे—नवप्रभात (भोर का तारा), आधुनिक भारत का पिता, नवजागरण का अग्रदूत, भारतीय पत्रकारिता का जनक इत्यादि। उन्होंने जॉन डिग्बी के दीवान के रूप में कम्पनी में कुछ समय तक कार्य किया था।
- उनका पहला ग्रन्थ फारसी भाषा में **तोहफत-उल-मुवाहिदीन** (एकेश्वरवादियों को उपहार) 1809 ई. में प्रकाशित हुआ। इस पुस्तक में उन्होंने मूर्तिपूजा का खण्डन किया। 1815 ई. में राजा राममोहन राय ने अपने युवा समर्थकों के सहयोग से **आत्मीय सभा** तथा 1816 ई. में वेदान्त सोसायटी की स्थापना की।
- राजा राममोहन राय ने 1821 ई. में बांग्ला भाषा में **संवाद कौमुदी** का प्रकाशन किया। 1820 ई. में उन्होंने **प्रीसेप्ट ऑफ जीसस** नामक पुस्तक लिखी। इस पुस्तक का प्रकाशन जॉन डिग्वी के प्रयासों से लन्दन में हुआ। इसमें उन्होंने ईसाईत्रयी (पिता, पुत्र, परमात्मा) अर्थात् चमत्कारिक कहानियों का विरोध कर मात्र न्यूटेस्टामेण्ट के नैतिक तत्त्वों की प्रशंसा की। 1821 ई. में उन्होंने कलकत्ता यूनिटेरियन कमेटी की स्थापना की।
- उनके द्वारा **जूरी अधिनियम**, 1826 का भी विरोध किया गया था, जोकि भारतीय (विशेषकर हिन्दू एवं मुस्लिम) के सन्दर्भ में भेदभाव पूर्ण न्यायिक व्यवस्था स्थापित कर रहा था।

> राजा राममोहन राय को भारतीय पुनर्जागरण का अग्रदूत माना जाता है। सुभाषचन्द्र ने उनको **युगदूत** कहा था। राजा राममोहन राय को राजा की उपाधि मुगल शासक अकबर द्वितीय ने प्रदान कर तत्कालीन ब्रिटिश सम्राट विलियम चतुर्थ के दरबार में भेजा था 27 सितम्बर, 1833 को ब्रिस्टल (इंग्लैण्ड) में मस्तिष्क ज्वर से इनकी मृत्यु हो गयी। सुभाषचन्द्र बोस ने इन्हें युगदूत की उपाधि से सम्मानित किया।

- उन्होंने 1822 ई. में फारसी भाषा में **मिरात-उल-अखबार** तथा अंग्रेजी में **ब्रह्मनिकल मैगजीन** का प्रकाशन किया। 1833 ई. में ब्रिस्टल (इंग्लैण्ड) नामक स्थान पर राजा राममोहन राय की मृत्यु हो गई।

प्रार्थना समाज

- ब्रह्म समाज के प्रभाव से महाराष्ट्र में 1867 ई. में प्रार्थना समाज की स्थापना हुई। इस संगठन का उद्देश्य हिन्दू धर्म तथा समाज में सुधार लाना था। प्रार्थना समाज ने जाति व्यवस्था तथा पुरोहितों के आधिपत्य की आलोचना की।
- प्रार्थना समाज की स्थापना **डॉ. आत्माराम पाण्डुरंग** ने की। बाद में **आर जी भण्डारकर** तथा **महादेव गोविन्द रानाडे** इस समाज में शामिल हुए। इस समाज को प्रसिद्धी दिलाने का श्रेय रानाडे को जाता है। प्रार्थना समाज की स्थापना के प्रेरणा स्रोत केशवचन्द्र सेन थे।
- महादेव गोविन्द रानाडे को पश्चिम भारत में सांस्कृतिक पुनर्जागरण का अग्रदूत कहा जाता है। 1870 ई. में रानाडे ने **सार्वजनिक सभा** की स्थापना की।
- इन्हें **महाराष्ट्र का सुकरात** तथा पश्चिम भारत में सांस्कृतिक पुनर्जागरण का अग्रदूत भी कहा जाता था। महादेव गोविन्द रानाडे ने 1884 ई. में दक्कन एजुकेशनल सोसायटी तथा 1891 ई. में महाराष्ट्र में विडो रिमैरिज एसोसिएशन की स्थापना की थी। दक्कन एजुकेशन सोसायटी के सदस्य विष्णु शास्त्री चिपलुंकर, महादेव बल्लाल, तिलक इत्यादि थे।

> पण्डिता रमाबाई ने महिलाओं के कल्याण के लिए **आर्य महिला समाज** की स्थापना की थी। गोपालकृष्ण गोखले के द्वारा वर्ष 1905 में **सर्वेण्ट्स ऑफ इण्डिया सोसायटी** की स्थापना की गई थी।

- आर्य समाज के एक अन्य अनुयायी प्रो. डी के कर्वे ने पूना में **विडो होम** तथा वर्ष 1906 में बम्बई में **इण्डियन वीमेन्स यूनिवर्सिटी** की स्थापना की थी।
- प्रार्थना समाज ने दलित जाति मण्डल, समाज सेवा लीग आदि कल्याणकारी संगठनों की स्थापना की।
- आर जी भण्डारकर, अगरकर, गोपाल हरिदेशमुख, मालाबारी शिन्दे आदि प्रार्थना समाज से जुड़े थे।
- ब्रह्म समाज की भाँति ही प्रार्थना समाज का भी बल स्त्री उत्थान; जैस-विधवाओं के पुनर्विवाह, बाल विवाह का अन्त, नारी शिक्षा को बढ़ावा देना इत्यादि पर रहा था। इसी से (प्रार्थना सभा) प्रेरणा प्राप्त करके ही **रामकृष्ण मिशन** एवं **आर्य समाज** का गठन किया गया।

आर्य समाज

- आर्य समाज की स्थापना 1875 ई. में बम्बई में **स्वामी दयानन्द सरस्वती** ने की। 1877 ई. में इसका मुख्यालय लाहौर को बनाया गया था।
- आर्य समाज की स्थापना का मुख्य उद्देश्य हिन्दू धर्म में व्याप्त दोषों को दूर करना, वैदिक धर्म की पुनः स्थापना तथा भारत को सामाजिक, धार्मिक व राजनीतिक रूप से एक सूत्र में बाँधना था।
- हिन्दू धर्म के दोषों को उजागर करने के साथ उन्होंने वेदों के अध्ययन पर बल दिया। स्वामी दयानन्द सरस्वती ने **वेदों की ओर लौटो** का नारा दिया।
- स्वामी दयानन्द सरस्वती ने गौसेवा के लिए 1882 ई. में **गौरक्षिणी सभा** की स्थापना की तथा **गौकरुणानिधि** नामक पुस्तक की रचना भी की थी। आर्य समाज का प्रसार पंजाब, पश्चिमी उत्तर प्रदेश, राजस्थान तथा महाराष्ट्र में अधिक हुआ था।

> दयानन्द सरस्वती ने हिन्दू धर्म छोड़कर अन्य धर्म अपनाने वालों के लिए **शुद्धि आन्दोलन** चलाया था। स्वामी दयानन्द सरस्वती ने आगरा में पाखण्ड-खण्डिनी पताका 1863 ई. में फहराई थी। इनके सहयोगी लाला हंसराज ने 1886 ई. में दयानन्द एंग्लो-वैदिक कॉलेज (लाहौर) तथा वर्ष 1902 में स्वामी श्रद्धानन्द ने गुरुकुल काँगड़ी विश्वविद्यालय (हरिद्वार) की स्थापना में की थी।

- इन्होंने ही सर्वप्रथम नारा दिया था कि ''भारत भारतवासियों के लिए है।''
- दयानन्द ने पुराणों की प्रमाणिकता को अस्वीकार किया। वर्णव्यवस्था के स्वभाव पर कर्म को आधार माना तथा स्त्री-पुरुष के समान अधिकारों की वकालत की।

> - आर्य समाज के सन्दर्भ में वेलेण्टाइन शिरोल ने कहा था कि ''यह भारतीय अशान्ति का जन्मदाता है।''
> - भारतीय परतन्त्रता के सन्दर्भ में स्वामी दयानन्द सरस्वती का विचार था कि ''बुरे से बुरा देशी राज्य अच्छे से अच्छा विदेशी राज्य से अच्छा है।''
> - दयानन्द सरस्वती ने ही सर्वप्रथम **स्वराज** शब्द का प्रयोग किया तथा हिन्दी भाषा को राष्ट्रभाषा के रूप में स्वीकार किया।

- दयानन्द सरस्वती एक ऐसे समाज सुधारक थे, जिन्होंने सामाजिक एवं शैक्षणिक मामलों में स्त्री-पुरुष के समान अधिकारों की बात की। साथ ही शूद्रों एवं स्त्रियों को वेद पढ़ने, उच्च शिक्षा प्राप्त करने तथा यज्ञोपवीत धारण करने के पक्ष में आन्दोलन चलाने वाले वे प्रथम समाज सुधारक भी थे।
- आर्यसमाजियों ने जातिभेद, छुआछूत, बाल विवाह तथा कुछ शर्तों के साथ पुनर्विवाह की अनुमति का समर्थन किया।

स्वामी दयानन्द सरस्वती

- स्वामी दयानन्द सरस्वती का जन्म 1824 ई. में गुजरात के मौरवी नामक स्थान पर हुआ था। इनके बचपन का नाम मूलशंकर था। दण्डी स्वामी पूर्णानन्द से इन्होंने 24 वर्ष की अवस्था में सन्यास की दीक्षा ली थी और इन्हीं के द्वारा इनका नाम स्वामी दयानन्द सरस्वती रखा गया।

> दयानन्द सरस्वती ने **सत्यार्थ प्रकाश** नामक पुस्तक की रचना की थी। इनकी अन्य प्रमुख पुस्तकें पाखण्ड खण्डन (1866), वेद भाष्य भूमिका (1876), ऋग्वेद भाष्य, अद्वैतमत का खण्डन (1873), पंचमहायज्ञ विधि (1875), वल्लभाचार्य मत का खण्डन (1875) आदि हैं।

- 1861 ई. में मथुरा के स्वामी बिरजानन्द से इन्होंने वेदों की गहन शिक्षा प्राप्त की। इन्होंने ही सर्वप्रथम स्वराज शब्द का प्रयोग किया तथा हिन्दी को राष्ट्रभाषा के रूप में स्वीकार किया था। इनकी मृत्यु अजमेर में 30 अक्टूबर, 1883 को हुई थी। इन्हें भारत का मार्टिन लूथर कहा जाता है।

रामकृष्ण मिशन

- रामकृष्ण मिशन की स्थापना स्वामी विवेकानन्द ने 1897 ई. में वेलूर (कलकत्ता) में की थी। मिशन के दो मठ बारानगर (कलकत्ता) एवं मायावती (अल्मोड़ा) में स्थापित किए गए थे।
- स्वामी विवेकानन्द ने फरवरी, 1896 ई. में न्यूयॉर्क में **वेदान्त सोसायटी** का गठन भारतीय धर्म एवं दर्शन के प्रचार के लिए किया था। स्वामी विवेकानन्द ने मूर्तिपूजा, बहुदेववाद आदि का समर्थन किया, क्योंकि इनका मानना था कि ईश्वर साकार एवं निराकार दोनों है और उसकी अनुभूति प्रतीकों के रूप में की जा सकती है।

> समाज की सेवा करना ही इस मिशन का मूल उद्देश्य रहा है। इनका आदर्श वाक्य है—''ईश्वर की आराधना का सर्वोत्तम मार्ग है तथा मानव जाति की सेवा करना।'' उन्होंने छूआछूत, जातिवाद तथा विषमता को राष्ट्र की दुर्बलता के लिए हानिकारक माना।

- **स्वामी विवेकानन्द** ने आध्यात्मवाद एवं भौतिकवाद के मध्य सन्तुलन स्थापित करने पर बल देते हुए कहा कि ''यदि पश्चिम के भौतिकवाद एवं पूर्व के आध्यात्मवाद का सम्मिश्रण कर दिया जाए, तो यह मानव जाति की भलाई का सर्वोत्तम मार्ग होगा।''

स्वामी विवेकानन्द

- स्वामी विवेकानन्द (नरेन्द्र नाथ) का जन्म 1863 ई. में कलकत्ता में हुआ था। वे 1893 ई. में अमेरिका के शिकागो में आयोजित प्रथम विश्व धर्म सम्मेलन में भाग लेने के लिए गए।
- अमेरिका जाने से पहले खेतड़ी के राजा कुँवर अजीत सिंह के सुझाव पर नरेन्द्र नाथ ने अपना नाम स्वामी विवेकानन्द रख लिया। शिकागो धर्म सम्मेलन में स्वामी विवेकानन्द ने सभी धर्मों की एकता के विषय में कहा था कि ''जिस प्रकार सभी धाराएँ अपने जल को सागर में ले जाकर मिला देती हैं, उसी प्रकार मनुष्य के सभी धर्म ईश्वर की ओर ले जाते हैं।''
- वर्ष 1900 में पेरिस में आयोजित द्वितीय विश्व धर्म सम्मेलन (शीर्षक-कांग्रेस ऑफ हिस्ट्री ऑफ रिलीजेन्स) में भी स्वामी विवेकानन्द ने भाग लिया था।
- स्वामी जी ने मानव सेवा को सबसे बड़ा धर्म बताया तथा मूर्तिपूजा और बहुदेववाद का समर्थन किया।
- माग्रेट नोबल (सिस्टर निवेदिता) उनकी शिष्या थीं। स्वामी विवेकानन्द को 19वीं शताब्दी के नव हिन्दू जागरण का संस्थापक भी कहा जाता है। सुभाषचन्द्र बोस ने स्वामी विवेकानन्द को **आधुनिक राष्ट्रीय आन्दोलन का आध्यात्मिक पिता** कहा था।
- 1897 ई. में स्वामी विवेकानन्द ने प्रबुद्ध भारत (अंग्रेजी) एवं **उद्बोधन** (बंगाली) नामक पत्रिकाओं का प्रकाशन किया था। राजयोग, ज्ञानयोग, कर्मयोग एवं वेदान्त फिलॉस्फी उनकी प्रसिद्ध पुस्तकें हैं। इनकी मृत्यु 4 जुलाई, 1902 में वेलूर में हुई थी।

नोट विवेकानन्द को तूफानी भ्रमण करने वाला साधू कहा गया।

थियोसोफिकल सोसायटी

- थियोसोफिकल सोसायटी की स्थापना 7 सितम्बर, 1875 में न्यूयॉर्क (अमेरिका) में मैडम हेलना ब्लावात्स्की तथा कर्नल हेनरी ऑल्काट ने की थी।
- 1882 ई. में मद्रास (चेन्नई) के निकट अड्यार नामक स्थान पर थियोसोफिकल सोसायटी का अन्तर्राष्ट्रीय कार्यालय खोला गया। 1893 ई. में आयरिश महिला ऐनी बेसेण्ट भारत आईं और उन्होंने थियोसोफिकल सोसायटी का कार्यभार सम्भाला। ऑल्काट की मृत्यु के पश्चात् 1907 ई. में ऐनी बेसेण्ट थियोसोफिकल सोसायटी की अध्यक्ष बनीं।

> ऐनी बेसेण्ट ने वर्ष 1915 में आयरलैण्ड के होमरूल लीग की तर्ज पर भारत में **होमरूल लीग** की स्थापना की।

- थियोसोफिकल सोसायटी की हिन्दू धर्म की व्याख्या पारम्परिक तथा रूढ़िवादी थी। यह पुनर्जन्म व कर्म के सिद्धान्त को मान्यता प्रदान करती है। इसके अनेक भारतीय नेताओं में डॉ. भगवान दास तथा एस सुब्रह्मण्यम अय्यर हिन्दू रूढ़िवादिता के समर्थक थे, लेकिन इनके सामाजिक सिद्धान्त प्रगतिशील तथा महत्त्वपूर्ण थे, क्योंकि वे बाल विवाह, जातिवाद का विरोध करने के साथ-साथ विधवा पुनर्विवाह एवं विधवाओं की दशा में सुधार करने पर बल देते थे।

ऐनी बेसेण्ट

ऐनी बेसेण्ट ने 1898 ई. में बनारस में सेण्ट्रल हिन्दू कॉलेज की स्थापना की थी, जिसे वर्ष 1916 में मदन मोहन मालवीय जी ने बनारस हिन्दू विश्वविद्यालय के रूप में विकसित किया था। इनकी विचारधारा को दैव विज्ञान के नाम से भी जाना जाता था। वर्ष 1916 में इनके द्वारा भारत में **होमरूल लीग** की स्थापना की गई थी। ऐसा उन्होंन आयरलैण्ड के होमरूल लीग से प्रेरित होकर किया। ऐनी बेसेण्ट कांग्रेस के 33वें अधिवेशन (कलकत्ता, 1917) में प्रथम महिला अध्यक्षा बनी थीं। इन्होंने हिन्दू धर्म के प्रचार-प्रसार के लिए मद्रास में हिन्दू सम्मेलन का आयोजन किया।

यंग बंगाल आन्दोलन

- 19वीं शताब्दी के चौथे दशक में बंगाल के बुद्धिजीवियों में एक रेडिकल ग्रुप संगठित हुआ, जिसके विचार अधिक क्रान्तिकारी थे। इस आन्दोलन को **यंग बंगाल आन्दोलन** नाम से जाना गया। यंग बंगाल आन्दोलन के प्रवर्तक **हेनरी विवियन डेरोजियो** (1809-31 ई.) थे। डेरोजियों फ्रांस की क्रान्ति से अत्यधिक प्रभावित थे।
- यंग बंगाल आन्दोलन का प्रमुख उद्देश्य प्रेस की स्वतन्त्रता, जमीदारों के अत्याचारों से रैयतों की सुरक्षा, सरकारी नौकरियों में उच्च पदों हेतु भारतीयों की नियुक्ति में लिए आवाज उठाना था।
- एंग्लो-इण्डियन हेनरी विवियन डेरोजियो फ्रांस की क्रान्ति से बहुत प्रभावित थे, उन्होंने हिन्दू कॉलेज में 1826 से 1831 ई. तक शिक्षण कार्य किया।
- डेरोजियो को **सुरेन्द्र नाथ बनर्जी** ने बंगाल में आधुनिक सभ्यता का अग्रदूत एवं अपनी (हमारी) जाति का पिता के रूप में मान्यता दी थी। इनके प्रमुख अनुयायी रामगोपाल घोष, कृष्ण मोहन बनर्जी तथा महेशचन्द्र घोष थे।
- हेनरी विवियन डेरोजियो ने एकाडेमिक एसोसिएशन तथा सोसायटी फॉर द एक्वीजीशन ऑफ जनरल नॉलेज जैसे संगठनों की स्थापना की। साथ ही एंग्लो-इण्डियन हिन्दू एसोसिएशन, बंगहित सभा तथा डिबेटिंग क्लब का भी गठन किया।
- डेरोजियों ने **ईस्ट इण्डिया** नामक दैनिक पत्र का सम्पादन भी किया था। डेरोजियो को **आधुनिक भारत का प्रथम राष्ट्रवादी कवि** माना जाता है। डेरोजियो की 22 वर्ष की आयु में हैजे के कारण मृत्यु हो गई।

मुस्लिम धर्म सुधार आन्दोलन

भारतीय मुस्लिमों में भी अनेक प्रकार के सुधार आन्दोलन हुए। 19वीं सदी में मुसलमान आधुनिक शिक्षा की ओर अग्रसर हुए, तत्पश्चात् उनके मध्य शिक्षित आधुनिक बुद्धिजीवियों का उदय हुआ। प्रमुख मुस्लिम सुधार आन्दोलनों का वर्णन निम्न है

अलीगढ़ आन्दोलन

- अलीगढ़ आन्दोलन का प्रवर्तन **सर सैय्यद अहमद खाँ** ने किया और इन्होंने इस्लाम में व्याप्त सामाजिक कुरीतियों के विरुद्ध भी आवाज उठाई। ये इस्लामी समाज का आधुनिकीकरण करना चाहते थे। मुस्लिम वर्ग में आधुनिक शिक्षा का प्रचार-प्रसार एवं ब्रिटिश सरकार से सम्बन्ध में सुधार करना आदि इनके प्रमुख उद्देश्यों में शामिल थे।
- इस आन्दोलन के समर्थकों की विचारधार कुरान की व्याख्या पर आधारित थी। सर सैय्यद अहमद खाँ धार्मिक सहिष्णुता तथा सभी धर्मों के अन्तर्निहित एकता पर विश्वास करते थे। 1883 ई. में एक प्रसिद्ध लेख में इन्होंने हिन्दू तथा मुसलमान को **भारत की दो आँखें** कहा।
- इन्होने **राजभक्त मुसलमान** पत्रिका का प्रकाशन किया तथा असबाब-ए-बगावत-ए-हिन्द नामक पुस्तक 1857 के विद्रोह पर लिखी।
- कांग्रेस की स्थापना (1885) के विरोधस्वरूप सर सैय्यद अहमद खाँ, बनारस के राजा शिव प्रसाद सिंह, जिन्हें सितारा-ए-हिन्द कहा जाता था, के साथ मिलकर **यूनाइटेड इण्डियन पैट्रियाटिक** एसोसिएशन (देशभक्त एसोसिएशन) की स्थापना की थी।

1864 ई. में सैय्यद अहमद ने **साइण्टिफिक सोसायटी** की स्थापना की, जो पहले अनुवाद समिति के नाम से जानी जाती थी। इसका कार्यालय अलीगढ़ में था। इस सोसायटी ने कुछ प्रतिष्ठित अंग्रेजी पुस्तकों का उर्दू अनुवाद प्रकाशित किया।

- 1875 ई. में अलीगढ़ में मोहम्मडन एंग्लो-ओरियण्टल स्कूल की स्थापना की गई। यह 1878 ई. में कॉलेज (शिलान्यास-लार्ड लिटन द्वारा) बना, जिसके प्रथम प्रिन्सिपल थियोडोर वैक थे। बाद में वर्ष 1920 में यह स्कूल अलीगढ़ मुस्लिम विश्वविद्यालय में परिवर्तित कर दिया गया।
- चिराग अली, अल्ताफ हुसैन अली, नजीर अहमद तथा मौलाना शिबली नोमानी अलीगढ़ आन्दोलन के प्रमुख नेता थे।

सर सैय्यद अहमद खाँ

सर सैय्यद अहमद खाँ का जन्म 1817 ई. में दिल्ली में हुआ था। 1857 के विद्रोह के समय सर सैय्यद अहमद खाँ कम्पनी की न्यायिक सेवा में कार्य करते हुए राजभक्त बने रहे। सर सैय्यद अहमद खाँ ने समकालीन वैज्ञानिक प्रकाश के परिप्रेक्ष्य में कुरान पर टीका लिखी थी। उन्होंने फारसी भाषा में **तहजीब उल अखलाक** (सभ्यता और नैतिकता) पत्रिका का प्रकाशन किया था।

अहमदिया आन्दोलन

- अहमदिया आन्दोलन की शुरुआत 1889 ई. में पंजाब के गुरुदासपुर जिलें के कादियान नामक स्थान से **मिर्जा गुलाम अहमद** द्वारा की गई थी।
- कादियान नामक स्थान से आरम्भ होने के कारण इस आन्दोलन को **कादियानी आन्दोलन** भी कहा जाता है। यह एक उदारवादी आन्दोलन था, जिसने जिहाद का विरोध किया था।

> मिर्जा गुलाम अहमद ने अपने सिद्धान्तों की व्याख्या के लिए **बहरीन-ए-अहमदिया** नामक पुस्तक की रचना की। ये पश्चिमी उदारवाद, ब्रह्म विद्या एवं हिन्दुओं के सामाजिक-धार्मिक आन्दोलन से अत्यधिक प्रभावित थे। इन्होंने स्वयं को **एक और पैगम्बर** एवं **कृष्ण के अवतार** के रूप में प्रस्तुत किया।

देवबन्द आन्दोलन

- 1867 ई. में उत्तर प्रदेश के सहारनपुर जिले के देवबन्द स्थान पर कुरान तथा हदीस की शिक्षाओं के प्रसार एवं विदेशी शासन (सरकार) के विरुद्ध जिहाद की भावना को प्रसारित करने के लिए एक मदरसे की स्थापना की गई थी। इस मदरसे की स्थापना **मुहम्मद कासिम, ननौतवी** एवं **रशीद अहमद गंगोही** के द्वारा की गई थी।
- देवबन्द शाखा ने 1885 ई. में बनी भारतीय राष्ट्रीय कांग्रेस का समर्थन किया, किन्तु 1888 ई. में देवबन्द के उलेमा ने सैय्यद अहमद खाँ की **बनाई संयुक्त भारतीय देशभक्त सभा** तथा **मोहम्मडन एंग्लो-ओरियण्टल एसोसिएशन** के विरुद्ध फतवा जारी किया।
- यह आन्दोलन अलीगढ़ आन्दोलन का विरोधी होने के साथ-साथ अंग्रेजी शिक्षा एवं पाश्चात्य संस्कृति का भी विरोधी था।
- **महमूद-उल-हसन** (1851-1920) ने देवबन्द शाखा के धार्मिक विचारों को राजनीतिक तथा बौद्धिक रंग देने का प्रयत्न किया।
- इस आन्दोलन के एक प्रमुख नेता शिबली नोमानी थे, जिन्होंने लखनऊ में नदवतुल उलमा मदरसा की स्थापना की थी।
- इस आन्दोलन से ही **मौलाना अबुल कलाम आजाद** का उदय हुआ। इनका जन्म मक्का में हुआ था।
- अन्य धर्म सुधार आन्दोलन अन्य धर्म सुधार आन्दोलन में पारसी सुधार आन्दोलन तथा सिख धर्म सुधार आन्दोलन प्रमख है।

वहाबी आन्दोलन

- यह आन्दोलन मूलतः एक इस्लामी धार्मिक पुनरुत्थानवादी आन्दोलन था, जिसके अन्तर्गत भारत को **दार-उल-हर्ब** (काफिरों का देश) के स्थान पर **दार-उल-इस्लाम** (मुस्लिम कानून/शरीयत के हिसाब से चलने वाला देश) के रूप में स्थापित करना था। यह आन्दोलन मूल इस्लाम में किसी भी प्रकार के परिवर्तन की निन्दा करता था।
- इस आन्दोलन की शुरुआत 1820 ई. में हुई थी। प्रारम्भ में यह आन्दोलन सिखों के विरुद्ध किया गया था, किन्तु जब 1849 ई. में अंग्रेजों के द्वारा में पंजाब प्रान्त का विलेय कर दिया गया, तो यह अंग्रेजों के विरुद्ध भी हो गया।
- वहाबी आन्दोलन का प्रमुख केन्द्र पटना था। 1860 के दशक के अन्त तक इस आन्दोलन को अंग्रेजों के द्वारा पूर्णतः शान्त कर दिया गया। भारत में इस आन्दोलन को लोकप्रिय बनाने का श्रेय रायबरेली (वर्तमान उत्तर प्रदेश) के **सैय्यद अहमद** को जाता है। ये अरब के अब्दुल वहाब एवं दिल्ली के सन्त शाह वलीउल्लाह से अत्यधिक प्रभावित थे।

अन्य धर्म सुधार आन्दोलन

अन्य धर्म सुधार आन्दोलन में पारसी सुधार आन्दोलन तथा सिख धर्म सुधार आन्दोलन प्रमुख हैं

पारसी सुधार आन्दोलन

- 1851 ई. में बम्बई में **नौरोजी फरदोनजी, दादाभाई नौरोजी, के आर कामा, एस एस बंगाली** तथा **जे वी वाचा** ने रहनुमाई मजदायान सभा की स्थापना की। इस सभा ने अपने सन्देश को पारसियों तक पहुँचाने के लिए एक पत्रिका **रास्त गोफ्तार** (सत्यवादी) चलाई। इस सभा का उद्देश्य पारसियों की समाजिक स्थिति का पुनरुद्धार तथा पारसी धर्म की प्राचीन पवित्रता को पुनर्स्थापित करना था।
- के आर कामा ने पारसियों में शिक्षा के प्रसार के सम्बन्ध में उल्लेखनीय विशेषकर बालिकाओं हेतु कार्य किए। साथ ही परदा प्रथा का अन्त किया गया और विवाह की न्यूनतम आयु में भी वृद्धि की गई। **बी एम मालाबारी** ने बाल विवाह के विरुद्ध अभियान चलाकर एज ऑफ कन्सेण्ट एक्ट (1891) पारित करवाया। इस एक्ट के अन्तर्गत 12 वर्ष से कम आयु की लड़कियों के विवाह पर प्रतिबन्ध लगाया गया। वर्ष 1910 में एक **जोरोस्टियन सम्मेलन** आयोजित किया गया था।
- पारसी धर्म में शवाधान के लिए शव को काफी ऊँचाई पर खुले आसमान के नीचे रख दिया जाता है, ताकि उन्हें गिद्ध, चील, कौवे इत्यादि खा सकें। इनका मानना है कि इससे पर्यावरण (अग्नि, जल, वायु और पृथ्वी) की शुद्धता बनी रहती है। वर्तमान में पारसी समाज भारत का सबसे शिक्षित एवं समृद्ध समाज है।

> भारत के पितामह (ग्रैण्ड ओल्ड मैन ऑफ इण्डिया) के रूप में दादाभाई नौरोजी को जाना जाता है। इनके द्वारा इंग्लैण्ड में **ईस्ट इण्डिया एसोसिएशन** की स्थापना 1860 ई. में की गई। इस संस्था के द्वारा **इण्डिया पत्रिका** का प्रकाशन किया जाता था।

सिख धर्म सुधार आन्दोलन

- सिखों के धर्म सुधार आन्दोलन के अग्रदूत बाबा दयालदास थे। इन्होंने सिखों में प्रचलित हिन्दू रीति-रिवाजों के विरुद्ध उपदेश दिए और मूर्तिपूजा का विरोध किया। इन्होंने निरंकारी आन्दोलन चलाया था। अतः इनके अनुयायी **निरंकारी** कहलाए। इनके पुत्र दरबार सिंह ने निरंकारी आन्दोलन को पंजाब और उत्तरी-पश्चिमी सीमा प्रान्त में अत्यधिक प्रचारित किया।

> 1815 ई. में **रामसिंह** के नेतृत्व में नामधारियों का सिख सुधार आन्दोलन शुरू हुआ, जिसे **नामधारी आन्दोलन** के रूप में जाना जाता है।

- **सिंह सभा आन्दोलन** की शुरुआत 1870 ई. में अमृतसर में हुई। इसके माध्यम से अनेक विद्यालय एवं गुरुद्वारे खोले (स्थापित) गए। पंजाबी एवं गुरुमुखी साहित्य के विकास में भी अत्यधिक योगदान दिया गया।
- इन्होंने खालसा कॉलेज की स्थापना में भी काफी सहायता की गई, तत्पश्चात् 1892 ई. में अमृतसर में **खालसा कॉलेज** की स्थापना की गई, जो आगे चलकर गुरुनानक विश्वविद्यालय बना।
- वर्ष 1920 में गुरुद्वारों के महन्तों के विरुद्ध अकाली आन्दोलन चलाया गया, जिसके परिणामस्वरूप नवम्बर, 1920 में गुरुद्वारों का नियन्त्रण शिरोमणि गुरुद्वारा प्रबन्ध कमेटी नामक निर्वाचित समिति के हाथों में आ गया।
- इस आन्दोलन का मुख्य उद्देश्य गुरुद्वारों के प्रबन्धन में सुधार करना था। चूँकि गुरुद्वारे में कार्य करने वाले महन्तों को भक्तों के माध्यम से अत्यधिक धन एवं भूमि की प्राप्ति होती थी। इनका प्रयोग वे निजी स्वार्थ की पूर्ति हेतु करने लगे थे।
- वर्ष 1922 में सिख गुरुद्वारा अधिनियम बनाया गया, जिसके माध्यम से भ्रष्ट महन्तों को उनके कार्यों से निष्कासित किया जाने लगा। इसमें वर्ष 1925 में कुछ संशोधन भी किए गए।

दलित जातियों के आन्दोलन

दलित जातियों के आन्दोलनों का वर्णन निम्नलिखित है

सत्यशोधक समाज

- निम्न जाति आन्दोलन की शुरुआत सर्वप्रथम महाराष्ट्र में हुई और वहाँ पर इसका नेतृत्व **ज्योतिबा फुले** (ज्योतिराव गोविन्द फुले) ने किया। इन्होंने निम्न जातियों के कल्याण के लिए 1873 ई. में सत्यशोधक समाज की स्थापना की।
- भारत का यह प्रथम संगठन था, जिसने निम्न जातियों के लिए विद्यालय स्थापित करवाए। साथ ही नारी शिक्षा के लिए पूना में एक बालिका (कन्या) विद्यालय खुलवाया।
- इसमें इनका सहयोग इनकी पत्नी **सावित्रीबाई फुले** के द्वारा किया गया। इन्होंने निम्न जातियों के लोगों, स्त्रियों आदि के कल्याण के लिए कार्य करते हुए, 1876 ई. में पूना नगरपालिका की सदस्यता ग्रहण की। 1888 ई. के बाद लोग इन्हें **महात्मा** कहने लगे।

> ज्योतिबा फुले ने 1872 ई. में एक पुस्तक **गुलामगिरी** लिखी, जिसमें इन्होंने निम्न जातियों को पाखण्डी ब्राह्मणों तथा उनके अवसरवादी धर्म ग्रन्थों से सुरक्षा दिलाने के सन्दर्भ में प्रकाश डाला। इनकी एक अन्य पुस्तक **सार्वजनिक सत्य धर्म** भी है।

- इनके द्वारा भारतीय राष्ट्रीय कांग्रेस की भी आलोचना की गई, क्योंकि यह संगठन निम्न जातियों (कमजोर वर्ग) के हितों के मुद्दों को राष्ट्र पटल पर कभी भी नहीं उठाती थी।

> **डॉ. भीमराव अम्बेडकर**
>
> - औपनिवेशिक काल में दलितों के उत्थान के लिए सर्वाधिक प्रशंसनीय कार्य डॉ. भीमराव अम्बेडकर ने किए। इनका जन्म मध्य प्रदेश के महू जिले में एक निम्न जाति के महार परिवार में 1891 ई. में हुआ था।
> - इन्होंने निम्न जातियों को संगठित करने का कार्य किया। डॉ. अम्बेडकर ने मन्दिरों में सभी को जाने के लिए आन्दोलन चलाया। वर्ष 1920 में डॉ. अम्बेडकर ने **द ऑल इण्डिया डिप्रेस्ड क्लास फेडरेशन** की स्थापना की। इन्होंने वर्ष 1924 में बम्बई में बहिष्कृत हितकारिणी सभा की स्थापना की।
> - भारतीय राजनीति में डॉ. अम्बेडकर का प्रवेश वर्ष 1930 में हुआ। इनके द्वारा अछूतों के प्रतिनिधि के रूप में तीनों गोलमेज सम्मेलनों (लन्दन में आयोजित) में भाग लिया गया। द्वितीय गोलमेज सम्मेलन के दौरान इनकी माँग को स्वीकार करते हुए, निम्न जातियों के लिए एक पृथक् निर्वाचन प्रणाली बना दी गई थी, लेकिन गाँधीजी के **आमरण अनशन** के कारण इसे वापस ले लिया गया।
> - इन्होंने वर्ष 1942 में अनुसूचित जाति संघ की स्थापना की। हिन्दू धर्म के भेदभाव से निराश होकर इन्होंने बहुत-सी अनुसूचित जाति के लोगों के साथ वर्ष 1950 में बौद्ध धर्म ग्रहण कर लिया। इनके द्वारा संविधान सभा की प्रारूप समिति की अध्यक्षता की गई थी। 19वीं और 20वीं शताब्दी के मध्य निम्न जातियों के उत्थान के लिए विशेष प्रयास किए गए।

आत्म-सम्मान आन्दोलन

- 1920 के दशक में **रामास्वामी नायकर** उर्फ **पेरियार** ने इस आन्दोलन को प्रारम्भ किया। इस आन्दोलन के माध्यम से ब्राह्मणवाद का विरोध करते हुए, उनकी सर्वोच्चता को चुनौती दी गई थी।
- आत्म-सम्मान आन्दोलन में बिना ब्राह्मण की सहायता के विवाह करने, मन्दिरों में जबरन प्रवेश करने तथा मनुस्मृति को जलाने आदि के लिए आन्दोलन किए गए।
- पेरियार द्वारा तमिल भाषा में रामायण की रचना की गई, जिसे **सच्ची रामायण** कहा जाता है।

वायकोम सत्याग्रह

- वायकोम सत्याग्रह एक प्रकार का गाँधीवादी आन्दोलन था, जो ब्राह्मणवाद के विरुद्ध तथा मन्दिरों में प्रवेश को लेकर चलाया गया था। केरल के त्रावणकोर के एक गाँव वायकोम से इस आन्दोलन की शुरुआत हुई।
- इस आन्दोलन में एझवा वर्ग के उत्थान की बात की गई थी। 19वीं सदी के अन्त में केरल में **नारायण गुरु, एन कुमारन, टी के माधवन** जैसे बुद्धिजीवियों ने छुआछूत के विरुद्ध आवाज उठाई। निम्न जातियों का मन्दिर में प्रवेश का समर्थन **श्री नारायण धर्म परिपालन योगम संगठन** (श्री नारायण गुरु के नेतृत्व में) ने किया।
- इस आन्दोलन का समर्थन सवर्णों के संगठन नायर सर्विस सोसायटी, नायर समाज व केरल हिन्दू सभा ने भी किया।
- **योगक्षेम सभा** (नम्बूदरीपाद उच्च ब्राह्मणों का संगठन) के द्वारा भी इस आन्दोलन का समर्थन किया गया था। 30 मार्च, 1924 को केरल कांग्रेस कमेटी ने हरिजनों को मन्दिर में प्रवेश कराया।

गुरुवायूर सत्याग्रह

- वर्ष 1924 के बाद भी निम्न वर्गों के सामाजिक तथा आर्थिक उत्थान व छुआछूत उन्मूलन के लिए संघर्ष चलता रहा। के. केलप्पण के प्रयासों से केरल प्रदेश कांग्रेस कमेटी ने वर्ष 1931 में मन्दिर प्रवेश का प्रश्न पुन: उठाया। केरल में अनेक जनसभाएँ आयोजित की गईं तथा 1 नवम्बर, 1931 को गुरुवायूर में मन्दिर प्रवेश सत्याग्रह करने का निर्णय लिया गया।
- 21 सितम्बर, 1932 को के केलप्पण के आमरण अनशन पर बैठने के कारण इस सत्याग्रह ने जुझारू रूप परिवर्तित कर लिया। नवम्बर, 1936 में त्रावणकोर के महाराजा ने एक आदेश जारी कर सरकार नियन्त्रित सभी मन्दिरों को हिन्दुओं की सभी जातियों के लिए खोल दिया।

गाँधीजी तथा निम्न जाति आन्दोलन

गाँधीजी अस्पृश्यता को मानवता के लिए अपराध मानते थे। उन्होंने वर्ष 1932 में **हरिजन सेवक** संघ की स्थापना की। उन्होंने एक पत्रिका **हरिजन** भी निकाली। गाँधीजी ने हरिजनोद्धार के लिए सम्पूर्ण देश का दौरा किया।

दक्षिण भारत में सुधार आन्दोलन

- 1864 ई. में ब्रह्म समाज की गतिविधियों के प्रभाव एवं ईसाई मिशनरियों की प्रक्रिया के परिणामस्वरूप मद्रास में वेद समाज की स्थापना की गई। श्री धरालू नायडू ने 1871 ई. में इसे पुनर्गठित किया। वेद समाज, ब्रह्म समाज ऑफ साउथ इण्डिया के नाम से भी जाना जाता है। इसके प्रमुख नेता एम वी पन्तुलू तथा आर वेंकटरत्नम थे।

वीरेशलिंगम पन्तुलू ने 1878 ई. में राजमुन्दरी सोशल रिफॉर्म एसोसिएशन की स्थापना की। दक्षिण भारत के सुधार आन्दोलन जाति प्रथा के विरुद्ध थे।

- ठगी प्रथा का उन्मूलन लॉर्ड विलियम बैण्टिक के द्वारा कर्नल स्लीमैन की सहायता से किया गया। 1837 ई. तक ठगों का दमन कर दिया गया था।
- नरबलि प्रथा का उन्मूलन लॉर्ड हार्डिंग प्रथम के द्वारा कैम्पबेल की सहायता से किया गया। 1844-45 ई. तक इस प्रथा का दमन कर दिया गया।
- भारतीय महिलाओं की दयनीय स्थिति में सुधार हेतु सर्वप्रथम ईसाई मिशनरियों के द्वारा 1819 ई. में **तरुण स्त्री सभा** की स्थापना कलकत्ता में की गई। जे डी बेथुन के द्वारा कलकत्ता में 1849 ई. में बालिका विद्यालय स्थापित किया गया था।
- स्त्री शिक्षा के लिए ईश्वरचन्द्र विद्यासागर के द्वारा बंगाल में 35 बालिका विद्यालय खोले गए। वुड डिस्पैच, 1854 में भी स्त्री शिक्षा पर विशेष बल दिया गया।
- वर्ष 1916 में प्रो. डी के कर्वे के द्वारा प्रथम महिला विश्वविद्यालय पुणे में स्थापित किया गया। वर्ष 1926 में **अखिल भारतीय महिला संघ** स्थापित किया गया। राष्ट्रीय शिक्षा नीति, 1986 एवं 2020 में भी शिक्षा के लिए विशेष प्रावधान किए गए।

19वीं सदी के प्रमुख सामाजिक सुधार

सामाजिक बुराई	उन्मूलन के प्रयास
सती प्रथा	• भारत में सती प्रथा का प्रथम उल्लेख 510 ई. के **एरण अभिलेख** में मिलता है। • सबसे पहले 15वीं शताब्दी में कश्मीर के शासक सिकन्दर ने इस प्रथा को बन्द करवाया था। • पुर्तगाली वायसराय अल्बुकर्क ने 1510 ई. में गोवा में इस प्रथा को बन्द करवाया था। • राजा राममोहन राय के प्रयासों के ही फलस्वरूप **लॉर्ड विलियम बैण्टिक** ने 4 दिसम्बर, 1829 को 17वें संविधान संशोधन अधिनियम के अन्तर्गत बंगाल में सती प्रथा पर रोक लगा दी। 1830 ई. के मुम्बई एवं मद्रास सहित अन्य क्षेत्रों में भी सती प्रथा पर रोक लगा दी गई।
बाल विवाह	• बाल विवाह के विरुद्ध सर्वप्रथम आवाज राजा राममोहन राय ने उठाई थी, परन्तु केशवचन्द्र सेन एवं बी एम मालाबारी के प्रयासों से सर्वप्रथम 1872 ई. में देशी बाल विवाह अधिनियम पारित हुआ था। इस अधिनियम में 14 वर्ष से कम आयु की बालिकाओं तथा 18 वर्ष से कम आयु के बालकों के विवाह को प्रतिबन्धित किया गया। • बी एम मालाबारी के प्रयासों के फलस्वरूप 1891 ई. में ब्रिटिश सरकार ने **ऐज ऑफ कन्सेण्ट एक्ट** पारित किया, जिसमें 12 वर्ष से कम आयु की बालिकाओं के विवाह पर रोक लगा दी गई। • बाल गंगाधर तिलक ने ऐज ऑफ कन्सेण्ट एक्ट का विदेशी हस्तक्षेप के आधार पर विरोध किया था। • वर्ष 1929 में बाल विवाह को रोकने के लिए समाज सुधारक **हरविलास शारदा** के प्रयासों से **शारदा अधिनियम** पारित किया गया, जिसमें विवाह की आयु बालिकाओं के लिए 14 वर्ष तथा बालकों के लिए 18 वर्ष निर्धारित की गई। • स्वतन्त्रोत्तर भारत सरकार द्वारा बाल विवाह निरोधक अधिनियम में संशोधन करके बालकों की आयु न्यूनतम 21 वर्ष एवं बालिकाओं के लिए 18 वर्ष निर्धारित की गई।
विधवा विवाह	• विधवा पुनर्विवाह के क्षेत्र में सर्वाधिक योगदान कलकत्ता के संस्कृत कॉलेज के आचार्य **ईश्वरचन्द्र विद्यासागर** ने दिया। उन्होंने एक हजार हस्ताक्षरों से युक्त पत्र डलहौजी को भेजकर विधवा विवाह को कानूनी रूप देने का अनुरोध किया था। • ईश्वरचन्द्र विद्यासागर के प्रयासों के फलस्वरूप ब्रिटिश सरकार (लॉर्ड कैनिंग) ने 1856 ई. में हिन्दू विधवा पुनर्विवाह अधिनियम पारित किया, जिसमें विधवा पुनर्विवाह को कानूनी मान्यता दी गई। • प्रो. डी के कर्वे एवं वीरेशलिंगम पन्तुलू ने भी विधवा पुनर्विवाह के लिए कार्य किया। • प्रो. कर्वे ने 1899 ई. में **विधवा आश्रम** की पूना में स्थापना की तथा स्वयं एक विधवा से विवाह भी किया था। • अन्ततः लॉर्ड कैनिंग ने हिन्दू विधवा पुनर्विवाह अधिनियम, 1956 के द्वारा विधवा विवाह को वैध मान लिया।

19वीं सदी के प्रमुख सामाजिक सुधार

सामाजिक बुराई	उन्मूलन के प्रयास
बाल हत्या प्रथा	• बाल हत्या प्रथा राजपूतों एवं बंगाल में अधिक प्रचलित थी। ऐसा दहेज प्रथा एवं विदेशी आक्रमण की समस्या के कारण किया जाता था। • 1795 ई. में बंगाल नियम XXI और 1804 ई. में नियम 3 के तहत क्रमशः नवजात कन्या एवं शिशु हत्या को साधारण हत्या के बराबर माना गया। • इन नियमों का विस्तार करते हुए लॉर्ड विलियम बेण्टिक (1828-35) ने राजपुताना में शिशु हत्या पर प्रतिबन्ध लगाया तथा लॉर्ड हार्डिंग (1844-48) ने सम्पूर्ण भारत में बालिका शिशु हत्या का निषेध किया।
दास प्रथा	• भारतीय समाज में प्रचलित दास प्रथा को बन्द करने के लिए 1823 ई. में लिस्टर स्टैनहोप ने इंग्लैण्ड के ड्यूक ऑफ ग्लोस्टर से अनुरोध किया था। फलस्वरूप 1789 ई. में दासों के निर्यात को बन्द कर दिया गया। • 1833 के चार्टर एक्ट के द्वारा ब्रिटिश सरकार ने दासता पर पूर्ण प्रतिबन्ध लगाया था तथा प्रतिबन्ध को 1843 ई. में सम्पूर्ण भारत पर लागू किया गया। • 1860 ई. में दासता को भारतीय दण्ड संहिता के द्वारा अपराध घोषित कर दिया गया।
स्त्री शिक्षा	• भारतीय समाज में स्त्रियों की दयनीय स्थिति को देखते हुए सर्वप्रथम ईसाई मिशनरियों ने 1819 ई. में कलकत्ता में तरुण स्त्री सभा की स्थापना की थी। • इसी क्रम में 1849 ई. में जे डी बेथुन शिक्षा परिषद् के अध्यक्ष ने कलकत्ता में एक बालिका विद्यालय की स्थापना की थी। • स्त्री शिक्षा के लिए सर्वाधिक प्रयास ईश्वरचन्द्र विद्यासागर ने किए। उन्होंने बंगाल में लगभग 35 बालिका विद्यालय स्थापित किए। • 1854 ई. में गठित शिक्षा आयोग चार्ल्स के वुड डिस्पैच में भी स्त्री शिक्षा पर बल दिया गया था। • वर्ष 1926 में महिलाओं के उत्थान के लिए अखिल भारतीय महिला संघ की स्थापना की गई थी। • प्रो. कर्वे ने स्त्री शिक्षा को बढ़ावा देने के लिए वर्ष 1916 में पुणे में भारतीय महिला विश्वविद्यालय की स्थापना की थी।

सामाजिक सुधार अधिनियम

अधिनियम	स्थापना	गवर्नर-जनरल	विषय
नवजात कन्या हत्या कानून	1795 ई.	जॉन शोर	कन्याओं की हत्या पर प्रतिबन्ध।
शिशु वध प्रतिबन्ध	1802 ई.	वेलेजली	शिशु हत्या पर प्रतिबन्ध।
सती प्रथा प्रतिबन्ध	1829 ई.	लॉर्ड विलियम बैण्टिक	सती प्रथा पर पूर्ण प्रतिबन्ध (राजा राममोहन राय के प्रयास से)।
दास प्रथा प्रतिबन्ध	1843 ई.	एलनबरो	दासता पर प्रतिबन्ध।
हिन्दू विधवा पुनर्विवाह	1856 ई.	लॉर्ड कैनिंग	विधवा विवाह की अनुमति (विद्यासागर के प्रयास से)।
नैटिव मैरिज एक्ट	1872 ई.	नार्थब्रुक	अन्तर्जातीय विवाह (केशवचन्द्र सेन के प्रयास से)।
ऐज ऑफ कन्सेण्ट एक्ट	1891 ई.	लैन्सडाउन	विवाह की आयु 12 वर्ष लड़की के लिए निर्धारित (बेहरामजी मालाबारी के प्रयास से)।
शारदा एक्ट	वर्ष 1929	इरविन	विवाह की आयु 18 वर्ष लड़के के लिए निर्धारित (हरविलास शारदा के प्रयास से)।
इन्फेण्ट मैरिज प्रिवेशन एक्ट	वर्ष 1931	इरविन	बाल विवाह प्रतिबन्धित।
हिन्दू महिला	वर्ष 1937	लॉर्ड ऑकलैण्ड	हिन्दू महिलाओं को सम्पत्ति का अधिकार प्रदान किया गया।
दास प्रथा प्रतिबन्ध	वर्ष 1943	लॉर्ड एलनबरो	1833 के चार्टर अधिनियम के आधार पर दास प्रथा प्रतिबन्धित।

कुछ अन्य हिन्दू धार्मिक सामाजिक आन्दोलन

इण्डियन नेशनल सोशल कॉन्फ्रेन्स	1887 ई.	बम्बई	एम जी रानाडे	भारतीय समाज में प्रचलित बुराइयों को दूर करके सोशल कॉन्फ्रेन्स करना तथा महिला कल्याण करना।
देव समाज	1887 ई.	लाहौर	शिवनारायण अग्निहोत्री	यह ब्रह्म समाज की भाँति था, लेकिन इसके विपरीत इसके अनुयायी गुरु को पूजते थे।
निरंकारी	1840 ई.	पंजाब	दयाल दास सिंह, रतन चन्द	इसका उद्देश्य सिक्ख धर्म शुद्धीकरण करना था।
नामधारी	1857 ई.	पंजाब	राम सिंह	सिक्ख धर्म सुधार हेतु।
भारत सेवक समाज	वर्ष 1905	बम्बई	गोपालकृष्ण गोखले	मातृभूमि की सेवा के लिए भारतीयों को विभिन्न क्षेत्रों में शिक्षित करना।
पूना सेवा सदन	वर्ष 1909	पूना	श्रीमती रमाबाई रानाडे	महिला कल्याण को बढ़ावा देना व उनका उत्थान करना।
सोशल सर्विस लीग	वर्ष 1911	बम्बई	एन एम जोशी	सामान्य नागरिकों के लिए जीवन में बेहतर कार्य करने का अवसर प्रदान करना।
सेवा समिति	वर्ष 1914	इलाहाबाद	हृदयनाथ कुंजरू	प्राकृतिक विपदाओं के समय समाज सेवा, शिक्षा, शारीरिक सफाई, संस्कृति आदि का विकास करना था।
बाल सेवा समिति	वर्ष 1914	बम्बई	श्रीराम वाजपेयी	इसका उद्देश्य भारत में बाल स्काउट एसोसिएशन आन्दोलन का भारतीयकरण करना था।
वीमेन्स इण्डियन	वर्ष 1923	मद्रास		यह संस्था भारतीय महिलाओं के कल्याण हेतु गठित की गई थी।

प्रीलिम्स फैक्ट्स

- भारत में ब्रह्म समाज की स्थापना किसके द्वारा की गई थी?
  - राजा राममोहन राय [UKPSC (Pre) 2008]
- राजा राममोहन राय द्वारा स्थापित प्रथम संस्था कौन-सी थी?
  - आत्मीय सभा [UPPSC (Mains) 2009]
- भारत का प्रथम आधुनिक पुरुष किसे माना जाता है?
  - राजा राममोहन राय [RAS/RTS (Pre) 2012]
- किस समाचार-पत्र को राजा राममोहन राय के धार्मिक सामाजिक विचारों के विरोध में प्रारम्भ किया गया था?
  - समाचार चन्द्रिका [UPPSC (Mains) 2017]
- राजा रामामोहन राय को 'राजा' की उपाधि किसने प्रदान की थी?
  - अकबर द्वितीय ने [UPPSC (Pre) 2012]
- बाल विवाह, सतीप्रथा, पाश्चात्य शिक्षा तथा मूर्तिपूजा में से किस एक का विरोध राजा राममोहन राय ने नहीं किया था?
  - पाश्चात्य शिक्षा [UPPSC (Pre) 1992]
- किसने 1872 ई. में नेटिव मैरिज एक्ट को पारित कराने में महत्त्वपूर्ण भूमिका निभाई थी? *- केशवचन्द्र सेन [UPPSC (Mains) 2010]*
- राजा राममोहन राय की प्रसिद्ध कृति 'गिफ्ट टू मोनोथीइस्ट' किस भाषा में लिखी गई थी? *- फारसी भाषा [UKPSC (Pre) 2022]*
- मुम्बई में दादोबा पाण्डुरंग एवं आत्माराम पाण्डुरंग द्वारा किस सामाजिक सुधार संस्थान की स्थापना की गई? एम. जी. रानाडे के संस्थान से जुड़ने के पश्चात् यह लोकप्रिय हुआ?
  - प्रार्थना समाज [HPSC (Pre) 2021]
- आर्य समाज, ब्रह्म समाज, देव समाज तथा प्रार्थना समाज में से किसने शुद्धि आन्दोलन का समर्थन किया?
  - आर्य समाज [UPPSC (Pre) 2010]
- अच्छा शासन स्वशासन का स्थानापन्न नहीं है, यह कथन किसका है? *- स्वामी दयानन्द का [UKPSC (Pre) 2008]*
- सत्यार्थ प्रकाश की रचना किसने की थी?
  - स्वामी दयानन्द सरस्वती ने [BPSC (Pre) 2005]
- स्वामी विवेकानन्द ने शिकागो में आयोजित 'विश्व धर्म सम्मेलन' में अपना भाषण कब दिया था? *- 1893 ई. में [MPPSC (Pre) 2013]*
- 'लेक्चर्स फ्रॉम कोलम्बो टू अल्मोड़ा' किसके अनुभवों पर आधारित है? *- स्वामी विवेकानन्द [IAS (Pre) 2006]*
- किस प्रख्यात समाज सुधारक ने ज्ञानयोग, कर्मयोग तथा सजयोग नामक पुस्तकें लिखीं? *- स्वामी विवेकानन्द [UPPSC (Pre) 2015]*
- 'बहुविवाह' नामक पुस्तक किसने लिखी है?
  - ईश्वरचन्द्र विद्यासागर [IAS (Pre) 2007]
- धर्मसभा की स्थापना किसने की थी?
  - राधाकान्त देव ने [UPPSC (Pre) 2021]
- प्रार्थना समाज की स्थापना कहाँ हुई थी?
  - महाराष्ट्र [MPPSC (Pre) 2023]
- सत्यशोधक समाज के संस्थापक कौन थे? जिनका प्राथमिक जोर सत्य की खोज पर था? *- ज्योतिबा फुले [UPPSC (Pre) 2022]*
- नव बौद्धवाद के प्रतिपादक कौन हैं?
  - डॉ. भीमराव अम्बेडकर [CGPSC (Pre) 2020]
- फराजी आन्दोलन की शुरुआत किसने की थी?
  - हाजी शरीयतुल्लाह [BPSC (Pre) 2018]
- देवबन्द आन्दोलन यू. पी. (संयुक्त प्रान्त) में किस वर्ष प्रारम्भ हुआ?
  - 1866 ई. में [UPPSC (Pre) 2016]
- दार-उल-उलूम की स्थापना किसने की थी?
  - मौलाना शिबली नूमानी [UPPSC (Mains) 2014]
- 'द एज ऑफ कन्सेण्ट एक्ट' किस वर्ष पारित हुआ था?
  - 1891 ई. [UPPSC (Pre) 2013]
- राधास्वामी सत्संग के संस्थापक कौन थे?
  - शिवदयाल साहब [UPPSC (Pre) 2001]
- देव समाज के संस्थापक कौन थे?
  - शिवनारायण अग्निहोत्री [UPPSC (Pre) 2002]
- वर्ष 1924 का बंगाल का 'तारकेश्वर आन्दोलन' किसके विरुद्ध शुरू किया गया था? *- मन्दिरों में भ्रष्टाचार [UPPSC (Pre) 2014]*
- एशियाटिक सोसायटी ऑफ बंगाल का संस्थापक कौन था?
  - विलियम जोन्स [UPPSC (Pre) 2021]
- बाल विवाह प्रथा को नियन्त्रित करने हेतु 1872 ई. के सिविल मैरिज एक्ट ने लड़कियों के विवाह की न्यूनतम आयु कितनी निर्धारित की है? *- 14 वर्ष [UPPSC (Pre) 2000]*
- ब्रह्म समाज, रामकृष्ण मिशन तथा आर्य समाज में क्या समानता थी?
  - तीनों ही राजनीतिक उद्देश्य के लिए नहीं बनें, लेकिन तीनों ने ही देशभक्ति की भावना के विकास में सहायता दी [RAS/RTS (Pre) 2008]
- परमहंस मण्डली की स्थापना किस राज्य में हुई थी?
  - महाराष्ट्र [MPPSC (Pre) 2023]
- बहुजन समाज का संस्थापक कौन था?
  - मुकन्द राव पाटिल [UPPSC (Pre) 1994]
- रामाबाई रानाडे, ऐनी बेसेण्ट, सरोजिनी नायडू तथा ज्योतिबा फुले में से किसकी प्रेरणा से भारत में नारी आन्दोलन प्रारम्भ हुआ था?
  - ज्योतिबा फुले [BPSC (Pre) 2008]
- किसने कहा था कि यदि भगवान अस्पृश्यता को सहन करते हैं, तो मैं उन्हें कभी भगवान नहीं मानूँगा?
  - बाल गंगाधर तिलक [UPPSC (Mains) 2004]

सेल्फ चैक

1. ब्रह्म समाज के बारे में निम्नलिखित में से कौन-सा एक सत्य नहीं है? **UPPSC (Pre) 2005**

(a) इसने वैदिक धर्म ग्रन्थों को अमोघ समझा
(b) इसने मूर्तिपूजा का विरोध किया
(c) इसने एक ईश्वर की पूजा पर बल दिया
(d) इसने पुजारियों की मध्यस्थता के बिना ईश्वर की पूजा पर बल दिया

2. भारत का प्रथम 'आधुनिक पुरुष' किसे माना जाता है?

(a) नाना साहब
(b) ए ओ ह्यूम
(c) राजा राममोहन राय
(d) स्वामी विवेकानन्द

3. बम्बई में दादोबा पाण्डुरंग एवं आत्माराम पाण्डुरंग द्वारा किस सामाजिक सुधार संस्थान की स्थापना की गई? एम जी रानाडे के संस्थान के साथ जुड़ने के पश्चात् यह लोकप्रिय हुआ **HPSC (Pre) 2021**

(a) देव समाज
(b) ब्रह्म समाज
(c) प्रार्थना समाज
(d) सर्वेण्ट्स ऑफ इण्डिया सोसायटी

4. निम्नलिखित पर विचार कीजिए **IAS (Pre) 2016**

1. कलकत्ता यूनिटेरियन कमेटी
2. टेबरनेकल ऑफ न्यू डिस्पेन्सेशन
3. इण्डियन रिफॉर्म एसोसिएशन

केशवचन्द्र सेन का सम्बन्ध उपरोक्त में से किसकी स्थापना से है?

(a) 1 और 3 (b) 2 और 3
(c) केवल 3 (d) 1, 2 और 3

5. स्वामी दयानन्द सरस्वती ने किनसे प्रेरणा ली?

(a) पुराणों से (b) वेदों से
(c) मध्यकालीन सन्तों से (d) सूफीवाद से

6. स्वामी दयानन्द सरस्वती

1. देवी एवं देवताओं की मूर्तिपूजा के विरुद्ध थे।
2. वेदों को अमोघ मानते थे।
3. ईश्वरचन्द्र विद्यासागर से मिले थे और उनसे विचार-विमर्श किया था।

उपरोक्त कथनों में से कौन-से कथन सही हैं?

(a) 1, 2 और 3 (b) 2 और 3
(c) 1 और 3 (d) 1 और 2

7. स्वामी विवेकानन्द ने शिकागो में आयोजित 'विश्व धर्म सम्मेलन' में अपना भाषण कब दिया था? **MPPSC (Pre) 2013**

(a) 1872 ई. (b) 1890 ई.
(c) 1981 ई. (d) 1893 ई.

8. विवेकानन्द के बारे में नीचे दिए गए कथनों में से कौन-से कथन सही हैं?

1. इनका विश्वास था कि वेदान्त पूर्ण रूप से तर्कसंगत था।
2. उन्होंने अपने देशवासियों की इस बात के लिए ओलचना की कि उन्होंने बाहरी विश्व से सम्पर्क छोड़ दिया है।
3. उन्होंने जाति व्यवस्था की निन्दा की।
4. उन्होंने वेद को अमोघ माना।

कूट

(a) 1, 2 और 3 (b) 2, 3 और 4 (c) 1, 3 और 4 (d) 1 और 2

9. पश्चिमी भारत के डी के कर्वे का नाम निम्नलिखित में से किस सन्दर्भ में आता है? **UPPSC (Pre) 2016**

(a) सती प्रथा (b) बाल (शिशु) हत्या
(c) स्त्री शिक्षा (d) विधवा पुनर्विवाह

10. इनमें से कौन सेक्रेटरी के रूप में हिन्दू फीमेल स्कूल से सम्बद्ध थे, जो बाद में बेथ्यून फीमेल स्कूल के नाम से जाना जाता था? **IAS (Pre) 2021**

(a) ऐनी बेसेण्ट (b) देवेन्द्रनाथ टैगोर
(c) ईश्वरचन्द्र विद्यासागर (d) सरोजिनी नायडू

11. सत्यशोधक समाज ने संगठित किया **IAS (Pre) 2016**

(a) बिहार में आदिवासियों के उन्नयन का एक आन्दोलन
(b) गुजरात में मन्दिर प्रवेश का एक आन्दोलन
(c) महाराष्ट्र में एक जाति विरोधी आन्दोलन
(d) पंजाब में एक किसान आन्दोलन

12. नव-बौद्धवाद के प्रतिपादक कौन हैं? **CGPSC (Pre) 2020**

(a) राधाकृष्णन (b) टैगोर
(c) अम्बेडकर (d) विवेकानन्द

13. आत्म-सम्मान आन्दोलन किसने प्रारम्भ किया था?

(a) बी आर अम्बेडकर (b) ज्योतिबा फुले
(c) ई वी रामास्वामी नायकर (d) जवाहरलाल नेहरू

14. 'भारत में दासत्व' से सम्बन्धित 1843 ई. के अधिनियम V (पंचम) के सम्बन्ध में निम्नलिखित कथनों में से कौन-सा सही है?

(a) इसके द्वारा स्वामियों को यह अधिकार दिया गया कि वे अपने दासों को स्वेच्छा से अपनी भू-सम्पदा के लिए बँधुआ की तरह रख सकें
(b) इनके द्वारा स्वामियों को अपने दासों पर दावा करने के लिए न्यायालय जाने से वंचित किया गया
(c) परित्याग के मामलों को सुलझाने के लिए न्यायालयों और स्वामियों ने संयुक्त रूप से कार्य किया
(d) दास भूमि के स्वामी बन गए

15. 'फरायजी आन्दोलन' की शुरुआत किसने की? **BPSC (Pre) 2018**

(a) हाजी शरीयतुल्लाह (b) सैय्यद अहमद
(c) सलीमुल्लाह (d) एम ए जिन्ना

16. सर सैय्यद अहमद खान के बारे में निम्नलिखित कथनों में से कौन-सा/से कथन सही है/हैं?

1. उनका तर्क था कि भारत समान वंशानुक्रम पर आधारित सजातीय समुदायों का एक महासंघ था।
2. उनका तत्त्वविचार, भारतीय राष्ट्रीय कांग्रेस के तत्त्वविचार के अधिक समान था।
3. उन्होंने वैयक्तिक नागरिक आधारों पर आधारित एक राष्ट्र राज्य के रूप में भारत की कल्पना की थी।
4. मोहम्मडन एंग्लो-ओरियण्टल कॉलेज के पाठ्यक्रम ने मुस्लिम धर्मशास्त्र और यूरोपीय अनुभववाद को मिश्रित कर दिया

कूट

(a) केवल 1 (b) 2 और 3 (c) केवल 3 (d) 1 और 4

17. सूची I को सूची II से सुमेलित कीजिए तथा नीचे दिए गए कूट का प्रयोग कर सही उत्तर चुनिए

सूची I (समाज सुधारक)	**सूची II** (संस्था)
A. अयोदि दास	1. सत्यशोधक समाज
B. ज्योतिबा फुले	2. द्रविड़ कड़गम
C. जॉन रतिनम	3. सेल्फ रिसपेक्ट मूवमेण्ट
D. ई वी रामास्वामी नायकर	4. द्रविड़ महाजन सभा

कूट

	A	B	C	D		A	B	C	D
(a)	4	2	1	3	(b)	3	1	2	4
(c)	4	1	2	3	(d)	3	2	1	4

18. प्रार्थना समाज, यंग इण्डिया, लोकहितवादी, सत्यशोधक समाज, रहनुमाई मजदयासन सभा के लिए निम्न विकल्पों में से सही संयोजन पहचानिए **BPSC (Pre) 2018**

(a) गोपाल हरि देशमुख, आत्माराम पाण्डुरंग, मोहनदास करमचन्द गाँधी, ज्योतिबा फुले, नौरोजी फुरदोनजी
(b) आत्माराम पाण्डुरंग, मोहनदास करमचन्द गाँधी, गोपाल हरि देशमुख, ज्योतिबा फुले, नौरोजी फुरदोनजी
(c) आत्माराम पाण्डुरंग, ज्योतिबा फुले, मोहनदास करमचन्द गाँधी, गोपाल हरि देशमुख, नौरोजी फुरदोनजी
(d) नौरोजी फुरदोनजी, आत्माराम पाण्डुरंग, मोहनदास करमचन्द गाँधी, गोपाल हरि देशमुख, ज्योतिबा फुले

19. भारतीय स्वतन्त्रता आन्दोलन के समय राष्ट्रीय सामाजिक सम्मेलन (नेशनल सोशल कॉन्फ्रेन्स) का गठन किया गया था इसके गठन के लिए उत्तरदायी कारण था

(a) बंगाल क्षेत्र के विभिन्न सामाजिक सुधार ग्रुप/संगठन किसी एक मंच पर एकत्रित होकर व्यापक हित में माँग-पत्र सरकार के समक्ष प्रस्तुत करना चाहते थे
(b) भारतीय राष्ट्रीय कांग्रेस अपने कार्यक्रम में सामाजिक सुधारों को नहीं रखना चाहती थी, इसलिए प्रस्तुत उद्देश्य के लिए उसने अलग से संगठन बनाने का सुझाव दिया
(c) बहरामजी मालाबारी और एम जी रानाडे ने यह निश्चित किया कि देश के समस्त सामाजिक सुधार ग्रुपों को एक संगठन के अन्तर्गत लाया जाए
(d) उपरोक्त में से कोई नहीं

जानें सही उत्तर

1. (a)	**2.** (c)	**3.** (c)	**4.** (b)	**5.** (b)	**6.** (a)	**7.** (d)	**8.** (a)	**9.** (d)	**10.** (c)
11. (c)	**12.** (c)	**13.** (c)	**14.** (b)	**15.** (a)	**16.** (d)	**17.** (c)	**18.** (b)	**19.** (b)	

• अध्याय अट्ठाइस

1857 का विद्रोह

"

1857 के विद्रोह को ब्रिटिश भारत के औपनिवेशिक इतिहास का महाविभाजक काल कहा जाता है। यह विद्रोह कम्पनी की शोषणपूर्ण नीतियों का परिणाम था। इस विद्रोह के परिणामस्वरूप 1757 ई. के प्लासी के युद्ध से कम्पनी के राजनैतिक प्रभाव की जो शुरुआत हुई थी, वह 1858 ई. में भारत को ब्रिटिश ताज के अन्तर्गत लाने के साथ समाप्त हो गई। यह विद्रोह उस राष्ट्रीय मुक्ति आन्दोलन का प्रेरणा स्रोत बना, जिसका परिणाम हमें वर्ष 1947 की आजादी से प्राप्त हुआ।

1857 का विद्रोह

- 1857 के विद्रोह का आरम्भ 10 मई, 1857 को मेरठ में कम्पनी के भारतीय सिपाहियों द्वारा हुआ, जो धीरे-धीरे कानपुर, बरेली, झाँसी, दिल्ली, अवध आदि क्षेत्रों में फैल गया। इसकी शुरुआत एक सैन्य विद्रोह के रूप में हुई, परन्तु कालान्तर में उसका स्वरूप बदलकर ब्रिटिश सत्ता के विरुद्ध एक जनव्यापी विद्रोह का हो गया।
- कोई भी विद्रोह अचानक से प्रस्फुटित नहीं होता है, क्योंकि कुछ गतिविधियाँ ऐसी होती हैं, जो इनके लिए पृष्ठभूमि तैयार करती हैं। 1857 के विद्रोह की भी कुछ ऐसी पृष्ठभूमियाँ रहीं, जिन्हें हम इस विद्रोह के प्रमुख कारणों के रूप में देखते हैं।

1857 के विद्रोह के कारण

- 1857 का विद्रोह सिपाहियों के असन्तोष का परिणाम मात्र नहीं था। वास्तव में, यह औपनिवेशिक शासन के चरित्र, उसकी नीतियों तथा उसके कारण कम्पनी के शासन के प्रति जनता में संचित असन्तोष का परिणाम था।
- 1857 के विद्रोह को जन्म देने वाले राजीनैतिक, सामाजिक, आर्थिक, धार्मिक आदि कारण थे। इस विद्रोह के निम्नलिखित कारण हैं

राजनीतिक कारण

- 1803 ई. से ही मुगल सम्राट **बहादुरशाह** ब्रिटिश संरक्षण में रहने लगा था, परन्तु प्रतिष्ठा से सम्बन्धित उनके दावे स्वीकृत थे। 1849 ई. में यह घोषणा की गई कि बहादुरशाह की मृत्यु के पश्चात् उसके वंशजों को लाल किला खाली करना पड़ेगा।
- इसके अतिरिक्त **कैनिंग** ने 1856 ई. में घोषणा की कि बहादुरशाह के उत्तराधिकारी सम्राट के बदले शहजादों के रूप में जाने जाएँगे।
- मुगल बादशाह चूँकि भारतीय जनता का प्रतिनिधित्व करता था, इसलिए बादशाह के अपमान को जनता ने स्वयं का अपमान समझा तथा विद्रोह के लिए विवश हो गई।
- 1857 के विद्रोह के प्रमुख कारणों में **वेलेजली** की सहायक सन्धि एवं डलहौजी की हड़प नीति का महत्त्वपूर्ण योगदान था। वेलेजली ने भारतीय रियासतों पर नियन्त्रण करने

और धीरे-धीरे उनकी समाप्ति की नीति अपनाई, जिसे सर्वप्रथम हैदराबाद के निजाम ने 1798 ई. में स्वीकार किया।

- तत्पश्चात मैसूर (1729), तंजौर (अक्टूबर, 1999), अवध (1801), पेशवा (1802) भोंसले (1803), सिन्धिया (1804) ने यह सन्धि स्वीकार की। इसके अतिरिक्त जयपुर, जोधपुर, बूंदी, मच्छेन्द्री तथा भरतपुर आदि रियासतों ने भी इस सन्धि को स्वीकार कर लिया।
- डलहौजी ने अपनी **व्यपगत नीति** द्वारा सतारा (1848), जैतपुर व सम्भलपुर (1849), बघाट (1850), उदयपुर (1852), झाँसी (1853) तथा नागपुर (1854) आदि राज्यों का ब्रिटिश साम्राज्य में विलय कर लिया। व्यपगत नीति के अन्तर्गत हिन्दू राजा अब दत्तक पुत्र गोद नहीं ले सकते थे और कोई वैध उत्तराधिकारी न होने के कारण उनका विलय ब्रिटिश राज्य में कर दिया जाता था।
- साथ ही जब अवध का **विलय हड़प नीति** के अन्तर्गत नहीं किया जा सका, तो 1856 ई. में उसका विलय कुप्रशासन का आरोप लगाकर कर दिया गया। कुप्रशासन के सन्दर्भ में रिपोर्ट आउट्रम (रेजिडेण्ट) के द्वारा भेजी गई थी। तत्पश्चात् अवध के नवाब को गद्दी से उतार दिया गया और हैनरी लॉरेन्स को अवध का रेजिडेण्ट बनाया गया।

> भूतपूर्व पेशवा (नाना साहब) की पेंशन रोक दी गई, क्योंकि वे पेशवा बाजीराव द्वितीय के दत्तक पुत्र थे।। ये सब कारण व्यापक असन्तोष फैलाने के लिए पर्याप्त थे। डलहौजी ने तंजौर और कर्नाटक के नवाबों की राजकीय उपाधियाँ जब्त कर लीं।

- मुगल बादशाह को लाल किला छोड़कर कुतुबमीनार के पास रहने का आदेश दिया गया।

आर्थिक कारण

- भारत में कम्पनी की सभी नीतियों के मूल में भारत का आर्थिक शोषण कर अपना मुनाफा (लाभ) बढ़ाना था। इस प्रकार ईस्ट इण्डिया कम्पनी एवं भारतीय जनमानस के हितों के मध्य एक स्वाभाविक संघर्ष था।
- **स्थायी बन्दोबस्त, रैयतवाड़ी व्यवस्था** और **महालवाड़ी व्यवस्था** द्वारा किसानों का अत्यधिक शोषण हुआ और वे निर्धनता के कुचक्र में फँस गए।

> आर्थिक शोषण और उसके पारम्परिक आर्थिक ढाँचे के पूर्णतया विनाश ने किसानों, दस्तकारों, हस्तशिल्पकारों तथा बड़ी संख्या में परम्परागत जमींदारों को दरिद्र बना दिया।

- भारत से इंग्लैण्ड को निर्यात होने वाली मलमल एवं कैलिको सूती वस्त्रों पर, जहाँ क्रमश: 27%, 71% कर एवं रेशमी वस्त्रों पर 90% कर लिया जाता, वहीं भारत में आने वाले अंग्रेजी सूती और रेशमी वस्त्रों पर 3.5% कर तथा गर्म वस्त्रों पर 2% कर लिया जाता था।
- अंग्रेजों की इस नीति का परिणाम यह हुआ कि इंग्लैण्ड में भारत का सूती और रेशमी वस्त्र जाना बन्द हो गया। इसका भारत के वस्त्र उद्योग पर बहुत बुरा प्रभाव पड़ा।

सामाजिक-धार्मिक कारण

- कम्पनी की विभिन्न नीतियों से और ईसाई मिशनरियों के धर्म-प्रचार से भारतीयों में इस भावना को बल मिला कि उनकी सभ्यता एवं संस्कृति खतरे में है।
- इसके साथ ही **भारतीयों को सभ्य बनाने** के अन्तर्गत किए गए प्रयासो ने भी भारतीयों को शंकित किया। सामाजिक-धार्मिक कुरीतियों; जैसे- सती प्रथा, कन्या वध, बाल विवाह का निषेध और विधवा विवाह के सम्बन्ध में बनाए गए कानूनों को भी लोगों ने अपनी व्यवस्था पर आघात माना।

> **विधवा पुनर्विवाह अधिनियम**, 1856 लॉर्ड डलहौजी के कार्यकाल में लाया गया, किन्तु इसे लॉर्ड कैनिंग के कार्यकाल में पारित किया गया।

- 1813 ई. में ईसाई मिशनरियों को भारत में आने की अनुमति दी गई, जिससे उनके प्रचार कार्य में वृद्धि हुई। ईसाई धर्म के प्रचार के लिए पर्याप्त सुविधाएँ सरकार द्वारा प्रदान की गईं। कालान्तर में बेरोजगारों, विधवाओं, जनजातियों व अनाथों का धर्मान्तरण करवाया गया। साथ ही नस्लवादी भेदभाव की नीतियों ने भी विद्रोह की पृष्ठभूमि को तैयार किया।
- पाश्चात्य शिक्षा भारतीय समाज की मूल-भावना के विरुद्ध थी। अत: परम्परागत शिक्षा के समर्थक वर्ग के द्वारा ब्रिटिशों का विरोध किया गया।

सैनिक कारण

- 1857 के विद्रोह के सैनिक कारणों में अनेक ऐसे कारण थे, जिन्होंने इस विद्रोह की पृष्ठभूमि तैयार की। सेना में भारतीय एवं अंग्रेजी सैनिकों को 5:1 के अनुपात में रखा गया था।
- सैन्य सेवा में नस्लीय भेदभाव विद्यमान था। अंग्रेजी सेना में कार्यरत् भारतीय सैनिकों में अधिकांश कनिष्ठ अफसर थे, उन्हें पदोन्नति का कोई लाभ नहीं दिया जाता था। योग्यता होने के बावजूद वे अधिकतम सूबेदार के पद तक पहुँच सकते थे।
- पदोन्नति से वंचित किया जाना, वेतन की न्यून मात्रा, भारत की सीमाओं से बाहर युद्ध के लिए भेजा जाना तथा समुद्रपार भत्ता न देना आदि ऐसे कारण थे, जिन्होंने भारतीय सैनिकों में असन्तोष को जन्म दिया और वे विद्रोह के लिए विवश हुए।
- कैनिंग की सरकार ने 1856 ई. में **सामान्य सेवा भर्ती अधिनियम पारित** किया। इस अधिनियम के अनुसार, सभी सैनिकों को यह स्वीकार करना पड़ता था कि जहाँ कहीं आवश्यकता होगी, वे वहाँ कार्य करेंगे अर्थात् वे समुद्रपार जाने से मना नहीं कर सकते थे।
- यह प्रावधान भारतीयों के सामाजिक-धार्मिक मान्यताओं के विरुद्ध था, क्योंकि ऐसी मान्यता थी कि समुद्रपार जाने से धर्म नष्ट हो जाता है।

- उपर्युक्त कारणों के अतिरिक्त 1854 ई. में डाकघर अधिनियम पारित होने पर सैनिकों को दी जाने वाली नि:शुल्क डाक सुविधा समाप्त कर दी गई, जिससे सैनिक असन्तुष्ट हो गए।
- इसके साथ ही **आंग्ल-अफगान युद्ध** (1839-42 ई.) अंग्रेजों की हार तथा पंजाब में संघर्ष के दौरान अंग्रेजी सेना को हुई भारी क्षति ने भारतीय सैनिकों में यह विश्वास भर दिया कि अंग्रेज नहीं हैं, उन्हें पराजित किया जा सकता है, अत: वे विद्रोह की प्रतीक्षा में थे, जिसका अवसर उन्हें तात्कालिक कारण चर्बी लगे कारतूस ने दे दिया।

तात्कालिक कारण

- चर्बी लगे कारतूसों के प्रयोग को 1857 के विद्रोह का तात्कालिक कारण माना जाता है। कैनिंग सरकार ने 1857 ई. में सैनिकों के प्रयोग के लिए पुरानी लोहे वाली बन्दूक **ब्राउन बैस** के स्थान पर **इनफील्ड रायफल** का प्रयोग शुरू करवाया, जिसमें कारतूसों को लगाने से पूर्व उसे दाँतों से खींचना पड़ता था।
- चूँकि कारतूसों में गाय और सूअर दोनों की चर्बी लगी थी, इसलिए हिन्दू और मुसलमान दोनों भड़क उठे, क्योंकि उन्हें लगता था कि ब्रिटिश सरकार ऐसा जानबूझकर उन्हें ईसाई बनाने के लिए कर रही है, जिसके परिणामस्वरूप 1857 के विद्रोह की शुरुआत हुई।
- चर्बीयुक्त कारतूसों के प्रयोग के विरुद्ध पहली घटना 29 मार्च, 1857 को बैरकपुर की छावनी में घटी, जहाँ मंगल पाण्डे नामक एक सिपाही ने चर्बी लगे कारतूस के प्रयोग से इनकार करते हुए अपने अधिकारी **लेफ्टिनेण्ट बाग** और लेफ्टिनेण्ट **जनरल ह्यूसन** की हत्या कर दी।

> **मंगल पाण्डे** बैरकपुर छावनी की 34वीं इनफेण्ट्री के जवान थे। उन्हें 8 अप्रैल, 1857 को फाँसी की सजा सुनाई गई थी। उन्हें **1857 के विद्रोह** का प्रथम शहीद माना जाता है। मंगल पाण्डे तत्कालीन गाजीपुर (वर्तमान-बलिया, उत्तर प्रदेश) जिले के निवासी थे।

- 1857 के विद्रोह के समय बैरकपुर में कमाण्डिंग ऑफिसर हैरसे था।

1857 के विद्रोह का प्रारम्भ एवं क्षेत्र

- 24 अप्रैल, 1857 को मेरठ में तैनात देशी घुड़सवार सेना के 99 सिपाहियों ने चर्बी वाले कारतूस का प्रयोग करने से इनकार कर दिया। इनमें से 85 सैनिकों को 10 वर्ष की सजा सुनाई गई।
- इसके विरोध में 10 मई, 1857 को मेरठ के भारतीय सैनिकों ने विद्रोह कर अपने साथियों को छुड़ा लिया तथा दिल्ली की ओर कूच किया। इस समय मेरठ सैन्य छावनी के अधिकारी के रूप में जनरल डेविड नियुक्त थे।

> **1857 ई. से पूर्व किए गए विद्रोह**
>
> सिपाहियों ने निम्न कारणों से पूर्व में कम्पनी के विरुद्ध विद्रोह किए
>
> - **1764 ई.** बक्सर के युद्ध के समय हैक्टर मुनरो के नेतृत्व में लड़ रही सेना के कुछ सिपाही विद्रोह करके मीरकासिम से मिल गए।
> - **1806 ई.** वेल्लोर में विद्रोह।
> - **1824 ई.** बैरकपुर छावनी में दोहरे भत्ते के बिना रंगून जाने के प्रश्न पर उपद्रव।
> - **1824 ई.** बैरकपुर 47वीं रेजिमेण्ट में बर्मा जाने के विरुद्ध।
> - **1825 ई.** असम स्थित तोपखाने में विद्रोह।
> - **1830 ई.** शोलापुर में वेतन भत्ते के लिए विद्रोह।
> - **1849 ई.** 22वें एन आई (नेशनल इन्फेण्ट्री) विद्रोह।
> - **1850 ई.** 66वें एन आई (नेशनल इन्फेण्ट्री) विद्रोह।
> - **1852 ई.** 38वें एन आई (नेशनल इन्फेण्ट्री) विद्रोह।

1857 के विद्रोह का प्रसार

- 1857 का विद्रोह मेरठ से प्रारम्भ होकर अन्य भागों में तेजी से फैल गया। शीघ्र ही विद्रोही अपने उच्चाधिकारियों की हत्या कर दिल्ली की ओर रवाना हो गए।
- 12 मई को प्रात: विद्रोहियों ने दिल्ली पर अधिकार कर मुगल बादशाह **बहादुरशाह जफर द्वितीय** को पुन: भारत का सम्राट और विद्रोहियों का नेता घोषित कर दिया। दिल्ली में मुगल शासक बहादुरशाह द्वितीय को प्रतीकात्मक नेतृत्व दिया गया था, किन्तु वास्तविक नेतृत्व बख्त खाँ के पास था, जो बाहदुरशाह का सेनापति था।
- ब्रिटिशों के द्वारा सितम्बर, 1857 में दिल्ली पर पुन: अधिकार कर लिया गया। इस विद्रोह को कुचलने के लिए **हडसन, लॉरेन्स** एवं **जॉन निकोलसन** नियुक्त किए गए, परन्तु इस दौरान निकोलसन की मृत्यु हो गई थी।
- हडसन के द्वारा बहादुरशाह द्वितीय के पुत्र मिर्जा मुगल एवं मिर्जा ख्वाजा सुल्तान तथा पोते **मिर्जा अबुबक्र** की गोली मारकर हत्या कर दी गई थी।

1857 के विद्रोह के प्रमुख केन्द्र

1857 के विद्रोह के प्रमुख केन्द्र निम्नलिखित हैं

कानपुर

- कानपुर में 5 जून, 1857 को विद्रोह की शुरुआत हुई। यहाँ पर पेशवा बाजीराव द्वितीय के दत्तक पुत्र **नाना साहब** (धोंधू पन्त) ने विद्रोह को नेतृत्व प्रदान किया, जिसमें उनकी सहायता **ताँत्या टोपे** ने की। ताँत्या टोपे का वास्तविक नाम रामचन्द्र पाण्डुरंग था। इन्हें **भारत का गैरीबाल्डी** भी कहा जाता है।
- नाना साहब को ₹8 लाख वार्षिक पेंशन मिलती थी, किन्तु ब्रिटिशों के द्वारा इसे पेशवा का उत्तराधिकारी मानने से इनकार करते हुए, उनकी पेंशन बन्द कर दी गई।

कानपुर में हैवलॉक के अधीन एक सेना भेजी गई। 20 जुलाई को जनरल नील भी कानपुर पहुँचा तथा कानपुर पर अधिकार कर लिया, परन्तु 27 नवम्बर को ग्वालियर की सेना ने पुनः कानपुर पर अधिकार कर लिया। अन्तः 6 दिसम्बर, 1857 को कैम्पबेल ने कानपुर को अपने अधिकार में ले लिया।
नाना साहब लगातार पराजयों को झेलते हुए अन्ततः नेपाल चले गए, जहाँ से वे जीवन की अन्तिम साँस तक अंग्रेजों से लड़ते रहे।

दिल्ली

- दिल्ली में 82 वर्षीय बहादुरशाह द्वितीय ने बख्त खाँ के सहयोग से विद्रोह का नेतृत्व किया।
- 20 सितम्बर, 1857 को बहादुरशाह द्वितीय ने हुमायूँ के मकबरे में अंग्रेज लेफ्टिनेण्ट डब्ल्यू. एस. आर. हडसन के समक्ष समर्पण कर दिया। तत्पश्चात् उसे निर्वासित कर रंगून भेज दिया, जहाँ 1862 ई. में उसकी मृत्यु हो गई।

लखनऊ

- लखनऊ में जून, 1857 में विद्रोह की शुरुआत हुई। बेगम हजरत महल (इन्हें महक परी के नाम से भी जाना जाता था।) ने 4 जून, 1857 को अपने अल्पायु पुत्र बिरजिस कादिर को नवाब घोषित किया तथा लखनऊ स्थित ब्रिटिश रेजीडेन्सी पर आक्रमण किया।
- इस दौरान चीफ कमिश्नर हेनरी लॉरेन्स लखनऊ में स्थित ब्रिटिश रेजीडेन्सी की रक्षा करते हुए शहीद हो गये। अन्ततः इस विद्रोह को कैम्पबेल के द्वारा मार्च, 1858 में कुचलकर लखनऊ में पुनः नियन्त्रण स्थापित कर लिया गया है।

लखनऊ के बाद बेगम हजरत महल ने मौलवी अहमदुल्ला के साथ शाहजहाँपुर में भी विद्रोह का नेतृत्व किया। वे शीघ्र पराजित हो गईं और भागकर नेपाल चली गईं, जहाँ उनकी गुमनाम मौत हो गई।

झाँसी

- रानी लक्ष्मीबाई का बचपन का नाम मणिकर्णिका था। इनका विवाह झाँसी नरेश गंगाधर राव से हुआ था। गंगाधार राव की मृत्यु के पश्चात् इन्होंने दामोदर राव को गोद लिया। लॉर्ड डलहौजी ने गोद निषेध का लाभ उठाया और इनके साम्राज्य पर अधिकार कर लिया।
- झाँसी में 4 जून, 1857 को रानी लक्ष्मीबाई के नेतृत्व में विद्रोह की शुरुआत हुई, जिसमें रानी लक्ष्मीबाई ने अपने साहसी नेतृत्व में अंग्रेजों के साथ वीरतापूर्वक युद्ध किया, परन्तु झाँसी के पतन के बाद रानी लक्ष्मीबाई ग्वालियर की ओर प्रस्थान कर गईं, जहाँ पर ताँत्या टोपे जाकर झाँसी की रानी से मिले।
- ग्वालियर का सिन्धिया अंग्रेजों का समर्थक था, लेकिन उसकी सेना विद्रोहियों के साथ मिल गई, जिसकी सहायता से रानी लक्ष्मीबाई ने ग्वालियर पर अधिकार कर लिया, किन्तु 17 जून, 1858 में इन्हें ग्वालियर के किले में युद्ध करते हुए वीरगति की प्राप्ति हुई।

रानी लक्ष्मीबाई की मृत्यु पर जनरल ह्यूरोज ने कहा कि "भारतीय क्रान्तिकारियों में यह सोई हुई औरत अकेली मर्द है।"

बिहार

- बिहार के जगदीशपुर (आरा) में वहाँ के प्रमुख जमींदार कुँवर सिंह ने 1857 के विद्रोह के समय विद्रोह का झण्डा फहराया। ये युद्ध में जख्मी हो जाने के कारण 26 अप्रैल, 1858 को मृत्यु को प्राप्त हो गए।
- तत्पश्चात् उनके भाई अमर सिंह ने विद्रोह का नेतृत्व किया। इस विद्रोह को विलियम टेलर एवं विंसेण्ट आयर के द्वारा दबा दिया गया। बिहार में सर्वप्रथम दानापुर नामक स्थान पर विद्रोह की शुरुआत हुई थी।

फैजाबाद

- फैजाबाद में 1857 के विद्रोह को मौलवी अहमदुल्ला ने अपना नेतृत्व प्रदान किया। अहमदुल्ला के बारे में अंग्रेजों ने कहा कि "अदम्य साहस के गुणों से परिपूर्ण दृढ़-संकल्प वाले व्यक्ति तथा विद्रोहियों में सर्वोत्तम सैनिक हैं।"
- अहमदुल्लाह की गतिविधियों से अंग्रेज इतने चिन्तित थे कि उन्होंने इन्हें पकड़ने के लिए ₹ 50,000 का नकद इनाम घोषित किया। 5 जून, 1858 को रुहेलखण्ड की सीमा पर पोवायाँ में इनकी गोली मारकर हत्या कर दी गई।

विद्रोह के अन्य केन्द्र

विद्रोह के अन्य केन्द्र निम्न हैं

- असम में 1857 के विद्रोह के समय वहाँ के दीवान मनीराम दत्त ने असम के अन्तिम राजा के पोते कन्दर्पेश्वर सिंघा को राजा घोषित कर विद्रोह की शुरुआत की। शीघ्र ही विद्रोह विफल हुआ और मनीराम को कलकत्ता में फाँसी दे दी गई।
- उड़ीसा में सम्भलपुर के राजकुमार सुरेन्द्र साई तथा उज्ज्वल साई के द्वारा विद्रोह किया गया। गंजाम में साबरो ने राधाकृष्ण दण्डसेन के नेतृत्व में पराल की मेडी में विद्रोह किया। 1862 ई. में सुरेन्द्र साई ने आत्म-समर्पण कर दिया। अन्ततः इन्हें देश से निष्कासित कर दिया गया।
- कोटा (राजस्थान) में एक भारतीय सैन्य टुकड़ी ने विद्रोह कर ब्रिटिश एजेण्ट मेजर बर्टन की हत्या कर दी, जिसका नेतृत्व जयदयाल एवं हरदयाल ने किया, लेकिन विद्रोह को कुचल दिया गया।
- पंजाब जिसका अधिकांश भाग विद्रोह से अलग रहा, में 9वीं अनियमित सेना (घुड़सवार) के वजीर खाँ ने अजनाला में विद्रोह किया। कुल्लू में राणा प्रताप सिंह और वीर सिंह ने विद्रोह का नेतृत्व किया, लेकिन शीघ्र ही इन सबको फाँसी दे दी गई।
- दक्षिण भारत जिसका अधिकांश भाग विद्रोह के समय शान्त था, के सतारा और कोल्हापुर में 1857 के विद्रोह का कुछ प्रभाव देखने को मिला। सतारा में रंगोजी बापूजी गुप्ते ने विद्रोह का नेतृत्व किया। बंगाल, पंजाब, राजपूताना, पटियाला, जीन्द, हैदराबाद, मद्रास आदि ऐसे क्षेत्र थे, जहाँ पर विद्रोह नहीं पनप सका। यद्यपि यहाँ के शासकों ने विद्रोह को कुचलने में अंग्रेजी सरकार की सहायता भी की।

ग्वालियर के पतन के बाद रामचन्द्र पाण्डुरंग (ताँत्या टोपे) अप्रैल, 1859 में नेपाल चले गए, जहाँ पर एक जमींदार मित्र मानसिंह के विश्वासघात के कारण ये पकड़े गए तथा 18 अप्रैल, 1859 को कलकत्ता में फाँसी पर लटका दिए गए। ताँत्या टोपे की गिरफ्तारी मध्य भारत में 1857 के विद्रोह की अन्तिम घटना थी।

- बरेली में इस विद्रोह का नेतृत्व खान बहादुर खाँ के द्वारा स्वयं को नवाब घोषित करते हुए की गई। इस विद्रोह को कैम्पबेल के द्वारा कुचल दिया गया एवं खान बहादुर खाँ को फाँसी पर लटका दिया गया।
- इलाहाबाद में विद्रोह का नेतृत्व मौलवी लियाकत अली के द्वारा किया गया था। विद्रोह के समय इसे ब्रिटिशों का आपातकालीन मुख्यालय गवर्नर-जनरल लॉर्ड कैनिंग के द्वारा बनाया गया था। यहाँ के विद्रोह को जनरल नील के द्वारा कुचल दिया गया था।
- बनारस में विद्रोह आम जनता के द्वारा किया गया था। इस विद्रोह को भी कर्नल नील के द्वारा दबा दिया गया था। इस विद्रोह के संचालन के दौरान पकड़ी गईं महिलाओं एवं बच्चों को भी मृत्युदण्ड की सजा दी गई थी।

1857 के विद्रोह से सम्बन्धित महत्त्वपूर्ण केन्द्र एवं नेतृत्वकर्ता

केन्द्र	विद्रोही नेता	विद्रोह का दिन	विद्रोह कुचलने वाले सैन्य अधिकारी	समर्पण का दिन
दिल्ली	बहादुरशाह, बख्त खाँ	11 मई, 1857	निकल्सन, हडसन	20 सितम्बर, 1857
कानपुर	नाना साहब, ताँत्या टोपे	5 जून, 1857	कॉलिन कैम्पबेल	दिसम्बर, 1857
लखनऊ	बेगम हजरत महल, बिरजिस कादिर	4 जून, 1857	कॉलिन कैम्पबेल	31 मार्च, 1858
झाँसी, ग्वालियर	रानी लक्ष्मीबाई, ताँत्या टोपे	4 जून, 1857	जनरल ह्यूरोज	17 जून, 1858
जगदीशपुर	कुँवर सिंह, अमर सिंह	12 जून, 1857	मेजर विलियम टेलर	दिसम्बर, 1858
फैजाबाद	मौलवी अहमदुल्ला	जून, 1857	जनरल रेनॉर्ड	5 जून, 1858
इलाहाबाद	लियाकत अली	जून, 1857	कर्नल नील	1858 ई.
बरेली	खान बहादुर खाँ	जून, 1857	विंसेण्ट आयर	1858 ई.

1857 के विद्रोह के बारे में इतिहासकारों के मत

मत	इतिहासकार
यह पूर्णतया सिपाही विद्रोह था।	सर जॉन लॉरेन्स, सीले
यह एक सामन्तवादी प्रक्रिया थी।	मिस्टर के
1857 का विद्रोह स्वतन्त्रता संग्राम नहीं था।	आर. सी. मजूमदार
यह स्वतन्त्रता संग्राम था।	डॉ. ईश्वरी प्रसाद
यह जनक्रान्ति थी।	डॉ. रामविलास शर्मा
यह राष्ट्रीय विद्रोह था।	बेंजामिन डिसरायली, अशोक मेहता
यह ईसाइयों के विरुद्ध एक धर्मयुद्ध था।	एल. आर. रीज
यह सभ्यता एवं बर्बरता का संघर्ष था।	टी. आर. होम्स
यह सुनियोजित स्वत्रन्ता संग्राम था।	वी. डी. सावरकर और अशोक मेहता
यह अंग्रेजों के विरुद्ध हिन्दू व मुसलमानों का षड्यन्त्र था।	जेम्स आउट्रम व डब्ल्यू टेलर
यह विद्रोह राष्ट्रीयता के अभाव में स्वतन्त्रता संग्राम था।	डा. एस. एन. सेन

1857 के विद्रोह की असफलता के कारण

विद्रोह की असफलता के प्रमुख कारण निम्नलिखित थे

समन्वय तथा नेतृत्व का अभाव

- विद्रोह के विभिन्न केन्द्रों में परस्पर समन्वय तथा केन्द्रीय संगठन का अभाव था। किसी स्थान पर विजय प्राप्त कर लेने के बाद उनके पास आगे के लिए कोई निश्चित योजना नहीं होती थी।
- बहादुरशाह द्वितीय को प्रतीक के रूप में नेतृत्व सौंपा गया था, लेकिन इनकी आयु इतनी अधिक थी कि वे विद्रोह को दिशा नहीं दे सके।

सीमित क्षेत्र तथा राष्ट्रीय भावना का अभाव

- देश का एक बहुत बड़ा भाग बंगाल, पंजाब, कश्मीर, उड़ीसा, दक्षिण भारत इससे अछूता रहा था। विद्रोह का क्षेत्र सीमित होने से इसे दबाने में अंग्रेजों को आसानी हुई।
- इस विद्रोह में राष्ट्रीय भावना का पूर्णतया अभाव था, क्योंकि भारतीय समाज के सभी वर्गों का सहयोग इस विद्रोह को नहीं मिल सका।

देशी राजाओं द्वारा अंग्रेजों को सहयोग देना

- विद्रोह के दौरान अनेक देशी राजाओं ने कम्पनी का सहयोग किया। सिखों एवं गोरखों ने अनेक स्थानों पर इस विद्रोह को दबाने में कम्पनी का सहयोग किया। बम्बई तथा मद्रास की सेनाओं और कश्मीर में गुलाब सिंह ने अंग्रेजों को सहयोग किया।
- सिन्धिया का एक मन्त्री दिनकर राव, हैदराबाद के वजीर सर सालार जंग, भोपाल की बेगम तथा नेपाल के मन्त्री जंगबहादुर ने विद्रोह को दबाने में अंग्रेजों की सहायता की।

पटियाला, जीन्द, ग्वालियर एवं हैदराबाद के राजाओं ने इस विद्रोह को दबाने में सहायता की। इसी सन्दर्भ में कैनिंग ने टिप्पणी की थी कि "इन शासकों एवं सरदारों ने तरंगरोधकों का कार्य किया अन्यथा इसने हमें एक झोंके में ही बहा दिया होता।"

जनसाधारण के व्यापक समर्थन का अभाव

- विद्रोहियों को जनता की सहानुभूति प्राप्त होने के पश्चात् भी सम्पूर्ण देश उनके साथ नहीं था। शिक्षित लोग, व्यापारी, भारतीय शासक न केवल उनका समर्थन कर रहे थे, बल्कि अंग्रेजों का सहयोग भी कर रहे थे।
- व्यापारियों एवं शिक्षित वर्ग ने कलकत्ता और बम्बई में सभाएँ करके अंग्रेजों की सफलता के लिए प्रार्थना की। करीब आधे सिपाहियों ने भी विद्रोह में भाग नहीं लिया, बल्कि अंग्रेजों की सहायता की।

संगठन का अभाव

जहाँ एक ओर अंग्रेजी सेना संगठित एवं आधुनिक हथियारों से परिपूर्ण थी, वहीं भारतीय योद्धाओं में उद्देश्य, स्थान व क्षेत्र की विभिन्नता के कारण कोई मजबूत संगठन तैयार नहीं हो सका। इसलिए यह विद्रोह अखिल भारतीय आन्दोलन का रूप धारण नहीं कर सका।

अंग्रेजों के पास कुशल नेतृत्व का होना

- 1857 के विद्रोह के समय नील, निकल्सन, आउट्रम, लॉरेन्स, हैवलॉक, ह्यूरोज और कैम्पबेल जैसे सेनापतियों की सेवाएँ अंग्रेजों को प्राप्त हुईं, जिन्हें कई युद्धों का अनुभव था, जिन्होंने विद्रोह को दबाने में महत्त्वपूर्ण भूमिका निभाई।
- दूसरी ओर भारतीयों के पास युद्ध कौशल एवं नेतृत्व क्षमता का अभाव था। जॉन लॉरेन्स का कथन था कि "यदि विद्रोहियों में कोई एक भी योग्य नेता होता, तो हम सदा के लिए हार जाते।"

1857 के विद्रोह के परिणाम

- यद्यपि 1857 का विद्रोह असफल रहा, लेकिन अपनी विफलता में भी इसने एक महान उद्देश्य की पूर्ति की।
- वास्तव में यह उस आन्दोलन का प्रेरणा स्रोत बन गया, जिसने वह कर दिखाया, जो विद्रोह नहीं कर सका।
- 1857 की क्रान्ति के पश्चात् ब्रिटिश नीतियों एवं व्यवस्था में व्यापक परिवर्तन हुए, जिनका वर्णन निम्न है

सत्ता परिवर्तन

- क्रान्ति के पश्चात् भारत में सत्ता कम्पनी के हाथ से निकलकर ब्रिटिश क्राउन के अधीन चली गई। इसके लिए **भारत शासन अधिनियम**, 1858 पारित किया गया।
- इस अधिनियम के अनुसार, अब भारत का शासन ब्रिटिश साम्राज्ञी की ओर से भारत के राज्य सचिव को चलाना था, जिसकी सहायता के लिए 15 सदस्यों की भारत परिषद् या इण्डिया काउन्सिल का गठन किया गया, जिसका प्रमुख भारत सचिव होता था।
- इन 15 सदस्यों में से 8 की नियुक्ति ब्रिटिश सरकार के द्वारा तथा शेष 7 की नियुक्ति **कोर्ट ऑफ डायरेक्टर्स** के द्वारा की जाती थी। यह भारत सचिव ब्रिटिश मन्त्रिमण्डल का सदस्य होता था। इसलिए यह ब्रिटिश संसद के प्रति उत्तरदायी भी था।

प्रशासनिक परिवर्तन

- 1857 के विद्रोह के पश्चात् अंग्रेजों ने प्रशासनिक परिवर्तन भी किए। विद्रोह का अंग्रेजों ने एक कारण यह माना था कि कम्पनी के पास भारतीयों की इच्छा जानने का कोई तरीका नहीं था। इसी को दूर करने के लिए 1861 के **भारत परिषद् अधिनियम** के अन्तर्गत तीन भारतीयों को विधानपरिषद् में नियुक्त किया गया।
- गवर्नर-जनरल को अब वायसराय कहा जाने लगा अर्थात वह ब्रिटिश ताज के वैयक्तिक प्रतिनिधि के रूप में भारत पर शासन करने लगा।
- 1861 का इण्डियन हाईकोर्ट अधिनियम तथा 1861 का भारतीय लोक सेवा अधिनियम पारित किया गया।

इस विद्रोह के पश्चात् सेना में भी सुधार किया गया तथा सेना के पुनर्गठन के लिए **पील कमीशन** का गठन भी किया गया, जिसके सुझावों के आधार पर यूरोपीय तथा भारतीयों में 1 : 2 का अनुपात निश्चित किया गया (बम्बई तथा मद्रास प्रेसीडेन्सी में यह अनुपात 1 : 3 का था।), जबकि विद्रोह से पूर्व यह अनुपात 1 : 5 था।

देशी रियासतों के प्रति नीति में परिवर्तन

- 1857 के विद्रोह के पश्चात् देशी रियासत के अधीनस्थ स्थिति एवं ब्रिटिश परम सत्ता की अवधारणा को औपचारिक रूप से स्थापित किया गया।
- अक्टूबर, 1858 में **महारानी विक्टोरिया** द्वारा जारी किए गए घोषणा-पत्र में यह कहा गया कि ब्रिटिश सरकार भारतीय रियासतों को साम्राज्य में नहीं मिलाएगी और पहले से चले आ रहे समझौतों का सम्मान करेगी।
- 1858 के अधिनियम के अनुसार, धार्मिक मामलों में अहस्तक्षेप, सभी के लिए समान कानून व्यवस्था, भारतीयों के प्राचीन अधिकार की रक्षा आदि प्रावधान किए गए।

जमींदारों के प्रति नीति में परिवर्तन

- जमींदारों को बनाए रखने की नीति अपनाई गई एवं इन्हें पुन: स्थापित किया गया।
- इन्हें आश्वस्त करने के लिए स्वयं **कैनिंग** ने 1858 ई. में अवध जाकर विद्रोह में भाग नहीं लेने वालों को सनद प्रदान की तथा इनाम बाँटे।

नोट 1857 के विद्रोह के समय ब्रिटिश प्रधानमन्त्री **लॉर्ड पामर्स्टन** तथा भारत का गवर्नर-जनरल **लॉर्ड कैनिंग** था।

1857 के विद्रोह से सम्बन्धित प्रमुख पुस्तकें एवं लेखक

पुस्तकें	लेखक
फर्स्ट वार ऑफ इण्डियन इण्डिपेण्डेन्स, 1857	वी. डी. सावरकर
द पीजेण्ट एण्ड द राज	एरिक स्टोक्स
द ग्रेट रिबेलियन	अशोक मेहता
सिपॉय म्यूटिनी एण्ड द रिवोल्ट ऑफ, 1857	आर. सी. मजूमदार
हिस्ट्री ऑफ इण्डियन म्यूटिनी	टी. आर. होम्स
सिविल रिबेलियन इन द इण्डियन म्यूटिनी	एस. बी. चौधरी
सिपॉय म्यूटिनी, 1857	एस. पी. चट्टोपाध्याय
द हिस्ट्री ऑफ सिपॉय वार इन इण्डिया	जे. डब्ल्यू. के
हिस्ट्री ऑफ इण्डियन म्यूटिनी	मालेसन
हिस्ट्री ऑफ इण्डियन म्यूटिनी	टी. आर. होल्मस
द फर्स्ट वार इण्डियन इण्डिपेण्डेन्स, 1557-59	मार्क्स एवं एंजल्स
असबाब-ए-बगावत-ए-हिन्द (भारतीय भाषा में विद्रोह की प्रथम पुस्तक), एन ऐसे ऑन दी कॉज ऑफ द इण्डियन रिवोल्ट	सैय्यद अहमद खान
एट्टीन फिफ्टी सेवन	एस. एन. सेन
रिबेलियन, 1857	पी. सी. जोशी

प्रीलिम्स फैक्ट्स

- भारत के प्रथम स्वतन्त्रता संग्राम का मुख्य तात्कालिक कारण क्या था? *– अंग्रेजों का धर्म में हस्तक्षेप का सन्देह* [IAS (Pre) 1996]
- अंग्रेजी भारतीय सेना में चर्बी वाले कारतूसों से चलने वाली एनफील्ड राइफल कब शामिल की गई? *– दिसम्बर, 1856* [BPSC (Pre) 2005]
- किसने 1857 के विद्रोह को एक षड्यन्त्र की संज्ञा दी थी? *– सर जेम्स आउट्रम एवं डब्ल्यू टेलर ने* [BPSC (Pre) 1995]
- तथाकथित प्रथम राष्ट्रीय स्वतन्त्रता संग्राम न प्रथम, न राष्ट्रीय और न ही स्वतन्त्रता संग्राम था। यह कथन किससे सम्बन्धित है? *– आर. सी. मजूमदार ने* [UPPSC (Mains) 2010]
- 1857 के संग्राम को 'प्रथम स्वतन्त्रता संग्राम' का नाम किसके द्वारा दिया गया था? *– वी. डी. सावरकर* [UPPSC (Mains) 2015]
- भारतीय भाषा में 1857 के विप्लव के कारणों पर लिखने वाला भारतीय कौन था? *– सैय्यद अहमद खाँ* [UPPSC (Pre) 2000]
- भारतीय स्वाधीनता आन्दोलन के सरकारी इतिहासकार कौन थे? *– एस. एन. सेन* [UPPSC (Pre) 2010]
- 1857 के स्वाधीनता संग्राम का प्रतीक चिह्न क्या था? *– रोटी और कमल* [MPPSC (Pre) 1998]
- ''19वीं शताब्दी के मध्य में भारतीय राष्ट्रवाद भ्रूणावस्था में था।'' इस तथ्य को मानने वाले इतिहासकार थे *– डॉ. आर. सी. मजूमदार और डॉ. एस. एन. सेन* [MPPSC (Pre) 2021]
- 1857 के विद्रोह में अंग्रेजों का सबसे कट्टर दुश्मन कौन था? *– मौलवी अहमदुल्लाह शाह* [BPSC (Pre) 2001]
- 1857 के स्वाधीनता संग्राम की वीरांगना महारानी लक्ष्मीबाई की जन्मस्थली कहाँ है? *– वाराणसी* [BPSC (Pre) 2016]
- महारानी लक्ष्मीबाई की समाधि कहाँ स्थित है? *– ग्वालियर* [MPPSC (Pre) 2013]
- बिहार में 1857 के विद्रोह का नेतृत्व किसने किया था? *– कुँवर सिंह ने* [BPSC (Pre) 2020]
- अजीमुल्ला खाँ किसके सलाहकार थे? *– नाना साहब के* [UKPSC (Pre) 2014]
- नाना साहब का 'कमाण्डर-इन-चीफ' कौन था? *– तात्याँ टोपे* [UPPSC (Pre) 2008]
- 1857 के विद्रोह में किसे उसके मित्र ने धोखा दिया तथा जिसे अंग्रेजों द्वारा बन्दी बनाकर मार दिया गया? *– तात्याँ टोपे* [IAS (Pre) 2006]
- कौन इलाहाबाद में 1857 के स्वतन्त्रता संग्राम के नेता थे? *– मौलवी लियाकत अली* [UPPSC (Mains) 2015]
- 1857 का विद्रोह लखनऊ में किसके नेतृत्व में आगे बढ़ा? *– बेगम ऑफ अवध (हजरत महल)* [UPPSC (Pre) 2015]
- 1857 के बरेली विद्रोह का नेता कौन था? *– खान बहादुर* [UPPSC (Pre) 1998]
- असम में 1857 की क्रान्ति का नेता कौन था? *– दीवान मनीराम दत्त* [UPPSC (Mains) 2007]
- 1857 की क्रान्ति में अंग्रेजों व जोधपुर की संयुक्त सेना को किसने पराजित किया था? *– आउवा के ठाकुर कुशल सिंह* [RAS/RTS (Pre) 2014]
- झाँसी, चित्तौड़, जगदीशपुर एवं लखनऊ में से कौन-सा एक क्षेत्र 1857 के विद्रोह से प्रभावित नहीं था? *– चित्तौड़* [IAS (Pre) 2005]
- तात्याँ टोपे, रानी लक्ष्मीबाई, बहादुरशाह जफर तथा भगत सिंह में से कौन आजादी की पहली लड़ाई 1857 में भाग नहीं लिया था? *– भगत सिंह* [MPPSC (Pre) 2000]
- बेगम हजरत महल, कुँवर सिंह, ऊधम सिंह तथा मौलवी अहमदुल्लाह में से कौन 1857 के विद्रोह से सम्बन्धित नहीं था? *– ऊधम सिंह* [UPPSC (Pre) 1996]
- 1857 की क्रान्ति में दिल्ली का नेतृत्व किसने किया था? *– बख्त खाँ ने* [CGPSC (Pre) 2015]
- 1857 के विद्रोह को किस उर्दू कवि ने देखा था? *– मिर्जा गालिब* [BPSC (Pre) 2002]
- 1857 का विद्रोह मुख्यत: किस कारण से असफल रहा? *– सुनियोजित योजना और केन्द्रीय संगठन की कमी* [BPSC (Pre) 1996]
- अंग्रेज राजपूत राज्यों में 1857 के विद्रोह को दबाने में सफल रहे, क्योंकि *– स्थानीय शासकों ने क्रान्तिकारियों का साथ नहीं दिया।* [RAS/RTS (Pre) 1996]
- 1857 के स्वतन्त्रता संग्राम में किस राजवंश ने अंग्रेजों की सर्वाधिक सहायता की थी? *– ग्वालियर के सिन्धिया* [MPPSC (Pre) 2010]
- भारत में शिक्षित मध्यवर्ग ने *– 1857 के विद्रोह में तटस्थता बनाए रखी थी।* [IAS (Pre) 1998]
- खेतिहार मजदूरों, साहूकारों, कृषकों तथा जमींदारों में से कौन-सा/से ने 1857 के विद्रोह में भाग नहीं लिया था? *– साहूकारों और जमींदारों ने* [BPSC (Pre) 1995]
- 1857 के स्वतन्त्रता संग्राम के केन्द्रों में से सबसे पहले अंग्रेजों ने किसे पुन: अधिकृत किया था? *– दिल्ली को* [UPPSC (Mains) 2015]
- 1857 के विद्रोह के समय बैरकपुर का ब्रिटिश कमाण्डिंग ऑफिसर कौन था? *– हैरसे* [UPPSC (Pre) 2014]
- 1857 के विद्रोह के समय ब्रिटिश प्रधानमन्त्री कौन था? *– पामर्स्टन* [UPPSC (Pre) 1991]
- 1857 के विद्रोह के पश्चात् सरकार ने सिपाहियों का चयन किन प्रान्तों से किया? *– गोरखा, सिख एवं पंजाबी उत्तर प्रान्त से* [BPSC (Pre) 2008]
- 1857 के विद्रोह के पश्चात् भारतीय फौज के नवगठन से सम्बन्धित आयोग कौन था? *– पील कमीशन* [BPSC (Pre) 2002]
- महारानी विक्टोरिया ने भारतीय प्रशासन को ब्रिटिश ताज के नियन्त्रण में लेने की घोषणा कब की थी? *– 1 नवम्बर, 1858 को* [BPSC (Pre) 2008]
- महारानी विक्टोरिया की उद्घोषणा (1858) का उद्देश्य क्या था? *– भारतीय राज्यों को ब्रिटिश साम्राज्य में मिलाने के विचार का परित्याग तथा भारतीय प्रशासन को ब्रिटिश क्राउन के अन्तर्गत रखना।* [IAS (Pre) 2014]

सेल्फ चैक

1. भारत में प्रिण्टिंग प्रेस किसने और कब शुरू की? JPSC (Pre) 2021
(a) इंग्लिश ईस्ट इण्डिया कम्पनी ने 1674 ई. में
(b) पुर्तगालियों ने 1550 ई. में
(c) स्पेनवासियों ने 1680 ई. में
(d) फ्रांसीसियों ने 1745 ई. में

2. 1857 की क्रान्ति के दौरान जारी किए गए इश्तहारों के बारे में निम्नलिखित में से कौन-सा कथन सही है?
(a) उनमें भारत में मुस्लिम शासन को महिमामण्डित किया गया था।
(b) उनमें मुगल साम्राज्य के अधीन विभिन्न समुदायों के सह-अस्तित्व को महिमामण्डित किया गया था।
(c) उनमें इस्लाम के सन्देश को महिमामण्डित किया गया था।
(d) उनमें क्वीन विक्टोरिया की भूमिका को महिमामण्डित किया गया था।

3. निम्न में से कौन-सा ईस्ट इण्डिया कम्पनी के सिपाहियों को विद्रोही बनाने का कारण नहीं था? BPSC (Pre) 2018
(a) ईसाई धर्म फैलाने के लिए कम्पनी के अधिकारियों के प्रयास
(b) जहाज पर यात्रा करने के लिए सिपाहियों को आदेश
(c) भत्ते की रोकथाम
(d) अधिकारियों की अक्षमता

4. भारतीय स्वाधीनता आन्दोलन के सरकारी इतिहासकार थे UPPSC (Pre) 2010
(a) आर. सी. मजूमदार (b) ताराचन्द
(c) वी. डी. सावरकर (d) एस. एन. सेन

5. 1857 के संग्राम को 'प्रथम स्वतन्त्रता संग्राम' का नाम किसने दिया? UPPSC (Pre) 2010
(a) वी. ए. स्मिथ (b) पी. ई. रॉबर्ट्स
(c) वी. डी. सावरकर (d) ये सभी

6. निम्नलिखित में से कौन एक (1857 के विद्रोह का स्थान — विद्रोह का आरम्भ) सही सुमेलित नहीं है? UPPSC (Pre) 2023
(a) झाँसी — 11 मई, 1957
(b) बैरकपुर — 29 मार्च, 1957
(c) लखनऊ — 4 जून, 1957
(d) मेरठ — 10 मई, 1857

7. निम्नलिखित में से कौन-सा नगर 1857 के विद्रोह का केन्द्र नही था?
(a) अयोध्या (b) आगरा
(c) दिल्ली (d) कानपुर

8. निम्नलिखित में से किसके बारे में यह माना गया कि वह 1857 ई. में ब्रिटिश के विरुद्ध षड्यन्त्रकारी संन्यासियों और फकीरों का नेता था?
(a) मंगल पाण्डे (b) बहादुरशाह द्वितीय
(c) रानी जीनत महल (d) नाना साहेब

9. बिहार में 1857 के विद्रोह का नेतृत्व किसने किया?
(a) नाना साहेब ने
(b) ताँत्या टोपे ने
(c) कुँवर सिंह ने
(d) मौलवी अहमदुल्लाह ने

10. 1857 में बरेली, उत्तर प्रदेश में क्रान्ति का नेता कौन था? UPPSC (Pre) 2023
(a) नाना साहब
(b) कुँवर सिंह
(c) हजरत महल
(d) खान बहादुर खान

11. 1857 के स्वाधीनता संघर्ष की वीरांगना महारानी लक्ष्मीबाई की जन्मस्थली है BPSC (Pre) 2015
(a) आगरा (b) झाँसी
(c) वाराणसी (d) वृन्दावन

12. सूची I को सूची II से सुमेलित कीजिए तथा सही उत्तर का चयन सूचियों के नीचे दिए गए कूट से कीजिए UPPSC (Pre) 2010

सूची I	सूची II
A. झाँसी	1. मौलवी अहमदशाह
B. लखनऊ	2. अजीमुल्लाह खाँ
C. कानपुर	3. बेगम हजरत महल
D. फैजाबाद	4. रानी लक्ष्मीबाई

कूट

	A	B	C	D
(a)	4	3	2	1
(b)	4	2	3	1
(c)	2	4	1	3
(d)	1	2	3	4

13. सूची I को सूची II से सुमेलित कीजिए तथा सही उत्तर का चयन सूचियों के नीचे दिए गए कूट से कीजिए CGPSC (Pre) 2015

सूची I	सूची II
A. बख्त खाँ	1. अवध
B. मौलवी अहमदुल्लाह	2. कानपुर
C. कुँवर सिंह	3. आरा
D. नाना साहेब	4. दिल्ली

कूट

	A	B	C	D
(a)	3	1	2	4
(b)	3	2	4	1
(c)	4	1	3	2
(d)	4	3	1	2

14. निम्न युग्मों में कौन-सा युग्म सही सुमेलित नहीं हैं?

स्थान		**नेतृत्वकर्ता**
(a) सम्भलपुर	–	सुरेन्द्र साही
(b) गंजाम	–	राधाकृष्ण दण्डसेना
(c) कश्मीर	–	गुलाब सिंह
(d) लखनऊ	–	लियाकत अली

15. 1857 के विद्रोह के समय बैरकपुर में कौन ब्रिटिश कमाण्डिंग ऑफिसर था? **UPPSC (Pre) 2014**

(a) हेनरी लॉरेन्स
(b) कर्नल फिनिस
(c) हैरसे
(d) सर. वी. व्हीलर

16. 1857 के संग्राम के निम्नलिखित केन्द्रों में से सबसे पहले अंग्रेजों ने किसे पुन: अधिकृत किया? **UPPSC (Mains) 2015**

(a) झाँसी (b) मेरठ
(c) दिल्ली (d) कानपुर

17. 1857 के स्वतन्त्रता संग्राम में किस राजवंश ने अंग्रेजों की सर्वाधिक सहायता की? **MPPSC (Pre) 2010**

(a) ग्वालियर के सिन्धिया
(b) इन्दौर के होल्कर
(c) नागपुर के भोंसले
(d) रामगढ़ के लोधी

18. 1857 की क्रान्ति के बारे में निम्नलिखित में से कौन-सी एक अवधारणा सही है? **UPPSC (Mains) 2010**

(a) भारतीय इतिहासकारों ने इसे भारतीय विद्रोह के रूप में वर्णित किया है।
(b) ब्रिटिश इतिहासकारों ने इसे स्वाधीनता का संग्राम कहा है।
(c) इसने भारत में ईस्ट इण्डिया कम्पनी की शासन प्रणाली को मृतप्राय बना दिया।
(d) यह क्रान्ति भारत में प्रशासनिक तन्त्र को सुधारने हेतु की गई।

19. महारानी विक्टोरिया की उद्घोषणा (1858) का उद्देश्य क्या था? **IAS (Pre) 2014**

1. भारतीय राज्यों को ब्रिटिश साम्राज्य में मिलाने के किसी भी विचार का परित्याग करना।
2. भारतीय प्रशासन को ब्रिटिश क्राउन के अन्तर्गत रखना।
3. भारत के साथ ईस्ट इण्डिया कम्पनी के व्यापार का नियमन करना।

कूट

(a) 1 और 2 (b) केवल 2
(c) 1 और 3 (d) 1, 2 और 3

20. 25 अगस्त, 1857 को आजमगढ़ उद्घोषणा ने निम्नलिखित में से किस विषय पर बल दिया था?

(a) हिन्दू-मुस्लिम विभाजन
(b) अंग्रेजी सरकार को समर्थन देना
(c) बादशाही को वापस लाना
(d) राजस्व माँग का आरोपण/अधिरोपण

जानें सही उत्तर

1. (b)	**2.** (b)	**3.** (d)	**4.** (d)	**5.** (c)	**6.** (a)	**7.** (b)	**8.** (d)	**9.** (c)	**10.** (d)
11. (c)	**12.** (a)	**13.** (c)	**14.** (d)	**15.** (c)	**16.** (c)	**17.** (a)	**18.** (c)	**19.** (a)	**20.** (c)

● अध्याय उनतीस

कृषक, श्रमिक और जनजातीय आन्दोलन

"

साम्राज्यवाद के प्रसार की मानसिकता के साथ ब्रिटेन ने भारत में प्रवेश किया, जिसके परिणामस्वरूप विभिन्न सामाजिक समूह ब्रिटिश शासन के प्रत्यक्ष सम्पर्क में आए। कृषक, श्रमिक और आदिवासी वर्गों पर इसका नकारात्मक प्रभाव पड़ने लगा और शीघ्र ही इसका शोषणकारी रूप सामने आ गया और ये वर्ग आन्दोलनों के माध्यम से अपना प्रतिवादी व्यवहार प्रदर्शित करने लगे।

परिचय

- ब्रिटिश एवं भारतीय शोषण वर्ग विशेषकर जमींदार, कुलीन एवं राजाओं की शोषणकारी नीतियों के विरुद्ध 18वीं सदी से ही किसानों, श्रमिकों एवं जनजातियों में विरोध का स्वर उभरने लगा था।
- इस परिप्रेक्ष्य में उनके द्वारा **रामोसी आन्दोलन, मोपला विद्रोह, नील विद्रोह, सन्थाल विद्रोह, कोल विद्रोह** इत्यादि किए गए। साथ ही मजदूर संघों का गठन भी किया गया।

किसान आन्दोलन

- किसान आन्दोलन का मूल कारण ब्रिटिशों के द्वारा लाई गई **शोषणकारी भू-राजस्व** नीति रही।
- ब्रिटिश शासन की राजस्व व्यवस्था ने मध्यस्थों की एक नई श्रेणी विकसित की। बढ़ते हुए लगान के कारण किसान ऋण लेने को बाध्य हुए, जिससे साहूकारों के एक वर्ग का उदय हुआ।
- किसानों के द्वारा इन वर्गों के विरुद्ध विभिन्न विद्रोह किए गए, जिनका मुख्य उद्देश्य **सामन्तशाही बन्धनों को तोड़ना** अथवा कमजोर करना था। उन्होंने भूमि लगान बढ़ाने, बेदखली और साहूकारों की ब्याजखोरी के विरुद्ध विरोध प्रकट किया। उनकी माँगों में मौरूसी अथवा दखिलकार अधिकार और लगान के रूप में अन्न के स्थान पर धन को निश्चित करना सम्मिलित था।
- वर्ग जागृति की अनुपस्थिति में अथवा कृषकों का सुव्यवस्थित संगठन न होने के कारण 19वीं शताब्दी के कृषक विद्रोह ने राजनैतिक रूप धारण नहीं किया।

मोपला विद्रोह (1836-85 ई.)

- मोपला केरल के मालाबार क्षेत्र में लगभग 1000 वर्ष से अधिक समय से रह रहे अरब एवं **मलयाली मुसलमान** थे। ये अधिकतर छोटे किसान या व्यापारी थे। ब्रिटिश सरकार ने भू-स्वामियों के अधिकार का विस्तार करके उच्च जातीय हिन्दू **नम्बूदरी** एवं **नायर** भू-स्वामियों की शक्ति बढ़ा दी थी। इसके फलस्वरूप मोपलाओं ने विद्रोह किया।

- मालाबार क्षेत्र में महाजन व जमींदार हिन्दू थे, जबकि काश्तकार मोपला मुस्लिम थे। चूँकि ब्रिटिश शासन जमींदार समर्थक था, इसलिए जमींदारों ने लगान की दरें बढ़ा दीं और किसानों को भूमि से बेदखल कर दिया। अत: विरोधस्वरूप मोपला कृषकों ने हिन्दू जमींदारों की हत्या करना और सम्पत्ति लूटना प्रारम्भ कर दिया।
- **पहला मोपला विद्रोह** 1836 ई. में हुआ। आरम्भ में यह केवल अमीर एवं गरीब के मध्य था, किन्तु बाद में इसे साम्प्रदायिक रंग दे दिया गया। 1836-54 ई. तक मालाबार में कुल 20 विद्रोह हुए।

> नम्बूदरी और नायर जैसे उच्च जाति के भू-स्वामियों को शासन, पुलिस और न्यायालय से संरक्षण प्राप्त था। मुसलमानों के धार्मिक गुरु तथा स्थानीय नेता **अली मुसलियार** को गिरफ्तार कराने के प्रयास में मस्जिदों पर छापे मारे गए, परिणामस्वरूप पुलिस को विद्रोहियों के आक्रामक व्यवहार का सामना करना पड़ा, जिसमें अनेक विद्रोही मारे गए।

- वर्ष 1921 में अली मुसलियार के नेतृत्व में पुन: इस आन्दोलन की शुरुआत हुई, जोकि **द्वितीय मोपला विद्रोह** के नाम से जाना जाता है। कृषकों में असन्तोष इस आन्दोलन का मूल कारण था, परन्तु कालान्तर में यह साम्प्रदायिक हो गया।
- मोपला विद्रोह की उग्रता को देखते हुए सरकार ने धार्मिक गुरुओं तथा खिलाफत एवं कांग्रेस के नेता यू. गोपाल मेनन, के. माधवन नायर, याकूब हसन, पी. मोइद्दीन कोया इत्यादि को जेल में बन्द कर दिया। मोपला विद्रोह की उग्रता के कारण सरकार ने सैनिक शासन की घोषणा कर दी, परिणामस्वरूप वर्ष 1921 के अन्त तक मोपला विद्रोह को कुचल दिया गया।
- महात्मा गाँधी, अबुल कलाम आजाद और खिलाफत आन्दोलन के नेता शौकत अली ने मोपला विद्रोहियों का समर्थन किया।

नील विद्रोह (1859-60 ई.)

- बंगाल के वे काश्तकार, जो अपने खेतों में चावल की खेती करना चाहते थे, उन्हें यूरोपीय नील बागान मालिक नील की खेती करने के लिए विवश किया करते थे।

> **ददनी प्रथा** के अन्तर्गत किसानों को मामूली अग्रिम रकम देकर करारनामा कर लिया जाता था, जो बाजार भाव से काफी कम होता था और अदालतें भी यूरोपीय नील उत्पादकों का ही पक्ष लेती थीं। नील विद्रोह की पहली घटना बंगाल के नदिया में स्थित गोविन्दनपुर गाँव में सितम्बर, 1859 में हुई।

- स्थानीय नेता **दिगम्बर विश्वास** और **विष्णु विश्वास** के नेतृत्व में किसानों ने नील की खेती बन्द कर दी। 1860 ई. तक नील आन्दोलन नदिया, पावना, खुलना, ढाका, मालदा, दीनाजपुर आदि क्षेत्रों में फैल गया। किसानों की एकजुटता के कारण बंगाल में 1860 ई. तक नील के सभी कारखाने बन्द हो गए।
- 31 मार्च, 1860 को विवश होकर अंग्रेजों ने डब्ल्यू. एस. सीटोनकार के नेतृत्व में एक नील आयोग का गठन किया। इस आयोग के सुझाव दिया कि किसी भी रैयत को नील की खेती के लिए बाध्य नहीं किया जाएगा और सभी विवादों का निपटारा कानूनी ढंग से होगा।
- नील विद्रोह को बंगाल के बुद्धिजीवियों, प्रेस, प्रचार माध्यमों, धर्म प्रचारकों (मिशनरियों) तथा कहीं-कहीं छोटे जमींदारों और महाजनों का भी सहयोग प्राप्त हुआ। बंगाल के बुद्धिजीवी वर्ग ने समाचार-पत्रों में लेखों द्वारा तथा जनसभाओं के माध्यम से विद्रोह के प्रति अपने समर्थन को व्यक्त किया। इसमें **हिन्दू पैट्रियाट** के सम्पादक हरिश्चन्द्र मुखर्जी की विशेष भूमिका रही।
- नील बागान मालिकों के अत्याचार का खुला चित्रण दीनबन्धु मित्र ने अपने नाटक **नील दर्पण** में किया।
- नवम्बर 1860 ई. में **नील आयोग** के सुझाव पर एक सरकारी अधिसूचना जारी की गई। इसका आन्दोलन पर गहरा प्रभाव पड़ा और इसे आन्दोलनकारियों की बड़ी सफलता माना गया।

> इस विद्रोह की सफलता में निहित एक महत्त्वपूर्ण कारण किसानों में अनुशासन, एकता, संगठन तथा सहयोग की भावना का विकास होना था। नील विद्रोह भारतीय किसानों का पहला सफल विद्रोह था। कालान्तर में भारत के स्वाधीनता संघर्ष में यह सफलता एक प्रेरणा बन गई। **ईसाई मिशनरियों** ने भी इस आन्दोलन का समर्थन किया था।

पाबना किसान विद्रोह (1873-76 ई.)

- यह विद्रोह 1873-76 के मध्य बंगाल के पाबना जिले के यूसुफशाही परगने से शुरू हुआ। इस विद्रोह के दो मुख्य कारण थे, जिनमें प्रथम, जमीदारों द्वारा लगान की दरों को कानूनी सीमा से अधिक बढ़ा देना और दूसरा, 1859 ई. के अधिनियम X के तहत काश्तकारों को जमीन पर मिले अधिकारों से जमीदारों द्वारा वंचित करना। फलत: 1873 ई. में किसानों ने पाबना जिले के यूसुफशाही में किसान संघ की स्थापना की और किसानों को संगठित करना आरम्भ कर दिया।
- इस संघ ने किसानों को संगठित करने, लगान न देने, जमींदारों के विरुद्ध मुकदमे के खर्च के लिए चन्दा एकत्रित करने जैसे कार्य किए। इनके द्वारा साहूकारों एवं महाजनों के पास गिरवी के रूप में रखे गए ऋण-पत्रों एवं डिक्रियों को लूटकर आग में जला दिया जाता था।
- कानून के दायरे में इस आन्दोलन का विस्तार करना इसकी प्रमुख विशेषता थी। पाबना विद्रोह के प्रमुख नेता **ईशानचन्द्र राय, केशवचन्द्र राय, शम्भूपाल** इत्यादि थे। लेफ्टिनेण्ट गवर्नर कैम्पबेल ने भी पाबना विद्रोह का समर्थन किया था, क्योंकि यह विद्रोह अंग्रेजी शासन के विरुद्ध न होकर जमींदारों के विरुद्ध था। इस विद्रोह की प्रकृति अहिंसात्मक थी।
- साहूकारों के साथ व्यक्तिगत हिंसा का प्रयोग केवल तब हुआ, जब उन्होंने दस्तावेजों को बचाना चाहा। 12 मई, 1857 को भीमरथी तालुका के सूपा कस्बे में यह आन्दोलन हिंसक हो गया, जबकि शेष स्थानों पर यह आन्दोलन अहिंसक रहा।

- सरकार द्वारा इस विद्रोह के कारणों और प्रकृति को जाँचने के लिए नियुक्त आयोग ने गरीबी और इसके परिणामस्वरूप किसानों की ऋणग्रस्तता को ही विद्रोह का एकमात्र कारण बताया।

> पाबना विद्रोह में अंग्रेजों के विरोध की कोई भावना नहीं थी। किसानों का नारा था "हम सिर्फ और सिर्फ महारानी की रैयत होना चाहते हैं।" इस विद्रोह की जाँच के लिए गठित आयोग की संस्तुति पर सरकार द्वारा पारित **बंगाल टेनेन्सी एक्ट, 1885** के अनुसार, व्यवस्था दी गई कि सिविल प्रक्रिया के क्रियान्वयन के अन्तर्गत किसानों की जमीनों को जब्त नहीं किया जाएगा।

- इस आन्दोलन की एक विशेषता यह भी थी कि हिन्दू और मुस्लिम एक साथ कन्धे-से-कन्धा मिलाकर आन्दोलनरत् रहे, यह साम्प्रदायिक सौहार्द्र का एक अनूठा उदाहरण था।
- बंगाल के बुद्धिजीवी बंकिमचन्द्र चट्टोपाध्याय, सुरेन्द्रनाथ बनर्जी, द्वारकानाथ गांगुली, आनन्द मोहन बोस तथा आर. सी. दत्त ने पाबना आन्दोलन का सर्मथन किया। पाबना विद्रोह पर मुजफ्फर हुसैन ने जमींदार दर्पण नामक नाटक लिखा।

दक्कन विद्रोह (1874-75 ई.)

- पश्चिमी भारत के दक्कन क्षेत्र में मुख्यत: महाराष्ट्र के पुणे एवं अहमदनगर जिलों में होने वाले कृषक विद्रोह का मुख्य कारण **रैयतवाड़ी भू-राजस्व व्यवस्था** थी। यहाँ के किसान करों के भारी बोझ के साथ-साथ साहूकारों के चंगुल में भी फँसे हुए थे।
- साथ ही 1864 ई. में अमेरिका में **नागरिक युद्ध** (Civil War) के समाप्त होते ही कपास की माँग में कमी आई, जिससे निर्यात में भी कमी आई, लेकिन इस स्थिति के विपरीत सरकार अब भी किसानों से भारी भू-कर वसूल कर रही थी।
- 1867 ई. में सरकार ने भू-राजस्व की दरों में 50% की वृद्धि कर दी, जिससे कृषक समस्याएँ चरम पर पहुँच गईं, इन्हीं परिस्थितियों में दक्कन में उपद्रव हुए। दक्कन साहूकारों में अधिकांश बाहरी मारवाड़ी तथा गुजराती थे। लगान अदायगी के लिए कृषक इनसे प्राय: कर्ज लिया करते थे।
- कर्ज देने के बदले साहूकार कृषकों की सम्पत्ति को अपने कब्जे में लेकर, उन्हें अपने चंगुल में फँसा लेते थे। यह पूना, शोलापुर तथा सतारा तक फैल गया। ऋण सम्बन्धी कागजात (कर्ज की प्रतियाँ) तथा करारनामे लूट लिए गए और उनको जलाया गया। सरकार ने आन्दोलनकारियों के प्रति दमनकारी नीतियाँ अपनाईं।
- इन दंगों की प्रकृति तथा कारणों की जाँच के लिए सरकार ने आयोग (दक्कन उपद्रव आयोग) भी नियुक्त किया। आयोग का एकमत से निष्कर्ष था कि गरीबी के परिणामस्वरूप किसानों की ऋणग्रस्तवाद दक्कन विद्रोह का एकमात्र कारण था।

> **दक्कन कृषक राहत अधिनियम, 1879** पारित हुआ, जिसके द्वारा कृषकों को महाजनों के विरुद्ध संरक्षण प्राप्त हुआ। दीवानी विधि संहिता में संशोधन करते हुए ऋण की पुनर्अदायगी कर पाने में असमर्थ किसानों को अब जेल में बन्द नहीं रखा जा सकता था।

दिरांग आन्दोलन (1893-94 ई.)

- असम के कामरूप एवं दिरांग क्षेत्रों में 1893-94 ई. में एक नया राजस्व बन्दोबस्त लागू किया गया, जिसके अन्तर्गत लगान की दरों में 50% से 70% तक की वृद्धि की गई।
- इसके विरोध में दिरांग आन्दोलन प्रारम्भ हुआ। इस आन्दोलन का नेतृत्व ग्रामीणों द्वारा बनाई गई **रैजमेला समिति** ने किया। इसके माध्यम से लगान अदायगी का बहिष्कार करने का निर्णय लिया गया।

अवध किसान आन्दोलन (वर्ष 1918)

- अवध के क्षेत्र में सर्वप्रथम किसानों को जमींदारों और तालुकदारों के शोषण के विरुद्ध संगठित करने का प्रयास होमरूल लीग के कार्यकर्ताओं ने किया।
- गौरी शंकर मिश्र, इन्द्र नारायण द्विवेदी तथा मदन मोहन मालवीय के प्रयत्नों से फरवरी, 1918 में अवध में **संयुक्त प्रान्त किसान सभा** का गठन किया गया, जिसमें मदन मोहन मालवीय की मुख्य भूमिका रही।
- इस किसान सभा को शक्तिशाली बनाने में बाबा रामचद्र, झिंगुरी लाल सिंह तथा दुर्गपाल की महत्त्वपूर्ण भूमिका थी। संयुक्त प्रान्त किसान सभा ने शीघ्र ही शोषण के विरुद्ध आन्दोलन शुरू कर दिया।
- प्रतापगढ़ के एक जिले में वर्ष 1919 में नाई-धोबी बन्द (जमींदारों, तालुकदारों का सामाजिक बहिष्कार) नामक आन्दोलन चलाया गया। इस आन्दोलन का प्रमुख केन्द्र प्रतापगढ़ जिले का रूर गाँव था।
- इस आन्दोलन के दौरान किसानों के द्वारा अनाज की दुकानों से अनाज लूट लिए गए तथा पुलिस एवं आन्दोलनकारियों के मध्य हिंसात्मक लड़ाइयाँ भी हुईं। फैजाबाद, सुल्तानपुर एवं रायबरेली इन गतिविधियों के प्रमुख केन्द्र थे।

> वर्ष 1920 में बाबा रामचन्द्र के द्वारा **अवध किसान सभा** का गठन किया गया था। इस सभा के माध्यम से किसानों से अपील की गई कि वे जमींदारों के यहाँ बेगारी न करें एवं उनके खेतों में हल न चलाएँ। इस आन्दोलन का प्रमुख केन्द्र प्रतापगढ़ का रूर गाँव था।

एका आन्दोलन (वर्ष 1920-21)

- इस आन्दोलन का मुख्य कारण जमींदारों द्वारा की गई अत्यधिक लगान वृद्धि एवं गैर-कानूनी रूप से खेतों को छीना जाना था। साथ ही, जमींदारों के द्वारा किसानों से अतिरिक्त शुल्क, उपकर तथा भेंट आदि ली जाती थीं। उनसे बलपूर्वक बेगारी भी करवाई जाती थी।
- यह आन्दोलन अवध के किसान आन्दोलन का ही विस्तार था। इस आन्दोलन का क्षेत्र **हरदोई**, **बाराबंकी**, **बहराइच** एवं **सीतापुर** था। इस आन्दोलन का नेतृत्व पिछड़ी जातियों के मदारी पासी एवं सहदेव ने किया था। यह आन्दोलन किसानों के संगठित विद्रोह की पहली घटना थी।
- इस आन्दोलन में आन्दोलनकारियों की एक प्रमुख माँग यह थी कि "बढ़ती महंगाई के कारण लगान का नकद में रूपान्ताण किया जाए"।

- इस आन्दोलन का पुलिस ने बर्बरता से दमन (वर्ष 1922) कर दिया, क्योंकि इन आन्दोलनकारियों के द्वारा **अहिंसात्मक नीतियों** का पालन किया गया था। यह आन्दोलन अन्य किसान आन्दोलनों से इस मामले में भिन्न था कि इसमें काश्तकारों के साथ-साथ निम्न स्तर के जमींदार भी सम्मिलित थे।

बारदोली सत्याग्रह (वर्ष 1928)

- सूरत के बारदोली तालुका में वर्ष 1928 में किसानों द्वारा लगान वृद्धि के विरोध में यह आन्दोलन चलाया गया। गुजरात के किसान आन्दोलन में **कुनबी-पाटीदार** जातियों के भू-स्वामी किसानों ने ही नहीं, बल्कि **कालिपराज** (काले लोग) जनजाति के लोगों ने भी प्रतिभाग लिया। कालिपराज निम्न जाति के लोग थे, जिनकी स्थिति अत्यन्त दयनीय थी।
- उन्हें **हाली पद्धति** के अन्तर्गत उच्च जातियों के यहाँ पुश्तैनी मजदूर के रूप में कार्य करना होता था। वर्ष 1927 में गाँधीजी ने कालीपराजों को नया नाम **रानीपराज** दिया।
- वर्ष 1927 में भीम भाई नाइक और शिवदासानी के नेतृत्व में किसानों का एक प्रतिनिधि मण्डल बम्बई सरकार के राजस्व विभाग के प्रमुख से मिला। इसके पश्चात् फरवरी, 1928 में वल्लभभाई पटेल के नेतृत्व में वामलो गाँव में सभा हुई। जनमत संग्रह करने के उद्देश्य से **बारदोली सत्याग्रह** नामक पत्रिका प्रकाशित की जाने लगी।
- वायसराय इरविन ने भी बम्बई के गवर्नर के. विल्सन को मामले को शीघ्र निपटाने का आदेश दिया था। कांग्रेस के नरमपन्थी गुट विशेषकर वल्लभभाई पटेल ने बढ़ी हुई लगान राशि के सन्दर्भ में सर्वेण्ट ऑफ इण्डिया सोसायटी के माध्यम से सरकार द्वारा किसानों की माँगों की जाँच करवाने का अनुरोध किया।
- सरकार ने **ब्रूम फील्ड** और **मैक्सवेल** को बारदोली मामले की जाँच का आदेश दिया। जाँच रिपोर्ट में बढ़ी हुई 30% लगान दर को अवैध करार दिया गया। सरकार ने लगान दर को घटाकर 6.03% कर दिया।
- बारदोली सत्याग्रह के समय ही यहाँ की महिलाओं की ओर से गाँधीजी ने **वल्लभाई पटेल** को **सरदार** की उपाधि से विभूषित किया। वल्लभभाई पटेल के नेतृत्व में बारदोली का सफल किसान आन्दोलन सम्पन्न हुआ।

वर्ली विद्रोह (वर्ष 1945)

- महाराष्ट्र में वर्ली किसानों ने वर्ष 1947 में विद्रोह कर दिया। ये लोग बम्बई के समीप बसे आदिम जाति के किसान थे और ये लोग भी जमींदारों, साहूकारों तथा जंगलों के ठेकेदारों से पीड़ित थे।
- लगभग सभी वर्ली साहूकारों के बँधुआ मजूदर थे। वर्ष 1946 में किसान सभा ने इनकी हड़ताल कराई, फलस्वरूप इनकी माँगें मान ली गईं।

तेभागा आन्दोलन (वर्ष 1946)

- बीसवीं सदी के पूर्वार्द्ध का यह किसान आन्दोलन बंगाल का सर्वाधिक सशक्त आन्दोलन था। इस आन्दोलन द्वारा किसानों ने जोतदारों को केवल एक-तिहाई हिस्सा देने की घोषणा की। यह जोतदारों के विरुद्ध बटाईदारों का आन्दोलन था, जिसे **कम्पाराम** और **भवन सिंह** जैसे नेताओं ने नेतृत्व प्रदान किया।
- बंगाल किसान सभा के नेतृत्व में सभाओं एवं प्रदर्शनियों का आयोजन किया गया तथा **तिभागा चाइ** (हमें 2/3 भाग चाहिए) एवं **इंकलाब जिन्दाबाद** जैसे नारे लगाए।
- बंगाल भू-राजस्व अथवा **फ्लाउड कमीशन** से प्रेरित यह आन्दोलन स्वतन्त्रता प्राप्ति तक चलता रहा। इस आन्दोलन का कार्यक्षेत्र त्रिपुरा के हसनाबाद से लेकर बंगाल के नोआखाली तक था। वर्ष 1949 में सरकार के द्वारा किसानों की अधिकांश माँगों को मानते हुए **बर्गाधार अधिनियम** बनाया गया।

तेलंगाना आन्दोलन (वर्ष 1946-51)

- यह आन्दोलन तेलुगू भाषी किसानों के द्वारा उन पुलिस एवं गुण्डों के विरुद्ध किया गया, जो शोषणकारी जमींदारों का सहयोग एवं समर्थन किया करते थे। इस समय तेलंगाना हैदराबाद रियासत का भाग था।
- यह आन्दोलन तात्कालिक रूप से अति उग्र तब हो गया, जब **कुमारैया** की हत्या, वहाँ की स्थानीय पुलिस द्वारा कर दी गई।
- इस विद्रोह में नालगोण्डा के किसानों के द्वारा हिंसात्मक व्यवहार अपनाया गया था।
- यह युद्ध **गुरिल्ला पद्धति** के माध्यम से वर्ष 1951 तक चला, जिसमें कम्युनिस्ट पार्टी एवं आन्ध्र सभा का सहयोग मिला।

प्रमुख आन्दोलनों का संक्षिप्त विवरण

आन्दोलन/ संगठन/विद्रोह	संस्थापक/ अध्यक्ष/नेता	वर्ष	प्रभावित क्षेत्र
चम्पारण सत्याग्रह	महात्मा गाँधी	1917	बिहार
खेड़ा सत्याग्रह	महात्मा गाँधी	1918	गुजरात
उत्तर प्रदेश किसान सभा	गौरी शंकर मिश्र, इन्द्र नारायण द्विवेदी, मदन मोहन मालवीय	1918	उत्तर प्रदेश
अवध किसान सभा	बाबा रामचन्द्र	1920	उत्तर प्रदेश
एका आन्दोलन	मदारी पासी	1920-21	उत्तर प्रदेश
बारदोली सत्याग्रह	वल्लभभाई पटेल	1928	गुजरात
बिहार किसान संघ	स्वामी सहजानन्द सरस्वती	1929	बिहार
उत्कल प्रान्तीय किसान सभा	मालती चौधरी	बीसवीं सदी	ओडिशा
कृषक प्रजा पार्टी	अकरम खान, अब्दुर्रहीम खान, फजलुल हक	1929	बंगाल
प्रथम भारतीय किसान स्कूल	एन. जी. रंगा	1938	आन्ध्र प्रदेश
अखिल भारतीय किसान सभा	स्वामी सहजानन्द सरस्वती	1936	
तेभागा आन्दोलन	कम्पाराम, भवन सिंह	1946	त्रिपुरा, बंगाल
तेलंगाना आन्दोलन		1945-51	आन्ध्र प्रदेश

अखिल भारतीय किसान सभा (वर्ष 1936)

- सविनय अवज्ञा आन्दोलन की समाप्ति के बाद 11 अप्रैल, 1936 को **बिहार किसान सभा**, **आन्ध्र प्रान्तीय किसान सभा** एवं **किसान संघ** को सम्मिलित करते हुए लखनऊ में एक अखिल भारतीय किसान सभा की स्थापना की गई।
- अखिल भारतीय किसान सभा का पहला अधिवेशन अप्रैल, 1936 में लखनऊ में आयोजित किया गया। **स्वामी सहजानन्द** इसके पहले अध्यक्ष, जबकि एन. जी. रंगा को इसका पहला महासचिव नियुक्त किया गया। इसी सभा में निर्णय लिया गया कि 1 सितम्बर, 1936 को **किसान दिवस** के रूप में मनाया जाएगा। फैजपुर में कांग्रेस सम्मेलन के समय समानान्तर होने वाले अखिल भारतीय किसान आन्दोलन की अध्यक्षता भी एन. जी. रंगा ने की थी।
- अखिल भारतीय किसान सभा का मुख्य उद्देश्य जमींदार वर्ग द्वारा किए जा रहे आर्थिक शोषण से किसानों को बचाना था। साथ ही भू-राजस्व की समाप्ति, राजस्व लगान में कमी करना, मजदूरों को न्यूनतम मजदूरी प्रदान करना इत्यादि इनकी मुख्य माँगें थीं।
- अखिल भारतीय किसान सभा को **जवाहरलाल नेहरू** ने भी सम्बोधित किया था। इस आन्दोलन को गति देने के लिए किसानों को प्रशिक्षण देना आवश्यक था। इसके लिए वर्ष 1938 में आन्ध्र प्रदेश में गुण्टूर जिले में **निदुब्रोल** में पहला किसान स्कूल खोला गया।

भारत के श्रमिक आन्दोलन

- औपनिवेशिक भारत में श्रमिक चेतना का प्रारम्भ 19वीं सदी के उत्तरार्द्ध में आधुनिक उद्योगों की स्थापना के साथ शुरू होता है। आधुनिक उद्योगों के उदय के साथ-साथ इसमें आई खामियों ने मजदूर आन्दोलन को जन्म दिया।
- मजदूरों अथवा श्रमिकों का आन्दोलन पहली बार 1877 ई. में सामने आया, जब उन्होंने नागपुर की **एम्प्रेस मिल** में अपने वेतन की दरों के विरुद्ध हड़ताल की। 1878 ई. में सोराबजी शपूरजी बंगाली ने बम्बई विधानपरिषद् में श्रमिकों के कार्य के घण्टे कम करने हेतु एक बिल रखने की कोशिश की।
- 1890 ई. में **एन. एम. लोखण्डे** ने **बम्बई मिल हैण्ड्स एसोसिएशन** की स्थापना की, जिसे आंशिक रूप से भारत का पहला मजदूर संघ माना जाता है।
- वर्ष 1918 में **वी. पी. वाडिया** द्वारा गठित **मद्रास मजदूर संघ** (MLU) भारत का पहला मजदूर संगठन था। वर्ष 1918 में गाँधीजी ने अहमदाबाद में **टेक्सटाइल लेबर एसोसिएशन** (ATLA) की स्थापना की, जो सम्भवत: उस समय की सबसे बड़ी ट्रेड यूनियन थी। इसकी संस्था के माध्यम से गाँधीजी ने अपने सुप्रसिद्ध ट्रस्टीशिप सिद्धान्त का प्रतिपादन किया था।
- भारत सरकार ने वर्ष 1919 के अन्तर्राष्ट्रीय श्रम संगठन (ILO) के वाशिंगटन सम्मेलन में वी. पी. वाडिया को भारत के मजदूरों का प्रतिनिधि बनाकर भेजा था।

एटक

- वर्ष 1920 में एन. एम. जोशी, जोसेफ बैपटिस्टा तथा लाला लाजपत राय के प्रयासों से अखिल भारतीय ट्रेड यूनियन कांग्रेस (एटक-AITUC) की स्थापना हुई। इसका प्रथम अधिवेशन **लाला लाजपत राय** की अध्यक्षता में वर्ष 1920 में बम्बई में हुआ। इसके उपाध्यक्षों में तिलक, जोसेफ बैपटिस्ट, ऐनी बेसेण्ट सी. एफ. एण्ड्रयूज एवं एस. ए. बरेलवी थे। दीवान चमन लाल इसके महामन्त्री बने। इसकी स्थापना में अनेक कांग्रेसी नेताओं का भी योगदान था। एक प्रकार से यह भारतीय राष्ट्रीय कांग्रेस की एक ट्रेड यूनियन इकाई बन गई।
- वर्ष 1929 के नागपुर अधिवेशन में जब पण्डित जवाहरलाल नेहरू ऑल इण्डिया ट्रेड यूनियन, कांग्रेस के अध्यक्ष थे, तो इसका प्रथम विभाजन हुआ तथा **एन. एम. जोशी, वी. वी. गिरि** एवं **शिवरज** के नेतृत्व में वर्ष 1929 में इण्डियन ट्रेड यूनियन फेडरेशन (ITUF) का गठन हुआ। इसका दो भागों में विभाजन हो गया। विभाजन का मुख्य मुद्दा था—एटक (AITUC) अंग्रेजों द्वारा नियुक्त रॉयल कमीशन ऑन लेबर का बहिष्कार करेगी या नहीं।
- वर्ष 1931 में एटक का द्वितीय विभाजन हुआ, जब रणदिबे और देशपाण्डे के नेतृत्व में **रेड ट्रेड यूनियन कांग्रेस** (RTUC) का गठन किया गया।
- वर्ष 1934 में AITUC (एटक) और RTUC का विलय हो गया।
- वर्ष 1938 में ITUF का भी AITUC में विलय हो गया। तदुपरान्त वर्ष 1938 में इनका पहला संयुक्त अधिवेश नागपुर में हुआ।
- केन्द्रीय मजदूर संघ के संगठनों को एक करने के प्रयासों के परिणामस्वरूप वर्ष 1933 में **नेशनल ट्रेड यूनियन फेडरेशन** (National Trade Union Federation, NTUF) की स्थापना हुई।

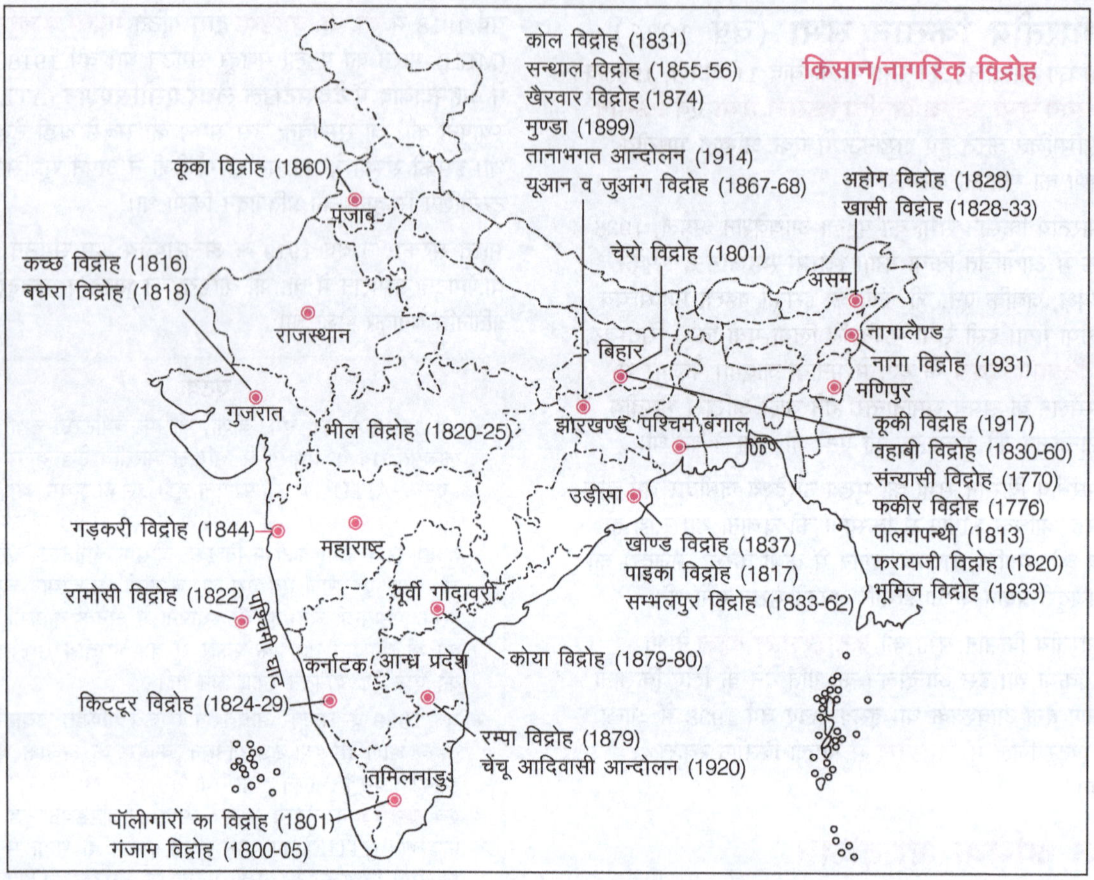

इण्टक (INTUC)

- द्वितीय विश्व युद्ध के पश्चात एक बार पुन: AITUC में विभाजन हुआ। वल्लभभाई पटेल एवं वी. वी. गिरि के नेतृत्व में मई, 1947 में इण्डियन नेशनल ट्रेड यूनियन कांग्रेस (INTUC) का गठन हुआ, जिसके प्रथम अध्यक्ष वल्लभभाई पटेल थे।
- इसी समय समाजवादियों द्वारा वर्ष 1948 में **हिन्द मजदूर सभा** का गठन किया गया। जबकि मई, 1949 में प्रो. के. टी. शाह ने यूनाइटेड ट्रेड यूनियन कांग्रेस (UTUC) गठित की।

जन एवं जनजातीय आन्दोलन

- औपनिवेशिक काल में अंग्रेजों ने अपने साम्राज्य विस्तार के क्रम में कृषकों एवं आदिवासियों को उनकी जमीनों तथा क्षेत्रों से बेदखल किया, जिससे इन समुदायों में ब्रिटिश राज के प्रति तीव्र असन्तोष उत्पन्न हो गया।
- इस असन्तोष को तब और बढ़ा दिया गया, जब ईसाई मिशनरियों के द्वारा जनजातीय लोगों की संस्कृति में हस्तक्षेप किया गया एवं ब्रिटिशों के द्वारा उनके अधिकारों; जैसे-वन सम्पदा के प्रयोग से वंचित कर दिया गया तथा उनके ऊपर नमक एवं आबकारी कर को अधिरोपित कर दिया गया। परिणामस्वरूप समय-समय पर देश के विभिन्न भागों में जनजातीय विद्रोह हुए, जिनका वर्णन निम्न है

संन्यासी विद्रोह (1770-1820 ई.)

- इस आन्दोलन की शुरुआत 1770 ई. में बंगाल में हुई। इस आन्दोलन के प्रमुख कारण अत्यधिक शोषण, अकालों की बारम्बारता, अंग्रेजो की लूटपाट आर्थिक मन्दी व राजनैतिक अशान्ति तथा अंग्रेजो द्वारा हिन्दू व मुस्लिम तीर्थस्थानो की यात्रा पर लगाया गया प्रतिबन्ध था।
- ढाका, रंगपुर तथा मैमनपुर इस विद्रोह से अधिक प्रभावित थे। इस आन्दोलन के प्रमुख नेतृत्वकर्ता द्विज नारायण, भवानी पाठक, चिराग अली, मूसा शाह तथा देवी चौधरानी आदि थे। इस विद्रोह की प्रमुख विशेषता हिन्दू-मुस्लिम एकता थी।
- बंकिमचन्द्र द्वारा रचित **आनन्दमठ** (1882 ई. में प्रकाशित) नामक उपन्यास में इस विद्रोह का वर्णन है। वॉरेन हेस्टिंग्स के द्वारा इस आन्दोलन को दबा दिया गया।

पडु/झूम खेती

यह आदिवासियों द्वारा खेती करने की विधि थी। जब उन्हें लगता था कि उनके खेत उपजाऊ नहीं रहे, तो वे जंगलों को साफ कर खेती के लिए नई भूमि तैयार कर लेते थे। इसे अलग-अलग क्षेत्रों में भिन्न-भिन्न नामों से जाना जाता है।

चुआर विद्रोह (1768-1872 ई.)

- चुआर विद्रोह 1768 ई. में दुर्जन सिंह तथा जगन्नाथ के नेतृत्व में बंगाल के मिदनापुर जिले में हुआ था, इसे जंगलमहल भी कहा जाता था। इस विद्रोह के प्रमुख कारणों में चुआरों की भूमि पर ब्रिटिशों का अवैध कब्जा, उनके क्षेत्रों में बाहरी लोगों को बसाना, बढ़ा हुआ भूमि कर एवं अकाल के कारण उत्पन्न आर्थिक संकट आदि थे।
- विद्रोह में आत्म विनाश की नीति अपनाते हुए कैलापाल, दलभूम, बाड़भूम एवं ढोल्का के राजाओं एवं चुआर आदिवासियों ने महत्त्वपूर्ण योगदान दिया, जिसके प्रमुख नेता जगन्नाथ पातर, रघुनाथ महतो, श्याम गंजम, मंगल सिंह एवं दुर्जन सिंह आदि थे।
- यह विद्रोह लगभग 30 वर्षों तक चला। 1805 ई. में इस क्षेत्र में जंगलमहल जिले की स्थापना कर शान्ति व्यवस्था पुन: बहाल की गई।

पाइक विद्रोह (1817-1825 ई.)

- यह विद्रोह 1817 ई. से 1825 ई. के बीच उड़ीसा के खुर्दा जिले की पाइक जनजाति ने शुरू किया। इसका नेतृत्व बख्शी जगबन्धु ने किया। इन्हें खुर्दा के राजा के द्वारा सैन्य कमाण्डर नियुक्त किया गया था।
- पाइक लगान मुक्त भूमि का उपयोग करने वाले सैनिकों के वंशज थे और ये लगान मुक्त भूमि सैन्य गतिविधियों के संचालन हेतु राजाओं के द्वारा पाइक जनजाति को दी जाती थीं।
- इसी के आवण्टन पर ब्रिटिशों के द्वारा रोक लगा दी गई थी, इसके पश्चात् पाइक विद्रोह की घटना घटित हुई।

रामोसी आन्दोलन (1822-41 ई.)

- रामोसी आन्दोलन महाराष्ट्र में विशेषकर पश्चिमी घाट में निवासित रामोसी जनजाति के द्वारा ब्रिटिशों के शोषणकारी नीतियों के परिणामस्वरूप उत्पन्न अकाल तथा भूख की समस्या के चलते प्रारम्भ हुआ था।
- चित्तर सिंह एवं नरसिंह पेतकर इसके प्रमुख नेता थे। रामोसियों ने सतारा के आस-पास के क्षेत्रों को लूटा तथा किलों पर भी आक्रमण कर दिया। 1825-1826 ई. में भयंकर अकाल और अन्नाभाव के कारण इन्होंने उमाजी के नेतृत्व में पुन: विद्रोह किया।

> यह विद्रोह एक बार पुन: तब उत्पन्न हुआ, जब सितम्बर, 1839 में सतारा के राजा प्रताप सिंह को ब्रिटिशों के द्वारा पद से हटाकर उन्हें देश से निष्कासित कर दिया गया। यह विद्रोह लगातार 1841 ई. तक चलता रहा। इस काल में नरसिंह दन्तत्रिय पेतकर के नेतृत्व में विस्तृत दंगे हुए।

- इनके द्वारा बादामी दुर्ग पर आधिपत्य स्थापित कर सतारा के राजा का झण्डा फहराया दिया गया, किन्तु बाद में इस विद्रोह को ब्रिटिशों के द्वारा कुचल दिया गया।

भील विद्रोह (1818-1846 ई.)

- इस विद्रोह का प्रारम्भ 1818 ई. में पश्चिमी घाट क्षेत्र में हुआ था। भीलों की आदिम जाति पश्चिमी तट के खानदेश जिले में रहती थी। अंग्रेजो ने खानदेश पर अपना अधिकार कर लिया, फलस्वरूप भीलों ने 1820 ई. में दशरथ के नेतृत्व में विद्रोह कर दिया, जिसे अंग्रेजी सेवा ने दबा दिया।
- 1822 ई. में हिरिया ने भीलों का नेतृत्व किया था। इस विद्रोह का प्रमुख कारण कृषि सम्बन्धी परेशानियाँ थीं, जोकि अंग्रेजों द्वारा उत्पन्न की गई थीं। 1825 ई. में सेवाराम के नेतृत्व में भीलों ने पुन: विद्रोह किया।

> महाराष्ट्र के अतिरिक्त राजस्थान के भीलों ने भी अंग्रेजी राज्य के शोषण के विरोध में विद्रोह किया। आदिवासियों के सेवार्थ हेतु 1883 ई. में गोविन्द गुरु के द्वारा **सम्पा सभा** की स्थापना राजस्थान के सिरोही जिले में की गई थी।

खासी विद्रोह (1829-1833 ई.)

- 1824 ई. में ब्रह्मपुत्र नदी घाटी क्षेत्र पर ब्रिटिशों का आधिपत्य स्थापित हो गया। फलस्वरूप उत्तरी-पूर्वी भारत में अपना साम्राज्य विस्तार करने के लिए जब इनके द्वारा खासी पहाड़ियों से सिलहट के बीच सड़क मार्ग बनाना शुरू किया गया, तो स्थानीय लोगों ने इसे (ब्रिटिश राज का) उनकी स्वतन्त्रता पर हस्तक्षेप मानते हुए विद्रोह कर दिया। स्थानीय खाम्पटी एवं सिंहपो लोगों ने राजा तीरत सिंह के नेतृत्व में विद्रोह किया।
- इस विद्रोह में वारमानिक एवं मुकुन्द सिंह ने भी विशेष योगदान दिया था। विद्रोह को 1833 ई. तक बर्बर सैन्य कार्यवाही के द्वारा दबा दिया गया।

अहोम विद्रोह (1828-1833 ई.)

- 1828 ई. में जब ब्रिटिश साम्राज्य ने असम के अहोम क्षेत्र को अंग्रेजी राज में मिलाने का प्रयास किया, तब गोमधर कुँवर के नेतृत्व में अहोम लोगों ने ब्रिटिश राज के विरुद्ध विद्रोह किया।
- इस विद्रोह की पृष्ठभूमि 1824 ई. में हुए बर्मा युद्ध ने तैयार कर दी थी, क्योंकि इस युद्ध के उपरान्त ब्रिटिशों के द्वारा उत्तरी असम पर अधिकार कर लिया गया था, जिसका विरोध प्रारम्भ से ही वहाँ के शासकों के द्वारा किया जा रहा था।
- विद्रोह को तत्कालीन समय में सैनिक कार्यवाही द्वारा दबा दिया गया, परन्तु 1830 ई. में कुमार रूपचन्द के नेतृत्व में पुन: विद्रोह की स्थिति को देखते हुए अंग्रेजों ने असम के महाराजा पुरन्दर सिंह को उत्तरी असम प्रदेश देकर विद्रोह का शान्तिपूर्वक समाधान किया।

कोल विद्रोह (1828-32 ई.)

- छोटानागपुर क्षेत्र में निवास करने वाली हो, मुण्डा, उराँव, महली इत्यादि जनजातियों को सम्मिलित रूप में मैदानी भाग के लोग कोल कहते हैं।
- कोल विद्रोह 1831 ई. में छोटानागपुर क्षेत्र में सम्पन्न झारखण्ड का प्रथम सुसंगठित एवं व्यापक जनजातीय आन्दोलन था।। इस विद्रोह का प्रमुख कारण कोल आदिवासियों की जमीन छीनकर मुस्लिम एवं सिख कृषकों को देना था।

- अन्य कारण; जैसे-लगान न चुका पाने की स्थिति में उनकी भूमि का मालिकाना अधिकार छीन लेना, बलपूर्वक अफीम की खेती करवाना, 1824 ई. में पतचुई नामक कर लाना, पड़हा पंचायत व्यवस्था के स्थान पर ब्रिटिश कानून को लागू करना इत्यादि थे।
- इस विद्रोह में सुर्गा एवं सिंगराय ने महत्त्वपूर्ण भूमिका निभाई थी। इस विद्रोह के प्रमुख नेता बुद्धो भगत थे। बुधू भगत की मृत्यु के पश्चात् 1832 ई. में इसका नेतृत्व गंगा नारायण ने किया। यह विद्रोह मुख्य रूप से राँची, मानभूम, हजारीबाग, पलामू एवं सिंहभूम क्षेत्रों में हुआ था। 1848 ई. के पश्चात् इस विद्रोह को दबा दिया गया।

खोण्ड एवं सवार विद्रोह (1837-1856 ई.)

- यह विद्रोह 1837 ई. से 1856 ई. के बीच तमिलनाडु, उड़ीसा, बंगाल एवं मध्य भारत में रहने वाली खोण्ड एवं सवार जनजातियों द्वारा ब्रिटिश सरकार के विरुद्ध किया गया था।
- खोण्ड विद्रोह के कारण सरकार द्वारा नरबलि पर रोक लगाना, नए कर लगाना एवं उनके क्षेत्रों में जमींदारों एवं साहूकारों का प्रवेश करना इत्यादि थे।

> विद्रोह का नेतृत्व चक्र बिसोई ने किया था, किन्तु 1855 ई. में इनके लापता हो जाने के बाद राधाकृष्णन दण्डसेन आदि ने भी विद्रोह में विशेष भूमिका निभाई थी पश्चात् इनके द्वारा **सवार विद्रोह** प्रारम्भ किया गया था।

- 1857 ई. में शुरू हुए सवार विद्रोह में राधाकृष्णन दण्डसेन को फाँसी दे दी गई, जिससे विद्रोह समाप्त हो गया।

सन्थाल विद्रोह (1855-1856 ई.)

- आदिवासी विद्रोहों में सन्थाल विद्रोह सबसे अधिक शक्तिशाली एवं महत्त्वपूर्ण माना जाता है। इसे हूल आन्दोलन के उपनाम से भी जाना जाता है।
- भागलपुर एवं राजमहल (दामन-ए-कोह) के सन्थाल आदिवासियों ने 1855 ई. में सिद्धू एवं कान्हू के नेतृत्व में जमींदारों, साहूकारों के अत्याचार (अत्यधिक ब्याज वसूली), अधिकारियों के भ्रष्टाचार, अदालतों के द्वारा त्वरित न्याय न मिलने, अपनी ही जमीनों से बेदखली इत्यादि के विरुद्ध में विद्रोह किया। विद्रोहियों ने सन्थाल परगना गठित करने की माँग उठाई थी।
- अपनी सशक्त प्रकृति के कारण विद्रोह वीरभूमि, बांकुरा, सिंहभूम, मुंगेर, हजारीबाग एवं भागलपुर जिलों में फैल गया। ब्रिटिश सरकार ने सैन्य कार्यवाही द्वारा अगस्त, 1855 में सिद्धू को तथा फरवरी, 1856 में कान्हू को गिरफ्तार कर (कमिश्नर ब्राउन एवं मेजर जनरल लॉयड के नेतृत्व में) विद्रोह को दबा तो दिया, किन्तु क्षेत्र में शान्ति स्थापित करने के लिए सरकार को विद्रोहियों की पृथक् सन्थाल परगना गठित करने की माँग माननी पड़ी और सन्थाल परगना काश्तकारी अधिनियम बनाया गया।

> किसी सन्थाल का गैर-सन्थाल को भूमि अन्तरण करना गैर-कानूनी घोषित कर दिया गया। नवम्बर, 1856 में सन्थाल परगना जिले की स्थापना की गई तथा इसके प्रथम जिलाधिकारी (जिलाधीश) के रूप में एशली एडेन को नियुक्त किया गया।

रम्पा विद्रोह (1879-1924 ई.)

- यह विद्रोह आन्ध्र प्रदेश के गोदावरी जिले के उत्तर में स्थित रम्पा क्षेत्र में 1879 ई. में हुआ था। आदिवासियों का यह विद्रोह साहूकारों के शोषण सूदखोरी, बेगारी तथा वन कानूनों के विरुद्ध हुआ।
- वर्ष 1922-24 के मध्य हुए रम्पा विद्रोह के नेता अल्लूरी सीताराम राजू थे, जो गैर-आदिवासी नेता थे, इन्हें गाँधीजी के असहयोग आन्दोलन से प्रेरणा प्राप्त हुई, लेकिन इनका मानना था कि आदिवासियों के कल्याण हेतु हिंसा को अपनाया जा सकता है। वर्ष 1924 में इस आन्दोलन को कुचल दिया गया।

> रम्पा विद्रोह के दौरान गुरिल्ला युद्ध प्रणाली की नीति का पालन किया गया था।

हो एवं मुण्डा विद्रोह (1899-1900 ई.)

- अंग्रेजों द्वारा छोटानागपुर तथा सिंहभूम जिलों से हो तथा मुण्डा आदिवासियों को बेदखल किए जाने के कारण ही जनजातियों ने 1820-22 ई. तथा 1831 ई. में अंग्रेजो का प्रतिरोध किया। बंगाल के पोरहाट के तत्कालीन राजा जगन्नाथ ने आदिवासियों की विद्रोह में सहायता की थी।
- मुण्डा विद्रोह 1874 ई. से प्रारम्भ हुआ तथा 1895 ई. मे बिरसा मुण्डा (जन्म-15 नवम्बर, 1875) द्वारा नेतृत्व सम्भाले जाने पर यह प्रबल रूप में सामने आया, इन्होंने 1899 ई. में क्रिसमस की पूर्व संध्या पर विद्रोह की घोषणा की, जो वर्ष 1900 में सम्पूर्ण मुण्डा क्षेत्र में फैल गया।
- मुण्डों की पारम्परिक भूमि व्यवस्था खूँटकट्टी में परिवर्तन के विरुद्ध मुण्डा विद्रोह की शुरुआत हुई, लेकिन कालान्तर में बिरसा ने इसे धार्मिक राजनीतिक आन्दोलन का रूप प्रदान किया। इस विद्रोह को उल्गुलान विद्रोह (महा विद्रोह अथवा महान हलचल) के नाम से जाना गया।

> बिरसा को प्रारम्भिक प्रसिद्धि बीमारियों को ठीक करने की योग्यता के कारण प्राप्त हुई। बिरसा ने स्वयं को भगवान का दूत घोषित किया और कहा कि "दिकुओं (गैर-आदिवासी) से हमारी लड़ाई होगी और उनके खून से जमीन इस तरह लाल होगी जैसे लाल झण्डा।"

- हजारों लोग, जो इनके अनुयायी थे, उनसे सिंगा बोंगा की पूजा करने को कहा तथा 1899 ई. में इन्होंने दिकु (बाहरी महाजन, हाकिम, ठेकेदार) तथा ईसाइयों (अंग्रेजों) को भगाने का आह्वान किया। इस आन्दोलन के दौरान कटोंग बाबा कटोंग नामक गीत अधिक लोकप्रिय था।

- बिरसा मुण्डा ने घोषित किया कि कलयुग को समाप्त कर सतयुग लाएँगे। इसके आह्वान पर इनके अनुयायियों ने अंग्रेजों पर आक्रमण कर दिया। 3 फरवरी, 1900 को इन्हें सिंहभूम में गिरफ्तार कर लिया गया तथा राँची जेल में इनकी हैजे से मृत्यु हो गई।

> इस विद्रोह के परिणामस्वरूप आदिवासियों की खूँटकट्टी अधिकारों को मान्यता प्रदान की गई एवं **बेठ बेगारी** (बलपूर्वक ली जाने वाली बेगारी) को प्रतिबन्धित कर दिया गया।

नागा विद्रोह (वर्ष 1932)

- यह विद्रोह नागालैण्ड में **रोंगमई जदोनांग** के द्वारा प्रारम्भ किया गया था, लेकिन जब अगस्त, 1931 में इन्हें ब्रिटिशों के द्वारा फाँसी दे दी गई, तो इसका नेतृत्व रानी गौडिनल्यू के द्वारा किया गया। इस विद्रोह का मुख्य उद्देश्य सामाजिक एकता स्थापित करते हुए प्राचीन धर्म को पुनर्जीवित करना था।
- इन्होंने जदोनांग के विचारों से प्रेरित होकर **होर्का पन्थ** की स्थापना की थी। गौडिनल्यू के द्वारा इस विद्रोह को सविनय अवज्ञा आन्दोलन से जोड़ते हुए अप्रत्याशित कर वृद्धि का उल्लंघन करने का आदेश दिया गया।

> ब्रिटिश सरकार के द्वारा अक्टूबर, 1932 में इनकी गिरफ्तारी की गई, जिनकी रिहाई भारत की स्वतन्त्रता के उपरान्त हो पाई। इन्हें जवाहरलाल नेहरू ने **रानी** की उपाधि दी थी।

तानाभगत आन्दोलन (वर्ष 1914-1919)

- इस आन्दोलन की शुरुआत छोटानागपुर में 21 अप्रैल, 1914 को **गुमला** जिले में हुई थी। यह सम्पूर्ण रूप से (विशुद्ध रूप से) गाँधीवादी तरीके से लड़ा गया **प्रथम आदिवासी अहिंसक आन्दोलन** था।
- जतरा उराँव के नेतृत्व में इस आदोलन के लिए जो संगठन नया पन्थ के रूप में विकसित हुआ, उसमें लगभग 26,000 सदस्य शामिल थे।
- इस आन्दोलन के माध्यम से ताना भगतों ने कांग्रेस के नेतृत्व में शराब की दुकानों पर धरना देकर सत्याग्रह और प्रदर्शनों में भाग लेकर भारत के राष्ट्रीय आन्दोलन में सक्रिय भागीदारी की। गाँधीजी के अनुसार, तानाभगत उनके सबसे प्रिय अनुयायी थे। जतरा भगत ने आन्दोलन लगान की दरों में ऊँची वृद्धि तथा चौकीदारी कर के विरुद्ध भी आन्दोलन किया।
- वर्ष 1940 के रामगढ़ कांग्रेस अधिवेशन में ताना भगतों ने ₹400 की थैली महात्मा गाँधी को दी थी।
- इस आन्दोलन का प्रमुख उद्देश्य स्वशासन की स्थापना करना था। प्रारम्भ में यह कुरूख (उराँव) धरम आन्दोलन के नाम से जाना गया था।

अन्य क्षेत्रीय विद्रोह

अन्य क्षेत्रीय विद्रोह निम्न हैं

फकीर विद्रोह (1776-1777 ई.)

- फकीर विद्रोह 1776 ई. में बंगाल में ब्रिटिशों के विरुद्ध हुआ था। इस विद्रोह का नेतृत्व बख्शी जगबन्धु ने किया था। यह मूलतः एक धार्मिक विद्रोह था, जिसमें घुमक्कड़ मुस्लिम फकीरों ने भाग लिया था, जिसका नेतृत्व **मजनूशाह** एवं **चिराग अली शाह** ने किया था।
- इसमें जमींदारों एवं किसानों से धन-वसूली के साथ-साथ भूतपूर्व सैनिकों, पठानों एवं राजपूतों से सहयोग प्राप्त किया गया था। इस विद्रोह में **देवी चौधरानी** एवं **भवानी पाठक** ने विशेष योगदान दिया था। 19वीं सदी के प्रारम्भिक वर्षों तक अंग्रेजों ने इस विद्रोह को दबा दिया।

कच्छ विद्रोह (1819 ई.)

इस विद्रोह का प्रमुख कारण वहाँ के **राजा भारमल्ल** को सत्ता से बेदखल कर उसके अल्पवयस्क पुत्र को गद्दी पर बैठाना था, जिसके विरोध में **भारमल्ल** एवं उसके समर्थकों ने विद्रोह कर दिया। लम्बे संघर्ष के उपरान्त 1831 ई. में जब भारमल को पुनः गद्दी पर बैठाया गया, तब जाकर यह विद्रोह शान्त हुआ।

कित्तूर विद्रोह (1824-29 ई.)

- इस विद्रोह (1824-29 ई.) का नेतृत्व कित्तूर (कर्नाटक) के स्थानीय शासक राजा **शिवलिंग रुद्र** की विधवा रानी **चेन्नम्मा** ने किया था। इस विद्रोह का प्रमुख कारण निःसन्तान राजा के दत्तक पुत्र को अंग्रेजों द्वारा मान्यता नहीं देना था।
- रानी चेन्नमा ने **रायप्पा** की सहायता से विद्रोह कर दिया। विद्रोहियों ने धारवाड़ के कलेक्टर की हत्या कर दी तथा कित्तूर को स्वतन्त्र घोषित कर दिया। के नेतृत्व में स्वयं को स्वतन्त्र घोषित किया, किन्तु ब्रिटिश सरकार ने वर्ष 1929 में दमनात्मक कार्यवाही द्वारा इस विद्रोह को कुचल दिया और उन्हें कैद कर लिया गया।

> **पागलपन्थी विद्रोह** (1825-27 ई.)
>
> - उत्तर बंगाल में **करमशाह** ने एक अर्द्ध-धार्मिक सम्प्रदाय पागलपन्थी की स्थापना की थी, जिसमें सत्य, समानता एवं भाईचारे के सिद्धान्त को अपनाया जाना था।
> - जमींदारों एवं साहूकारों के अत्याचारों के विरुद्ध करमशाह के पुत्र **टीपू** ने स्थानीय गारो लोगों के साथ मिलकर 1825 ई. में कास्तकारों के समर्थन में विद्रोह किया।
> - 1850 ई. तक आते-आते विद्रोह सशक्त संगठन के अभाव में तथा एक दमनात्मक कार्यवाही के परिणामस्वरूप समाप्त हो गया।

फरायजी विद्रोह (1838-57 ई.)

- यह विद्रोह बंगाल के फरीदपुर स्थान से शुरू हुआ था। फरायजी सम्प्रदाय का अनुमोदन शरीयतुल्ला ने किया था। शरीयतुल्ला के पुत्र दादू मियाँ (मुहम्मद मोहसिन) ने अंग्रेजों को बंगाल से बाहर निकालने के लिए तथा जमींदारों के अत्याचार को समाप्त करने के लिए 1838 ई. में विद्रोह किया।
- इस आन्दोलन का स्वरूप धार्मिक था। ये सामाजिक, राजनीतिक एवं धार्मिक परिवर्तन में विश्वास करते थे।
- यह विद्रोह 1857 ई. तक चला, परन्तु सक्रिय नेतृत्व के अभाव में यह समाप्त हो गया तथा फरायजी सम्प्रदाय के लोग वहाबी आन्दोलन से जुड़ गए।

पॉलीगारों का विद्रोह (1801-1856 ई.)

- ब्रिटिश सरकार ने तमिलनाडु क्षेत्र में नई भूमिकर व्यवस्था को लागू किया था, जिसके विरोध में 1801 ई. में स्थानीय पॉलीगारों ने वी. पी. काट्टवाम्मान के नेतृत्व में विद्रोह किया था।
- यह विद्रोह 1856 ई. तक अनवरत् चलता रहा। अन्ततः अंग्रेजों द्वारा उस पर निर्णायक कब्जा हुआ तथा उसे फाँसी पर लटका दिया गया।

कूका विद्रोह (1840-22 ई.)

- 1840 ई. में भगत जवाहरमल उर्फ सेन साहब ने पश्चिमी पंजाब में कूका विद्रोह की शुरुआत की थी। इस आन्दोलन की आरम्भिक प्रवृत्ति धार्मिक थी, परन्तु ब्रिटिशों के द्वारा जब पंजाब पर आधिपत्य स्थापित कर लिया गया, तो शीघ्र ही यह एक राजनीतिक आन्दोलन में बदल गया और इसके पश्चात् इन्होंने ब्रिटिश सत्ता को समाप्त करने पर बल दिया।
- कूका विद्रोह का प्रमुख उद्देश्य सिख धर्म की बुराइयों को दूर करना था। हजारा को विद्रोह का केन्द्र स्थल बनाते हुए जवाहरमल (सियान साहिब) ने बालक सिंह एवं उनके शिष्य रामसिंह कूका के सहयोग से विद्रोह किया था।
- अंग्रेजों ने बर्बर सैनिक कार्यवाही करते हुए विद्रोह को दबा दिया तथा रामसिंह कूका को 1872 ई. में रंगून निर्वासित कर दिया गया, जहाँ उनकी 1885 ई. में मृत्यु हो गई।
- कूका आन्दोलनकारियों के द्वारा ब्रिटिश निर्मित वस्तुओं एवं ब्रिटिश शिक्षा को बहिष्कृत किया गया। इनके द्वारा स्वयं से निर्मित कपड़े ही धारण किए जाते थे। इस प्रकार गाँधीजी के द्वारा चलाए गए आन्दोलनों के तत्त्व इस आन्दोलन में विद्यमान थे।
- बाबा रामसिंह कूका के द्वारा ही 12 अप्रैल, 1857 को नामधारी आन्दोलन भी चलाया गया था।
- यह ध्यान देने योग्य है कि 24 दिसम्बर, 2014 को इस आन्दोलन को सम्मानित करते हुए संचार एवं सूचना प्रौद्योगिकी मन्त्रालय के द्वारा एक स्टाम्प टिकट जारी किया गया।

गड़करी विद्रोह (1844 ई.)

- यह विद्रोह महाराष्ट्र के कोल्हापुर में 1844 ई. में हुआ था। इस विद्रोह का मुख्य कारण गड़करी जाति के सैनिकों का विस्थापन था।
- ये मराठों के किले में वंशानुगत रूप से कार्य करने वाले सैनिक थे। इन विस्थापित सैनिकों द्वारा अंग्रेजों के विरुद्ध विद्रोह करते हुए भूदरगढ़ एवं समनगढ़ के किलों पर आक्रमण कर इन्हें जीत लिया गया था, परन्तु अंग्रेजों द्वारा इस आन्दोलन का निर्णायक दमन कर दिया गया।

सूरत का नमक विद्रोह (1844 ई.)

- अंग्रेजों द्वारा नमक कर में 50 पैसे की वृद्धि करने के विरोध में 1844 ई. में सूरत के स्थानीय लोगों ने विद्रोह कर दिया।
- इस विद्रोह के परिणामस्वरूप अंग्रेजों ने बढ़ाए गए नमक कर को वापस ले लिया था।

फड़के विद्रोह (1879 ई.)

- यह विद्रोह 1879 ई. में महाराष्ट्र में वासुदेव बलन्त फड़के ने प्रारम्भ किया था।
- इसका उद्देश्य डाका डालकर अंग्रेजों से धन लूटना तथा संचार व्यवस्था को ठप करना था। फड़के ने हिन्दू राज्य की स्थापना का नारा दिया। 1880 ई. में फड़के को गिरफ्तार कर लिया गया।

ब्रिटिश प्रशासन के विरुद्ध प्रमुख जनजातीय एवं अन्य विद्रोह

विद्रोह	अवधि ई./वर्ष	प्रभावित क्षेत्र	नेतृत्वकर्ता
संन्यासी विद्रोह	1770-1800	बिहार, बंगाल	केना सरकार द्विज नारायण
फकीर विद्रोह	1776-77	बंगाल	मजनूशाह एवं चिराग अली
चुआर विद्रोह	1768	बाकुड़ा (बंगाल)	दुर्जन सिंह
पॉलीगारों का विद्रोह	1801-1856	तमिलनाडु	वीर पी. काट्टावाम्मान
वेलाटम्पी विद्रोह	1808-09	त्रावणकोर	मेलुथाम्पी
भील विद्रोह	1818-1846	पश्चिमी घाट	सेवाराम
रामोसी विद्रोह	1822-41	पश्चिमी घाट	चित्तर सिंह
पागलपन्थी विद्रोह	1825-27	असम	टीपू
अहोम विद्रोह	1828	असम	गोमधर कुँवर
वहाबी आन्दोलन	1830	बिहार, उत्तर प्रदेश	सैय्यद अहमद तूतीमीर
कोल आन्दोलन	1831-32	छोटानागपुर (झारखण्ड)	गोमधर कुँवर
खासी विद्रोह	1833	असम	तीरत सिंह
फरायजी आन्दोलन	1838	बंगाल	शरीयतुल्ला, दादू मियाँ
नील विद्रोह	1859-60	बंगाल, बिहार	दिगम्बर विश्वास और विष्णु विश्वास
सन्थाल विद्रोह	1855-56	बंगाल, बिहार	सिद्धू-कान्हू
मुण्डा विद्रोह	1874-1900	बिहार (झारखण्ड)	बिरसा मुण्डा
पाइक विद्रोह	1817-1825	उड़ीसा	बख्शी जगबन्धु
पाबना विद्रोह	1873-85	पाबना (बंगाल)	ईशानचन्द्र राय एवं शम्भूपाल
मोपला विद्रोह	1836-1922	मालाबार (केरल)	सैय्यद अलावी, कुंजहम्मद हाजी, अली मुसलियार
कूका आन्दोलन	1840	पंजाब	भगत मुसलियार
रम्पाओं का विद्रोह	1879-1924	आन्ध्र प्रदेश	सीताराम राजू
तानाभगत आन्दोलन	1914-1919	बिहार	जतरा भगत
तेभागा आन्दोलन	1946	बंगाल	कम्पाराम सिंह एवं भवन सिंह
खोण्ड एवं सवार विद्रोह	1837-56	उड़ीसा	चक्रविसोई एवं राधाकृष्ण दण्डसेन
गड़करी विद्रोह	1844	कोल्हापुर (महाराष्ट्र)	बाबाजी अहिरेकर
बघेरा विद्रोह	1818-19	बघेरा (गुजरात)	बघेरा सरदार
कच्छ का विद्रोह	1819-31	कच्छ (गुजरात)	भारमल एवं झरेजा सरदार
छोटानागपुर विद्रोह (कोलारी विद्रोह)	1820-36	छोटानागपुर क्षेत्र	घोलारी आदिवासी सरदारों द्वारा
कूकी विद्रोह	1826-44	मणिपुर एवं त्रिपुरा	कूकी जनजाति द्वारा
भूमिज विद्रोह	1832-33	मानभूमि में	गंगा नारायण झा
चेंचू आन्दोलन	1920	गुण्टूर (आन्ध्र प्रदेश)	वेंकट्टप्पया

प्रीलिम्स फैक्ट्स

- बघेरा विद्रोह कहाँ हुआ था? *- बड़ौदा में [BPSC (Pre) 2015]*
- हो विद्रोह कब हुआ था? *- 1820-21 ई. [BPSC (Pre) 1999]*
- रामोसी विद्रोह किस भौगोलिक क्षेत्र में हुआ था? *- पश्चिमी घाट [HPSC (Pre) 2021]*
- कच्छ, सिंहभूम, पश्चिमी घाट तथा सतारा में से किस एक क्षेत्र में 1831 ई. में बुद्धों भगत के नेतृत्व में कोल विद्रोह हुआ था? *- सिंहभूम [BPSC (Pre) 2020]*
- भूमिज विद्रोह का नेता कौन था? *- गंगानारायण [JPSC (Pre) 2021]*
- बिहार शरीफ, कोल्हापुर, सूरत तथा सिलहट में से कौन-सा स्थान गड़करी विद्रोह का केन्द्र था? *- कोल्हापुर [UPPSC (Pre) 1999]*
- किस स्थान पर संथालों ने 1855-56 ई. में अपनी सरकार की घोषणा कर दी थी? *- भागलपुर-राजमहल [BPSC (Pre) 2017]*
- खैरवार आदिवासी आन्दोलन कब हुआ था? *- 1874 ई. में [JPSC (Pre) 2003]*
- वर्ष 1922 में भील सेवा मण्डल की स्थापना किसने की थी? *- अमृतलाल विट्ठल दास ठक्कर ने [CGPSC (Pre) 2015]*
- जनजातीय लोगों के सन्दर्भ में 'आदिवासी' शब्द का प्रयोग किसने किया था? *- ठक्कर बापा ने [IAS (Pre) 1995]*
- भील विद्रोह कहाँ हुआ था? *- महाराष्ट्र एवं मध्य प्रदेश में [MPPSC (Pre) 2008]*
- उल्गुलान विद्रोह किससे जुड़ा था? *- बिरसा मुण्डा से [BPSC (Pre) 1994]*
- भारत के इतिहास में 'उल्गुलान' अथवा 'महान उपद्रव' का सम्बन्ध किस घटना से था? *- 1899-1900 ई. के बिरसा मुण्डा विद्रोह से [IAS (Pre) 2020]*
- बिरसा मुण्डा के गुरु कौन थे? *- आनन्द पाण्डे [BPSC (Pre) 1995]*
- वेलुथम्पी ने अंग्रेजों के विरुद्ध आन्दोलन का नेतृत्व किस स्थान पर किया था? *- त्रावणकोर [UPPSC (Pre) 2017]*
- गाँधीजी के विचारों से प्रभावित होने वाले प्रथम आदिवासी नेता कौन थे? *- जोड़ानांग [JKPSC (Pre) 2013]*
- सन्थाल विद्रोह के मुख्य नेता कौन थे? *- सिद्ध [MPPSC (Pre) 2023]*
- मेवाड़, बांगड़ और पास के क्षेत्रों के भीलों में सामाजिक सुधार हेतु लसोड़िया आन्दोलन का सूत्रपात किसने किया था? *- गोविन्द गिरि ने [RAS/RTS (Pre) 2008]*
- 1857 के विद्रोह के ठीक बाद बंगाल में कौन-सा विप्लव हुआ? *- नील उपद्रव [IAS (Pre) 1994]*
- प्रसिद्ध नाटक 'नील दर्पण' जिसमें इण्डिगो की खेती करने वाले किसानों के दमन का चित्रण किया गया, की रचना किसने की? *- दीनबन्धु मित्र ने [BPSC (Pre) 2020]*
- महाराष्ट्र में रामोसी कृषक जत्था किसने स्थापित किया था? *- वासुदेव बलवन्त फड़के ने [BPSC (Pre) 1994]*
- भारतवर्ष का प्रथम किसान आन्दोलन था *- बिजौलिया [RAS/RTS (Pre) 1992]*
- वर्ष 1921 का मोपला आन्दोलन किसकी शाखा थी? *- खिलाफत आन्दोलन की [BPSC (Pre) 1999]*
- प्रसिद्ध बारदोली किसान आन्दोलन का नेतृत्व किसने किया था? *- सरदार वल्लभभाई पटेल ने [RAS/RTS (Pre) 1998]*
- अखिल भारतीय किसान कांग्रेस का गठन कब किया गया था? *- वर्ष 1936 में [BPSC (Pre) 2016]*
- वह कौन-सा स्थान था, जहाँ अखिल भारतीय किसान सभा का पहला अधिवेशन हुआ था? *- लखनऊ [UPPSC (Pre) 2008]*
- किसान आन्दोलन से जुड़े बाबा रामचन्द्र ने किस स्थान पर किसानों को संगठित किया था? *- अवध [UPPSC (Pre) 2008]*
- 'पागल पन्थ' की स्थापना किसने की थी? *- करमशाह ने [BPSC (Pre) 2015]*
- आचार्य बिनोवा भावे ने भूदान आन्दोलन किस स्थान से प्रारम्भ किया था? *- पोचमपल्ली (वर्तमान तेलंगाना) [UPPSC (Mains) 2013]*
- आनन्दमठ उपन्यास की कथावस्तु आधारित है *- सन्यासी विद्रोह पर [UPPSC (Pre) 1998]*
- भारत में वर्ष 1918 में प्रथम मजदूर संघ की स्थापना किसने की थी? *- वी. पी. वाडिया ने [UPPSC (Pre) 2007]*
- अहमदाबाद टेक्सटाइल लेबर एसोसिएशन की स्थापना किसने की थी? *- महात्मा गाँधी ने [RAS (Pre) 2009]*
- हॉली पद्धति किससे सम्बन्धित थी? *- बन्धुआ मजदूरी से [UPPSC (Pre) 2015]*
- भारत सरकार द्वारा वर्ष 1919 में आईएलओ. के वाशिंगटन सम्मेलन में मजदूरों का प्रतिनिधि बनाकर किसे भेजा गया था? *- एनएम. जोशी [UPPSC (Pre) 2020]*

सेल्फ चैक

1. रामोसी विद्रोह सही रूप में किस भौगोलिक क्षेत्रों में हुआ था? **BPSC (Pre) 2015**

(a) पश्चिमी भारत (b) पूर्वी घाट
(c) पूर्वी भारत (d) पश्चिमी घाट

2. प्रसिद्ध नाटक 'नील दर्पण', जिसमें इण्डिगो की खेती करने वाले किसानों के दमन का चित्रण किया गया, की रचना किसने की? **BPSC (Pre) 2020**

(a) शरतचन्द्र चटर्जी (b) रबीन्द्रनाथ टैगोर
(c) बारीन्द्र घोष (d) दीनबन्धु मित्र

3. दक्कन दंगा आयोग का सम्बन्ध किससे था?

(a) किसानों की ऋणग्रस्तता से
(b) दक्कन में विधि और व्यवस्था के अभाव से
(c) रैयतवाड़ी व्यवस्था की समस्याओं से
(d) दक्कन में साम्प्रदायिक दंगों से

4. कालक्रम की दृष्टि से निम्नलिखित घटनाओं में से कौन-सी अन्तिम थी? **UPPSC (Pre) 2023**

(a) होमरूल आन्दोलन (b) जलियाँवाला बाग हत्याकाण्ड
(c) खिलाफल आन्दोलन (d) मोपला विद्रोह

5. निम्नलिखित में से कौन-सा युग्म सुमेलित नहीं है? **UPPSC (Pre) 2015**

(a) मोपला विद्रोह — केरल
(b) कूका विद्रोह — पंजाब
(c) कोली विद्रोह — गुजरात
(d) चुआर विद्रोह — मध्य प्रदेश

6. स्वामी सहजानन्द सरस्वती ने 'भूमि और जलमार्ग के राष्ट्रीयकरण' की माँग के साथ अखिल भारतीय संयुक्त किसान सभा का गठन किया **BPSC (Pre) 2015**

(a) उनकी मृत्यु से ठीक पहले
(b) बहुत कम आयु में
(c) 1930 के दशक में
(d) 1920 के दशक में

7. निम्नलिखित में से कौन-सा/से कथन 1875 ई. के दक्कन के दंगों के विषय में सत्य है/हैं?

1. दक्कन के दंगों के परिणामस्वरूप दक्कन कृषक राहत अधिनियम, 1879 के माध्यम से किसानों को सुरक्षा मिली।
2. अंग्रेजों के तात्कालिक दमन के कारण दंगे सम्पूर्ण महाराष्ट्र में नहीं फैले।
3. अंग्रेज दंगों को रोकने में असमर्थ थे और सम्पूर्ण महाराष्ट्र में दंगे फैल गए।
4. दक्कन के कपास में सहसा वृद्धि, जो अमेरिका में गृहयुद्ध से उत्पन्न कृत्रिम माँग के कारण हुई थी, ने किसानों को कंगाल कर दिया।

कूट

(a) केवल 1 (b) 1 और 3
(c) 2 और 4 (d) 1, 2 और 4

8. बंगाल के तेभागा किसान आन्दोलन की क्या माँग थी? **IAS (Pre) 2013**

(a) जमींदारों की भागीदारी को फसल के आधे भाग से कम करके एक-तिहाई करना
(b) भूमि का वास्तविक खेतिहर होने के नाते, भू-स्वामित्व कृषकों को प्रदान करना
(c) जमींदारी प्रथा का उन्मूलन तथा कृषिदासता का अन्त करना
(d) कृषकों के समस्त ऋणों को रद्द करना

9. सूची I व सूची II को सुमेलित कीजिए तथा नीचे दिए गए कूट का प्रयोग कर सही उत्तर का चयन कीजिए

सूची I (कृषक आन्दोलन)	सूची II (नेता/अनुयायी)
A. बकाश्त भूमि आन्दोलन	1. बाबा रामचन्द्र
B. एका आन्दोलन	2. कुंजहम्मद हाजी
C. मोपला विद्रोह	3. मदारी पासी
D. अवध किसान सभा आन्दोलन	4. कार्यानन्द शर्मा

कूट

	A	B	C	D
(a)	4	3	2	1
(b)	4	2	3	1
(c)	1	2	3	4
(d)	1	3	2	4

10. 19वीं सदी के कृषक विद्रोहों को उनसे सम्बद्ध क्षेत्रों के साथ सुमेलित कीजिए **UPPSC (Pre) 2010**

सूची I	सूची II
A. कूकी विद्रोह	1. पंजाब
B. कूका विद्रोह	2. बंगाल
C. पाबना कृषक विद्रोह	3. बिहार
D. बिरसा मुण्डा विद्रोह	4. त्रिपुरा

कूट

	A	B	C	D
(a)	4	2	1	3
(b)	2	3	1	4
(c)	4	1	3	2
(d)	4	1	2	3

11. 1930 के दशक में भारत में श्रमिक विधेयकों को पारित करने के पीछे मुख्य प्रेरक शक्ति क्या थी?

(a) आर्थिक मन्दी
(b) औद्योगिक अशान्ति
(c) वाशिंगटन में आयोजित अन्तर्राष्ट्रीय श्रम सम्मेलन के सुझाव का मसौदा
(d) जे. एच. व्हीटले की अध्यक्षता में रॉयल कमीशन ऑन इण्डियन लेबर द्वारा प्रस्तावित सुझाव

12. निम्नलिखित कथनों पर विचार कीजिए

1. श्रमिक वर्ग की प्रथम संगठित हड़ताल ब्रिटिश स्वामित्व वाली रेलों में हुई।
2. बंगाल विभाजन के दिन श्रमिकों ने स्वयं को हड़ताल से दूर रखा।

कूट

(a) केवल 1 (b) केवल 2
(c) 1 और 2 दोनों (d) न तो 1 और न ही 2

13. निम्नलिखित में कौन-सा/से युग्म सही सुमेलित है/हैं?

श्रमिक संघ	नेता
1. भारतीय श्रमिक परिसंघ	एम. एन. राय
2. अखिल भारतीय ट्रेड यूनियन फेडरेशन	एन. एम. जोशी
3. अखिल भारतीय ट्रेड यूनियन कांग्रेस	लाला लाजपत राय

कूट

(a) केवल 1 (b) केवल 2
(c) 1 और 3 (d) ये सभी

14. निम्नलिखित कथनों में से कौन-सा/से कथन सही है/हैं?

1. वर्ष 1929 में जब जवाहरलाल नेहरू AITUC के अध्यक्ष थे, इसका दो भागों में विभाजन हो गया।
2. ITUF की स्थापना वी. वी. गिरि की अध्यक्षता में की गई थी।

कूट

(a) केवल 1 (b) केवल 2
(c) 1 और 2 दोनों (d) न तो 1 और न ही 2

15. 1831 ई. में बुद्धो भगत के नेतृत्व में कोल विद्रोह किस क्षेत्र में हुआ? **BPSC (Pre) 2020**

(a) कच्छ (b) सिंहभूम
(c) पश्चिमी घाट (d) सतारा

16. उस क्षेत्र की पहचान करें, जहाँ सन्थालों ने 1855-1856 ई. में अपनी सरकार की घोषणा कर दी थी **BPSC (Pre) 2017**

(a) मुंगेर-भागलपुर (b) भागलपुर-राजमहल
(c) गया-मुंगेर (d) शाहाबाद-गया

17. भूमिज विद्रोह का नेता कौन था? **JPSC (Prc) 2021**

(a) भागीरथ
(b) दुबिया गोसाईं
(c) जतरा भगत
(d) गंगानारायण

18. वर्ष 1918 में संयुक्त प्रान्त किसान सभा का गठन निम्न में से किस नेता ने किया था? **UPPSC (Pre) 2023**

(a) इन्द्र नारायण द्विवेदी ने
(b) स्वामी सहजानन्द सरस्वती ने
(c) पं. जवाहरलाल नेहरू ने
(d) बाबा रामचन्द्र ने

19. भारत में 19वीं शताब्दी के जनजातीय विद्रोह के लिए निम्नलिखित में से कौन-से तत्त्व ने साझा कारण मुहैया किया? **IAS (Pre) 2011**

(a) भू-राजस्व की नई प्रणाली का लागू होना और जनजातीय उत्पादों पर कर का लगाया जाना
(b) जनजातीय क्षेत्रों में विदेशी धर्म प्रचारकों का प्रभाव
(c) जनजातीय क्षेत्रों में मध्यस्थों के रूप में बड़ी संख्या में महाजनों, व्यापारियों और लगान के ठेकेदारों का बढ़ना
(d) जनजातीय समुदायों की प्राचीन भूमि सम्बन्धी व्यवस्था का सम्पूर्ण विदारण

20. **कथन I** भारत में 19 वीं शताब्दी का जनजातीय आन्दोलन भूमि विस्थापना की प्रक्रिया एवं वन विधियों की पुनर्स्थापना का परिणाम था।

कथन II भारत में स्वतन्त्रता आन्दोलन ने जनजातियों द्वारा झेली गई समस्याओं का समाधान किया।

कूट

(a) दोनों कथन व्यष्टित: सही हैं तथा कथन II, कथन I का सही स्पष्टीकरण है।
(b) दोनों कथन व्यष्टित: सही हैं, परन्तु कथन II, कथन I का सही स्पष्टीकरण नहीं है।
(c) कथन I सही है, किन्तु कथन II गलत है।
(d) कथन I गलत है, किन्तु कथन II सही है।

जानें सही उत्तर

1. (d)	**2.** (d)	**3.** (a)	**4.** (d)	**5.** (d)	**6.** (c)	**7.** (d)	**8.** (a)	**9.** (a)	**10.** (d)
11. (d)	**12.** (a)	**13.** (d)	**14.** (c)	**15.** (b)	**16.** (b)	**17.** (d)	**18.** (a)	**19.** (d)	**20.** (c)

• अध्याय तीस

भारत में प्रेस एवं शिक्षा का विकास

"

भारत में आधुनिक प्रेस की स्थापना विलियम बोल्ट्स ने की थी। प्रेस के विकास ने भारत में शिक्षा के मार्ग को प्रशस्त किया। ब्रिटिश शासन की स्थापना के बाद अंग्रेजों ने शिक्षा के क्षेत्र में अनेक महत्त्वपूर्ण कार्य किए। कालान्तर में शिक्षा के विकास ने भारतीय स्वतन्त्रता संग्राम में एक महत्त्वपूर्ण कड़ी का कार्य किया।

परिचय

- **आधुनिक प्रेस के विकास** ने शिक्षा के प्रचार-प्रसार में काफी योगदान दिया। इसके माध्यम से सामाजिक समस्याओं को उठाया जाता था। यह उपनिवेश की बुराइयों को लोगों के समक्ष रखने का माध्यम बना।
- लोगों में राजनीतिक चेतना का प्रसार किया, जिससे उनमें राष्ट्रवादी विचारधारा उत्पन्न हुई। लोगों को इसने राष्ट्र प्रेम से जोड़ा तथा आर्थिक समस्याओं के समाधान को तलाशने में भी यह कारगर सिद्ध हुआ। इस प्रकार से भारत में आधुनिक प्रेस एवं आधुनिक शिक्षा का विकास एक-दूसरे के पूरक रूप में विद्यमान रहे।

प्रेस तथा समाचार-पत्रों का विकास

- भारतीय समाचार-पत्रों का इतिहास यूरोपीय लोगों के भारत में आने के साथ प्रारम्भ हुआ। सर्वप्रथम पुर्तगालियों ने 16वीं सदी में भारत में **प्रिण्टिंग प्रेस (मुद्रणालय)** की स्थापना की। गोवा के पादरियों ने 1557 ई. में पहली पुस्तक भारत में छापी। 1684 ई. में ईस्ट इण्डिया कम्पनी ने भी बम्बई (मुम्बई) में एक प्रिण्टिंग प्रेस (मुद्रणालय) स्थापित किया।
- कम्पनी के एक असन्तुष्ट कर्मचारी विलियम वोल्ट्स ने 1776 ई. में त्याग-पत्र देकर एक समाचार-पत्र प्रकाशित करने का प्रयास किया, किन्तु कम्पनी ने उसे इंग्लैण्ड वापस भेज दिया।

> **जेम्स ऑगस्टस हिक्की** ने 29 जनवरी, 1780 को भारत में पहला समाचार-पत्र प्रकाशित किया, जिसका नाम **द बंगाल गजट** अथवा **द कलकत्ता जनरल एडवरटाइजर** था। सरकार के प्रति आलोचनात्मक दृष्टिकोण अपनाने के बाद 2 मार्च, 1782 को इस पत्र के प्रकाशन को रोक दिया गया।

- बंगाल गजट, किसी भारतीय द्वारा अंग्रेजी में प्रकाशित पहला समाचार-पत्र था, जिसे **गंगाधर भट्टाचार्य** ने 1818 ई. में निकालना आरम्भ किया। यह एक साप्ताहिक पत्र था। मार्शमैन ने 1818 ई. में **दिग्दर्शन** नामक मासिक पत्रिका बंगाली में निकाली। 1818 ई. में ही मार्शमैन ने अपना दूसरा पत्र समाचारदर्पण निकाला।

- **राजा राममोहन राय** ने 1821 ई. में बंगाली साप्ताहिक **संवाद कौमुदी** तथा 1822 ई. में फारसी में **मिरात-उल-अखबार** और अंग्रेजी में ब्रह्मनिकल का प्रकाशन किया। राजा राममोहन राय को राष्ट्रीय प्रेस की स्थापना का श्रेय दिया जाता है। उन्होंने तुहफत-उल-मुवाहिदीन नामक फारसी पुस्तक का भी प्रकाशन किया।
- 1829 ई. में बांग्ला भाषा में **बंगदूत** द्वारकानाथ टैगोर, प्रसन्न टैगोर एवं राजा राममोहन राय के प्रयास से कलकत्ता से प्रकाशित हुआ।

> राजा राममोहन राय के सामाजिक तथा धार्मिक विचारों का विरोध करने के लिए 1822 ई. में भवानीचरण बन्धोपाध्याय द्वारा कलकत्ता से समाचार चन्द्रिका का प्रकाशन किया गया। पी एम मोतीवाला द्वारा 1831 ई. में जाम-ए-जमशेद बम्बई से प्रकाशित किया गया। 1851 ई. में **रास्त गोफ्तार** का सम्पादन दादाभाई नौरोजी ने गुजराती भाषा में बम्बई में किया। **हिन्दू पैट्रियाट** का प्रकाशन 1853 ई. में कलकत्ता से हुआ। इस पत्र के सम्पादक **हरिश्चन्द्र मुखर्जी** तथा **गिरीश चन्द्र** घोष थे।

- एंग्लो-इण्डियन समाचार-पत्रों में मुख्यत: टाइम्स ऑफ इण्डिया (1862), स्टेट्स मैन (1878) तथा इंग्लिश मैन नामक पत्रों का प्रकाशन कलकत्ता से होता था।
- **पायनियर का** प्रकाशन इलाहाबाद (1865) से होता था। यह समाचार-पत्र सरकार का समर्थक था। पायनियर ने सिविल सर्विस का समर्थन किया था।
- इंग्लिश मैन सर्वाधिक रूढ़िवादी तथा प्रतिक्रियावादी समाचार-पत्र था।
- **स्टेट्स मैन** एक उदारवादी पत्र था, जिसका सम्पादन राबर्ट नाइट ने किया।

> ईश्वरचन्द्र विद्यासागर ने 1859 ई. में **सोमप्रकाश** नामक समाचार-पत्र बंगाली में प्रकाशित किया। राष्ट्रवादी दृष्टिकोण वाले इस अखबार ने नील उत्पादक किसानों का जोरदार समर्थन किया और उनसे सम्बन्धित लेखों का प्रकाशन किया। अत: लिटन ने इसे वर्नाक्यूलर प्रेस एक्ट (1878) के तहत प्रतिबन्धित कर दिया। कुछ समय पश्चात् क्रिस्टोफर दास पाल के हिन्दू पैट्रियाट का अधिग्रहण भी ईश्वरचन्द्र विद्यासागर ने कर लिया। क्रिस्टोफर दास पाल को **भारतीय पत्रिकारिता का राजकुमार** कहा जाता है।

- 1861 ई. से प्रकाशित **इण्डियन मिरर** का सम्पादन **देवेन्द्रनाथ टैगोर** तथा मनमोहन घोष ने किया, यह किसी भी भारतीय द्वारा सम्पादित एकमात्र दैनिक समाचार-पत्र था। इसका प्रकाशन कलकत्ता से होता था।
- 1868 ई. में **मोतीलाल घोष** तथा **शिशिर कुमार** घोष ने अमृत बाजार पत्रिका का बंगाली साप्ताहिक के रूप में प्रकाशन प्रारम्भ किया। 1878 ई. में वर्नाक्यूलर प्रेस एक्ट से बचने के लिए यह रातों-रात अंग्रेजी भाषा में प्रकाशित होने लगी।
- वीर राघवाचारी ने 1878 ई. में अंग्रेजी भाषा में **हिन्दू** का प्रकाशन मद्रास से किया। 1889 ई. में यह दैनिक पत्र बन गया तथा **बंगवासी** का प्रकाशन जोगिन्दर नाथ बोस ने किया।
- **मराठा** (अंग्रेजी भाषा) तथा **केसरी** (मराठी भाषा) का प्रकाशन 1881 ई. में बम्बई से हुआ। मराठा के सम्पादक आगरकर तथा केसरी के सम्पादक केलकर थे। बाद में तिलक ने दोनों पत्रों का सम्पादन किया।
- 1862 ई. में रानाडे ने **इन्दु प्रकाश** तथा 1866 ई. में वी. एन माण्डलिक ने नेटिव ओपिनियम तथा 1879 ई. में सुरेन्द्रनाथ ने बंगाली (अंग्रेजी भाषा) का प्रकाशन किया।
- भारत का प्रथम हिन्दी समाचार-पत्र **उदन्त मार्तण्ड** (1826 ई.) था, जिसके सम्पादक **जुगल किशोर** थे। बालमुकुन्द गुप्त ने कलकत्ता से हिन्दी साप्ताहिक के रूप में **भारत मित्र** का प्रकाशन किया। भारतेन्दु हरिश्चन्द्र ने 1868 ई. में बनारस से कविवचन सुधा तथा 1872 ई. में हरिश्चन्द्र मैगजीन नामक मासिक पत्रिका का प्रकाशन प्रारम्भ किया। 1877 ई. में बालकृष्ण नवीन ने इलाहाबाद से **हिन्दी प्रदीप** का प्रकाशन किया।
- ऐनी बेसेण्ट ने होमरूल के प्रचार-प्रसार के लिए न्यू इण्डिया तथा कॉमनवील नामक पत्र निकाला।
- अंग्रेजी में साप्ताहिक **स्पार्क** का प्रकाशन के एम जी देसाई तथा **न्यू स्पार्क** का प्रकाशन लेस्टर हचिन्स ने किया। जी ए नटेशन ने वर्ष 1900 में द इण्डियन रिव्यू की स्थापना मद्रास में की।

> ईसाई पादरियों ने 18वीं सदी में भारत में छापाखाना लगाकर क्षेत्रीय भाषाओं में **बाइबल** छापी। **जैगन-बैलग** नामक एक डच प्रचारक ने तमिल भाषा की व्याकरण लिखी।

प्रमुख समाचार-पत्र अधिनियम

प्रमुख समाचार-पत्र अधिनियम निम्नलिखित हैं

समाचार-पत्रों का पत्रेक्षण (अभिवेचन) अधिनियम, 1799

- **लॉर्ड वेलेजली** ने 1799 ई. में समाचार-पत्रों का अभिवेचन अधिनियम पारित कर दिया और सभी समाचार-पत्रों पर सेन्सर लगा दिया। इसके अनुसार, समाचार-पत्र के सम्पादक, मुद्रक और स्वामी का नाम स्पष्ट रूप से छापना अनिवार्य कर दिया गया।
- प्रकाशक को प्रकाशित किए जाने वाले सभी तत्त्वों को सरकार के सचिव के सम्मुख पूर्व अभिवेचन के लिए भेजना होता था।
- इन नियमों को भंग करने पर तुरन्त उद्वासन का दण्ड मिलता था। 1807 ई. में यह अधिनियम पत्रिकाओं, पैम्फलेट तथा पुस्तकों आदि पर लागू कर दिया गया।
- 1818 ई. में समाचार-पत्रों की पूर्व पत्रेक्षण (अभिवेचन) समाप्त कर दी गई।

अनुज्ञप्ति नियम, 1823

- 1823 ई. में **जॉन एडम्स** ने कार्यवाहक गवर्नर-जनरल बनने पर भारतीय प्रेस पर पूर्ण पाबन्दी लगा दी। इस अधिनियम के अन्तर्गत यह प्रावधान किए गए कि अब मुद्रक तथा प्रकाशक को मुद्रणालय स्थापित करने के लिए अनिवार्य रूप से **अनुज्ञप्ति** (लाइसेन्स) लेनी होगी।
- यदि इसके अभाव में मुद्रण अथवा प्रकाशन कर दिया जाता, तो दण्डस्वरूप **आर्थिक जुर्माना** या **कारावास** हो सकता था।

मजिस्ट्रेट को यह अधिकार प्रदान किया गया कि वे इस प्रकार के मुद्रणालय को जब्त भी कर सकते थे।

- गवर्नर-जनरल को अधिकार था कि वह किसी अनुज्ञप्ति को निरस्त कर दे अथवा नया प्रार्थना-पत्र माँग ले। यह आदेश उन समाचार-पत्रों के लिए विशेष रूप से लागू था, जो भारतीय भाषाओं में अथवा भारतीयों द्वारा प्रकाशित होते थे।
- इसके अन्तर्गत राजा राममोहन राय को **मिरात-उल-अखबार** पत्रिका को बन्द करना पड़ा था। इसके पश्चात् केवल तीन बांग्ला और एक फारसी के समाचार-पत्र कलकत्ता (कोलकाता) में छपते रहे। 1824 ई. में **राजा राममोहन राय** ने प्रेस पर अंकुश लगाने वाले इस कानून के विरुद्ध सुप्रीम कोर्ट को ज्ञापन भेजा था।

प्रेस अधिनियम, 1833

- लॉर्ड विलियम बैण्टिक ने समाचार-पत्रों के प्रति उदारवादी रुख अपनाया, परन्तु कार्यवाहक गवर्नर-जनरल **चार्ल्स मैटकॉफ** (1835-36 ई.) 1823 ई. के कुत्सित अनुज्ञप्ति (लाइसेन्स) नियमों को निरस्त करके वह भारतीय समाचार-पत्रों के **मुक्तिदाता** कहलाए।

> 1835 ई. में **प्रेस अधिनियम** बनाकर यह प्रावधान कर दिया गया कि अब सिर्फ प्रकाशन के स्थान की सूचना देना अनिवार्य होगा। इसके उपरान्त मुद्रक अथवा प्रकाशक छपाई का कार्य कर सकते थे।

- इस दौरान भारत में समाचार-पत्रों की संख्या में अप्रत्याशित वृद्धि दर्ज की गई। यह कानून 1856 ई. तक लागू रहा। **लॉर्ड मैकाले** ने भी समाचार-पत्रों की स्वतन्त्रता के लिए समर्थन दिया।

अनुज्ञप्ति अधिनियम, 1857

- 1857 के विद्रोह से उत्पन्न हुई आपातकालीन स्थिति से निपटने के लिए 1857 के अधिनियम संख्या 15 के अनुसार, अनुज्ञप्ति व्यवस्था पुनः लागू कर दी गई। इसके अनुसार, बिना अनुज्ञप्ति के मुद्रणालय रखना और प्रयोग रोक दिया गया तथा सरकार को किसी भी समय अनुज्ञप्ति देने अथवा निरस्त करने का अधिकार था।
- चूँकि यह आपातकालीन स्थिति में लाई गई थी, इसलिए इसे 1 वर्ष के उपरान्त समाप्त कर दिया गया। इसके पश्चात् मैटकॉफ के द्वारा लाए गए प्रेस नियम ही लागू रहे।

पंजीकरण अधिनियम, 1867

- इसके द्वारा 1835 ई. के **मैटकॉफ के अधिनियम** को परिवर्तित कर दिया गया। इस अधिनियम का मुख्य उद्देश्य समाचार-पत्रों अथवा मुद्रणालयों पर रोक लगाना नहीं था, अपितु केवल नियमित करना था।
- प्रत्येक मुद्रित पुस्तक तथा समाचार-पत्र पर मुद्रक, प्रकाशक और मुद्रण स्थान का नाम होना आवश्यक था। इसके अतिरिक्त प्रकाशन के एक माह के अन्दर पुस्तक की एक प्रति बिना मूल्य के स्थानीय सरकार को देनी होती थी।
- 1869-70 ई. के वहाबी विद्रोह के कारण सरकार ने राजद्रोही लेखों से निपटने के लिए **भारतीय दण्ड संहिता की धारा 124 में 124 (A)** जोडकर आजीवन निर्वासन या कम अवधि के लिए निर्वासन अथवा जुर्माने का प्रावधान किया।

प्रमुख समाचार-पत्र अधिनियम : एक नजर में

अधिनियम	विशिष्ट तथ्य	गवर्नर-जनरल / वायसराय
पत्रेक्षण अधिनियम, 1799 (The Sensorship of Press Act, 1799)	फ्रांसीसी आक्रमण के कारण लागू	लॉर्ड वेलेजली
अनुज्ञप्ति अधिनियम, 1823 (Licensing Act, 1823)	मुख्यतः भारतीय भाषाओं, सम्पादकों एवं स्वामियों हेतु लागू	जॉन एडम्स
भारतीय प्रेस अधिनियम, 1835 (Indian Press Act, 1835)	पत्रों से सभी प्रतिबन्धों की समाप्ति	चार्ल्स मेटकॉफ
अनुज्ञप्ति अधिनियम, 1857 (Licensing Act, 1857)	—	लॉर्ड कैनिंग
पंजीकरण अधिनियम, 1867 (Registation Act, 1867)	—	जॉन लॉरेन्स
देशी भाषा समाचार-पत्र अधिनियम, 1878 (The Vernacular Press Act, 1878)	सोम प्रकाश पर प्रतिबन्ध	लॉर्ड लिटन
समाचार-पत्र अधिनियम, 1908 (The News Paper Act, 1908)	—	लॉर्ड मिण्टो द्वितीय
भारतीय समाचार-पत्र अधिनियम, 1910 (The Indian Press Act, 1910)	—	लॉर्ड मिण्टो द्वितीय
भारतीय समाचार-पत्र अधिनियम, 1931 (The Indian Press Act, 1931)	—	लॉर्ड इर्विन
समाचार-पत्र अधिनियम, 1951 (The Newspaper Act, 1951)	साम्प्रदायिक दंगों के कारण लागू	स्वतन्त्र भारत

देशी भाषा समाचार-पत्र अधिनियम, 1878 (वर्नाक्यूलर प्रेस एक्ट)

- लॉर्ड लिटन भारतीय समाचार-पत्रों का आलोचक था। भारतीय भाषायी समाचार-पत्रों को राष्ट्रवादी विचारों के प्रसार से रोकने एवं सरकार की आलोचना को प्रतिबन्धित करने के लिए 1878 ई. में **वर्नाक्यूलर प्रेस एक्ट** लागू किया गया।
- इस अधिनियम में यह प्रावधान था कि मजिस्ट्रेट भारतीय पत्रों के सम्पादकों से या तो बॉण्ड लिखा लें कि वे आपत्तिजनक सामग्री का प्रकाशन नही करेंगे या छपने से पूर्व निरीक्षण हेतु प्रस्तुत प्रमाण पेश करें। मजिस्ट्रेट का निर्णय अन्तिम होगा। उसके बाद अपील करने का कोई अधिकार नहीं होगा। इस अधिनियम को मुँह बन्द करने वाला अधिनियम कहा गया।
- सुरेन्द्रनाथ बनर्जी ने इस अधिनियम को **आकाश से होने वाला वज्रपात** कहा। अर्सकिन, जो भारतीय परिषद् के सदस्य थे, ने इसे ''विपरीतगामी, असंगत तथा भारत की भावी प्रगति के घातक पग'' बताया।

> **वर्नाक्यूलर प्रेस एक्ट** सरकार की भेदभावपूर्ण नीति का परिणाम था। इसके तहत **सोम प्रकाश** तथा **भारत मिहिर ढाका प्रकाश** तथा **सहचर** आदि समाचार-पत्रों के विरुद्ध मामले दर्ज किए गए। केवल पायनियर ने ही इस अधिनियम का समर्थन किया था। **लॉर्ड रिपन** के द्वारा 1882 ई. में वर्नाक्यूलर प्रेस एक्ट को निरस्त कर दिया गया।

समाचार-पत्र अधिनियम, 1908

- लॉर्ड कर्जन की नीतियों द्वारा उत्पन्न अशान्ति से राष्ट्रीय कांग्रेस में उग्रवादी दल का उत्थान हुआ और हिंसक घटनाएँ हुईं। समकालीन समाचार-पत्रों ने भी सरकार की कड़ी आलोचना की। इनको दबाने के लिए सरकार ने एक अधिनियम (Newspaper Incitement of Offences Act, 1908) पारित किया।
- इसके अनुसार, जो समाचार-पत्र आपत्तिजनक सामग्री, जिससे लोगों को हिंसा अथवा हत्या की प्रेरणा मिले, प्रकाशित करेगा उसकी सम्पत्ति अथवा मुद्रणालय को जब्त किया जा सकता था।
- स्थानीय सरकार 1867 ई. के समाचार-पत्रों तथा पुस्तकों के पंजीकरण के अधिनियम के अधीन किसी मुद्रक अथवा प्रकाशक की दी गई घोषणा को निरस्त कर सकती थी।

भारतीय समाचार-पत्र अधिनियम, 1910

- इसके अनुसार, स्थानीय सरकार किसी मुद्रणालय के स्वामी अथवा समाचार-पत्र के प्रकाशक से पंजीकरण जमानत माँग सकती थी, जो कम-से-कम ₹ 500 तथा अधिक-से-अधिक ₹ 2000 होगी और सरकार को जमानतें जब्त करने तथा पंजीकरण निरस्त करने का अधिकार था।
- सरकार को पुन: पंजीकरण के लिए कम-से-कम ₹ 1000 और अधिक-से-अधिक ₹ 10,000 की जमानत माँगने का अधिकार था और यदि समाचार-पत्र पुन: आपत्तिजनक सामग्री प्रकाशित करें, तो नए पंजीकरण को भी निरस्त करने का अधिकार था।
- मुद्रणालय को उस समाचार-पत्र अथवा पुस्तक की सभी प्रतियों को जब्त कर लेने का अधिकार था। इस प्रकार इस अधिनियम में वे सभी प्रावधान सम्मिलित थे, जो लॉर्ड लिटन के समय में प्रेस के सन्दर्भ में लाए गए थे। पीड़ित पक्ष 2 माह के अन्दर उच्च न्यायालय के अधीन विशेष न्यायाधिकरण में उस जब्ती की आज्ञा के विरुद्ध अपील कर सकता था।

प्रेस इन्क्वायरी कमेटी, 1921

भारतीय समाचार-पत्रों के प्रति कठोर प्रेस कानूनों की समीक्षा के लिए वर्ष 1921 में विधि सदस्य सर तेजबहादुर सप्रू की अध्यक्षता में प्रेस इन्क्वायरी कमेटी की नियुक्ति की गई। इस कमेटी की अनुशंसा पर वर्ष 1908 एवं 1910 के प्रेस अधिनियमों को निरस्त कर दिया गया।

भारतीय समाचार-पत्र (संकटकालीन शक्तियाँ) अधिनियम, 1931

- वर्ष 1931 का भारतीय समाचार-पत्र (संकटकालीन शक्तियाँ अधिनियम) 20वीं शताब्दी के चौथे दशक में राजनीतिक आन्दोलन में आई गति तथा महात्मा गाँधी द्वारा आरम्भ किए गए सविनय अवज्ञा आन्दोलन के कारण सरकार ने वर्ष 1930 में समाचार-पत्रों पर अधिक अच्छा नियन्त्रण स्थापित करने की भावना से एक नया समाचार-पत्र अध्यादेश जारी कर दिया, जिसके अन्तर्गत प्रान्तों को अत्यधिक शक्तियाँ प्रदान की गईं, ताकि वे सविनय अवज्ञा के प्रचार-प्रसार को ठीक (अच्छे) तरीके से दबा पाएँ।
- इस अधिनियम की धारा 4(1) में शब्द, संकेत तथा आकृति के द्वारा किसी की हत्या के लिए कठोर दण्ड की व्यवस्था की गई।

इसकी सिफारिशों में समाचार-पत्र और पुस्तकों के पंजीकरण के अधिनियम में संशोधन, **भारतीय दण्ड संहिता** की धारा 124 (A) और 153 (A) में परिवर्तन तथा वर्ष 1931 के देशी राज्य (असन्तोष के विरुद्ध रक्षा) अधिनियम और वर्ष 1934 के देशी राज्य (रक्षा) अधिनियम को निरस्त करना सम्मिलित था।

समाचार-पत्र जाँच समिति, 1947

- संविधान सभा में स्पष्ट किए गए मौलिक अधिकारों के प्रकाश में समाचार-पत्रों के कानूनों की समीक्षा करने के लिए भारत सरकार ने वर्ष 1947 में श्री गंगानाथ झा की अध्यक्षता में समाचार-पत्र जाँच समिति, 1947 का गठन किया था।
- इस समिति में 1931 के अधिनियम को रद्द करने, समाचार-पत्र और पुस्तकों के पंजीकरण अधिनियम में संशोधन करने, आई पी सी. की धारा 124 (A) व 153 (A) में परिवर्तन और 1931 के देशी राज्य (असन्तोष के विरुद्ध रक्षा) अधिनियम और 1934 के देशी राज्य (रक्षा) अधिनियम को रद्द करना शामिल था।

समाचार-पत्र, 1951 (आपत्तिजनक विषय अधिनियम)

- भारत सरकार ने वर्ष 1951 में ही संविधान के अनुच्छेद 19 (2) में संशोधन किया और समाचार-पत्र (आपत्तिजनक विषय) अधिनियम पारित किया।
- इस प्रेस कानून से मुद्रणालयों की सुरक्षा राशि (जमानत राशि) जमा कराने तथा उसको जब्त करने का अधिकार सरकार को प्राप्त हो गया। वह पूर्णत: प्रेस को प्रतिबन्धित कर सकती थी अथवा कोई भी समाचार प्रकाशित करने से रोक सकती थी।
- इस अधिनियम का **भारतीय कार्यकर्ता पत्रकार संघ** एवं **अखिल भारतीय समाचार-पत्र सम्पादक सम्मेलन** द्वारा विरोध किया गया। इस अधिनियम की जाँच हेतु जी एस राजाध्यक्ष की अध्यक्षता में वर्ष 1954 में एक समाचार-पत्र आयोग का गठन किया था।
- यह अधिनियम वर्ष 1956 तक लागू रहा। इस अधिनियम में यह प्रावधान किया गया था कि कोई भी कार्रवाई करने से पहले सम्बन्धित व्यक्ति को अपना पक्ष रखने के पर्याप्त अवसरों को उपलब्ध कराया जाए।

वर्ष 1965 में प्रेस परिषद् अधिनियम को पारित किया गया, ताकि भारतीय समाचार-पत्रों एवं पत्रकारों के सन्दर्भ में आन्तरिक विनियमन को स्थापित किया जा सके। इसमें यह भी व्यवस्था की गई कि यह परिषद् प्रेस के विकास हेतु कार्य करे। इस कानून को इन्दिरा गाँधी सरकार के समय लगे आपातकाल के दौरान निरसित (समाप्त) कर दिया गया।

ब्रिटिशकाल में स्थापित समाचार एजेन्सी

समाचार एजेन्सी	स्थापना
रायटर	1860 ई.
ए पी आई (एसोसिएट प्रेस ऑफ इण्डिया)	वर्ष 1905
फ्री प्रेस न्यूज सर्विस	वर्ष 1927
यू पी आई (यूनाइटेड प्रेस ऑफ इण्डिया)	वर्ष 1934
प्रेस ट्रस्ट ऑफ इण्डिया	वर्ष 1947

नोट ए पी आई (एसोसिएटेड प्रेस ऑफ इण्डिया) भारत की प्रथम राष्ट्रीय समाचार एजेन्सी थी।

भारत में प्रकाशित प्रमुख समाचार-पत्र : संक्षिप्त अवलोकन

समाचार-पत्र	संस्थापक/सम्पादक	स्थापना	स्थान	भाषा
टाइम्स ऑफ इण्डिया	रॉबर्ट नाइट	1861 ई.	बम्बई	अंग्रेजी
स्टेट्स मैन	रॉबर्ट नाइट	1878 ई.	कलकत्ता	अंग्रेजी
इंग्लिश मैन	रॉबर्ट नाइट	1811 ई.	कलकत्ता	अंग्रेजी
मद्रास मेल	चार्ल्स लावसन	वर्ष 1928	मद्रास	अंग्रेजी
पायनियर	जॉर्ज एलेन	1865 ई.	इलाहाबाद	अंग्रेजी
अमृत बाजार पत्रिका	मोतीलाल घोष, शिशिर कुमार घोष	1868,1878 ई.	कलकत्ता	बांग्ला, अंग्रेजी
सोम प्रकाश	ईश्वरचन्द्र विद्यासागर	1859 ई.	कलकत्ता	बांग्ला
बंगवासी	जोगिन्दर नाथ बोस	1881 ई.	कलकत्ता	बांग्ला
हिन्दू	वीर राघवाचारी	1878 ई.	मद्रास	अंग्रेजी
केसरी, मराठा	तिलक (प्रारम्भ में आगरकर के सहयोग से)	1881 ई.	बम्बई	मराठी, अंग्रेजी
हिन्दू	रानाडे	1878, 1881 ई.	मद्रास	अंग्रेजी
नेटिव ओपिनियन	वी एन माण्डलिक	1864 ई.	बम्बई	अंग्रेजी
बंगाली	सुरेन्द्रनाथ बनर्जी	1879 ई.	कलकत्ता	अंग्रेजी
भारत मित्र	बालमुकुन्द गुप्त	1874 ई.	कलकत्ता	हिन्दी
हिन्दुस्तान	मदन मोहन मालवीय, प्रताप नारायण मिश्र	वर्ष 1924.	कालाकांकर (उत्तर प्रदेश)	हिन्दी
बम्बई दर्पण	बाल शास्त्री	1832 ई.	बम्बई	मराठी
बस स्टैण्डर्ड, कॉमन वील	ऐनी बेसेण्ट	वर्ष 1914	मद्रास	अंग्रेजी
कवि वचन सुधा	भारतेन्दु हरिश्चन्द्र	1867 ई.	उत्तर प्रदेश	हिन्दी
हरिश्चन्द्र मैगजीन	भारतेन्दु हरिश्चन्द्र	1872 ई.	उत्तर प्रदेश	हिन्दी
हिन्दुस्तान स्टैण्डर्ड	सच्चिदानन्द सिन्हा	1899 ई.	पटना	अंग्रेजी
ज्ञान प्रदायिनी	नवीनचन्द्र राय	1866 ई.	कलकत्ता	हिन्दी
हिन्दी प्रदीप	बालकृष्ण भट्ट	1877 ई.	उत्तर प्रदेश	हिन्दी
इण्डियन रिव्यू	जी ए नटेशन	वर्ष 1900	मद्रास	अंग्रेजी
मॉडर्न रिव्यू	रामानन्द चटर्जी	वर्ष 1907	कलकत्ता	अंग्रेजी
यंग इण्डिया	महात्मा गाँधी	8 अक्टूबर, 1919	अहमदाबाद	अंग्रेजी
नव जीवन	महात्मा गाँधी	7 अक्टूबर, 1919	अहमदाबाद	हिन्दी, गुजराती
हरिजन	महात्मा गाँधी	11 फरवरी, 1933	पूना	हिन्दी, गुजराती
इण्डिपेण्डेन्स	मोतीलाल नेहरू	वर्ष 1919	इलाहाबाद	अंग्रेजी
आज	शिव प्रसाद गुप्त	वर्ष 1920	वाराणसी	हिन्दी
हिन्दुस्तान टाइम्स	के एम पन्निकर	वर्ष 1920	दिल्ली	अंग्रेजी
नेशनल हेराल्ड	जवाहरलाल नेहरू	वर्ष 1938	दिल्ली	अंग्रेजी
उदन्त मार्तण्ड	जुगल किशोर	1826 ई.	कानपुर	हिन्दी (प्रथम)
द ट्रिब्यून	सर दयाल सिंह मजीठिया	1877 ई.	चण्डीगढ़	अंग्रेजी
अल हिलाल	मौलाना अबुल कलाम आजाद	वर्ष 1912	कलकत्ता	उर्दू
अल बिलाग	मौलाना अबुल कलाम आजाद	वर्ष 1913	कलकत्ता	उर्दू
प्रताप पत्र	गणेश शंकर विद्यार्थी	वर्ष 1910	कानपुर	हिन्दी
गदर	गदर पार्टी	वर्ष 1913,1914	सैन फ्रांसिस्को	अंग्रेजी, पंजाबी
हिन्दू पैट्रियाट	हरिश्चन्द्र मुखर्जी	वर्ष 1955	कलकत्ता	अंग्रेजी

19वीं सदी की प्रमुख भारतीय पत्रिकाएँ

पत्रिकाएँ	सम्पादक
तरुण भारत	रामवृक्ष बेनीपुरी
हरिजन सेवक	वियोगी हरि
चाँद	महादेवी वर्मा
नागरी प्रचारिणी	आचार्य रामचन्द्र शुक्ल
माधुरी	दुलारेलाल भार्गव
सरस्वती	महावीर प्रसाद द्विवेदी
हिन्दी नवजीवन	हरिभाऊ उपाध्याय
हरिश्चन्द्र मैगजीन	भारतेन्दु हरिश्चन्द्र
कवि वचन सुधा	भारतेन्दु हरिश्चन्द्र
हिन्दी प्रदीप	बालकृष्ण भट्ट
मर्यादा	प्रेमचन्द
हिन्दुस्तान	प्रताप नारायण मिश्र
ब्राह्मण	प्रताप नारायण मिश्र
इन्दु	अम्बिका प्रसाद गुप्त

भारत में शिक्षा का विकास

- प्राचीनकाल में भारत अपने समृद्ध ज्ञान के कारण **विश्व गुरु** के उपनाम से जाना जाता था। भारतीय मनीषियों ने खगोलशास्त्र, गणित, आयुर्वेद, योग तथा विभिन्न भाषाओं आदि में विशेष कार्य किए थे, जो अरब के मार्ग के द्वारा यूरोप तक पहुँचे थे।
- ब्रिटिश शासन की स्थापना के बाद अंग्रेजों ने शिक्षा के क्षेत्र में अनेक कार्य किए।

आधुनिक पाश्चात्य शिक्षा का उद्भव

- भारत में आधुनिक पाश्चात्य शिक्षा का उद्भव औपनिवेशिक काल में हुआ। ईस्ट इण्डिया कम्पनी को जब अपना कार्य व्यवस्थित रूप से चलाने के लिए पढ़े-लिखे युवकों की आवश्यकता हुई, तो उसके बोर्ड ऑफ डायरेक्टर्स ने भारतीय युवकों को शिक्षित करने की योजनाएँ बनाईं।
- कम्पनी के इस कार्य में ईसाई मिशनरियों ने सर्वाधिक सहायता की। ईसाई मिशनरियों ने अपने धर्म प्रचार करने तथा धर्मान्तरण को बढ़ावा देने के लिए अंग्रेजी का प्रचार-प्रसार किया। इस प्रकार भारत में आधुनिक पाश्चात्य शिक्षा का प्रारम्भ हुआ।

> वॉरेन हेस्टिंग्स के समय में ही सर विलियम जॉन्स ने 1784 ई. में कलकत्ता में एशियाटिक सोसायटी की स्थापना की। चार्ल्स विल्किन्स ने **भगवद्गीता** तथा **हितोपदेश** का अंग्रेजी में क्रमशः 1784 और 1787 ई. में अनुवाद किया। विलियम जोन्स ने 1789 ई. में कालिदास द्वारा रचित अभिज्ञानशाकुन्तलम् का अंग्रेजी में अनुवाद किया। मनुस्मृति का अनुवाद **ए कोड ऑफ जेण्टूलॉज** के नाम से 1794 ई. में प्रकाशित हुआ।

- आधुनिक काल में **वॉरेन हेस्टिंग्स** ने भारत में शिक्षा के प्रचार-प्रसार के लिए सर्वप्रथम प्रयास करते हुए 1781 ई. में फारसी एवं अरबी भाषा के अध्ययन के लिए कलकत्ता मदरसे की स्थापना की। इस मदरसे का मुख्य उद्देश्य **इस्लामिक कानून** एवं इससे सम्बन्धित विषयों की जानकारी उपलब्ध कराना था। इस क्रम में 1791 ई. में **जोनाथन डंकन** ने बनारस में संस्कृत विद्यालय खोला था, जिसमें हिन्दू कानून (विधि) एवं दर्शन का अध्ययन किया जाता था।

> - **जे ई डी बेथुन** ने 1849 ई. में भारतीय बालिकाओं के लिए एक विद्यालय खोला, जिसका संचालन परवर्ती समय में लॉर्ड डलहौजी ने किया।
> - यह विद्यालय बेथून स्कूल के नाम से प्रसिद्ध हुआ। ईश्वरचन्द्र विद्यासागर 1849 ई. में स्थापित हिन्दू फीमेल स्कूल से सम्बद्ध थे, जिसे बाद में बेथून फीमेल स्कूल के नाम से जाना गया।
> - 1800 ई. में लॉर्ड वेलेजली ने कम्पनी के असैनिक अधिकारियों के प्रशिक्षण के लिए **फोर्ट विलियम कॉलेज** की स्थापना कलकत्ता में (अब कोलकाता) की थी, लेकिन कुछ कारणों से 1802 ई. में यह कॉलेज बन्द कर दिया गया। इसके स्थान पर 1806 ई. में इंग्लैण्ड के हेलेबरी में एक प्रशिक्षण केन्द्र आरम्भ किया गया। डेविड हेयर तथा राजा राममोहन राय के प्रयत्नों से 1817 ई. में कलकत्ता में हिन्दू कॉलेज स्थापित हुआ। यह पाश्चात्य पद्धति (अंग्रेजी माध्यम) में उच्च शिक्षा प्रदान करने वाला प्रथम कॉलेज था।

- ब्रिटिश सरकार ने सर्वप्रथम 1813 के **चार्टर एक्ट** में साहित्य के पुनरुद्धार, भारत में स्थानीय विद्वानों को प्रोत्साहित करने तथा भारतीय लोगों को विज्ञान एवं दर्शन की शिक्षा उपलब्ध कराने के लिए एक लाख रुपये का प्रावधान किया, लेकिन इस राशि को व्यय करने के प्रश्न पर विवाद होने के कारण 1823 ई. तक यह राशि उपलब्ध नहीं कराई गई।
- ब्रिटिशों द्वारा भारत में पाश्चात्य शिक्षा प्रदान करने अथवा अंग्रेजी शिक्षा को प्रोत्साहित करने का मुख्य उद्देश्य अपने कार्यालय हेतु भारतीय क्लर्क तैयार करना था, जो उनके छोटे प्रशासनिक पदों का कार्यभार सम्भाल सकें।
- कालान्तर में ब्रिटिश भारतीय सरकार के द्वारा कलकत्ता, बनारस एवं आगरा में संस्कृत कॉलेज की स्थापना की गई एवं विज्ञान से सम्बन्धित यूरोपीय पुस्तकों का अनुवाद, प्राच्य भाषाओं में कराया गया।

आंग्ल-प्राच्य भाषा विवाद

- लोक शिक्षा के लिए गठित सामान्य समिति के 10 सदस्यों में से, भारत में शिक्षा के विकास से सम्बन्धित दो दलों का उद्भव हुआ। एक दल प्राच्य भाषा का समर्थक था, जो भारत में शिक्षा का प्रसार प्राच्य भाषा के माध्यम अर्थात् संस्कृत तथा अरबी से करना चाहता था। प्राच्य मत के प्रमुख समर्थक **एच टी प्रिन्सेप, एच एच विल्सन** आदि थे। जबकि आंग्ल भाषा के समर्थक मुनरो, एल्फिन्स्टन एवं लॉर्ड मैकाले थे।
- प्राच्य पाश्चात्य विवाद को बढ़ता देखकर तत्कालीन ब्रिटिश लार्ड बैण्टिक ने अपनी काउन्सिल के विविध सदस्य लॉर्ड मैकाले को लोक शिक्षा समिति का प्रमुख नियुक्त कर उन्हें भाषा सम्बन्धी विवाद पर अपना विवरण-पत्र प्रस्तुत करने का आदेश दिया।

- विधि सदस्य मैकाले ने 2 फरवरी, 1835 को तत्कालीन गवर्नर-जनरल **लॉर्ड विलियम बैण्टिक** को पत्र लिखकर आंग्ल-भाषा से शिक्षा का प्रसार करने का अनुरोध किया।

> **मैकाले** ने अंग्रेजी भाषा साहित्य की प्रशंसा तथा भारतीय भाषा व साहित्य की आलोचना करते हुए कहा कि "यूरोप के एक अच्छे पुस्तकालय की अलमारी का एक कक्ष भारत के एक अरब के समस्त साहित्य से अधिक मूल्यवान है।" इसे बैण्टिक ने 7 मार्च, 1835 को स्वीकार करते हुए कम्पनी को इस पर कार्य करने के लिए कहा और यह आदेश दिया कि कम्पनी यूरोपीय साहित्य को अंग्रेजी माध्यम में ही और अधिक संवृद्ध करे तथा शिक्षा से सम्बन्धित सभी व्यय इसी के विकास में लगाए। फलत: 1854 ई. से पूर्व मैकाले की यह नीति भारत में शिक्षा के विकास का प्रमुख आधार रही।

शिक्षा का अधोमुखी निस्यन्दन सिद्धान्त

- औपनिवेशिक युग में ब्रिटिश सरकार ने महसूस किया कि प्रत्येक भारतीय वर्ग तक शिक्षा को नहीं पहुँचाया जा सकता है, इसलिए उन्होंने शिक्षा के प्रसार का **अधोमुखी निस्यन्दन सिद्धान्त** (Infiltration theory) लागू किया। इस सिद्धान्त के अनुसार, भारतीय उच्च वर्गों को शिक्षित किया जाए, जिनसे छनकर शिक्षा का प्रसार निम्न वर्गों तक हो जाएगा।
- एक सरकारी नीति के रूप में इस सिद्धान्त को **ऑकलैण्ड** ने लागू किया था, परन्तु शीघ्र ही यह नीति असफल हो गई। इसका मुख्य कारण उच्च वर्गों का ब्रिटिश सरकार में प्रतिनिधित्व प्राप्त करने पर अन्य भारतीय वर्गों से पृथक् रहना था।
- सरकारी पद प्राप्त करने के पश्चात् ये अपने कर्त्तव्यों की अवहेलना भी कर देते थे। उनका जुड़ाव स्थानीय लोगों से टूट चुका था, जिससे वे उनकी सहानुभूति भी खो चुके थे। फलत: ब्रिटिश सरकार ने 1854 ई. के **वुड डिस्पैच** के बाद इस नीति को त्याग दिया।

> **चार्ल्स वुड डिस्पैच, 1854**
>
> 19 जुलाई, 1854 को गवर्नर-जनरल लॉर्ड डलहौजी के समय में बोर्ड ऑफ कण्ट्रोल के प्रधान सदस्य **चार्ल्स वुड** ने भारत की भावी शिक्षा के लिए एक योजना प्रस्तुत की, जिसे वुड्स डिस्पैच कहा गया। इसे **भारतीय शिक्षा का मैग्नाकार्टा** भी कहा जाता है।

शिक्षा से सम्बन्धित विभिन्न आयोग

शिक्षा से सम्बन्धित विभिन्न आयोग निम्नलिखित हैं

हण्टर शिक्षा आयोग, 1882-83

- लॉर्ड रिपन ने 1882 ई. में डब्ल्यू डब्ल्यू हण्टर की अध्यक्षता में एक 20 सदस्यीय आयोग का गठन किया, जिसमें 8 सदस्य भारतीय थे। इस आयोग का उद्देश्य 1854 ई. के पश्चात् शिक्षा के क्षेत्र में हुई प्रगति का मूल्यांकन करना था।
- इस आयोग को **प्राथमिक तथा माध्यमिक शिक्षा के प्रसार** के लिए भी उपाय सुझाने थे। हण्टर शिक्षा आयोग ने निम्नलिखित सुझाव दिए थे
  - प्राथमिक शिक्षा के विकास और सुधार पर विशेष ध्यान दिया जाना चाहिए तथा यह **स्थानीय भाषा अथवा मातृभाषा** में होना चाहिए।
  - माध्यमिक शिक्षा दो प्रकार की होनी चाहिए, जिसमें एक साहित्यिक शिक्षा, जो उच्च स्तर या विश्वविद्यालय में प्रवेश के लिए हो तथा दूसरी, **व्यावसायिक या व्यवसायपरक** शिक्षा दी जाए।
  - **स्थानीय भाषा** में प्राथमिक शिक्षा के प्रचार-प्रसार के लिए सरकार को विशेष प्रयास करने चाहिए तथा इसके विकास हेतु इसे नवनिर्मित नगर एवं जिला बोर्डों को सौंप दिया जाना चाहिए।
  - निजी प्रयत्नों को शिक्षा के क्षेत्र में पूर्णरूपेण बढ़ावा देना चाहिए।
  - बम्बई, कलकत्ता एवं मद्रास के अतिरिक्त अन्य स्थानों पर **महिला शिक्षा** का विकास किया जाना चाहिए।

> हण्टर शिक्षा आयोग की सिफारिशों के परिणामस्वरूप भारत में माध्यमिक एवं कॉलेज स्तर की शिक्षा का तीव्र विकास हुआ। 1882 ई. में **पंजाब** एवं 1887 ई. में **इलाहाबाद विश्वविद्यालय** की स्थापना की गई।

भारतीय विश्वविद्यालय अधिनियम, 1904

- **कर्जन** ने ब्रिटिश सरकार के प्रशासन को सुधारने के लिए वर्ष 1901 में शिमला में एक सम्मेलन आयोजित किया, जिसमें भारतीय शिक्षा के विकास पर चर्चा की गई। इस सम्मेलन के फलस्वरूप वर्ष 1902 में **सर टॉमस रैले** की अध्यक्षता में एक आयोग स्थापित किया गया, जिसका कार्य विश्वविद्यालयी शिक्षा की समीक्षा करना था। सैय्यद हुसैन बिलग्रामी तथा गुरुदास बनर्जी, दो भारतीय इस आयोग में सदस्य के रूप में शामिल थे।
- इस आयोग की अनुशंसा पर वर्ष 1904 में भारतीय विश्वविद्यालय अधिनियम पारित किया गया। इसमें निम्न **अनुशंसाएँ** भी की गईं
  - विश्वविद्यालयों में 6 वर्ष तक के लिए उप-सदस्य नियुक्त किए जाने चाहिए, जिनकी संख्या कम-से-कम 50 या 100 होनी चाहिए। इन उप-सदस्यों का मनोनयन सरकार के द्वारा होना चाहिए।
  - गवर्नर-जनरल को विश्वविद्यालयों की सीमाएँ निश्चित करने का अधिकार दिया जाए तथा अशासकीय कॉलेजों पर नियन्त्रण कठोर किए जाएँ।
  - विश्वविद्यालयों को प्राध्यापकों, व्याख्याताओं एवं प्रयोगशालाओं का समुचित प्रबन्ध करना चाहिए।
  - भारतीय विश्वविद्यालय अधिनियम, 1904 का राष्ट्रवादी तत्त्वों ने व्यापक विरोध किया, क्योंकि इसमें निजी कॉलेजों पर कठोर प्रतिबन्ध लगाए गए थे।

> **गोपालकृष्ण गोखले** के द्वारा इस अधिनियम की यह कहकर आलोचना की गई कि "यह राष्ट्रीय शिक्षा को पीछे की ओर ले जाने वाला अधिनियम है।"

- यह अधिनियम अपने मूल रूप में लागू न हो सका, परन्तु इस अधिनियम का एक अच्छा प्रभाव यह हुआ कि शिक्षा पर ₹ 5 लाख का अनुदान प्रत्येक 5 वर्ष के लिए निश्चित किया गया। भारत में एक **शिक्षा महानिदेशक** (एच डब्ल्यू ऑरेन्ज) की नियुक्ति भी की गई।

> कर्जन के समय **कृषि विभाग** एवं **पुरातत्त्व विभाग** की स्थापना भी की गई। वर्ष 1905 में कार्लाइल परिपत्र जारी हुआ, जिसके अन्तर्गत राजनीतिक उद्देश्यों की प्राप्ति हेतु विद्यार्थियों के प्रयोग किए जाने की निन्दा की गई।

सैडलर विश्वविद्यालय आयोग, 1917-19

- कलकत्ता विश्वविद्यालय की शिक्षा नीतियों की समीक्षा करने के लिए वर्ष 1917 में **एम ई सैडलर** की अध्यक्षता में सैडलर विश्वविद्यालय आयोग की स्थापना की गई। इस आयोग के दो प्रमुख भारतीय सदस्य **आशुतोष मुखर्जी** एवं **जियाउद्दीन अहमद** थे। इस आयोग ने कलकत्ता विश्वविद्यालय की शिक्षा नीतियों की आलोचना करते हुए उसे शिक्षा के विकास में असफल बताया था। इस आयोग की प्रमुख अनुशंसाएँ निम्न थीं
  - स्कूल की शिक्षा 12 वर्ष की होनी चाहिए। हाईस्कूल की परीक्षा के पश्चात् विद्यार्थी 2 वर्ष तक इण्टरमीडिएट में शिक्षा प्राप्त करें। इस शिक्षा व्यवस्था हेतु प्रत्येक प्रान्त में हाईस्कूल बोर्ड व इण्टरमीडिएट बोर्ड की स्थापना की जाए।
  - स्नातकीय शिक्षा (Degree Course) अधिकतम 3 वर्ष की हो। बी.ए., साधारण (Pass) पाठ्यक्रम, आनर्स (Honours) पाठ्यक्रम अलग-2 होने चाहिए। विश्वविद्यालय के नियमों के बनाने में कठोरता होनी चाहिए।
  - महिलाओं के लिए शिक्षा का प्रचार-प्रसार होना चाहिए।
  - विश्वविद्यालयों के द्वारा व्यवसायिक शिक्षा प्रदान करने वाले कॉलेज भी खोले जाने चाहिए।
  - वर्ष 1916 और 1921 के मध्य 7 विश्वविद्यालयों की स्थापना की गई, जिसमें वर्ष 1916 में मैसूर एवं बनारस, वर्ष 1917 में पटना, वर्ष 1918 में उस्मानिया, वर्ष 1920 में अलीगढ़, वर्ष 1921 में लखनऊ तथा ढाका विश्वविद्यालयों की स्थापना की गई। वर्ष 1919 के **मॉण्टेग्यू-चेम्सफोर्ड** सुधारों के अधीन प्रान्तों में शिक्षा विभाग लोक निर्वाचित मन्त्री के नियन्त्रण में दे दिया गया। शिक्षा के लिए केन्द्रीय अनुदान बन्द कर दिया गया तथा केन्द्रीय सरकार ने शिक्षा में रुचि रखनी बन्द कर दी।

द्वैध-शासन के अन्तर्गत शिक्षा

- वर्ष 1919 में माण्टेग्यू-चेम्सफोर्ड सुधारों के अनुसार, प्रान्तों में शिक्षा विभाग एक निर्वाचित मन्त्री के अधीन कर दिया गया। केन्द्र द्वारा मिलने वाला शिक्षा से सम्बन्धित अनुदान को बन्द कर दिया गया।
- केन्द्र की इस उपेक्षा के कारण शिक्षा के स्तर में गिरावट आ गई। प्रान्तीय सरकारें वित्तीय अभाव के कारण प्रभावी शिक्षा की व्यवस्था न कर सकीं। शिक्षा को प्रान्तीय सरकारों के अधीन कर दिया गया।

हार्टोग समिति, 1929

- इस समिति का गठन वर्ष 1929 में **सर फिलिप हार्टोग** के नेतृत्व में किया गया था।
- इस सहायक समिति का उद्देश्य शिक्षा के विकास पर रिपोर्ट देना था। हार्टोग समिति की सिफारिशें निम्नलिखित थीं
  - प्राथमिक शिक्षा के राष्ट्रीय महत्त्व पर बल।
  - ग्रामीण संस्कृति के छात्रों को मिडिल स्कूल (8वीं कक्षा) तक ही शिक्षा दी जाए, इसके पश्चात् उन्हें औद्योगिक तथा व्यावसायिक शिक्षा दी जाए।
  - उच्च शिक्षा प्राप्त करने योग्य छात्रों को ही उच्च शिक्षा प्राप्त करने की अनुमति दी जाए।

नोट हार्टोग समिति की सफारिशों के आधार पर वर्ष 1935 में केन्द्रीय शिक्षा सलाहकार बोर्ड का पुनर्गठन किया गया।

> **वर्धा योजना**
>
> **महात्मा गाँधी** ने वर्ष 1937 में मौलिक शिक्षा के लिए **हरिजन** समाचार-पत्र में वर्धा योजना प्रकाशित की। गाँधीजी के परामर्श से इस योजना का अन्तिम रूप जाकिर हुसैन ने प्रदान किया।
>
> इसमें अध्यापकों के प्रशिक्षण, पर्यवेक्षण, परीक्षण के सुझाव दिए गए। योजना के अन्तर्गत विद्यार्थियों को 7 वर्ष तक अपनी मातृभाषा में अध्ययन करना आवश्यक था। उन्हें यह शिक्षा निःशुल्क एवं अनिवार्य रूप से प्रदान की जानी थी।
>
> हस्त उत्पादक कार्य प्रणाली अपनाना इस योजना की मुख्य विशेषता थी, लेकिन द्वितीय विश्व युद्ध और मन्त्रिमण्डलों के त्याग-पत्र के कारण यह योजना लागू नहीं की गई, परन्तु वर्ष 1947 के बाद भारत सरकार द्वारा इस योजना को लागू किया गया।

सार्जेण्ट योजना, 1944

- वर्ष 1944 में भारत सरकार ने शिक्षा सलाहकार **सर जॉन सार्जेण्ट** के सुझाव पर एक राष्ट्रीय शिक्षा योजना तैयार की, इसे सार्जेण्ट योजना कहा गया। इसके प्रमुख प्रावधान निम्नलिखित थे
  - 6 से 11 वर्ष तक के बच्चों के लिए निःशुल्क और अनिवार्य शिक्षा का प्रबन्ध हो।
  - प्रारम्भिक एवं उच्च माध्यमिक विद्यालय स्थापित किए जाएँ।
  - 11 से 17 वर्ष तक के छात्रों के लिए 6 वर्ष की शिक्षा व्यवस्था की जाए।
  - उत्तर माध्यमिक श्रेणी समाप्त की जाए।
  - 40 वर्ष तक देश में शिक्षा के पुनर्निर्माण का कार्य होना चाहिए। खेर समिति ने इसे घटाकर 16 वर्ष कर दिया था।
  - समिति के द्वारा विद्या विषयक तथा तकनीकी एवं व्यावसायकि शिक्षा हेतु उच्चतर विद्यालयों की स्थापना की बात कही।

राधाकृष्णन आयोग, 1948-49

- स्वतन्त्रता के बाद राष्ट्रीय सरकार ने शिक्षा का विकास करने के लिए नवम्बर, 1948 में डॉ. राधाकृष्णन की अध्यक्षता में एक आयोग गठित किया। इस आयोग ने अगस्त, 1949 में अपनी निम्नलिखित अनुशंसाएँ दी थीं
  - विश्वविद्यालय से पहले 12 वर्ष का अध्ययन अनिवार्य हो।
  - विश्वविद्यालय में कम-से-कम 11-11 सप्ताहों के तीन सत्रों में 180 दिन की पढ़ाई होनी चाहिए।
  - सामान्य शिक्षा, संस्कारी शिक्षा, व्यावसायिक शिक्षा, उच्च शिक्षा के तीन मुख्य उद्देश्य निर्धारित किए गए। इसमें सामान्य शिक्षा पर अधिक बल दिया गया।
  - प्रशासनिक सेवाओं के लिए विश्वविद्यालय की स्नातक उपाधि आवश्यक नहीं होनी चाहिए।
  - शिक्षा को समवर्ती सूची में शामिल किया जाए।
  - देश में विश्वविद्यालय शिक्षा की देख-रेख करने के लिए एक **विश्वविद्यालय अनुदान आयोग** (UGC) की स्थापना की जाए।

विश्वविद्यालय अनुदान आयोग

वर्ष 1949 में राधाकृष्णन आयोग की अनुशंसाओं के बाद **भारत सरकार** ने वर्ष 1953 में विश्वविद्यालय अनुदान आयोग (UGC) गठित किया। इसका गठन एक स्वायत्ततापूर्ण संस्थान के रूप में किया गया। सरकार द्वारा मान्यता प्राप्त विश्वविद्यालयों एवं महाविद्यालयों को अनुदान प्रदान करना इसका मुख्य कार्य है। वर्तमान में यह विश्वविद्यालयों में शिक्षा, शोध, सुविधा और शिक्षा से सम्बद्ध अन्य विकास योजनाओं का पर्वेक्षण एवं सम्पादन करता है। ध्यात्व्य है कि वर्ष 1947 में देश में जहाँ कुल 19 विश्वविद्यालय थे, वहीं वर्ष 2022 तक इनकी संख्या बढ़कर 1055 हो गई। यह विश्वविद्यालयों को मान्यता प्रदान करता है। इसका मुख्यालय **नई दिल्ली** में स्थित है।

कोठारी शिक्षा आयोग, 1964

- भारत सरकार ने शिक्षा के सभी पक्षों एवं प्रक्रमों की समीक्षा करने के लिए वर्ष 1964 में डॉ. डी एस कोठारी की अध्यक्षता में एक आयोग का गठन किया।
- इस आयोग को यूनेस्को सचिवालय ने श्री जे एफ मैकडूगल की सेवाएँ उपलब्ध कराई थीं, जो एक सलाहकार सचिव के रूप में आयोग को सहयोग करेगा।
- आयोग ने अपनी रिपोर्ट में निम्नलिखित तथ्यों को प्रकाशित किया था
  - सामाजिक उत्तरदायित्व तथा नैतिक शिक्षा की भावना को उत्पन्न करने वाली शिक्षा प्रणाली अपनाई जाए।
  - समाज सेवा, कार्य अनुभव आदि को शिक्षा के सभी स्तरों पर लागू किया जाए।
  - माध्यमिक शिक्षा को व्यावसायिक एवं तकनीकीपूर्ण बनाया जाए।
  - विश्वविद्यालयों में अन्तर्राष्ट्रीय मानकों को स्थापित किया जाए।
  - शिक्षा के पुनर्निमाण में कृषि, कृषि अनुसन्धान तथा इससे सम्बन्धित विज्ञानों को उच्च प्राथमिकता दी जानी चाहिए।
  - राष्ट्रीय आय का 6% शिक्षा पर व्यय होना चाहिए।

प्रमुख शिक्षा आयोग : एक नजर में

आयोग/समिति (अध्यक्ष)	ई./वर्ष	प्रमुख तथ्य
वुड डिस्पैच (चार्ल्स वुड)	1854 (लॉर्ड डलहौजी)	1855 ई. में लोक शिक्षा विभाग की स्थापना तथा 1857 ई. में बम्बई, कलकत्ता तथा मद्रास विश्वविद्यालय की स्थापना
हण्टर शिक्षा आयोग (विलियम हण्टर)	1882-83 (लॉर्ड रिपन)	–
रैले कमीशन (टॉमस रैले)	1902 (लॉर्ड कर्जन)	वर्ष 1904 में भारतीय विश्वविद्यालय अधिनियम पारित
सैडलर कमीशन (माइकल सैडलर)	1917 (लॉर्ड चेम्सफोर्ड)	मैसूर, पटना, बनारस, अलीगढ़, ढाका, लखनऊ तथा उस्मानिया विश्वविद्यालय की स्थापना
हार्टोग समिति (फिलिप हार्टोग)	1929 (लॉर्ड इरविन)	–
सार्जेण्ट योजना (जॉन सार्जेण्ट)	1944 (लॉर्ड वेवेल)	6-11 वर्ष तक के बच्चों के लिए निःशुल्क एवं अनिवार्य शिक्षा का प्रबन्ध
राधाकृष्णन आयोग	1948-49 (लॉर्ड माउण्टबेटेन)	इसकी अनुशंसा पर वर्ष 1953 में यू जी सी का गठन
कोठारी शिक्षा आयोग (डी एस कोठारी)	1946-66	इसके आधार पर वर्ष 1968 में शिक्षा की राष्ट्रीय नीति की घोषणा
राममूर्ति समिति (आचार्य राममूर्ति)	1990	नवोदय विद्यालय को आदर्श विद्यालय के रूप में विकसित करना
यशपाल समिति (प्रो. यशपाल)	2008	राष्ट्रीय उच्च शिक्षा एवं अनुसन्धान आयोग के गठन का सुझाव तथा डीम्ड विश्वविद्यालय की मान्यता को समाप्त करने की अनुशंसा

प्रीलिम्स फैक्ट्स

- भारत में प्रिण्टिंग प्रेस किसने और कब शुरू की थी?
  – पुर्तगालियों ने 1550 ई. में [JPSC (Pre) 2021]
- किस गवर्नर जनरल ने सर्वप्रथम प्रेस सेन्सरशिप की थी?
  – लॉर्ड वेलेजली [UPPSC (Pre) 2001]
- किस गवर्नर जनरल/वायसराय ने वर्नाक्यूलर प्रेस एक्ट का प्रवर्तन किया था? *– लॉर्ड लिटन [UPPSC (Pre) 2007]*
- नील आन्दोलन का समर्थन करने वाले 'हिन्दू पैट्रियाट' के सम्पादक थे
  – हरिशचन्द्र मुखर्जी [UPPSC (Pre) 1998]
- भारतीयों द्वारा अंग्रेजी भाषा में प्रकाशित प्रथम समाचार पत्र कौन-सा था? *– हिन्दू पैट्रियाट [UPPSC (Mains) 2006]*
- भारत का पहला समाचार-पत्र कौन-सा था?
  – बंगाल गजट [UPPSC (Mains) 2004]
- हिन्दी का पहला समाचार-पत्र उदन्त मार्तण्ड (30 मई, 1826) कहाँ से प्रकाशित हुआ था? *– कोलकाता से [UPPSC (Mains) 20014]*
- 'अमृत बाजार पत्रिका' की स्थापना किसने की थी?
  – शिशिर कुमार घोष ने [BPSC (Pre) 2005]
- अमेरिका में 'फ्री हिन्दुस्तान' अखबार किसने शुरू किया था?
  – तारकनाथ दास ने [BPSC (Pre) 1994]
- इण्डियन ओपिनियन पत्रिका के प्रथम सम्पादक कौन थे?
  – मनसुखलाल नजर [UPPSC (Pre) 2014]
- पत्रकार के कर्त्तव्य का निर्वहन करते हुए जेल जाने वाला प्रथम भारतीय कौन था? *– बाल गंगाधर तिलक [UPPSC (Pre) 1997]*
- वर्ष 1920 में लाहौर से लाजपत राय द्वारा उर्दू का कौन-सा समाचार-पत्र प्रारम्भ किया गया था? *– वन्दे मातरम् [UPPSC (Pre) 2008]*
- मराठी पाक्षिक 'बहिष्कृत भारत' को किसने प्रारम्भ किया था?
  – डॉ. बी.आर. अम्बेडकर ने [UPPSC (Pre) 2004]
- 'कौमी आवाज' पत्र का आरम्भ किसने किया था?
  – जवाहरलाल नेहरू [UPPSC (Mains) 2013]
- गदर-पत्र का प्रथम अंक किस भाषा में प्रकाशित किया गया था?
  – उर्दू भाषा में [UPPSC (Mains) 2007]
- स्वदेशवाहिनी के सम्पादक कौन थे?
  – के. रामकृष्ण पिल्लै [UPPSC (Pre) 2005]
- कौन-सी एमएन. राय की उत्प्रवासी साम्यवादी पत्रिका थी?
  – वैनगार्ड [UPPSC (Mains) 2017]
- दशरोजा पत्रिका राष्ट्रीय आन्दोलन के दौरान किसने प्रारम्भ की थी?
  – अब्दुल गफ्फार खाँ [CGPSC (Pre) 2018]
- द इण्डियन सोशियोलॉजिस्ट पत्रिका का सम्पादन किसने आरम्भ किया था? *– श्यामजी कृष्ण वर्मा [IAS (Pre) 1999]*
- संध्या नामक पत्रिका के सम्पादक कौन थे?
  – ब्रह्म बान्धव उपाध्याय [MPPSC (Pre) 2008]
- ब्रिटिश सरकार के किस अधिनियम ने सर्वप्रथम भारत में शिक्षा के लिए ₹ 1 लाख दिए थे? *– चार्टर अधिनियम, 1813 [UPPSC (Mains) 2009]*
- भारत में आधुनिक शिक्षा प्रणाली की नींव किससे पड़ी?
  – 1835 के मैकाले स्मरण-पत्र से [IAS (Pre) 2015]
- सर चार्ल्स वुड का आदेश-पत्र किससे सम्बन्धित था?
  – शिक्षा से [MPPSC (Pre) 2016]
- 1854 ई. की वुड-विज्ञप्ति में अभिव्यक्त शिक्षा का लक्ष्य था
  – भारत में पाश्चात्य संस्कृति का प्रसार [IAS (Pre) 2003]
- हण्टर कमीशन की रिपोर्ट में किसके विकास पर विशेष बल दिया गया था? *– प्राथमिक शिक्षा [UPPSC (Pre) 2004]*
- वर्ष 1902 में लॉर्ड कर्जन ने दो भारतीय सदस्यों को सम्मिलित करते हुए एक विश्वविद्यालय आयोग गठित किया। वे कौन थे?
  – सैयद हुसैन बिलग्रामी तथा न्यायमूर्ति गुरुदास बनर्जी [BPSC (Pre) 2020]
- शिक्षा में सुधार हेतु ब्रिटिश सरकार ने सैडलर विश्वविद्यालय आयोग कब बनाया? *– वर्ष 1917 में [BPSC (Pre) 2008]*
- स्वतन्त्रता पूर्व अवधि में ब्रिटिश सरकार द्वारा भारत में आधुनिक शिक्षा के प्रसार का मुख्य उद्देश्य क्या था?
  – छोटे प्रशासनिक पदों पर नियुक्ति हेतु शिक्षित भारतीयों की आवश्यकता [UKPSC (Pre) 2005]
- किस गवर्नर जनरल के शासनकाल में भारत में अंग्रेजी शिक्षा आरम्भ की गई थी? *– लॉर्ड विलियम बैंटिक [UPPSC (Mains) 2010]*
- वेलेजली ने कलकत्ता में फोर्ट विलियम कॉलेज की स्थापना किस उद्देश्य से की थी?
  – ब्रिटिश नागरिकों को भारत में प्रशासन हेतु प्रशिक्षित करने के लिए। [IAS (Pre) 2020]
- भारत में अंग्रेजों ने प्रथम मदरसा कहाँ स्थापित किया गया था?
  – कलकत्ता में [UPPSC (Pre) 2006]
- भारत में प्रथम तीन विश्वविद्यालयों (कलकत्ता, मद्रास, बम्बई) की स्थापना किस वर्ष हुई थी? *– 1857 ई. [RAS/RTS (Pre) 2010]*
- सर्वप्रथम भगवद्‌गीता का अंग्रेजी में अनुवाद किसने किया था?
  – चार्ल्स विल्किन्स [IAS (Pre) 2001]
- तिलक, गाँधी जी, विवेकानन्द तथा मदन मोहन मालवीय में से किसने भारतीय विश्वविद्यालयों में धार्मिक शिक्षा के लिए प्रबल रूप से वकालत की थी? *– मदन मोहन मालवीय [UPPSC (Pre) 2005]*
- बनारस हिन्दू विश्वविद्यालय का शिलान्यास किसने किया था?
  – लॉर्ड हार्डिंग ने [UPPSC (Mains) 2003]
- नेशनल काउन्सिल ऑफ एजुकेशन की स्थापना कब की गई?
  – 15 अगस्त, 1906 को [BPSC (Pre) 2011]
- इण्डियन इन्स्टीट्यूट ऑफ साइन्स की स्थापना बंगलुरु में कब और किसके प्रयासों से हुई थी?
  – वर्ष 1909 में, जमशेद जी टाटा [RAS/RTS (Pre) 2021]
- रानाडे, फिरोजशाह मेहता, तिलक तथा दयानन्द सरस्वती में से कौन डेक्कन एजुकेशनल सोसायटी की स्थापना से सम्बन्धित था?
  – बी.जी. तिलक [UPPSC (Pre) 2013]

सेल्फ चैक

1. 1878 के वर्नाक्यूलर प्रेस एक्ट के अन्तर्गत भारतीय भाषा के समाचार-पत्रों का दमन किसकी आलोचना के कारण हुआ था?
(a) अंग्रेजी अधिकारियों की उड़ाऊ जीवन-शैली
(b) अंग्रेजी मालिकों द्वारा नील के कामगारों के साथ बुरा व्यवहार
(c) 1876-77 ई. के अकाल पीड़ितों के प्रति अंग्रेजी अधिकारियों का अमानवीय दृष्टिकोण
(d) अंग्रेजी अधिकारियों द्वारा भारत के धार्मिक स्थानों का दुरुपयोग

2. हिन्दी का पहला समाचार-पत्र 'उदन्त मार्तण्ड' (30 मई, 1826) प्रकाशित हुआ था **UPPSC (Mains) 2014**
(a) कोलकाता से (b) पटना से
(c) इलाहाबाद से (d) लखनऊ से

3. 1857 ई. में लन्दन से प्रकाशित होने वाले समाचार-पत्र 'टाइम्स' के संवाददाता कौन थे, जिन्होंने लिखा था 'उत्तरी भारत में गोरे आदमी की गाड़ी को कोई भी मित्रतापूर्ण दृष्टि से नहीं देखता था'? **MPPSC (Pre) 2021**
(a) डब्ल्यू एच रसेल (b) रॉबर्ट पील
(c) ग्लेडस्टोन (d) पामस्टर्न

4. निम्नलिखित में से किसने 'सोमप्रकाश' नामक समाचार-पत्र शुरू किया? **IAS (Pre) 2017**
(a) दयानन्द सरस्वती ने
(b) ईश्वरचन्द्र विद्यासागर ने
(c) राजा राममोहन राय ने
(d) सुरेन्द्रनाथ बनर्जी ने

5. मराठी समाचार-पत्र 'केसरी' की स्थापना निम्नलिखित में से किसने की थी?
(a) लोकमान्य तिलक
(b) वल्लभभाई पटेल
(c) लाला लाजपत राय
(d) महात्मा गाँधी

6. क्रान्तिकारी गतिविधियों के साथ कौन-सी पत्रिका जुड़ी हुई नहीं थी? **BPSC (Pre) 2017**
(a) संध्या (b) युगान्तर
(c) गदर (d) यंग इण्डिया

7. नीचे दिए गए विकल्पों में से राष्ट्रवादी समाचार-पत्रों द हिन्दू, केसरी, बंगाली, हिन्दुस्तानी, सुधारक के सम्पादकों के नामों का संयोजन ज्ञात कीजिए **BPPSC (Pre) 2018**
(a) सुरेन्द्रनाथ बनर्जी, जी. सुब्रह्मण्यम अय्यर, बाल गंगाधर तिलक, गंगा प्रसाद वर्मा, गोपालकृष्ण गोखले
(b) बाल गंगाधर तिलक, जी. सुब्रह्मण्यम अय्यर, सुरेन्द्रनाथ बनर्जी, गंगा प्रसार वर्मा, गोपालकृष्ण गोखले
(c) जी. सुब्रह्मण्यम अय्यर, बाल गंगाधर तिलक, गंगा प्रसाद वर्मा, गोपालकृष्ण गोखले, सुरेन्द्रनाथ बनर्जी
(d) जी. सुब्रह्मण्यम अय्यर, बाल गंगाधर तिलक, सुरेन्द्रनाथ बनर्जी, गंगा प्रसार वर्मा, गोपालकृष्ण गोखले

8. निम्नलिखित को सही कालानुक्रम में व्यवस्थित कीजिए और नीचे दिए गए कूट की सहायता से सही उत्तर चुनिए **UPPSC (Pre) 2016**
1. ड्रैमेटिक परफॉर्मेन्स
2. वर्नाक्यूलर प्रेस एक्ट
3. नॉर्थ वेस्टर्न प्रोविन्सेज एण्ड अवध एक्ट
4. बंगाल टेनेन्सी एक्ट

कूट
(a) 1, 2, 4, 3 (b) 4, 2, 1, 3
(c) 1, 2, 3, 4 (d) 2, 3, 4, 1

9. सूची I को सूची II से सुमेलित कीजिए और नीचे दिए गए कूट से सही उत्तर चुनिए **UPPSC (Mains) 2017**

सूची I (समाचार-पत्र)	सूची II (सम्पादक)
A. काल	1. सुरेन्द्रनाथ बनर्जी
B. बंगाली	2. गोपालकृष्ण गोखले
C. सुधारक	3. द्वारकानाथ विद्याभूषण
D. सोम प्रकाश	4. शिवराम महादेव परांजपे

कूट

	A	B	C	D		A	B	C	D
(a)	4	1	2	3	(b)	4	1	3	2
(c)	3	1	4	2	(d)	3	1	2	4

10. सूची I को सूची II से सुमेलित कीजिए तथा सूचियों के नीचे दिए हुए कूट का प्रयोग करते हुए सही उत्तर चुनिए **UPPSC (Pre) 2012**

सूची I (समाचार-पत्र)	सूची II (भाषा)
A. भारत मित्र	1. बंगाली
B. राष्ट्रमत	2. गुजराती
C. प्रजामित्र	3. हिन्दी
D. नायक	4. मराठी

कूट

	A	B	C	D		A	B	C	D
(a)	1	2	4	3	(b)	2	3	1	4
(c)	3	4	2	1	(d)	4	1	3	2

11. निम्नलिखित कथनों पर विचार कीजिए
1. मुस्लिम विधि से सम्बन्धित विषयों के अध्ययन और अध्यापन के लिए वॉरेन हेस्टिंग्स ने कलकत्ता में मदरसा स्थापित किया।
2. हिन्दू विधि तथा दर्शन के अध्ययन के लिए जोनाथन डंकन ने वाराणसी में संस्कृत कॉलेज शुरू किया।

उपरोक्त कथनों में से कौन-सा/से कथन सही है/हैं?
(a) केवल 1 (b) केवल 2
(c) 1 और 2 दोनों (d) न तो 1 और न ही 2

12. प्रथम भारतीय शिक्षा आयोग की नियुक्ति किसने और किस वर्ष की?
(a) लॉर्ड लिटन ने 1880 ई. में **JPSC (Pre) 2021**
(b) लॉर्ड रिपन ने 1882 ई. में
(c) लॉर्ड विलियम वैडरबर्न ने 1885 ई. में
(d) लॉर्ड कर्जन ने वर्ष 1905 में

13. वर्ष 1902 में लॉर्ड कर्जन ने दो भारतीय सदस्यों को सम्मिलित करते हुए एक विश्वविद्यालय आयोग गठित किया। वे कौन थे?
(a) बाल गंगाधर तिलक और सुरेन्द्रनाथ बनर्जी **BPSC (Pre) 2020**
(b) गोपालकृष्ण गोखले ओर रासबिहारी बोस
(c) सैय्यद हुसैन बिलग्रामी और न्यायमूर्ति गुरुदास बनर्जी
(d) सैय्यद हुसैन बिलग्रामी और सुरेन्द्रनाथ बनर्जी

14. वर्ष 1911 में निम्नलिखित में से किसने भारत में अनिवार्य और नि:शुल्क प्राथमिक शिक्षा आरम्भ करने के लिए इम्पीरियल लेजिस्लेटिव काउन्सिल में विधेयक प्रस्तुत किया था?
(a) दादाभाई नौरोजी
(b) बाल गंगाधर तिलक
(c) सर हरकोर्ट बटलर
(d) गोपालकृष्ण गोखले

15. हण्टर कमीशन (1882), जिसे भारत में शिक्षा की स्थिति का सर्वेक्षण करने के लिए निर्धारित किया गया था, उसने
(a) विश्वविद्यालय (यूनिवर्सिटी) शिक्षा का विरोध किया।
(b) 1854 ई. की विज्ञप्ति (प्रेषण) को रद्द किया।
(c) प्राथमिक शिक्षा पर अधिक बल (महत्त्व) देते हुए 1854 ई. की विज्ञप्ति का समर्थन किया।
(d) शिक्षा में सहायता अनुदान प्रणाली की आलोचना की।

16. वेलेजली ने कलकत्ता में फोर्ट विलियम कॉलेज की स्थापना किस लिए की थी? **IAS (Pre) 2020**
(a) उसे लन्दन में स्थित बोर्ड ऑफ डायरेक्टर्स ने ऐसा करने को कहा था
(b) वह भारत में प्राच्य ज्ञान के प्रति अभिरुचि पुन: जाग्रत करना चाहता था
(c) वह विलियम कैरी तथा उसके सहयोगियों को रोजगार प्रदान करना चाहता था
(d) वह ब्रिटिश नागरिकों को भारत में प्रशासन हेतु प्रशिक्षित करना चाहता था

17. **कथन** (A) बंगाल की एशियाटिक सोसायटी की स्थापना वॉरिन हेस्टिंग्स के काल में हुई थी और उसने सर विलियम जॉन्स के पक्ष में उक्त विद्वत संस्था की अध्यक्षता का प्रस्ताव अस्वीकार किया था।
कारण (R) वॉरिन हेस्टिंग्स स्वयं एक उद्‌भट विद्वान तथा प्राच्य विद्या का प्रखर समर्थक था, जो संस्कृति, फारसी तथा अरबी के अध्ययन को प्रोत्साहित करता था। **UPPSC (Pre) 2019**
कूट
(a) A और R दोनों सही हैं तथा R, A की सही व्याख्या है।
(b) A और R दोनों सही हैं, परन्तु R, A की सही व्याख्या नहीं है।
(c) A सही है, किन्तु R गलत है।
(d) A गलत है, किन्तु R सही है।

18. निम्नलिखित में से किसे सर्वप्रथम केन्द्रीय विश्वविद्यालय घोषित किया गया? **UPPSC (Mains) 2011**
(a) अलीगढ़ मुस्लिम विश्वविद्यालय, अलीगढ़
(b) डॉ. भीमराव अम्बेडकर विश्वविद्यालय, लखनऊ
(c) बनारस हिन्दू विश्वविद्यालय, वाराणसी
(d) इलाहाबाद विश्वविद्यालय

जानें सही उत्तर

1. (c)	2. (a)	3. (a)	4. (b)	5. (a)	6. (d)	7. (d)	8. (a)	9. (a)	10. (c)
11. (c)	12. (b)	13. (c)	14. (d)	15. (c)	16. (d)	17. (a)	18. (c)		

● अध्याय इकत्तीस

भारतीय राष्ट्रीय आन्दोलन: प्रथम चरण (1885-1905)

"

भारत की ब्रिटिश शासन से मुक्ति एक कठिन संघर्ष का परिणाम था। यह संग्राम विभिन्न अवस्थाओं से गुजरने के पश्चात् पूर्ण हुआ। अंग्रेजी शासनकाल के अन्तर्गत विभिन्न कारणों से भारतीय जनता में राष्ट्रीयता की भावना का उदय हुआ, जो कालान्तर में स्वतन्त्रता के लिए राष्ट्रीय आन्दोलन के रूप में बदल गई। राष्ट्रीय आन्दोलन का प्रारम्भ भारतीय राष्ट्रीय कांग्रेस की स्थापना के साथ समझा जा सकता है।

परिचय

ब्रिटिश औपनिवेशिक शासन के विरुद्ध भारतीय राष्ट्रीय आन्दोलन की शुरुआत कोई आकस्मिक घटना नहीं थी, बल्कि यह ब्रिटिश सरकार की शोषणकारी नीतियों के विरुद्ध वर्षों से विकसित हो रहे राष्ट्रवादी विचारों की परिणति थी।

इन राष्ट्रवादी विचारों के परिणामस्वरूप ही भारतीय भू-भाग एक राष्ट्र के रूप में संगठित हुआ, जिससे भारतीयों में एकता की भावना का प्रसार व संचार हुआ।

भारत में राष्ट्रवाद का उद्भव

- 1857 के विद्रोह के पश्चात् भारत में धीरे-धीरे राष्ट्रवादी भावनाओं का विकास होने लगा। इस दौर में 1857 के विद्रोहियों ने भारतीय जनमानस में नायकों का स्थान प्राप्त किया।
- भारतीय लोगों ने इन नायकों से देश के लिए बलिदान देने की प्रेरणा प्राप्त की। इसके अतिरिक्त ब्रिटिश शासन की **शोषणकारी व दमनकारी नीतियों** और इस दौरान घटी ऐसी अनेक घटनाओं ने राष्ट्रीय भावना के विकास में योगदान दिया।

भारत में राष्ट्रवाद के उदय के कारण

भारत में राष्ट्रवाद के उदय के प्रमुख कारण या घटनाएँ निम्नलिखित हैं

1. राजनीतिक एवं प्रशासनिक एकीकरण

- कम्पनी के स्थान पर भारत का शासन ब्रिटिश क्राउन को हस्तान्तरित हो गया, जिससे भारत में राजनीतिक एवं प्रशासनिक एकता स्थापित हुई।
- इसने सम्पूर्ण भारत में एक ही प्रकार की न्याय व्यवस्था तथा प्रशासनिक संगठनों का गठन किया, जिससे सभी भारतीय समान रूप से प्रभावित हुए। प्रशासनिक दृष्टिकोण से किए गए संचार साधनों के विकास ने देश के विभिन्न भागों के लोगों के आर्थिक हित आपस में जुड़ गए।

2. हितों में विरोधाभास

- ब्रिटिश शासन के अन्तर्गत भारतीय हित एवं उपनिवेशवादी हित में स्पष्ट विरोधाभास की स्थिति थी। इन विरोधाभासों को कृषि क्षेत्र, हस्तशिल्प एवं अन्य उद्योगों सहित अन्य आर्थिक क्षेत्रों में देखा जा सकता है।
- इसके अन्तर्गत भारत को कच्चे माल के एक स्रोत के रूप में देखा गया तथा कालान्तर में एक बाजार के रूप में, जो ब्रिटिश उद्योगों के विकास में सहायक हो। इसके अतिरिक्त भारतीय समाज के प्रत्येक वर्ग का उपनिवेशवादी हितों के प्रति विरोध था।

3. प्रेस एवं समाचार-पत्र

- प्रेस एवं समाचार-पत्रों ने देश में राष्ट्रीय भावना जाग्रत करने में महत्त्वपूर्ण भूमिका निभाई। भारतीयों के हाथों में प्रेस ने एक नई शक्ति का रूप धारण कर लिया और समाचार-पत्र राजनीतिक शिक्षा देने तथा राष्ट्रीयता को जाग्रत करने में अपनी भूमिका निभाने लगे।
- 1885 ई. से पूर्व अनेक पत्रों का महत्त्वपूर्ण योगदान था, जिनमें बंगाली, अमृत बाजार पत्रिका, सोमप्रकाश, मराठा, केसरी, द हिन्दू आदि समाचार-पत्र शामिल थे।
- भारत में मुद्रण प्रेस की स्थापना होने से विचारों का आदान-प्रदान, उनका सम्प्रेषण और ज्ञानार्जन कम व्ययकारी तथा अधिक सार्वभौम हो गया।
- भारतीय समाचार-पत्रों ने जनमत बनाने, राष्ट्रीयता के प्रसार तथा जनता को शिक्षित करने में महत्त्वपूर्ण भूमिका निभाई। उदारवादियों ने अपने विचारों को लोगों तक पहुँचाने में इस माध्यम का बहुत अच्छा उपयोग किया।

> पत्रकारों की भाँति साहित्यकारों ने भी राजनीतिक चेतना के विकास में योगदान दिया। बंकिमचन्द्र चटर्जी ने आनन्दमठ तथा दुर्गेश नन्दिनी, भारतेन्दु के नाटकों, माइकेल मधुसूदन दत्त की रचनाओं व दयानन्द की **सत्यार्थ प्रकाश** ने भारतीयों में राष्ट्रीय चेतना का भाव जाग्रत किया।

4. पाश्चात्य चिन्तन तथा शिक्षा का प्रभाव

- अनेक भारतीय बुद्धिजीवियों ने पाश्चात्य दर्शन का अध्ययन किया, जिससे उन्होंने भारतीयों हेतु लोकतन्त्र, मानवाधिकार, समानता व बन्धुत्व व स्वशासन की भावना का प्रसार किया।
- 19वीं सदी में पाश्चात्य शिक्षा और विचारधारा के विकास ने भारतीयों को आधुनिक तर्कसंगत विवेकपूर्ण राजनीतिक दृष्टिकोण अपनाने के लिए प्रेरित किया। भारतीय भी अब स्वतन्त्रता, समानता तथा प्रतिनिधित्व जैसे सिद्धान्तों का महत्त्व समझने लगे। अमेरिकी स्वतन्त्रता संग्राम तथा फ्रांस की क्रान्ति से भी भारतीयों को प्रेरणा मिली।
- इसी प्रकार **बेन्थम, मिल्टन, स्पेन्सर, स्टुअर्ट मिल, वाल्टेयर रूसो, मैजिनी** आदि विद्वानों के दर्शनों एवं क्रान्तिकारी कार्यों से भारतीय शिक्षित वर्ग अत्यधिक प्रभावित हुआ।

5. भारतीय अतीत का पुनः अध्ययन

- **सर विलियम जोन्स, मैक्समूलर** जैसे विद्वानों ने अपने अनुसन्धानों से प्राचीन भारतीय गौरव को पुनर्जीवित किया, जिससे भारतीयों में आत्मसम्मान की भावना का विकास हुआ।
- इसके अतिरिक्त आर. जी. भण्डारकर, आर. एल. मित्र, दयानन्द सरस्वती, विवेकानन्द आदि विद्वानों ने भारत की सांस्कृतिक विरासत को पुनर्व्यवस्थित कर राष्ट्र की एक नई तस्वीर पेश की। इससे आत्मसम्मान, राष्ट्रीय स्वाभिमान, राष्ट्र प्रेम एवं राष्ट्रीयता की भावना जाग्रत हुई।

6. प्रतिक्रियावादी नीतियाँ

- **लिटन** द्वारा सिविल सेवा में भर्ती की आयु 21 से घटाकर 19 वर्ष कर दी गई, ताकि भारतीय शिक्षित युवक परीक्षा ही न दे सकें।
- 1876 से 1878 ई. के बीच के भयंकर अकाल के समय दिल्ली में **भव्य दरबार** का आयोजन कर लाखों रुपये नष्ट किए गए। इसकी आलोचना में कलकत्ता के एक समाचार-पत्र में लिखा था कि ''नीरो बंशी बजा रहा था और रोम जल रहा था।''

> **1878 का वर्नाक्यूलर** (देसी भाषा) **प्रेस एक्ट** तथा **1878 का भारतीय शस्त्र अधिनियम** आदि नीतियों ने जातीय कटुता को बढ़ाया तथा सरकार विरोधी आन्दोलन को सशक्त किया।

7. सामाजिक-धार्मिक सुधार आन्दोलन

- पाश्चात्य दर्शन तथा विज्ञान के प्रकाश में विभिन्न धार्मिक विश्वासों, रीति-रिवाजों तथा सामाजिक प्रथाओं का पुन: परीक्षण किया गया तथा इस हेतु विभिन्न संगठन स्थापित किए गए। **ब्रह्म समाज, प्रार्थना समाज, आर्य समाज, थियोसोफिकल सोसायटी, रामकृष्ण मिशन** आदि अस्तित्व में आए, जिन्होंने हिन्दू धर्म में अनेक सुधार किए।
- इसी प्रकार अन्य धर्मों में भी सुधारवादी संस्थाओं का गठन हुआ। इस आन्दोलन के प्रभाव में आने से लोगों में स्वतन्त्र होने तथा सामाजिक एकीकरण का दृष्टिकोण विकसित हुआ, जिससे राष्ट्रीयता के विकास की पृष्ठभूमि तैयार हुई।

8. इल्बर्ट बिल विवाद

- **लॉर्ड रिपन** के समय 1884 ई. में इल्बर्ट बिल को लेकर एक विशेष समस्या उत्पन्न हो गई।
- रिपन ने इसके प्रस्ताव द्वारा भारतीय मजिस्ट्रेटों को यूरोपियन अधिकारियों के मुकदमे का निर्णय करने का अधिकार देना चाहा, जो जातिगत अहंकार की भावना से प्रेरित था।
- लार्ड रिपन ने इस बिल के माध्यम से जातिभेद पर आधारित न्यायिक असमानता को समाप्त करने का प्रयास किया, परन्तु यूरोपियों ने अपने जातिगत अहंकार के कारण इस बिल का संगठित होकर सशक्त प्रतिरोध किया। फलस्वरूप वायसराय को पीछे हटना पड़ा।
- इस प्रतिरोध के दो प्रभाव हुए, जिनमें पहला, अंग्रेजों के जातीय अहंकार के विरुद्ध भारतीयों में एकता की भावना का विकास हुआ तथा दूसरा, भारतीयों को संगठित होकर प्रतिरोध करने का मन्त्र मिल गया।

9. मध्यमवर्गीय बुद्धिजीवियों का उत्थान

- अंग्रेजों के प्रशासनिक तथा आर्थिक क्षेत्र की नवीन प्रक्रियाओं से नगरों में एक नवीन मध्यम वर्ग का उदय हुआ। इस नवीन वर्ग ने तत्परता से अंग्रेजी शिक्षा को ग्रहण कर लिया एवं उन्हें रोजगार और सामाजिक प्रतिष्ठा प्राप्त होने लगी।
- यह नवीन मध्यम वर्ग एक संगठित अखिल भारतीय वर्ग था, जिसकी पृष्ठभूमि तो अलग-अलग थी, लेकिन ज्ञान, विचार, मूल्य की अग्रभूमि समान थी। इस वर्ग के अधिकतर कानून की शिक्षा प्राप्त लोगों को ब्रिटिश कानून की कमियों का ज्ञान था, जिसके आधार पर उन्होंने संघर्ष को बल दिया। इसी वर्ग ने राष्ट्रीय आन्दोलन को नेतृत्व प्रदान किया।

10. परिवहन तथा संचार के साधनों का विकास

- रेल, तार एवं डाक आदि परिवहन और संचार के साधनों ने उत्तर से दक्षिण तथा पश्चिम से पूर्व तक समस्त भारत को एकता के सूत्र में बाँधने का कार्य किया।
- इसने सांस्कृतिक सम्मिश्रण की भावना को बढ़ावा देकर भावनात्मक एकता को मजबूत किया। इसी सन्दर्भ में एडीसन ने कहा था कि "भारत के लिए रेलवे वह कार्य करेगी, जो बड़े-बड़े राजवंशों ने पहले कभी नहीं किया।"

11. भेदभावपूर्ण नीति

- ब्रिटिश शासन द्वारा भारतीयों के प्रति प्रत्येक महत्त्वपूर्ण स्थानों; यथा-सेना, सरकारी नौकरियों, उद्योग आदि में भेदभाव की नीति अपनाई जाती थी। अतएव इस भेदभाव की नीति ने भी राष्ट्रवाद के उदय में सहायता प्रदान की।

> अंग्रेज भारतीयों को अपमान एवं क्षण की दृष्टि से देखते थे तथा उन्हें **काला** या **देशी** कहकर पुकारते थे। भारतीयों पर अनेक प्रकार के प्रतिबन्ध लगाए गए थे
> - वे रेल में प्रथम श्रेणी या उस डिब्बे में यात्रा नहीं कर सकते थे, जिसमें अंग्रेज हों।
> - वे यूरोपियन क्लब में नहीं जा सकते थे।
> - अंग्रेजो के मुकदमों की सुनवाई भारतीय जज नहीं कर सकते थे।

- इसके साथ ही समान अपराध के लिए अंग्रेजों को कम सजा मिलती थी। इस प्रकार की भेदभावपूर्ण नीतियों से भारतीयों में एकता, राष्ट्रीयता और अंग्रेजों के प्रति घृणा की भावना जाग्रत हुई।

12. समकालीन आन्दोलनों का प्रभाव

- इस समय स्पेन तथा पुर्तगाल के **दक्षिणी अमेरिकी** उपनिवेशों के स्थान पर नए राष्ट्रीय राज्य स्थापित हो रहे थे।
- यूरोप में भी **यूनान** तथा **इटली** के राष्ट्रीय स्वतन्त्रता संग्राम ने सामान्य रूप से तथा आयरलैण्ड के स्वतन्त्रता संग्राम ने विशेष रूप से भारतीयों को प्रभावित व प्रेरित किया।
- **सुरेन्द्रनाथ बनर्जी** तथा **लाला लाजपत राय** ने मैजिनी तथा उसके तरुण इटली आन्दोलन पर व्याख्यान दिए एवं लेख लिखे।

कांग्रेस से पूर्व की राजनीतिक संस्थाएँ

- कांग्रेस की स्थापना (1885) से पूर्व भारत में अनेक राष्ट्रीय संगठनों की स्थापना हुई, जिनका उद्देश्य अपने-अपने निधारित क्षेत्र में भारतीय राजनीति को नई दिशा देना था।
- अधिकांशत: बंगाल, बम्बई व मद्रास में स्थापित इन संस्थानों ने अपने प्रयासों (अखबार, पत्र-पत्रिका व जनसभा आदि के माध्यम से) से भारतीयों को अपने-अपने अधिकारों के प्रति जागरूक किया।
- इस प्रकार इन राजनीतिक संस्थाओ ने भी राष्ट्रवाद के विकास में महत्त्वपूर्ण भूमिका निभाई। ये संस्थाएँ निम्नलिखित हैं

बंगाल में स्थापित राजनीतिक संस्थाएँ

बंगाल में स्थापित प्रमुख राजनीतिक संस्थाएँ निम्नलिखित हैं

- **बंगभाषा प्रकाशक सभा** इसकी स्थापना 1836 ई. में राजा राममोहन के सहयोगियों ने की थी। इसका उद्देश्य सरकारी कार्यों की समीक्षा कर उनमें सुधार हेतु प्रार्थना पत्र भेजना था।
- **लैण्ड होल्डर्स सोसायटी/जमींदारी एसोसिएशन** इसकी स्थापना द्वारिका नाथ टैगोर एवं उनके सहयोगियों के द्वारा 1838 ई. में कलकत्ता में की गई थी। यह भारत की प्रथम राजनीतिक संस्था थी। इसके भारतीय सचिव प्रसन्न कुमार ठाकुर तथा अंग्रेज सचिव विलियम काब्री थे। इस संस्था का प्रमुख उद्देश्य जमींदारों के हितों का संरक्षण करना था।
- **बंगाल ब्रिटिश इण्डिया सोसायटी** इसकी स्थापना 1843 ई. में जॉर्ज थॉमसन की अध्यक्षता में हुई थी, जिसके सचिव प्यारी चन्द्र मित्र थे। यह सभा भी लैण्ड होल्डर्स सोसायटी की तरह भारतीयों तथा गैर-सरकारी अंग्रेजों का सम्मिलित संगठन था। इस संस्था का उद्देश्य अंग्रेज शासन के अधीन भारतीयों विशेष रूप से कृषकों की वास्तविक दशा का अध्ययन करना, उससे सभी को अवगत कराना और यथासम्भव उनके सुधार हेतु प्रयत्न करना था।
- **ब्रिटिश इण्डियन एसोसिएशन** इसकी स्थापना 31 अक्टूबर, 1851 को राधाकान्त देव की अध्यक्षता में पूर्व की दो राजनीतिक संस्थाओं-लैण्ड होल्डर्स सोसायटी व बंगाल ब्रिटिश इण्डिया सोसायटी की असफलताओं के कारण दोनों को मिलाकर की गई थी। जमींदारों के राजनैतिक संरक्षण के साथ जनमानस के हितों की माँग करना, इस संस्था का प्रमुख उद्देश्य था।

  इस सभा में जमींदारों के अतिरिक्त व्यापारी और नए बुद्धिजीवी लोग भी शामिल थे। इसके प्रमुख सदस्यों में देवेन्द्रनाथ टैगोर राजेन्द्र लाल मित्र, हरिश्चन्द्र मुखर्जी, रामगोपाल घोष, प्यारी चन्द्र मित्र, कृष्णदास पाल आदि शामिल थे।

> ब्रिटिश इण्डिया एसोसिएशन का मुख्य पत्र **हिन्दू पैट्रियाट** था। इसने अकाल पीड़ितों के लिए धन एकत्र किया व नील विद्रोह की जाँच हेतु एक आयोग के गठन किए जाने की भी माँग की थी।

- **इण्डियन लीग** इसकी स्थापना शिशिर कुमार घोष ने 25 सितम्बर, 1875 को कलकत्ता में की थी। इस लीग का प्रमुख उद्देश्य लोगों में राष्ट्रवाद की भावना का विकास करना और राजनीतिक शिक्षा को बढ़ावा देना था। शम्भू चन्द्र मुखर्जी इस संस्था के अस्थायी अध्यक्ष थे। बाद में इस संस्था का इण्डियन एसोसिएशन में विलय कर दिया गया।
- **कलकत्ता स्टूडेण्ट्स एसोसिएशन** आनन्द मोहन बोस ने 1875 ई. में कलकत्ता स्टूडेण्ट्स एसोसिएशन की स्थापना की थी। कुछ समय पश्चात् सुरेन्द्रनाथ बनर्जी भी इस एसोसिएशन में शामिल हो गए, जो छात्रों के एक बड़े नेता के रूप में प्रसिद्ध हुए। इसका उद्देश्य छात्रों के हितों का संरक्षण करना था।
- **इण्डियन एसोसिएशन** इसकी स्थापना सुरेन्द्रनाथ बनर्जी (संस्थापक) तथा आनन्द मोहन बोस (सचिव) ने 26 जुलाई, 1876 को कलकत्ता के अल्बर्ट हॉल में की थी। पहले इसे भारतीय राष्ट्रीय समिति में नाम से स्थापित किया गया था। इस संघ की स्थापना इण्डियन लीग के स्थान पर की गई।

  इसका उद्देश्य संघ में मध्यम वर्ग के साथ-साथ साधारण वर्ग को शामिल करना था। इसलिए इसमें ब्रिटिश इण्डियन एसोसिएशन के ₹ 30 वार्षिक चन्दे के स्थान पर मात्र ₹ 5 वार्षिक रखा गया। इस प्रकार इसमें जमींदारों के स्थान पर मध्यम वर्ग को प्रधानता दी गई।

बम्बई में स्थापित राजनीतिक संस्थाएँ

बम्बई में स्थापित प्रमुख राजनीतिक संस्थाएँ निम्नलिखित थीं

- **बम्बई एसोसिएशन** इसकी स्थापना दादाभाई नौरोजी द्वारा 26 अगस्त, 1852 को कलकत्ता के ब्रिटिश इण्डिया एसोसिएशन की तर्ज पर की गई थी।

  इस एसोसिएशन का मुख्य उद्देश्य ब्रिटिश सरकार को समय-समय पर ज्ञापन देना था, जिससे कि प्रतिकूल समझे जाने वाले नियमों व सरकारी नीतियों हेतु सुझाव दिया जा सके। यह बम्बई की प्रथम राजीतिक संस्था थी।

> **पूना सार्वजनिक सभा** इसकी स्थापना 2 अप्रैल, 1870 (कहीं-कहीं 1867 ई.) को एम. जी. रानाडे और गणेश वासुदेव जोशी द्वारा की गई थी। इस सभा के सक्रिय सदस्यों में एस. एच. चिपलूणकर और एस. एच. साठे शामिल थे। इसका उद्देश्य जनता को सरकार की वास्तविकता से परिचित कराना तथा उन्हें अपने अधिकारों के प्रति सचेत करना था।

- **बम्बई प्रेसीडेन्सी एसोसिएशन** इसकी स्थापना 31 जनवरी, 1885 को फिरोजशाह मेहता, के. टी. तैलंग, बदरुद्दीन तैय्यब जी और काशीनाथ त्रयम्बक द्वारा की गई थी।

  बम्बई प्रेसीडेन्सी एसोसिएशन को पूर्व में बॉम्बे एसोसिएशन के नाम से जाना जाता था। इसका उद्देश्य लोगों में राजनीतिक विचारों का प्रचार-प्रसार करना था।

मद्रास में स्थापित राजनीतिक संस्थाएँ

मद्रास में स्थापित राजनीतिक संस्थाओं का विवरण निम्न है

- **मद्रास नेटिव एसोसिएशन** इसकी स्थापना 26 फरवरी, 1852 को गजुलू लक्ष्मी नरसु चेट्टी ने की थी। इसकी स्थापना कलकत्ता के ब्रिटिश इण्डियन एसोसिएशन की एक शाखा के रूप में की गई थी, जिसका बाद में नाम परिवर्तित कर मद्रास नेटिव एसोसिएशन कर दिया। इसके अध्यक्ष सी. वाई. मुदलियार तथा सचिव वी. रामानुजाचारी थे।
- इस संगठन ने भी बम्बई तथा कलकत्ता एसोसिएशन की तर्ज पर 1853 के चार्टर के पूर्व ब्रिटिश संसद को एक ज्ञापन भेजा था। इस संस्था का प्रमुख उद्देश्य कानूनी और सरकारी नियमों के साथ-साथ जनता की समस्याओं की वकालत करना भी था। इस संस्था ने 1857 के विद्रोह की भर्त्सना की थी।

> **मद्रास महाजन सभा** इसकी स्थापना 16 मई, 1884 को एम. वीर. राघवाचारी, जी. सुब्रह्मण्यम अय्यर तथा आनन्द चारलू ने की थी।
>
> इस सभा के प्रथम सम्मेलन का आयोजन 29 दिसम्बर, 1884 से 2 जनवरी, 1885 के मध्य मद्रास में किया गया, जिसमें विधानपरिषदों में सुधार, कार्यपालिका से न्यायपालिका को पृथक करने व खेतिहर समूहों की स्थिति पर विचार-विमर्श किया गया।
>
> इस संस्था का उद्देश्य स्थानीय संगठनों के कार्यों को समन्वित करना एवं महाजनों तथा किसानों के मध्य संघर्ष को रोकना था।

लन्दन में स्थापित राजनीतिक संस्थाएँ

19वीं शताब्दी के उत्तरार्द्ध में भारतीयों द्वारा तीन संगठन बनाए गए थे। इनका विवरण निम्न है

- **लन्दन इण्डियन कमेटी** इसकी स्थापना 1862 ई. में पुरुषोत्तम मुदलियार ने की थी। इसका उद्देश्य लन्दन में बसे भारतीयों को संगठित कर राष्ट्रहित में आवाज उठाना था।
- **लन्दन इण्डिया सोसायटी** इसकी स्थापना 24 मार्च, 1865 को दादाभाई नौरोजी के मार्गदर्शन में लन्दन में की गई थी। इस समूह में डब्ल्यू. सी. बनर्जी, मनमोहन घोष, फिरोजशाह मेहता व बदरुद्दीन तैय्यबजी शामिल थे। इस सोसायटी का गठन भारतीय छात्रों द्वारा राजनीतिक शिकायतों को उठाने के लिए एक मंच के रूप में किया गया था।
- **ईस्ट इण्डिया एसोसिएशन** इसकी स्थापना दादाभाई नौरोजी द्वारा 1 दिसम्बर, 1866 को लन्दन गई थी। ईस्ट इण्डिया एसोसिएशन का उद्देश्य भारतीय विषयों के बारे में ब्रिटिश जनता तथा संसद को अवगत कराना था।

  इस एसोसिएशन को भारत में सर्वाधिक समर्थन बम्बई प्रेसीडेन्सी में प्राप्त हुआ। 1869 ई. में बम्बई में इसकी शाखा स्थापित की गई, जिसके अध्यक्ष जमशेदजी जीजीभाई बने।

कांग्रेस की स्थापना (1885 ई.)

- भारतीय राष्ट्रीय कांग्रेस की स्थापना एक सेवानिवृत्त अंग्रेज सिविल सेवक **ए ओ ह्यूम** (एलेन ऑक्टेवियन ह्यूम) के द्वारा दिसम्बर, 1885 में की गई थी।
- इसका प्रथम अधिवेशन 28 दिसम्बर, 1885 को बम्बई स्थित गोकुलदास तेजपाल संस्कृत महाविद्यालय में आयोजित किया गया। प्रारम्भ में इसका नाम 'भारतीय राष्ट्रीय संघ' रखा गया था, किन्तु बाद में सम्मेलन में **दादाभाई नौरोजी** के सुझाव पर इसका नाम बदलकर भारतीय राष्ट्रीय कांग्रेस कर दिया गया।

> उल्लेखनीय है कि यह सम्मेलन पहले पूना में आयोजित होना था, लेकिन वहाँ हैजा रोग (संक्रमण) फैल जाने के कारण इसका आयोजन बम्बई में किया गया। कांग्रेस की स्थापना के समय भारत का वायसराय **लॉर्ड डफरिन** था।

- ह्यूम 1885 से 1906 ई. तक कांग्रेस के महासचिव रहे। कलकत्ता के प्रमुख वकील **व्योमेशचन्द्र बनर्जी** कांग्रेस के प्रथम अधिवेशन के अध्यक्ष चुने गए। इसी अधिवेशन से इस परम्परा की स्थापना हुई कि अध्यक्ष का चुनाव सम्मेलन स्थल वाले प्रान्त के बाहर से होना चाहिए।

> **कांग्रेस के प्रथम अधिवेशन** में कुल 72 लोगों ने भाग लिया, जिसमें से प्रमुख थे—दादाभाई नौरोजी, फिरोजशाह मेहता, दिनशा वाचा, काशीनाथ तैलंग, वी. राघवाचारी, एन. जी. चन्द्रावरकर, एस. सुब्रह्मण्यम आदि। कांग्रेस के बम्बई अधिवेशन में बम्बई प्रान्त से सर्वाधिक 38 सदस्यों ने भाग लिया था।

- इण्डियन एसोसिएशन के इण्डियन नेशनल कॉन्फ्रेन्स का आयोजन कलकत्ता में 25 दिसम्बर, 1885 को होने के कारण सुरेन्द्रनाथ बनर्जी भारतीय राष्ट्रीय कांग्रेस के स्थापना अधिवेशन में शामिल नहीं हो सके थे।
- उल्लेखनीय है कि इण्डियन नेशनल कांग्रेस का 1886 ई. में (कांग्रेस के दूसरे अधिवेशन में) भारतीय राष्ट्रीय कांग्रेस में विलय हो गया।
- कांग्रेस के प्रथम अधिवेशन में जिन माँगों को पारित किया गया, उनमें प्रमुख माँगें थीं—केन्द्र तथा प्रान्तों में विधानपरिषदों का विस्तार, उच्च सरकारी नौकरियों में भारतीयों को भी पूर्ण अवसर, सैनिक खर्च में कटौती इत्यादि।
- **सर सैय्यद अहमद खाँ** ऐसे व्यक्ति थे, जो कभी भारतीय राष्ट्रीय कांग्रेस से सम्बद्ध नहीं रहे। ज्ञातव्य है कि बालगंगाधर तिलक कांग्रेस के सदस्य होते हुए भी कभी इसके अध्यक्ष नहीं चुने गए।

कांग्रेस की स्थापना से सम्बन्धी विभिन्न मत / सिद्धान्त

- भारतीय राष्ट्रीय कांग्रेस की स्थापना के सम्बन्ध में अनेक मत प्रचलित हैं, जिनमें से एक प्रमुख **सेफ्टी वाल्व सिद्धान्त** है।
- सेफ्टी वाल्व सिद्धान्त के अन्तर्गत यह माना जाता है कि ए. ओ. ह्यूम ने तत्कालीन वायसराय लॉर्ड डफरिन के निर्देश, मार्गदर्शन एवं सलाह पर ही इस संगठन की स्थापना की।
- इसका मुख्य उद्देश्य उस समय भारतीय जनता में उत्पन्न असन्तोष को हिंसा के ज्वालामुखी के रूप में फूटने से रोकना और असन्तोष की वाष्प को बिना किसी खतरे के बाहर निकालने के लिए सुरक्षित, सौम्य, शान्तिपूर्ण एवं संवैधानिक निकास या सुरक्षा वाल्व उपलब्ध कराना था।
- इस सिद्धान्त के जनक लाला लाजपत राय थे, जिन्होंने ह्यूम के जीवनीकार विलियम वेडरबर्न के कथन को आधार बनाकर वर्ष 1916 में **यंग इण्डिया** में प्रकाशित अपने लेख में यह सिद्धान्त प्रस्तुत किया।

कांग्रेस से सम्बन्धित प्रमुख वक्तव्य

व्यक्ति	वक्तव्य
डफरिन	वह जनता के उस अल्पसंख्यक वर्ग का प्रतिनिधित्व करती है, जिसकी संख्या सूक्ष्म है।
कर्जन	कांग्रेस अपनी मौत की घड़ियाँ गिन रही है। भारत में रहते हुए मेरी एक सबसे बड़ी इच्छा है कि मैं उसे शान्तिपूर्वक मरने में मदद कर सकूँ।
बकिंमचन्द्र चटर्जी	कांग्रेस के लोग पदों के भूखे हैं।
बाल गंगाधर तिलक	यदि वर्ष में हम एक बार मेंढ़क की तरह टर्राएँ, तो हमें कुछ नहीं मिलेगा।
लाला लाजपत राय	कांग्रेस सम्मेलनों को शिक्षित भारतीयों के वार्षिक राष्ट्रीय मेले की संज्ञा दी जा सकती है।
अश्वनी कुमार दत्त	तीन दिनों का तमाशा।
बिपिनचन्द्र पाल	याचना संस्था।

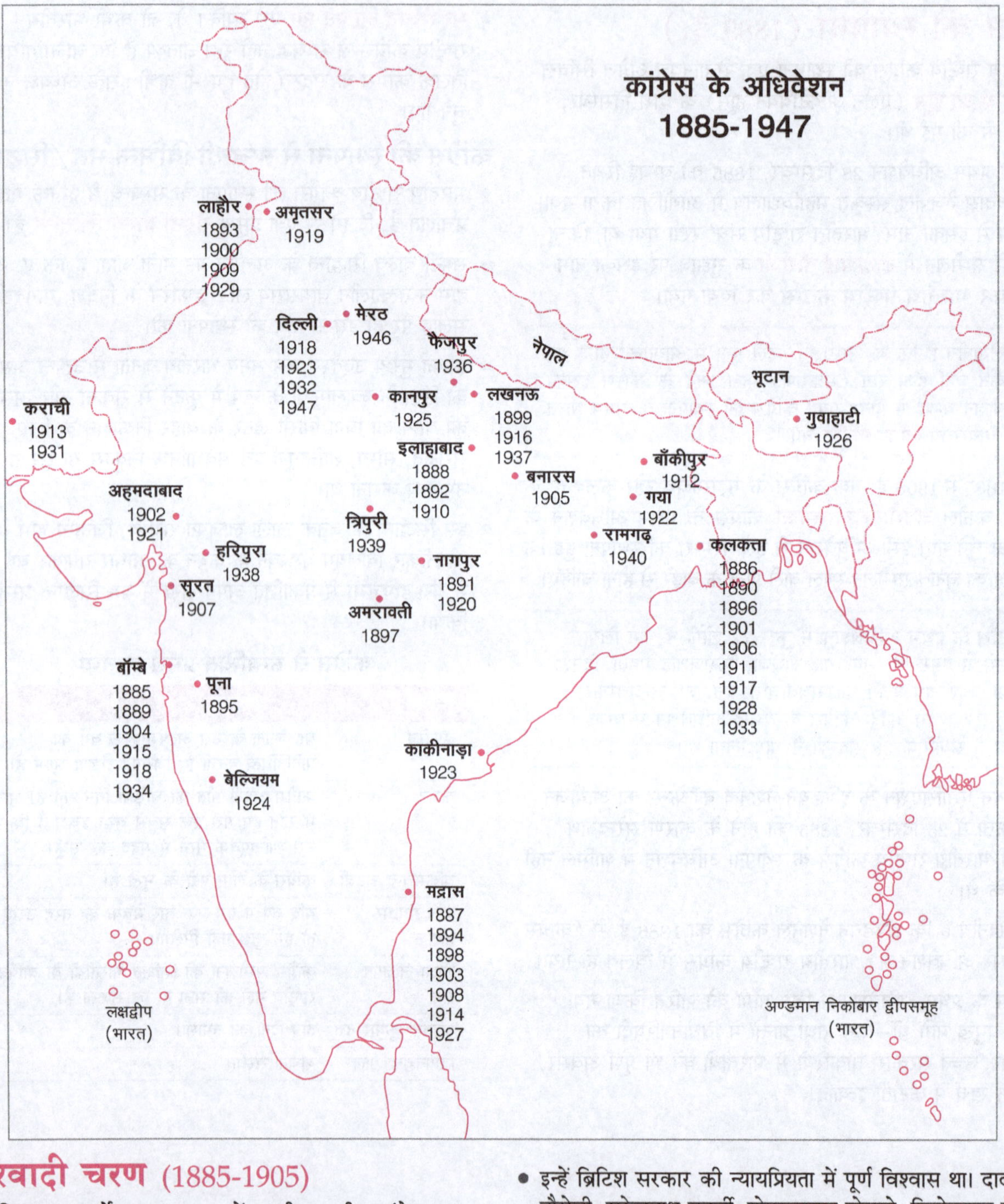

उदारवादी चरण (1885-1905)

- आरम्भिक 20 वर्षों (1855-1905) में भारतीय राष्ट्रीय कांग्रेस पर उदारवादी कहे जाने वाले नेताओं का वर्चस्व था।
- इस समय कांग्रेस पर समृद्ध मध्यम वर्ग के बुद्धिजीवियों, जिनमें वकील, इंजीनियर, डॉक्टर, पत्रकार एवं साहित्यकार आदि शामिल थे।
- इन्हें उदारवादी या **नरमपन्थी** इसीलिए कहा जाता था, क्योंकि इनका लक्ष्य अनुनय-विनय प्रतिवेदनों, भाषणों, लेखों आदि के माध्यम से सरकार के सम्मुख अपनी माँगें प्रस्तुत करना था।
- इन्हें ब्रिटिश सरकार की न्यायप्रियता में पूर्ण विश्वास था। दादाभाई नौरोजी, सुरेन्द्रनाथ बनर्जी, गोपालकृष्ण गोखले, फिरोजशाह मेहता, मदन मोहन मालवीय, दिनशा वाचा आदि प्रमुख उदारवादी नेता थे।

उदारवादियों की कार्य पद्धति

- उदारवादियों ने अपनी माँगें मनवाने के उद्देश्य से ब्रिटेन में दादाभाई नौरोजी की अध्यक्षता में 1887 ई. में **भारतीय सुधार समिति** की स्थापना की। 1888 ई. में डिग्बी की अध्यक्षता में लन्दन में **ब्रिटिश कमेटी ऑफ इण्डिया** की स्थापना की गई।

- उदारवादियों की नियमबद्ध प्रगति में आस्था थी। उन्होंने क्रान्तिकारी आकस्मिक परिवर्तन को स्वीकार नहीं किया। इन्होंने अपने लक्ष्य की प्राप्ति के लिए वैधानिक मार्ग अपनाया। उनका मानना था कि इससे वे एक ओर जनजागरण एवं जनशिक्षा का विकास कर सकेंगे, वहीं दूसरी ओर अंग्रेजों को भी समझा सकेंगे कि भारतीय जनता की माँगें न्यायसंगत हैं।
- इन्होंने अपने कार्यक्रम को ऐसे मुद्दों से दूर रखा, जिससे एक वर्ग दूसरे वर्ग के विरुद्ध खड़ा हो जाए। सामाजिक सुधार का मुद्दा इनकी कार्यसूची में नहीं था। उदारवादी भारत में अंग्रेजी साम्राज्य के बने रहने तथा उसके सुदृढ़ होने के पक्षधर थे।
- 1892 ई. के भारतीय परिषद् अधिनियम का पारित होना उदारवादी नेताओं की माँग का एक परिणाम था। इस अधिनियम के फलस्वरूप भारतीयों का राजनीतिक अधिकार क्षेत्र पहले से थोड़ा अधिक बढ़ गया। उदावरदियों की माँग पर सरकार द्वारा भारतीय व्यय की समीक्षा हेतु **वेल्बी आयोग** का गठन किया गया।
- उदारवादी नेताओं के इसी लचीलेपन एवं संयमित व्यवहार के कारण ही उग्रपन्थी नेताओं ने इसे **राजनीतिक भिक्षावृत्ति** कहा।
- उदारवादी चरण में कांग्रेस का स्वरूप धर्मनिरपेक्ष दल का रहा। इसमें प्रत्येक धर्म के लोग कांग्रेस के अध्यक्ष बने; यथा–**दादाभाई नौरोजी** (पारसी), **बदरुद्दीन तैय्यबजी** (मुस्लिम), **जॉर्ज यूले** (ईसाई) आदि।

उदारवादियों का इंग्लैण्ड में प्रचार

- **ए. ओ. ह्यूम, दादाभाई नौरोजी** एवं **विलियम वेडरबर्न** आदि नेताओं का मानना था कि भारतीय राष्ट्रीय कांग्रेस का इंग्लैण्ड से अधिक प्रचार किया जा सकता है। इस कारण इंग्लैण्ड में विभिन्न संस्थाओं की स्थापना की गई एवं पत्र-पत्रिकाएँ निकाली गईं।

> - 1888 ई. में दादाभाई नौरोजी ने विलियम डिग्बी की अध्यक्षता में इण्डियन एजेन्सी की स्थापना की।
> - 1889 ई. में कांग्रेस की **ब्रिटिश समिति** बनी, जिसने **इण्डिया** नामक मासिक पत्रिका का प्रकाशन किया।
> - 1890 ई. में कांग्रेस की ओर से भेजे गए एक प्रतिनिधिमण्डल में सुरेन्द्रनाथ बनर्जी, डब्ल्यू. सी. बनर्जी, ए. ओ. ह्यूम सदस्य थे।

- उदारवादियों के इन प्रयासों से इंग्लैण्ड में भारतीय जनमानस से सहानुभूति रखने वाले एक गुट का निर्माण हुआ। 1879 ई. में लालमोहन घोष को सिविल सेवा में भारतीयों की नियुक्ति की माँग हेतु लन्दन भेजा गया।
- नेशनल इण्डियन एसोसिएशन (1867) की स्थापना **मेरी कारपेण्टर** ने लन्दन में की थी। 1889 ई. के कांग्रेस अधिवेशन में ब्रिटिश हाउस ऑफ कॉमन्स के सदस्य **चार्ल्स ब्रैडला** उपस्थित थे। इनकी अधिक रुचि के कारण लोग इन्हें भारत के लिए सदस्य के रूप में सम्बोधन करने लगे।

> राष्ट्रीय आन्दोलन के प्रथम चरण में दादाभाई नौरोजी ने **धन के निष्कासन** का सिद्धान्त प्रस्तुत किया, रानाडे ने भारतीयों को आधुनिक औद्योगिक विकास के महत्त्व को समझाया और रमेशचन्द्र दत्त ने **भारत का आर्थिक इतिहास** नामक पुस्तक लिखी। इन प्रयासों के कारण इस अवधि को **आर्थिक राष्ट्रवादी युग** के नाम से भी जाना जाता है।

उदारवादियों की माँगें

उदारवादियों की माँगों का विवरण निम्न है

- उदारवादी चरण में नेताओं ने ब्रिटिश सरकार से स्वतन्त्रता की माँग नहीं, बल्कि भारतीयों के लिए कुछ रियायतों (छूट) की माँग रखी।
- इसके अतिरिक्त विधानपरिषदों का विस्तार, उच्च सरकारी नौकरियों में अवसर, इंग्लैण्ड तथा भारत में आईएएस की परीक्षा आयोजित कर सिविल सेवा का भारतीयकरण, न्यायपालिका का कार्यपालिका से पृथक्करण, प्रेस एवं भाषण पर लगे प्रतिबन्धों को समाप्त करना, विदेशों में बसे भारतीयों की सुरक्षा, सैनिक खर्च में कटौती आदि माँगें की गई थीं।

> भारतीय प्रशासन की जाँच हेतु **रॉयल कमीशन** की नियुक्ति, नमक कर समाप्त करना, गृह प्रभार (Home Charges) में कमी, उत्पाद शुल्कों की समाप्ति, भारत में कुलियों के साथ दुर्व्यवहार की समाप्ति, वन कानून एवं प्रशासन द्वारा उत्पन्न किए गए कष्टों का निवारण, कारखानों में श्रमिकों की स्थिति सुधारना, देशी उद्योगों को बढ़ावा देना, आर्म्स एक्ट रद्द करने जैसी आदि माँगों को रखा गया।

उदारवादियों की उपलब्धियाँ

- आलोचकों ने इस समय के उदारवादी राष्ट्रीय नेताओं की उपलब्धियों की आलोचना की है। उनका मानना है कि इनके प्रयत्नों से कोई विशेष तात्कालिक लाभ नहीं हुआ।
- **लाला लाजपत राय** का उदारवादियों के सम्बन्ध में वक्तव्य है कि "बीस वर्ष तक रियायतों तथा दु:खों को दूर करने के असफल संघर्ष करने के बाद इन्हें रोटी के बदले पत्थर ही प्राप्त हुए हैं, लेकिन जिस परिस्थिति में उदारवादियों ने यह कार्य किया, उस युग को ध्यान में रखते हुए उनके कार्यों की उपेक्षा नहीं की जा सकती।"
- उदावरदियों की एक प्रमुख उपलब्धि अपनी शक्ति को सुदृढ़ करना तथा राष्ट्रीय आन्दोलन के लिए जनमत तैयार करना था। भारत में ब्रिटिश सामाज्यवाद के वास्तविक चरित्र को उजागर करने में आरम्भिक राष्ट्रवदियों ने अग्रगामी भूमिका निभाई।

उदारवादियों की सीमाएँ

- आन्दोलन का प्रभाव सामान्य जनता तक नहीं बना पाना, उनका कार्यक्रम पढ़े-लिखे अभिजनों तक ही सीमित रहना अर्थात् उनके आन्दोलन का **सामाजिक आधार** संकीर्ण रहना, सामाजिक एवं सांस्कृतिक क्षेत्र में किसी भी प्रकार के सुधार सम्बन्धी हस्तक्षेप से इनकार करना, प्रारम्भिक नीतियाँ, अनुनय-विनय, प्रतिवेदन, भाषण, लेख आदि तक सीमित रहना, ब्रिटिश सरकार के प्रति निष्ठा एवं उनकी न्यायप्रियता में विश्वास करना आदि उदारवादियों की प्रमुख सीमाएँ थीं।
- प्रार्थना तथा याचना के बाद भी उदारवादियों की माँगों पर सरकार ने कोई ध्यान नहीं दिया। गोखले को छोड़कर कांग्रेस के नरमपन्थी नेताओं में स्वतन्त्रता के लिए व्यक्तिगत बलिदान करने और आपत्तियाँ सहन करने हेतु कोई तैयार नही था। इस प्रकार उदारवादी अपनी रणनीति में विफल रहे।
- उदारवादी परिस्थितियों के अनुसार अपनी रणनीति में बदलाव नहीं ला सके, जिसके कारण उन्हें युवा पीढ़ी का समर्थन नहीं मिल सका, जो आन्दोलन के असफल होने का प्रमुख कारण बना।

प्रीलिम्स फैक्ट्स

- 'ब्रिटिश इण्डियन एसोसिएशन' के प्रथम अध्यक्ष कौन थे? *– राधाकान्त देव* [CGPSC (Pre) 2021]
- भारत संघ (इण्डियन एसो.) के संस्थापक कौन थे? *– सुरेन्द्रनाथ बनर्जी* [BPSC (Pre) 2021]
- द डक्कन एसो. द. इण्डियन एसो., द मद्रास महाजन सभा तथा द. पूना सार्वजनिक सभा में से किस एक ने 1875 ई. में हाउस ऑफ कॉमस में एक याचिका प्रस्तुत करते हुए ब्रिटिश संसद में भारत के प्रत्यक्ष प्रतिनिधित्व की माँग की थी? *– द. पूना सार्वजनिक सभा* [IAS (Pre) 2002]
- सत्येन्द्र नाथ टैगोर, सुरेन्द्रनाथ बनर्जी, आर. सी. दत्त तथा सुभाषचन्द्र बोस आदि भारतीय नेताओं में से कौन एक ब्रिटिश द्वारा इण्डियन सिविल सर्विस से बर्खास्त किया गया था? *– सुरेन्द्रनाथ बनर्जी* [IAS (Pre) 1999]
- भारतीय राष्ट्रीय कांग्रेस से पूर्व सबसे प्रमुख संस्था कौन थी? *– इण्डियन एसो. ऑफ कोलकाता* [BPSC (Pre) 2008]
- ब्रिटिश इण्डियन एसो., इण्डियन एसो., इण्डियन नेशनल यूनियन तथा इण्डिया लीग में से कौन भारतीय राष्ट्रीय कांग्रेस की पूर्ववर्ती थी? *– इण्डियन नेशनल यूनियन* [BPSC (Pre) 2017]
- फिरोजशाह मेहता, पी आनन्द चार्लू, एम. वी. राघव चेरियार तथा एस. एन. बनर्जी में से कौन 1885 ई. में स्थापित बॉम्बे प्रेसीडेन्सी एसो. के संस्थापकों में से एक था? *– फिरोजशाह मेहता* [UPPSC (Mains) 2016]
- सुरेन्द्रनाथ बनर्जी द्वारा स्थापित उस संगठन का नाम बताइए जिसका 1886 ई. में इण्डियन नेशनल कांग्रेस में विलय हो गया? *– इण्डियन एसोसिएशन* [UPPSC (Mains) 2007]
- मित्र मेला संघ के संस्थापक कौन थे? *– वी. डी. सावरकर* [UPPSC (Pre) 2011]
- गोपालकृष्ण गोखले ने किस वर्ष में भारत सेवक मण्डल (सर्वेण्ट्स ऑफ इण्डिया सोसायटी) की स्थापना की? *– वर्ष 1905* [UPPSC (Pre) 2017]
- भारतीय राष्ट्रीय कांग्रेस की स्थापना के समय भारत का वायसराय कौन था? *– लॉर्ड डफरिन* [UPPSC (Mains) 2012]
- किसने कांग्रेस सम्मेलनों को 'शिक्षित भारतीयों का वार्षिक राष्ट्रीय मेला' कहा था? *– लाला लाजपत राय ने* [MPPSC (Pre) 2022]
- भारतीय राष्ट्रीय कांग्रेस का सर्वप्रथम मुस्लिम अध्यक्ष कौन था? *– बदरुद्दीन तैयब जी* [HPSC (Pre) 2013]
- भारतीय राष्ट्रीय कांग्रेस का प्रथम निर्वाचित यूरोपीय अध्यक्ष कौन था? *– जॉर्ज यूले* [UPPSC (Pre) 2013]
- कांग्रेस गिरने के लिए लड़खड़ा रही है और भारत में रहते हुए मेरी एक विशेष महत्त्वाकांक्षा है कि मैं इसके शान्तिपूर्ण अवसान में सहयोग कर सकूँ। यह घोषणा किस वायसराय ने की थी? *– लार्ड कर्जन ने* [UPPSC (Pre) 2002]
- किसने कहा था 'कांग्रेस आन्दोजलन न तो लोगों द्वारा प्रेरित था, न ही यह उनके द्वारा सोचा या योजनाबद्ध किया गया था'? *– सर सैयद अहमद खान* [UPPSC (Pre) 2005]
- कांग्रेस के लिए समर्थन प्राप्त करने के लिए 1889 ई. में एक समिति स्थापित की गई थी। इस समिति का सभापति कौन था? *– विलियम डिग्बी* [RAS/RTS (Pre) 1995]
- ब्रिटिश हाउस ऑफ कॉमन्स का चुनाव लड़ने वाला प्रथम भारतीय कौन था? *– डब्ल्यू. सी. बनर्जी* [UKPSC (Pre) 2008]
- "राजा जनता के लिए बने हैं, जनता राजा के लिए नहीं बनी है" राष्ट्रीय आन्दोलन के दौरान यह वक्तव्य किसने दिया था? *– दादाभाई नौरोजी ने* [UPPSC (Pre) 2015]
- किसने वर्ष 1904 से लगातार भारत को 'स्वशासन' देने पर बल दिया? *– दादाभाई नौरोजी ने* [UPPSC (Mains) 2016]
- दादाभाई नौरोजी आमतौर पर किस नाम से जाने जाते थे? *– ग्रैण्ड ओल्डमैन ऑफ इण्डिया* [UPPSC (Pre) 1991]
- फिरोजशाह मेहता, दादाभाई नौरोजी, गोपालकृष्ण गोखले तथा लाला लाजपत राय में से कौन भारतीय राष्ट्रीय कांग्रेस में उदारवादियों से जुड़ा नहीं था? *– लाला लाजपत राय* [UPPSC (Mains) 2011]
- अधिकतर नरमपन्थी नेता किस क्षेत्र से सम्बन्धित थे? *– शहरी क्षेत्र से* [BPSC (Pre) 1999]
- अरविन्द घोष, फिरोजशाह मेहता, नौरोजी तथा सुभाष चन्द्र बोस में से कौन एक 'स्वदेशी' का समर्थक था? *– अरविन्द घोष* [UPPSC (Pre) 2009]

सेल्फ चैक

1. भारत में राष्ट्रवाद के उद्‌भव में निम्नलिखित में से किस कारक का योगदान था?
(a) प्रशासनिक एकीकरण
(b) पाश्चात्य शिक्षा
(c) भारतीय अतीत का पुनः अध्ययन
(d) उपरोक्त सभी

2. भारत में जिस राजनीतिक संगठन की स्थापना 1838 ई. में हुई, उसका नाम था IAS (Pre) 1993, UKPSC (Pre) 2010
(a) ब्रिटिश इण्डिया सोसायटी (b) बंगाल ब्रिटिश इण्डिया
(c) सेटलर्स एसोसिएशन (d) जमींदारी एसोसिएशन

3. निम्नलिखित संस्थाओं पर विचार कीजिए
1. बंगभाषा प्रकाशिका सभा
2. लैण्ड होल्डर्स सोसायटी
3. बंगाल ब्रिटिश इण्डिया सोसायटी
4. इण्डियन लीग
उपरोक्त संस्थाओं के स्थापना वर्ष के सही कालानुक्रम को निम्नलिखित कूट से चुनिए
(a) 1, 2, 3, 4 (b) 1, 3, 2, 4
(c) 2, 1, 3, 4 (d) 2, 3, 4, 1

4. 1851 ई. में कोलकाता में स्थापित पहली प्रमुख स्वैच्छिक संस्था का नाम क्या है, जो मुख्यत: भारतीय जमींदारों के हितों का प्रतिनिधित्व करती थी?
(a) ब्रिटिश भारतीय संघ (ब्रिटिश इण्डियन एसोसिएशन)
(b) भूमिधारक समाज (लैण्ड होल्डर्स सोसायटी)
(c) मद्रास देशीय संघ (मद्रास नेटिव एसोसिएशन)
(d) बॉम्बे संघ (बॉम्बे एसोसिएशन)

5. सूची I को सूची II से सुमेलित करें

सूची I (संगठन)	**सूची II** (संस्थापक)
A. लैण्ड होल्डर्स सोसायटी	1. एस. एन. बनर्जी
B. ब्रिटिश इण्डिया सोसायटी	2. आनन्द मोहन बोस
C. इण्डियन सोसायटी	3. विलियम एडम्स
D. इण्डियन एसोसिएशन	4. द्वारिका नाथ टैगोर

कूट

	A	B	C	D
(a)	4	3	2	1
(b)	4	2	3	1
(c)	3	2	4	1
(d)	4	1	2	3

6. भारत संघ के संस्थापक कौन थे? BPSC (Pre) 2001
(a) दादाभाई नौरोजी
(b) बाल गंगाधर तिलक
(c) ए. ओ. ह्यूम
(d) सुरेन्द्रनाथ बनर्जी

7. निम्नलिखित में से किस एक ने 1875 ई. में हाउस ऑफ कॉमन्स में एक याचिका प्रस्तुत करते हुए ब्रिटिश संसद में भारत के प्रत्यक्ष प्रतिनिधित्व की माँग की? IAS (Pre) 2002
(a) द डक्कन एसोसिएशन
(b) द इण्डियन एसोसिएशन
(c) द मद्रास महाजन सभा
(d) द पूना सार्वजनिक सभा

8. निम्नलिखित में से कौन 1885 ई. में स्थापित बम्बई प्रेसीडेन्सी एसोसिएशन के संस्थापकों में एक था? UPPSC (Mains) 2016
(a) फिरोजशाह मेहता
(b) पी. आनन्द चालू
(c) एम. बी. राघव चेरियार
(d) एस. एन. बनर्जी

9. निम्नलिखित युग्मों पर विचार कीजिए IAS (Pre) 2017
1. राधाकान्त देव-ब्रिटिश इण्डियन एसोसिएशन के प्रथम अध्यक्ष
2. गजुलू लक्ष्मी नरसुचेट्टी-मद्रास महाजन सभा के संस्थापक
3. सुरेन्द्रनाथ बनर्जी-इण्डियन एसोसिएशन के संस्थापक
उपरोक्त युग्मों में से कौन-सा/से युग्म सही सुमेलित है/हैं?
(a) केवल 1
(b) 1 और 3
(c) 2 और 3
(d) 1, 2 और 3

10. निम्न युग्मों में से कौन-से युग्म सही सुमेलित नहीं हैं?

1. ब्रिटिश इण्डिया सोसायटी	लन्दन
2. ईस्ट इण्डिया एसोसिएशन	कलकत्ता
3. नेशनल इण्डियन एसोसिएशन	लन्दन
4. इण्डियन एसोसिएशन	मुम्बई

कूट
(a) 1 और 2 (b) 3 और 4
(c) 1 और 3 (d) 2 और 4

11. निम्नलिखित संगठनों को उनके क्रम के आधार पर दर्शाइए IAS (Pre) 2003
1. बॉम्बे एसोसिएशन
2. मद्रास महाजन सभा
3. इण्डियन एसोसिएशन
4. इण्डियन लीग
कूट
(a) 1, 2, 3, 4 (b) 2 3, 1, 4
(c) 3, 4, 2, 1 (d) 1 4, 3, 2

12. भारतीय राष्ट्रीय कांग्रेस की पूर्ववर्ती थी BPSC (Pre) 2017
(a) ब्रिटिश इण्डियन एसोसिएशन
(b) इण्डियन एसोसिएशन
(c) इण्डियन नेशनल यूनियन
(d) इण्डियन लीग

13. भारतीय राष्ट्रीय कांग्रेस की स्थापना के समय भारत का वायसराय कौन था? UPPSC (Mains) 2012, 11, 06

(a) लॉर्ड रिपन (b) लॉर्ड लिटन
(c) लॉर्ड कैनिंग (d) लॉर्ड डफरिन

14. भारतीय राष्ट्रीय कांग्रेस के प्रथम अधिवेशन के बारे में निम्नलिखित कथनों पर विचार कीजिए UPPSC (Pre) 1997

1. यह अधिवेशन 1885 ई. में बम्बई में हुआ था।
2. भारतीय राष्ट्रीय सम्मेलन का समकालिक अधिवेशन होने के कारण सुरेन्द्रनाथ बनर्जी इस अधिवेशन में उपस्थित नहीं हो पाए थे।

उपरोक्त कथनो में कौन-सा/से कथन सही है/हैं?

(a) केवल 1
(b) केवल 2
(c) 1 और 2 दोनों
(d) न तो 1 और न ही 2

15. ''कोई भारतीय, भारतीय राष्ट्रीय कांग्रेस का प्रारम्भ नहीं कर सकता था .... यदि कांग्रेस का संस्थापक एक महान अंग्रेज और एक विशिष्ट सेवा बाह्य अधिकारी न होता, तो उन दिनों राजनीतिक आन्दोलन में इतना अविश्वास था कि सत्ताधारी इस आन्दोलन को दबाने के लिए कोई-न-कोई तरीका निकाल लेते।''

भारतीय राष्ट्रीय कांग्रेस की स्थापना पर इनमें से किसने यह कथन दिया था?

(a) डब्ल्यू वेडरबर्न ने
(b) जी. के. गोखले ने
(c) आर. पाल्मे दत्त ने
(d) एलेन ऑक्टेवियन ह्यूम ने

16. ''कांग्रेस गिरने के लिए लड़खड़ा रही है और भारत में रहते हुए मेरी एक विशेष महत्त्वाकांक्षा है कि मैं इसके शान्तिपूर्ण अवसान में सहयोग कर सकूँ।'' यह घोषणा की थी UPPSC (Pre) 2002

(a) लॉर्ड कर्जन ने
(b) डफरिन ने
(c) हैमिल्टन ने
(d) इरविन ने

17. भारतीय राष्ट्रीय आन्दोलन के सन्दर्भ में निम्नलिखित में से कौन-सा एक 'सुरक्षा वाल्व सिद्धान्त' के अर्थ को समझाता है?

(a) एक सिद्धान्त, जिसने तर्क दिया कि कांग्रेस का गठन असन्तुष्ट शिक्षित भारतीयों के लिए सुरक्षित अभिव्यक्ति के रूप में हुआ
(b) एक सिद्धान्त, जिसने तर्क दिया कि कांग्रेस का गठन भारतीय लोगों के प्रति अंग्रेजों के शत्रुतापूर्ण व्यवहार के प्रति सुरक्षित अभिव्यक्ति के रूप में हुआ।
(c) एक सिद्धान्त, जो यह मानता था कि अंग्रेज तथा 1887 ई. के पूर्व विप्लवी एक-दूसरे के प्रति अपने विभेदों का समाधान सौहार्द्रपूर्ण तरीके से करें।
(d) एक विचार, जिसका लक्ष्य भारतीय लोगों के बीच सद्भावना का संवर्द्धन था।

18. राष्ट्रीय आन्दोलन में निम्न में से किसको नरमदलीय नेता के रूप में नहीं जाना जाता था? BPSC (Pre) 2004

(a) बाल गंगाधर तिलक
(b) दादाभाई नौरोजी
(c) एम. जी. रानाड़े
(d) गोपाल कृष्ण गोखले

जानें सही उत्तर

1. (d)	**2.** (d)	**3.** (a)	**4.** (a)	**5.** (a)	**6.** (d)	**7.** (d)	**8.** (a)	**9.** (b)	**10.** (d)
11. (d)	**12.** (c)	**13.** (d)	**14.** (c)	**15.** (b)	**16.** (a)	**17.** (b)	**18.** (a)		

● अध्याय बत्तीस

भारतीय राष्ट्रीय आन्दोलनः द्वितीय चरण (1905-1919)

"भारतीय राष्ट्रीय आन्दोलन के द्वितीय चरण में कांग्रेस अधिक परिपक्व हो गई थी और इसके लक्ष्य तथा उद्देश्य भी स्पष्ट थे। कांग्रेस के मंच से भारतीय लोगों के सामाजिक, आर्थिक, राजनीतिक व सांस्कृतिक विकास के लिए प्रयास प्रारम्भ किए गए। राष्ट्रीय आन्दोलन के इस चरण में कांग्रेस ने अपना लक्ष्य स्वराज रखा। इस दौरान कांग्रेस के अन्दर ही एक नए गुट उग्रराष्ट्रवादी विचारधारा वाले समूह का उदय हुआ।

उग्रवादी चरण (वर्ष 1905-1919)

- 19वीं शताब्दी के उत्तरार्द्ध से ही भारतीय जनता में राजनैतिक असन्तोष बढ़ता जा रहा था। उदारवादियों के प्रयास का कोई अधिक सफल निष्कर्ष नहीं निकला। उधर औपनिवेशिक शोषण भी जारी रहा।
- अन्ततः **नरमपन्थी** धीरे-धीरे अपनी लोकप्रियता खोने लगे। ऐसी स्थिति में एक नया नेतृत्व उभरा, जिनका रुख अधिक संघर्षशील और अधिक उग्र-राष्ट्रवादी भावना में विश्वास रखता था। इस गुट को गरम दल के नाम से जाना जाता है।
- भारतीय राष्ट्रीय आन्दोलन में नव-राष्ट्रवाद का उदयकाल वर्ष 1905-1919 तक माना जाता है। इसी समय स्वदेशी तथा क्रान्तिकारी आन्दोलन की शुरुआत हुई थी।
- कांग्रेस के उग्रवादी तथा अतिवादी कहे जाने वाले नेताओं में **लाला लाजपत राय** (लाल), **बाल गंगाधर तिलक** (बाल) तथा **बिपिनचन्द्र पाल** (पाल), अरविन्द घोष का नाम प्रमुख रूप से लिया जाता है।

> कांग्रेस के उदारवादियों को नरमपन्थी या **नरम दल**, जबकि अतिवादी/उग्रवादी नेताओं के समूह को गरमपन्थी या **गरम दल** के नाम से जाना गया।

उग्रवाद के उदय के कारण

उग्रवाद (अतिवादियों) के उदय को निम्नलिखित कारणों के अन्तर्गत समझा जा सकता है

अंग्रेजी राज की प्रकृति की समझ

- आरम्भिक काल के नेताओं ने आँकड़ों से यह सिद्ध किया कि अंग्रेजी राज तथा उसकी नीतियाँ ही भारत की दरिद्रता का मूल कारण हैं।
- दादाभाई नौरोजी ने सर्वप्रथम अपने प्रसिद्ध लेख **पॉवर्टी एण्ड अनब्रिटिश रूल इन ब्रिटिश इण्डिया** में औपनिवेशिक आर्थिक नीतियों की आलोचना करते हुए इनको भारत की दरिद्रता का मूल कारण बताया।
- ब्रिटिश आर्थिक नीतियों के दूसरे विख्यात आलोचक आर. सी. दत्त थे, इन्होंने अपनी पुस्तक **इकोनॉमिक हिस्ट्री ऑफ इण्डिया** में ब्रिटिश शोषणकारी नीतियों को उजागर किया।

अन्तर्राष्ट्रीय घटनाओं का प्रभाव

- 1868 ई. के पश्चात् एक आधुनिक जापान के उदय ने यह स्पष्ट कर दिया कि एक पिछड़ा हुआ एशियाई देश भी बिना किसी पश्चिमी सहायता के अपना विकास कर सकता है।
- 1896 ई. में इथियोपिया के द्वारा इटली की पराजय तथा वर्ष 1905 में जापान के द्वारा रूस की पराजय ने यूरोपीय श्रेष्ठता के भ्रम को तोड़ दिया।

विचारकों का योगदान

- 19वीं सदी के कुछ महान भारतीय विचारक एवं नेता; जैसे-स्वामी विवेकानन्द, बाल गंगाधर तिलक, अरविन्द घोष और बिपिनचन्द्र पाल आदि ने भी लोगों को उग्रवाद के मार्ग पर अग्रसर होने के लिए प्रोत्साहित किया।
- **स्वामी विवेकानन्द** ने घोषणा की कि "दुनिया में यदि कोई पाप है, तो वह निर्बलता है, निर्बलता का त्याग करो, निर्बलता पाप है और निर्बलता मृत्यु है।" उन्होंने कहा कि "भारत की एकमात्र आशा भारत की जनता है। ऊँचे वर्ग शारीरिक और नैतिक दृष्टि से मृतप्राय हैं।"

उग्र-राष्ट्रवादी विचार सम्प्रदाय का अस्तित्व

- राष्ट्रीय आन्दोलन के लगभग आरम्भ से ही उग्र-राष्ट्रवाद का एक सम्प्रदाय देश में ही विद्यमान था। इस सम्प्रदाय के प्रतिनिधि बंगाल में **राज नारायण बोस** और **अश्विनी कुमार दत्त** तथा महाराष्ट्र में **विष्णु शास्त्री चिपलूणकर** थे।
- इस सम्प्रदाय के सबसे महत्त्वपूर्ण प्रतिनिधि बाल गंगाधर तिलक थे, उन्होंने अपने पत्र **केसरी** के माध्यम से राष्ट्रवाद का प्रचार किया।

सरकार की दमनकारी नीतियाँ

- बाल गंगाधर तिलक ने 1893 ई. में **गणपति उत्सव** के आयोजन के साथ गीतों और भाषणों के द्वारा राष्ट्रवादी विचारों के प्रचार के लिए कार्य करना आरम्भ कर दिया।
- 1895 ई. में बाल गंगाधर तिलक ने **शिवाजी महोत्सव** का आरम्भ किया, इसका उद्देश्य शिवाजी के माध्यम से नवयुवकों में राष्ट्रवाद की भावना उत्पन्न करना था।

> तिलक ने 1896-97 ई. में महाराष्ट्र में **कर न देने** का आन्दोलन भी चलाया। उन्होंने अकाल-पीड़ित किसानों को मालगुजारी देने से भी मना किया। जब सरकार के विरुद्ध घृणा और असन्तोष भड़काने के आरोप में बाल गंगाधर तिलक को 1897 ई. में गिरफ्तार किया गया, तो उन्होंने सरकार से क्षमा माँगने से इनकार कर दिया, जिस पर उन्हें 18 माह की कैद की सजा हुई।

- 1897 ई. में चापेकर बन्धुओं को फाँसी की सजा देने के बाद नाटू बन्धुओं को बिना किसी ट्रायल के देश से बाहर जाने का आदेश दिया गया।
- 1898 ई. में **भारतीय दण्ड संहिता में 124 (A)** तथा **156 (A)** जैसे दमनकारी कानून जोड़े गए।

> वर्ष 1904 में **कार्यालय गोपनीयता कानून** (Official Secrets Act) द्वारा प्रेस की स्वतन्त्रता का दमन किया गया तथा इसी समय भारतीय विश्वविद्यालय अधिनियम, 1904 के द्वारा विश्वविद्यालयों पर सरकारी नियन्त्रण अधिक सख्त कर दिया गया। वर्ष 1905 में बंगाल का विभाजन कर दिया गया।

प्रशिक्षित नेतृत्व

- कांग्रेस के कार्यकर्ताओं में ही कुछ भिन्न राजनैतिक विचारधारा और कार्यनीति वाले राष्ट्रवादियों के नए दल का कांग्रेस के अन्दर ही उदय और विकास हुआ।
- अनेक कारणों से 19वीं सदी के अन्त में यह दल, जिसे गरम दल कहा जाता है, विकसित हुआ। इसमें सबसे महत्त्वपूर्ण प्रतिनिधि **लोकमान्य तिलक** थे। इसके अतिरिक्त राज नारायण बोस, अश्विनी कुमार दत्त, विष्णुशास्त्री चिपलूणकर, बिपिनचन्द्र पाल और अरविन्द घोष जैसे नेता इसका प्रतिनिधित्व करते थे। यद्यपि राजनीतिक कार्यकर्ताओं की एक प्रशिक्षित टुकड़ी के बिना राष्ट्रीय आन्दोलन को एक उच्चतर राजनीतिक स्तर तक ले जाना बहुत कठिन होता।

उग्रवादियों की पद्धति एवं कार्य

- उग्रवादियों का राष्ट्रवाद भावुकता से परिपूर्ण था। राष्ट्रवाद की इस प्रेरणादायक धारणा में सामाजिक, आर्थिक एवं राजनीतिक सभी आदर्शों का समावेश था।
- उग्रवादी नेता ब्रिटिश शासन से घृणा करते थे और अंग्रजों को भारत से बाहर निकालने की बात करते थे। इनका विश्वास था कि भारतीयों की मुक्ति स्वयं के प्रयत्नों से होगी, अंग्रजों की कृपा से नहीं। इसी क्रम में तिलक ने कहा कि "स्वराज मेरा जन्मसिद्ध अधिकार है, मैं इसे लेकर रहूँगा"
- बाल गंगाधर तिलक ने इस बात का विरोध किया कि "एक विदेशी सरकार जनता के निजी जीवन में हस्तक्षेप करे"। उन्होंने 1891 के **विवाह अधिनियम** तथा 1881 के **प्रथम फैक्ट्री अधिनियम** का भी विरोध किया।
- **अरविन्द घोष** ने इन्दुप्रकाश समाचार-पत्र में **न्यू लैम्प्स फॉर ओल्ड** नामक निबन्ध में उग्रवाद की क्रमबद्ध व्याख्या की। तिलक ने मराठा एवं केसरी पत्र के माध्यम से उग्रवाद का प्रचार किया। स्वराज, स्वदेशी तथा बहिष्कार का नारा सर्वप्रथम बाल गंगाधर तिलक ने ही दिया था।
- अरविन्द घोष ने कहा कि "राजनीतिक स्वतन्त्रता किसी भी राष्ट्र का जीवन श्वास है। बिना राजनीतिक स्वतन्त्रता के सामाजिक तथा शैक्षणिक सुधार, औद्योगिक प्रसार, एक जाति की नैतिक उन्नति आदि की बातें करना मूर्खता की चरम सीमा है।"

> उग्रवादी राजनीति आत्म सहायता, बहिष्कार तथा निष्क्रिय प्रतिरोध की पद्धति पर आधारित थी। बिपिनचन्द्र पाल ने **न्यू इण्डिया** तथा लाला लाजपत राय ने **पंजाबी** नामक पत्र के माध्यम से ब्रिटिश सरकार पर प्रहार किया।

- उग्रवादी नेताओं ने राष्ट्रीय शिक्षा के महत्त्व को स्वीकार करते हुए इसी में भारतीयों के हित के निहित होने की बात कही। इस सन्दर्भ में सर गुरुदास बनर्जी ने बंगाल में **राष्ट्रीय शिक्षा परिषद्** और बाल गंगाधर तिलक ने **दक्षिण शिक्षा समाज** की स्थापना की।
- उग्रवादियों द्वारा प्रतिबन्धक पुलिस कार्य, मेलों का आयोजन व ग्राम सफाई के कार्य के साथ-साथ विभिन्न सहकारी, स्वयंसेवी व गुप्त आदि भी स्थापित किए गए।

उदारवादी एवं उग्रवादी मतों में अन्तर

उदारवादी	उग्रवादी
बुद्धिजीवी तथा शहरी मध्यम वर्ग से सहयोग प्राप्त था।	निम्न मध्यम वर्ग, विद्यार्थियों तथा किसानों एवं मजदूरों का सहयोग प्राप्त था।
सामाजिक समानता की माँग इस आधार पर की कि वे ब्रिटिश सरकार की प्रजा हैं।	सामाजिक समानता और राजनैतिक स्वतन्त्रता को जन्मसिद्ध अधिकार माना है।
इंग्लैण्ड के निवासियों से अपील की और अपने विश्वास का आधार ब्रिटिश इतिहास तथा अंग्रेजी राजनैतिक विचारधारा को बनाया।	भारतीय संस्कृति से प्रेरणा ग्रहण की और धार्मिक देशभक्ति को बढ़ावा दिया।
अनुनय-विनय, संवैधानिक तरीकों का प्रयोग, स्वदेशी के पक्षधर, लेकिन बहिष्कार को राजनैतिक हथियार के रूप में प्रयोग करने के पक्षधर नहीं थे।	स्वदेशी, बहिष्कार और निष्क्रिय प्रतिरोध जैसे माध्यमों का प्रयोग उदारवादियों के अनुनय-विनय की नीति को राजनैतिक भिक्षावृत्ति की संज्ञा दी।
हिन्दू-मुस्लिम एकता पर बल दिया एवं राजनीति को धर्मनिरपेक्ष रखा।	हिन्दू गौरव के पुनरुत्थान पर विशेष बल दिया।

बंगाल विभाजन (वर्ष 1905)

- **लॉर्ड कर्जन** के विभिन्न प्रशासकीय कार्यों में सबसे अधिक विवादास्पद कार्य वर्ष 1905 में बंगाल का विभाजन था।
- इस समय बंगाल प्रेसीडेन्सी भारत का सबसे अधिक जनसंख्या वाला प्रान्त था। विभाजन से पूर्व बंगाल में पश्चिमी बंगाल, बांग्लादेश, बिहार, उड़ीसा के क्षेत्र शामिल थे, जिनका क्षेत्रफल 1,89,000 वर्ग किमी तथा जनसंख्या 8 करोड़ थी।
- बंगाल के विभाजन के लिए यह तर्क दिया गया कि इतने बड़े क्षेत्र पर सुव्यवस्थित ढंग से शासन करना सम्भव नहीं है अर्थात् इसका प्रमुख कारण प्रशासनिक असुविधा को बताया गया, किन्तु इसका वास्तविक कारण प्रशासनिक न होकर राजनीतिक था।
- इसकी पुष्टि तत्कालीन राज्य सचिव **रिजले** द्वारा वर्ष 1904 में कर्जन के लिए गए उस पत्र से होती है, जिसमें यह लिखा था कि "संयुक्त बंगाल एक शक्ति है, विभाजित बंगाल की दिशाएँ अलग-अलग होंगी"।
- इस योजना के अनुसार, अविभाजित बंगाल को बंगाल एवं पूर्वी बंगाल में विभाजित करना था। बंगाल प्रान्त में आधुनिक पश्चिम बंगाल के 11 जिले, दार्जिलिंग, बिहार तथा उड़ीसा शामिल थे। बंगाल विभाजन का असम के कमिश्नर **हेनरी कॉटन** ने विरोध किया था तथा नए लेफ्टिनेण्ट गवर्नर **फ्यूलर** के विरुद्ध मोर्चा निकाला था। कलकत्ता हाईकोर्ट के न्यायिक क्षेत्र के अन्तर्गत ही पूर्वी बंगाल एवं असम आता था। यद्यपि बंगाल प्रेसीडेन्सी से 1874 ई. में असम पृथक् हो गया था।

बंगाल विभाजन के उद्देश्य

- बंगाल में हिन्दू बहुसंख्यक थे। बंगाल से पृथक् किए गए प्रान्त को **पूर्वी बंगाल** एवं **असम** नाम दिया गया। इसमें राजशाही, ढाका, चटगाँव सम्मिलित थे।
- इसकी राजधानी **ढाका** को बनाया गया। चटगाँव को भी एक केन्द्र बनाया गया, जिसमें बहुसंख्यक मुस्लिम जिले शामिल थे। ब्रिटिश सरकार का मुख्य उद्देश्य मूल बंगाल में बंगालियों की आबादी कम करके उन्हें अल्पसंख्यक बनाना था।
- उल्लेखनीय है कि मूल बंगाल में 1 करोड़ 70 लाख बंगाली तथा 3 करोड़ 70 लाख उड़िया एवं हिन्दी भाषी लोगों को रखने की योजना थी। बंगाल इस समय राष्ट्रीय चेतना का केन्द्र था और इस जुझारू चेतना पर आघात करने के उद्देश्य से ही बंगाल के बँटवारे का निर्णय किया गया था।
- इस विभाजन का एक और पक्ष था, जिसमें बंगाल का धार्मिक आधार पर विभाजन किया गया। 19वीं सदी के अन्त में अंग्रेजों ने कांग्रेस और राष्ट्रीय आन्दोलन को कमजोर करने के लिए मुस्लिम साम्प्रदायिकता को भड़काना शुरू किया। बंगाल विभाजन में उन्होंने इसी प्रवृत्ति को दोहराया।

बंगाल विभाजन से सम्बन्धी घटनाक्रम

बंगाल के विभाजन से सम्बन्धित प्रमुख घटनाएँ निम्नलिखित हैं

- **दिसम्बर, 1903** में बंगाल विभाजन की पहली बार सार्वजनकि घोषणा की गई थी, किन्तु कुछ कारणों से इसे मूर्त रूप नही दिया जा सका।
- **19 जुलाई 1905** को बंगाल विभाजन की रूपरेखा जनता के .सामने रखी गई।
- **20 जुलाई, 1905** को बंगाल विभाजन के निर्णय की घोषणा की गई।
- **7 अगस्त, 1905** को कलकत्ता के टाउन हॉल की ऐतिहासिक बैठक में **स्वदेशी आन्दोलन** की विधिवत घोषणा की गई और बहिष्कार प्रस्ताव पारित हुआ।
- **16 अक्टूबर, 1905** में बंगाल के विभाजन की योजना प्रभावी हुई।
- इस दिन को सम्पूर्ण बंगाल में **शोक दिवस** के रूप में मनाया गया। रबीन्द्रनाथ टैगोर की अपील पर लोगों ने एक-दूसरे के हाथों में राखियाँ बाँधी।
- **वर्ष 1906** में **रबीन्द्रनाथ टैगोर** ने **आमार सोनार बांग्ला** गीत लिखा, जो वर्ष 1972 में बांग्लादेश का राष्ट्रगान बना।
- **वर्ष 1911** में बंगाल विभाजन रद्द हुआ। भाषा के आधार पर बिहार एवं उड़ीसा बंगाल से पृथक् हो गए। असम एक नया प्रान्त बनाया गया। भारत की राजधानी कलकत्ता से दिल्ली स्थानान्तरित की गई।

स्वदेशी एवं बहिष्कार आन्दोलन

- बंगाल विभाजन के विरोध में स्वदेशी और बहिष्कार आन्दोलन का जन्म हुआ। इसके लिए 7 अगस्त, 1905 को कलकत्ता में टाउनहॉल में एक ऐतिहासिक बैठक में स्वदेशी आन्दोलन की घोषणा की गई।
- स्वदेशी आन्दोलन का नेतृत्व दिल्ली में सैय्यद हैदर रजा एवं मद्रास में चिदम्बरम् पिल्लै ने किया था। कांग्रेस के बनारस अधिवेशन (1905) में **स्वदेशी** और **बहिष्कार** आन्दोलन का अनुमोदन किया गया। इस अधिवेशन के अध्यक्ष गोपालकृष्ण गोखले थे।
- तिलक ने बम्बई एवं पूना में, लाला लाजपत राय और अजीत सिंह ने पंजाब एवं उत्तर प्रदेश में, आन्दोलन का नेतृत्व किया।
- इस आन्दोलन में स्कूलों, अदालतों, उपाधियों तथा सरकारी नौकरियों का भी बहिष्कार किया गया।
- स्वदेशी आन्दोलन के समय लोगों का आन्दोलन के प्रति समर्थन एकत्र करने में अश्विनी कुमार दत्त द्वारा स्थापित **स्वदेश बन्धव समिति** की महत्त्वपूर्ण भूमिका थी। बांग्ला साहित्य के लिए यह काल **स्वर्णकाल** था।
- 15 अगस्त, 1906 को सदगुरु दास बनर्जी ने राष्ट्रीय शिक्षा परिषद् की स्थापना की। आचार्य प्रफुल्लचन्द्र राय के द्वारा बंगाल कैमिकल्स एवं फार्मास्युटिकल्स की स्थापना की गई। कला के क्षेत्र में अवनीन्द्रनाथ टैगोर ने पाश्चात्य प्रभाव से बिल्कुल अलग पूर्णतः स्वदेशी पारम्परिक कला से प्रेरणा लेकर चित्रकारी शुरू की। इन्होंने वर्ष 1966 में इण्डियन सोसायटी ऑफ ओरिएण्टेल आर्ट्स की स्थापना की थी।

> वर्ष 1906 के कलकत्ता अधिवेशन में अतिवादियों ने स्वदेशी, बहिष्कार, राष्ट्रीय शिक्षा और स्वशासन से जुड़े चार महत्त्वपूर्ण प्रस्ताव पारित करवा लिए। इस अधिवेशन में दादाभाई नौरोजी ने पहली बार **स्वराज शब्द** का उल्लेख किया था।

- स्वदेशी आन्दोलन की अन्य बड़ी विशेषता यह थी कि इसने **आत्मनिर्भरता, आत्मशक्ति** का नारा दिया। इसके अन्तर्गत सामाजिक सुधार तथा राष्ट्रीय शिक्षा स्वदेशी जैसे तत्त्वों का समावेश किया गया।
- टैगोर के शान्ति निकेतन की तर्ज पर 14 अगस्त, 1906 में **बंगाल नेशनल कॉलेज** की स्थापना की गई, अरविन्द घोष को इसका प्राचार्य बनाया गया।
- 15 अगस्त, 1906 को ही राष्ट्रीय शिक्षा परिषद् का गठन किया गया। इसका उद्देश्य राष्ट्रीय नियन्त्रण के अन्तर्गत जनता को इस प्रकार का साहित्य, वैज्ञानिक व तकनीकी शिक्षा देना था, जो राष्ट्रीय जीवनधारा से जुड़ी हो।
- इसके अतिरिक्त इस आन्दोलन की एक प्रमुख विशिष्टता महिलाओं का इसमें भाग लेना था। इस आन्दोलन में पहली बार महिलाएँ घर से बाहर निकलीं और प्रदर्शन में भाग लेने लगीं तथा धरने पर बैठने लगीं। जहाँ तक किसानों का प्रश्न है, बारीसाल के किसानों को छोड़कर अन्य किसानों का सहयोग इस आन्दोलन में नहीं मिल पाया।
- अंग्रेजों ने मुसलमानों का उपयोग साम्प्रदायिकता के जहर को घोलने में किया। ढाका के नवाब सलीमुल्लाह का उपयोग स्वदेशी आन्दोलन के विराधी के रूप में किया गया।

> स्वदेशी आन्दोलन को साम्प्रदायिकता के अतिरिक्त कुछ तरीकों से भी क्षति पहुँची; जैसे—आन्दोलन में ऐसे पारम्परिक रीति-रिवाजों, त्योहारों व संस्थाओं का सहारा लिया गया, जिसका चरित्र धार्मिक था। इसी कारण बंगाल के बहुसंख्यक मुस्लिम स्वदेशी आन्दोलन में शामिल नहीं हुए।

- स्वदेशी व बहिष्कार आन्दोलन यद्यपि अपने तत्कालीन उद्देश्यों की पूर्ति करने में असफल रहा, यद्यपि इसके परिणामस्वरूप विदेशी वस्तुओं के आयात में कमी हुई और भारतीय उद्योगों को प्रोत्साहन मिला।

मुस्लिम लीग की स्थापना, 1906

- मुस्लिम लीग की स्थापना का मुख्य उद्देश्य ब्रिटिश सरकार के प्रति मुस्लिमों में निष्ठा बढ़ाना था और इनके राजनीतिक अधिकारों की रक्षा करना तथा कांग्रेस के प्रति मुस्लिमों में घृणा जाग्रत करना था।
- बंगाल विभाजन की घोषणा के बाद ही 1 अक्टूबर, 1906 को आगा खाँ के नेतृत्व में मुस्लिमों का एक शिष्टमण्डल तत्कालीन **वायसराय लॉर्ड मिण्टो** से शिमला में मिला।
- मिण्टो ने स्पष्ट आश्वासन दिया कि एक सम्प्रदाय के रूप में मुस्लिमों के राजनीतिक अधिकारों और हितों की रक्षा की जाएगी।
- इन गतिविधियों की पृष्ठभूमि में 30 दिसम्बर, 1906 को ढाका में एक बैठक आयोजित की गई, जिसकी अध्यक्षता नवाब सलीमुल्लाह ने की। इसमें मोहिसिन-उल-मुल्क, आगा खाँ तथा नवाब वाकर-उल-मुल्क उपस्थित थे, जिसमें **अखिल भारतीय मुस्लिम लीग** नामक राजनीतिक संगठन की स्थापना करने का निर्णय लिया गया।

> मुस्लिम लीग के संस्थापक अध्यक्ष सलीमुल्लाह खाँ, जबकि आगा खाँ मुस्लिम लीग के प्रथम अध्यक्ष चुने गए थे।

- इस संगठन के मुख्य उद्देश्य ब्रिटिश सरकार के प्रति निष्ठा रखना, राजनीतिक अधिकारों की रक्षा एवं विस्तार तथा सम्प्रदायों की कटुता की भावना को रोकना था।
- वर्ष 1908 में आगा खाँ को मुस्लिम लीग का स्थायी अध्यक्ष बनाया गया। वर्ष 1908 में मुस्लिम लीग ने अपने अमृतसर अधिवेशन में मुस्लिमों के लिए पृथक् निर्वाचक मण्डल की माँग की, जो वर्ष 1909 के मार्ले-मिण्टो सुधारों के द्वारा प्रदान कर दिया गया।

सूरत अधिवेशन, 1907

- बंगाल विभाजन के पश्चात् उत्पन्न परिस्थितियों के कारण कांग्रेस के नरमपन्थियों और गरमपन्थियों के बीच विवाद और तीव्र हो गया, जिसके परिणामस्वरूप वर्ष 1907 के सूरत अधिवेशन में कांग्रेस दो भागों में विभाजित हो गई।
- इस अधिवेशन में अध्यक्ष पद तथा स्वदेशी आन्दोलन को लेकर कांग्रेस के उग्रवादियों तथा उदारवादियों में मतभेद उत्पन्न हो गया।

> उग्रवादी **लाला लाजपत राय** को अध्यक्ष बनाना चाहते थे, किन्तु उदारवादियों के वर्चस्व के कारण **रास बिहारी घोष** अध्यक्ष बने।

- सूरत विभाजन का एक अन्य कारण अधिवेशन के स्थान को लेकर भी था। जहाँ उग्रवादी 1907 का अधिवेशन नागपुर में आयोजित करने के पक्ष में थे, वहीं उदावादी इसे सूरत में आयोजित कराना चाहते थे।
- सूरत विभाजन का दूसरा कारण यह था कि उदारवादी स्वदेशी व बहिष्कार आन्दोलन का प्रसार केवल बंगाल तक सीमित रखना चाहते थे, तो वहीं उग्रवादी इसे सम्पूर्ण भारत में फैलाना चाहते थे।
- इसके अतिरिक्त उग्रवादियों को सन्देह था कि उनके द्वारा प्रस्तुत किए जाने वाले स्वदेशी, बहिष्कार, राष्ट्रीय शिक्षा तथा स्वशासन सम्बन्धी प्रस्तावों को निरस्त किया जा सकता है, फलस्वरूप विवाद बढ़ गया तथा अशान्ति व उपद्रव के वातावरण में कांग्रेस गरम दल व नरम दल के रूप में विभाजित हो गई।
- इस विभाजन का मूल कारण अंग्रेजी सरकार के साथ उदारवादियों की वार्ता करने की क्षमता के बारे में उग्रवादियों (चरमपन्थियों) में अविश्वास का उत्पन्न होना था।
- कांग्रेस विभाजन का एक अन्य कारण 1905 के बनारस अधिवेशन में **प्रिन्स ऑफ वेल्स** का स्वागत प्रस्ताव था, जिसमें नरमपन्थी प्रिन्स ऑफ वेल्स का स्वागत करना चाहते थे, जबकि गरमपन्थियों ने इसका विरोध किया।
- कांग्रेस के विभाजन के पश्चात् नरमपन्थी स्वयं को **भारतीय राष्ट्रीय कांग्रेस** कहने लगे, जबकि गरमपन्थी स्वयं को **नेशनलिस्ट पार्टी** कहने लगे।
- कांग्रेस के विभाजन के पश्चात् कांग्रेसियों ने वर्ष 1908 में इलाहाबाद में एक सम्मेलन आयोजित किया। इस सम्मेलन में कांग्रेस के लिए नया संविधान और नियमावली बनाई गई, जिसे वर्ष 1908 के मद्रास अधिवेशन में अनुमोदित किया गया।

दिल्ली दरबार, 1911

- 12 दिसम्बर, 1911 में ब्रिटिश सम्राट **जॉर्ज पंचम** और महारानी **मैरी** के भारत आगमन पर उनके स्वागत हेतु दिल्ली में एक दरबार का आयोजन किया गया। दिल्ली दरबार में ही 12 दिसम्बर, 1911 को बंगाल विभाजन को रद्द करने की घोषणा की गई। यह घोषणा अरुण्डेल समिति की सिफारिश पर की गई थी। इसी समय (वर्ष 1911) कलकत्ता के स्थान पर **दिल्ली** को भारत की नई **राजधानी** बनाने की घोषणा की गई। इसके साथ ही 1 अप्रैल, 1912 को दिल्ली को कलकत्ता के स्थान पर भारत की नई राजधानी बना दिया गया।
- बंगाल विभाजन के रद्द होने के पश्चात् उड़ीसा और बिहार को बंगाल से पृथक् कर दिया गया। असम को पुन: 1874 ई. की स्थिति में लाया गया, अब असम में सिलहट भी शामिल था।
- इस समय भारत का वायसराय **लॉर्ड हार्डिंग** था। वायसराय हार्डिंग जिस समय अपने परिवार तथा ब्रिटेन के शाही राजवंश के साथ एक लम्बे जुलूस में समारोहपूर्वक दिल्ली में प्रवेश कर रहे थे, उसी समय (23 दिसम्बर, 1912) उन पर बम फेंका गया, जिसमें हार्डिंग घायल हो गए।
- यह कार्य बसन्त विश्वास, अमीर चन्द, अवध बिहारी एवं बालमुकुन्द ने किया था। बाद में इन पर **दिल्ली षड्यन्त्र केस** नामक मुकदमा चलाया गया तथा उन्हें फाँसी दे दी गई।

> **ब्रिटिश शासन के दौरान आयोजित दिल्ली दरबार**
>
> ब्रिटिश शासन के दौरान निम्नलिखित दिल्ली दरबार आयोजित किए गए
>
> - **प्रथम दिल्ली दरबार** (1877 ई.) प्रथम दिल्ली दरबार का आयोजन लॉर्ड लिटन के शासनकाल में हुआ। इसमें इंग्लैण्ड की महारानी विक्टोरिया को भारत की साम्राज्ञी घोषित कर, **केसर-ए-हिन्द** की उपाधि प्रदान की गई। इस दरबार के आयोजन में अत्यधिक धन का व्यय किया गया, जबकि 1876-1878 ई. तक दक्षिण के भीषण अकाल से हजारों लोगों की मृत्यु हो गई।
> - **द्वितीय दिल्ली दरबार** (वर्ष 1903) इस दरबार का आयोजन लॉर्ड कर्जन ने करवाया था। इस दरबार में पहले से अधिक धन का अपव्यय किया गया। इसमें सम्राट एडवर्ड सप्तम की ताजपोशी की घोषणा की गई। इस आयोजन का कोई परिणाम नहीं निकला। यह केवल ब्रिटिश सरकार का शक्ति प्रदर्शन था।
> - **तृतीय दिल्ली दरबार** (वर्ष 1911) इस दरबार का आयोजन लॉर्ड हार्डिंग ने करवाया था। इस अवसर पर इंग्लैण्ड के सम्राट जॉर्ज पंचम और महारानी मैरी भारत आए थे।

क्रान्तिकारी आन्दोलन

- क्रान्तिकारी आन्दोलन 19वीं सदी के अन्त में और 20वीं शताब्दी के प्रारम्भ से शुरू हुआ था।
- क्रान्तिकारी आन्दोलन का उद्देश्य संवैधानिकता के साथ-साथ हिंसक कार्य भी थे। क्रान्तिकारी मानते थे कि पश्चिमी साम्राज्यवाद का अन्त पश्चिमी हिंसक तरीकों से ही सम्भव है।

क्रान्तिकारी आन्दोलन का प्रसार

- क्रान्तिकारी आन्दोलन की शुरुआत **महाराष्ट्र** से मानी जाती है। **व्यायाम मण्डल** प्रथम क्रान्तिकारी संगठन माना जाता है। इसकी स्थापना 1896-97 ई. में चापेकर बन्धुओं (दामोदर, बालकृष्ण, वासुदेव चापेकर) ने की थी। 22 जून, 1897 को इन्होंने पूना के प्लेग अधिकारियों रैण्ड एवं आयर्स्ट की हत्या की।

- वर्ष 1904 में विनायक दामोदर सावरकर और गणेश दामोदर सावरकर ने **अभिनव भारत** नामक गुप्त संस्था की स्थापना की। उल्लेखनीय है कि 1899 ई. में स्थापित **मित्र मेला** नामक संगठन ही अभिनव भारत में परिवर्तित हो गया।
- सावरकर द्वारा स्थापित अभिनव भारत का महाराष्ट्र में क्रान्तिकारी संगठनों में प्रथम स्थान था। यह मैजिनी के **तरुण इटली** के सदृश्य एक गुप्त सभा थी।

> **नासिक षड्यन्त्र केस** 21 दिसम्बर, 1909 को गणेश सावरकर को सजा देने की प्रतिक्रियास्वरूप नासिक के जिलाधिकारी जैक्सन की अनन्त लक्ष्मण कन्हारे द्वारा गोली मारकर हत्या कर दी गई। इस हत्या के अभियोग में अनन्त लक्ष्मण कन्हारे, कृष्णजी गोपाल कर्वे तथा विनायक देशपाण्डे को 19 अपैल, 1911 को फाँसी दे दी गई। इसी केस के सन्दर्भ में वी. डी. सावरकर सहित 37 अन्य व्यक्तियों पर नासिक पड्यन्त्र केस चलाया गया और सावरकर को आजीवन कारावास की सजा दी गई।

- **अनुशीलन समिति** भारत के स्वतन्त्रता संग्राम के समय बंगाल में बनी अंग्रेज विरोधी गुप्त क्रान्तिकारी संस्था थी। इसका उद्देश्य वन्देमातरम् के प्रणेता **बंकिमचन्द्र चट्टोपाध्याय** के बताए गए मार्ग का अनुशीलन करना था।
- इसका शुभारम्भ वर्ष 1902 में व्यायामशाला के रूप में हुआ। आरम्भ में इस समिति का नाम भारत अनुशीलन समिति था, जिसके अध्यक्ष प्रमथनाथ मित्र और उपाध्यक्ष चितरंजन दास एवं अरविन्द थे तथा कोषाध्यक्ष सुरेन्दनाथ ठाकुर, जबकि एकमात्र महिला सदस्य सिस्टर निवेदिता थी।
- वर्ष 1907 में कलकत्ता में बारीन्द्र घोष और भूपेन्द्रनाथ दत्त द्वारा अनुशीलन समिति का पुनर्गठन किया गया, जिसका प्रमुख उद्देश्य **खून के बदले खून** था।
- बारीन्द घोष ने भवानी मन्दिर तथा वर्तमान रणनीति नामक पुस्तक की रचना की थी। बारीन्द्र गुट ने क्रान्ति के प्रचार के लिए युगान्तर (वर्ष 1906) नामक पत्र निकाला, जिसके सम्पादक **भूपेन्द्रनाथ दत्त** थे।
- **ढाका अनुशीलन समिति** कलकत्ता में अनुशीलन समिति की दूसरी शाखा ढाका की अनुशीलन समिति थी, जिसकी स्थापना अक्टूबर, 1906 में **पुलिन बिहारी दास** एवं **प्रभव मिश्रा** द्वारा की गई थी।

> - वर्ष 1908 में **खुदीराम बोस** एवं **प्रफुल्ल चाकी** ने मुजफ्फरपुर के जिला जज **डी. ए. किंग्सफोर्ड** को मारने का प्रयास किया, लेकिन दुर्भाग्य से इस प्रयास में राष्ट्रीय आन्दोलन के समर्थक मि. कैनेडी का परिवार मारा गया।
> - प्रफुल्ल चाकी ने पुलिस से बचने के लिए आत्महत्या कर ली तथा खुदीराम बोस को गिरफ्तार कर फाँसी दे दी गई। इस घटना के बाद पुलिस ने मणिकतल्ला पर छापा मारकर 34 लोगों को गिरफ्तार किया, जिसमें बारीन्द्र और अरविन्द घोष भी शामिल थे। इन सब पर **अलीपुर षड्यन्त्र केस** के अन्तर्गत मुकदमा चलाया गया।

- बंगाल में बढ़ रही क्रान्तिकारियों की गतिविधियों के दमन हेतु सरकार ने वर्ष 1900 में विस्फोटक पदार्थ अधिनियम, 1908 में समाचार-पत्र अधिनियम का सहारा लेकर आतंकवाद को कुचलने का प्रयास किया।
- अरविन्द घोष कालान्तर में क्रान्तिकारी क्रियाकलापों से अलग होकर संन्यासी हो गए तथा पाण्डिचेरी में अपना आश्रम स्थापित कर आन्दोलन से पृथक् हो गए।

विदेशों में क्रान्तिकारी आन्दोलन

- भारत में हुई क्रान्तिकारी गतिविधियों का प्रभाव विदेशों में विशेषकर ब्रिटेन, संयुक्त राज्य अमेरिका, फ्रांस, जर्मनी में रह रहे भारतीयों पर पड़ा।
- सर्वप्रथम श्यामजी कृष्ण वर्मा ने वर्ष 1905 में **इण्डिया होमरूल लीग** की स्थापना की एवं **इण्डियन सोशियोलॉजिस्ट** नामक पत्र निकाला। इन्होंने वर्ष 1905 में लन्दन में भारतीयों के लिए इण्डिया हाउस की स्थापना की, जो क्रान्ति का केन्द्र बना। लन्दन में श्यामजी कृष्ण वर्मा का विरोध हुआ और वे वर्ष 1906 में ये पेरिस चले गए।
- श्यामजी कृष्ण वर्मा की पेरिस में सहयोगी मैडम **भीखाजी कामा** थी। मैडम कामा ने भारतीय स्वतन्त्रता के लिए यूरोप एवं अमेरिका में प्रचार किया और पेरिस से अंग्रेजी में **वन्देमातरम्** पत्र का प्रकाशन किया।
- क्रान्ति प्रसूता, भारतीय राष्ट्रीयता की महान पुजारिन व **मदर ऑफ इण्डियन रिवोल्यूशन** जैसी उपमा से विभूषित मैडम भीखा जी का जन्म 1861 ई. में बम्बई के एक पारसी परिवार में हुआ था। वह भारतीय मूल की फ्रांसीसी नागरिक थी।
- कामा ने ही वर्ष 1907 में **स्टुटगार्ड** (जर्मनी) में द्वितीय समाजवादी कांग्रेस में भारत का प्रतिनिधित्व किया और भारत का तिरंगा (हरा, पीला और लाल) फहराया। वर्ष 1909 में मदनलाल ढींगरा ने लन्दन में कर्जन वायली की हत्या कर दी।

> वर्ष 1907 में **रामानाथ पुरी** ने सर्कुलर-ए-आजादी तथा वैंकूवर से तारकनाथ दास ने फ्री हिन्दुस्तान का प्रकाशन किया। ये समाचार-पत्र राष्ट्रीय भावना से ओत-प्रोत थे।

- संयुक्त राज्य अमेरिका में रह रहे भारतीय द्वारकानाथ दास ने वर्ष 1907 में कैलिफोर्निया में भारतीय स्वतन्त्रता लीग का गठन किया।
- बर्लिन (जर्मनी) इस समय भारतीय क्रान्तिकारियों का एक महत्त्वपूर्ण केद्र था। वीरेन्द्रनाथ चट्टोपाध्याय ने वर्ष 1909 के बाद बर्लिन से ही अपनी क्रान्तिकारी गतिविधियों को जारी रखा। प्रथम विश्व युद्ध आरम्भ होने के बाद लाला हरदयाल ने अपने साथियों के सहयोग से बर्लिन में **भारतीय स्वतन्त्रता समिति** का गठन किया।

गदर पार्टी आन्दोलन, 1913

- इसकी स्थापना 1 नवम्बर, 1913 को अमेरिका के सैन फ्रांसिस्को नगर में हुई थी। गदर पार्टी की स्थापना लाला हरदयाल ने की थी। सोहन सिंह भाकना इसके संस्थापक अध्यक्ष थे।
- इस पार्टी के अन्य प्रमुख नेता-रामचन्द्र, बरकतउल्ला, रामदास पुरी, करतार सिंह सराभा, भाई परमानन्द तथा भगवान सिंह आदि थे।
- साप्ताहिक पत्रिका गदर इस पार्टी की मुख्य पत्रिका थी। इसका प्रथम अंक उर्द में छपा था। बाद में यह गुरुमुखी में भी छपने लगा। कालान्तर में यह पत्रिका हिन्दी, अंग्रेजी, मराठी, पंजाबी एवं गुजराती मे भी छपने लगी।
- इसके कार्यकर्ताओं में मुख्यत: पंजाब के किसान एवं भूतपूर्व सैनिक थे, जो रोजगार की तलाश में कनाडा एवं अमेरिका के विभिन्न भागों में बसे हुए थे।
- गदर पार्टी अन्य संस्थाओं से भिन्न थी, क्योंकि इसने स्वतन्त्रता प्राप्ति के लिए गुरिल्ला युद्ध तकनीकी का प्रयोग किया था।
- खुदाई सेना के मौलवी उबेदुल्ला सिन्धी से **रेशमी रुमाल षड्यन्त्र** सम्बन्धित है। इसके अतिरिक्त राजा महेन्द्र प्रताप ने जर्मनी के सहयोग से अफगानिस्तान के काबुल में दिसम्बर, 1915 को अन्तरिम भारत सरकार की स्थापना की और अपनी सरकार के समर्थन हेतु लेनिन से भी मिले।
- इनके मन्त्रिमण्डल में बरकतुल्ला (प्रधानमन्त्री), मौलाना अब्दुल्ला, मौलाना बशीर, सी पिल्लै, शमशेर सिंह, मथुरा सिंह, खुदाबक्श आदि नेता शामिल थे।

> **प्रथम विश्वयुद्ध, 1914**
>
> - **लॉर्ड हार्डिंग** (वायसराय) की बुद्धिमत्ता एवं सहानुभूतिपूर्ण व्यवहार के कारण प्रथम विश्वयुद्ध में ब्रिटेन को भारत का पूर्ण समर्थन मिला। प्रथम विश्वयुद्ध में ब्रिटेन सरकार द्वारा तुर्की (मुस्लिम) के विरुद्ध युद्ध की घोषणा से मुस्लिम लीग का सरकार के प्रति मोह भंग हो गया। अब मुस्लिम लीग कांग्रेसी नेताओं के अधिक समीप आने का प्रयास करने लगे।
> - राष्ट्रवादी नेता तिलक और गाँधीजी ने युद्ध के समय सरकार की सहायता हेतु धन तथा सेना के लिए सिपाही की व्यवस्था करने के लिए गाँवों का दौरा किया।

कामागाटामारु प्रकरण, 1914

- कामागाटामारु प्रकरण कनाडा में भारतीयों के प्रवेश से सम्बन्धित एक विवाद था। कनाडा सरकार ने ऐसे भारतीयों का अपने यहाँ प्रवेश वर्जित कर दिया था, जो सीधे भारत से नहीं आए थे।
- भारतीय मूल के व्यापारी गुरुदत्त सिंह ने कामागाटामारु नामक एक जहाज को किराए पर लेकर दक्षिणी-पूर्वी एशिया के लगभग 376 यात्रियों को बैठाकर वैंकूवर की ओर प्रस्थान किया। वैंकूवर तट पर पहुँचे यात्री पुलिस की घेराबन्दी के कारण जहाज से नीचे नहीं उतर सके।
- यात्रियों के अधिकार की लड़ाई लड़ने हेतु हुसैन रहीम, बलवन्त सिंह, सोहनलाल पाठक की अगुवाई में **शोर कमेटी** का गठन हुआ, जिन्होंने चन्दा एकत्र कर यात्रियों के लिए कानूनी लड़ाई की योजना बनाई।

> अमेरिका में रह रहे भारतीय भगवान सिंह, बरकतउल्ला, रामचन्द्र तथा सोहन सिंह ने भी यात्रियों के समर्थन में आन्दोलन चलाया। कनाड़ा सरकार के सख्त रवैये के कारण कामगाटामारु जहाज को वैंकूवर की जल सीमा को छोड़ना पड़ा तथा अंग्रेजों ने जहाज को कलकत्ता लाने का आदेश दिया।

- कामागाटामारु जहाज के बजबज (कलकत्ता) पहुँचने पर क्रुद्ध यात्रियों और पुलिस में संघर्ष हुआ, जिसमें कुछ यात्री मारे गए तथा शेष यात्रियों को जेल में डाल दिया गया।

लखनऊ पैक्ट, 1916

- वर्ष 1916 में अम्बिकाचरण मजूमदार की अध्यक्षता में लखनऊ में हुआ कांग्रेस का सम्मेलन दो घटनाओं को लेकर बेहद महत्त्वपूर्ण रहा। ये घटनाएँ थीं—अतिवादियों का नौ वर्ष पूर्व कांग्रेस से निष्कासित कांग्रेस में पुन: प्रवेश तथा कांग्रेस और मुस्लिम लीग के बीच ऐतिहासिक दूरगामी लखनऊ समझौता।
- यह समझौता **कांग्रेस लीग योजना** के नाम से भी प्रसिद्ध है।

कांग्रेस-लीग समझौता

कांग्रेस और लीग के बीच समझौते के मुख्य बिन्दु निम्नलिखित थे

- कांग्रेस द्वारा उत्तरदायी शासन की माँग को लीग ने स्वीकार कर लिया।
- कांग्रेस ने **मुस्लिम लीग** के मुसलमानों के लिए पृथक् निर्वाचन व्यवस्था की माँग को स्वीकार किया, जबकि मदनमोहन मालवीय, सी. वाई. चिन्तामणि इस समझौते के विरुद्ध थे।
- **प्रान्तीय व्यवस्थापिका सभाओं** में निर्वाचित भारतीय सदस्यों की संख्या का एक निश्चित भाग मुस्लिमों के लिए आरक्षित किए जाने पर सहमति बनी।
- **केन्द्रीय व्यवस्थापिका** सभा में कुल निर्वाचित भारतीय सदस्यों का 1/9 भाग मुस्लिमों के लिए आरक्षित किए जाने पर सहमति बनी।
- यह निश्चित किया गया कि यदि किसी सभा में कोई प्रस्ताव किसी सम्प्रदाय के हितों के विरुद्ध हो तथा 3/4 सदस्य उस आधार पर उसका विरोध करें, तो उसे पास नहीं किया जाएगा।
- समझौते के पश्चात् दोनों ने सरकार को संयुक्त प्रस्ताव सौंपा, जिसमें निम्न बातें सम्मिलित थीं
  - उत्तरदायी शासन की स्थापना के सम्बन्ध में घोषणा।
  - निर्वाचित भारतीयों की संख्या में वृद्धि एवं अधिक अधिकार।
  - वायसराय की कार्यकारिणी में आधे-से-अधिक भारतीय हों।

होमरूल लीग आन्दोलन, 1916

- आयरलैण्ड की तर्ज पर **बाल गंगाधर तिलक** एवं **ऐनी बेसेण्ट** ने भारत में होमरूल लीग की स्थापना की।
- बाल गंगाधर तिलक द्वारा 28 अप्रैल, 1916 को पूना में होमरूल लीग की स्थापना की गई। तिलक के पाँच महीने बाद ऐनी बेसेण्ट ने सितम्बर, 1916 में अपनी लीग की स्थापना की, जहाँ तिलक की होमरूल लीग का कार्यक्षेत्र कर्नाटक, महाराष्ट्र (बम्बई को छोड़कर) मध्य प्रान्त तथा बरार था, वहीं शेष भारत ऐनी बेसेण्ट के कार्यक्षेत्र में था।
- लीग की सर्वाधिक शाखाएँ मद्रास में थीं, लेकिन लीग की सर्वाधिक सक्रियता बम्बई, उत्तर प्रदेश के कुछ हिस्सों तथा गुजरात के ग्रामीण क्षेत्रों में थी।
- ऐनी बेसेण्ट ने अपने पत्र कॉमनवील और न्यू इण्डिया द्वारा तथा तिलक ने मराठा (अंग्रेजी में) एवं केसरी (मराठी में) के माध्यम से लीग के कार्यक्रमों का प्रचार-प्रसार किया। ऐनी बेसेण्ट ने **जॉर्ज अरुण्डेल** को होमरूल लीग संगठन का सचिव बनाया तथा अड्यार (मद्रास) में लीग का मुख्यालय स्थापित किया। ऐनी बेसेण्ट के सहयोगियों में वी. पी. वाडिया (मजदूर नेता) तथा सी. पी. रामास्वामी अय्यर शामिल थे।
- ऐनी बेसेण्ट के लीग के सदस्यों में मोतीलाल नहेरू, भूलाभाई देसाई, सी. आर. दास, टी. बी. सप्रू, मदन मोहन मालवीय, लाला लाजपत राय, मुहम्मद अली जिन्ना, जवाहरलाल नेहरू, बी. चक्रवर्ती तथा जे. बनर्जी आदि प्रमुख थे।

> तिलक ने अपने पत्र **मराठा और केसरी** में अपने होमरूल की अवधारणा को स्पष्ट करते हुए कहा कि स्वराज से तात्पर्य ब्रिटिश नौकरशाही के स्थान पर ब्रिटिश साम्राज्य के अन्तर्गत भारतीय जनता के प्रति उत्तरदायी शासन से है। इसी आन्दोलन के दौरान तिलक ने नारा दिया कि ''स्वराज मेरा जन्म सिद्ध अधिकार है और मैं इसे लेकर रहूँगा।''

- तिलक के होमरूल लीग के प्रथम अध्यक्ष जोसेफ बैपटिस्टा तथा सचिव एन. सी. केलकर थे। होमरूल लीग को अखिल भारतीय स्वरूप ऐनी बेसेण्ट ने प्रदान किया। गोपालकृष्ण गोखले द्वारा स्थापित संस्था **सर्वेण्ट ऑफ इण्डिया सोसायटी** के सदस्यों को लीग में प्रवेश की अनुमति नहीं थी।

होमरूल लीग आन्दोलन की सफलता

- होमरूल आन्दोलन की लोकप्रियता के कारण कांग्रेस में पुन: उग्रवादियों का प्रवेश हुआ। भारतीय राष्ट्रीय कांग्रेस में एक नई शक्ति एवं चेतना का संचार हुआ।
- इस आन्दोलन ने जनसामान्य तथा शिक्षित वर्ग को प्रतिपादित किया। तिलक तथा ऐनी बेसेण्ट के प्रयासों द्वारा अगरम तथा नरम दल के मध्य समझौता हुआ। इस आन्दोलन ने पहली बार अखिल भारतीय आन्दोलन के लिए स्थानीय कमेटियों की महत्ता को स्वीकार किया।

> ऐनी बेसेण्ट वर्ष 1917 में **कांग्रेस की प्रथम महिला अध्यक्ष** बनीं। होमरूल आन्दोलन ने शीघ्र ही ब्रिटिश सरकार को नवीन नीति के निर्धारण के लिए बाध्य किया। होमरूल आन्दोलन केवल भारतीयों में ही लोकप्रिय नहीं हुआ, बल्कि होमरूल लीग की स्थापना अनेक बाह्य देशों में भी हुई।

- 7 जून, 1916 को **लन्दन** में इण्डियन होमरूल लीग की स्थापना की गई। इस होमरूल के महासचिव ग्राह्म पाल बने। इसके द्वारा What India Wants जैसे परचे बाँटे गए।
- अक्टूबर, 1915 में लाला लाजपत राय की अध्यक्षता में अमेरिका में होमरूल लीग की स्थापना हुई। इस लीग द्वारा भारतीय होमरूल की गतिविधियों की जानकारी लोगों को उपलब्ध कराई जाती थी।
- होमरूल लीग आन्दोलन के बढ़ रहे प्रभाव से चिन्तित सरकार ने जून, 1917 में ऐनी बेसेण्ट, जॉर्ज अरुण्डेल, वी. पी. वाडिया को गिरफ्तार कर लिया। इस गिरफ्तारी के विरोध में **सर एस. सुब्रह्मण्यम** अय्यर ने अपनी **नाइट** की उपाधि वापस कर दी।

> 20 अगस्त, 1917 को **मॉण्टेग्यू घोषणा** में भारत को उत्तरदायी शासन प्रदान करने की बात कही गई थी। परिणामस्वरूप 20 अगस्त, 1917 को ऐनी बेसेण्ट ने होमरूल लीग को समाप्त करने की घोषणा की। दूसरी ओर तिलक को **इण्डियन अनरेस्ट** के लेखक वेलेण्टाइन शिरोल पर मानहानि का मुकदमा करने के लिए ब्रिटेन जाना पड़ा, जिसके फलस्वरूप होमरूल लीग आन्दोलन नेतृत्वविहीन हो गया। वर्ष 1920 में **ऑल इण्डिया होमरूल लीग** का नाम परिवर्तित कर **स्वराज सभा** रख दिया गया।

प्रीलिम्स फैक्ट्स

- महाराष्ट्र में गणपति पर्व का शुभारम्भ किसने किया था? *– बी.जी. तिलक ने [UPPSC (Pre) 2007]*
- बाल गंगाधर तिलक को 'लोकमान्य तिलक' के नाम से कब से जाना जाने लगा? *– जब सरकार ने उन्हें 'रैण्ड मर्डर केस' में अभियुक्त बनाया [BPSC (Pre) 2018]*
- किसने कहा था कि बाल गंगाधर तिलक भारतीय अशान्ति के जनक हैं? *– वी. शिरोल [UPPSC (Pre) 2013]*
- बाल गंगाधर तिलक, दादाभाई नौरोजी, एम.जी. रानाडे तथा गोपालकृष्ण गोखले में से किसे नरम दलीय के तौर पर नहीं जाना जाता था? *– बाल गंगाधर तिलक [UPPSC (Pre) 2010]*
- लाल, बाल और पाल त्रिगुट का कौन व्यक्ति भारतीय राष्ट्रीय कांग्रेस का अध्यक्ष हुआ था? *– लाला लाजपत राय [UPPSC (Pre) 1997]*
- किसने कहा था "कांग्रेस आन्दोलन न तो लोगों द्वारा प्रेरित था, न ही यह उनके द्वारा सोचा या योजनाबद्ध किया गया था"? *– लाला लाजपत राय [BPSC (Pre) 2005]*
- बंगाल विभाजन कब लागू हुआ था? *– 16 अक्टूबर, 1905 से [BPSC (Pre) 2004]*
- बंगाल विभाजन के समय बंगाल का लेफ्टिनेंण्ट गवर्नर कौन था? *– सर एण्ड्रूज फ्रेजर [UPPSC (Pre) 2015]*
- किस आन्दोलन में प्रथम बार 'वन्दे मातरम्' को नारे के रूप में अपनाया गया था? *– वर्ष 1905 के बंगाल विभाजन [UPPSC (Pre) 2002]*
- 'स्वदेशी और बहिष्कार' पहली बार किस घटना के दौरान संघर्ष की विधि के रूप में अपनाए गए थे? *– बंगाल विभाजन के विरुद्ध आन्दोलन [IAS (Pre) 2016]*
- भारतीय राष्ट्रीय कांग्रेस के वर्ष 1905 के बनारस अधिवेशन का अध्यक्ष कौन था? *– स्वदेशी आन्दोलन [UPPSC (Pre) 1999]*
- बंगाल विभाजन के प्रत्याघात के रूप में कौन-सा आन्दोलन शुरू हुआ था? *– स्वदेशी आन्दोलन [MPPSC (Pre) 2020]*
- ब्रिटिश पत्रकार एच.डब्ल्यू. नेविन्सन किस आन्दोलन से जुड़े थे? *– स्वदेशी आन्दोलन से [UPPSC (Pre) 2014]*
- कौन स्वदेशी आन्दोलन का आलोचक था एवं पूर्व पाश्चात्य के मध्य एक बेहतर सम्बन्ध का समर्थक था? *– आर.एन. टैगोर [UPPSC (Pre) 2009]*
- बंगाल में ब्रिटेन की वस्तुओं के बहिष्कार का सुझाव सर्वप्रथम किसने दिया था? *– कृष्ण कुमार मित्र ने [UPPSC (Mains) 2010]*
- बंगाल विभाजन (1905) के विरोध में हुए आन्दोलन का नेतृत्व किसने किया था? *– सुरेन्द्रनाथ बनर्जी [UPPSC (Pre) 2011]*
- दिल्ली में स्वदेशी आन्दोलन का नेतृत्व किसने किया था? *– सैयद हैदर रजा खां ने [UPPSC (Pre) 2011]*
- बॉयकॉट, स्वदेशी, असहयोग तथा राष्ट्रीय शिक्षा में से कौन-सा कार्यक्रम राष्ट्रवादियों द्वारा बंगाल विभाजन के समय प्रारम्भ किया गया था? *– बॉयकॉट, स्वदेशी तथा राष्ट्रीय शिक्षा [CGPSC (Pre) 2015]*
- कांग्रेस के मंच से भारतीय राष्ट्रीय कांग्रेस के किस अधिवेशन में प्रथम बार 'स्वराज' शब्द व्यक्त किया गया था? *– कलकत्ता अधिवेशन, 1906 [UPPSC (Pre) 2014]*
- वर्ष 1906 में मुस्लिम लीग की स्थापना कहाँ हुई थी? *– ढाका में [UP (Pre) 1998]*
- वर्ष 1906 में मिण्टो से शिमला में मिले मुसलमानों के शिष्ट मण्डल ने क्या प्रार्थना की थी? *– मुसलमानों के लिए पृथक् निर्वाचन वर्ग की [BPSC (Pre) 2004]*
- ऑल इण्डिया मुस्लिम लीग की स्थापना किसने की थी? *– नवाब सलीमुल्लाह खान [BPSC (Pre) 1996]*
- मुस्लिम लीग का प्रथम अध्यक्ष कौन था? *– आगा खाँ [CGPSC (Pre) 2015]*
- वर्ष 1907 में मुस्लिम लीग का वार्षिक अधिवेशन कहाँ हुआ था? *– कराची में [UPPSC (Pre) 2008]*
- वर्ष 1908 में अखिल भारतीय मुस्लिम लीग की एक लन्दन शाखा की स्थापना किसकी अध्यक्षता में हुई थी? *– अमीर अली [IAS (Pre) 2001]*
- भारतीय राष्ट्रीय कांग्रेस के सूरत अधिवेशन, 1907 का अध्यक्ष कौन था? *– आर.बी. घोष [UPPSC (Mains) 2007]*
- किस आन्दोलन के कारण भारतीय राष्ट्रीय कांग्रेस का विभाजन हुआ, जिसके परिणामस्वरूप 'नरम दल' और 'गरम दल' का उद्भव हुआ? *– स्वदेशी आन्दोलन [IAS (Pre) 2015]*
- कांग्रेस के नरम दल के नेताओं की पद्धति कैसी थी *– राजवाम बद्ध आन्दोलन [BPSC (Pre) 2008]*
- किस व्यक्ति ने सर्वप्रथम 'स्वराज' शब्द का प्रयोग किया और हिन्दी को राष्ट्र भाषा माना? *– स्वामी दयानन्द सरस्वती [RAS/RTS (Pre) 2000]*
- भारतीय राष्ट्रीय आन्दोलन कब से गरम पन्थियों के प्रभावधिन हुआ? *– वर्ष 1906 के बाद [BPSC (Pre) 1999]*
- किसके नेतृत्व में कांग्रेस की प्रार्थना और याचिका की नीति अन्ततोगत्वा समाप्त हो गई? *– बाल गंगाधर तिलक [IAS (Pre) 1992]*
- वर्ष 1908 में तिलक को कितने वर्षों की जेल हुई थी? *– 6 वर्ष की [BPSC (Pre) 1999]*
- लॉर्ड कर्जन द्वारा किया गया बंगाल विभाजन किस वर्ष रद्द हुआ? *– वर्ष 1911 में [BPSC (Pre) 2008]*
- ब्रिटिश काल में दिल्ली से पहले भारत की राजधानी कहाँ थी? *– कलकत्ता [MPPSC (Pre) 1995]*
- क्रान्तिकारी संगठन 'अभिनव भारत' को किसने संगठित किया था? *– वी.डी. सावरकर ने [MPPSC (Pre) 2013]*
- मुजफ्फपुर बम काण्ड (1908) का सम्बन्ध किसके साथ है? *– प्रफुल्ल चाकी [JPSC (Pre) 2013]*
- अलीपुर षड्यन्त्र मामले में अरविन्द घोष का बचाव किसने किया था? *– चितरंजन दास ने [UPPSC (Mains) 2012]*
- अनुशीलन समिति किस प्रकार का संगठन थी? *– एक क्रान्तिकारी संगठन [BPSC (Pre) 2005]*

- अनुशीलन समिति की स्थापना किसने की थी?
– वारीन्द्र घोष ने [UPPSC (Pre) 2008]
- वह कौन थे, जिन्होंने मैजिनी, गैरीबाल्डी, शिवाजी तथा कृष्ण की जीवनी लिखी, कुछ समय तक अमेरिका में भी रहे तथा वे केन्द्रीय सभा के सदस्य भी निर्वाचित हुए थे? *– लाला लाजपत राय [UPPSC (Pre) 2008]*
- कौन 'शेर-ए-पंजाब' के नाम से मशहूर थे?
– लाला लाजपत राय [BPSC (Pre) 2011]
- कर्जन वाइली की हत्या के आरोप में किसे मृत्युदण्ड दिया गया?
– मदन लाल धींगरा [BPSC (Pre) 2017]
- लन्दन में इण्डिया होमरूल सोसायटी का प्रारम्भ किसने किया था?
– श्यामजी कृष्ण वर्मा [UPPSC (Mains) 2007]
- किस महिला ने भारतीय तिरंगा सबसे पहले फहराया था?
– मीकाजी रुस्तम कामा ने [IAS (Mains) 2010]
- सरदार अजीत सिंह, बाबा गुरदीत सिंह, वी.डी. सावरकर तथा सरदार भगत सिंह में से कौन 'कामागाटामारु घटना' से सम्बन्धित था?
– बाबा गुरदीत सिंह [UPPSC (Mains) 2014]
- गदर क्रान्ति छिड़ने का सबसे महत्त्वपूर्ण कारण क्या था?
– प्रथम महायुद्ध का शुरू होना [BPSC (Pre) 1994]
- दिसम्बर, 1916 में इण्डियन नेशनल कांग्रेस तथा इण्डियन मुस्लिम लीग ने एक ही समय में अपने अधिवेशन कहाँ आयोजित किए थे?
– लखनऊ में [UPPSC (Pre) 2004]
- वर्ष 1916 में लखनऊ में आयोजित भारतीय राष्ट्रीय कांग्रेस के वार्षिक अधिवेशन की अध्यक्षता किसने की थी?
– ए.सी. मजूमदार [UPPSC (Mains) 2009]
- अतिवादियों तथा उदारवादियों के पुनर्मिलन की प्रक्रिया में प्रमुख शिल्पी कौन थे? *– तिलक और ऐनी बेसेण्ट [UPPSC (Pre) 2004]*
- इण्डियन नेशनल कांग्रेस और मुस्लिम लीग के बीच मतैक्य का काल था *– वर्ष 1916-1922 तक [UPPSC (Pre) 1992]*
- होमरूक्त आन्दोलन सर्वप्रथम आरम्भ किया?
– बी.जी. तिलक ने [UPPSC (Pre) 1993]
- बाल गंगाधर तिलक को सजा के पश्चात् किसने दया की वकालत की थी और कहा था ''संस्कृत के एक विद्वान के रूप में तिलक में मेरी दिलचस्पी है?'' *– मैक्समूलर [UPPSC (Pre) 2014]*
- किस अधिवेशन में होमरूल समर्थक अपनी राजनीतिक शक्ति का सफलतापूर्वक प्रदर्शन कर सके?
– कांग्रेस का 1916 का लखनऊ अधिवेशन [BPSC (Pre) 1994]
- भारतीय राष्ट्रीय कांग्रेस का वह अन्तिम अधिवेशन कौन-सा था, जिसमें बाल गंगाधर तिलक ने भाग लिया था?
– अमृतसर अधिवेशन, 1919 [UPPSC (Pre) 2014]

सेल्फ चैक

1. निम्नलिखित में से कौन-सा संगठन दिल्ली में वायसराय लॉर्ड हार्डिंग पर बम फेंकने के लिए उत्तरदायी था? UPPSC (Pre) 2023
(a) अखिल भारतीय मजदूर संघ (b) युगान्तर
(c) युनाइटेड पेट्रियॉटिक संघ (d) अनुशीलन समिति

2. निम्नलिखित कथनों पर विचार कीजिए
1. दादाभाई नौरोजी ने सर्वप्रथम 'सम्पत्ति अपवहन का सिद्धान्त' प्रतिपादित किया।
2. 1886 ई. में कलकत्ता के इसके वार्षिक सत्र में भारतीय राष्ट्रीय कांग्रेस ने सम्पत्ति अपवहन की आलोचना करने का संकल्प लिया।
उपरोक्त कथनों में कौन-सा/से कथन सही है/हैं?
(a) केवल 1 (b) केवल 2
(c) 1 और 2 दोनों (d) न तो 1 और न ही 2

3. भारत के स्वतन्त्रता आन्दोलन के प्रारम्भिक दौर में उग्रवादी विचारधारा को निम्नलिखित में से कौन-सा एक निरूपित करता है? IAS (Pre) 1998
(a) आयातित वस्तुओं पर देशज वस्तुओं को प्रश्रय देकर देशज वस्तुओं के उत्पादन को बढ़ावा देना
(b) सांविधानिक साधनों एवं याचिकाओं के स्थान पर आक्रामक साधनों से स्वशासन प्राप्त करना
(c) देश को आवश्यकतानुसार राष्ट्रीय शिक्षा प्रदान करना
(d) सैनिक विद्रोह द्वारा ब्रिटिश साम्राज्य के विरुद्ध बलात् राजपरिवर्तन संगठित करना

4. बंगाल का विभाजन हुआ BPSC (Pre) 2002, 2004
(a) 15 अगस्त, 1905 में (b) 15 सितम्बर, 1905 में
(c) 16 अक्टूबर, 1905 में (d) 15 नवम्बर, 1905 में

5. असैनिक प्रशासन, 1905 के सन्दर्भ में कौन-सा/से कथन सही है/हैं? UPPSC (Pre) 2019
1. लॉर्ड कर्जन ने प्रान्तीय सीमाओं को पुनर्गठित करने का निर्णय लिया।
2. पूर्वी बंगाल और असम नामक एक नया प्रान्त बनाया गया।
कूट
(a) केवल 1 (b) 1 और 2 दोनों
(c) केवल 2 (d) न तो 1 और न ही 2

6. 'स्वदेशी' और 'बहिष्कार' पहली बार किस घटना के दौरान संघर्ष की विधि के रूप में अपनाए गए थे? IAS (Pre) 2016
(a) बंगाल विभाजन के विरुद्ध आन्दोलन
(b) होमरूल आन्दोलन
(c) असहयोग आन्दोलन (d) साइमन कमीशन की भारत यात्रा

7. बंगाल में स्वदेशी और क्रान्तिकारी आन्दोलनों से सम्बन्धित निम्नलिखित कथनों में से कौन-सा एक सही नहीं है?
(a) इसने भारतीय राष्ट्रवादी आन्दोलन को वृहद् रूप से आगे बढ़ाया
(b) इसने स्वदेशी व्यापार और उद्योग अथवा स्वदेशी उद्यम को व्यापक रूप से उद्दीपन प्रदान किया
(c) पूर्वी बंगाल और असम की सरकार क्रान्तिकारियों के प्रति सहानुभूतिशील बन गई
(d) इसने जनभाषा के साहित्य तथा विशेषत: क्रान्तिकारी साहित्य के विकास में वृहद् रूप से उद्दीपन प्रदान किया

8. 20वीं सदी के प्रारम्भिक वर्षों में कांग्रेस में विभाजन की प्रक्रिया शुरू हुई **BPSC (Pre) 2015**
(a) कांग्रेस आन्दोलन की रणनीतियों पर
(b) कांग्रेस आन्दोलन के उद्देश्यों पर
(c) कांग्रेस आन्दोलन में लोगों की भागीदारी पर
(d) उपरोक्त सभी

9. भारतीय इतिहास की निम्नलिखित घटनाओं का सही अनुक्रम पहचानिए
1. इण्डियन मुस्लिम लीग की स्थापना
2. सूरत विभाजन
3. बंगाल विभाजन
4. राजधानी का कलकत्ता से दिल्ली स्थानान्तरण
कूट
(a) 1, 2, 3, 4 (b) 2, 3, 4, 1
(c) 3, 1, 2, 4 (d) 4, 3, 2, 1

10. निम्नलिखित में से किसने एक क्रान्तिकारी संगठन 'अभिनव भारत' को संगठित किया था? **MPPSC (Pre) 2013**
(a) जतिन्द्रनाथ मुखर्जी (b) मदनलाल धींगरा
(c) विनायक दामोदर सावरकर (d) लाला हरदयाल

11. 'अनुशीलन समिति' थी **BPSC (Pre) 2005**
(a) नारी उत्थान के प्रति समर्पित
(b) विधवा विवाह को प्रोत्साहित करने वाली
(c) मजदूरों के कल्याण में रुचि रखने वाली
(d) एक क्रान्तिकारी संगठन

12. सूची I को सूची II को सुमेलित कीजिए तथा नीचे दिए गए कूट से सही उत्तर चुनिए

सूची I	सूची II
A. हावड़ा षड्यन्त्र केस	1. मास्टर अमीचन्द (अमीरचन्द)
B. लाहौर षड्यन्त्र केस	2. अरविन्द घोष
C. दिल्ली षड्यन्त्र केस	3. जतिन्द्रनाथ मुखर्जी
D. अलीपुर षड्यन्त्र केस	4. राजगुरु

कूट

	A	B	C	D		A	B	C	D
(a)	4	3	2	1	(b)	1	2	3	4
(c)	3	4	1	2	(d)	2	3	4	1

13. गदर क्या था? **IAS (Pre) 2014**
(a) भारतीयों का एक क्रान्तिकारी संघ था, जिसका प्रधान कार्यालय सैन फ्रांसिस्को में था
(b) एक राष्ट्रवादी संगठन, जो सिंगापुर से संचालित होता था
(c) एक उग्रवादी संगठन, जिसका प्रधान कार्यालय बर्लिन में था
(d) भारत की स्वतन्त्रता के लिए एक कम्युनिस्ट आन्दोलन, जिसका प्रधान कार्यालय ताशकन्द में था

14. निम्नलिखित स्वतन्त्रता सेनानियों पर विचार कीजिए **IAS (Pre) 2022**
1. बारीन्द्र कुमार घोष 2. जोगेश चन्द्र चटर्जी
3. रास बिहारी बोस
उपरोक्त में से कौन गदर पार्टी के साथ सक्रिय रूप से जुड़ा था/जुड़े थे?
(a) 1 और 2 (b) केवल 2 (c) 1 और 3 (d) केवल 3

15. निम्नलिखित में से किस महिला ने भारतीय तिरंगा सबसे पहले फहराया था? **IAS (Pre) 2010**
(a) अरुणा आसफ अली ने (b) भीकाजी रुस्तम कामा ने
(c) दुर्गा भाभी ने (d) कमला देवी चट्टोपाध्याय ने

16. निम्नलिखित में से कौन 'कामागाटामारु घटना' से सम्बन्धित था? **UPPSC (Mains) 2014**
(a) सरदार अजीत सिंह (b) बाबा गुरुदत्त सिंह
(c) वी. डी. सावरकर (d) सरदार भगतसिंह

17. आधुनिक भारत के इतिहास की निम्नलिखित घटनाओं को काल क्रमानुसार व्यवस्थित कीजिए **JPSC (Pre) 2021**
1. स्वदेशी आन्दोलन 2. लखनऊ समझौता
3. मॉर्ले-मिण्टो सुधार
4. अखिल भारतीय मुस्लिम लीग की स्थापना
कूट
(a) 1, 3, 4, 2 (b) 1, 2, 3, 4
(c) 4, 3, 2, 1 (d) 1, 4, 3, 2

18. निम्नलिखित में से कौन वर्ष 1916 के लखनऊ के कांग्रेस अधिवेशन के विषय में असत्य है? **UPPSC (Pre) 2010**
(a) अम्बिकाचरण मजूमदार ने इसकी अध्यक्षता नहीं की थी
(b) इस अधिवेशन में उदारवादियों और उग्रवादियों के बीच पुनः मेल स्थापित हुआ था
(c) महात्मा गाँधी को पहली बार चम्पारण के किसानों की समस्याओं से अवगत कराया गया
(d) उपरोक्त में से कोई नहीं

19. भारत में होमरूल लीग के बारे में निम्नलिखित कथनों में से कौन-से सही हैं?
1. इस आन्दोलन का नेतृत्व नरमदलीय कांग्रेस नेताओं ने किया।
2. दो होमरूल लीग थीं।
3. यह आन्दोलन मजबूत बना, क्योंकि विश्वयुद्ध के दौरान कांग्रेस द्वारा अन्य जन-आन्दोलन प्रारम्भ नहीं किए जा सके।
4. सरकार इस आन्दोलन के प्रति क्रियाशील थी।
कूट
(a) 1, 2 और 3 (b) 2, 3 और 4
(c) 1 और 4 (d) 2 और 3

20. ऐनी बेसेण्ट **IAS (Pre) 2013**
1. होमरूल आन्दोलन प्रारम्भ करने के लिए उत्तरदायी थीं।
2. थियोसोफिकल सोसायटी की संस्थापिका थीं?
3. इण्डियन नेशनल कांग्रेस की एक बार अध्यक्ष थीं।
उपरोक्त कथनों में से कौन-सा/से कथन सही है/हैं?
(a) केवल 1 (b) 2 और 3
(c) 1 और 3 (d) 1, 2 और 3

जानें सही उत्तर

1. (d)	2. (c)	3. (b)	4. (c)	5. (b)	6. (a)	7. (c)	8. (d)	9. (c)	10. (c)
11. (d)	12. (c)	13. (a)	14. (d)	15. (b)	16. (b)	17. (d)	18. (a)	19. (b)	20. (c)

● अध्याय तैतीस

भारतीय राष्ट्रीय आन्दोलन: तृतीय चरण (1919-1939)

"

भारतीय राष्ट्रीय आन्दोलन का तृतीय चरण गाँधीजी के नेतृत्व में सम्पन्न सत्याग्रहों का काल था, जिसने भारत के सामान्य लोगों को राष्ट्रवाद की प्रबल विचारधारा से जोड़ा, जिससे प्रेरित होकर स्वतन्त्रता के प्रति आग्रह में प्रबलता और तीक्ष्णता का समावेश हुआ। इस काल में असहयोग आन्दोलन तथा सविनय अवज्ञा आन्दोलन ने भारतीय जनमानस को आत्मविश्वास से परिपूर्ण कर दिया था।

गाँधीवादी चरण

- भारतीय राष्ट्रीय आन्दोलन की वर्ष 1919-1947 तक की अवधि को राष्ट्रीय आन्दोलन का तृतीय चरण अथवा **गाँधी युग** के नाम से जाना जाता है। तृतीय चरण में **महात्मा गाँधी** राष्ट्रीय आन्दोलन के केन्द्र बिन्दु रहे। महात्मा गाँधी ने वर्ष 1915 में अफ्रीका से भारत लौटने के पश्चात् राष्ट्रीय स्वतन्त्रता के लिए अपना सम्पूर्ण जीवन अर्पित कर दिया।
- इस चरण में अनेक नए क्रान्तिकारी संगठन अस्तित्व में आए। इन संगठनों ने अपनी अलग विचारधारा एवं कार्य शैली अपनाकर ब्रिटिश शासन पर प्रहार किया। आगे चलकर भारतीय राजनीति में साम्यवादी व समाजवादी विचारधारा का विकास एक सुखद संयोग सिद्ध हुआ।
- भारतीय स्वतन्त्रता संग्राम में अहिंसक आन्दोलनों, क्रान्तिकारी संगठनों, साम्यवादी व समाजवादी विचारधाराओं, किसानों, मजदूरों और सभी सामान्य लोगों ने महत्त्वपूर्ण भूमिका निभाई।

महात्मा गाँधी का भारत आगमन

- महात्मा गाँधी जनवरी, 1915 में दक्षिण अफ्रीका से भारत वापस लौटे। महात्मा गाँधी यहाँ **गोपालकृष्ण गोखले** के विचारों से सर्वाधिक प्रभावित हुए और उन्हें अपना राजनीतिक गुरु माना।
- गाँधीजी जब भारतीय राजनीति से सक्रिय रूप से जुड़े, तब प्रथम विश्वयुद्ध चल रहा था। प्रथम विश्वयुद्ध में भारतीयों ने ब्रिटिश सरकार को पूर्ण सहयोग दिया, क्योंकि उनका मानना था कि युद्ध की समाप्ति होने पर ब्रिटिश सरकार भारतीयों को सहयोग के बदले में स्वराज प्रदान करेगी। प्रथम विश्वयुद्ध में सहयोग के लिए ब्रिटिश सरकार द्वारा गाँधीजी को वर्ष 1915 में **कैसर-ए-हिन्द** की उपाधि प्रदान की गई।
- युद्ध के दिनों में गाँधीजी ने भारतीय युवाओं को सेना में भर्ती होने के लिए प्रोत्साहित किया था, जिसके लिए उन्हें कुछ लोग सेना में भर्ती करने वाला सार्जेण्ट भी कहने लगे थे। इस प्रकार प्रथम विश्वयुद्ध में भारतीयों ने महत्त्वपूर्ण योगदान दिया।

- रचनात्मक कार्यों को प्रोत्साहित करने के उद्देश्य से गाँधीजी ने वर्ष 1916 में अहमदाबाद के निकट साबरमती नदी के किनारे **साबरमती आश्रम** की स्थापना की।

महात्मा गाँधी : एक संक्षिप्त परिचय

- महात्मा गाँधी का जन्म 2 अक्टूबर, 1869 को गुजरात प्रान्त के **पोरबन्दर** नामक स्थान पर हुआ था। इनके पिता का नाम करमचन्द गाँधी और माता का नाम पुतलीबाई था। गाँधीजी का विवाह 13 वर्ष की आयु में कस्तूरबा (गाँधी) से हुआ था।
- महात्मा गाँधी (1889-91 तक) इंग्लैण्ड में वकालत (बैरिस्टरी) की पढ़ाई पूर्ण करने के पश्चात् दक्षिण अफ्रीका में व्यापार करने वाले एक भारतीय मुस्लिम व्यापारी **दादा अब्दुल्ला** के आग्रह पर उनका मुकदमा लड़ने 1893 ई. में डरबन (दक्षिण अफ्रीका) चले गए तथा इस मुकदमे में उन्हें सफलता प्राप्त हुई।
- गाँधीजी ने अपने अफ्रीका प्रवास के दौरान भारतीयों के साथ किए जाने वाले तीक्ष्ण व्यवहार का अनुभव किया। उल्लेखनीय है कि जब अफ्रीका में गाँधीजी डरबन से प्रिटोरिया तक की यात्रा रेलगाड़ी के द्वारा कर रहे थे, तो उन्हें पीटर **मॉरित्जबर्ग** नामक स्थान पर एक अंग्रेज व्यक्ति द्वारा रेलगाड़ी से नीचे उतारकर अपमानित किया गया। इस घटना ने गाँधीजी के जीवन को एक नई दिशा प्रदान की।
- गाँधीजी ने 1894 ई. में **नटाल इण्डियन कांग्रेस** की स्थापना की। इन्होंने अपने जर्मन शिल्पकार सहयोगी की सहायता से वर्ष 1906 में **टालस्टाय फार्म** की स्थापना की और वहीं पर रहने लगे। बाद में यही फॉर्म गाँधी आश्रम के नाम से प्रसिद्ध हुआ। यहीं से गाँधीजी ने **इण्डियन ओपिनियन** नामक समाचार-पत्र निकाला। **एन जी रंगा** ने गाँधीजी के चम्पारण सत्याग्रह का विरोध किया था। इससे पूर्व ही वर्ष 1904 में गाँधीजी ने **फीनिक्स आश्रम** की स्थापना की। वर्ष 1901 के कलकत्ता कांग्रेस अधिवेशन में गाँधीजी ने पहली बार भाग लिया था।
- गाँधीजी ने वर्ष 1906 में **एशियाटिक रजिस्ट्रेशन एक्ट** का विरोध किया और उन्हें इस अधिनियम को समाप्त करवाने में सफलता मिली।
- **दक्षिण अफ्रीका** में गाँधीजी के प्रयासों एवं आन्दोलनों के कारण वहाँ की सरकार द्वारा वर्ष 1914 में अधिकांश काले कानूनों को समाप्त कर दिया गया।
- इस प्रकार गाँधीजी ने पहली बार सत्याग्रह का प्रयोग दक्षिण अफ्रीका में वर्ष 1906 में किया और वहीं सत्य के दर्शन (सत्य एवं अहिंसा) का विकास किया। पश्चिमी मूल्यों की आलोचना करते हुए इन्होंने वर्ष 1909 में **हिन्द स्वराज** नामक पुस्तक लिखी और स्वराज की व्याख्या प्रस्तुत की।

गाँधीजी के प्रारम्भिक सत्याग्रह

- गाँधीजी ने अपने राजनीतिक गुरु **गोपालकृष्ण गोखले** की सलाह पर दो वर्षों (वर्ष 1915-16) तक सम्पूर्ण देश का भ्रमण किया। तत्पश्चात् इन्होंने वर्ष 1917 से 1918 के बीच तीन प्रारम्भिक आन्दोलन—चम्पारण सत्याग्रह, अहमदाबाद मजदूर आन्दोलन तथा खेड़ा कृषक आन्दोलन (1918) का सफल नेतृत्व किया। इसके पश्चात् वे भारतीय राजनीति में एक प्रमुख एवं प्रभावशाली नेता के रूप में प्रसिद्ध हो गए।

चम्पारण सत्याग्रह, 1917

- बिहार के चम्पारण जिले में गाँधीजी ने सत्याग्रह का पहला प्रयोग वर्ष 1917 में किया। चम्पारण में नील की खेती करने वाले किसानों पर यूरोपीय मालिक बहुत अधिक अत्याचार करते थे।
- यूरोपीय लोगों ने किसानों से एक अनुबन्ध करा लिया था कि वे अपने भूमि के 3/20वें (कट्ठा) भाग पर अनिवार्य रूप से नील की खेती करें। यह व्यवस्था **तिनकठिया** के नाम से जानी जाती थी।
- 19वीं सदी में रासायनिक रंगों के आविष्कार ने नील को बाजार से बाहर कर दिया। इसलिए यूरोपियों को नील की खेती बन्द करनी पड़ी। अत: मालिकों ने किसानों को अनुबन्धन से मुक्त करने के लिए लगान व अन्य गैर-कानूनी करों; जैसे—शाहबेरी (बढ़ा हुआ लगान) और तावान (एकमुश्त मुआवजा) की दर को मनमाने तरीके से बढ़ा दिया तथा किसानों को अपनी तय की गई रकम पर माल बेचने के लिए बाध्य किया गया।
- वर्ष 1917 में चम्पारण के एक किसान **राजकुमार शुक्ल** ने गाँधीजी से लखनऊ में मुलाकात की (लखनऊ अधिवेशन के दौरान) तथा उन्हें चम्पारण की समस्याओं से अवगत कराया और चम्पारण आने का प्रस्ताव दिया।
- गाँधीजी के चम्पारण पहुँचते ही अधिकारियों द्वारा उन्हें वहाँ से वापस चले जाने का आदेश दिया गया। गाँधीजी ने इसे मानने से इनकार कर दिया। उन्होंने सरकार से समस्या का उचित समाधान करने के लिए कहा।
- सरकार ने मामले की जाँच के लिए एक आयोग का गठन किया तथा गाँधीजी को भी इसका सदस्य बनाया गया। इसके पश्चात् बागान मालिक (ठेकेदार) अवैध वसूली का 25% भाग लौटाने को तैयार हो गए। एक दशक के अन्दर बागान मालिकों ने चम्पारण छोड़ दिया।
- चम्पारण में गाँधीजी के निकट सहयोगियों में ब्रजकिशोर, राजेन्द्र प्रसाद, महादेव देसाई, नरहरि पारिख, जे बी कृपलानी, सी एफ एण्ड्रयूज, डा. अनुग्रह नारायण सिंह आदि थे।
- चम्पारण सत्याग्रह के दौरान गाँधीजी के कुशल नेतृत्व से प्रभावित होकर **रबीन्द्रनाथ टैगोर** ने उन्हें **महात्मा** की उपाधि प्रदान की।

गिरमिटिया प्रथा और गाँधीजी

ब्रिटिश शासकों द्वारा भारतीय मजदूरों को विदेशों में भेजकर उनसे अमानवीय दशाओं में कार्य कराया जाता था, इसे **गिरमिटिया प्रथा** कहा गया था। **गिरमिटिया** शब्द अंग्रेजी के **एग्रीमेण्ट** शब्द का अपभ्रंश है। दस्तावेज पर अँगूठा लगाकर भेजे गए मजदूरों को गिरमिट मजदूर कहा जाता था। गाँधीजी ने इसके विरुद्ध सर्वप्रथम दक्षिण अफ्रीका में अभियान चलाया था। उनके प्रयासों से 12 मार्च, 1917 को ब्रिटिश सरकार ने इसे समाप्त कर दिया।

अहमदाबाद मिल मजदूर आन्दोलन, 1918

- चम्पारण में सफल होने के बाद गाँधीजी ने सत्याग्रह का अगला प्रयोग वर्ष 1918 में **अहमदाबाद** की एक सूती मिल में किया। यह आन्दोलन सरकारी तन्त्र के विरुद्ध न होकर भारतीय कपड़ा मिल मालिकों के विरुद्ध था।
- यहाँ पर मालिकों एवं मजदूरों में **प्लेग बोनस** को लेकर विवाद था। मिल मालिक प्लेग की समाप्ति होने पर बोनस को समाप्त करना चाहते थे, जिसका मजदूरों ने विरोध किया।

> मिल मालिकों के साथ समझौता वार्ता विफल हो जाने पर गाँधीजी ने मजदूरों को भूख हड़ताल पर जाने को कहा, इसके अतिरिक्त उन्होंने 35% बोनस की माँग रखने का प्रस्ताव दिया, क्योंकि प्रथम विश्वयुद्ध के कारण महँगाई अधिक बढ़ गई थी।

- मिल मालिकों ने केवल 20% बोनस देने की घोषणा की और यह कहा कि जो इसे स्वीकार नहीं करेगा, उसे नौकरी से बहिष्कृत कर दिया जाएगा। अन्ततः सम्पूर्ण मामले को एक **न्यायाधिकरण** (ट्रिब्यूनल) को सौंप दिया गया। न्यायाधिकरण ने भी 35% बोनस की माँग को सही ठहराया।
- इसमें मिल मालिकों में से एक अम्बालाल साराभाई की बहन **अनुसुइया बेन** ने उनका साथ दिया, जबकि उनके भाई **अम्बालाल साराभाई** गाँधीजी के मित्र होते हुए भी उनके विरोधी थे।
- इस आन्दोलन के दौरान गाँधीजी ने पहली बार भूख हड़ताल की।

खेड़ा सत्याग्रह, 1918

- गुजरात का खेड़ा जिला वर्ष 1918 में भीषण दुर्भिक्ष का शिकार हुआ तथा इस क्षेत्र की सम्पूर्ण फसल नष्ट हो गई। सरकार ने मालगुजारी वसूलने की प्रक्रिया को बन्द नहीं किया, बल्कि इसके अतिरिक्त 23% की वृद्धि भी कर दी, जबकि राजस्व संहिता के अनुसार, यदि फसल का उत्पादन कुल उत्पाद के एक-चौथाई से कम हो, तो किसानों का राजस्व पूर्ण रूप से माफ कर दिया जाना चाहिए।
- इसके लिए किसानों ने मोहनलाल पण्ड्या के नेतृत्व में आन्दोलन शुरू किया। इस आन्दोलन में गाँधीजी के साथ **सर्वेण्ट्स ऑफ इण्डिया सोसायटी** के सदस्य विट्ठलभाई पटेल के अतिरिक्त वल्लभभाई पटेल, इन्दुलाल याज्ञनिक आदि रहे।
- **गुजरात सभा** ने भी इस आन्दोलन में महत्त्वपूर्ण भूमिका निभाई, इसके अध्यक्ष गाँधीजी थे। गाँधीजी ने इस मुद्दे को उठाया, इन्होंने किसानों को राजस्व अदा न करने तथा दमनकारी नीतियों के प्रति संघर्ष करने की प्रेरणा दी।
- इस दौरान सरकार द्वारा यह आदेश दे दिया गया कि लगान केवल उन्हीं किसानों से वसूल किया जाए, जो वास्तव में लगान देने में सक्षम हो। इस आदेश के पश्चात् गाँधीजी ने इस आन्दोलन को पूर्ण रूप से समाप्त कर दिया। यह गाँधीजी का प्रथम किसान आन्दोलन था।

रॉलेट सत्याग्रह, 1919

- देश में बढ़ रही क्रान्तिकारी गतिविधियों को समाप्त के लिए सरकार ने वर्ष 1917 में न्यायाधीश **सिडनी रॉलेट** की अध्यक्षता में एक समिति को नियुक्त किया, जिसका कार्य आतंकवाद को समाप्त करने के लिए एक प्रभावी योजना का निर्माण करना था।
- रॉलेट समिति के सुझावों के आधार पर फरवरी, 1919 को केन्द्रीय विधानपरिषद् में दो विधेयक पेश किए गए, जिसमें एक विधेयक परिषद् के भारतीय सदस्यों के विरोध के पश्चात् भी पारित हो गया।
- इस क्रान्तिकारी एवं अराजकतावादी अधिनियम को **रॉलेट एक्ट** या **काला कानून** के नाम से जाना जाता है, जिसे तीन वर्ष की अवधि के लिए 18 मार्च, 1919 को पारित किया गया था। रॉलेट एक्ट को भारतीय जनता ने काला कानून कहकर आलोचना की।
- **मालवीय जी, जिन्ना** तथा **मजहरुल हक** ने इस कानून के विरोध में केन्द्रीय व्यवस्थापिका सभा से इस्तीफा दे दिया।
- गाँधीजी ने इस एक्ट का विरोध किया एवं 6 अप्रैल को जनता से देशव्यापी आन्दोलन का आह्वान किया तथा सत्याग्रह सभा की स्थापना की।

> रॉलेट एक्ट के द्वारा अंग्रेजी सरकार, जिसको जब तक चाहे, बिना मुकदमा चलाए जेल में बन्द रख सकती थी, इसलिए इस कानून को **बिना वकील, बिना अपील, बिना दलील का कानून** कहा गया।

- सरकार ने इस विद्रोह को दबाने के लिए दमनचक्र चलाया। अनेक स्थानों पर पुलिस द्वारा निहत्थी भीड़ पर गोली चलाई गई, जिसमें अनेक व्यक्ति मारे गए। इसमें सबसे भीषण स्थिति पंजाब में थी।
- इस घटना के पश्चात् गाँधीजी का पंजाब तथा दिल्ली में प्रवेश प्रतिबन्धित कर दिया गया था। 9 अप्रैल को गाँधीजी पलवल (हरियाणा) में प्रवेश के समय गिरफ्तार कर लिए गए। इससे देश में अधिक आक्रोश बढ़ गया, जिससे उन्हें बम्बई ले जाकर रिहा कर दिया गया।

जलियाँवाला बाग हत्याकाण्ड, 1919

- पंजाब के लोकप्रिय नेता **डॉ. सैफुद्दीन किचलू** और **डॉ. सत्यपाल** की गिरफ्तारी के विरोध प्रदर्शन हेतु 10 अप्रैल, 1919 को निकाले गए एक शान्तिपूर्ण जुलूस पर पुलिस ने गोली चलाकर कुछ निहत्थे आन्दोलनकारियों को मार दिया, जिससे स्थिति अनियन्त्रित हो गई, परिणामस्वरूप 12 अप्रैल, 1919 को सेना बुलाई गई।

> **13 अप्रैल, 1919** को (बैशाखी के दिन) अमृतसर के जलियाँवाला बाग में गोलीकाण्ड और कुछ नेताओं; जैसे—डॉ. सैफुद्दीन किचलू और डॉ. सत्यपाल की गिरफ्तारी के विरुद्ध एक शान्तिपूर्ण सभा का आयोजन किया गया था। यह सभास्थल चारों ओर से ऊँची-ऊँची दीवारों से घिरा था।

- इस सभास्थल पर अंग्रेज **जनरल डायर** ने बिना कोई पूर्व सूचना या चेतावनी के भीड़ पर गोली चलवा दी, जिसमें हजारों लोग मारे गए।

> **सी एफ एण्ड्रयूज** ने जलियाँवाला बाग हत्याकाण्ड को जान-बूझकर की गई हत्या की संज्ञा दी। जलियाँवाला बाग हत्याकाण्ड की सर्वत्र निन्दा की गई।

- हत्याकाण्ड के विरोध में रबीन्द्रनाथ टैगोर ने **नाइटहुड** की उपाधि वापस कर दी और वायसराय की कार्यकारिणी के सदस्य शंकरनायर ने भी वायसराय की कार्यकारिणी परिषद् से त्याग-पत्र दे दिया।
- ज्ञातव्य है कि वर्ष 2013 में तत्कालीन ब्रिटिश प्रधानमन्त्री डेविड कैमरून ने इस स्मारक की यात्रा की थी तथा उन्होंने इस घटना को ब्रिटिश इतिहास की एक शर्मनाक घटना बताया था।
- डायर की प्रशंसा में हाउस ऑफ कॉमन एवं लॉर्ड में भाषण दिए गए। उसे **ब्रिटिश साम्राज्य का शेर** कहा गया तथा Sword of Honour (मान की तलवार) एवं 2,600 पौण्ड की धनराशि दी गई।
- जलियाँवाला बाग हत्याकाण्ड के समय पंजाब प्रान्त के लेफ्टीनेण्ट गवर्नर **माइकल ओ डायर** थे, जबकि अमृतसर शहर का प्रशासन सैन्य अधिकारी ब्रिगेडियर **जनरल आर डायर** को सौंपा गया था।
- जलियाँवाला बाग हत्याकाण्ड के बाद पंजाब में लगे मॉर्शल लॉ के दौरान गुजराँवाला और उसके समीपवर्ती क्षेत्रों पर हवाई जहाज से आक्रमण किए गए।

> जलियाँवाला बाग हत्याकाण्ड के समय ही पंजाब में चमनदीप के नेतृत्व में एक **डण्डा फौज** अस्तित्व में आई, जो लाठियों और चिड़ियामार बन्दूकों से लैस होकर सड़कों पर गश्त लगाते और पोस्टर चिपकाते थे।

- चारों ओर से दबाव बढ़ने पर सरकार ने इस हत्याकाण्ड की जाँच हेतु लॉर्ड हण्टर की अध्यक्षता में **हण्टर समिति** की नियुक्ति की, इसके सदस्य जस्टिस रैस्किन, राइस, सर जॉर्जबरो, सर टॉमस स्मिथ, सर चिमनलाल सीतलवाड़, शाहबाज, सुल्तान अहमद तथा जगतनारायण थे।
- हण्टर कमीशन ने डायर पर कोई दण्डात्मक या अनुशासनात्मक कार्यवाही नहीं की, क्योंकि डायर के कार्यों को उसके विभिन्न वरिष्ठों द्वारा माफ कर दिया गया।
- हत्याकाण्ड के दोषी लोगों को बचाने के लिए सरकार ने हण्टर आयोग की रिपोर्ट आने से पूर्व इण्डेम्निटी बिल पास कर लिया तथा सजा के रूप में डायर को नौकरी से बर्खास्त किया गया, किन्तु ब्रिटेन में उसे **ब्रिटिश साम्राज्य का शेर** की उपाधि दी गई।
- हण्टर समिति की रिपोर्ट में कहा गया कि इस काण्ड में सरकार का कोई दोष नहीं था। गाँधीजी ने इस रिपोर्ट को **पन्ने दर पन्ने सरकारी लीपापोती** कहा।
- जलियाँवाला बाग हत्याकाण्ड की जाँच के लिए कांग्रेस द्वारा भी **मदन मोहन मालवीय** की अध्यक्षता में एक समिति का गठन किया गया।
- इसके सदस्य मोतीलाल नेहरू, गाँधीजी, सी आर दास, अब्बास तैय्यबजी तथा एम आर जयकर थे। इसे **तहकीकात कमेटी** भी कहा जाता है।
- इस समिति ने अपनी रिपोर्ट में इस घटना की निन्दा करते हुए उस पर विवेकहीन होकर भावावेश में कदम उठाने का आरोप लगाया और सरकार से दोषी लोगों के विरुद्ध कार्यवाही करने एवं मृतकों के परिवारों को आर्थिक सहायता देने की माँग की।

खिलाफत आन्दोलन, 1919

- भारत के मुस्लिम तुर्की के सुल्तान को इस्लाम का खलीफा मानते थे। प्रथम विश्वयुद्ध में तुर्की मित्र देशों के विरुद्ध लड़ा था। युद्ध के समय ब्रिटिश राजनीतिज्ञों ने भारतीय मुस्लिमों को वचन दिया था कि वे तुर्की साम्राज्य को किसी भी प्रकार का नुकसान नहीं पहुँचाएँगे, लेकिन युद्ध के बाद तुर्की साम्राज्य का विघटन कर दिया गया।
- तुर्की साम्राज्य के विभाजन के विरुद्ध खिलाफत आन्दोलन शुरू हुआ। सेवर्स या सेव्रे की सन्धि के अन्तर्गत तुर्की का विभाजन कर दिया गया। भारतीय मुस्लिमों ने निम्नलिखित तीन माँगें रखीं
  (i) ऑटोमन खलीफा को पर्याप्त लौकिक अधिकारों के साथ अपने साम्राज्य में सत्तारूढ़ रहने दिया जाए।
  (ii) अरब प्रदेश मुस्लिम शासकों के अधीन होने चाहिए।
  (iii) तुर्की के सुल्तान को मुस्लिमों के पवित्र स्थलों का संरक्षक बनाया जाए।
- **मुहम्मद अली** एवं **शौकत अली** ने अपने पत्र **कामरेड** के माध्यम से खिलाफत आन्दोलन का प्रचार-प्रसार किया।
- गाँधीजी ने भी खिलाफत आन्दोलन का समर्थन किया तथा इसे हिन्दू-मुस्लिम एकता के अवसर के रूप में देखा। हकीम अजमल खाँ, मौलाना अबुल कलाम आजाद, मुहम्मद अली, मौलाना अली हसन, मुख्तार अहमद अंसारी खिलाफत आन्दोलन के प्रमुख नेता थे। सितम्बर, 1919 में एक खिलाफत कमेटी का गठन हुआ।

> 17 अक्टूबर, 1919 को **खिलाफत दिवस** मनाया गया तथा 23 नवम्बर को इसका पहला सम्मेलन दिल्ली में **फजल-उल-हक** की अध्यक्षता में हुआ। अगले दिन के सम्मेलन की अध्यक्षता गाँधीजी ने की। इसी समय उलेमाओं ने **जमायत-उल-उलेमा** की स्थापना की। खिलाफत नेताओं द्वारा एक त्रिस्तरीय कार्यक्रम तैयार किया गया।

- जनवरी, 1920 में **डॉ. अंसारी** के नेतृत्व में खिलाफत कमेटी ने एक शिष्टमण्डल वायसराय के पास भेजा था। इसका उद्देश्य सरकार को तुर्की साम्राज्य एवं खलीफा के रूप में सुल्तान की प्रभुसत्ता बनाए रखने की आवश्यकता से अवगत कराना था।

> जून, 1920 में इलाहाबाद में सेण्ट्रल खिलाफत कमेटी की बैठक में **असहयोग प्रस्ताव** पारित हो गया। अत: खिलाफत पार्टी की ओर से असहयोग आन्दोलन चलाने का निर्णय लिया गया तथा गाँधीजी को इसका नेतृत्व सौंपा गया।

- खिलाफत आन्दोलन वर्ष 1924 में उस समय समाप्त हो गया, जब कमाल पाशा के नेतृत्व में बनी तुर्की सरकार द्वारा खलीफा के पद को समाप्त कर दिया गया।

असहयोग आन्दोलन, 1920-22

- असहयोग आन्दोलन का प्रस्ताव गाँधीजी ने तैयार किया था, जबकि इसे **सी आर दास** ने पेश किया था। कलकत्ता में कांग्रेस के विशेष अधिवेशन (1920) में यह प्रस्ताव पारित हुआ।
- असहयोग आन्दोलन सम्बन्धी प्रस्ताव की दिसम्बर, 1920 में **नागपुर** में हुए कांग्रेस के वार्षिक अधिवेशन में पुष्टि कर दी गई।

> सितम्बर, 1920 में कलकत्ता कांग्रेस के विशेष अधिवेशन में गाँधीजी द्वारा प्रस्तुत असहयोग के प्रस्ताव का सी आर दास तथा लाला लाजपत राय ने विरोध किया था।

- इस समय भारतीय राष्ट्रीय कांग्रेस के संविधान में निम्नलिखित महत्त्वपूर्ण परिवर्तन किए
- भारतीय राष्ट्रीय कांग्रेस का लक्ष्य पहले ब्रिटिश साम्राज्य के अन्दर स्वशासन का था, किन्तु अब इसके स्थान पर **स्वराज** का लक्ष्य प्रस्तावित किया गया।
- कांग्रेस संगठन में क्रान्तिकारी परिवर्तन किए गए और रचनात्मक कार्यों की सूची बनाई गई, जो निम्न है
    - सभी वयस्कों को कांग्रेस की सदस्यता प्रदान करना।
    - कांग्रेस के रोजमर्रा के क्रियाकलापों को देखने के लिए 15 सदस्यीय **कार्यकारिणी समिति** गठित की गई।
    - स्थानीय स्तर पर तथा भाषायी आधार पर **प्रदेश कांग्रेस कमेटियों** का गठन किया गया।
    - गाँवों एवं कस्बों में भी कांग्रेस समितियों का गठन किया गया।
    - सदस्यता फीस 25 पैसा (चार आना) वार्षिक कर दी गई। सभी वयस्कों को कांग्रेस की सदस्यता प्रदान करने का लक्ष्य रखा गया।
    - 300 सदस्यों वाली **अखिल भारतीय कांग्रेस समिति** का गठन किया गया।
    - स्वयंसेवकों का दल बनाना और इसमें 1.5 लाख स्वयंसेवकों को भर्ती करना।
- इन परिवर्तनों के अतिरिक्त स्वदेशी विशेषकर हाथ की कताई-बुनाई को प्रोत्साहन देना, हिन्दुओं में अस्पृश्यता का निवारण करना, हिन्दू-मुस्लिम एकता का संवर्द्धन तथा यथासम्भव हिन्दी के प्रयोग आदि को सम्मिलित किया गया।
- गाँधीजी ने यह आश्वासन दिया कि यदि इन कार्यक्रमों पर पूर्ण रूप से अमल हुआ, तो एक वर्ष के अन्दर ही स्वराज्य प्राप्त हो जाएगा।
- असहयोग आन्दोलन के प्रमुख कार्यक्रम दो रूपों-सकारात्मक एवं नकारात्मक में रहे।

सकारात्मक रूप

- इसके अन्तर्गत राष्ट्रीय विद्यालयों तथा पंचायती अदालतों की स्थापना की गई।
- अस्पृश्यता का विरोध तथा हिन्दू-मुस्लिम एकता पर बल दिया गया।
- स्वदेशी के प्रचार-प्रसार की बात की गई।
- खादी वस्त्रों के निर्माण एवं उपयोग को प्रोत्साहन दिया गया।
- शराब बन्दी का कार्यकम चलाया गया।

नकारात्क रूप

- सरकारी उपाधियों एवं प्रशस्त्रि पत्रों को लौटाने की घोषणा की गई।
- सरकारी स्कूलों, कॉलेजों, अदालतों, विदेशी कपड़ों आदि का बहिष्कार करने की माँग की गई।
- सरकारी उत्सवों व समारोहों के बहिष्कार का निर्णय लिया गया। विदेशी वस्तुओं के बहिष्कार की घोषणा की गई।
- अवैतनिक पदों तथा स्थानीय नियमों के लाभान्वित पदों से त्याग-पत्र देने का निर्णय लिया गया।

> **नागपुर अधिवेशन** के बाद स्वराज के लक्ष्य तक पहुँचने के लिए कांग्रेस ने केवल संवैधानिक उपायों के स्थान पर सभी शान्तिमय और उचित उपाय, जिसमें केवल आवेदन और अपील भेजना ही शामिल नहीं था, अपितु सरकार को कर देने से मना करने जैसी सीधी कार्यवाही भी शामिल थी, को अपनाने पर बल दिया।

असहयोग आन्दोलन की प्रगति

- गाँधीजी द्वारा 1 अगस्त, 1920 को असहयोग आन्दोलन शुरू किया गया, जिसमें गाँधीजी ने अपने कैसर-ए-हिन्द, जुलू युद्ध पदक और बोअर पदक वापस कर दिए।
- गाँधीजी का अनुसरण करते हुए अनेक लोगों ने अपनी पदवियों और उपाधियों को त्याग दिया; यथा—जमनालाल बजाज ने अपनी **राय बहादुर** की उपाधि लौटा दी। इसके अतिरिक्त मोतीलाल नेहरू, चितरंजन दास, विट्ठलभाई पटेल, वल्लभभाई पटेल, जवाहरलाल नेहरू, राजेन्द्र प्रसाद, सैफुद्दीन किचलू, चक्रवर्ती राजगोपालाचारी, अरुणा आसफ अली ने अपनी वकालत छोड़ दी।

> असहयोग आन्दोलन की शुरुआत के समय ही कांग्रेस को तिलक की मृत्यु (1 अगस्त, 1920) का एक बड़ा आघात झेलना पड़ा। उनकी स्मृति में असहयोग आन्दोलन को आर्थिक सहायता प्रदान करने हेतु **तिलक स्वराज फण्ड** की स्थापना की गई। इसमें 6 माह के अन्दर ही ₹ 1 करोड़ एकत्रित हो गए।

असहयोग आन्दोलन का प्रसार

- पंजाब में लाला लाजपत राय की प्रेरणा से लाहौर में विद्यार्थियों द्वारा विद्यालयों का सफल बहिष्कार हुआ। यहाँ पर सशक्त **अकाली विद्रोह** उठा, जो आरम्भ में धार्मिक सुधारवादी आन्दोलन था, लेकिन थोड़े समय के लिए असहयोग आन्दोलन के साथ एकजुट हो गया। अकाली आन्दोलन का उद्देश्य भ्रष्ट महन्तों के प्रभुत्व से गुरुद्वारों को मुक्त कर प्रबन्ध अपने हाथ में लेना था।
- **मद्रास** में इस आन्दोलन के दौरान बर्मिंघम एवं कर्नाटक टेक्सटाइल मिल्स में चार माह तक हड़ताल हुई। इसमें **थिरू वीका** जैसे स्थानीय नेताओं का सहयोग मिला। सलेम के वकील राजगोपालाचारी ने वर्ष 1921 में वकालत छोड़ दी। यद्यपि सत्यमूर्ति, कस्तूरी रंगा अय्यर जैसे राष्ट्रवादी नेताओं ने इसे अनिच्छापूर्वक अपनाया।
- **आन्ध्र मुहाना क्षेत्र** में यह आन्दोलन सशक्त रहा। कोण्डा वेंकटप्पैया, ए कालेश्वर राव, टी प्रकाशम् और पट्टाभि सीतारमैया जैसे नेताओं का समर्थन मिला। यहाँ व्यापारी वर्ग का भी पर्याप्त समर्थन प्राप्त हुआ।
- उन्नाव लक्ष्मीनारायण के तेलुगू उपन्यास **मालपल्ली** (वर्ष 1922) में गाँधीवादी उपायों की चर्चा की गई है।
- गुण्टूर जिले के चिराल-पराल में डुगीराला **गोपाल कृष्णैया** के नेतृत्व में विरोध हुआ था।
- **मालाबार** क्षेत्र इरनाड़ और वल्लुवनाड़ ताल्लुकों में कई स्थानों तक पुलिस नियन्त्रण समाप्त रहा। अनेक स्थानों पर खिलाफत गणराज्य स्थापित किए गए, जिनके राष्ट्रपति कुंजहम्मद हाजी, कालातिंगल मम्मद, अली मुसलियार, सीदी कायातंगल, इम्बची कोयातंगल आदि थे।
- **असम** सुरमा घाटी के चाय बगानों में चारगोला के कुलियों ने गाँधी महाराजा की जयकार लगाते हुए पारिश्रमिक में भारी वृद्धि की माँग करते हुए हड़ताल की।
- वर्ष 1921 की घटनाओं ने असमिया साहित्य पर गहरी छाप छोड़ी। असम केसरी **अम्बिका गिरि राय चौधरी** की कविताओं में इसे देखा जा सकता है। वैष्णव सम्प्रदाय के गीतों में गाँधीजी को कृष्ण का स्थानापन्न बना दिया गया। मिदनापुर के किसानों ने यूनियन बोर्ड को कर देने से इनकार कर दिया।

> **अहमदाबाद अधिवेशन** के पश्चात् गाँधीजी ने वायसराय को पत्र लिखा, जिसका सरकार पर कोई प्रभाव नहीं पड़ा तथा वह अपना दमन चक्र चलाती रही। 1 फरवरी, 1922 को गाँधीजी ने घोषणा की कि यदि सरकार राजनैतिक बन्दियों को रिहा करके नागरिक स्वतन्त्रता को बहाल नहीं करेगी तथा प्रेस से नियन्त्रण नहीं हटाएगी, तो वे देशव्यापी सविनय अवज्ञा आन्दोलन छेड़ने के लिए बाध्य हो जाएँगे, जिसमें गाँधीजी ने एक सप्ताह का समय दिया।

- 5 फरवरी, 1922 को चौरी-चौरा घटना हो गई। इस घटना से दुखी होकर 12 फरवरी, 1922 को (बारदोली में कांग्रेस कार्य समिति की बैठक में) गाँधीजी असहयोग आन्दोलन वापस ले लिया गया।
- गाँधीजी द्वारा असहयोग आन्दोलन को स्थगित किए जाने के निर्णय पर लाला लाजपत राय, सुभाषचन्द्र बोस, सी आर दास, मोतीलाल नेहरू, जवाहरलाल नेहरू आदि नेताओं ने आलोचना की।
- इन सभी आलोचनाओं के पश्चात् गाँधीजी के निर्णय को थोडी-बहुत प्रतिक्रिया के उपरान्त सभी ने स्वीकार कर लिया।
- भारत की ब्रिटिश सरकार द्वारा इस स्थिति का लाभ उठाते हुए 10 मार्च, 1922 को गाँधीजी को गिरफ्तार कर लिया गया तथा 18 मार्च, 1922 को उन्हें 6 वर्ष की सजा दी गई, किन्तु बीमारी के कारण उन्हें दो वर्ष से पूर्व ही (5 फरवरी, 1924) रिहा कर दिया गया।

> **चौरी-चौरा काण्ड**
>
> - 5 फरवरी, 1922 को चौरी-चौरा (गोरखपुर, उत्तर प्रदेश) काण्ड हुआ। **भगवान अहीर** के नेतृत्व में होने वाले एक प्रदर्शन के दौरान स्थानीय लोगों ने पुलिस से झड़प के पश्चात् पुलिस चौकी में आग लगा दी, जिसके कारण 22 पुलिस वालों की मौत हो गई। इस घटना के पश्चात् गाँधीजी ने 12 फरवरी, 1922 को असहयोग आन्दोलन को वापस ले लिया।
> - 10 मार्च, 1922 को गाँधीजी को गिरफ्तार कर लिया गया। 18 मार्च, 1922 को अहमदाबाद के सेशन जज **ब्रूमफील्ड** की अदालत में गाँधीजी पर मुकदमा चलाया गया और उन्हें 6 वर्ष की सजा दी गई, परन्तु फरवरी, 1924 को बीमारी के कारण गाँधीजी को समय से पूर्व ही छोड़ दिया गया।
> - फरवरी, 1922 में बारदोली में कांग्रेस कार्य समिति की बैठक हुई। इसमें एक प्रस्ताव पारित कर ऐसी सभी गतिविधियों पर रोक लगा दी गई, जिनसे कानून का उल्लंघन होता है। इसके साथ ही कई रचनात्मक कार्यों को प्रारम्भ करने की घोषणा भी की गई, जो निम्नलिखित हैं
>   - खादी को लोकप्रिय बनाना।
>   - राष्ट्रीय स्कूलों की स्थापना।
>   - शराबबन्दी के समर्थन में अभियान।
>   - अस्पृश्यता उन्मूलन अभियान।
>   - हिन्दू-मुस्लिम एकता।

समकालीन अन्य आन्दोलन

आन्दोलन	वर्ष	प्रमुख तथ्य
झण्डा सत्याग्रह (नागपुर)	1923	कांग्रेस के ध्वज के प्रयोग को रोकने के विरुद्ध
बरसाड सत्याग्रह (गुजरात)	1923	डकैती रोकने के लिए अपेक्षित पुलिस दलों की नियुक्ति हेतु लगाए गए कर के विरुद्ध
गुरु का बाग सत्याग्रह (पंजाब)	1922-23	अपदस्थ महन्त और नवगठित शिरोमणि गुरुद्वारा प्रबन्धक कमेटी के बीच (विवादित भूमि पर एक पेड़ काटने के कारण)
तारकेश्वर सत्याग्रह (बंगाल)	1924	एक भ्रष्ट महन्त के विरुद्ध, स्वामी विश्वानन्द द्वारा प्रारम्भ
वायकोम सत्याग्रह (केरल)	1924-25	मन्दिर में प्रवेश हेतु टी के माधवन द्वारा

राष्ट्रीय राजनीति, 1922-29 (स्वराज पार्टी)

- वर्ष 1922 कांग्रेस के लिए एक संकट का वर्ष था। महात्मा गाँधी को अशान्ति फैलाने के अपराध में 6 वर्ष की सजा हो गई थी।
- असहयोग आन्दोलन की समाप्ति और गाँधीजी की गिरफ्तारी के पश्चात् देश के राजनैतिक वातावरण में एक निराशा का वातावरण फैल गया था। इसी बीच भारत सरकार अधिनियम, 1919 के अन्तर्गत कराए जाने वाले वर्ष 1923 के चुनावों में भाग लेने के उद्देश्य से कांग्रेस में एक समूह का निर्माण हुआ।
- इसने भी कांग्रेस के आन्तरिक संकट को मुखर अभिव्यक्ति दी। कांग्रेस इस समय दो विचारधारा वाले समूहों में बँट गई, इसमें से एक परिवर्तनवादी थे, जो असहयोग आन्दोलन के बाद की लड़ाई को विधानपरिषद् में ले जाना चाहते थे। दूसरे वे थे, जो विधानपरिषदों में प्रवेश के विरोधी थे तथा गाँधीजी के रचनात्मक कार्यक्रम को आगे बढ़ाना चाहते थे।

> दिसम्बर, 1922 के गया अधिवेशन में सी आर दास ने अपने अध्यक्षीय भाषण में विधानपरिषद् में प्रवेश का प्रस्ताव रखा। सी आर दास की वकालत के पश्चात् भी गया अधिवेशन में यह प्रस्ताव 890 बनाम 1740 वोटों से हार गया। विपक्षी गुट का नेतृत्व सी राजगोपालाचारी ने किया था।
>
> प्रस्ताव पारित न होने पर सी आर दास और मोतीलाल नेहरू ने कांग्रेस से त्याग-पत्र दे दिया तथा मार्च, 1923 में इलाहाबाद में स्वराज पार्टी बनाई (पूर्व में इसका नाम कांग्रेस खिलाफत स्वराज पार्टी था)। स्वराज पार्टी के अध्यक्ष सी आर दास तथा महासचिव मोतीलाल नेहरू बने।

- इसके पश्चात् स्वराज पार्टी वालों को परिवर्तन समर्थक (प्रोचेंजर्स) कहा जाने लगा। इसमें सी आर दास, मोतीलाल नेहरू, हकीम अजमल खाँ, कस्तूरी रंगा एवं विट्ठलभाई पटेल, श्री निवास आयंगर, मदन मोहन मालवीय तथा एम आर जयकर आदि शामिल थे तथा विरोधियों (कांग्रेस) को परिवर्तन विरोधी (नो-चेंजर्स) कहा जाने लगा, जिसमें सी राजगोपालाचारी, वल्लभभाई पटेल, डॉ. राजेन्द्र प्रसाद, एन जी रंगा, आयंगर, डॉ. एम ए अंसारी आदि नेता शामिल थे।
- केन्द्रीय विधानसभा में मुहम्मद अली जिन्ना ने स्वराज पार्टी का समर्थन किया था।
- स्वराज पार्टी ने अपने को कांग्रेस के अभिन्न अंग के रूप में प्रचारित किया तथा अहिंसा और असहयोग के प्रति अपनी वचनबद्धता दोहराई। आरम्भ में स्वराज पार्टी के लक्ष्यों को लेकर विवाद उत्पन्न हो गया। पार्टी के संविधान में यह घोषणा की गई कि इसका तात्कालिक लक्ष्य डोमिनियन स्टेट्स की प्राप्ति है।

> सितम्बर, 1923 में मौलाना अबुल कलाम आजाद की अध्यक्षता में दिल्ली में कांग्रेस का एक विशेष अधिवेशन हुआ, जिसके अन्तर्गत स्वराज पार्टी के कार्यक्रमों को कांग्रेस के अन्तर्गत मान्यता दे दी गई।

- वर्ष 1923 के विधानमण्डल चुनावों में भाग लेते समय स्वराजियों ने घोषणा पत्र में प्रतिज्ञा की कि वे केन्द्रीय विधानसभा व प्रान्तीय विधानसभाओं के कामकाज को बाधित करने के लिए सतत, सुसंगत व अविरल नीति का पालन करेंगे।
- यद्यपि स्वराजियों को चुनाव (नवम्बर, 1923) का बहुत कम समय मिला, लेकिन उन्हें बड़ी सफलता मिली। उन्हें केन्द्रीय विधानसभा के 101 निर्वाचित सीटों में से 42 सीटें मिलीं।
- इन्हें प्रान्तीय विधानपरिषद् में मध्य प्रान्त में स्पष्ट बहुमत मिला और बंगाल में सबसे बड़े दल के रूप में उभरे तथा बम्बई एवं उत्तर प्रदेश में भी बेहतर सफलता मिली।
- मद्रास तथा पंजाब में जातिवाद एवं साम्प्रदायिकता के कारण बेहतर सफलता नहीं मिल पाई। सेण्ट्रल लेजिस्लेटिव एसेम्बली में स्वराजियों ने साझा राजनीतिक मोर्चा बनाया।

स्वराज पार्टी के प्रमुख कार्य/सफलताएँ

- पहले ही अधिवेशन में मोतीलाल नेहरू ने भारतीयों को सत्ता हस्तान्तरण के लिए नया संविधान बनाने की राष्ट्रीय माँग उठाई।
- सरकार की बजट माँगों के सवाल पर अनेक बार हार हुई, जिसके कारण वायसराय को बजट अपने विशेषाधिकार द्वारा पारित करना पड़ता था।
- स्वराज पार्टी के सदस्यों ने उत्तरदायी शासन की स्थापना हेतु गोलमेज सम्मेलन बुलाने के लिए सुझाव दिया।
- स्वराजवादियों की माँगों के कारण सरकार को 1919 के अधिनियम की समीक्षा करने के लिए वर्ष 1924 में मुण्डीमैन कमेटी का गठन करना पड़ा।
- स्थानीय निकायों तथा नगरपालिका के चुनाव हुए। नो-चेंजर्स ने भी इसमें भाग लिया। चुनाव में सी आर दास कलकत्ता के, विट्ठलभाई पटेल अहमदाबाद के, राजेन्द्र प्रसाद पटना के तथा जवाहरलाल नेहरू इलाहाबाद के मेयर चुने गए।
- मोतीलाल नेहरू वर्ष 1925 में सेना के भारतीयकरण हेतु नियुक्त स्क्रीन कमेटी के सदस्य बने।
- दमनात्मक कानूनों को समाप्त करना तथा श्रमिकों की बेहतर स्थिति तथा मजदूर संघों की सुरक्षा हेतु संघर्ष किया गया।
- स्वराजवादियों की एक प्रमुख सफलता हेतु वर्ष 1925 में विट्ठलभाई पटेल को सेण्ट्रल लेजिस्लेटिव असेम्बली का अध्यक्ष चुना जाना था।
- 16 जून, 1924 को सी आर दास की मृत्यु हो गई। इससे स्वराजियों के लिए संकट की स्थिति आ गई, लेकिन अब तक स्वराजियों ने अपना कार्य कर दिया था तथा संवैधानिक सुधारों की पोल खोल दी थी।
- नवम्बर, 1926 में चुनाव में पार्टी को जैसा अनुमान था, वैसा समर्थन नहीं मिला, लेकिन इस बार भी उन्होंने अनेक अवसरों पर स्थगन प्रस्ताव लाने का कार्य किया; जैसे—1928 में सार्वजनिक सुरक्षा विधेयक (पब्लिक सेफ्टी बिल)। मोतीलाल नेहरू ने इसे **भारतीय गुलामी विधेयक नं. 1** कहा।

- पूँजीवाद के दो कट्टर समर्थकों पुरुषोत्तमदास ठाकुर और जी डी बिड़ला ने भी इस विधेयक का विरोध किया।
- लाहौर कांग्रेस अधिवेशन में पारित प्रस्तावों और सविनय अवज्ञा आन्दोलन की शुरुआत होने के कारण वर्ष 1930 में स्वराजियों ने विधानमण्डल को छोड़ दिया और इस प्रकार स्वराज पार्टी का अन्त हो गया।

गाँधी-दास पैक्ट, 1924

- 5 फरवरी, 1924 को गाँधीजी को रिहा कर दिया गया। गाँधीजी विधानपरिषद् का सदस्य बनने और उसकी कार्यवाही में बाधा पहुँचाने की नीति के विरोधी थे।
- 6 नवम्बर, 1924 को गाँधीजी, सी आर दास, मोतीलाल नेहरू ने एक संयुक्त बयान पर हस्ताक्षर किए, जिसमें कहा गया था कि स्वराजी नेता कांग्रेस के अभिन्न अंग के रूप में कांग्रेस के नेतृत्व में विधानमण्डल में अपना कार्य करते रहेंगे। इसे ही गाँधी-दास पैक्ट कहा गया।
- दूसरी ओर गाँधीजी को ऑल इण्डिया स्पिनर्स एसोसिएशन को संगठित करने तथा सम्पूर्ण देश में चरखे एवं करघे का प्रचार करने का कार्य सौंपा गया। दिसम्बर के बेलगाँव (पूना) अधिवेशन में इसकी अनुमति दे दी गई।

अन्य राजनीतिक दल

- **राष्ट्रीय उदारवादी लीग** इसकी स्थापना वर्ष 1918 में कांग्रेस से अलग होकर कुछ उदारवादी नेताओं ने की थी। इसे बाद में अखिल भारतीय संघ के नाम से जाना गया। इसने सरकार के साथ सहयोग की नीति अपनाई। इसके प्रमुख नेताओं में तेज बहादुर सप्रू, श्रीनिवास शास्त्री, बिपिनचन्द्र पाल आदि शामिल थे।
- **अखिल भारतीय मुस्लिम लीग** अखिल भारतीय खिलाफत समिति के निष्क्रिय हो जाने के पश्चात् वर्ष 1924 में अखिल भारतीय मुस्लिम लीग का पुनरुत्थान हुआ। मुहम्मद अली जिन्ना इस लीग का स्वयंभू नेता बने।
- **हिन्दू महासभा** इसकी स्थापना पण्डित मदन मोहन मालवीय द्वारा वर्ष 1915 में हरिद्वार के कुम्भ मेले में की गई थी। इसके प्रथम अधिवेशन का आयोजन वर्ष 1915 में कासिम बाजार के महाराजा की अध्यक्षता में किया गया। हिन्दू महासभा दिसम्बर, 1924 में मदन मोहन मालवीय के अध्यक्ष बनने के कारण अधिक प्रभावशाली हो गई।
- **यूनियनिस्ट पार्टी** इस पार्टी की स्थापना पंजाब में भू-स्वामी वर्गों के हितों की रक्षा हेतु की गई थी। इसने वर्ष 1937 के चुनाव में मुस्लिम लीग के साथ पंजाब में सरकार बनाई थी।

क्रान्तिकारी आन्दोलन का द्वितीय चरण

- वर्ष 1922 में गाँधीजी द्वारा अचानक असहयोग आन्दोलन वापस ले लेने से देश में युवाओं को निराशा हुई।
- रूस, चीन, आयरलैण्ड, तुर्की, मिस्र की क्रान्ति से प्रेरित होकर इन्होंने ब्रिटिश साम्राज्य को समाप्त करने का प्रयत्न किया। इसके लिए उन्होंने पुरानी संस्थाओं; यथा—युगान्तर, अनुशीलन समिति आदि को पुनर्जीवित किया।
- इस चरण की एक प्रमुख विशेषता, जो इसे पिछले चरणों से भिन्न करती है, यह समाजवादी विचारधारा पर आधारित था। नए क्रान्तिकारी आतंकवादी नेताओं ने कुछ नए क्रान्तिकारी संगठनों की स्थापना की।

पेशावर षड्यन्त्र केस, 1922-23

- मास्को की कम्युनिस्ट यूनिवर्सिटी में प्रशिक्षित 10 भारतीयों को भारत में कम्युनिस्ट आन्दोलन को संगठित करने के लिए भारत भेजा गया।
- ब्रिटिश सरकार ने उन्हें गिरफ्तार कर लिया एवं पेशावर में उन पर मुकदमा चला। यह मुकदमा वर्ष 1922-23 के पेशावर षड्यन्त्र केस के नाम से प्रसिद्ध है।

हिन्दुस्तान रिपब्लिकन एसोसिएशन (HRA), 1924

- इस चरण में एक अखिल भारतीय संगठन तथा संगठनों के मध्य समन्वय की आवश्यकता का अनुभव किया गया। इसके लिए अक्टूबर, 1924 में समस्त क्रान्तिकारी दलों का कानपुर में सम्मेलन बुलाया गया तथा हिन्दुस्तान रिपब्लिकन एसोसिएशन (HRA) नामक संगठन की स्थापना की गई।
- HRA की स्थापना शचीन्द्रनाथ सान्याल के नेतृत्व में हुई थी। रामप्रसाद बिस्मिल, योगेशचन्द्र चटर्जी तथा चन्द्रशेखर आजाद, अशफाक उल्ला खाँ, भगतसिंह, राजेन्द्र लाहिड़ी तथा रोशन सिंह आदि इस संगठन के सक्रिय सदस्य थे।
- इस संगठन ने वर्ष 1925 में रिवोल्यूशनरी नामक एक पर्चा निकाला था, जिसमें रूस की भाँति भारत में भी सशस्त्र क्रान्ति का आह्वान किया गया था।
- इस एसोसिएशन की शाखाएँ बंगाल, बिहार, उत्तर प्रदेश, दिल्ली, पंजाब और आन्ध्र प्रदेश आदि प्रान्तों में स्थापित की गई थीं।
- इस एसोसिएशन के निम्नलिखित तीन प्रमुख आदर्श थे
  (i) गाँधीजी की अहिंसावाद की नीतियों की निरर्थकता के प्रति भारतीयों में जागृति उत्पन्न करना।
  (ii) सम्पूर्ण रूप से स्वतन्त्रता की प्राप्ति हेतु प्रत्यक्ष कार्यवाही तथा क्रान्ति की आवश्यकता को प्रदर्शित करना।
  (iii) औपनिवेशिक साम्राज्यवाद के स्थान पर समाजवादी विचारधारा से प्रेरित भारत में एक संघीय गणतन्त्र की स्थापना करना।

कानपुर षड्यन्त्र केस, 1926

- वर्ष 1921 में नलिनी गुप्ता तथा अवनी मुखर्जी रूस से भारत लौटीं। ये दोनों बंगाल आतंकवादी दल की सदस्या थीं। इन पर ब्रिटिश सरकार द्वारा 21 फरवरी, 1924 को कानपुर षड्यन्त्र केस के अन्तर्गत मुकदमा चलाया गया।
- सरकार ने इन पर आरोप लगाया कि ये लोग षड्यन्त्र रच रहे हैं, जिसका उद्देश्य भारत में क्रान्तिकारी संगठन की स्थापना करना है।
- एस ए डांगे, मुजफ्फर अहमद, शौकत उस्मानी तथा कई अन्य साम्यवादियों को कानपुर वोल्शेविक षड्यन्त्र केस में कारावास की सजा सुनाई गई।

मेरठ षड्यन्त्र केस, 1929-33

- कम्युनिस्टों के बढ़ते प्रभाव को रोकने के लिए ब्रिटिश सरकार ने वर्ष 1928-29 में जन-सुरक्षा कानून, ह्विटले कमीशन, ट्रेड डिस्प्यूट बिल तथा मेरठ षड्यन्त्र केस का सहारा लिया।
- वर्ष 1929 में मेरठ षड्यन्त्र केस में कुल 32 लोगों पर मुकदमा चला, जिनमें तीन अंग्रेज (फिलिप स्प्रेट, वेन ब्रैडल तथा लेस्टर हचिन्सन) भी थे। यह मुकदमा लगभग साढ़े तीन वर्ष चला।

> मेरठ षड्यन्त्र केस के अभियुक्तों के समर्थन में आइन्स्टीन एच जी वेल्स, हेराल्ड लॉस्की तथा रूजवेल्ट ने सहानुभूति प्रकट की थी।

काकोरी काण्ड, 1925

- 9 अगस्त, 1925 को हिन्दुस्तान रिपब्लिकन एसोसिएशन (HRA) के क्रान्तिकारियों के द्वारा उत्तर रेलवे के लखनऊ-सहारनपुर सम्भाग के **काकोरी** नामक स्थान पर 8 डाउन पैसेंजर ट्रेन पर डकैती डालकर सरकारी खजाने को लूट लिया गया।
- इसके पश्चात् 29 लोगों को गिरफ्तार करके उन पर काकोरी षड्यन्त्र काण्ड में मुकदमा चलाया गया। इस **काण्ड** में रामप्रसाद बिस्मिल (गोरखपुर), अशफाक उल्ला खाँ (फैजाबाद), रोशनलाल (इलाहाबाद) तथा राजेन्द्र लाहिड़ी (गोण्डा) को फाँसी दी गई।
- उल्लेखनीय है कि इस षड्यन्त्र काण्ड के एकमात्र बचे हुए फरार व्यक्ति चन्द्रशेखर आजाद थे।

> **हिन्दुस्तान सोशलिस्ट रिपब्लिकन एसोसिएशन** (एचएसआरए)
>
> - एचएसआरए की स्थापना चन्द्रशेखर आजाद के नेतृत्व में 10 दिसम्बर, 1928 को दिल्ली के **फिरोजशाह कोटला** मैदान में हुई थी। उल्लेखनीय है कि काकोरी काण्ड के पश्चात् पुलिस के दमन के कारण हिन्दुस्तान रिपब्लिकन एसोसिएशन का क्रान्तिकारी संगठन के रूप में अस्तित्व कुछ समय के लिए लगभग समाप्त हो गया था।
> - एचएसआरए का उद्देश्य भारत में समाजवादी गणतन्त्रवादी राज्य की स्थापना करना था। इसके प्रमुख नेताओं में भगतसिंह, भगवतीचरण वोहरा, सुखदेव, विजय कुमार सिन्हा, शिव वर्मा, जयदेव कपूर आदि थे।

साण्डर्स की हत्या, 1928

- लाहौर के सहायक पुलिस अधीक्षक **साण्डर्स** ने 30 अक्टूबर, 1928 को लाहौर में साइमन कमीशन विरोधी अभियान के दौरान **लाला लाजपत राय** पर लाठी चार्ज करवाकर उन्हें गम्भीर रूप से घायल कर दिया था। इसके कुछ समय पश्चात् 17 नवम्बर, 1928 को लाला लाजपत राय की मृत्यु हो गई।
- 17 दिसम्बर, 1928 को लाहौर रेलवे स्टेशन पर भगतसिंह, चन्द्रशेखर आजाद और राजगुरु ने साण्डर्स की हत्या कर दी। उल्लेखनीय है कि एचएसआरए का यह पहला क्रान्तिकारी कार्य था।

सेण्ट्रल लेजिस्लेटिव एसेम्बली बम काण्ड, 1929

- एचएसआरए के दो सदस्यों भगतसिंह एवं बटुकेश्वर दत्त ने 8 अप्रैल, 1929 को केन्द्रीय विधानसभा में बम फेंके। इन्होंने **पब्लिक सेफ्टी बिल** तथा **ट्रेड डिस्प्यूट बिल** के विरोध में बम फेंका था, जिसका उद्देश्य किसी को हानि पहुँचना नहीं वरन् बहरे कानों तक अपनी आवाज पहुँचाना था।
- बम खाली स्थान पर फेंका गया था। केन्द्रीय विधानसभा में बम फेंकते समय ही भगतसिंह ने पहली बार **इन्कलाब जिन्दाबाद** का नारा दिया था।

> सर्वप्रथम **इन्कलाब जिन्दाबाद** का नारा **इकबाल** ने दिया था। भगतसिंह ने इन्कलाब जिन्दाबाद एवं साम्राज्यवाद का नाश हो, के नारे लगाए। इस बम के साथ उन्होंने पर्चे भी फेंके, जिसमें यह सन्देश था कि "बहरे कानों तक अपनी आवाज पहुँचाने के लिए बम का प्रयोग किया गया।"

लाहौर षड्यन्त्र मुकदमा, 1929

- सेण्ट्रल लेजिस्लेटिव एसेम्बली बम काण्ड में किसी की मृत्यु नहीं हुई थी, लेकिन **भगतसिंह** एवं **बटुकेश्वर** दत्त को गिरफ्तार कर पुलिस द्वारा 5 अप्रैल, 1929 को एचएसआरए की बम फैक्ट्री (लाहौर) में छापा डाला गया और किशोरी लाल, सुखदेव तथा जयगोपाल को गिरफ्तार कर लिया गया।
- भगतसिंह, बटुकेश्वर दत्त, राजगुरु आदि क्रान्तिकारियों द्वारा राजनीतिक कैदी का दर्जा देने तथा जेल की अव्यवस्था के कारण इन्होंने भूख हड़ताल शुरू कर दी। भूख हड़ताल 13 जुलाई, 1929 को शुरू हुई।
- जेल प्रशासन ने इस हड़ताल को दबाने की बहुत कोशिश की, लेकिन वे सफल नहीं हुए। 13 सितम्बर, 1929 को 64वें दिन **जतिन दास** की मृत्यु हो गई।
- 23 मार्च, 1931 को लाहौर षड्यन्त्र केस में **भगतसिंह, सुखदेव** एवं **राजगुरु** को फाँसी दे दी गई।
- HSRA के एक सदस्य चन्द्रशेखर आजाद, जो काकोरी षड्यन्त्र केस से ही पुलिस को चकमा देकर फरार हो गए थे, लाहौर षड्यन्त्र केस से भी बच निकले, किन्तु 27 फरवरी, 1931 को इलाहाबाद में अल्फ्रेड पार्क में पुलिस मुठभेड़ में उनकी मृत्यु हो गई। इस प्रकार HSRA की गतिविधियाँ समाप्त हो गईं।

चटगाँव आर्मरी रेड, 1930

- पूर्वी बंगाल में चटगाँव नामक बन्दरगाह पर प्रसिद्ध क्रान्तिकारी **सूर्यसेन** के नेतृत्व में वहाँ के क्रान्तिकारियों ने विद्रोह का प्रयत्न किया। सूर्यसेन ने **इण्डियन रिपब्लिकन आर्मी** (आईआरए) की स्थापना की तथा यह गाँधीजी के असहयोग आन्दोलन के समय बंगाल के प्रमुख नेता थे।
- सूर्यसेन चटगाँव में राष्ट्रीय विद्यालय में एक शिक्षक थे, लोग उन्हें प्यार से **मास्टर दा** कहते थे।

- इसके सदस्यों में अनन्त सिंह, अम्बिका चक्रवर्ती, लोकीनाथ बाउल, प्रीतिलता वाडेदार, गणेश घोष, कल्पना दत्त, आनन्द गुप्ता, मीर अहमद, फकीर अहमद, तुनु मियाँ आदि थे। सूर्यसेन ने भारतीय गणतन्त्र सेना (IRA) की ओर से एक घोषणा-पत्र जारी किया, जिसमें चटगाँव मैमन सिंह के सरकारी शस्त्रागारों पर एक ही समय आक्रमण करने की योजना थी।
- इसके लिए 18 अप्रैल, 1930 को **सूर्यसेन** के नेतृत्व में चटगाँव, बरीसाल तथा मैमन सिंह स्थित सरकारी शस्त्रागारों पर कब्जा कर लिया।
- शस्त्रागार पर कब्जे के पश्चात् 65 सदस्यीय क्रान्तिकारी दल के समक्ष सूर्यसेन ने इन्कलाब जिन्दाबाद का नारा लगाया और तिरंगा झण्डा फहराया तथा **अस्थायी क्रान्तिकारी सरकार** का गठन किया। सूर्यसेन इसके राष्ट्रपति बने। 22 मई, 1930 को ब्रिटिश सेना और आईआरए के मध्य संघर्ष हुआ। क्रान्तिकारी कारतूस लेना भूल गए थे। अनेक क्रान्तिकारी पकड़े गए और उन पर मुकदमा चलाया गया।
- सूर्यसेन 16 फरवरी, 1933 को गिरफ्तार कर लिए गए तथा 12 जनवरी, 1934 को उन्हें फाँसी दे दी गई।
- **प्रीतिलता वाडेदार** ने अंग्रेजों से बचने के लिए आत्महत्या कर ली थी। **कल्पना दत्त** को आजीवन कारावास की सजा मिली।

> दिसम्बर, 1931 में **सुनीति चौधरी** तथा **शान्ति घोष** ने गोली मारकर एक जिलाधिकारी (वी जी स्टीवेन्सन) की हत्या कर दी। फरवरी, 1932 में बीना दास ने दीक्षान्त समारोह के दौरान उपाधि ग्रहण करते समय गवर्नर (स्टैनले जैक्शन) को गोली मार दी।

साइमन कमीशन, 1927-28

- वर्ष 1919 के **भारत शासन अधिनियम** में कहा गया था कि अधिनियम के पारित होने के दस वर्ष बाद एक संवेधानिक आयोग की नियुक्ति की जाएगी, जो इसकी प्रगति की जाँच करेगा।
- सर जॉन साइमन की अध्यक्षता में गठित साइमन आयोग में कुल सात सदस्य क्लीमेण्ट एटली, मि. वाथम, एडवर्ड कैडेगन, वेर्नोन हार्टशोन, जॉर्ज लेन फाक्स, स्ट्रैधकोना आयोग के सदस्य थे, चूँकि इसके सभी सदस्य अंग्रेज थे, इसलिए कांग्रेसियों ने इसे **श्वेत कमीशन** कहा।
- 11 दिसम्बर, 1927 को इलाहाबाद में हुए एक सर्वदलीय सम्मेलन में आयोग में एक भी भारतीय सदस्य को न नियुक्त किए जाने के कारण इसके बहिष्कार का निर्णय लिया गया। साइमन आयोग की नियुक्ति राज्य सचिव **बर्केनहेड** ने की थी।
- 8 नवम्बर, 1927 को साइमन कमीशन की नियुक्ति की घोषणा की गई थी। साइमन कमीशन की भारत में तीव्र प्रतिक्रिया हुई,
- 27 दिसम्बर, 1927 को मद्रास में हुए कांग्रेस के वार्षिक अधिवेशन, जिसकी अध्यक्षता **एम ए अंसारी** ने की थी, में साइमन कमीशन के पूर्ण बहिष्कार का निर्णय लिया गया।

> साइमन आयोग जहाँ भी गया, वहाँ साइमन **गो बैक** के नारे लगाए गए। 3 फरवरी, 1928 को साइमन कमीशन (बम्बई) भारत पहुँचा।

- तत्कालीन राजनीतिक दलों में लिबरल फेडरेशन (तेजबहादुर सप्रू), भारतीय औद्योगिक वाणिज्यिक कांग्रेस, हिन्दू महासभा, किसान मजदूर पार्टी, मुस्लिम लीग आदि ने आयोग के बहिष्कार का समर्थन किया।

> मुस्लिम लीग का मुहम्मद शफी गुट, जस्टिस पार्टी (मद्रास), यूनियनिस्ट पार्टी (पंजाब), डॉ. बी आर अम्बेडकर के नेतृत्व में संचालित डिप्रेस्ड क्लास एसोसिएशन और हरिजनों के कुछ संगठनों ने साइमन कमीशन का समर्थन किया।

- वर्ष 1928-29 के मध्य कमीशन ने भारत की दो बार यात्रा की। आयोग ने मई, 1930 में अपनी रिपोर्ट प्रस्तुत की। साइमन विरोधी इस आन्दोलन ने भारतीय स्वतन्त्रता संग्राम को निर्णय की ओर अग्रसरित किया।

नेहरू रिपोर्ट, 1928

- **लॉर्ड बर्केनहेड** (भारत सचिव) ने साइमन कमीशन की नियुक्ति करने के साथ ही राष्ट्रीय नेतृत्व को एक ऐसा संविधान बनाने की चुनौती भी दी, जो देश के सभी समुदायों और वर्गों को स्वीकार हो।
- अंग्रेज यह मानकर चल रहे थे कि विशेष रूप से मुस्लिम तो ब्रिटिश सरकार के सामने संयुक्त सांविधानिक माँग रखने में हिन्दुओं का कभी साथ नहीं देंगे। वर्ष 1927 के मद्रास अधिवेशन में यह तय किया गया कि अन्य राजनैतिक दलों की सहमति से स्वतन्त्र भारत के लिए संविधान का मसौदा बनाया जाए।
- कांग्रेस ने जनवरी, 1928 में दिल्ली में प्रथम और इसी वर्ष मार्च में द्वितीय **सर्वदलीय सम्मेलन** का आयोजन किया।
- इसमें कुल 29 दलों ने भाग लिया। 19 मई, 1928 को तीसरा सर्वदलीय सम्मेलन बम्बई में डॉ. अंसारी की अध्यक्षता में हुआ, जिसमें मोतीलाल नेहरू की अध्यक्षता में एक कमेटी नियुक्त की गई एवं इसे 1 जुलाई, 1928 तक भारत के संविधान का एक मसौदा तैयार करने की जिम्मेदारी दी गई।

> **10 सदस्यीय नेहरू समिति** के अध्यक्ष मोतीलाल नेहरू थे, जबकि अन्य सदस्यों में जवाहरलाल नेहरू (सचिव), वी वी सप्रू (लिबरेशन फेडरेशन), सुभाषचन्द्र बोस (कांग्रेस), श्री पी प्रधान (गैर-ब्राह्मण) एन एम जोशी (लेबर पार्टी), एम एस अणे (हिन्दू महासभा), एम आर जयकर (हिन्दू महासभा, किन्तु बाद में नाम वापस ले लिया), अली इमाम (मुस्लिम लीग), शोएब कुरैशी (मुस्लिम लीग), मंगल सिंह (सिख) इत्यादि शामिल थे।

- इस समिति के सम्मुख मुख्यत: दो चुनौतियाँ थीं। युवा पीढ़ी के वे राष्ट्रवादी, जो राष्ट्रीय आन्दोलन में आमूल परिवर्तन लाने के पक्ष में थे और पूर्ण स्वराज को तात्कालिक लक्ष्य के रूप में रखना चाहते थे एवं विभिन्न धार्मिक समुदायों का समर्थन प्राप्त करना।
- अन्तत: **नेहरू समिति** ने 28 अगस्त, 1928 को अपनी रिपोर्ट प्रस्तुत की। इसे **लखनऊ** में आयोजित सर्वदलीय सम्मेलन में स्वीकार कर लिया गया।

नेहरू रिपोर्ट की मुख्य सिफारिशें

- भारत को अधिराज्य (डोमिनियन) का दर्जा दिया जाए। इसका स्थान ब्रिटिश शासन के अधीन अन्य उपनिवेशों के समान ही हो।
- साम्प्रदायिक **निर्वाचन प्रणाली** को समाप्त कर दिया जाए, इसके स्थान पर संयुक्त निर्वाचन प्रणाली अपनाई जाए। केन्द्र तथा उन राज्यों में जहाँ मुस्लिम अल्पसंख्या में हों, उनके हितों की रक्षा के लिए कुछ स्थानों को आरक्षित कर दिया जाए। (यह व्यवस्था वहाँ न लागू की जाए, जहाँ मुसलमान बहुसंख्यक हों; जैसे- पंजाब, बंगाल आदि)।
- भाषायी आधार पर प्रान्तों का गठन हो तथा प्रान्तीय व्यवस्थापिका का कार्यकाल 5 वर्ष हो।

> केन्द्र एवं राज्यों में उत्तरदायी सरकार की स्थापना हो। केन्द्र सरकार का प्रमुख गवर्नर-जनरल हो, जिसकी नियुक्ति ब्रिटिश सरकार द्वारा की जाए, वह केन्द्रीय कार्यकारिणी परिषद् की सलाह पर कार्य करे, जो केन्द्रीय व्यवस्थापिका के प्रति उत्तरदायी हो।

- भारत **धर्मनिरपेक्ष राज्य** होगा, लेकिन अल्पसंख्यकों (मुस्लिम) के धार्मिक एवं सांस्कृतिक हितों का पूर्ण संरक्षण होगा।
- केन्द्र एवं प्रान्त में संघीय आधार पर शक्ति का विभाजन, अवशिष्ट शक्तियाँ केन्द्र के पास हों।
- भारत में एक प्रतिरक्षा समिति, उच्चतम न्यायालय तथा लोक सेवा आयोग की स्थापना की बात की गई।
- देशी राज्यों के अधिकारों एवं विशेषाधिकारों को सुनिश्चित किया जाए। उत्तरदायी शासन की स्थापना के पश्चात् ही किसी राज्य को संघ में सम्मिलित किया जाए।
- सिन्ध को बम्बई से पृथक् कर एक अलग प्रान्त बनाया जाए, यदि समिति यह प्रस्तावित कर दे कि वह वित्तीय रूप से आत्मनिर्भर है।
- **मौलिक अधिकारों की माँग** जिसमें महिलाओं को समान अधिकार, संघ बनाने की स्वतन्त्रता एवं वयस्क मताधिकार जैसी माँगें थीं।
- उत्तर-पश्चिमी सीमा प्रान्त को ब्रिटिश भारत के अन्य प्रान्तों के समान वैधानिक स्तर प्रदान किया जाए।
- हिन्दुस्तानी को संघ की भाषा के रूप में रखा गया, जिसकी लिपि या तो देवनागरी या उर्दू हो। प्रान्तों में उनकी मुख्य भाषा अधिकारिक भाषा हो।

> कांग्रेस में **सुभाषचन्द्र बोस, जे एल नेहरू, सत्यमूर्ति** जैसे युवा नेता डोमिनियन स्टेट के स्थान पर पूर्ण स्वराज को कांग्रेस का लक्ष्य बनाना चाहते थे। इस मुद्दे को लेकर वर्ष 1920 के कलकत्ता कांग्रेस अधिवशेन में कांग्रेस में आन्तरिक मतभेद प्रारम्भ हो गया। सुभाषचन्द्र बोस, जे एल नेहरू, सत्यमूर्ति आदि ने नेहरू रिपोर्ट का विरोध किया तथा पूर्ण स्वतन्त्रता की पुष्टि हेतु वर्ष 1928 में इन्होने ऑल इण्डिया इण्डिपेण्डेन्स लीग का गठन किया।

नेहरू रिपोर्ट एवं मुस्लिम लीग

- मुस्लिम लीग के नेता **एम ए जिन्ना** ने नेहरू रिपोर्ट को इस आधार पर अस्वीकार कर दिया कि इसमें पृथक् निर्वाचन मण्डल का प्रावधान नहीं था।
- उल्लेखनीय है कि कांग्रेस मद्रास अधिवेशन वर्ष 1927 में हुई सहमति से पीछे हट गई थी। हिन्दू महासभा आदि संगठनों ने इसका विरोध किया था। नेहरू रिपोर्ट में बाद में एक समझौतावादी रास्ता अपनाने का प्रयास किया गया, जिसमें निम्न प्रावधान थे
  - डोमिनियन स्टेट्स के पश्चात् ही सिन्ध को बम्बई से पृथक् किया जाएगा।
  - केन्द्रीय विधायिका में मुसलमानों को 1/3 प्रतिनिधित्व मिले।
  - उत्तर-पश्चिम सीमान्त प्रान्त को वही दर्जा दिया जाएँ, जो अन्य प्रान्तों का प्राप्त है।
  - पंजाब तथा बंगाल में प्रतिनिधित्व का अनुपात जनसंख्या के अनुरूप हो।
  - अन्य प्रान्तों में मुसलमानों के लिए सीटों का आरक्षण बना रहे।
- मतदान होने पर जिन्ना के यह प्रस्ताव ठुकरा दिए गए। इसके पश्चात् मुस्लिम लीग सर्वदलीय सम्मेलन से अलग हो गई।

> नेहरू रिपोर्ट की असफलता से हिन्दू-मुस्लिम समझौते को प्रत्यक्ष रूप से अघात हुआ। हिन्दू-मुस्लिम एकता पर आधारित भारतीय राष्ट्रवाद की जो धारा असहयोग आन्दोलन से निकली थी, वह अचानक अपने मूल मार्ग से विलुप्त हो गई।

- इसके बाद वह कभी अपने मूल मार्ग पर लौट कर न आ सकी। मुहम्मद अली जिन्ना, मुहम्मद शफी एवं आगा खाँ के धड़े (गुट) से मिल गए, जिसके पश्चात् जिन्ना ने **14 सूत्रीय माँगें** पेश कीं।
- जिन्ना की 14 सूत्रीय माँगें निम्नलिखित हैं
  (i) संविधान में अवशिष्ट शक्तियाँ प्रान्तों में निहित होने के साथ इसका स्वरूप संघीय होना चाहिए।
  (ii) सभी प्रान्तों को समान स्वायत्तता दी जानी चाहिए।
  (iii) देश के सभी विधानमण्डलों तथा सभी प्रान्तों की अन्य निर्वाचित संस्थाओं में अल्पसंख्यकों को पर्याप्त प्रतिनिधित्व।
  (iv) साम्प्रदायिक समूहों का निर्वाचन, पृथक् निर्वाचन पद्धति से किया जाए।
  (v) केन्द्रीय विधानमण्डल में मुस्लिमों के लिए एक-तिहाई स्थान आरक्षित किया जाए।
  (vi) सभी सम्प्रदायों को धर्म, पूजा, उपासना, विश्वास, प्रचार एवं शिक्षा की पूर्ण स्वतन्त्रता प्रदान की जाए।
  (vii) भविष्य में किसी प्रदेश के गठन या विभाजन में बंगाल, पंजाब एवं उत्तर-पश्चिमी सीमा प्रान्त की अक्षुण्णता का पूर्ण ध्यान रखा जाए।
  (viii) सिन्ध को बम्बई से पृथक् कर एक नया प्रान्त बनाया जाए।

(ix) किसी निर्वाचित निकाय या विधानमण्डल में किसी सम्प्रदाय से सम्बन्धित कोई विधेयक तभी पारित किया जाए, जब उस सम्प्रदाय के तीन-चौथाई सदस्य उसका समर्थन करें।

(x) सभी सरकारी सेवाओं में योग्यता के आधार पर मुस्लिमों को पर्याप्त अवसर दिया जाए।

(xi) अन्य प्रान्तों की तरह बलूचिस्तान एवं उत्तर-पश्चिमी सीमा प्रान्त में भी सुधार-कार्यक्रम प्रारम्भ किया जाए।

(xii) सभी प्रान्तीय विधानमण्डलों में एक-तिहाई स्थान मुस्लिमों के लिए आरक्षित किए जाएँ।

(xiii) संविधान में मुस्लिम धर्म, संस्कृति, भाषा, वैयक्तिक विधि तथा मुस्लिम धार्मिक संस्थाओं को संरक्षण एवं अनुदान के लिए आवश्यक प्रावधान किए जाएँ।

(xiv) केन्द्रीय विधानमण्डल द्वारा भारतीय संघ के सभी राज्यों की सहमति के बिना कोई संवैधानिक संशोधन न किया जाए।

कांग्रेस का लाहौर अधिवेशन, 1929

- दिसम्बर, 1929 में कांग्रेस का लाहौर अधिवेशन आयोजित हुआ, जिसकी अध्यक्षता जवाहरलाल नेहरू ने की थी।
- इस अधिवेशन में नेहरू रिपोर्ट में घोषित, औपनिवेशिक स्वराज के लक्ष्य को यह कहते हुए निरस्त कर दिया गया कि इसकी अवधि समाप्त हो गई है और अब पूर्ण स्वाधीनता की माँग की जाए।
- गाँधीजी को स्वाधीनता आन्दोलन का नेतृत्व ग्रहण करने के लिए कहा गया।
- कांग्रेस सदस्यों को आदेश दिया गया कि वे भविष्य में काउन्सिल चुनावों में भाग न लें और काउन्सिल के मौजूदा सदस्य अपने पदों से त्याग-पत्र दे दें।
- अखिल भारतीय कांग्रेस कमेटी को यह अधिकार दिया गया कि वह जब और जहाँ चाहे, आवश्यक प्रतिबन्धों के साथ सविनय अवज्ञा तथा कर बन्दी कार्यक्रम प्रारम्भ कर दे।
- इस अधिवेशन में 31 दिसम्बर, 1929 की मध्यरात्रि को कांग्रेस अध्यक्ष जवाहरलाल नेहरू द्वारा रावी नदी के तट पर भारतीय स्वतन्त्रता के प्रतीक के रूप में झण्डा फहराया गया।

कांग्रेस कार्य समिति की बैठक (जनवरी, 1930) में 26 जनवरी, 1930 को सम्पूर्ण राष्ट्र में **प्रथम स्वतन्त्रता दिवस पूर्ण स्वाधीनता दिवस** मनाने का निश्चय किया गया। उल्लेखनीय है कि इसी कारण 26 जनवरी को प्रत्येक वर्ष गणतन्त्र दिवस मनाया जाता है।

सविनय अवज्ञा आन्दोलन, 1930

- गाँधीजी ने लाहौर अधिवेशन के पश्चात् अपने अगले कदम के रूप में यंग इण्डिया में एक लेख प्रकाशित करके सरकार के समक्ष ग्यारह सूत्रीय माँगें पेश कीं तथा यह वादा किया कि यदि सरकार उन शर्तों को मान लेगी, तो सत्याग्रह की चर्चा बन्द कर दी जाएगी।
- इसके लिए गाँधीजी ने 31 जनवरी, 1930 तक का समय दिया।

गाँधीजी की 11 सूत्रीय माँगें

(i) रुपये की विनिमय दर घटाकर 1 शिलिंग 4 पेन्स की जाए।

(ii) लगान में 50% की कमी की जाए।

(iii) सिविल सर्विस का वेतन आधा किया जाए।

(iv) सैन्य खर्च 50% कम किया जाए।

(v) विदेशी कपड़ों का आयात नियन्त्रित किया जाए।

(vi) तटीय यातायात विधेयक पास किया जाए।

(vii) CID विभाग समाप्त किया जाए या उस पर सार्वजनिक नियन्त्रण हो।

(viii) भारतीयों को आत्मरक्षा के लिए शस्त्र रखने का लाइसेन्स दिया जाए।

(ix) नमक पर सरकारी इजारेदारी व नमक कर को समाप्त किया जाए।

(x) नशीली वस्तुओं का विक्रय प्रतिबन्धित किया जाए।

(xi) उन सब राजनैतिक कैदियों को छोड़ दिया जाए, जिन पर हत्या करने या हत्या के प्रयत्न का अभियोग नहीं है।

इनमें स्वराज्य का उल्लेख नहीं था, जोकि रणनीतिक योजना थी। ब्रिटिश सरकार को ये माँगे स्वीकार्य नहीं थीं। अत: आन्दोलन अनिवार्य हो गया।

- फरवरी, 1930 में **साबरमती** में कांग्रेस कार्यसमिति की बैठक हुई। एक बार पुन: गाँधीजी को आन्दोलन का नेतृत्व करने का दायित्व सौंपा गया। अब सबसे बड़ा मुद्दा यह था कि आन्दोलन की शुरुआत कैसे हो। गाँधीजी ने रणनीतिक रूप से नमक के मुद्दे को चुना।
- सविनय अवज्ञा आन्दोलन के कार्यक्रमों में नमक कानून का उल्लंघन, करों का भुगतान न करना, विदेशी वस्तुओं का बहिष्कार आदि शामिल थे।

दाण्डी मार्च, 1930

- गाँधीजी ने 12 मार्च, 1930 को ऐतिहासिक नमक सत्याग्रह शुरू किया और साबरमती आश्रम से अपने 78 समर्थकों के साथ दाण्डी के लिए पदयात्रा प्रारम्भ की। 24 दिनों के पश्चात् यह पदयात्रा 240 मील (375 किमी) चलकर 5 अप्रैल को दाण्डी पहुँची। 6 अप्रैल को गाँधीजी ने नमक बनाकर कानून तोड़ा। इसके पश्चात् सम्पर्ण देश में **नमक सत्याग्रह** शुरू हो गया।
- सुभाषचन्द्र बोस ने गाँधीजी के दाण्डी मार्च की तुलना नेपोलियन के **पेरिस मार्च** तथा मुसोलिनी के **रोम मार्च** से की। ब्रिटिश सरकार ने अप्रैल, 1930 में विभिन्न प्रान्तीय कांग्रेस समिति के सदस्यों को गिरफ्तार किया तथा कांग्रेस को प्रतिबन्धित किया।
- गाँधीजी के नेतृत्व में सविनय अवज्ञा आन्दोलन सम्पूर्ण भारत में फैल गया।
- सविय अवज्ञा आन्दोलन के दौरान गुजरात का धरासना आन्दोलन का केन्द्र था। गाँधीजी ने नमक आन्दोलन में तेजी लाने के लिए धरासना में नमक बनाकर नमक कानून तोड़ने का निश्चय किया, किन्तु

गाँधीजी को 5 मई, 1930 को गिरफ्तार कर यरवदा जेल भेज दिया गया। उनके स्थान पर अब्बास तैयब जी ने आन्दोलन का नेतृत्व सम्भाला। उनकी भी गिरफ्तारी के बाद 31 माई, 1930 को सरोजिनी नायडू, इमाम साहब, और मणिलाल (गाँधीजी के पुत्र) के नेतृत्व में हजारों क्रांगेसी कार्यकर्ताओं ने धरासना नमक फैक्ट्री पर धावा बोल दिया। इस समय सरकार द्वारा लाठी चार्ज किया गया।

- इस लोमहर्षक घटना का वर्णन अमेरिकी पत्रकार **वेब मिलर** ने इस प्रकार किया है कि "धरासना जैसा भयानक दृश्य मैनें अपने जीवन में कभी नहीं देखा।"
- पश्चिमोत्तर सीमा प्रान्त में **खान अब्दुल गफ्फार खाँ** (उपाधि-बादशाहखान, सीमान्त गाँधी, फख्र-ए-अफगान) ने कांग्रेस तथा गाँधीजी के नेतृत्व को स्वीकार किया और पठानों के स्वभाव के विपरीत उन्हें अहिंसा के रास्ते पर चलने की सलाह दी। इनका आन्दोलन **लाल कुर्ती आन्दोलन** (खुदाई खिदमतगार) के नाम से विख्यात हुआ। इन्होंने पख्तून नामक पत्रिका निकाली।
- पेशावर में तैनात गढ़वाल रेजिमेण्ट के सिपाही चन्द्रसिंह गढ़वाली ने निहत्थी भीड़ पर गोली चलाने से इनकार कर दिया। इसके लिए उन्हें कोर्ट मार्शल की सजा दी गई।
- **मणिपुर** में आन्दोलन का नेतृत्व नागा महिला गैडिनल्यू ने किया। गैडिनल्यू ने ब्रिटिश सेना के साथ संघर्ष किया, लेकिन वर्ष 1932 में उन्हें गिरफ्तार कर लिया गया और आजीवन कैद की सजा सुनाई गई। जवाहरलाल नेहरू ने इन्हें **रानी** की उपाधि से सम्मानित किया।
- **बंगाल** में चौकीदारी एवं यूनियन बोर्ड विरोधी आन्दोलन चलाया गया। महाराष्ट्र, मध्य प्रान्त एवं कर्नाटक में कड़े वन-नियमों के विरुद्ध सत्याग्रह चलाया गया।
- आन्दोलन को लोकप्रिय बनाने हेतु आन्दोलनकारियों ने विभिन्न माध्यमों को अपनाया; जैसे—प्रभात फेरियाँ निकाली गईं, सन्देश पहुँचाने के लिए **जादुई लालटेन** का प्रयोग किया गया, बच्चों ने **वानर सेना** तथा लड़कियों ने **मंजरी सेना** का गठन किया।
- तमिलनाडु के तंजौर तट पर **सी राजगोपालाचारी** ने त्रिचनापल्ली से वेदारण्यम तक की यात्रा की, मालाबार में के कल्प्पन ने कालीकट से पोयान्नूर की यात्रा की।
- आन्ध्र प्रदेश में महिलाओं के एक समूह ने मीलों चलकर नमक कानून को चुनौती दी तथा आन्ध्र प्रदेश में ही नमक सत्याग्रह के मुख्यालय के रूप में शिविर स्थापित किए गए।
- यह आन्दोलन जैसे-जैसे गति पकड़ता गया, दमन-चक्र भी वैसे-वैसे तीव्र होता गया। 4 मई, 1930 को गाँधीजी को गिरफ्तार कर लिया गया।
- जून, 1930 को कांग्रेस और उससे सम्बद्ध संगठनों को गैर-कानूनी घोषित कर दिया गया।

> महात्मा गाँधी ने यरवदा जेल में **सॉन्ग्स फ्रॉम प्रिजन** (जेल से गीत) उपनिषदों और अन्य संस्कृत भजनों एवं गीतों के संग्रह का संकलन किया।

प्रथम गोलमेज सम्मेलन, 1930

- सविनय अवज्ञा आन्दोलन के दौरान ही साइमन कमीशन की रिपोर्ट प्रकाशित हुई। इसकी सिफारिश पर विचार करने के लिए नवम्बर, 1930 में प्रथम गोलमेज सम्मेलन आयोजित किया गया। यह सम्मेलन 12 नवम्बर, 1930 से 19 जनवरी, 1931 तक चला।
- प्रथम गोलमेज सम्मेलन में कुल 89 प्रतिनिधियों ने भाग लिया था, जिसमें 57 ब्रिटिश भारत के, 16 प्रतिनिधि देशी रियासतों के तथा शेष 16 ब्रिटेन के प्रमुख राजनैतिक दलों के संसद सदस्य थे।
- लन्दन में **सेण्ट जेम्स पैलेस** में आयोजित इस सम्मेलन की अध्यक्षता तत्कालीन प्रधानमन्त्री **रैम्जे मैकडोनाल्ड** ने की तथा इसका उद्घाटन ब्रिटिश सम्राट जॉर्ज पंचम ने किया।

प्रथम सम्मेलन में शामिल प्रतिनिधि

मुस्लिम लीग आगा खाँ, मुहम्मद शफी, मुहम्मद इमाम, मुहम्मद अली जिन्ना, ए के फजल-उल-हक, मुहम्मद जफरुल्ला खाँ, मुहम्मद अली जौहर।
हिन्दू महासभा एम आर जयकर, वी एस मुंजे।
उदारवादी तेज बहादुर सप्रू, सी वाई चिन्तामणि, श्रीनिवास शास्त्री।
सिख सरदार सम्पूर्ण सिंह, सरदार उज्ज्वल सिंह।
एंग्लो-इण्डियन के टी पॉल।
दलित वर्ग भीमराव अम्बेडकर।
भारतीय पूँजीपति वर्ग होमी मोदी।
वायसराय कार्यकारिणी फजलै हुसैन।
भारतीय महिला बेगम शाहनवाज, शधाबाई सुब्बारायन।
देशी रियासतें 16 नरेश।

नोट इस सम्मेलन में कांग्रेस ने भाग नहीं लिया था।

- सम्मेलन में मुस्लिम लीग द्वारा **पृथक् निर्वाचन मण्डल** की माँग की गई तथा अम्बेडकर ने दलित वर्गों के लिए पृथक् निर्वाचन की माँग की। सम्मेलन में ब्रिटिश सरकार अखिल भारतीय संघ का निर्माण, प्रदेशों में पूर्ण उत्तरदायी शासन तथा केन्द्र में द्वैध शासन पर सहमति हुई।
- प्रथम गोलमेज सम्मेलन के दौरान भारतीयों ने केवल समस्याएँ एवं विचारार्थ विषय ही रखे, जिसका कोई वास्तविक परिणाम सामने नहीं आया।
- इस गोलमेज सम्मेलन में हुआ विचार-विमर्श किसी के मन में विश्वास न जगा सका, क्योंकि प्रमुख राजनैतिक दल कांग्रेस इसमें सम्मिलित नहीं था। अन्ततः बिना किसी सार्थक परिणाम के इस सम्मेलन को अनिश्चित काल के लिए स्थगित कर दिया गया।

गाँधी-इरविन समझौता, 1931

- ब्रिटिश राजनीतिज्ञ अब गाँधीजी तथा कांग्रेस का सहयोग प्राप्त करने को उत्सुक थे, क्योंकि उन्होंने यह महसूस किया कि जब तक भारत के प्रमुख राजनीतिक दलों की सहमति प्राप्त नहीं होगी, तब तक संविधान सम्बन्धी सुधारों की कोई योजना सफल नहीं हो पाएगी। अतः सरकार ने उदारवादी नेता **तेजबहादुर सप्रू, जयकर, श्रीनिवास शास्त्री** के माध्यम से गाँधीजी को तत्कालीन वायसराय इरविन से बातचीत करने के लिए तैयार किया।
- 26 जनवरी, 1931 को गाँधीजी सहित सभी नेता जेल से रिहा कर दिए गए। गाँधीजी ने 19 फरवरी, 1931 को इरविन से बातचीत की, 15 दिन चली वार्ता के फलस्वरूप, 5 मार्च को एक समझौता हुआ, जिसे **गाँधी-इरविन समझौता** या **दिल्ली समझौता** कहा जाता है। इस समझौते ने कांग्रेस की स्थिति को सरकार के बराबर लाकर खड़ा कर दिया। समझौते की शर्तें निम्नलिखित थीं
    - हिंसात्मक अपराधियों के अतिरिक्त सभी राजनैतिक कैदी छोड़ दिए जाएँगे।
    - अपहृत की गई सम्पत्ति वापस कर दी जाएगी।
    - विभिन्न प्रकार के जुर्मानों की वसूली को स्थगित कर दिया जाएगा।
    - सरकारी सेवाओं से त्याग-पत्र दे चुके भारतीयों के मामले पर पुनः सहानुभूतिपूर्वक विचार-विमर्श किया जाएगा।
    - समुद्र तट की एक निश्चित सीमा के भीतर नमक तैयार करने की अनुमति प्रदान की जाएगी।
    - मदिरा, अफीम, विदेशी वस्तुओं की दुकानों के सम्मुख शान्तिपूर्ण विरोध प्रदर्शन की आज्ञा दी जाएगी।
    - आपातकालीन अध्यादेशों को वापस ले लिया जाएगा।
- कांग्रेस की ओर से गाँधीजी सविनय अवज्ञा आन्दोलन स्थगित करने पर सहमत हो गए। कांग्रेस द्वितीय गोलमेज सम्मेलन में भाग लेने के लिए इस शर्त पर तैयार हुई कि प्रस्तावित संवैधानिक सुधारों का आधार संघीय व्यवस्था एवं उत्तरदायित्वपूर्ण शासन होगा।
- भारत के हितों को ध्यान में रखते हुए रक्षा-प्रतिरक्षा, वैदेशिक मामलों, अल्पसंख्यकों से सम्बन्धित मामलों और भारत के वित्तीय ऋणों जैसे विषयों के सम्बन्धों में सुरक्षात्मक या आरक्षात्मक व्यवस्था प्रदान करनी होगी।
- वायसराय ने गाँधीजी के साथ पुलिस द्वारा की गई क्रूरता की जाँच और भगतसिंह तथा उनके साथियों की फाँसी की सजा माफ करने की माँग अस्वीकार कर दी।

> गाँधी-इरविन समझौते को **के एम मुंशी** ने भारत के सांविधानिक इतिहास की एक **युग प्रवर्तक धरणा** कहा।

> **कांग्रेस का कराची अधिवेशन (वर्ष 1931)**
> - गाँधी-इरविन समझौते को स्वीकृति देने के लिए कांग्रेस का अधिवेशन मार्च के अन्त में ही कराची में बुलाया गया। 29 मार्च, 1931 को हुए इस अधिवेशन की अध्यक्षता **वल्लभभाई पटेल** ने की थी। गाँधीजी ने इस समझौते को उचित ठहराया। उनके अनुसार इसका सबसे बड़ा लाभ यह था कि पहली बार अंग्रेज सरकार ने भारतीय नेताओं के साथ समानता के स्तर पर बातचीत की थी, लेकिन अधिकांश नेता इस समझौते से असन्तुष्ट थे।
> - उल्लेखनीय है कि छः दिन पहले ही **भगतसिंह, राजगुरु** एवं **सुखदेव** को फाँसी दे दी गई थी, जिससे सभी में रोष व्याप्त था। उनका मानना था कि इसे समझौते की मुख्य शर्त के रूप में नहीं लिया गया। गाँधीजी को समझौते पर हस्ताक्षर नहीं करना चाहिए था।
> - गाँधीजी को अपनी कराची यात्रा के दौरान जनता के तीव्र रोष का भी सामना करना पड़ा। उन्हें काले झण्डे दिखाए गए। जवाहरलाल नेहरू तथा सुभाषचन्द्र बोस भी इससे सन्तुष्ट नहीं थे।

द्वितीय गोलमेज सम्मेलन, 1931

- 7 सितम्बर, 1931 से 1 दिसम्बर, 1931 तक चलने वाले इस सम्मेलन में गाँधीजी ने कांग्रेस के एकमात्र प्रतिनिधि के रूप में भाग लिया।
- गाँधीजी के साथ **एस एस राजपुताना** जहाज में महादेव देसाई, मदनमोहन मालवीय, देवदास गाँधी, घनश्यामदास बिड़ला, मीरा बेन भी थीं, परन्तु गाँधीजी के अतिरिक्त अन्य सभी सदस्य स्वयं के खर्च पर इस सम्मेलन में गए थे।
- द्वितीय गोलमेज सम्मेलन की शुरुआत के पहले इंग्लैण्ड का राजनैतिक वातावरण बदल चुका था। लेबर सरकार का पतन हो गया था। उसके स्थान पर रैम्जे मैकडोनाल्ड के ही नेतृत्व में एक **नई राष्ट्रीय सरकार** का गठन हुआ, जिसमें कंजर्वेटिव तत्त्व अधिक प्रभावशाली थे। भारत में भी वायसराय इरविन के स्थान पर लॉर्ड विलिंग्टन की नियुक्ति हो चुकी थी। इन बदली हुई परिस्थितियों में गोलमेज सम्मेलन के सफल होने में सन्देह था। द्वितीय गोलमेज सम्मेलन **सेण्ट पैलेस** (लन्दन) में आयोजित किया गया था।

> द्वितीय गोलमेज सम्मेलन में सरोजिनी नायडू (महिला प्रतिनिधि), ऐनी बेसेण्ट, मदन मोहन मालवीय (हिन्दू महासभा), जी डी बिड़ला (व्यवसायी), तेज बहादुर सप्रू, सी वाई चिन्तामणि (उदारवादी), जिन्ना, अली इमाम, इकबाल (मुस्लिम लीग), एस के दत्ता (भारतीय ईसाई), डॉ. अम्बेडकर (अछूत फेडरेशन) आदि सदस्यों ने भाग लिया।

- सम्मेलन में अल्पसंख्यकों के मुद्दे को लेकर गतिरोध उत्पन्न हो गया। मुसलमानों के अतिरिक्त अन्य वर्ग भी पृथक् निर्वाचन की माँग करने लगे। दलित नेता भीमराव अम्बेडकर ने भी दलितों के लिए अलग पृथक् निर्वाचन मण्डल की सुविधा की माँग की, जिसे गाँधीजी ने अस्वीकार कर दिया।

- गाँधीजी सभी माँगें मानने के लिए तैयार थे, बशर्ते मुस्लिम लीग कांग्रेस के स्वराज की माँग का समर्थन करे। लीग ने समर्थन देने से इनकार कर दिया और वार्ता टूट गई। अन्ततः साम्प्रदायिक मुद्दे पर कोई निर्णय न होने के कारण द्वितीय गोलमेज सम्मेलन बिना किसी परिणाम के समाप्त हो गया।

> द्वितीय गोलमेज सम्मेलन के दौरान फ्रेन्क मॉरिस ने कहा था कि "अर्द्ध नंगे फकीर के ब्रिटिश प्रधानमन्त्री से वार्ता हेतु सेण्ट पॉल पैलेस की सीढ़ियाँ चढ़ने का दृश्य अपने आप में अनोखा तथा दिव्य प्रभाव उत्पन्न कर रहा था।"

- इसी सम्मेलन के दौरान विंस्टन चर्चिल ने गाँधीजी को **देशद्रोही फकीर** कहा। द्वितीय गोजमेज सम्मेलन की असफलता के बाद गाँधीजी बेसण्टियाना नामक इटालियन पोत पर बैठकर 28 दिसम्बर, 1931 को बम्बई पहुँचे। यहाँ पहुँचकर उन्होंने अपने स्वागत के लिए एकत्र भीड़ को देखकर कहा कि "मैं खाली हाथ तो जरूर लौटा हूँ, पर अपने देश की साख को बट्टा नहीं लगने दिया।"
- उल्लेखनीय है कि गाँधीजी ने भारत लौटने के पश्चात् सविनय अवज्ञा आन्दोलन को पुनः प्रारम्भ करने की घोषणा की।

द्वितीय सविनय अवज्ञा आन्दोलन, 1932-1934

- कांग्रेस कार्यसमिति ने 1 जनवरी, 1932 को सविनय अवज्ञा आन्दोलन को दोबारा शुरू करने का निर्णय लिया। आन्दोलन शुरू होने के पश्चात् शीर्ष नेता गाँधी, नेहरू, खान अब्दुल गफ्फार खान आदि को गिरफ्तार कर सरकार ने कांग्रेस को गैर-कानूनी संस्था घोषित कर दिया। इसके साथ ही कांग्रेस की सम्पत्ति को जब्त कर लिया गया।
- द्वितीय सविनय अवज्ञा आन्दोलन के दौरान बड़ी संख्या में लोगों ने गिरफ्तारियाँ दीं। सविनय अवज्ञा आन्दोलन के इस चरण में दो भारतीय रियासतों कश्मीर एवं अलवर में तीव्र जनप्रतिक्रिया का उभरना आन्दोलन का एक महत्त्वपूर्ण पहलू था।
- इसी समय वर्ष 1932 में शेख अब्दुल्ला ने **नेशनल कॉन्फ्रेन्स** की स्थापना की। आन्ध्र प्रदेश के कृष्णा जिले में डुग्गाली कृष्णारैया कोइके जैसे आदिवासी नेताओं ने तथा मध्य प्रान्त के बैतुल में **वन सत्याग्रह** किया गया।
- वर्ष 1931-32 के मध्य क्रान्तिकारी आतंकवाद की 92 वारदातें (घटनाएँ) हुईं। सुनिति चौधरी तथा शान्ति चौधरी, जो स्कूली छात्राएँ थीं, ने टिपरा के जिला मजिस्ट्रेट को गोली मार दी।

> आन्दोलन में व्यापक हिंसा के पश्चात् भी गाँधीजी ने इसे अचानक वापस नहीं लिया, बल्कि मई, 1933 में इसे स्थगित किया गया। अन्ततः अप्रैल, 1934 में गाँधीजी ने इसे वापस ले लिया। अप्रैल, 1934 में **पटना** में कांग्रेस कार्यकारिणी की बैठक में सविनय अवज्ञा आन्दोलन को औपचारिक रूप से वापस ले लिया गया।

साम्प्रदायिक निर्णय, 1932

- भारतीय अल्पसंख्यकों की समस्या आपसी समझौते से हल न कर सकने के कारण ब्रिटिश प्रधानमन्त्री रैम्जे मैकडोनाल्ड ने 16 अगस्त, 1932 में साम्प्रदायिक अधिनिर्णय (कम्युनल अवार्ड) की घोषणा की, साम्प्रदायिक निर्णय अंग्रेजों की फूट डालो और राज करो की नीति का एक और प्रमाण था। साम्प्रदायिक पंचाट के अन्तर्गत **पृथक् निर्वाचक पद्धति** को मुसलमानों, भारतीय ईसाइयों, यूरोपियनों, एंग्लो-इण्डियन और सिखों के अतिरिक्त हरिजनों पर भी लागू कर दिया गया।
- महात्मा गाँधी ने इस साम्प्रदायिक अधिनिर्णय का विरोध करते हुए माँग की थी कि दलित वर्ग के प्रतिनिधियों का चुनाव वयस्क मताधिकार के आधार पर आम निर्वाचक मण्डल के माध्यम से होना चाहिए।
- अपनी माँगे मनवाने के लिए गाँधीजी ने 20 सितम्बर, 1932 से आमरण अनशन प्रारम्भ कर दिया। इस समय वे पुणे की **यरवदा** जेल में थे। इस अनशन में उनका साथ एन जी रंगा ने दिया था।

> **पूना समझौता**
>
> - गाँधीजी के अस्वस्थ होने के कारण 26 सितम्बर, 1932 को मदन मोहन मालवीय, सी राजगोपालाचारी, राजेन्द्र प्रसाद तथा पुरुषोत्तम दास के प्रयत्नों से गाँधीजी व दलित नेता डॉ. अम्बेडकर के मध्य एक समझौता हुआ, जिसे पूना पैक्ट या पूना समझौता कहा गया।
> - उस समय रबीन्द्रनाथ टैगोर ने सन्देश भेजकर गाँधीजी से कहा "भारत की एकता तथा उसकी सामाजिक अखण्डता के लिए यह उत्कृष्ट बलिदान है। हमारे व्यथित हृदय आपकी इस महान तपस्या का आदर और प्रेम के साथ अनुकरण करेंगे।"
> - इस समझौते के अन्तर्गत दलित वर्ग के लिए पृथक् निर्वाचक मण्डल समाप्त कर दिया गया। प्रान्तीय विधानमण्डल में दलितों के लिए सुरक्षित सीटों की संख्या 71 से बढ़ाकर 147 कर दी गई तथा केन्द्रीय विधानमण्डल में सुरक्षित सीटों की संख्या में 18% की वृद्धि की गई। सरकार ने पूना समझौते को साम्प्रदायिक समझौते का संशोधित रूप मानकर स्वीकार कर लिया।

तृतीय गोलमेज सम्मेलन, 1932

- 17 नवम्बर, 1932 को लन्दन में तृतीय गोलमेज सम्मेलन का आयोजन किया गया। इसमें 46 प्रतिनिधियों ने भाग लिया।
- कांग्रेस ने इस सम्मेलन का बहिष्कार किया। सम्मेलन में भारत सरकार अधिनियम, 1935 हेतु ठोस योजना के अन्तरिम स्वरूप को पेश किया गया। तीनों गोलमेज सम्मेलनों में भाग लेने वाले एकमात्र भारतीय भीमराव अम्बेडकर थे।
- सम्मेलन 24 दिसम्बर, 1932 को समाप्त हो गया। इसकी समाप्ति के पश्चात् एक श्वेत-पत्र जारी किया गया। इस श्वेत-पत्र पर विचार करने हेतु लॉर्ड लिनलिथगो की अध्यक्षता में एक संयुक्त समिति का गठन किया गया। इस समिति ने 22 नवम्बर, 1934 को अपनी रिपोर्ट प्रस्तुत की थी।

- इस समिति की रिपोर्ट के आधार पर सैमुअल होर द्वारा दिसम्बर, 1934 में ब्रिटिश संसद में भारत शासन विधेयक पेश किया गया। इसके पश्चात् 3 अगस्त, 1935 को ब्रिटिश सम्राट ने उस पर अपनी सहमति दे दी। इस प्रकार यह विधेयक भारत शासन अधिनियम, 1935 के नाम से प्रसिद्ध हुआ।

गाँधीजी का हरिजन उत्थान

- साम्प्रदायिक निर्णय के द्वारा भारतीयों को विशेषकर हिन्दू समाज को विभाजित करने की व्यवस्था ने गाँधीजी को बुरी तरह आहत किया। दलित वर्गों को हरिजन नाम महात्मा गाँधी द्वारा दिया गया था।
- पूना पैक्ट के पश्चात् गाँधीजी की रुचि अस्पृश्यता विरोधी आन्दोलन के प्रति अधिक हो गई। इसी समय उनके द्वारा **हरिजन सेवक संघ** की स्थापना की गई।
- गाँधीजी अन्य कार्य छोड़कर पूर्णरूपेण **अस्पृश्यता निवारण अभियान** में जुट गए। यरवदा जेल में ही उन्होंने सितम्बर, 1932 में अखिल भारतीय अस्पृश्यता विरोधी लीग की स्थापना की।
- जनवरी, 1933 में उन्होंने **हरिजन** नामक पत्रिका का प्रकाशन किया। वर्ष 1930 में साबरमती आश्रम छोड़ने से पहले गाँधीजी ने प्रतिज्ञा ली थी कि वह आश्रम तभी लौटेंगे, जब स्वराज्य मिल जाएगा। इसलिए जेल से छूटने के बाद गाँधीजी सत्याग्रह आश्रम वर्धा चले गए, जहाँ से उन्होंने 7 नवम्बर, 1933 को अपनी **हरिजन यात्रा** आरम्भ की।

> यात्रा के दौरान उन्होंने 20 हजार किमी की यात्रा तय की। **हरिजन उत्थान आन्दोलन** में गाँधीजी दो बार 8 मई व 16 अगस्त, 1933 को अनशन पर बैठे। गाँधीजी को विरोध का सामना भी करना पड़ा।
>
> 25 जून, 1934 को पूना में गाँधीजी की कार पर बम फेंका गया। 15 जनवरी, 1934 को बिहार के भूकम्प पर गाँधीजी ने कहा, "यह सवर्ण हिन्दुओं के पापों का दैवीय दण्ड है।"

कांग्रेस समाजवादी पार्टी, 1934

- वर्ष 1934 में कांग्रेस के बहुत बड़े भाग ने कांग्रेस के अन्दर समाजवादी विचारधारा का प्रचार-प्रसार करने के लिए एक पृथक् दल के गठन पर बल दिया।
- इसी उद्देश्य से जयप्रकाश नारायण, आचार्य नरेन्द्र देव, अच्युत पटवर्धन तथा मीनू मसानी ने मिलकर वर्ष 1934 में बम्बई में कांग्रेस समाजवादी दल की स्थापना की।
- इसका पहला अखिल भारतीय सम्मेलन 21 अक्टूबर, 1934 को बम्बई में हुआ। इसकी अध्यक्षता आचार्य नरेन्द्र देव ने की। राममनोहर लोहिया, कमलादेवी चट्टोपाध्याय, अशोक मेहता, गंगाशरण सिंह, यूसुफ मेहराले आदि इससे जुड़े अन्य प्रमुख नेता थे।
- कांग्रेस के अन्दर ये समाजवादी भी कम्युनिस्टों की तरह मार्क्सवादी विचारधारा में विश्वास रखते थे, किन्तु समाजवादी कांग्रेसियों एवं कम्युनिस्टों में दो मूलभूत अन्तर थे
  - समाजवादी कांग्रेसी अपने को इण्डियन नेशनल कांग्रेस के साथ जोड़ते थे, जबकि कम्युनिस्ट अपने को कम्युनिस्ट इण्टरनेशनल से जुड़ा पाते थे।
  - समाजवादी कांग्रेसी राष्ट्रवादी थे, जबकि कम्युनिस्ट एक अन्तर्राष्ट्रीय साम्यवादी समाज के लक्ष्य में भी विश्वास रखते थे।
- वर्ष 1936 में जवाहरलाल नेहरू ने इस पार्टी के तीन सदस्यों नरेन्द्र देव, जयप्रकाश नारायण, अच्युत पटवर्धन को कांग्रेस कार्यकारिणी में शामिल किया।

> वर्ष 1936 में हस्ताक्षरित **बम्बई मैनिफेस्टो** प्रत्यक्ष रूप से समाजवादी आदर्शों के प्रतिपादन का विरोधी था। इसको सर्वप्रथम वर्ष 1936 में बम्बई के 21 व्यापारियों द्वारा इस पर हस्ताक्षर कर बनाया गया था।

- यह जवाहरलाल नेहरू की समाजवादी विचारधारा का विरोधी था। भारतीय राष्ट्रीय कांग्रेस के वर्ष 1936 में आयोजित लखनऊ अधिवेशन में नेहरू जी की समाजवादी विचारधारा को रखा गया था, उसी के उपरान्त बम्बई मैनिफेस्टो के विरोध में इस पर हस्ताक्षर हुए थे। **बम्बई मैनिफेस्टो** को समस्त भारत में वृहत् व्यापारिकी सहयोग नहीं मिला।

प्रान्तीय चुनाव, 1937

- 1935 के अधिनियम द्वारा भारतीयों को **प्रान्तीय शासन का अधिकार** मिल गया। कुछ प्रारम्भिक आलोचनाओं के पश्चात् कांग्रेस ने इसे स्वीकार कर लिया। वर्ष 1936 के प्रारम्भ में लखनऊ तथा आखिरी महीने में फैजपुर में कांग्रेस अधिवेशन के दौरान चुनाव में भाग लेने का निर्णय किया गया। सत्ता में भागीदारी के सवाल पर चुनाव के बाद विचार करने तथा बाद में काउन्सिल में प्रवेश का निर्णय लिया गया।
- वर्ष 1935 के भारत शासन के आधार पर फरवरी, 1937 में चुनाव हुए, जिसमें कांग्रेस को बड़ी सफलता मिली। **11 प्रान्तों**—मद्रास, मध्य प्रान्त, बिहार, उड़ीसा, संयुक्त प्रान्त, बम्बई, असम, उत्तर-पश्चिम सीमा प्रान्त, बंगाल, पंजाब एवं सिन्ध में चुनाव हुए।
- जुलाई, 1937 में कांग्रेस ने मद्रास, संयुक्त प्रान्त, मध्य प्रान्त, बिहार, उड़ीसा तथा बम्बई में अपनी सरकारें गठित कीं। बाद में असम, उत्तर-पश्चिमी सीमा प्रान्त में भी कांग्रेस ने मत्रिमण्डल बनाए। केवल बंगाल, पंजाब तथा सिन्ध में ही कांग्रेस बहुमत से वंचित रह गई।

> **पंजाब** में मुस्लिम लीग तथा यूनियनिस्ट पार्टी ने संयुक्त सरकार बनाई। **बंगाल** में कृषक प्रजा पार्टी तथा मुस्लिम लीग ने संयुक्त सरकार बनाई। कांग्रेस यहाँ सबसे बड़ी पार्टी थी। **सिन्ध** में सिन्ध यूनाइटेड पार्टी के अधीन संयुक्त सरकार का गठन हुआ।

कांग्रेस मन्त्रिमण्डलों का कार्यकाल, 1937-39

- वर्ष 1937 के चुनाव में कांग्रेस ने कुल 8 राज्यों (संयुक्त मध्य प्रान्त, बिहार, उड़ीसा, मद्रास, बम्बई, असम तथा पश्चिमोत्तर सीमा प्रान्त) में सरकार बनाई।
- इनका शासनकाल मात्र 28 महीने रहा। प्रशासन को सुचारू रूप से चलाने के लिए एक केन्द्रीय नियन्त्रण परिषद् गठित की गई, इसे **संसदीय उपसमिति** नाम दिया गया। इसके सदस्य वल्लभभाई पटेल, अबुल कलाम आजाद, डॉ. राजेन्द्र प्रसाद थे।
- इस समय प्रान्तों के प्रमुखों को (मुख्यमन्त्री को) प्रधानमन्त्री के नाम से जाना जाता था।

> कांग्रेस सरकारों ने अपने 28 माह के संक्षिप्त शासनकाल में यह प्रमाणित कर दिया कि वह केवल जनसंघर्षों के लिए ही जनता का नेतृत्व नहीं कर सकती है, बल्कि उनके हित में राजसत्ता का उपयोग भी कर सकती है।

- कांग्रेस ने अपने शासनकाल के दौरान अपने घोषणा-पत्र में किए गए वायदे को निभाने का प्रयत्न किया।
- कांग्रेस अध्यक्ष सुभाषचन्द्र बोस ने जवाहरलाल नेहरू की अध्यक्षता में वर्ष 1938 में **राष्ट्रीय योजना समिति** नियुक्त की थी, जिसके माध्यम से कांग्रेस सरकार ने योजना के विकास में हाथ बँटाने का प्रयास किया।

विभिन्न प्रान्तों में बनी सरकार

प्रान्त	दल	नेतृत्व (प्रधानमन्त्री)
बंगाल	कृषक प्रजा पार्टी/मुस्लिम लीग	फजल-उल-हक
पंजाब	यूनियनिस्ट पार्टी/मुस्लिम लीग	सिकन्दर हयात खाँ
सिन्ध	सिन्ध यूनाइटेड पार्टी	गुलाम हुसैन हिदायतुल्ला एवं अल्लाबख्श सूमरो
बिहार	भारतीय राष्ट्रीय कांग्रेस	श्रीकृष्ण सिंह
संयुक्त प्रान्त	भारतीय राष्ट्रीय कांग्रेस	गोविन्द बल्लभ पन्त
बम्बई	भारतीय राष्ट्रीय कांग्रेस	बी जी खेर
केन्द्रीय प्रान्त	भारतीय राष्ट्रीय कांग्रेस	नारायण भास्कर खरे
उत्तर-पश्चिम प्रान्त	भारतीय राष्ट्रीय कांग्रेस	डॉ. खान साहब
असम	भारतीय राष्ट्रीय कांग्रेस	गोपीनाथ बोरदोलोई (सादुल्लाह के इस्तीफे के बाद)
मद्रास	भारतीय राष्ट्रीय कांग्रेस	सी राजगोपालाचारी
उड़ीसा	भारतीय राष्ट्रीय कांग्रेस	विश्वनाथदास

कांग्रेस का त्रिपुरी संकट, 1939

- वर्ष 1938 में **सुभाषचन्द्र बोस** हरिपुरा अधिवेशन के अध्यक्ष चुने गए। वर्ष 1938 में उन्होंने जवाहरलाल नेहरू की अध्यक्षता में एक राष्ट्रीय योजना समिति गठित की।
- वर्ष 1939 में त्रिपुरी में प्रस्तावित अधिवेशन के निर्वाचन में उन्होंने पुनः भाग लेने का निर्णय लिया। सरदार पटेल, राजेन्द्र प्रसाद, आचार्य कृपलानी आदि ने उनके निर्णय का विरोध किया तथा पट्टाभि सीतारमैया को अपना उम्मीदवार घोषित किया। सीतारमैया को गाँधीजी का भी समर्थन प्राप्त था।
- चुनाव में बोस ने 1377 के मुकाबले 1580 मत लेकर जीत दर्ज की। उनकी इस जीत पर गाँधीजी ने कहा कि "यह सीतारमैया से अधिक मेरी हार है।" बोस के अध्यक्ष बनने पर कांग्रेस का कलह (द्वेष) सतह पर आ गया।
- वर्किंग कमेटी के 15 में से 13 सदस्यों ने त्याग-पत्र दे दिया। अन्ततः बोस ने अध्यक्ष पद से त्याग-पत्र देकर **फॉरवर्ड ब्लॉक** की स्थापना की।
- कांग्रेस ने सुभाषचन्द्र बोस के स्थान पर राजेन्द्र प्रसाद को अध्यक्ष मनोनीत किया।

फॉरवर्ड ब्लॉक की स्थापना

- 3 मई, 1939 को **सुभाषचन्द्र बोस** ने फॉरवर्ड ब्लॉक की स्थापना की। द्वितीय विश्वयुद्ध शुरू होने से पहले ही फॉरवर्ड ब्लॉक ने स्वतन्त्रता संग्राम अधिक तीव्र करने के लिए जन-जाग्रति शुरू की।
- इसलिए सरकार ने सुभाषचन्द्र बोस सहित सभी नेताओं को बन्दी बना लिया। सुभाषचन्द्र बोस ने जेल में आमरण अनशन शुरू कर दिया। सरकार ने उन्हें जेल से रिहा कर उनके ही घर में नजरबन्द कर दिया।

द्वितीय विश्वयुद्ध तथा कांग्रेस की स्थिति

- द्वितीय विश्वयुद्ध 3 सितम्बर, 1939 को आरम्भ हुआ। तत्कालीन **वायसराय लॉर्ड लिनलिथगो** ने भारतीय जनता से विचार-विमर्श किए बिना ही भारत को जर्मनी के विरुद्ध युद्धरत् राष्ट्र घोषित कर दिया।
- इस पर विरोध स्वरूप कांग्रेस मन्त्रिमण्डलों ने त्याग-पत्र दे दिया। कांग्रेस युद्ध के समय अपना सहयोग एवं समर्थन देना चाहती थी, लेकिन इसके लिए उसने दो शर्तें रखीं—प्रथम, युद्ध के पश्चात् संविधान सभा की बैठक आहूत की जानी चाहिए और यह संविधान सभा स्वतन्त्र भारत की राजनैतिक संरचना पर विचार करेगी तथा दूसरी, अतिशीघ्र केन्द्र में किसी प्रकार की वास्तविक एवं उत्तरदायी सरकार की स्थापना की जाए। वायसराय लिनलिथगो ने इस प्रस्ताव को अस्वीकार कर दिया।

प्रीलिम्स फैक्ट्स

- दक्षिण अफ्रीका के किस रेलवे स्टेशन पर गाँधीजी को ट्रेन से फेंका गया था? ***- पीटरमारित्जबर्ग*** *[UPPSC (Mains) 2015]*
- महात्मा गाँधी से सम्बद्ध आश्रमों-साबरमती, फीनिक्स, वर्धा तथा सदाकत में कौन-सा सबसे पुराना है? ***- फीनिक्स आश्रम (वर्ष 1904 ई.)*** *[UKPSC (Pre) 2014]*
- भारतीय राष्ट्रीय कांग्रेस के किस अधिवेशन में महात्मा गाँधी ने प्रथम बार भाग लिया था? ***- कलकत्ता अधिवेशन 1901*** *[UPPSC (Mains) 2004]*
- भारत में गाँधीजी का प्रथम सत्याग्रह आन्दोलन कौन-सा था, जिसमें उन्होंने सविनय अवज्ञा का प्रयोग किया था? ***- चम्पारण सत्याग्रह*** *[BPSC (Pre) 2018]*
- चम्पारण सत्याग्रह के दौरान नील की खेती किस नाम से जानी जाती थी? ***- तिनकठिया पद्धति*** *[MPPSC (Pre) 2023]*
- किस आन्दोलन में महात्मा गाँधी ने पहली बार भूख हड़ताल का प्रयोग हथियार के रूप में किया था? ***- अहमदाबाद की हड़ताल*** *[UPPSC (Pre) 2010]*
- स्वाधीनता आन्दोलन के दौरान महात्मा गाँधी के करीबी अंग्रेज मित्र कौन थे? ***- रेवरेण्ड चार्ली एण्ड्रूज*** *[BPSC (Pre) 2004]*
- द अनार्किकल एण्ड रिवोल्यूशनरी क्राइम एक्ट, 1919 को सामान्य बोलचाल में किस नाम से जाना जाता था? ***- रॉलेट एक्ट*** *[IAS (Pre) 1996]*
- रॉलेट एक्ट के विरोध में किसने लगान न देने का आन्दोलन चलाने का सुझाव दिया था? ***- स्वामी श्रद्धानन्द*** *[UPPSC (Mains) 2008]*
- जलियाँवाला बाग हत्याकाण्ड के विरोध में वायसराय की कार्यकारिणी परिषद् की सदस्या से किसने इस्तीफा दे दिया था? ***- शंकरन नायर ने*** *[UPPSC (Mains) 2013]*
- जलियाँवाला बाग नरसंहार पर कांग्रेस जांच समिति की रिपोर्ट का प्रारूप लिखने का कार्य किसे सौंपा गया था? ***- महात्मा गाँधी को*** *[UP (Pre) 2014]*
- वर्ष 1920 की खिलाफत कमेटी की सभा, जिसने गाँधीजी को असहयोग आन्दोलन के नेतृत्व को सम्भालने का अनुरोध किया था, वह किस शहर में हुई थी? ***- इलाहाबाद*** *[UPPSC (Pre) 1993]*
- खिलाफत आन्दोलन के प्रमुख नेता कौन थे? ***- मौलाना मोहम्मद अली और शौकत अली*** *[UPPSC (Pre) 2016]*
- किसने महात्मा गाँधी के खिलाफत आन्दोलन में भागीदारी की भर्त्सना की थी? ***- मोहम्मद अली जिन्ना ने*** *[UPPSC (Mains) 2010]*
- वर्ष 1920 के नागपुर के भारतीय राष्ट्रीय कांग्रेस के अधिवेशन में असहयोग के प्रस्ताव को किसने प्रस्तावित किया था? ***- सी.आर. दास ने*** *[UPPSC (Pre) 2011]*
- 'एक वर्ष में स्वराज' का नारा गाँधीजी ने किस ने आन्दोलन के दौरान दिया था? ***- असहयोग आन्दोलन*** *[UPPSC (Pre) 2012]*
- ब्रिटिश सरकार ने महात्मा गाँधी को जो उपाधि दी थी और जिसे उन्होंने असहयोग आन्दोलन में वापस कर दिया, वह थी ***- केसर-ए-हिन्द*** *[IAS (Pre) 1993]*
- किसने असहयोग आन्दोलन को समर्थन दिया, परन्तु इसके परिणाम नहीं देख सके? ***- बाल गंगाधर तिलक*** *[UPPSC (Pre) 2010]*
- चौरी-चौरा की घटना कब घटित हुई थी? ***- 5 फरवरी, 1922*** *[UPPSC (Mains) 2008]*
- दिल्ली में 24 फरवरी, 1922 को आयोजित अखिल भारतीय कांग्रेस समिति की बैठक में असहयोग आन्दोलन वापस लेने के लिए गाँधीजी के विरुद्ध निन्दा प्रस्ताव किसने प्रस्तुत किया था? ***- डॉ. मुंजे*** *[UPPSC (Mains) 2002]*
- स्वराज पार्टी के संस्थापकों में शामिल थे ***- सी.आर. दास तथा मोतीलाल नेहरू*** *[UKPSC (Pre) 2002]*
- किसने स्वराज पार्टी का निर्माण करने के लिए कांग्रेस के अध्यक्ष पद से त्याग-पत्र दे दिया था? ***- सी.आर. दास*** *[UPPSC (Pre) 2004]*
- भारत के लिए संविधान की रचना हेतु संविधान सभा का विचार सर्वप्रथम किस पार्टी ने प्रस्तुत किया था? ***- स्वराज पार्टी ने (1924 में)*** *[IAS (Pre) 1996]*
- भारत में वर्ष 1918 में प्रथम मजदूर संघ की स्थापना किसने की थी? ***- बी.पी. वाडिया ने*** *[UPPSC (Mains) 2007]*
- ऑल इण्डिया ट्रेड यूनियन कांग्रेस के वर्ष 1920 में बम्बई में होने वाले प्रथम अधिवेशन की अध्यक्षता किसने की थी? ***- लाला लाजपत राय ने*** *[CGPSC (Pre) 2007]*
- अक्टूबर, 1920 में भारतीय कम्युनिस्ट पार्टी की स्थापना के लिए ताशकन्द में एकत्र हुए भारतीयों के समूह के मुखिया कौन थे? ***- एम.एन. राय*** *[IAS (Pre) 2005]*
- सौम्येन्द्रनाथ टैगोर द्वारा स्थापित दल का क्या नाम है? ***- क्रान्तिकारी साम्यवादी दल*** *[UPPSC (Pre) 2015]*
- काकोरी केस में अभियुक्तों के बचाव हेतु किसकी अध्यक्षता में एक समिति का गठन किया गया था? ***- गोविन्द वल्लभ पन्त*** *[UPPSC (Pre) 2014]*
- डा. अम्बेडकर, भगत सिंह, सुभाषचन्द्र बोस तथा जयप्रकाश नारायण में से कौन हिन्दुस्तान सोशलिस्ट रिपब्लिकन आर्मी के संस्थापक नेताओं में से एक थे? ***- भगत सिंह*** *[BPSC (Pre) 1998]*
- अपनी फाँसी से पूर्व किस एक क्रान्तिकारी ने पीने हेतु दिए गए दूध को पीने से अस्वीकार कर दिया और कहा 'अब मैं केवल अपनी माँ का दूध लूँगा।' ***- रामप्रसाद बिस्मिल*** *[UPPSC (Pre) 2014]*
- सामइन कमीशन का कौन-सा एक सदस्य उदारवादी दल का था? ***- सर जॉन साइमन*** *[UPPSC (Pre) 2013]*
- वर्ष 1927 की बटलर कमेटी का उद्देश्य क्या था? ***- भारत सरकार और देशी रियासतों के मध्य सम्बन्ध सुधारना*** *[IAS (Pre) 2007]*
- डोमिनियन दर्जा, पृथक् निर्वाचन मण्डल, एकात्मक तथा लोकतन्त्र केन्द्र और वयस्क मताधिकार में से कौन-सी एक नेहरू रिपोर्ट की अनुशंसा नहीं थी? ***- पृथक् निर्वाचक मण्डल*** *[JPSC (Pre) 2008]*
- कांग्रेस दल की उग्र शाखा ने, जिनके एक प्रमुख नेता जे.एल. नेहरू थे, इण्डिपेण्डेन्स फॉर इण्डिया लीग की स्थापना की थी। वह लीग किसके विरोध में स्थापित हुई थी? ***- नेहरू रिपोर्ट*** *[IAS (Pre) 1995]*

- मुस्लिम लीग के किस अधिवेशन में मोहम्मद अली जिन्ना ने अपना 14 सूत्रीय प्रसताव रखा था? *– वर्ष 1929 [UPPSC (Mains) 2015]*
- 31 दिसम्बर, 1929 को अद्धरात्रि में भारतीय राष्ट्रीय ध्वज को किसने फहराया था? *– जवाहर लाल नेहरू ने [UPPSC (Pre) 2014]*
- महात्मा गाँधी ने दाण्डी मार्च कहाँ से प्रारम्भ किया था? *– साबरमती आश्रम से [MPPSC (Pre) 2022]*
- गाँधीजी के दाण्डी मार्च के समय, भारत का वायसराय कौन था? *– लॉर्ड इरविन [BPSC (Pre) 2020]*
- कौन-सा अमेरिकी पत्रकार 'दाण्डी मार्च' में महात्मा गाँधी के साथ था? *– वेब मिलर [UPPSC (Mains) 2015]*
- नमक सत्याग्रह में गाँधीजी के गिरफ्तार हो जाने पर आन्दोलन के नायक के रूप में उनका स्थान किसने ग्रहण किया? *– अब्बास तैयब जी ने [UPPSC (Mains) 2012]*
- लन्दन में सम्पन्न प्रथम गोलमेज सम्मेलन में भारतीय ईसाइयों का प्रतिनिधित्व किसने किया था? *– के.टी. पॉल [UPPSC (Pre) 2000]*
- किसने गाँधी-इरविन समझौता में महात्मा गाँधी के लाभ को 'सान्त्वना-पुरस्कार' कहा था? *– ऐलन कैम्पवेल जॉनसन [UPPSC (Pre) 2014]*
- द्वितीय गोलमेज सम्मेलन में कांग्रेस का प्रतिनिधित्व किसने किया था? *– महात्मा गाँधी ने [RAS/RTS (Pre) 2009]*
- साम्प्रदायिक अधिनिर्णय एवं पूना पैक्ट में क्रमशः दलित वर्ग के लिए कितनी सीटें दी गई? *– क्रमशः 71 व 147 [BPPSC (Pre) 2005]*
- वर्ष 1934 में पटना में अखिल भारतीय कांग्रेस समाजवादी पार्टी का संयोजक कौन था? *– जयप्रकाश नारायण [UPPSC (Pre) 1994]*
- वर्ष 1937 में प्रान्तों में मन्त्रिमण्डल के निर्माण के उपरान्त कांग्रेस का शासन कितने महीने चला था? *– 28 माह [UPPSC (Pre) 2013]*
- भारतीय राष्ट्रीय कांग्रेस के किस अधिवेशन में कांग्रेस अध्यक्ष के चुनाव में बोस ने सीतारमैय्या को पराजित किया था? *– त्रिपुरी अधिवेशन, 1939 [UP (Pre) 2004]*
- वर्ष 1939 में कांग्रेस छोड़ने के बाद सुभाषचन्द्र बोस ने किस दल की स्थाना की? *– फारवर्ड ब्लॉक [IAS (Pre) 2005]*
- द्वितीय विश्व युद्ध के सम्बन्ध में कांग्रेस की क्या नीति थी? *– पूर्व स्वन्त्रता का आश्वासन मिलने पर ब्रिटेन का सहयोग [UPPSC (Pre) 1993]*
- द्वितीय विश्व युद्ध के समय ब्रिटेन का प्रधानमन्त्री कौन था? *– विंस्टन चर्चिल [BPSC (Pre) 1992]*

सेल्फ चैक

1. दक्षिण अफ्रीका के किस रेलवे स्टेशन पर गाँधीजी को ट्रेन से फेंका गया था? **UPPSC (Mains) 2015**

(a) जोहान्सबर्ग (b) पीटरमोरित्जबर्ग
(c) डर्बन (d) प्रिटोरिया

2. ई.वी. रामस्वामी नायकर के सन्दर्भ में, निम्नलिखित कथनों में से कौन-सा/से सही है/हैं? **UPPSC (Pre) 2023**

1. उन्होंने असहयोग आन्दोलन में हिस्सा लिया।
2. उन्होंने वर्ष 1925 में कांग्रेस छोड़ दी।

नीचे दिए गए कूट का प्रयोग करके सही उत्तर चुनिए

(a) केवल 1 (b) केवल 2
(c) न तो 1 ना ही 2 (d) 1 और 2 दोनों

3. महात्मा गाँधी के दक्षिण अफ्रीका के अनुभव (1893-1914) के बारे में निम्नलिखित कथनों में से कौन-सा/से सही है/हैं?

1. दक्षिण अफ्रीका में गाँधीवादी राजनीतिक आन्दोलनों में मुस्लिम व्यापारी सक्रियता से जुड़े हुए थे।
2. वर्ष 1906 में गाँधीजी ने केपटाउन में भारतीयों के लिए अनिवार्य रजिस्ट्रीकरण और पासों के अध्यादेश के विरुद्ध अभियान का नेतृत्व किया।
3. गाँधीजी ने अपना राजनीतिक जीवन केपटाउन में भारतीयों पर अत्यधिक कर लगाए जाने के विरुद्ध संघर्षों से प्रारम्भ किया।

कूट

(a) 1 और 2 (b) केवल 3
(c) 1, 2 और 3 (d) केवल 1

4. निम्नलिखित में से कौन-सा एक चम्पारण सत्याग्रह का अति महत्त्वपूर्ण पहलू है? **UPPSC (Pre) 2018**

(a) राष्ट्रीय आन्दोलन में अखिल भारतीय स्तर पर अधिवक्ताओं, विद्यार्थियों और महिलाओं की सक्रिय सहभागिता
(b) राष्ट्रीय आन्दोलन में भारत के दलित और आदिवासी समुदायों की सक्रिय भागीदारी
(c) भारत के राष्ट्रीय आन्दोलन में किसानों का सम्मिलित होना
(d) रोपण फसलों तथा वाणिज्यिक फसलों की खेती में भारी गिरावट

5. वर्ष 1918 की अहमदाबाद मिल हड़ताल के बारे में निम्नलिखित कथनों पर विचार कीजिए

1. यह कार्य के घण्टों के सम्बन्ध में कामगारों एवं यूरोपीय मिल मालिकों के बीच विवाद से सम्बन्धित था।
2. गाँधीजी ने कामगारों को हड़ताल पर जाने की सलाह दी।

उपरोक्त कथनों में से कौन-सा/से कथन सही है/हैं?

(a) केवल 1 (b) केवल 2
(c) 1 और 2 दोनों (d) न तो 1 और न ही 2

6. निम्नलिखित युग्मों में से कौन-से युग्म सही सुमेलित हैं? **IAS (Pre) 2005**

आन्दोलन/सत्याग्रह		सक्रिय सम्बद्ध व्यक्ति
1. चम्पारण	—	राजेन्द्र प्रसाद
2. अहमदाबाद मिल श्रमिक	—	मोरारजी देसाई
3. खेड़ा	—	वल्लभभाई पटेल

कूट

(a) 1 और 2 (b) 2 और 3 (c) 1 और 3 (d) 1, 2 और 3

7. रबीन्द्रनाथ टैगोर ने अपनी 'नाइटहुड' उपाधि किस कारण त्याग दी? BPSC (Pre) 2019, UPPSC (Pre) 2022

(a) सविनय अवज्ञा आन्दोलन का क्रूर दमन
(b) भगतसिंह को फाँसी दिया जाना
(c) जलियाँवाला बाग हत्याकाण्ड
(d) चौरी-चौरा की घटना

8. खिलाफत आन्दोलन के बारे में निम्नलिखित में से कौन-सा एक कथन सही नहीं है?

(a) खिलाफत आन्दोलन की माँग थी कि खलीफा का नियन्त्रण ही मुस्लिमों के पवित्र स्थलों पर बना रहे
(b) खिलाफत आन्दोलन में उग्र प्रवृत्ति का प्रतिनिधित्व मुहम्मद अली, शौकत अली तथा मौलाना आजाद जैसे युवा नेताओं द्वारा हुआ
(c) भारतीय मुस्लिम नेताओं ने खिलाफत का एक प्रतीक के रूप में प्रयोग किया है, जिससे भारतीय मुस्लिम समुदाय को संगठित किया जा सके।
(d) वर्ष 1920 में केन्द्रीय खिलाफत समिति के दिल्ली सम्मेलन ने एक विशाल असहयोग आन्दोलन को शुरू करने का निर्णय लिया।

9. सरकार (ब्रिटिश) के साथ सभी स्वैच्छिक सम्बन्धों के परित्याग का आह्वान किसके दौरान किया गया?

(a) असहयोग आन्दोलन (b) सविनय अवज्ञा आन्दोलन
(c) भारत छोड़ो आन्दोलन (d) बंगाल विभाजन का विरोध

10. **कथन** (A) गाँधीजी ने वर्ष 1922 में असहयोग आन्दोलन को रोक दिया था।
कारण (R) चौरी-चौरा में हुई हिंसा उनके आन्दोलन को रोक देने का कारण बनी। IAS (Pre) 1998

कूट
(a) A और R दोनों सही हैं तथा R, A की सही व्याख्या है।
(b) A और R दोनों सही हैं, परन्तु R, A की सही व्याख्या नहीं है।
(c) A सही है, किन्तु R गलत है।
(d) A गलत है, किन्तु R सही है।

11. निम्न में से कौन एक स्वराज पार्टी से सम्बन्धित नहीं थे? UPPSC (Mains) 2014

(a) मोतीलाल नेहरू (b) सी आर दास
(c) एन सी केलकर (d) राजेन्द्र प्रसाद

12. सूची I को सूची II से सुमेलित कीजिए और सूचियों के नीचे दिए गए कूट का प्रयोग कर सही उत्तर चुनिए IAS (Pre) 1997

सूची I	सूची II
A. चटगाँव शस्त्रागार आक्रमण	1. लाला हरदयाल
B. काकोरी षड्यन्त्र	2. जतिन दास
C. लाहौर षड्यन्त्र	3. सूर्यसेन
D. गदर पार्टी	4. रामप्रसाद बिस्मिल
	5. वासुदेव फड़के

कूट

	A	B	C	D		A	B	C	D
(a)	3	4	1	5	(b)	4	3	2	5
(c)	3	4	2	1	(d)	2	4	3	1

13. कानुपर षड्यन्त्र मुकदमा किस आन्दोलन के नेताओं के विरुद्ध था? IAS (Pre) 2001, 2010

(a) खिलाफत आन्दोलन (b) असहयोग आन्दोलन
(c) साम्यवादी आन्दोलन (d) क्रान्तिकारी आन्दोलन

14. साइमन कमीशन के आने के विरुद्ध भारतीय जन आन्दोलन क्यों हुआ? IAS (Pre) 2013, UPPSC (Pre) 2014

(a) भारतीय वर्ष 1919 के अधिनियम की कार्यवाही का पुनरीक्षण कभी नहीं चाहते थे
(b) साइमन कमीशन ने प्रान्तों में द्विशासन की समाप्ति की संस्तुति की थी
(c) साइमन कमीशन में कोई भी भारतीय सदस्य नहीं था
(d) साइमन कमीशन ने देश के विभाजन का सुझाव दिया था

15. भारतीय स्वतन्त्रता आन्दोलन के काल के सन्दर्भ में नेहरू रिपोर्ट में भारत के लिए निम्नलिखित में से किस-किस की अनुशंसा की?

1. भारत के लिए पूर्ण स्वतन्त्रता
2. अल्पसंख्यकों हेतु आरक्षित स्थानों के संयुक्त निर्वाचन क्षेत्र
3. संविधान में भारतीयों के लिए मौलिक अधिकारों का प्रावधान

कूट
(a) केवल 1 (b) 2 और 3 (c) 1 और 3 (d) 1, 2 और 3

16. भारतीय राष्ट्रीय कांग्रेस का लाहौर अधिवेशन (1929) इतिहास में इसलिए बहुत प्रसिद्ध है, क्योंकि IAS (Pre) 2012

1. कांग्रेस ने पूर्ण स्वराज की माँग का एक संकल्प पारित किया।
2. इस अधिवेशन में उग्रवादियों एवं उदारवादियों के बीच झगड़े को सुलझा लिया गया।
3. इस अधिवेशन में दो राष्ट्रों की माँग के सिद्धान्त को अस्वीकार करते हुए एक संकल्प पारित किया गया।

उपरोक्त में से कौन-सा/से कथन सही है/हैं?

(a) केवल 1 (b) 2 और 3
(c) 1 और 3 (d) इनमें से कोई नहीं

17. महात्मा गाँधी ने 'दाण्डी यात्रा' किस आश्रम से प्रारम्भ की थी? MPPSC (Pre) 2022

(a) साबरमती (b) पवनार
(c) सेवाग्राम (d) रामानन्दिया

18. वर्ष 1931 के गाँधी-इरविन समझौते से सम्बन्धित निम्नलिखित कथनों में से कौन-सा सही है?

(a) सरकार उन कैदियों को नहीं छोड़ेगी, जो हिंसक रहे
(b) सरकार उन कैदियों को नहीं छोड़ेगी, जो विदेशी वस्त्र की दुकानों पर अनिवार्य धरने पर बैठे थे
(c) सरकार सविनय अवज्ञा आन्दोलन के लिए सहमत नहीं हुई
(d) दूसरे गोलमेज सम्मलेन में भाग लेने के लिए सहमत थी

जानें सही उत्तर

1. (b)	2. (d)	3. (a)	4. (c)	5. (b)	6. (c)	7. (c)	8. (d)	9. (a)	10. (a)
11. (d)	12. (c)	13. (c)	14. (c)	15. (b)	16. (a)	17. (a)	18. (d)		

● अध्याय चौंतीस

स्वतन्त्रता की ओर भारत (1940-1947)

"

द्वितीय विश्वयुद्ध के उपरान्त भारत में राजनीतिक परिस्थितियाँ तेजी से बदलीं। भारत छोड़ो आन्दोलन अन्तिम जनान्दोलन था, जिसने परिदृश्य में परिवर्तन किया। इस प्रक्रिया में ब्रिटिश सत्ता को भारत पर अपने नियन्त्रण को छोड़ने पर विचार करने पर विवश होना पड़ा। इस दौर में आजादी के साथ देश-विभाजन की राजनीति भी समानान्तर रूप से गतिमान रही थी।

सामान्य परिचय

- 1940 के दशक में भारत की स्वतन्त्रता की माँग तीव्र हो चुकी थी। द्वितीय विश्वयुद्ध (1939-45) के दौरान ब्रिटेन ने भारत के समर्थन के लिए युद्धोपरान्त स्वशासन की माँग को स्वीकार कर लिया था।
- क्रिप्स मिशन (1942) तथा कैबिनेट मिशन (1946) ने देश की स्वतन्त्रता के मार्ग को प्रशस्त किया। संविधान निर्माण के लिए **संविधान निर्मात्री सभा** का गठन कैबिनेट मिशन के प्रस्तावों पर आधारित था।
- भारतीय स्वतन्त्रता तथा संविधान निर्माण की प्रक्रिया के समानान्तर साम्प्रदायिक राजनीति धर्म के आधार पर द्वि-राष्ट्र सिद्धान्त को प्रोत्साहित कर रही थी, जिसका परिणाम भारत-विभाजन के रूप में सामने आया।

मुस्लिम लीग और पाकिस्तान की माँग

- मुसलमानों के लिए पृथक् राष्ट्र के विचार का प्रवर्तक कवि एवं राजनीतिक चिन्तक मुहम्मद इकबाल को माना जाता है।
- इस्लाम की भावना से प्रेरित होकर मुहम्मद **इकबाल** ने वर्ष 1930 में मुस्लिम लीग के इलाहाबाद अधिवेशन में द्वि-राष्ट्र सिद्धान्त का प्रतिपादन किया।
- वर्ष 1933-35 के मध्य कैम्ब्रिज विश्वविद्यालय के एक मुस्लिम छात्र **रहमत अली** ने 'पाकिस्तान' शब्द को गढ़ा। इसके द्वारा परिकल्पित पाकिस्तान में पंजाब, अफगान प्रान्त, कश्मीर, सिन्ध तथा बलूचिस्तान को शामिल किया जाना था।
- इस प्रस्ताव की रूपरेखा तैयार करने में **सिकन्दर हयात खान** तथा **फजल-उल-हक** ने महत्त्वपूर्ण भूमिका निभाई।

> 23 मार्च, 1940 को मुस्लिम लीग का वार्षिक अधिवेशन लाहौर में हुआ। इस अधिवेशन में पाकिस्तान का प्रस्ताव औपचारिक रूप से पारित किया गया। **जिन्ना** द्वारा इस अधिवेशन की अध्यक्षता की गई थी। 23 मार्च, 1943 को मुस्लिम लीग द्वारा **पाकिस्तान दिवस** मनाया गया था।

अगस्त प्रस्ताव, 8 अगस्त, 1940

- कांग्रेस मन्त्रिमण्डलों के त्याग-पत्र के पश्चात् कांग्रेस का वार्षिक अधिवेशन मार्च, 1940 में मौलाना अबुल कलाम आजाद की अध्यक्षता में रामगढ़ में हुआ। इसके समक्ष यह प्रस्ताव रखा गया कि केन्द्र में अन्तरिम राष्ट्रीय सरकार गठित की जाए।
- कांग्रेस के इस प्रस्ताव के प्रत्युत्तर में वायसराय लॉर्ड लिनलिथगो ने कांग्रेस का सहयोग प्राप्त करने के लिए उनके समक्ष एक प्रस्ताव रखा, जिसे अगस्त प्रस्ताव कहा जाता है। इसमें अन्तरिम सरकार के गठन की माँग को खारिज कर दिया गया।
- अगस्त प्रस्ताव के मुख्य बिन्दु निम्न थे
    - युद्ध के बाद प्रतिनिधि मूलक संविधान निर्मात्री संस्था का गठन।
    - वर्तमान में वायसराय की कार्यकारिणी की संख्या में अतिशीघ्र वृद्धि।
    - एक युद्ध सलाहकार परिषद् का गठन।
    - अल्पसंख्यकों को बिना विश्वास में लिए किसी भी संवैधानिक परिवर्तन को लागू नहीं किया जाएगा।
    - भारत के लिए डोमिनियन स्टेट्स मुख्य लक्ष्य।
    - कांग्रेस ने इन प्रस्तावों को अस्वीकार कर दिया। जवाहरलाल नेहरू ने डोमिनियन स्टेट के दर्जे की बात पर कहा "यह दरवाजे में जड़ी जंग लगी कील की तरह है।"

> अगस्त घोषणा के पश्चात् वायसराय की कार्यकारिणी में सदस्यों की संख्या 7 से बढ़ाकर 12 कर दी गई, इसमें 4 ब्रिटिश तथा 8 भारतीय थे। पूर्व में भारतीयों की संख्या 3 थी।

व्यक्तिगत सत्याग्रह, 1940-41

- अगस्त प्रस्ताव को अस्वीकार करने के पश्चात् कांग्रेस ने व्यक्तिगत सत्याग्रह शुरू करने का निर्णय लिया। इसका उद्देश्य युद्ध के विरुद्ध प्रचार करना था।
- व्यक्तिगत सत्याग्रह वर्धा के निकट पवनार आश्रम से 17 अक्टूबर, 1940 को प्रारम्भ हुआ। पहले सत्याग्रही विनोबा भावे, दूसरे जवाहरलाल नेहरू तथा तीसरे सरदार पटेल थे।
- इसमें भाषण की स्वतन्त्रता अथवा सार्वजनिक रूप से युद्ध विरोधी बातें कहने को मुद्दा बनाया गया था। यह सत्याग्रह लोगों के अन्दर सीमित उत्साह ही जाग्रत कर सका।
- इस सत्याग्रह के दौरान अधिकतर सत्याग्रहियों को गिरफ्तार कर लिया गया, जिन सत्याग्रहियों को गिरफ्तार नहीं किया गया, वे गाँवों की ओर चल देते और अपना सन्देश फैलाते हुए दिल्ली की ओर बढ़ने की कोशिश करते थे। इसी कारण इस आन्दोलन को दिल्ली चलो आन्दोलन भी कहा गया है।

> उल्लेखनीय है कि दो चरणों में चलने वाले व्यक्तिगत सत्याग्रह का दूसरा चरण जनवरी, 1941 में जवाहरलाल नेहरू द्वारा शुरू किया गया था। इस चरण में बीस हजार से अधिक गिरफ्तारियाँ हुई थीं।

क्रिप्स मिशन, 1942

- भारत के राजनैतिक गतिरोध को दूर करने के उद्देश्य से ब्रिटिश प्रधानमन्त्री चर्चिल ने ब्रिटिश संसद सदस्य तथा मजदूर नेता सर स्टेफोर्ड क्रिप्स के नेतृत्व में 11 मार्च, 1942 को एक मिशन भारत भेजने को घोषणा की और 23 मार्च, 1942 को यह मिशन भारत पहुँचा।
- कांग्रेस ने पण्डित जवाहरलाल नेहरू व मौलाना आजाद को इस मिशन के साथ वार्ता हेतु अपना आधिकारिक वार्ताकार नियुक्त किया। क्रिप्स मिशन के मुख्य प्रस्ताव निम्नलिखित थे
    - युद्ध के बाद एक ऐसे भारतीय संघ के निर्माण का प्रयत्न किया जाएगा, जिसका स्तर अधिराज्य (डोमिनियन स्ट्रेटस) होगा।
    - युद्ध के तत्काल बाद एक संविधान निर्मात्री सभा का गठन किया जाएगा, जिसमें ब्रिटिश भारत और देशी रजवाड़ों के प्रतिनिधि शामिल होंगे।
    - संविधान सभा द्वारा निर्मित संविधान को सरकार दो शर्तों पर लागू कर सकेगी
        - भारत का कोई भी प्रान्त, यदि नए संविधान से सहमत नहीं है, तो उसे वर्तमान संवैधानिक स्थिति बनाए रखने का अधिकार होगा।
        - प्रत्येक देशी रियासत इस संविधान का अनुपालन करने या इसे अस्वीकार करने के लिए स्वतन्त्र होगी।
    - नए भारतीय संविधान का निर्माण होने तक भारत की रक्षा का उत्तरदायित्व ब्रिटिश सरकार पर होगा।

क्रिप्स प्रस्ताव पर कांग्रेस की प्रतिक्रिया

- कांग्रेस तथा मुस्लिम लीग दोनों ने क्रिप्स प्रस्ताव को स्वीकार नहीं किया।
- गाँधीजी ने क्रिप्स प्रस्ताव को उत्तर-तिथिय चेक (Post-Dated Cheque) कहा।
- जवाहरलाल नेहरू ने इसके आगे ऐसा बैंक जो टूट रहा है (दिवालिया बैंक) जोड़ दिया। नेहरू ने कहा कि उनके पुराने मित्र क्रिप्स शैतान के वकील बनकर आए थे और उनकी योजना के क्रियान्वयन का परिणाम देश के अनगिनत विभाजनों की सम्भावना के दरवाजे खोल देना होगा।

> मुस्लिम लीग ने दो आधारों पर इसे अस्वीकार किया—**पहला**, पृथक् निर्वाचनमण्डल को मान्यता नहीं दी गई थी तथा **दूसरा**, भारत विभाजन की माँग को स्वीकार नहीं किया गया था।

- क्रिप्स प्रस्ताव ने अप्रत्यक्ष रूप से पाकिस्तान बनाने में महत्त्वपूर्ण भूमिका निभाई। इसके प्रस्ताव की एक धारा को **लोकल ऑप्शन** (स्थानीय विकल्प) के रूप में जाना जाता है।
- इसके अनुसार प्रान्तों को यह अधिकार दिया गया था कि भविष्य में वे अपनी स्थिति निर्धारित करने के लिए ब्रिटेन से सीधा समझौता कर सकते हैं तथा भविष्य में बनने वाले नए संविधान को अस्वीकार भी कर सकते हैं।
- 29 मार्च, 1942 को क्रिप्स प्रस्तावों की घोषणा हुई थी तथा 11 अप्रैल, 1942 को इसे वापस ले लिया गया था। क्रिप्स मिशन की असफलता, जापानी आक्रमण के बढ़ते हुए खतरे तथा द्वितीय विश्वयुद्ध से सृजित बढ़ी हुई कीमतों और वस्तुओं के अभाव ने भारतीय जनमानस को असन्तोष से भर दिया।

भारत छोड़ो आन्दोलन, 1942

- गाँधीजी ने **हरिजन** पत्रिका में अंग्रेजों को भारत छोड़ने की माँग करते हुए कहा "भारत को भगवान के भरोसे छोड़ दो और यदि यह असम्भव हो, तो अराजकता के भँवर में छोड़ दो।" 7 जून, 1942 को गाँधीजी ने कहा, "हमें अपनी आजादी के लिए लड़ना होगा। आजादी आकाश से नहीं टपकेगी।"
- गाँधीजी ने कांग्रेस को चुनौती दी कि यदि उसने संघर्ष का उनका प्रस्ताव स्वीकार नहीं किया, तो वे देश की बालू से ही कांग्रेस से भी बड़ा आन्दोलन खड़ा कर देंगे।
- परिणामस्वरूप 14 जुलाई, 1942 को **वर्धा** में आयोजित कांग्रेस कार्यसमिति की बैठक में भारत छोड़ो आन्दोलन का प्रस्ताव **पारित** किया गया।
- 7 अगस्त, 1942 को मौलाना अबुल कलाम आजाद की अध्यक्षता में बम्बई के ऐतिहासिक **ग्वालिया टैंक** में अखिल भारतीय कांग्रेस की एक बैठक हुई, जिसमें वर्धा प्रस्ताव की **पुष्टि** कर दी गई।
- भारत छोड़ो प्रस्ताव को नेहरू जी ने पेश किया, जिसे थोड़े बहुत संशोधनों के साथ 8 अगस्त, 1942 को स्वीकार कर लिया गया।

> **गाँधीजी** ने अपने ऐतिहासिक सम्बोधन में कहा "मैं आपको एक मन्त्र देता हूँ—करो या मरो" (Do or Die), जिसका अर्थ था कि हम भारत को आजाद कराएँगे या इस प्रयास में अपनी जान दे देंगे।

- भारत छोड़ो आन्दोलन प्रस्ताव के अन्तर्गत **निम्न घोषणाएँ** की गईं
  - ब्रिटिश शासन को (भारत से) शीघ्र समाप्त किया जाए।
  - स्वतन्त्र भारत सभी प्रकार की साम्राज्यवादी व फाँसीवादी शक्तियों से अपनी रक्षा स्वयं करेगा, की घोषणा की गई।
  - अंग्रेजों के वापस जाने के पश्चात् भारत में कुछ समय के लिए अस्थायी सरकार की स्थापना करना।
  - ब्रिटिश शासन के विरुद्ध असहयोग करने का समर्थन किया गया।

> **भारत छोड़ो आन्दोलन के लिए कार्यक्रम**
>
> भारत छोड़ो आन्दोलन के मुख्य कार्यक्रम निम्नलिखित थे
> - आन्दोलन को रोकने वाले सभी आदेशों का उल्लंघन।
> - नमक बनाना।
> - गैर-कानूनी सभाओं की प्रत्यक्ष रूप से सदस्यता।
> - वकील अपना कार्य छोड़ दें।
> - विद्यार्थी अपने विद्यालय तथा महाविद्यालय छोड़ दें।
> - जज अदालतें छोड़ दें।
> - सरकारी कर्मचारी अपना पद त्याग दें।
> - मजदूरों की हड़ताल।
> - विदेशी कपड़ों का बहिष्कार।
> - शराब की दुकानों का बहिष्कार।
> - विदेशी मुद्रा का व्यापार में बहिष्कार।
> - कर न देना।
> - फौजों को रोकना।
> - आन्दोलनकारियों को बन्दी बनाने पर भी आन्दोलन स्थगित न करना।

विभिन्न वर्गों को कांग्रेस के निर्देश

- सरकारी सेवक नौकरी न छोड़ें, लेकिन कांग्रेस के प्रति अपनी राजभक्ति घोषित कर दें।
- सैनिक सेना से त्याग-पत्र न दें, लेकिन देशवासियों पर गोली न चलाएँ।
- राजा-महाराजा जनता की प्रभुसत्ता स्वीकारें, उनकी रियासतों में रहने वाली जनता अपने को भारतीय राष्ट्र का अंग घोषित कर दे।
- छात्र पढ़ाई तभी छोड़ें, यदि स्वतन्त्रता प्राप्त हो जाने तक इस पर अड़िग रह सकें।
- किसान यदि जमींदार सरकार समर्थक हों, तो लगान न दें। यदि सरकार विरोधी हों, तो पारस्परिक सहमति के आधार पर तय किया गया लगान अदा करें।

भारत छोड़ो आन्दोलन का प्रारम्भ एवं प्रसार

- 9 अगस्त, 1942 को आन्दोलन शुरू होते ही **ऑपरेशन जीरो ऑवर** के अन्तर्गत गाँधीजी, मौलाना आजाद सहित कांग्रेस के सभी प्रमुख नेताओं को गिरफ्तार कर लिया गया। गिरफ्तार करने के बाद **गाँधीजी तथा सरोजिनी नायडू** को **आगा खाँ पैलेस** में रखा गया।
- जवाहरलाल नेहरू, गोविन्द बल्लभ पन्त, डॉ. प्रफुल्लचन्द्र घोष, डॉ. पट्टाभि सीतारमैया, डॉ. सैय्यद महमूद तथा आचार्य कृपलानी को **अहमदनगर जेल** में कैद रखा गया।
- राजेन्द्र प्रसाद को बांकीपुर (पटना जेल) में तथा **जयप्रकाश नारायण** को हजारीबाग जेल में बन्द कर दिया गया। बाद में जयप्रकाश नारायण जेल से भाग गए तथा आजाद दस्ता (भूमिगत कार्रवाई) का गठन किया।
- कांग्रेसी नेता 15 जून, 1945 तक बन्दीगृह में रहे। इसके साथ ही अंग्रेजी सरकार ने अखिल भारतीय कांग्रेस समिति, कांग्रेस कार्यकारिणी तथा प्रान्तीय कांग्रेस समिति को भी गैर-कानूनी घोषित कर दिया, जो कांग्रेसी नेता गिरफ्तार नहीं हो सके, (**राम मनोहर लोहिया, अरुणा आसफ अली** आदि), उन्होंने गुप्त रूप से जनता का नेतृत्व किया। जनता ने स्वयं नेतृत्व सँभालकर जुलूस निकाला।
- वरिष्ठ नेताओं की गिरफ्तारी के पश्चात् जनता द्वारा हिंसक कार्रवाइयाँ की जाने लगीं। अहमदाबाद, मद्रास, बंगलौर, सहारनपुर में मजदूरों द्वारा हड़तालें की गईं, संचार साधनों को नष्ट किया गया तथा रेलवे लाइन उखाड़ दी गईं तथा पुलिस स्टेशन, रेलवे स्टेशन, कारखाने इत्यादि में आग लगा दी गई।
- भारत छोड़ो आन्दोलन का सर्वाधिक प्रभाव बंगाल, बिहार, बम्बई, उत्तर प्रदेश, मद्रास में रहा।
- ब्रिटिश सरकार के दमन चक्र के कारण यह आन्दोलन भूमिगत हो गया। इसका नेतृत्व अच्युत पटवर्धन, अरुणा आसफ अली, राम मनोहर लोहिया, सुचेता कृपलानी, छोटू भाई पुराणिक, बीजू पटनायक, आर पी गोयनका तथा जयप्रकाश नारायण ने किया।

- 9 अगस्त, 1942 को कांग्रेसी नेताओं के बन्दी बनाए जाने के तुरन्त बाद पहली बार कांग्रेस-रेडियो स्थापित करने का मत व्यक्त किया गया, जिससे कि लोगों को उनके इस ऐतिहासिक आन्दोलन की प्रगति के बारे में बताया जा सके।
- **राम मनोहर लोहिया, वी एम खाकर, उषा मेहता** आदि ने इसकी व्यवस्था की। कांग्रेस प्रसारण स्टेशन मुख्य रूप से बम्बई एवं नासिक से कार्य कर रहा था। गुप्त कांग्रेस रेडियो का सर्वप्रथम संचालन उषा मेहता ने किया था। एक केन्द्र को बाबूभाई ने संचालित किया था।

गाँधीजी के क्रियाकलाप

- आन्दोलन के प्रति सरकार की दमनात्मक नीति के विरुद्ध गाँधीजी ने आगा खाँ पैलेस में 10 फरवरी, 1943 को 21 दिन के उपवास की घोषणा की। इससे सम्पूर्ण देश में आक्रोश बढ़ गया।
- उपवास के 13वें दिन गाँधीजी की स्थिति इतनी बिगड़ गई कि ब्रिटिश सरकार उन्हें रिहा करने के बदले उनकी मृत्यु का प्रतीक्षा करने लगी।
- गाँधीजी की रिहाई की माँग करते हुए वायसराय की कार्यपरिषद् के तीन सदस्यों एम एस अणे, एन आर सरकार, एच पी मोदी ने त्याग-पत्र दे दिया। इसी बीच सरकार को चकमा देते हुए गाँधीजी ने 7 मार्च, 1943 को उपवास तोड़ दिया।
- खराब स्वास्थ्य के कारण 9 मई, 1943 को उन्हें रिहा कर दिया गया। गाँधीजी की जेल से रिहाई के पूर्व ही उनकी पत्नी **कस्तूरबा गाँधी** और निजी सचिव **महादेव देसाई** की मृत्यु हो चुकी थी।
- गाँधीजी की रिहाई के विरोध में ब्रिटिश प्रधानमन्त्री **विंस्टन चर्चिल** ने कहा था "जब दुनिया में हम हर कहीं जीत रहे हैं, ऐसे समय में हम एक कमबख्त बुड्ढे के सामने कैसे झुक सकते हैं, जो हमेशा से हमारा शत्रु रहा है।"

> **समानान्तर सरकारें**
>
> **बलिया**
> - **अवधि** एक सप्ताह, अगस्त, 1942।
> - **नेतृत्व** चित्तू पाण्डेय।
> - स्थानीय जिलाधिकारी से शासन के सभी अधिकार छीन लिए तथा जेल में बन्द सभी कांग्रेसी नेताओं को रिहा कर दिया।
>
> **तामलुक** (मिदनापुर, बंगाल)
> - **अवधि** दिसम्बर, 1942 से सितम्बर, 1944 तक।
> - **नेतृत्व** सतीश सामन्त, किसान विधवा मातंगी-हजारा की महत्त्वपूर्ण भूमिका।
> - जातीय सरकार ने तूफान पीड़ितों की सहायता के लिए कार्यक्रम प्रारम्भ किया।
> - सशस्त्र **विद्युत वाहिनी** का गठन किया।
>
> **सतारा** (महाराष्ट्र)
> - **अवधि** अगस्त, 1943 से मई, 1946 तक।
> - **नेतृत्व** क्रान्ति सिन्हा, नाना पाटिल, वाई वी चह्वाण।
> - सबसे अधिक समय तक रहने वाली सरकार।
> - प्रति सरकार जन अदालत का गठन।

भारत छोड़ो आन्दोलन में जन भागीदारी

- भारत छोड़ो आन्दोलन में युवक (स्कूल एवं कॉलेज के छात्र), महिलाएँ (ऊषा मेहता, अरुणा आसफ अली, सुचेता कृपलानी), किसानों आदि ने महत्त्वपूर्ण भूमिका निभाई। स्थानीय स्तर पर कम्यूनिस्टों ने भी इसमें भाग लिया।
- प्रशासन एवं पुलिस के निचले स्तर के अधिकारियों ने आन्दोलन में सहयोग दिया। इसके अतिरिक्त देशी रियासतों का सहयोग सामान्य था।

> आन्दोलन में किसानों की सक्रिय भागीदारी रही तथा बिहार, बंगाल, महाराष्ट्र, गुजरात, आन्ध्र प्रदेश, केरल और संयुक्त प्रान्त किसानों की गतिविधियों के मुख्य क्रेन्द्र थे।

विभिन्न दलों के दृष्टिकोण

- भारत में सभी दल इस आन्दोलन के पक्ष में नहीं थे। कांग्रेस तथा समाजवादी दल के सदस्यों ने इसका स्वागत किया, लेकिन मुस्लिम लीग, उदारवादी साम्यवादियों (रूस पर जर्मनी के आक्रमण के बाद) ने इसका विरोध किया।
- हिन्दू महासभा ने यद्यपि सरकार की आलोचना की, लेकिन हिन्दुओं को भाग न लेने के लिए कहा। धीरे-धीरे इसका रवैया (व्यवहार) बदला। 31 अगस्त, 1942 को इसने समर्थन किया। **डॉ. अम्बेडकर** ने इसका विरोध किया तथा अकाली और ईसाइयों ने भी इसका विरोध किया।

आजाद हिन्द फौज

- आजाद हिन्द फौज का गठन **कैप्टन मोहन सिंह** ने उन 40000 भारतीय सैनिकों से किया था, जिन्होंने द्वितीय विश्वयुद्ध के दौरान अंग्रेजों की ओर लड़ते हुए सिंगापुर के पतन के पश्चात् जापान के समक्ष आत्म-समर्पण कर दिया था। 1 सितम्बर, 1942 को आजाद हिन्द फौज की पहली डिवीजन का गठन किया गया। 21 जुलाई, 1943 को रास बिहारी बोस व कैप्टन मोहन सिंह की पहल पर नेताजी **सुभाषचन्द्र बोस** को इस सेना का सर्वोच्च सेनापति बना दिया गया।
- 21 अक्टूबर, 1943 को सुभाषचन्द्र बोस ने सिंगापुर में स्वतन्त्र भारत की अस्थायी सरकार का गठन किया, जिसके मन्त्रियों में एच सी चटर्जी (वित्त), एम ए अय्यर (प्रचार) तथा लक्ष्मी सहगल (स्त्रियों के विभाग) आदि शामिल थे। सुभाषचन्द्र बोस ने अस्थायी सरकार का मुख्यालय रंगून को बनाया। जर्मनी तथा जापान ने अस्थायी सरकार का समर्थन किया।
- सुभाषचन्द्र बोस ने **रानी झाँसी रेजिमेण्ट** महिलाओं के लिए स्थापित की। आजाद हिन्द फौज की तीन और ब्रिगेड का नाम क्रमशः **सुभाष ब्रिगेड, नेहरू ब्रिगेड** व **गाँधी ब्रिगेड** रखा गया।
- सैनिकों का आह्वान करते हुए सुभाषचन्द्र बोस ने कहा कि हमने बहुत त्याग किया है, किन्तु अभी प्राणों की आहुति देना शेष है, "तुम मुझे खून दो मैं तुम्हें आजादी दूँगा।"

- 6 नवम्बर, 1943 को जापानी सेना ने आजाद हिन्द फौज को अण्डमान और निकोबार द्वीप सौंप दिए। बोस ने अण्डमान एवं निकोबार का नाम शहीद और स्वराज द्वीप रखा।
- 18 मार्च, 1944 को आजाद हिन्द फौज की तीनों ब्रिगेड ने जापानी सेना के नेतृत्व में भारत को आजाद कराने के उद्देश्य से बर्मा (म्यांमार) की सीमाओं को पार कर उत्तर-पूर्वी भारत के क्षेत्र कोहिमा और नागालैण्ड पर घेरा डाल दिया। यह घेरा करीब एक वर्ष तक चला।
- पहली बार सुभाषचन्द्र बोस द्वारा ही गाँधीजी के लिए **राष्ट्रपिता** शब्द का प्रयोग किया गया।
- अप्रैल, 1944 में भारतीय राष्ट्रीय झण्डा मोइरांग में फहराया गया। मई, 1945 में ब्रिटिश सेना द्वारा रंगून पर पुन: अधिकार कर लिए जाने के बाद आजाद हिन्द के सिपाहियों को जापानी सेना के साथ आत्मसमर्पण करना पड़ा।

आजाद हिन्द फौज पर मुकदमा (लाल किला मुकदमा, 1945)

- वर्ष 1945 में आजाद हिन्द फौज में सिपाहियों द्वारा समर्पण के बाद सरकार ने उन पर निष्ठा की शपथ (सरकार के प्रति) तोड़ने के आरोप में लाल किले में मुकदमा चलाने का निर्णय लिया। कांग्रेस ने आजाद हिन्द फौज के सिपाहियों को बचाने के लिए **आजाद हिन्द बचाव समिति** की स्थापना की।
- बचाव पक्ष के वकीलों में भूलाभाई देसाई प्रमुख थे, उनका सहयोग करने के लिए तेजबहादुर सप्रू, जवाहरलाल नेहरू तथा काटजू ने भी अदालत में बहस की। आजाद हिन्द फौज के सिपाही सरदार गुरुबख्श सिंह, प्रेम सहगल, शाहनवाज पर मुकदमा चलाया गया, जिसमें इन्हें फाँसी की सजा सुनाई गई, किन्तु भारी विरोध के कारण वायसराय को अपने विशेषाधिकार का प्रयोग कर तीनों की फाँसी माफ करने को विवश होना पड़ा।

सी आर फॉर्मूला (10 जुलाई, 1944)

राजगोपालाचारी, कांग्रेस तथा मुस्लिम लीग के समझौते के पूर्ण पक्षधर थे। 10 जुलाई, 1944 को उन्होंने कांग्रेस तथा मुस्लिम लीग के समझौते की एक योजना प्रस्तुत की, जिसके मुख्य बिन्दु निम्नलिखित हैं

- मुस्लिम लीग भारतीय स्वतन्त्रता माँग का समर्थन करे तथा अस्थायी सरकार गठन में कांग्रेस के साथ सहयोगी की भूमिका अदा करे।
- द्वितीय विश्वयुद्ध के सामाप्त होने पर भारत के उत्तर-पश्चिम व पूर्वी भागों में स्थित मुस्लिम बहुसंख्यक क्षेत्रों की सीमा का निर्धारण करने के लिए एक कमीशन नियुक्त किया जाए, तत्पश्चात् वयस्क मताधिकार प्रणाली के आधार पर इन क्षेत्रों के निवासियों की मतगणना करके भारत से उनके सम्बन्ध-विच्छेद के प्रश्न का निर्णय लिया जाए।
- मतगणना के पूर्व सभी राजनीतिक दलों को अपने दृष्टिकोण के प्रचार की पूर्ण स्वतन्त्रता हो।
- देश विभाजन की स्थिति में व्यापार, रक्षा, संचार एवं दूसरे आवश्यक विषयों के सम्बन्ध में आपसी समझौते की व्यवस्था की जाए।
- यह योजना तभी मानी जा सकती है, जब ब्रिटेन, भारत को पूर्ण रूप से स्वतन्त्रता प्रदान करे। उल्लेखनीय है कि जिन्ना ने इस फॉर्मूले को अस्वीकार कर दिया।

वेवेल योजना, 1945

अक्टूबर, 1945 में लिनलिथगो के स्थान पर वेवेल वायसराय बने, इन्होंने शान्ति लाने के उद्देश्य से कांग्रेस कार्यसमिति के सदस्यों को रिहा कर दिया। 14 जून, 1945 को वेवेल ने एक योजना रखी, जिसमें निम्न बातें शामिल थीं

- केन्द्र में नई कार्य परिषद् का गठन किया जाएगा। परिषद् में वायसराय तथा सैन्य प्रमुख के अतिरिक्त शेष सभी सदस्य भारतीय होंगे। प्रतिरक्षा विभाग वायसराय के अधीन होगा।
- कार्यकारिणी में मुसलमानों की संख्या सवर्ण हिन्दुओं के बराबर होगी।
- कार्यकारिणी परिषद् एक अन्तरिम राष्ट्रीय सरकार के समान होगी। गवर्नर-जनरल बिना कारण निषेधाधिकार (Vito) का प्रयोग नहीं करेगा।
- सभी राजनैतिक दलों की एक सम्मिलित सभा बुलाई जाएगी, ताकि कार्यकारिणी की नियुक्ति के लिए एक सर्वसम्मत सूची प्रस्तुत की जा सके।

शिमला सम्मेलन

- वायसराय वेवेल ने 25 जून, 1945 को शिमला में एक सम्मेलन बुलाया। इसमें 21 भारतीय राजनीतिज्ञों ने भाग लिया। इस सम्मेलन में कांग्रेस प्रतिनिधिमण्डल का नेतृत्व मौलाना अबुल कलाम आजाद ने किया था।
- वायसराय ने अपनी कार्यकारिणी में 14 सदस्य रखने का निर्णय लिया, जिनमें 5 सदस्य कांग्रेस से, 5 सदस्य मुस्लिम लीग से तथा 4 अन्य सदस्य थे। कांग्रेस द्वारा मौलाना अबुल कलाम को भी चुना गया, लेकिन जिन्ना ने कांग्रेस द्वारा मुस्लिम सदस्य चुनने का विरोध किया।
- प्रस्ताव के अनुसार, वायसराय की कार्यकारिणी में सेना प्रमुख (वायसराय) के अतिरिक्त बार मेम्बर सहित सभी पद भारतीयों द्वारा धारण किए जाने थे।
- सम्मेलन में जिन्ना द्वारा प्रस्ताव प्रस्तुत किया गया कि वायसराय की कार्यकारिणी के सभी मुस्लिम सदस्य, मुस्लिम लीग से ही लिए जाएँ, क्योंकि मुस्लिम लीग मुसलमानों की एकमात्र प्रतिनिधि संस्था है। यही सम्मेलन की विफलता का कारण बना।

नोट सम्मेलन के समय गाँधीजी शिमला में ही थे, किन्तु उन्होंने सम्मेलन मे भाग नहीं लिया था।

भारत में आम चुनाव, 1945

- ब्रिटेन में विंस्टन चर्चिल की कंजर्वेटिव पार्टी की पराजय के बाद लेबर पार्टी के नेता क्लीमेण्ट एटली ब्रिटेन के प्रधानमन्त्री बने, उन्होंने सर पैथिक लॉरेन्स को भारत सचिव नियुक्त किया। एटली ने अपनी पहली कार्यवाही के अन्तर्गत भारत में आम चुनाव करवाया। दिसम्बर, 1945 में चुनाव परिणाम घोषित किए गए।

- वर्ष 1945-46 में सामान्य स्थानों पर कांग्रेस को और मुसलमानों के लिए आरक्षित स्थानों पर लीग को सफलता मिली। दिसम्बर, 1946 में विधानसभा चुनाव के परिणामों में 1585 सीटों में से कांग्रेस को 923 तथा लीग को 425 सीटें प्राप्त हुईं, जबकि केन्द्रीय विधानमण्डल की 102 सीटों में से कांग्रेस को 59, लीग को 30, अकाली दल को 2, स्वन्तत्र (निर्दल) को 3 और यूरोपियन को 8 सीटें प्राप्त हुईं।
- 11 प्रान्तों में से 8 (बम्बई, संयुक्त प्रान्त, मध्य प्रान्त, बिहार, उड़ीसा, असम, उत्तर-पश्चिमी सीमा प्रान्त तथा मद्रास प्रान्तों में कांग्रेस की सरकार बनी तथा बंगाल और सिन्ध में लीग की सरकार बनी, जबकि पंजाब में **हयात खाँ** के नेतृत्व में कांग्रेस तथा अकाली दल की सहायता से यूनियनिस्ट की सरकार बनी।

नौसैनिक विद्रोह, 1946

- आजाद हिन्द फौज तथा भारत छोड़ो आन्दोलन की घटनाओं ने ब्रिटिश सरकार के भारतीय सैनिकों को भी प्रभावित किया। 18 फरवरी, 1946 को रॉयल इण्डियन नेवी के गैर-कमीशण्ड अधिकारियों एवं सैनिकों, जिन्हें **रेटिंग्ज** कहा जाता था, ने नस्लीय भेदभाव तथा खराब भोजन के प्रतिवाद में हड़ताल कर दी।
- यह विद्रोह बम्बई के नौसैनिक प्रशिक्षण पोत एचएमआईएस **तलवार** पर किया गया था। हड़ताली नाविकों ने एक नौसेना केन्द्रीय हड़ताल समिति का चुनाव किया, जिसके प्रमुख **एम एस खान** थे।

> विद्रोही सैनिक **बी सी दत्त** की रिहाई की भी माँग कर रहे थे, जिन्हें जहाज पर **भारत छोड़ो** लिखने के कारण गिरफ्तार कर लिया गया था। शीघ्र ही यह विद्रोह अन्य स्थलों-कराची, मद्रास तथा कलकत्ता तक फैल गया। विद्रोहियों ने जहाजों से ब्रिटिश यूनियन जैक को उतारकर उसके स्थान पर कांग्रेस, लीग तथा कम्युनिस्ट पार्टी के प्रतीक वाले तिरंगे, चाँद तथा हंसिया-हथौड़ा के निशान वाले ध्वज फहराए।

- नौसेना विद्रोह के समर्थन में 22 फरवरी, 1946 को बम्बई में अभूतपूर्व हड़ताल का आयोजन हुआ। इसमें 20 लाख मजदूरों ने भाग लिया। विद्रोहियों के दमन के लिए सरकार ने **एडमिरल गॉडफ्रे** को भेजा। सरकार के इस रुख को देखते हुए वल्लभभाई पटेल ने इस मामले में हस्तक्षेप किया।
- पटेल और जिन्ना ने इन्हें आत्मसमर्पण करने के लिए कहा। 25 फरवरी, 1946 को विद्रोहियों ने यह कहते हुए आत्मसमर्पण किया कि "हम भारत के सामने आत्मसमर्पण कर रहे हैं, ब्रिटेन के सामने नहीं।"

कैबिनेट मिशन योजना, 1946

- फरवरी, 1946 में ब्रिटेन के प्रधानमन्त्री **एटली** ने भारत में एक तीन सदस्यीय उच्चस्तरीय शिष्टमण्डल भेजने की घोषणा की। इसके सदस्यों में **पैथिक लॉरेन्स** (भारत सचिव), **सर स्टैफर्ड क्रिप्स** (व्यापार बोर्ड के अध्यक्ष), **ए वी अलेक्जेण्डर** (नौसेना मन्त्री) आदि शामिल थे।
- ये तीनों सदस्य 24 मार्च, 1946 को भारत पहुँचे तथा भारत के विभिन्न दलों व नेताओं से विचार-विमर्श किया।
- 16 मई, 1946 को कैबिनेट मिशन द्वारा भारत मे तत्काल एवं अन्तरिम सरकार की स्थापना, संविधान सभा का गठन और संविधान निर्माण हेतु एक योजना प्रस्तुत की गई।
- जुलाई, 1946 में कैबिनेट मिशन के अनुसार संविधान सभा के निर्वाचन हुए। निर्वाचन में कांग्रेस को बहुमत प्राप्त हुआ। कैबिनेट मिशन के तहत वायसराय ने नेहरू को अगस्त, 1946 में अन्तरिम सरकार बनाने के लिए आमन्त्रित किया, जिसे नेहरू ने स्वीकार कर लिया।
- मुस्लिम लीग ने जिन्ना के नेतृत्व में इसके विरोध में पाकिस्तान को प्राप्त करने हेतु प्रत्यक्ष कार्यवाही की धमकी दी और 16 अगस्त, 1946 को प्रत्यक्ष कार्यवही दिवस मनाया।

> संविधान सभा के गठन के सम्बन्ध में कैबिनेट मिशन ने वयस्क मताधिकार पर आधरित निर्वाचन व्यवस्था को अस्वीकार करते हुए प्रति 10 लाख जनसंख्या पर एक सदस्य के **अप्रत्यक्ष निर्वाचन की व्यवस्था** को स्वीकार किया गया।

अन्तरिम सरकार का गठन, 1946

- मुस्लिम लीग द्वारा अन्तरिम सरकार में सम्मिलित होने से इनकार करने के बाद वेवेल द्वारा 6 अगस्त, 1946 को नेहरू को अन्तरिम सरकार बनाने के लिए आमन्त्रित किया गया।
- 24 अगस्त, 1946 को नेहरू के नेतृत्व में भारत की **पहली अन्तरिम राष्ट्रीय सरकार** की घोषणा की गई, जिसमें मुस्लिम लीग की भागीदारी नहीं थी। 2 सितम्बर, 1946 को अन्तरिम सरकार का गठन किया गया। पण्डित जवाहरलाल नेहरू ने 12 सदस्यीय मन्त्रिमण्डल के साथ अपने पद की शपथ ली।
- **अन्तरिम सरकार** में जवाहरलाल नेहरू, वल्लभभाई पटेल, डॉ. राजेन्द्र प्रसाद, आसफ अली, सी राजगोपालाचारी, शरद चन्द्र बोस, जॉन मथाई, सरदार बलदेव सिंह, सरफराज अहमद खाँ, नाजिक राम, सैय्यद अली जहीन और डॉ. सी एच भाभा आदि थे।
- ये सदस्य औपचारिक रूप से वायसराय की कार्यकारिणी परिषद् के सदस्य थे, जिसके अध्यक्ष वायसराय तथा उपाध्यक्ष नेहरू थे। 26 अक्टूबर, 1946 को अन्तरिम सरकार में मुस्लिम लीग के पाँच प्रतिनिधि शामिल हो गए।

> 20 नवम्बर, 1946 को लॉर्ड वेवेल ने संविधान सभा की प्रथम बैठक के सदस्यों को आमन्त्रित किया। 9 दिसम्बर, 1946 को संविधान सभा की प्रथम बैठक हुई, जिसमें **डॉ. सच्चिदानन्द सिन्हा** को अस्थायी अध्यक्ष चुना गया।
>
> 11 दिसम्बर, 1946 को **डॉ. राजेन्द्र प्रसाद** को संविधान का स्थायी अध्यक्ष चुना गया। 13 दिसम्बर, 1946 को नेहरू ने उद्देश्य प्रस्ताव पेश किया।

अन्तरिम सरकार

सदस्य	विभाग
जवाहरलाल नेहरू	राष्ट्रमण्डल सम्बन्ध तथा विदेशी मामले
सरदार वल्लभभाई पटेल	ग्रह सूचना एवं प्रसारण
बलदेव सिंह	रक्षा
डा. राजेन्द्र प्रसाद	खाद्य एवं कृषि
आसफ अली	रेलवे एवं परिवहन
जॉन मथाई	उद्योग एवं नागरिक आपूर्ति
जगजीवन राम	श्रम
सी. एच. भाभा	कार्य, खान तथा ऊर्जा
सी राजगोपालाचारी	शिक्षा एवं कला
लीग के सदस्य	**विभाग**
लियाकत अली खाँ	वित्त
गजनफर अली	स्वास्थ्य
जोगेन्द्रनाथ मण्डल	विधि
अब्दुल-रब-नश्तर	डाक एवं वायु
आई चुन्दरीगर	वाणिज्य

एटली की घोषणा एवं माउण्टबेटन योजना, 1947

- 20 फरवरी, 1947 को ब्रिटिश प्रधानमन्त्री एटली ने **हाउस ऑफ कॉमन्स** के समक्ष बयान दिया कि जून, 1948 तक भारतीयों को सत्ता सौंपकर अंग्रेज भारत छोड़ देंगे।
- इसके साथ यह भी कहा गया कि यदि तब तक एक संविधान का निर्णय न किया गया, तो अंग्रेजों को अधिकार होगा कि वे जिसे चाहे उसे शक्ति सौंप दें। इसके साथ ही वेवेल के स्थान पर माउण्टबेटन (22 मार्च, 1947) को वायसराय बनाकर भेजा गया।
- 3 जून को माउण्टबेटन ने भारत के विभाजन के साथ सत्ता हस्तान्तरण की योजना प्रस्तुत की। स्वतन्त्रता एवं विभाजन से सम्बन्धित इस योजना को **बाल्कन प्लान** के नाम से भी जाना जाता है।

भारतीय स्वतन्त्रता अधिनियम, 1947

- माउण्टबेटन योजना के आधार पर 4 जुलाई, 1947 को ब्रिटिश संसद में भारतीय स्वतन्त्रता विधेयक पेश किया गया, जिसे 18 जुलाई, 1947 को स्वीकृति मिल गई। इस अधिनियम में निम्नलिखित प्रमुख विशेषताएँ थीं
  - 15 अगस्त, 1947 को देश को दो डोमिनियनों **भारत** और **पाकिस्तान** नामक दो भागों में विभाजित कर दिया जाएगा।
  - दोनों अधिराज्यों के लिए प्रत्येक में एक गवर्नर-जनरल होगा, जिसकी नियुक्ति इंगलैण्ड के सम्राट द्वारा की जाएगी।
  - संविधान के निर्माण होने तक दोनों अधिराज्यों का प्रशासन भारत शासन अधिनियम, 1935 के द्वारा संचालित किया जाएगा।
  - देशी रियासतों को यह स्वतन्त्रता दी गई कि वे चाहें तो भारत अथवा पाकिस्तान के साथ मिल सकते हैं अथवा वे स्वतन्त्र भी रह सकते हैं।
- इस अधिनियम के आधार पर 14 अगस्त को पाकिस्तान तथा 15 अगस्त को भारत स्वतन्त्र हो गया।

> मुहम्मद अली जिन्ना पाकिस्तान के गवर्नर-जनरल तथा लियाकत अली खाँ प्रधानमन्त्री बने। स्वतन्त्र भारत में **लॉर्ड माउण्टबेटन** प्रथम गवर्नर-जनरल तथा **पण्डित जवाहरलाल नेहरू** प्रथम प्रधानमन्त्री बने। स्वतन्त्र शब्द के प्रयोग से स्पष्ट था कि अब भारत पर ब्रिटिश संसद तथा व्हाइट हॉल का नियन्त्रण नहीं रह गया

प्रीलिम्स फैक्ट्स

- मुस्लिम लीग ने पृथक् पाकिस्तान की माँग सर्वप्रथम कब की थी?
  – वर्ष 1940 में [UPPSC (Mains) 2012]
- भारतीय मुसलमानों के पृथक् राज्य के लिए पाकिस्तान शब्द का प्रयोग सबसे पहले किसने किया था?
  – चौधरी रहमत अली और उनके मित्रों ने [RAS/RTS (Pre) 1996]
- पाकिस्तान प्रस्ताव की रूपरेखा किसने तैयार की थी?
  – सिकन्दर हयात खान [JPSC (Pre) 2010]
- मुस्लिमों के लिए एक पृथक् देश की प्रथम बार एक निश्चित अभिव्यक्ति कहाँ हुई थी?
  – वर्ष 1940 के मुस्लिम लीग के लाहौर अधिवेशन में [UPPSC (Mains) 2013]
- 'व्यक्तिगत सत्याग्रह' में बिनोवा भावे को प्रथम सत्याग्रही चुना गया था, दूसरा कौन था? *– पं जवाहर लाल नेहरू [IAS (Pre) 2009]*
- व्यक्तिगत सत्याग्रह आन्दोलन में प्रधान सत्याग्रही कौन थे?
  – बिनोवा भावे [BPSC (Pre) 2019]
- क्रिप्स मिशन किस वर्ष भारत आया था?
  – वर्ष 1942 में [UKPSC (Pre) 2006]
- क्रिप्स मिशन के साथ कांग्रेस के आधिकारिक वर्त्ताकार कौन थे?
  – पं. जे. एल. नेहरू एवं मौलाना आजाद [IAS (Pre) 2010]
- सर स्टैफोर्ड क्रिप्स की योजना में यह परिकल्पना थी कि द्वितीय विश्व युद्ध के बाद *– भारत को डोमिनियन स्टेट्स दे देना चाहिए। [IAS (Pre) 2016]*
- क्रिप्स प्रस्ताव रद्द कर दिया गया, क्योंकि
  – इसने भारतीयों को प्रभावी शक्ति देने से इनकार कर दिया। [HPSC (Pre) 2012]
- भारत छोड़ो आन्दोलन किसकी प्रतिक्रिया में आरम्भ किया गया था?
  – क्रिप्स मिशन [IAS (Pre) 2013]

- 14 जुलाई, 1942 को कांग्रेस कार्य समिति द्वारा 'भारत छोड़ो आन्दोलन' का प्रस्ताव कहाँ पारित किया गया था?
  - वर्धा में [RAS/RTS (Pre) 2010]
- भारत छोड़ो आन्दोलन किस तिथि को शुरू हुआ था?
  - 9 अगस्त, 1942 [UPPSC (Pre) 2023]
- भारत छोड़ो आन्दोलन के समय भारत का प्रधान सेनापति कौन था?
  - लॉर्ड वेवेल [UPPSC (Pre) 2013]
- किस आन्दोलन में महिलाओं की भागीदारी सर्वाधिक मानी जाती है?
  - भारत छोड़ो आन्दोलन [UPPSC (Pre) 2016]
- भारत छोड़ो आन्दोलन के दौरान किसने जेल से फरार होकर भूमिगत गतिविधियों को संचालित किया था?
  - जयप्रकाश नारायण ने [UPPSC (Pre) 2011]
- महात्मा गाँधी के जीवनीकार लुई फिशर किस आन्दोलन से सम्बद्ध थे? *- भारत छोड़ो आन्दोलन [UPPSC (Pre) 2013]*
- भारत छोड़ो आन्दोलन के समय किसने कांग्रेस रेडियो का प्रसारण किया? *- उषा मेहता [UPPSC (Pre) 1997]*
- भारत छोड़ो आन्दोलन के सन्दर्भ में महात्मा गाँधी को कहाँ बन्दी बनाया गया था? *- बम्बई में [UPPSC (Pre) 2012]*
- उत्तर प्रदेश के किस एक जनपद में भारत छोड़ो आन्दोलन के दौरान समानान्तर सरकार की स्थापना की गई थी?
  - बलिया में [UPPSC (Pre) 2013]
- किस वर्ष बंगाल के मिदनापुर जिले में जातीय सरकार की स्थापना हुई थी? *- वर्ष 19402 में [UPPSC (Pre) 2017]*
- आजाद हिन्द फौज का विचार किसने सुझाया था?
  - मोहन सिंह [UPPSC (Pre) 2008]
- भारतीय राष्ट्रीय सेना (INA) की स्थापना किस वर्ष हुई थी?
  - वर्ष 1943 में [BPSC (Pre) 1998]
- आइ.एन.ए. की स्थापना कहाँ हुई थी? *- जापान में [BPSC (Pre) 1999]*
- 'आजाद हिन्द फौज दिवस' किस तिथि को मनाया गया था?
  - 12 नवम्बर, 1945 को [UPPSC (Mains) 2013]
- आजाद हिन्द फौज के अधिकारियों पर लाल किले में चल रहे मुकदमें में उनके पक्ष में किसने वकालत की थी?
  - भूलाभाई देसाई, टी.वी सप्रू, कैलाश नाथ काटजू, जवाहर लाल नेहरू तथा अरुणा आसफ अली ने [UPPSC (Pre) 2013]
- साइमन कमीशन, शिमला सम्मेलन, क्रिप्स मिशन तथा कैबिनेट में से किसने वायसराय की एक्जीक्यूटिव काउन्सिल के पुनर्गठन का सुझाव दिया, जिसमें वॉर मेम्बर सहित सभी विभाग भारतीय नेताओं द्वारा धारण किए जाने थे? *- शिमला सम्मेलन [IAS (Pre) 2008]*
- मुस्लिम लीग और भारतीय राष्ट्रीय कांग्रेस के बीच राजनीतिक गतिरोध दूर करने के लिए CR फॉर्मूला किसने बनाया था?
  - चितरंजन दास ने [UPPSC (Pre) 2019]
- वह कौन-सा कांग्रेस अध्यक्ष था जिसने क्रिप्स मिशन व लॉर्ड वेवेल दोनो से वर्त्ताएँ की थी? *- अबुल कलाम आजाद [BPSC (Pre) 2005]*
- वर्ष 1946 के कैबिनेट मिशन का नेतृत्व किसने किया था?
  - सर लॉर्ड पैंथिक लारेन्स ने [UPPSC (Pre) 1996]
- किस राजनीतिक दल ने 6 जून, 1946 को कैबिनेट मिशन योजना को औपचारिक रूप से स्वीकार कर लिया, जिसने सम्प्रभु पाकिस्तान की मांग को अस्वीकार कर दिया था?
  - मुस्लिम लीग [IAS (Pre) 2003]
- जवाहरलाल नेहरू, अबुल कलाम आजाद, महात्मा गाँधी एवं सरदार पटेल में से कौन एक पूर्ण रूप से कैबिनेट मिशन योजना के पक्ष में थे?
  - महात्मा गाँधी [IAS (Pre) 2003]
- किस योजना के अन्तर्गत भारतीय संविधान सभा का निर्माण किया गया था? *- कैबिनेट मिशन योजना [UPPSC (Pre) 2008]*
- जवाहरलाल नेहरू के अधीन एक अन्तरिम सरकार का गठन कब हुआ था? *- सितम्बर, 1946 में [UPPSC (Pre) 2016]*
- वर्ष 1946 में बनी अन्तरिम सरकार में डा. राजेन्द्र प्रसाद के पास कौन-सा विभाग था? *- खाद्य तथा कृषि [IAS (Pre) 2006]*
- अन्तरिम राष्ट्रीय सरकार में रियासतों का विभाग किसे दिया गया था?
  - सरदार पटेल को [MPPSC (Pre) 2022]
- किस तिथि को मुस्लिम लीग ने 'सीधी कार्यवाही दिवस' मनाने का निर्णय लिया था? *- 19 अगस्त, 1946 [UPPSC (Pre) 2008]*
- भारत विभाजन से सम्बन्धित 'माउण्ट बेटन योजना' की सरकारी तौर पर घोषणा कब हुई थी? *- 3 जून, 1947 [MPPSC (Pre) 2015]*
- माउण्टबेटन योजना का सम्बन्ध था?
  - एक ऐसा तरीका, जिसके द्वारा ब्रिटिश के हाथों भारतीयों को सत्ता सोपना [HPSC (Pre) 2012]
- भारत विभाजन का प्लान किसके मस्तिष्क की उपज थी?
  - लॉर्ड माउण्ट बेटन [IAS (Pre) 2000]
- भारतीय स्वाधीनता विधेयक को राजकीय स्वीकृति कब प्राप्त हुई थी?
  - 18 जुलाई, 1947 को [UPPSC (Pre) 2014]
- किस ब्रिटिश प्रधानमन्त्री ने घोषणा की थी कि 30 जून, 1948 तक भारत को स्वतन्त्रता प्रदान कर दी जाएगी?
  - क्लीमेण्ट एटली [UPPSC (Pre) 2014]
- भारत विभाजन के सन्दर्भ में वर्ष 1947 में नियुक्त सीमा आयोग की अध्यक्षता किसने की थी? *- रेड क्लिफ [UPPSC (Pre) 2015]*

सेल्फ चैक

1. निम्नलिखित में से कौन-सा क्रिप्स मिशन के सम्बन्ध में सही नहीं है? **UPPSC (Pre) 2005**

(a) युद्ध समाप्त होने पर डोमिनियन दर्जा
(b) संविधान सदन द्वारा निर्मित संविधान मान्य
(c) नई कार्य परिषद् की नियुक्ति, जिसमें हिन्दुओं एवं मुसलमानों का समान प्रतिनिधित्व
(d) कोई भी सूबा भारतीय संघ से बाहर रह सकता था

2. सर स्टैफोर्ड क्रिप्स की योजना में यह परिकल्पना थी कि द्वितीय विश्वयुद्ध के बाद **IAS (Pre) 2016**

(a) भारत को पूर्ण स्वतन्त्रता प्रदान की जानी चाहिए
(b) स्वतन्त्रता प्रदान करने के पहले भारत को दो भागों में विभाजित कर देना चाहिए
(c) भारत को इस शर्त के साथ गणतन्त्र बना देना चाहिए कि वह राष्ट्रमण्डल में शामिल होगा
(d) भारत को डोमिनियन स्टेट्स दे देना चाहिए

3. क्रिप्स मिशन के प्रस्तावों के सन्दर्भ में, निम्नलिखित कथनों पर विचार कीजिए **IAS (Pre) 2022**

1. संविधान सभा में प्रान्तीय विधान सभाओं और साथ ही भारतीय रियासतों द्वारा नामित सदस्य होंगे।
2. नया संविधान स्वीकार करने के लिए जो भी प्रान्त तैयार नहीं होगा, उसे यह अधिकार होगा कि अपनी भावी स्थिति के बारे में ब्रिटेन के साथ अलग सन्धि पर हस्ताक्षर करे।

उपरोक्त कथनों में से कौन-सा/से कथन सही है/हैं?

(a) केवल 1
(b) केवल 2
(c) 1 और 2
(d) न तो 1 और न ही 2

4. निम्नलिखित में से किस आन्दोलन में महिलाओं की भागीदारी सर्वाधिक मानी जाती है? **UPPSC (Mains) 2016**

(a) असहयोग आन्दोलन
(b) नमक सत्याग्रह
(c) बारदोली कूच
(d) भारत छोड़ो आन्दोलन

5. निम्नलिखित में से कौन महिला स्वतन्त्रता सेनानी 'भारत छोड़ो आन्दोलन' से सम्बन्धित नहीं है? **UPPSC (Pre) 2023**

(a) कनक लता बरूआ (b) मातंगिनी हाज़रा
(c) शान्ति घोष (d) अरुणा आसफ अली

6. वर्ष 1942 के भारत छोड़ो आन्दोलन के सम्बन्ध में निम्नलिखित में से कौन-सी एक टिप्पणी सत्य नहीं है? **IAS (Pre) 2011**

(a) यह आन्दोलन अहिंसक था
(b) इसका नेतृत्व महात्मा गाँधी ने किया था
(c) यह आन्दोलन स्वत: प्रवर्तित था
(d) इसने सामान्य श्रमिक वर्ग को आकर्षित नहीं किया था

7. निम्नांकित कथनों पर विचार कीजिए **IAS (Pre) 2005**

भारत छोड़ो आन्दोलन प्रारम्भ करने के पहले महात्मा गाँधी ने

1. सरकारी कर्मचारियों को त्यागपत्र देने को कहा।
2. सैनिकों से अपने पद छोड़ने को कहा।
3. राजसी रियासतों के राजाओं को अपनी जनता की प्रभुसत्ता स्वीकार करने को कहा।

कूट

(a) 1 और 2 (b) 2 और 3
(c) केवल 3 (d) 1, 2 और 3

8. निम्न को कालानुक्रम में लगाइए तथा नीचे दिए गए कूट से सही उत्तर चुनिए **MPPSC (Pre) 2008**

1. दाण्डी मार्च 2. जलियाँवाला बाग नरसंहार
3. भारत छोड़ो आन्दोलन 4. स्वदेशी आन्दोलन

कूट

(a) 2, 4, 1, 3 (b) 4, 2, 1, 3
(c) 2, 1, 4, 3 (d) 4, 2, 3, 1

9. सूची I को सूची II से सुमेलित कीजिए तथा सूचियों के नीचे दिए गए कूट से सही उत्तर का चयन कीजिए **UPPSC (Mains) 2002**

सूची I (आन्दोलन)	सूची II (व्यक्ति)
A. खिलाफत आन्दोलन	1. बाल गंगाधर तिलक
B. होमरूल आन्दोलन	2. अली बन्धु
C. सविनय अवज्ञा आन्दोलन	3. नाना पाटिल
D. भारत छोड़ो आन्दोलन	4. बी. आर. अम्बेडकर
	5. सीमान्त गाँधी

कूट

	A	B	C	D		A	B	C	D
(a)	1	5	3	4	(b)	2	1	5	3
(c)	3	1	5	4	(d)	1	2	4	3

10. नेताजी सुभाषचन्द्र बोस द्वारा आजाद हिन्द फौज के हिस्से के रूप में गठित महिला रेजिमेण्ट का क्या नाम था? **UPPSC (Pre) 2001**

(a) भारत माता रेजिमेण्ट (b) रानी झाँसी रेजिमेण्ट
(c) रानी भबानी रेजिमेण्ट (d) वीरांगना रेजिमेण्ट

11. निम्नलिखित में से कौन-सा/से आर. आई. एन. विद्रोह का भाग नहीं था/थे?

1. इण्डियन नेशनल आर्मी
2. एच एम आई एस तलवार
3. नेवल रैटिंग्स द्वारा भूख हड़ताल
4. लॉर्ड इरविन

कूट

(a) 1 और 2 (b) 2 और 3
(c) 1 और 4 (d) केवल 4

12. **कथन** (A) वेवेल योजना के अनुसार, कार्यकारी परिषद् में हिन्दू और मुस्लिम सदस्यों की संख्या समान होनी थी।
कारण (R) वेवेल का विचार था कि ऐसी व्यवस्था से भारत का बँटवारा बच जाता। IAS (Pre) 2007

कूट
(a) A और R दोनों सही हैं तथा R, A की सही व्याख्या है
(b) A और R दोनों सही हैं, परन्तु R, A की सही व्याख्या नहीं है
(c) A सही है, किन्तु R गलत है
(d) A गलत है, किन्तु R सही है

13. निम्नलिखित को घटनाक्रम के अनुसार लगाइए JPSC (Pre) 2003
1. सी. आर. फॉर्मूला 2. कैबिनेट मिशन
3. गाँधी जिन्ना समझौता 4. वेवेल प्लान

कूट
(a) 1, 2, 4, 3 (b) 1, 3, 4, 2
(c) 2, 1, 3, 4 (d) 4, 3, 2, 1

14. कैबिनेट मिशन के सन्दर्भ में निम्नलिखित में से कौन-सा/से कथन सही है/हैं? IAS (Pre) 2015
1. इसने एक संघीय सरकार के लिए सिफारिश की।
2. इसने भारतीय न्यायालयों की शक्तियों का विस्तार किया।
3. इसने ICS में और अधिक भारतीयों का विस्तार किया

कूट
(a) केवल 1 (b) 2 और 3
(c) 1 और 3 (d) इनमें से कोई नहीं

15. निम्नलिखित में से किसका/किन लोगों का स्वतन्त्र भारत के प्रथम मन्त्रिमण्डल (1947) का पोर्टफोलियो उनके अन्तरिम सरकार (1946) के पोर्टफोलियो से भिन्न था? CGPSC (Pre) 2021
1. जगजीवन राम 2. डॉ. राजेन्द्र प्रसाद
3. सीएच भाभा 4. सरदार बलदेव सिंह

कूट
(a) 1 और 2 (b) 3 और 4
(c) 1 और 3 (d) केवल 3

16. माउण्टबेटन योजना (3 जून, 1947) का सम्बन्ध था HPSC (Pre) 2012
(a) संविधान सभा के द्वारा भारतीय संविधान के निर्माण सम्बन्धी दिशा-निर्देश
(b) संघात्मक सरकार की स्थापना
(c) साम्प्रदायिक दंगों पर नियन्त्रण
(d) एक ऐसा तरीका, जिसके द्वारा ब्रिटिश के हाथों भारतीयों को सत्ता सौंपना

17. **कथन** (A) भारतीय राष्ट्रीय कांग्रेस ने माउण्टबेटन योजना को स्वीकार किया। UPPSC (Pre) 1998
कारण (R) वह द्वि-राष्ट्र सिद्धान्त को मानती थी।

कूट
(a) A और R दोनों सही हैं तथा R, A की सही व्याख्या है
(b) A और R दोनों सही हैं, परन्तु R, A की सही व्याख्या नहीं है
(c) A सही है, किन्तु R गलत है
(d) A गलत है, किन्तु R सही है

18. निम्नलिखित में से कौन सुमेलित नहीं है? UPPSC (Pre) 2015
(a) मोतीलाल — नेहरू रिपोर्ट
(b) एम. के. गाँधी — चम्पारण आन्दोलन
(c) एस. सी. बोस — फॉरवर्ड ब्लॉक
(d) एम. ए. जिन्ना — खिलाफत आन्दोलन

19. निम्नलिखित में से स्वतन्त्रता संघर्ष से सम्बन्धित कौन-से कथन सही हैं?
1. भारत में ब्रिटिश राज भारतीय लोक के अनेक वर्गों की सहमति अथवा मौन सम्मति के आधार पर सफल हो सका।
2. औपनिवेशिक शासन का सामाजिक आधार जमींदारों तथा उच्च वर्गों में था।
3. आजाद हिन्द फौज ने अंग्रेजों को भारत से वापस जाने पर बाध्य किया।
4. हिन्दू महासभा ने भारत विभाजन का समर्थन किया।

कूट
(a) 1 और 2 (b) 2 और 3
(c) 3 और 4 (d) 1, 2, 3 और 4

जानें सही उत्तर

1. (c)	**2.** (d)	**3.** (b)	**4.** (d)	**5.** (c)	**6.** (a)	**7.** (c)	**8.** (b)	**9.** (b)	**10.** (b)
11. (c)	**12.** (c)	**13.** (b)	**14.** (a)	**15.** (d)	**16.** (d)	**17.** (c)	**18.** (d)	**19.** (a)	

• अध्याय पैंतीस

स्वतन्त्रता के पश्चात् भारत

"

15 अगस्त, 1947 को भारत स्वतन्त्र हुआ। स्वतन्त्रता के साथ ही भारत के समक्ष अनेक चुनौतियाँ तथा समस्याएँ उत्पन्न हुईं। रियासतों का एकीकरण तथा भारत-विभाजन के बीच भारत को वैदेशिक नीतियों पर भी तीव्रता से कार्य करना था। प्रतिभाशाली नेतृत्व ने कूटनीति के नए सिद्धान्तों के माध्यम से समस्याओं का निदान ढूँढने में सफलता प्राप्त की।

स्वतन्त्रता के पश्चात् भारत के समक्ष चुनौतियाँ

- स्वतन्त्रता प्राप्ति के पश्चात् देश के समक्ष अनेक चुनौतियाँ विद्यमान थीं, जिनमें सबसे प्रमुख चुनौती देश की एकता और अखण्डता को सुनिश्चित करते हुए एक राष्ट्र के रूप में भारत का पुनर्निर्माण करना था।
- स्वतन्त्रता के पश्चात् सबसे महत्त्वपूर्ण कार्य था कि राजनैतिक रूप से देश को एकता के सूत्र में बाँधना तथा इसके लिए ऐसे संविधान का निर्माण करना, जो भारत की विविधतापूर्ण संस्कृति के अनुकूल तथा एक सफल लोकतन्त्रात्मक गणराज्य के रूप में भारत की स्थिति सुदृढ़ करने में सक्षम हो।

रियासतों का एकीकरण

- **भारतीय स्वतन्त्रता अधिनियम**, 1947 के अनुसार रियासतों के सन्दर्भ में ब्रिटिश सर्वोपरिता का अन्त कर दिया गया तथा उन्हें इस अधिनियम द्वारा निर्मित दो अधिराज्यों भारत एवं पाकिस्तान में से किसी एक में शामिल होने की या अपने भावी सम्बन्धों के निर्धारण की स्वतन्त्रता प्रदान की गई।
- 15 जून, 1947 को **अखिल भारतीय कांग्रेस कमेटी** ने घोषणा की कि वह भारत की किसी भी रियासत की स्वतन्त्रता की घोषणा करने तथा भारत के अवशिष्ट भाग से पृथक् होकर रहने के अधिकार को स्वीकार नहीं कर सकती है।
- रियासतों के मामले को सुलझाने के उद्देश्य से 5 जुलाई, 1947 को **भारतीय रियासत विभाग** की स्थापना की गई, जिसका कार्यभार तत्कालीन गृहमन्त्री सरदार वल्लभभाई पटेल को सौंपा गया।
- सरदार पटेल के प्रयत्नों के फलस्वरूप भारत के स्वतन्त्र होने से पूर्व लगभग सभी राज्यों (रियासतों) का भारत में विलय हो चुका था, किन्तु 15 अगस्त, 1947 तक जम्मू-कश्मीर, हैदराबाद एवं जूनागढ़ आदि रियासतें अपना स्वतन्त्र अस्तित्व बनाए हुई थीं। इन रियासतों का वर्णन निम्न है

जूनागढ़

- जूनागढ़ रियासत की जनसंख्या लगभग 7 लाख थी, जिसमें 80% हिन्दू थे। यहाँ का नवाब महावत खान (बाबी राजवंश) था।
- नवाब ने मुस्लिम लीग के नेता सर शाहनवाज भुटटो को अपना दीवान बनाया।। राज्य का कार्यभार सम्भालते ही भुटटो ने नवाब को पाकिस्तान में शामिल होने के लिए दबाव बनाना शुरु कर दिया, किन्तु जूनागढ़ के नवाब का रवैया जिन्ना के द्वि-राष्ट्र सिद्धान्त के विरुद्ध था।
- भारतीय नेताओं ने जूनागढ़ को आर्थिक रूप से कमजोर कर दिया। नवाब भयभीत होकर पाकिस्तान पलायन कर गया।
- सरदार पटेल ने पाकिस्तान से जूनागढ़ में जनमत संग्रह कराने की मांग की। अन्ततः 20 फरवरी, 1948 को जूनागढ़ में जनमत संग्रह कराया गया और 91% लोगों ने भारत में शामिल होने की इच्छा प्रकट की। इस प्रकार जूनागढ़ का भारत में विलय हो गया।

हैदराबाद

- हैदराबाद भारत की सबसे बड़ी रियासत थी। यह चारों ओर से भारतीय भू-भाग से घिरी हुई थी। यहाँ का निजाम मीर उस्मान अली खाँ था।
- नवाब का झुकाव पाकिस्तान की ओर था, जबकि रियासत की बहुसंख्यक जनता हिन्दू थी।
- 29 नवम्बर, 1947 को भारत सरकार एवं हैदराबाद रियासत के मध्य 1 वर्ष की अवधि के लिए यथास्थिति समझौता सम्पन्न हुआ, जिससे कि 15 अगस्त, 1947 के पूर्व की स्थिति बनी रहे।
- निजाम ने समझौते का पालन नहीं किया, वह भारत के साथ विलय को लेकर सकारात्मक नहीं था, उसने अपनी सैन्य क्षमता में वृद्धि के साथ ही हैदराबाद की जनता का दमन करना भी आरम्भ कर दिया था।
- निर्दोष लोगों की रक्षा हेतु भारत सरकार ने हैदराबाद में **ऑपरेशन पोलो** के अन्तर्गत सैन्य कार्यवाही की। 13 सितम्बर, 1948 को भारतीय सेना ने मेजर जे. एन. चौधरी के नेतृत्व में हैदराबाद में प्रवेश किया और तीन दिनों बाद अर्थात् 17 सितम्बर, 1948 को निजाम ने समर्पण कर दिया। इस प्रकार नवम्बर, 1948 में हैदराबाद का भारतीय संघ में विलय हो गया।

कश्मीर

- कश्मीर की समस्या शेष दो रियासतों से भिन्न थी। इस राज्य की सीमा भारत और पाकिस्तान दोनों से मिलती थी। यहाँ की बहुसंख्यक जनता मुस्लिम थी, जबकि यहाँ का शासक हिन्दू था।
- कश्मीर अपनी स्वतन्त्र स्थिति बनाए रखने के पक्ष में था, जबकि पाकिस्तान इसे अपने राज्य में मिलाना चाहता था। 22 अक्टूबर, 1947 को पाकिस्तानी सैनिकों ने कबाइली जनता के रूप में कश्मीर पर आक्रमण कर दिया।
- राज्य की रक्षा के लिए 24 अक्टूबर, 1947 को महाराजा हरिसिंह ने भारत सरकार से सैन्य सहायता की माँग की, किन्तु अन्तर्राष्ट्रीय कानूनों के तहत भारत तभी अपनी सेना कश्मीर में भेज सकता था, जब राज्य का औपचारिक विलय भारत में हो चुका हो।
- महाराजा हरिसिंह ने 26 अक्टूबर, 1947 को भारत में विलय सम्बन्धी प्रस्ताव पर हस्ताक्षर किए तथा 27 अक्टूबर, 1947 को लॉर्ड माउण्टबेटन ने इसे स्वीकृति प्रदान कर दी। उसी दिन भारतीय सेना ने श्रीनगर सहित कश्मीर के बड़े भाग से पाकिस्तानी सेना को बाहर खदेड़ दिया। यद्यपि राज्य के कुछ हिस्सों पर उनका नियन्त्रण बना रहा।
- 31 अक्टूबर, 1947 को अस्थायी संकटकालीन शासन का निर्माण किया गया और शेख अब्दुल्ला को इसका प्रधान नियुक्त किया गया।
- जनवरी, 1948 में भारत सरकार ने संयुक्त राष्ट्र सुरक्षा परिषद् में पाकिस्तानी कबाइलियों के कश्मीर पर आक्रमण करने की सूचना दी, दूसरी ओर पाकिस्तान ने इस विलय को अवैध बताया।
- संयुक्त राष्ट्र सुरक्षा परिषद् ने वर्ष 1948 में इस समस्या के समाधान हेतु **अन्तर्राष्ट्रीय आयोग** की नियुक्ति की।
- जनवरी, 1949 को भारत व पाकिस्तान युद्ध विराम के लिए इस शर्त पर मान गए कि कश्मीर में संयुक्त राष्ट्र संघ के निरीक्षण में जनमत संग्रह होगा।
- वर्ष 1951 में जम्मू-कश्मीर विधानसभा की बैठक प्रारम्भ हुई तथा वर्ष 1954 में राज्य की संविधान सभा ने जम्मू-कश्मीर के भारतीय संघ में विलय की पुष्टि कर दी।

जम्मू-कश्मीरः एक नजर में

घटनाएँ	तिथियाँ
राजा हरिसिंह द्वारा विलय पत्र पर हस्ताक्षर	26 अक्टूबर 1947
कश्मीर विवाद का भारत द्वारा सुरक्षा परिषद् में ले जाना	1 जनवरी, 1948
यू. एन. ओ. की निगरानी में जनमत संग्रह का प्रस्ताव	1 जून, 1949
जम्मू-कश्मीर विधानसभा का गठन	31 अक्टूबर, 1951
जम्मू-कश्मीर की संविधान सभा द्वारा राज्य के भारत में विलय पर सहमति	10 फरवरी, 1957
राज्य का संविधन लागू	26 जनवरी, 1957
राज्य के सर्वोच्च न्यायलय की अधिकारिता में आना	वर्ष 1960
सदर-ए-रियासत और वजीर-ए-आजम का पद समाप्त कर क्रमशः राज्यपाल एवं मुख्यमन्त्री पद का सृजन (छठा संविधान संशोधन)	वर्ष 1965

यूरोपीय उपनिवेशों का एकीकरण

- स्वतन्त्रता के बाद भी भारत में पुर्तगाल और फ्रांस के उपनिवेश बने हुए थे। पुर्तगाली उपनिवेशों में गोवा, दमन और दीव तथा दादरा एवं नगर हवेली था, जबकि फ्रांसीसी उपनिवेशों में पॉण्डिचेरी, कराइकल, यनम, माहे और चन्द्रनगर शामिल थे।
- वर्ष 1954 में भारत और फ्रांस के मध्य हुए एक समझौते के माध्यम से फ्रांस ने अपने सभी भारतीय उपनिवेशों को भारत को लौटा दिया।
- गोवा में कांग्रेसी नेता त्रिस्ताओ ब्रगांजा कुन्हा ने गोवा को पुर्तगाल से आजादी दिलाने के लिए संघर्ष किया, अन्ततः भारतीय सेना की सहायता से गोवा वर्ष 1961 में भारत का अंग बन गया।

भाषायी समस्या

- स्वतन्त्रता के पश्चात् देश की राष्ट्रीय राजभाषा की समस्या एक प्रमुख समस्या के रूप में उत्पन्न हुई। **बी. जी. खेर** की अध्यक्षता में एक सरकारी भाषा समिति का गठन किया गया। दक्षिण के राज्य हिन्दी भाषा का विरोध कर रहे थे।
- वर्ष 1948 में संविधान सभा में न्यायाधीश **एस. के. धर** के अधीन एक भाषायी प्रान्त आयोग गठित किया गया। इस आयोग ने राष्ट्रीय एकता एवं प्रशासनिक सुविधा दोनों ही दृष्टियों से भाषायी आधार पर प्रान्तों के गठन का प्रस्ताव रद्द कर दिया।
- दिसम्बर, 1948 में एक आयोग गठित किया गया, जिसमें नेहरू, पटेल एवं पट्टाभि सीतारमैया शामिल थे। इसे **जे. वी. पी. आयोग** भी कहा जाता है। इस आयोग ने भी भाषायी आधार पर प्रान्तों के गठन के प्रस्ताव को अस्वीकार कर दिया।
- मद्रास प्रेसीडेन्सी के तेलुगूभाषी क्षेत्रों के लोगों ने गाँधीवादी नेता **पोट्टी श्री रामुलू** के नेतृत्व में आन्दोलन आरम्भ कर दिया। इनकी माँग एक नए आन्ध्र प्रदेश का गठन करने की थी। 58 दिनों के लम्बे अनशन के बाद 15 दिसम्बर, 1952 को श्री रामुलू की मृत्यु हो गई, जिसके कारण हिंसा विस्तृत हो गई, अत: वर्ष 1953 में आन्ध्र प्रदेश को राज्य का दर्जा प्राप्त हो गया।
- इस आन्दोलन की सफलता के पश्चात् देश के अन्य भागों में भी भाषा के आधार पर राज्य गठन की माँग तीव्र हो गई।
- वर्ष 1953 में फजल अली की अध्यक्षता में **राज्य पुनर्गठन आयोग** का गठन किया गया। के. एम. पणिक्कर एवं हृदयनाथ कुंजरु इस आयोग के सदस्य थे। इस आयोग ने वर्ष 1956 में अपनी रिपोर्ट सौंपी, इस आयोग ने भाषायी आधार पर प्रान्तों के गठन की सिफारिश की।

> **फजल अली आयोग** की रिपोर्ट के आधार पर वर्ष 1960 में बम्बई प्रान्त का विभाजन मराठी क्षेत्रों के लिए महाराष्ट्र तथा गुजराती भाषा के लिए गुजरात राज्य में कर दिया गया।

- वर्ष 1966 में पंजाब प्रान्त का भी विभाजन भाषा के आधार पर दो राज्यों में कर दिया गया। पंजाबी भाषी क्षेत्रों को मिलाकर पंजाब तथा हिन्दी क्षेत्रों को मिलाकर हरियाणा बनाया गया।

आर्थिक प्रगति की रूपरेखा

- स्वतन्त्रता के पूर्व भी आर्थिक आयोजन के प्रयास किए गए थे। वर्ष 1938 में नेहरू की प्रेरणा से राष्ट्रीय योजना समिति का गठन हुआ। मुम्बई के 8 उद्योगपतियों द्वारा वर्ष 1944 में आर्देशिर दलाल की देख-रेख में आर्थिक विकास के लिए एक योजना बनाई, जिसे **बाम्बे प्लान** के नाम से जाना जाता है।
- इससे पूर्व वर्ष 1943 में ही श्रीमन नारायण ने **गाँधीवादी योजना** तथा वर्ष 1945 में एम. एन. राय ने **पीपुल्स प्लान** बनाया तथा 30 जनवरी, 1950 को जे. पी नारायण द्वारा सर्वोदय योजना प्रस्तुत की गई।
- के. सी. नियोगी समिति की संस्तुति पर 15 मार्च, 1950 को संविधानेत्तर संस्था के रूप में योजना आयोग का गठन किया गया।

> 1 जनवरी, 2015 से योजना आयोग के स्थान पर नीति आयोग का गठन किया गया। इसका प्रधान अध्यक्ष प्रधानमन्त्री होता है।

- योजना आयोग द्वारा बनाई गई कार्य योजनाओं का मूल्यांकन करने हेतु 6 अगस्त, 1952 को एक गैर-संवैधानिक संस्था **राष्ट्रीय विकास परिषद्** का गठन किया गया। योजना आयोग एवं राष्ट्रीय विकास परिषद् ने मिलकर पंचवर्षीय योजनाओं को मूर्त रूप दिया।
- भारत में **प्रथम पंचवर्षीय योजना वर्ष** 1951 (1 अप्रैल) में आरम्भ हुई। इस योजना में कृषि क्षेत्र को प्राथमिकता दी गई। प्रथम पंचवर्षीय योजनाकाल में ही भाखड़ा नांगल, दामोदर घाटी तथा हीराकुड जैसी बहुउद्देशीय परियोजनाओं को आरम्भ किया गया था।
- भारत की **द्वितीय पंचवर्षीय योजना** में आधारभूत उद्योगों के विकास को प्राथमिकता दी गई थी। इसका मुख्य कारण आधारभूत एवं भारी उद्योगों पर विशेष बल के साथ तीव्र औद्योगीकरण करना था, इस योजना का काल वर्ष 1956 से 1961 तक था।
- **तृतीय पंचवर्षीय योजना** वर्ष 1961-1966 तक था। इस योजना का प्रमुख लक्ष्य कृषि एवं उद्योगों का तीव्र विकास करके भारतीय अर्थव्यवस्था को आत्मनिर्भर बनाना था।
- तृतीय पंचवर्षीय योजना चीन एवं पाकिस्तान के आक्रमण विदेशी विनिमय संकट एवं प्रतिकूल व्यापार शेष के कारण अपने लक्ष्यों को प्राप्त नहीं कर सकी। इसी योजनावधि में प्रथम बार भारतीय रुपये का अवमूल्यन हुआ।

पंचवर्षीय योजनाएँ: एक नजर में

पंचवर्षीय योजना	समयावधि (वर्ष)	प्रमुख बिन्दु	मॉडल	औसत वद्वि (GDP)
प्रथम	1951-56	कृषि विकास पर बल	हैरॉड-डोमर मॉडल	3.5 (2.1)
द्वितीय	1956-61	आधारभूत एवं भारी उद्योगों पर बल	महालनोविस मॉडल	4.21(4.5)
तृतीय	1961-66	आत्मनिर्भर व स्वत: स्फूर्त अर्थव्यवस्था	जे. सैण्डी, सुखमय चक्रवर्ती एवं महालनाविस मॉडल का प्रभाव	2.72 (5.6)
चतुर्थ	1969-74	स्थिरता के साथ आत्मनिर्भरता	अशोक रुद्र-एलन एस. मान्ने मॉडल	3.2 (5.7)

बैंकिंग क्षेत्र में सुधार

- योजनावधि में भारत सरकार ने कृषि एवं उद्योगों के विकास के साथ-साथ बैंकिंग क्षेत्र में भी महत्त्वपूर्ण कार्य किया।
- 1 अप्रैल, 1935 को स्थापित किए गए **भारतीय रिजर्व बैंक** (RBI) का 1 अप्रैल, 1949 को राष्ट्रीयकरण किया गया तथा उसे भारत के केन्द्रीय बैंक का दर्जा दिया गया।
- इसी क्रम में 1 जुलाई, 1955 को **गोरेवाला समिति** की अनुशंसाओं पर इम्पीरियल बैंक का राष्ट्रीयकरण करके उसे स्टेट बैंक ऑफ इण्डिया नाम दिया गया। वर्तमान में स्टैट बैंक भारत का सबसे बड़ा व्यावसायिक बैंक है।

- 30 अप्रैल, 1950 को नई औद्योगिक नीति घोषित की गई, जिसमें सरकार ने समाजवादी समाज की स्थापना को अपना लक्ष्य निर्धारित किया। इस औद्योगिक नीति को भारत का आर्थिक संविधान कहा जाता है।

सामाजिक प्रगति की रूपरेखा

- स्वतन्त्रता के पश्चात् भारत में भूमि सुधार, शिक्षा, स्वशासन आदि के लिए महत्त्वपूर्ण कदम उठाए गए। औपनिवेशिक भूमि व्यवस्था में परिवर्तन कर नवीन भू-राजस्व व्यवस्था को लागू किया गया।
- महालवाड़ी, रैयतवाड़ी तथा स्थायी बन्दोबस्त प्रणालियों को समाप्त करके भूमि सुधार हेतु महत्त्वपूर्ण कार्य किए गए।
- नवीन कृषि नीति के अन्तर्गत मध्यस्थों का उन्मूलन किया गया तथा काश्तकारी सुधारों को लागू करके कृषि का पुनर्गठन किया गया और जमींदारी प्रथा का धीरे-धीरे उन्मूलन कर दिया गया।

जमींदारी उन्मूलन

- काश्तकारों के सुधारों के लिए लगान का नियमन एवं भूमि पर स्वामित्व दिया गया। जमींदारी उन्मूलन एवं भूमि सुधार अधिनियम, 1950 सर्वप्रथम **उत्तर प्रदेश** में पारित किया गया, बाद में यह सभी राज्यों में पारित हो गया।
- कृषि कानून का पुनर्गठन करते हुए खेतों की **सीमाबन्दी** एवं **चकबन्दी** की गई तथा जमींदारों या प्रतिव्यक्ति अधिकतम जमीन रखने की उच्चतम सीमा सभी राज्यों में निश्चित की गई।
- 60 के दशक में खाद्यान्न संकट उत्पन्न होने के पश्चात् भारत में 70 के दशक में हरित क्रान्ति लाने के विशेष प्रयास किए गए, परिणामस्वरूप भारत खाद्यान्न में आत्मनिर्भर बना।

सामुदायिक विकास कार्यक्रम

- गाँधीजी की विचारधारा के अनुरूप ग्रामीण क्षेत्रों को सामाजिक, आर्थिक एवं राजनीतिक रूप से सशक्त बनाने हेतु 2 अक्टूबर, 1952 से सामुदायिक विकास कार्यक्रम आरम्भ किया गया।
- वर्ष 1953 में **राष्ट्रीय विकास योजना** को प्रारम्भ किया गया। वर्ष 1957 में बलवन्त राय मेहता की अध्यक्षता में ग्रामोद्धार समिति का गठन किया गया। मेहता समिति ने त्रिस्तरीय पंचायती राज व्यवस्था की सिफारिश की। इसके तीन स्तर हैं—ग्राम पंचायत, खण्ड पंचायत तथा जिला पंचायत।

> 1 अप्रैल, 1959 को सरकार ने मेहता समिति की सिफारिशें स्वीकार कर लीं तथा 2 अक्टूबर, 1959 को राजस्थान के नागौर जिले से पंचायती राज की शुरुआत जवाहरलाल नेहरू द्वारा की गई।

विधायी सुधार कार्य

- वर्ष 1951 में खान अधिनियम बनाया गया, जिसके द्वारा स्त्रियों का खान में कार्य करना वर्जित कर दिया गया तथा गृह सेवा कानून ने स्त्रियों हेतु कार्य के 8 घण्टे निर्धारित किए।
- वर्ष 1955 में हिन्दू विवाह कानून बनाया गया, जिसके द्वारा बहु-विवाह को गैर-कानूनी बनाया गया।
- वर्ष 1956 में **अस्पृश्यता सम्बन्धी कानून** पारित किया गया, जिसके अन्तर्गत अस्पृश्यता को गैर-कानूनी संज्ञेय अपराध बना दिया गया।
- वर्ष 1961 में **दहेज विरोधी अधिनियम** पारित किया गया तथा वर्ष 1960 में भारत के मुख्य न्यायाधीश **पी. एन. भगवती** द्वारा गुजरात में सर्वप्रथम लोक अदालत की स्थापना की गई।

प्रेस एवं शिक्षा की प्रगति

- स्वतन्त्रता प्राप्ति के पश्चात् भारत में प्रेस एवं शिक्षा के क्षेत्र में अनेक महत्त्वपूर्ण कदम उठाए गए
  - प्रेस के क्षेत्र में प्रगति
  - समाचार-पत्र जाँच समिति
- सरकार द्वारा समाचार-पत्रों के कानूनों की समीक्षा करने के लिए वर्ष 1947 में **श्री गंगानाथ झा** की अध्यक्षता में समाचार-पत्र जाँच समिति नियुक्त की गई। इस समिति ने भारतीय दण्ड संहिता की धारा 124 (A) एवं 153 (A) में संशोधित करने की सिफारिशें की थीं।

समाचार-पत्र अधिनियम, 1951

- भारत सरकार ने वर्ष 1951 में समाचार-पत्र (आपत्तिजनक विषय) प्रकाशित करने पर जमानत माँगने तथा जब्त करने का प्रावधान किया।
- भारत सरकार ने समाचार-पत्र आयोग की अनुशंसा पर वर्ष 1951 में समाचार-पत्र अधिनियम को वर्ष 1956 में निरस्त करके 1956 का **संसद कार्यवाही अधिनियम** पारित किया, जिससे भारतीय प्रेस के विकास को एक नई दिशा मिली।

> **समाचार-पत्र आयोग**
>
> 1951 के समाचार-पत्र अधिनियम के विरोध के परिणामस्वरूप भारत सरकार ने भारतीय समाचार-पत्रों के कार्य की समीक्षा करने के लिए न्यायाधीश जी. एस. राजाध्यक्ष की अध्यक्षता में समाचार-पत्र आयोग की नियुक्ति की, जिसने वर्ष 1954 में अपनी रिपोर्ट पेश की।

शिक्षा के क्षेत्र में प्रगति

शिक्षा के क्षेत्र में निम्न आयोगों द्वारा प्रगति की गई, जो इस प्रकार हैं

राधाकृष्णन आयोग (1948-49)

- स्वतन्त्रता के पश्चात् राष्ट्रीय सरकार ने शिक्षा की दिशा में विकास हेतु वर्ष 1948 में **सर्वपल्ली राधाकृष्णन** की अध्यक्षता में एक आयोग का गठन किया। आयोग द्वारा वर्ष 1949 में निम्नलिखित अनुशंसाएँ की गईं
  - विश्वविद्यालय से पूर्व 12 वर्ष का अध्ययन अनिवार्य हो।
  - विश्वविद्यालय में कम-से-कम 180 दिन की पढ़ाई अनिवार्य हो।
  - शिक्षा को समवर्ती सूची में शामिल किया जाए।
  - विश्वविद्यालय की स्नातक उपाधि प्रशासनिक सेवाओं के लिए आवश्यक हो।
  - कृषि, वाणिज्य, इंजीनियरिंग तथा टेक्नोलॉजी विधि और आयुर्विज्ञान पर अधिक बल दिया जाए।

विश्वविद्यालय अनुदान आयोग (1953)

- वर्ष 1949 में **डॉ. राधाकृष्णन आयोग** की अनुशंसाओं के पश्चात् भारत सरकार ने वर्ष 1953 में विश्वविद्यालय अनुदान आयोग का गठन किया।
- यह एक स्वायत्ततापूर्ण संस्थान है, इसे शिक्षा स्तरों को निश्चित एवं समन्वित करने का अधिकार दिया गया है।

कोठारी शिक्षा आयोग (1964)

- भारत सरकार ने शिक्षा के सभी पक्षों एवं प्रक्रमों की समीक्षा के लिए वर्ष 1964 में **डॉ. डी. एस. कोठारी** की अध्यक्षता में एक आयोग का गठन गया। आयोग द्वारा की गई प्रमुख अनुशंसाएँ निम्न हैं
  - माध्यमिक शिक्षा को व्यावसायिक बनाया जाए।
  - विश्वविद्यालय में अन्तर्राष्ट्रीय मानकों को स्थापित किया जाए।
  - कृषि अनुसन्धान तथा वैज्ञानिक शिक्षा को उच्च प्राथमिकता दी जाए।
  - सामाजिक उत्तरदायित्व तथा नैतिकता की भावना को उत्पन्न करने वाली शिक्षा प्रणाली अपनाई जाए।

वैज्ञानिक प्रगति

- भारत ने स्वतन्त्रता के बाद परमाणु ऊर्जा के शान्तिपूर्ण उपयोग को प्राथमिकता दी तथा इस उद्देश्य से वर्ष 1948 में परमाणु ऊर्जा आयोग की स्थापना की गई। **परमाणु ऊर्जा आयोग** के पहले अध्यक्ष **होमी जहाँगीर भाभा** थे।
- वर्ष 1954 में परमाणु ऊर्जा विभाग की स्थापना की गई। भाभा ने वर्ष 1954 में विचारकीय दीर्घकालीन नाभिकीय ऊर्जा का कार्यक्रम बनाया। इस कार्यक्रम का प्रमुख उद्देश्य यूरेनियम एवं थोरियम के प्राकृतिक संसाधनों का शान्तिपूर्ण कार्यों के लिए उपयोग करना था।

> भारत ने नाभिकीय ऊर्जा के अनुसन्धान हेतु देश का पहला परमाणु अनुसन्धान रिएक्टर **अप्सरा** 4 अगस्त, 1956 को बम्बई में स्थापित किया।

- वर्ष 1960 में कनाडा के सहयोग से **साइरस** नामक अनुसन्धान रिएक्टर की स्थापना की गई तथा वर्ष 1962 में नांगल (पंजाब) में प्रथम गुरु जल संयन्त्र की स्थापना की गई।
- वर्ष 1963 में तिरुवनन्तपुरम के समीप थुम्बा में प्रथम साउण्डिंग रॉकेट का प्रक्षेपण किया गया।
- वर्ष 1969 में **भारतीय राष्ट्रीय अन्तरिम अनुसन्धान समिति** का पुनर्गठन करके भारतीय अन्तरिम अनुसन्धान संगठन (इसरो) की स्थापना की गई।

अन्तर्राष्ट्रीय सम्बन्धों की रूपरेखा

अन्तर्राष्ट्रीय सम्बन्धों की रूपरेखा निम्न है

पंचशील समझौता

- पंचशील समझौता भारत एवं चीन के मध्य 29 अप्रैल, 1954 को हुआ था। इस समझौते से आशय आचरण के पाँच सिद्धान्तों से था, इस समझौते के प्रमुख बिन्दु निम्न हैं
  - एक-दूसरे की प्रादेशिक अखण्डता और सर्वोच्च सत्ता के लिए पारस्परिक सम्मान की भावना
  - परस्पर अनाक्रमण की भावना
  - एक-दूसरे के आन्तरिक मामलों में हस्तक्षेप न करना
  - समानता एवं पारस्परिक लाभ
  - शान्तिपूर्ण सह-अस्तित्व की भावना का विकास
- वर्ष 1954 में तिब्बत के मुद्दे को लेकर भारत एवं चीन के मध्य पंचशील समझौते के परिणामस्वरूप निर्धारित मापदण्डों ने भारत की विदेशी नीति को एक सकारात्मक दिशा प्रदान की।

गुटनिरपेक्षता

- भारतीय स्वतन्त्रता के समय अन्तर्राष्ट्रीय राजनीति में दो ध्रुवीय गुट उपस्थित थे, पहला साम्यवादी गुट था, जिसका नेतृत्व सोवियत संघ कर रहा था, जबकि दूसरा पूँजीवादी गुट था, जिसका नेतृत्व अमेरिका कर रहा था।
- स्वतन्त्रता के पश्चात् भारत ने किसी भी गुट में शामिल न होकर गुट निरपेक्षता की नीति अपनाई। इस नीति का पालन करने से भारत दोनों गुटों के प्रति तटस्थ रहकर अपना सामाजिक-आर्थिक विकास कर सकता था।
- 20 सितम्बर, 1961 को भारत के प्रधानमन्त्री जवाहरलाल नेहरू, मिस्र के राष्ट्रपति कर्नल नासिर तथा यूगोस्लाविया के राष्ट्रपति मार्शल टीटो ने मिलकर बेलग्रेड में **गुटनिरपेक्ष आन्दोलन** की शुरुआत की।
- गुटनिरपेक्ष देशों का द्वितीय तथा तृतीय शिखर सम्मेलन क्रमशः काहिरा एवं लुसाका (जाम्बिया) में आयोजित किए गए थे।

गुटनिरपेक्ष शिखर सम्मेलन : एक नजर में

क्रम	स्थान	अवधि	विशेषताएँ
पहला	बेलग्रेड (यूगोस्लाविया)	वर्ष 1961	इसमें 25 देशों ने भाग लिया था।
दूसरा	काहिरा (मिस्र)	वर्ष 1964	इस घोषणा पत्र का शीर्षक शान्ति तथा अन्तर्राष्ट्रीय सहयोग के लिए योजना थी।
तीसरा	लुसाका (जाम्बिया)	वर्ष 1970	गुट-निरपेक्षता तथा आर्थिक विकास शीर्षक से घोषणा पत्र स्वीकार किया गया।
चौथा	अल्जीयर्स (अल्जीरिया)	वर्ष 1973	इसमें हिन्द महासागर को शान्ति क्षेत्र घोषित करने का प्रस्ताव पारित किया गया।

एशियाई नीति

पड़ोसी देशों एवं एशियाई देशों के साथ मित्रवत् सम्बन्ध बनाने तथा आपसी सद्भाव में वृद्धि हेतु भारत ने अनेक प्रयास किए हैं, जो निम्न हैं

- **प्रथम एशियाई सम्मेलन** (मार्च, 1947) यह सम्मेलन वैश्विक मामलों की भारतीय परिषद् के तत्त्वावधान में नई दिल्ली में आयोजित किया गया। इसका उद्देश्य एशियाई राष्ट्रों के मध्य मैत्री व सहयोग को प्रोत्साहित करना तथा एशियाई जनता की प्रगति व हितों में वृद्धि करना था।
- **द्वितीय एशियाई सम्मेलन** (जनवरी, 1949) इण्डोनेशिया की समस्या पर विचार करने के लिए नई दिल्ली में 19 देशों के प्रतिनिधियों का एक सम्मेलन हुआ, जिसमें इण्डोनेशिया पर अधिग्रहण की निन्दा की गई तथा डच पुलिस एवं सैनिकों को अविलम्ब इण्डोनेशिया छोड़ने के लिए कहा गया और जनवरी, 1950 तक इण्डोनेशिया को स्वतन्त्र किए जाने की माँग की गई।
- **बाण्डुंग सम्मेलन** (1955) इण्डोनेशिया के बाण्डुंग शहर में अप्रैल, 1955 में एफ्रो एशियाई देशों का एक सम्मेलन आयोजित किया गया, जिसमें 29 देशों के 340 एशियाई अफ्रीकी प्रतिनिधियों ने भाग लिया। इस सम्मेलन का आयोजन भारत, बर्मा एवं इण्डोनेशिया ने सम्मिलित रूप से किया था।

  इस सम्मेलन में पंचशील के सिद्धान्तों पर बल दिया गया तथा एशियाई अफ्रीकी देशों से सम्बन्ध रखने वाली आर्थिक, सामाजिक और सांस्कृतिक समस्याओं पर विचार किया गया। इस सम्मेलन को तृतीय शक्ति के अभ्युदय का प्रतीक कहा गया।

स्वेज नहर संकट (1956)

- अमेरिका एवं ब्रिटेन द्वारा मिस्र पर गुट-निरपेक्षता की नीति छोड़ने का दबाव बनाया तथा नील नदी पर आस्वान बाँध (डैम) बनाने के लिए किया गया वित्तीय सहायता का वादा तोड़ दिया, प्रतिक्रिया स्वरूप मिस्र ने स्वेज नहर का राष्ट्रीयकरण कर दिया। इससे नहर का उपयोग करने वाले देशों ने नहर के अन्तर्राष्ट्रीयकरण की माँग शुरू कर दी।
- मिस्र द्वारा की गई कार्यवाही के प्रतिक्रिया स्वरूप ब्रिटेन, फ्रांस तथा इजराइल ने स्वेज क्षेत्र में सैन्य कार्यवाही हेतु अपनी सेनाएँ भेजीं, तो नेहरू ने इसे खुला आक्रमण बताया, क्योंकि कस्तुनतुनिया सन्धि 1889 ई. के अनुसार इसे मिस्र का अभिन्न भाग माना गया था।
- भारत के प्रयास और संयुक्त राष्ट्र संघ के दबाव के कारण इस संकट का समाधान हुआ और वर्ष 1969 में स्वेज नहर का राष्ट्रीयकरण हो गया।

पी. एल. 480 समझौता

- वर्ष 1959 में अमेरिकी राष्ट्रपति आइजनहावर ने अपनी भारत यात्रा से प्रभावित होकर स्वदेश वापसी के पश्चात् मई, 1960 में दोनों देशों के मध्य 4 वर्ष की अवधि के लिए **पी. एल. 480** नामक एक समझौता किया, जिसके अन्तर्गत अमेरिका ने भारत को पर्याप्त मात्रा में खाद्यान्न भेजने का आश्वासन दिया।
- 7 दिसम्बर, 1964 को प्रधानमन्त्री **लाल बहादुर शास्त्री** के समय में भारत और अमेरिका के मध्य नई दिल्ली में एक समझौता हुआ, जिसके अन्तर्गत अमेरिका ने भारत को तारापुर में परमाणु संयन्त्र स्थापित करने के लिए 8 करोड़ डॉलर दिए तथा इसके लिए ईंधन देने का भी आश्वासन दिया।
- वर्ष 1964 में भारत में उत्पन्न खाद्यान्न संकट के समय अमेरिका ने पी. एल. 480 के अन्तर्गत भारत को बड़ी मात्रा में खाद्यान्नों की आपूर्ति की।
- वर्ष 1965 में भारत-पाक युद्ध के समय अमेरिका ने दोनों देशों पर युद्ध न बन्द करने तक आर्थिक प्रतिबन्ध लगा दिए तथा भारतीयों को दी जाने वाली खाद्यान्न सामग्री की आपूर्ति रोक दी।
- युद्ध के समय पाकिस्तान द्वारा भारतीयों पर उन्हीं युद्धास्त्रों का प्रयोग किया गया, जो अमेरिका ने उसे प्रदान किए थे, परन्तु अमेरिका ने इस पर पाकिस्तान के विरुद्ध कोई आपत्ति नहीं की। स्पष्ट है कि अमेरिका इस काल में भारत के प्रति अधिकांशत: नकारात्मक दृष्टिकोण ही दर्शाता रहा।

प्रीलिम्स फैक्ट्स

- कश्मीर के महाराजा हरिसिंह द्वारा भारत के विलय सम्बन्धी अधिनियम पत्र पर हस्ताक्षर कब किए गए थे? *– 26 अक्टूबर, 1947 को [CDS 2010]*
- हैदराबाद, जम्मू एवं कश्मीर, जूनागढ़ तथा मैसूर आदि देशी राज्यों में से कौन 'यथावत (Stand Still) समझौते' का पक्षधर था? *– हैदराबाद [UPPSC (Pre) 1997]*
- हैदराबाद राज्य का आधिकारिक रूप से भारतीय संघ में विलय किस वर्ष हुआ? *– वर्ष 1948 में [CDS 2020]*
- 15 अगस्त, 1947 के बाद भारत का कौन-सा भाग पुर्तगाल के अधीन बना रहा? *– गोवा [MPPSC (Pre) 2010]*
- विश्व में शान्ति एवं आपसी सहयोग स्थापित करने के लिए नेहरू जी ने कौन-सा सिद्धान्त प्रस्तुत किया? *– पंचशील का सिद्धान्त [BPSC (Pre) 2004]*
- अन्य रजवाड़ों के भारत में विलय के बाद भी किन तीन राज्यों ने भारत में शामिल होना विलम्बित किया? *– जूनागढ़, हैदराबाद, जम्मू-कश्मीर [UPPSC (Pre) 1998]*
- भारतीय रियासतों के शासकों के विशेष अधिकारों और प्रिवी पर्स की समाप्ति कब की गई? *वर्ष 1971 [MPPSC (Pre) 2021]*
- वर्ष 1948 में हिन्द मजदूर सभा के संस्थापक कौन थे? *– अशोक मेहता, जी.जी. मेहता तथा टी.एस. रामानुजम [IAS (Pre) 2018]*

- 'ऑपरेशन पोलो' किससे जुड़ा है?
– हैदराबाद में सैनिक कार्यवाही से [UPPSC (Pre) 2013]
- भारतीय राजनीति में वर्ष 1947 के बाद किस महिला (अरुणा आसफ अली, कमला रानी सिंह, तारकेश्वरी सिन्हा तथा राबड़ी देवी में से) ने सर्वाधिक योगदान दिया? *– अरुणा आसफ अली [BPSC (Pre) 1997]*
- केरल में प्रथम साम्यवादी सरकार का गठन कब किया गया था?
– वर्ष 1957 में [CGPSC (Pre) 2014]
- स्वतन्त्र भारत की किसी राज्य की राज्यपाल बनने वाली प्रथम महिला कौन थी? *– सरोजिनी नायडू [IAS (Pre) 2009]*
- निष्क्रिय विरोध के सिद्धान्त का प्रतिपादन किसने किया था?
– अरविन्द घोष ने [BPSC (Pre) 2005]
- गाँधीवादी अर्थव्यवस्था किस पर आधारित थी?
– न्यास पर [UPPSC (Pre) 2013]
- कस्तूरबा एवं महादेव देसाई की समाधियाँ कहाँ स्थित है?
– अहमदनगर फोर्ट जेल [UPPSC (Pre) 2010]
- मार्क्सवादी समाजवाद, श्रेणी समाजवाद, आदर्शवाद तथा दार्शनिक अराजकतावाद में से गाँधीजी किसके समर्थक थे?
– दार्शनिक अराजकतावाद [UPPSC (Pre) 1996]
- समाजवाद का वह समर्थक कौन था, जो वर्ष 1933 में ब्रिटिश शासन, देशी राज्यों, जमींदारवाद और पूँजीवाद को उखाड़ फेंकना चाहता था?
– जवाहरलाल नेहरू [UPPSC (Pre) 2013]
- पं. जवाहरलाल नेहरू का जीवनीकार कौन था?
– फ्रैन्क मॉरिश [UPPSC (Pre) 2014]
- भारतीय स्वतन्त्रता संग्राम के दौरान किसने प्रस्तावित किया था कि स्वराज को सभी प्रकार के विदेशी नियन्त्रण से मुक्त सम्पूर्ण स्वतन्त्रता के रूप में परिभाषित किया जाए? *– हसरत मोहानी [IAS (Pre) 2004]*
- भगत सिंह का स्मारक कहाँ स्थित है?
– फिरोजपुर में [UPPSC (Mains) 2013]
- 'हिन्दुस्तान समाजवादी प्रजातन्त्र संघ' के संस्थापक थे।
– यतीन्द्रनाथ, अजय घोष, फणीन्द्रनाथ घोष [UPPSC (Pre) 2022]
- जवाहरलाल नेहरू, आचार्य नरेन्द्रदेव, एस. आर. मसानी तथा अशोक मेहता में से किसे साम्यवाद का उच्चतम पुजारी कहा गया है?
– जवाहरलाल नेहरू को [UPPSC (Pre) 2013]
- किसने रविन्द्रनाथ टैगोर को महान प्रहरी कहा था?
– महात्मा गाँधी ने [UPPSC (Pre) 2010]
- वर्ष 1920 के अहमदाबाद अधिवेशन में किसने सम्पूर्ण स्वराज को कांग्रेस का लक्ष्य मानने का प्रस्ताव रखा था? *– हसरत मोहानी ने [IAS (Pre) 2001]*
- भारतीय राष्ट्रीय कांग्रेस का वह कौन–सा अधिवेशन था, जिसको महात्मा गाँधी द्वारा सम्बोधित किया गया था?
– बेलगाँव अधिवेशन (1924) [UPPSC (Pre) 2011]
- वर्ष 1931 में कराची अधिवेशन में मूल अधिकारों पर प्रस्ताव का प्रारूप किसने बनया था? *– जवाहरलाल नेहरू [IAS (Pre) 2005]*
- अध्यक्षीय सम्बोधन के समय जिस कांग्रेस अध्यक्ष ने हिन्दी भाषा के लिए 'रोमन लिपि' लागू करने की वकालत की वे थे?
– अबुल कलाम आजाद [IAS (Pre) 2000]
- 15 अगस्त, 1947 को भारतीय राष्ट्रीय कांग्रेस का अध्यक्ष कौन था?
– जे.बी. कृपलानी [UPPSC (Pre) 2015]
- अगस्त, 1923 के बनारस हिन्दू महासभा के अधिवेशन की अध्यक्षता किसने की थी? *– स्वामी श्रद्धानन्द ने [BPSC (Pre) 1999]*
- भारत की कम्युनिस्ट पार्टी और राष्ट्रीय स्वयं सेवक संघ की स्थापना किस एक वर्ष में हुई थी? *– वर्ष 1925 में [BPSC (Pre) 2015]*
- श्री अरविन्दो आश्रम कहाँ स्थित है? *– पाण्डिचेरी में [UPPSC (Pre) 2007]*
- काशी विद्यापीठ का संस्थापक कौन था?
– बाबू शिवप्रसाद गुप्त [UPPSC (Mains) 2016]
- जी.डी. बिड़ला, जमनालाल बजाज, जे.आर.डी. टाटा तथा बालचन्द हीराचन्द नामक उद्योगपतियों में कौन–से व्यक्ति लम्बे समय तक ए.आई.सी.सी. के खजांची रहे तथा वर्ष 1930 में जेल भी गए?
– जमनालाल बजाज [BPSC (Pre) 2005]
- 'हरिजन सेवक संघ' के संस्थापक (अध्यक्ष) कौन थे?
– महात्मा गाँधी [UPPSC (Pre) 2010]
- वर्ष 1939 में भारतीय प्रजामण्डल (ऑल इण्डिया स्टेट्स पीपुल्स कॉन्फ्रेन्स) के अध्यक्ष कौन थे? *– जवाहरलाल नेहरू [IAS (Pre) 2001]*
- भारतीय स्वतन्त्रता संघर्ष के दौरान किसने 'फ्री इण्डिया लीजन' नामक सेना बनाई थी? *– सुभाषचन्द्र बोस [IAS (Pre) 2008]*
- वैज्ञानिक समाज की स्थापना किसने की थी?
– सर सैयद अहमद ने [MPPSC (Pre) 2009]
- 1870 के दशक में बम्बई सचिवायल का अभिकल्प (डिजाइन) किसने तैयार किया था? *– एच. सेण्ट क्लेयर विल्किंस [CDS 2019]*
- गाँधीजी ने अपनी आत्मकथा मूलरूप से किस भाषा में लिखी थी?
– गुजराती में [IAS (Pre) 2010]
- 'इण्डिया डिवाइडेड' पुस्तक के लेखक कौन थे?
– डॉ. राजेन्द्र प्रसाद [UPPSC (Pre) 2010]
- गीतांजलि, आनन्दमठ, सत्यार्थ प्रकाश तथा गीता रहस्य में से किस पुस्तक का सम्बन्ध भारत में राष्ट्रीय आन्दोलन के विकास से जोड़ा जाता है? *– आनन्दमठ [UPPSC (Mains) 2005]*
- गीजांजलि का अंग्रेजी संस्करण कब प्रकाशित हुआ था?
– वर्ष 1912 में [UPPSC (Pre) 2014]
- जवाहरलाल नेहरू ने 'डिस्कवरी ऑफ इण्डिया' पुस्तक किस कारागार में लिखी थी? *– अहमदनगर फोर्ट जेल [UPPSC (Mains) 2003]*
- भारतीय राष्ट्रीय आन्दोलन पर 'इण्डियन स्ट्राग्ल' नामक पुस्तक किसके द्वारा लिखी गई थी? *– सुभाषचन्द्र बोस [UPPSC (Pre) 2007]*
- 'गिल्टी मेन ऑफ इण्डियाज पार्टीशन' पुस्तक के लेखक कौन हैं?
– डा. राममनोहर लोहिया [CGPSC (Pre) 2003]
- 'अनाइहिलेशन ऑफ कॉस्ट' के लेखक कौन हैं?
– डा. बी.आर. अम्बेडकर [UPPSC (Mains) 2016]
- 'मैं अनीश्वरवादी क्यों हूँ' शीर्षक पुस्तक किसके द्वारा लिखी गई है?
– भगत सिंह [UPPSC (Mains) 2010]
- 'इण्डियाज स्ट्रगल फॉर इण्डिपेण्डेन्स' पुस्तक के लेखक कौन हैं?
– विपिन चन्द्र [UPPSC (Pre) 2010]
- झण्डा गीत किसने लिखा है? *– श्यामलाल पार्षद ने [BPSC (Pre) 2003]*
- 'गोल्डन थ्रेसहेल्ड' नामक कविता–संग्रह की रचयिता कौन हैं?
– सरोजिनी नायडू [IAS (Pre) 2009]

सेल्फ चैक

1. 'ऑपरेशन पोलो' किससे जुड़ा है? UPPSC (Pre) 2013
(a) भारत छोड़ो आन्दोलन से
(b) सविनय अवज्ञा आन्दोलन से
(c) जूनागढ़ राज्य में सैनिक कार्यवाही से
(d) हैदराबाद राज्य में सैनिक कार्यवाही से

2. दक्कन (दक्षिण) का हैदराबाद राज्य आधिकारिक रूप से भारतीय संघ में किस वर्ष सम्मिलित हुआ?
(a) वर्ष 1948 में
(b) वर्ष 1950 में
(c) वर्ष 1949 में
(d) वर्ष 1947 में

3. निम्नलिखित देशी राज्यों में से कौन 'यथावत (Stand-Still) समझौते' का पक्षधर था? UPPSC (Pre) 1997
(a) हैदराबाद
(b) जम्मू एवं कश्मीर
(c) जूनागढ़
(d) मैसूर

4. 15 अगस्त, 1947 के बाद भारत का कौन-सा भाग पुर्तगाल के अधीन बना रहा? MPPSC (Pre) 2010
(a) गोवा
(b) सिक्किम
(c) पुदुचेरी
(d) अण्डमान एवं निकोबार

5. निम्न में से किस कारण से 26 अक्टूबर, 1947 भारतीय इतिहास की एक प्रमुख तिथि है?
(a) महाराजा हरिसिंह द्वारा अधिनियम-पत्र पर हस्ताक्षर किया जाना
(b) पाकिस्तान के साथ युद्धविराम
(c) सिन्ध का विलय
(d) पाकिस्तान द्वारा भारत पर युद्ध की घोषणा

6. अन्य रजवाड़ों के भारत में विलय के बाद भी किन तीन राज्यों ने भारत में शामिल होना विलम्बित किया? UPPSC (Pre) 1998
(a) जूनागढ़, मैसूर, जम्मू-कश्मीर
(b) जूनागढ़, हैदराबाद, जम्मू-कश्मीर
(c) उदयपुर, कपूरथला, जम्मू-कश्मीर
(d) हैदराबाद, उदयपुर, त्रावणकोर

7. आधुनिक भारत के इतिहास के सन्दर्भ में 'शाही थैली' क्या थी?
(a) एक संगठन द्वारा दूसरे संगठन को निजी रूप में दी जाने वाली थैली
(b) भारत सरकार द्वारा प्रतिष्ठित व्यक्तियों को सेवाओं के उपलक्ष्य में दी गई थैली
(c) भारत के पूर्व देशी राजाओं को भारत सरकार द्वारा दिया गया अनुदान
(d) भारत के किसी पूर्व देशी राजा द्वारा भारत सरकार को दिया गया उपहार

8. भारतीय रियासतों के शासकों के विशेष अधिकारों और प्रिवी पर्स की समाप्ति कब की गई? MPPSC (Pre) 2021
(a) वर्ष 1950 (b) वर्ष 1949
(c) वर्ष 1962 (d) वर्ष 1971

9. निम्नलिखित में से कौन वर्ष 1948 में स्थापित 'हिन्द मजदूर सभा' के संस्थापक थे? IAS (Pre) 2018
(a) बी. कृष्ण पिल्लई, ई. एम. एस. नम्बूदरीपाद और के. सी. जॉर्ज
(b) जयप्रकाश नारायण, दीनदयाल उपाध्याय और एम. एन. रॉय
(c) सी. पी. रामास्वामी अय्यर, के. कामराज और वीरेशलिंगम पन्तुलु
(d) अशोक मेहता, टी. एस. रामानुजम और जी. जी. मेहता

10. पी. एल. 480 समझौते के सन्दर्भ में कौन-सा कथन सही नहीं है?
(a) यह समझौता 4 वर्ष की अवधि के लिए था।
(b) खाद्यान्न संकट में भारत ने पी. एल. 480 के अन्तर्गत भारत को बड़ी मात्रा में खाद्यान्न आपूर्ति की।
(c) 'a' और 'b' दोनों
(d) उपरोक्त में से कोई नहीं

जानें सही उत्तर

1. (d)	2. (a)	3. (a)	4. (a)	5. (a)	6. (b)	7. (c)	8. (d)	9. (d)	10. (b)

• अध्याय छत्तीस

गवर्नर, गवर्नर-जनरल एवं वायसराय

भारत में ब्रिटिश साम्राज्य के विस्तार की प्रक्रिया में गवर्नर-जनरलों एवं वायसरायों ने महत्त्वपूर्ण भूमिका निभाई थी, उन्होंने न केवल भारत की सामाजिक, आर्थिक और राजनीतिक प्रक्रिया में हस्तक्षेप करके ब्रिटिश हित में कार्य किया, बल्कि अनभिज्ञता में ही भारत के एक राष्ट्र के रूप में उभरने का मार्ग भी प्रशस्त किया।

बंगाल के गवर्नर

बंगाल के गवर्नर निम्नलिखित हैं

लॉर्ड क्लाइव (1757-60 ई. से 1765-67 ई.)

- प्लासी की विजय (1757) के बाद लॉर्ड क्लाइव को बंगाल का गवर्नर बनाया गया।
- इसके द्वारा बंगाल में मुहम्मद रजा खाँ, बिहार में राजा सिताबराय एवं उड़ीसा में रायदुर्लभ को उप-दीवान नियुक्त किया गया।
- इसने बक्सर के युद्ध (1764) में सफलता के बाद 1765 ई. में बंगाल में द्वैध-शासन लागू किया, जो 1772 ई. तक चलता रहा।
- इसने मुगल सम्राट शाहआलम द्वितीय एवं अवध के नवाब शुजाउद्दौला से 1765 ई. में इलाहाबाद की सन्धियाँ कीं। इसी के कार्यकाल में **श्वेत विद्रोह** हुआ था।
- इसके द्वारा व्यापार समिति की स्थापना की गई एवं कर्मचारियों द्वारा उपहार लेने को प्रतिबन्धित कर दिया गया था। इसकी प्रथम सैन्य कूटनीति 1754 ई. में अर्काट के किले की किलेबन्दी के समय प्रतीत हुई थी।
- इसके द्वारा वर्तमान पश्चिम बंगाल के बांकीपुर, मुंगेर एवं इलाहाबाद में सेनाओं के शिविर स्थापित किए गए।
- आलमगीर द्वारा इसे उमरा की उपाधि दी गई थी। प्रसिद्ध राजनीतिज्ञ एडमण्ड वर्क ने क्लाइव को **बड़ी-बड़ी नींवें रखने वाला** कहा था।

क्लाइव के बाद बंगाल के गवर्नर

क्लाइव के बाद बंगाल के निम्नलिखित गवर्नर थे

- **हालवेल** (1760) इसने ही ब्लैक होल की घटना का वर्णन किया था।
- **वेन्सिटार्ट** (1760-65) बक्सर के युद्ध के समय वेन्सिटार्ट बंगाल का गवर्नर था।
- **वेरेलस्ट** (1767-69) द्वैध-शासन के समय यह बंगाल का गवर्नर था।
- **कर्टियर** (1769-72) इसके काल में ही 1770 ई. में बंगाल में आधुनिक भारत का प्रथम अकाल पड़ा।

बंगाल के गवर्नर-जनरल

बंगाल के गवर्नर-जनरल निम्न थे

वॉरेन हेस्टिंग्स (1772-85 ई.)

- वॉरेन हेस्टिंग्स को रेग्यूलेटिंग एक्ट, 1773 के अन्तर्गत बंगाल का प्रथम गवर्नर-जनरल बनाया गया।
- इसके द्वारा 1772 ई. में प्रत्येक जिले में एक-एक फौजदारी व दीवानी न्यायालय एवं 1774 ई. में कलकत्ता जनरल पोस्ट ऑफिस (GPO) की स्थापना की गई।
- 1784 ई. में सर विलियम जॉन्स ने **द एशियाटिक सोसायटी ऑफ बंगाल** की स्थापना इसी के कार्यकाल में की। 1772 ई. में उसने बंगाल में द्वैध-शासन को समाप्त कर दिया एवं इसी वर्ष पाँच वर्षीय तथा 1777 ई. में एक वर्षीय भू-राजस्व बन्दोबस्त लागू किया।
- इसके द्वारा बोर्ड ऑफ रेवेन्यु की स्थापना की गई एवं दस्तक के प्रयोग को प्रतिबन्धित किया गया।

> वॉरेन हेस्टिंग्स को भारत में **न्यायिक सेवा का जन्मदाता** माना जाता है। इसी के काल में 1774 ई. में कलकत्ता में एक सुप्रीम कोर्ट की स्थापना की गई। उसने प्रत्येक जिले में सर्वप्रथम एक दीवानी तथा एक फौजदरी न्यायलय की स्थापना की।

- इसके काल में बनारस की सन्धि (1773), फैजाबाद की सन्धि (1775), रोहिल्ला युद्ध (1774), प्रथम आंग्ल-मराठा युद्ध (1775-82) तथा सालबाई की सन्धि (1782), द्वितीय आंग्ल-मैसूर युद्ध एवं मंगलौर की सन्धि (1780-84), नन्द कुमार पर अभियोग (1775) तथा मुगल सम्राट को प्रदान किए जाने वाले ₹ 26 लाख की पेंशन को बन्द कर दिया जाना जैसी प्रमुख घटनाएँ घटीं। इसे रियासतों के साथ होने वाली **रिंग ऑफ फेन्स** (घेरे की नीति) का जनक माना जाता है।
- इसी के कार्यकाल के दौरान चार्ल्स विलकिन्स द्वारा **गीता** व **हितोपदेश** का अंग्रेजी में अनुवाद किया गया, इसी समय **अभिज्ञानशाकुन्तलम्** का भी अंग्रेजी में अनुवाद तथा हिन्दू एवं मुस्लिम विधि को संहिताबद्ध किया गया और इजारेदारी व्यवस्था की शुरुआत की गई।

> **हेस्टिंग्स** बंगाल का एकमात्र ऐसा गवर्नर-जनरल था, जिस पर **बर्क** ने महाभियोग का मुकदमा दायर किया था, लेकिन 1795 ई. में इसे निर्दोष साबित (करार) करते हुए आरोप मुक्त कर दिया गया।

- कलकत्ता में 1781 ई. में मुस्लिम शिक्षा सुधार हेतु प्रथम मदरसे की स्थापना की गई। इसी के काल में 1784 ई. का ईस्ट इण्डिया कम्पनी अधिनियम (पिट्स इण्डिया एक्ट) पारित हुआ, जिसके अन्तर्गत परिषद् की संख्या चार से घटाकर तीन कर दी गई।

लॉर्ड कॉर्नवालिस (1786-93 और 1805 ई.)

- लॉर्ड कॉर्नवालिस को 1786 ई. के संशोधन अधिनियम द्वारा कमाण्डर इन चीफ बनाया गया। इसने 1789 ई. में दासों के व्यापार पर रोक लगा दी। भारत में कॉर्नवालिस को **सिविल सेवा तथा पुलिस सेवा** का जन्मदाता माना जाता है। इसने 1793 ई. में बंगाल में स्थायी बन्दोबस्त व्यवस्था लागू की।
- 1790-92 ई. में इसने फौजदारी न्यायालय को समाप्त करके कलकत्ता, मुर्शिदाबाद, ढाका एवं पटना में सर्किट कोर्ट का गठन किया। जबकि जिलों में दीवानी अदालत की स्थापना की।
- इसके कार्यकाल में ही तृतीय आंग्ल-मैसूर युद्ध (1790-92) एवं श्रीरंगपट्टनम की सन्धि (1792) हुई थी।
- इसने 1793 ई. में **कॉर्नवालिस कोड** का निर्माण किया तथा शक्ति के पृथक्करण का सिद्धान्त लागू किया। न्यायिक विभाग को राजस्व विभाग से पृथक् किया और अब कलेक्टर के पास सिर्फ भू-राजस्व वसूली का अधिकार था। दीवानी अधिकार वापस ले लिए गए। 1805 ई. में कॉर्नवालिस पुन: भारत का गवर्नर-जनरल बनकर आया। इसी दौरान उसकी मृत्यु हो गई। कॉर्नवालिस एकमात्र गवर्नर-जनरल है, जिसकी कब्र भारत में उत्तर प्रदेश के **गाजीपुर** में स्थित है।

सर जॉन शोर (1793-98 ई.)

- इसने मैसूर के प्रति अहस्तक्षेप की नीति का पालन किया। जॉन शोर ने ही जमींदारों को भूमि का वास्तविक स्वामी माना था। अपवाद स्वरूप इसने अवध के मामले में उत्तराधिकार विषय पर हस्तक्षेप किया था।
- इसी के कार्यकाल में 1793 का चार्टर अधिनियम लाया गया था तथा 1795 ई. में **खुर्दा का युद्ध** (मराठे और निजाम के मध्य) लड़ा गया था। ज्ञातव्य है कि सर जॉन शोर ने केवल अवध के मामले में हस्तक्षेप किया था।

लॉर्ड वेलेजली (1798-1805 ई.)

- लॉर्ड वेलेजली 37 वर्ष की आयु में भारत का गवर्नर-जनरल बना, इसे **बंगाल टाइगर** के नाम से भी जाना जाता है। भारत में अंग्रेजी सत्ता की श्रेष्ठता को साबित करने तथा फ्रांसीसियों के भय को समाप्त करने के उद्देश्य से इसने **सहायक सन्धि** प्रणाली को प्रारम्भ किया। इसके अन्तर्गत देशी नरेश कम्पनी की सेना तथा ब्रिटिश रेजिडेण्ट रखते एवं इन सबसे बदले एक निश्चित राशि कम्पनी को देते थे।
- इस व्यवस्था के अन्तर्गत हैदराबाद के निजाम (1799 एवं 1800) मैसूर (1799), तंजौर (1799) अवध (1801), पेशवा (1802), भोंसले (1803), सिन्धिया (1804), होल्कर (1818), जयपुर, जोधपुर, बूँदी, मच्छेरी तथा भरतपुर राज्यों से सन्धि हुई।
- इसके द्वारा 1802 ई. में **बसीन की सन्धि** सम्पन्न की गई थी। फ्रांसीसी गवर्नर डूप्ले ने भारत में सहायक सन्धि की नींव रखी, किन्तु इसे व्यावहारिक रूप **वेलेजली** ने ही दिया था।

- 1799 ई. में वेलेजली ने प्रेस पर प्रतिबन्ध लगाया, जो भारतीय प्रेस पर प्रतिबन्ध लगाने की पहली घटना मानी जाती है।

> वेलेजली ने नागरिक सेवा में भर्ती किए गए युवकों के प्रशिक्षण के लिए 1800 ई. में कलकत्ता में **फोर्ट विलियम** कॉलेज की स्थापना की, लेकिन 1802 ई. में यहाँ प्रशिक्षण देना बन्द कर दिया गया एवं हेलबरी (इंग्लैण्ड) में पुन: इनका प्रशिक्षण प्रदान करना प्रारम्भ कर दिया गया।

- 1803 ई. में इसने बाल हत्या पर अधिनियम-IV के द्वारा पूर्णत: प्रतिबन्ध लगा दिया। इसी वर्ष लॉर्ड लेक के नेतृत्व में लाल किले पर आधिपत्य स्थापित कर लिया गया एवं **ऑक्टरलोनी** को लाल किले का पहला ब्रिटिश रेजिडेण्ट नियुक्त किया गया।
- इसी के काल में चौथा **आंग्ल-मैसूर युद्ध** (1799) लड़ा गया तथा टीपू सुल्तान वीरगति को प्राप्त हुआ। **द्वितीय आंग्ल-मराठा युद्ध** (1802-03) भी इसी के काल की घटना है।
- 1802 ई. की एमिन्स की सन्धि के तहत फ्रांसीसियों को पुन: पॉण्डिचेरी वापस कर दी गई।
- इसी के कार्यकाल में 1803 ई. में लॉर्ड लेक ने दिल्ली और आगरा पर कब्जा कर मुगल सम्राट **शाहआलम द्वितीय** को अपने संरक्षण में ले लिया।
- वेलेजली ने 1799 ई. में **मेहदी अली खाँ** और 1800 ई. में मैल्कम को अपना दूत बनाकर फारस के शाह के दरबार में भेजा था।

सर जॉर्ज बार्लो (1805-07 ई.)

- इसने देशी राज्यों के प्रति **अहस्तक्षेप की नीति** का पालन किया तथा सिन्धिया को ग्वालियर एवं गोहद के प्रदेश वापस कर दिए।
- इसी के काल में वेल्लोर का सिपाही विद्रोह (1806) हुआ।

लॉर्ड मिण्टो प्रथम (1807-13 ई.)

- गवर्नर-जनरल के रूप में भारत आने से पूर्व लॉर्ड मिण्टो नियन्त्रण मण्डल (बोर्ड ऑफ कण्ट्रोल) का अध्यक्ष था। 1809 ई. में लॉर्ड मिण्टो महाराजा रणजीत सिंह के साथ अमृतसर की सन्धि में सम्मिलित हुआ। सन्धि पर अंग्रेजों की ओर से **चार्ल्स मेटकॉफ** ने हस्ताक्षर करते हुए शाश्वत मित्रता की सन्धि की। मिण्टो ने बुन्देलखण्ड, नागपुर और बरार के विद्रोहों को दबाया।

> 1813 का चार्टर अधिनियम इसी के समय पारित हुआ, जिसमें शिक्षा के विकास के लिए ₹ 1 लाख की व्यवस्था की गई। मिण्टो ने विदेशी सम्बन्धों की स्थापना के लिए मैल्कम को ईरान तथा एल्फिन्सटन को काबुल भेजा।

लॉर्ड हेस्टिंग्स (1813-23 ई.)

- इसके समय में अहस्तक्षेप की नीति का परित्याग कर दिया गया। भारत में **ब्रिटिश प्रभुसत्ता** इसी के समय स्थापित हुई। इसके काल में आंग्ल-नेपाल युद्ध (1814-16) हुआ तथा नेपाल के साथ 1816 ई. में सुंगौली की सन्धि की गई, जिसके कारण उसे **मार्क्विस ऑफ हेस्टिंग्स** की उपाधि दी गई। मराठा संघ का अन्त (1817) एवं बम्बई प्रेसीडेन्सी की स्थापना (1818) इसी के काल में हुई थी।
- इसी के कार्यकाल में डेविड हेयर के द्वारा 1817 ई. में कलकत्ता में हिन्दू कॉलेज की स्थापना की गई।
- हेस्टिंग्स को **पिण्डारियों के दमन** का भी श्रेय प्राप्त है। करीम खाँ, अमीर खाँ चीतू आदि इनके कुछ प्रमुख नेता थे।
- तृतीय आंग्ल-मराठा युद्ध (1817-18) में मराठों की हार के पश्चात् पेशवा के पद की समाप्ति की घोषणा की गई।
- इसी के काल में 1822 ई. में बंगाल में काश्तकारी अधिनियम (टेनेन्सी एक्ट) लागू किया गया।

लॉर्ड एम्हर्स्ट (1823-28 ई.)

- इसके समय में **प्रथम आंग्ल-बर्मा युद्ध** (1824-26) लड़ा गया, जो याण्डबू की सन्धि (1826) से समाप्त हुआ। इसी के काल में बैरकपुर छावनी में सैन्य विद्रोह (1824) हुआ।
- यह मुगल बादशाह अकबर द्वितीय से बराबरी के स्तर पर मिला था।

भारत के गवर्नर-जनरल

भारत के गवर्नर-जनरल निम्न थे

लॉर्ड विलियम बैण्टिक (1828-35 ई.)

- लॉर्ड विलियम बैण्टिक जुलाई, 1828 में बंगाल का गवर्नर-जनरल बनकर आया। बाद में 1833 के चार्टर अधिनियम द्वारा इसे भारत का प्रथम गवर्नर-जनरल बना दिया गया।
- इसके काल में सामाजिक, न्यायिक, शैक्षिक क्षेत्रों में अनेक सुधार हुए। बैण्टिक ने **सती प्रथा** के विरुद्ध कानून बनाकर दिसम्बर, 1829 में धारा-17 द्वारा विधवाओं के सती होने को अवैध घोषित किया।
- प्रारम्भ में यह कानून केवल बंगाल प्रेसीडेन्सी में लागू किया गया था, परन्तु 1830 ई. में इसे बम्बई एवं मद्रास प्रेसीडेन्सियों में भी लागू किया गया। **ठगी प्रथा की समाप्ति** के लिए बैण्टिक ने कर्नल स्लीमन की नियुक्ति की। 1830 ई. तक ठगी प्रथा का अन्त हो गया। बैण्टिक ने नरबलि तथा राजपूतों में लड़कियों की शिशु हत्या पर भी प्रतिबन्ध लगाया।
- इसी के शासनकाल में वर्तमान उत्तर प्रदेश का प्राय: सम्पूर्ण क्षेत्र बंगाल प्रेसीडेन्सी से अलग करके 1834 ई. में आगरा प्रान्त सृजन किया गया।
- इसी के काल में (1835) मैकाले की अनुशंसा पर अंग्रेजी शिक्षा पद्धति लागू कर दी गई तथा इसमें इनफिल्टरेशन पद्धति को अपनाया गया।
- 1833 ई. में कलकत्ता में प्रथम मेडिकल कॉलेज की स्थापना की गई तथा इसी के कार्यकाल में **विधि आयोग** गठित किया गया था।
- अफीम के व्यापार को नियमित करते हुए यह निश्चित कर दिया गया कि इसका निर्यात अब केवल बम्बई से ही किया जा सकेगा।
- इसी के कार्यकाल में कुशासन का आरोप लगाकर मैसूर (1831), कुर्ग तथा कछार (1834) रियासत को ब्रिटिश भारतीय राज्य में मिला लिया गया।

लॉर्ड कॉर्नवालिस के द्वारा गठित **सर्किट न्यायालय** (कोर्ट) को बन्द करते हुए, न्यायालयों में फारसी भाषा के स्थान पर देशी भाषाओं को अपनाया गया। इसके समय में ही पहली बार मार्टिन बर्ड की देख-रेख में मानचित्र और पन्जियों के आधार पर महालवाड़ी व्यवस्था को नया रूप दिया गया, इसलिए बर्ड को उत्तरी भारत की भू-व्यवस्था का जनक कहते हैं।

- 1833 की चार्टर अधिनियम की धारा-87 के द्वारा इसी के काल में सरकारी सेवाओं में भेदभाव का अन्त किया गया।
- आगरा नई प्रेसीडेन्सी बनी तथा विभागीय कमिश्नर (मण्डलायुक्त) पद का सृजन किया गया।

सर चार्ल्स मैटकॉफ (1835-36 ई.)

- अंग्रेजी ईस्ट इण्डिया कम्पनी के योग्यतम सेवकों में से एक मैटकॉफ ने ही 1809 ई. में रणजीत सिंह के साथ **अमृतसर सन्धि** से सम्बन्धित बातचीत की थी।
- मात्र एक वर्ष तक भारत के गवर्नर-जनरल के पद पर कार्य करने वाले चार्ल्स मैटकॉफ को प्रेस पर से नियन्त्रण हटाने के लिए याद किया जाता है। समाचार-पत्रों पर से प्रतिबन्ध हटाने के कारण इसे **समाचार-पत्रों के मुक्तिदाता** के रूप में जाना जाता है।

लॉर्ड ऑकलैण्ड (1836-42 ई.)

- ऑकलैण्ड के समय में प्रथम आंग्ल-अफगान युद्ध (1839-42) हुआ। 1838 ई. में ऑकलैण्ड के समय में त्रिपक्षीय सन्धि हुई। इस सन्धि में शाहशुजा, रणजीत सिंह तथा अंग्रेज शामिल थे।
- इसी के काल में **शेरशाह सूरी मार्ग** का नाम बदलकर **जी टी रोड** (ग्राण्ट ट्रंक रोड) रख दिया गया। इनके द्वारा भारत में शिक्षा की प्रगति एवं पाश्चात्य चिकित्सा पद्धति की उन्नति हेतु प्रयत्न किए गए।
- तीर्थयात्रा कर बन्द कर दिया गया। दुर्गा-पूजा पर लगे प्रतिबन्ध हटा दिए गए। सिंचाई हेतु अनेक नहरों का निर्माण किया गया।

लॉर्ड एलनबरो (1842-44 ई.)

- एलनबरो के काल में ही प्रथम आंग्ल-अफगान युद्ध की समाप्ति हुई।
- एलेनबरो के समय में चार्ल्स नेपियर के द्वारा 1843 ई. में **सिन्ध का विलय** किया गया। एलनबरो ने 1843 ई. के अधिनियम-V द्वारा दास प्रथा पर प्रतिबन्ध लगा दिया। इसके काल को कुशल अकर्मण्यता की नीति का काल कहा गया है।
- इसी के कार्यकाल में 1843-44 ई. में क्षेत्रीय (देशी) भाषा में शिक्षा प्रदान करने एवं उसकी उन्नति हेतु **थॉमसन योजना** लाई गई थी।
- लॉर्ड एलनबरो को **ओल्ड मैन इन हरी** के उपनाम से सम्बोधित किया जाता था।

लॉर्ड हार्डिंग (1844-48 ई.)

- इसके काल में 1844 ई. में एक सरकारी आदेश लाया गया, जिसके अनुसार सरकारी पदों पर आवेदन के लिए अंग्रेजी का ज्ञान आवश्यक हो गया।
- इसी के कार्यकाल में प्रथम आंग्ल-सिक्ख युद्ध (1846-48) लड़ा गया तथा लाहौर की सन्धि (1846) की गई। इसने उड़ीसा में **खोण्ड जनजातियों** के बीच प्रचलित नरबलि प्रथा को समाप्त कर दिया, जिसके कारण **खोण्ड विद्रोह** हुआ। इसी के काल मे बालिका शिशु हत्या पर भी रोक लगाई गई।

लॉर्ड डलहौजी (1848-1856 ई.)

- 12 जनवरी, 1848 को 36 वर्ष की आयु में **डलहौजी** भारत का गवर्नर-जनरल बनकर आया। यह एक साम्राज्यवादी प्रकृति का व्यक्ति था। इतिहास में उसकी नीति को **विलय नीति** या **हड़प नीति** (Doctrine of Lapse) के नाम से जाना जाता है। इसने 1852 ई. में पंजाब पर अधिकार कर लिया। **द्वितीय आंग्ल-बर्मा युद्ध** में इसने **लोअर** बर्मा तथा पीगू का विलय कर दिया। डलहौजी ने 1850 ई. में सिक्किम राज्य के कुछ दूरवर्ती प्रदेशों, जिनमें दार्जिलिंग आदि शामिल थे, भारत में मिला लिए।
- द्वितीय आंग्ल-सिख युद्ध (1848) में सिखों को पराजित कर पंजाब को ब्रिटिश साम्राज्य में मिला लिया।

डलहौजी का शासनकाल व्यपगत सिद्धान्त के कई मामलों को लागू करने के लिए प्रसिद्ध है। डलहौजी ने 1848 ई. में **सतारा**, 1849 ई. में **जैतपुर** तथा **सम्बलपुर**, 1850 ई. में **बघाट**, 1852 ई. में **उदयपुर**, 1853 ई. में **झाँसी**, 1854 ई. में **नागपुर** तथा 1855 ई. में **करौली** को अंग्रेजी राज्य में मिला लिया, लेकिन बोर्ड ऑफ कण्ट्रोल से इसे मान्यता नहीं मिलने के कारण इसे पुन: लौटा दिया गया। 1856 ई. में आउट्रम की रिपोर्ट के आधार पर अवध को कुशासन के आरोप में विलय कर लिया गया।

- डलहौजी ने तार तथा रेल विभाग को अत्यन्त महत्त्व दिया। उसके काल में भारत में 1853 ई. में **प्रथम रेलवे लाइन** बम्बई से थाणे व दूसरी रेलवे लाइन 1854 ई. में कलकत्ता से रानीगंज के मध्य बिछाई गई। (ब्रिटेन में 1825 से ही रेलवे लाइनें बिछाई जा रही थीं) डलहौजी के ही काल में प्रथम विद्युत तार सेवा कलकत्ता से आगरा के मध्य प्रारम्भ हुई।
- 1852 ई. में भूमि कर रहित जागीरों का पता लगाने हेतु **इनाम कमीशन** का गठन किया गया।
- 1854 ई. का **चार्ल्स वुड का डिस्पैच** जो विश्वविद्यालयी शिक्षा से सम्बन्धित था, डलहौजी के समय में पारित हुआ। इसे भारतीय शिक्षा का मैग्नाकार्टा की संज्ञा दी गई है।
- आधुनिक काल की **डाक व्यवस्था** का आधार भी डलहौजी के काल में ही निश्चित किया गया। डलहौजी ने डाक विभाग में सुधार करते हुए 1854 ई. में नया डाकघर अधिनियम (पोस्ट ऑफिस एक्ट) पास किया।
- डलहौजी ने पहली बार एक सार्वजनिक निर्माण विभाग (पी डब्ल्यू डी) बनाया। गंगा नहर का निर्माण कर 8 अप्रैल, 1854 को उसे सिंचाई के लिए खोल दिया गया। एवं अन्तर्राष्ट्रीय व्यापार में बढ़ोत्तरी हेतु भारतीय बन्दरगाहों को भी खोल दिया गया।

- डलहौजी ने जी टी रोड का निर्माण कार्य भी पुन: शुरू करवाया। पंजाब में बारी दोआब नहर का निर्माण कार्य आरम्भ किया गया। सन्थाल विद्रोह (1855-56) तथा विधवा पुनर्विवाह अधिनियम (1856) का मसौदा तैयार करना आदि इसके काल की महत्त्वपूर्ण घटना हैं।

> लॉर्ड डलहौजी के द्वारा बंगाल प्रान्त के सन्दर्भ में उप-गवर्नर के पद का सृजन किया गया एवं जिन प्रदेशों के अधिग्रहण हाल ही में किए गए थे, उन्हें **नॉन-रेग्यूलेशन व्यवस्था** के अन्तर्गत प्रत्यक्ष नियन्त्रण में ले आए।

- इसके काल में 1855-56 ई. में **सन्थाल विद्रोह** हुआ। 1853 का चार्टर अधिनियम पारित किया गया। सिविल सेवा के लिए प्रतियोगी परीक्षा की व्यवस्था की गई। इसके लिए आयु सीमा 18-23 वर्ष रखी गई।
- डलहौजी के द्वारा शिमला में एक सैन्य मुख्यालय स्थापित करते हुए, उसे अपनी ग्रीष्मकालीन राजधानी बना दिया गया।
- डलहौजी की एक उपलब्धि यह भी थी कि इनके द्वारा सार्वजनिक विभाग से पृथक् करके एक नया विभाग **सैन्य विभाग** स्थापित किया गया था।
- इसके काल में सिक्किम का भारत में विलय हुआ।

भारत के वायसराय

भारत के वायसराय निम्न थे

लॉर्ड कैनिंग (1856-62 ई.)

- लॉर्ड कैनिंग अंग्रेजी ईस्ट इण्डिया कम्पनी का अन्तिम गवर्नर-जनरल तथा सम्राट के अधीन प्रथम **वायसराय** था। इसके समय में ही 1857 ई. का महत्त्वपूर्ण विद्रोह हुआ।
- कैनिंग के ही काल में 1858 ई. में **महारानी विक्टोरिया** की उद्घोषणा द्वारा भारत में ईस्ट इण्डिया कम्पनी के शासन की समाप्ति की गई। 1854 ई. के वुड द्वारा प्रेषित-पत्र की सिफारिशों के अनुसार, लन्दन विश्वविद्यालय के तर्ज पर कलकत्ता, बम्बई तथा मद्रास में विश्वविद्यालय स्थापित किए गए। कैनिंग ने सैनिक तथा असैनिक व्यय में कमी कर दी तथा नोट (रुपये) का प्रचलन किया।
- कैनिंग के समय में ही विधवा पुनर्विवाह अधिनियम, 1856 की धारा-15 से 26 जुलाई, 1856 को विधवा विवाह को कानूनी मान्यता दी गई।
- इसी के कार्यकाल में 1859 ई. में नागरिक विधि संहिता एवं 1860 ई. में भारतीय दण्ड संहिता तथा 1861 ई. में फौजदारी विधि संहिता निर्मित की गई।
- लॉर्ड कैनिंग के काल में ही 1857 ई. में महालेख परीक्षण के पद का सृजन किया गया। स्वतन्त्र भारत में इस पद का नाम **नियन्त्रक एवं महालेखा परीक्षक** कर दिया गया।
- भारतीय दण्ड संहिता की स्थापना 1861 ई. में कैनिंग के समय में ही हुई थी और कोड ऑफ क्रिमिलन प्रोसीजर (Crpc) पारित किया गया।
- 1861 ई. में प्रसिद्ध भारतीय परिषद् (काउन्सिल) अधिनियम स्वीकृत हुआ। इन्हीं के काल में 1861 ई. में ही कलकत्ता, मद्रास व बम्बई में हाइकोर्ट की स्थापना की गई।
- आर्थिक सुधारों के अन्तर्गत कैनिंग ने ब्रिटिश अर्थशास्त्री विल्सन को भारत बुलाया तथा ₹ 500 से अधिक आय पर आयकर लगा दिया। इस प्रकार यह भारत में आयकर लगाने का प्रथम उदाहरण है।

लॉर्ड एल्गिन प्रथम (1862-63 ई.)

- एल्गिन के कार्यकाल में वहाबियों का विद्रोह हुआ, जिसको उन्होंने दबा दिया था।
- सर्वोच्च एवं सदर न्यायालयों को उच्च न्यायालय के साथ शामिल कर दिया गया। इसकी मृत्यु 1863 ई. में **धर्मशाला** (तत्कालीन पंजाब) में हुई।

सर जॉन लॉरेन्स (1864-69 ई.)

- इसे अंग्रेजों ने **भारत का रक्षक** तथा **विजय का संचालक** कहा है। इन्हें घेरे की नीति का प्रतिपादक माना जाता है। अफगानिस्तान के सन्दर्भ में उसने अहस्तक्षेप की नीति का पालन किया, जो शानदार निष्क्रियता (Masterly Inactivity) के नाम से जाना जाता था।
- 1865 ई. में भूटानियों ने ब्रिटिश साम्राज्य पर आक्रमण कर दिया। इसके कार्यकाल में 1865 ई. में भारत तथा यूरोप के बीच प्रथम समुद्री टेलीग्राफ सेवा शुरू हुई। इसी के कार्यकाल में 1865 ई. में कलकत्ता, बम्बई एवं मद्रास में उच्च न्यायालय स्थापित किए गए थे।

> 1866 ई. में उड़ीसा में तथा 1868-69 ई. में राजपुताना एवं बुन्देलखण्ड में भीषण अकाल पड़ा, फलत: चेम्बरलीन हेनरी कैम्पबेल के नेतृत्व में **अकाल आयोग** का गठन किया गया।

लॉर्ड मेयो (1869-72 ई.)

- लॉर्ड मेयो ने भारत में वित्त के विकेन्द्रीकरण के क्रम को आरम्भ किया। इसने बजट घाटे को कम किया और आयकर की दर को 1% से बढ़ाकर 2.5% कर दिया। 1870 ई. में लाल सागर होकर तार व्यवस्था का प्रारम्भ तथा **अखिल भारतीय जनगणना** का पहला प्रयास (1872) इसी के काल में किया गया।
- इसने भारतीय राजकुमारों के अध्ययन के लिए अजमेर में मेयो कॉलेज की स्थापना की। 1872 ई. में ही इसने एक कृषि विभाग की स्थापना की। इसी के द्वारा **सांख्यिकी सर्वेक्षण** विभाग स्थापित किया गया था। अण्डमान द्वीप (पोर्ट ब्लेयर) में 1872 ई. में इसकी हत्या एक अफगान (शेर अली) द्वारा चाकू मारकर कर दी गई।

> लॉर्ड मेयो के द्वारा पंजाब में हुए **कूका विद्रोह** को 1872 ई. में दबा दिया गया। इसमें लगभग 50 कूका विद्रोहियों को तोप से उड़ा दिया गया था। नॉर्थब्रुक द्वारा अफगानिस्तान में हस्तक्षेप करने के कारण उसे 1876 ई. में भारत से वापस बुला लिया गया।

लॉर्ड नॉर्थब्रुक (1872-76 ई.)

- 1873-74 ई. में बिहार में तथा बंगाल के एक भाग में अकाल पड़ा,
- नॉर्थब्रुक की सहायता से 1875 ई. में अलीगढ़ में सैयद अहमद खाँ द्वारा मोहम्मडन एंग्लो-ओरियण्टल कॉलेज की स्थापना की गई एवं लॉर्ड नॉर्थब्रुक के समय में ही 1875-76 ई. में **प्रिन्स ऑफ वेल्स** (किंग एडवर्ड सप्तम) भारत आए।

लॉर्ड लिटन (1876-80 ई.)

- लॉर्ड लिटन साहित्य जगत में **ओवन मैरिडिथ** के नाम से प्रसिद्ध था। 1876-78 ई. के बीच लगभग समस्त भारत में विशेषकर दक्कन में भीषण अकाल पड़ा। इसकी जाँच के लिए **जॉन रिचर्ड स्ट्रैची** की अध्यक्षता में एक आयोग का गठन हुआ और अकाल संहिता का निर्माण हुआ।
- जब अकाल व भुखमरी की परिस्थितियाँ व्याप्त थीं, तो ऐसे समय में 1 जनवरी, 1877 में दिल्ली दरबार (प्रथम) का आयोजन किया तथा रानी विक्टोरिया को केसर-ए-हिन्द की उपाधि दी।
- इसी के कार्यकाल में राजकीय उपाधि अधिनियम (1876) पारित किया गया था। इसी के समय द्वितीय आंग्ल-अफगान युद्ध (1878-80) हुआ था।
- इसने सिविल सेवा परीक्षाओं में प्रवेश की अधिकतम आयु 21 वर्ष से घटाकर 19 वर्ष कर दी।

> लॉर्ड लिटन के कार्यकाल में 1878 के अधिनियम-IX के द्वारा देशी प्रेस अधिनियम (**वर्नाकुलर प्रेस एक्ट पारित**) किया गया, जिसमें मजिस्ट्रेट को यह अधिकार था कि किसी भी देशी भाषा के समाचार-पत्र के प्रकाशन को रोक सके। भारतीय शस्त्र अधिनियम, 1878 के द्वारा किसी भी भारतीय के लिए शस्त्र रखने एवं इसके व्यापार के लिए लाइसेन्स लेना अनिवार्य कर दिया गया।

लॉर्ड रिपन (1880-1884 ई.)

- 1872 ई. में प्रथम जनगणना मेयो के शासनकाल में शुरू हुई थी, किन्तु **प्रथम वास्तविक जनगणना** रिपन के काल में 1881 ई. में हुई, तब से नियमित जनगणना की शुरुआत हो गई। प्रथम **फैक्ट्री अधिनियम** लॉर्ड रिपन के समय में 1881 ई. में पारित हुआ, जिसमें 7 से 12 वर्ष से कम आयु के बच्चों के कार्य करने के 9 घण्टे निर्धारित किए गए।
- 1881 ई. में ही अफगानिस्तान के साथ सन्धि की गई थी। इसने अपने सुधार कार्यों के अन्तर्गत सर्वप्रथम समाचार-पत्रों की स्वतन्त्रता को बहाल करते हुए 1882 ई. में **वर्नाक्यूलर प्रेस अधिनियम** को समाप्त कर दिया।
- इसके द्वारा वित्तीय विकेन्द्रीकरण की नीति को क्रियान्वित करने का प्रयत्न किया गया। रिपन के सुधार कार्यों में सर्वाधिक महत्त्वपूर्ण कार्य 1882 ई. में स्थानीय स्वशासन की शुरुआत थी। इसने 1882 ई. में ही **हण्टर कमीशन** का गठन किया, जो प्राथमिक शिक्षा से सम्बन्धित था।
- **इलबर्ट बिल विवाद** 1884 ई. में रिपन के समय में हुआ। इलबर्ट बिल विवाद के ही कारण रिपन ने कार्यकाल समाप्त होने से पूर्व त्याग-पत्र दे दिया। इल्बर्ट बिल में भारतीय न्यायाधीशों को यूरोपियों के मुकदमे सुनने का अधिकार दिया गया था, जिस पर यूरोपियों ने कड़ी प्रतिक्रिया की। 1883 ई. की अकाल संहिता रिपन के काल में बनी थी।
- इसने सिविल सेवा में प्रवेश की आयु को, जो लिटन ने कम कर दी थी, बढ़ाकर 19 से 21 वर्ष कर दिया।
- अंग्रेजों ने रिपन को **भारत में ब्रिटिश राज्य का शत्रु** की उपमा दी।

> फ्लोरेन्स नाइटिंगेल के द्वारा रिपन को **भारत के उद्धारक** की संज्ञा दी गई थी। 1909 के कांग्रेस के लाहौर अधिवेशन की अध्यक्षता करते हुए पण्डित मदन मोहन मालवीय ने कहा कि "रिपन भारतीय वायसरायों में सबसे अधिक लोकप्रिय थे।"

लॉर्ड डफरिन (1884-1888 ई.)

- डफरिन 1884 ई. में भारत का वायसराय बनकर आया। इसके सर्वप्रमुख कार्यों में किसानों के हितों की रक्षा की ओर विशेष ध्यान देना था। डफरिन के काल की महत्त्वपूर्ण घटना **तृतीय आंग्ल-बर्मा युद्ध** (1885-88) था। इस युद्ध में बर्मा पराजित हुआ एवं अन्ततः उसे ब्रिटिश भारतीय राज्य में मिला लिया गया।
- 1885 ई. में बंगाल एवं अवध का काश्तकारी अधिनियम तथा 1887 ई. में पंजाब काश्तकारी अधिनियम (**टेनेन्सी एक्ट**) पारित हुआ, जिसके अन्तर्गत अब जमींदार अपनी इच्छानुसार किसानों की भूमि नहीं छीन सकते थे। 1887 ई. में इलाहाबाद विश्वविद्यालय की स्थापना की गई।
- इसी के काल में 28 दिसम्बर, 1885 ई. में ए ओ ह्यूम ने **भारतीय राष्ट्रीय कांग्रेस** की स्थापना की। उस समय भारतीय सचिव लॉर्ड क्रॉस थे।
- इसी के काल में नागरिक सेवा में प्रगति एवं विस्तार हेतु **एचिसन आयोग** भारत आया था।
- इसी के काल में 1885 ई. में भारतीय स्त्रियों की दशा को सुधारने हेतु लेडी डफरिन फण्ड की स्थापना की गई थी।

लॉर्ड लेन्सडाउन (1888-94 ई.)

- लॉर्ड लेन्सडाउन के काल में कश्मीर के महाराजा प्रताप सिंह द्वारा राजगद्दी का परित्याग एवं प्रिन्स ऑफ वेल्स का दूसरी बार भारत आगमन हुआ।
- इसी के काल में 1891 ई. में **मणिपुर विद्रोह** आरम्भ हुआ एवं 1891 ई. में **दूसरा फैक्ट्री अधिनियम** तथा सम्मत आयु विवाह अधिनियम पारित हुआ। इस विवाह अधिनियम में लड़कियों के विवाह की न्यूनतम आयु 10 से बढ़ाकर 12 वर्ष कर दी गई।

> लॉर्ड लेन्सडाउन के काल में 1892 का **भारतीय परिषद् अधिनियम** (इण्डियन काउन्सिल एक्ट) पारित किया गया, जिसके द्वारा भारत में निर्वाचन सिद्धान्त का प्रारम्भ हुआ। लार्ड लेन्सडाउन के काल में ही 1893 ई. में **डूरण्ड आयोग** द्वारा भारत एवं अफगानिस्तान के मध्य डूरण्ड लाइन खींची गई थी।

लॉर्ड एल्गिन द्वितीय (1894-99 ई.)

- 1897 ई. में सीमान्त प्रदेशों में विद्रोह बम्बई में प्लेग का फैलना, स्वामी विवेकानन्द द्वारा वेल्लूर में **रामकृष्ण मिशन** की स्थापना एवं इण्डियन एजुकेशन सोसायटी की स्थापना इत्यादि इसके समय की प्रमुख घटनाएँ थीं। लार्ड एल्गिन द्वितीय एक अर्थशास्त्री भी था।
- एल्गिन द्वितीय के काल में अफीम की खेती से सम्बन्धित जाँच आयोग की रिपोर्ट 1895 ई. में प्रकाशित हुई थी। 1898 ई. में अकाल की जाँच हेतु **लायल आयोग** का गठन किया।
- 1895 ई. में भारतीय व्यय के निरीक्षण हेतु **वेल्बी आयोगस** स्थापित किया गया था।
- छोटानागपुर में मुण्डओं का विद्रोह इसी के काल में हुआ था।

> **एल्गिन द्वितीय** के द्वारा घोषणा की गई कि "हमने भारत को तलवार के बल पर जीता है और तलवार के बल पर ही इसे अधीन रखेंगे।"

लॉर्ड कर्जन (1899-1905 ई.)

- 1899-1900 ई. के बीच अकाल पड़ा। इस अकाल के लिए कर्जन ने सर एण्टोनी मैकडोनाल्ड की अध्यक्षता में एक अकाल आयोग का गठन किया। किसानों की भूमि गैर-कृषिगत कार्यों में लगे लोगों तक स्थानान्तरित न हो, इसके लिए इन्होंने पंजाब भूमि अन्याक्रमण अधिनियम वर्ष 1900 में पारित किया था।
- इसी के काल में 1899 ई. में भारतीय मुद्रा अधिनियम (इण्डियन करेन्सी एक्ट) पारित किया गया और पौण्ड को भारत की कानूनी मुदा घोषित किया गया। 1 पौण्ड को ₹ 15 के बराबर निर्धारित किया गया।
- इसी के काल में वर्ष 1901 में सर कालिन स्काट मानक्रीफ की अध्यक्षता में एक सिंचाई आयोग को नियुक्त किया गया। वर्ष 1901 में ही सर्वप्रथम जातिगत आधार पर जनगणना प्रारम्भ की गई थी। साथ ही वर्ष 1902 में **सर एण्ड्रयूज फ्रेजर** की अध्यक्षता में एक पुलिस आयोग गठित किया गया तथा कागज के नोटों का प्रचलन आरम्भ किया गया था।
- इसी के काल में सर थॉमस रैले की अध्यक्षता में वर्ष 1902 में **विश्वविद्यालय आयोग** गठित किया, जिसके दो सदस्य सैय्यद हुसैन बिलग्रामी तथा गुरदास बनर्जी, भारतीय थे। वर्ष 1904 में उसके आधार पर भारतीय विश्वविद्यालय अधिनियम पारित किया गया। कर्जन ने वर्ष 1904 में एक सहकारी उदार समिति अधिनियम पारित किया।
- इसी के काल में वर्ष 1903 में CID अर्थात Crimical Investigation Department की स्थापना की गई।

> लॉर्ड कर्जन को भारत में **सहकारिता का जनक** कहा जाता है। इन्होंने एक नए प्रान्त उत्तर-पश्चिम सीमा प्रान्त का गठन किया।

- कर्जन इतिहास और पुरातत्त्व का अच्छा जानकार था। उसने प्राचीन स्मारकों की रक्षा हेतु वर्ष 1904 में एक अधिनियम पारित कर, भारतीय पुरातत्त्व सर्वेक्षण विभाग की स्थापना की और भारत में प्राचीन स्मारकों की मरम्मत के लिए 50 हजार पौण्ड निश्चित किया। कर्जन ने वर्ष 1904 में तिब्बत में यंग हस्बैण्ड का अभियान भेजा।

> व्यंग्यात्मक रूप में कांग्रेस के सन्दर्भ में **लॉर्ड कर्जन** ने कहा कि "कांग्रेस अब मरणशील है और मेरी इच्छा है कि मैं इसकी शान्तिपूर्ण मृत्यु में सहयोग कर सकूँ।" कलकत्ता नगरपालिका के सन्दर्भ में इन्होंने कहा कि "मैं वायसराय के बाद कलकत्ता का महापौर बनूँगा।"

- राष्ट्रीय आन्दोलन को दबाने व कमजोर करने के उद्देश्य से कर्जन ने वर्ष 1904 में आधिकारिक गुप्त अधिनियम (ऑफिशियल सीक्रेट एक्ट) पारित किया तथा वर्ष 1905 में बंगाल को दो भागों में बाँट दिया।
- इसी के काल में वर्ष 1905 में पूसा कृषि अनुसन्धान संस्थान की स्थापना की गई थी।
- इसे भारत का सबसे अलोकप्रिय वायसराय माना जाता है। गोपालकृष्ण गोखले ने इन्हें **आधुनिक भारत का औरंगजेब** कहा था। **रोनाल्ड से** ने कर्जन की जीवनी लिखी। इन्हीं के द्वारा केन्द्रीय गुप्तचर संस्था का प्रारम्भ किया गया था।
- इसी के काल में वर्ष 1903 में द्वितीय दिल्ली दरबार का आयोजन हुआ था।

लॉर्ड मिण्टो द्वितीय (वर्ष 1905-10)

- लॉर्ड मिण्टो के काल में ही वर्ष 1906 में ढाका में **मुस्लिम लीग** की स्थापना हुई। कांग्रेस के कलकत्ता अधिवेशन में वर्ष 1906 में **स्वराज** लक्ष्य घोषित किया गया।
- अन्य प्रमुख घटनाओं में वर्ष 1907 में सूरत कांग्रेस अधिवेशन तथा कांग्रेस का विभाजन और प्रेस अधिनियम, 1908 तथा मार्ले-मिण्टो सुधार अधिनियम, 1909 का पारित होना आदि मुख्य रूप से शामिल हैं।
- इसी के कार्यकाल में **खुदीराम बोस** को फाँसी दी गई थी तथा वर्ष 1908 में राजद्रोह का आरोप लगाकर बाल गंगाधर तिलक को 6 वर्ष के लिए माण्डले जेल भेजा गया था।
- इसी के कार्यकाल में वायसराय की कार्यकारिणी में पहला भारतीय सदस्य के रूप में सत्येन्द्र प्रसन्ना सिन्हा की नियुक्ति की गई थी।
- इसके द्वारा बंगाल विभाजन विरोधी आन्दोलन एवं स्वदेशी आन्दोलन को दबाने का प्रयत्न किया गया था।

लॉर्ड हार्डिंग द्वितीय (वर्ष 1910-16)

- लॉर्ड हार्डिंग द्वितीय वर्ष 1910 में भारत का वायसराय बना। वर्ष 1910 में गद्दी पर बैठने के पश्चात् जॉर्ज पंचम एवं रानी मैरी ने वर्ष 1911 में भारत की यात्रा की।
- दिल्ली में एक **भव्य दरबार** (तृतीय दिल्ली दरबार) का आयोजन 12 दिसम्बर, 1911 को हुआ। इस अवसर पर बंगाल विभाजन को रद्द करने की घोषणा हुई। वर्ष 1911 में बंगाल से अलग करके बिहार और उड़ीसा नामक नए राज्यों का निर्माण हुआ। भारत की राजधानी कलकत्ता से दिल्ली स्थानान्तरित करने की घोषणा हुई और वर्ष 1912 में दिल्ली भारत की राजधानी बनी।

- वर्ष 1912 में दिल्ली में प्रवेश करते समय हार्डिंग पर बम फेंका गया। इस केस में बाल मुकुन्द को फाँसी दी गई।
- इसी के काल में नागरिक सेवाओं में भारतीयों के लिए 25% सीट आरक्षित करने के सन्दर्भ में वर्ष 1912 में एस्लिंगटन आयोग का गठन किया गया।
- इसी के काल में वर्ष 1911 में सर्वप्रथम हवाई डाक सेवा का आरम्भ इलाहाबाद से नैनी के मध्य किया गया।
- इसी के काल में भारत में अशिक्षा को दूर करने हेतु वर्ष 1913 में **शिक्षा संकल्प प्रस्ताव** प्रस्तुत किया गया।
- इसी के कार्यकाल में प्रथम विश्वयुद्ध की शुरुआत वर्ष 1914 में हुई थी।

लॉर्ड हार्डिंग द्वितीय के कार्यकाल के दौरान मदन मोहन मालवीय के द्वारा **अखिल भारतीय हिन्दू महासभा** एवं वर्ष 1916 में **बनारस हिन्दू विश्वविद्यालय** की स्थापना की गई तथा हार्डिंग को इस विश्वविद्यालय का कुलाधिपति बनाया गया।

लॉर्ड चेम्सफोर्ड (वर्ष 1916-21)

- इसके काल में 1919 का **मॉण्टेग्यू चेम्सफोर्ड अधिनियम** लागू किया गया, जिसके अन्तर्गत प्रान्तों में द्वैध-शासन लागू हुआ। मोहम्मडन एंग्लो-ओरिएण्टल कॉलेज का नाम अलीगढ़ विश्वविद्यालय कर दिया गया।
- इसी के कार्यकाल में वर्ष 1916 में होमरूल लीग की स्थापना की गई। कांग्रेस का लखनऊ अधिवेशन सम्पन्न हुआ एवं भारत के दो बड़े राजनीतिक दल (कांग्रेस एवं मुस्लिम लीग) के मध्य लखनऊ समझौता हुआ।
- इसके कार्यकाल में डी के कर्वे द्वारा वर्ष 1916 में बम्बई में महिला विश्वविद्यालय की स्थापना की गई। वर्ष 1917 में **सैडलर आयोग** भारत आया, जिसने प्राथमिक से विश्वविद्यालय शिक्षा पर बल दिया और महिला शिक्षा के लिए स्वायत्त संस्थाओं को प्रोत्साहन की बात कही।
- बिहार में चम्पारण आन्दोलन सम्पन्न हुआ तथा वर्ष 1918 में अहमदाबाद मिल मजदूर आन्दोलन एवं खेड़ा सत्याग्रह चलाए गए। इसके कार्यकाल में तृतीय आंग्ल-अफगान युद्ध लड़े गए।

लॉर्ड चेम्सफोर्ड के शासनकाल में अराजकता और क्रान्तिकारी अपराध अधिनियम (**रॉलेट एक्ट**) पारित हुआ, जिसके विरोध की परिणति वर्ष 1919 के जलियाँवाला बाग हत्याकाण्ड के रूप में हुई। वर्ष 1919 में भारत सरकार अधिनियम, 1919 लाया गया तथा खिलाफत व असहयोग आन्दोलनों की शुरुआत हुई। इन्हीं के कार्यकाल में 1 अगस्त, 1920 को बाल गंगाधर तिलक की मृत्यु हुई।

लॉर्ड रीडिंग (वर्ष 1921-26)

- भारत में आने वाला यह एक मात्र **यहूदी वायसराय** था। इनके द्वारा वर्ष 1910 के प्रेस अधिनियम एवं रॉलेट अधिनियम (काला कानून) को वापस ले लिया गया। एकवर्थ कमीशन की अनुशंसा पर रेल बजट को आम बजट से अलग कर दिया गया।
- इसके कार्यकाल में सैन्य सुधारों के लिए इण्डियन सैण्डहर्स्ट समिति का गठन किया गया, जिसमें भारतीय सदस्य के रूप में मोतीलाल नेहरू शामिल थे।

लॉर्ड रीडिंग के कार्यकाल में वर्ष 1924 में लोक सेवा के लिए **ली आयोग** का गठन हुआ और इसी की अनुशंसा पर भारत में लोक सेवा आयोग का गठन किया गया। वर्ष 1923 से **सिविल सर्विसेज** परीक्षा **इंग्लैण्ड** के साथ-साथ **भारत** (दिल्ली) में भी होने लगी।

- इसी के कार्यकाल में 5 फरवरी, 1922 को चौरी-चौरा काण्ड हुआ, जिसके कारण गाँधीजी के द्वारा असहयोग आन्दोलन को वापस ले लिया गया था।
- इसी के काल में वर्ष 1925 में केशव बलिराम हेडगेवार द्वारा राष्ट्रीय स्वयं सेवक संघ (RSS) की स्थापना की गई।
- इसके कार्यकाल की अन्य प्रमुख घटना हैं—प्रिन्स ऑफ वेल्स का वर्ष 1921 में भारत आगमन, वर्ष 1921 में केरल का मोपला विद्रोह वर्ष 1923 में स्वराज पार्टी की स्थापना (सी आर दास एवं मोतीलाल नेहरू के द्वारा), वर्ष 1925 में काकोरी ट्रेन डकैती काण्ड 26 दिसम्बर, 1925 को कानपुर में एम. एन. राय द्वारा आर. कम्युनिस्ट पार्टी की स्थापना तथा वर्ष 1926 में स्वामी श्रद्धानन्द की हत्या इत्यादि।

लॉर्ड इरविन (वर्ष 1926-31)

- इरविन वर्ष 1926 में भारत का वायसराय बनकर आया। वर्ष 1926 में इन्हीं के कार्यकाल में प्रथम ट्रेड में अधिनियम पारित करते हुए हड़ताल की गतिविधि को वैध स्वीकार किया गया।
- 8 नवम्बर, 1927 को ब्रिटेन में साइमन आयोग की नियुक्ति हुई। इसके कार्यकाल में वर्ष 1928 में **साइमन कमीशन** भारत आया। भारतीयों द्वारा इस संगठन का विरोध किया गया, क्योंकि इसके सभी सदस्य अंग्रेज थे।

इरविन के काल की अन्य प्रमुख घटनाएँ

- वर्ष 1927 में देशी रियासतों के सन्दर्भ में बटलर समिति का गठन।
- वर्ष 1928 में कृषि के सन्दर्भ में रॉयल कमीशन की नियुक्ति।
- वर्ष 1929 में इम्पीरियल काउन्सिल ऑफ एग्रीकल्चरल रिसर्च की स्थापना।
- लाहौर के सहायक पुलिस कप्तान साण्डर्स की हत्या करना।
- वर्ष 1929 में ही दिल्ली विधानसभा में बम फेंकना।
- लाहौर षड्यन्त्र केस का होना तथा जतिनदास की मृत्यु।
- 26 जनवरी, 1930 को सम्पूर्ण देश में स्वतन्त्रता दिवस का आयोजन।
- 12 मार्च, 1930 को गाँधी द्वारा सविनय अवज्ञा आन्दोलन का प्रारम्भ एवं दाण्डी मार्च की शुरुआत।
- प्रथम गोलमेज सम्मेलन (1930) के आयोजन का कांग्रेस द्वारा विरोध करना व द्वितीय गोलमेज सम्मेलन में भाग लेने का निर्णय।
- 1 अप्रैल, 1930 को शारदा अधिनियम का लागू होना।
- गाँधी-इरविन समझौता (1931) आदि।

लॉर्ड विलिंगटन (वर्ष 1931-36)

- इसके कार्यकाल में वर्ष 1931 के **द्वितीय गोलमेज सम्मेलन** का आयोजन लन्दन में हुआ। इस सम्मेलन में गाँधीजी ने कांग्रेस का प्रतिनिधित्व किया, परन्तु साम्प्रदायिक समस्या के बारे में कोई समझौता न हो सका।
- अगस्त, 1932 में रैम्जे मैकडोनाल्ड ने प्रसिद्ध **साम्प्रदायिक निर्णय** की घोषणा कर दी। पूना समझौता (गाँधीजी एवं अम्बेडकर के बीच) इसी के काल में हुआ था। इसके कार्यकाल में बेरोजगारी की समस्या हेतु सप्रू आयोग गठित किया गया।

> **विलिंगटन के काल की महत्त्वपूर्ण घटनाएँ**
> - वर्ष 1932 में तृतीय गोलमेज सम्मेलन का आयोजन।
> - वर्ष 1932 में इण्डियन मिलिट्री अकादमी, देहरादून की स्थापना।
> - चौधरी रहमत अली द्वारा वर्ष 1933 में पाकिस्तान शब्द का प्रयोग।
> - वर्ष 1934 में आचार्य नरेन्द्र देव एवं जयप्रकाश नारायण द्वारा कांग्रेस समाजवादी पार्टी की स्थापना।
> - वर्ष 1935 में भारत सरकार अधिनियम पारित करना।
> - बर्मा को भारत से पृथक् करना, 1936 में सम्पूर्ण भारत किसान सभा की स्थापना।
> - 1935 के अधिनियम के द्वारा वायसराय को पुनः गवर्नर-जनरल कहा जाने लगा।

लॉर्ड लिनलिथगो (वर्ष 1936-44)

- लॉर्ड लिनलिथगो वर्ष 1936 में भारत का वायसराय बना। 1935 के अधिनियम के अन्तर्गत पहला आम चुनाव (प्रान्तीय चुनाव) वर्ष 1936-37 में हुआ, जिसमें कांग्रेस पार्टी को 11 में से 8 प्रान्तों में जीत प्राप्त हुई और वहाँ अपनी सरकार बनाई। वर्ष 1939 में सुभाषचन्द्र बोस के द्वारा कांग्रेस से इस्तीफा दे दिया गया एवं फॉरवर्ड ब्लॉक की स्थापना की गई। वर्ष 1939 में कांग्रेस की प्रान्तीय सरकारों ने त्याग-पत्र दे दिया।
- 1 सितम्बर, 1939 को द्वितीय विश्वयुद्ध का प्रारम्भ हुआ। इस युद्ध में भारतीयों का सक्रिय सहयोग प्राप्त करने के उद्देश्य से लॉर्ड लिनलिथगो ने भारतीय नेताओं के समक्ष अगस्त प्रस्ताव (8 अगस्त, 1940) रखा।
- वर्ष 1940 में मुस्लिम लीग के द्वारा लाहौर अधिवेशन में पृथक् पाकिस्तान की माँग रखी गई। वर्ष 1940 में ही गाँधीजी के द्वारा **व्यक्तिगत सत्याग्रह** की शुरुआत की गई।
- इसी के कार्यकाल में वर्ष 1942 में **क्रिप्स मिशन** भारत आया। वर्ष 1942 में भारत छोड़ो आन्दोलन की शुरुआत हुई। वर्ष 1943 में **आजाद हिन्द फौज** की स्थापना की गई।

लॉर्ड वेवेल (वर्ष 1944-47)

- द्वितीय विश्वयुद्ध लॉर्ड वेवेल के काल में समाप्त हुआ। **शिमला सम्मेलन** 25 जून, 1945 को वेवेल द्वारा बुलाया गया।
- लॉर्ड वेवेल के काल की प्रमुख घटनाओं में द्वितीय विश्वयुद्ध की समाप्ति (1945), श्रीराज गोपालाचारी द्वारा सी आर फर्मूला प्रस्तुतीकरण, आजाद हिन्द फौज के सैनिकों पर मुकदमा (1945), नौसैनिकों का विद्रोह (1946), अन्तरिम सरकार का गठन (1946), प्रत्यक्ष कार्यवाही दिवस (16 अगस्त, 1946), जिसमें वेवेल को अध्यक्ष एवं नेहरू को उपाध्यक्ष बनाया गया आदि शामिल थीं।
- इसी के काल में 24 मार्च, 1946 को कैबिनेट मिशन भारत आया। 1 जुलाई, 1946 को संविधान सभा का चुनाव सम्पन्न कराया गया। अक्टूबर, 1946 में मुस्लिम लीग अन्तरिम सरकार में शामिल हुई।
- 9 दिसम्बर, 1946 को संविधान सभा की प्रथम बैठक हुई तथा ब्रिटिश प्रधानमन्त्री ने जून, 1948 से पूर्व भारत को आजाद करने की घोषणा की।

लॉर्ड माउण्टबेटन (वर्ष 1947-48)

- लॉर्ड माउण्टबेटन ने मार्च, 1947 में लॉर्ड वेवेल के स्थान पर कार्यभार सम्भाला। 3 जून, 1947 को माउण्टबेटन प्लान की घोषणा की गई, जिसमें भारत विभाजन की योजना थी।
- 4 जुलाई, 1947 को एटली द्वारा भारतीय स्वतन्त्रता विधेयक ब्रिटिश संसद में प्रस्तुत किया गया तथा 18 जुलाई, 1947 को ब्रिटिश संसद द्वारा पारित कर दिया गया। विधेयक के अनुसार, भारत और पाकिस्तान नामक दो स्वतन्त्र राष्ट्रों के निर्माण की घोषणा की गई।
- 14 अगस्त को पाकिस्तान और 15 अगस्त को भारत स्वतन्त्र हुआ। **लॉर्ड माउण्टबेटन** स्वतन्त्र भारत के प्रथम गवर्नर-जनरल और अन्तिम अंग्रेज गवर्नर-जनरल थे।

> **चक्रवर्ती राजगोपालाचारी** (वर्ष 1948-50)
>
> चक्रवती राजगोपालाचारी 21 जून, 1948 से 26 जनवरी, 1950 तक स्वतन्त्र **भारत के प्रथम** और **अन्तिम भारतीय गवर्नर-जनरल** थे। जनवरी, 1950 में डॉ. राजेन्द्र प्रसाद भारत के प्रथम राष्ट्रपति निर्वाचित हुए। 26 जनवरी, 1950 के दिन ही भारत गणतन्त्र घोषित हुआ।

प्रीलिम्स फैक्ट्स

- किसे 'स्वर्ग से उत्पन्न सेनानायक' कहा गया है?
  - रॉबर्ट क्लाइव को [UPPSC (Mains) 2009]
- बंगाल में द्वैध शासन प्रणाली किसके द्वारा लागू की गई थी?
  - रॉबर्ट क्लाइव [BPSC (Pre) 2000]
- बंगाल का प्रथम गवर्नर जनरल कौन था?
  - वॉरेन हेस्टिंग्स [RAS/RTS (Pre) 1998]
- वॉरेन हेस्टिंग्स, लॉर्ड डलहौजी, हेनरी लॉरेन्स तथा लॉर्ड हेस्टिंग्स में से सुरक्षा प्रकोष्ठ (Ring Fence) की नीति किससे सम्बन्धित है?
  - वॉरेन हेस्टिंग्स से [BPSC (Pre) 2005]
- किस गवर्नर जनरल ने बंगाल में द्वैध शासन प्रणाली को समाप्त किया?
  - वॉरेन हेस्टिंग्स [BPSC (Pre) 1996]
- भारत में न्यायिक संगठन की स्थापना किस गवर्नर जनरल द्वारा की गई थी? *- लॉर्ड कॉर्नवालिस द्वारा [UPPSC (Pre) 1991]*
- बंगाल के गवर्नर-जनरलों में से कौन तृतीय आंग्ल मैसूर युद्ध से सम्बन्धित है? *- लार्ड कॉर्नवालिस द्वारा [UPPSC (Mains) 2013]*
- किस गवर्नर-जनरल ने अपने आपको 'बंगाल का शेर' कहा था?
  - लॉर्ड वेलेजली [JPSC (Pre) 2006]
- जब नेपोलियन की शाक्ति के सामने यूरोप में साम्राज्य धराशायी हो रहे थे, तब किस गवर्नर-जनरल ने भारत में ब्रिटिश पताका फहराए रखी?
  - लॉर्ड वेलेजली [IAS (Pre) 1999]
- लॉर्ड वेलेजली की सहायक सन्धि को स्वीकार करने वाला पहला मराठा सरदार कौन था? *- पेशवा बाजीराव द्वितीय [BPSC (Pre) 1996]*
- आंग्ल-नेपाल युद्ध किस गवर्नर-जनरल के काल में हुआ था?
  - लॉर्ड हेस्टिंग्स [IAS (Mains) 2010]
- भारत का कौन-सा गवर्नर-जनरल ठगों के दमन से सम्बद्ध था?
  - लॉर्ड विलियम बैंटिक [BPSC (Pre) 2019]
- तथाकथित कुशासन के आधार पर किस गवर्नर-जनरल ने मैसूर राज्य के प्रशासन को ले लिया था?
  - लॉर्ड विलियम बैंटिक ने [UP Lower (Pre) 2004]
- किस गवर्नर-जनरल के समय में अंग्रेजों ने सिन्ध विजय की थी?
  - लॉर्ड एलनबरो [UPPSC (Mains) 2012]
- जेम्स एण्ड्रूज रैम्जे भारत के किस गवर्नर-जनरल का वास्तविक नाम था? *- लॉर्ड डलहौजी [UKPSC (Pre) 2016]*
- लॉर्ड डलहौजी की 'विलय नीति' का प्रथम शिकार कौन-सा राज्य हुआ था? *- सतारा [MPPSC (Pre) 2022]*
- किस गवर्नर-जनरल ने सिक्किम का भारत में विलय किया?
  - लॉर्ड डलहौजी [UPPSC (Pre) 2020]
- जब अवध का ब्रिटिश साम्राज्य में विलय हुआ उस समय अवध का ब्रिटिश रेजीडेण्ट कौन था? *- जेम्स आउट्रम [UPPSC (Pre) 2011]*
- जब 1857 की क्रान्ति प्रारम्भ हुई, उस समय गवर्नर-जनरल कौन था?
  - लॉर्ड कैनिंग [UPPSC (Mains) 2012]
- लार्ड कैनिंग ने 1 नवम्बर, 1858 को किस स्थान पर महारानी विक्टोरिया का घोषणा-पत्र पढ़कर सुनाया था? *-इलाहाबाद [UPPSC (Mains) 2009]*
- विधवा पुनर्विवाह अधिनियम किस वायसराय के शासनकाल में क्रियान्वित किया गया था? *- लॉर्ड कैनिंग [UPPSC (Pre) 2003]*
- किस वायसराय का सम्बनध 'चतुराईपूर्ण निष्क्रियता' की नीति से है?
  - जॉन लारेन्स [UPPSC (Pre) 1997]
- किस वायसराय की हत्या अण्डमान-निकोबार द्वीप समूह में (जब वे भ्रमण पर थे) एक दण्डित अपराधी द्वारा कर ही गई थी?
  - लॉर्ड मेयो [UPPSC (Pre) 2004]
- किस वायसराय ने भारत में वित्तीय विकेन्द्रीकरण की प्रक्रिया प्रारम्भ की थी? *- लॉर्ड मेयो [UKPSC (Pre) 2022]*
- किस वायसराय ने अफगानिस्तान के प्रति आक्रामक नीति अपनायी थी? *- लॉर्ड लिटन ने [BPSC (Pre) 2019]*
- किस गवर्नर-जनरल के समय भारतीय भाषा प्रसार अधिनियम समाप्त किया गया? *- लॉर्ड रिपन [UPPSC (Pre) 2010]*
- किस वायसराय के काल में 'सफेद विद्रोह' हुआ?
  - लॉर्ड रिपन [MPPSC (Pre) 2009]
- भारतीय राष्ट्रीय कांग्रेस की स्थापना के समय भारत का वायसराय कौन था? *- लॉर्ड डफरिन [UPPSC (Mains) 2012]*
- कौन भारत का सबसे दीर्घकाल तक वायसराय रहा?
  - लॉर्ड कर्जन [UPPSC (Mains) 2009]
- इम्पीरियल कैडेट कॉर्प्स की स्थापना किस वायसराय ने की थी?
  - लॉर्ड कर्जन [BPSC (Pre) 2017]
- ब्रिटिश भारत की राजधानी का कलकत्ता से दिल्ली स्थानान्तरण किस वायसराय के शासनकाल में हुआ? *- लॉर्ड हार्डिंग [UPPSC (Pre) 2006]*
- जब भारत में माण्टेग्यू-चेम्सफोर्ड अधिनियम पास हुआ था, तब इंग्लैण्ड का प्रधानमन्त्री कौन था? *- लॉयड जार्ज [BPSC (Pre) 2017]*
- कौन भारत का एक मात्र यहूदी वायसराय था?
  - लॉर्ड रीडिंग [UPPSC (Pre) 2014]
- किस वायरसराय ने गाँधीजी के आन्दोलनों को 'राजनीतिक फिरौती' कहा था? *- लॉर्ड निनलिथगो [UPPSC (Mains) 2007]*
- स्वतन्त्र भारत का प्रथम गवर्नर-जनरल कौन था?
  - लॉर्ड माउण्ट बेटन [MPPSC (Pre) 2010]
- अबुल कलाम आजाद, जवाहरलाल नेहरू, सरदार पटेल तथा राजेन्द्र प्रसाद में से कौन-सा/से लॉर्ड माउण्ट बेटन की अध्यक्षता में बनी विभाजन परिषद् में भारतीय राष्ट्रीय कांग्रेस का प्रतिनिधित्व किया था?
  - जवाहरलाल नेहरू तथा सरदार पटेल ने [BPSC (Pre) 2011]
- स्वतन्त्र भारत के पहले भारतीय गवर्नर-जनरल कौन थे?
  - सी. राजगोपालाचारी [BPSC (Pre) 2011]
- टामस मुनरो किन वर्षों में मद्रास के गवर्नर रहे थे?
  - 1820-1827 ई. तक [UPPSC (Pre) 2016]

सेल्फ चैक

1. 1772 ई. की हेस्टिंग्स योजना के बारे में निम्नलिखित कथनों में से कौन-सा/से सही है/हैं?

1. प्रत्येक जिले के लिए एक दीवानी अदालत तथा एक फौजदारी अदालत होनी थी।
2. देशीय निर्धारक, जो हिन्दू तथा इस्लामिक विधियों में कुशल थे, न्यायाधीशों की सहायता करते थे।
3. सदर दीवानी अदालत मुख्यत: 10,000 मूल्य से अधिक के वाणिज्यिक मामलों को निपटाने के लिए होती थी।
4. इन अदालतों ने कोई प्रक्रिया सम्बन्धी सुधार लागू नहीं किया।

कूट

(a) 1 और 2
(b) 3 और 4
(c) 2 और 4
(d) केवल 2

2. निम्नलिखित बंगाल के गवर्नर-जनरलों में से कौन एक तृतीय आंग्ल-मैसूर युद्ध से सम्बद्ध है? **UPPSC (Mains) 2013**

(a) वॉरेन हेस्टिंग्स
(b) लॉर्ड कॉर्नवालिस
(c) सर जॉन शोर
(d) लॉर्ड विलियम कैवेण्डिस बैण्टिक

3. निम्नलिखित में से कौन-सा युग्म सही सुमेलित नहीं है? **UPPSC (Pre) 2017**

(a) हेक्टर मुनरो — बक्सर का युद्ध
(b) लॉर्ड हेस्टिंग्स — आंग्ल नेपाल युद्ध
(c) लॉर्ड वेलेजली — चतुर्थ आंग्ल-मैसूर युद्ध
(d) लॉर्ड कॉर्नवालिस — तृतीय आंग्ल-मराठा युद्ध

4. लॉर्ड कॉर्नवालिस की कब्र कहाँ स्थित है? **UPPSC (Mains) 2010**

(a) गाजीपुर
(b) बलिया
(c) वाराणसी
(d) गोरखपुर

5. लॉर्ड वेलेजली द्वारा लागू की गई सहायक सन्धि व्यवस्था के बारे में निम्नलिखित में से कौन-सा कथन लागू नहीं होता? **IAS (Pre) 2018**

(a) दूसरों के खर्च पर एक बड़ी सेना बनाए रखना
(b) भारत को नेपोलियन के खतरे से सुरक्षित रखना
(c) कम्पनी के लिए एक नियत आय का प्रबन्ध रखना
(d) भारतीय रियासतों के ऊपर ब्रिटिश सर्वोच्चता स्थापित करना

6. 'द कॉलेज ऑफ फोर्ट विलियम' इनमें से किस गवर्नर-जनरल द्वारा स्थापित किया गया था?

(a) वॉरेन हेस्टिंग्स
(b) लॉर्ड कॉर्नवालिस
(c) रिचर्ड वेलेजली
(d) विलियम बैण्टिक

7. वेलेजली ने कोलकाता में फोर्ट विलियम कॉलेज की स्थापना किसलिए की थी? **IAS (Pre) 2020**

(a) उसे लन्दन में स्थित बोर्ड ऑफ डायरेक्टर्स ने ऐसा करने के लिए कहा था
(b) वह भारत में प्राच्य ज्ञान के प्रति अभिरुचि पुन: जाग्रत करना चाहता था
(c) वह विलियम कैरी तथा उसके सहयोगियों को रोजगार प्रदान करना चाहता था
(d) वह ब्रिटिश नागरिकों को भारत में प्रशासन हेतु प्रशिक्षित करना चाहता था

8. वेलेजली के शासन के सम्बन्ध में निम्नलिखित कथनों पर विचार कीजिए

1. वेलेजली के शासन के छ: वर्षों में कम्पनी के कुल व्यय का 42.5% भाग सेना के लिए था।
2. वेलेजली के प्रशासनिक उपाय कम्पनी के मामलों तक सीमित थे तथा इनका भारतीय शासक परिवारों के व्यावसायिक और सैन्य मामलों से कोई लेना-देना नहीं था।

उपरोक्त कथनों में से कौन-सा/से कथन सही है/हैं?

(a) केवल 1
(b) केवल 2
(c) 1 और 2 दोनों
(d) न तो 1 और न ही 2

9. सती प्रथा का उन्मूलन किया है **UPPSC (Mains) 2012, MPPSC (Pre) 2016**

(a) लॉर्ड वॉरेन हेस्टिंग्स ने
(b) लॉर्ड वेलेजली ने
(c) लॉर्ड विलियम बैण्टिक ने
(d) लॉर्ड रिपन ने

10. ठगों के दमन में निम्नलिखित में से कौन सम्बद्ध था? **IAS (Pre) 1997, BPSC (Pre) 2019**

(a) जनरल हेनरी प्रेण्डरगास्ट
(b) कैप्टन स्लीमैन
(c) अलेक्जेण्डर बर्न्स पेम्बरटन
(d) कैप्टन रॉबर्ट

11. निम्न में से किसने राजपुताना की देशी रियासतों के साथ 1817-18 ई. की अधीनस्थ सन्धि की बातचीत की थी? **RPSC (Pre) 2018**

(a) डेविड ऑक्टरलोनी
(b) चार्ल्स मेटकॉफ
(c) आर्थर वेलेजली
(d) जॉन जॉर्ज

12. लॉर्ड डलहौजी की 'विलय नीति' का प्रथम शिकार निम्नलिखित में से कौन हुआ था? **UPPSC (Pre) 2016, MPPSC 2022**

(a) झाँसी
(b) सतारा
(c) करौली
(d) सम्बलपुर

13. सिक्किम का भारत में विलय किसने किया? UPPSC (Pre) 2020
(a) लॉर्ड हेस्टिंग्स
(b) लॉर्ड विलियम बैण्टिक
(c) लॉर्ड डलहौजी
(d) लॉर्ड ऑकलैण्ड

14. जब 1857 की क्रान्ति प्रारम्भ हुई, तब गवर्नर-जनरल था UPPSC (Mains) 2012
(a) डलहौजी
(b) कैनिंग
(c) लॉरेन्स
(d) कर्जन

15. निम्न में से किसकी पदावधि में महिलाओं और बच्चों की कार्यावधि के घण्टों को सीमित करने तथा स्थानीय शासन को आवश्यक नियम बनाने के लिए प्राधिकृत करने के लिए प्रथम फैक्ट्री अधिनियम का अधिग्रहण किया गया?
(a) लॉर्ड लिटन
(b) लॉर्ड बैण्टिक
(c) लॉर्ड रिपन
(d) लॉर्ड कैनिंग

16. टॉमस मुनरो किन वर्षों में मद्रास के गवर्नर रहे? UPPSC (Pre) 2016
(a) 1820-1827 ई.
(b) 1819-1826 ई.
(c) 1822-1829 ई.
(d) 1818-1825 ई.

17. निम्नलिखित युग्मों में से कौन-सा युग्म सही सुमेलित नहीं है?
(a) लॉर्ड वेलेजली — सहायक सन्धि
(b) लॉर्ड विलियम बैण्टिक — अंग्रेजी शिक्षा
(c) वॉरेन हेस्टिंग्स — स्थानीय स्वशासन
(d) लॉर्ड लिटन — वर्नाक्यूलर प्रेस सन्धि

18. सूची I को सूची II से सुमेलित कीजिए और सूचियों के नीचे दिए गए कूट का प्रयोग कर सही उत्तर चुनिए

सूची I (गवर्नर-जनरल)	सूची II (महत्त्वपूर्ण नीति)
A. लॉर्ड कॉर्नवालिस	1. बंगाल का विभाजन
B. लॉर्ड वेलेजली	2. राज्य अपहरण नीति
C. लॉर्ड डलहौजी	3. स्थायी बन्दोबस्त
D. लॉर्ड कर्जन	4. सहायक सन्धि

कूट

	A	B	C	D
(a)	3	4	2	1
(b)	1	2	4	3
(c)	3	2	4	1
(d)	1	4	2	3

19. निम्नलिखित में से कौन-सा एक सही युग्म सुमेलित है? UPPSC (Mains) 2013
(a) लॉर्ड एलनबरो — अवध का विलीनीकरण
(b) लॉर्ड डलहौजी — सिन्ध का विलीनीकरण
(c) लॉर्ड वेलेजली — चतुर्थ आंग्ल-मैसूर युद्ध
(d) सर जॉन शोर — तृतीय आंग्ल-मराठा युद्ध

20. **कथन** (A) लॉर्ड लिनलिथगो ने वर्ष 1942 के अगस्त आन्दोलन को सिपाही विद्रोह के बाद सर्वाधिक गम्भीर विद्रोह कहा था।
कारण (R) कुछ क्षेत्रों में किसान व्यापक जन-आन्दोलन में उठ खड़े हुए थे।
कूट
(a) A और R दोनों सही हैं तथा R, A की सही व्याख्या करता है
(b) A और R दोनों सही हैं, परन्तु R, A की सही व्याख्या नहीं करता है
(c) A सही है, किन्तु R गलत है
(d) A गलत है, किन्तु R सही है

जानें सही उत्तर

1. (a)	2. (b)	3. (d)	4. (a)	5. (c)	6. (c)	7. (d)	8. (a)	9. (c)	10. (b)
11. (b)	12. (b)	13. (c)	14. (b)	15. (c)	16. (a)	17. (c)	18. (a)	19. (c)	20. (a)

परिशिष्ट

भारत का ऐतिहासिक घटनाक्रम

2350 ई. पू.	सिन्धु घाटी सभ्यता का काल
1750 ई. पू.	सिन्धु सभ्यता का पतन
1500-1000 ई. पू.	ऋग्वैदिक काल
1000-600 ई. पू.	उत्तरवैदिक काल
563 ई. पू.	बुद्ध का जन्म
483 ई. पू.	महात्मा बुद्ध की मृत्यु
599 ई. पू.	महावीर का जन्म
527 ई. पू.	महावीर की मृत्यु
544 ई. पू.	बिम्बिसार का शासनकाल (हर्यंक वंश)
492 ई. पू.	हर्यंक वंश का अन्त
326 ई. पू.	सिकन्दर का भारत पर आक्रमण
322 ई. पू.	चन्द्रगुप्त मौर्य शासक बना
305 ई. पू.	चन्द्रगुप्त मौर्य एवं सेल्यूकस के मध्य युद्ध
304 ई. पू. 299 ई. पू.	मैगस्थनीज, चन्द्रगुप्त मौर्य के दरबार में रहा
269 ई. पू.	अशोक का राज्याभिषेक
261 ई. पू.	अशोक की कलिंग विजय
185 ई. पू.	मौर्य वंश का पराभव
183 ई. पू.	हिन्द-यवन का आक्रमण
57 ई. पू.	विक्रम सम्वत् की शुरुआत
78 ई.	शक सम्वत् की शुरुआत
45 ई.	हिप्पालस द्वारा मानसून की खोज
150 ई.	संस्कृत का पहला अभिलेख (जूनागढ़ अभिलेख)
319 ई.	गुप्त सम्वत् की शुरुआत,चन्द्रगुप्त प्रथम का राज्यारोहण
335-380 ई.	समुद्रगुप्त की शासनावधि
380-412 ई.	चन्द्रगुप्त द्वितीय की शासनावधि, फाह्यान (399-414 ई.) का भारत आगमन
412-454 ई.	कुमारगुप्त का शासनकाल एवं नालन्दा विश्वविद्यालय की स्थापना
455-467 ई.	स्कन्दगुप्त का शासनकाल एवं हूणों का प्रथम आक्रमण
510 ई.	भानुगुप्त के एरण अभिलेख से सती प्रथा का प्रथम साक्ष्य
606-647 ई.	हर्षवर्द्धन का शासनकाल
620 ई.	हर्ष के काल में ह्वेनसांग का भारत आगमन
632 ई.	हर्ष एवं पुलकेशिन द्वितीय के बीच युद्ध
712 ई.	सिन्ध पर अरबों का आक्रमण
915-16 ई.	अलमसूदी का भारत पर आक्रमण
1001-1026 ई.	महमूद गजनी का भारत पर सत्रह बार आक्रमण, अलबरूनी का भारत आगमन
1012-1044 ई.	चोल शासक राजेन्द्र प्रथम का शासनकाल, राजेन्द्र प्रथम की श्रीलंका विजय (1018 ई.), उत्तर भारत अभियान (1022 ई.), दक्षिण पूर्व एशिया अभियान (1025 ई.)
1178 ई.	गुजरात के शासक भीम द्वितीय द्वारा मुहम्मद गोरी की पराजय
1191 ई.	तराइन का प्रथम युद्ध, पृथ्वीराज चौहान द्वारा गोरी की पराजय
1192 ई.	तराइन का द्वितीय युद्ध, पृथ्वीराज चौहान पर मुहम्मद गोरी की विजय
1194 ई.	चन्दावर का युद्ध, गोरी द्वारा गहड़वाल शासक जयचन्द्र पराजित
1202 ई.	बख्तियार खिलजी द्वारा नालन्दा विश्वविद्यालय को नष्ट किया जाना
1206 ई.	कुतुबुद्दीन ऐबक द्वारा दिल्ली सल्तनत की स्थापना
1210 ई.	इल्तुतमिश दिल्ली सल्तनत का शासक बना
1236 ई.	रजिया सुल्तान शासिका बनी
1241 ई.	बहरामशाह के समय प्रथम मंगोल आक्रमण
1288-1293 ई.	मार्कोपोलो की भारत यात्रा
1326-27 ई.	मुहम्मद बिन तुगलक की दिल्ली से दौलताबाद राजधानी परिवर्तन योजना
1333 ई.	मोरक्को का यात्री इब्नबतूता का भारत आगमन
1336 ई.	विजयनगर राज्य की स्थापना
1347 ई.	बहमनी राज्य की स्थापना
1398 ई.	तैमूर का भारत पर आक्रमण
1498 ई.	वास्कोडिगामा का भारत आगमन
1500 ई.	द्वितीय पुर्तगाली यात्री कैब्राल का भारत आगमन
1504 ई.	सिकन्दर लोदी द्वारा राजधानी दिल्ली से आगरा स्थानान्तरित
1510 ई.	पुर्तगालियों द्वारा गोवा पर अधिकार
1509-1529 ई.	कृष्णदेव राय का शासनकाल
1526 ई.	पानीपत का प्रथम युद्ध, बाबर द्वारा इब्राहिम लोदी की पराजय
1527 ई.	खानवा का युद्ध, बाबर द्वारा राणा सांगा की पराजय
1533 ई.	हुमायूँ द्वारा दीनपनाह नगर का निर्माण कराया गया
1540 ई.	बिलग्राम के युद्ध में शेरशाह द्वारा हुमायूँ अन्तिम रूप से पराजित
1555 ई.	सरहिन्द के युद्ध में बैरम खाँ द्वारा सिकन्दर सूर की पराजय, हुमायूँ पुन: दिल्ली के तख्त पर बैठा
1556 ई.	अकबर शासक बना, पानीपत के तृतीय युद्ध में हेमू की पराजय
1565 ई.	विजयनगर और बहमनी के बीच तालीकोटा का युद्ध
1567 ई.	अकबर द्वारा मनसबदारी व्यवस्था की शुरुआत
1576 ई.	हल्दीघाटी का युद्ध
1579 ई.	मजहर जारी करके अकबर को इमाम-ए-आदिल घोषित किया गया
1582 ई.	दीन-ए-इलाही की घोषणा
1583 ई.	राल्फ फिच आगरा पहुँचने वाला पहला अंग्रेज व्यापारी

1600 ई.	ईस्ट इण्डिया कम्पनी की स्थापना
1608 ई.	विलियम हॉकिन्स का जहाँगीर के दरबार में आगमन
1615 ई.	सर टॉमस रो का आगमन
1627 ई.	शिवाजी का जन्म
1665 ई.	शिवाजी एवं जयसिंह के बीच पुरन्दर की सन्धि
1674 ई.	शिवाजी का राज्याभिषेक
1674 ई.	फ्रांसिस मार्टिन द्वारा पॉण्डिचेरी की स्थापना
1699 ई.	गुरु गोविन्द सिंह द्वारा खालसा पन्थ की स्थापना
1707 ई.	औरंगजेब की मृत्यु
1717 ई.	ईस्ट इण्डिया कम्पनी को फर्रूखसियर द्वारा स्वतन्त्र व्यापार का फरमान
1724 ई.	चिनकिलिच खाँ 'निजामुल्क' ने दक्कन में स्वतन्त्र हैदराबाद राज्य की स्थापना
1731 ई.	वारसा की सन्धि
1738 ई.	दुरई सराय की सन्धि
1739 ई.	करनाल का युद्ध, दिल्ली पर नादिरशाह का आक्रमण
1748 ई.	अहमदशाह अब्दाली का भारत पर आक्रमण
1757 ई.	प्लासी का युद्ध
1760 ई.	वाण्डिवॉश का युद्ध
1761 ई.	पानीपत का तृतीय युद्ध
1764 ई.	बक्सर का युद्ध
1772 ई.	वॉरेन हेस्टिंग्स बंगाल का गवर्नर नियुक्त
1773 ई.	रेग्युलेटिंग एक्ट पारित
1775 ई.	प्रथम आंग्ल-मराठा युद्ध
1779 ई.	बड़गाँव की सन्धि
1782 ई.	सालवाई की सन्धि
1784 ई.	पिट्स इण्डिया एक्ट पारित
1793 ई.	भू-राजस्व का स्थायी बन्दोबस्त लागू
1799 ई.	टीपू सुल्तान की मृत्यु
1802 ई.	बसीन की सन्धि
1803 ई.	द्वितीय आंग्ल-मराठा युद्ध
1803 ई.	देवगाँव की सन्धि
1804 ई.	राजापुर घाट की सन्धि
1806 ई.	अंग्रेजों का दिल्ली पर अधिकार
1809 ई.	अंग्रेजों एवं रणजीत सिंह के बीच अमृतसर की सन्धि
1816 ई.	अंग्रेज कम्पनी और गोरखों के बीच सुगौली की सन्धि
1817 ई.	तृतीय आंग्ल-मराठा युद्ध
1824 ई.	बैरकपुर का सैन्य विद्रोह
1829 ई.	सती प्रथा का अन्त
1833 ई.	बंगाल का गवर्नर-जनरल भारत का गवर्नर जनरल बना
1839 ई.	लॉर्ड आकलैण्ड ने कलकत्ता से दिल्ली तक जी टी रोड का निर्माण प्रारम्भ कराया
1843 ई.	सिन्ध पर अंग्रेजों का आधिपत्य
1854 ई.	शिक्षा का वुड्स डिस्पैच
1857 ई.	अंग्रेजों के विरुद्ध विद्रोह
1857 ई.	बम्बई, मद्रास व कलकत्ता विश्वविद्यालय की स्थापना
1860 ई.	भारत में बजट प्रणाली की शुरुआत
1865 ई.	भारत व यूरोप के बीच प्रथम 'समुद्री टेलीग्राफ सेवा' प्रारम्भ हुई
1872 ई.	जनगणना का प्रारम्भ
1875 ई.	आर्य समाज की स्थापना, बम्बई मिलहैण्ड्स एसोसिएशन की स्थापना
1876 ई.	सुरेन्द्रनाथ बनर्जी द्वारा 'इण्डियन एसोसिएशन' की स्थापना
1877 ई.	दिल्ली दरबार का आयोजन
1885 ई.	भारतीय राष्ट्रीय कांग्रेस की स्थापना
1887 ई.	इंग्लैण्ड में 'भारतीय सुधार समिति' की स्थापना
1888 ई.	सैय्यद अहमद खाँ ने 'संयुक्त भारतीय राजभक्त सभा' की स्थापना की
1893 ई.	विवेकानन्द का शिकागो भाषण
1896 ई.	कलकत्ता अधिवेशन में भारतीय राष्ट्रीय कांग्रेस द्वारा 'धन के निष्कासन के सिद्धान्त' को स्वीकार किया गया
वर्ष 1902	लॉर्ड कर्जन ने विश्वविद्यालय शिक्षा में सुधार सम्बन्धी सुझाव देने के लिए 'सर थॉमस रैले' की अध्यक्षता में कमीशन नियुक्त किया।
वर्ष 1905	बंगाल विभाजन
वर्ष 1906	मुस्लिम लीग की स्थापना
वर्ष 1906	बंगाल नेशनल कॉलेज की स्थापना
वर्ष 1907	मैडम भीकाजी कामा ने स्टुटगार्ड (जर्मनी) में स्वयं डिजाइन किया हुआ भारतीय ध्वज फहराया
वर्ष 1907	सूरत में कांग्रेस का विभाजन
वर्ष 1909	मार्ले-मिण्टो सुधार, मुसलमानों के लिए पृथक् निर्वाचक मण्डल
वर्ष 1911	बंगाल विभाजन को रद्द किया गया
वर्ष 1912	राजधानी कलकत्ता से दिल्ली स्थानान्तरित
वर्ष 1913	गदर पार्टी की स्थापना, रबीन्द्रनाथ टैगोर ने नोबेल पुरस्कार जीता
वर्ष 1914	प्रथम विश्वयुद्ध का प्रारम्भ
वर्ष 1915	महात्मा गाँधी का दक्षिण अफ्रीका से भारत आगमन
वर्ष 1916	होमरूल लीग की स्थापना एवं कांग्रेस लीग के बीच लखनऊ समझौता
वर्ष 1917	गाँधीजी का चम्पारण सत्याग्रह
वर्ष 1919	रॉलेट अधिनियम पारित किया गया
वर्ष 1919	अखिल भारतीय खिलाफत कमेटी का गठन
वर्ष 1919	माण्टेग्यू-चेम्सफोर्ड सुधार, जलियाँवाला बाग नरसंहार
वर्ष 1920	खिलाफत तथा असहयोग आन्दोलन का प्रारम्भ, अखिल भारतीय ट्रेड यूनियन कांग्रेस की स्थापना
वर्ष 1922	चौरी-चौरा काण्ड, असहयोग आन्दोलन की वापसी
वर्ष 1923	स्वराज पार्टी का गठन
वर्ष 1924	हिन्दुस्तान रिपब्लिक आर्मी की स्थापना, कानपुर षड्यन्त्र केस, गाँधीजी मात्र एक बार कांग्रेस के अध्यक्ष बने
वर्ष 1925	काकोरी में ट्रेन लूटी गई, कानपुर में भारतीय साम्यवादी दल की स्थापना
वर्ष 1925	रेल बजट को सामान्य बजट से पृथक् किया गया
वर्ष 1927	साइमन कमीशन की नियुक्ति
वर्ष 1928	साइमन कमीशन का भारत आगमन, हिन्दुस्तान सोशलिस्ट रिपब्लिकन आर्मी की स्थापना
वर्ष 1928	नेहरू रिपोर्ट का गठन

वर्ष 1929	भगतसिंह और बटुकेश्वर दत्त ने केन्द्रीय सभा में बम फेंका
वर्ष 1929	कांग्रेस का लाहौर अधिवेशन
वर्ष 1930	गाँधीजी की दाण्डी यात्रा, प्रथम गोलमेज सम्मेलन, सविनय अवज्ञा आन्दोलन आरम्भ
वर्ष 1931	द्वितीय गोलमेज सम्मेलन, इलाहाबाद के अल्फ्रेड पार्क में चन्द्रशेखर आजाद ने स्वयं को गोली मारी
वर्ष 1931	गाँधी-इरविन समझौता, भगतसिंह को फाँसी
वर्ष 1932	तृतीय गोलमेज सम्मेलन, कम्युनल अवार्ड
वर्ष 1932	गाँधीजी और अम्बेडकर के बीच पूना समझौता
वर्ष 1933	गाँधीजी ने 'हरिजन' नामक पत्रिका का प्रकाशन आरम्भ किया
वर्ष 1934	कांग्रेस समाजवादी पार्टी का गठन
वर्ष 1935	भारत सरकार अधिनियम पारित
वर्ष 1936	प्रोग्रेसिव राइटर्स एसोसिएशन की स्थापना
वर्ष 1937	प्रान्तीय चुनाव, संघीय न्यायालय की स्थापना
वर्ष 1938	सुभाषचन्द्र बोस कांग्रेस के अध्यक्ष निर्वाचित
वर्ष 1939	कांग्रेस ने विश्वयुद्ध का समर्थन न करने का निर्णय लिया। कांग्रेस की प्रान्तीय सरकारों को त्याग-पत्र देने के लिए कहा गया।
वर्ष 1939	फारवर्ड ब्लॉक की स्थापना, द्वितीय विश्वयुद्ध का आरम्भ
वर्ष 1940	गाँधीजी का व्यक्तिगत सत्याग्रह
वर्ष 1941	आजाद हिन्द फौज की स्थापना
वर्ष 1942	राजगोपालाचारी फॉर्मूला पेश किया गया, गाँधीजी ने 'करो या मरो' का नारा दिया
वर्ष 1942	भारत छोड़ो आन्दोलन का प्रारम्भ
वर्ष 1944	सुभाषचन्द्र बोस ने महात्मा गाँधी को राष्ट्रपिता कहा
वर्ष 1945	वेवेल प्लान, आजाद हिन्द फौज के सैनिकों पर मुकदमा
वर्ष 1946	कैबिनेट मिशन का भारत आगमन, मुस्लिम लीग का प्रत्यक्ष कार्यवाही दिवस संविधान सभा की पहली बैठक
वर्ष 1946	रॉयल इण्डियन नेवी में विद्रोह
वर्ष 1947	अंग्रेजों द्वारा भारत छोड़ने का निर्णय, भारत एवं पाकिस्तान की स्वतन्त्रता एवं विभाजन

भारत में प्रकाशित प्रमुख समाचार-पत्र : संक्षिप्त अवलोकन

समाचार-पत्र	संस्थापक/सम्पादक	स्थापना (ई./वर्ष)	स्थान	भाषा
टाइम्स ऑफ इण्डिया	रॉबर्ट नाइट	1861	बम्बई	अंग्रेजी
स्टेट्स मैन	रॉबर्ट नाइट	1878	कलकत्ता	अंग्रेजी
इंग्लिश मैन	रॉबर्ट नाइट	1811	कलकत्ता	अंग्रेजी
मद्रास मेल	चार्ल्स लायसन	1928	मद्रास	अंग्रेजी
पायनियर	जॉर्ज एलन	1865	इलाहाबाद	अंग्रेजी
अमृत बाजार पत्रिका	मोतीलाल घोष	1868,1878	कलकत्ता	बंगला, अंग्रेजी
सोमप्रकाश	ईश्वरचन्द्र विद्यासागर	1859	कलकत्ता	बंगला
बंगवासी	जोगिन्दर नाथ बोस	1881	कलकत्ता	बंगला
हिन्दू	वीर राघवाचारी	1878	मद्रास	अंग्रेजी
केसरी, मराठा	तिलक (प्रारम्भ में आगरकर के सहयोग से)	1881	बम्बई	मराठी, अंग्रेजी
हिन्दू	रानाडे	1878, 1881	मद्रास	अंग्रेजी
नेटिव ओपिनियन	बी एन माण्डलिक	1864	बम्बई	अंग्रेजी
बंगाली	सुरेन्द्रनाथ बनर्जी	1879	कलकत्ता	अंग्रेजी
भारत मित्र	बाल मुकुन्द गुप्त	1874	कलकत्ता	हिन्दी
हिन्दुस्तान	मदन मोहन मालवीय, प्रताप नारायण मिश्र	1924	कालाकांकर (उत्तर प्रदेश)	हिन्दी
बम्बई दर्पण	बाल शास्त्री	1832	बम्बई	मराठी
बस स्टैण्डर्ड, कॉमनवील	ऐनी बेसेण्ट	1914 ई.	मद्रास	अंग्रेजी
कवि वचन सुधा	भारतेन्दु हरिश्चन्द्र	1867	उत्तर प्रदेश	हिन्दी
हरिश्चन्द्र मैगजीन	भारतेन्दु हरिश्चन्द्र	1872	उत्तर प्रदेश	हिन्दी
हिन्दुस्तान स्टैण्डर्ड	सच्चिदानन्द सिन्हा	1899	पटना	अंग्रेजी
ज्ञान प्रदायिनी	नवीनचन्द्र राय	1866	कलकत्ता	हिन्दी
हिन्दी प्रदीप	बालकृष्ण भट्ट	1877	उत्तर प्रदेश	हिन्दी
इण्डियन रिव्यू	जी ए नटेशन	1900	मद्रास	अंग्रेजी
मॉडर्न रिव्यू	रामानन्द चटर्जी	1907	कलकत्ता	अंग्रेजी
यंग इण्डिया	महात्मा गाँधी	8 अक्टूबर, 1919	अहमदाबाद	अंग्रेजी
नव जीवन	महात्मा गाँधी	7 अक्टूबर, 1919	अहमदाबाद	हिन्दी, गुजराती
हरिजन	महात्मा गाँधी	11 फरवरी, 1933	पूना	हिन्दी, गुजराती
इण्डिपेण्डेन्स	मोतीलाल नेहरू	1919	इलाहाबाद	अंग्रेजी
आज	शिव प्रसाद गुप्त	1920	वाराणसी	हिन्दी
हिन्दुस्तान टाइम्स	के एम पन्निकर	1920	दिल्ली	अंग्रेजी
नेशनल हेराल्ड	जवाहरलाल नेहरू	1938	दिल्ली	अंग्रेजी
उदन्त मार्तण्ड	जुगल किशोर	1826	कानपुर	हिन्दी (प्रथम)
द ट्रिब्यून	सरदार दयाल सिंह मजीठिया	1877	चण्डीगढ़	अंग्रेजी
अल-हिलाल	मौलाना अबुल कलाम आजाद	1912	कलकत्ता	उर्दू
अल-बिलाग	मौलाना अबुल कलाम आजाद	1913	कलकत्ता	उर्दू
प्रताप पत्र	गणेश शंकर विद्यार्थी	1910	कानपुर	हिन्दी
गदर	गदर पार्टी	1913, 1914	सैन फ्रांसिस्को	अंग्रेजी, उर्द पंजाबी, हिन्दी
हिन्दू पैट्रियाट	हरिश्चन्द्र मुखर्जी	1955	कलकत्ता	अंग्रेजी

क्रान्तिकारी आन्दोलन से जुड़े पत्र, पत्रिकाएँ एवं पुस्तकें

पत्रिका/पुस्तक	लेखक/सम्पादक
युगान्तर	बारीन्द्र कुमार घोष एवं भूपेन्द्रनाथ दत्त
संध्या	ब्रह्मबान्धव उपाध्याय
तलवार (बर्लिन)	वीरेन्द्र नाथ चट्टोपाध्याय
फ्री हिन्दुस्तान (वैंकूवर)	तारकनाथ दास
कीर्ति	सन्तोष सिंह
क्रान्ति	एस एस मिराजकर, के एन जोगलेकर
बन्दी जीवन	सचीन्द्र नाथ सान्याल
वन्देमातरम्	अरविन्द घोष
द लाइफ डिवाइन	अरविन्द घोष
सावित्री	अरविन्द घोष
गीता रहस्य	बाल गंगाधर तिलक
भवानी मन्दिर	बारीन्द्र कुमार घोष
भारत माता	अजीत सिंह
स्वदेश सेवक पत्र	जी डी कुमार
वर्तमान रणनीति	अविनाश चन्द्र भट्टाचार्य
कर्मयोगिनी (अंग्रेजी)	अरविन्द घोष
सर्कुलर-ए-आजादी (उर्दू)	रामनाथ पुरी
पथेर दावी	शरतचन्द्र चट्टोपाध्याय
अनहैप्पी इण्डिया	लाला लाजपत राय
बम मैनुअल	पी एन बापट
जमींदार	सिराजुद्दीन
वर्तमान रणनीति	बारीन्द कुमार घोष
न्यू इण्डिया	बिपिनचन्द्र पाल

कांग्रेस के अधिवेशन

ई./वर्ष	स्थान	अध्यक्ष	महत्त्वपूर्ण तथ्य
1885	बम्बई	व्योमेशचन्द्र बनर्जी	प्रथम अधिवेशन, 72 प्रतिनिधियों ने भाग लिया, कांग्रेस के उद्देश्य तय किए गए।
1886	कलकत्ता	दादाभाई नौरोजी	इस अधिवेशन में राष्ट्रीय कांग्रेस तथा नेशनल कॉन्फ्रेन्स का विलय हो गया। 436 लोगों ने भाग लिया।
1887	मद्रास	सैय्यद बदरुद्दीन तैयब जी (प्रथम मुस्लिम अध्यक्ष)	मुस्लिमों से राष्ट्रीय आन्दोलन में भाग लेने की अधिकारिक अपील।
1888	इलाहाबाद	जॉर्ज यूले (प्रथम अंग्रेज अध्यक्ष)	इस अधिवेशन में पहली बार लाला लाजपत राय ने हिन्दी में भाषण दिया था।
1889	बम्बई	सर विलियम वेडरबर्न	इंगलैण्ड में कांग्रेस के दृष्टिकोण का प्रचार करने के लिए प्रतिनिधि मण्डल भेजने के फैसले पर पहली बार महिलाओं ने भाग लिया।
1890	कलकत्ता	फिरोजशाह मेहता	कलकत्ता विश्वविद्यालय की पहली महिला स्नातक कादम्बिनी गांगुली ने कांग्रेस अधिवेशन को सम्बोधित किया।
1891	नागपुर	आनन्द चार्लू	—
1892	इलाहाबाद	व्योमेशचन्द्र बनर्जी	इसी समय 1892 ई. में दादाभाई नौरोजी ब्रिटिश पार्लियामेण्ट के लिए चुने गए।
1893	लाहौर	दादाभाई नौरोजी	सिविल सेवा परीक्षा भारत में करवाने की माँग।
1894	मद्रास	अल्फ्रेड वेब	—
1895	पूना	सुरेन्द्रनाथ बनर्जी	
1896	कलकत्ता	एम ए सयानी	कांग्रेस मंच से पहली बार वन्देमातरम् का गान किया गया।
1897	अमरावती	एम सी शंकरन	1897 के वर्ष को काले वर्ष के रूप में देखा गया। पूना में प्लेग के फलस्वरूप, लेख लिखने के कारण तिलक के विरुद्ध अभियोग की निन्दा।
1898	मद्रास	आनन्द मोहन बोस	—
1899	लखनऊ	रमेश चन्द्र दत्त	भू-राजस्व को स्थायी करने की माँग।
1900	लाहौर	एन जी चन्द्रावरकर	—
1901	कलकत्ता	दिनशा ई वाचा	—
1903	मद्रास	लाल मोहन घोष	—
1904	बम्बई	सर हेनरी काटन	—
1905	बनारस	गोपालकृष्ण गोखले	बंग-भंग एवं कर्जन की प्रतिक्रियावादी नीतियों की आलोचना।
1906	कलकत्ता	दादाभाई नौरोजी	स्वराज शब्द का प्रथम बार प्रयोग किया गया।
1907	सूरत	रास बिहारी घोष	कांग्रेस में विभाजन।
1908	मद्रास	रास बिहारी घोष	कांग्रेस के संविधान का निर्माण, प्रस्तावित मार्ले-मिण्टो सुधार का स्वागत।
1909	लाहौर	मदन मोहन मालवीय	पृथक् निर्वाचन पद्धति की व्यवस्था को अस्वीकार कर दिया।
1910	इलाहाबाद	विलियम वेडरबर्न	—
1911	कलकत्ता	बिशन नारायण दत्त	प्रथम बार जन-गण मन का गायन हुआ।
1912	बाँकीपुर (पटना)	रंगनाथ मुधोलकर	—
1913	कराची	नवाब सैय्यद मुहम्मद	कांग्रेस एवं मुस्लिम लीग के द्वारा स्वशासन के लिए एकीकृत प्रयास करने से सम्बन्धित प्रस्ताव पारित।
1914	मद्रास	भूपेन्द्रनाथ	ऐनी बेसेण्ट ने कांग्रेस की सदस्यता ग्रहण की।
1915	बम्बई	लॉर्ड एस पी सिन्हा	प्रोविन्स की स्वायत्ता के लिए प्रस्ताव पारित किए गए, बम्बई के गवर्नर लॉर्ड विलिंगटन ने भाग लिया।
1916	लखनऊ	अम्बिकाचरण मजूमदार	कांग्रेस के गरम दल एवं नरम दल में समझौता हुआ, कांग्रेस एवं मुस्लिम लीग के मध्य समझौता।
1917	कलकत्ता	ऐनी बेसेण्ट	प्रथम महिला अध्यक्ष थीं।
1918	बम्बई (विशेष अधिवेशन)	सैय्यद हसन इमाम	यह विशेष अधिवेशन माण्टेग्यू-चेम्सफोर्ड रिपोर्ट (जुलाई, 1918) पर विचार करने के लिए था।

ई./वर्ष	स्थान	अध्यक्ष	महत्त्वपूर्ण तथ्य
1918	दिल्ली	मदन मोहन मालवीय	सम्मेलन में माण्टेग्यू-चेम्सफोर्ड प्रस्ताव को दोहराया गया। इस सम्मेलन के द्वारा (रॉलेट) राजद्रोह समिति रिपोर्ट (जुलाई, 1918) को खारिज किया गया।
1919	अमृतसर	मोतीलाल नेहरू	माण्टेग्यू-चेम्सफोर्ड रिपोर्ट की निन्दा की गई। खिलाफत आन्दोलन को समर्थन देने का निर्णय।
1920	कलकत्ता (विशेष अधिवेशन)	लाला लाजपत राय	असहयोग का प्रस्ताव स्वीकार।
1920	नागपुर	सी वी राघवाचारी	कांग्रेस के संविधान में संशोधन, असहयोग आन्दोलन के कार्ययुद्ध का स्वीकृति।
1921	अहमदाबाद	हकीम अजमल खाँ	—
1922	गया	सी आर दास	—
1923	दिल्ली (विशेष अधिवेशन)	मौलाना अबुल कलाम आजाद	सबसे कम उम्र के कांग्रेस अध्यक्ष।
1923	काकीनाडा (बंगाल)	मौलाना मुहम्मद अली	—
1924	बेलगाम गाँव (कर्नाटक)	महात्मा गाँधी	कांग्रेस और मुस्लिम लीग पृथक् हो गए।
1925	कानपुर	सरोजिनी नायडू	**प्रथम भारतीय महिला अध्यक्ष**, हिन्दी को कांग्रेस की आधिकारिक भाषा घोषित किया गया।
1926	गुवाहाटी	एस श्रीनिवास अयंगर	कांग्रेस नेताओं के लिए खादी पहनना अनिवार्य।
1927	मद्रास	डॉ. एम ए अंसारी	पूर्ण स्वाधीनता की माँग
1928	कलकत्ता	मोतीलाल नेहरू	कांग्रेस का विदेश विभाग स्थापित।
1929	लाहौर	जवाहरलाल नेहरू	पूर्ण स्वराज का प्रस्ताव पारित।
1930	अधिवेशन आयोजित नहीं हुआ	—	सविनय अवज्ञा आन्दोलन के कारण।
1931	कराची	वल्लभभाई पटेल	मौलिक अधिकारों पर प्रस्ताव, आर्थिक कार्यक्रम को स्वीकृति।
1932	दिल्ली	अमृत रणछोड़दास सेठ	—
1933	कलकत्ता	नेल्ली सेनगुप्त	—
1934	बम्बई	राजेन्द्र प्रसाद	कांग्रेस समाजवादी दल की स्थापना।
1935	अधिवेशन नहीं	—	—
1936	लखनऊ	जवाहरलाल नेहरू	कांग्रेस पार्लियामेण्ट बोर्ड की स्थापना।
1937	फैजपुर (उत्तर प्रदेश)	जवाहरलाल नेहरू	पहली बार गाँव में अधिवेशन, 13 सूत्रीय अस्थायी कृषि कार्यक्रम घोषित।
1938	हरिपुरा (गुजरात)	सुभाषचन्द्र बोस	राष्ट्रीय नियोजन समिति का गठन।
1939	त्रिपुरी (मध्य प्रदेश)	सुभाषचन्द्र बोस (त्याग-पत्र) राजेन्द्र प्रसाद	सुभाषचन्द्र बोस के अध्यक्ष पद से त्याग-पत्र देने के पश्चात् डॉ. राजेन्द्र प्रसाद को अध्यक्ष बनाया गया।
1940	रामगढ़	मौलाना अबुल कलाम आजाद	लगातार 6 वर्षों तक कांग्रेस अध्यक्ष रहे।
1941-45	—	मौलान अबुल कलाम आजाद	कांग्रेस को गैर-कानूनी घोषित कर दिया गया। इस दौरान कोई अधिवेशन नहीं हुआ।
1946	मेरठ	आचार्य जे बी कृपलानी	स्वतन्त्रता प्राप्ति के समय कृपलानी ही कांग्रेस के अध्यक्ष थे।
1947	दिल्ली	राजेन्द्र प्रसाद	—

आधुनिक भारत के चर्चित व्यक्तित्व

दादाभाई नौरोजी (1825-1917)	▪ ब्रिटिश संसद के निचले सदन हाउस ऑफ कॉमन्स में चुने जाने वाले पहले भारतीय। ▪ भारतीय राष्ट्रीय कांग्रेस की स्थापना में सक्रिय सहयोग तथा 1886 व 1893 ई. एवं वर्ष 1906 में इसके अध्यक्ष निर्वाचित। ▪ भारत की आर्थिक दुर्दशा एवं इसके लिए अंग्रेजों के उत्तरदायित्व का सफल प्रचार किया। ▪ प्रमुख पत्र—वॉयस ऑफ इण्डिया। ▪ पुस्तक—पॉवर्टी एण्ड अनब्रिटिश रूल इन इण्डिया। ▪ संस्थाएँ—रहनुमाई मजदयासान सभा, ईस्ट इण्डिया एसोसिएशन (लन्दन) ▪ इन्हें ग्रैण्ड ओल्ड मैन ऑफ इण्डिया भी कहा जाता है।
गोपाल कृष्ण गोखले (1866-1915)	▪ महाराष्ट्र के प्रसिद्ध राष्ट्रवादी नेता। ▪ वर्ष 1905 में कांग्रेस के वाराणसी अधिवेशन के अध्यक्ष। ▪ महात्मा गाँधी के राजनीतिक गुरु। ▪ वर्ष 1902 में इम्पीरियल विधानपरिषद् के लिए चुने गए। ▪ वर्ष 1905 में ही सर्वेण्ट्स ऑफ इण्डिया सोसायटी की स्थापना। ▪ वर्ष 1912-15 तक इण्डियन पब्लिक सर्विस कमीशन के सदस्य। ▪ फर्ग्युसन कॉलेज पूना में प्राध्यापक एवं प्राचार्य। ▪ रानाडे द्वारा स्थापित दक्कन एजुकेशन सोसायटी के सदस्य। ▪ सुधारक-पत्र के सम्पादक।
बदरुद्दीन तैयबजी (1844-1906)	▪ उदारवादी कांग्रेसी व समाज सुधारक। ▪ कांग्रेस के संस्थापक सदस्य। ▪ कांग्रेस के पहले मुस्लिम अध्यक्ष (1887 ई. में मद्रास अधिवेशन)। ▪ बम्बई हाईकोर्ट के पहले बैरिस्टर। ▪ बम्बई विधानपरिषद् के नामांकित सदस्य।
चितरंजन दास (1870-1925)	▪ प्रख्यात राष्ट्रवादी, कुशल वक्ता तथा प्रसिद्ध विधिवेत्ता। ▪ अलीपुर षड्यन्त्र काण्ड (वर्ष 1908) में अरविन्द घोष के लिए बचाव पक्ष के वकील थे। ▪ वर्ष 1921 में अहमदाबाद तथा वर्ष 1922 में गया के कांग्रेस अधिवेशन के अध्यक्ष। ▪ वर्ष 1923 में मोतीलाल नेहरू एवं अन्य के साथ मिलकर स्वराज पार्टी की स्थापना की। ▪ वर्ष 1923 में लाहौर तथा वर्ष 1924 में अहमदाबाद में अखिल भारतीय ट्रेड यूनियन कांग्रेस की अध्यक्षता की।

सुरेन्द्रनाथ बनर्जी (1848-1925)	▪ राष्ट्रवादी नेता, पत्रकार, विधिवेत्ता व शिक्षाविद्। ▪ इण्डियन सिविल सर्विसेज में चुने गए (1869 ई.), बाद में गलत आधार पर निकाल दिया गया। ▪ 1876 ई. में इण्डियन एसोसिएशन की स्थापना की। ▪ 1895 ई. (पूना) तथा वर्ष 1902 (अहमदाबाद) में कांग्रेस के अध्यक्ष। ▪ वर्ष 1918 में इण्डियन नेशनल लिबरल फेडरेशन की स्थापना। ▪ वर्ष 1920 के असहयोग आन्दोलन का विरोध किया। ▪ वर्ष 1921 में बंगाल में स्वास्थ्य मन्त्री बने, इस पद पर नियुक्त प्रथम भारतीय। ▪ रिपन कॉलेज की स्थापना में योगदान। ▪ बंगाली-पत्र के सम्पादक। ▪ इनकी प्रसिद्ध कृति ए नेशन इन मेकिंग है।
आनन्द मोहन बोस (1847-1906)	▪ बंगाल के प्रमुख शिक्षाविद्, समाज सुधारक एवं सक्रिय राष्ट्रवादी। ▪ 1883 ई. में भारतीय राष्ट्रीय सम्मेलन का आयोजन। ▪ वर्नाक्यूलर प्रेस एक्ट तथा इल्बर्ट बिल का विरोध। ▪ इण्डियन एसोसिएशन के संस्थापक सचिव। ▪ 1898 ई. में कांग्रेस के मद्रास अधिवेशन के अध्यक्ष। ▪ बंग-भंग आन्दोलन में सक्रिय भूमिका। ▪ साधारण ब्रह्म समाज के प्रथम अध्यक्ष।
मोतीलाल नेहरू (1861-1931)	▪ प्रख्यात वकील, स्वदेशी आन्दोलन से जुड़कर राजनीति में प्रवेश किया। ▪ कांग्रेस के अमृतसर अधिवेशन (वर्ष 1919) तथा कलकत्ता अधिवेशन (वर्ष 1928) के अध्यक्ष। ▪ स्वराज पार्टी के संस्थापक सदस्य। ▪ नेहरू रिपोर्ट नाम से प्रसिद्ध संवैधानिक प्रारूप तैयार करने वाली सर्वदलीय समिति के अध्यक्ष। ▪ प्रमुख पत्र इण्डिपेण्डेण्ट। ▪ प्रमुख पुस्तक–द वॉयस ऑफ फ्रीडम।
रास बिहारी घोष (1845-1921)	▪ प्रख्यात वकील एवं शिक्षाविद्। ▪ बंगाल के प्रारम्भिक दौर के प्रमुख उदारवादी कांग्रेसी नेता। ▪ इनका अंग्रेजों की न्याय-भावना में पूर्ण विश्वास था। ▪ वर्ष 1907 में सूरत अधिवेशन में कांग्रेस के अध्यक्ष निर्वाचित।
तेज बहादुर सप्रू (1875-1949)	▪ विधिवेत्ता व उदारवादी कांग्रेसी नेता। ▪ नेशनल कन्वेंशन के संस्थापक अध्यक्ष। ▪ वर्ष 1913-1916 के बीच संयुक्त प्रान्त की विधानपरिषद् के सदस्य रहे। वर्ष 1920-1923 तक वायसराय की परिषद् के कानूनी सदस्य रहे। ▪ आजाद हिन्द फौज का मुकदमा लड़ा (वर्ष 1945)। ▪ वर्ष 1921 में विधि सदस्य। ▪ लन्दन में प्रिवी काउन्सिल के सदस्य (वर्ष 1934)।
पी आनन्द चारलू (1843-1908)	▪ राष्ट्रवादी कांग्रेसी नेता। ▪ कांग्रेस के प्रारम्भिक 72 संस्थापकों में से एक। ▪ मद्रास महाजन सभा से सम्बद्ध तथा उसके प्रसार में भूमिका। ▪ 1891 ई. में नागपुर अधिवेशन में कांग्रेस के अध्यक्ष।
भूलाभाई देसाई (1877-1946)	▪ प्रख्यात वकील व कांग्रेसी नेता। ▪ भारतीय संवैधानिक गतिरोध को तोड़ने के लिए कांग्रेस एवं लीग के मध्य इनके प्रयासों से देसाई-लियाकत समझौता हुआ (वर्ष 1944)। ▪ वर्ष 1945 में आजाद हिन्द फौजियों के मुकदमे की पैरवी की थी।

विट्ठलभाई पटेल (1873-1933)	▪ प्रसिद्ध विधिवेत्ता व राष्ट्रवादी नेता। ▪ सरदार पटेल के अग्रज, लन्दन सम्मेलन (वर्ष 1919) में भारतीय राष्ट्रीय कांग्रेस का प्रतिनिधित्व किया। ▪ वर्ष 1917 में बम्बई विधानसभा के लिए निर्वाचित, ▪ वर्ष 1924 में बम्बई म्युनिसिपल कॉर्पोरेशन के अध्यक्ष। ▪ केन्द्रीय विधानपरिषद् के प्रथम भारतीय अध्यक्ष। ▪ स्वराज दल के सदस्य। ▪ वर्ष 1933 में जेनेवा में मृत्यु।
लाला लाजपत राय (1865-1928)	▪ ये कुछ समय तक अमेरिका में रहे थे। ▪ केन्द्रीय सभा के सदस्य निर्वाचित हुए। ▪ पेशे से वकील, निर्भीक पत्रकार एवं जुझारू स्वतन्त्रता सेनानी, इन्हें शेर-ए-पंजाब या पंजाब केसरी भी कहा जाता था। ▪ उग्रवादी गरम दल के लाल-बाल-पाल में शामिल। गदर पार्टी एवं आर्य समाज के सक्रिय कार्यकर्ता, कालान्तर में पण्डित मदन मोहन मालवीय के साथ हिन्दू संगठन आन्दोलन से जुड़े। ▪ वर्ष 1920 में कांग्रेस के कलकत्ता विशेष अधिवेशन के अध्यक्ष मनोनीत। ▪ स्वराज दल के संस्थापकों में से एक, डी ए वी कॉलेज की स्थापना में भी सहयोग दिया। ▪ नवम्बर, 1928 में साइमन कमीशन के विरुद्ध प्रदर्शन के दौरान लाठी-प्रहार में घायल एवं शहीद हुए। ▪ पुस्तकें–यंग इण्डिया, पॉलिटिकल फ्यूचर ऑफ इण्डिया, प्रॉब्लम ऑफ नेशनल एजुकेशन इन इण्डिया। ▪ प्रमुख पत्र–पंजाबी, वन्दे मातरम् तथा द पीपुल (अंग्रेज़ी)। ▪ मैजिनी गैरीबॉल्डी, शिवाजी तथा श्रीकृष्ण की जीवनी लिखी।
बाल गंगाधर तिलक (1856-1920)	▪ उग्रवादी विचारधारा के समर्थक, लाल-बाल-पाल में से बाल। ▪ केसरी एवं मराठा जैसे पत्रों द्वारा जागृति फैलाने का अनवरत प्रयास किया। ▪ भारत के बेताज बादशाह के नाम से प्रसिद्ध। ▪ महाराष्ट्र में गणपति महोत्सव तथा शिवाजी महोत्सव का आयोजन प्रारम्भ किया। ▪ 1897 ई. में निर्भीक पत्रकारिता के कारण 18 माह की कैद, वर्ष 1908 में माण्डले जेल में 6 वर्ष कैद। ▪ प्रमुख पुस्तकें–गीता रहस्य, आर्कटिक होम इन द वेदाज।
बिपिनचन्द्र पाल (1858-1932)	▪ क्रान्तिकारी विचारों के नेता, लाल-बाल-पाल में से पाल। ▪ भारत में क्रान्तिकारी विचारधारा के प्रारम्भिक विचारकों में प्रमुख, स्वदेशी एवं बंग-भंग आन्दोलन में महत्त्वपूर्ण भूमिका निभाई। ▪ विदेशों में भारतीय स्वराज्य के प्रमुख प्रचारक। ▪ परिदर्शक पत्रिका का प्रकाशन किया, बंगाली पब्लिक ओपिनियन तथा द ट्रिब्यून के सहायक सम्पादक रहे। ▪ प्रमुख पुस्तकें–मेमोरीज ऑफ माई लाइफ टाइम तथा मिसेज बेसेण्ट-ए साइक्लॉजिकल स्टडी।
श्यामजी कृष्ण वर्मा (1857-1930)	▪ क्रान्तिकारी विचारधारा के प्रमुख स्वतन्त्रता सेनानी। ▪ लन्दन में भारतीय स्वतन्त्रता आन्दोलन का प्रतिनिधित्व किया। ▪ वर्ष 1905 में लन्दन में इण्डिया हाउस की स्थापना की। ▪ इंग्लैण्ड में होमरूल सोसायटी की स्थापना (वर्ष 1905)। ▪ प्रमुख पत्रिका-इण्डिया सोशियोलॉजिस्ट।

सोहन सिंह भाखना (1870-1968)	▪ प्रसिद्ध क्रान्तिकारी, अमेरिका प्रवास (वर्ष 1909), वर्ष 1913 में हिन्द संघ (बाद में प्रशान्त तटीय हिन्द संघ) की स्थापना की। ▪ गदर नामक पत्र का प्रकाशन, कामागाटामारू काण्ड से सम्बद्ध। ▪ वर्ष 1930 में जेल से रिहाई के पश्चात् किसान सभाओं के संगठन में जुट गए।
लाला हरदयाल (1884-1939)	▪ क्रान्तिकारी, पत्रकार व शिक्षाविद्। ▪ गदर पार्टी के संस्थापक सदस्य। ▪ भारत में सशस्त्र क्रान्ति के लिए प्राच्य ब्यूरो (जर्मनी) खोला। ▪ बर्कले विश्वविद्यालय में संस्कृत व दर्शन के प्रोफेसर (संयुक्त राष्ट्र अमेरिका)। ▪ अमेरिका से गदर तथा स्विट्जरलैण्ड से वन्देमातरम् नामक पत्र निकाला। ▪ इनके द्वारा लिखी गई प्रमुख पुस्तकों में ग्लिंपसेज ऑफ वर्ल्ड रिलीजन, अमृत में विष, सोशल कान्क्वैस्ट ऑफ हिन्दू रेस, थॉट आन एजुकेशन, बोधिसत्व डॉक्ट्राइन्स आदि प्रमुख हैं।
मदनलाल धींगरा (1883-1909)	▪ वीर सावरकर से जुड़े प्रसिद्ध क्रान्तिकारी। ▪ लन्दन में भारतीय होमरूल सोसायटी, अभिनव भारत सोसायटी तथा इण्डिया हाउस से सम्बद्ध रहे। ▪ वर्ष 1909 में लन्दन में कर्नल वाइली की गोली मारकर हत्या की। ▪ वर्ष 1909 में ही इनको लन्दन की पेण्टविले जेल में फाँसी दे दी गई।
उधम सिंह (1898-1940)	▪ वर्ष 1928 में आयुध अधिनियम के उल्लंघन में 4 वर्ष की सजा। ▪ पंजाब के प्रसिद्ध क्रान्तिकारी, भगतसिंह के सहयोगी। ▪ जलियाँवाला बाग काण्ड के समय के पंजाब के गवर्नर माइकल ओ डायर को इंग्लैण्ड जाकर वर्ष 1940 में गोलियों से भून डाला था। ▪ 31 जुलाई, 1940 को लन्दन में फाँसी।
रास बिहारी बोस (1886-1945)	▪ प्रारम्भिक उग्रवादी दौर के प्रमुख क्रान्तिकारी। ▪ वर्ष 1908 में युगान्तर पार्टी की सदस्यता ग्रहण की, गदर पार्टी के भी सदस्य रहे। ▪ वर्ष 1912 में चाँदनी चौक (दिल्ली) में वायसराय हॉर्डिंग पर बम फेंका। ▪ वर्ष 1915 में जापान गए, वहीं विवाह कर जापानी नागरिकता ग्रहण की। ▪ जापान में ही वर्ष 1942 में भारतीय स्वतन्त्रता संघ की स्थापना की। ▪ कैप्टन मोहन सिंह, प्रीतम सिंह आदि के साथ आजाद हिन्द फौज (वर्ष 1943) गठित की।
अरविन्द घोष (1872-1950)	▪ बंगाल विभाजन काल के प्रसिद्ध राष्ट्रवादी नेता। ▪ इण्डियन सिविल सर्विस का परित्याग। ▪ आरम्भ में बंगाल में क्रान्तिकारी आन्दोलन के नेता। ▪ संन्यास लेकर (वर्ष 1910) पुदुचेरी में आश्रम की स्थापना की। ▪ युगान्तर, कर्मयोगी, धर्म आदि पत्रों का सम्पादन किया। ▪ अलीपुर षड्यन्त्र केस में एक वर्ष की कैद की सजा (वर्ष 1908-09), इसके बाद राजनीति से संन्यास लिया। ▪ प्रमुख पुस्तकें-द लाइफ डिवाइन, द सिन्थेसिस, एसेज ऑन द गीता।
विनायक दामोदर सावरकर (1883-1966)	▪ महाराष्ट्र के क्रान्तिकारी उग्रवादी नेता। ▪ क्रान्तिकारी संगठन मित्र मेला (1899 ई.), जो बाद में अभिनव भारत सोसायटी (वर्ष 1904) बना, के संस्थापक तथा मदनलाल धींगरा, लाला हरदयाल आदि के सहयोगी। ▪ नासिक षड्यन्त्र काण्ड में आजीवन कारावास (वर्ष 1910-1937)। ▪ हिन्दू महासभा के नेता व अध्यक्ष (वर्ष 1937-1942)। ▪ 1857 ई. की क्रान्ति पर भारत का प्रथम स्वतन्त्रता संग्राम नामक पुस्तक लिखी।
चन्द्रशेखर आजाद (1906-1931)	▪ क्रान्तिकारी भगतसिंह के गुरु, समाजवाद से प्रभावित ▪ वर्ष 1921 में असहयोग आन्दोलन में भाग लिया। ▪ वर्ष 1925 में काकोरी ट्रेन की लूट में भाग लिया। ▪ वर्ष 1928 में दिल्ली में हिन्दुस्तान सोशलिस्ट रिपब्लिकन एसोसिएशन (HSRA) की स्थापना की। ▪ लाला लाजपत राय की मौत का बदला लेने के लिए, वर्ष 1928 में लाहौर में साण्डर्स पर गोली चलाई। ▪ वर्ष 1931 में अल्फ्रेड पार्क, प्रयागराज में पुलिस मुठभेड़ के दौरान स्वयं को गोली मारकर शहीद हो गए।
भगतसिंह (1907-1931)	▪ वर्ष 1924 में हिन्दुस्तान सोशलिस्ट रिपब्लिकन एसोसिएशन में सम्मिलित हुए तथा बाद में महासचिव बने। ▪ वर्ष 1925 में लाहौर में नवजवान भारत सभा की स्थापना की। ▪ वर्ष 1928 में ब्रिटिश पुलिस अफसर साण्डर्स की गोली मारकर हत्या कर दी। ▪ 8 अप्रैल, 1929 को बटुकेश्वर दत्त के साथ दिल्ली की केन्द्रीय विधानसभा में बम फेंका एवं आत्मसमर्पण कर दिया। ▪ व्हाई आई एम एन एथीस्ट, भगतसिंह की प्रसिद्ध रचना है। ▪ लाहौर षड्यन्त्र केस में मुकदमा चलाकर सुखदेव एवं राजगुरु के साथ इन्हें फाँसी दे दी गई (23 मार्च, 1931)।
अशफाक उल्ला खाँ (1900-1927)	▪ उग्रवादी क्रान्तिकारी। ▪ हिन्दुस्तान रिपब्लिकन एसोसिएशन के सदस्य। ▪ काकोरी षड्यन्त्र के प्रमुख अभियुक्त। ▪ रामप्रसाद बिस्मिल, चन्द्रशेखर आजाद आदि के प्रमुख सहयोगी, फैजाबाद में फाँसी दी गई।
रामप्रसाद बिस्मिल (1897-1927)	▪ उत्तर प्रदेश के प्रसिद्ध क्रान्तिकारी। ▪ 1920-30 के दशक में उत्तरी भारत में क्रान्तिकारी गतिविधियों के प्रमुख प्रसारक एवं केन्द्र-बिन्दु। ▪ हिन्दुस्तान समाजवादी गणतन्त्रीय सेना के संस्थापक सदस्य। ▪ काकोरी काण्ड (अगस्त, 1925) में सक्रिय भूमिका। ▪ काकोरी काण्ड में भूमिका के कारण गोरखपुर में फाँसी दी गई।
डॉ. राजेन्द्र प्रसाद (1884-1963)	▪ गाँधीजी के अनन्य अनुयायी, राष्ट्रीय आन्दोलन में सक्रिय भागीदारी। ▪ वर्ष 1934 के बम्बई अधिवेशन में कांग्रेस के अध्यक्ष बने। ▪ वर्ष 1946 में खाद्य एवं कृषि मन्त्री, संविधान सभा के अध्यक्ष तथा वर्ष 1950 में भारत के प्रथम राष्ट्रपति बने। ▪ प्रमुख पुस्तकें—इण्डिया डिवाइडेड, महात्मा गाँधी एण्ड बिहार।
वल्लभभाई पटेल (1875-1950)	▪ वर्ष 1918 में खेड़ा सत्याग्रह में भाग लेकर राजनीतिक जीवन प्रारम्भ किया। ▪ वर्ष 1922 में बारदोली सत्याग्रह का सफल नेतृत्व, इसी के फलस्वरूप सरदार की उपाधि मिली। ▪ रजवाड़ों एवं रियासतों का भारत संघ में विलय इनकी महान उपलब्धि थी। ▪ स्वतन्त्र भारत के प्रथम उप-प्रधानमन्त्री एवं गृहमन्त्री (वर्ष 1947 से 1949) बने।

चक्रवर्ती राजगोपालाचारी (1878-1972)	▪ प्रसिद्ध स्वतन्त्रता सेनानी, राजनीतिक नेता एवं विचारक। ▪ इन्हें आधुनिक भारत का चाणक्य कहा जाता था। ▪ वर्ष 1937-39 तक मद्रास के मुख्यमन्त्री, वर्ष 1947 में केन्द्रीय सरकार में मन्त्री, तत्पश्चात् पश्चिम बंगाल के राज्यपाल बने। ▪ वर्ष 1948-50 तक स्वतन्त्र भारत के प्रथम एवं अन्तिम भारतीय गवर्नर-जनरल रहे। ▪ नए दल स्वतन्त्र पार्टी की स्थापना की तथा दक्षिण में हिन्दी लागू करने का विरोध किया। ▪ वर्ष 1954 में भारत-रत्न से सम्मानित। ▪ प्रमुख पुस्तकें—रिलीजन एण्ड कल्चर, रिकॉन्सिलिएशन, नेशन्स वॉयस।
जे बी कृपलानी (1888-1982)	▪ राष्ट्रवादी, स्वतन्त्रता सेनानी, शिक्षक व गाँधीवादी नेता। ▪ वर्ष 1947 में कांग्रेस के अध्यक्ष, किन्तु स्वतन्त्रता प्राप्ति के पूर्व अध्यक्ष पद से इस्तीफा दे दिया। ▪ किसान मजदूर प्रजा संगठन के संस्थापक।
अबुल कलाम आजाद (1888-1958)	▪ प्रमुख कांग्रेसी नेता तथा स्वतन्त्रता सेनानी, अरबी, फारसी, उर्दू एवं मुस्लिम शिक्षा के प्रकाण्ड विद्वान। ▪ देवबन्द शाखा से सम्बद्ध, 16 वर्ष की उम्र में आजाद उपनाम धारण। ▪ अनेक पत्रों का प्रकाशन अल-हिलाल, अल-बिलाग, द वकील आदि। ▪ प्रमुख पुस्तकें-इण्डिया विन्स फ्रीडम, तसरीहात-ए-आजाद। ▪ वर्ष 1923 में दिल्ली विशेष कांग्रेस अधिवेशन की अध्यक्षता की। ▪ इस पद पर नियुक्त सबसे कम आयु (35 वर्ष) के व्यक्ति। ▪ वर्ष 1940-46 तक पुन: कांग्रेस के अध्यक्ष रहे। ▪ स्वतन्त्र भारत के प्रथम शिक्षा मन्त्री, जीवनपर्यन्त पद पर बने रहे।
खान अब्दुल गफ्फार खान (1890-1988)	▪ पश्चिमोत्तर सीमा प्रान्त के प्रसिद्ध गाँधीवादी नेता। ▪ बादशाह खान एवं सीमान्त गाँधी के नाम से प्रसिद्ध। ▪ खुदाई खिदमतगार नामक संस्था तथा लालकुर्ती आन्दोलन के संस्थापक। ▪ भारत विभाजन के प्रबल विरोधी, इसी कारण उन्हें स्वाधीन पाकिस्तान में लम्बे समय तक गिरफ्तार करके रखा गया, पाकिस्तान में पख्तूनिस्तान बनाने का आन्दोलन चलाया। ▪ वर्ष 1987 में भारत रत्न से विभूषित।
डॉ. पट्टाभि सीतारमैया (1882-1950)	▪ व्यवसाय से चिकित्सक, प्रमुख राष्ट्रवादी। ▪ भारतीय राष्ट्रीय कांग्रेस के सरकारी इतिहासकार। ▪ वर्ष 1939 में सुभाषचन्द्र बोस से कांग्रेस अध्यक्ष पद का चुनाव हारे। ▪ वर्ष 1948 में कांग्रेस के अध्यक्ष बने। ▪ मध्य प्रदेश के प्रथम राज्यपाल। ▪ अंग्रेजी पत्रिका जन्मभूमि के संस्थापक।
जमनालाल बजाज (1889-1942)	▪ मानवतावादी कांग्रेसी नेता व उद्योगपति। ▪ वर्ष 1920 से मृत्यु-पर्यन्त कांग्रेस के कोषाध्यक्ष। ▪ गाँधी सेवा संघ के संस्थापक। ▪ ग्रामीण उद्योगों तथा हथकरघा वस्त्र के विकास में गहन रुचि। ▪ गौसेवा संघ की स्थापना। ▪ सस्ता साहित्य मण्डल के संस्थापक। ▪ हरिजन उत्थान के लिए प्रयास।
महादेव देसाई (1892-1942)	▪ महान स्वतन्त्रता सेनानी तथा गाँधी के अनन्य अनुयायी। ▪ 25 वर्षों तक महात्मा गाँधी के सचिव रहे। ▪ गाँधी की आत्मकथा सत्य के साथ मेरे प्रयोग का गुजराती से अंग्रेजी में अनुवाद। ▪ भारत छोड़ो आन्दोलन के समय आगा खाँ पैलेस में कैद एवं मृत्यु। ▪ इलाहाबाद से प्रकाशित द इण्डिपेण्डेण्ट तथा अहमदाबाद के नवजीवन का सम्पादन भी किया।
आचार्य विनोबा भावे (1895-1982)	▪ झण्डा सत्याग्रह, मन्दिर प्रवेश आन्दोलन, नमक सत्याग्रह, दाण्डी मार्च, भारत छोड़ो आन्दोलन आदि में सक्रिय भागीदारी। ▪ व्यक्तिगत सत्याग्रह (वर्ष 1940) के प्रथम सत्याग्रही। ▪ स्वतन्त्रता के बाद भूदान एवं सर्वोदय आन्दोलनों का नेतृत्व।
ऐनी बेसेण्ट (1847-1933)	▪ आयरिश महिला, थियोसोफिकल सोसायटी के कार्य हेतु नवम्बर, 1893 में भारत आगमन (वाराणसी)। ▪ सेण्ट्रल हिन्दू कॉलेज की स्थापना (1898 ई.)। ▪ वर्ष 1907 में थियोसोफिकल सोसायटी की अध्यक्षा बनीं। ▪ प्रमुख पत्र-कॉमनवील एवं न्यू इण्डिया। ▪ वर्ष 1916 में स्वदेशी आन्दोलन हेतु होमरूल लीग की स्थापना की। ▪ वर्ष 1917 में (कलकत्ता अधिवेशन) कांग्रेस की प्रथम महिला अध्यक्षा बनीं। ▪ प्रमुख पुस्तकें—न्यू इण्डिया, कॉमनवील
मैडम भीकाजी कामा (1869-1935)	▪ भारत की प्रथम सुविख्यात क्रान्तिकारी महिला। ▪ यूरोप (पेरिस) तथा अमेरिका से क्रान्तिकारी गतिविधियों का संचालन। ▪ भारतीय क्रान्तिकारियों की माँ उपाधि से अभिहित। ▪ तीस वर्षों तक पेरिस से भारतीय स्वतन्त्रता के लिए संघर्षरत। ▪ वर्ष 1907 में स्टुटगार्ट की समाजवादी कांग्रेस में भाग लिया तथा विदेश में भारत का स्वनिर्मित प्रथम राष्ट्रीय ध्वज फहराने वाली प्रथम एवं एकमात्र महिला।
सरोजिनी नायडू (1879-1948)	▪ प्रख्यात कवयित्री और राष्ट्रवादी नेता। ▪ भारत कोकिला के नाम से प्रसिद्ध। ▪ वर्ष 1925 में कानपुर के कांग्रेस अधिवेशन की अध्यक्षता, कांग्रेस की प्रथम भारतीय महिला अध्यक्ष। ▪ स्वतन्त्रता के पश्चात् प्रथम महिला राज्यपाल (उत्तर प्रदेश)। ▪ प्रमुख पुस्तकें—सॉन्ग ऑफ इण्डिया, ब्रोकन विंग।
नारायण मल्हार जोशी (1875-1955)	▪ ट्रेड यूनियन आन्दोलन के जन्मदाता। ▪ वर्ष 1929 में इण्डियन ट्रेड यूनियन फेडरेशन की स्थापना की। ▪ वामपन्थी आन्दोलन में सक्रिय भागीदारी। ▪ वर्ष 1921 से 1926 तक केन्द्रीय विधानसभा, दिल्ली के निर्वाचित सदस्य रहे।
जयप्रकाश नारायण (1902-1979)	▪ वर्ष 1929 में कांग्रेस के श्रमिक आन्दोलनों एवं संगठन से जुड़े रहे। ▪ वर्ष 1934 में कांग्रेस सोशलिस्ट पार्टी का गठन। ▪ सविनय अवज्ञा आन्दोलन में सक्रिय योगदान। ▪ भारत छोड़ो आन्दोलन (वर्ष 1942) में हजारीबाग जेल से फरार, गुप्त समिति का निर्माण एवं संचालन। ▪ भूदान आन्दोलन में सक्रिय एवं उत्कृष्ट योगदान। ▪ वर्ष 1975-77 आपातकाल के विरुद्ध आन्दोलन का नेतृत्व किया।
आचार्य नरेन्द्र देव (1881-1956)	▪ शिक्षाविद्, राष्ट्रवादी व समाजवादी नेता। ▪ कांग्रेस समाजवादी पार्टी के संस्थापक सदस्य। ▪ लखनऊ तथा बनारस हिन्दू विश्वविद्यालय के उपकुलपति।

अच्युत एस पटवर्द्धन (1905-1992)	▪ प्रसिद्ध समाजवादी विचारक, राष्ट्रवादी व स्वतन्त्रता सेनानी। ▪ वर्ष 1934 में कांग्रेस समाजवादी पार्टी के संस्थापक सदस्य। ▪ महाराष्ट्र में भारत छोड़ो आन्दोलन का नेतृत्व किया। ▪ स्वतन्त्रता के बाद राजनीति का परित्याग किया। ▪ जीवनपर्यन्त किसी भी सरकारी पद को स्वीकार नहीं किया।
मीनू मसानी (1905-1998)	▪ राष्ट्रवादी कांग्रेसी, समाजवादी व स्वतन्त्रता सेनानी। ▪ नरेन्द्र देव व जयप्रकाश नारायण की सहयोगी। ▪ कांग्रेस समाजवादी पार्टी के संस्थापकों में से एक।
स्वामी सहजानन्द सरस्वती (1889-1950)	▪ संन्यासी, स्वतन्त्रता सेनानी व बिहार के प्रमुख किसान नेता। ▪ वर्ष 1929 में बिहार किसान सभा का गठन किया। ▪ अखिल भारतीय किसान सभा की वर्ष 1936 में लखनऊ में स्थापना। ▪ इन्हें किसान-प्राण भी कहा जाता था।
इन्दुलाल याज्ञनिक (1892-1972)	▪ स्वतन्त्रता सेनानी, सामाजिक कार्यकर्ता, प्रतिभावान पत्रकार व गुजरात के किसान नेता। ▪ होमरूल आन्दोलन तथा खेड़ा सत्याग्रह में सक्रिय भूमिका। ▪ गुजरात विद्यापीठ के संस्थापक। ▪ भील बच्चों के लिए विद्यालय खोले, अन्त्यज सेवा मण्डल (ठक्कर बापा) के सचिव।
एन जी रंगा (1900-1995)	▪ गुण्टूर में पहले रैयत संघ (वर्ष 1923) की स्थापना की। ▪ भारत के वामपन्थी आन्दोलन में सक्रिय भूमिका। ▪ वर्ष 1936 में लखनऊ में अखिल भारतीय किसान सभा की स्थापना में अति महत्त्वपूर्ण भूमिका, एवं उपसभापति थे।
एन एम लोखण्डे (1848-1897)	▪ महाराष्ट्र के समाज सुधारक व वामपन्थी व मजदूर आन्दोलन से सम्बन्धित नेता। ▪ ज्योतिबा फुले के शिष्य। ▪ पिछड़ी जातियों के उत्थान के लिए संघर्ष। ▪ दीनबन्धु नामक पत्रिका निकाली। ▪ 1890 ई. में बॉम्बे मिल हैण्ड्स एसोसिएशन के संस्थापक।
पण्डित मदनमोहन मालवीय (1861-1946)	▪ प्रारम्भ में अध्यापक बाद में वकील, प्रमुख राष्ट्रवादी। ▪ वर्ष 1902 में संयुक्त प्रान्त की विधानपरिषद् के लिए निर्वाचित वर्ष 1910 से 1920 तक केन्द्रीय विधानसभा के सदस्य, वर्ष 1921 में इम्पीरियल काउन्सिल के लिए चुने गए। ▪ हिन्दू महासभा के संगठनकर्ता, वर्ष 1934 के साम्प्रदायिक निर्णय (पंचाट) का विरोध किया। ▪ वर्ष 1916 में काशी हिन्दू विश्वविद्यालय की स्थापना की तथा वर्ष 1919-38 तक इसके कुलपति रहे। ▪ प्रमुख पत्र/पत्रिकाएँ द लीडर (दैनिक), हिन्दुस्तान, द इण्डियन यूनियन, अभ्युदय (साप्ताहिक), मर्यादा तथा किसान (मासिक)। इन्हें महामना की उपाधि दी गई।
डॉ. केशव बलिराम हेडगेवार (1889-1940)	▪ व्यवसाय से चिकित्सक। ▪ प्रारम्भ में कांग्रेस से सम्बद्ध। ▪ होमरूल आन्दोलन में सक्रिय। ▪ राष्ट्रीय स्वयंसेवक संघ (वर्ष 1925) के संस्थापक।
गोपाल गणेश आगरकर (1856-1895)	▪ तिलक, रानाडे आदि के निकट सहयोगी। ▪ फर्ग्युसन कॉलेज की स्थापना में मुख्य भूमिका। ▪ सुधारक नामक पत्र के संस्थापक, मराठा व केसरी के सम्पादक। ▪ लड़के तथा लड़कियों की न्यूनतम विवाह आयु में वृद्धि के लिए संघर्ष किया।
सैय्यद अहमद खॉं (1817-1898)	▪ सामाजिक व धार्मिक सुधारक। ▪ अश्बाब-ए-बगावत-ए-हिन्द नामक पुस्तक की रचना की। ▪ 1875 ई. में मोहम्मडन-एंग्लो-ओरियण्टल कॉलेज, अलीगढ़ की स्थापना की। इन्हें दो राष्ट्र सिद्धान्त का पिता कहा जाता है। ▪ मुस्लिम समाज को कांग्रेस की गतिविधियों से पृथक् रहने की सलाह दी। ▪ मुस्लिम समाज व अंग्रेज सरकार के बीच सहयोग के पक्षधर थे।
मुहम्मद इकबाल (1873-1938)	▪ उर्दू के प्रख्यात शायर एवं वकील। ▪ सारे जहाँ से अच्छा गीत के लेखक। ▪ मुस्लिम लीग के वर्ष 1930 के इलाहाबाद अधिवेशन में एक पृथक् अलग मुस्लिम राज्य की परिकल्पना प्रस्तुत की।
मुहम्मद अली जिन्ना (1861-1948)	▪ प्रमुख वकील, मुस्लिम लीग के नेता तथा पाकिस्तान के संस्थापक। ▪ राजनीतिक जीवन कांग्रेस से प्रारम्भ किया, किन्तु असहयोग आन्दोलन का विरोध करते हुए कांग्रेस छोड़ दी। ▪ कालान्तर में मुस्लिम लीग की साम्प्रदायिक राजनीति से सम्बद्ध हुए और अन्त तक जुड़े रहे। ▪ वर्ष 1929 में नेहरू रिपोर्ट को अस्वीकार कर अपने 14 सूत्रों को प्रस्तुत किया, द्विराष्ट्र सिद्धान्त का प्रतिपादन किया। ▪ कायदे-आजम के नाम से प्रसिद्ध, भारत विभाजन के उपरान्त पाकिस्तान के गवर्नर-जनरल बने।
अब्दुल कासिम फजल-उल-हक (1873-1962)	▪ पेशे से वकील, ढाका में स्थापित (वर्ष 1906) अखिल भारतीय मुस्लिम लीग के प्रमुख संस्थापक सदस्य, वर्ष 1916-21 तक इसके अध्यक्ष रहे। ▪ वर्ष 1918-19 में कांग्रेस के महासचिव के रूप में कार्य किया, किन्तु असहयोग आन्दोलन के स्थगन के बाद कांग्रेस छोड़ दी। ▪ वर्ष 1937 में मुस्लिम लीग से त्याग-पत्र देकर कृषक प्रजा पार्टी नामक नए दल का गठन किया। ▪ वर्ष 1937-1943 तक लीग के सहयोग से बंगाल के प्रधानमन्त्री रहे।
राजा राममोहन राय (1772-1833)	▪ सामाजिक, धार्मिक और शैक्षिक सुधारक व पत्रकार। ▪ हिन्दू समाज के धर्मग्रन्थों की आधुनिक विचारों व मूल्यों के परिप्रेक्ष्य में पुनर्व्याख्या की। ▪ सती प्रथा की समाप्ति के लिए अधिनियम पारित कराया। ▪ ब्रह्म समाज की स्थापना की। ▪ मुगल बादशाह अकबर द्वितीय ने इंग्लैण्ड भेजा, ब्रिस्टल में मृत्यु।
देवेन्द्रनाथ टैगोर (1817-1905)	▪ हिन्दू दार्शनिक, सामाजिक व धार्मिक सुधारक। ▪ तत्त्वबोधिनी सभा की स्थापना की। ▪ ब्रह्म समाज से सम्बद्ध। ▪ तत्त्वबोधिनी पत्रिका का संचालन। ▪ आदि ब्रह्म समाज का नेतृत्व।
केशव चन्द्र सेन (1838-1884)	▪ महान समाज सुधारक व पत्रकार। ▪ ब्रह्म समाज से सम्बद्ध। ▪ विधवा पुनर्विवाह, अन्तर्जातीय विवाह, स्त्री-शिक्षा के समर्थक। ▪ भारतीय ब्रह्म समाज का नेतृत्व। ▪ संगत सभा के संस्थापक। ▪ सुलभ समाचार व इण्डियन मिरर पत्र के सम्पादक।

ईश्वरचन्द विद्यासागर (1820-1891)	▪ बंगाल के विद्वान, शिक्षाविद्, लेखक व महान समाज सुधारक, 1864 ई. में रॉयल एशियाटिक सोसायटी ऑफ इंग्लैण्ड के सदस्य। ▪ विधवा पुनर्विवाह तथा बहु-विवाह दूर करने के लिए जीवनपर्यन्त संघर्षरत, स्त्री-शिक्षा के लिए आजीवन प्रयास किया। ▪ कलकत्ता के संस्कृत कॉलेज के प्राचार्य, कलकत्ता में ही एक कॉलेज की स्थापना, जो अब उनके नाम पर है। ▪ उन्होंने एक बांग्ला वर्णमाला लिखी, जो आज तक प्रयोग में आती है, बंगाली एवं संस्कृत में अनेक पुस्तकें लिखीं। ▪ हिन्दू विधवा पुनर्विवाह अधिनियम, 1856 इनके प्रयासों से ही पास हो पाया।
हेनरी विवियन डेरोजियो (1809-1831)	▪ एंग्लो-इण्डियन समाज सुधारक तथा बंगाल में पुनर्जागरण के अग्रदूत। ▪ यंग बंगाल आन्दोलन के प्रवर्तक। ▪ स्त्रियों के अधिकारों व शिक्षा के प्रवक्ता। ▪ अन्धविश्वास, रूढ़िवाद आदि के विरुद्ध संघर्ष।
महादेव गोविन्द रानाडे (1842-1901)	▪ महाराष्ट्र के प्रसिद्ध समाज सुधारक व राष्ट्रवादी नेता। ▪ गोपालकृष्ण गोखले इन्हें अपना गुरु मानते थे। ▪ प्रार्थना समाज, दक्कन एजुकेशन सोसायटी, विधवा पुनर्विवाह समिति आदि संस्था में सक्रिय भूमिका। ▪ कांग्रेस के वार्षिक अधिवेशनों के साथ सामाजिक सम्मेलन के आयोजन की परम्परा चलाई। ▪ पूना के उप-न्यायाधीश, उच्च न्यायालय के न्यायाधीश तथा बम्बई विधानपरिषद् के सदस्य।
धोन्दो केशव कर्वे (1858-1962)	▪ प्रसिद्ध समाज सुधारक, सामाजिक कार्यकर्ता तथा शिक्षाशास्त्री। ▪ ये अन्ना साहेब तथा महर्षि कर्वे के नाम से प्रसिद्ध थे। ▪ स्त्री-शिक्षा के प्रसार तथा विधवा-उत्थान हेतु समर्पित। ▪ 1893 ई. में विधवा विवाह मण्डली बनाई, जिसे 1895 ई. में विधवा विवाह प्रतिबन्ध निवारक मण्डली नाम दिया गया। ▪ इनके द्वारा स्थापित संस्थाएँ थीं—महिलाश्रम (विधवा गृह, 1898 ई.), महिला विद्यालय (वर्ष 1907), निष्काम कर्म मठ (वर्ष 1908), भारतीय महिला विश्वविद्यालय (वर्ष 1916), समता संघ या मानव समता संवर्द्धन संघ (वर्ष 1944)। ▪ हिन्दू धर्म एवं समाज में सुधार के लिए प्रयत्नशील। ▪ वर्ष 1958 में भारत रत्न से सम्मानित।
डॉ. आत्माराम पाण्डुरंग (1823-1898)	▪ सामाजिक धार्मिक सुधारक। ▪ 1867 ई. में बम्बई में प्रार्थना समाज की स्थापना में सहयोग। ▪ 1884 ई. में दीनबन्धु सार्वजनिक सभा की स्थापना की।
भीमराव अम्बेडकर (1891-1956)	▪ विधिवेत्ता, सामाजिक कार्यकर्ता, राजनीतिज्ञ, लेखक तथा शिक्षाविद्। ▪ वर्ष 1924 में दलित वर्ग संस्थान तथा वर्ष 1927 में समाज समता संघ की स्थापना की। ▪ वर्ष 1924 में बहिष्कृत हितकारिणी सभा को संगठित किया तथा वर्ष 1936 में स्वतन्त्र पार्टी की स्थापना की। ▪ बम्बई विधानपरिषद्, गवर्नर-जनरल एक्जिक्यूटिव काउन्सिल के सदस्य, अन्तरिम सरकार में विधि मन्त्री तथा संविधान सभा की प्रारूप समिति के अध्यक्ष। ▪ प्रमुख पत्र-मूक नायक (मराठी)। ▪ प्रमुख पुस्तकें-एनीहिलेशन ऑफ कास्ट, थॉट्स ऑफ पाकिस्तान, कास्ट्स इन इण्डिया।
गोपाल हरि देशमुख (1823-1892)	▪ पश्चिमी भारत के महान सुधारक। ▪ लोकहितवादी के नाम से प्रसिद्ध। ▪ मराठी मासिक-पत्र लोकहितवादी का सम्पादन। ▪ बाल विवाह, जाति प्रथा की निन्दा। ▪ विधवा पुनर्विवाह मण्डल के संस्थापक।
ठक्कर बापा (अमृत लाल) (1869-1951)	▪ प्रसिद्ध समाज सुधारक, गाँधीवादी कार्यकर्ता। ▪ आरम्भ में सर्वेण्ट्स ऑफ इण्डिया सोसायटी से जुड़े थे, हरिजन सेवक संघ के महासचिव बने। ▪ डिप्रेस्ड क्लास मिशन और विधवाओं के लिए सेवा सदन की स्थापना की। ▪ भील सेवा मण्डल नामक संस्था की स्थापना की । ▪ गोण्ड सेवा संघ (वनवासी सेवा मण्डल) की स्थापना मध्य प्रदेश में की।
वी एस श्रीनिवास शास्त्री (1869-1946)	▪ राष्ट्रवादी नेता व अध्यापक। ▪ वर्ष 1907 में सर्वेन्ट्स ऑफ इण्डिया सोसायटी के सदस्य तथा मद्रास शाखा का गठन किया। ▪ अन्नामलाई विश्वविद्यालय के उपकुलपति। ▪ जाति प्रथा तथा साम्प्रदायिक विलगाव के विरोधी। ▪ इम्पीरियल कॉन्फ्रेन्स तथा लीग ऑफ नेशन्स की बैठक में भारत के प्रतिनिधि।
ई वी रामास्वामी नायकर (1879-1973)	▪ निम्न जातियों और द्रविड़ आन्दोलन के नेता। ▪ पेरियार के नाम से लोकप्रिय। ▪ आत्म-सम्मान आन्दोलन चलाया (वर्ष 1923)। ▪ वर्ष 1944 में जस्टिस पार्टी के अध्यक्ष बने, जो बाद में द्रविड़ मुनेत्र कड़गम में परिवर्तित हो गई। ▪ ब्राह्मणत्व, हिन्दू देवी-देवता तथा जाति-प्रथा का प्रबल विरोध किया, द्रविड़ों पर हिन्दी थोपे जाने का भी विरोध किया। ▪ वर्ष 1970 में यूनेस्को शान्ति पुरस्कार मिला।
श्री नारायण गुरु (1854-1928)	▪ केरल के प्रख्यात समाज सुधारक, सन्त, दार्शनिक व कवि। ▪ वर्गविहीन समाज बनाने की वकालत की। ▪ निम्न जाति के उत्थान के लिए कार्य। ▪ अरविपुरम में शिव प्रतिमा का प्रतिष्ठापन (स्वयं निम्न जाति के होते हुए भी)।
रबीन्द्रनाथ टैगोर (1861-1941)	▪ महान कवि, लेखक, चित्रकार तथा शिक्षाविद्। ▪ वर्ष 1901 में शान्तिनिकेतन (बोलपुर) में एक विद्यालय खोला, जो वर्ष 1918 में विश्व भारती नामक विश्वविद्यालय में परिवर्तित। ▪ वर्ष 1911 में राष्ट्रगान जन-गण-मन लिखा। इन्होंने राष्ट्रगान का बांग्ला से अंग्रेजी में अनुवाद आन्ध्र प्रदेश के मदनपल्ली में किया था। ▪ वर्ष 1913 में काव्य पुस्तिका गीतांजलि के लिए साहित्य का नोबेल पुरस्कार मिला। ▪ वर्ष 1915 में ब्रिटिश सम्राट जॉर्ज पंचम द्वारा सर की उपाधि से विभूषित, जलियाँवाला बाग हत्याकाण्ड के विरोध में नाइटहुड की उपाधि लौटाई। ▪ वर्ष 1940 में अंग्रेजों की स्वतन्त्रता के विरुद्ध उदासीनता एवं दुर्भावना के विरोध में एक लेख-सभ्यता में संकट-लिखा। ▪ प्रमुख पुस्तकें—गीतांजलि, चित्रा, गोरा, क्षुधित पाषाण, कोर्ट डान्सर, नौका डूबी आदि। ▪ इनके द्वारा रचित गीत आमार सोनार बांग्ला बांग्लादेश का राष्ट्रीय गान है।
दीनबन्धु मित्र (1830-1873)	▪ बंगाल के महान साहित्यकार। ▪ नील दर्पण के लेखक, इस नाटक में नील बागान मालिकों द्वारा किसानों के शोषण को चित्रित किया गया है। ▪ अपनी रचनाओं से राष्ट्रवाद की भावना के विकास में सहयोग।
जैमिनी राय (1887-1972)	▪ बंगाल के प्रसिद्ध चित्रकार। ▪ कलकत्ता आर्ट स्कूल में प्रशिक्षित। ▪ प्रचलित बंगाली स्कूल के विरुद्ध लोककला के तत्त्वों को ग्रहण किया; जैसे-बड़ा सिर, बड़ी आँखें इत्यादि।

सुभाषचन्द्र बोस (1897-1945)	▪ वर्ष 1920 में भारतीय सिविल सेवा में चौथा स्थान प्राप्त किया, किन्तु शीघ्र ही त्याग-पत्र दे दिया। ▪ वर्ष 1921 में कांग्रेस में शामिल तथा राष्ट्रीय आन्दोलनों में भाग लेना प्रारम्भ किया। ▪ वर्ष 1938 तथा 1939 में (हरिपुरा तथा त्रिपुरी अधिवेशन में) कांग्रेस के अध्यक्ष चुने गए। ▪ वर्ष 1939 में कांग्रेस की अध्यक्षता त्याग दी तथा फॉरवर्ड ब्लॉक नामक दल की स्थापना की। ▪ वर्ष 1940 में नजरबन्द, किन्तु भागकर बर्लिन (वर्ष 1941) पहुँचे। वहाँ से वर्ष 1943 में सिंगापुर आए। ▪ अगस्त, 1943 में आजाद हिन्द फौज की कमान सँभाली। ▪ 18 अगस्त, 1945 में ताइवान में विमान-दुर्घटना में मृत्यु। प्रमुख पुस्तकें—इण्डियन स्ट्रगल, एन इण्डियन पिलग्रिम।
गोविन्द बल्लभ पन्त (1887-1961)	▪ विधि स्नातक, उत्तर प्रदेश के अग्रणी स्वतन्त्रता सेनानी। ▪ महात्मा गाँधी एवं सुभाषचन्द्र बोस के विवाद में मध्यस्थ की सक्रिय भूमिका निभाई। ▪ उत्तर प्रदेश (स्वतन्त्र भारत में) के प्रथम मुख्यमन्त्री। ▪ वर्ष 1955 से 1961 तक भारत सरकार में गृह मन्त्री रहे।
सर्वपल्ली राधाकृष्णन् (1888-1967)	▪ धर्म एवं दर्शन के प्रसिद्ध विद्वान। ▪ लन्दन, मैनचेस्टर, ऑक्सफोर्ड आदि कई विश्वविद्यालयों में दर्शनशास्त्र के प्रोफेसर तथा बनारस हिन्दू विश्वविद्यालय के उपकुलपति। ▪ स्वतन्त्रता के बाद रूस में भारत के राजदूत, प्रथम दो बार भारत के उपराष्ट्रपति (वर्ष 1952-62) तथा भारत के राष्ट्रपति (वर्ष 1962-66) रहे। ▪ जन्मदिवस 5 सितम्बर को शिक्षक दिवस के रूप में मनाया जाता है। ▪ प्रमुख पुस्तकें-हिन्दू व्यू ऑफ लाइफ, रिलिजन एण्ड सोसायटी, रिलिजन एण्ड कल्चर, इण्डियन फिलोसॉफी, आइडियोलॉजिस्ट व्यू ऑफ लाइफ। ▪ वर्ष 1954 में भारतरत्न से सम्मानित।
चार्ल्स फ्रीयर एण्ड्रयूज (1871-1940)	▪ अंग्रेज ईसाई धर्म प्रचारक तथा प्राध्यापक (सेण्ट स्टीफेन्स कॉलेज)। ▪ महात्मा गाँधी द्वारा दीनबन्धु नाम से विभूषित, दक्षिण अफ्रीका के फीनिक्स आश्रम में गाँधीजी के साथ कार्य किया। ▪ दो बार ट्रेड यूनियन कांग्रेस के अध्यक्ष। ▪ अस्पृश्यता निवारण आन्दोलनों में भागीदारी, अम्बेडकर के साथ सहयोग किया। ▪ वायकोम सत्याग्रह में भाग लिया।

महत्त्वपूर्ण सूक्तियाँ / कथन

- हड़प्पा और मोहनजोदड़ो एक विस्तृत साम्राज्य की जुड़वा राजधानी थीं। *स्टुअर्ट पिग्गट*
- ज्योतिष के क्षेत्र में भारत यूनान का ऋणी है। *गार्गी संहिता*
- कोई भी व्यक्ति अपनी जाति से बाहर विवाह नहीं कर सकता था। व्यवसाय परिवर्तन भी सम्भव नहीं था। केवल ब्राह्मणों को व्यवसाय परिवर्तन का अधिकार आपातकाल में था। *मेगस्थनीज*
- देवताओं का प्रिय धम्मविजय को सबसे मुख्य विजय समझता है। *अशोक का तेरहवाँ शिलालेख*
- धम्म सभी धर्मों की साझी सम्पत्ति है। वस्तुत: अभिलेखों में विहित धम्म सभी धर्मों का सार था। *फ्लीट*
- ऐसा कोई वर्ष नहीं बीतता था, जिसमें भारत रोमन राजकोष से दस करोड़ सेसोस्टियर (रोमन सिक्का) न खींच लेता हो। *फ्लीट*
- हर्षवर्द्धन के काल में खेतों की सिंचाई घटी यन्त्र या तुलायन्त्र द्वारा होती थी। *बाणभट्ट*
- सिन्धु नदी पार कर सेल्यूकस ने चन्द्रगुप्त से युद्ध छेड़ा। अन्त में दोनों में सन्धि हो गई तथा दोनों में वैवाहिक सम्बन्ध स्थापित हो गया। *एप्पिआनस*
- मेसोपोटामिया प्रेरक है—सिन्धु सभ्यता की। *ह्वीलर*
- सभा और समिति प्रजापति की दो पुत्रियाँ हैं। *अथर्ववेद*
- मोक्ष का उपाय ज्ञान नहीं, अपितु भक्ति अर्थात् ईश्वर के प्रति प्रेम है। *रामानुज*
- हर्ष महायान बौद्ध धर्म का अनुयायी था और अन्य धर्मों का आदर नहीं करता था। *ह्वेनसांग*
- भारत की वैधानिक सीमा हिन्दुकुश पर्वत थी। *वी ए स्मिथ*
- चन्द्रगुप्त मौर्य ने छ: लाख सेना के द्वारा सम्पूर्ण भारत को रौंद डाला और उस पर अधिकार कर लिया। *प्लूटार्क*
- मैंने उत्तर को छोड़कर शेष तीन क्षेत्रों को जीत लिया है। *कनिष्क*
- राजा बच्चा ही क्यों न हो, उसका आदर करना चाहिए, क्योंकि वह मानव रूप धारण करके शासन करने वाला देवता होता है। *मनुस्मृति*
- अपने जीवन के अन्तिम काल में उसे (अशोक को) केवल आधे आँवले पर निर्वाह करना पड़ा। *दिव्यावदान*
- समुद्रगुप्त युद्ध और विजय के लिए ही प्यासा नहीं था, बल्कि उसके चरित्र का एक और शिष्ट पक्ष था—काव्य तथा संगीत के प्रति लगाव। *प्रयाग प्रशस्ति*
- समुद्रगुप्त भारत का नेपोलियन था। *वी ए स्मिथ*
- यदि मैं किसी गलत कार्य के लिए दोषी रहूँगा, तो अपने खिलाफ भी फैसला कर सकता हूँ। *अकबर*
- मैं नहीं जानता कि शरा में क्या है और क्या नहीं? मैं अपने राज्य के हित में जो कुछ ठीक समझता हूँ, करता हूँ। कयामत के दिन मेरा क्या होगा, मैं नहीं जानता? *अलाउद्दीन खिलजी*
- दौलताबाद गुमराह शक्ति का स्मारक चिह्न था। *लेनपूल*
- फिरोज तुगलक सल्तनत युग का अकबर था। *हेनरी इलियट तथा एल्फिन्स्टन*
- सुल्तान अपनी प्रजा से मुक्त हुआ तथा प्रजा अपने सुल्तान से मुक्त हुई। *बदायूँनी (मुहम्मद तुगलक की मृत्यु पर)*
- हुमायूँ गिरते-पड़ते इस जीवन से मुक्त हो गया, जबकि ठीक उसी तरह जिस तरह तमाम जिन्दगी वह गिरते-पड़ते चलता रहा था। *लेनपूल*
- बाबर अपने समय के एशियाई शासकों में सबसे अधिक प्रतिभाशाली एवं किसी देश तथा काल के सम्राटों में उच्च पद पाने योग्य था। *वी ए स्मिथ*
- जहाँगीर के साथ मुगल चित्रकला की वास्तविक आत्मा पतनोन्मुख हो गई है। *पर्सी ब्राउन*
- शाहजहाँ ने ताजमहल का निर्माण अपनी आध्यात्मिक सन्तुष्टि के लिए करवाया था। *बेगले*
- अकबर का मकबरा (सिकन्दरा में) एक महान भारतीय शासक का पुण्य स्मारक है। *हॉवेल*

- फतेहपुर सीकरी जैसी वास्तुकला की कृति न तो अतीत में हुई और न भविष्य में होगी। *वी ए स्मिथ*
- शेरशाह का सासाराम में मकबरा समूचे उत्तर भारत की सर्वोत्तम कृति है। *पर्सी ब्राउन*
- यदि रजिया स्त्री न होती, तो उसका नाम भारत के महान मुस्लिम शासकों में लिया जाता। *एल्फिन्स्टन*
- राजा पृथ्वी पर ईश्वर का प्रतिनिधि (नियामतें खुदाई) होता है। अत: उसके द्वारा किया गया प्रत्येक कार्य न्याय-संगत होता है। *बलबन*
- फतेहपुर सीकरी पत्थर में प्रेम तथा एक महान व्यक्ति के मस्तिष्क की अभिव्यक्ति है। *फर्ग्युसन*
- दक्षिण में औरंगजेब के यश और शरीर दोनों की समाधि बनी। *वी ए स्मिथ*
- मैंने मुट्ठी भर बाजरे के लिए दिल्ली के साम्राज्य को लगभग खो दिया था। *शेरशाह (मारवाड़ विजय के बारे में)*
- अलाई दरवाजा इस्लामी स्थापत्य कला के खजाने का सबसे बड़ा हीरा है। *जॉन मार्शल*
- वह (कृष्णदेव राय) सबसे अधिक विद्वान एवं पूर्ण राजा था। वह ऐसे व्यक्तियों में से था, जो विदेशियों का सम्मान करता था, वह एक महान एवं न्यायप्रिय शासक था। *डोमिंगो पायस*
- नेहरू देशभक्त हैं और जिन्ना राजनीतिज्ञ। *मुहम्मद इकबाल*
- ब्रिटिश शासन अपने वजन एवं शक्ति में दुर्धर्ष बेलन है, जिसके अपने उपयोग हैं, किन्तु इससे भूमि के उपजाऊ होने में मदद नहीं मिलती। *रबीन्द्रनाथ टैगोर*
- मैं एक दिव्य दृष्टि नहीं हूँ, मैं एक व्यावहारिक आदर्शवादी होने का दावा करता हूँ। *महात्मा गाँधी*
- एकीकृत बंगाल एक शक्ति है तथा विभाजित बंगाल टूटकर बिखर जाएगा। *हरबर्ट रिजले*
- भारतीय मैदानों में बुनकरों की हड्डियाँ बिखरी हुई दिखाई देती थीं। *विलियम बैंटिक*
- जिस प्रकार सारी धाराएँ अपने जल को सागर में ले जाकर मिला देती हैं, उसी प्रकार मनुष्य को सारे धर्म ईश्वर की ओर ले जाते हैं। *स्वामी विवेकानन्द*
- हमने घुटने टेककर रोटी माँगी, किन्तु उत्तर में हमें पत्थर मिले। *महात्मा गाँधी*
- जो काम 50 हजार हथियारबन्द सिपाही न कर सके, उसे महात्मा जी ने कर दिया। उन्होंने शान्ति कायम कर दी। *माउण्टबेटन*
- सारे जहाँ से अच्छा हिन्दोस्ताँ हमारा। *मुहम्मद इकबाल*
- आजादी इन्सान का पैदायशी हक है। गुलामी खुदा की मंशा के खिलाफ है। भारत आजाद होगा और इससे उसे दुनिया की कोई ताकत नहीं रोक सकती। *मौलाना अबुल कलाम आजाद*
- समूचा भारत एक विशाल बन्दीगृह है। *सी आर दास*
- स्मरण रहे जमींदारों को हमें अपना मित्र बनाना है। *महात्मा गाँधी*
- क्रान्ति की तलवार में धार वैचारिक पत्थर पर रगड़ने से ही आती है। *भगतसिंह*
- शेर की तरह एक दिन जीना बेहतर है, लेकिन भेड़ की तरह लम्बी जिन्दगी जीना अच्छा नहीं। *टीपू सुल्तान*
- किसानों को अपने को न सिर्फ विदेशी गुलामी से, बल्कि भू-स्वामियों व पूँजीपतियों की गुलामी से भी मुक्त करना होगा। *भगतसिंह*
- आज हमारे देश को आवश्यकता है, लोहे के स्नायुओं तथा इस्पात की नाड़ियों की। *विवेकानन्द*
- हम सब धरती के बेटे हैं। हमें साथ रहना है। मेरी बात मानिए, भारत तब तक आगे नहीं बढ़ सकता, जब तक कि हिन्दू और मुसलमान एक नहीं हो जाते। *जिन्ना*
- हम अपने हाथों अपनी आजादशाही (स्वतन्त्र राज्य) की कब्र नहीं खोदेंगे। *लक्ष्मीबाई*
- हिन्दुस्तान का हर निवासी भ्रष्ट है। *कॉर्नवालिस*
- देश की तरक्की से उन्हें (मुसलमान) जितना प्यार है, वह इस देश के किसी अन्य समुदाय से कम नहीं है। *जिन्ना*
- मैं अंग्रेजों को समुद्र तक खदेड़ सकता हूँ, पर समुद्र को सुखा नहीं सकता। *सिराजुद्दौला*
- बिखरे हुए स्वायत्त गाँवों के कवच को इस्पात के रेलों से छेद दिया गया है, जिससे उनके जीवन में रक्त का ह्रास हो गया। *विलियम बैंटिक*
- याद रखो कि भारत का वाणिज्य विश्व का वाणिज्य है और जो उस पर पूरा अधिकार कर सकेगा, वही यूरोप का अधिनायक होगा। *पीटर महान*
- सतत जागरूकता ही स्वाधीनता का मूल्य है। *जवाहरलाल नेहरू*
- कोई कितना ही करे, परन्तु जो स्वदेशी राज्य होता है, वह सर्वोपरि होता है। *स्वामी दयानन्द सरस्वती*
- मैं देश के बालू से ही कांग्रेस से बड़ा आन्दोलन खड़ा कर दूँगा। *महात्मा गाँधी*
- कांग्रेस की आवाज जनता की आवाज नहीं है। *फिरोजशाह मेहता*
- अंग्रेजो ! भारत छोड़ो! *महात्मा गाँधी*
- दोस्तों! यदि मेरा विवाह गुलाम भारत में होना है, तो मेरी वधू केवल मौत होगी, बारात जुलूस के रूप में होगी और बाराती देश के लिए मर-मिटने वाले परवाने होंगे। *भगतसिंह*
- तुम मुझे खून दो, मैं तुम्हें आजादी दूँगा। *सुभाषचन्द्र बोस*
- हमारी अपनी मातृभूमि के लिए दो महान धर्मों—हिन्दुत्व तथा इस्लाम का संयोग ही एकमात्र आशा है। *विवेकानन्द*
- 'भारत की एकमात्र आशा उसकी जनता है। ऊँचे वर्ग शारीरिक और नैतिक दृष्टि से मृतप्राय हैं'। *विवेकानन्द*
- राजनीतिक स्वतन्त्रता किसी भी राष्ट्र की प्राणवायु है। *अरविन्द घोष*
- मेरे शरीर पर पड़ी एक-एक लाठी ब्रिटिश साम्राज्य के ताबूत में आखिरी कील सिद्ध होगी। *लाला लाजपत राय*

- स्वराज्य मेरा जन्मसिद्ध अधिकार है और मैं इसे प्राप्त करके रहूँगा। *बाल गंगाधर तिलक*
- भारत के दु:खों और बुराइयों का एकमात्र उपचार स्वशासन है। *दादाभाई नौरोजी*
- ह्यूम तथा उनकी कांग्रेस से सावधान रहिए। *डफरिन*
- भारत का विभाजन मेरी लाश पर ही होगा, जब तक मैं जीवित हूँ, तब तक भारत का विभाजन नहीं होने दूँगा। *महात्मा गाँधी*
- आराम हराम है। *जवाहरलाल नेहरू*
- वन्दे मातरम्। *बंकिम चन्द्र चटर्जी*
- हम अल्पसंख्यकों की रक्षा के लिए प्रतिबद्ध हैं, किन्तु अल्पसंख्यकों को बहुसंख्यकों पर थोपा नहीं जा सकता। *लॉर्ड एटली*
- यदि ईश्वर अस्पृश्यता को सहन करने लगे, तो मैं ऐसे ईश्वर को भी मान्यता नहीं दूँगा। *बाल गंगाधर तिलक*
- यदि शरीर का कोई अंग खराब हो जाए, तो उसे काटकर फेंक देना ही ठीक है, ताकि शरीर के अन्य भागों में जहर न फैले। *सरदार पटेल*
- हिन्दुस्तान तलवार के बल पर जीता गया है तथा तलवार के बल पर ही इसकी रक्षा की जाएगी। *एलिगन द्वितीय*
- वेदों की ओर लौटो। *स्वामी दयानन्द सरस्वती*
- मैं स्वभाव से ही समाजवादी हूँ। *जवाहरलाल नेहरू*
- यदि हमने पाकिस्तान की माँग को स्वीकार नहीं किया, तो इस देश में अनेक पाकिस्तान बन जाएँगे। हर दफ्तर में पाकिस्तान की एक इकाई होगी। *सरदार पटेल*
- मुझे लगता है कि जो भी तोड़फोड़ हुई है, उसके लिए सरकार ही जिम्मेदार है, कांग्रेस नहीं। *महात्मा गाँधी*
- सरफरोशी की तमन्ना अब हमारे दिल में है। *रामप्रसाद बिस्मिल*
- हमने सिरदर्द से छुटकारा पाने के लिए सिर कटवाना बेहतर समझा। *जवाहरलाल नेहरू*
- दिल्ली चलो। *सुभाषचन्द्र बोस*
- इंकलाब जिन्दाबाद *भगतसिंह*
- जय हिन्द। *सुभाषचन्द्र बोस*
- कांग्रेस ने देश की एकता के लिए सदैव बहुत कुछ दिया है। आज हमारे सामने दो ही मार्ग हैं—3 जून, 1947 की योजना की स्वीकृति अथवा आत्महत्या। *गोविन्द बल्लभ पन्त*
- पाकिस्तान का निर्माता जिन्ना या मुहम्मद इकबाल नहीं वरन् लॉर्ड मिण्टो था। *डॉ. राजेन्द्र प्रसाद*
- यह एक ऐसे लुटे हुए देश की अवस्था है, जहाँ लुटेरा लगातार लूट रहा है और फिर साफ बचकर निकल जाता है। *दादाभाई नौरोजी*
- एक देश के लिए स्वराज परम आवश्यक है। सुधार और उत्तम राज्य इसके विकल्प नहीं हो सकते। *लाला लाजपत राय*
- मुझे लगता है, सत्याग्रह ही आतंकवाद को रोकने का एकमात्र उपाय है। *महात्मा गाँधी*
- कांग्रेस धीरे-धीरे लड़खड़ाकर गिर रही है और भारत में रहते हुए मेरी यह बहुत बड़ी आकांक्षा है कि मैं इसकी शान्तिपूर्ण मृत्यु में सहायक बनूँ। *लॉर्ड कर्जन*
- इस तथ्य से आँख मूँद लेने से कोई लाभ नहीं कि हम एक क्रान्तिकारी दौर से गुजर रहे हैं। *लाला लाजपत राय*
- क्रान्ति से हमारा तात्पर्य यह है कि अन्याय पर आधारित मौजूदा व्यवस्था समाप्त होनी चाहिए। *भगतसिंह*
- हमें यह नहीं भूलना चाहिए कि हम देश की उन्नति के उस चरण में हैं, जहाँ हमारी उपलब्धि थोड़ी ही होगी और हमारी निराशाएँ अधिक व कठोर। *गोपालकृष्ण गोखले*
- हमारा मत यह नहीं है कि सत्य सभी धर्मों में पाए जाते हैं, बल्कि यह है कि सभी स्थापित धर्म सत्य हैं। *केशवचन्द्र सेन*
- आज केवल अंग्रेज ही व्यवस्था बनाए रखने में सफल हैं और व्यवस्था के बिना कोई उन्नति सम्भव नहीं है। *गोपालकृष्ण गोखले*
- होमरूल भारत का अधिकार है। भारत राष्ट्र के रूप में अपना न्यायिक अधिकार ब्रिटिश साम्राज्य से माँगता है। *ऐनी बेसेण्ट*
- जब वे (मुस्लिम लीगी) हमारे साथ रहने को तैयार ही नहीं थे, तो हम उन्हें क्यों और कैसे विवश कर सकते थे? *जवाहरलाल नेहरू*
- भारतीय राष्ट्रीय कांग्रेस की स्थापना के पीछे मुख्य कारण इसके जन्मदाताओं की साम्राज्य को छिन्न-भिन्न होने से बचाने की चिन्ता थी। *लाला लाजपत राय*
- अब समय का तकाजा है कि आप अपने हाथों में तलवार लेकर अपने सामान्य व्यापार का प्रबन्ध करें। *जॉर्ज ऑक्सेनडैन*
- मृत तथा दफनाए या जलाए जा चुके लोग हमेशा के लिए मारकर जलाए या दफनाए जा चुके हैं। अत: मुर्दा अतीत को पुनर्जीवित नहीं किया जा सकता। *महादेव गोविन्द रानाडे*
- भारतीय राष्ट्रीय कांग्रेस की स्थापना कोई भारतीय कर ही नहीं सकता था। *गोपालकृष्ण गोखले*
- वह जनता के उस अल्पसंख्यक वर्ग का प्रतिनिधित्व करती है, जिसकी संख्या कम-से-कम है। *डफरिन (कांग्रेस के बारे में)*
- हमारा राष्ट्र एक वृक्ष की तरह है, जिसका मूल तना स्वराज है और स्वदेशी तथा बहिष्कार उसकी शाखाएँ। *तिलक*
- मेरी एकमात्र आशा प्रार्थना में और उसके उत्तर में निहित है। *महात्मा गाँधी*
- हमारी प्रणाली बहुत कुछ स्पंज की तरह काम करती है, जो गंगा के तटों से सभी अच्छी चीजें सोखकर टेम्स के तटों पर निचोड़ देता है। *जॉन सुलिवन*
- सारे अनुभव हमें यही बतलाते हैं कि जब एक विजेता जाति दूसरी जाति पर शासन करती है, तो एक निरंकुश सरकार ही शासन का सबसे नरम रूप हो सकती है। *चार्ल्स वुड*

UPSC मुख्य परीक्षा के प्रश्न (2022-2015)

भारतीय संस्कृति में प्राचीनकाल से आधुनिक काल तक के कला के रूप, साहित्य और वास्तुकला के मुख्य पहलू शामिल हैं

1. स्पष्ट करें कि मध्यकालीन भारतीय मन्दिरों की मूर्तिकला उस दौर के सामाजिक जीवन का प्रतिनिधित्व करती है।
UPSC 2022 (150 शब्द; 10 अंक)

2. भारतीय परम्परा और संस्कृति में गुप्त काल और चोल काल के योगदान पर चर्चा करें। *UPSC 2022 (250 शब्द; 15 अंक)*

3. भारतीय मिथक, कला और वास्तुकला में सिंह एवं वृषभ की आकृतियों के महत्त्व पर विचार करें।
UPSC 2022 (250 शब्द; 15 अंक)

4. भक्ति साहित्य की प्रकृति का मूल्यांकन करते हुए भारतीय संस्कृति में इसके योगदान का निर्धारण कीजिए।
UPSC 2021 (150 शब्द; 10 अंक)

5. मध्यकालीन भारत के फ़ारसी साहित्यिक स्रोत उस काल के युगबोध का प्रतिबिम्ब हैं। टिप्पणी कीजिए।
UPSC 2020 (250 शब्द; 15 अंक)

6. भारतीय दर्शन एवं परम्परा ने भारतीय स्मारकों की कल्पना और आकार देने एवं उनकी कला में महत्त्वपूर्ण भूमिका निभाई है। विवेचना कीजिए। *UPSC 2020 (250 शब्द; 15 अंक)*

7. शैलकृत स्थापत्य प्रारम्भिक भारतीय कला एवं इतिहास के ज्ञान के अति महत्त्वपूर्ण स्रोतों में से एक का प्रतिनिधित्व करता है। विवेचना कीजिए। *UPSC 2020 (150 शब्द; 10 अंक)*

8. भारत में बौद्ध धर्म के इतिहास में पाल काल अति महत्त्वपूर्ण चरण है। विश्लेषण कीजिए। *UPSC 2020 (150 शब्द; 10 अंक)*

9. गान्धाराई कला में मध्य एशियाई एवं यूनानी-बैक्ट्रियाई तत्त्वों को उजागर कीजिए। *UPSC 2019 (150 शब्द; 10 अंक)*

10. भारतीय कला विरासत का संरक्षण वर्तमान समय की आवश्यकता है। चर्चा कीजिए। *UPSC 2018 (150 शब्द; 10 अंक)*

11. भारत के इतिहास की पुनर्रचना में चीनी और अरबी यात्रियों के वृत्तान्तों के महत्त्व का आकलन कीजिए।
UPSC 2018 (150 शब्द; 10 अंक)

12. आप इस विचार को, कि गुप्तकालीन सिक्काशास्त्रीय कला की उत्कृष्टता का स्तर बाद के समय में नितान्त दर्शनीय नहीं है, किस प्रकार सही सिद्ध करेंगे? *UPSC 2017 (150 शब्द; 10 अंक)*

13. विजयनगर नरेश कृष्णदेव राय न केवल स्वयं एक कुशल विद्वान् थे, अपितु विद्या एवं साहित्य के महान् संरक्षक भी थे। विवेचना कीजिए। *UPSC 2016 (200 शब्द; 12½ अंक)*

14. प्रारम्भिक बौद्ध स्तूप-कला, लोक वर्ण्य-विषयों एवं कथानकों को चित्रित करते हुए बौद्ध आदर्शों की सफलतापूर्वक व्याख्या करती है। विशदीकरण कीजिए। *UPSC 2016 (200 शब्द; 12½ अंक)*

15. "भारत की प्राचीन सभ्यता, मिस्र, मेसोपोटामिया और ग्रीस की सभ्यताओं से, इस बात में भिन्न है कि भारतीय उपमहाद्वीप की परम्पराएँ आज तक भंग हुए बिना परिरक्षित की गई हैं।" टिप्पणी कीजिए।
UPSC 2015 (200 शब्द; 12½ अंक)

16. 'भारत की मध्यपाषाण शिला-कला न केवल उस काल के सांस्कृतिक जीवन को, बल्कि आधुनिक चित्रकला से तुलनीय परिष्कृत सौन्दर्य-बोध को भी प्रतिबिम्बित करती है।' इस टिप्पणी का समालोचनात्मक मूल्यांकन कीजिए।
UPSC 2015 (200 शब्द; 12½ अंक)

18वीं सदी के लगभग मध्य से लेकर वर्तमान समय तक का आधुनिक भारतीय इतिहास-महत्त्वपूर्ण घटनाएँ व्यक्तित्व, विषय (मुद्दे)

1. औपनिवेशिक भारत की अट्ठारहवीं शताब्दी के मध्य से क्यों अकाल पड़ने में अचानक वृद्धि देखने को मिलती है? कारण बताएँ। *UPSC 2022 (150 शब्द; 10 अंक)*

2. असहयोग आन्दोलन एवं सविनय अवज्ञा आन्दोलन के दौरान महात्मा गाँधी के रचनात्मक कार्यक्रमों को स्पष्ट कीजिए।
UPSC 2021 (250 शब्द; 15 अंक)

3. 1920 के दशक से राष्ट्रीय आन्दोलन ने कई वैचारिक धाराओं को ग्रहण किया और अपना सामाजिक आधार बढ़ाया। विवेचना कीजिए। *UPSC 2020 (250 शब्द; 15 अंक)*

4. लॉर्ड कर्जन की नीतियों एवं राष्ट्रीय आन्दोलन पर उनके दूरगामी प्रभावों का मूल्यांकन कीजिए। *UPSC 2020 (150 शब्द; 10 अंक)*

5. उन्नीसवीं शताब्दी के 'भारतीय पुनर्जागरण' और राष्ट्रीय पहचान के उद्भव के मध्य सहलग्नताओं का परीक्षण कीजिए। *UPSC 2019 (150 शब्द; 10 अंक)*

6. 1940 के दशक के दौरान सत्ता हस्तान्तरण की प्रक्रिया को जटिल बनाने में ब्रिटिश साम्राज्यिक सत्ता की भूमिका का आकलन कीजिए। *UPSC 2019 (250 शब्द; 15 अंक)*

7. वर्तमान समय में महात्मा गाँधी के विचारों के महत्त्व पर प्रकाश डालिए। *UPSC 2018 (150 शब्द; 10 अंक)*

8. पिछली शताब्दी के तीसरे दशक से भारतीय स्वतन्त्रता की स्वप्न दृष्टि के साथ सम्बद्ध हो गए नए उद्देश्यों के महत्त्व को उजागर कीजिए। *UPSC 2017 (250 शब्द; 15 अंक)*

9. परीक्षण कीजिए कि औपनिवेशिक भारत में पारम्परिक कारीगरी उद्योग के पतन ने किस प्रकार ग्रामीण अर्थव्यवस्था को अपंग बना दिया? *UPSC 2017 (250 शब्द; 15 अंक)*

10. क्या कारण था कि उन्नीसवीं शताब्दी के अन्त तक आते-आते 'नरमदलीय' अपनी घोषित विचारधारा एवं राजनीतिक लक्ष्यों के प्रति राष्ट्र के विश्वास को जगाने में असफल हो गए थे? *UPSC 2017 (150 शब्द; 10 अंक)*

11. सुस्पष्ट कीजिए कि मध्य-अट्ठारहवीं शताब्दी का भारत विखण्डित राज्यतन्त्र की छाया से किस प्रकार ग्रसित था? *UPSC 2017 (150 शब्द; 10 अंक)*

12. यह स्पष्ट कीजिए कि 1857 का विप्लव किस प्रकार औपनिवेशिक भारत के प्रति ब्रिटिश नीतियों के विकासक्रम में एक महत्त्वपूर्ण ऐतिहासिक मोड़ है? *UPSC 2016 (200 शब्द; 12½ अंक)*

13. अपसारी उपागमों और रणनीतियों के होने के बावजूद, महात्मा गाँधी और डॉ. बी. आर. अम्बेडकर का दलितों की बेहतरी का एक समान लक्ष्य था। स्पष्ट कीजिए। *UPSC 2015 (200 शब्द; 12½ अंक)*

14. महात्मा गाँधी के बिना भारत की स्वतन्त्रता की उपलब्धि कितनी भिन्न हुई होती? चर्चा कीजिए। *UPSC 2015 (200 शब्द; 12½ अंक)*

स्वतन्त्रता संग्राम- इसके विभिन्न चरण और देश के विभिन्न भागों से इसमें अपना योगदान देने वाले महत्त्वपूर्ण व्यक्ति एवं उनका योगदान

1. अधिकांश भारतीय सिपाहियों वाली ईस्ट इण्डिया की सेना क्यों तत्कालीन भारतीय शासकों की संख्या बल में अधिक और बेहतर सुसज्जित सेना से लगातार जीतती रही? कारण बताएँ। *UPSC 2022 (150 शब्द; 10 अंक)*

2. नरमपन्थियों की भूमिका ने किस सीमा तक व्यापक स्वतन्त्रता आन्दोलन का आधार तैयार किया? टिप्पणी कीजिए। *UPSC 2021 (250 शब्द; 15 अंक)*

3. यंग बंगाल एवं ब्रह्म समाज के विशेष सन्दर्भ में सामाजिक-धार्मिक सुधार आन्दोलनों के उत्थान तथा विकास को रेखांकित कीजिए। *UPSC 2021 (150 शब्द; 10 अंक)*

4. 1857 का विप्लव ब्रिटिश शासन के पूर्ववर्ती सौ वर्षों में बार-बार घटित छोटे एवं बड़े स्थानीय विद्रोहों का चरमोत्कर्ष था। सुस्पष्ट कीजिए। *UPSC 2019 (150 शब्द; 10 अंक)*

5. गाँधीवादी प्रावस्था के दौरान विभिन्न स्वरों ने राष्ट्रवादी आन्दोलन को सुदृढ़ एवं समृद्ध बनाया था। विस्तारपूर्वक स्पष्ट कीजिए। *UPSC 2019 (250 शब्द; 15 अंक)*

6. स्वतन्त्रता के लिए संघर्ष में सुभाषचन्द्र बोस एवं महात्मा गाँधी के मध्य दृष्टिकोण की भिन्नताओं पर प्रकाश डालिए। *UPSC 2016 (200 शब्द; 12½ अंक)*

7. स्वतन्त्रता संग्राम में, विशेष रूप से गाँधीवादी चरण के दौरान महिलाओं की भूमिका का विवेचन कीजिए। *UPSC 2016 (200 शब्द; 12½ अंक)*

स्वतन्त्रता के पश्चात् देश के अन्दर एकीकरण और पुनर्गठन

1. राज्यों एवं प्रदेशों का राजनीतिक और प्रशासनिक पुनर्गठन उन्नीसवीं शताब्दी के मध्य से निरन्तर चल रही एक प्रक्रिया है। उदाहरण सहित विचार करें। *UPSC 2022 (250 शब्द; 15 अंक)*

2. भारतीय रियासतों के एकीकरण की प्रक्रिया में मुख्य प्रशासनिक मुद्दों एवं सामाजिक-सांस्कृतिक समस्याओं का आकलन कीजिए। *UPSC 2021 (150 शब्द; 10 अंक)*

3. चर्चा करें कि क्या हाल के समय में नए राज्यों का निर्माण, भारत की अर्थव्यवस्था के लिए लाभप्रद है या नहीं है? *UPSC 2018 (250 शब्द; 15 अंक)*

4. स्वतन्त्रता के बाद अनुसूचित जनजातियों (एस.टी.) के प्रति भेदभाव को दूर करने के लिए, राज्य द्वारा की गई दो मुख्य विधिक पहलें क्या हैं? *UPSC 2017 (150 शब्द; 10 अंक)*

5. क्या भाषाई राज्यों के गठन ने भारतीय एकता के उद्देश्य को मजबूती प्रदान की है? *UPSC 2016 (200 शब्द; 12½ अंक)*

6. स्वतन्त्र भारत के लिए संविधान का मसौदा केवल तीन वर्ष में तैयार करने के ऐतिहासिक कार्य को पूर्ण करना संविधान सभा के लिए कठिन होता, यदि उनके पास भारत सरकार अधिनियम, 1935 से प्राप्त अनुभव नहीं होता। चर्चा कीजिए। *UPSC 2015 (200 शब्द; 12½ अंक)*

विश्व के इतिहास में 18वीं सदी तथा बाद की घटनाएँ; जैसे– औद्योगिक क्रान्ति, विश्व युद्ध, राष्ट्रीय सीमाओं का पुन: सीमांकन, उपनिवेशवाद, विऔपनिवेशवाद (उपनिवेशवाद की समाप्ति), राजनीतिक दर्शन जैसे साम्यवाद, पूँजीवाद, समाजवाद आदि शामिल होंगे, उनके रूप और समाज पर प्रभाव

1. ''दोनों विश्व युद्धों के बीच लोकतन्त्रीय राज्य प्रणाली के लिए एक गम्भीर चुनौती उत्पन्न हुई।'' इस कथन का मूल्यांकन कीजिए। *UPSC 2021 (250 शब्द; 15 अंक)*
2. स्पष्ट कीजिए कि अमेरिकी एवं फ्रांसीसी क्रान्तियों ने आधुनिक विश्व की आधारशिलाएँ किस प्रकार निर्मित की थीं? *UPSC 2019 (250 शब्द; 15 अंक)*
3. अंग्रेज किस कारण भारत से करारबद्ध श्रमिक अन्य उपनिवेशों में ले गए थे? क्या वे वहाँ पर अपनी सांस्कृतिक पहचान को परिरक्षित रखने में सफल रहे हैं? *UPSC 2018 (250 शब्द; 15 अंक)*
4. मलय प्रायद्वीप में उपनिवेशन उन्मूलन प्रक्रम में सन्निहित क्या-क्या समस्याएँ थीं? *UPSC 2017 (150 शब्द; 10 अंक)*
5. पश्चिमी अफ्रीका में उपनिवेश-विरोधी संघर्षों को पाश्चात्य-शिक्षित अफ्रीकियों के नव संभ्रान्त वर्ग के द्वारा नेतृत्व प्रदान किया गया था। परीक्षण कीजिए। *UPSC 2016 (200 शब्द; 12½ अंक)*
6. क्या कारण था कि औद्योगिक क्रान्ति सर्वप्रथम इंग्लैण्ड में घटी थी? औद्योगीकरण के दौरान वहाँ के लोगों की जीवन-गुणता पर चर्चा कीजिए। भारत में वर्तमान में जीवन-गुणता के साथ वह किस प्रकार तुलनीय है? *UPSC 2015 (200 शब्द; 12½ अंक)*
7. किस सीमा तक जर्मनी को दो विश्व युद्धों का कारण बनने का जिम्मेदार ठहराया जा सकता है? समालोचनात्मक चर्चा कीजिए। *UPSC 2015 (200 शब्द; 12½ अंक)*